엑셀로 배우는 데이터 분석

2판

JN442200

한빛아카데미
Hanbit Academy, Inc.

지은이 **박주미** pjmhappy@naver.com

상명대학교에서 정보과학을 전공하고 동 대학원에서 석사학위를 취득했으며, 박사과정을 수료했다. 상명대학교, 국민대학교 외 다수의 대학교에서 이산수학, C 언어, 컴퓨터 개론, 논리회로 등을 강의하였다. 주요 저서로 『컴퓨팅 사고력을 키우는 이산수학(3판)』(한빛아카데미, 2021)이 있다.

엑셀로 배우는 데이터 분석 2판

초판발행 2025년 7월 10일

지은이 박주미 / **펴낸이** 전태호
펴낸곳 한빛아카데미㈜ / **주소** 서울시 서대문구 연희로2길 62 한빛아카데미㈜ 2층
전화 02-336-7112 / **팩스** 02-336-7199
등록 2013년 1월 14일 제2017-000063호 / **ISBN** 979-11-7340-030-8 93000

총괄 박현진 / **책임편집** 김성무 / **기획·편집** 박하나 / **교정** 윤미현
디자인 이아란 / **전산편집** 이소연 / **제작** 박성우, 김정우
영업 김호철, 김태진, 김성삼, 이정훈, 임현기, 이성훈, 김주성, 심지연

이 책에 대한 의견이나 오탈자 및 잘못된 내용은 출판사 홈페이지나 아래 이메일로 알려주십시오.
파본은 구매처에서 교환하실 수 있습니다. 책값은 뒤표지에 표시되어 있습니다.

홈페이지 www.hanbit.co.kr / 이메일 question@hanbit.co.kr

Published by HANBIT Academy, Inc. Printed in Korea

엑셀로 배우는 데이터 분석 2판

데이터 수집, 정렬, 집계, 시각화까지
프로젝트로 익히는 데이터 분석 입문서

박주미 지음

DATA ANALYSIS
with EXCEL

한빛아카데미
Hanbit Academy, Inc.

쉽지만 가장 강력한 데이터 분석 도구, 엑셀!

인공지능 기술이 급속도로 발전하면서 일상에서 AI 도구를 활용하는 것이 보편화되고 있습니다. 물론 고도의 하드웨어, 소프트웨어의 기술 발전도 한 몫을 했지만, AI가 학습할 데이터들을 전문적으로 분석하고 관리하는 기술 또한 중요한 부분을 차지하고 있습니다.

이렇게 데이터를 분석하고 관리하는 분야를 '빅데이터', '데이터 분석', '데이터 과학'과 같은 용어로 정의합니다. 데이터 분석에서는 컴퓨터 지식, 프로그래밍 기술, 수학적 접근을 요구하는 것이 일반적입니다. 하지만 지금 이 순간에도 우리는 자신이 모르는 사이에 데이터를 수집하고, 또 자신이 알고 있는 지식과 경험을 반영하여 분석하고 있습니다. 예를 들어, 책을 구매할 때 책의 가격을 확인하고 내용도 훑어보며 글씨체, 그림, 편집 상태 등을 살펴봅니다. 많은 종류의 책을 살펴보고 결정할 수도 있지만, 한두 권만 비교할 수도 있습니다. 바로 이 과정이 '데이터 분석'입니다. 우리는 이미 일상에서 다양한 주제로 끊임없이 데이터 분석을 하고 있습니다. 그러므로 데이터 분석은 데이터 분석 전문가나 프로그래머만 할 수 있는 분야가 아니라 일상에서 누구나 접할 수 있는 분야입니다. 또한 빅데이터처럼 많은 양의 데이터가 있어야만 하는 것도 아닙니다. 당장 주어진 주제를 해결하기에 적당한 양이면 분석하기에 충분합니다. 책 한 권을 사기 위해 전국에 있는 출판사의 책을 다 살펴보지 않는 것처럼 말입니다.

데이터 분석을 학문적, 기술적으로 접근하고자 할 때는 분석 도구를 이용하여 실전에 적용해 봐야 합니다. 이때 사용할 수 있는 데이터 분석 도구는 다양하지만, 엑셀은 가장 다루기 쉽고 접근성이 뛰어난 도구입니다. 엑셀은 데이터 분석에 활용할 수 있는 다양한 함수와 기능을 기본적으로 제공하는 반면, 특별한 프로그래밍적 접근이나 복잡한 수학 공식을 필수적으로 요구하지 않기 때문에 초보자도 충분히 데이터 분석을 실행하고 그 결과도 쉽게 확인할 수 있습니다.

데이터 분석을 위한 네 가지 프로젝트

이 책은 엑셀의 기본 기능과 함수만으로 누구나 데이터 분석을 시작할 수 있도록 돕는 것을 목표로 합니다. 따라서 이 책에서는 엑셀의 각 기능과 함수의 기본 개념 및 사용 방법을 우선 설명하고 이를 바탕으로 데이터 분석을 할 수 있도록 실생활 데이터를 활용한 다음의 네 가지 데이터 분석 프로젝트를 예제, 실습, 연습문제로 제공합니다.

- 학생 성적 분석
- 예매 대행사의 회원 예매 상황 분석
- 쇼핑몰 회원정보 분석
- 도서 관리 시스템 현황 분석

프로젝트 형식의 예제, 실습, 연습문제에 각 단원에서 공부한 엑셀의 기능과 함수를 직접 활용해 보며 엑셀 응용 능력과 데이터 분석 능력을 단계적으로 쌓아 올릴 수 있도록 구성했습니다. 이 과정에서 자칫 데이터 분석보다 엑셀의 함수나 기능에만 집중하지 않도록 다음 질문들에 스스로 답하며 학습한다면 일거양득의 효과를 볼 수 있을 것입니다.

- 현재 진행 중인 작업은 데이터 분석의 어떤 과정에 속하는가?
- 데이터 분석에서 이 과정을 하는 목적은 무엇인가?
- 데이터 분석의 각 과정에서 필요한 엑셀의 함수 또는 기능은 어떤 것들이 있는가?
- 엑셀의 기능 또는 함수로 얻은 결과는 데이터 분석의 과정과 결과에 어떤 영향을 주는가?

개정 2판을 준비하며

『엑셀로 배우는 데이터 분석(2판)』에서는 '데이터 시각화'에 활용할 수 있도록 '14장 차트와 스파크라인'을 대폭 보완하였습니다. 데이터 분석 과정과 그 결과를 정확히 표현하는 적합한 형태의 차트를 구성하는 내용과 함께 스파크라인에 대한 설명을 추가하였습니다. 또한 각 장의 예제, 실습, 연습문제를 추가하여 독자분들 스스로 데이터 분석 과정을 충분히 연습할 수 있도록 하였습니다. 특히 배운 내용을 모두 종합한 프로젝트 장(17장)을 추가하여 '기업 내 교양 교육 과정 데이터'를 활용해 독자 스스로 데이터 분석 전 과정을 경험하고 응용할 수 있도록 구성했습니다.

컴퓨터를 잘 다루지 못하는 초보자에게 데이터 분석과 엑셀은 높은 벽처럼 다가올 수 있습니다. 저자는 독자분들에게 데이터 분석과 엑셀의 활용이 그리 어려운 일이 아니라는 것을 알려주고 싶습니다. 이 책을 학습한 후 데이터 분석이라는 주제를 접하거나 엑셀을 이용해 문제를 해결해야 할 때 두려움보다 '해 볼 만하다'라는 생각이 앞서기를 바랍니다.

이 책이 나올 수 있었던 것은 이 책의 필요성을 확신한 한빛아카데미(주) 기획1팀과 초판보다 더 나은 책으로 구성하기 위해 책을 세세히 분석하여 기획하고 원고를 면밀하게 검토해 주신 박하나 선임님 덕분이었습니다. 항상 제 곁에서 기도로 격려하고 응원해 준 가족과 친구들 또한 이 책을 마무리하기까지의 귀중한 원동력이었습니다. 모든 분께 진심을 담아 감사와 사랑을 전합니다. 그리고 너무나 연약하고 부족한 제가 이 귀한 일을 할 수 있게 허락하신 하나님 아버지께 감사와 영광을 올립니다.

지은이 박주미

이 책의 사용 설명서

• 누구를 위한 책인가 엑셀을 이용하여 데이터 분석을 시작하려는 모든 독자층을 대상으로 합니다. 데이터 분석의 기본 개념과 엑셀 기본 사용법을 예제와 함께 자세히 설명하고 있으며, 누구나 쉽게 실습 과정을 따라 할 수 있도록 구성하여 강의용이나 독학용으로 활용할 수 있는 교재입니다.

• 무엇을 다루는가

1부 엑셀 시작

데이터 분석의 기본 개념과 과정을 이해하고 엑셀의 화면 구성과 기본 기능, 엑셀에서 다룰 수 있는 값의 형식을 살펴봅니다.

2부 데이터 준비

제시한 프로젝트에 해당하는 데이터를 수집하여 엑셀에 입력하는 과정을 배우고, 값을 정리하여 원하는 결과를 얻기 위해 필요한 다양한 함수를 알아봅니다.

3부 데이터 분석과 결과 공유

엑셀의 함수와 다양한 기능을 활용하여 '학생 성적 분석', '쇼핑몰 회원정보 분석' 프로젝트를 진행합니다. 조건에 맞는 데이터를 추출하고 분석하는 과정을 직접 경험할 수 있으며, 데이터에 시각적 효과를 더하는 시각화 기능을 살펴봅니다.

4부 데이터 분석을 위한 기능

엑셀에서 제공하는 분석 기능을 소개합니다. 마지막 17장에서는 책에서 배운 전 과정을 경험해 볼 수 있는 '데이터 분석 종합 프로젝트'를 제공합니다.

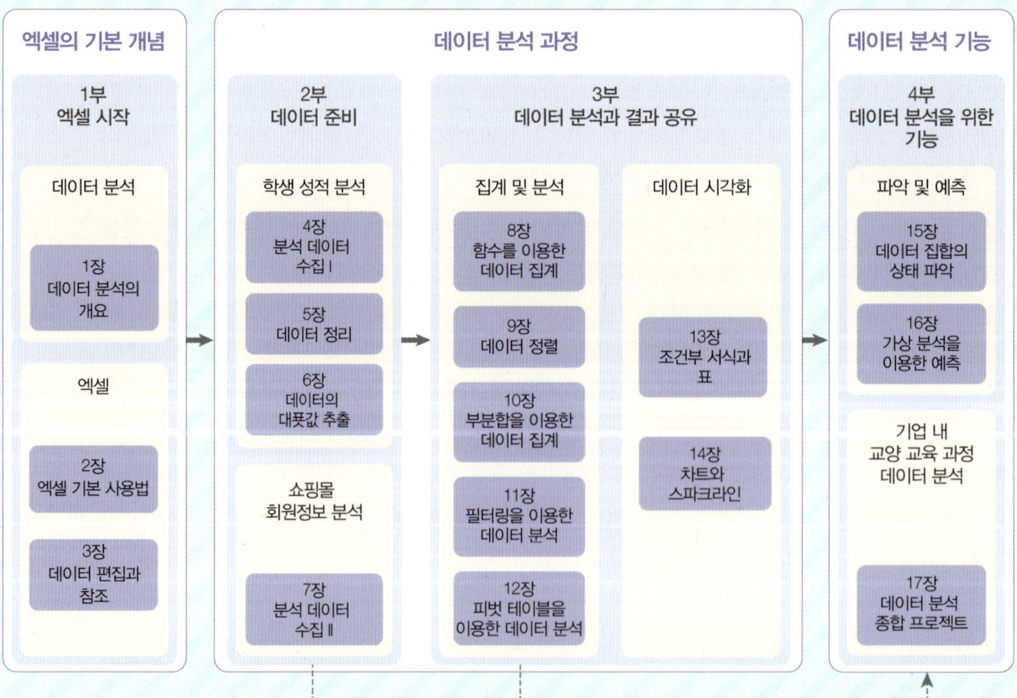

• 이 책의 구성 요소

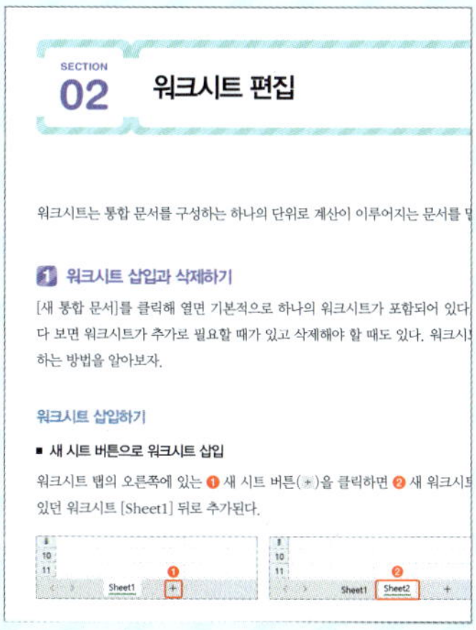

| 기본 이론 |

데이터 분석의 기본적인 배경을 이해하고 엑셀의 함수와 기능을 사용하는 방법에 대해 학습할 수 있습니다.

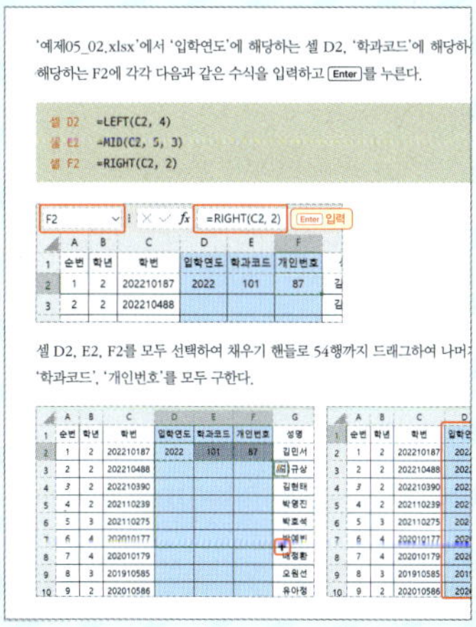

| 예제 |

이론에서 설명한 엑셀 함수와 기능을 간단한 예제에 적용해 보며 동작 원리를 쉽게 이해할 수 있습니다.

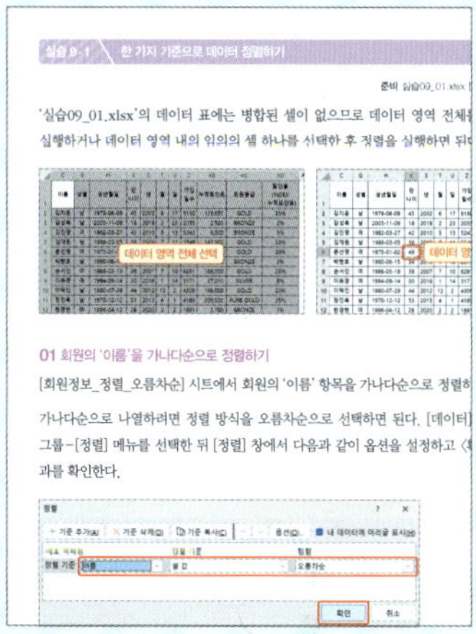

| 실습 |

이론과 예제를 통해 이해한 엑셀의 함수와 기능을 다른 주제에도 응용해 볼 수 있도록 프로젝트 문제와 풀이 형태로 실습해 봅니다.

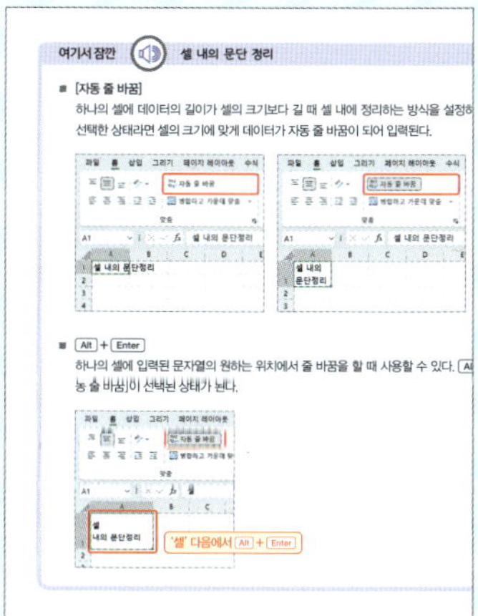

| 여기서 잠깐 |

본문에서 자세히 다루지는 않았지만 알아두면 도움이 되는 참고 사항을 담았습니다.

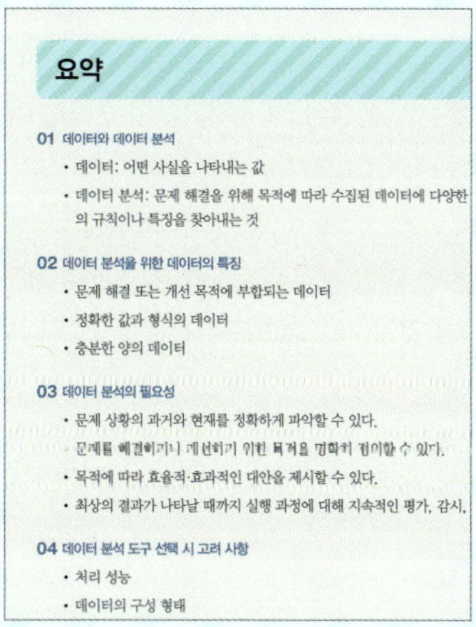

| 요약 |

각 장이 끝날 때마다 핵심 내용을 간략히 정리하여 본문에서 배운 내용을 한눈에 파악할 수 있습니다.

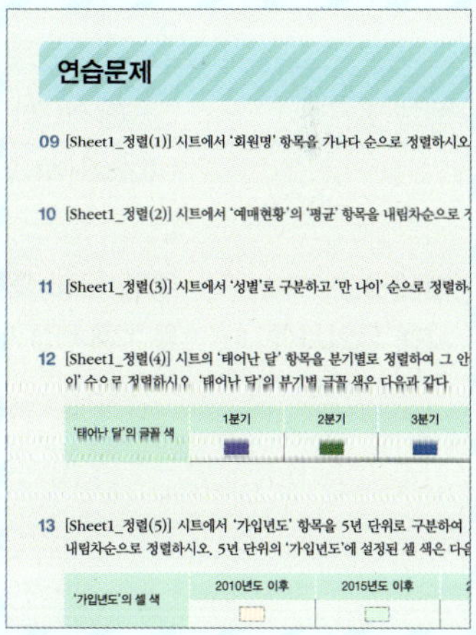

| 연습문제 |

각 장을 마무리하는 과정으로 본문의 핵심 내용을 점검할 수 있는 문제를 제시합니다. 예제, 실습과는 다른 새로운 두 개의 프로젝트로 데이터 분석을 경험할 수 있습니다.

- **개정 반영 내용**

『엑셀로 배우는 데이터 분석(2판)』에서 반영한 내용은 다음과 같습니다.

- 엑셀 2021 버전을 바탕으로 화면과 실습 이미지를 모두 교체
- 엑셀의 함수와 기능을 간단히 사용해 보는 예시를 추가하여 각 장의 설명을 보완
- 장별 예제, 실습 문제를 추가
- 데이터 시각화(13, 14장)를 보완하여 결과를 정확히 표현할 수 있도록 구성
- 연습문제 교체 및 '도서 관리 시스템 현황 분석' 프로젝트를 추가
- 데이터 분석 종합 프로젝트 장(17장)을 추가

- **강의 보조 자료**

한빛아카데미 홈페이지에서 '교수회원'으로 가입한 분은 인증 후 교수용 강의 보조 자료를 제공받을 수 있습니다. 한빛아카데미 홈페이지 상단의 [교수전용공간] 메뉴를 클릭하세요.

https://www.hanbit.co.kr/academy

- **연습문제 해답**

이 책은 대학 강의용 교재로 개발되었으므로 연습문제 해답을 제공하지 않습니다.

- **실습 환경**

이 책의 모든 이론과 예제 설명은 엑셀 2021 버전을 바탕으로 작성했습니다. 엑셀 2021 버전의 경우 메뉴 및 화면 구성이 2019 버전, 엑셀 365 버전과 비슷하므로 해당 버전을 사용하여 학습해도 크게 무리는 없지만, 일부 메뉴나 함수명에 약간의 차이가 있을 수 있습니다. 엑셀 2016 이전 버전은 메뉴 구성이 다르고 버전이 바뀔 때마다 추가된 함수가 있으므로 이 책의 내용을 실습하는 데 제약이 있을 수 있습니다.

- **예제 소스**

실습에 필요한 자료는 다음 주소에서 내려받을 수 있습니다.

https://www.hanbit.co.kr/src/41030

- **예제 소스 사용 유의사항**

예제, 실습, 연습문제, 종합 프로젝트의 예제 소스로 제공되는 모든 데이터는 저자가 이 책의 학습을 위해 직접 제작한 것입니다. 그러므로 학습 이외의 다른 용도로 사용하지 않도록 주의합니다.

PART 01 엑셀 시작

PART 02 데이터 준비

CHAPTER 04 분석 데이터 수집 I

CHAPTER 05 데이터 정리

PART 03 데이터 분석과 결과 공유

CHAPTER 08 함수를 이용한 데이터 집계

CHAPTER 09 데이터 정렬

CHAPTER 10 부분합을 이용한 데이터 집계

CHAPTER 13 조건부 서식과 표

CHAPTER 14 차트와 스파크라인

PART 04 데이터 분석을 위한 기능

PART 01

엑셀 시작

CHAPTER 01

데이터 분석의 개요

학습목표

- 데이터 분석의 정의와 필요성을 이해한다.
- 데이터 분석 도구를 결정하기 위한 고려사항을 이해한다.
- 대표적인 데이터 분석 도구의 종류를 파악한다.
- 데이터 분석 도구로 엑셀을 선택하는 이유를 이해한다.
- 데이터 분석의 전 과정을 이해한다.

SECTION 01

데이터 분석

1 데이터와 데이터 분석

오늘날 우리는 수많은 종류, 엄청난 양의 데이터를 접하며 살고 있다. 목적지까지 가기 위한 경로나 교통수단, 그리고 도로 상황 등은 아침 출근길이나 등굣길의 중요한 데이터가 된다. 또한 카페 메뉴판에 써 있는 다양한 종류의 커피, 차, 음료의 가격은 음료를 선택할 때 꼭 필요한 데이터가 된다. 이처럼 우리는 부지불식간에 많은 종류, 엄청난 양의 데이터를 쉼 없이 접하고 있다.

이러한 데이터는 비교, 계산, 분석, 적용되어 상황에 맞는 정보가 된다. 즉, 목적지까지 가기 위한 경로를 정할 때 가능한 경로 중 어떤 경로가 더 빠른지, 혹은 덜 복잡한지를 계산하고 비교하여 최적의 경로를 찾을 수 있다. 또한 카페에서 음료를 정할 때도 입맛, 몸 상태, 기분, 지갑 사정 등을 고려하여 적당한 음료를 결정할 수 있다.

한편 이런 상황도 있을 수 있다. 경로와 교통 상황 등의 데이터를 분석하여 결정한 길로 갔음에도 예상과 달리 길이 막혀 시간이 더 지체되는 경우, 자신의 입맛과 기분을 고려해서 음료를 선택했지만 마셔보니 만족스럽지 않은 상황도 있다. 이럴 때는 어느 부분에서 판단을 잘못했는지 살펴보게 된다. 그 원인이 정확하지 않은 데이터일 수도 있고, 결정하는 과정에서 애매한 기준을 적용한 것일 수도 있다. 이처럼 만족스럽지 못한 결과의 원인을 찾고 분석한 내용은 다시 정확한 결정을 내릴 때 사용하는 새로운 데이터가 될 수 있다.

이와 같이 주어진 데이터를 계산 및 분석하여 새로운 정보를 예측하거나 얻어내는 과정을 데이터 분석이라고 한다. 데이터 분석은 전문적인 분야에서만 활용되는 것이 아니다. 목적지까지 가는 경로를 찾거나 메뉴를 선택하는 것처럼 일상에서도 데이터 분석은 매일같이 활용된다.

이 장에서는 데이터 분석이 무엇인지, 왜 필요한지, 데이터 분석에는 어떤 도구가 사용되는지 살펴보도록 한다.

데이터 분석의 정의

데이터data는 어떤 사실을 나타내는 값을 말한다. 따라서 데이터는 적절한 상황에 사용될 때 중요한 정보information가 된다. 예를 들어 '123번 버스는 강남역에 정차한다.', '아메리카노의 가격이 3,500원이다.'와 같은 데이터는 123번을 이용하려는 사람, 카페에서 메뉴를 결정하는 사람에게 좋은 정보가 된다. 그러나 이러한 정보만으로는 시간에 맞춰 목적지까지 효율적으로 갈 수 있다거나, 지금 당장 마시고 싶은 음료가 무엇인지 결정하기에 충분하지 않을 수 있다. 즉, 주어진 모든 데이터가 상황과 목적에 맞는 정보는 아니라는 것이다.

따라서 목적에 맞게 수집한 데이터를 종합하고 적절한 계산, 비교, 분석을 거쳐야 필요한 정보를 얻을 수 있다. 이렇게 문제를 해결하기 위해 목적에 따라 수집된 데이터에 다양한 분석 방법을 적용하여 데이터의 규칙이나 특징을 찾아내는 과정을 데이터 분석data analysis이라고 한다. 데이터 분석의 결과물은 문제 해결 방법이나 개선 방향을 설정할 때 중요한 정보가 된다.

분석에 필요한 데이터의 특징

데이터 분석에서 데이터는 중요한 자원이다. 정확한 데이터 분석에 필요한 데이터의 특징은 다음과 같다.

■ 문제 해결 또는 개선 목적에 부합하는 데이터

데이터 분석을 하는 이유는 어떤 문제를 해결하거나 개선하기 위함이므로 목적에 맞지 않는 데이터는 데이터 분석 과정에 방해가 된다. 예를 들어 목적지까지 가는 여러 가지 방법 중 하나를 결정할 때 버스, 택시, 지하철을 운행하는 사람의 이름은 필요하지 않다. 또한 카페에서 메뉴를 선택할 때 음료를 만드는 사람의 성별도 의미가 없다. 그러므로 문제 해결 및 개선을 위한 목적이 무엇인지 정확하게 인지하고, 수집된 데이터가 그 목적을 이루는 데 반드시 필요한 것인지 판단해야 한다.

■ 정확한 값과 형식의 데이터

강남역에 가는 버스들을 하나의 파일로 정리한다고 가정하자. 파일에 포함된 버스 번호 중 강남역에 가지 않는 버스 번호가 포함되어 있거나 버스의 번호를 정수형 또는 문자형 등으로 일관되지 않게 저장했다면, 버스 번호를 이용한 데이터 분석 과정이 복잡해지고 잘못된 분석 결과를 도출할 수 있다. 그러므로 데이터 분석에 사용하는 데이터는 그 값과 형식이 정확하고 일관성 있게 정의되어야 한다.

■ 적정한 양의 데이터

데이터 분석을 할 때 데이터의 양은 분석 결과의 정확성과 가치를 결정하는 중요한 기준이다. 데이터의 양이 너무 적으면 분석 결과가 편향될 가능성이 있고, 데이터 양이 너무 많으면 데이터 자체의 일관성이 떨어질 수 있기 때문이다. 그러므로 데이터 분석은 적정한 양의 데이터를 필요로 한다.

이때 '적정한 양'의 기준이 필요한데, 이는 문제 해결이나 개선을 위해 세운 목적에 따라 결정된다.

목적을 분명하게 정의하면 필요한 데이터의 양을 예측할 수 있으므로 필요한 만큼의 데이터를 수집하여 분석이 가능하다.

TIP • 이때 분석 과정에서 필요하다면 예측한 양 외에도 데이터를 더 수집하거나 이미 수집된 데이터를 삭제할 수도 있다.

데이터 분석의 필요성

몸무게가 급격하게 증가하여 다이어트를 하기로 했다고 가정하자. 오늘부터 굶어서 몸무게를 줄인다고 하면 빠른 효과를 볼 수는 있겠지만 장기적으로는 건강을 해치는 좋지 않은 방법이 될 것이다. 건강하게 체중을 감량하려면 자신의 몸 상태와 생활 패턴을 분석하여 자신에게 적합한 운동은 무엇인지, 식습관은 어떻게 개선해야 하는지, 생활 습관 중 버려야 할 것과 유지해야 할 것은 무엇인지 등을 찾아내어 다이어트 대안을 만들어야 한다. 계획한 대안에 맞춰 다이어트를 한다면 무작정 굶거나 무리하게 운동을 하는 것보다 건강하게 체중 조절을 할 수 있다.

이처럼 해결하거나 개선해야 하는 어떤 문제가 있을 때는 문제의 핵심을 파악하는 것에서부터 시작해야 한다. 문제의 핵심을 파악하려면 문제 상황을 구성하는 데이터를 분석하여 정보를 얻어내는 것이 가장 효과적이다. 문제의 핵심을 파악했으면 그것을 해결하거나 개선하기 위한 목적을 정의하고, 그 목적을 이루는 데 필요한 데이터를 수집하여 꼼꼼히 조사한다. 이렇게 얻은 정보를 활용해 대안을 도출하여 실행하면 만족도가 높은 결과가 나타날 것이다. 만약 대안을 실행하는 도중에 문제가 발생하더라도 분석에서 얻은 정보를 이용하여 빠른 대처가 가능하다.

데이터 분석으로 얻어지는 효과는 다음과 같다.

❶ 문제 상황의 과거와 현재를 정확하게 파악할 수 있다.
❷ 문제를 해결하거나 개선하기 위한 목적을 명확히 정의할 수 있다.
❸ 목적에 따라 효율적·효과적인 대안을 제시할 수 있다.
❹ 최상의 결과가 나타날 때까지 실행 과정에 대해 지속적인 평가, 감시, 개선이 가능하다.

2 데이터 분석 도구

데이터 분석에는 다양한 도구가 사용될 수 있다. 엑셀과 같은 기본적인 스프레드시트 프로그램부터 R·파이썬 등의 프로그래밍 언어, SAS·SPSS와 같은 통계 프로그램, 하둡(Hadoop)과 같은 빅데이터를 처리할 수 있는 분산 애플리케이션 지원 프레임워크, 태블로(Tableau)와 같이 데이터 분석 내용을 직관적으로 제공하는 시각화 도구 등 다양하게 존재한다. 이러한 데이터 분석 도구를 선택할 때는 다음 사항을 고려해야 한다.

- **처리 성능:** 처리 성능은 처리 가능한 데이터의 양과 처리 속도로 평가할 수 있다. 적은 양의 데이터를 분석할 때의 처리 속도가 빅데이터를 분석할 때보다 당연히 빠를 것이다. 따라서 분석해야 하는 데이터의 양을 예측하여 그에 적합한 데이터 분석 도구를 선택해야 한다.
- **데이터의 구성 형식:** 데이터는 표 형식으로 많이 구성되지만, 데이터의 종류에 따라 벡터나 행렬 등의 특수한 형식으로 구성할 수도 있다. 이러한 데이터를 분석하려면 다양한 형식을 표현하고 구성하는 데 제약이 적은 데이터 분석 도구를 선택해야 한다.
- **분석 기법:** 데이터 분석에는 기본 연산과 집계 및 통계 기법이 필수로 사용되며, 데이터 분석 도구가 제공하는 집계 및 통계 기법이 다양할수록 여러 가지 방식으로 분석을 수행할 수 있다. 따라서 데이터 분석의 목적과 수집된 데이터 양에 따라 분석 기법을 선택하고, 그 기법을 강력하게 지원하는 데이터 분석 도구를 선택해야 한다.
- **시각화:** 데이터 분석을 할 때 중간 결과나 최종 결과를 관계자들과 공유하는 것은 매우 중요한 과정 중 하나이다. 그러므로 결과의 가독성과 이해도를 높일 수 있는 기능이 중요하다. 시각화의 대표적인 예가 바로 차트이다. 차트로 표현된 결과는 복잡한 숫자나 문자로 표현된 결과보다 전체적인 결과를 쉽고 빠르게 이해하는 데 도움이 된다. 따라서 분석의 목적, 데이터 형식, 분석 기법에 맞게 선택할 수 있는 다양한 시각화 방법과 편리한 편집 기능을 제공하는 데이터 분석 도구는 분석 과정과 결과를 공유하는 데에 큰 도움이 된다.

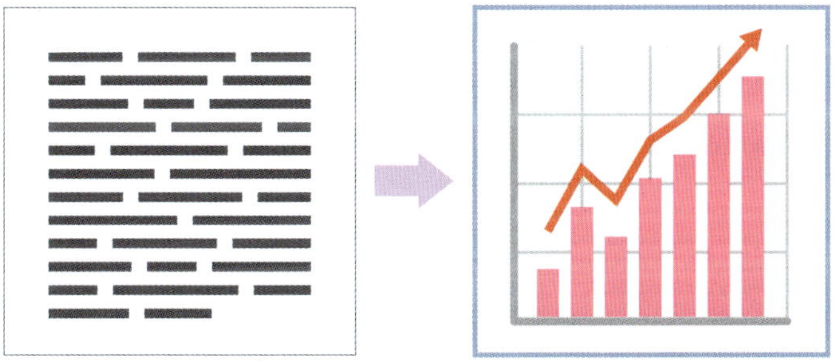

데이터 분석에 사용되는 많은 종류의 도구들은 각각의 강점을 가지고 있으며, 사용자는 분석하려는 목적, 데이터의 양과 형식, 분석 기법을 고려하여 데이터 분석 도구를 선택하게 된다. 다양한 데이터 분석 도구 가운데 비교적 적은 양의 데이터 분석에 용이한 R, 파이썬, 엑셀의 특징에 대해 간단히 알아보자.

R

R은 통계학자들이 만든 오픈 소스 통계 프로그래밍 언어로, 통계 목적의 다양한 연산과 출력이 용이하도록 최적화되어 있다. R은 방대한 통계 함수 패키지를 제공하므로 제약 없이 다양한 기법으로 데이터 분석을 할 수 있다. 또한 다양한 통계 소스를 제공하므로 비슷한 자료의 데이터를 분석

하는 경우에 통계 소스를 적용하여 쉽게 분석 결과를 얻을 수 있으므로 초보자도 쉽게 데이터 분석 프로그래밍이 가능하다. 다양한 시각화 기능도 제공하므로 분석 과정과 결과를 관계자와 공유하기도 편리하다. 그리고 R은 프로그래밍 언어이기 때문에 다른 언어와 연계한 개발, 즉 웹과 연동 처리가 가능하여 개발자 입장에서도 사용하기 편리한 데이터 분석 도구이다.

그러나 R이 초보자가 익히기에 쉬운 프로그래밍 언어라 하더라도 R을 배우려면 어느 정도의 프로그래밍 사고력이 필요하다. 또한 R은 데이터 처리 시간이 길고, 오픈 소스 프로그램이라 기술 지원 등이 원활하지 못하여 유지·보수가 잘 되지 않기 때문에 발전이 정체되어 있다.

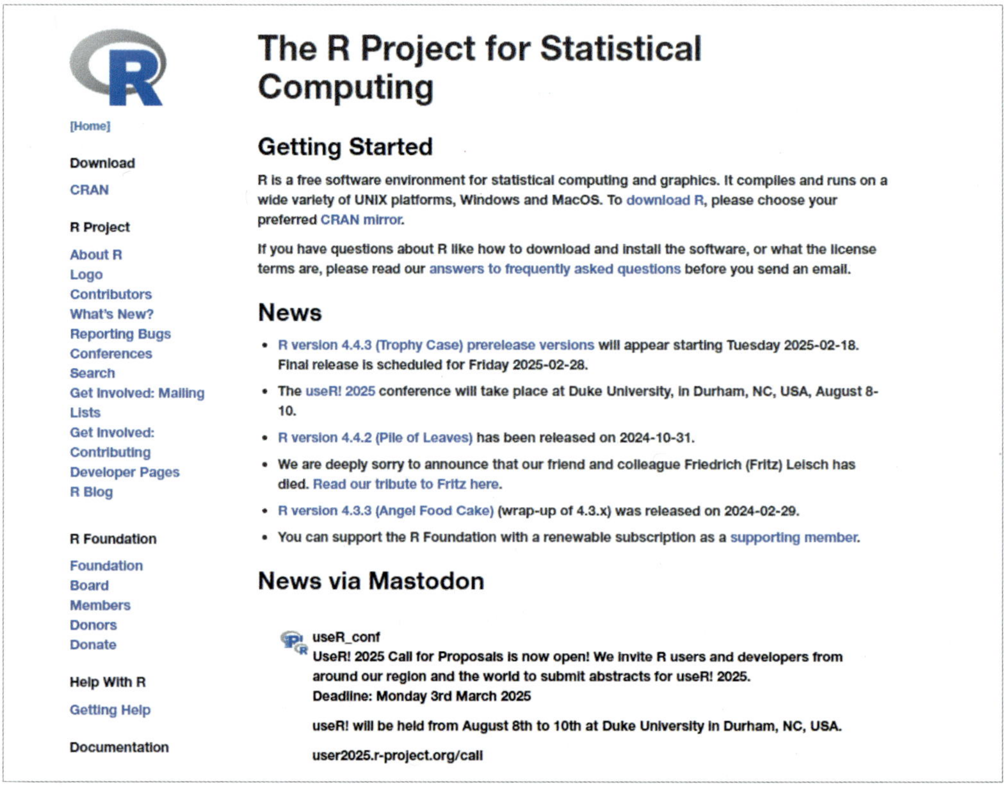

파이썬

파이썬Python은 간단하면서도 직관적인 문법 구조로 구성된 교육용 프로그래밍 언어이다. 따라서 파이썬은 개발자는 물론이고 초보자도 쉽게 배워 사용할 수 있다.

파이썬은 많은 종류의 라이브러리와 확장 패키지를 제공하므로 코드를 작성하는 사람이 원하는 기능은 라이브러리나 패키지에서 찾아 활용할 수 있다. 또한 테이블 외에 리스트와 레코드 같은 복잡한 데이터 구조도 제공하므로 다양한 형태의 프로그래밍이 가능하다. 무엇보다 파이썬은 다른 언어 또는 데이터베이스와의 호환성이 좋기 때문에 좀 더 빠르고 효과적으로 프로그래밍이 가능하다. 이러한 장점은 파이썬을 데이터 분석 도구로 이용하는 데에도 빛을 발한다. 라이브러리와 패키지를 조합하여 발전된 분석 코드를 작성할 수 있고, 분석 코드를 다른 프로그램 또는 데이터베이스에 결합하거나 웹에 공유함으로써 확장된 분석과 결과 공유가 가능하다. 또한 다양한 자료 구조를 제공하는 것은 데이터 분석 도구로서 파이썬의 큰 장점이기도 하다.

하지만 통계 프로그래밍을 위해 만들어진 R과 달리 파이썬은 특정 분야를 위해 만들어진 프로그래밍 언어가 아니기 때문에 통계적 라이브러리나 패키지가 R보다 빈약한 편이었다. 이에 최근 통계 라이브러리가 대거 추가되어 R 못지않은 데이터 분석 도구로서의 면모를 다지고 있다. 한편 파이썬은 속도가 그다지 빠르지 않으며, 시각화 기능을 제한적으로 제공하고 있어 결과 공유 방식을 더 발전시킬 필요가 있다.

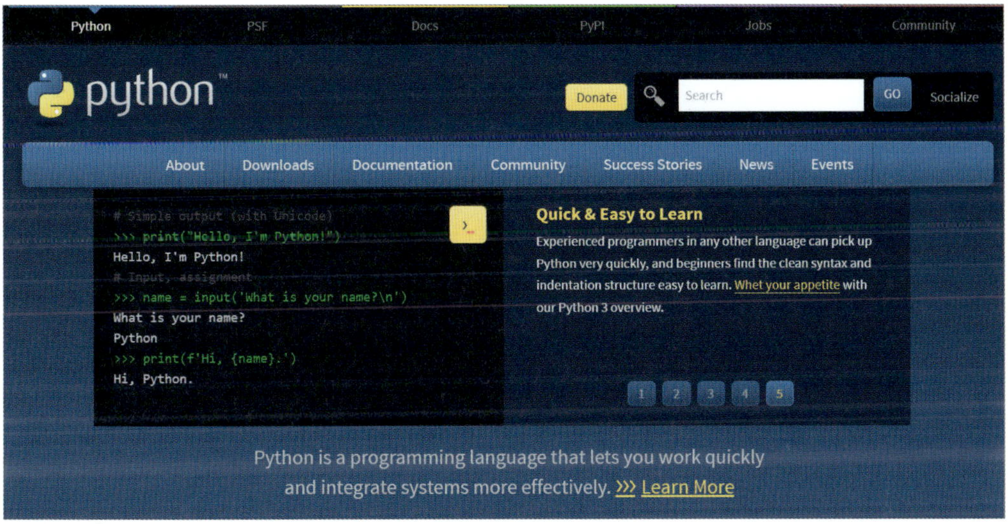

엑셀

엑셀Excel은 마이크로소프트Microsoft에서 만든 계산용 문서 프로그램으로, 계산 위주의 문서 작업에 탁월한 기능을 제공한다. 다양한 함수와 차트 등의 시각화 도구를 비롯해 여러 가지 분석 도구를 메뉴로 제공하기 때문에 데이터 분석을 시작하는 사람들에게 매우 유용한 도구이다.

특히 엑셀은 R이나 파이썬과 달리 데이터 위주의 분석 도구이다. R이나 파이썬은 데이터 분석을 위해 데이터를 관리할 뿐만 아니라 데이터 분석 코드를 작성하고 관리해야 하지만, 엑셀은 워크시트work sheet를 구성하는 셀에 데이터를 입력하고 필요한 셀에 대해 함수를 적용하여 결과를 확인하는 방식으로 사용하기 때문에 분석 과정 중 데이터의 정확성과 일관성에 더 집중할 수 있다. 또한 VBscript를 이용하여 상세히 코딩하는 방법도 제공하므로 더 확장된 데이터 분석도 가능하다.

한편 엑셀은 통계를 목적으로 만들어진 프로그램이 아니기 때문에 집계 및 통계 기법과 시각화 기법이 R에 비해 제약이 있는 편이다. 그러나 데이터 분석에서 많이 사용하는 상관도 분석, 회귀 분석 등의 기본 통계 기법이나 기계 학습 기능 등은 만족스러운 수준이다.

엑셀, R, 파이썬은 모두 적은 양의 데이터 분석에 적당한 도구이며, 특히 엑셀은 데이터의 양이 많을수록 관리가 쉽지 않다. 데이터가 많다는 것은 입력된 셀의 개수가 많다는 의미이고, 분석을 위해 그 많은 셀을 일일이 확인하고 선택하는 수고를 해야 한다. 이에 반해 R과 파이썬은 변수에 데이터를 입력하는 코딩이 정확하다면 분석에 필요한 데이터 입력 과정은 간단한 편이다. 결과적으로 엑셀은 처리 용량이나 고급 분석 기능 등에 제약이 있다고 할 수 있다.

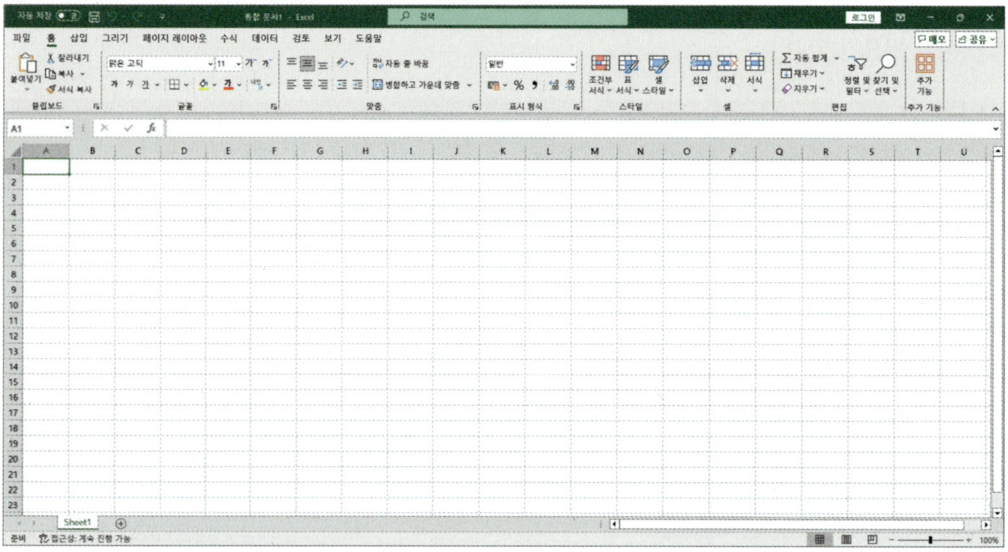

3 엑셀을 사용하는 이유

어떻게 보면 엑셀은 데이터 분석 도구 중에서 가장 제약이 많다고 해도 과언이 아니다. 그럼에도 불구하고 왜 사람들은 엑셀을 유용한 데이터 분석 도구 중 하나로 꼽는 것일까? 또 이 책에서는 왜 엑셀을 데이터 분석 도구로 다루는 것일까? 이유는 다음과 같다.

■ 코딩이 아닌 메뉴를 이용하여 데이터 분석이 가능하다

데이터 분석 도구로서 엑셀의 가장 큰 장점은 프로그래밍을 별도로 공부하지 않아도 된다는 것이다. 쉽게 말해 엑셀은 다른 데이터 분석 도구에 비해 활용하기 쉬운 도구이다. 데이터 분석을 배울 때 프로그래밍이라는 또 다른 분야를 공부해야 한다는 것은 큰 부담일 수밖에 없다. 그러나 엑셀은 메뉴와 함수 활용 방법에 대해 조금만 익히면 금방 데이터 분석을 할 수 있으며, 오로지 데이터에만 집중하여 분석할 수 있다.

■ 데이터 분석 과정을 이해하는 데 도움을 준다

빅데이터 분석이 대세라고 해서 처음부터 대용량 데이터를 이용해 데이터 분석을 학습하는 것은 무모한 짓이다. 오히려 데이터에 치여 데이터 분석 과정을 제대로 이해하지 못할 수도 있다. 빅데이터는 결국 작은 데이터들의 모음이기 때문에 데이터 분석에 필요한 데이터 양은 예상 범위 중 가장 적은 양으로 시작하는 것이 좋다. 데이터 분석 과정을 이해하는 데에는 적은 양의 데이터가 유용하며 적은 양의 데이터를 분석할 줄 안다면 대용량 데이터를 분석하는 것도 쉽게 적응할 수 있기 때문이다. 엑셀은 대용량 데이터를 분석하기에는 적합하지 않다. 하지만 적은 양의 데이터를 이용하여 데이터 분석 과정을 이해하기에는 엑셀만한 도구가 없다.

■ 엑셀의 최종 목적은 데이터 분석이다

인터넷에서 엑셀을 검색하면 일반적으로 '계산 위주의 문서 프로그램', '표 형태의 계산을 돕는 스프레드시트'와 같이 정의되어 있다. 이처럼 엑셀은 단순히 계산용 프로그램처럼 인식되고 있지만 이러한 계산을 바탕으로 필터링, 피벗 테이블, 차트 등의 기능을 이용해 데이터의 특징을 파악하고 집계나 통계를 낼 수 있다. 이 모든 것은 데이터 분석에 기본적으로 필요한 작업이자 데이터 분석의 한 과정이다. 즉, 엑셀은 단순한 계산 목적의 프로그램이 아니라 데이터 분석이 목적인 프로그램이다.

■ 가장 일반적인 도구이다

빅데이터 분석 도구를 비롯해 R이나 파이썬과 비교하면 엑셀은 가장 일반적으로 사용되는 도구이다. 수업 시간표와 같은 간단한 계획표를 만들 때도 엑셀을 사용하고, 대부분의 직장인들은 기본 업무 활용 프로그램으로 엑셀을 사용하고 있다. 이처럼 많은 사람이 사용하고 있는 엑셀이야말로 일상의 데이터를 이용하여 데이터 분석을 공부하기에 최적의 도구라고 할 수 있다.

SECTION 02 데이터 분석 과정

데이터 분석 과정은 다음과 같이 4단계로 나눌 수 있다.

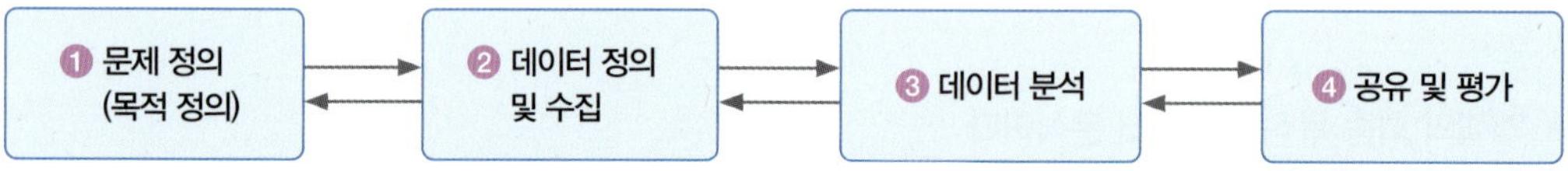

어떤 문제를 해결하는 과정에서 이전 단계를 완벽하고 투명하게 정의 및 정리한 후 다음 단계를 진행하는 것이 원칙이다. 그러나 모든 일을 완벽하게 한다는 것은 불가능하기 때문에 조금이라도 부족한 점이 보인다면 다시 이전 단계로 돌아가 확실히 처리한 후 다음 단계를 진행하는 것이 보다 정확한 결론을 얻는 방법이다.

데이터 분석 과정에도 같은 방식이 적용될 수 있다. 예를 들어 데이터 분석의 두 번째 단계인 ❷ 데이터 정의 및 수집 단계에서 데이터를 정의하던 중 문제를 해결하고 목적을 이루는 데 특정 데이터가 필요한 이유가 명확하지 않다면 ❶ 문제 정의(목적 정의) 단계로 돌아가 문제와 목적을 더 분명하고 상세하게 정의하고 나서 필요한 데이터를 새롭게 정의하는 것이 바람직하다. ❸ 데이터 분석 단계에서 데이터의 양이나 종류가 부족하다면 앞 단계인 ❷ 데이터 정의 및 수집 단계를 다시 진행해야 한다. 따라서 마지막 단계인 ❹ 공유 및 평가에 이르기까지 앞의 세 단계가 여러 차례 반복될 수 있다.

1 문제 정의(목적 정의)

문제를 인식하고 그 문제를 해결하기 위해 데이터 분석을 해야겠다는 의지가 있을 때 가장 먼저 해야 할 일은 '문제가 무엇인지 정의'하는 것이다. 문제가 무엇인지 명확히 정의되지 않은 상태에서 진행하는 데이터 분석은 대부분 임시방편일 뿐 근본적인 해결책을 제시하지 못하며, 상황에 따라서 문제를 더 복잡하게 만들기도 한다. 문제가 명확히 정의되면 다음 단계에서 실행하는 데이터 정의 및 수집, 분석을 위한 접근 방법을 결정할 수 있으며, 데이터 분석 전 과정에서 의도치 않게 발생할지도 모르는 불필요한 작업을 최소화하거나 원천 봉쇄함으로써 수월하게 데이터 분석을 할 수 있다. 그러므로 해결해야 하는 문제를 명확히 정의하는 첫 단계가 매우 중요하다고 할 수 있다.

문제 정의에 대한 고려사항

데이터 분석이 필요한 문제를 정의하는 것은 곧 데이터 분석의 목적을 정의하는 것과 같다. 데이터 분석의 목적은 어떤 수준이나 범위를 분명하고 상세하게 정의하는 것이며, 이를 위해 다음과 같은 사항을 파악해야 한다.

■ 문제의 배경 이해

문제가 제기되면 문제를 야기한 상황이 무엇인지 파악하는 것이 중요하다. 문제의 배경에 대한 이해는 문제 해결을 위한 방향을 잡는 데 중요한 기준이 되기 때문이다. 단순히 현재의 문제 상황만으로 목적을 정하면 수집된 데이터 중에서 본질적인 문제의 해결과는 거리가 먼 데이터의 양이 많아질 것이고, 이 데이터를 분석하면 결국 문제 해결과는 거리가 먼 결론이 나올 수밖에 없다.

쉬운 예로 전에는 잘 맞았던 옷이 어느 날 단추가 잠기지 않을 정도로 맞지 않는다고 하자. 이때 단순히 옷이 맞지 않는 상태 정보만 고려하여 문제와 목적을 정의한 내용과, 옷이 맞지 않게 된 배경이 무엇인지를 고려하여 문제와 목적을 정의한 내용은 전혀 다르다. 즉, 체중이 증가하여 옷이 안 맞을 수도 있지만 운동으로 근육을 키워 옷이 안 맞을 수도 있기 때문이다. 그러므로 해결할 문제의 목적을 정의할 때는 문제 상황 및 배경을 정확하고 상세하게 관찰하고 이해해야 한다.

■ 문제 상황의 요구사항 파악

문제의 배경을 파악하고 나면 그 상황에서 반드시 지키거나 반영해야 하는 사항이 있을 것이다. 예를 들어 운동 부족으로 살이 쪘지만 무리한 운동을 피해야 하는 이유가 있다거나, 질병으로 복용 중인 약 때문에 살이 쪘으나 약 복용을 중단할 수 없을 때와 같이 문제 상황에서 꼭 지켜야 하는 사항을 파악해야 한다. 이러한 요구사항은 데이터 분석의 목적을 현실성 있게 정할 수 있게 하며, 더 나아가 분석 과정에서 데이터 간의 연관성을 고려하는 데에도 영향을 준다.

■ 분석이 필요한 범위 설정

데이터 분석의 목적을 정의하는 것은 분석을 통해 무엇을 얻고자 하는가를 정하는 것과 같으므로 이를 위해서는 분석할 범위를 정해야 한다. 옷장에 있는 옷이 맞을 정도로 살을 빼기 위한 데이터 분석과 건강을 유지하면서 살을 빼기 위한 데이터 분석은 필요한 데이터의 종류와 양, 분석 방법이 다르다. 그러므로 데이터 분석의 목적을 정의할 때 데이터 분석으로 얻으려는 정보의 범위를 명확히 정의함으로써 불필요한 데이터를 수집하거나 적절하지 않은 분석 방법의 적용을 막을 수 있다.

이렇게 문제의 배경이나 요구사항, 분석 범위를 정확히 파악하고 데이터 분석의 목적을 정의한다면 이어지는 데이터 정의 및 수집 단계에서 필요한 데이터의 종류와 양, 데이터 자체의 속성을 결정하는 지표가 마련된다.

2 데이터 정의 및 수집

데이터 분석을 위한 목적을 명확하게 정의했다면 그 목적에 맞는 데이터를 정의하고 수집해야 한다. 데이터를 정의하고 수집하는 것은 문제를 해결하기 위한 준비물을 갖추는 것과 같다. 준비물이 제대로 갖춰져 있지 않다면 분석 도구가 아무리 완벽하더라도 좋은 결과를 얻을 수 없다. 그러므로 이 단계에서는 문제 정의(목적 정의) 단계에서 정의한 목적을 충분히 반영할 수 있도록 다양한 측면을 고려하여 데이터를 정의하고 그에 맞는 데이터를 수집해야 한다. 정의되어야 하는 데이터의 정보는 다음과 같다.

■ 데이터의 종류

문제와 문제 해결의 목적을 정의하면 그 문제를 구성하는 속성을 발견할 수 있는데, 이 속성이 바로 분석에 사용될 데이터이다. 다이어트라는 목적을 구성하는 속성에는 기본적으로 키, 몸무게, 허리둘레, 성별, 나이 등이 포함된다. 여기에 목적에 맞는 요구사항과 범위에 따라 운동의 종류와 강도, 식습관, 각종 수치가 필요할 수도 있다. 이와 같이 데이터의 종류는 목적에 따라 필요한 모든 속성을 찾아내어 정의한다.

■ 데이터에 대한 데이터

데이터에 대한 데이터를 메타데이터metadata라고 한다. 메타데이터는 데이터의 형식과 규칙을 말하며, 측정값의 형식(정수, 실수, 문자), 소수점 이하 자릿수, 유효값의 범위 등을 정의한다. 메타데이터가 분명하게 정의되면 분석 과정에서 값을 분석하는 데 오류가 적고 원하는 형식을 갖춘 결과를 공유할 수 있다. 메타데이터는 데이터 분석이 필요한 문제의 종류와 그 목적에 맞는 분명한 기준에 따라 정해진다.

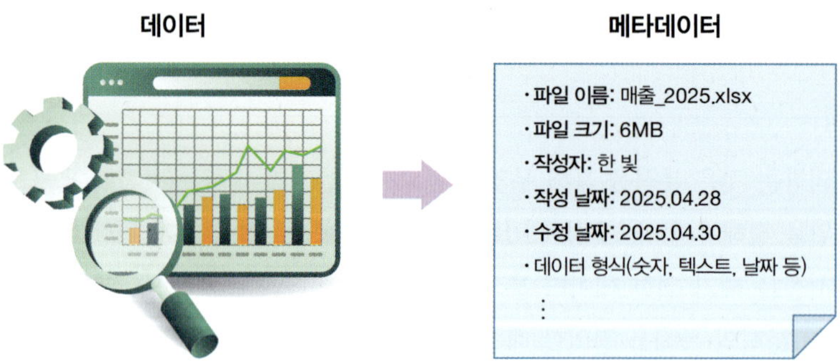

■ 데이터의 양

필요한 데이터의 양은 분석의 목적을 통해 대략적으로 예측할 수 있으나 분석 방법에 따라 결정되기도 한다. 그러므로 우선 데이터 분석의 목적에 맞게 예측한 최소량의 데이터를 수집하고 분석 과정에서 데이터가 더 필요한 경우 추가로 수집한다.

- **데이터 수집 방법**

데이터 수집 방법은 문제 정의(목적 정의) 단계에서 어느 정도 결정된다. 데이터 수집 방법은 기존의 데이터를 활용하는 방법, 일정 기간 동안 혹은 일정량의 데이터가 수집될 때까지 관찰하는 방법, 설문조사와 같은 조사 방법 등 문제와 목적의 특성을 고려하여 결정할 수 있다. 단, 어떤 방법으로 수집하든 정의된 데이터의 종류와 메타데이터에 맞춰서 수집해야 데이터를 정리하는 시간을 절약하고 오류를 최소화할 수 있다.

3 데이터 분석

데이터 분석 과정은 앞에서 정의한 문제와 목적을 해결하기 위해 수집된 데이터를 다양한 시각에서 관찰하여 현재 상황을 분명하게 이해하고, 더 나아가 앞으로의 상황을 예측할 수 있는 자료까지 제공하는 과정이므로 다양한 수학적 연산과 추론 방법을 이용한다. 데이터 분석 과정은 크게 데이터 탐색과 데이터 일반화 과정으로 구분할 수 있다.

데이터 탐색

직소 퍼즐을 맞출 때 퍼즐 조각을 훑어보며 각 퍼즐의 위치를 예측한 다음 시작하면 정확하게 퍼즐을 맞춰가는 데에 도움이 된다. 데이터 분석도 마찬가지로 문제 상황에 대해 수집된 데이터 전체를 훑어보는 것에서 시작한다. 이렇게 데이터를 전체적으로 훑어보는 것은 앞 단계에서 수집한 데이터의 품질을 판단하기 위한 것이다. 즉 데이터에 오류가 있는지, 범주나 형식에 벗어난 데이터가 있는지, 수집된 데이터의 양이 적절한지 확인하여 본격적으로 분석에 들어가기 전에 데이터를 정리하는 과정이다. 또한 이는 다양한 통계, 추론식을 적용하는 데 필요한 다양한 기준값, 예를 들어 평균, 최댓값, 최솟값, 중간값, 표본의 개수 등을 구하는 과정이기도 하다.

데이터 탐색 과정에서는 다음과 같은 사항을 고려해야 한다.

- **문제 상황을 정확하게 표현하는가**

이는 데이터의 분산과 편향성으로 판단할 수 있다. 이 중 분산variance은 데이터가 평균에서 떨어진 정도를 말한다. 분산이 크다는 것은 데이터가 평균으로부터 많이 떨어져 있음을 의미하고, 분산이 작다는 것은 데이터가 평균에 집중되어 있음을 의미한다. 분산이 너무 크면 데이터의 보편성이 떨어지므로 문제 해결에 대해 일반화된 예측을 하기 어렵고, 분산이 너무 작으면 문제 상황에서 발생하는 다양한 가능성을 충분히 반영하지 못할 수 있다.

편향성bias은 예측값에 대해 데이터의 치우친 정도를 의미하는 것이다. 편향성이 크다는 것은 데이터가 예측값에 집중되어 있음을 의미하고, 편향성이 낮다는 것은 데이터가 실제값에 집중되어 있음을 의미한다. 그래서 편향성이 너무 높으면 문제 상황에 대한 정확한 규칙을 발견하기 어렵고, 너무 낮으면 문제 상황을 정확히 반영할 수는 있지만 보편성이 떨어지는 데이터가 반영될 수 있어 상황을 일반화하기가 어렵다. 이처럼 분산과 편향성의 균형을 맞추는 일이 쉬운 것은 아니지만 수학적 계산과 판단으로 데이터의 분산과 편향성의 균형을 최대한 맞추어 분석에 활용한다.

■ **일관성 있게 문제 상황을 반영하는가**

많은 양의 데이터를 수집하다 보면 데이터의 내용과 형식에 관한 관심과 집중이 떨어질 수도 있다. 그래서 데이터의 내용과 형식이 수집 단계 이전의 문제와 목적에서 벗어날 수도 있다. 이렇게 되면 결국 일관성 없는 데이터로 분석하게 되므로 오류가 발생하거나 문제와 상관없는 결과를 얻을 수 있다.

일관성을 유지하는 가장 기본적인 방법은 분석 단계 이전의 단계를 모두 정확하게 실행하는 것이다. 즉, 문제 정의(목적 정의) 단계에서 문제와 목적을, 데이터 정의 단계에서 데이터의 종류와 메타데이터를 명확하고 정확하게, 또 상세하게 정의하는 것이다. 이렇게 정의된 문제와 목적, 메타데이터는 분석에 필요한 데이터를 확실하게 구분하고, 정확한 측정 기준을 제공하여 데이터의 내용과 형식이 일관성 있게 유지되도록 돕는다.

TIP • 만약 위의 두 가지 기준에서 벗어난 데이터가 있다면 데이터의 정의 및 수집 단계로 돌아가 정의 수정, 추가 수집 등의 작업을 다시 해야 한다.

데이터 일반화

일반화 과정에서는 문제 상황을 이해하고 개선 및 해결 방법을 모색하는 근거를 마련한다. 문제 상황의 이해는 개선책 또는 해결책을 제시하기 위한 가장 기본적인 단계이므로 데이터 탐색 과정에서 정리된 데이터를 이용하여 최대한의 정보를 얻어야 한다. 따라서 정의된 문제와 목적에 따라 데이터를 계산, 정렬, 분류, 비교 등의 작업뿐 아니라 다양한 통계적 추론 방법을 활용하여 문제 상황의 이해를 위한 정보를 얻는다.

일반화 과정에서 할 수 있는 주요한 작업은 다음과 같다.

❶ 데이터를 대표하는 값(평균값, 최댓값, 최솟값 등) 파악
❷ 데이터의 범위, 분산, 편향성 등을 이용하여 규칙성과 특이점 발견
❸ 조건에 따른 필터링 또는 그룹화를 이용하여 데이터 선별 및 비교
❹ 미래 예측 및 개선 방향 제안

물론 모든 문제 상황에 이러한 작업이 필요한 것은 아니다. 정의된 문제와 목적에 따라 필요한 작업을 선택적으로 하면 된다. 어떤 작업을 하든 정의된 문제와 목적에 필요한 결과물을 얻는 것이 일반화 과정이다.

4 공유 및 평가

데이터 분석 결과가 나오면 관계자들과 공유하고 평가해야 한다. 이는 분석 결과를 바탕으로 올바른 개선책 또는 해결책을 제시하기 위한 과정이므로 이전 단계에서 다룬 다음과 같은 내용에 대한 보고까지 포함되어야 한다.

1. 데이터 분석을 시작하게 된 계기, 정의된 문제와 목적
2. 정의된 데이터와 상세 내용 및 수집 방법
3. 정의된 목적에 따른 분석 방법 및 결과
4. 분석 결과를 통해 알게 된 과거와 현재 상황
5. 예측 가능한 미래 상황과 대안

이러한 내용을 보고하면 관계자들은 문제 상황과 결과에 대해 이해하는 동시에 데이터 분석 과정의 단계에서 나온 결과를 검토하고 평가할 수 있다. 그리고 그 평가 결과에 따라 개선책 또는 해결책을 문제 상황에 적용해 보고, 그렇게 해서 얻은 새로운 데이터를 이용해 다시 개선책 또는 해결책을 평가할 수 있다. 그러므로 공유 및 평가 단계는 문제 상황이나 결과에 대한 이해, 분석 결과를 통해 얻은 개선책 또는 해결책 제시, 그리고 문제 해결 시도 후의 성과에 대한 기록 및 평가까지 모두 포함된다.

공유 및 평가 단계에서 가장 효율적으로 사용할 수 있는 기능은 시각화이다. 이는 수치적인 데이터와 데이터 분석의 중간 및 최종 결과를 차트 등으로 도식화하여 표현하는 것으로 데이터의 전체적인 특징을 쉽게 이해할 수 있으며, 앞으로의 동향을 예측하여 시뮬레이션하는 데에 효율적인 역할을 한다. 또한 관계자들이 정의된 문제와 목적, 데이터 분석 과정과 그 결과를 이해하는 데에도 큰 도움이 된다. 그러므로 최종 단계뿐만 아니라 중간 단계에서도 시각화 기능을 이용하면 데이터 분석을 효율적으로 진행하는 것이 가능하다.

사실 공유 및 평가 단계는 이전 단계에서도 이루어져야 하는 과정이다. 데이터 분석 과정 중 중간 결과를 관계자들과 공유하면 다양한 방향으로 분석을 시도할 수 있게 되어 더 효과적인 대안을 찾아낼 수 있기 때문이다. 또한 대안을 적용하여 얻은 성과에 대한 기록은 새로운 데이터 분석 자료가 된다. 결과적으로 데이터 분석 과정의 각 단계는 끊임없이 순환되고 반복된다고 볼 수 있다.

요약

01 데이터와 데이터 분석

- 데이터: 어떤 사실을 나타내는 값
- 데이터 분석: 문제 해결을 위해 목적에 따라 수집된 데이터에 다양한 분석 방법을 적용하여 데이터의 규칙이나 특징을 찾아내는 것

02 데이터 분석을 위한 데이터의 특징

- 문제 해결 또는 개선 목적에 부합되는 데이터
- 정확한 값과 형식의 데이터
- 충분한 양의 데이터

03 데이터 분석의 필요성

- 문제 상황의 과거와 현재를 정확하게 파악할 수 있다.
- 문제를 해결하거나 개선하기 위한 목적을 명확히 정의할 수 있다.
- 목적에 따라 효율적·효과적인 대안을 제시할 수 있다.
- 최상의 결과가 나타날 때까지 실행 과정에 대해 지속적인 평가, 감시, 개선이 가능하다.

04 데이터 분석 도구 선택 시 고려 사항

- 처리 성능
- 데이터의 구성 형태
- 분석 기법
- 시각화

05 대표적인 데이터 분석 도구

- R: 통계 목적의 다양한 연산과 출력이 용이하도록 최적화된 오픈 소스 통계 프로그래밍 언어이다. 방대한 통계함수 패키지 및 다양한 통계 소스, 다양한 시각화 기능을 제공한다.
- 파이썬: 간단하고 직관적인 문법 구조를 가진 대화식 인터프리터 언어이다. 많은 종류의 라이브러리와 확장 패키지, 복잡한 데이터 구조도 제공한다.
- 엑셀: 마이크로소프트에서 만든 계산용 문서 프로그램으로, 다양한 함수와 시각화 도구 및 여러 가지 분석 도구를 메뉴로 제공하는 데이터 위주의 분석 도구이다.

06 엑셀을 사용하는 이유

- 코딩이 아닌 메뉴를 이용하여 데이터 분석이 가능하다.
- 데이터 분석 과정을 이해하는 데 도움이 된다.
- 엑셀의 최종 목적은 데이터 분석이다.
- 일반적으로 많이 사용되는 도구이다.

07 데이터 분석 과정

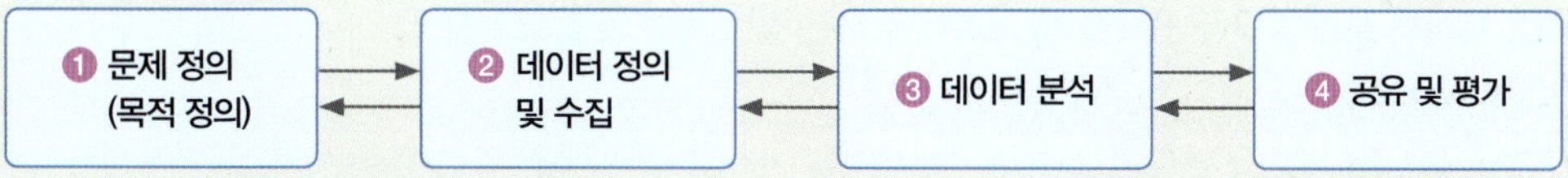

08 데이터 분석의 목적을 정의하기 위해 파악해야 하는 내용

- 문제의 배경 이해: 문제를 야기한 상황
- 문제 상황에 대한 요구사항 파악: 문제 상황에서 반드시 지키거나 반영해야 하는 사항
- 분석이 필요한 범위 설정

09 데이터 수집 과정에서 정의되어야 하는 데이터 정보

- 데이터의 종류: 문제를 구성하는 속성
- 메타데이터: 데이터의 형식과 규칙
- 데이터의 양
- 데이터 수집 방법

10 데이터 분석 과정에서 해야 하는 작업

- 데이터 탐색: 데이터의 품질을 판단하는 과정으로 문제 상황을 정확하게 표현하는지, 일관성 있게 문제 상황을 반영하는지 고려한다.
- 데이터 일반화: 문제 상황 이해하고 개선 및 해결 방법을 모색하는 근거를 마련한다.

11 공유 및 평가에 포함되는 내용

- 데이터 분석을 시작하게 된 계기, 정의된 문제와 목적
- 정의된 데이터와 상세 내용 및 수집 방법
- 정의된 목적에 따른 분석 방법 및 결과
- 분석 결과를 통해 알게 된 과거와 현재 상황
- 예측 가능한 미래 상황과 대안

연습문제

01 **다음 중 데이터 분석의 효과가 아닌 것을 고르시오.**

① 문제 상황의 과거와 현재를 파악할 수 있다.

② 문제를 해결하거나 개선하기 위한 목적을 명확히 정의할 수 있다.

③ 목적에 따라 효율적, 효과적 대안을 제시할 수 있다.

④ 최상의 결과를 단번에 찾아내어 문제 상황 평가, 감시, 개선이 가능하다.

02 **데이터 분석 도구를 선택할 때 고려해야 하는 점이 아닌 것을 고르시오.**

① 처리 가능한 데이터의 양과 처리 속도

② 단순한 데이터 형식 표현

③ 데이터 분석의 목적과 데이터 양에 따라 선택된 분석 기법 지원

④ 데이터 분석 과정 또는 그 결과에 대한 공유를 위한 시각화 기능

03 **데이터 분석 도구 중 엑셀을 사용하는 이유로 맞는 것을 고르시오.**

① 메뉴를 이용한 데이터 분석이 가능하다.

② 분석 과정을 단순화할 수 있어 대용량 데이터 분석이 가능하다.

③ 피벗 테이블 등의 어려운 기능으로 일반적인 문제 분석이 쉽지 않다.

④ 메뉴를 이용한 데이터 분석을 하기 때문에 데이터에 집중하기 어렵다.

04 **데이터 분석 과정 중 문제 정의(목적 정의)를 하기 위해 파악해야 하는 것이 아닌 것을 고르시오.**

① 문제의 배경 이해

② 문제 상황에 대한 요구 사항 파악

③ 데이터 분석 도구의 성능

④ 데이터 분석이 필요한 범위

05 **데이터 정의 및 수집 과정에서 정의되어야 하는 내용으로 옳지 않은 것을 고르시오.**

① 데이터의 종류와 메타데이터에 정확히 맞춰서 수집해야 데이터 정리 시간을 절약하고 오류를 최소화할 수 있다.

② 데이터 분석 기법이 정의되면 기법에 적용할 수 있는 속성을 알 수 있으므로 기법에 따라 필요한 모든 속성을 찾아 데이터 종류를 정의한다.

③ 데이터의 형식과 규칙을 정확하게 정의해야 분석 과정에서 오류를 최소화하고 형식을 갖춘 결과를 공유할 수 있다.

④ 데이터 목적을 통해 예측한 최소량의 데이터로 분석을 시작한다.

06 **데이터 분석 단계의 데이터 탐색에 대한 설명으로 옳은 것을 고르시오.**

① 데이터의 정확성을 판단하기 위해 분산과 편향성을 사용한다.

② 데이터의 분산이 너무 크면 다양한 가능성을 충분히 반영할 수 없고, 분산이 너무 작으면 일반화된 예측이 어렵다.

③ 데이터의 일관성을 유지하려면 분석 기법을 잘 선택해야 한다.

④ 수집된 데이터의 정확성과 일관성이 기준에서 조금이라도 벗어나면 데이터 모두를 폐기한다.

07 **데이터 분석 단계의 데이터 일반화 과정에서 하는 주요 작업이 아닌 것을 고르시오.**

① 데이터를 대표하는 값(평균값, 최댓값, 최솟값 등) 파악

② 데이터의 규칙성과 특이점 발견

③ 조건에 맞는 데이터 선별 및 비교

④ 메타데이터에 대한 정의

08 **데이터 분석의 공유 및 평가 단계에서 포함하는 내용이 아닌 것을 고르시오.**

① 정의된 문제와 목적, 그에 따른 데이터의 상세 내용과 수집 방법

② 정의된 목적에 따른 분석 방법과 결과

③ 분석에서 제외된 데이터들에 대한 정보

④ 분석 결과를 통해 알게 된 과거와 현재 상황 및 예측 가능한 미래 상황과 대안

09 **데이터 분석의 공유 및 평가 단계에서 얻어지는 효과가 아닌 것을 고르시오.**

① 문제 상황이나 결과 이해

② 데이터 종류와 양, 속성에 대한 지표 정의

③ 분석 과정 및 결과 소개 및 해결책 제시

④ 문제 해결 시도 후 성과 보고 및 평가

10 **다음은 데이터 분석 과정에 대한 설명이다. 설명을 읽고 괄호 안에 알맞은 내용을 넣으시오.**

① 데이터 분석은 [　　　]에 따라 수집된 [　　　]을(를) 종합하고 적절한 계산과 비교 등의 [　　　] 과정을 거쳐 적합한 정보를 얻는 과정이다.

② 데이터 분석 과정의 첫 번째 단계는 [　　　](이)다. 이 단계에서는 문제의 [　　　]을(를) 이해하고 문제 상황에서 반드시 고려해야 하는 [　　　]을(를) 파악하며, 분석이 필요한 [　　　]을(를) 정해야 한다.

③ 데이터 분석 과정의 두 번째 단계는 [　　　](이)다. 이 단계에서는 문제의 [　　　]을(를) 의미하는 데이터의 종류를 정하고, 정해진 데이터에 대한 [　　　]을(를) 정의하며, 분석을 위해 수집해야 하는 데이터의 [　　　]을(를) 예측해야 한다.

④ 데이터 분석 과정의 세 번째 단계에서는 데이터 [ⓐ]과(와) [ⓑ] 작업을 한다. [ⓐ] 작업에서는 데이터의 [ⓒ]과(와) [ⓓ]을(를) 이용해 데이터가 문제 상황을 잘 표현하였는지를 평가하고 앞 단계에서 정의되었던 문제와 목적, 메타데이터에서 제공하는 정확한 측정 기준을 이용해 [　　　]이(가) 유지되도록 한다. [ⓑ] 작업에서는 문제 상황을 이해하고, 개선 및 해결 방법을 모색하기 위한 근거를 만들기 위한 작업을 한다. 그래서 평균값, 최대/최솟값과 같은 데이터의 [　　　]을(를) 파악하고 데이터의 [ⓒ], [ⓓ]을(를) 이용하여 [　　　]과(와) [　　　]을(를) 발견하며, 조건에 따른 필터링 또는 그룹화를 이용하여 데이터를 [　　　]하고 [　　　]하는 등의 작업을 하여 미래를 [　　　]하고 [　　　]을(를) 제안한다.

⑤ 데이터 분석 과정의 마지막 단계는 그동안의 분석 과정과 결과를 관계자들과 [　　　]하고 [　　　]하는 단계이다. 이 단계에서는 데이터 분석 도구의 [　　　] 기능이 활용될 수 있다. 이 기능을 통해 문제 상황부터 분석 과정, 그리고 해결 방안을 [　　　]해 봄으로써 그 결과까지 검토하고 이해할 수 있게 된다.

CHAPTER 02

엑셀 기본 사용법

학습목표

- 엑셀의 화면 구성을 파악한다.
- 워크시트와 통합 문서를 이해한다.
- 새 통합 문서의 생성과 저장 과정을 이해한다.
- 워크시트 편집 방법을 익힌다.
- 셀 편집 방법을 익힌다.

SECTION
01 엑셀 화면 구성과 통합 문서

1 엑셀 화면 구성

컴퓨터에서는 파일을 분류하고 정리하기 위해 폴더를 만들어 관리한다. 엑셀의 통합 문서를 바로 이 폴더에 비유할 수 있다. 엑셀의 통합 문서는 하나 이상의 워크시트로 구성되고, 워크시트는 '폴더'에 저장되는 '파일'이라고 생각하면 된다. 즉, 워크시트는 파일처럼 추가하거나 삭제할 수 있다. 이 장에서는 엑셀 문서의 기본 단위인 통합 문서를 생성하고 저장하는 기능과 통합 문서를 구성하는 워크시트 다루는 방법을 살펴보려 한다. 이를 위해 우선 엑셀의 화면 구성에 대해 알아보자.

홈 화면

바탕화면에서 마이크로소프트 엑셀 바로가기 아이콘( )이나 윈도우 시작 버튼( )을 클릭하면 나타나는 시작 메뉴에서 엑셀 아이콘(-EXCEL)을 클릭하면 엑셀을 시작할 수 있다. 처음 엑셀이 실행되어 나오는 [홈] 화면은 다음과 같다.

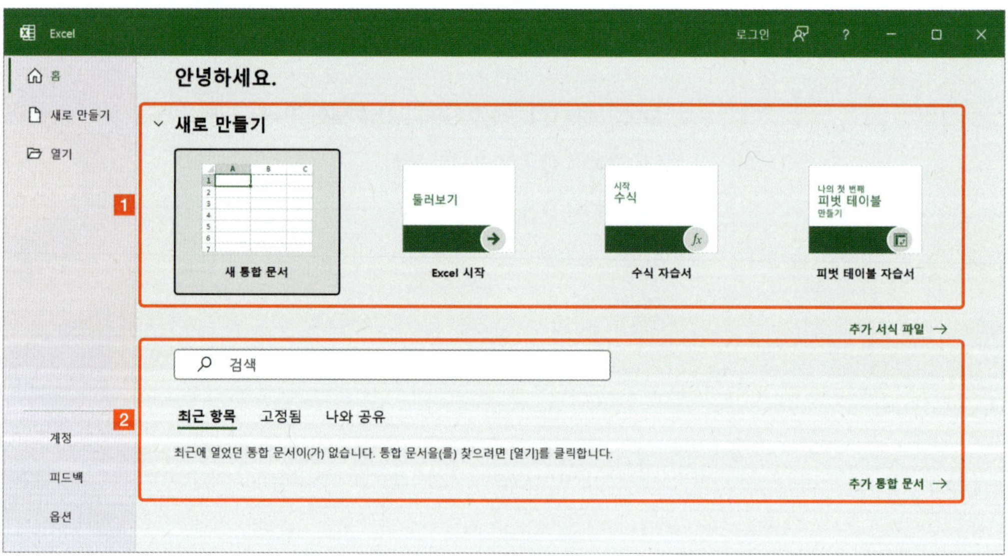

1 새로 만들기

엑셀에서 제공하는 서식 파일과 서식 파일을 활용하는 방법에 대해 소개하는 파일들이 나열되어 있다. 보통 새로운 문서를 작성할 때는 가장 첫 번째에 있는 [새 통합 문서]를 클릭한다.

2 최근 항목

사용자가 최근에 작업했던 엑셀 파일의 이름과 위치 경로를 보여준다.

통합 문서 화면

[홈] 화면에서 [새로 만들기]-[새 통합 문서]를 클릭하면 다음과 같은 통합 문서가 만들어진다. 통합 문서는 크게 세 부분으로 구분할 수 있다.

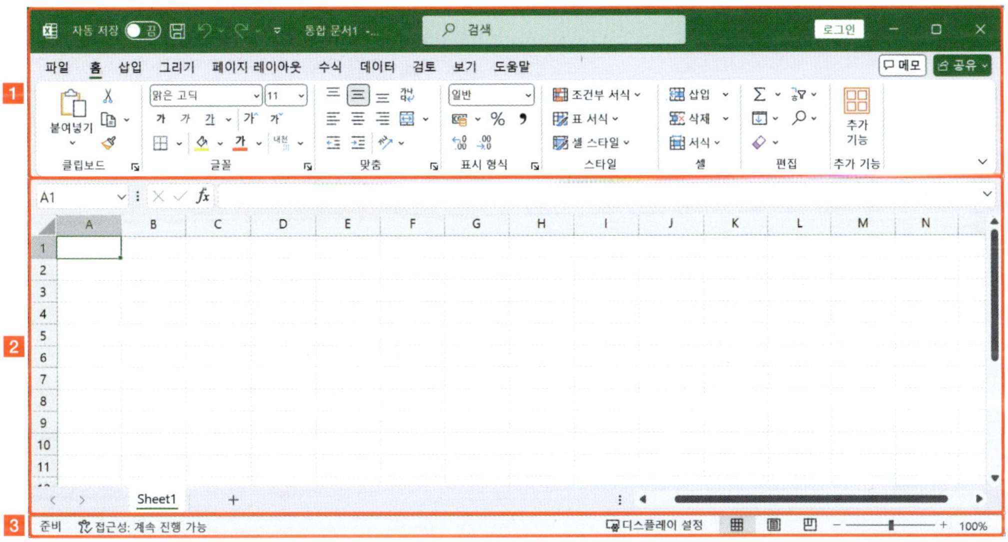

1 리본 메뉴

엑셀이 제공하는 모든 기능을 아이콘 형태로 제공하는 메뉴이다.

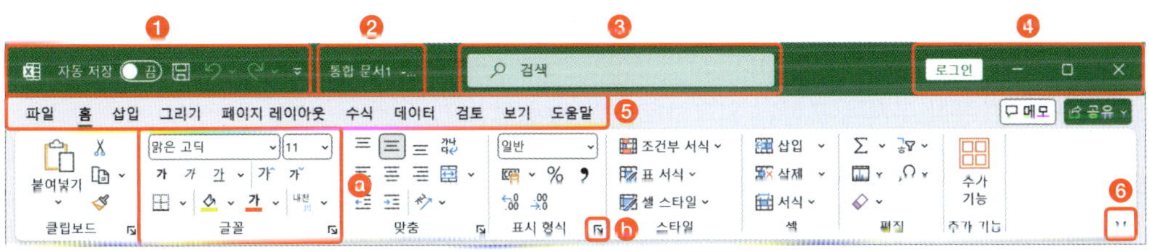

❶ **빠른 실행 도구:** 자주 사용하는 기능을 모아놓은 부분으로 기본적으로 저장, 실행 취소, 다시 실행 아이콘이 표시되어 있다.

❷ **제목 표시줄:** 현재 작업 중인 파일의 이름이 표시된다.

❸ **검색 창:** 엑셀 사용에 필요한 도움말을 검색할 수 있다.

❹ **기타 메뉴:** 마이크로오피스 아이디로 로그인, 창의 크기 조절, 창 닫기 아이콘이 있다.

❺ **메뉴 탭:** 엑셀에서 제공하는 기능을 분류하여 모아놓은 것으로 각 탭은 관련 기능을 그룹(ⓐ)으로 모아 메뉴로 보여준다. 각 기능 그룹은 가장 자주 사용되는 기능을 보여주며, 더 다양한 기능을 사용하려면 확장 표시(ⓑ)를 클릭한다.

❻ **리본 메뉴 조절:** 리본 메뉴를 접거나 펼칠 수 있다.

2 워크시트

워크시트는 엑셀에서 값의 입력 및 연산 작업을 하는 공간이다. 워크시트는 여러 개의 셀로 구성되어 있고, 통합 문서는 하나 이상의 워크시트로 구성된다.

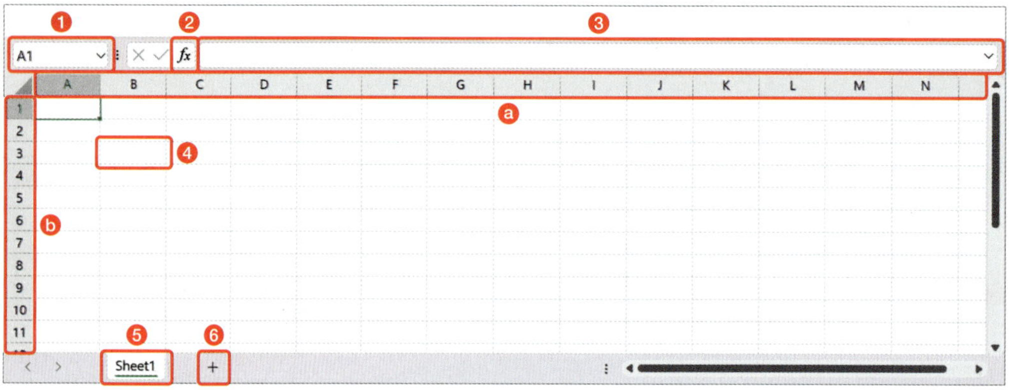

❶ **셀 주소창:** 현재 선택한 셀의 위치를 보여준다. 앞의 영문은 열 번호(ⓐ), 뒤의 숫자는 행 번호(ⓑ)이다.

❷ **함수 마법사:** 연산에 필요한 함수를 선택할 수 있도록 보여준다.

❸ **수식 입력 줄:** 셀에 입력된 내용(값, 수식)을 보여주고, 입력 또는 수정을 할 수 있다.

❹ **셀:** 값이나 수식을 입력하고 결과를 볼 수 있는 공간으로, 셀의 위치는 셀 주소창에서 확인할 수 있다.

❺ **워크시트 탭:** 통합 문서에 포함된 워크시트들을 보여준다.

❻ **워크시트 삽입:** 통합 문서에 새 워크시트를 추가한다.

3 상태 표시줄

현재 작업의 상태를 표시한다.

2 통합 문서 생성과 저장하기

통합 문서 생성하기

새로운 통합 문서를 생성하려면 ❶ [홈] 화면에서 ❷ [새 통합 문서]를 클릭하거나 ❸ [새로 만들기] 화면에서 ❹ [새 통합 문서]를 클릭한다.

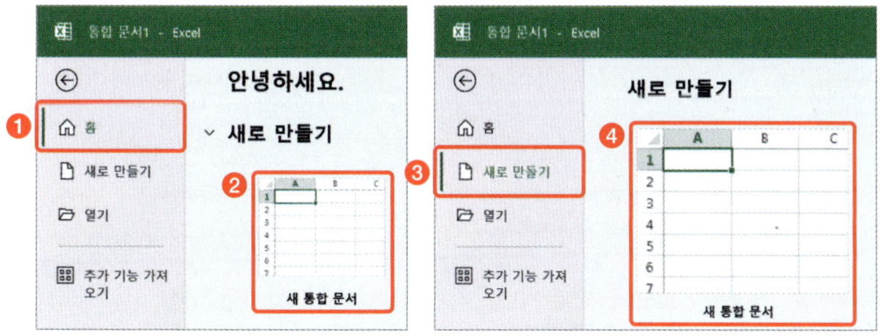

단, 이미 통합 문서가 열려 있다면, ❺ [파일] 탭을 클릭하여 [홈] 화면으로 이동하면 된다. [홈] 화면에서 다시 원래 통합 문서로 돌아오려면 ❻ [홈] 메뉴 위에 있는 [돌아가기] 아이콘(㊀)을 클릭한다.

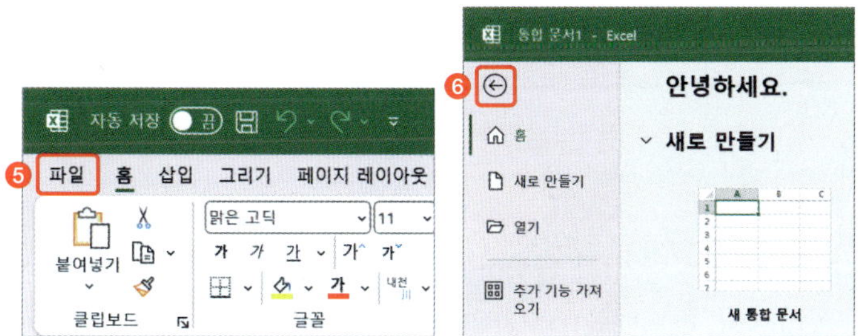

통합 문서 저장하기

작업하던 통합 문서를 저장할 때는 ❶ [파일]-[홈] 화면으로 이동하여 [저장] 또는 [다른 이름으로 저장] 메뉴를 이용한다. 또는 ❷ 저장 아이콘(🖫)을 클릭한다. 그 후 나타나는 [다른 이름으로 저장] 화면에서 ❸ 저장할 위치를 선택한 후 파일명을 작성하여 저장한다.

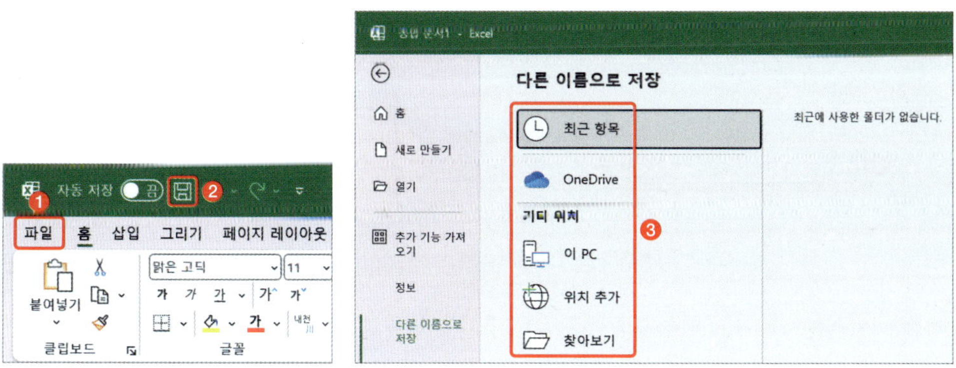

예를 들어 ❶ [이 PC]–[바탕화면]을 선택한다면 ❷ 원하는 위치에 사용자가 입력한 파일 이름으로 저장할 수 있는 창이 나타난다.

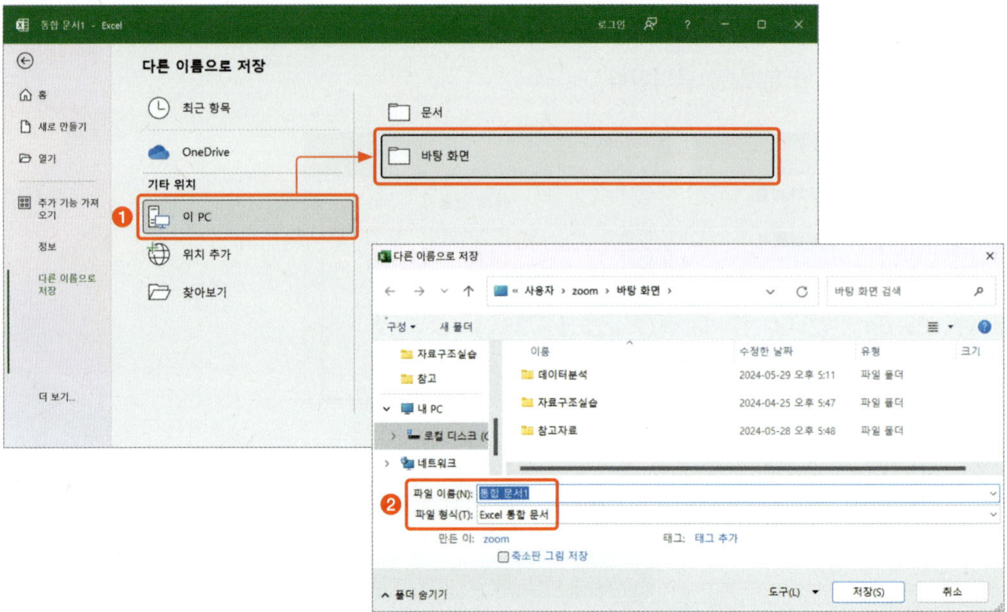

기존 통합 문서 열기

작업하던 통합 문서를 열려면 [홈] 화면에서 ❶ [열기]를 클릭하여 찾으려는 통합 문서가 저장된 위치를 선택하여 파일을 찾아 연다. 그 다음 ❷ [찾아보기]를 클릭하여 ❸ [바탕화면] 폴더에서 열고자 하는 파일을 검색한다.

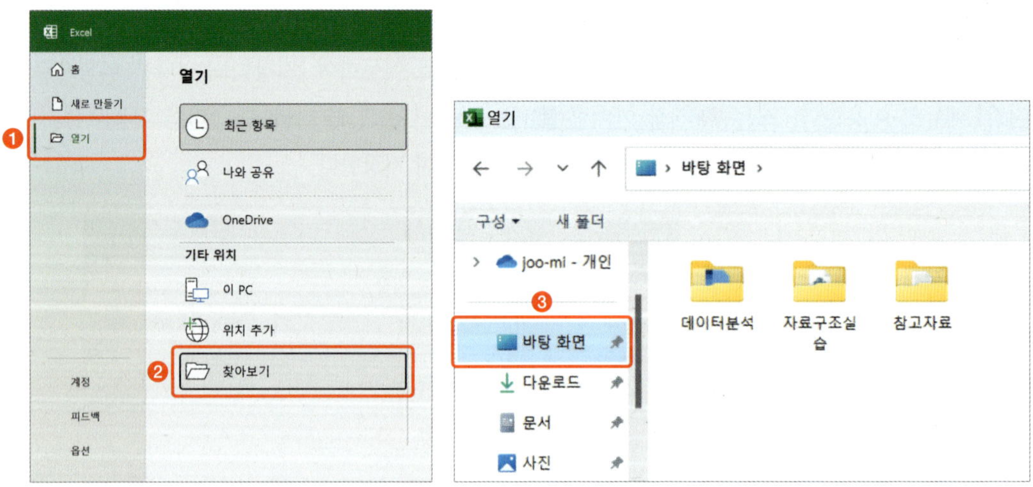

TIP • 다른 통합 문서 작업을 하다가 기존 통합 문서를 열려고 할 때는 새 문서 만들기를 할 때와 마찬가지로 [파일] 탭을 클릭하여 [홈] 화면으로 이동하면 된다.

SECTION 02

워크시트 편집

워크시트는 통합 문서를 구성하는 하나의 단위로 계산이 이루어지는 문서를 말한다.

1 워크시트 삽입과 삭제하기

[새 통합 문서]를 클릭해 열면 기본적으로 하나의 워크시트가 포함되어 있다. 엑셀에서 작업을 하다 보면 워크시트가 추가로 필요할 때가 있고 삭제해야 할 때도 있다. 워크시트를 삽입하거나 삭제하는 방법을 알아보자.

워크시트 삽입하기

■ 새 시트 버튼으로 워크시트 삽입

워크시트 탭의 오른쪽에 있는 ❶ 새 시트 버튼(+)을 클릭하면 ❷ 새 워크시트 [Sheet2]가 이전에 있던 워크시트 [Sheet1] 뒤로 추가된다.

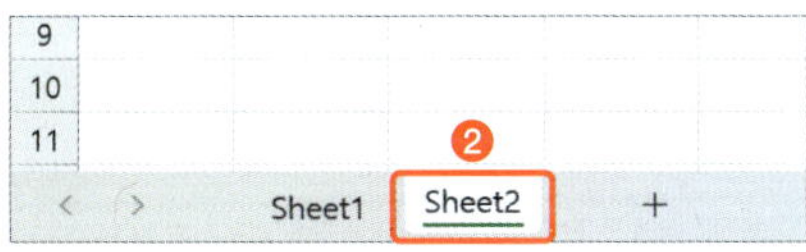

■ 메뉴로 워크시트 삽입

워크시트 탭의 이름에서 ❶ 마우스 오른쪽 버튼을 클릭하고 ❷ [삽입]을 선택하면 ❸ 워크시트의 종류를 선택할 수 있다. 워크시트의 종류로 '워크시트'를 선택한 후 ❹ 〈확인〉을 클릭하면 ❺ 이전에 있던 워크시트 [Sheet1] 앞으로 새로운 워크시트 [Sheet2]가 추가된다.

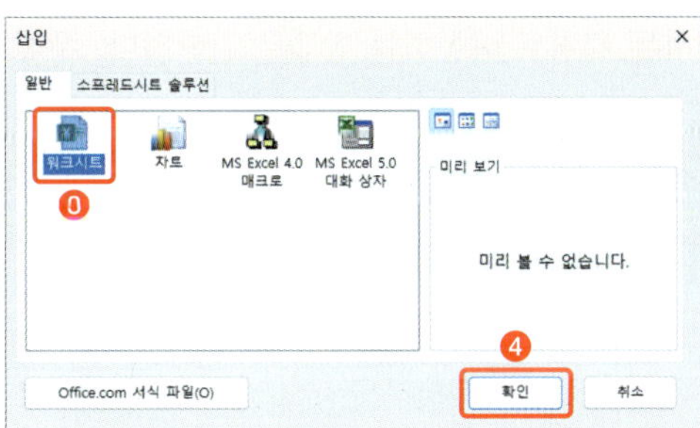

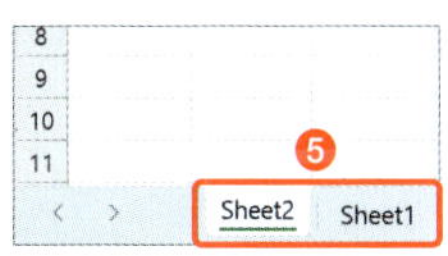

워크시트 삭제하기

필요하지 않은 워크시트를 삭제해 보자. ❶ 워크시트 [Sheet2] 탭에서 마우스 오른쪽 버튼을 클릭한 뒤 나타나는 메뉴에서 ❷ [삭제]를 선택하면 [Sheet2]가 삭제된다.

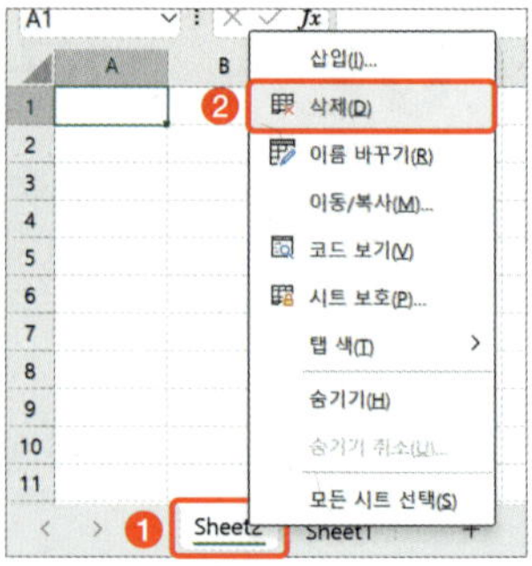

이때 입력된 데이터가 있는 워크시트를 삭제하려고 하면 다음과 같은 확인 메시지가 나타난다.

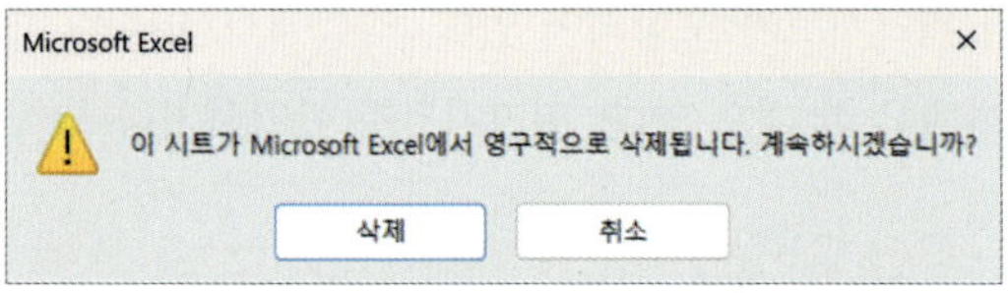

따라서 워크시트를 삭제하기 전에 워크시트에 있는 데이터를 삭제해도 분석에 지장이 없는지 반드시 확인해야 한다. 만약, 통합 문서에 워크시트가 하나만 있을 때 그 워크시트를 삭제하려고 하면 다음과 같은 메시지가 나타난다.

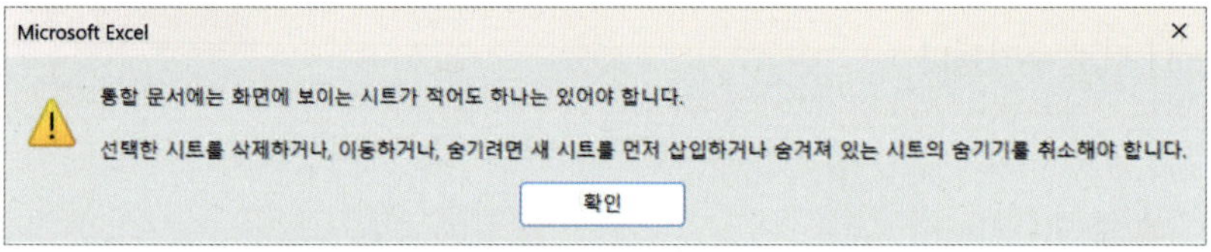

2 워크시트 이동과 복사하기

준비 예제02_01.xlsx

워크시트 이동하기

■ **마우스 드래그로 이동**

마우스로 드래그하여 원하는 위치로 이동하는 방법은 간단하다. 우선 ❶ [Sheet2] 탭을 마우스 왼쪽 버튼으로 클릭하고 있는 상태에서 마우스 포인터가 로 바뀌고, [Sheet2] 탭의 왼쪽 위에 ▼ 모양이 나타난다. ▼ 모양은 마우스를 드래그하는 방향에 따라 위치가 바뀌는데, ❷ ▼ 모양이 위치한 곳에서 마우스를 떼면 ❸ [Sheet2]가 해당 위치로 이동한다.

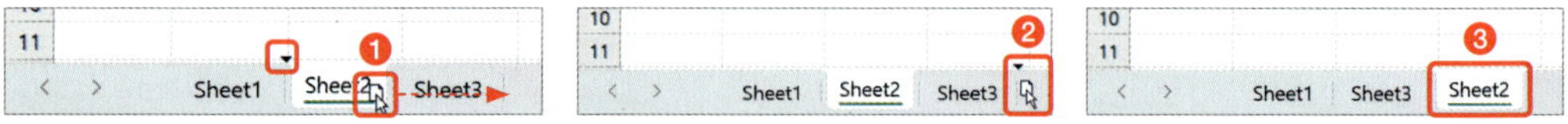

■ 메뉴로 워크시트 이동

❶ 워크시트 [Sheet1]의 이름에서 마우스 오른쪽 버튼을 클릭한 뒤 ❷ [이동/복사] 메뉴를 선택한다. ❸ [이동/복사] 창에서 [대상 통합 문서] 항목은 '통합 문서1'을 선택하고, [다음 시트의 앞에] 항목은 'Sheet3'으로 선택한 후 〈확인〉을 클릭하면, ❹ [Sheet2] 앞에 위치하던 [Sheet1]이 [Sheet3]의 앞으로 이동한 것을 알 수 있다.

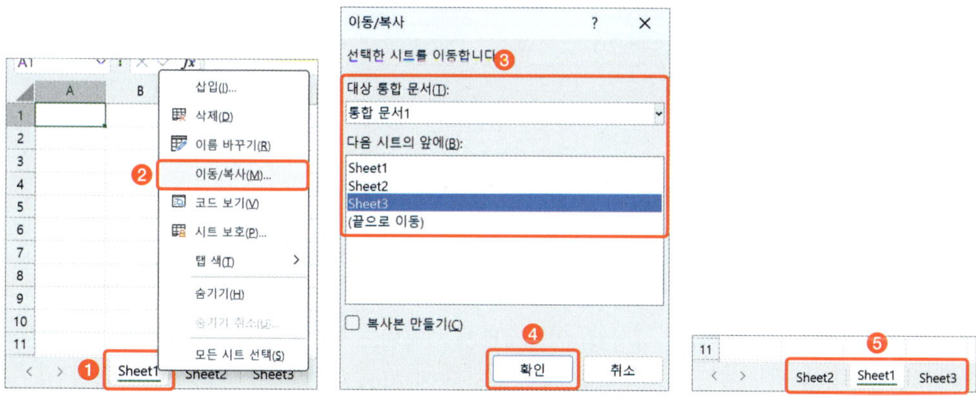

이때 [대상 통합 문서]와 [다음 시트의 앞에] 항목의 설명은 다음과 같다.

- **대상 통합 문서:** 현재 선택한 시트가 이동할 통합 문서(파일)를 의미한다. 여기에서는 같은 통합 문서 내에서 이동하고, 열려 있는 파일도 하나이므로 '통합 문서1' 파일명만 나타난다.
- **다음 시트의 앞에:** 이동하려는 워크시트의 위치를 여기서 선택된 워크시트의 앞쪽에 배치한다.

■ 별도의 통합 문서로 시트 이동

[이동/복사] 창의 [대상 통합 문서]를 다른 통합 문서로 선택하면 다른 통합 문서로 선택한 워크시트가 이동하게 된다. '예제02_01.xlsx'의 [성적] 시트를 새 통합 문서인 '통합 문서1'의 마지막 시트로 이동해 보자. 먼저 다음과 같이 '예제02_01.xlsx'와 새 통합 문서인 '통합 문서1'을 연다.

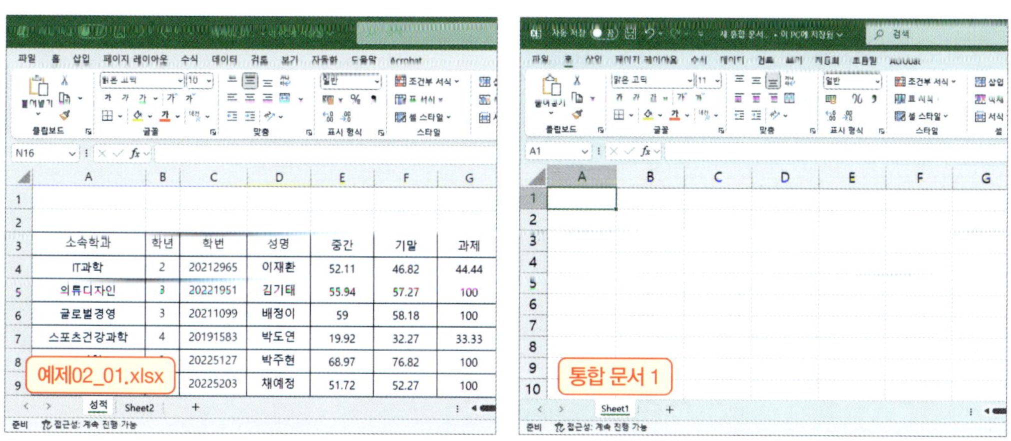

❶ '예제02_01.xlsx'의 [성적] 시트의 탭에서 마우스 오른쪽 버튼을 클릭한 뒤 ❷ [이동/복사]를 선택한다. [이동/복사] 창에서 ❸ [대상 통합 문서]를 '통합 문서1'로 바꾸고 ❹ [다음 시트의 앞에]를 '(끝으로 이동)'으로 선택한 후, ❺ 〈확인〉을 클릭한다.

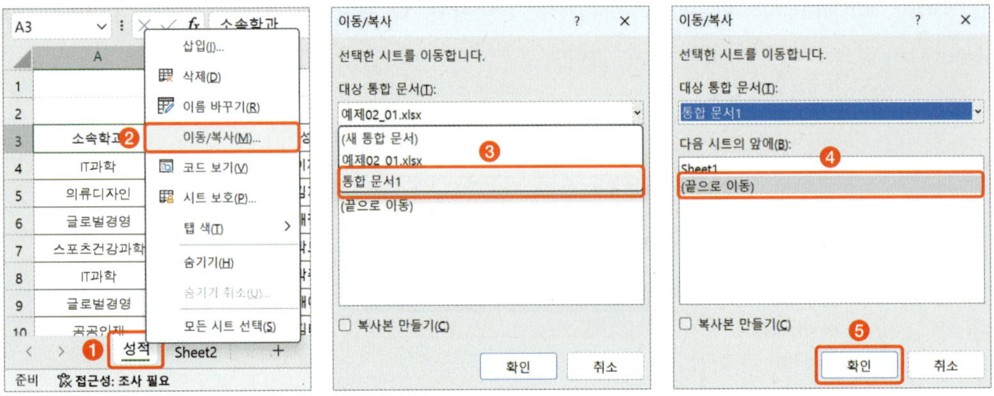

그러면 ❻ '예제02_01.xlsx'에서는 [성적] 워크시트가 사라지고 ❼ 새 통합 문서인 '통합 문서1'의 [Sheet1]의 뒤로 [성적] 워크시트가 추가된 것을 확인할 수 있다.

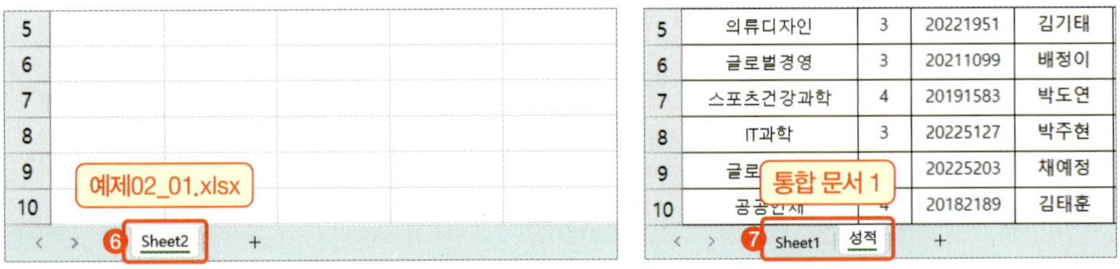

워크시트 복사하기

워크시트 복사는 워크시트를 드래그하여 이동할 때 Ctrl 을 누르거나 메뉴에서 옵션을 선택하는 방식으로 실행할 수 있다.

■ Ctrl 을 이용한 워크시트 복사

Ctrl 을 누른 상태로 복사하려는 워크시트의 탭을 클릭하여 원하는 위치로 드래그&드롭 하면 그 위치에 워크시트가 복사된다. '예제02_01.xlsx'에 있는 [성적] 시트를 Ctrl 을 이용해 복사해 보자. ❶ Ctrl 을 누른 상태로 [성적] 시트 탭을 클릭하면 마우스 포인터가 ⎘로 바뀌는데, ❷ 그 상태로 드래그한다. ❸ 드래그&드롭한 위치에 [성적] 시트와 같은 내용의 [성적(2)] 시트가 생성된다.

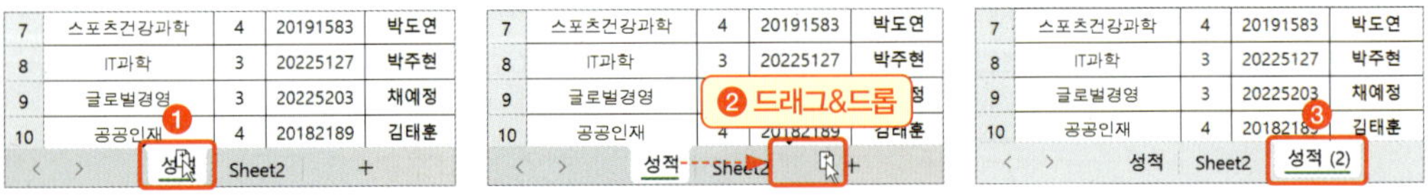

■ 메뉴를 이용한 워크시트 복사

메뉴를 이용한 워크시트 복사는 [이동/복사] 창에서 [복사본 만들기] 옵션을 선택하여 실행할 수 있다. ❶ [성적] 시트 탭에서 마우스 오른쪽 버튼을 클릭하고 [이동/복사] 메뉴를 선택한다. ❷ [이동/복사] 창에서 복사본 워크시트의 위치를 정하고 ❸ [복사본 만들기] 옵션에 체크한 후 ❹ 〈확인〉을 클릭한다. ❺ 복사본 워크시트의 위치를 '예제02_01.xlsx'의 [Sheet2] 앞에 놓이도록 선택했기 때문에 [성적] 시트와 [Sheet2] 시트 사이에 [성적(2)] 시트가 생성된다.

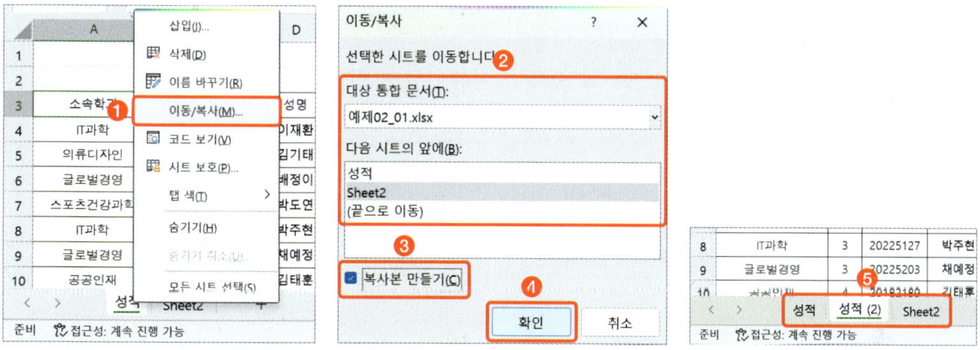

■ 별도의 통합 문서에 복사

'예제02_01.xlsx'와 새 통합 문서인 '통합 문서1'을 열어놓는다. '예제02_01.xlsx'의 [성적] 탭에서 마우스 오른쪽 버튼을 클릭하고 ❶ [이동/복사] 메뉴를 선택한다.❷ [대상 통합 문서]를 '통합 문서1'로 바꾼 후, ❸ [복사본 만들기] 옵션을 체크하여 ❹ 〈확인〉을 클릭한다.

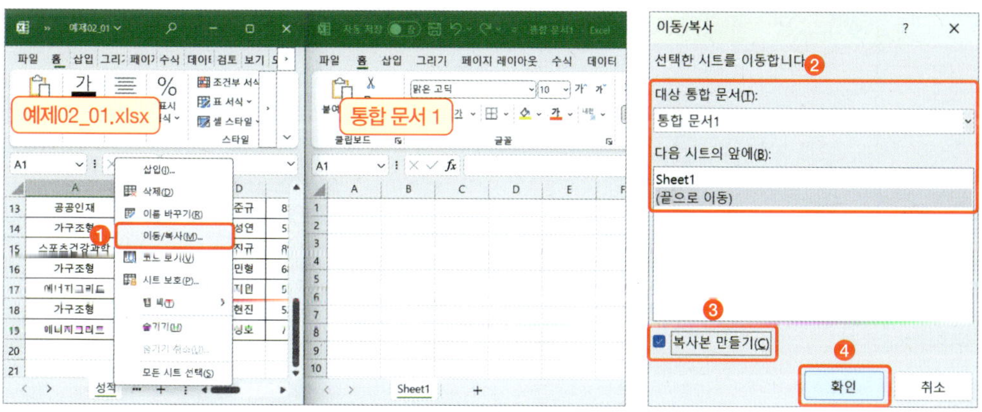

'통합 문서1'에 [성적] 시트의 복사본이 생성된다.

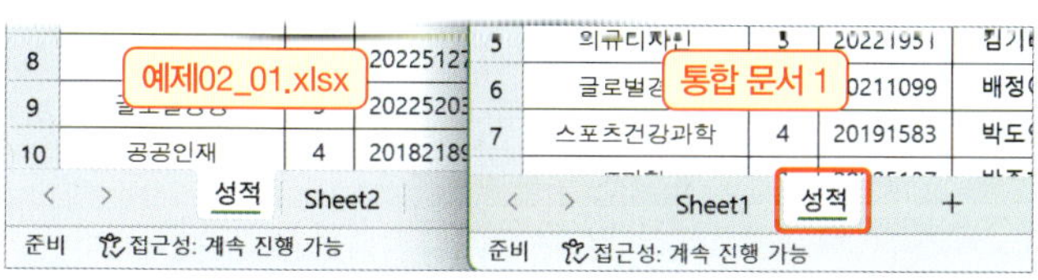

3 워크시트 이름 변경하기

파일을 저장할 때 '파일1', '파일2'와 같은 이름보다는 그 파일의 내용과 관련된 이름으로 파일명을 정리한다면 파일의 검색과 사용에 도움이 된다. 엑셀의 워크시트도 워크시트에 입력된 데이터와 관련된 이름으로 변경하는 것이 좋다. 워크시트 이름을 변경해 보자.

탭에서 더블클릭하여 워크시트 이름 변경하기

❶ [Sheet1] 탭을 더블클릭하면 워크시트 이름인 'Sheet1'이 선택된다. ❷ 이 상태에서 새로운 워크시트 이름으로 NEW를 입력하고 Enter를 누르면 워크시트의 이름이 바뀐다.

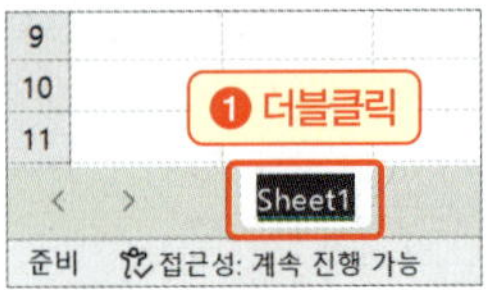

메뉴를 이용해 워크시트 이름 변경하기

❶ [Sheet1] 시트의 탭을 마우스 오른쪽 버튼으로 클릭하고 [이름 바꾸기] 메뉴를 선택하면 ❷ 워크시트 이름인 'Sheet1'이 선택된다. ❸ 이 상태에서 새로운 이름 NEW를 입력하고 Enter를 누르면 이름이 변경된다.

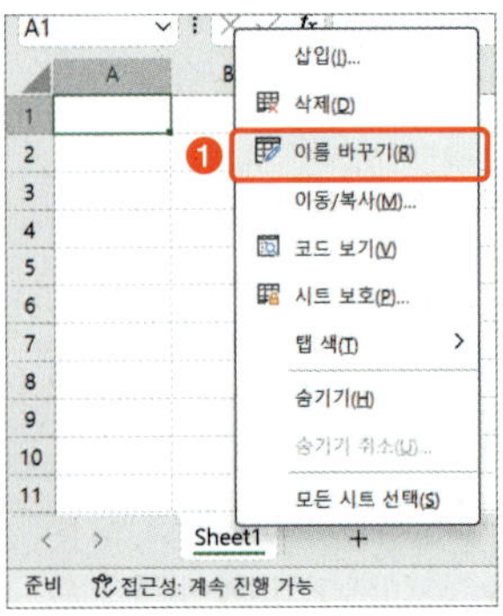

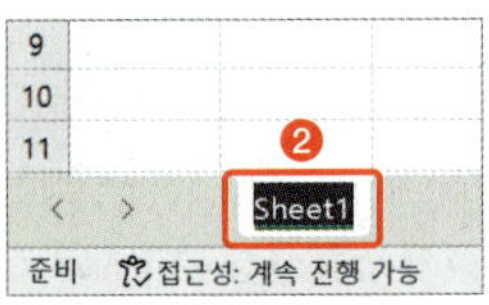

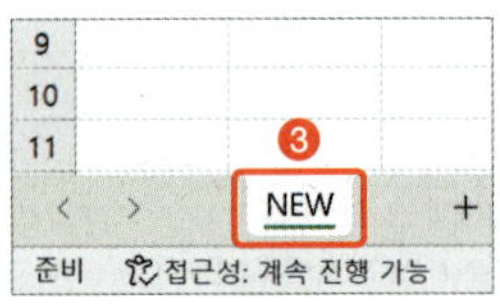

SECTION

03 셀 편집

1 셀 선택하기

하나의 셀 선택하기

워크시트를 구성하는 단위인 셀을 선택하는 방법은 2가지이다. 마우스를 클릭하여 선택하거나, 셀의 주소창에 선택하려는 셀의 열과 행 번호를 입력하여 선택할 수 있다. 새로운 통합 문서를 열면 셀 A1이 선택된 상태로 시작되는데 ❶ 셀 주소창을 선택하여 ❷ D5를 입력하고 Enter를 누르면 ❸ 셀의 위치가 D5로 이동한다.

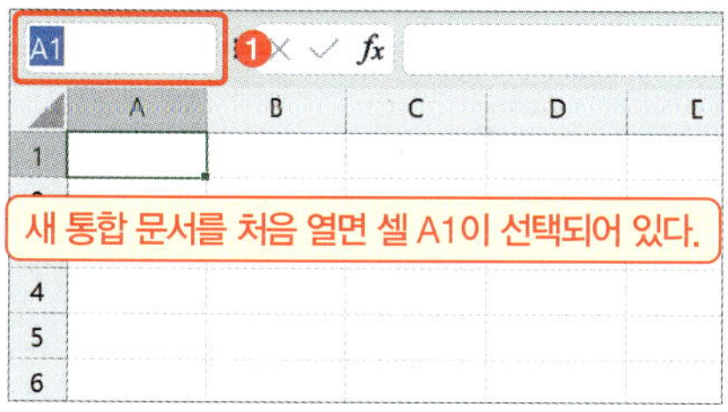

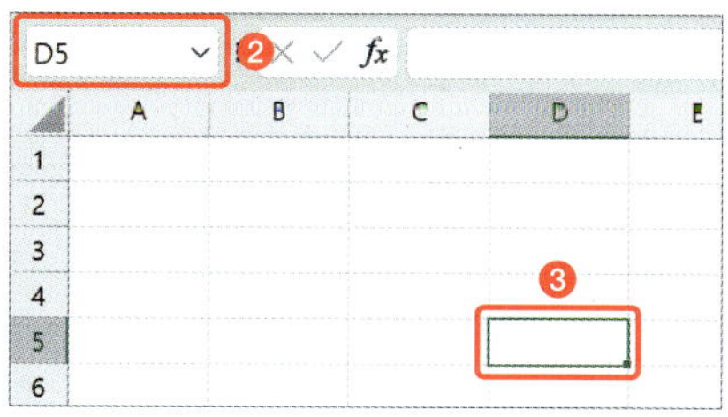

여러 개의 셀 선택하기

연속된 여러 개의 셀을 선택하려면 마우스를 클릭한 상태에서 드래그한다. 이렇게 여러 개의 셀이 선택되었을 때 주소창에는 선택 영역의 가장 첫 번째 셀의 주소가 표시된다.

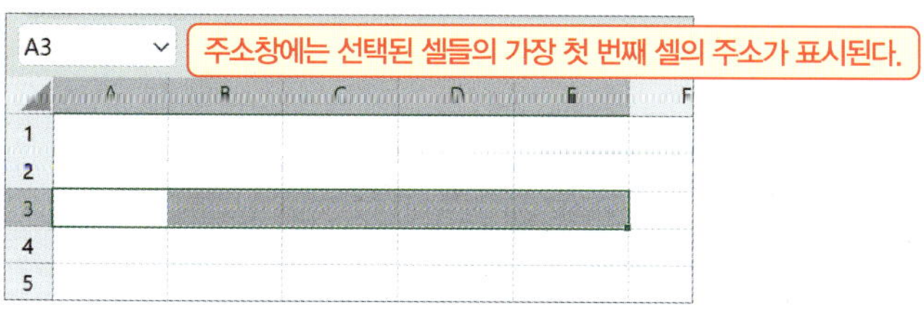

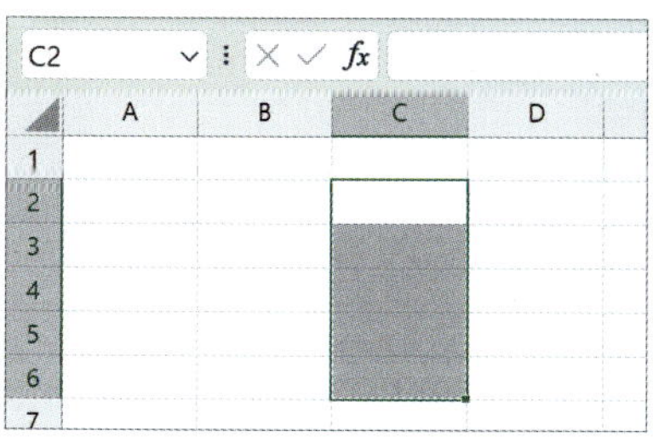

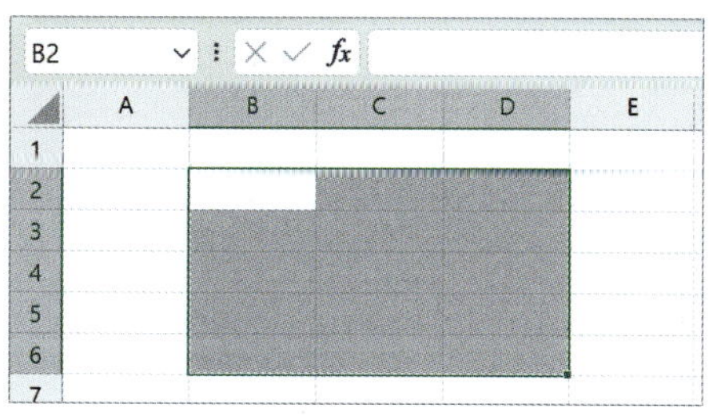

연속되지 않은 여러 개의 셀들을 선택할 때는 Ctrl을 누른 채 마우스로 셀을 선택한다. 이때 주소 창에 표시되는 셀 주소는 마지막에 선택한 영역의 첫 번째 셀의 주소가 표시된다.

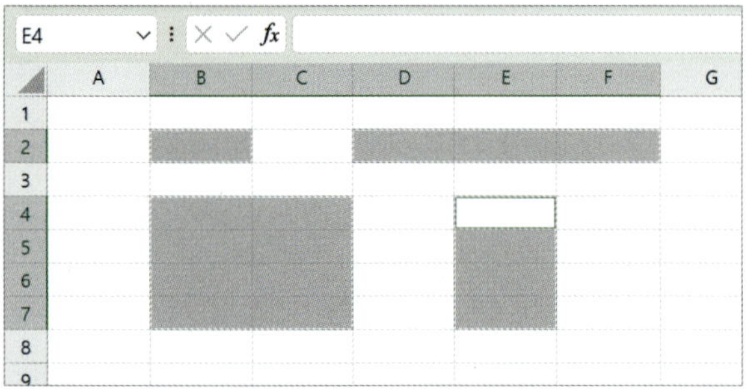

행/열 선택하기

행 전체 또는 열 전체를 선택하려면 행 번호나 열 번호의 위치로 마우스를 이동한다. 마우스 포인터의 모양이 ➡(또는 ⬇)로 바뀌었을 때 클릭하면 행 또는 열 전체가 선택된다.

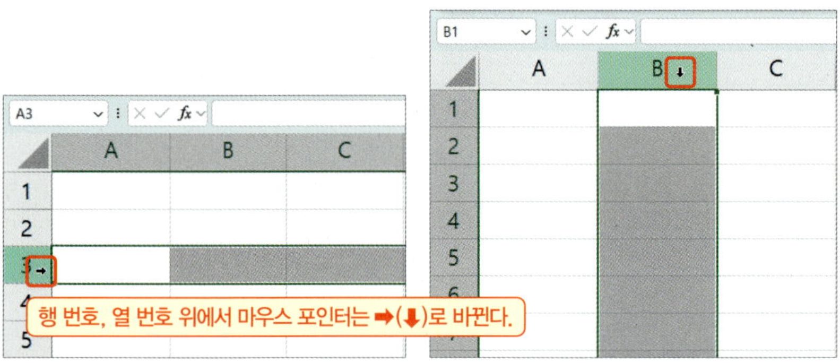

연속된 행 전체 또는 열 전체를 선택할 때는 행 번호 또는 열 번호를 마우스 포인터의 모양이 ➡(또는 ⬇)로 바뀐 상태에서 클릭하여 드래그한다. 연속되지 않은 여러 개의 행 또는 열 전체를 선택할 때에는 Ctrl을 클릭한 상태로 선택한다.

2 셀 높이/너비 조절하기

셀의 높이나 너비는 마우스로 직접 조절하거나 메뉴를 통해 조절할 수 있다.

마우스를 이용한 셀 높이/너비 조절하기

❶ 마우스를 행 번호 또는 열 번호의 구분선에 놓으면 마우스 포인터 모양이 ⇕(또는 ⇔)로 변한다. ❷ 이 상태에서 클릭&드래그하면 높이나 너비를 조절할 수 있다. 이때 클릭&드래그할 때 마우스 포인터를 따라서 행이나 열의 크기가 달라지는 것을 확인할 수 있다.

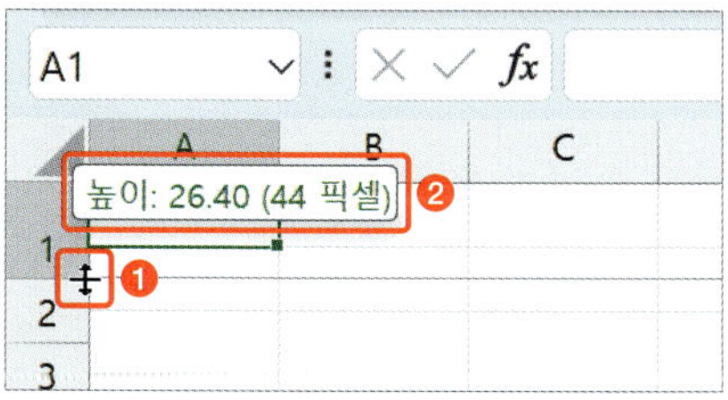

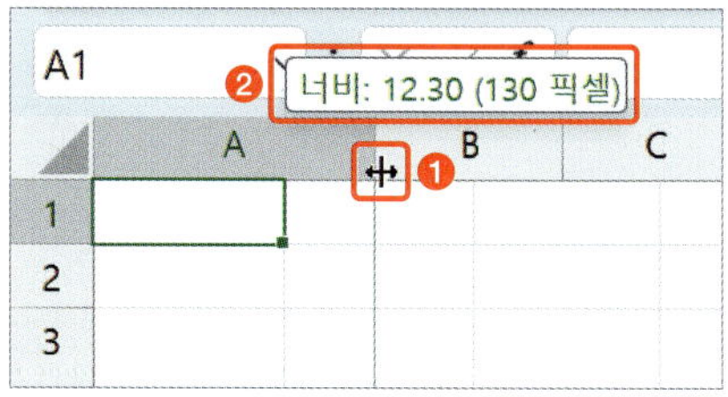

메뉴를 이용한 셀 높이/너비 조절하기

❶ 마우스를 행 번호(또는 열 번호)에 위치시켜 마우스 포인터의 모양이 ⬇(또는 ➡)로 바뀐 상태에서 ❷ 마우스 오른쪽 버튼을 클릭해 [행 높이](또는 [열 너비]) 메뉴를 선택한다. ❸ [행 높이](또는 [열 너비]) 창에서 크기를 입력하고 ❹ 〈확인〉을 클릭하면 행 높이(또는 열 너비)가 변경된다.

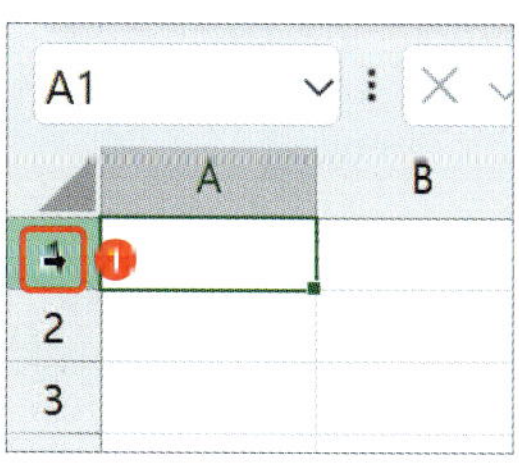

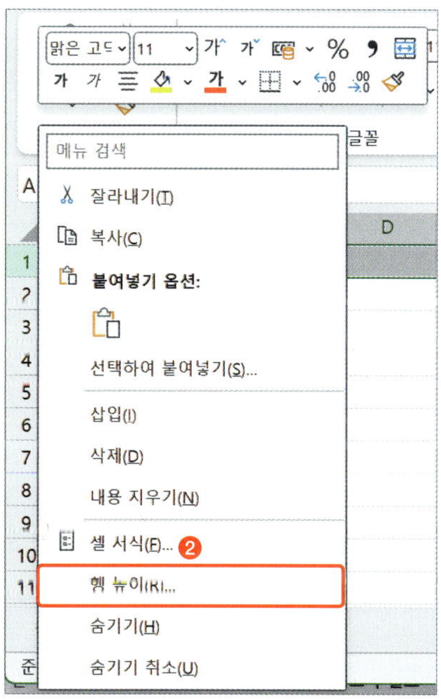

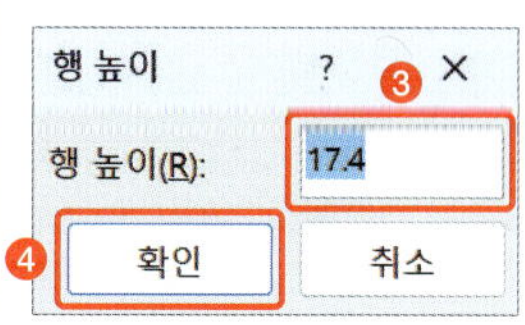

행/열 전체의 크기 조절하기

워크시트의 전체 행이나 열의 크기를 조절할 수 있다. 행 번호와 열 번호가 만나는 부분(◢)을 클릭하면 워크시트 전체가 선택되고, 그 상태에서 앞에서 설명한 높이나 너비 조절 방식으로 행 높이나 열 너비를 조절하면 된다.

3 셀 삽입과 삭제하기

준비 예제02_01.xlsx

엑셀 작업을 하다 보면 행 또는 열을 추가하거나 삭제해야 할 때가 있다.

행/열 전체 추가 또는 삭제하기

'예제02_01.xlsx'의 4행 위에 하나의 행을 추가해 보자. ❶ 4행 이름에 마우스 포인터를 위치시켜 모양이 ➡로 바뀌면 ❷ 마우스 오른쪽 버튼을 눌러 [삽입] 메뉴를 선택한다. ❸ 4행 위에 하나의 행이 생성되어 기존 데이터가 아래로 이동한 것을 알 수 있다.

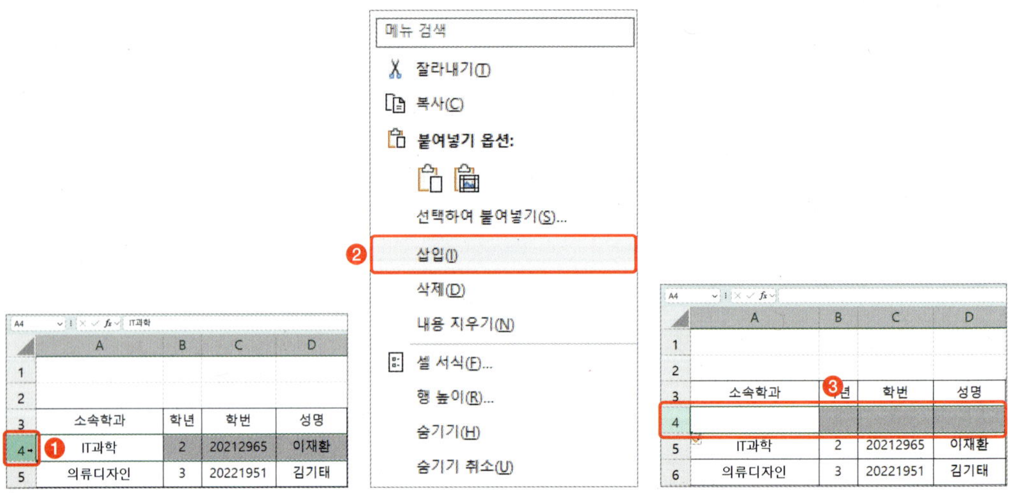

이번에는 삽입한 4행을 삭제하자. ❶ 4행 이름에 마우스 포인터를 위치시켜 모양이 ➡로 바뀌면 마우스 오른쪽 버튼을 눌러 [삭제] 메뉴를 선택한다. ❷ 4행이 삭제되어 기존 데이터가 위로 이동한다.

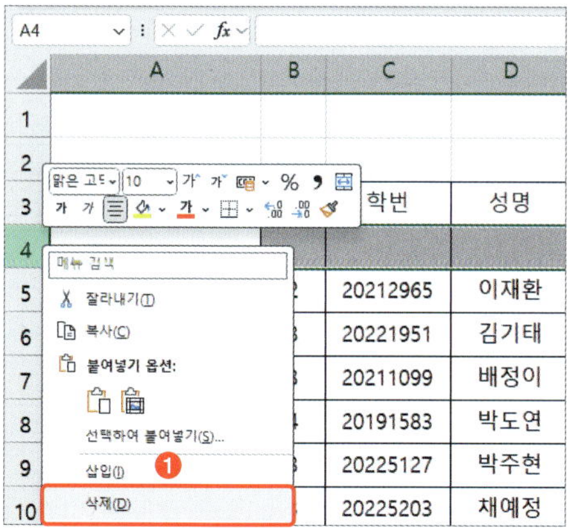

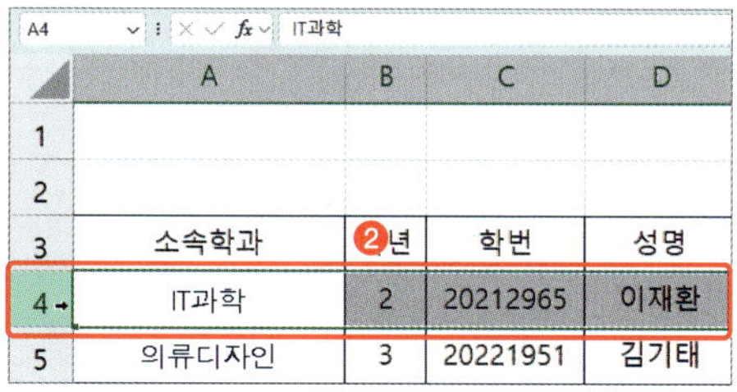

마찬가지로 A열 이름에서도 마우스를 오른쪽 버튼을 눌러 ❶ [삽입] 또는 ❷ [삭제] 메뉴를 선택하여 열 전체를 삽입하거나 삭제할 수 있다.

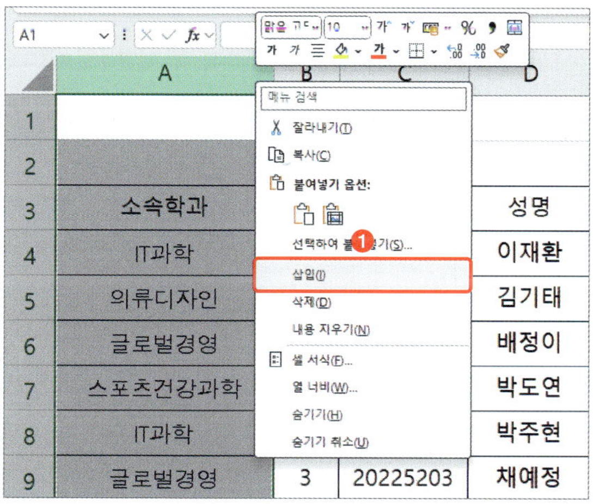

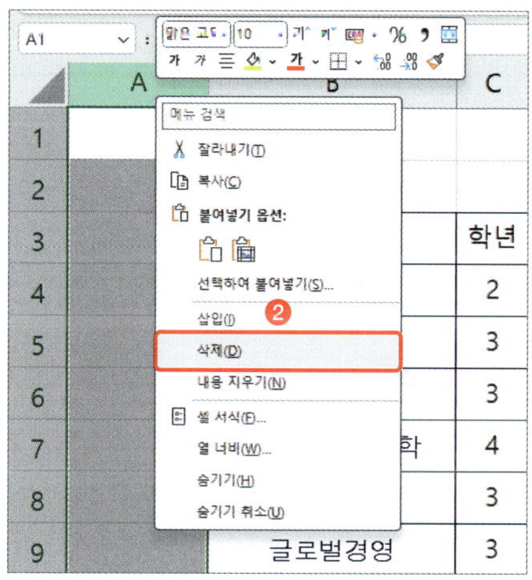

행/열 일부 추가 또는 삭제하기

입력된 데이터 사이에 셀을 추가하거나 삭제해야 하는 경우도 있다. 행(또는 열) 전체를 삽입하거나 삭제하는 과정과 같지만, 삽입과 삭제 후 나머지 셀을 어떻게 처리할지 선택하는 과정이 필요하다.

■ 하나의 셀 추가/삭제

'예제02_01.xlsx'에서 C5에 셀을 하나 추가하려고 한다. ❶ 셀 C5를 선택하고 마우스 오른쪽 버튼을 눌러 [삽입] 메뉴를 선택한다. ❷ 나머지 셀을 어떻게 처리할지를 묻는 [삽입] 옵션 창에서 [셀을 아래로 밀기]를 선택한 뒤 ❸ 〈확인〉을 클릭하면 ❹ C열의 5행부터 한 행씩 아래로 이동하고 C5에 하나의 빈 셀이 추가된다.

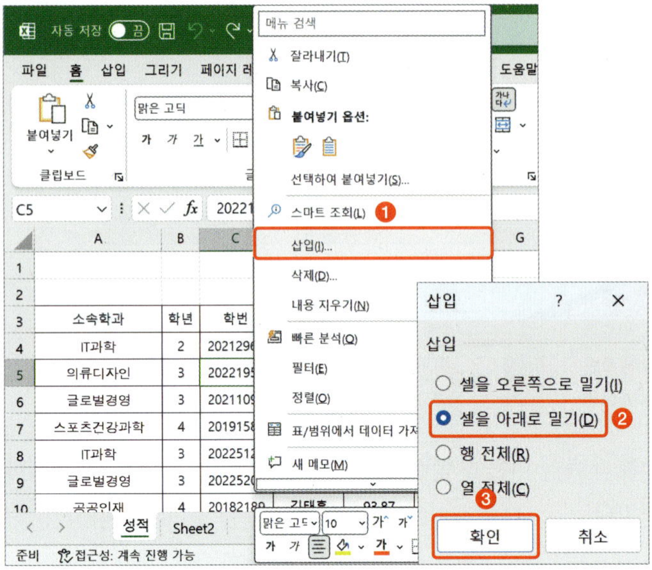

삽입했던 셀을 삭제해 보자. ❶ 셀 C5를 선택한 상태에서 마우스 오른쪽 버튼을 누르고 [삭제] 메뉴를 선택한다. ❷ [삭제] 옵션 창에서 '셀을 위로 밀기'를 선택한 뒤 ❸ 〈확인〉을 클릭하면 ❹ C5 셀이 삭제되고, 그 아래에 있는 셀들이 한 행씩 위로 이동한다.

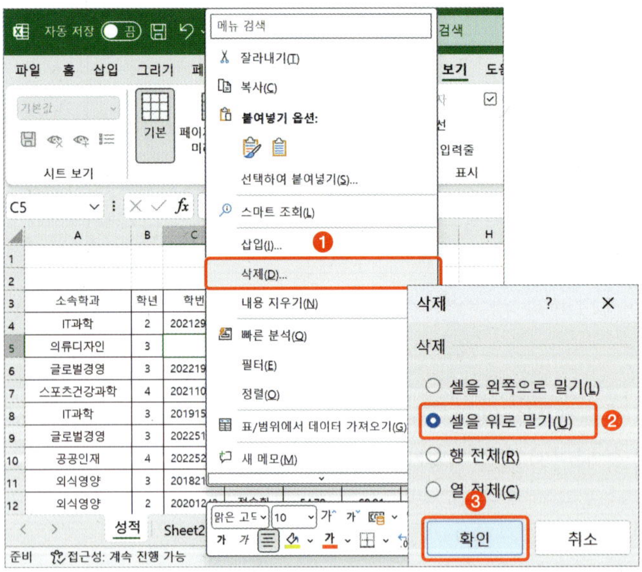

■ 여러 개의 셀 추가/삭제

'예제02_01.xlsx'에서 여러 개의 셀을 삽입해 보자. ❶ 삽입하려는 셀인 B4부터 D7을 선택하고 ❷ 마우스의 오른쪽 버튼을 눌러 [삽입] 메뉴를 선택한다. ❸ [삽입] 옵션에서 [셀을 오른쪽으로 밀기]를 선택한 후 ❹ 〈확인〉을 클릭한다.

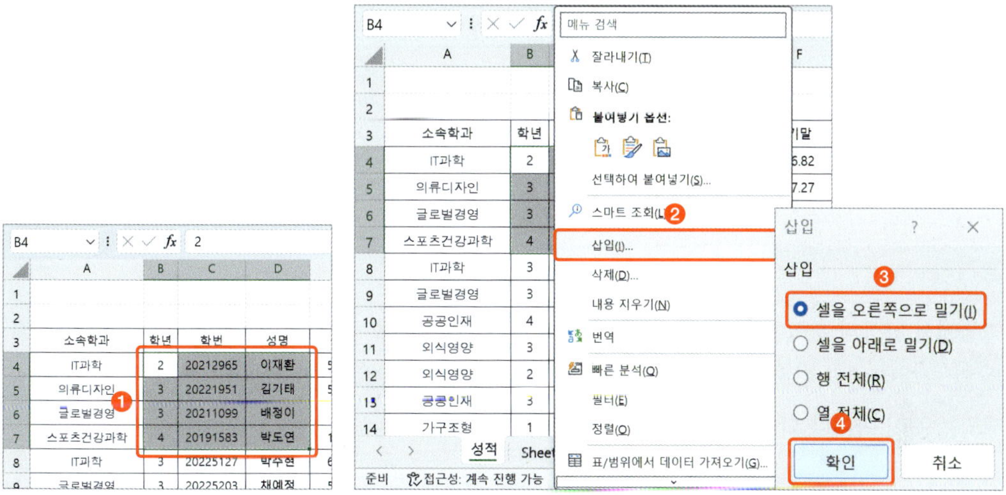

❺ 선택한 영역만큼의 빈 공간이 생기면서 원래의 셀들은 오른쪽으로 이동한다.

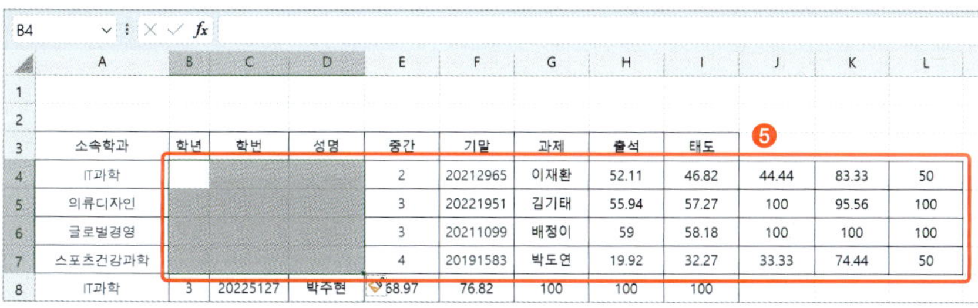

생성한 셀을 삭제해 보자. ❶ 셀 B4부터 D7을 선택하고 마우스의 오른쪽 버튼을 눌러 [삭제] 메뉴를 선택한다. ❷ 옵션에서 [셀을 왼쪽으로 밀기]로 선택한 후 ❸ 〈확인〉을 클릭하면 ❹ 선택한 영역만큼의 빈 공간이 삭제되고 오른쪽에 있던 셀들이 왼쪽으로 이동한다.

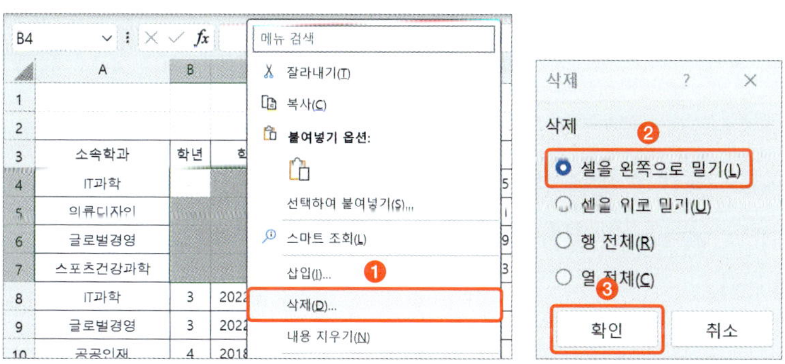

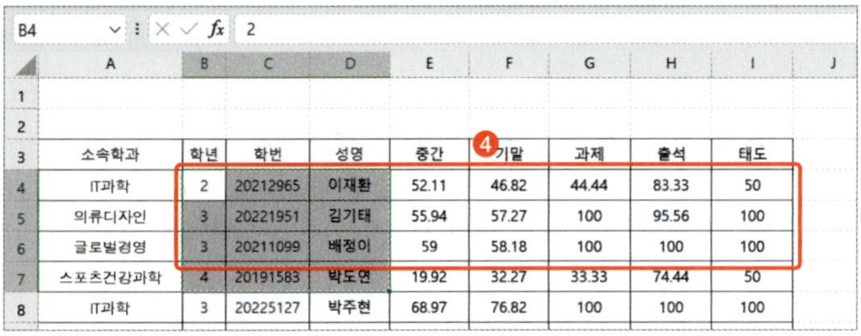

4 기타 유용한 기능

준비 예제02_01.xlsx

숨기기

엑셀에서 당장의 분석 작업에 필요하지 않아 어떤 행이나 열을 잠시 숨겨야 할 때가 있다. '숨기기'는 말 그대로 지금 당장 눈에 보이지 않게만 하는 것으로, '삭제'와 달리 데이터가 워크시트에서 삭제되는 것이 아니라 화면에 나타나지 않을 뿐이다.

'예제02_01.xlsx'에서 '학년'과 '학번' 항목을 잠시 숨겨보자. '학년'과 '학번' 항목에 해당하는 ❶ B와 C열의 열 이름 부분을 드래그하여 선택한 후, ❷ 마우스 오른쪽 버튼을 눌러 [숨기기] 메뉴를 선택하면 ❸ B와 C열은 보이지 않고 'A, D, E, F…' 순으로 열 이름이 보인다. 화면상으로는 B, C열이 보이지 않지만 '학년'과 '학번'에 해당하는 데이터는 그대로 남아 있다.

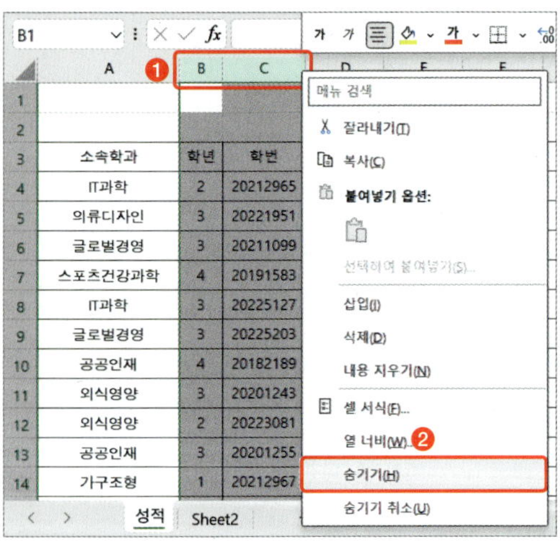

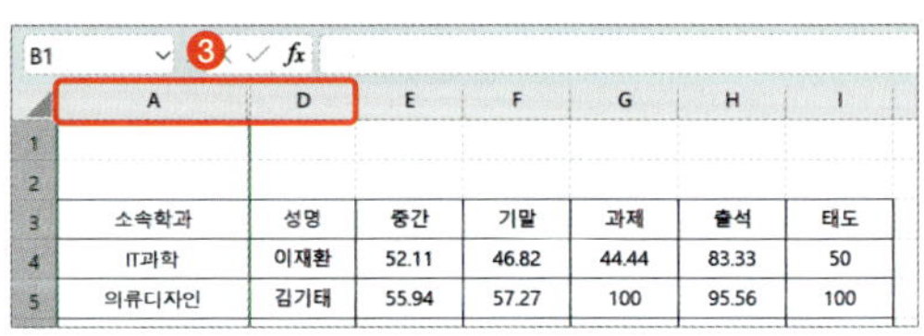

앞에서 숨겼던 '예제02_01.xlsx'의 B, C 열을 다시 보이게 해보자. ❶ A와 D열을 드래그하여 선택하고 ❷ 마우스 오른쪽 버튼을 눌러 [숨기기 취소] 메뉴를 선택하면 ❸ 처음처럼 'A, B, C, D…'의 순으로 열 이름이 보이게 된다.

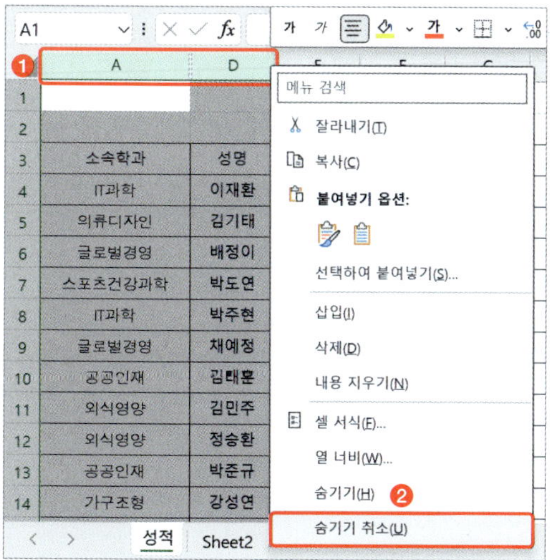

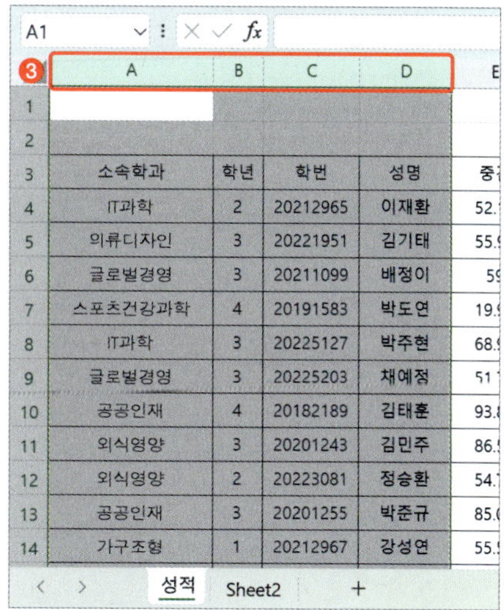

셀 병합하기

워크시트는 행과 열로 만들어진 셀로 구성된다. 따라서 편집을 위해 두 개 이상의 셀들을 합쳐야 할 때가 있다. 이렇게 두 개 이상의 셀을 하나의 셀처럼 만드는 작업을 병합이라고 한다.

'예제02_01.xlsx'에서 셀 A1에 **2024년도 교양 수업 성적 집계**라는 제목을 입력해 보자. 셀 A1의 너비보다 제목의 길이가 길기 때문에 글씨가 다른 셀까지 넘어간다.

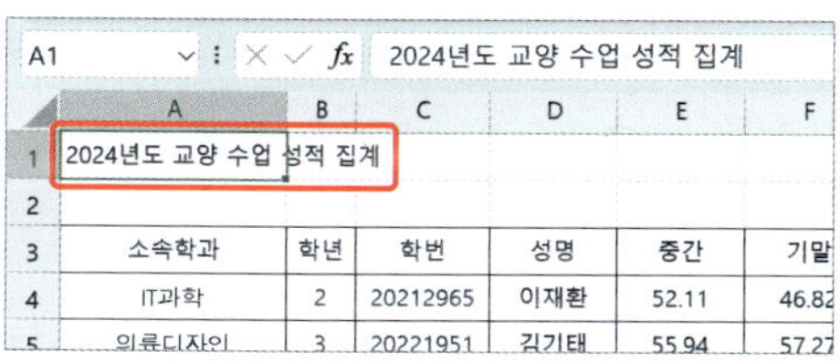

이 제목을 표의 가운데에 오도록 편집하기 위해 셀 병합을 이용해 보자. ❶ 표가 차지하고 있는 셀 A1부터 셀 I1까지 선택한 후, ❷ [홈] 탭–[맞춤] 그룹–[병합하고 가운데 맞춤]을 클릭한다. ❸ 그러면 셀 A1부터 I1까지 9개의 셀이 하나의 셀로 병합되면서 제목이 가운데 정렬된다.

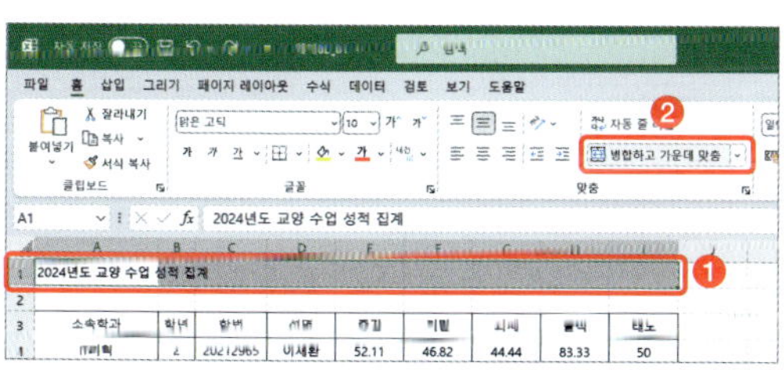

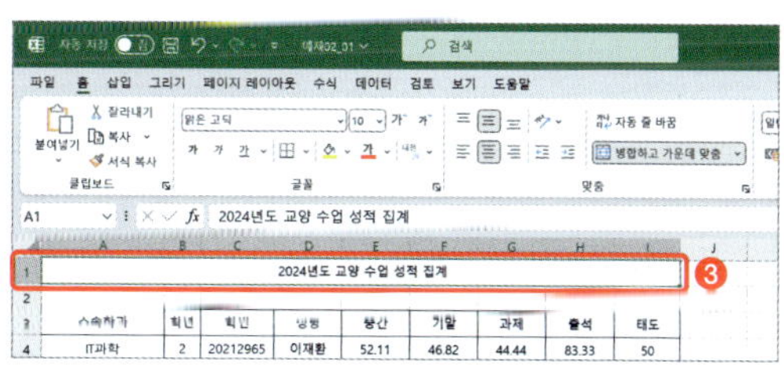

그러면 이미 병합된 셀들을 원래대로 분할해 보자. ❶ 병합된 셀을 선택하고 ❷ [홈] 탭–[맞춤] 그룹에서 이미 선택되어 있는 [병합하고 가운데 맞춤]을 클릭하여 선택을 해제하거나, ❸ 옵션 버튼(⌄)을 클릭하여 ❹ [셀 분할]을 선택한다. 그러면 ❺ 원래대로 분할된 상태가 된다.

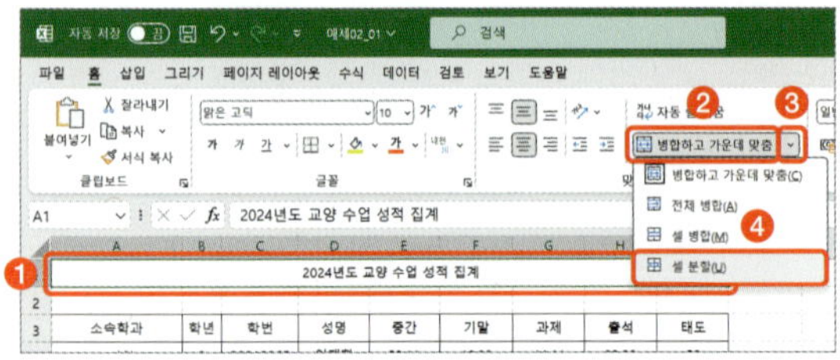

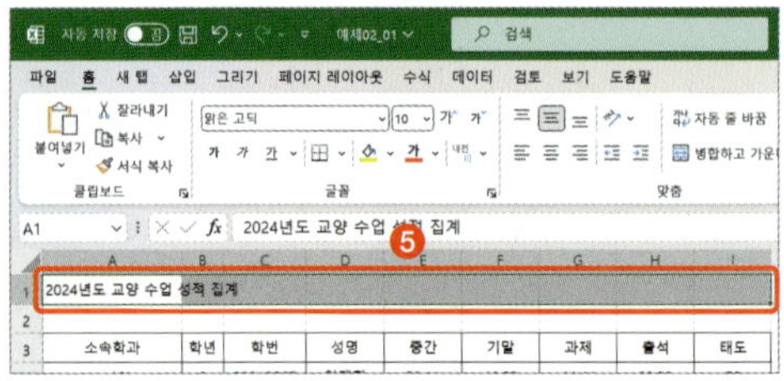

여기서 잠깐 셀 병합과 관련된 옵션

[홈] 탭–[맞춤] 그룹–[병합하고 가운데 맞춤]의 옵션 버튼(⌄)을 클릭하면 셀 병합과 관련된 메뉴를 추가로 사용할 수 있다.

■ **전체 병합**

선택된 셀의 범위에서 같은 행끼리 병합한다. 이때 입력된 내용들은 가운데 정렬되지 않는다. 다음 예제에서는 행이 1개이므로 아무 변화가 없다.

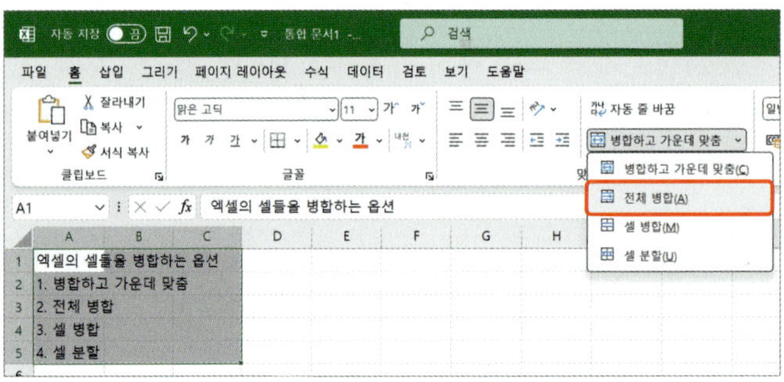

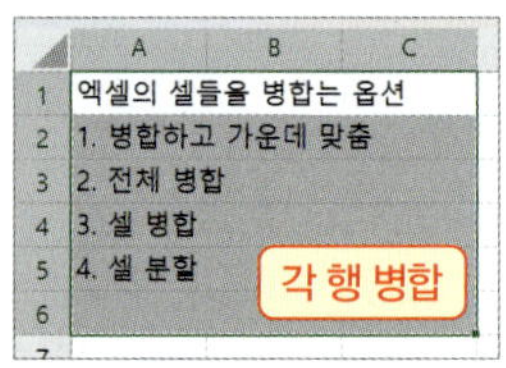

■ **셀 병합**

선택된 셀들을 하나의 셀로 병합한다. 단, 여러 행(또는 열)에 걸쳐 데이터가 입력되어 있으면 가장 첫 번째 행(또는 열)에 있는 데이터만 남기고 병합된다. 또한 셀에 입력된 내용이 가운데로 정렬되지 않는다.

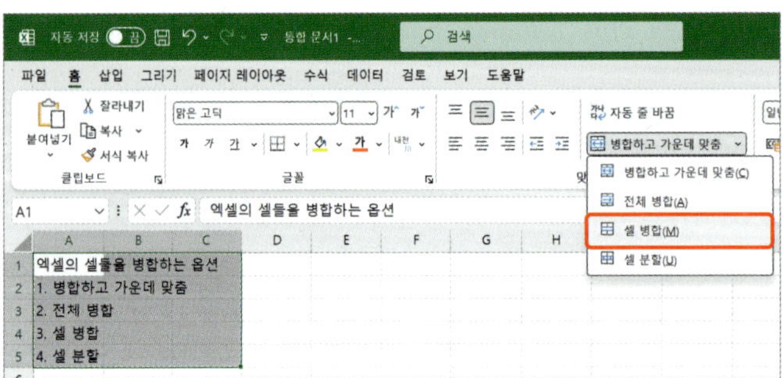

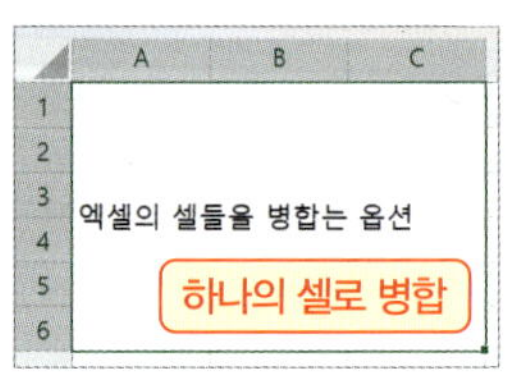

틀 고정하기

워크시트에 입력된 데이터가 많은 경우 셀을 이동하다 보면 데이터, 행 또는 열의 제목이 화면상에서 사라져 보이지 않을 때가 있다. 이럴 때는 데이터를 확인하기 위해 다시 맨 앞이나 위로 이동해야 하는 번거로움이 있다. 이때 일부 데이터 영역을 고정시키면 셀 이동이 많아도 화면상에서 사라지지 않고 계속 볼 수 있어 유용하다.

'예제02_01.xlsx'에서 항목의 이름이 있는 3행과 '소속학과', '학년', '학번', '성명'이 있는 A~D열을 고정해 보자. ❶ 셀 E4를 선택하고 ❷ [보기] 탭–[창] 그룹–[틀 고정] 도구 아래의 ⌄을 클릭하여 [틀 고정] 메뉴를 선택한다. ❸ 셀 E4의 왼쪽과 위로 고정선이 생성되었다. 이 상태에서 아래쪽 또는 오른쪽으로 스크롤하면 A~D열과 1~3행이 고정되어 사라지지 않는 것을 확인할 수 있다.

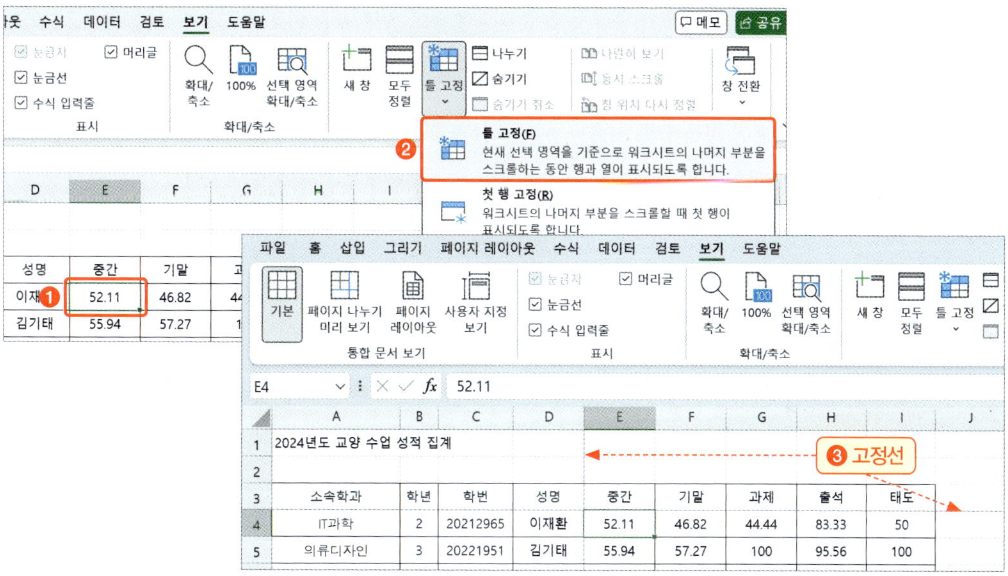

고정된 틀을 해제하려면 [보기] 탭–[창] 그룹–[틀 고정] 도구 아래의 ⌄을 클릭하여 [틀 고정 취소] 메뉴를 선택한다.

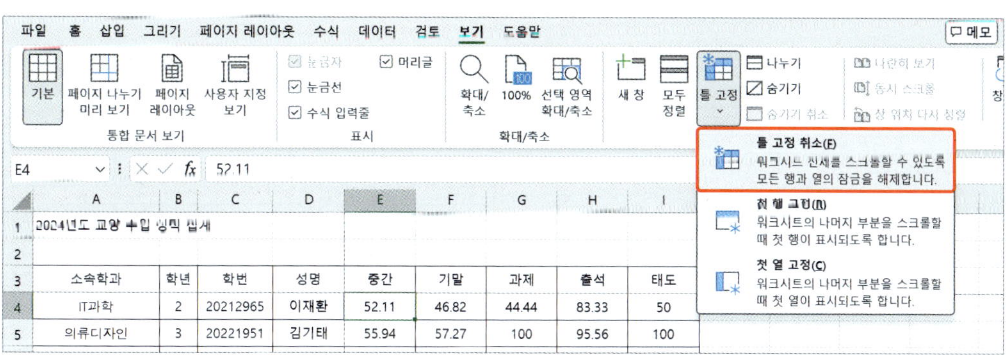

[틀 고정]의 메뉴 중 [첫 행 고정] 또는 [첫 열 고정]은 현재 셀의 위치에 상관없이 워크시트의 1행 또는 A열을 고정하며, [틀 고정 취소]로 고정을 취소할 수 있다.

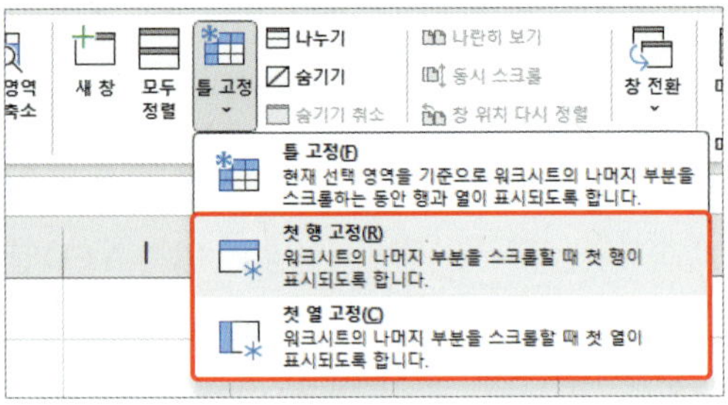

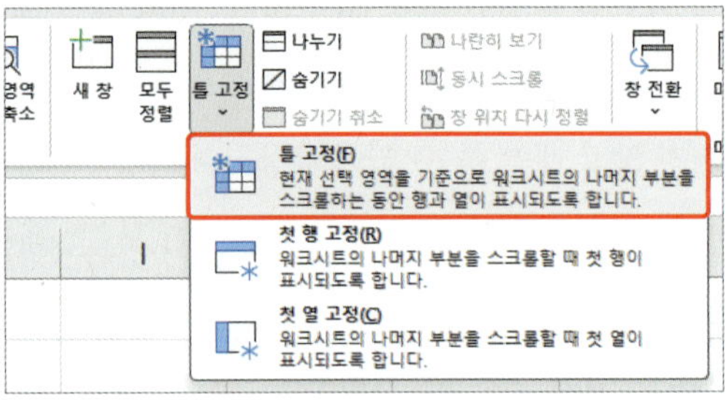

5 기타 편집 기능

준비 예제02_02.xlsx

엑셀은 연산 위주의 문서 작성에 최적화된 애플리케이션이므로 문서로 출력했을 때 한눈에 알아볼 수 있게 편집할 수 있다.

테두리

엑셀의 워크시트는 셀로 구성되어 있어 데이터를 표 형태로 구성하기 편리하다. 그러나 테두리를 표시하지 않으면 출력했을 때는 다음 그림과 같이 테두리 없이 데이터만 보여진다.

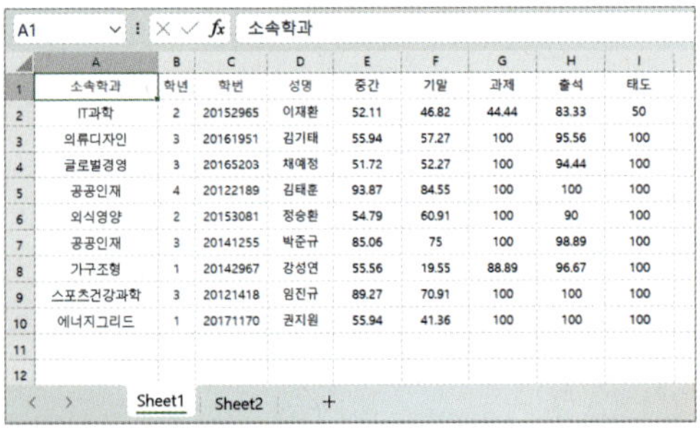

소속학과	학년	학번	성명	중간	기말	과제	출석	태도
IT과학	2	20152965	이재환	52.11	46.82	44.44	83.33	50
의류디자인	3	20161951	김기태	55.94	57.27	100	95.56	100
글로벌경영	3	20165203	채예정	51.72	52.27	100	94.44	100
공공인재	4	20122189	김태훈	93.87	84.55	100	100	100
외식영양	2	20153081	정승환	54.79	60.91	100	90	100
공공인재	3	20141255	박준규	85.06	75	100	98.89	100
가구조형	1	20142967	강성연	55.56	19.55	88.89	96.67	100
스포츠건강과학	3	20121418	임진규	89.27	70.91	100	100	100
에너지그리드	1	20171170	권지원	55.94	41.36	100	100	100

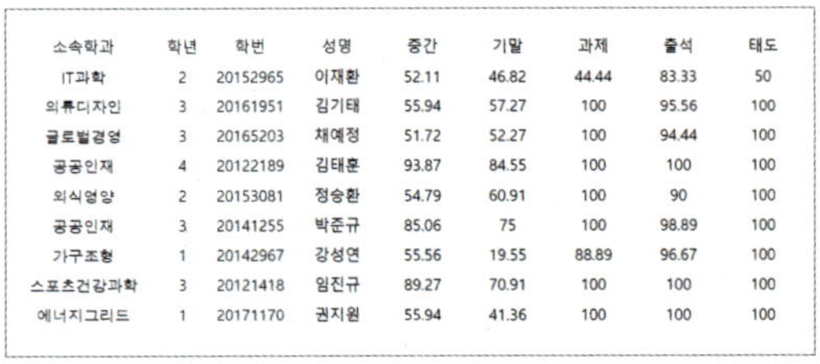

▲ 테두리를 표시하지 않았을 때의 출력 결과

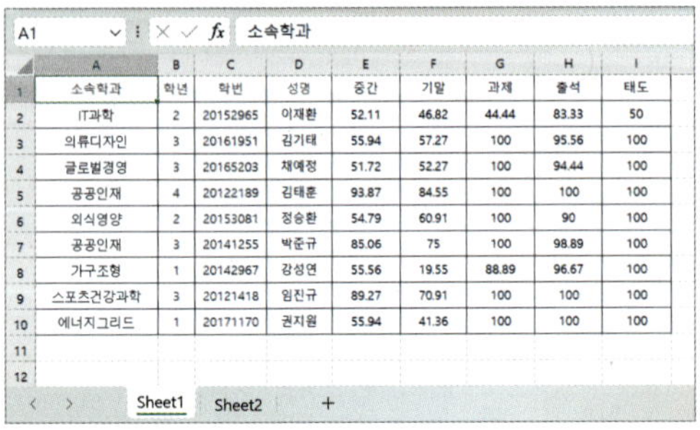

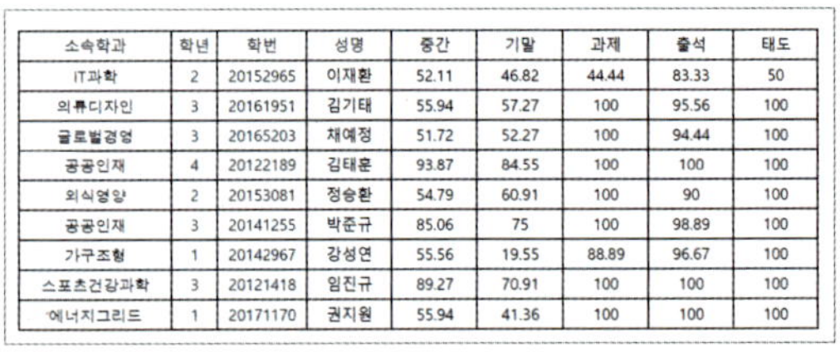

▲ 테두리를 표시했을 때의 출력 결과

■ 리본 메뉴를 이용한 테두리 표시

[홈] 탭-[글꼴] 그룹에서 테두리 도구(⊞ ⌄)를 이용해서 표의 테두리를 표시할 수 있다. '예제02_02.xlsx'에서 셀 A1부터 D10까지의 영역에 테두리를 표시해 보자. 셀 A1부터 D10까지 선택하고 ❶ [홈] 탭-[글꼴] 그룹-테두리 도구(⊞ ⌄)의 ⌄을 클릭하여 ❷ [모든 테두리]를 선택한다. ❸ 선택한 영역의 모든 셀에 테두리가 생기는 것을 확인할 수 있다.

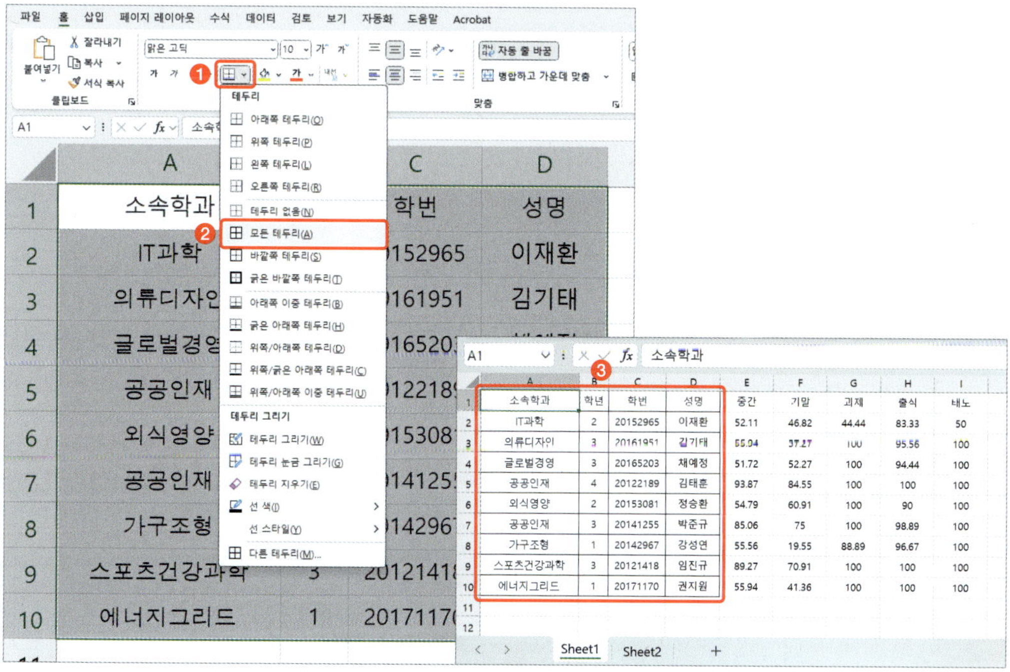

■ [셀 서식] 메뉴를 이용한 테두리 표시

[셀 서식] 메뉴를 활용하여 테두리를 표시할 수도 있다. 앞서 사용했던 '예제02_02.xlsx'의 ❶ 셀 E1부터 I10까지 선택하고 ❷ 마우스 오른쪽 버튼을 클릭하여 [셀 서식] 메뉴를 선택한다.

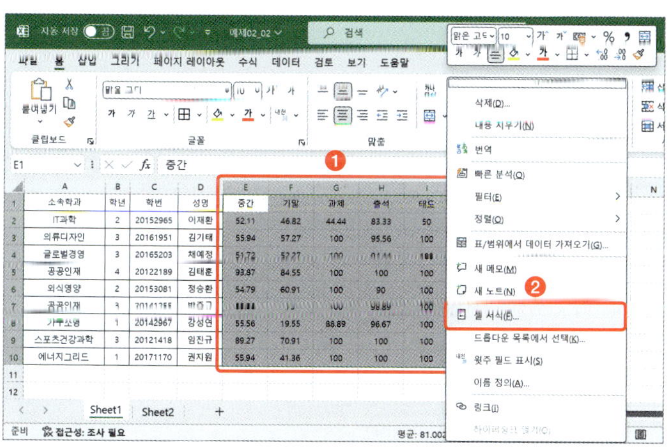

❸ [셀 서식] 창에서 [테두리] 탭으로 이동하면 선의 종류와 테두리를 표시할 위치, 색상과 같이 필요한 내용들을 선택할 수 있다. ❹ 윤곽선의 종류를 '스타일' 항목에서 두 줄 선(═══)을 선택하고, '미리 설정'에서 [윤곽선]을 클릭한다. '테두리' 항목에서 방금 선택한 결과를 확인할 수 있다. ❺ 다시 '스타일' 항목에서 약간 두꺼운 한 줄 선(───)을 선택한 후 ❻ 원하는 색상을 선택해 보자. ❼ '테두리' 항목에서 [안쪽]을 선택하고 '테두리' 항목에서 세로 테두리만 표시되도록 설정한 다음 ❽ 〈확인〉을 클릭한다. ❾ 그 결과, 선택한 영역의 바깥쪽 테두리는 두 줄 선으로 표시되고 선택한 색상으로 안쪽 세로선이 표시된다.

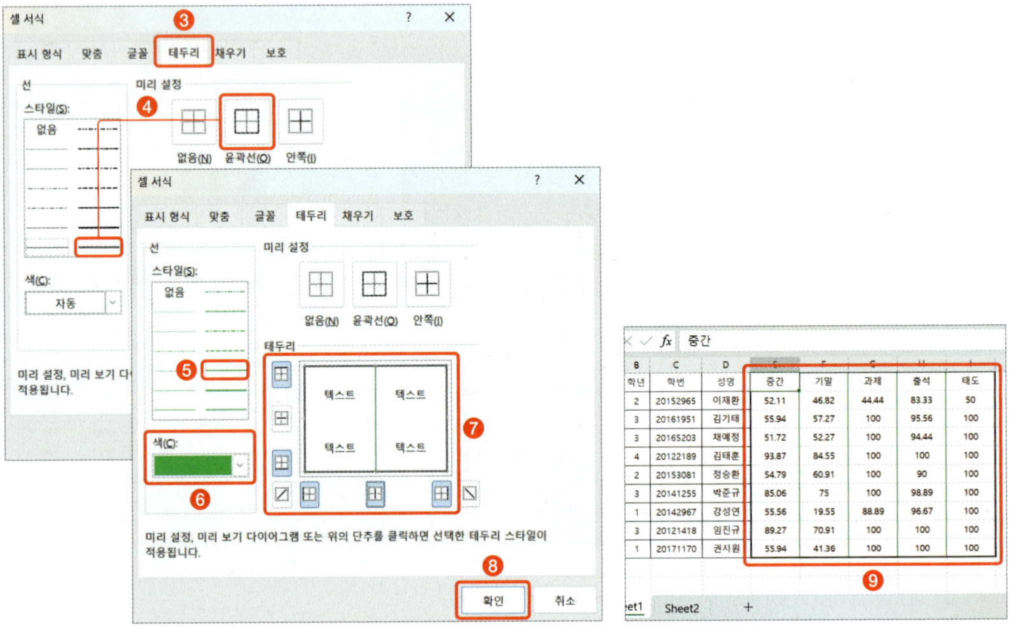

배경색

셀에 배경색을 넣어 더 보기 좋게 표를 작성할 수 있다.

■ 리본 메뉴를 이용한 배경색 변경

배경색을 바꾸려는 셀들을 선택하고, ❶ [홈] 탭-[글꼴] 그룹에서 ❷ [채우기 색(◇)] 도구 옆의 ⌄을 클릭하여 ❸ 원하는 테마 색을 선택하면 ❹ 선택된 셀들의 색상이 변경된다.

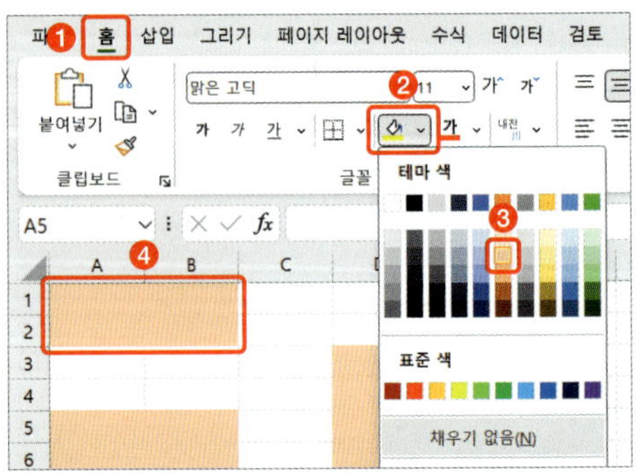

■ [셀 서식] 메뉴를 이용한 배경색 변경

❶ 배경색을 바꾸려는 셀들을 선택하고, ❷ 마우스 오른쪽 버튼을 클릭하여 [셀 서식] 메뉴를 선택한다. ❸ [셀 서식] 창에서 [채우기] 탭을 선택하고 ❹ 원하는 배경색을 선택한 후 ❺ 〈확인〉을 클릭한다.

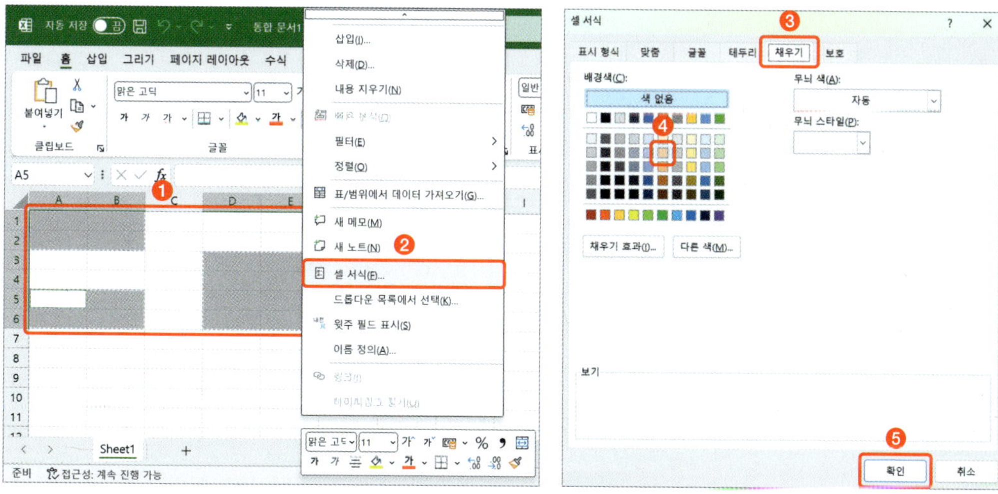

여기서 잠깐 **이전 실행 그대로 실행하기: 기능키 F4**

같은 작업을 연속적으로 반복해야 하는 경우 기능키 F4를 이용하면 편리하다. 엑셀에서 기능키 F4는 직전의 실행을 그대로 다시 실행하는 역할을 한다.

예를 들어, 셀 B2부터 C3의 셀 배경색을 노란색으로 설정했다고 하자. 이후 셀 E2를 선택하고 기능키 F4를 누르면 셀 E2도 노란색으로 설정된다.

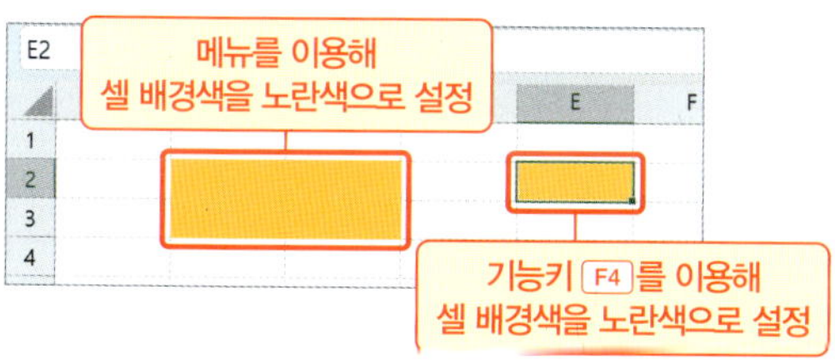

글꼴과 맞춤

셀에 입력된 글자는 모양, 색, 크기를 조정하고 정렬할 수 있다.

■ 리본 메뉴에서 글꼴과 맞춤 설정

[홈] 탭–[글꼴] 그룹에는 글꼴 편집에 자주 쓰이는 메뉴가 있고, [맞춤] 그룹에는 문단 정렬에 자주 쓰이는 메뉴들이 있다.

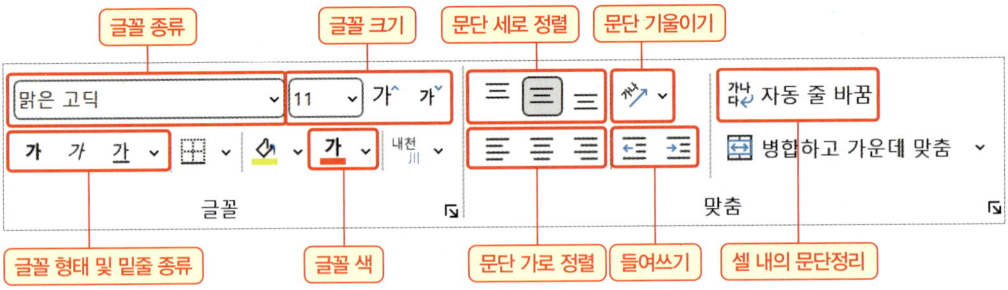

■ **메뉴를 이용해 글꼴과 맞춤 설정**

편집하려는 셀들을 선택하고 마우스 오른쪽 버튼을 클릭해 나타나는 메뉴에서 [셀 서식]을 선택한다. [셀 서식] 창–[글꼴] 탭 또는 [맞춤] 탭을 선택하면 글꼴과 문단 맞춤을 설정할 수 있다.

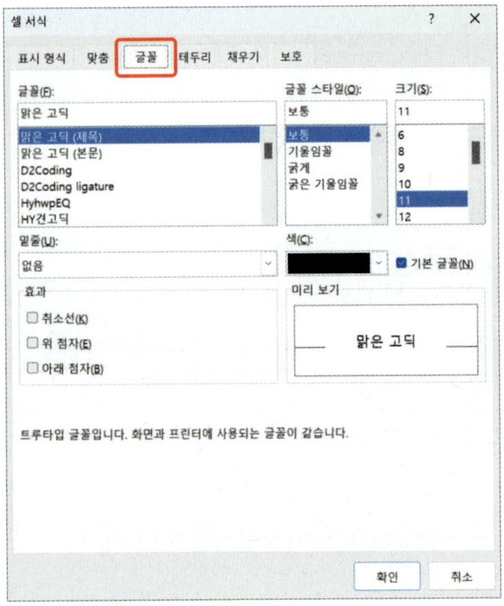

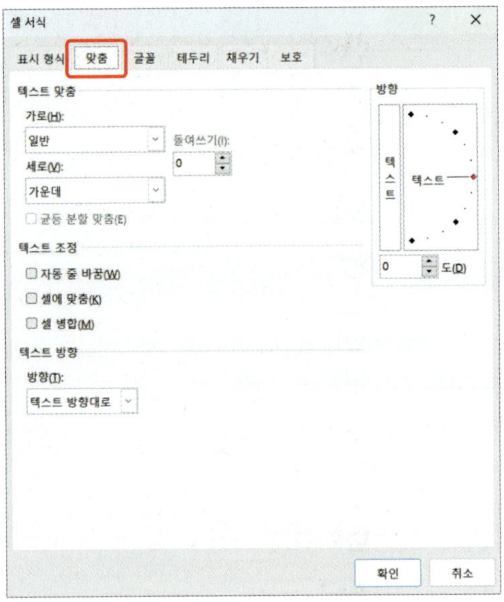

여기서 잠깐 셀 내의 문단 정리

■ [자동 줄 바꿈]

하나의 셀에 데이터의 길이가 셀의 크기보다 길 때 셀 내에 정리하는 방식을 설정하는 메뉴이다. [자동 줄 바꿈]을 선택한 상태라면 셀의 크기에 맞게 데이터가 자동 줄 바꿈이 되어 입력된다.

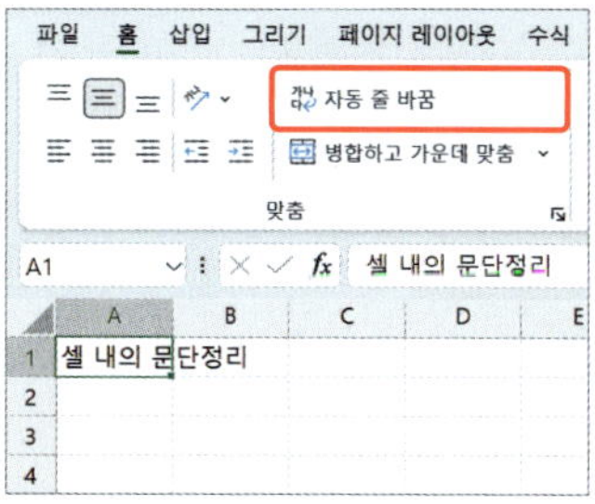

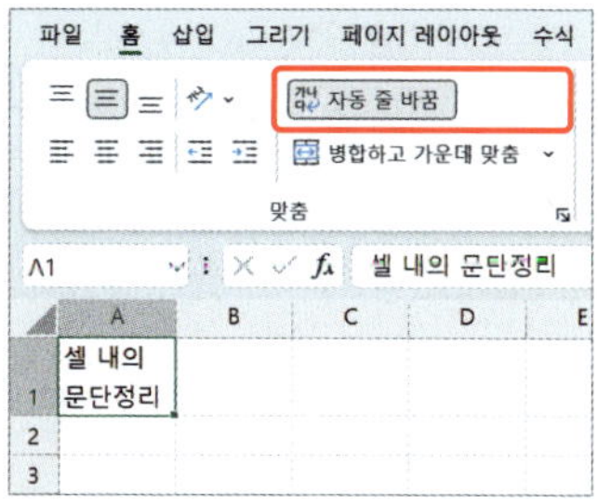

■ Alt + Enter

하나의 셀에 입력된 문자열의 원하는 위치에서 줄 바꿈을 할 때 사용할 수 있다. Alt + Enter를 이용한 셀은 [자동 줄 바꿈]이 선택된 상태가 된다.

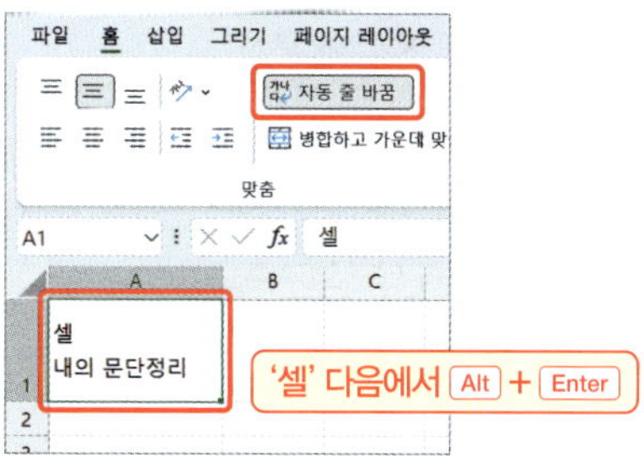

요약

01 [홈] 화면 구성

- [새로 만들기]: 엑셀에서 제공하는 서식 파일과 서식 파일 활용 방법을 소개하는 파일들이 나열되어 있다.
- [최근 항목]: 최근에 사용자가 작업했던 엑셀 파일의 이름과 위치 경로를 표시한다.

02 통합 문서 화면 구성

- 리본 메뉴: 엑셀이 제공하는 모든 기능을 아이콘 형태로 제공하는 메뉴이다.
- 워크시트: 엑셀에서 값의 입력 및 연산 작업을 하는 공간이다.
- 상태 표시줄: 현재 작업의 상태를 표시한다.

03 통합 문서 관리

- 통합 문서 생성: ① [홈] 화면–[새 통합 문서], ② [새로 만들기] 화면–[새 통합 문서]
- 통합 문서 저장: ① [파일] 탭–[홈] 화면–[저장] 또는 [다른 이름으로 저장], ② 빠른 실행 도구의 저장 아이콘( )
- 기존 통합 문서 열기: [홈] 화면–[열기]

04 워크시트 편집

- 워크시트 삽입: ① 새 시트 버튼(+) 사용, ② 워크시트 탭 위에서 마우스 오른쪽 버튼–[삽입]–워크시트 선택
- 워크시트 삭제: 워크시트 탭 위에서 마우스 오른쪽 버튼–[삭제]
- 워크시트 이동: ① 워크시트 탭을 클릭하여 드래그로 이동, ② 워크시트 탭 위에서 마우스 오른쪽 버튼–[이동/복사]–[대상 통합 문서]와 [다음 시트 앞에]에서 이동될 위치 선정
- 워크시트 복사: ① Ctrl을 누른 상태에서 워크시트 탭을 클릭하여 드래그로 이동, ② 워크시트 탭 위에서 마우스 오른쪽 버튼–[이동/복사]–이동될 [대상 통합 문서]와 [다음 시트 앞에]에서 복사될 위치 선정–'복사본 만들기' 옵션 선택
- 워크시트 이름 바꾸기: ① 워크시트 탭을 더블클릭, ② 워크시트 탭에서 마우스 오른쪽 버튼–[이름 바꾸기]

05 셀 선택

- 단일 셀 선택: 마우스 클릭 또는 셀 주소창에 셀 주소를 입력한다.
- 행 전체 또는 열 전체 선택: 행 번호 또는 열 번호를 클릭한다.

- 연속된 셀 또는 행/열 전체 선택: 마우스로 셀 또는 행/열 번호 클릭 후 드래그한다.
- 연속되지 않은 여러 개의 셀 또는 행/열 선택: Ctrl 을 누른 상태에서 마우스로 셀(또는 행/열 번호) 클릭하거나 클릭 후 드래그한다.

06 셀 높이/너비 조절

- 마우스를 행/열 번호 구분선에 놓고 크기를 조절한다.
- 행/열 번호에서 마우스 오른쪽 버튼-[행 높이]나 [열 너비]를 선택해 조절한다.
- 행/열 전체 삽입 또는 삭제: 행/열 번호에서 마우스 오른쪽 버튼-[삽입] 또는 [삭제]를 선택한다.
- 행/열 일부 삽입 또는 삭제: 선택된 셀에서 마우스 오른쪽 버튼-[삽입](또는 [삭제])-[삽입] 창(또는 [삭제] 창)에서 나머지 셀 이동 위치를 선택한다.

07 기타 유용한 기능

- 숨기기: 행/열 번호에서 숨길 행/열 선택 후 마우스 오른쪽 버튼-[숨기기] 메뉴를 선택한다.
- 숨기기 취소: 숨겨진 행/열 번호의 앞뒤 행/열을 선택한 뒤 마우스 오른쪽 버튼-[숨기기 취소] 메뉴를 선택한다.
- 셀 병합: [홈] 탭-[맞춤] 그룹-[병합하고 가운데 맞춤]을 선택한다.
- 틀 고정: 선택한 셀 위의 행들과 왼쪽의 열들을 고정하는 옵션이다. 고정할 셀을 선택하고 [보기] 탭-[확대/취소] 그룹-[틀 고정]을 선택한다.
- 틀 고정 취소: 취소할 셀을 선택하고 [보기] 탭-[확대/취소] 그룹-[틀 고정 취소]를 선택한다.

08 기타 편집 기능

- 테두리: ① [홈] 탭-[글꼴] 그룹에서 테두리 도구(⊞ ⌄), ② 마우스 오른쪽 버튼-[셀 서식]-[셀 서식] 창-[테두리] 탭
- 배경색: ① [홈] 탭-[글꼴] 그룹에서 테마색(◇), ② 마우스 오른쪽 버튼-[셀 서식]-[셀 서식] 창-[채우기] 탭
- 글꼴과 맞춤: ① [홈] 탭-[글꼴] 그룹 또는 [맞춤] 그룹, ② 마우스 오른쪽 버튼-[셀 서식]-[셀 서식] 창-[글꼴] 탭 또는 [맞춤] 탭

연습문제

결과 연습02_01_결과.xlsx~02_02_결과.xlsx

01 새 통합 문서를 생성하시오.

02 생성한 통합 문서를 '연습02_01.xlsx'로 저장하시오.

03 '연습02_01.xlsx'의 [Sheet1]의 이름을 '연습시트'로 바꾸시오.

04 '연습02_01.xlsx'의 [연습시트] 앞에 워크시트 하나를 다음 그림처럼 추가하시오.

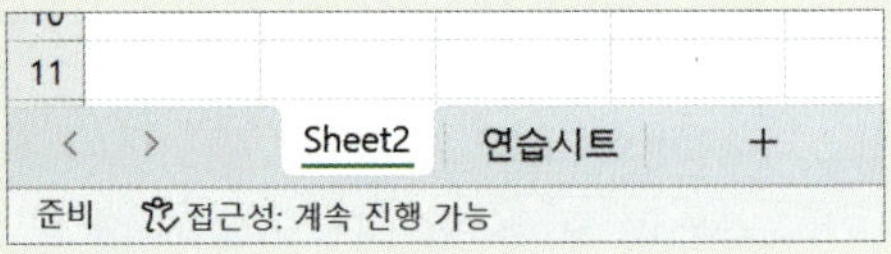

05 '연습02_01.xlsx'의 [연습시트]를 같은 통합 문서의 [Sheet2] 앞으로 이동하시오.

06 '연습02_01.xlsx'의 [연습시트]를 같은 통합 문서의 [Sheet2] 앞에 복사하시오.

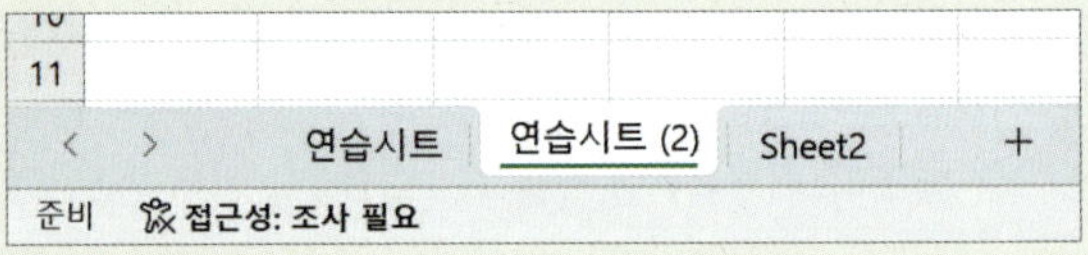

07 '연습02_01.xlsx'와 별개의 새로운 통합 문서를 열고 '연습02_02.xlsx'로 저장하시오.

08 '연습02_01.xlsx'의 [연습시트]를 '연습02_02.xlsx'의 [Sheet1]의 뒤에 이동하시오.

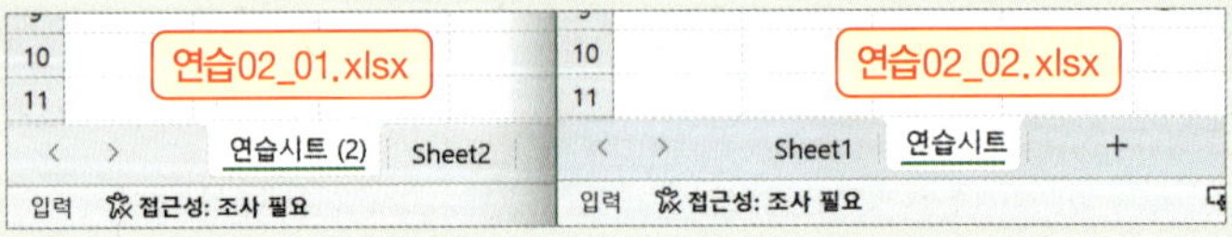

09 '연습02_01.xlsx'의 [연습시트(2)]를 '연습02_02.xlsx'의 [Sheet1]의 앞에 복사하시오.

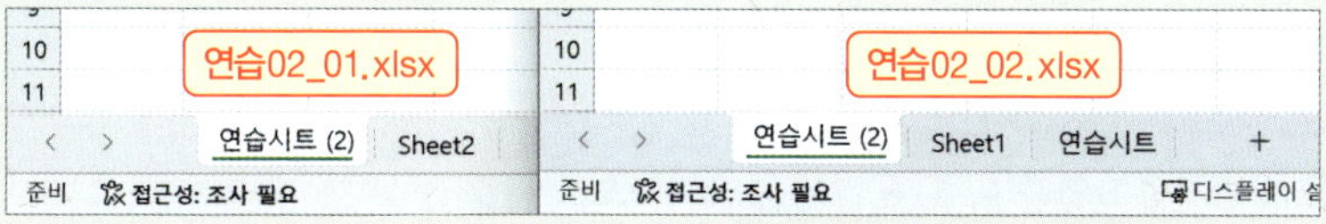

[10~15] '연습02_03.xlsx'를 활용하여 다음 문제들에 답하시오.

준비 연습02_03.xlsx | **결과** 연습02_03_결과.xlsx

10 '연습02_03.xlsx'를 다음 그림과 같은 결과가 나오도록 작업하시오.

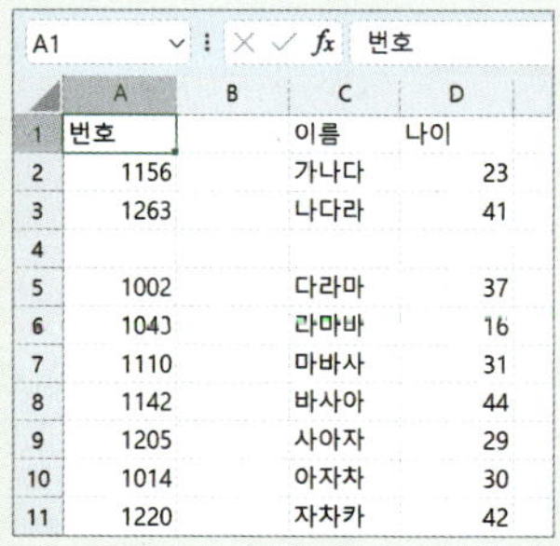

11 10번 결과에서 원래의 '연습02_03.xlsx' 형태가 나오도록 작업하시오.

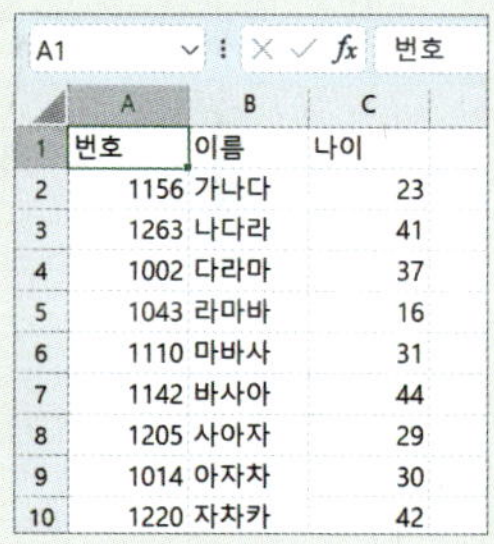

12 11번 결과에서 다음 그림과 같은 결과를 얻을 수 있도록 작업하시오.

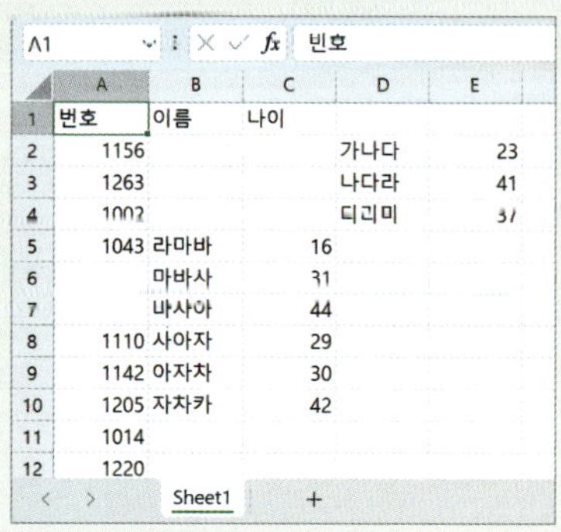

13 **12**번의 결과에서 다시 원래의 '연습02_03.xlsx' 형태가 될 수 있도록 작업하시오.

14 **13**번 결과에서 다음 그림처럼 B열과 4, 5, 6, 7행을 숨기시오.

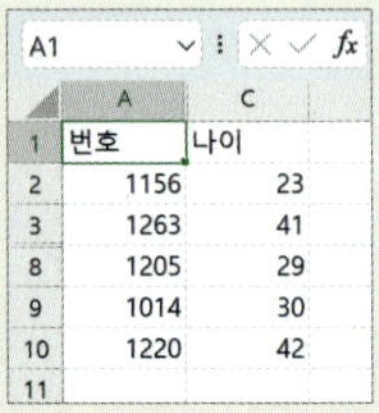

15 **14**번 결과에서 다시 원래의 '연습02_03.xlsx' 형태가 될 수 있도록 작업하시오.

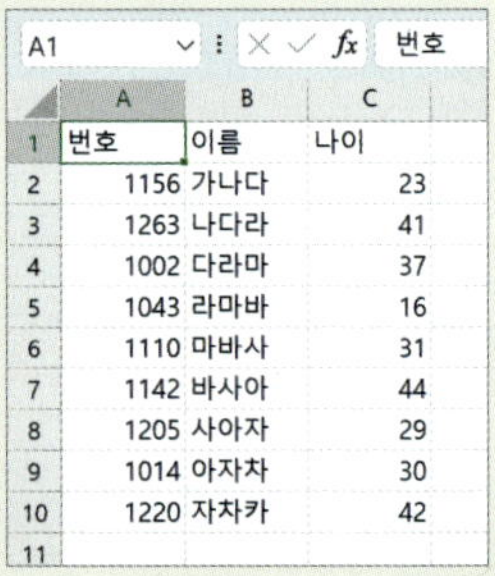

16 '연습02_04.xlsx' 파일을 활용하여 다음과 같은 결과가 나오도록 서식을 적용하고 B열과 3행을 고정하시오.

준비 연습02_04.xlsx | **결과** 연습02_04_결과.xlsx

03

CHAPTER

데이터 편집과 참조

학습목표

- 셀에 입력하는 데이터의 종류와 표시 형식을 확인하고 적용한다.
- 데이터 복사, 잘라내기, 붙여넣기 방법을 익힌다.
- 셀 참조 내용의 의미와 효과를 이해한다.

SECTION
01 데이터 편집

이 장에서는 셀에 입력하는 데이터의 여러 가지 형식을 확인하고 활용하는 방법을 알아볼 것이다. 엑셀에서 다룰 수 있는 데이터는 크게 문자, 숫자, 수식으로 구분할 수 있다.

1 데이터의 종류와 입력 방식

문자

엑셀에서는 한글, 영문자, 기호, 숫자, 데이터 표시 형식을 '텍스트'로 설정한 것을 문자로 취급한다. 문자는 셀에 입력했을 때 왼쪽으로 정렬된다. 데이터 표시 형식을 바꾸는 방법은 뒤에서 자세히 다루도록 한다.

	A	B
1	가	나
2	a	N
3	◆	☺
4	1	16
5		

데이터 표시 형식을 '텍스트'로 설정한 셀

여기서 잠깐　기호 삽입

기호 삽입을 위해서 ❶ [삽입] 탭–❷ [기호] 그룹–[기호] 도구를 선택한다. ❸ [기호] 창에서 원하는 기호를 선택하고 ❹ [삽입] 버튼을 클릭하거나 더블클릭하면 ❺ 기호가 입력된다.

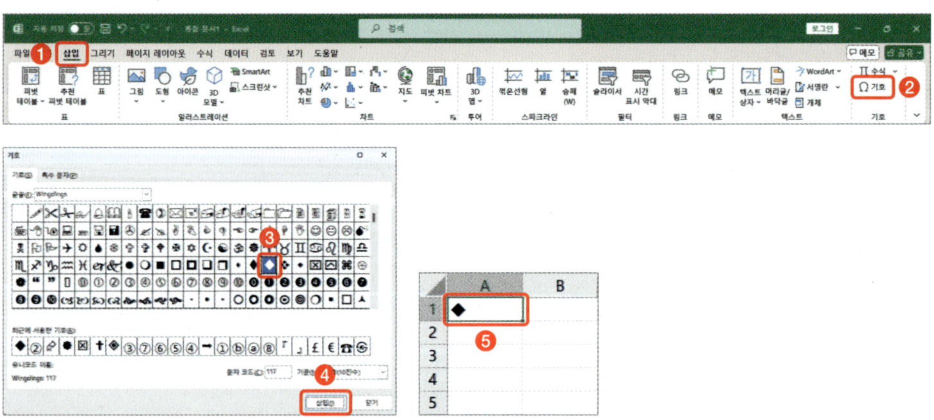

문자열

문자열은 두 개 이상의 문자 조합을 의미한다. 문자열을 셀에 입력했을 때 문자열의 길이가 셀의 너비보다 길면 문자가 다음 셀로 넘어가 보이지만, 실제로는 그 셀 하나에 입력된 것이다. 다음 그림에서 셀 A1에 셀의 너비보다 긴 문자열이 입력되어 셀 B1부터 D1까지 입력된 것처럼 보이지만 실제로는 셀 A1에만 문자열이 입력되어 있다.

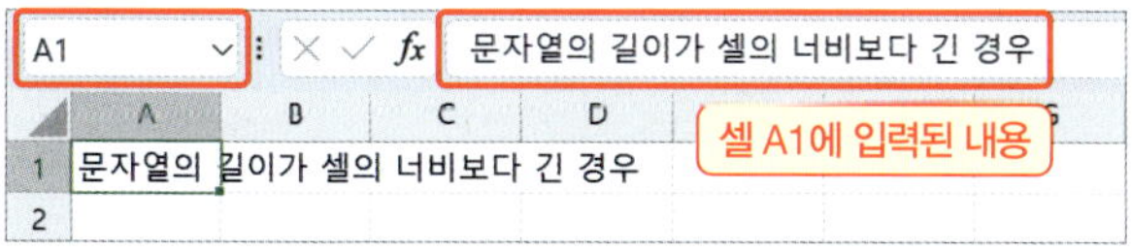

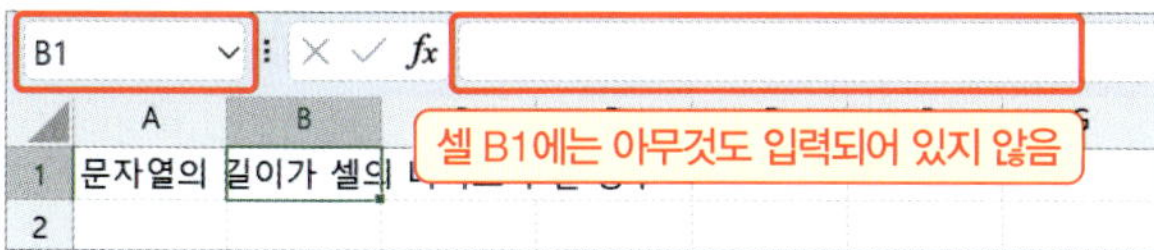

숫자

엑셀에서 숫자는 정수, 실수로 구분되며 셀에 입력하면 오른쪽 정렬이 된다. 표기에 따라 양수, 음수, 통화, 백분율, 지수 등의 표현을 할 수 있는데 '표시 형식'으로 정할 수도 있고 직접 기호를 입력하여 표현할 수도 있다. 일반적으로 문자와 숫자가 조합된 경우 엑셀에서는 자동으로 문자로 인식하지만 숫자의 시작이나 마지막 부분에 +, −, % 등의 기호가 있으면(예 −100, 54%) 해당 기호와 관련된 숫자로 인식한다.

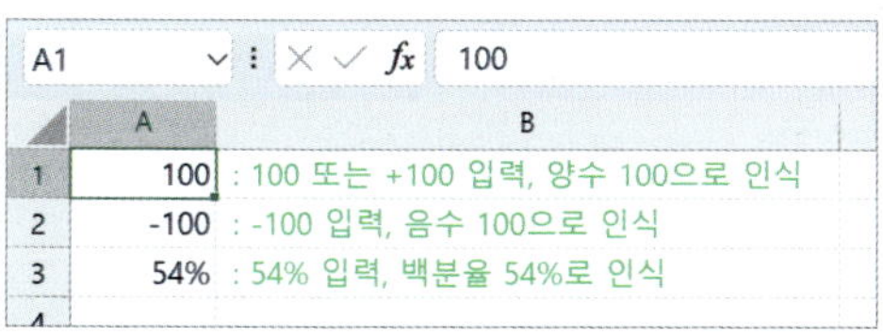

숫자의 길이가 열의 너비보다 길면 지수 형태 또는 반올림한 값으로 표시된다. 정수는 일반적으로 열한 자리가 넘으면 지수 형태로 셀에 표시되고, 실수의 경우 소수점을 포함하여 열한 자리까지만 반올림되어 표시된다. 이렇게 입력된 숫자는 셀의 너비를 넓혀도 나머지 숫자들은 보이지 않는다. 또한 정수가 열다섯 자리 이상이면 그 뒷자리는 0으로 입력되고, 실수는 소수점 이하 열두 자리까지만 입력된다.

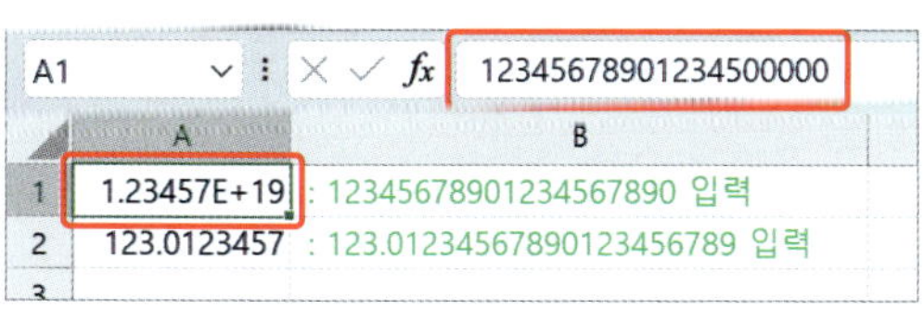

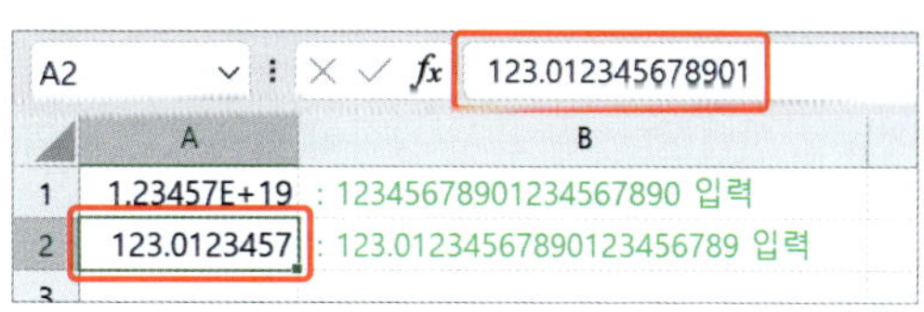

수식

엑셀은 연산 위주의 문서를 작성하기에 적합한 프로그램이므로 수식도 셀에 입력할 수 있다. 수식을 입력할 때는 반드시 등호(=)로 시작해야 한다. 여기서는 기본 연산자를 이용한 수식 입력만 살펴본다. 엑셀에서 사용되는 기본 연산자는 다음과 같다.

구분	연산자	의미	연산자	의미	연산자	의미
산술	=	등호	+	더하기	-	빼기
	*	곱하기	/	나누기	^	거듭제곱
	–	음수(부호)				
비교	=	같다	>	크다	>=	크거나 같다
	<>	다르다	<	작다	<=	작거나 같다
기타	( )	우선순위	%	백분율	&	문자 연결

연산자 중 음수 부호인 –와 백분율 기호 %는 등호 없이 사용할 수 있다. 또한 서로 다른 연산을 하지만 같은 기호를 사용할 수도 있다. 예를 들어, 수식의 '시작'을 의미하는 등호와 '같다'를 의미하는 비교 연산자는 '='를 사용하고, 빼기와 음수 부호는 둘 다 '–'를 사용한다.

다음 그림은 엑셀 기본 연산자를 사용한 예를 보여준다.

	A	B	C	D	E	F	G	H
1	사칙연산			비교연산			기타	
2	11	= 8 + 3 입력		FALSE	= 8 = 3 입력		-10	-10 입력
3	5	= 8 - 3 입력		TRUE	= 8 > 3 입력		10%	10% 입력
4	24	= 8 * 3 입력		TRUE	= 8 >= 3 입력		abcdef	= "abc" & "def" 입력
5	2.66666667	= 8 / 3 입력		FALSE	= 8 < 3 입력			
6	512	= 8 ^ 3 입력		FALSE	= 8 <= 3 입력			
7				TRUE	= 8 <> 3 입력			
8								

2 데이터 표시 형식

엑셀은 셀에 입력되는 데이터의 내용에 따라 표시 형식이 자동으로 지정되기도 하지만 사용자가 데이터 표시 형식을 직접 지정하여 사용할 수 있다. 바로 [홈] 탭–[표시 형식] 그룹에서 콤보박스(일반)를 사용하는 것이다.

다음 그림에서 셀 A1은 입력한 정수 123의 표시 형식이 일반으로 설정되어 오른쪽 정렬되었다. 그리고 셀 A2는 표시 형식을 바꾸기 위해 ❶ [홈] 탭–[표시 형식] 그룹에서 ⌄을 클릭해 ❷ [텍스트] 메뉴를 선택한다. ❸ 표시 형식이 텍스트로 바뀌어 왼쪽 정렬된 것을 확인할 수 있다.

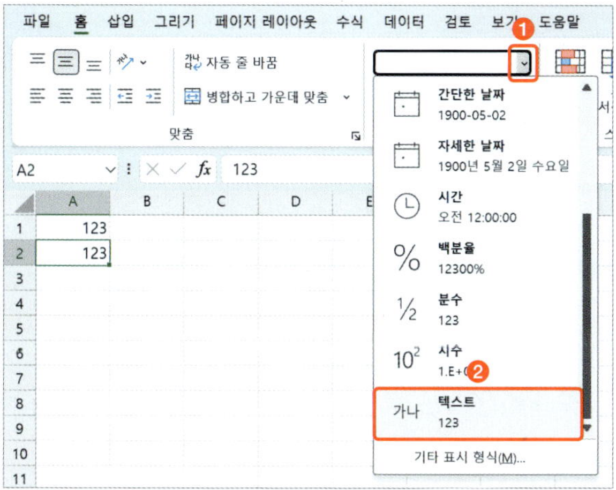

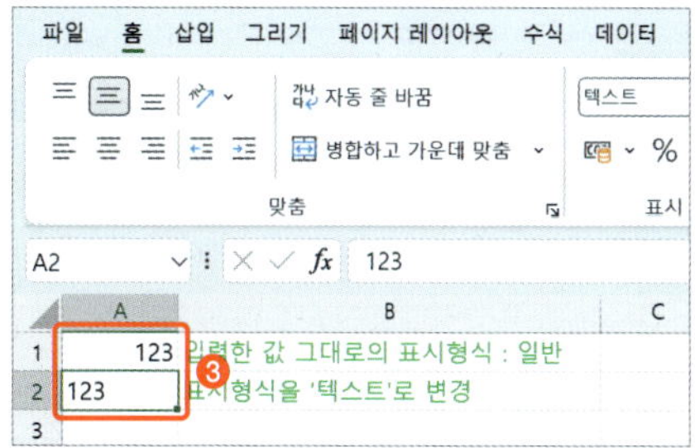

구체적으로 표시 형식을 정하고 싶다면 ❶ [표시 형식] 그룹의 오른쪽 밑에 있는 ⊠ 아이콘을 클릭하거나, ❷ 셀에서 마우스 오른쪽 버튼을 누르고 [셀 서식] 메뉴를 사용한다. 그러면 [셀 서식] 창의 ❸ [표시 형식] 탭에서 표시 형식을 바꿀 수 있다.

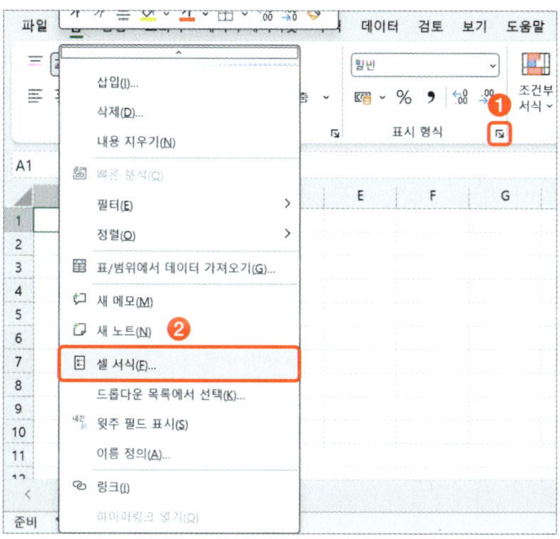

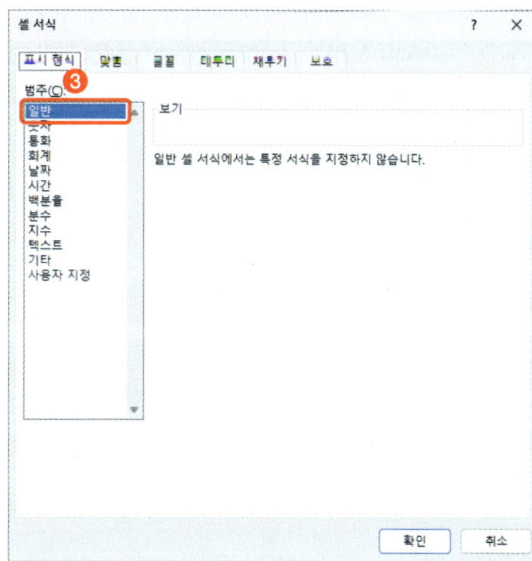

셀에 별도의 표시 형식이 지정되어 있지 않다면 '일반'으로 선택되어 있으며, 이렇게 지정된 셀은 사용자가 입력하는 값이 자료형 그대로 엑셀에서 인식한다. 이제 각 표시 형식에 대해서 알아보자.

숫자

셀에 입력하는 값을 숫자로 인식한다. [소수 자릿수]는 소수점 이하로 표시되는 자릿수를 말하며, [음수]는 음수값을 어떻게 표현할 것인지를 말한다. [1000 단위 구분 기호(,) 사용]을 선택하면 1000의 자리마다 쉼표(,)가 표시되도록 하는 것으로 1000 단위 미만에서는 쉼표가 표시되지 않는다.

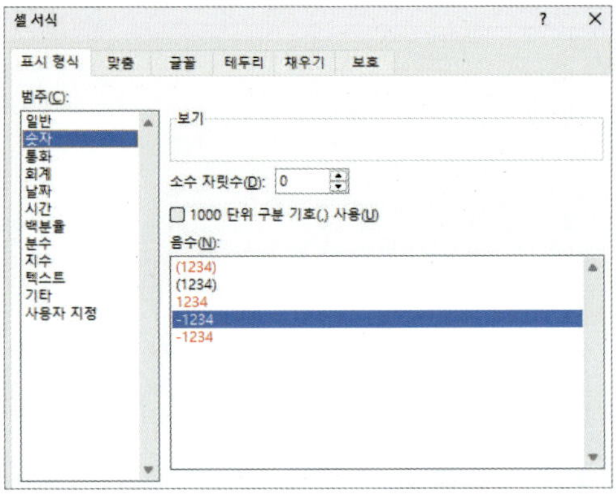

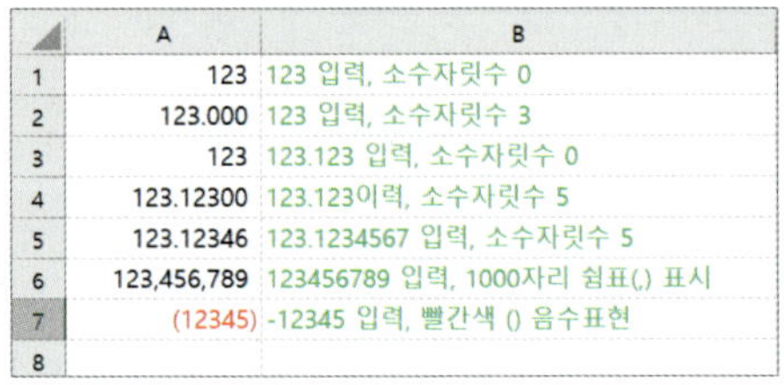

통화/회계

통화 또는 회계 관련 값을 표시하기 위한 것으로 숫자 표시 형식을 정하는 방법과 크게 다르지 않다. 입력하는 값의 용도에 따라 통화나 회계 표시 형식을 선택하면 되는데, 왼쪽 그림과 같이 설정하면 오른쪽 그림의 A열처럼 표시된다. 셀에는 설정한 표시 형식대로 나타나지만, 수식 입력 줄에는 사용자가 입력한 값이 나타난다.

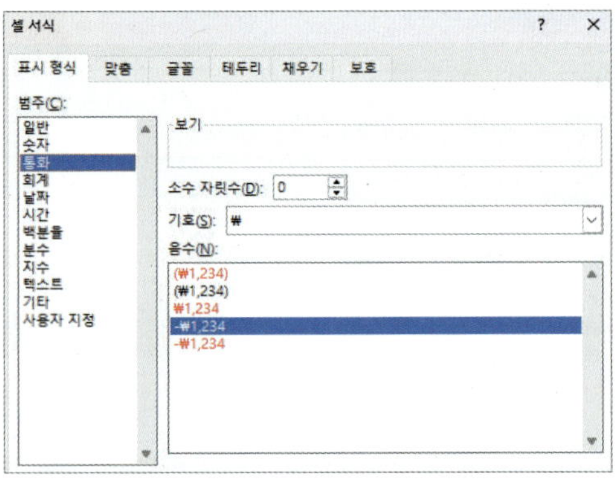

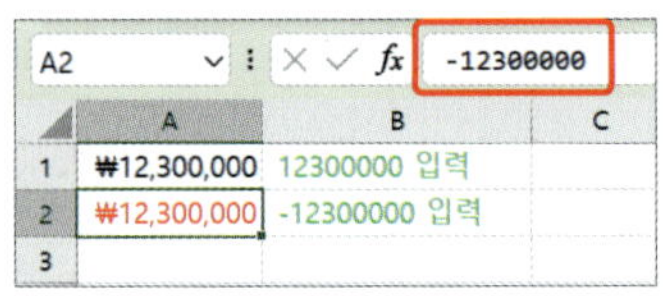

▲ 통화 표시 형식

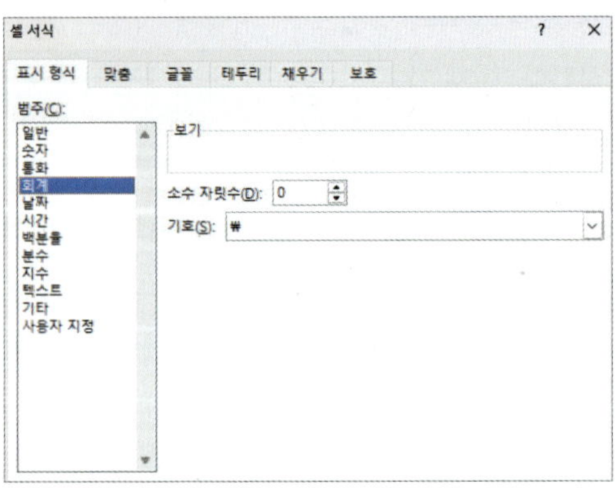

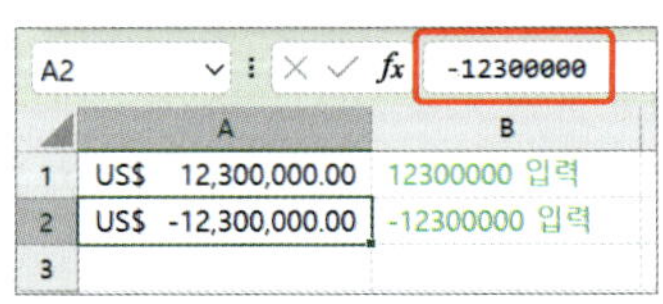

▲ 회계 표시 형식

날짜/시간

날짜 또는 시간 표시 형식은 다양하다. 셀에 입력한 데이터를 하이픈(−), 슬래시(/), 콜론(:), '년월일시분초'로 구분한 경우 날짜 또는 시간 표시 형식으로 나타난다. 따라서 오른쪽 그림의 셀 A1에는 '2024−6−1'로 입력했지만 '2024−06−01'로 자동으로 표시가 바뀐다. 또한 셀 A2, A3, A4에 대해 왼쪽 그림과 같이 설정하면 오른쪽 그림과 같이 출력된다. 셀 A2, A3에는 날짜만 입력했음에도 시간이 표시되도록 설정했기 때문에 설정 시간이 '오전 12:00'가 표시된다. 셀 A4와 같이 시간까지 입력하면 입력한 시간이 표시된다. 날짜 또는 시간 입력에서 확인해야 할 것은 수식 입력줄에 입력된 내용인데, 사용자가 입력한 형식이 아닌 설정된 표시 형식으로 출력된다.

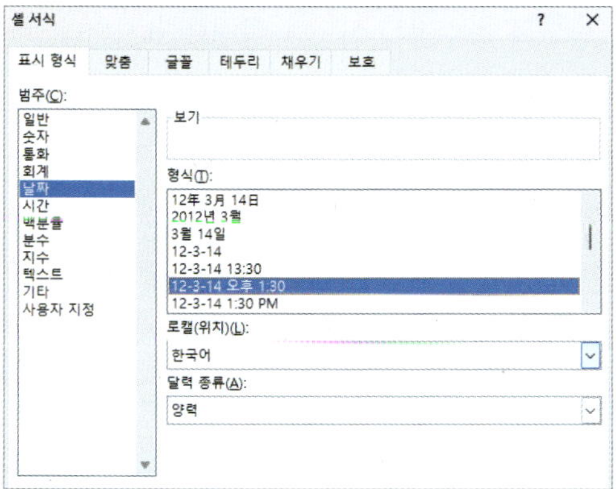

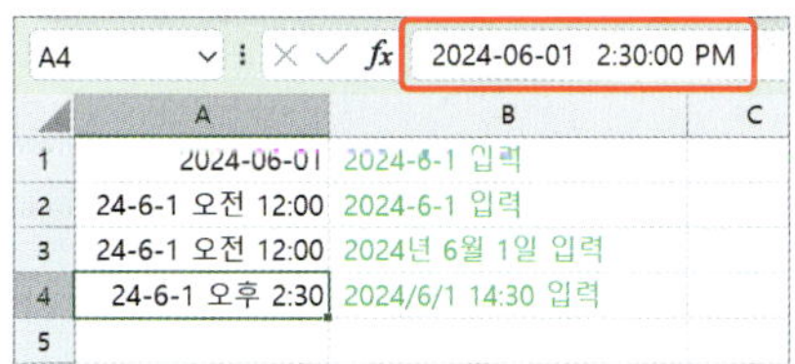

백분율/분수/지수

표시 형식을 백분율로 설정하면 셀에 입력된 값에 100을 곱하여 % 기호와 함께 표시된다.

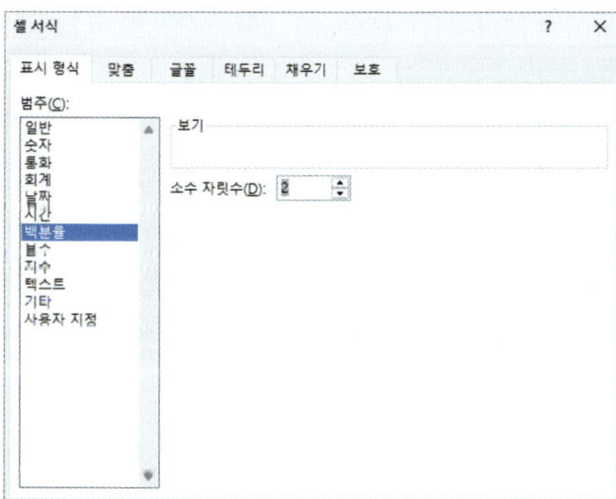

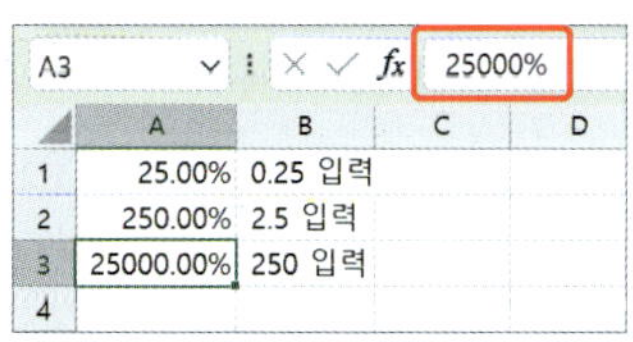

표시 형식을 분수로 설정하면 셀에 입력된 숫자가 분수 형태로 출력된다.

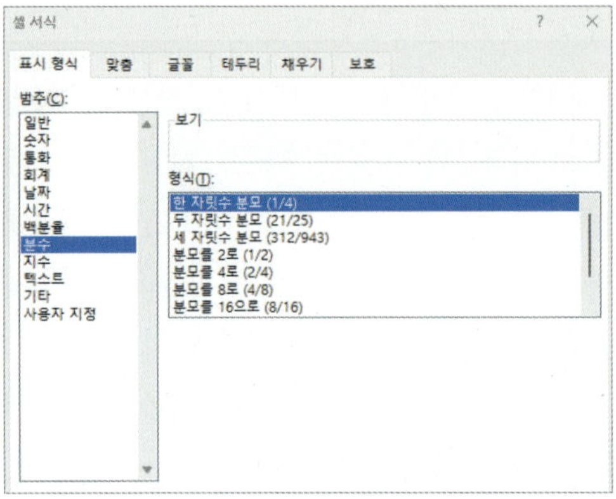

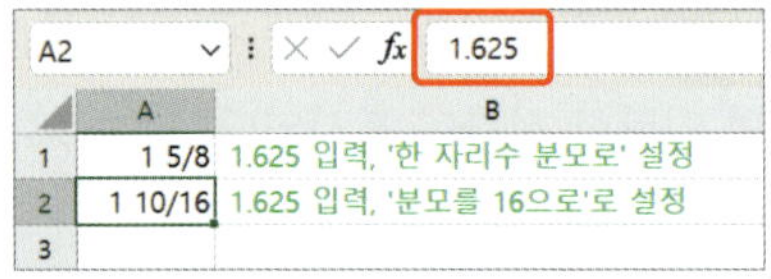

표시 형식을 지수로 설정하면, 정수부가 한 자리만 남도록 소수점을 이동한 형태로 표시된다. 예를 들어 셀 A2와 같이 123.456789가 입력되었을 때 정수부가 한 자리만 남도록 소수점을 왼쪽으로 이동하면 1.23456789가 된다. 이 값이 123.456789가 되려면 10^2을 곱해야 하며, 엑셀에서는 1.235E+02로 표시된다. 1.235인 이유는 [표시 형식]에서 소수점 셋째 자리까지 표시되도록 설정했기 때문에 넷째 자리에서 반올림된 것이다. E는 지수 표현을, +02는 10^2의 지수부 2를 의미한다.

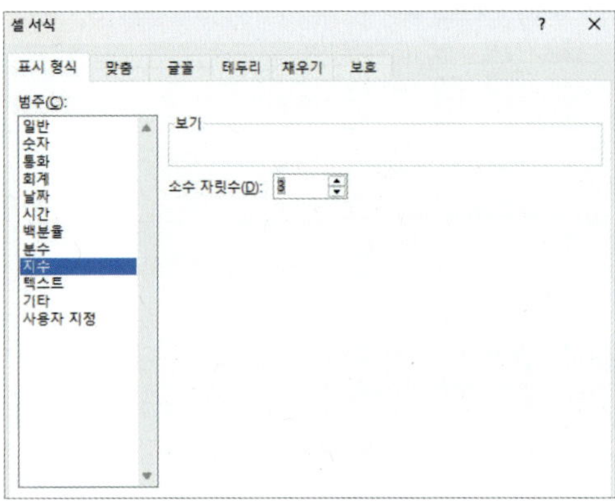

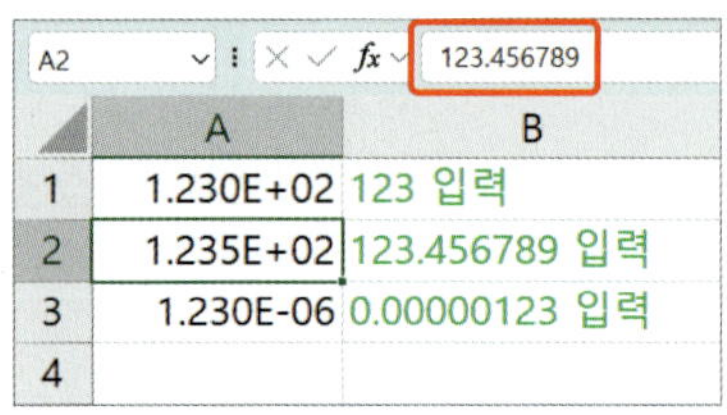

텍스트

셀에 입력된 값은 모두 문자로 표시한다. 따라서 표시 형식을 텍스트로 설정한 셀은 왼쪽 정렬이 된다. 셀 A1, A3, A4와 같이 한글, 숫자, 영문, 기호의 조합은 표시 형식을 텍스트로 설정하지 않아도 자동으로 문자로 입력된다. 그러나 셀 A2, A5처럼 숫자로만 입력된 경우 표시 형식을 텍스트로 설정해야 셀에 문자로 입력된다. 특히 셀 A5의 경우 숫자로 입력하면 앞의 0이 생략되어 '1012345678'로 입력되지만, 표시 형식을 텍스트로 설정하고 입력했기 때문에 '01012345678'로 입력되었다.

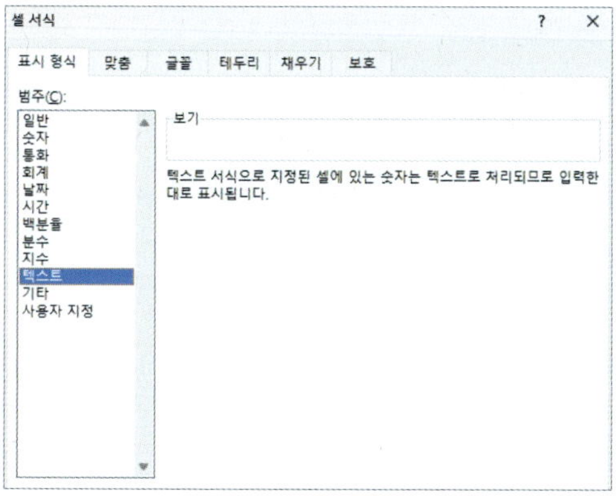

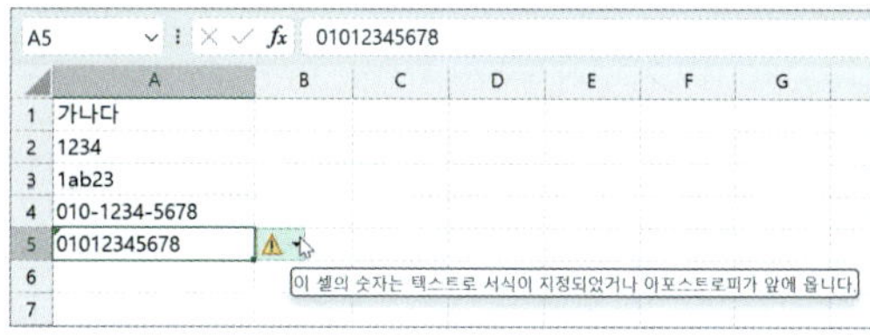

앞의 그림을 보면 셀 A5에는 경고 메시지가 뜨는 반면 셀 A2는 그러한 경고 메시지가 없다. 이것은 셀 A2가 숫자 '1234'를 먼저 셀에 입력한 후, 표시 형식을 텍스트로 바꾼 것이지만, 셀 A5는 먼저 표시 형식을 텍스트로 설정한 후, '01012345678'을 입력했기 때문이다. 이처럼 먼저 표시 형식을 텍스트로 설정한 후에 숫자를 입력하면 경고 메시지가 뜨게 된다.

기타

앞에서 언급한 것 외의 표시 형식으로, 우편번호나 전화번호를 텍스트로 설정하여 나타낼 수도 있다. 셀 A1은 '전화 번호(국번 4자리)'로 설정한 결과를 보여준다. 단, 셀에는 표시 형식에서 설정한 대로 표시되지만, 수식 입력줄에는 숫자로 입력된 것을 확인할 수 있다.

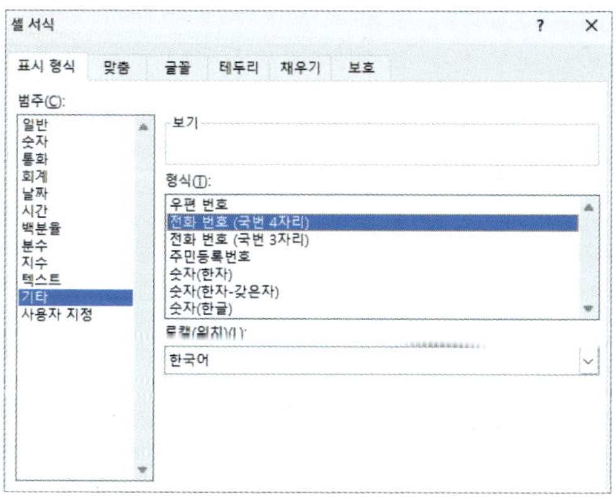

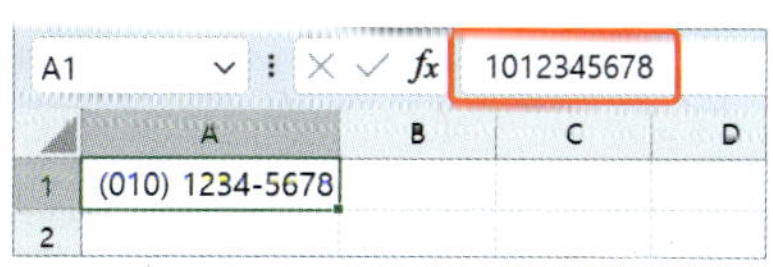

사용자 지정 표시 형식

엑셀에 정의되어 있는 것 외의 표시 형식이 필요할 때 사용자가 직접 정의할 수도 있다. 다음의 기호들을 이용해서 필요한 형식을 임의대로 정의한다.

데이터 형식	기호	설명
숫자	#	의미 없는 0은 표시하지 않는다.
	0	의미 없는 0을 표시하여 자릿수를 맞춘다.
	?	의미 없는 0을 공백으로 표시한다.
	,	1000 단위마다 쉼표(,)를 넣는다.
날짜	YY/YYYY	년도를 두 자리/네 자리로 표시한다.
	M/MM/MMMM	월을 1~12/01~12/Jan~Dec로 표시한다.
	D/DD	일을 1~31/01~31로 표시한다.
	DDD/DDDD	요일을 Sun~Sat/Sunday~Saturday로 표시한다.
	AAA/AAAA	요일을 일~토/일요일~토요일로 표시한다.
	H/HH	시간을 0~23/00~23으로 표시한다.
	M/MM	분을 0~59/00~59로 표시한다.
	S/SS	초를 0~59/00~59로 표시한다.
기타	@	문자의 위치를 표시한다.
	*	특정 문자를 셀 여백만큼 표시한다.

예를 들어 셀 A1에 123.456789를 입력한 뒤 셀을 선택하고 마우스 오른쪽 버튼을 클릭한다. ❶ [셀 서식] 창의 [표시 형식] 탭에서 '사용자 지정'을 선택한 후 ❷ [형식]에 '#.###'을 입력하고 ❸ 〈확인〉을 클릭한다. 그러면 수식 입력줄에는 입력한 값인 '123.456789'가 나타나지만 셀 A1에는 설정한 소수점 이하 세 자리까지인 '123.457'로 표시된다.

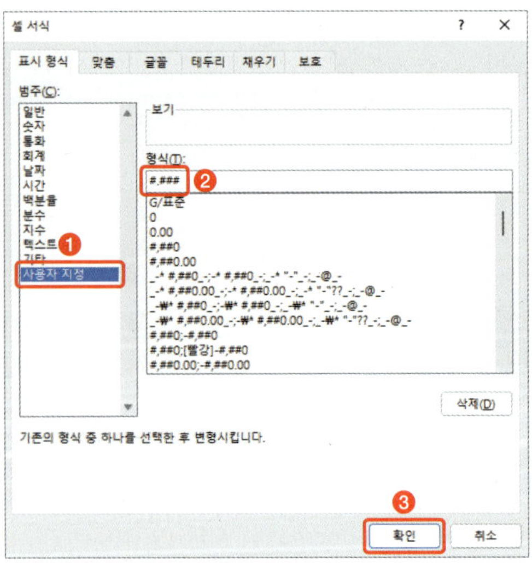

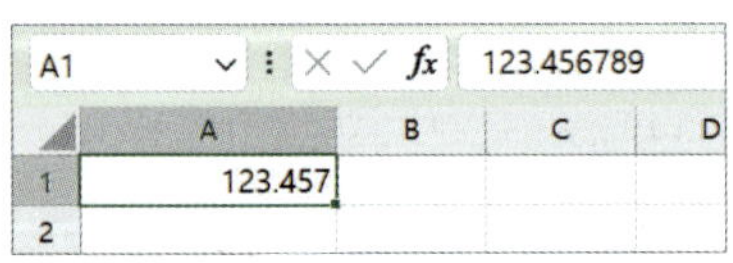

숫자 형식의 기호 쓰임새를 간단히 비교하면 다음과 같다.

	A	B	C	D
1	#.###	?.???	0.000	
2	123.457	123.457	123.457	123.456789 입력
3	123.12	123.12	123.120	123.12 입력
4	123.	123.	123.000	123 입력
5	.45	.45	0.450	0.45 입력
6	.	.	0.000	0 입력
7				

날짜의 표시 형식을 알아보기 위해 '사용자 지정'의 [형식]에 A열에 입력한 형식과 같이 입력하고 B열의 각 행에 '2024-06-14 5:03:32 PM'을 입력하여 확인해 보자.

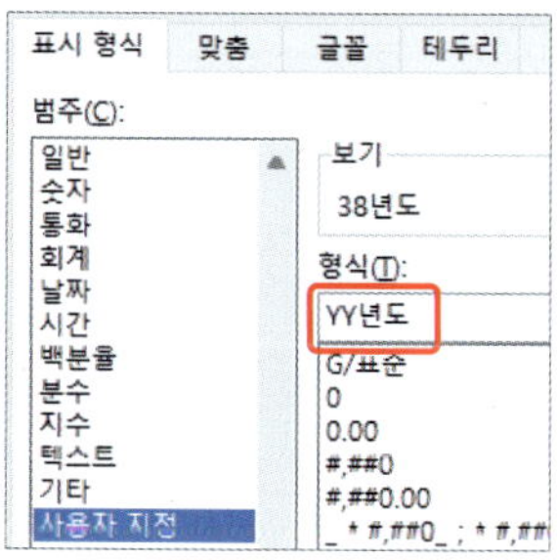

B2 | 2024-06-14 5:03:32 PM

	A	B	C	D	E
1	형식	24/06/14 5:03:32 PM으로 입력했을 때 셀에 표시된 결과		형식	24/06/14 5:03:32 PM으로 입력했을 때 셀에 표시된 결과
2	YY년도	24년도		H시	17시
3	YYYY년	2024년도		HH시	17시
4	M월	6월		M분	3분
5	MM월	06월		MM분	03분
6	MMMM	June		S초	32초
7	D일	14일		SS초	32초
8	DD일	14일			
9	DDD	Fri			
10	DDDD	Friday			
11					

위의 형식들을 조합하여 원하는 형식으로 표시되도록 할 수 있다. A열의 각 셀에는 '2024-06-14 5:03:32 PM'을 입력했다.

A1 | 2024-06-14 5:03:32 PM

	A	B
1	2024년 6월 14일 금	'yyyy년 m월 d일 aaa'로 형식 지정
2	24, June, 14	'yy, mmmm, dd'로 형식 지정
3	14 June, 금요일	'dd mmmm, aaaa'로 형식 지정
4	17시 3분 32초	'h시 m분 s초'로 형식 지정
5	24/06/14/Fri 17-03-32	'yy/mm/dd/ddd hh-mm-ss'로 형식 지정
6		

SECTION
02 데이터 복사와 잘라내기

같은 내용을 다른 셀에 작성하거나 연속적인 셀에 일정하게 증가하는 값을 입력해야 할 때 복사 기능을 이용하면 편리하다. 또한 입력된 값의 위치를 바꿔야 할 때는 잘라내기 기능을 이용하면 쉽게 이동할 수 있다.

1 데이터 복사하기

메뉴를 이용한 복사하기

❶ 복사하려는 셀을 선택한 후 ❷ 마우스 오른쪽 버튼을 눌러 [복사] 메뉴를 선택하면 ❸ 선택한 셀의 외곽선이 점선으로 바뀌면서 깜빡거린다. 그러면 선택한 영역이 복사된 것이다.

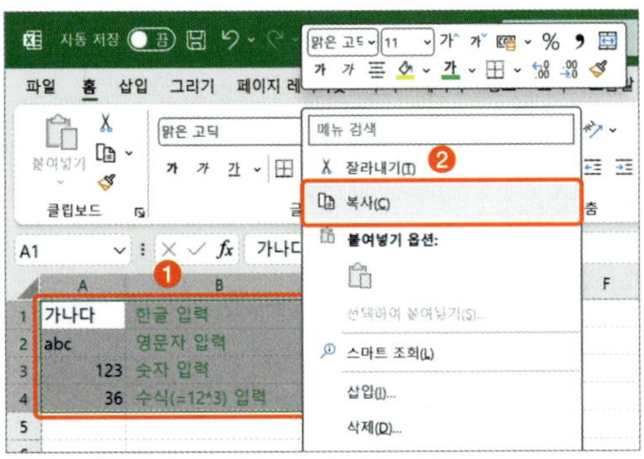

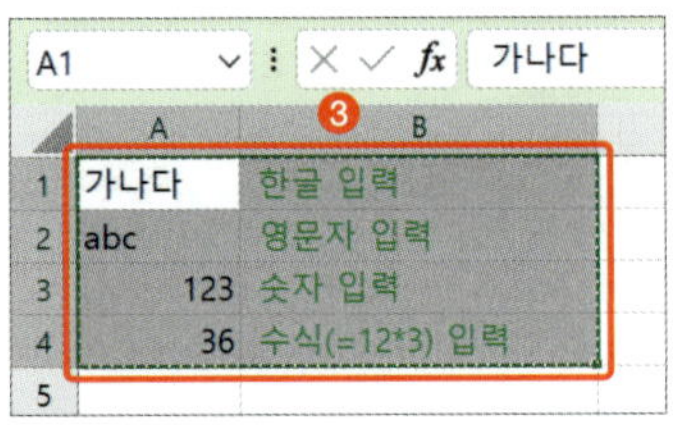

복사된 내용을 셀 A6에 붙여넣어 보자. ❹ 셀 A6에서 마우스 오른쪽 버튼을 눌러 [붙여넣기 옵션] 중 [붙여넣기] 아이콘(📋)을 클릭하면 ❺ 복사한 내용이 그대로 입력된다.

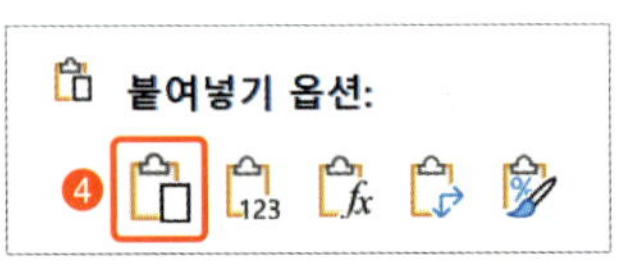

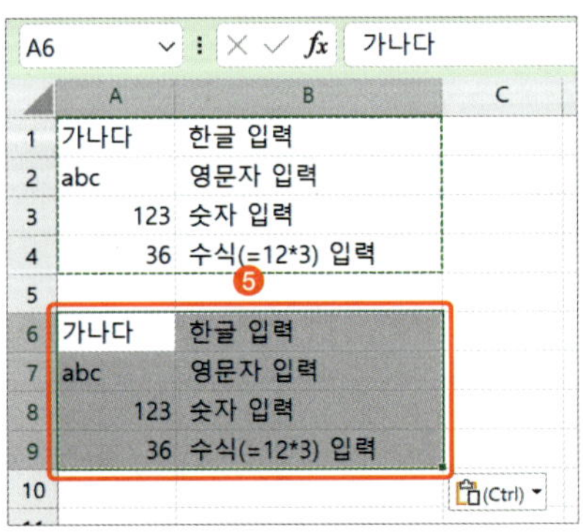

붙여넣기를 한 뒤에도 복사한 셀의 점선이 계속 깜빡이는 동안에는 계속 붙여넣기를 할 수 있다. Esc를 누르거나 다른 명령을 실행하면 점선이 사라지고 더 이상 붙여넣기가 되지 않는다.

TIP • 복사와 붙여넣기 단축키: 메뉴를 이용해 복사하고 붙여넣을 수도 있지만 단축키를 사용해도 된다. Ctrl+C를 누르면 복사가 되고, Ctrl+V를 누르면 복사한 내용이 입력된다.

여기서 잠깐 **붙여넣기 옵션**

붙여넣기 명령에는 다양한 옵션이 제공되므로 필요에 따라 선택하여 붙여넣을 수 있다.

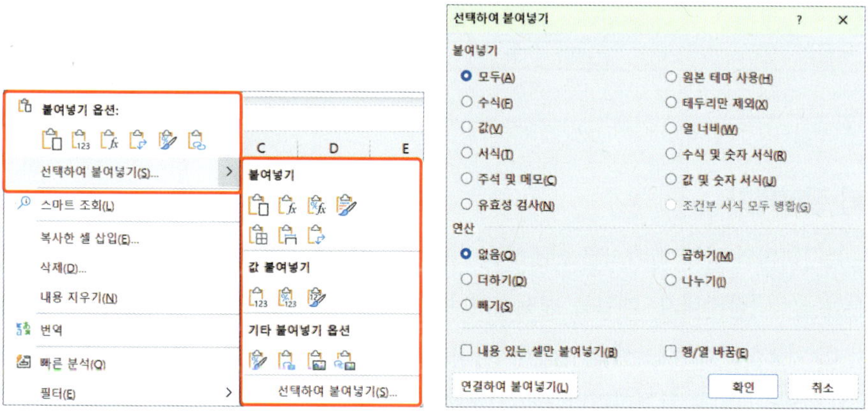

연속된 셀에 복사하기

연속된 셀에 값을 복사할 때는 채우기 핸들(+)을 이용한다. ❶ 셀을 선택하면 오른쪽 아래에 작은 사각형(▪)이 나타나는데 그 위에 마우스 포인터를 위치시키면 마우스 포인터가 채우기 핸들(+)로 바뀐다. ❷ 그 상태에서 마우스를 클릭하여 드래그하면 ❸ 같은 값이 연속된 셀에 복사된다.

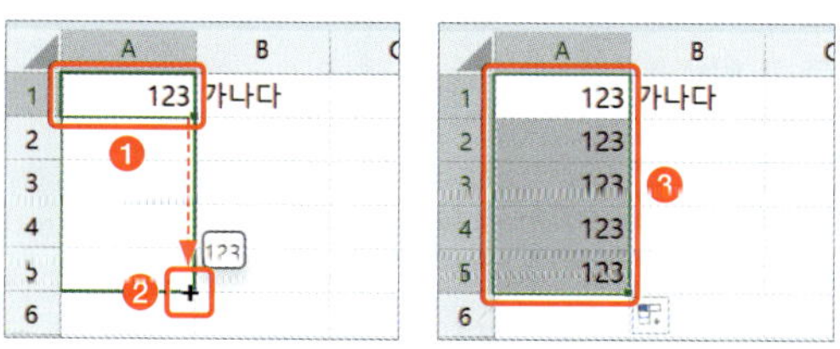

Ctrl+채우기 핸들로 복사하는 방법도 있다. 단, 셀에 입력된 값의 형식에 따라 복사되는 방식이 다른데, 값이 그대로 복사되는 경우와 값이 증가하면서 복사되는 경우로 나뉜다. 다음 그림에서 숫자만 입력한 A와 E열을 살펴보자. A열과 같이 숫자를 채우기 핸들만 이용해 복사하면 원본 값이 그대로 복사되지만, E열과 같이 Ctrl+채우기 핸들로 복사하면 원본값을 기준으로 1씩 증가하여 복사되는 것을 알 수 있다.

반대로 숫자와 문자의 조합(C 또는 G열)과 날짜(D 또는 H열)는 채우기 핸들로만 복사하면 숫자 또는 날짜가 1씩 증가하고, Ctrl+채우기 핸들로 복사하면 그대로 복사된다. 한편, B, F열과 같은 문자는 어떤 방식으로 복사하든 원본값을 그대로 복사한다.

	A	B	C	D	E	F	G	H
1	<채우기 핸들>로 복사				<Ctrl>+<채우기 핸들>로 복사			
2	숫자	문자	숫자+문자	날짜	숫자	문자	숫자+문자	날짜
3	123	ab	12ab34cd	2024-06-14	123	ab	12ab34cd	2024-06-14
4	123	ab	12ab35cd	2024-06-15	124	ab	12ab34cd	2024-06-14
5	123	ab	12ab36cd	2024-06-16	125	ab	12ab34cd	2024-06-14
6	123	ab	12ab37cd	2024-06-17	126	ab	12ab34cd	2024-06-14
7	123	ab	12ab38cd	2024-06-18	127	ab	12ab34cd	2024-06-14
8	복사	복사	증가	증가	증가	복사	복사	복사
9								

2 데이터 잘라내기

잘라내기는 복사하기와 달리 데이터를 이동하는 기능을 한다. ❶ 잘라낼 셀을 선택한 후 ❷ 마우스 오른쪽 버튼을 눌러 [잘라내기] 메뉴를 선택하거나 Ctrl+X를 누르면 ❸ 선택된 셀의 외곽선이 깜빡거린다. ❹ 이동하고자 하는 셀 A6을 선택하고 ❺ 마우스 오른쪽 버튼을 눌러 [붙여넣기 옵션] 중 [붙여넣기] 아이콘(📋)을 클릭하거나 Ctrl+V를 누르면 ❻ 잘라냈던 셀들의 내용이 새로 선택한 셀로 이동하게 된다.

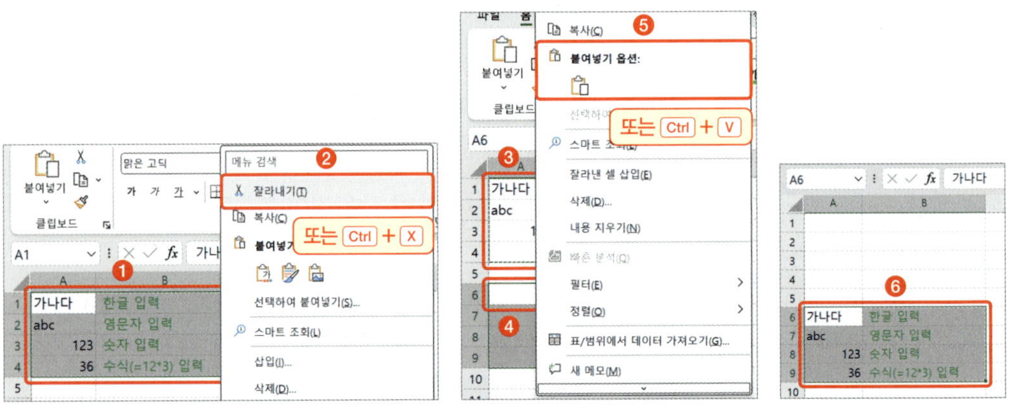

다음 그림에서 셀 A3을 잘라내어 셀 B2에 삽입해 보겠다. ❶ 셀 A3을 선택한 후 마우스 오른쪽 버튼을 눌러 [잘라내기] 메뉴를 선택하고 ❷ 이동하고자 하는 셀 B2를 선택한다. ❸ 마우스 오른쪽 버튼을 눌러 [잘라낸 셀 삽입] 메뉴를 선택하면 기존에 셀 A3에 있던 내용들을 어느쪽으로 이동시킬 것인지 선택할 수 있는 옵션 창이 나타난다. ❹ [셀을 오른쪽으로 밀기]를 선택하면 ❺ 기존의 셀 내용들이 선택한 셀 오른쪽으로 이동한다. 이렇게 새로운 내용을 삽입할 때 기존의 셀을 오른쪽이나 아래로 이동할 수 있다.

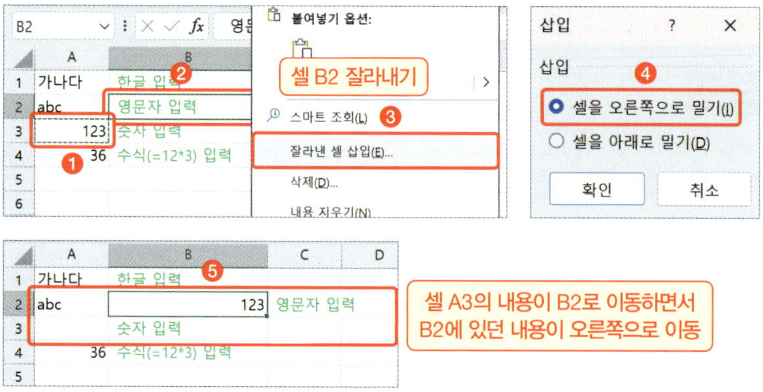

여기서 잠깐 **복사한 셀 삽입**

복사한 셀들도 다른 셀들 사이에 삽입할 수 있다. ❶ 셀 A3을 복사한 후 ❷ 셀 B2를 마우스 오른쪽 버튼으로 누르고 [복사한 셀 삽입] 메뉴를 선택한 다음 ❸ [셀을 아래로 밀기]를 선택하고 ❹ 〈확인〉 버튼을 클릭하면 ❺ 복사한 셀이 셀들 사이에 삽입된다.

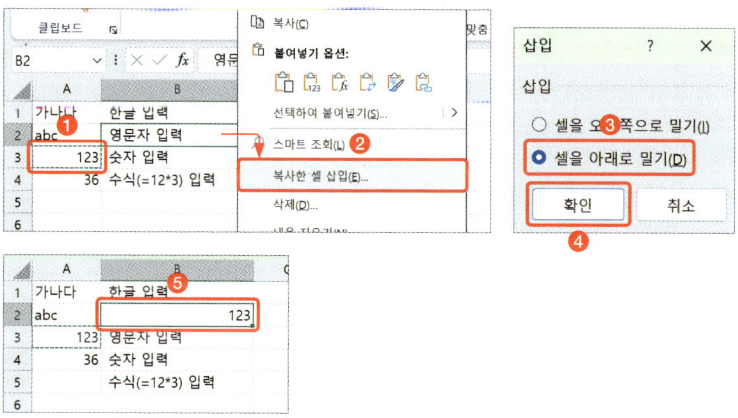

SECTION 03 셀 참조

셀에 수식을 작성할 때 상수를 직접 입력하는 방법도 있지만 셀에 입력되는 값이 달라져도 같은 수식을 적용시킬 수 있도록 셀 번호를 입력하는 방법도 있다. 다음 그림에서 ❶ 왼쪽은 상수 12와 3의 곱을 구하는 수식을 셀 A1에 입력한 것이고 ❷ 오른쪽은 셀 A1과 B1에 입력된 값을 곱하는 수식을 셀 C1에 입력한 것이다.

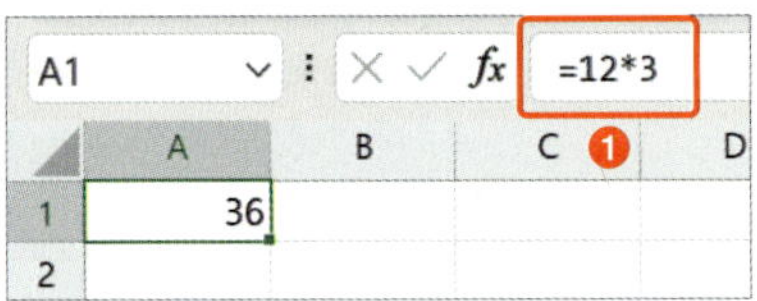

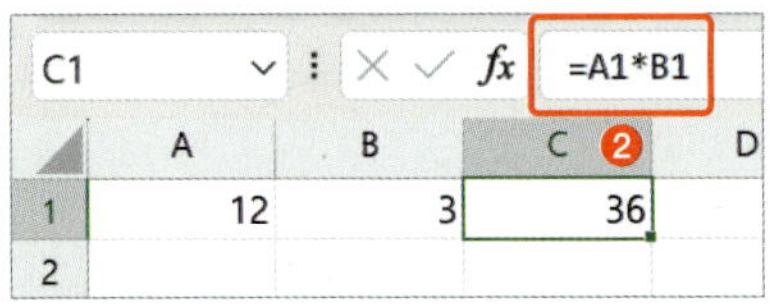

오른쪽 그림처럼 수식을 작성할 때 피연산자들을 셀 주소를 이용하여 작성하는 방식을 '셀 참조'라고 한다. 즉, 셀 C1에 입력된 수식은 피연산자인 셀 A1과 B1을 참조하여 작성한 것이다. 셀 참조를 이용한 식을 연속된 셀에 복사했을 때 참조되는 셀이 자동으로 바뀌면서 연산되므로, 연속된 셀에 같은 방식의 연산식을 작성해야 할 때 편리하게 사용할 수 있다.

1 셀 참조로 연산식 작성하기

준비 예제03_01.xlsx~03_02.xlsx

'예제03_01.xlsx' 파일을 열어 셀 참조를 이용해 연산식을 작성하고 결과를 확인해 보자.

❶ 셀 C2를 선택하고 수식을 작성하기 위해 등호(=)를 입력한 뒤 피연산자 값이 입력된 셀 A2를 선택하고 빼기(-) 기호를 입력한다. ❷ 또 다른 피연산자 값이 입력된 셀 B2를 선택하고 Enter를 누르면 ❸ 9를 출력한다.

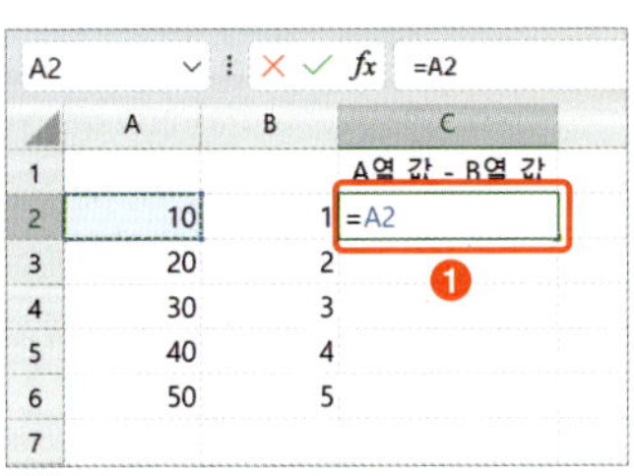

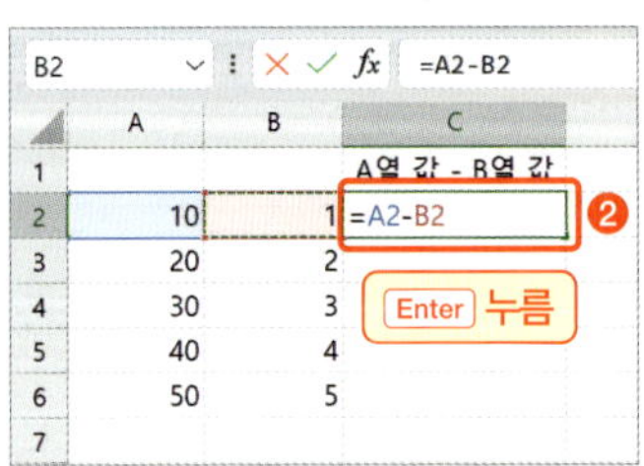

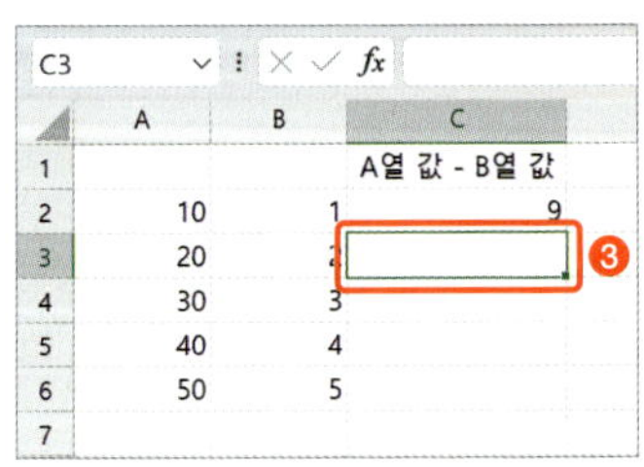

이러한 셀 참조 방식은 상대 참조, 절대 참조, 혼합 참조로 구분될 수 있다.

상대 참조

상대 참조는 셀 주소 그대로 사용하는 것을 말한다. 상대 참조라고 하는 이유는 수식이 작성된 행이나 열이 바뀜에 따라 수식에서 피연산자로 사용하기 위해 참조하는 셀 주소도 그에 대응하여 바뀌기 때문이다. 계속해서 다음 내용을 따라해 보자.

❶ 셀 C2를 선택하고 채우기 핸들을 셀 C6까지 드래그한다. 그 상태로 마우스에서 손을 떼면 ❷ 상대 참조에 의해 각 행에서 참조하는 셀들로 바뀌어 연산한 결과가 출력된다.

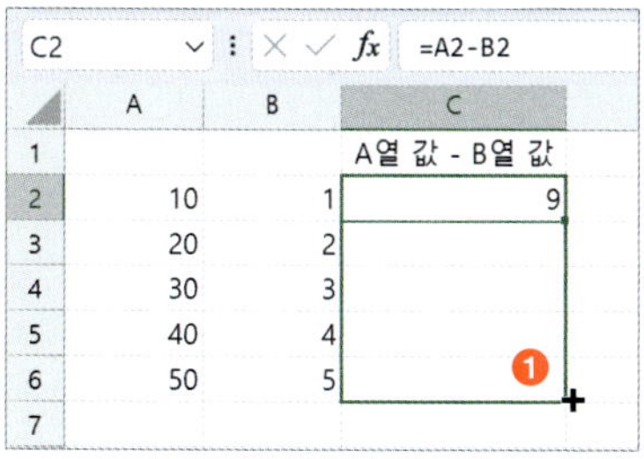

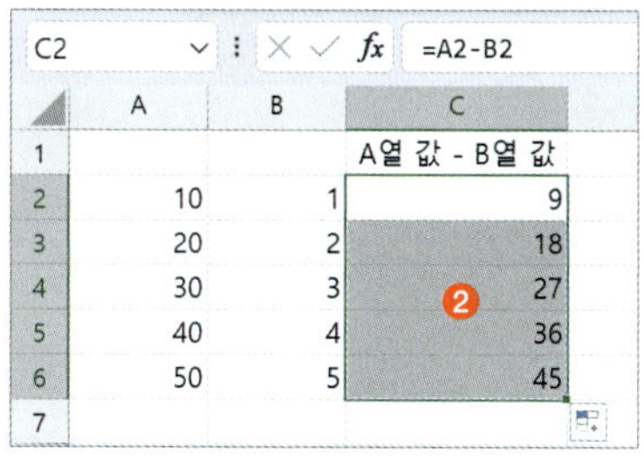

위의 결과에서 셀 C4를 더블클릭해 보자. 셀 C2의 내용인 수식 =A2-B2를 복사했음에도 불구하고 셀 C4에는 =A4-B4가 입력된 것을 알 수 있다.

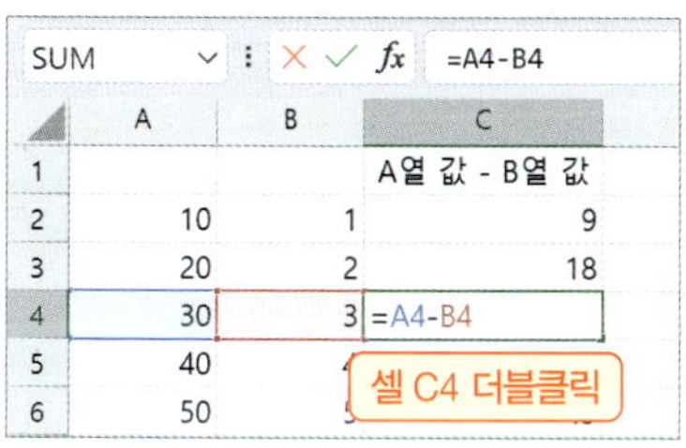

절대 참조

절대 참조는 행이나 열 번호 또는 두 번호를 모두 고정시켜서 변하지 않도록 할 때 사용하는 셀 참조이다. 셀 주소를 절대 참조로 작성하려면 행과 열 번호 앞에 각각 $(달러 기호)를 입력한다.

'예제03_02.xlsx' 파일을 열어 A열+B열의 값을 5로 나눈 결과를 구해 보자. 이때 셀 C2에 =(A2+B2)/5를 입력해도 되지만 셀 D1에 입력된 값을 이용해 셀 C2에 =(A2+B2)/D1로 입력해도 된다. 그러면 셀 C2에는 정확한 결과값 2.2가 나타난다.

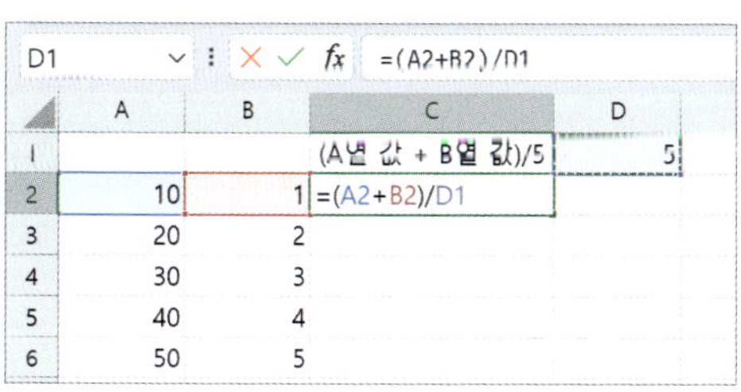

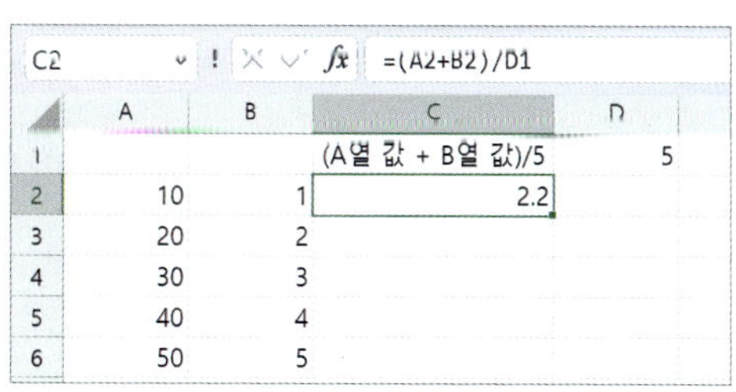

이제 셀 C2에서 채우기 핸들과 마우스 드래그를 이용해 셀 C3부터 C6의 결과를 구해 보자. 그러면 **#DIV/0!**라는 오류 메시지가 나타나는 것을 확인할 수 있다. 이것은 0으로 나누는 연산을 한 결과라는 의미인데, 셀 C4를 더블클릭해 보면 아무 값도 입력되지 않은 D3을 참조하고 있음을 알 수 있다. 셀 C2에 작성한 수식에서 피연산자로 사용될 셀 D1을 상대 참조로 작성했기 때문에 C열의 각 행에 입력된 수식의 피연산자로 사용되는 셀들의 주소도 바뀐 것이다.

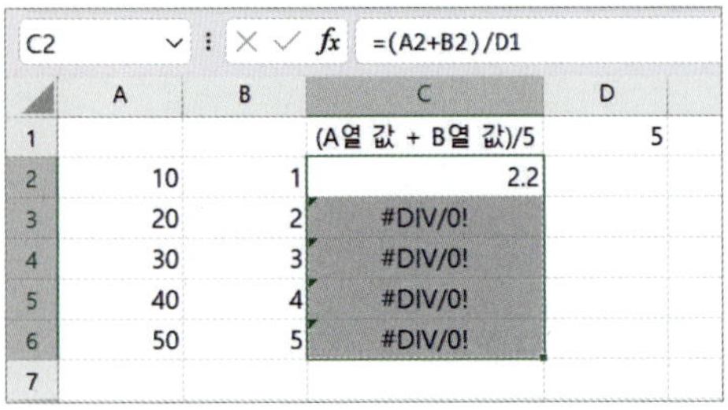

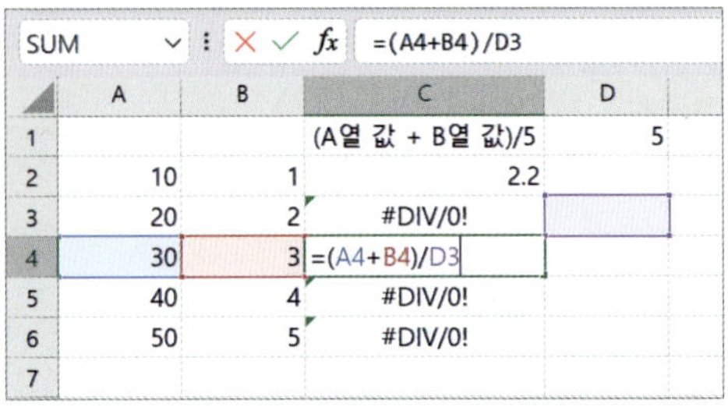

그러면 다시 ❶ 셀 C2에 =(A2+B2)/D1으로 작성했던 수식을 =(A2+B2)/$D$1으로 작성하고 ❷ 채우기 핸들과 드래그로 나머지 셀 C3부터 C6까지 채워보자. 그러면 정확하게 결과값이 계산된다.

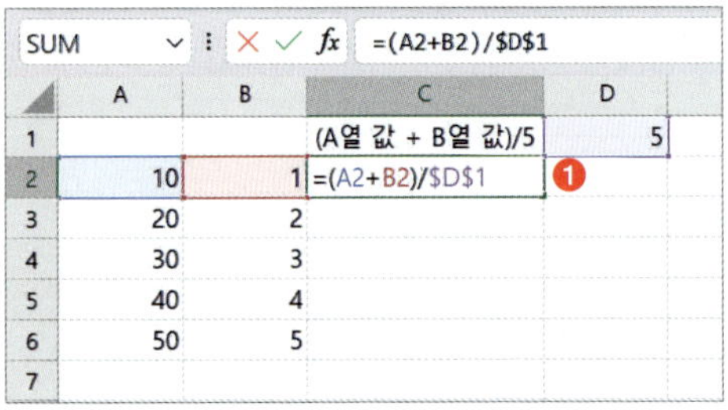

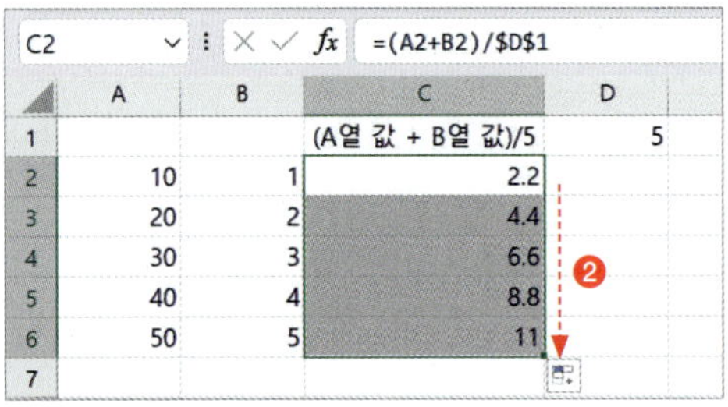

셀 C4를 더블클릭하여 수식을 확인해 보면 셀 D1이 고정적으로 연산에 사용되고 있다. 이처럼 절대 참조로 셀 주소를 작성하면 수식이 입력된 셀이 바뀌더라도 참조하는 셀의 주소는 바뀌지 않는다.

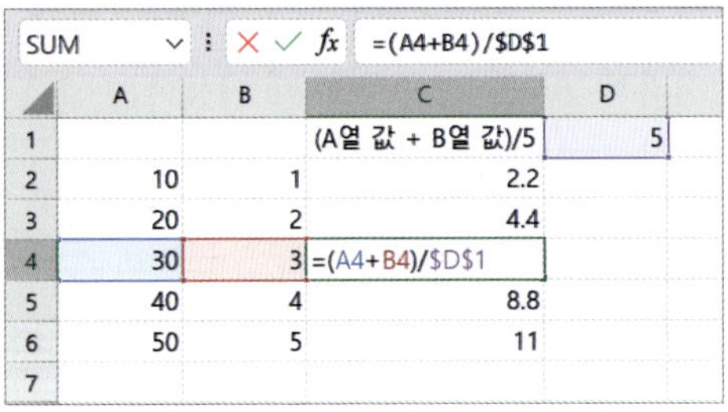

혼합 참조

절대 참조는 행과 열을 모두 고정하여 참조하는 방식이다. 그러나 필요에 따라서는 행 번호만 고정하거나 열 번호만 고정해야 할 때가 있다. 행이나 열 번호만 고정하여 참조하는 방식을 혼합 참조라고 한다. 먼저 상대 참조, 절대 참조, 혼합 참조의 결과를 비교해 보자.

상대 참조는 결과를 출력하는 셀의 위치에 따라 행과 열 번호가 바뀐다.

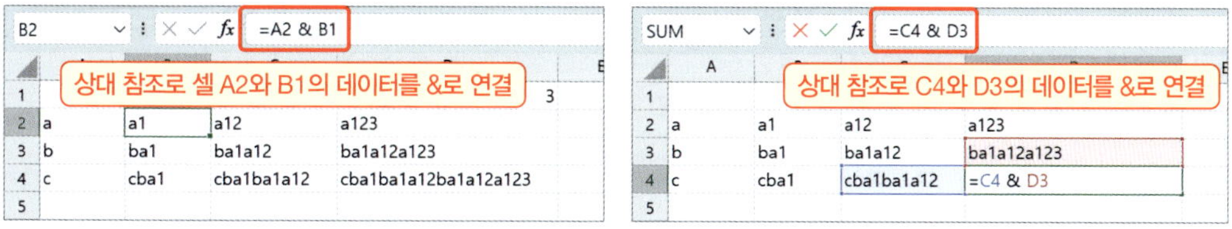

▲ 상대 참조

절대 참조는 결과를 출력하는 셀의 위치가 바뀌어도 참조하는 셀은 바뀌지 않는다. 다음 그림에서 셀 A2가 절대 참조로 사용되었다.

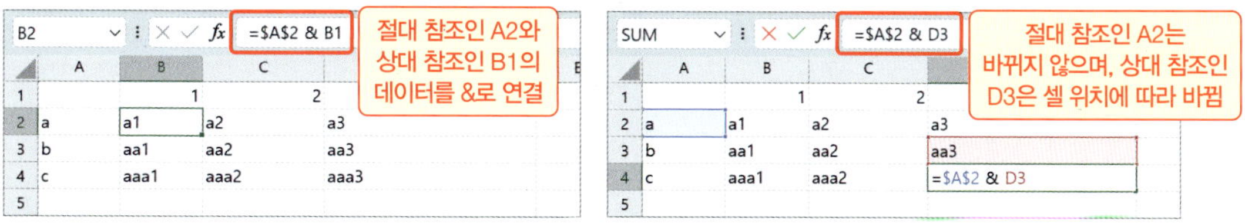

▲ 절대 참조

혼합 참조는 행, 열 번호 고정을 별도로 할 수 있다. 다음 그림에서 A$2와 같이 행만 고정한 혼합 참조로 입력하면 2행 번호를 고정한 것이기 때문에 채우기 핸들을 드래그했을 때 열 번호는 바뀌어도 2행은 고정적으로 참조하고 있음을 확인할 수 있다.

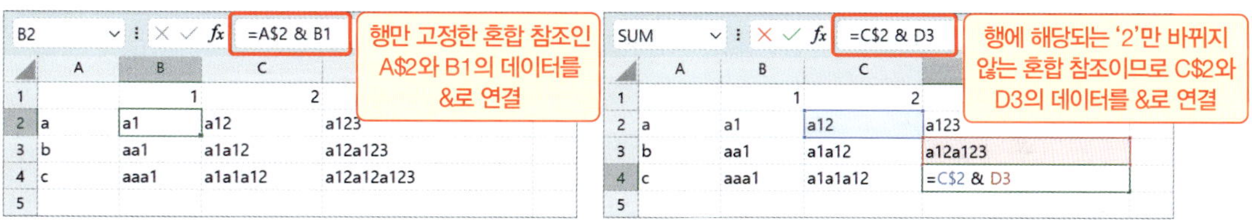

▲ 혼합 참조: 행 고정

$A2를 입력하여 혼합 참조하면 열 번호를 고정했으므로 행 번호는 바뀌어도 A열은 바뀌지 않는다.

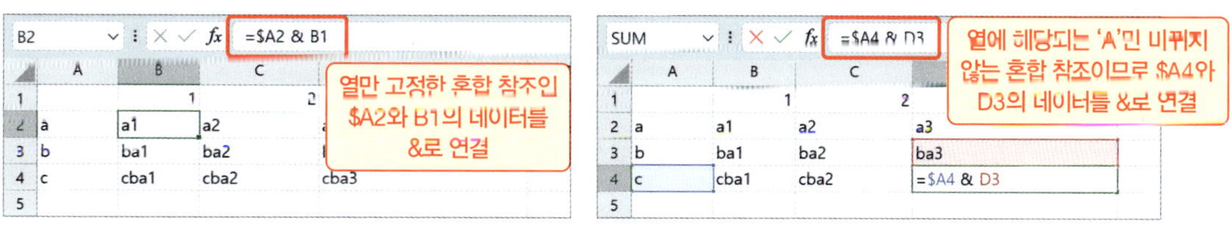

▲ 혼합 참조: 열 고정

여기서 잠깐 셀 참조 바꾸기: 기능키 F4

수식에서 셀을 참조하기 위해 셀을 선택하면 상대 참조로 선택되는데, 이를 절대 참조나 혼합 참조로 바꾸려면 행 번호와 열 번호 앞에 일일이 $를 붙여야 하므로 번거롭다. 이때 참조를 설정하려는 셀 주소에 커서가 위치한 상태에서 F4 를 누르면, 한 번 누를 때마다 상대 참조 ▸ 절대 참조 ▸ 행 고정 혼합 참조 ▸ 열 고정 혼합 참조로 바뀐다.

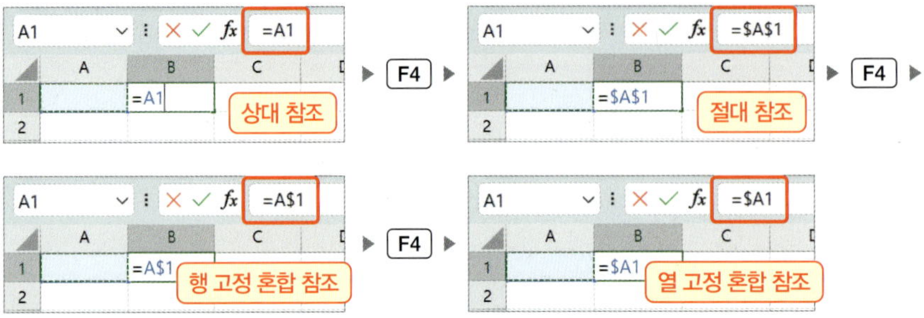

요약

01 데이터 종류와 입력 방식

- 문자: 한글, 영문과 같은 글자와 기호, 문자와 숫자가 조합된 형태를 문자로 취급한다. 문자는 셀에 입력했을 때 왼쪽으로 정렬된다.
- 숫자: 정수와 실수로 구분되며 셀에 입력하면 오른쪽으로 정렬된다. 표기에 따라 양수, 음수, 통화, 백분율, 지수 등의 표현이 가능하다.
- 수식: 수식을 입력할 때 등호(=)로 시작해야 한다.

구분	연산자	의미	연산자	의미	연산자	의미
산술	=	등호	+	더하기	-	빼기
	*	곱하기	/	나누기	^	거듭제곱
	–	음수(부호)				
비교	=	같다	>	크다	>=	크거나 같다
	<>	다르다	<	작다	<=	작거나 같다
기타	()	우선순위	%	백분율	&	문자 연결

02 데이터 표시 형식

- 셀에 입력되는 데이터의 내용에 따라 표시 형식이 자동으로 지정된다.
- 입력하는 데이터를 사용자 필요에 따라 숫자, 통화, 회계, 날짜, 시간, 백분율, 분수, 지수, 텍스트, 기타, 사용자 지정 표시 형식으로 설정할 수 있다.

데이터 형식	기호	설명
숫자	#	의미 없는 0은 표시하지 않는다.
	0	의미 없는 0을 표시하여 자릿수를 맞춘다.
	?	의미 없는 0을 공백으로 표시한다.
	,	1000 단위마다 쉼표(,)를 넣는다.
날짜	YY/YYYY	년도를 두 자리/네 자리로 표시한다.
	M/MM/MMMM	월을 1~12/01~12/Jan~Dec로 표시한다.
	D/DD	일을 1~31/01~31로 표시한다.
	DDD/DDDD	요일을 Sun~Sat/Sunday~Saturday로 표시한다.
	AAA/AAAA	요일을 일~토/일요일~토요일로 표시한다.
	H/HH	시간을 0~23/00~23으로 표시한다.
	M/MM	분을 0~59/00~59로 표시한다.
	S/SS	초를 0~59/00~59로 표시한다.
기타	@	문자의 위치를 표시한다.
	*	특정 문자를 셀 여백만큼 표시한다.

03 데이터 복사와 잘라내기

- 복사: Ctrl+C 또는 마우스 오른쪽 버튼을 누르고 [복사]를 선택한다.
- 잘라내기: Ctrl+X 또는 마우스 오른쪽 버튼을 누르고 [잘라내기]를 선택한다.
- 붙여넣기: Ctrl+V 또는 마우스 오른쪽 버튼을 누르고 [붙여넣기]를 선택한다.

04 연속된 셀 복사

- 채우기 핸들(+)을 드래그하면 문자 또는 숫자는 같은 값이 연속된 셀에 복사되고, 숫자와 문자가 조합된 경우 숫자가 순차적으로 증가하면서 복사된다.
- Ctrl을 누른 상태에서 채우기 핸들을 드래그하면 숫자는 순차적으로 증가하면서 복사되고, 문자 또는 문자와 숫자의 조합은 값이 변하지 않고 그대로 복사된다.
- 입력된 값들에 따라 복사되는 방식이 다르다.

채우기 핸들로 복사				Ctrl + 채우기 핸들로 복사			
숫자	문자	숫자+문자	날짜	숫자	문자	숫자+문자	날짜
123	ab	12ab34cd	2024-06-14	123	ab	12ab34cd	2024-06-14
123	ab	12ab35cd	2024-06-15	124	ab	12ab34cd	2024-06-14
123	ab	12ab36cd	2024-06-16	125	ab	12ab34cd	2024-06-14
123	ab	12ab37cd	2024-06-17	126	ab	12ab34cd	2024-06-14
123	ab	12ab38cd	2024-06-18	127	ab	12ab34cd	2024-06-14
복사	복사	증가	증가	증가	복사	복사	복사

05 셀 참조

- 셀에 입력되어 있는 값을 이용해 수식을 작성할 때 상수가 아닌 셀 주소로 작성하는 방식이다.
- 상대 참조: 수식이 입력된 셀에 따라 수식이 참조하는 셀의 주소가 달라진다.
- 절대 참조: 수식의 셀이 바뀌더라도 참조하는 셀의 주소가 바뀌지 않는다.
- 혼합 참조: 행 또는 열만 고정할 때 사용하는 참조이다.
- 기능키 F4로 참조 변경이 가능하다.

연습문제

준비 연습03_01.xlsx | **결과** 연습03_01_결과.xlsx

[01~07] '연습03_01.xlsx'를 활용하여 다음 질문에 답하시오.

01 [Sheet2]에 있는 4행부터 8행의 내용을 복사하여 [Sheet1]의 13행 아래에 붙여넣기 하시오.

13	10	홍혜림	2000-08-08	1042519568	25000	4	
14	1	김자홍	2000-05-05	1073615492	35000	10	
15	2	유해원	1999-12-07	1087935611	30000	2	
16	3	이덕수	1997-03-22	1044587392	20000	7	
17	4	장청주	2001-09-30	1037444851	45000	6	
18	5	하주연	2004-08-18	1024176532	50000	5	
19							

02 [Sheet3]에 있는 4행부터 8행의 내용을 잘라내어 [Sheet1]의 8행과 9행 사이에 붙여넣기 하시오.

7	4	홍건희	1999-11-09	1095157535	50000	5	
8	5	최선영	2001-10-08	1074123698	35000	5	
9	1	서설희	2002-04-16	1077556944	50000	0	
10	2	유은대	2003-11-15	1072248114	30000	5	
11	3	박제이	1999-06-22	1032194568	35000	4	
12	4	김성우	1995-10-05	1072349568	25000	10	
13	5	이윤호	2000-01-03	1011472258	40000	9	
14	6	이아름	1995-01-02	1036987412	30000	10	
15	7	박일권	2004-09-14	1025878523	40000	10	

03 02번까지 실행한 [Sheet1]에서 14행과 18행 위와 아래에 생긴 두 줄 테두리를 각각 한 줄 테두리로 변경하시오.

04 02번까지 실행한 [Sheet1]의 '순번' 항목을 보면 번호가 뒤섞여 있다. 채우기 핸들(+)을 이용해 순서대로 나열되도록 수정하시오. 단, 셀 A23의 아래 테두리는 두 줄 테두리로 설정하시오.

05 '생년월일', '전화번호', '금액' 항목에 입력된 값들을 그림과 같은 형식으로 출력되도록 표시 형식을 변경하시오.

A1 | fx 후원금 납입 현황

	A	B	C	D	E	F	G
1	후원금 납입 현황						
2							
3	순번	이름	생년월일	전화번호	금액	납입횟수	납입률
4	1	신기뻐	1998년 3월 25일	010-1234-5678	₩30,000	8	
5	2	이수연	2002년 7월 12일	010-9123-4567	₩25,000	2	
6	3	한준호	1994년 4월 4일	010-9876-5432	₩20,000	6	

06 셀 I3부터 J3을 셀 E25부터 F25로 이동하시오.

E25 | fx 의무납입횟수

	A	B	C	D	E	F	G
16	13	임홍섭	1995년 12월 28일	010-4569-6541	55000	9	
17	14	장운수	1991년 5월 7일	010-7584-2635	20000	7	
18	15	홍혜림	2000년 8월 8일	010-4251-9568	25000	4	
19	16	김자홍	2000년 5월 5일	010-7361-5492	35000	10	
20	17	유해원	1999년 12월 7일	010-8793-5611	30000	2	
21	18	이덕수	1997년 3월 22일	010-4458-7392	20000	7	
22	19	장정주	2001년 9월 30일	010-3744-4851	45000	6	
23	20	하주연	2004년 8월 18일	010-2417-6532	50000	5	
24							
25					의무납입횟수	10	
26							

07 상대 참조와 절대 참조, 채우기 핸들을 적절히 활용하여 '납입률'을 구하고 표시 형식을 그림과 같이 변경하시오. 단, 셀 G23의 아래 테두리를 두 줄 테두리로 설정하시오.

납입률 = 납입횟수 / 의무납입횟수

E	F	G
황		
금액	납입횟수	납입률
30000	8	80%
25000	2	20%
20000	6	60%

[08~10] '연습03_02.xlsx' 파일을 활용하여 다음 질문에 답하시오.

준비 연습03_02.xlsx | **결과** 연습03_02_결과.xlsx

08 다음 그림과 같이 셀 서식을 설정하시오.

	A	B	C	D	E
1			배분1	배분2	배분3
2			0.3	0.45	0.25
3	2024-01-31	15240000			
4	2024-02-29	13760000			
5	2024-03-31	14970000			
6	합				
7					

09 각 셀들에 해당하는 표시 형식을 다음 그림과 같이 설정하시오.

A3 | fx 2024-01-31

	A	B	C	D	E
1			배분1	배분2	배분3
2			30%	45%	25%
3	1월	₩15,240,000			
4	2월	₩13,760,000			
5	3월	₩14,970,000			
6	합				
7					

10 상대 참조와 혼합 참조, B열의 값과 2행의 값을 이용해 셀 C3부터 E5까지의 값들을 구하고, 셀 C3부터 E5까지의 값들을 이용해 6행의 값을 구하시오. 값이 보이지 않으면 열 너비를 조절하여 확인하시오.

	A	B	C	D	E
1			배분1	배분2	배분3
2			30%	45%	25%
3	1월	₩15,240,000	₩4,572,000	₩6,858,000	₩3,810,000
4	2월	₩13,760,000	₩4,128,000	₩6,192,000	₩3,440,000
5	3월	₩14,970,000	₩4,491,000	₩6,736,500	₩3,742,500
6	합		₩13,191,000	₩19,786,500	₩10,992,500
7					

PART 02

데이터 준비

CHAPTER 04

분석 데이터 수집 I

학습목표

- 데이터를 이용해 분석할 문제와 데이터를 정의한다.
- 데이터를 수집할 때 다양한 형태의 데이터를 엑셀 파일로 변환하는 방법을 익힌다.
- 데이터를 수집할 때 두 개 이상의 엑셀 파일을 통합하는 방법을 이해한다.
- 수식과 함수식을 이용해 데이터를 입력하는 방법을 이해한다.
- SUM, AVERAGE, RANK.EQ, RANK.AVG 함수를 이해한다.

SECTION 01

데이터 정의

이제 엑셀을 이용한 데이터 분석을 시작해 보자. 이 장에서는 데이터 분석 과정에 따라 엑셀의 다양한 기능을 이용하여 학생들의 한 학기 성적을 분석할 것이다. 단원별로 설명과 관련된 예제와 실습 파일을 제공하는데, 앞 단원에서 작업한 결과가 저장되어 있으므로 혹시라도 과정을 놓쳤다면 각 단원에 해당하는 예제 파일로 실습을 진행하면 된다. 다만, 필요에 따라 그 단원의 내용을 이해하는 데 필요한 추가 항목이 포함되었을 수도 있으니 참고하기 바란다.

1 문제 정의

먼저 데이터 분석이 필요한 문제를 정의해야 한다. 문제를 정의하려면 문제의 배경과 문제 발생 상황에서 필요한 요구사항을 정리하는 것이 우선되어야 한다. 이렇게 문제 배경과 요구사항이 분명하게 정리되면 문제를 구성하고 분석할 때 필요한 데이터를 정의할 수 있다.

이 장에서 데이터 분석을 하려는 문제에 대한 배경과 요구사항을 살펴보자.

문제

컴퓨터 개론을 수강한 공학부 학생의 성적 평가

- 각 학생의 총점(100점 만점 기준), 등수, 학점
- 학생 평균, 평가 항목별 평균
- 학년별, 학과별 성적 분포 또는 학년별 학점 분포 등

배경 및 요구사항

❶ 컴퓨터 개론 수강생 수: 53명

❷ 수업 횟수: 주 2회 15주(중간/기말고사 기간 포함)

❸ 평가 항목 및 반영 비율

평가항목	중간고사	기말고사	1차 퀴즈	2차 퀴즈	출석	참여도
반영 비율	30%	35%	10%	10%	10%	5%
만점	200점	110점	110점	100점		

- 중간/기말고사, 1차/2차 퀴즈는 필기시험으로 진행한다.
- 한 학기에 총 30회(15주 × 주 2회) 출석하며, 수업마다 출석을 1회 확인한다.
- 참여도는 학생의 수업에 대한 적극성과 성실성을 판단하여 교수가 부여한다.

❹ 학점 부여 기준

구분	기준
A	상위 30% 이내
B	상위 30% 초과 60% 이내
C	상위 60% 초과 80% 이내
D	상위 80% 초과 90% 이내
F	상위 90% 초과

- 각 학점 내의 평균을 기준으로 +학점과 0학점을 구분한다.
  - 예 A 학점 그룹 내의 점수 평균이 85점일 때 점수 총합이 85점 이상이면 A+를 부여하고 85점 미만이면 A0를 부여한다.
- 재수강 학생의 최고 학점은 2020학번 이전이라면 A0, 2021학번 이후라면 B+까지 부여할 수 있다.
- 재수강이 아닌 학생이 재수강인 학생으로 인해 학점이 밀리는 경우가 발생하지 않도록 한다.
  - 예 A 학점 그룹 평균이 85일 때 86점인 2022학번 재수강생 '가'와 85점인 재수강이 아닌 학생 '나'가 있을 때 학생 '가'에게는 B+, 학생 '나'에게는 A+를 부여한다.
- 학점 부여 비율을 절대 벗어나지 않아야 한다.

❺ 학생 정보는 학번, 학과, 이름이 있다.

- 학번: 입학 연도(4자리) + 학과 코드(3자리) + 개인번호(2자리)
- 공학부에 속한 학과 코드는 다음과 같다.

학과명	컴퓨터	보안	전자	게임	통신
학과 코드	101	102	103	104	105

2 데이터 정의

문제 정의 단계에서 파악한 문제 배경과 요구사항을 바탕으로 분석에 사용할 데이터를 정의한다. 데이터를 정의할 때에는 데이터의 종류뿐 아니라 각 데이터의 형식까지 분명하게 정의해야 정확하게 분석할 수 있다.

종류 및 형식

문제 정의 단계 과정에서 구할 수 있는 데이터들의 종류와 각 데이터의 형식은 다음과 같다.

- **학과, 학번:** 문자형
- **학년:** 정수형
- **성명:** 문자형
- **중간고사, 기말고사, 1차 퀴즈, 2차 퀴즈, 출석, 참여도 점수:** 정수형
- **100점 만점으로 환산한 중간, 기말, 1차 퀴즈, 2차 퀴즈, 출석, 참여도 점수:** 소수점 이하 두 자리 실수형
- **총점:** 소수점 이하 두 자리 실수형
- **평균:** 소수점 이하 두 자리 실수형
- **학점:** 문자형

데이터 수집 방법

분석에 필요한 문제의 배경과 요구사항, 데이터를 정의했으니 이제 데이터를 수집해 보자. 컴퓨터 개론을 수강한 공학부 학생 성적을 평가할 때 필요한 데이터의 양이나 수집 방법은 다음과 같이 정리할 수 있다.

- **데이터 양:** 컴퓨터 개론을 수강하는 학생 수 53명
- **데이터 수집 방법:** 중간고사, 기말고사, 1차 퀴즈, 2차 퀴즈 점수는 필기시험 점수로 수집하며, 출석 평가는 주 2회 지각과 결석을 확인한다. 참여도는 학생의 적극성과 성실성을 평가하여 부여한다.

이렇게 문제 배경과 요구사항, 데이터 정의, 수집 방법까지 정의해 보았다. 이제 정의한 방법으로 필요한 데이터를 수집하고 엑셀에 입력하여 데이터 분석을 시작해 보자.

SECTION 02 데이터 수집

수집된 데이터를 엑셀에 입력하는 작업 자체는 간단하다. 그러나 데이터를 수집하는 과정에서 엑셀이 아닌 파일에 입력할 수도 있고, 여러 개의 엑셀 파일에 나누어 입력할 수도 있다. 하나의 엑셀 파일로 정리되었다 하더라도 수집된 원본 데이터가 아닌 수식을 사용해 가공을 거친 데이터가 필요한 경우도 있다. 예를 들어, 200점 만점으로 수집된 중간고사 점수보다는 100점 만점으로 환산된 점수가 데이터를 분석할 때 더 효율적으로 활용될 수 있으므로 중간고사 점수를 100점 만점으로 환산하는 가공 작업이 필요할 수 있다.

먼저 수집된 데이터를 입력하는 과정에서 발생할 수 있는 파일 통합이나 간단한 데이터 가공 과정을 알아보자.

1 텍스트 데이터 가져오기

준비 예제04_01.txt | **결과** 예제04_01_결과.xlsx

데이터를 텍스트 파일로 작성할 때는 데이터 항목 간에 쉼표와 같은 구분 기호나 공백space, 탭tab 등으로 구분되어 있어야 한다. '예제04_01.txt' 파일은 각 항목이 탭으로 구분되어 있다.

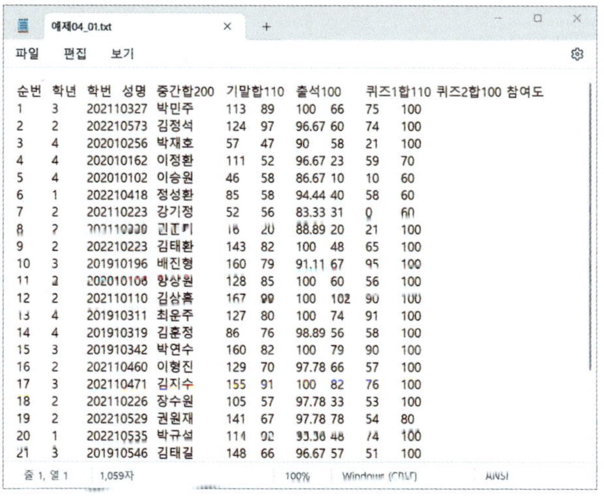

순번	학년	학번	성명	중간합200	기말합110	출석100	퀴즈1합110	퀴즈2합100	참여도
1	3	202110327	박민주	113	89	100	66	75	100
2	2	202210573	김정석	124	97	96.67	60	74	100
3	4	202010256	박재호	57	47	90	58	21	100
4	4	202010162	이정환	111	52	96.67	23	59	70
5	4	202010102	이승원	46	58	86.67	10	10	60
6	1	202210418	정성환	85	58	94.44	40	58	60
7	2	202110223	강기정	52	56	83.33	31	0	60
8	[illegible]	[illegible]	[illegible]	16	20	88.89	20	21	100
9	2	202210223	김태환	143	82	100	48	65	100
10	3	201910196	배진형	160	79	91.11	67	95	100
11	[illegible]	[illegible]	[illegible]	128	85	100	60	56	100
12	2	202110110	김상흠	167	99	100	102	90	100
13	4	201910311	최운주	127	80	100	74	91	100
14	4	201910319	김훈정	86	76	98.89	56	58	100
15	3	201910342	박연수	160	82	100	79	90	100
16	2	202110460	이형진	129	70	97.78	66	57	100
17	3	202110471	김지수	155	91	100	82	76	100
18	2	202110226	장수원	105	57	97.78	33	53	100
19	2	202210529	권원재	141	67	97.78	78	54	80
20	1	202210535	박규섭	114	92	[illegible]	48	74	100
21	3	201910546	김태길	148	66	96.67	57	51	100

이 텍스트 데이터를 분석하기 위해 엑셀 파일로 변환해 보자. 우선 새 통합 문서를 열고 '예제04_01.xlsx'로 저장한다.

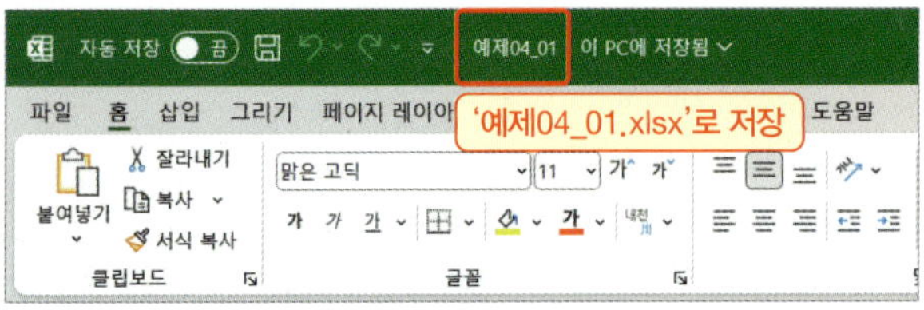

리본 메뉴에서 ❶ [데이터] 탭–[데이터 가져오기]의 ❷ ⌄을 클릭한다. 여기서 사용하려는 데이터는 텍스트 파일이므로 ❸ [파일에서]–[텍스트/CSV에서]를 선택한다. ❹ [데이터 가져오기] 창이 나타나면 '예제04_01.txt'가 위치한 폴더를 찾아 선택하고 ❺ 〈가져오기〉를 클릭한다.

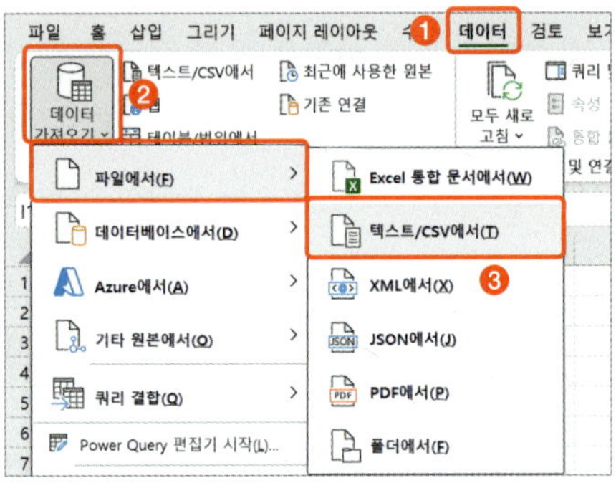

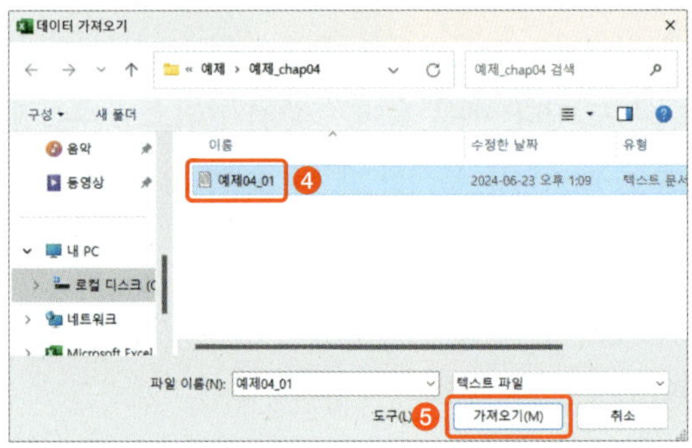

그러면 텍스트 파일의 데이터를 항목별로 정리할 수 있는 창이 나타난다. 이 창에서는 변환할 데이터들을 구분하는 형식을 확인하거나 변경할 수 있는데 각 항목별로 살펴보자.

- **파일 원본:** 원본 파일의 언어를 선택한다.
- **구분 기호:** 원본 파일 내에서 항목들을 구분한 기호를 선택한다. 일반적으로 콜론(:), 쉼표(,), 등호(=), 세미콜론(;), 공백space, 탭tab 등으로 구분되어 있으면 자동으로 구분 기호를 인식하지만 그 외의 기호로 구분된 경우는 '사용자 지정'을 선택하고 그 기호를 입력한다.

- **데이터 형식 검색:** 각 항목에 해당하는 데이터들의 형식을 검색하는 항목으로 변환하려는 데이터들의 공통적인 형식을 구분하는 기준을 말한다.

'예제04_01.txt'는 한국어로 작성되고 항목이 탭으로 구분되어 있으므로 ❶ 변환할 데이터들을 구분할 수 있는 형식을 각각 '한국어', '탭', '첫 200개 행 기준'으로 정하고 ❷ 〈로드〉를 클릭하면 ❸ 텍스트 형식이었던 데이터가 표 도구, 필터, 쿼리가 적용된 엑셀 데이터로 변환되어 나타난다.

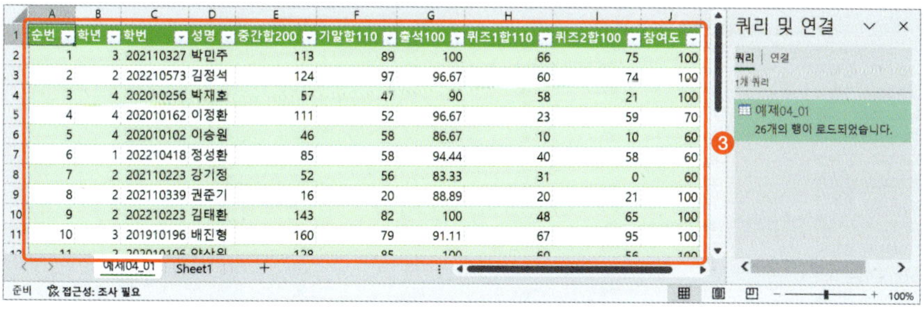

1행의 각 항목명 옆에 있는 ⌄은 필터와 쿼리가 적용되어 필요한 정보만 선택해서 확인할 수 있는 기능을 제공한다. ⌄을 클릭하면 각 항목에 포함된 데이터 목록이 나타나며, 이 중 원하는 데이터를 선택하고 〈확인〉을 클릭하면 그 데이터에 관련된 정보만 나타난다.

예를 들어 ❶ '성명'의 ⌄을 클릭하면 학생들의 이름이 모두 선택된 리스트가 나타난다. 이 리스트에서 ❷ '모두 선택'을 해제하고 '구정민'만 선택한 후 ❸ 〈확인〉을 클릭하면 ❹ 시트에서 '구정민'에 대한 정보만 보여준다. 이때 행 번호를 확인하면 다른 데이터들이 삭제된 것이 아닌 숨겨진 것임을 알 수 있다. 또한 '성명' 옆의 ⌄이 ▼ 모양으로 바뀌는데 이것은 사용자가 '구정민'에 대한 정보를 얻기 위해 사용한 필터 항목이 '성명'임을 나타내는 것이다.

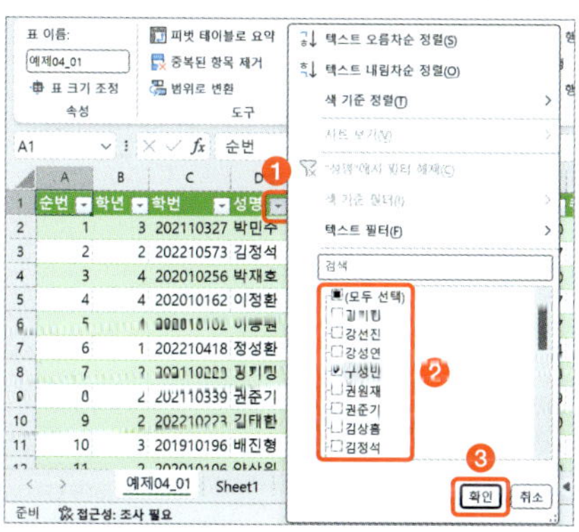

빠른 실행 도구에 있는 [필터 취소] 버튼(■)을 클릭하거나 Ctrl + Z 를 누르면 이전 상태로 돌아간다.

셀 J27 오른쪽 아래에 ◢ 모양의 기호가 있는데 이 기호는 표 도구 기능을 제공하는 범위를 표시하는 기호이다. 이 기호 위에 마우스 포인터를 위치시키면 마우스 포인터가 ↘ 모양으로 바뀌고, 그 상태에서 표 도구 기능의 범위를 늘리거나 줄일 수 있다. 여기서는 셀 J10까지 드래그해서 표 도구 기능의 범위를 줄인다. 표 도구 기능이 설정된 부분의 데이터들에 대해서는 필터나 쿼리 작업을 할 수 있으나 표 도구 기능이 해제된 부분의 데이터들에는 필터나 쿼리 작업을 할 수 없다.

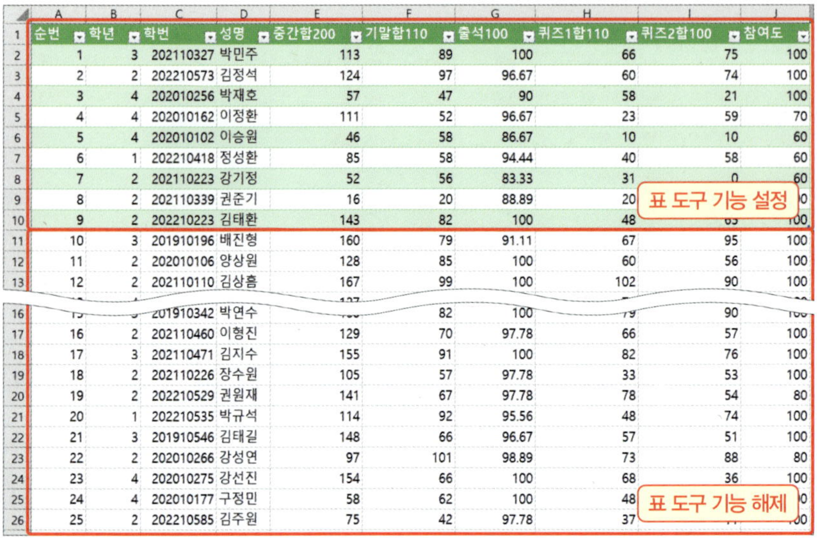

필터나 쿼리, 표 도구 기능은 뒤에서 다룰 예정이므로 모두 해제하도록 한다. ❶ 표 도구가 설정된 영역을 선택하고 ❷ [테이블 디자인] 탭에서 ❸ [도구] 그룹–[범위로 변환]을 선택한다. 그러면 쿼리 정의가 영구히 제거되고 정상 범위로 변환됨을 알리는 메시지 창이 뜨는데 여기서 ❹ 〈확인〉을 클릭하면 표 도구 기능이 해제되면서 쿼리를 비롯한 필터까지 모두 해제된다.

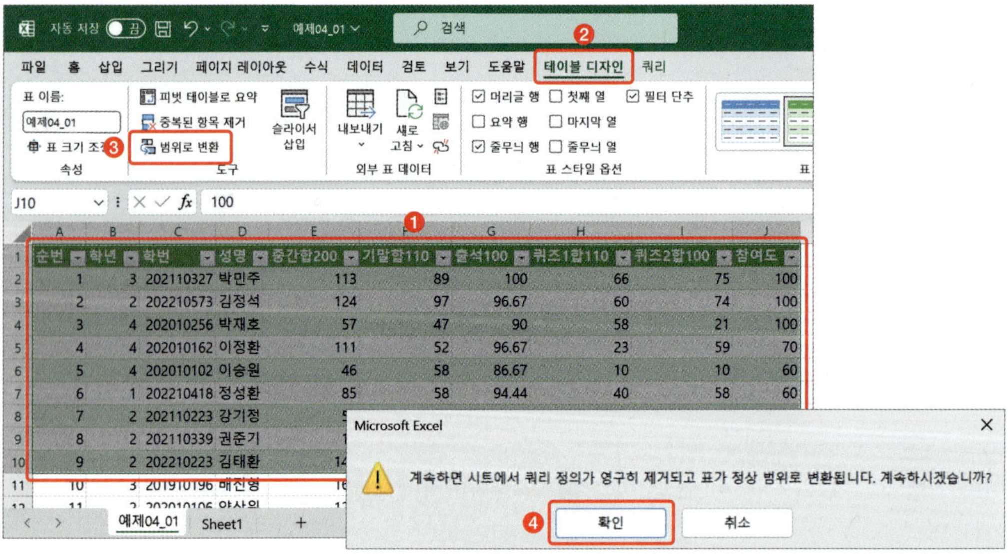

이때 표 디자인은 그대로 유지되는데, ❶ 디자인이 설정된 영역을 선택하고 ❷ [홈] 탭의 ❸ [스타일] 그룹–[셀 스타일] ☐를 클릭해 ❹ [표준]을 선택하면 디자인을 해제할 수 있다.

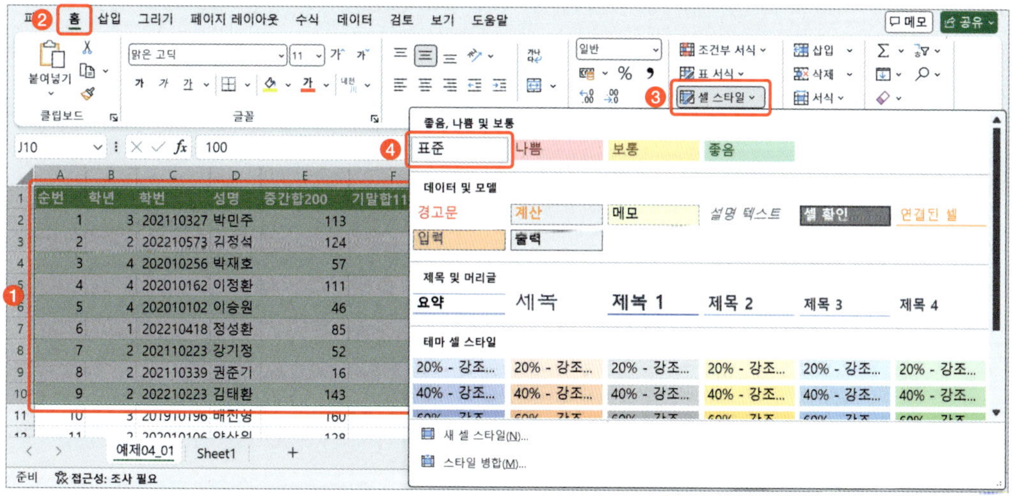

표 도구 기능 화면의 오른쪽에 쿼리가 연결되어 있다는 창이 계속 나타나고 있는데, 표 도구를 해제하면서 쿼리도 함께 해제되었으므로 닫기(☒)를 클릭해서 창을 닫는다.

여기서 잠깐 **쿼리**

쿼리는 데이터베이스를 구성하고 관리하는 가장 기본적인 기능으로 주어진 데이터에서 필요한 정보를 원하는 형식으로 볼 수 있도록 제공한다. 이 실습에서는 텍스트 파일을 엑셀로 변환하는 과정에서 항목 구분과 형식을 엑셀에 맞게 설정하는 데 쿼리가 사용되었기 때문에 쿼리와 관련된 메뉴 탭이 생겼다. 필요하다면 쿼리 기능을 해제하지 않고 쿼리 편집기를 이용해 기존의 쿼리를 수정하거나 새로운 쿼리를 적용할 수도 있다. 이 책에서는 쿼리 기능 중 가장 기본적이고 간단한 기능인 필터링을 11장에서 살펴볼 것이다.

2 엑셀 파일 통합하기

준비 예제04_02_01.xlsx~04_02_02.xlsx | **결과** 예제04_02_결과.xlsx

데이터를 수집하는 과정에서 하나의 엑셀 파일에 수집한 데이터들을 입력하지만, 상황에 따라 두 개 이상의 엑셀 파일에 분리하여 입력할 수도 있다. 두 개 이상의 엑셀 파일에 있는 데이터들을 통합하려면 두 파일에 저장된 데이터 항목의 개수와 순서가 같아야 한다. 예를 들어 '예제04_02_01.xlsx'에는 '순번', '학년', '학번', '성명', '중간합200', '기말합110', '출식100', '퀴즈1합110', '퀴즈2합100', '참여도'의 항목이 있는데, 통합하려는 '예제04_02_02.xlsx'에 이 중 하나라도 없거나 항목의 형식이나 나열된 순서가 다르다면 통합 전이나 후에 반드시 정리하는 과정이 필요하다.

'예제04_02_01.xlsx'와 '예제04_02_02.xlsx' 각각에 포함된 항목들이 모두 동일하므로 두 엑셀 파일을 통합해 보자. '예제04_02_01.xlsx'에서 ❶ [데이터] 탭의 ❷ [데이터 가져오기 및 변환] 그룹에 있는 [데이터 가져오기]의 ⌄을 클릭한다. 하위 메뉴 중 ❸ [파일에서]–[EXCEL 통합 문서에서]를 선택한다. ❹ [데이터 가져오기] 창에서 '예제04_02_02.xlsx'를 선택하고 ❺ 〈가져오기〉를 클릭한다.

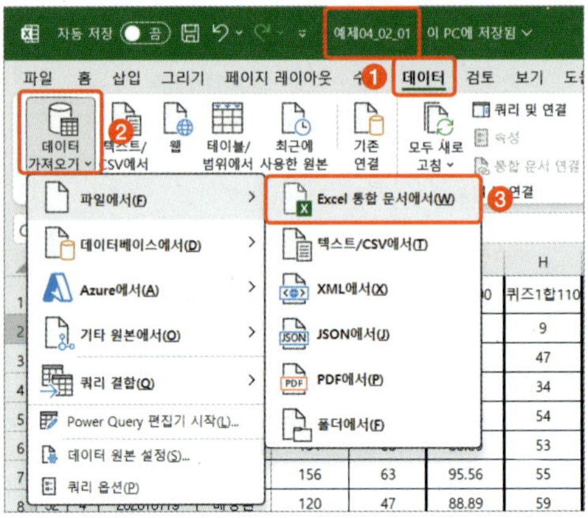

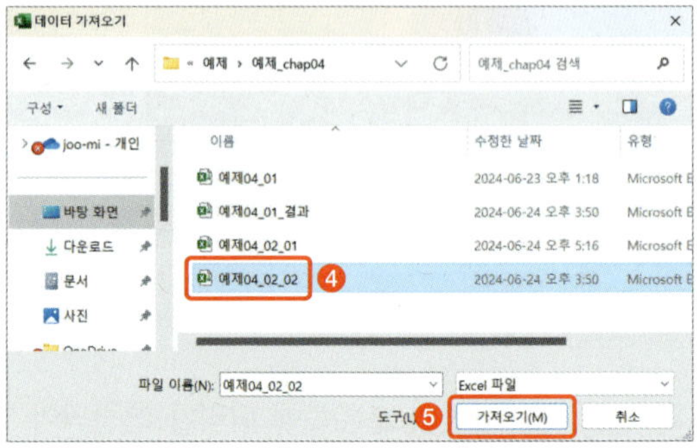

나타나는 [탐색 창]은 가져오려는 데이터가 있는 시트를 선택하는 창이다. ❻ '예제04_01' 시트를 선택하고 ❼ 〈로드〉를 바로 클릭하거나 〈로드〉 옆의 ⌄을 클릭해 ⓐ 〈로드〉를 선택하여 가져온다.

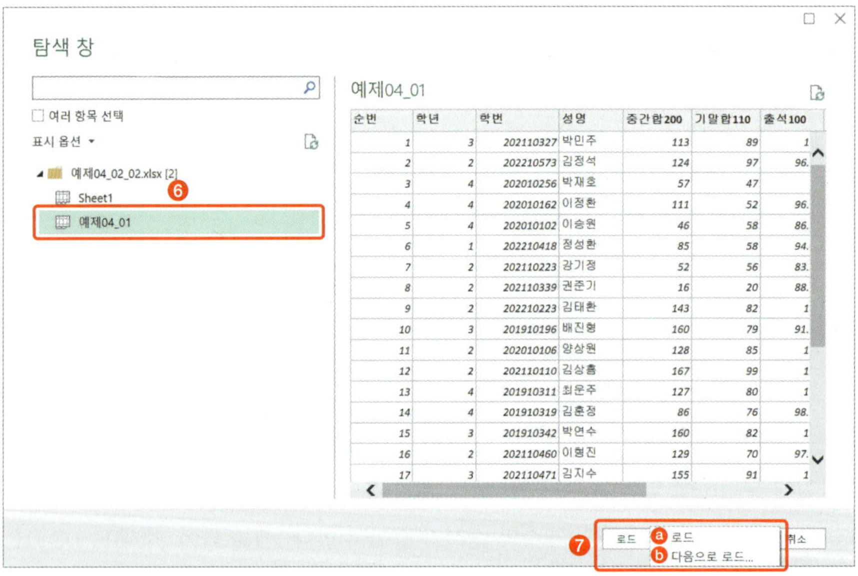

'예제04_02_01.xlsx'의 [분반1] 시트 앞에 필터링, 쿼리 등이 적용된 [예제04_01] 시트가 추가된다.

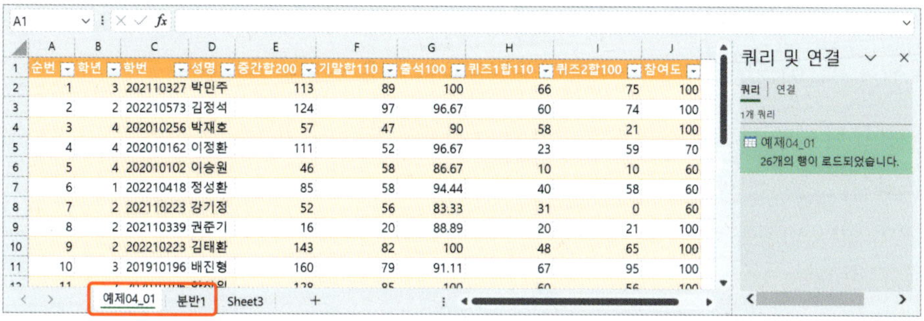

만약 ⑦ 〈로드〉 옆의 ▾을 클릭하고 ⓑ 〈다음으로 로드〉를 선택하면 [데이터 가져오기] 창이 나타난다. 이 창에서는 통합할 데이터의 표시 방법과 위치를 정할 수 있다. ‘예제04_02_02.xlsx’의 [예제04_01] 시트의 데이터를 ‘예제04_02_01.xlsx’의 [분반1] 시트의 30행부터 표 형식으로 나타낸다고 가정하자.

[데이터 가져오기] 창에서 ❶ [표]를 선택하고 ❷ 기존의 워크시트에 있는 데이터와 통합할 것이므로 [기존 워크시트]를 선택한다. ❸ 워크시트 내에서의 데이터 위치를 선택하기 위해 ⬆를 클릭하여 ❹ 통합할 데이터의 시작 위치가 될 셀 A30을 선택한다. 위치가 표시되면 ❺ ▣를 클릭해 [데이터 가져오기] 창으로 이동한 다음 ❻ 〈확인〉을 클릭한다. 그러면 ❼ 필터, 쿼리 등이 적용된 상태로 ‘예세04_02_02.xlsx’에 있는 [예제04_01] 시트의 데이터가 ‘예제04_02_01.xlsx’의 [분반1] 시트의 30행부터 삽입된 것을 알 수 있다.

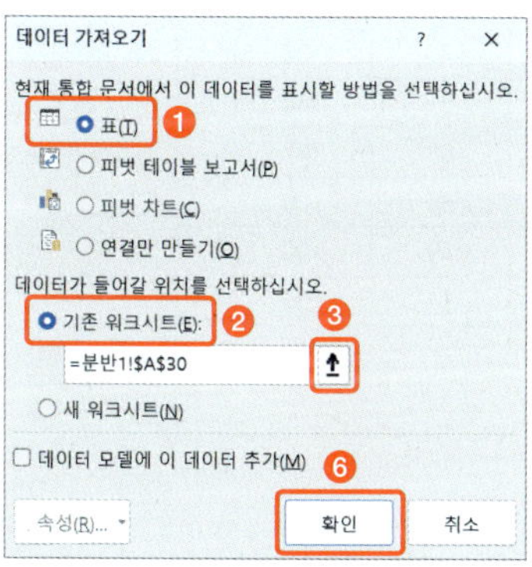

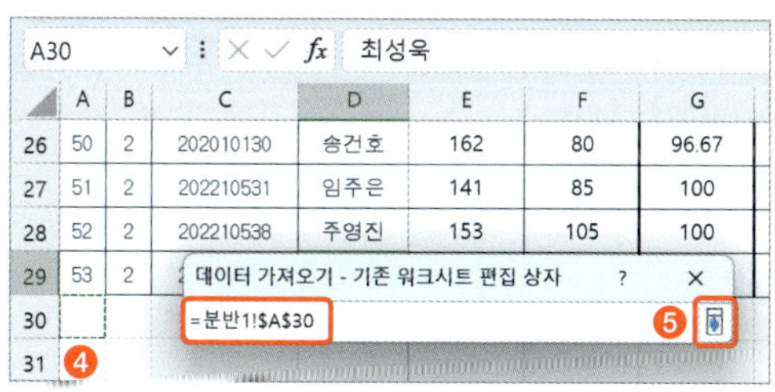

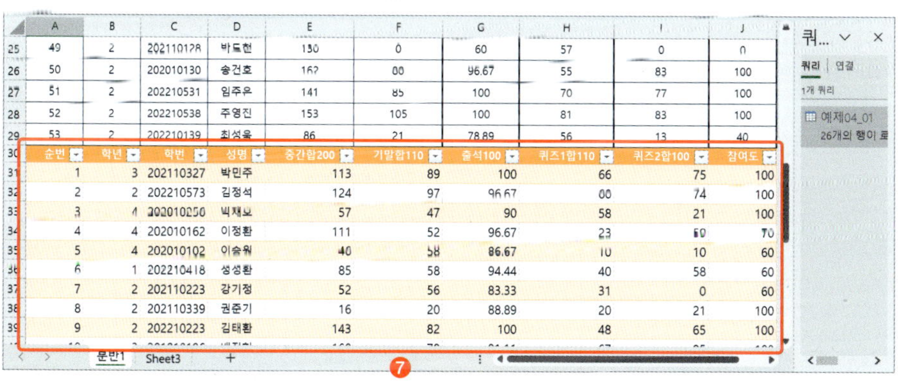

추가된 데이터는 표 도구, 쿼리, 필터가 설정되어 있고 30행에는 항목명까지 포함되어 있다. 이를 정리하여 예제04_02_01.xlsx의 데이터와 통일성을 갖도록 다음 단계를 따라해 보자.

- [테이블 디자인] 탭-[도구] 그룹-[범위로 변환]을 이용해서 표 도구 기능을 해제한다.
- [홈] 탭-[스타일] 그룹-[표준]으로 표 디자인을 해제한다.
- 항목명이 쓰여 있는 30행을 삭제한다.
- '순번'을 다시 정리한다.
- 글꼴, 테두리, 행/열 너비 등을 정리하여 통일성을 갖춘다.

A1 fx 순번

	A	B	C	D	E	F	G	H	I	J
1	순번	학년	학번	성명	중간합200	기말합110	출석100	퀴즈1합110	퀴즈2합100	참여도
2	1	2	202210187	김민서	41	22	92.22	9	22	100
3	2	2	202210488	김규상	55	47	81.11	47	25	100
4	3	2	202210390	김현태	82	34	100	34	45	100
5	4	2	202110239	박영진	126	79	97.78	54	39	100
6	5	3	202110275	박호석	131	88	88.89	53	61	100
7	6	4	202010177	박예빈	156	63	95.56	55	70	80
8	7	4	202010179	배정환	120	47	88.89	59	51	60
9	8	3	201910585	오원선	136	64	100	80	44	100
10	9	2	202010586	유아정	129	73	100	61	74	100
46	45	3	202110471	김지수	155	91	100	82	76	100
47	46	2	202110226	장수원	105	57	97.78	33	53	100
48	47	2	202210529	권원재	141	67	97.78	78	54	80
49	48	1	202210535	박규석	114	92	95.56	48	74	100
50	49	3	201910546	김태길	148	66	96.67	57	51	100
51	50	2	202010266	강성연	97	101	98.89	73	88	80
52	51	4	202010275	강선진	154	66	100	68	36	100
53	52	4	202010177	구정민	58	62	100	48	49	100
54	53	2	202210585	김주원	75	42	97.78	37	11	100
55										

SECTION

03 데이터 입력

앞에서 만든 성적 평가 엑셀 파일에는 데이터 분석을 위한 추가적인 데이터들이 더 필요하다. 예를 들어 중간고사, 기말고사, 퀴즈 점수들이 200점 또는 110점 만점으로 입력되어 있는데, 분석에 활용하기 위해서는 100점 만점으로 환산하는 것이 필요하다. 이러한 데이터는 이미 입력되어 있는 데이터를 이용하여 수식을 직접 작성하거나 엑셀에서 제공하는 함수를 이용해 구할 수 있다.

엑셀에서 연산 기호나 함수를 이용해 수식을 작성할 때는 반드시 등호(=)로 시작해야 한다. 그렇지 않으면 입력한 내용을 연산하지 못하고 문자열로 인식한다.

1 수식으로 데이터 입력하기

준비 예제04_03.xlsx | **결과** 예제04_03_결과.xlsx

'예제04_03.xlsx'에서 '중간200' 항목의 값들을 이용해 '중간100' 항목을 구해 보자. '중간100' 항목의 개별 값을 구하는 식은 다음과 같다.

중간100 = (학생 A의 중간200 * 100) / 200 또는 = 학생 A의 중간200 / 2

'예제04_03.xlsx'에서 첫 번째 학생인 김민서의 '중간100' 결과를 구해 보자. 먼저 셀 F2에 =(41*100)/200을 입력하고 Enter를 누른다.

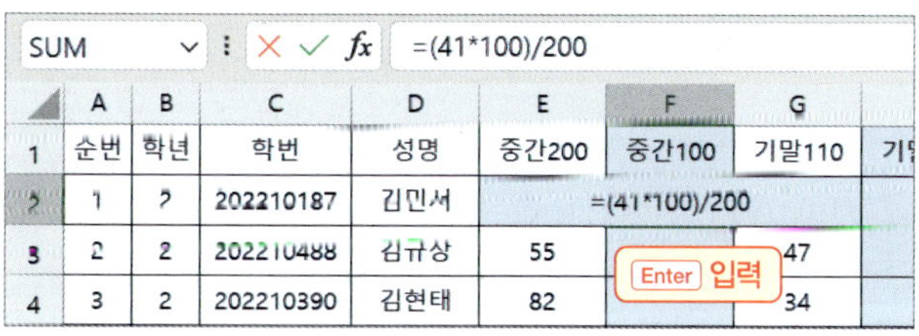
SUM | =(41*100)/200

	A	B	C	D	E	F	G
1	순번	학년	학번	성명	중간200	중간100	기말110
2	1	2	202210187	김민서	=(41*100)/200		
3	2	2	202210488	김규상	55		47
4	3	2	202210390	김현태	82		34

그러나 위의 수식 입력 방법은 채우기 핸들(✚)로 드래그해서 다른 셀들에 복사했을 때, 53명의 점수 모두 김민서 학생의 점수인 41점으로 값이 구해진다.

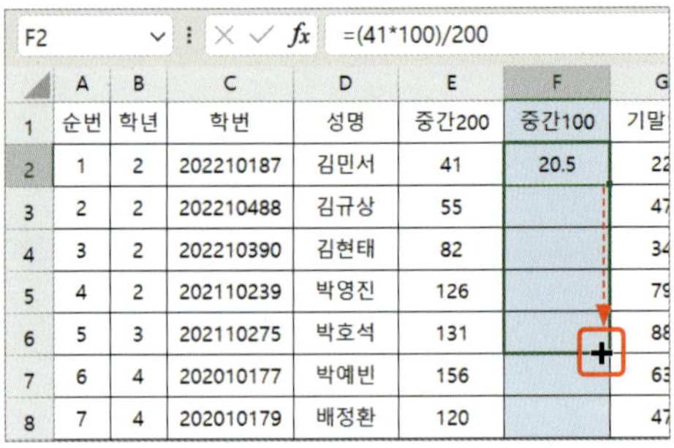

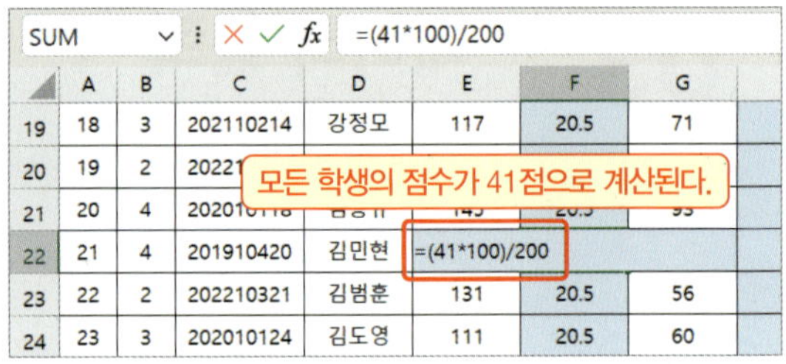

그러므로 각 학생의 '중간100' 값을 구하려면 상대 참조를 이용하여 수식을 작성해야 한다. 다시 셀 F2에 =(E2*100)/200을 입력하고 Enter를 누른다. 그리고 채우기 핸들(✚)을 아래로 드래그하여 53명 학생의 '중간100' 점수를 구한다.

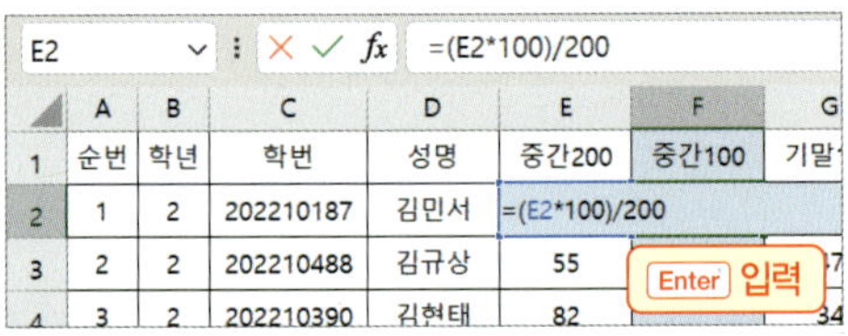

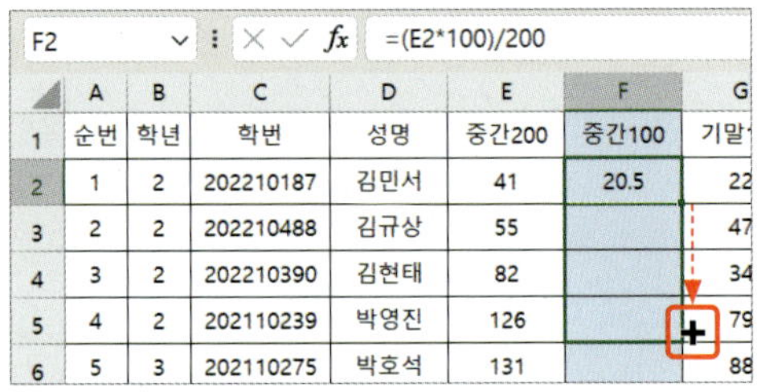

이번에는 각 학생의 점수가 모두 다르게 나오는 것을 알 수 있다. 셀 F2와 셀 F45의 수식을 확인해 보면 연산에 사용되는 셀들이 각각 E2, E45로 서로 다른 것을 확인할 수 있다.

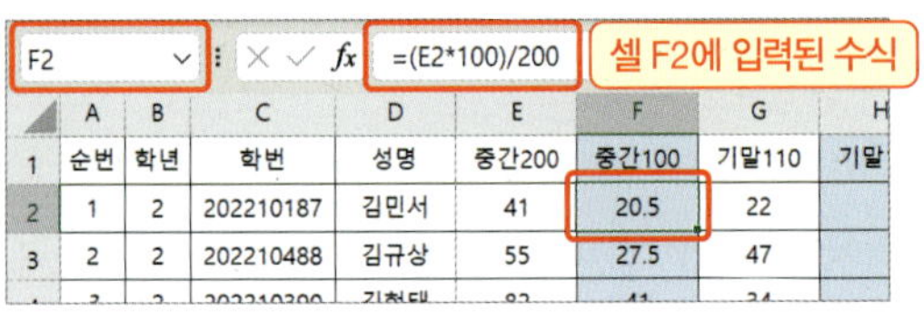

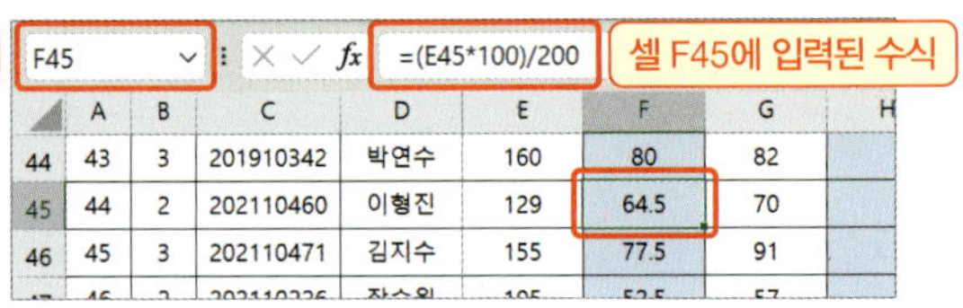

실습 4-1 수식으로 데이터 입력하기

준비 실습04_01.xlsx | **결과** 실습04_01_결과.xlsx

앞에서 학습한 수식 작성 방법을 활용하여 '기말100', '퀴즈1:100', '총합'을 모두 구해 보자. 각 항목의 값을 계산하는 식은 다음과 같다.

> 기말100 = (학생 A의 기말110 × 100) / 110
> 퀴즈1:100 = (학생 A의 퀴즈1:110 × 100) / 110
> 총합 = 중간100 × 0.3 + 기말100 × 0.35 + 퀴즈1:100 × 0.1 + 퀴즈2:100 × 0.1 + 출석100 × 0.1 + 참여도 × 0.05

01 '기말100' 구하기

❶ 셀 H2에 김민서 학생의 '기말110' 점수인 셀 G2를 상대 참조하여 =(G2*100)/110을 입력하고 Enter를 입력한다. ❷ 셀 H2에서 채우기 핸들을 H54까지 드래그한다.

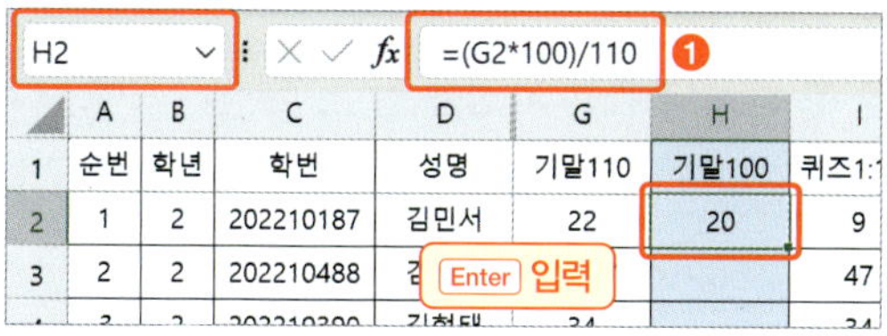

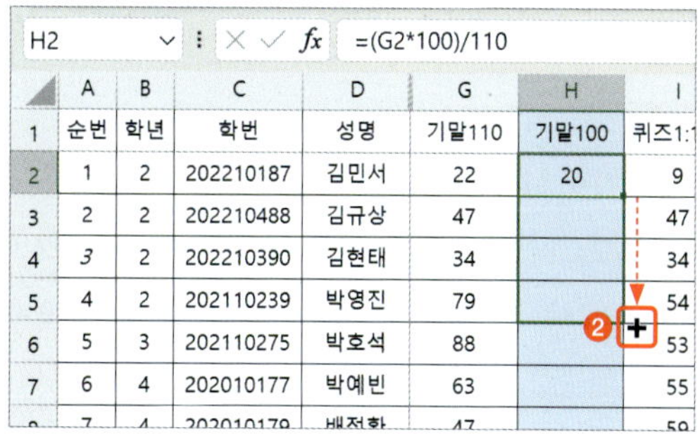

그러면 H열의 각 셀에 작성된 수식은 그에 대응하는 G열의 셀을 상대 참조하고 있다는 것을 확인할 수 있다. 예를 들어, 셀 H4는 셀 G4를 참조하고, 셀 H37은 셀 G37을 참조하고 있다.

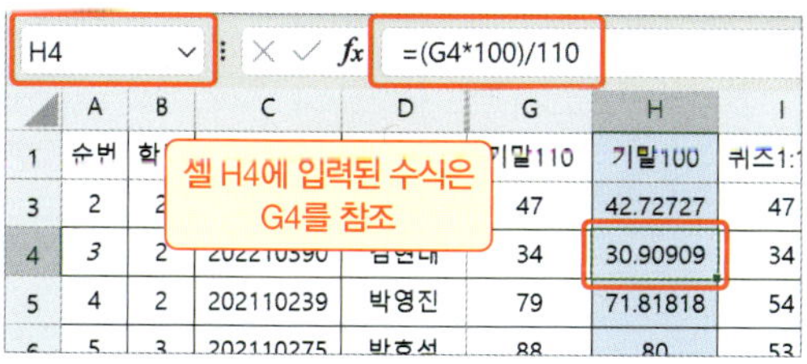

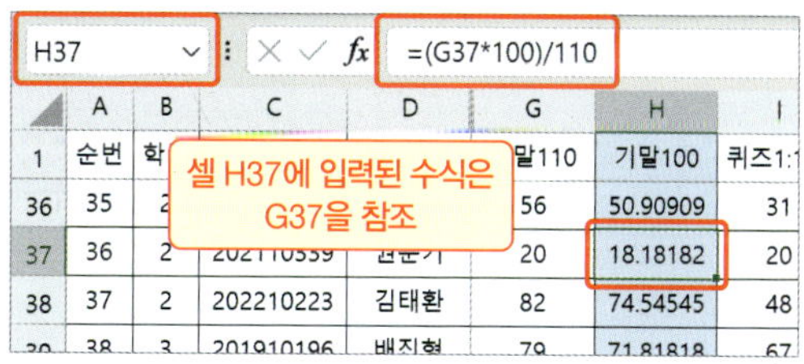

02 '퀴즈1:100' 구하기

'퀴즈1:100'의 값도 같은 방법으로 구할 수 있다. ❶ 셀 J2에 김민서 학생의 '퀴즈1:110' 점수인 셀 I2를 상대 참조하여 =(I2*100)/110을 입력하고 Enter를 누른다. ❷ 셀 J2에서 채우기 핸들을 J54까지 드래그한다.

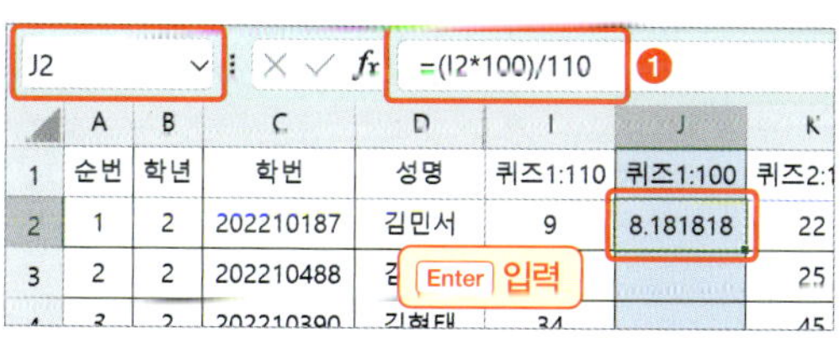

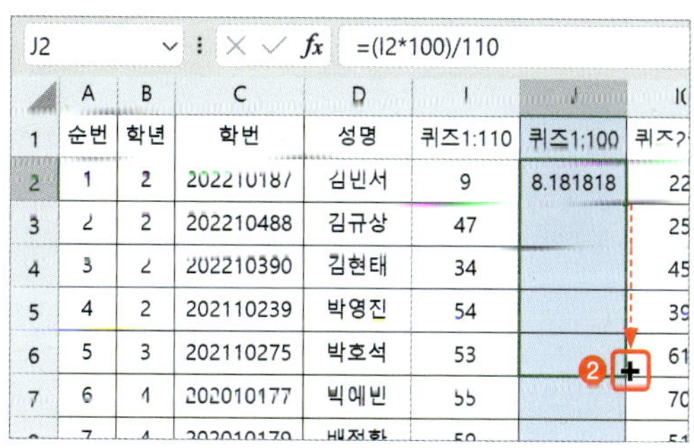

나찬가지로 J열의 모든 셀은 그에 대응하는 I열의 셀을 상대 참조하고 있다.

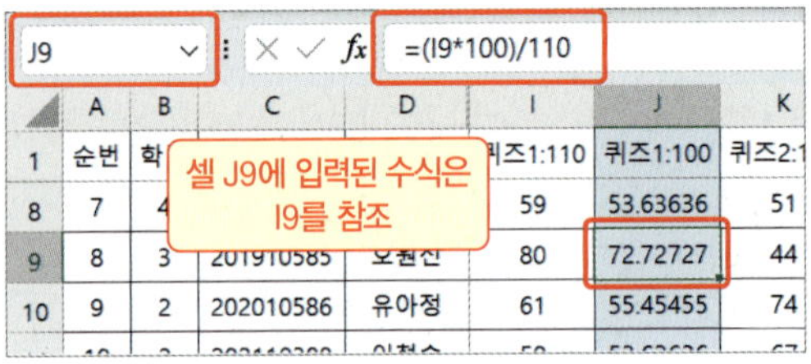

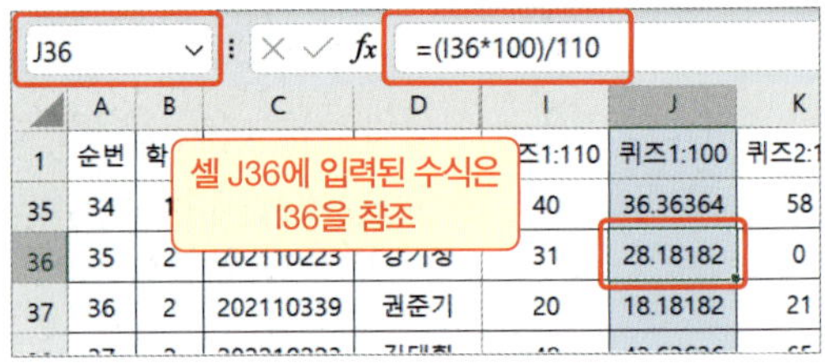

03 '총합' 구하기

'총합'은 '기말100'이나 '퀴즈1:100'과 수식이 다를 뿐 값을 구하는 과정은 같다. ❶ 셀 N2에 =F2*0.3+H2*0.35+J2*0.1+K2*0.1+L2*0.1+M2*0.05를 입력하고 Enter를 누른 후 ❷ 셀 N54까지 채우기 핸들로 드래그한다.

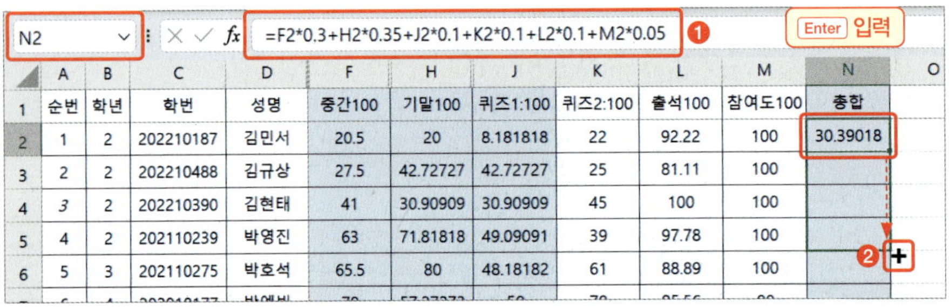

2 합과 평균 구하기: SUM/AVERAGE 함수

준비 예제04_04.xlsx | **결과** 예제04_04_결과.xlsx

합이나 평균은 간단한 수식으로 구할 수도 있지만 엑셀에서는 함수를 제공하고 있다. 합을 구하는 SUM 함수와 평균을 구하는 AVERAGE 함수에 대해 알아보자.

```
= SUM(값 또는 셀 범위)        · 합을 구하는 함수
= AVERAGE(값 또는 셀 범위)    · 평균을 구하는 함수

예 = SUM(10, 20, 30)                    = AVERAGE(10, 20, 30)
   = SUM(A1, B2, C3)                    = AVERAGE(A1, B2, C3)
   = SUM(D11:D15)                       = AVERAGE(D11:D15)
```

SUM 함수와 AVERAGE 함수는 합 또는 평균을 구해야 하는 값과 셀 주소를 쉼표(,)나 콜론(:)으로 구분한다. 여기서 콜론(:)은 연속된 셀들을 의미한다. 그래서 = SUM(A1:C1)은 셀 A1, B1, C1에 입력된 값들의 합을 말하는 것으로, 다음 그림에서 셀 E4에 입력된 함수식 = SUM(A1, B1, C1)과 같은 의미이다. = SUM(A1:A3)은 셀 A1, A2, A3에 입력된 값들의 합을 의미한다.

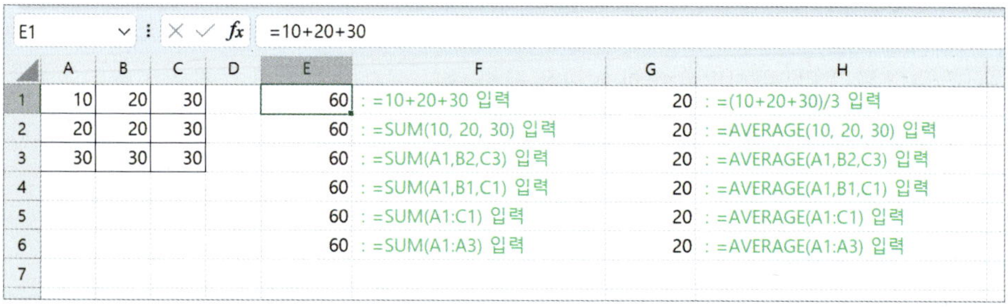

'예제04_04.xlsx'에서 '총합'의 합과 평균을 구해보자. 학생들의 점수 '총합'의 합을 구하기 위해 ❶ 셀 N55에 =SUM(N2:N54)를 입력하고 Enter를 누른다. ❷ 평균을 구하기 위해 N56에 =AVERAGE(N2:N54)를 입력하고 Enter를 입력한다.

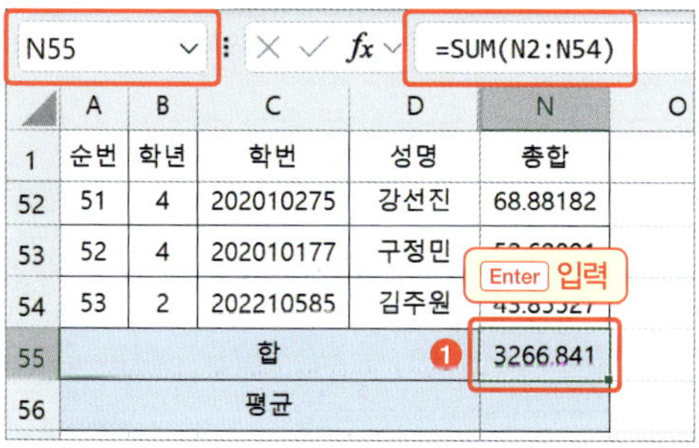

▲ 합 구하기

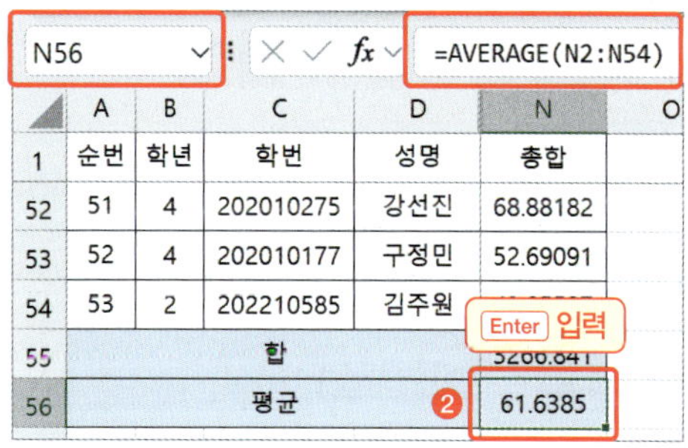

▲ 평균 구하기

실습 4-2 SUM/AVERAGE 함수로 합과 평균 구하기

준비 실습04_02.xlsx | **결과** 실습04_02_결과.xlsx

01 성적 정보의 합과 평균 구하기

학생 성적 정보를 구성하는 모든 항목에 대한 합과 평균을 구해 보자. 우선, 첫 번째 항목인 ❶ '중간200'의 합에 해당하는 셀 E55에 =SUM(E2:E54)를 입력하고 Enter를 누른다. ❷ '중간200'의 평균에 해당하는 셀 E56에는 =AVERAGE(E2:E54)를 입력하고 Enter를 누른다.

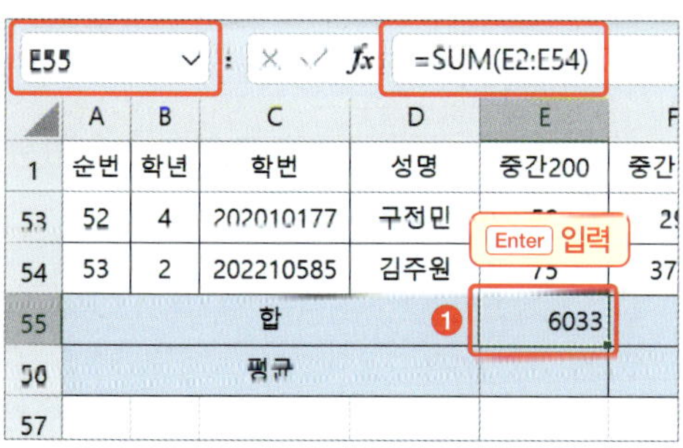

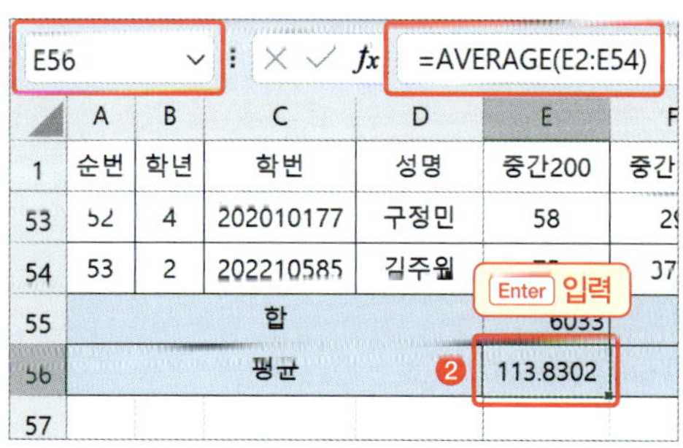

02 채우기 핸들 사용하기

F열부터 M열까지 모두 같은 방식으로 합과 평균을 구할 수도 있으나 여기서는 채우기 핸들을 활용해 보자. ❶ '중간200'에 대한 합과 평균이 입력된 셀 E55와 E56을 모두 선택한다. ❷ '참여도100'에 해당하는 M열까지 드래그한다.

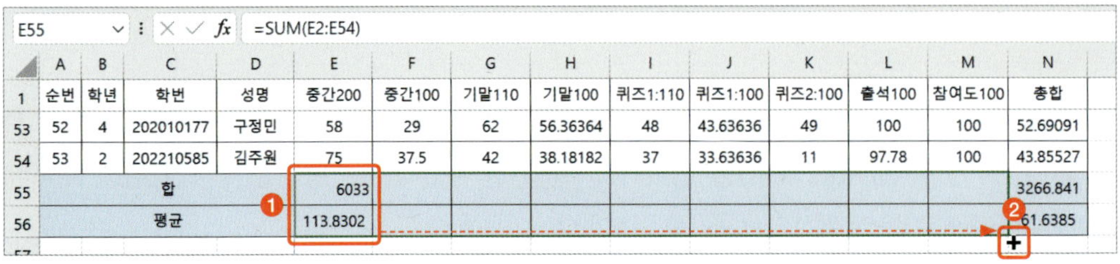

그러면 각 항목에 대한 합과 평균을 쉽게 구할 수 있다.

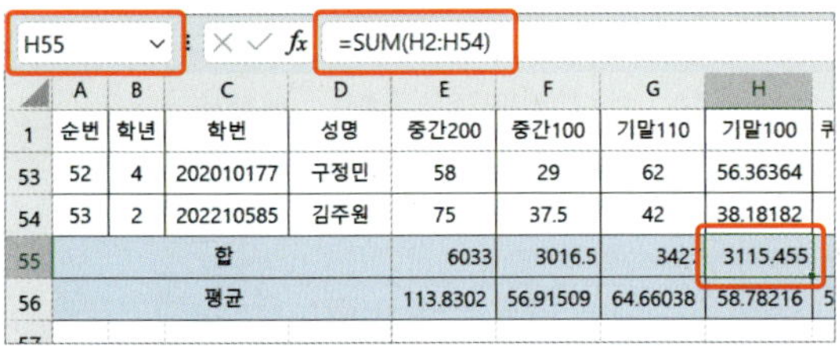

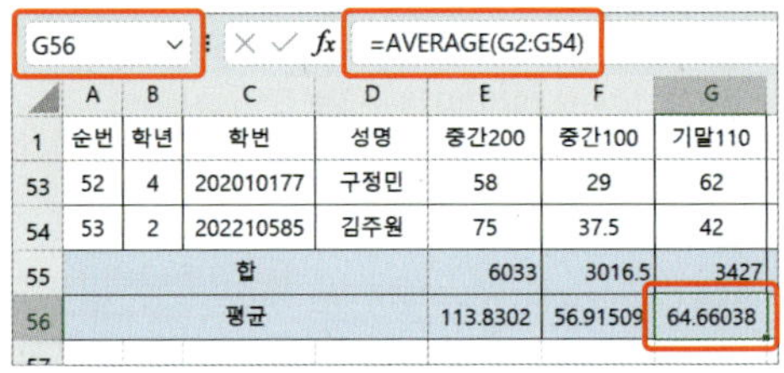

3 순위 구하기: RANK.EQ/RANK.AVG 함수

어떠한 범위 내에 있는 값의 순위를 구할 때 RANK.EQ와 RANK.AVG 함수를 사용한다.

```
= RANK.EQ(값 또는 셀 주소, 참조 범위, 정렬 기준)
= RANK.AVG(값 또는 셀 주소, 참조 범위, 정렬 기준)
· 값 또는 셀 주소 : 순위를 알아야 하는 값이나 그 값이 입력된 셀 주소
· 참조 범위 : 순위를 매기는 범위이며 일반적으로 절대 참조
· 정렬 기준 : 0은 내림차순, 1은 오름차순

예  = RANK.EQ(10, A1:A11, 0)
    · 내림차순(0)으로 정렬된 참조 영역 A1~A11의 값들 중, 정수 10의 순위
    = RANK.EQ(A3, $A$1:$A$11, 1)
    · 오름차순(1)로 정렬된 참조 영역 A1~A11의 값들 중, 셀 A3 값의 순위
    = RANK.AVG(10, A1:A11, 1)
    · 오름차순(1)로 정렬된 참조 영역 A1~A11의 값들 중, 정수 10의 순위
    = RANK.AVG(A3, $A$1:$A$11, 0)
    · 내림차순(0)으로 정렬된 참조 영역 A1~A11의 값들 중, 셀 A3 값의 순위
```

정렬 기준 0과 1의 차이

순위를 구할 때 참조 범위의 값들이 내림차순(0)으로 정렬되어 있느냐, 오름차순(1)으로 정렬되어 있느냐에 따라 순위가 달라질 수 있다. RANK.EQ나 RANK.AVG 함수의 마지막 인자는 참조 범위의 정렬 방식을 선택하는 것이다. 인자가 0이면 내림차순으로 정렬했을 때의 순위를 구하고, 인자가 1이면 오름차순으로 정렬했을 때의 순위를 구한다. 다음 그림에서 B열과 D열은 A열의 값들을 내림차순으로 정렬하여 순위를 구한 결과이기 때문에 가장 큰 값인 40의 순위가 1이고 가장 작은 값인 10의 순위가 10이 된다. 반면, C열과 E열은 A열의 값들을 오름차순으로 정렬하여 순위를 구했기 때문에 큰 값인 40의 순위는 10, 가장 작은 값인 10의 순위는 1이 된다.

	A	B	C	D	E
1		RANK.EQ		RANK.AVG	
2		내림차순(0)	오름차순(1)	내림차순(0)	오름차순(1)
3	10	10	1	10	1
4	15	9	2	9	2
5	20	6	3	7	4
6	20	6	3	7	4
7	20	6	3	7	4
8	25	5	6	5	6
9	30	4	7	4	7
10	35	2	8	2.5	8.5
11	35	2	8	2.5	8.5
12	40	1	10	1	10
13					

EQ와 AVG의 차이

RANK 다음에 쓰는 EQ와 AVG는 순위가 동일한 값들을 표시하는 방식을 말한다. 위의 그림에서 셀 A5부터 A7에 입력된 20이나 셀 A10, A11에 입력된 35는 동일한 순위를 가져야 한다.

RANK.EQ로 순위를 구한다면 같은 순위 값들의 첫 순위를 결과로 표시한다. 예를 들어, B열의 셀 A10, A11에 입력된 35는 순위가 2이기 때문에 35의 모든 순위를 2로 표시한다. 두 개의 순위가 매겨졌으므로 다음 값인 30의 순위는 4가 된다. 같은 방식으로 20에 대한 순위는 6이 되므로 세 개의 20 모두 6으로 순위가 표시된다.

RANK.AVG로 순위를 구하는 경우 같은 순위 값들의 평균을 순위 결과에 표시한다. 예를 들어 D열의 35는 순위가 2, 3에 해당하므로 2와 3의 평균인 2.5가 35의 순위로 표시된다. 20에 대한 순위는 6, 7, 8에 해당하고 그에 대한 평균인 7이 20의 순위로 표시된다.

참조 범위에 대한 절대 참조와 상대 참조의 차이

RANK 함수는 참조 범위 내에서 어떤 값의 순위를 구하는 함수이다. 그러므로 순위를 구하려는 모든 값의 참조 범위가 일정하게 고정되어야 한다. 다음과 같은 두 함수식은 A열에 있는 값들의 순위를 구하는 함수식이지만, 셀 참조 범위를 절대 참조로 한 결과와 상대 참조로 한 결과는 완전히 다르게 나타난다.

구분	셀 위치	함수식
절대 참조	셀 B2	=RANK.EQ(A2, $A$2:$A$8,0)
상대 참조	셀 C2	=RANK.EQ(A2,A2:A8,0)

셀 B2에 입력한 함수식과 같이 절대 참조로 참조 범위를 입력하면 결과를 구하는 셀의 위치가 바뀌어도 참조 범위가 변하지 않는다.

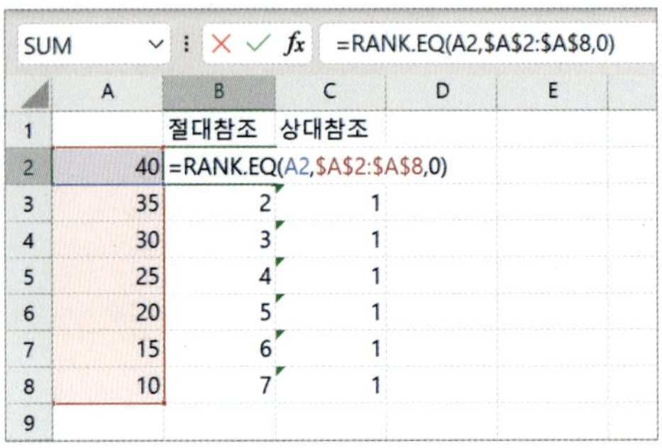

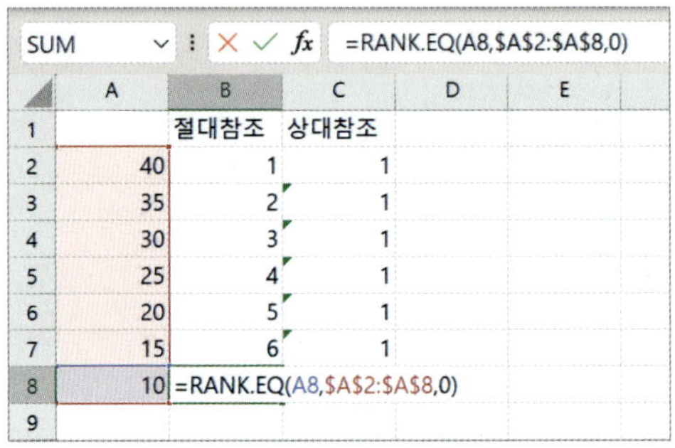

반면, 셀 C2에 입력한 함수식과 같이 상대 참조로 참조 범위를 입력하면 결과를 구하는 셀의 위치가 달라지면서 참조 범위도 달라지고, 결국 올바르지 않은 결과가 출력된다.

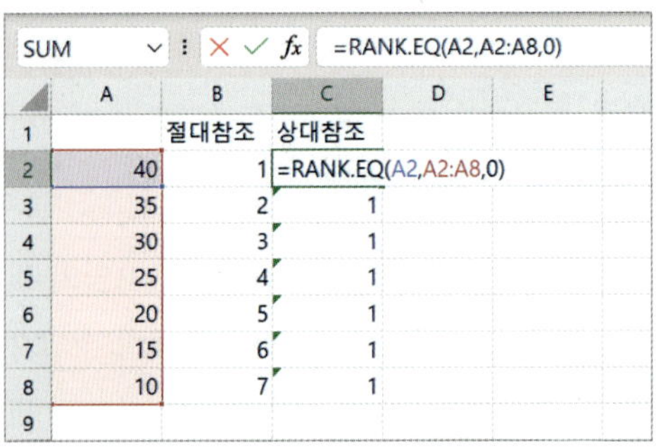

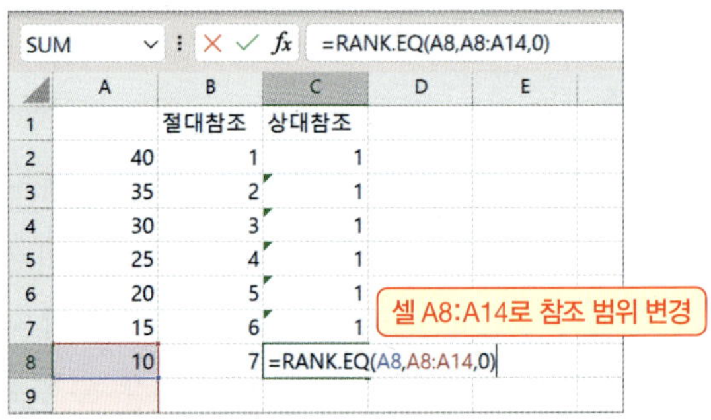

그러므로 RANK 함수를 작성할 때는 참조 범위를 절대 참조로 고정해야 각 값들의 정확한 순위를 구할 수 있다.

실습 4-3 RANK 함수를 이용해 순위 구하기

준비 실습04_03.xlsx | **결과** 실습04_03_결과.xlsx

학생들의 '총합'을 이용해 등수 항목의 결과를 구해 보자. 등수를 구하기 위해서는 '총합'이 내림차순으로 정렬되어야 하며 학생들의 '총합' 전체를 절대 참조하여야 한다. 그리고 '등수EQ'를 구할 때는 RANK.EQ 함수를 이용하고 '등수AVG'를 구할 때는 RNAK.AVG를 이용한다.

01 '등수 EQ' 구하기

❶ 셀 O2에 `=RANK.EQ(N2, $N$2:$N$54, 0)`을 입력한 후 Enter를 눌러 값을 구하고 ❷ 셀 O2에서 채우기 핸들을 O54까지 드래그하여 복사한다.

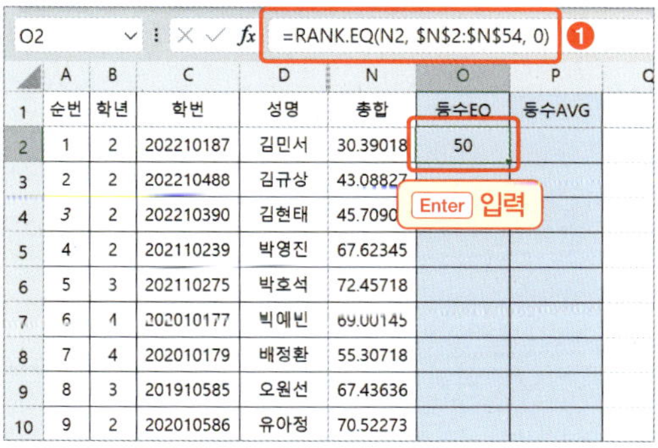

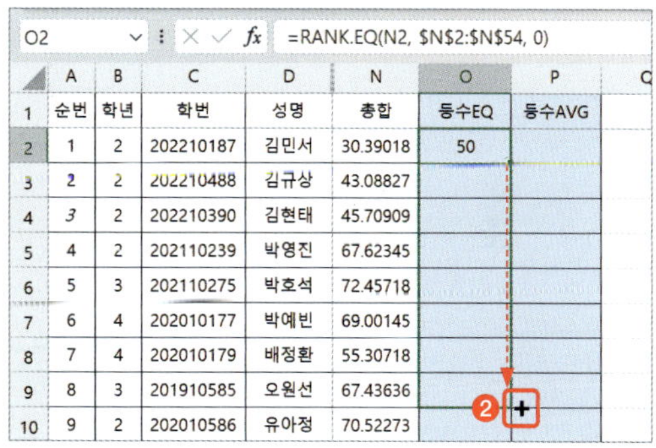

02 '등수AVG' 구하기

❶ 셀 P2에 `=RANK.AVG(N2, $N$2:$N$54, 0)`를 입력하고 Enter를 누른 뒤 ❷ 셀 P2에서 채우기 핸들을 P54까지 드래그하여 복사한다.

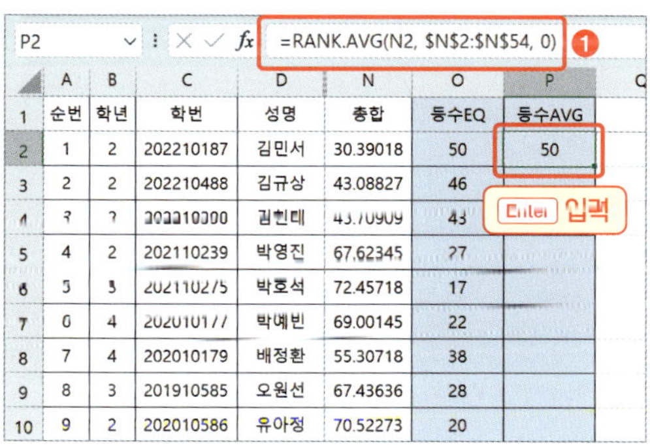

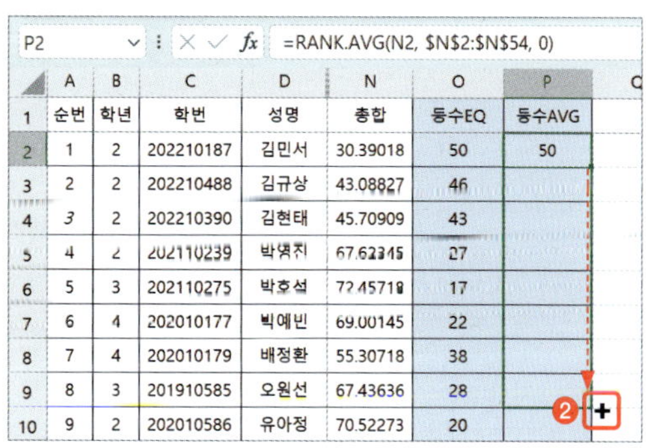

여기서 잠깐 **오류 표시**

수식을 작성하다 보면 셀의 왼쪽 위에 초록색 세모 태그 모양( )이 나타나는 경우가 있다. 이는 표시 형식이 맞지 않거나 수식이 잘못되었을 때 나타나는 오류 표시로 셀에 입력된 내용을 수정하면 사라진다. 그러나 이 오류를 무시해도 전혀 문제가 되지 않을 때도 있다. 이 오류를 무시하고 초록색 세모 태그를 지우고 싶으면 ❶ 초록색 세모 태그가 뜨는 셀 또는 셀들을 선택하고 ❷ 오류 메시지 콤보 박스( )를 클릭한 뒤 ❸ [오류 무시]를 선택하면 ❹ 선택되었던 셀 또는 셀들의 초록색 세모 태그가 사라진다.

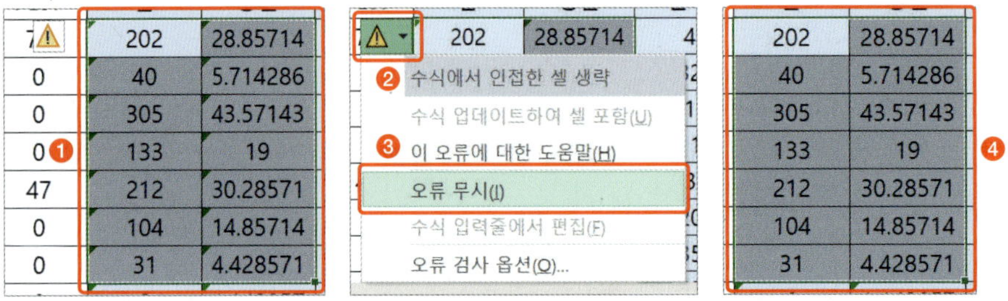

요약

01 데이터 정의

- 문제 정의 과정에서는 데이터 분석의 목적과 문제에 대한 배경, 분석을 통해 얻어야 하는 결과 등을 정의하고 정리한다.
- 정의된 문제와 정리된 내용을 바탕으로 데이터 분석에 필요한 데이터의 종류와 형식을 정의한다.

02 데이터 수집

- 엑셀에서 텍스트 파일 가져오기: [데이터]–[데이터 가져오기]–[파일에서]–[텍스트/CSV에서]
- 2개 이상의 엑셀 파일을 하나로 통합하기: [데이터]–[데이터 가져오기]–[파일에서]–[EXCEL 통합 문서에서]

03 데이터 입력

- 직접 입력한다.
- 수식이나 함수식을 이용하여 입력할 때는 반드시 등호(=)로 시작한다.

04 엑셀 함수

- 합: SUM(값 또는 셀 범위)
- 평균: AVERAGE(값 또는 셀 범위)
- 등수: RANK.EQ(값 또는 셀 주소, 참조 범위, 정렬기준)/RANK.AVG(값 또는 셀 주소, 참조 범위, 정렬 기준)
  - RANK.EQ: 동일 순위일 때 첫 순위의 값을 출력한다.
  - RANK.AVG: 동일 순위일 때 순위의 평균값을 출력한다.

연습문제

준비 연습04_01_텍스트.txt, 연습04_01.xlsx~연습04_02.xlsx

결과 연습04_01_텍스트_결과.xlsx, 연습04_01_결과.xlsx~연습04_02_결과.xlsx

[문제 및 데이터 정의]

동네의 작은 카페에서 보유하고 있는 책들을 동네 주민들에게 빌려주는 작은 도서관을 운영하려고 한다. 현재는 보유하고 있는 도서만으로 임시 운영해 보고 점차 확대 운영할 계획이다. 보유하고 있는 도서 정보는 다음 기반으로 정리한다.

- 도서명/저자명/분야: 문자형
- 보유권수/대출 상황: 정수형

01 '연습04_01_텍스트.txt'에 수집한 데이터를 엑셀로 불러오시오.('연습04_01_텍스트.txt'의 데이터들은 탭으로 구분되어 있다.)

02 불러온 데이터들에 설정된 쿼리, 필터, 표 도구 기능을 모두 해제하고 '연습04_01_텍스트.xlsx'로 저장하시오.

03 '연습04_01.xlsx'의 데이터와 **02**에서 만든 '연습04_01_텍스트.xlsx' 데이터를 통합하시오. 단, 통합된 데이터들에 설정된 쿼리, 필터, 표 도구 기능은 모두 해제하고, 다음 그림과 같이 서식을 설정하고 저장하시오.

A1 fx 도서현황

	A	B	C	D	E
1	도서현황				
2					
3	도서명	저자명	분야	보유권수	대출상태
4	왜 엑셀인가?	김엑셀	IT	5	3
5	봄여름가을겨울	서계절	에세이	7	2
6	다 먹고 살빼기	이감량	건강	3	3
7	갈 때까지 가보자	장여행	여행	3	1
8	걸어서 파이썬 속으로	정파이	IT	5	5
9	내 맘대로 앱	박프로	IT	4	4
10	내몸내맘	김건강	건강	2	0
11	자유여행 - 일본편	여행회사	여행	3	3
12	자유여행 - 미국편	여행회사	여행	3	1
13	자유여행 - 유럽편	여행회사	여행	3	2
14	C 프로그래밍	강씨	IT	4	3
15	말과 빛	양수필	에세이	2	0
16	전하는 글	오쓰기	에세이	3	1
17	컴퓨터 운영하기	차운영	IT	7	4
18	숨만 잘 쉬자	최호흡	건강	4	1

04 수집된 정보와 '연습04_02.xlsx'를 이용해 다음 정보를 구하시오.

- 잔여권수: 보유 도서 중 대출 후 남은 도서의 수
- 대출 비율: = 대출권수/보유권수(백분율로 표시)
- 대출 순위: 현재 대출 비율을 이용한 각 도서의 대출 순위
- 보유/잔여 도서의 합: 보유 도서 권수의 합/대출 후 남은 도서 권수의 합
- 평균 대출 권수: 대출 권수의 평균
- 보유권수/대출 상황: 정수형으로 표시

준비 연습04_03_텍스트.txt, 연습04_03.xlsx~연습04_04.xlsx

결과 연습04_03_텍스트_결과.xlsx, 연습04_03_결과.xlsx~연습04_04_결과.xlsx

[문제 및 데이터 정의]

A 예매 사이트에서 2010년 이후 가입자의 2020년 1월 이후 예매 횟수를 조사하여 예매 현황을 파악하려고 한다.

❶ 2020 이후 가입자 50명

❷ 예매 작품 수가 아닌 예매 횟수 조사(같은 작품을 여러 번 예매한 횟수도 포함)

❸ 예매 분야

클래식	콘서트	무용	페스티벌	뮤지컬	영화	연극
CL01	CN02	DC03	FT04	MU05	MV06	PL07

❹ 필요한 데이터

- 회원명: 문자형
- 주민등록번호 앞자리(생년월일, 성별): 문자형 또는 사용자 지정 표현 형식(######-#)
- 핸드폰 번호: 사용자 지정 표현 형식(###-####-####)
- 가입년월일: 날짜
- 최근관람일: 날짜
- 예매 분야별 2020년 이후 예매 횟수: 숫자

05 새로운 엑셀 통합 문서를 열고 '연습04_03_텍스트.txt'를 엑셀 파일로 불러온 뒤 데이터들에 설정된 쿼리, 필터, 표 도구 기능을 모두 해제하고 '연습04_03_텍스트.xlsx'로 저장하시오.('연습04_03_텍스트.txt'의 데이터들은 탭으로 구분되어 있다.)

TIP • 단, '가입년월일', '최근관람일'의 값이 정수형으로 표시되는 경우, [표시 형식]을 '날짜'로 설정한다.

06 '연습04_03.xlsx'를 열고 34행 위치에 **05**에서 만든 '연습04_03_텍스트.xlsx'의 [연습04_03_텍스트] 시트의 내용을 통합하고 서식을 통일한 후 저장하시오.

[07~08] '연습04_04.xlsx'를 이용하여 다음 물음에 답하시오.

07 분야별 예매 횟수의 합과 평균을 구하시오.

08 회원별 예매 횟수의 합, 평균, 순위를 구하시오.

CHAPTER 05

데이터 정리

학습목표

- ROUND/ROUNDUP/ROUNDDOWN 함수로 복잡한 값을 정리한다.
- LEFT/RIGHT/MID 함수로 필요한 문자열을 추출한다.
- VALUE 함수로 값을 숫자 형식으로 변환한다.
- AND/OR/NOT 함수로 논리 판단을 한다.
- VLOOKUP/HLOOKUP 함수로 값을 참조한다.
- IF 함수로 조건에 따라 다른 결과를 출력한다.

SECTION 01

적절한 표현의 데이터 만들기

데이터 분석을 위해 기본적으로 필요한 데이터를 수집하여 입력했다면 정리를 해야 한다. 수집된 데이터를 바로 분석에 적용할 수도 있지만, 수집된 데이터를 필요한 형태로 편집하거나 새로운 데이터로 구성하여 분석에 활용하는 경우도 있다. 이 장에서는 복잡한 데이터를 단순화하고, 데이터 형식을 변경하고, 참조 방식을 활용하여 데이터를 정리하는 방법에 대해 알아본다.

1 소수점 이하 자리 정리하기: ROUND/ROUNDUP/ROUNDDOWN 함수

준비 예제05_01.xlsx | **결과** 예제05_01_결과.xlsx

소수점 이하 자리가 길면 연산이나 분석 과정이 복잡해진다. 이렇게 복잡한 값을 단순화하는 방법으로 2장에서 배운 표시 형식을 설정하는 방법이 있다. 간단히 살펴보자.

표시 형식을 이용해 소수점 이하 자리를 정리하려면 ❶ 실수가 입력된 셀들을 선택하고 ❷ 마우스 오른쪽 버튼을 눌러 [셀 서식]을 클릭한다. ❸ [셀 서식] 창이 나타나면 [표시 형식] 탭에서 '숫자' 범주를 선택한 후 ❹ 원하는 소수 자릿수를 입력하고 ❺ 〈확인〉을 클릭한다.

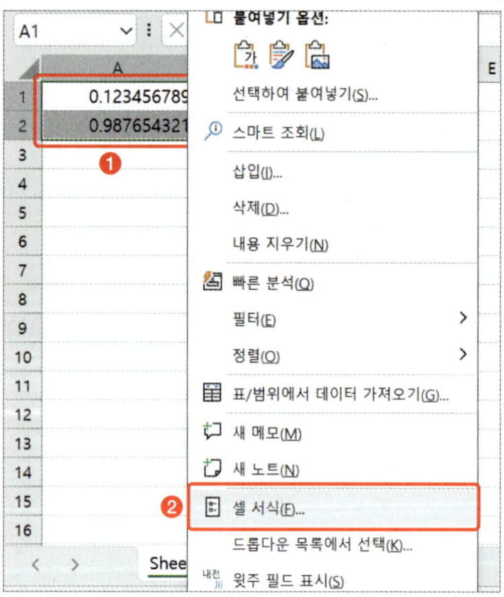

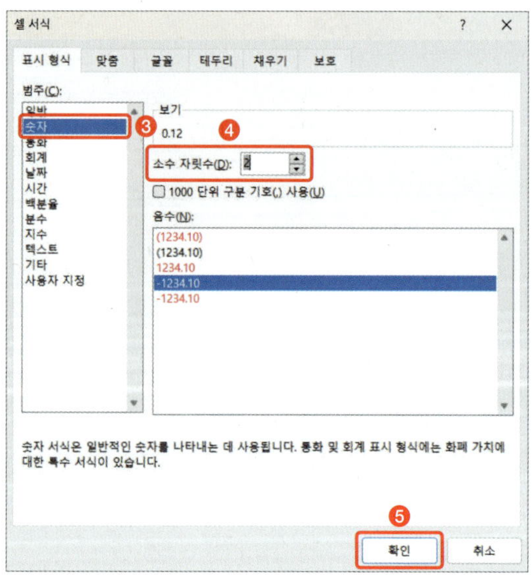

그러면 소수점 이하 아홉 자리였던 실숫값이 소수점 이하 두 자리까지만 반올림되어 표현된다.

	A	B
1	0.12	: 0.123456789 입력
2	0.99	: 0.987654321 입력
3		

함수를 이용해서 소수점 이하 자리를 정리할 수도 있는데 반올림하는 ROUND 함수, 올림하는 ROUNDUP 함수, 내림하는 ROUNDDOWN 함수가 있다. 세 가지 함수를 사용하는 형식은 다음과 같다.

```
= ROUND(값 또는 식 또는 셀, 소수 자릿수)      · 입력된 소수 자릿수에서 반올림하는 함수
= ROUNDUP(값 또는 식 또는 셀, 소수 자릿수)    · 입력된 소수 자릿수에서 올림하는 함수
= ROUNDDOWN(값 또는 식 또는 셀, 소수 자릿수)  · 입력된 소수 자릿수에서 내림하는 함수

예  = ROUND(0.123456789, 3)                  = ROUND(A1, 3)
    = ROUNDUP(0.123456789, 3)                = ROUNDUP(A1, 3)
    = ROUNDDOWN(0.123456789, 3)              = ROUNDDOWN(A1, 3)
```

예를 들어, = ROUND(A1, 3)은 셀 A1에 있는 실숫값의 소수점 이하 넷째 자리에서 반올림하여 소수점 이하 자리를 세 자리까지 표시한다.

	A	B	C
1	0.123456789	0.123	: =ROUND(A1,3) 입력
2		0.124	: =ROUNDUP(A1,3) 입력
3		0.123	: =ROUNDDOWN(A1,3) 입력
4	0.987654321	0.988	: =ROUND(A4,3) 입력
5		0.988	: =ROUNDUP(A4,3) 입력
6		0.987	: =ROUNDDOWN(A4,3) 입력
7	0.123	: =ROUND(0.123456789, 3) 입력	
8	1.112	: =ROUNDUP(0.987654321 + A1, 3) 입력	
9	0.865	: =ROUNDUP(A4-A1, 3) 입력	
10			

점수를 소수점 이하 둘째 자리까지 표시하기

4장에서 구한 '중간100', '기말100', '퀴즈1:100', '총합' 중에서 '중간100'은 소수점 이하 자리의 값이 단순하지만, 나머지 항목들은 소수점 이하 자리가 긴 편이다. 이 항목들의 값을 소수점 이하 둘째 자리까지 단순화해 보자.

'예제05_01.xlsx'의 '기말100' 항목 값들에 대한 소수점 이하 자리를 정리하기 위해 셀 H2를 선택하고 ❶ 수식 창에서 함수식을 수정하거나 ❷ 셀 H2를 더블클릭하여 직접 수정할 수 있다. ❸ 원래 입력되어 있던 식을 =ROUND((G2*100)/110, 2)로 수정하고 Enter를 누른다. ❹ 채우기 핸들을 드

래그하여 '기말100' 항목의 모든 값의 소수점 이하 자리를 정리한다. 이때 반올림되는 값들도 함께 정리되면서 '총합'의 값이 바뀌는 것을 알 수 있다.

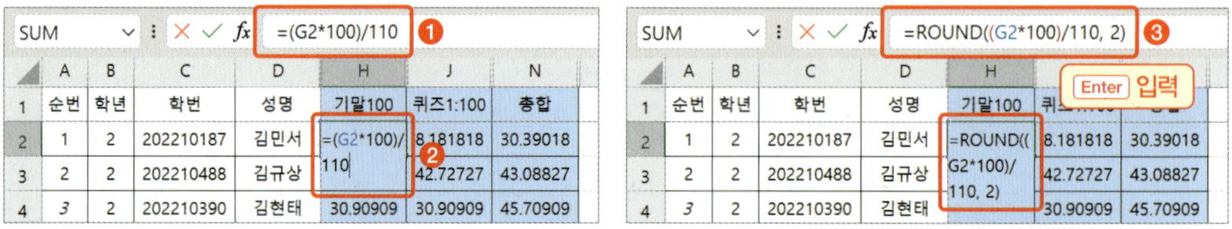

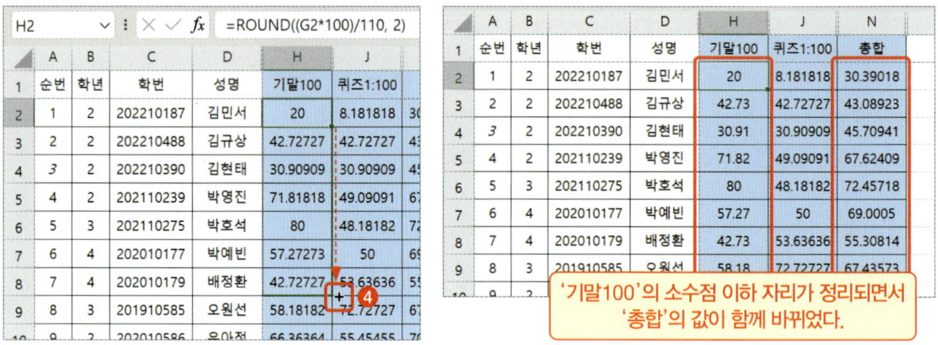

같은 방식으로 '퀴즈1:100', '총합'의 소수점 이하 자리도 정리한다.

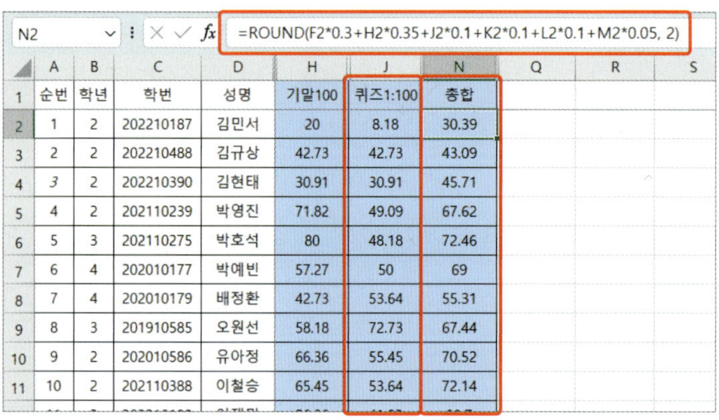

실습 5-1 소수점 이하 자리 정리하기

준비 실습05_01.xlsx | **결과** 실습05_01_결과.xlsx

55행과 56행에 입력되어 있는 모든 항목의 '합'과 '평균' 데이터에 대해 소수점 이하 자리를 둘째 자리까지 정리해 보자. '합'의 결과는 이미 소수점 이하 둘째 자리까지 표시되어 있지만, 함수식을 이용해 소수점 이하 둘째 자리까지 표시되도록 설정해 보자.

셀 E55를 선택하고 ❶ 원래 입력되어 있던 수식을 `=ROUND(SUM(E2:E54), 2)`로 수정하고 Enter를 누른다. ❷ 채우기 핸들을 이용해 셀 N55까지 드래그하여 값들의 소수점 이하 자리를 정리한다.

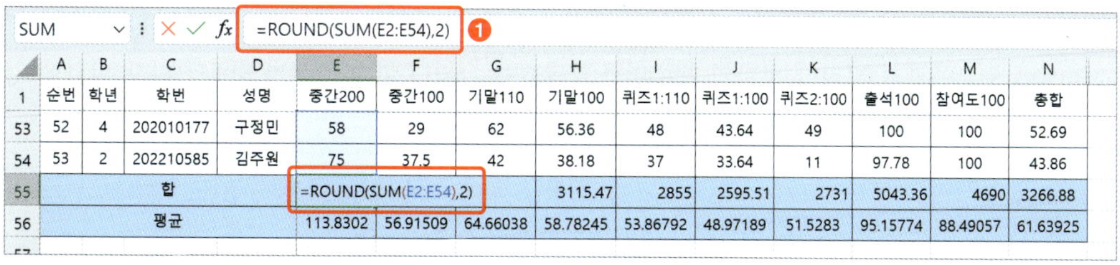

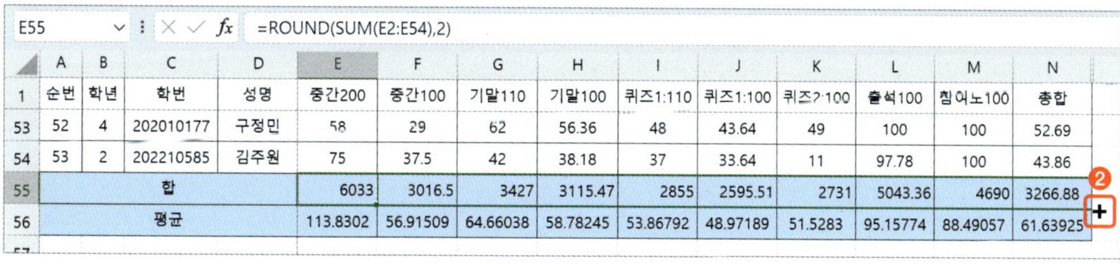

같은 방식으로 '평균'의 데이터를 소수점 이하 둘째 자리까지 정리해 보자.

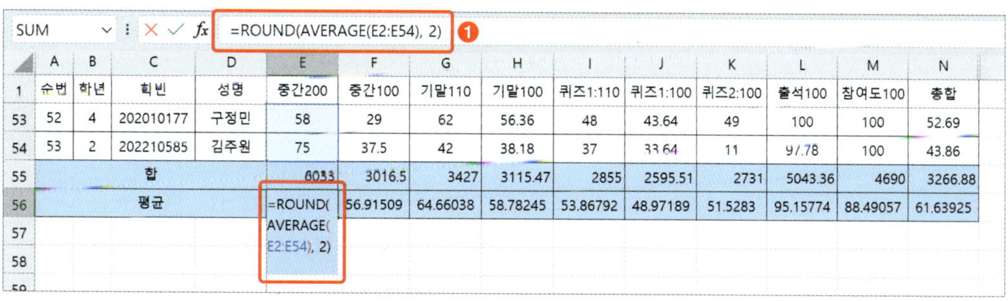

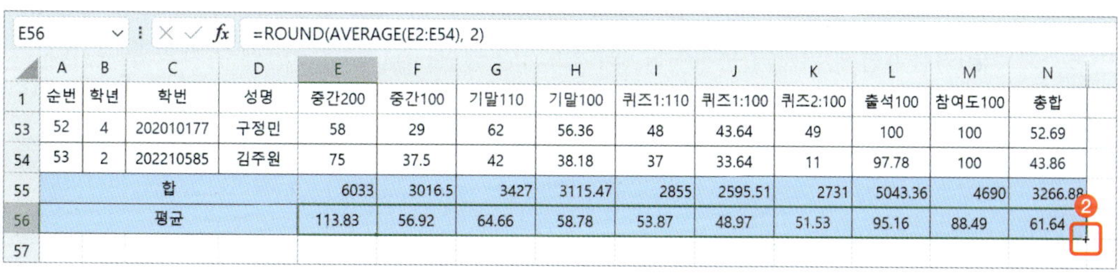

2 문자열 추출하기: LEFT/RIGHT/MID 함수

준비 예제05_02.xlsx | **결과** 예제05_02_결과.xlsx

컴퓨터 개론을 수강한 공학부 학생 성적 평가의 여러 항목 중에서 '학번'의 경우 입학연도(4자리) + 학과코드(3자리) + 개인번호(2자리)로 구성되어 있다. 그러므로 학번을 이용해 학생의 입학연도나 소속학과 정보를 얻을 수 있다. 특히 입학연도는 재수강 학생들에게 학점을 부여할 때 최고학점을 구분할 수 있는 기준이 되기 때문에 학점 평가에 반드시 필요하다.

문자열로 정의되어 있는 학점에서 각 정보를 분리하기 위해 LEFT, RIGHT, MID 함수를 활용할 수 있다. LEFT 함수는 문자열에서 왼쪽부터 지정한 문자의 개수만큼 추출하고, RIGHT 함수는 문자열에서 오른쪽부터 지정한 문자의 개수만큼 추출하며, MID 함수는 문자열에서 시작 위치로 지정된 자리에 있는 문자부터 지정된 개수만큼 문자를 추출한다.

```
= LEFT(문자열 또는 셀, 문자 수)
= RIGHT(문자열 또는 셀, 문자 수)
= MID(문자열 또는 셀, 시작 위치, 문자 수)

예 =LEFT("abcdefghijklmn", 3)          =LEFT(A1, 3)
   =RIGHT("abcdefghijklmn", 3)         =RIGHT(A1, 3)
   =MID("abcdefghijklmn", 5, 3)        =MID(A1, 5, 3)
```

예를 들어, =LEFT("abcdefghijklmn", 3)은 "abc"를, =RIGHT("abcdefghijklmn", 3)은 "lmn"을, 그리고 =MID("abcdefghijklmn", 5, 3)은 문자열 "abcdefghijklmn"의 5번째 위치인 문자 "e"부터 3개의 문자를 추출하므로 "efg"를 결과로 출력한다.

LEFT, RIGHT, MID 함수는 문자열에서 문자열을 추출하는 함수이므로 함수의 인자로 사용되는 값도, 출력되는 값도 모두 문자열임을 기억해야 한다. 따라서 숫자에서 값을 추출하더라도 문자열로 출력되는 것이다. 다음 그림의 셀 A9, A10, A11에 입력된 수식을 확인해 보면 정수 123456789에서 원하는 개수만큼 추출하여 문자열로 표시하고 있다.

또한 공란(space)이나 다양한 기호도 문자임을 기억해야 한다. 따라서 "Let's go"라는 문자열에서 어포스트로피(')는 4번째 위치의 문자이고, 띄어쓰기인 공란(space)은 6번째 위치의 문자이다.

	A	B
1	Let's Start Data Analysis!	
2		
3	Let's S	: =LEFT(A1,7) 입력
4	엑셀로 데이터 분	: =LEFT("엑셀로 데이터 분석을 시작합시다!", 9) 입력
5	alysis!	: =RIGHT(A1, 7) 입력
6	분석을 합시다!	: =RIGHT("엑셀로 데이터 분석을 합시다!", 9) 입력
7	Start Da	: =MID(A1, 7, 8) 입력
8	터 분석을 합시	: =MID("엑셀로 데이터 분석을 합시다!", 7, 8) 입력
9	123	: =LEFT(123456789, 3) 입력
10	789	: =RIGHT(123456789, 3) 입력
11	456	: =MID(123456789, 4, 3) 입력

입학연도, 학과코드, 개인번호 추출하기

'예제05_02.xlsx'의 '학번' 항목에서 '입학연도'와 '학과코드', '개인번호'를 분리해 보자. 4장의 문제 정의에서 확인했던 것처럼 '학번'은 총 9자리로 입학연도 4자리, 학과코드 3자리, 개인번호 2자리로 구성된다. 그러므로 '입학연도'는 '학번'의 왼쪽에서 4자리, '개인번호'는 오른쪽에서 2자리, '학과코드'는 중간의 5번 자리부터 3자리를 추출하면 된다.

'예제05_02.xlsx'에서 '입학연도'에 해당하는 셀 D2, '학과코드'에 해당하는 셀 E2, '개인번호'에 해당하는 F2에 각각 다음과 같은 수식을 입력하고 Enter 를 누른다.

```
셀 D2   =LEFT(C2, 4)
셀 E2   =MID(C2, 5, 3)
셀 F2   =RIGHT(C2, 2)
```

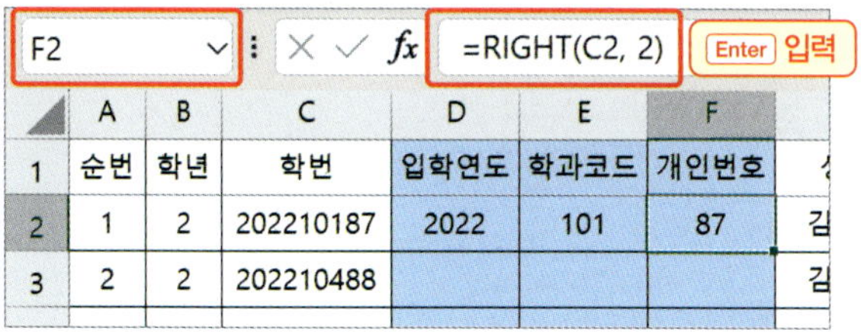

	A	B	C	D	E	F
1	순번	학년	학번	입학연도	학과코드	개인번호
2	1	2	202210187	2022	101	87
3	2	2	202210488			

셀 D2, E2, F2를 모두 선택하여 채우기 핸들로 54행까지 드래그하여 나머지 학생들의 '입학연도', '학과코드', '개인번호'를 모두 구한다.

	A	B	C	D	E	F	G
1	순번	학년	학번	입학연도	학과코드	개인번호	성명
2	1	2	202210187	2022	101	87	김민서
3	2	2	202210488				김규상
4	3	2	202210390				김현태
5	4	2	202110239				박영진
6	5	3	202110275				박호석
7	6	4	202010177				박예빈
8	7	4	202010179				배정환
9	8	3	201910585				오원선
10	9	2	202010586				유아정

	A	B	C	D	E	F
1	순번	학년	학번	입학연도	학과코드	개인번호
2	1	2	202210187	2022	101	87
3	2	2	202210488	2022	104	88
4	3	2	202210390	2022	103	90
5	4	2	202110239	2021	102	39
6	5	3	202110275	2021	102	75
7	6	4	202010177	2020	101	77
8	7	4	202010179	2020	101	79
9	8	3	201910585	2019	105	85
10	9	2	202010586	2020	105	86

실습 5-2 문자열 추출하고 연결하기

준비 실습05_02.xlsx | **결과** 실습05_02_결과.xlsx

'학번'과 '성명' 항목을 이용해 학생 고유의 코드를 만들어 '학생코드'에 입력해 보자. 학생 고유 코드는 다음과 같이 구성된다.

> '학번'의 '입학연도' 네 자리 중 뒤의 두 자리 + '성명'의 앞의 두 자리 + "*" + '학번'의 마지막 두 자리
> 예 학번이 202210187인 김민서의 학생 고유 코드 : "22김민*87"

'학생코드' 항목에 해당하는 셀 H2에 =MID(C2, 3, 2) & LEFT(G2, 2) & "*" & RIGHT(C2, 2)를 입력하고 Enter를 누른다.

셀 H2에 입력될 식은 다음과 같이 구성되어 있다.

- **MID(C2, 3, 2)**: 셀 C2('학번')에서 세 번째 자리('2')부터 시작해 2개의 문자('22')를 추출한다.
- **LEFT(G2, 2)**: 셀 G2('성명')에서 왼쪽부터 2개의 문자('김민')를 추출한다.
- **"*"**: 문자 별표(*)를 넣어준다. 참고로 큰따옴표로 묶은 기호는 그대로 추가된다.
- **RIGHT(C2, 2)**: 셀 C2('학번')에서 오른쪽부터 2개의 문자('87')를 추출한다.

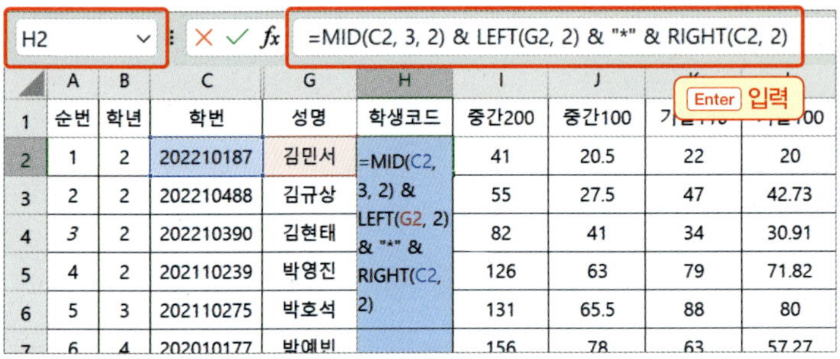

	A	B	C	G	H	I	J
1	순번	학년	학번	성명	학생코드	중간200	중간100
2	1	2	202210187	김민서	=MID(C2, 3, 2) & LEFT(G2, 2) & "*" & RIGHT(C2, 2)	41	20.5
3	2	2	202210488	김규상		55	27.5
4	3	2	202210390	김현태		82	41
5	4	2	202110239	박영진		126	63
6	5	3	202110275	박호석		131	65.5

셀 H2를 선택해 채우기 핸들로 H54까지 드래그하여 나머지 학생들의 '학생코드'를 구한다.

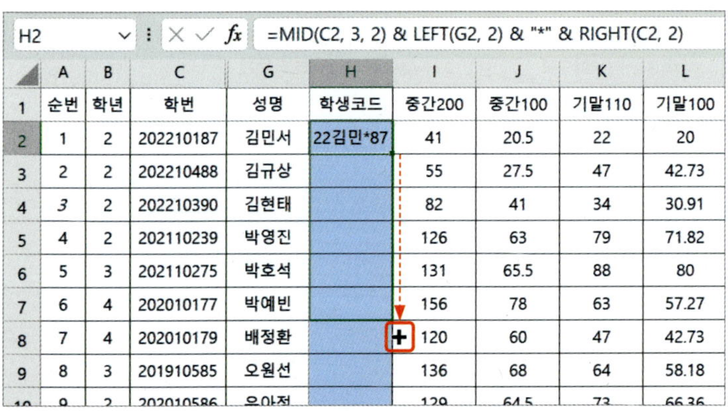

	A	B	C	G	H	I	J	K	L
1	순번	학년	학번	성명	학생코드	중간200	중간100	기말110	기말100
2	1	2	202210187	김민서	22김민*87	41	20.5	22	20
3	2	2	202210488	김규상		55	27.5	47	42.73
4	3	2	202210390	김현태		82	41	34	30.91
5	4	2	202110239	박영진		126	63	79	71.82
6	5	3	202110275	박호석		131	65.5	88	80
7	6	4	202010177	박예빈		156	78	63	57.27
8	7	4	202010179	배정환		120	60	47	42.73
9	8	3	201910585	오원선		136	68	64	58.18

여기서 잠깐 **문자열 연결**

2개 이상의 문자열을 연결하여 하나의 문자열로 만들려고 할 때는 앰퍼센트(&)로 연결한다.

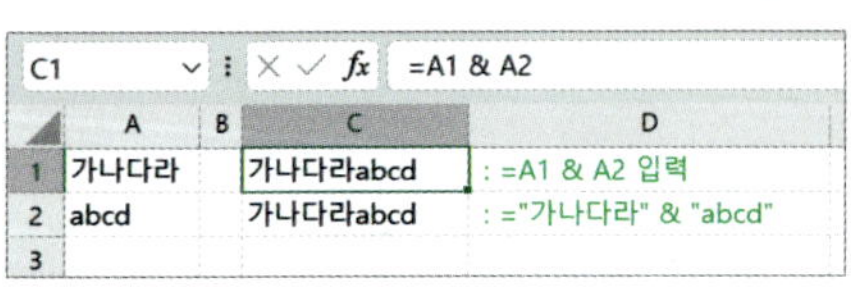

	A	B	C	D
1	가나다라		가나다라abcd	: =A1 & A2 입력
2	abcd		가나다라abcd	: ="가나다라" & "abcd"
3				

3 형식 변경하기: VALUE 함수

LEFT, RIGHT, MID 함수를 이용해 구한 값들은 모두 문자열 형식으로 출력된다. 상황에 따라 이렇게 출력된 문자열 형식의 값을 숫자 형식으로 바꿔야 할 때도 있는데, 이때 VALUE 함수를 사용하면 된다. VALUE 함수는 문자열을 정수 형식으로 바꾸는 함수이다.

```
= VALUE(문자열)

예  = VALUE("123456")              ·문자열 "123456"을 정수 123456으로 변환
```

VALUE 함수의 인자는 문자 형식의 숫자여야 한다. 다음 그림에서 셀 D2와 같이 숫자가 아닌 문자열이 인자로 사용되면 VALUE 오류 메시지가 출력된다.

	A	B	C	D	E	F
1	123	: 문자열 "123"		123	: =VALUE(A1) 입력	
2	123	: =VALUE("123") 입력		#VALUE!	: =VALUE("abc") 입력	
3						

실습 5-3 문자열 형식을 정수형으로 변경하기

준비 실습05_03.xlsx | **결과** 실습05_03_결과.xlsx

앞에서 '예제05_02.xlsx'를 이용해 '학번' 항목에서 분리한 '입학연도'와 '학과코드', '개인번호'는 모두 문자열 형식이었다. 이 항목들의 값들을 모두 정수형으로 바꿔보자. '실습05_03.xlsx' 파일을 열고 '입학연도', '학과코드', '개인번호' 항목의 값 중 맨 위에 있는 셀 D2, E2, F2에 각각 다음과 같이 수식을 입력한 뒤, 채우기 핸들로 54행까지 드래그하여 세 항목의 모든 값을 정수 형식으로 변경한다.

```
셀 D2  =VALUE(LEFT(C2,4))
셀 E2  =VALUE(MID(C2, 5, 3))
셀 F2  =VALUE(RIGHT(C2, 2))
```

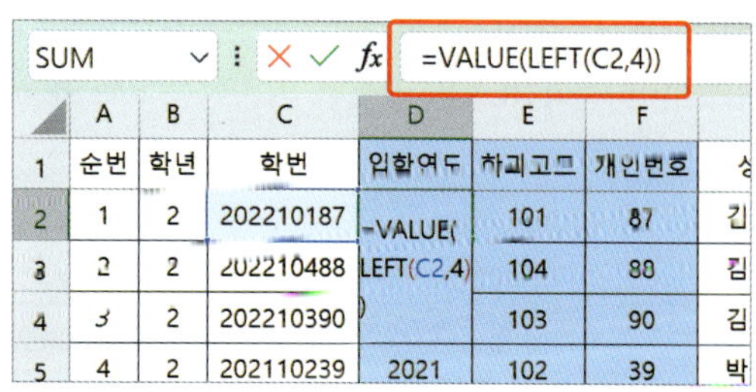

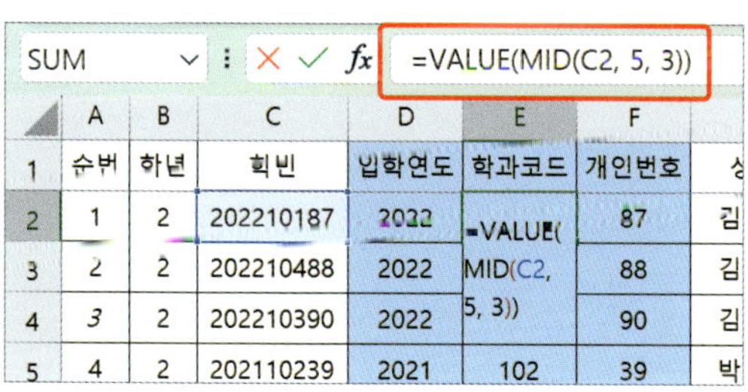

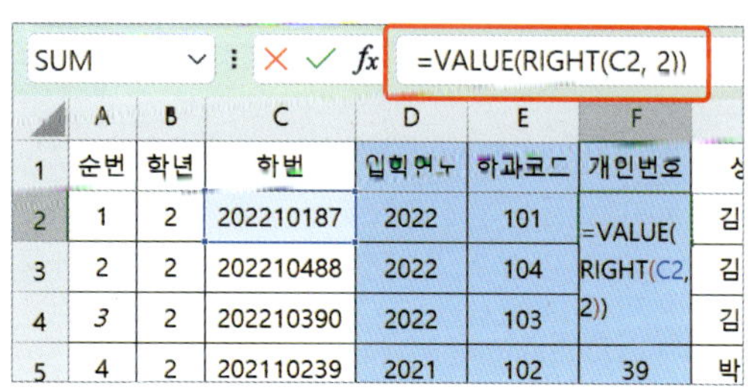

SECTION
02 판단과 참조로 새 데이터 만들기

앞에서 수집한 데이터들은 학생들의 항목별 점수와 합, 등수와 같은 것들이다. 하지만 이 정보들만으로는 최종학점을 판단하기가 쉽지 않다. 최종학점을 판단하려면 재수강 여부, 부여 가능한 최고 학점과 같은 추가적인 정보가 필요하다. 이 정보들은 이미 가지고 있는 졸업연도, 학점 등을 이용해 구할 수 있다. 이처럼 이미 수집한 데이터 항목들을 이용해 추가적으로 더 알아낼 수 있는 정보가 있다면 미리 구해 놓는 것도 좋은 방법이다. 수집된 데이터들을 통해 추가적인 데이터를 구하는 방법은 다양하지만 여기에서는 주어진 예제 파일 '컴퓨터 개론을 수강한 공학부 학생 성적 평가'에서 구할 수 있는 추가적 데이터들을 구해보도록 하자.

1 논리 판단하기: NOT/AND/OR 함수

준비 예제05_03.xlsx | **결과** 예제05_03_결과.xlsx

4장의 문제 정의에서 재수강하는 학생들은 최고학점에 제한이 있었다. A 학점을 받을 수 있는 성적을 받았다 하더라도 2020학번 이전의 재수강 학생은 최고학점으로 A0를 부여할 수 있고, 2021학번 이후의 재수강 학생은 B+를 부여할 수 있다. 현재 데이터에서 각 학생이 A0 학점 이상을 받을 수 있는지 확인해 보자.

이러한 판단 결과를 추출하려면 논리식이 필요하다. 엑셀에서는 수학의 논리 연산과 같은 연산을 하는 NOT, AND, OR 함수를 제공한다. 이 함수들은 진리값을 결과로 출력하고, 진리값에는 참을 의미하는 TRUE와 거짓을 의미하는 FALSE가 있다.

구분	설명
NOT	함수 인자의 진리값에 대한 반대 진리값을 결과로 출력
AND	함수 인자의 진리값이 모두 TRUE인 경우에만 TRUE를 출력하고, 그 외의 경우에는 FALSE를 출력
OR	함수 인자의 진리값이 모두 FALSE인 경우에만 FALSE를 출력하고, 그 외의 경우에는 TRUE를 출력

```
= NOT(진리값 또는 진리값을 갖는 셀이나 식)
= AND(진리값 또는 진리값을 갖는 셀이나 식의 리스트)
= OR(진리값 또는 진리값을 갖는 셀이나 식의 리스트)
```

```
예 =NOT(TRUE)          =AND(A1, TRUE, 3>=1)      =OR(A1, FALSE, 3<1)
   =NOT(A2 > 3)        =AND(B1!=10, B1>10)       =OR(B1!=10, B1>10)
   =NOT(A1)            =AND(A1, A2)              =OR(A1, A2)
```

NOT 함수는 인자가 반드시 하나여야 하지만, AND와 OR 함수는 둘 이상의 인자를 입력해야 결과를 출력할 수 있다. 또한 함수의 인자들은 반드시 진리값이거나 진리값을 결과로 하는 수식이어야 한다. 그러므로 앞의 정의에서 예로 사용된 셀 A1, A2는 진리값이 입력되어 있거나 진리값을 출력하는 수식이 입력되어 있어야 한다. 다음은 '인자1'과 '인자2' 항목을 기준으로 각 함수에 적용시켜 나오는 결과이다.

E5 =OR(A5,B5)

	A	B	C	D	E	F
1	인자1	인자2	NOT(인자1)	AND(인자1, 인자2)	OR(인자1, 인자2)	
2	TRUE	TRUE	FALSE	TRUE	TRUE	
3	TRUE	FALSE	FALSE	FALSE	TRUE	
4	FALSE	TRUE	TRUE	FALSE	TRUE	
5	FALSE	FALSE	TRUE	FALSE	FALSE	
6						

최고학점 가능 여부 추출하기

재수강 학생들의 학점 부여 기준을 적용해 학생들의 최고학점 기준을 출력해 보자. 재수강 학생이 2020학번 이전이면 최고학점으로 A0를 부여할 수 있고 2021학번 이후이면 B+까지만 부여할 수 있다. '예제05_03.xlsx' 파일에서 '입학연도', '재수강여부' 항목을 이용해 구해 보자.

먼저 U열인 '재수강여부'에 아무 값도 입력되어 있지 않거나 D열인 '입학연도'가 2020보다 작거나 같으면 A0 이상 부여할 수 있다. 먼저 셀 V2에 =OR(D2<=2020, U2="") 수식을 입력하고 셀 V54까지 채우기 핸들로 드래그하여 모든 학생들의 'A0이상 부여가능' 여부를 확인한다.

```
셀 V2  =OR(D2<=2020, U2="")
```

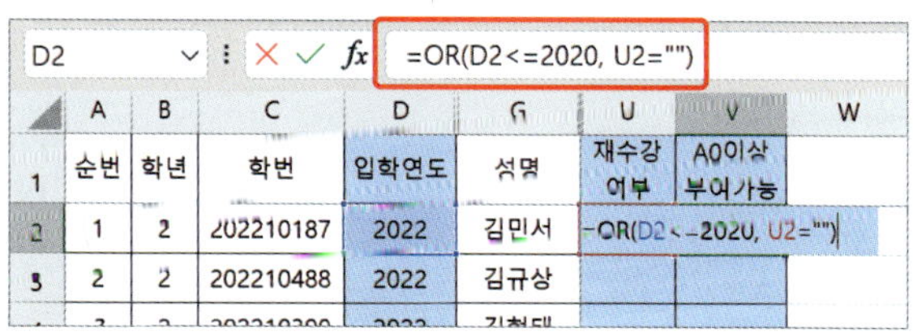

18, 19행의 한화연, 강정모 학생은 '재수강여부'에 'Y'가 입력되어 있어 U열의 값이 공란이라는 조건(U18="" 또는 U19="")이 FALSE에 해당한다. 하지만 한화연 학생의 '입학연도'는 2019년으로 2020학번 이전이라는 조건(D18<=2020)이 TRUE이므로 'A0이상 부여 가능' 항목 값이 TRUE로

출력되지만, 강정모 학생의 '입학연도'는 2021년이므로 2020학번 이전 조건(`D19<=2020`)이 FALSE이므로 'A0이상 부여 가능' 항목의 값이 FALSE로 출력된다.

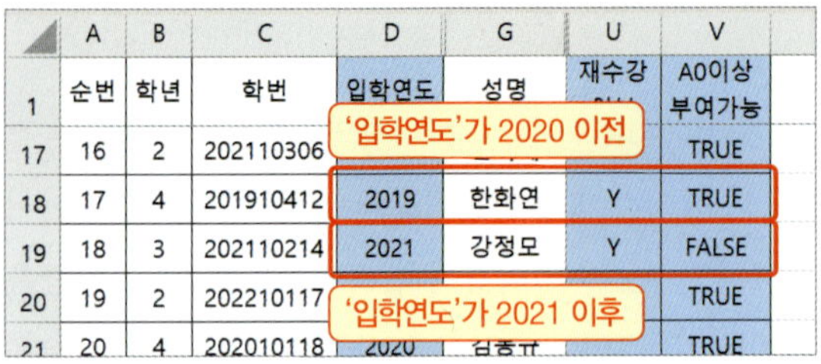

실습 5-4 '최고학점 B+' 여부 추출하기

준비 실습05_04.xlsx | **결과** 실습05_04_결과.xlsx

'입학연도'과 '재수강여부'를 이용해 최고학점을 B+까지만 받을 수 있는 경우를 구분해 보자. 재수강 학생들 중 2021학번 이후 학생들은 최고학점으로 B+까지만 받을 수 있으므로, 'A0이상 부여 가능' 여부의 반대가 되는 조건을 찾아야 한다. 그래서 AND 함수를 이용해 D열 '입학연도'가 2021보다 크고, U열 '재수강여부'가 'Y'일 때를 판단하면 된다.

셀 W2에 다음과 같이 수식을 입력하고 채우기 핸들을 이용해 W54까지 드래그하여 값을 구한다.

```
셀 W2  =AND(D2>=2021, U2="Y")
```

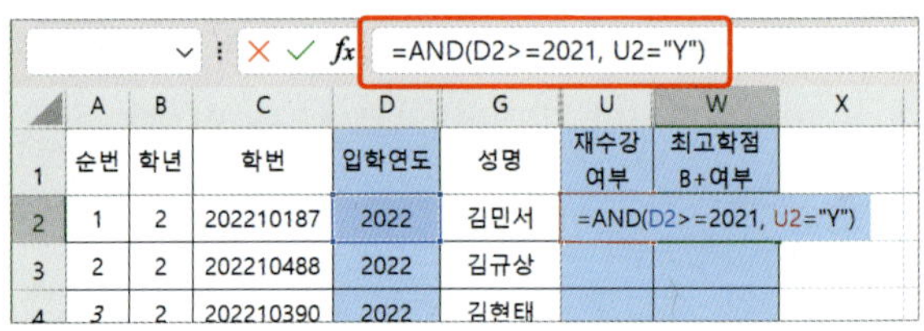

그러면 U열의 값이 'Y'인 학생들 중, '입학연도'가 2020년 이전인 한화연 학생은 '최고학점 B+ 여부'가 FALSE로 B+ 이상의 학점을 받을 수 있다는 것을 알 수 있다. 반면 강정모 학생은 재수강이면서 2021년에 입학했으므로 '최고학점 B+ 여부'가 TRUE로 출력되어 최고학점은 B+까지만 받을 수 있다.

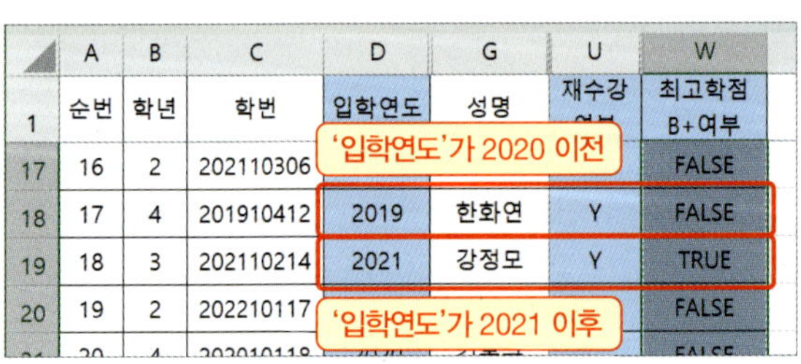

2 참조하기: VLOOKUP/HLOOKUP 함수

준비 실습05_04.xlsx~실습05_05.xlsx | **결과** 실습05_04_결과.xlsx~실습05_05_결과.xlsx

앞서 LEFT, RIGHT, MID 함수와 '학번' 항목을 이용해 '입학연도', '학과코드', '개인번호'를 구했다. 그리고 4장의 문제 정의에서 각 학과에 부여된 학과코드표를 확인할 수 있었다. 그렇다면, '학과코드'와 학과코드표를 참조하여 각 학생의 '소속학과명'을 구할 수 있다. 이렇게 가지고 있는 데이터('학과코드')를 이용해 미리 주어진 자료(학과코드표)를 참조하여 필요한 정보('소속학과명')를 구할 때 필요한 것이 참조 함수인 LOOKUP이다. LOOKUP 함수는 참조표에서 어떤 값에 대응하는 데이터를 찾는 함수이다.

LOOKUP 함수에는 VLOOKUP과 HLOOKUP 함수가 있다. VLOOKUP의 V는 'Vertical'의 첫 글자로, 다음 그림에서 '참조에 사용될 표1'과 '참조에 사용될 표2'와 같이 참조에 사용되는 표가 수직으로 정렬되어 있을 때 사용할 수 있는 함수이다. HLOOKUP의 H는 'Horizontal'의 첫 글자로, 다음 그림에서 '참조에 사용될 표3', '참조에 사용될 표4'처럼 참조에 사용되는 표가 수평으로 정렬되어 있을 때 사용할 수 있는 함수이다.

	A	B	C	D	E	F	G	H	I	J	K	L	M	N
1	참조에 사용될 표1					참조에 사용될 표2			참조에 사용될 표3	번호a	123	234	345	456
2	번호a	번호b	이름	색		범위	기호			번호b	w-987	x-876	y-765	z-654
3	123	w-987	나비	노랑		50	가			이름	나비	장미	포도	바다
4	234	x-876	장미	빨강		100	나			색	노랑	빨강	보라	파랑
5	345	y-765	포도	보라		150	다							
6	456	z-654	바다	파랑		200	라		참조에 사용될 표4	범위	50	100	150	200
7										기호	가	나	다	라
8														

```
= VLOOKUP(찾을 값 또는 셀, 참조 범위, 결과 열 번호, 검색 방식)
= HLOOKUP(찾을 값 또는 셀, 참조 범위, 결과 행 번호, 검색 방식)
·값 또는 셀 주소: 관련된 값을 찾기 위한 값 또는 셀 주소
·참조 범위: 참조하는 범위를 말하며 일반적으로 절대 참조됨
·결과 행/열 번호: 참조하는 범위 내에서 결과 값에 해당하는 열 또는 행 번호
·검색 방식 : 일치 여부(TRUE / FALSE)를 선택할 수 있으며, 생략하면 TRUE 방식으로 검색
    - TRUE : 유사 일치(범위에 해당하는 값을 찾을 때 사용)
    - FALSE : 정확히 일치(찾으려는 값과 정확히 일치하는 값을 찾을 때 사용)

예 = VLOOKUP(234, $A$3:$D$6, 3, FALSE)
   = HLOOKUP(F3, $C$1:$F$2, 2, TRUE)
```

예에서 = VLOOKUP(234, $A$3:$D$6, 3, FALSE)는 참조 범위 $A$3:$D$6의 첫 번째 열(A열)의 값 중 '234'와 정확히 일치(FALSE)하는 값을 찾아 그에 해당하는 세 번째 열(C열)의 값을 출력한다. 한

편, = HLOOKUP(F3, $C$1:$F$2, 2, TRUE)는 참조 범위 $C$1:$F$2의 첫 번째 행의 값 중 셀 F3에 있는 값과 유사하게 일치(TRUE)하는 값을 찾아 그에 해당하는 두 번째 행의 값을 출력한다.

참조 범위와 결과에서 행/열 번호의 관계

VLOOKUP, HLOOKUP 함수에서 참조 범위는 찾으려는 값이 포함된 행(또는 열)이 참조 범위의 첫 번째 행(또는 열)이 되도록 선택해야 한다. 그리고 결과 행(또는 열) 번호는 설정한 참조 범위 내 행(또는 열)의 위치 번호가 된다. 다음 예를 살펴보자.

예1 참조 범위와 열 번호의 관계(1)

	A	B	C	D	E	F	G
1	참조에 사용될 표1					y-765	
2	번호a	번호b	이름	색			
3	123	w-987	나비	노랑		=VLOOKUP(234, $A$3:$D$6, 3, FALSE)	
4	234	x-876	장미	빨강		보라	: =VLOOKUP(F1, $B$3:$D$6, 3, FALSE)
5	345	y-765	포도	보라			
6	456	z-654	바다	파랑			
7							

예1에서 셀 F3에 입력된 =VLOOKUP(234, $A$3:$D$6, 3, FALSE)는 '234'와 정확히 일치하는 값을 찾는 함수식이다. 그러므로 '234'가 포함된 A열이 첫 번째 열이 되도록 참조 범위를 $A$3:$D$6으로 설정했다. 그리고 이 함수식의 결괏값은 참조 범위 내에서 세 번째 열에 있는 '이름' 항목의 값 중 하나를 출력해야 하므로, 결과 열 번호를 3으로 설정한 것이다.

예2 참조 범위와 열 번호의 관계(2)

	A	B	C	D	E	F	G
1	참조에 사용될 표1					y-765	
2	번호a	번호b	이름	색			
3	123	w-987	나비	노랑		장미	: =VLOOKUP(234, $A$3:$D$6, 3, FALSE)
4	234	x-876	장미	빨강		=VLOOKUP(F1, $B$3:$D$6, 3, FALSE)	
5	345	y-765	포도	보라			
6	456	z-654	바다	파랑			
7							

마찬가지로, 예2에서 셀 F4에 입력된 =VLOOKUP(F1, $B$3:$D$6, 3, FALSE)는 셀 F1에 입력된 값 'y-765'와 일치하는 값을 찾아야 하는 함수식이다. 그러므로 'y-765'를 포함하는 B열이 첫 번째 열이 되도록 참조 범위를 $B$3:$D$6으로 설정했다. 또한 이 함수식의 결괏값으로 이 참조 범위 내의 세 번째 열에 있는 '색' 항목의 값을 출력해야 하므로, 참조 열 번호를 3으로 쓴 것이다.

예3 **참조 범위와 행 번호의 관계**

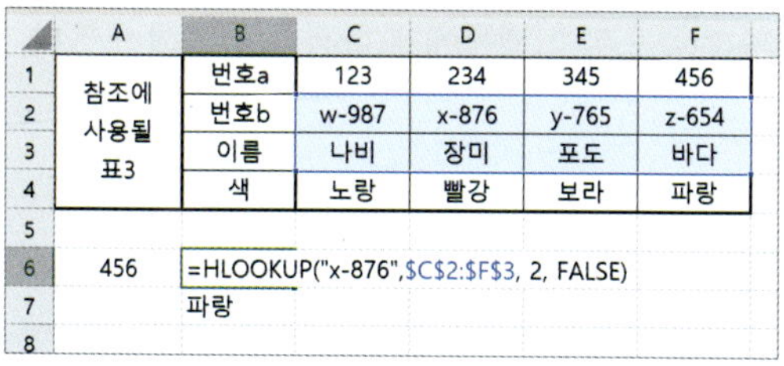

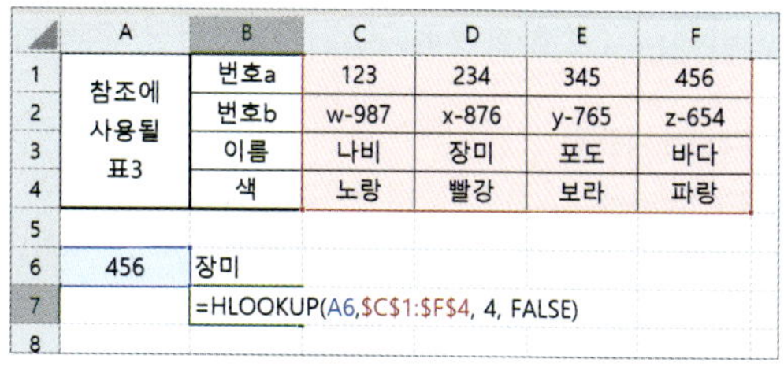

예3에서 작성된 HLOOKUP의 경우는 행 기준으로 참조 범위와 결과 열 번호로 작성하면 된다.

검색 방식이 TRUE일 때 참조 범위의 의미

VLOOKUP, HLOOKUP 함수의 마지막 인자가 FALSE일 때는 찾으려는 값과 참조 범위의 첫 번째 행(또는 열)의 값이 정확하게 일치해야 한다. 하지만 검색 방식이 TRUE일 때는 유사한 값을 찾아 결과를 출력하기 때문에 참조 범위의 첫 번째 행(또는 열)에 입력된 값들은 범위의 대푯값으로 고려된다고 볼 수 있다.

예4 **검색 방식이 TRUE일 때 참조 범위의 의미**

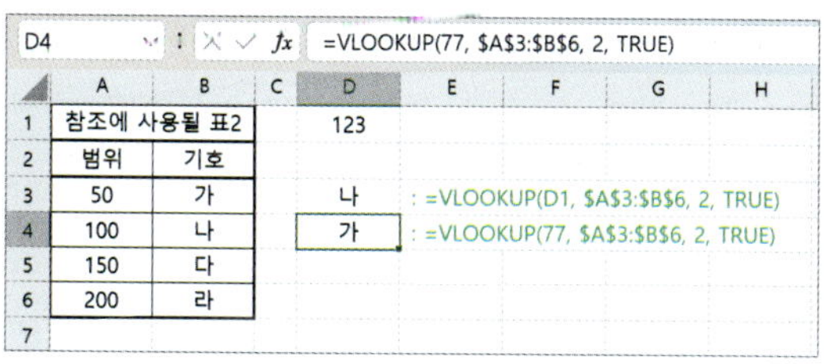

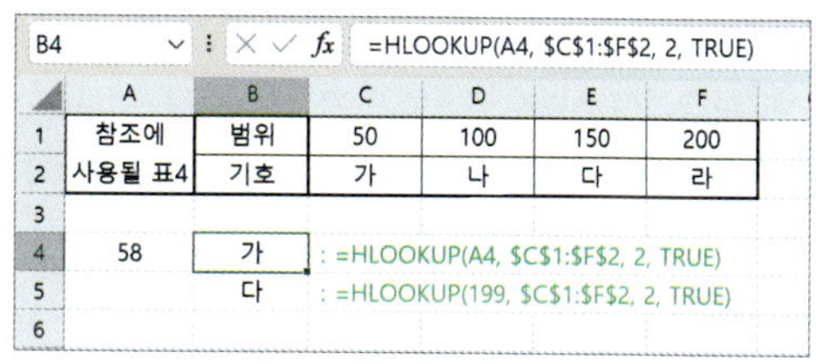

예4에서 '범위' 항목의 값들은 다음을 의미한다. 이 대푯값들은 오름차순으로 나열되어 있어야 참조할 수 있다.

범위	의미
50	50 이상 100 미만의 값
100	100 이상 150 미만의 값
150	150 이상 200 미만의 값
200	200 이상의 값

소속학과와 절대평가 학점 구하기

이번에는 소속학과명을 구하고 다음과 같은 절대평가 기준으로 학생들에게 학점을 부여해 보겠다.

[절대평가 기준표]

점수 범위	학점
95점 이상	A+
90점 이상 95점 미만	A0
85점 이상 90점 미만	B+
80점 이상 85점 미만	B0
75점 이상 80점 미만	C+
70점 이상 75점 미만	C0
65점 이상 70점 미만	D+
60점 이상 65점 미만	D0
60점 이하	F

'예제05_04.xlsx'의 [참조표] 시트의 A1부터 B7에는 학과코드와 대응되는 소속학과명이 수직으로 나열된 '학과코드표'가 작성되어 있다. 위의 절대평가 기준표를 셀 D2부터 수평으로 나열되도록 작성해 보자.

'예제05_04.xlsx'의 [참조표] 시트의 셀 D2과 D3에는 각각 '점수'와 '학점'으로 항목명을 작성하고 셀 E2부터 M2에는 위에 있는 절대평가 기준표에서 해당되는 점수 범위의 대푯값을 입력한다. 이때, 각 범위의 대푯값은 범위의 시작값이다. 즉, 0 이상 50 미만일 때 대푯값은 0이다. 또한 LOOKUP 함수를 사용하기 위한 참조표는 대푯값이 오름차순으로 정렬되어야 한다. 각 범위에 해당하는 학점을 다음과 같이 셀 E3부터 M3에 입력한다.

	A	B	C	D	E	F	G	H	I	J	K	L	M
1	학과코드표			절대평가 성적 기준표									
2	학과코드	전공명		점수	0	60	65	70	75	80	85	90	95
3	101	컴퓨터		학점	F	D0	D+	C0	C+	B0	B+	A0	A+
4	102	보안											
5	103	전자											
6	104	게임											
7	105	통신											
8													

이제 '예제05_05.xlsx'에서 '소속학과'와 '절대평가 학점' 항목의 값들을 구해 보자.

우선 [참조표] 시트의 '학과코드표'와 [분반1] 시트에서 E열의 '학과코드'를 이용해 F열의 '소속학과'를 구한다. [참조표] 시트의 '학과코드표'는 수직으로 나열되어 있으므로 VLOOKUP 함수를 사용하고, [참조표] 시트의 '학과코드'와 [분반1] 시트의 학과코드가 정확히 일치해야 하므로 검색 방식은 FALSE로 한다. 그래서 셀 F2에 다음과 같은 수식을 입력하고 채우기 핸들을 셀 F54까지 드래그하여 모든 학생의 '소속학과'를 구한다.

```
셀 F2  =VLOOKUP(E2, 참조표!$A$3:$B$7, 2, FALSE)
```

F2 | =VLOOKUP(E2, 참조표!$A$3:$B$7, 2, FALSE)

	A	B	C	E	F	H	S	Y
1	순번	학년	학번	학과코드	소속학과	성명	총합	절대평가 학점
2	1	2	202210187	101	=VLOOKUP(E2, 참조표!$A$3:$B$7, 2, FALSE)	김민서	30.39	
3	2	2	202210488	104		김규상	43.09	
4	3	2	202210390	103		김현태	45.71	
5	4	2	202110239	102		박영진	67.62	
6	5	3	202110275	102		박호석	72.46	
7	6	4	202010177	101		박예빈	69	

이번에는 [참조표] 시트에 있는 '절대평가 성적 기준표'와 [분반1] 시트 S열의 '총합'을 이용해 Y열의 '절대평가 학점'을 구한다. [참조표] 시트에 있는 '절대평가 성적 기준표'는 수평으로 나열되어 있으므로 HLOOKUP 함수를 이용한다. 또한 [참조표] 시트에 있는 '절대평가 성적 기준표'가 범위로 작성되어 있으므로 검색 방식은 TRUE로 한다. [분반1] 시트의 셀 Y2에 다음과 같은 수식을 입력하고 채우기 핸들을 셀 Y54까지 드래그하여 모든 학생의 '절대평가 학점'을 구한다.

```
셀 Y2  =HLOOKUP(S2, 참조표!$E$2:$M$3, 2, TRUE)
```

Y2 | =HLOOKUP(S2, 참조표!$E$2:$M$3, 2, TRUE)

	A	B	C	E	F	H	S	Y
1	순번	학년	학번	학과코드	소속학과	성명	총합	절대평가 학점
2	1	2	202210187	101	컴퓨터	김민서	30.39	=HLOOKUP(S2, 참조표!$E$2:$M$3, 2, TRUE)
3	2	2	202210488	104	게임	김규상	43.09	
4	3	2	202210390	103	전자	김현태	45.71	
5	4	2	202110239	102	보안	박영진	67.62	

여기서 잠깐 **다른 시트의 셀 참조 !**

'예제05_06.xlsx'에서 '소속학과'와 '절대평가 학점'을 구할 때 참조한 셀은 [분반1] 시트가 아닌 [참조표] 시트에 있다. 이처럼 같은 시트가 아닌 다른 시트에 있는 셀을 참조해야 할 때는 참조하는 셀이 있는 시트명을 반드시 작성해야 한다. 이때 느낌표(!)로 시트명과 셀 주소를 구분한다.

그 예로 다음 그림처럼 [시트A]의 셀 A1에 [시트B]의 셀 A1에 있는 값을 출력하는 과정을 살펴보자.

❶ [시트A] 시트의 셀 A1에 등호(=)를 입력하고, ❷ [시트B]를 클릭하여 [시트B]로 이동하면 수식 창에 시트명과 느낌표(!)가 붙는 것을 확인할 수 있다. 그 다음 ❸ [시트B]의 셀 A1을 클릭하고 Enter 를 누르면 ❹ [시트A]로 이동하면서 결과가 출력된다.

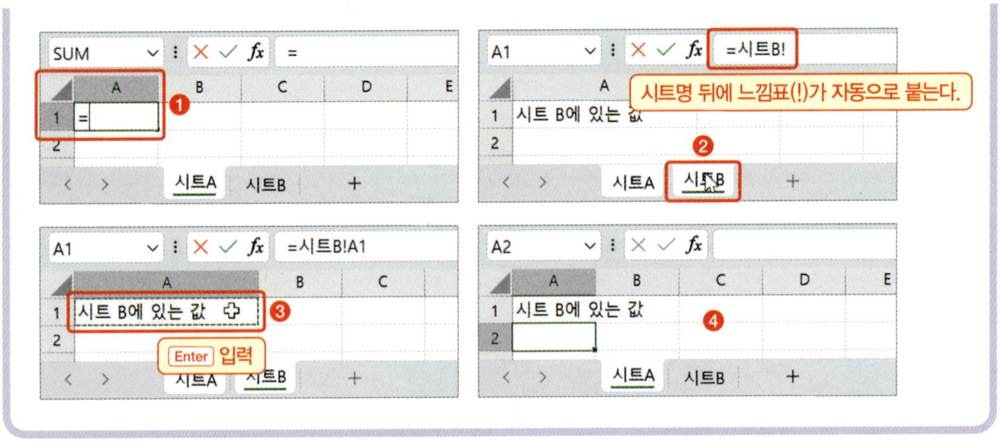

실습 5-5 주어진 데이터를 활용해 영문학년과 상대평가 학점 구하기

준비 실습05_05.xlsx | **결과** 실습05_05_결과.xlsx

'실습05_05.xlsx'에서 '영문학년'과 '상대평가 1차학점'을 구하려고 한다. 상대평가 기준은 4장의 문제 정의에서 제시한 학점 부여 기준에 따른다. 단 A+, A0와 같이 +와 0 학점의 구분은 하지 않으며 재수강 여부는 고려하지 않는다.

01 실습참조표 작성하기

먼저 참조할 데이터를 입력한다. [실습참조표] 시트에 '학년 영문명'과 '상대평가 성적 기준표'를 입력한다. VLOOKUP 함수와 HLOOKUP 함수를 모두 연습해 볼 것이므로 하나는 수직으로, 하나는 수평으로 나열한다.

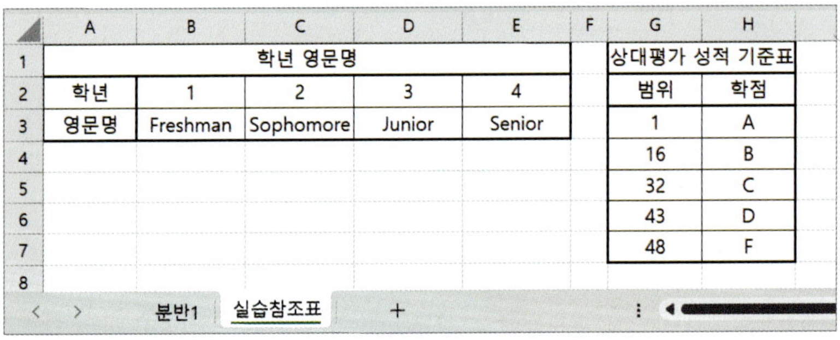

	A	B	C	D	E	F	G	H
1	학년 영문명						상대평가 성적 기준표	
2	학년	1	2	3	4		범위	학점
3	영문명	Freshman	Sophomore	Junior	Senior		1	A
4							16	B
5							32	C
6							43	D
7							48	F
8								

[학년 영문명]

학년	1	2	3	4
영문명	Freshman	Sophomore	Junior	Senior

[상대평가 성적 기준표]

구분	기준	
A	상위 30% 이내	53명 중 15등까지
B	상위 30% 초과 60% 이내	A 학점 포함 31등까지
C	상위 60% 초과 80% 이내	A, B 학점 포함 42등까지
D	상위 80% 초과 90% 이내	A, B, C 학점 포함 47등까지
F	상위 90% 초과	나머지

02 '영문학년'과 '상대평가 1차학점' 구하기

이제 [실습참조표] 시트의 참조표를 이용해 [분반1] 시트의 '영문학년'과 '상대평가 1차학점'을 구해 보자. [실습참조표] 시트의 '학년 영문명'은 수평으로 나열되어 있으므로 '영문학년'을 구하기 위해서는 HLOOKUP 함수를 사용한다. [분반1] 시트의 셀 C2에 다음과 같은 수식을 입력하고 채우기 핸들을 아래로 드래그해 모든 학생들의 '영문학년'을 구한다.

```
셀 C2  =HLOOKUP(B2,실습참조표!$B$2:$E$3,2,FALSE)
```

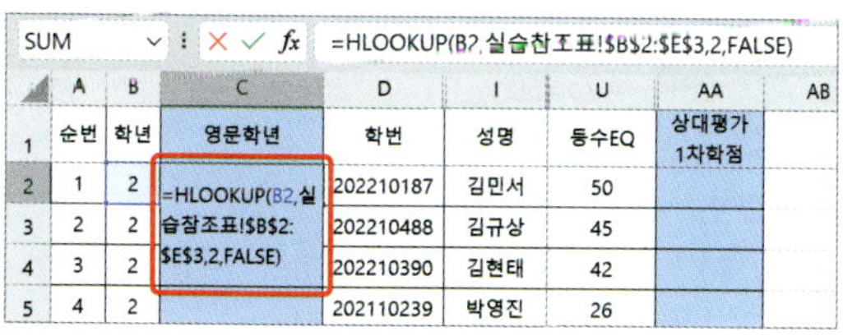

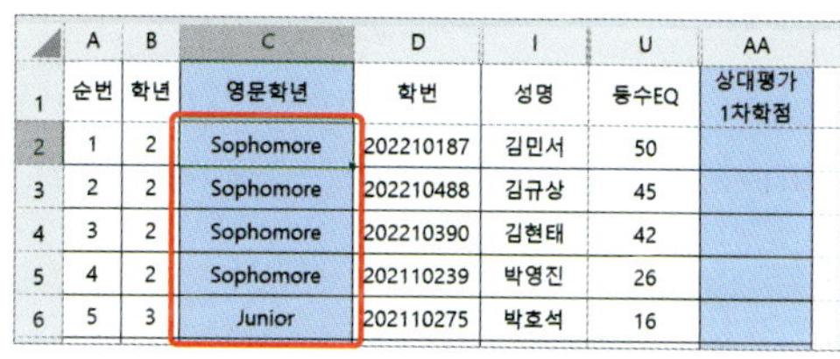

'상대평가 성적 기준표'는 수직으로 나열되어 있으므로 '상대평가 1차학점'을 구하려면 VLOOKUP 함수를 이용한다. [분반1] 시트의 셀 AA2에 다음과 같은 수식을 입력하고 채우기 핸들을 드래그해 모든 학생들의 '상대평가 1차학점'을 구한다.

```
셀 AA2  =VLOOKUP(U2, 실습참조표!$G$3:$H$7, 2, TRUE)
```

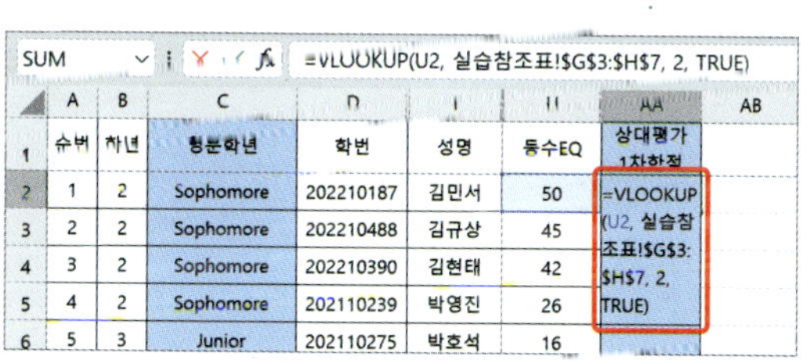

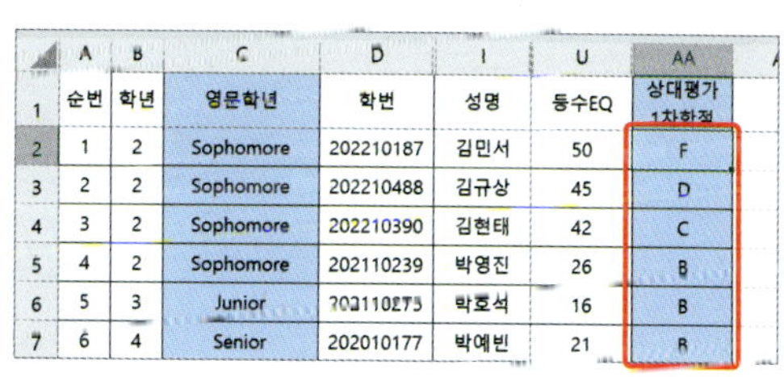

3 조건에 따른 결과 출력하기: IF 함수

준비 예제05_06.xlsx | **결과** 예제05_06_결과.xlsx

4장의 문제 정의 부분에서 제시되었던 ❹ 학점 부여 기준은 성적 비율뿐만 아니라 재수강 여부에 따라 부여하는 등 꽤나 복잡하다. 모든 기준을 적용한 조건대로 학점을 부여하려면 앞에서 구했던 '절대평가 학점'이나 '상대평가 1차학점'과 같이 참조 함수를 이용하는 방식으로는 충분하지 않다. 이때 조건에 따라 다른 결과를 출력하기 위해서 IF 함수를 사용한다.

```
= IF(조건식, 조건식이 참일 때의 결과, 조건식이 거짓일 때의 결과)

예  = IF(A2>=100, "크다", "작다")
    = IF(A2=B2, C2+D2, C2-D2)
    = IF(A2=B2, C2+D2, C2-D2)
    = IF(OR(A2>100, A2<50), "X", IF(AND(A2<=100, A2>=70), "Y", "Z"))
```

예에 있는 = IF(A2>=100, "크다", "작다")는 셀 A2의 값이 100보다 크거나 같으면 '크다'를 출력하고, 그렇지 않으면 '작다'를 출력한다. = IF(A2=B2, C2+D2, C2-D2)는 셀 A2의 값과 B2의 값이 같으면 C2의 값과 D2의 값을 더하고 그렇지 않으면 C2의 값에서 D2의 값을 뺀다. 그런데, 마지막 함수식 = IF(OR(A2>100, A2<50), "X", IF(AND(A2<=100, A2>=70), "Y", "Z"))는 IF 함수가 중첩되어 있다. 이 함수식은 다음과 같이 구성된 것이다.

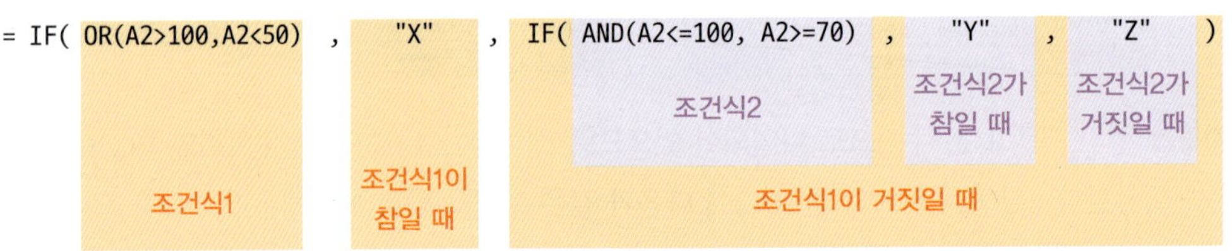

즉, 셀 A2의 값이 100보다 크거나 50보다 작으면 'X'를, 셀 A2의 값이 100보다 작거나 같고, 70보다 크거나 같으면 'Y'를 출력한다. 만약 조건식1과 조건식2가 모두 거짓이면 'Z'를 출력한다.

	A	B	C	D
1	100		크다	: =IF(A2>=50, "크다", "작다") 입력
2	75		작다	: =IF(A2<=50, "크다", "작다") 입력
3	50		100	: =IF(A3=50, A2+A4, A2-A4) 입력
4	25		50	: =IF(A4=50, A2+A4, A2-A4) 입력
5	0		Z	: =IF(A1=A3, "W", IF(A2=A4, "X", IF(A3=A5, "Y", "Z"))) 입력
6			Y	: =IF(A1=A3, "W", IF(A2=A4, "X", IF(A3>=A5, "Y", "Z"))) 입력
7			X	: =IF(A1=A3, "W", IF(A2>=A4, "X", IF(A3=A5, "Y", "Z"))) 입력
8			W	: =IF(A1>=A3, "W", IF(A2=A4, "X", IF(A3=A5, "Y", "Z"))) 입력
9				

'예제05_06.xlsx'에서 각 학생의 '1차학점'을 구해 보자. 재수강이나 학번, +/0 학점과 관련한 내용은 잠시 생략하고, 학점당 비율만 적용해 보겠다. '1차학점'을 구하는 기준은 다음과 같다.

- 등수가 전체 인원수의 30%보다 작거나 같으면 A
- 등수가 전체 인원수의 60%보다 작거나 같으면 B
- 등수가 전체 인원수의 80%보다 작거나 같으면 C
- 등수가 전체 인원수의 90%보다 작거나 같으면 D
- 그 외의 경우 F

위 조건을 반영하여 '예제05_06.xlsx'의 셀 Z2에 다음과 같은 함수식을 입력하고 [Enter]를 누른 뒤, 채우기 핸들로 Z54까지 드래그하여 전체 학생의 '1차학점'을 구한다.

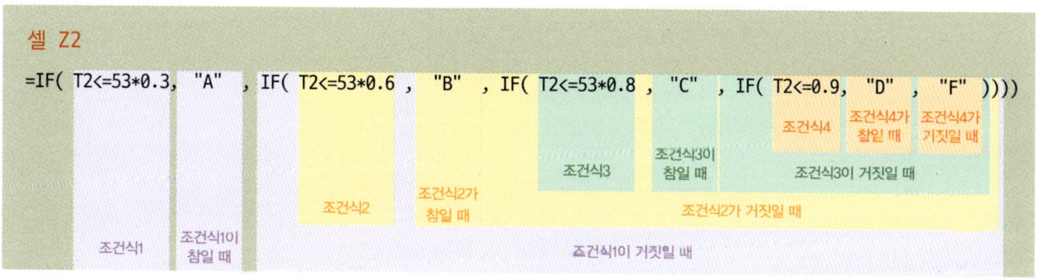

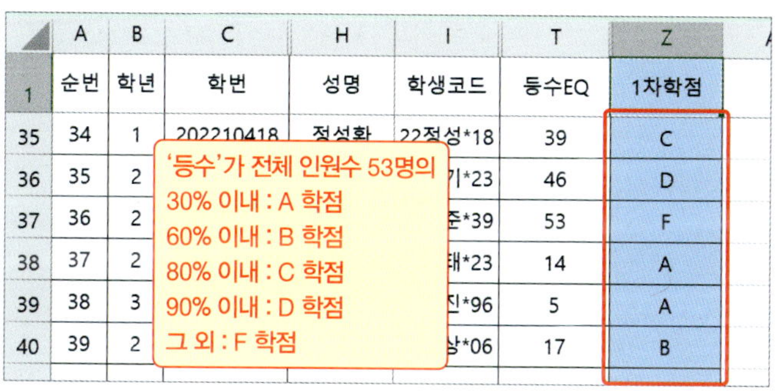

실습 5-6 조건에 따른 최고학점 구하기

준비 실습05_06.xlsx | **결과** 실습05_06_결과.xlsx

'예제05_03.xlsx'와 '실습05_04.xlsx'에서 A0 학점 또는 B+ 학점 부여 가능 여부를 TRUE 또는 FALSE로 확인해 보았다. 이번에는 IF 함수를 이용해 각 학생이 받을 수 있는 최고학점이 무엇인지 출력해 보자. 우선 '부여가능 최고학점'의 기준은 다음과 같다.

- '재수강여부'가 공란이면 최고 A+ 학점 부여
- '재수강여부'가 'Y'이고 '입학연도'가 '2020'보다 작거나 같으면 최고 A0 학점 부여
- '재수강여부'가 'Y'이고 '입학연도'가 '2021'보다 크거나 같은 경우는 최고 B+ 학점 부여

'실습05_06.xlsx'의 셀 AA2에 위의 조건을 반영한 다음의 함수식을 작성하고 Enter를 누른 뒤, 채우기 핸들로 AA54까지 드래그하여 전체 학생의 '부여가능 최고학점'을 구한다.

셀AA2

```
=IF( V2="" , "A+" , IF( AND(V2="Y", D2<=2020) , "A0" , "B+" ))
```

- V2="" : 조건식1
- "A+" : 조건식1이 참일 때
- IF(AND(V2="Y", D2<=2020) , "A0" , "B+") : 조건식1이 거짓일 때
  - AND(V2="Y", D2<=2020) : 조건식2
  - "A0" : 조건식2가 참일 때
  - "B+" : 조건식2가 거짓일 때

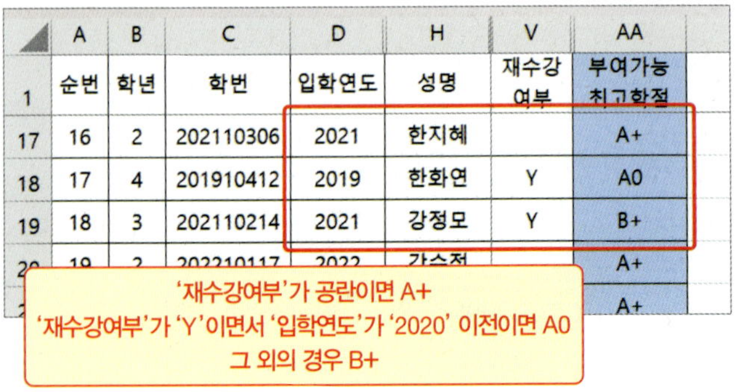

	A	B	C	D	H	V	AA
1	순번	학년	학번	입학연도	성명	재수강 여부	부여가능 최고학점
17	16	2	202110306	2021	한지혜		A+
18	17	4	201910412	2019	한화연	Y	A0
19	18	3	202110214	2021	강정모	Y	B+
20	19	2	[illegible]	[illegible]	[illegible]		A+
[illegible]							A+

요약

01 소수점 이하 자리 정리

- 반올림: ROUND(값 또는 식 또는 셀, 소수 자릿수)
- 올림: ROUNDUP(값 또는 식 또는 셀, 소수 자릿수)
- 내림: ROUNDDOWN(값 또는 식 또는 셀, 소수 자릿수)

02 문자열 추출

- 왼쪽부터 문자 수만큼 추출: LEFT(문자열 또는 셀, 문자 수)
- 오른쪽부터 문자 수만큼 추출: RIGHT(문자열 또는 셀, 문자 수)
- 시작 위치부터 문자 수만큼 추출: MID(문자열 또는 셀, 시작 위치, 문자 수)

03 형식 변경

- 문자 형식의 숫자를 숫자 형식으로 변환: VALUE(문자열)

04 논리 판단

- 입력된 진리값의 반대 진리값을 출력: NOT(진리값 또는 진리값을 갖는 셀이나 식)
- 입력된 진리값들이 모두 TRUE일 때만 TRUE, 그 외에는 FALSE 출력: AND(진리값 또는 진리값을 갖는 셀이나 식의 리스트)
- 입력된 진리값들이 모두 FALSE일 때만 FALSE, 그 외에는 TRUE 출력: OR(진리값 또는 진리값을 갖는 셀이나 식의 리스트)

05 다른 표의 값 참조

- 수직 참조: VLOOKUP(찾을 값 또는 셀, 참조 범위, 결과 열 번호, 검색 방식)
- 수평 참조: HLOOKUP(찾을 값 또는 셀, 참조 범위, 결과 행 번호, 검색 방식)
- 검색 방식: 생략하면 TRUE 방식으로 검색
  - ① TRUE: 유사 일치(범위에 해당하는 값을 찾을 때 사용)
  - ② FALSE: 정확히 일치(찾으려는 값과 정확히 일치하는 값을 찾을 때 사용)

06 조건에 따른 결과 출력

- 조건에 따라 다른 결과를 출력: IF(조건식, 조건식이 참일 때의 결과, 조건식이 거짓일 때의 결과)

연습문제

준비 연습05_01.xlsx | **결과** 연습05_01_결과.xlsx

[01~04] '연습 05_01.xlsx'를 활용하여 다음 질문에 답하시오.

01 [LOOKUP함수] 시트의 셀 F7부터 셀 H8에 다음 내용을 반영한 '밝기 참조표'를 작성하시오.

[밝기 참조표]

0 이상 40 미만	점차 밝음
40 이상 80 미만	밝음
80 이상	눈부심

02 [LOOKUP함수] 시트의 셀 A2부터 A7의 값에 대응하는 시간을 '시간 참조표'를 이용해 셀 B2부터 B7에 입력하시오.

03 [LOOKUP함수] 시트의 셀 C2부터 C7의 값에 대응하는 밝기를 '밝기 참조표'를 이용해 셀 D2부터 D7에 입력하시오.

04 [IF함수] 시트의 '시간'과 '밝기' 항목을 **01**번의 '밝기 참조표'와 '시간 참조표'를 이용해 [LOOKUP함수]와 같은 결과가 나오도록 작성하시오. 단, IF 함수를 사용하시오.

[05~11] '연습 05_02.xlsx'는 도서를 관리하는 항목들이 정리되어 있다. '연습 05_02.xlsx'를 활용하여 다음 질문에 답하시오.

준비 연습05_02.xlsx | **결과** 연습05_02_결과.xlsx

05 '평점' 항목의 데이터에 대한 '반올림평점', '올림평점', '내림평점'을 소수점 이하 둘째 자리까지 구하시오.

06 [참조표] 시트의 '분야별 코드' 표를 이용해 '분야코드'를 구하시오. 단, [참조표] 시트에 입력된 코드 번호의 형식은 문자이다. [도서목록] 시트의 '분야코드'는 숫자 형식으로 입력되도록 만드시오.

07 다음에 제시된 도서 코드의 구성대로 [도서목록] 시트의 '도서코드'를 구하시오.

> 분야코드 & "–" & 도서명의 첫 두 글자 & "–" & 저자명의 마지막 두 글자

08 도서의 '추가구입 여부'를 판단하려고 한다. 도서의 '대출비율'이 50% 이상이거나 '평점'이 7점 이상일 때 TRUE가 출력되고, 그 외는 FALSE가 출력되도록 논리식을 작성하시오.

09 '대출비율'이 50% 미만이고 '평점'이 5점 미만인 도서는 기대평을 작성하여 대출비율 높이려고 한다. '기대평 작성 여부'를 판단하는 논리식을 작성하시오.

10 다음의 표를 [참조표] 시트에 작성하고 [도서목록] 시트의 '대출비율' 항목에 따른 '선호도'를 표시하시오.

[선호도 반영 기준표]

대출비율	75% 이상	50% 이상	25% 이상	25% 미만
선호도	극상	상	중	하

11 '대출비율'과 '평점'에 따라 정리할 책과 보유하고 있을 책을 구분하려고 한다. 단, '분야'가 'IT'인 경우는 '대출비율'이 60% 이상이거나 '평점'이 5 이상인 경우에 '보유'하고, 그 외의 분야는 '대출비율'이 75% 이상이거나 '평점'이 7 이상인 경우에 '보유'한다. 이 외의 경우는 모두 '정리'로 표시하시오.

[12~19] '연습 05_03.xlsx'를 활용하여 다음 질문에 답하시오.

준비 연습05_03.xlsx | **결과** 연습05_03_결과.xlsx

12 각 예매분야와 예매분야의 '평균' 항목에서 '평균반올림', '평균올림', '평균내림'을 소수점 이하 둘째 자리까지 구하시오.

13 다음과 같은 형식으로 '회원코드'를 구하시오.

> '회원명'의 두 번째 문자 하나 & '주민등록번호' 앞 두 자리 &"–" & '전화번호' 뒷자리

14 7개의 '예매분야' 중 하나라도 예매횟수가 50회 이상이고 모든 분야의 합이 100회 이상이면 '마니아클럽여부'에 TRUE를 출력하고 그렇지 않으면 FALSE를 출력하시오.

15 셀 H4부터 N4에 코드로 입력되어 있는 '예매분야'를 분야명(셀 H5부터 N5)으로 알아볼 수 있도록 다음의 '예매분야 참조표'를 참조하여 표시하시오. 단, 해당 표를 [참조표] 시트에 작성하여 참조하시오.

[예매분야 참조표]

클래식	콘서트	무용	페스티벌	뮤지컬	영화	연극
CL01	CN02	DC03	FT04	MU05	MV06	PL07

16 주민등록번호의 뒷자리 첫 번째 숫자는 성별을 의미한다. 2000년 이전 출생자라면 남자는 1, 여자는 2를 부여받고, 2000년 이후 출생자라면 남자는 3, 여자는 4를 부여받는다. '주민등록번호'의 뒷자리 첫 번째 문자와 주민등록번호의 성별 정보를 이용해 회원의 '성별'을 구하시오. 단, 참조해야 하는 표는 [참조표] 시트에 작성하며, 1, 2, 3, 4는 숫자 형식으로 작성하시오.

17 '예매 현황'에서 '합'과 다음 표를 참조하여 '회원등급'을 구하시오. 단, 참조해야 하는 표는 [참조표] 시트에 작성하시오.

범위	200 이상	150 이상	100 이상	50 이상	0 이상 50 미만
등급	1	2	3	4	5

18 '예매분야' 중 '영화'의 예매횟수와 다음의 '영화등급 참조표'를 참조하여 영화에 대한 '영화등급'을 구하시오. 참조해야 하는 표는 [참조표] 시트에 작성하시오.

[영화등급 참조표]

범위	등급
150회 이상	A
100회 이상 150회 미만	B
50회 이상 100회 미만	C
0회 이상 50회 미만	D

19 마니아 클럽 회원 중 '합'이 200 이상인 사람들에게는 'STAR'로, '합' 100 이상 200 미만인 사람들에게는 'SKY', 그리고 마니아 클럽이 아닌 회원은 'EARTH'로 '등급'을 등록하시오. 단, IF 함수를 이용해 작성하시오.

CHAPTER 06

데이터의 대푯값 추출

학습목표

- MAX/MIN/MEDIAN 함수로 데이터의 최대, 최소, 중간값을 찾는다.
- COUNT/COUNTA/COUNTBLANK 함수로 데이터들을 계수한다.
- SUMIF/AVERAGEIF/COUNTIF 함수로 조건에 맞는 값들의 합, 평균, 계수를 구한다.

SECTION 01

대푯값 구하기

데이터 분석을 위해 수집하고 정리한 데이터의 대푯값을 구해 보자. 대푯값은 수집된 내용을 대략적으로 파악할 수 있는 값을 말한다. 앞 장에서 구했던 각 항목의 합과 평균 역시 학생 성적의 전체 상태를 파악할 수 있는 값이므로 대푯값이라고 할 수 있다. 그 외에도 분석 목적과 내용에 따라 각 항목의 최댓값, 최솟값, 데이터의 개수 등과 같은 여러 가지 대푯값이 있을 수 있다. 이번 장에서는 대푯값을 구할 수 있는 몇 가지 함수들을 알아본다.

1 최댓값/최솟값/중간값 추출하기: MAX/MIN/MEDIAN 함수

MAX, MIN, MEDIAN 함수는 선택한 셀 영역의 최댓값, 최솟값, 중간값을 구하는 함수이다.

```
= MAX(값 또는 셀의 범위)       · 주어진 범위 내에서 최댓값을 찾는 함수
= MIN(값 또는 셀의 범위)       · 주어진 범위 내에서 최솟값을 찾는 함수
= MEDIAN(값 또는 셀의 범위)    · 주어진 범위 내에서 중간값을 찾는 함수

예 = MAX(10, 20, 30, 40)    = MIN(10, 20, 30, 40)    = MEDIAN(10, 20, 30, 40)
   = MAX(A1, B2, C3)        = MIN(A1, B2, C3)        = MEDIAN(A1, B2, C3)
   = MAX(A1:A10)            = MIN(A1:A10)            = MEDIAN(A1:A10)
```

	A	B	C	D
1	10		40	: =MAX(10, 20, 30, 40) 입력
2	15		35	: =MAX(A2,A4,A6) 입력
3	20		40	: =MAX(A1:A7) 입력
4	25		10	: =MIN(10, 20, 30, 40) 입력
5	30		15	: =MIN(A2,A4,A6) 입력
6	35		10	: =MIN(A1:A7) 입력
7	40		25	: =MEDIAN(10, 20, 30, 40) 입력
8			25	: =MEDIAN(A2,A4,A6) 입력
9			25	: =MEDIAN(A1:A7) 입력
10				

앞의 예는 인자로 주어진 값 또는 셀의 범위 내에서 최댓값, 최솟값, 중간값을 구하는 함수식을 보여준다. 그런데, 셀 C7을 보면 =MEDIAN(10, 20, 30, 40) 수식의 인자로 사용된 값에는 25가 없으나 인자의 중간값으로 25가 출력되었다. 이는 MEDIAN 함수의 인자로 사용된 10, 20, 30, 40 중 20과 30의 중간값인 25를 출력한 것이다.

실습 6 -1 성적의 최댓값, 최솟값, 중간값 구하기

준비 실습06_01.xlsx | **결과** 실습06_01_결과.xlsx

학생들의 성적 데이터에서 각 항목의 최댓값, 최솟값, 중간값을 구해 보자. '중간100' 항목에 대한 '최고점수', '최저점수', '중간점수'를 구하기 위해 셀 K57, K58, K59에 다음과 같이 입력한다.

```
셀 K57  =MAX(K2:K54)
셀 K58  =MIN(K2:K54)
셀 K59  =MEDIAN(K2:K54)
```

	A	B	C	H	K
1	순번	학년	학번	성명	중간100
48	47	2	202210529	권원재	70.5
49	48	1	202210535	박규석	57
50	49	3	201910546	김태길	74
51	50	2	202010266	강성연	48.5
52	51	4	202010275	강선진	77
53	52	4	202010177	구정민	29
54	53	2	202210585	김주원	=MIN(K2:K54)
55	합				3016.5
56	평균			=MAX(K2:K54)	09434
57	최고점수				83.5
58	최저점수				8
59	중간점수				=MEDIAN(K2:K54)

그리고 셀 S57, S58, S59까지 채우기 핸들로 드래그하여 값을 구한다.

S59 =MEDIAN(S2:S54)

	A	B	C	H	K	M	O	P	Q	R	S
1	순번	학년	학번	성명	중간100	기말100	퀴즈1:100	퀴즈2:100	출석100	참여도100	총합
54	53	2	202210585	김주원	37.5	38.18	33.64	11	97.78	100	43.86
55	합				3016.5	3115.47	2595.51	2731	5043.36	4690	3266.88
56	평균				56.91509	58.78245	48.97189	51.5283	95.15774	88.49057	61.63925
57	최고점수				83.5	95.45	92.73	95	100	100	89.82
58	최저점수				8	0	8.18	0	60	0	26.57
59	중간점수				63	60	50.91	53	97.78	100	67.44

2 계수하기: COUNT/COUNTA/COUNTBLANK 함수

준비 예제06_01.xlsx | **결과** 예제06_01_결과.xlsx

4장에서 정의한 문제 '컴퓨터 개론을 수강한 공학부 학생 성적 평가'에서 전체 학생 수가 53명인 것은 이미 알고 있다. 그러나 입력된 데이터를 직접 계수하여 구하는 방법이 있는데, 이때 사용하는 엑셀의 계수 함수를 알아보자.

입력된 셀 범위 내에서 숫자가 입력된 셀을 계수하는 COUNT 함수, 숫자나 문자가 입력된 셀을 계수하는 COUNTA 함수, 아무것도 입력되지 않은 셀을 계수하는 COUNTBLANK 함수가 있다.

```
= COUNT(셀 범위)
= COUNTA(셀 범위)
= COUNTBLANK(셀 범위)           · 하나의 인자만 가질 수 있음

예  = COUNT(A1:A10)             = COUNTBLANK(A1:A10)        = COUNTBLANK(A1:A10)
    = COUNT(A1:A10, C1:C10)     = COUNTA(A1:A10, C1:C10)    = COUNTBLANK(A1:E10)
```

G1 =COUNT(A1:A10)

	A	B	C	D	E	F	G	H
1	1		abc		1ab2		7	: =COUNT(A1:A10) 입력
2	2				c3de		0	: =COUNT(C1:C10) 입력
3	3		cde		fg4h		7	: =COUNT(A1:A10,C1:C10,E1:E4) 입력
4	4		efg		i5j6k		7	: =COUNTA(A1:A10) 입력
5			ghi				6	: =COUNTA(C1:C10) 입력
6	6						17	: =COUNTA(A1:A10,C1:E10) 입력
7	7		ijk				3	: =COUNTBLANK(A1:A10) 입력
8			klm				4	: =COUNTBLANK(C1:C10) 입력
9	10						33	: =COUNTBLANK(A1:E10) 입력
10								
11								

COUNT 함수는 숫자만 입력된 셀을 계수하는 함수이다. 따라서 셀 G1과 G3에 입력된 함수식 =COUNT(A1:A10), =COUNT(A1:A10, C1:C10, E1:E4)는 각각 인자에 입력된 셀 범위에서 숫자가 입력된 셀의 개수인 7을 결과로 출력한다. 그런데, 셀 G2에 입력된 =COUNT(C1:C10)의 인자 범위에는 숫자가 입력된 셀이 없으므로 0을 출력한다. COUNTA 함수는 숫자든 문자든 값이 입력된 셀들의 개수를 세는 함수이므로 인자로 입력된 범위에서 빈 셀을 제외한 모든 셀들의 수를 결과로 출력한다.

COUNT나 COUNTA 함수는 인자가 두 개 이상 포함될 수 있지만 COUNTBLANK는 하나의 인자만 가질 수 있다. 따라서 =COUNT(A1:A10, C1:C10)은 결과를 출력하지만 =COUNTBLANK(A1:A10, C1:C10)을 입력하면 오류 메시지가 나타난다.

항목별 학생 수 구하기

'예제06_01.xls'에서 '전체 학생 수'와 '첫 수강 학생 수', '재수강 학생 수'를 구해 보자. 우선 '성명' 항목을 이용해 '전체 학생 수'를 구할 것이다. '성명' 항목에 입력된 내용들은 문자 형식이므로 COUNTA 함수를 이용한다. 셀 AE2에 다음 함수식을 입력하고 Enter 를 눌러 결과를 구한다.

```
셀 AE2  =COUNTA(H2:H54)
```

	A	B	C	G	H	V	AB	AC	AD	AE
1	순번	학년	학번	개인번호	성명	재수강 여부				
2	1	2	202210187	87	김민서			전체 학생 수	'성명' 항목	=COUNTA(H2:H54)
3	2	2	202210488	88	김규상				'개인번호' 항목	
4	3	2	202210390	90	김현태			첫 수강 학생 수		
5	4	2	202110239	39	박영진			재수강 학생 수		
6	5	3	202110275	75	박호석					
7	6	4	202010177	77	박예빈	Y				

이번에는 '개인번호' 항목을 이용해 '전체 학생 수'를 구해 보자. '개인번호' 항목에 입력된 내용들은 숫자 형식이므로 COUNT 함수를 이용한다. 셀 AE3에 다음과 같이 입력하고 Enter를 눌러 결과를 구한다.

```
셀 AE3  =COUNT(G2:G54)
```

	A	B	C	G	H	V	AB	AC	AD	AE
1	순번	학년	학번	개인번호	성명	재수강 여부				
2	1	2	202210187	87	김민서			전체 학생 수	'성명' 항목	53
3	2	2	202210488	88	김규상				'개인번호' 항목	=COUNT(G2:G54)
4	3	2	202210390	90	김현태			첫 수강 학생 수		
5	4	2	202110239	39	박영진			재수강 학생 수		
6	5	3	202110275	75	박호석					
7	6	4	202010177	77	박예빈	Y				

'첫 수강 학생 수' 항목과 '재수강 학생 수'는 '재수강 여부' 항목을 이용하여 구할 수 있다. '첫 수강 학생 수'는 '재수강 여부'의 빈 셀의 수를 세면 되므로 COUNTBLANK 함수를 이용한다. '재수강 학생 수'는 '재수강 여부' 항목에서 문자가 입력된 셀의 개수를 세면 되므로 COUNTA 함수를 이용한다. 셀 AE4와 셀 AE5에 다음과 같이 입력하고 Enter를 누른다.

```
셀 AE4  =COUNTBLANK(V2:V54)
셀 AE5  =COUNTA(V2:V54)
```

	A	B	C	G	H	V	AB	AC	AD	AE
1	순번	학년	학번	개인번호	성명	재수강 여부				
2	1	2	202210187	87	김민서			전체 학생 수	'성명' 항목	53
3	2	2	202210488	88	김규상				'개인번호' 항목	53
4	3	2	202210390	90	김현태			첫 수강 학생 수		44
5	4	2	202110239	39	박영진			재수강 학생 수		=COUNTA(V2:V54)
6	5	3	202110275	75	박호석					
7	6	4	202010177	77	박예빈	Y				

=COUNTBLANK(V2:V54)

실습 6-2 학생 수 계수하기

준비 실습06_02.xlsx | **결과** 실습06_02_결과.xlsx

최고 학점 부여 여부에 따른 학생 수를 구해 보자.

01 'A0이상 부여가능' 항목에 따른 학생 수 구하기

'A0 이상 부여 가능한 학생 수'와 'A0 이상 부여 불가능한 학생 수'는 문자 형식의 값이나 빈 셀로 채워져 있는 'A0이상 부여가능' 항목을 이용해 계수할 수 있다. 셀 AE7과 AE8에 다음 함수식을 입력하고 Enter 를 누른다.

```
셀 AE7  =COUNTA(W2:W54)
셀 AE8  =COUNTBLANK(W2:W54)
```

	A	B	C	H	W	X	AB	AC	AD	AE
1	순번	학년	학번	성명	A0이상 부여가능	최고학점 B+여부				
5	4	2	202110239	박영진	가능			재수강 학생 수		
6	5	3	202110275	박호석	가능					=COUNTA(W2:W54)
7	6	4	202010177	박예빈	가능			A0 이상 부여 가능한 학생 수		50
8	7	4	202010179	배정환	가능			A0 이상 부여 불가능한 학생 수		=COUNTBLANK(W2:W54)
9	8	3	201910585	오원선	가능			최고학점으로 B+ 부여 가능한 학생 수		
10	9	2	202010586	유아정	가능			최고학점으로 B+ 이상 부여 가능한 학생 수		
11	10	2	202110388	이철승	가능					

02 '최고학점 B+여부' 항목에 따른 학생 수 구하기

'최고학점으로 B+를 부여 가능한 학생 수'와 '최고학점으로 B+ 이상 부여 가능한 학생 수'를 구하기 위해서는 '최고학점 B+여부' 항목을 이용해 숫자 형식의 값이나 빈 셀을 계수한다. 셀 AE9와 AE10에 각각 다음 함수식을 입력하고 Enter 를 누른다.

```
셀 AE9   =COUNT(X2:X54)
셀 AE10  =COUNTBLANK(X2:X54)
```

	A	B	C	H	W	X	AB	AC	AD	AE
1	순번	학년	학번	성명	A0이상 부여가능	최고학점 B+여부				
5	4	2	202110239	박영진	가능			재수강 학생 수		
6	5	3	202110275	박호석	가능					=COUNT(X2:X54)
7	6	4	202010177	박예빈	가능			A0 이상 부여 가능한 학생 수		50
8	7	4	202010179	배정환	가능			A0 이상 부여 불가능한 학생 수		3
9	8	3	201910585	오원선	가능			최고학점으로 B+ 부여 가능한 학생 수		3
10	9	2	202010586	유아정	가능			최고학점으로 B+ 이상 부여 가능한 학생 수		=COUNTBLANK(X2:X54)
11	10	2	202110388	이철승	가능					

3 조건에 따른 값 구하기: SUMIF/AVERAGEIF/COUNTIF 함수

준비 예제06_02.xlsx | **결과** 예제06_02_결과.xlsx

4장에서 정의한 '컴퓨터 개론을 수강한 공학부 학생 성적 평가'의 성적 부여 기준에서 +와 0 학점은 각 학점 내의 평균을 기준으로 구분한다. 예를 들어, A 학점의 평균이 75점이라면 75점 이상은 A+, 75점 미만은 A0가 부여된다. 그러므로 최종학점을 구하려면 각 학점의 평균 정보가 필요하다.

4장에서 학습한 AVERAGE 함수는 특별한 조건 없이 주어진 범위의 모든 값에 대한 평균을 구하는 함수이므로 위의 조건에 맞는 학점당 평균을 구하기에는 한계가 있다. 이렇게 조건에 맞는 결과를 도출하는 것은 SUM 함수나 COUNT 함수도 마찬가지로 한계가 있는데, 이러한 한계를 해결해 주는 함수가 SUNIF, AVERAGEIF, COUNTIF 함수이다.

COUNTIF 함수는 조건에 해당하는 셀의 개수를 세는 함수로 함수의 인자가 조건 범위와 조건식으로 구성되지만, SUMIF 함수와 AVERAGEIF 함수의 인자에는 조건 범위와 조건식뿐 아니라 합이나 평균을 구하기 위한 범위도 포함된다.

```
= SUMIF(조건 범위, 조건식, [합을 구할 범위])
= AVERAGEIF(조건 범위, 조건식, [평균을 구할 범위])
= COUNTIF(조건 범위, 조건식)

예  = SUMIF(A1:A20, ">=K*", E1:E20)          = AVERAGEIF(A1:A20, ">=K*", E1:E20)
    = SUMIF(A1:A20, ">30")                   = AVERAGEIF(A1:A20, ">30")
    = COUNTIF(A1:A20, ">30")
```

= SUMIF(A1:A20, ">=K*", E1:E20)과 = AVERAGEIF(A1:A20, ">=K*", E1:E20)은 A1:A20의 범위 내에서 K로 시작하는 값을 찾고 그에 대응하는 E1:E20 범위의 합과 평균을 구한다. 그리고, = SUMIF(A1:A20, ">30")과 = AVERAGEIF(A1:A20, ">30")은 A1:A20 범위의 값들 중 30보다 큰 값들의 합이나 평균을 구하는 것이다. 이와 같이 조건 범위와 합이나 평균을 구하는 범위가 동일한 경우는 함수의 인자가 두 개가 된다.

조건식 작성하기

SUMIF, AVERAGEIF, COUNTIF 함수의 인자들 중 조건식은 반드시 큰따옴표(" ") 안에 작성해야 한다. 그리고 다양한 표현을 위해 물음표(?)나 애스터리스크(*)와 같은 와일드카드, 앰퍼샌드(&) 같은 문자 연결 기호를 이용할 수 있다. 예를 들어, 다음 **예1**에서 셀 G1의 조건식 "=K*"는 대문자 K로 시작하는 문자열을 찾으라는 것이고, 셀 G7의 조건식 "=*3"은 3으로 끝나는 문자열을 찾으라는 것이다. 셀 G4의 조건식에 있는 "=?O*"는 대문자 O 앞에 문자 하나가 오고 O 뒤에는 하나 이상의 문자들로 구성된 값을 찾으라는 것을 의미한다.

또한 조건식을 작성할 때 다른 셀의 값을 참조해야 하면 큰따옴표(" ") 안에 작성한 비교 연산자와 셀 주소를 앰퍼샌드(&)로 연결한다. 그래서 셀 G2, G5, G8에 입력된 함수식의 조건식 ">" & E1은 셀 E1에 입력된 값보다 큰 값을 찾으라는 것을 의미한다.

예1 조건에 맞는 값을 구하는 예

	A	B	C	D	E	F	G	H
1	10	KO-01	100		30		910	: =SUMIF(B1:B10, "=K*", C1:C10) 입력
2	20	KA-03	110				490	: =SUMIF(A1:A10, ">" & E1) 입력
3	30	AO-02	111					
4	40	AX-01	200				181.333333	: =AVERAGEIF(B1:B10, "=?O*", C1:C10) 입력
5	50	NA-01	220				70	: =AVERAGEIF(A1:A10, ">" & E1) 입력
6	60	NX-02	222					
7	70	KX-02	300				2	: =COUNTIF(B1:B10, "=*3") 입력
8	80	EA-01	330				4	: =COUNTIF(A1:A10, ">" & E1) 입력
9	90	DO-02	333					
10	100	KA-03	400					
11								

여기서 잠깐 와일드카드 *와 ?

- **애스터리스크(*)**: 하나 이상의 문자로 구성된 임의의 문자열을 의미하는 기호

  예 "*님 귀하": 앞의 문자열 개수에 상관없이 '님 귀하'가 마지막에 오는 문자열을 의미한다.
  "가나*": 문자열의 길이에 상관없이 '가나'로 시작하는 문자열을 의미한다.
  "*가나*": 문자열의 길이에 상관없이 '가나'가 포함되어 있는 문자열을 의미한다.

- **물음표(?)**: 하나의 문자를 의미하는 기호

  예 "???다": 세 개의 문자 다음에 '다'로 끝나는 문자열을 의미한다. 즉, 4개의 문자로 구성된 '다'로 끝나는 문자열을 찾는다.
  "?성? ???": '성' 앞뒤로 문자가 하나씩 오고 공란 뒤로 세 개의 문자들로 구성되어 총 일곱 개의 문자들로 구성된 문자열을 찾는다.

조건에 맞는 인원수, 합, 평균 구하기

'예제06_02.xls'의 '1차학점' 값을 이용해 학점당 '인원수', '합', '평균'을 구해 보자. '인원수', '합', '평균'에 해당하는 셀 AG3, AH3, AI3에 각각 다음의 함수식을 입력한다. 단, '평균'은 ROUND 함수를 이용해 결과를 소수점 이하 둘째 자리까지 정리한다. 그리고 채우기 핸들을 드래그하여 나머지 학점에 대한 각 항목의 값들을 모두 구한다.

```
셀 AG3  =COUNTIF($Z$2:$Z$54, "=" & AF3)
셀 AH3  =SUMIF($Z$2:$Z$54, "=" & AF3, $S$2:$S$54)
셀 AI3  =ROUND(AVERAGEIF($Z$2:$Z$54, "=" & AF3, $S$2:$S$54), 2)
```

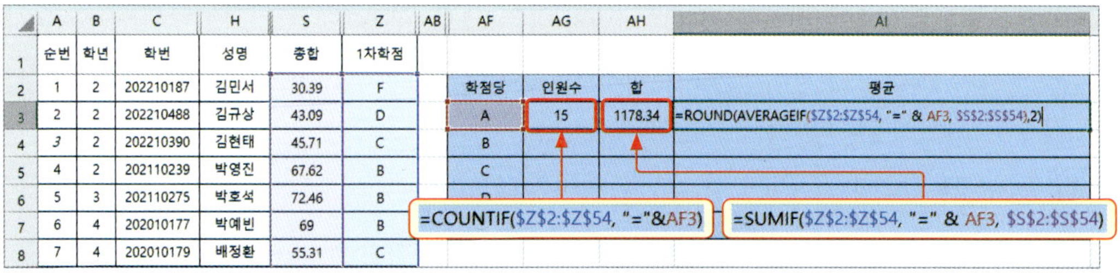

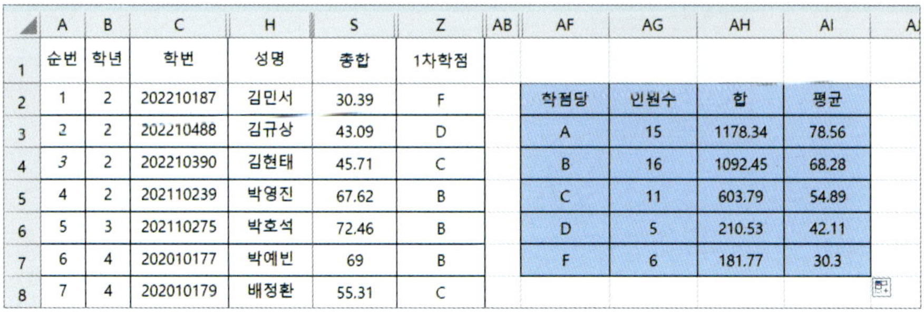

실습 6-3 학과별 인원수와 성적의 총합, 평균 구하기

준비 실습06_03.xlsx | **결과** 실습06_03_결과.xlsx

컴퓨터 개론을 수강하는 공학부 학생들의 학과별 인원수와 성적의 총합, 평균을 구해 보자. 학과별로 구분하기 위해서는 '학과코드' 또는 '소속학과' 항목을 조건 범위로 사용해야 하므로 셀 AG10부터 AG14까지 학과코드 또는 소속 학과명(전공명)이 입력되어 있어야 한다. [참조표] 시트에 있는 '학과코드표'를 활용해 소속 학과명을 구한다.

01 '학과당' 항목 구하기

셀 AG10에 ❶ 등호(=)를 입력하고 ❷ [참조표] 시트를 클릭해 이동한 후 ❸ 셀 A3이나 B3 중 하나를 선택하고 ❹ Enter 를 누른다. 여기서는 셀 B3을 선택했다.

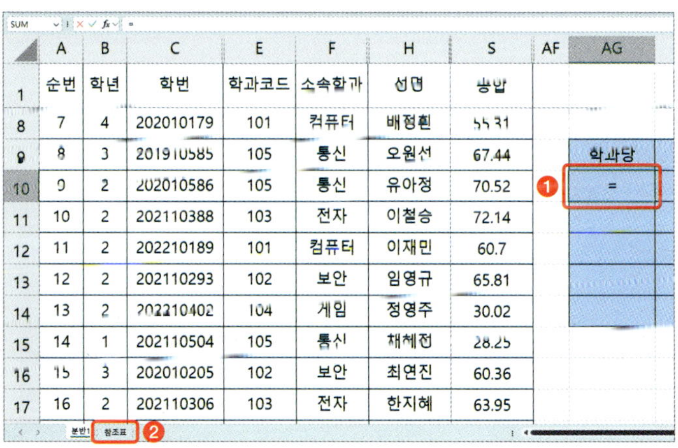

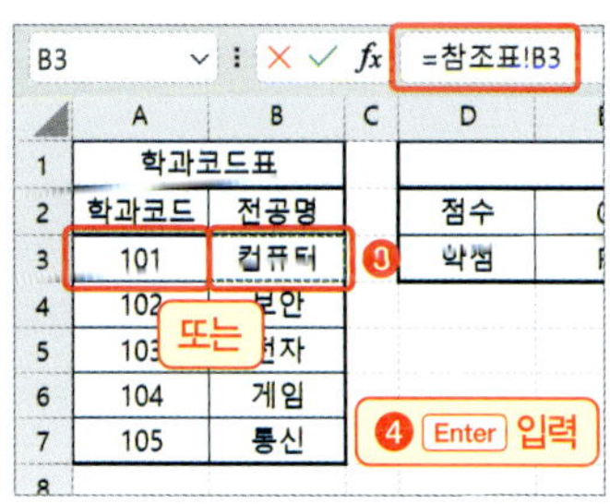

❺ 채우기 핸들을 이용해 '학과당' 항목의 나머지 내용을 모두 구한다.

F	H	S	AF	AG	AH
소속학과	성명	총합			
컴퓨터	배정환	55.31			
통신	오원선	67.44		학과당	인원
통신	유아정	70.52		컴퓨터	
전자	이철승	72.14		보안	
컴퓨터	이재민	60.7	❺	전자	
보안	임영규	65.81		게임	
게임	정영주	30.02		통신	
통신	채혜정	28.25			

02 '인원수', '합', '평균' 값 구하기

'학과당' 항목이 학과코드가 아닌 소속 학과명(전공명)으로 입력되어 있으므로 '소속학과' 항목을 이용해서 '인원수', '합', '평균' 항목을 구해 보자. '컴퓨터' 학과의 '인원수', '합', '평균' 항목에 해당하는 셀 AH10, AI10, AJ10에 각각 다음과 같은 수식을 입력한다. 단, '평균' 항목은 소수점 이하 둘째 자리까지 출력되도록 한다.

```
셀 AH10  =COUNTIF($F$2:$F$54, "=" & AG10)
셀 AI10  =SUMIF($F$2:$F$54, "=" & AG10, $S$2:$S$54)
셀 AJ10  =ROUND(AVERAGEIF($F$2:$F$54, "=" & AG10, $S$2:$S$54), 2)
```

	A	B	C	E	F	H	S	AF	AG	AH	AI	AJ
1	순번	학년	학번	학과코드	소속학과	성명	총합					
8	7	4	202010179	101	컴퓨터	배정환	55.31					
9	8	3	201910585	105	통신	오원선	67.44		학과당	인원수	합	평균
10	9	2	202010586	105	통신	유아정	70.52		컴퓨터	16	959	=ROUND(AVERAGEIF($F$2:$F$54, "=" & AG10, $S$2:$S$54),2)
11	10	2	202110388	103	전자	이철승	72.14		보안			
12	11	2	202210189	101	컴퓨터	이재민	60.7		전자			
13	12	2	202110293	102	보안	[illegible]	[illegible]		[illegible]			
14	13	2	202210402	104	게임	[illegible]	[illegible]		[illegible]			
15	14	1	202110504	105	통신	채혜정	28.25					
16	15	3	202010205	102	보안	최연진	60.36					
17	16	2	202110306	103	전자	한지혜	63.95					
18	17	4	201910412	104	게임	한화연	64.66					

=COUNTIF($F$2:$F$54, "=" & AG10)

=SUMIF($F$2:$F$54, "=" & AG10, $S$2:$S$54)

채우기 핸들로 '통신' 학과의 '인원수', '합', '평균'까지 모두 구한다.

학과당	인원수	합	평균
컴퓨터	16	959	59.94
보안	11	695.99	63.27
전자	9	561.59	62.4
게임	7	389.38	55.63
통신	10	660.92	66.09

SECTION

02 최종학점 구하기

준비 예제06_03.xlsx | **결과** 예제06_03_결과.xlsx

이제 컴퓨터 개론을 수강한 공학부 학생들의 최종학점을 구해 보자. 학점 부여 기준은 다음과 같이 정리할 수 있다. 여기서 등수는 전체 인원수를 기준으로 한다.

<table>
<tr><th>등수</th><th>총합</th><th>재수강 여부</th><th>입학연도</th><th>최종학점</th></tr>
<tr><td rowspan="6">30% 이하</td><td rowspan="3">A 학점의 평균보다 크거나 같음</td><td>아님</td><td></td><td>A+</td></tr>
<tr><td rowspan="2">재수강</td><td>2020 이전</td><td>A0</td></tr>
<tr><td>2021 이후</td><td>B+</td></tr>
<tr><td rowspan="3">A 학점의 평균보다 작음</td><td>아님</td><td></td><td rowspan="2">A0</td></tr>
<tr><td rowspan="2">재수강</td><td>2020 이진</td></tr>
<tr><td>2021 이후</td><td>B+</td></tr>
<tr><td rowspan="2">60% 이하</td><td colspan="3">B 학점의 평균보다 크거나 같음</td><td>B+</td></tr>
<tr><td colspan="3">B 학점의 평균보다 작음</td><td>B0</td></tr>
<tr><td rowspan="2">80% 이하</td><td colspan="3">C 학점의 평균보다 크거나 같음</td><td>C+</td></tr>
<tr><td colspan="3">C 학점의 평균보다 작음</td><td>C0</td></tr>
<tr><td rowspan="2">90% 이하</td><td colspan="3">D 학점의 평균보다 크거나 같음</td><td>D+</td></tr>
<tr><td colspan="3">D 학점의 평균보다 작음</td><td>D0</td></tr>
<tr><td>그 외</td><td colspan="4">F</td></tr>
</table>

A 학점에 대한 최종학점 부여가 조금 복잡하다. A+ 학점을 받으려면 다음 세 가지 조건이 모두 TRUE여야 한다. '예제06_03.xlsx' 파일을 기준으로 설명하겠다.

[A+ 학점을 받는 조건]

- 등수가 전체 인원수의 30% 이하이다: '등수EQ' 항목 <= '전체 학생수(AF2 또는 AF3)'* 0.3
- 총합이 A 학점의 평균보다 크거나 같다: '총합' >= '학점당 평균'
- 재수강이 아니다: '재수강여부' = " "

A0 학점을 받으려면 다음의 [A0 학점을 받는 조건 1]과 [A0 학점을 받는 조건 2]의 각각 세 가지 항목이 모두 TRUE여야 한다.

[A0 학점을 받는 조건 1]

- 등수가 전체 인원수의 30% 이하이다: '등수EQ' 항목 <= '전체 학생수(AF2 또는 AF3)* 0.3
- 총합이 A 학점의 평균보다 작다: '총합 < '학점당 평균'
- 재수강이 아니다: "재수강여부' = " "

[A0 학점을 받는 조건 2]

- 등수가 전체 인원수의 30% 이하이다: '등수EQ' 항목 <= '전체 학생수(AF2 또는 AF3)* 0.3
- 재수강이다: '재수강 여부' = "Y"
- 입학 연도가 2020학번 이전이다: '입학연도' <= 2020

B+ 학점을 받으려면 다음의 [B+ 학점을 받는 조건 1]과 [B+ 학점을 받는 조건 2]가 각각 TRUE 여야 한다.

[B+ 학점을 받는 조건 1]

- 등수가 전체 인원수의 60% 이하이다: '등수EQ' 항목 <= '전체 학생수(AF2 또는 AF3)* 0.6
- 재수강이다: '재수강 여부' = "Y"
- 입학 연도가 2021학번 이후이다: '입학연도' >= 2021

[B+ 학점을 받는 조건 2]

- 등수가 전체 인원수의 60% 이하이다: '등수EQ' 항목 <= '전체 학생수(AF2 또는 AF3)* 0.6
- 총합이 B 학점당 평균보다 크거나 같다: '총합' >= '학점당 평균'

B0 이하의 학점은 다음과 같은 조건이 TRUE이면 된다.

- 등수가 전체 인원수에서 배정된 퍼센트 이하이다.
- + 학점은 각 학점당 평균 이상일 때 부여하고, 0 학점은 평균 미만일 때 부여한다.

위 조건에 따라 최종 학점을 출력할 수 있도록 IF 함수를 이용하여 셀 AB2에 다음과 같이 작성하고 채우기 핸들을 셀 AB54까지 드래그해서 나머지 학생들의 '최종학점'까지 모두 구한다. 다음의 함수식은 이해를 돕기 위해 문단 구분을 해 놓은 것으로, 실제로 작성할 때는 문단 구분하지 않고 한 줄로 입력한다.

```
셀 AB2
=IF(AND(T2<=$AF$2*0.3, S2>=$AK$3, V2=""), "A+",
 IF(OR(AND(T2<=$AF$2*0.3, S2<$AK$3, V2=""), AND(T2<=$AF$2*0.3, V2="Y", D2<=2020)),
 "A0", IF(OR(AND(T2<=$AF$2*0.3, V2="Y", D2>=2021), AND(T2<=$AF$2*0.6, S2>=$AK$4)), "B+",
```

```
IF(AND(T2<=$AF$2*0.6, S2<$AK$4), "B0",
IF(AND(T2<=$AF$2*0.8, S2>=$AK$5), "C+",
IF(AND(T2<=$AF$2*0.8, S2<$AK$5), "C0",
IF(AND(T2<=$AF$2*0.9, S2>=$AK$6), "D+",
IF(AND(T2<=$AF$2*0.9, S2<$AK$6), "D0", "F"))))))))
```

	A	B	C	D	H	S	T	V	AB	AC
1	순번	학년	학번	입학연도	성명	총합	등수EQ	재수강 여부	최종학점	
41	40	2	202110110	2021	김상흠	89.82	1		A+	
42	41	4	201910311	2019	최운주	75.33	12		A0	
43	42	4	201910319	2019	김훈정	62.86	31		B0	
44	43	3	201910342	2019	박연수	81.27	4	Y	A0	
45	44	2	202110460	2021	이형진	68.1	25		B0	
46	45	3	202110471	2021	김지수	82.26	3		A+	
47	46	2	202110226	2021	장수원	56.97	35		C+	
48	47	2	202210529	2022	권원재	68.74	23		B+	
49	48	1	202210535	2022	박규석	72.69	15	Y	B+	
50	49	3	201910546	2019	김태길	68.15	24		B0	
51	50	2	202010266	2020	강성연	76.01	11		A0	
52	51	4	202010275	2020	강선진	68.88	22		B+	
53						52.69	40		C0	
54						43.86	44		D+	
55						[illegible]266.88				
56	평균					61.639245				

'등수EQ'가 A학점에 해당하지만 재수강이면서
2020 이전 학번은 'A0' 학점
2021 이후 학번은 'B+' 학점

요약

01 데이터의 대푯값

- 데이터 분석에서 사용되는 데이터들의 대푯값은 수집된 내용들의 전체적인 파악이 가능하도록 하는 값이다.

02 최댓값/최솟값/중간값 구하기

- 최댓값: MAX(값 또는 셀 범위)
- 최솟값: MIN(값 또는 셀 범위)
- 중간값: MEDIAN(값 또는 셀 범위)

03 계수하기

- 숫자가 입력된 셀의 개수: COUNT(셀 범위)
- 숫자, 문자 구분 없이 입력된 셀의 개수: COUNTA(셀 범위)
- 아무것도 입력되지 않은 셀의 개수: COUNTBLANK(셀 범위)

04 조건에 따른 합, 평균, 계수 구하기

- 조건에 맞는 값의 합: SUMIF(조건 범위, 조건식, [합을 구할 범위])
- 조건에 맞는 값의 평균: AVERAGEIF(조건 범위, 조건식, [평균을 구할 범위])
- 조건에 맞는 값 계수: COUNTIF(조건 범위, 조건식)

연습문제

[01~14] 다음의 그림을 참고하여 질문에 답하시오.

	A	B	C	D	E
1	대표번호	과일	임의값	단순값	
2	54	사과	12.4	10	
3	81	복숭아	22.22	12	
4	97	포도		13	
5	32	수박	31.78	14	
6	67	멜론			
7	94	참외			
8	28	망고	40.37		
9	16	딸기	89.01		
10	11	블루베리	1.36		
11	95	배			
12	77	오렌지			
13	36	바나나	24.75		
14	42	자두	9.43		
15	99	귤	8.17		
16	80	파인애플			

01 '대표번호'의 최댓값을 구하는 함수식으로 올바른 것을 고르시오.

① =MIN(A2:A16) ② =MIN(A2:D16)
③ =MAX(A2:A16) ④ =MAX(A2:D16)
⑤ =MAX(A1:A16)

02 함수식 =MAX(A2:C16)의 결과로 올바른 것을 고르시오.

① 99 ② 89.01 ③ 파인애플 ④ 0 ⑤ #VALUE!

03 함수식 =MAX(B2:B16)의 결과로 올바른 것을 고르시오.

① 99 ② 89.01 ③ 파인애플 ④ 0 ⑤ #VALUE!

04 함수식 =MIN(A2:D16)과 같은 결과를 출력하는 함수식을 모두 고르시오.

① =MIN(A2:A16) ② =MIN(C2:C16)
③ =MIN(D2:D16) ④ =MIN(A2:A16, C2:C16, D2:D16)
⑤ =MIN(A2:A16, C2:D16)

05 함수식 =MIN(A2:A16)의 결과로 올바른 것을 고르시오.

① 99 ② 89.01 ③ 11 ④ 1.36 ⑤ 10

06 함수식 =MEDIAN(C2:C16)의 결과로 올바른 것을 고르시오.

① 22.22 ② 67 ③ 12.5 ④ 1.36 ⑤ 31.89

07 함수식 =MEDIAN(D2:D5)의 결과로 올바른 것을 고르시오.

① 10 ② 13 ③ 14 ④ 12.25 ⑤ 12.5

08 제공된 그림에서 숫자 형식의 값들만 계수하는 함수식을 모두 고르시오.

① =COUNT(A2:A16)
② =COUNT(A2:D16)
③ =COUNT(A2:A16, C2:D16)
④ =COUNTBLANK(A2:D16)
⑤ =COUNTA(A2:A16, C2:D16)

09 함수식 =COUNTA(A2:D16)의 결과로 올바른 것을 고르시오.

① 28 ② 15 ③ 4 ④ 43 ⑤ 46

10 함수식 =COUNTBLANK(A2:D16)의 결과와 같은 결과를 출력하는 함수식을 고르시오.

① =COUNTBLANK(C2:D16)
② =COUNTBLANK(A2:B16)
③ =COUNTBLANK(B2:B16)
④ =COUNTBLANK(C2:C16)
⑤ =COUNTBLANK(D2:D16)

11 함수식 =SUMIF(A2:A16, ">=50")은 무엇을 의미하는가?

① '대표번호'가 50 이상인 값들의 유무
② '대표번호'가 50 이상인 값들을 모두 출력
③ '대표번호'가 50 이상인 값들의 합
④ '대표번호'가 50 이상인 값들의 평균
⑤ '대표번호'가 50 이상인 값들 계수

12 '대표번호'가 50 이하인 값들에 대응하는 '임의값'의 평균을 구하는 함수식을 고르시오.

① =AVERAGEIF(A2:A16, "<=50")
② =AVERAGEIF(C2:C16, "<=50")
③ =AVERAGEIF(A2:A16, "<=50", A2:A16)
④ =SUMIF(A2:A16, "<=50", C2:C16)
⑤ =AVERAGEIF(A2:A16, "<=50", C2:C16)

13 함수식 '**=COUNTIF(B2:B16, ">=사")**'의 결과로 올바른 것을 고르시오.

① 6　② 7　③ 8　④ 9　⑤ 16

14 정수 50과 문자 '사'가 다음처럼 각각 셀 I1과 J1에 입력되어 있을 때 문제 **11**번의 함수식 '**=SUMIF(A2:A16, ">=50")**'과 13번의 함수식 '**=COUNTIF(B2:B16, ">=사")**'를 각각 셀 I1과 J1을 참조하는 형태로 바꿔서 작성하시오.

	I	J
1	50	사
2		

[15~19] '연습06_01.xlsx'를 활용하여 다음 질문에 답하시오.

준비 연습06_01.xlsx | **결과** 연습06_01_결과.xlsx

15 카페가 보유하고 있는 책의 '보유 종수'를 '도서명'과 '평점'을 이용해 구하시오. 단, 서로 다른 함수를 이용한다.

16 현재 '모두 대출된 도서 종수'는 '잔여권수' 항목을 확인하여 알 수 있다. 모두 대출된 책의 종수를 구하시오.

17 각 책의 '최대 평점', '최저 평점', '중간 평점'을 구하시오.

18 각 '분야별' '종수', '평점합', '평점평균'을 구하시오. 단, '분야별' 항목은 [참조표] 시트의 '분야별 코드'를 이용하고, '평점합'과 '평점평균'은 소수점 이하 둘째 자리까지 구한다.

19 '보유권수'가 3권 이하인 도서의 '종수', '권수', '평균권수'를 구하시오. 단, '평균권수'는 소수점 이하 둘째 자리까지 구한다.

[20~24] '연습06_02.xlsx'를 활용하여 다음 질문에 답하시오.

준비 연습06_02.xlsx | **결과** 연습06_02_결과.xlsx

20 '회원명' 항목을 이용해 '회원명을 이용한 전체 회원 수'를 구하시오.

21 '마니아 클럽 여부' 항목을 이용해 '마니아 클럽인 회원 수'와 '마니아 클럽이 아닌 회원 수'를 구하시오.

22 '예매 현황'의 '합' 항목을 이용해 '예매 합'의 '최대', '최소', '중간' 합을 구하시오.

23 '성별' 항목을 이용해 '남자 회원 수'와 '여자 회원 수'를 구하시오.

24 '등급별' '회원 수', '예매 합', '예매 평균'을 구하시오. 단, '등급별' 항목은 [참조표] 시트의 '등급'을 참조한다. '예매 평균'은 소수점 이하 둘째 자리까지 구한다.

CHAPTER 07

분석 데이터 수집 II

학습목표

- FIND/SEARCH 함수로 특정 문자를 찾는다.
- DATE/YEAR/MONTH/DAY/WEEKDAY/DATEDIF 함수로 날짜와 요일, 기간을 구한다.
- TODAY/NOW 함수를 이용해 오늘 날짜와 현재 시간을 구한다.
- CHOOSE/MATCH/INDEX 함수로 인덱스를 활용하는 방법을 이해한다.
- REPLACE 함수로 문자열을 대체할 수 있다.
- LEN/REPT 함수로 문자열의 길이를 확인하고, 특정 문자(열)를 반복하여 출력하는 방법을 활용한다.

SECTION 01

데이터 정의

새로운 데이터 분석 문제를 이용해 엑셀의 다양한 함수를 학습해 보자. 이 장에서 다루는 데이터 분석 문제는 데이터 수집이 완성된 파일을 이용할 것이다. 수집된 데이터의 배경을 알기 위해 먼저 문제와 데이터 정의 내용에 대해 확인해 보자.

1 문제 정의

문제

쇼핑몰에 가입된 회원정보 분석

- 회원의 성별/나이대 비율
- 회원이 받는 할인 혜택
- 그 외 회원 가입 기간 등

배경 및 요구사항

❶ 가입된 회원은 누적포인트에 따라 1등급(PURE GOLD), 2등급(GOLD), 3등급(SILVER), 4등급(BRONZE)으로 구분된다.

❷ 회원들은 누적포인트, 등급, 가입 기간(년)에 따라 할인이 차등 적용된다.

❸ 등급과 가입 기간에 따른 할인율

누적포인트		0 포인트 이상	1만 포인트 이상	10만 포인트 이상	20만 포인트 이상
등급		4등급(BRONZE)	3등급(SILVER)	2등급(GOLD)	1등급(PURE GOLD)
가입 기간(년)	0	0%	3%	7%	10%
	3	1%	5%	10%	15%
	5	2%	8%	15%	20%
	10	3%	10%	18%	25%
	15	4%	13%	20%	30%
	20	5%	15%	25%	35%

❹ GOLD 등급 이상의 회원에게는 매달 셋째 주마다 회원의 생년월일에 해당하는 요일에 추가할인 혜택이 주어진다.

예 GOLD 등급의 회원 홍길동이 태어난 날의 요일이 월요일이었다면 홍길동은 매달 셋째 주 월요일에 추가할인 혜택이 주어진다.

2 데이터 정의

이 쇼핑몰에서 회원 가입 시 수집하는 정보는 다음과 같다.

- **이름:** 문자열
- **주민번호:** 문자열(생년월일과 성별 값까지만 입력)
- **이메일:** 문자열
- **핸드폰 번호:** 문자열
- **가입년월일:** 날짜

또한 회원 가입 이후에는 회원의 구매 정보에 따른 '누적포인트'가 입력될 수 있다.

- **누적포인트:** 정수형

이 외에도 필요한 데이터 분석을 위해 몇 가지 항목을 추가적으로 수집한다.

- **회원번호:** 문자열(회원을 구분하기 위한 유일한 값)
- **회원등급:** 정수형 또는 문자형(누적포인트에 따라 구분)
- **생년월일:** 날짜
- **나이:** 정수형(만나이)
- **성별:** 문자형(남/여)
- **혜택요일:** 문자형(일/월/화/수/목/금/토)
- **할인율:** 백분율

이제 엑셀 함수를 이용하여 데이터를 분석해 보자.

SECTION

02 데이터 입력과 정리

회원 가입 시 입력되는 정보들과 누적포인트 외에도 데이터 분석을 할 때 '회원번호', '회원등급'과 같은 정보들이 필요하며 이러한 정보들은 이미 수집된 데이터에서 얻어낼 수 있다. 이미 앞 장에서도 다양한 함수들을 다루었지만, 쇼핑몰 회원정보를 분석하면서 또 다른 함수들을 사용해 보겠다.

1 특정 문자 찾기: FIND/SEARCH 함수

준비 예제07_01.xlsx | **결과** 예제07_01_결과.xlsx

데이터 정의에서 정의한 데이터 항목 중 '회원번호'는 각 회원을 유일하게 구분할 수 있는 항목이다. '회원번호'는 이메일 주소의 아이디와 핸드폰 번호의 뒤쪽 네 자리를 붙여서 구성하려고 한다.

```
회원번호 = 이메일 주소의 아이디 & "-" & 핸드폰 번호의 뒤쪽 네 자리
```

'회원번호'를 구성하는 항목 중 핸드폰 번호의 뒷쪽 네 자리는 5장에서 배운 RIGHT 함수를 이용하여 추출할 수 있다. 하지만 이메일 아이디의 경우 각각 아이디마다 문자열 길이가 다르므로 LEFT, RIGHT, MID와 같은 문자열 추출 함수만으로는 구하기가 쉽지 않다. 그래서 이메일 아이디는 앳 마크(@)를 이용하면 된다. @ 앞자리 문자까지가 아이디이므로 @의 위치값을 알면 문자열 추출 함수를 이용해 아이디를 추출할 수 있다.

특정 문자 또는 문자열의 위치를 알아내는 함수는 FIND와 SEARCH 함수이다. 두 함수 모두 어떤 문자열 내에서 찾으려는 문자 또는 문자열의 첫 번째 시작 위치를 찾는다. 단, FIND 함수는 대소문자를 구분하고, SEARCH 함수는 대소문자를 구분하지 않는다.

```
= FIND("찾으려는 문자(열)", 찾으려는 문자(열)가 포함된 문자열 또는 셀 주소, [검색 시작 위치])
= SEARCH("찾으려는 문자(열)", 찾으려는 문자(열)가 포함된 문자열 또는 셀 주소, [검색 시작 위치])

예 = FIND("xy", "abXYcxdxydy")                    = SEARCH("xy", "abXYcxdxydy")
   · 문자열 "abXYcxdxydy"에서 "xy"의 위치
   = FIND("*", "123-****-0000", 3)                = SEARCH("*", "123-****-0000", 3)
   · 문자열 "123-****-0000"에서 "*"의 위치
```

```
= FIND("&", A1)                    = SEARCH("&", A1)
· 셀 A1에서 "&"의 위치
```

	A	B	C	D	E
1	abccc-123&ABC	5	: =FIND("c-1", "abccc-123**ABC")	5	: =SEARCH("c-1", "abccc-123**ABC")
2		3	: =FIND("c", A1)	3	: =SEARCH("c", A1)
3		13	: =FIND("C", A1)	3	: =SEARCH("C", A1)
4		10	: =FIND("&", A1)	10	: =SEARCH("&", A1)
5		8	: =FIND("2", A1, 5)	8	: =SEARCH("2", A1, 5)
6		#VALUE!	: =FIND("X", A1)	#VALUE!	: =SEARCH("X", A1)
7					

FIND 함수나 SEARCH 함수는 어떤 문자열이 주어졌을 때 그 문자열을 구성하는 각 문자에 1번부터 위치 번호를 부여한다. 그리고 그 문자열 내에서 찾으려는 문자 또는 문자열의 시작 번호를 출력한다. 셀 A1에 입력된 문자열 'abccc-123&ABC'의 위치 번호는 다음과 같다.

위치 번호	1	2	3	4	5	6	7	8	9	10	11	12	13
문자열	a	b	c	c	c	-	1	2	3	&	A	B	C

셀 B1에 입력된 힘수식 =FIND("c-1", "abccc-123**ABC")와 D1에 입력된 함수식 =SEARCH("c-1", "abccc-123**ABC")는 문자열 'c-1'의 시작 위치를 찾으라는 의미이며, 결과로 5를 출력한다. 셀 B2의 함수식 =FIND("c", A1)과 D2의 =SEARCH("c", A1)은 셀 A1에 입력된 문자열 중 첫 번째로 등장하는 문자 'c'의 위치 3을 출력한다.

단, FIND 함수는 대·소문자를 구분하기 때문에 셀 B3에 입력된 함수식 =FIND("C", A1)로 찾은 문자 'C'의 위치는 13이 된다. 하지만 SEARCH 함수는 대·소문자를 구분하지 않기 때문에 셀 D3에 입력된 함수식 =SEARCH("C", A1)은 3을 출력한다.

FIND, SEARCH 함수의 세 번째 인자는 '[검색 시작 위치]'이다. 시작 위치를 지정해 이전의 문자들을 검색하지 않고자 할 때 사용한다. 그래서 셀 B5나 D5에 입력된 함수식의 경우 문자 '2'를 검색할 때 5번 위치의 문자부터 검색한다는 의미이므로 1부터 4번 위치까지의 문자들은 검색하지 않는다. 이는 검색 횟수나 시간을 절약해야 할 때 효과적이다. 다음 예를 살펴보자.

```
=FIND("2", A1, 5)
=SEARCH("2", A1, 5)
```

위치 번호	1	2	3	4	5	6	7	8	9	10	11	12	13
문자열	a	b	c	c	c	-	1	2	3	&	A	B	C
	← 검색하지 않음 →				↑ [검색 시작 위치]: 이 문자열부터 검색								

그리고 문자열 내에 존재하지 않는 문자를 찾는 경우는 인자의 값이 틀렸다는 의미의 오류 메시지인 '#VALUE!'를 출력한다.

여기서 잠깐 **오류 처리**

엑셀 수식에 오류가 있을 때 나타나는 코드는 다음과 같다.

오류 코드	설명
######	엑셀에서 지원하는 자릿수를 넘어가거나 열의 크기가 작을 때
#DIV/0!	나누기 연산에서 0 또는 비어 있는 셀로 나누었을 때
#NAME?	함수 이름을 잘못 사용했을 때
#NULL!	존재하지 않는 값을 사용했을 때
#NUM!	숫자가 아닌 값을 숫자 연산에 사용했을 때
#N/A	함수에 인자로 사용된 셀의 영역에 값이 없을 때
#REF!	참조하려는 셀이 없을 때
#VALUE!	함수의 인자로 맞지 않는 값을 사용했을 때

오류가 있으면 셀의 왼쪽 위에 작은 초록색 삼각형(◤)이 나타나는데 경우에 따라 다음과 같이 오류를 처리한다.

❶ 셀에 입력된 수식이나 값을 수정한다

셀에 작은 초록색 삼각형(◤)이나 오류 코드가 나타나면 셀에 입력된 수식이나 값에 문제가 있을 가능성이 가장 크다. 따라서 오류 표시가 나타나면 입력된 값이나 수식에 수정할 것이 있는지 확인한다.

❷ 오류를 무시한다

간혹 입력된 값이나 수식에 문제가 없는데도 오류 표시가 나타나는 경우가 있는데 보통은 데이터의 형식이나 주변 셀의 참조 관계 때문에 생긴다. 이럴 때는 오류를 무시해도 된다. 만약 초록색 삼각형을 없애고 싶다면 오류가 있는 셀을 선택했을 때 나타나는 느낌표(⚠) 표시를 클릭한 뒤, 나타나는 오류와 관련된 메뉴에서 [오류 무시]를 선택한다.

❸ 사용자가 정의한 결과가 보이게 한다: IFERROR 함수

연산 결과로 오류 코드 대신 사용자가 정의한 값을 표시하려면 IFERROR 함수를 이용한다. IFERROR 함수는 오류가 발생했을 때 사용자가 원하는 결과를 출력하는 기능을 한다.

```
= IFERROR(수식 또는 함수식, 사용자가 정의한 결과)
예  = IFERROR(A1/B1, "No Value")
    · 셀 A1의 값을 B1의 값으로 나눌 때 오류가 발생하면 'No Value'를 출력
```

=FIND("X", A1)은 셀 A1에 입력된 문자열 중에는 대문자 'X'가 없으므로 '#VALUE!' 오류가 출력되는데 셀 B2에 입력된 것과 같이 IFERROR 함수를 이용하면 '#VALUE!' 오류가 아닌 'No Value'라는 메시지가 출력되도록 할 수 있다.

	A	B	C
1	abccc-123&ABC	#VALUE!	: =FIND("X", A1)
2		No Value	: =IFERROR(FIND("X", A1), "No Value")
3			

이메일 아이디 추출하기

'회원번호'의 구성을 다시 살펴보면 다음과 같다.

```
회원번호 = 이메일 주소의 아이디 & "-" & 핸드폰 번호의 뒤쪽 네 자리
```

이중 핸드폰 번호의 뒤쪽 네 자리는 문자열 추출 함수 중 RIGHT 함수로 구할 수 있지만, 이메일 주소의 아이디는 @의 위치를 알아야 한다. 그래서 FIND 함수나 SEARCH 함수를 이용해 @의 위치를 구하고, LEFT 함수를 이용해 @ 위치 바로 앞자리까지의 문자열을 추출하여 이메일 주소 아이디를 구할 수 있다. 이때 추출 문자열의 길이는 @의 위치에서 1을 뺀다.

`kjwoon79 @ gmail.com`

추출 문자열

@ 앞자리까지(-1)

'예제07_01.xlsx'의 셀 A2에 함수식 `=LEFT(D2, FIND("@", D2)-1) & "-" & RIGHT(E2, 4)`를 입력하고 셀 A36까지 채우기 핸들로 드래그한다.

이메일 주소 ID　　　　　　　　　　핸드폰 번호의 뒤쪽 네 자리

`=LEFT(D2, FIND("@", D2)-1 ) & "-" & RIGHT(E2, 4)`

@ 앞자리까지

A2 =LEFT(D2,FIND("@", D2)-1) & "-" & RIGHT(E2, 4)

	A	B	C	D	E
1	회원번호	이름	주민번호	이메일	핸드폰번
2	kjwoon79-4628	김지운	790809-1	kjwoon79@gmail.com	010-9137-4
3	rkatjddnr-7535	감성욱	051109-3	rkatjddnr@naver.com	010-5915-7
4	jjyylove-1793	김진영	820327-2	jjyylove@naver.com	010-2486-1
5	kjw8855-7896	김재원	880305-1	kjw8855@hotmail.com	010-3214-7

실습 7-1　각 회원의 이메일 서버 구하기

준비 실습07_01.xlsx | **결과** 실습07_01_결과.xlsx

각 회원이 사용하는 이메일 서버를 구해 보자.

예를 들어, 김지운 회원의 메일 주소 'kjwoon79@gmail.com'에서 이메일 서버는 'gmail'이다. 일반적으로 이메일 서버명은 @과 마침표(.) 사이에 위치한다. 그러므로 이 기호들의 위치 번호를 FIND나 SEARCH 함수로 알아내고 MID 함수를 이용해 이메일 서버명을 추출할 수 있다.

MID 함수는 문자열의 시작 위치와 문자의 길이가 인자로 입력되어야 하는데 @과 마침표의 위치가 이메일마다 다르고 이메일 서버명의 길이도 다르다. 그러므로 MID 함수로 추출해야 하는 문자열의 시작 위치와 서버명의 길이는 @과 마침표의 위치 번호를 이용해 계산해야 한다.

추출 문자열

kjwoon79 @ gmail.com

문자열의 시작 위치

문자열의 시작 위치: @ 위치 + 1

추출 문자열의 길이: 마침표 위치 − @ 위치 − 1

'실습07_01.xlsx'에서 '이메일 서버' 항목을 구하기 위해 셀 H2에 다음 함수식을 입력하고 셀 H36까지 채우기 핸들로 드래그한다.

문자열 / 추출 문자열의 길이

```
=MID( D2 , FIND("@",D2)+1 , FIND(".",D2)-FIND("@",D2)-1 )
```

추출 문자열의 시작 번호

H2 =MID(D2,FIND("@",D2)+1, FIND(".",D2)-FIND("@",D2)-1)

	A	B	D	H	I
1	회원번호	이름	이메일	이메일 서버	
2	kjwoon79-4628	김지운	kjwoon79@gmail.com	gmail	
3	rkatjddnr-7535	감성욱	rkatjddnr@naver.com	naver	
4	jjyylove-1793	김진영	jjyylove@naver.com	naver	
5	kjw8855-7896	김재원	kjw8855@hotmail.com	hotmail	
6	ppororo2157-7412	문선영	ppororo2157@hanmail.net	hanmail	
7	hhphhp-4123	박현호	hhphhp@naver.com	naver	

2 년, 월, 일, 요일 구하기: DATE/YEAR/MONTH/DAY/WEEKDAY 함수

준비 예제07_02.xlsx | **결과** 예제07_02_결과.xlsx

회원의 생년월일은 '주민번호' 항목에서 알 수 있으나, '주민번호' 항목은 날짜 형식으로 되어 있지 않다. 날짜 형식의 데이터로 만들고, 요일을 구하기 위해 사용하는 함수에 대해 알아보자.

먼저 DATE 함수는 입력된 인자에 해당하는 날짜 형식의 데이터를 출력한다. 입력된 인자에 해당하는 년, 월, 일을 구분할 때는 YEAR, MONTH, DAY 함수를 사용한다.

```
= DATE(년에 해당하는 값 또는 셀, 월에 해당하는 값 또는 셀, 일에 해당하는 값 또는 셀)
= YEAR(날짜 형태로 쓰인 문자열 또는 셀)
= MONTH(날짜 형태로 쓰인 문자열 또는 셀)
= DAY(날짜 형태로 쓰인 문자열 또는 셀)

예  = DATE(2024, 8, 7)          = DATE("2024", "8", "7")
    = YEAR("2024-8-7")          = YEAR(A1)
```

```
= MONTH("2024-8-7")          = MONTH(A1)
= DAY("2024-8-7")            = DAY(A1)
```

	A	B	C	D	E
1	날짜 형식	2024-08-07		2024-08-07	: =DATE(2024, 8, 7)
2	숫자 형식	2024		2024-08-07	: =DATE("2024", "8", "7")
3		8		2024-08-07	: =DATE(B2,B3,B4)
4		7		2024-08-07	: =DATE(B5,B6,B7)
5	문자 형식	2024		2024	: =YEAR("2024-8-7")
6		8		2024	: =YEAR(B1)
7		7		8	: =MONTH("2024-8-7")
8				8	: =MONTH(B1)
9				7	: =DAY("2024-8-7")
10				7	: =DAY(B1)
11					

DATE 함수의 인자값은 숫자, 문자에 상관없이 사용할 수 있다. 그러나 YEAR, MONTH, DAY 함수의 인자값은 반드시 문자(또는 문자열)나 날짜 형식이어야 한다. YEAR, MONTH, DAY 함수에 인자로 숫자를 입력하면, 1900년 1월 1일을 기준으로 입력된 숫자만큼의 날짜를 하루 단위로 계산하여 출력한다. 예를 들어, =YEAR(2024)로 입력했다면 1900년 1월 1일부터 2024번째 지난 날짜에 해당하는 연도인 1905를 출력한다. 만약 =YEAR(2024-08-07)로 입력히면 '2024−08−07'을 뺄셈식으로 인식하여 1900년 1월 1일부터 2009일이 지난 날짜의 년도인 1905를 출력한다.

TODAT/NOW 함수

오늘의 날짜와 시간을 출력하려면 TODAY 함수와 NOW 함수를 사용한다.

```
= TODAY()
= NOW()
```

	A	B
1	2024-08-07	: =TODAY() 입력
2	2024-08-07 17:20	: =NOW() 입력
3		

WEEKDAY 함수

WEEKDAY 함수는 날짜에 해당하는 요일을 숫자로 나타내며 '요일 시작 옵션'에 따라 요일에 해당하는 인덱스 값이 다르게 출력된다. 즉, '요일 시작 옵션'을 1로 입력하거나 생략한 경우 일주일이 시작을 일요일로 설정해 1이 일요일을 나타낸다. '요일 시작 옵션'을 2로 하면 월요일을 일주일의 시작으로 하여 1이 월요일임을 의미한다.

```
= WEEKDAY(날짜 또는 셀, [요일 시작 옵션])
※ 요일 시작 옵션
·1 또는 생략: 1(일요일)부터 7(토요일) 출력
·2: 1(월요일)부터 7(일요일) 출력

예 = WEEKDAY("2024-08-07")          = WEEKDAY(A1, 2))
```

예를 살펴보자. = WEEKDAY("2024-08-07")'과 같이 '요일 시작 옵션'을 생략하면 일요일을 시작 요일로 판단하여 인덱스를 출력한다. 따라서 2024년 8월 7일은 수요일이기 때문에 4를 출력한다. 반면, = WEEKDAY("2024-08-07", 2)의 경우 월요일을 시작 요일로 판단하기 때문에 수요일에 해당하는 인덱스로 3을 출력한다.

생년월일과 태어난 요일 구하기

'예제07_02.xlsx'에서 '주민번호'를 이용해 '생년월일'을 날짜 형식으로 구하고, '태어난 요일'을 구해 보자. '주민번호'는 문자열 형식이기 때문에 문자열 추출 함수를 이용해 년, 월, 일을 구분하여 인자로 사용할 수 있다. 그러면 다음과 같은 함수식을 작성할 수 있다.

년도 → LEFT(C2,2), 월 → MID(C2, 3, 2), 일 → MID(C2, 5, 2)

```
=DATE( LEFT(C2,2) , MID(C2, 3, 2) , MID(C2, 5, 2) )
```

셀 D2에 위의 식을 작성하고 채우기 핸들로 드래그하여 '생년월일' 항목의 모든 값을 구할 수 있다. 그러나 2000년 이후 출생한 회원들의 생년월일이 1900년대로 나오는 문제점이 발견된다.

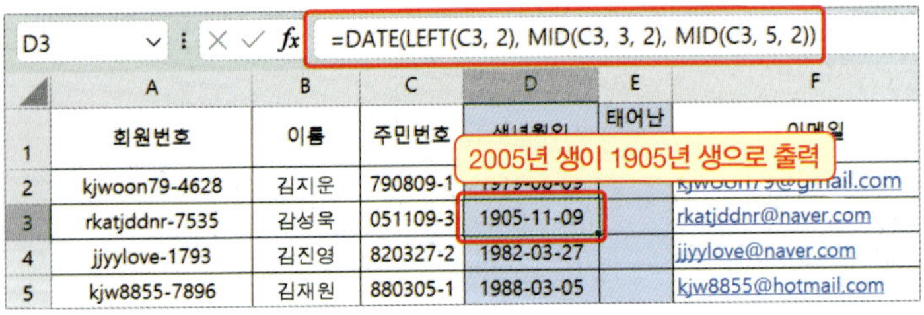

그러므로 DATE 함수의 첫 번째 인자에 IF 함수를 이용해 조건문을 작성해야 한다. 2000년 이후 출생자는 '주민번호' 항목의 마지막 숫자가 3 또는 4이므로 '주민번호'의 끝자리가 3보다 크거나 같으면 연도에 100을 더하여 표시하면 된다. 셀 D2에 입력된 함수식을 다음과 같이 수정하고 채우기 핸들로 드래그한다.

셀 D2

```
=DATE( IF(VALUE(RIGHT(C2, 1))>=3, LEFT(C2, 2)+100, LEFT(C2, 2) ), MID(C2, 3, 2), MID(C2, 5, 2))
```

2000년 이후 출생자의 출생연도에 100을 더함

D3 =DATE(IF(VALUE(RIGHT(C3, 1))>=3, LEFT(C3, 2)+100, LEFT(C3, 2)), MID(C3, 3, 2), MID(C3, 5, 2))

	A	B	C	D	E	F	G	H	I
1	회원번호	이름	주민번호	생년월일	태어난 요일	이메일	핸드폰번호	가입년월일	누적포인트
2	kjwoon79-4628	김지운	790809-1	1979-08-09		kjwoon79@gmail.com	010-9137-4628	2002-06-17	123,650
3	rkatjddnr-7535	감성욱	051109-3	2005-11-09		[illegible]	[illegible]7535	2019-02-23	2,500
4	jjyylove-1793	김진영	820327-2	1982-03-27		[illegible]	[illegible]793	2010-05-13	6,500
5	kjw8855-7896	김재원	880305-1	1988-03-05		[illegible]	[illegible]7896	2009-07-11	143,000
6	ppororo2157-7412	문선영	750102-2	1975-01-02		ppororo2157@hanmail.net	010-3698-7412	2011-03-03	186,300
7	hhphhp-4123	박현호	900615-1	1990-06-15		hhphhp@naver.com	010-6987-4123	2019-01-10	400
8	luvsi123-5213	손서인	860319-2	1986-03-19		luvsi123@hotmail.com	010-5879-5213	2007-07-10	168,000
9	angelyu-9635	이유경	940914-2	1994-09-14		angelyu@hotmail.com	010-7415-9635	2016-01-14	27,010
10	teakjjingg-4613	이택진	800729-1	1980-07-29		teakjjingg@gmail.com	010-7946-4613	2012-12-02	199,000
11	jangjangjw-3152	장진욱	701212-1	1970-12-12		jangjangjw@daum.net	010-4685-3152	2013-04-01	200,500

조건문에 의해 2000년 이후 출생자는 년도에 100을 더하여 출력

이제 '생년월일'을 이용해 '태어난 요일'을 구해 보자. 셀 E2에 다음 함수식을 입력하고 채우기 핸들로 나머지 값을 모두 구한다.

셀 E2 `=WEEKDAY(D2, 1)`

E2 =WEEKDAY(D2,1)

	A	B	C	D	E	F
1	회원번호	이름	주민번호	생년월일	태어난 요일	이
2	kjwoon79-4628	김지운	790809-1	1979-08-09	5	kjwoon79@
3	rkatjddnr-7535	감성욱	051109-3	2005-11-09	4	rkatjddnr@na
4	jjyylove-1793	김진영	820327-2	1982-03-27	7	jjyylove@nav
5	kjw8855-7896	김재원	880305-1	1988-03-05	7	kjw8855@ho
6	ppororo2157-7412	문선영	750102-2	1975-01-02	5	ppororo2157
7	hhphhp-4123	박현호	900615-1	1990-06-15	6	hhphhp@nav
8	luvsi123-5213	손서인	860319-2	1986-03-19	4	luvsi123@ho
9	angelyu-9635	이유경	940914-2	1994-09-14	4	angelyu@hot
10	teakjjingg-4613	이택진	800729-1	1980-07-29	3	teakjjingg@g

실습 7-2 년, 월, 일, 요일 구하기

준비 실습07_02.xlsx | **결과** 실습07_02_결과.xlsx

'가입년월일'을 이용하여 '년', '월', '일' 각각의 항목을 구하고, '년', '월', '일'을 이용하여 '가입년월일'과 같은 결과를 출력하는 '가입일'을 구한다. 마지막으로 '가입요일'까지 구해 보자.

'가입년월일'에서 '년', '월', '일'을 구하기 위해 셀 I2, J2, K2에 각각 다음과 같이 입력하고 채우기 핸들을 드래그해서 모든 값을 구한다.

셀 I2 =YEAR(H2)

셀 J2 =MONTH(H2)

셀 K2 =DAY(H2)

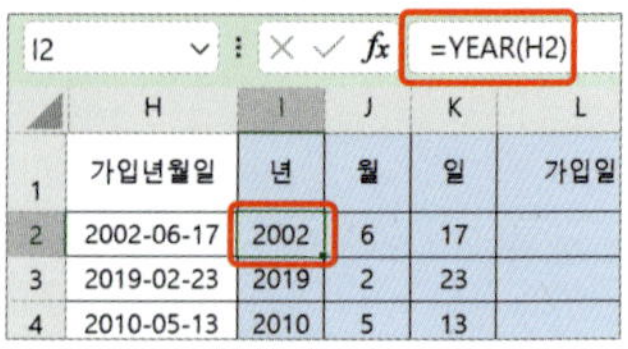

I2 =YEAR(H2)

	H	I	J	K	L
1	가입년월일	년	월	일	가입일
2	2002-06-17	2002	6	17	
3	2019-02-23	2019	2	23	
4	2010-05-13	2010	5	13	

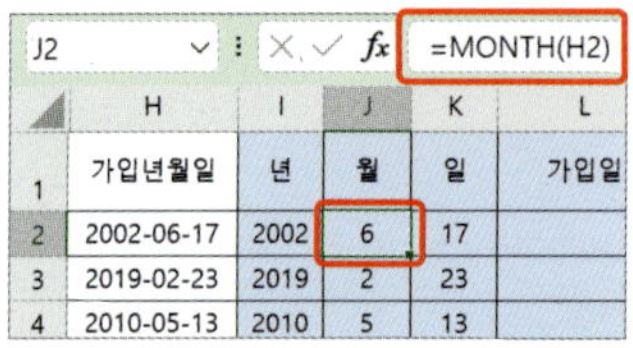

J2 =MONTH(H2)

	H	I	J	K	L
1	가입년월일	년	월	일	가입일
2	2002-06-17	2002	6	17	
3	2019-02-23	2019	2	23	
4	2010-05-13	2010	5	13	

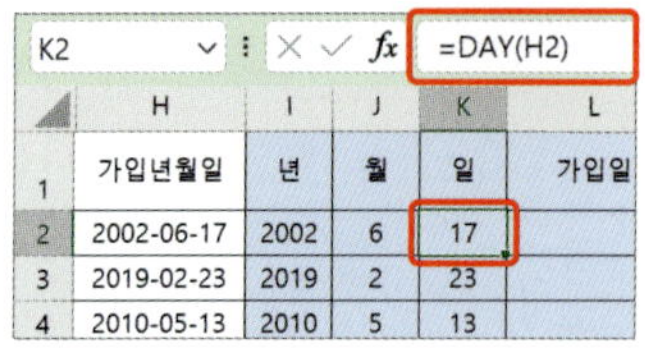

K2 =DAY(H2)

	H	I	J	K	L
1	가입년월일	년	월	일	가입일
2	2002-06-17	2002	6	17	
3	2019-02-23	2019	2	23	
4	2010-05-13	2010	5	13	

'가입일' 항목은 '년', '월', '일' 항목의 값을 이용해 날짜를 구하고, '가입요일' 항목은 '가입일' 항목을 이용해 요일을 구하면 된다. 셀 L2와 M2 각각에 다음 함수식을 입력한다.

셀 L2 =DATE(I2, J2, K2)

셀 M2 =WEEKDAY(L2)

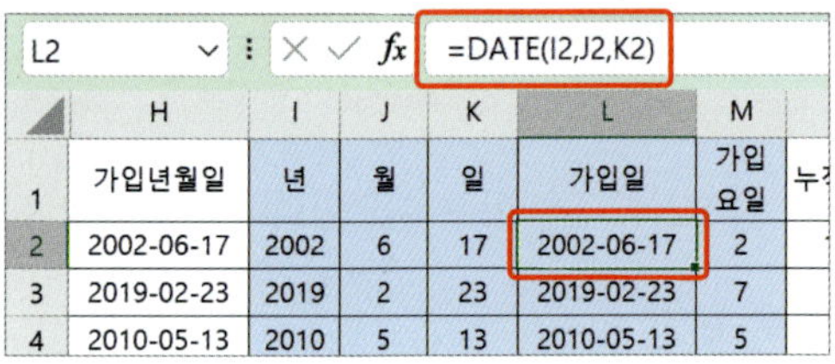

L2 =DATE(I2,J2,K2)

	H	I	J	K	L	M
1	가입년월일	년	월	일	가입일	가입요일
2	2002-06-17	2002	6	17	2002-06-17	2
3	2019-02-23	2019	2	23	2019-02-23	7
4	2010-05-13	2010	5	13	2010-05-13	5

M2 =WEEKDAY(L2)

	H	I	J	K	L	M
1	가입년월일	년	월	일	가입일	가입요일
2	2002-06-17	2002	6	17	2002-06-17	2
3	2019-02-23	2019	2	23	2019-02-23	7
4	2010-05-13	2010	5	13	2010-05-13	5

3 기간 구하기: DATEDIF 함수

준비 예제07_03.xlsx | **결과** 예제07_03_결과.xlsx

회원의 할인율은 회원의 등급 외에도 가입 기간에 따라서도 달라진다. 이 정보는 '가입년월일'로부터 가입 기간을 구하려는 시점까지의 년, 개월, 일로 표현할 수 있다. 이때 시작 날짜부터 종료 날짜까지의 기간을 출력하는 DATEDIF 함수를 이용한다.

```
= DATEDIF(시작 날짜 또는 셀, 종료 날짜 또는 셀, "기간 표현 옵션")
※ 기간 표현 옵션
· "Y": 년 수/"M": 개월 수/"D": 일 수
· "YM": Y년 M개월의 기간 중 M개월만 구할 때
· "YD": Y년 D일의 기간 중 D일만 구할 때
· "MD": M개월 D일의 기간 중 D일만 구할 때

예 = DATEDIF("2010-01-01", NOW(), "Y")        = DATEDIF("2010-01-01", NOW(), "M")
   = DATEDIF(A1, "2024-08-01", "D")           = DATEDIF(A1, B1, "YM")
```

	A	B	C
1	1919-04-11		2024-08-11 : =TODAY()
2	105	: =DATEDIF(A1, TODAY(), "Y")	
3	1264	: =DATEDIF(A1, TODAY(), "M")	
4	38474	: =DATEDIF(A1, TODAY(), "D")	
5	4	: =DATEDIF(A1, TODAY(), "YM")	
6	122	: =DATEDIF(A1, TODAY(), "YD")	
7	0	: =DATEDIF(A1, TODAY(), "MD")	
8	1919년 4월 11일은 대한민국 임시정부 수립일이다.		
9	: = YEAR(A1) & "년 " & MONTH(A1) & "월 " & DAY(A1) &"일은 대한민국 임시정부 수립일이다."		
10	2024년 8월 11일은 대한민국 임시정부 수립일로부터		
11	: =YEAR(TODAY()) & "년 " & MONTH(TODAY()) & "월 " & DAY(TODAY()) & "일은 대한민국 임시정부 수립일로부터"		
12	105년 4개월 0일이 되는 날이다.		
13	: =DATEDIF(A1, TODAY(), "Y") & "년 " & DATEDIF(A1, TODAY(), "YM") & "개월 " & DATEDIF(A1, TODAY(), "MD") & "일이 되는 날이다."		

'기간 표현 옵션' 중 "Y", "M", "D"는 전체 년, 전체 개월, 전체 일수를 구한다. "YM", "YD", "MD"는 각각 년수를 제외하고 남은 개월 수, 년수를 제외하고 남은 일수, 개월 수를 제외하고 남은 일수를 구한다. 따라서 셀 A4와 같이 기간 표현 옵션을 "D"로 했을 때는 1919년 4월 11일부터 오늘 날짜(2024-08-11, TODAY())까지의 일수인 38474를 출력하고 셀 A6과 같이 "YD"로 했을 때는 1919년 4월 11일부터 오늘 날짜(2024-08-11)까지 105년 122일 중 122일만 결과로 출력한다.

기간 구하기

쇼핑몰 회원의 '생년월일'을 기준으로 이벤트 진행 날짜까지와 관련된 정보를 구하려고 한다. 회원이 태어난 후 이벤트를 진행하는 날짜(오늘 날짜)까지의 '만나이', '개월수', '일수', '년월일'을 모두 구해 보자. 이때 '년월일' 항목은 '○○년 ○○개월 ○○일' 형식으로 출력한다.

'예제07_03.xlsx'의 '만나이' 항목은 표현 형식을 "Y"로, '개월수' 항목의 표현 형식은 "M"으로, '일수' 항목은 "D"로 하여 값을 구한다. 또한 '년월일' 항목의 '○○개월'은 년수를 제외하고 남은 개월 수를 의미하므로 "YM"을, '○○일'은 개월 수를 제외하고 남은 일수를 의미하므로 "MD"를 사용하여 표현한다. 각 항목의 첫 번째 결과를 구하도록 각 셀에 다음과 같이 입력한다.

```
셀 F2  =DATEDIF(D2, TODAY(), "Y")
셀 G2  =DATEDIF(D2, TODAY(), "M")
셀 H2  =DATEDIF(D2, TODAY(), "D")
셀 I2  =DATEDIF(D2, TODAY(), "Y") & "년" & DATEDIF(D2, TODAY(), "YM") & "개월" &
       DATEDIF(D2, TODAY(), "MD") & "일"
```

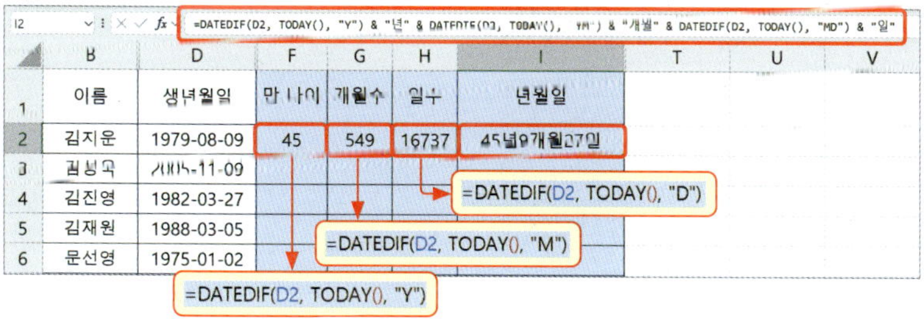

각 셀에 입력한 종료 날짜를 TODAY() 함수로 구했기 때문에 작성하는 날짜에 따라 결과가 달라질 수 있음을 기억하자. 실습의 출력값은 필자가 작성하던 날짜 기준이며, 정확한 출력 결과는 '예제07_03_결과.xlsx'에서 확인하자.

	B	D	F	G	H	I
1	이름	생년월일	만 나이	개월수	일수	년월일
2	김지운	1979-08-09	45	549	16737	45년9개월27일
3	감성욱	2005-11-09	19	234	7148	19년6개월27일
4	김진영	1982-03-27	43	518	15776	43년2개월9일
5	김재원	1988-03-05	37	447	13606	37년3개월0일
6	문선영	1975-01-02	50	605	18417	50년5개월3일

실습 7-3 가입 기간 구하기

준비 실습07_03.xlsx | **결과** 실습07_03_결과.xlsx

오늘 날짜 기준으로 회원들의 '가입년수', '가입개월수', '가입일수', '가입년월일'을 구해 보자. '예제07_03.xlsx'에서 했던 것처럼 표현 형식 옵션을 설정하여 값을 구한다. 각 항목에 해당하는 셀 R2, S2, T2, U2에 다음 함수식을 입력한다.

```
셀 R2  =DATEDIF(L2, TODAY(), "Y")
셀 S2  =DATEDIF(L2, TODAY(), "M")
셀 T2  =DATEDIF(L2, TODAY(), "D")
셀 U2  =DATEDIF(L2, TODAY(), "Y") & "년" & DATEDIF(L2, TODAY(), "YM") & "개월" &
       DATEDIF(L2, TODAY(), "MD") & "일"
```

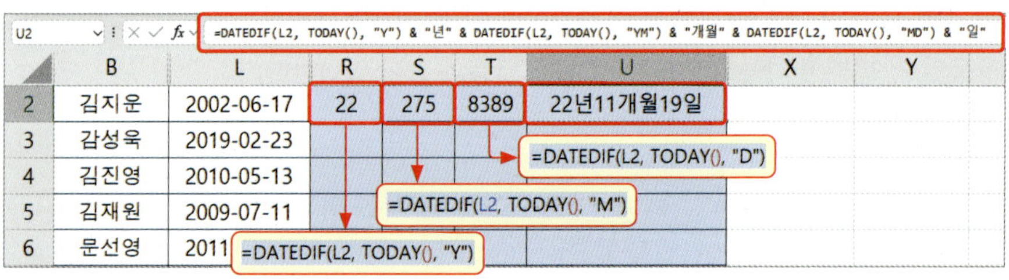

	B	L	R	S	T	U
1	이름	가입년월일	가입 년수	가입 개월수	가입 일수	가입년월일
2	김지운	2002-06-17	22	275	8389	22년11개월19일
3	감성욱	2019-02-23	6	75	2294	6년3개월13일
4	김진영	2010-05-13	15	180	5502	15년0개월23일
5	김재원	2009-07-11	15	190	5808	15년10개월25일
6	문선영	2011-03-03	14	171	5208	14년3개월2일
7	박현호	2019-01-10	6	76	2338	6년4개월26일
8	손서인	2007-07-10	17	214	6540	17년10개월26일
9	이유경	2016-01-14	9	112	3430	9년4개월22일

4 인덱스 활용하기: CHOOSE/MATCH 함수

인덱스를 이용하여 값 구하기: CHOOSE 함수

준비 예제07_04..xlsx | **결과** 예제07_04_결과.xlsx

'5장 데이터 정리'에서 조건에 따라 값을 출력하는 IF 함수를 사용해 학생들의 학점을 구할 수 있었다. 이번 장에서는 조건 대신 인덱스를 이용하여 값을 구하는 CHOOSE 함수에 대해 알아보자.

```
= CHOOSE(인덱스 값 또는 셀, 값1, 값2, 값3, ...)

예 = CHOOSE(4, "가", "나", "다", "라", "마")
   = CHOOSE(A1, "가", "나", "다", "라", "마")
```

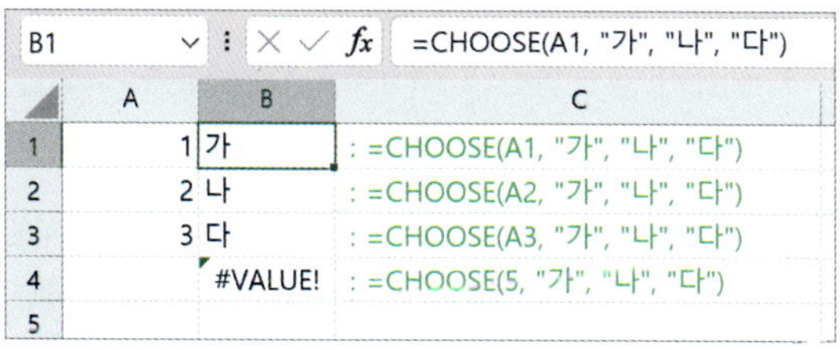

CHOOSE 함수에서 사용하는 인덱스는 일반적으로 1부터 시작하기 때문에 첫 번째 인자는 1 이상의 정숫값이 입력되어야 한다. 두 번째 인자부터는 각 인덱스에 해당하는 값이 나열되며 인덱스 번호가 1부터 순차적으로 증가한다. 그러므로 첫 번째 인자는 나머지 인자들의 개수보다 작아야 한다. 즉, = CHOOSE(4, "가", "나", "다", "라", "마")에서 두 번째 인자인 "가"부터 마지막 인자인 "마"까지 5개의 인자가 있으므로 첫 번째 인자의 값은 1 이상 5 이하를 입력할 수 있다.

CHOOSE 함수로 성별 구하기

'예제07_04.xlsx'의 '성별' 항목을 참조 함수나 IF 함수가 아닌 CHOOSE 함수를 이용해 구해 보자. '성별'을 알기 위해서는 '주민번호' 항목 마지막 자리의 1에서 4까지의 값을 이용한다. 각 인덱스에 해당하는 값을 함수 내에 인자로 나열하여 셀 D2에 다음과 같은 함수식을 입력하고 셀 D36까지 채우기 핸들로 드래그한다.

```
셀 D2 =CHOOSE(VALUE(RIGHT(C2, 1)), "남", "여", "남", "여")
```

D2 =CHOOSE(VALUE(RIGHT(C2, 1)), "남", "여", "남", "여")

	A	B	C	D	E	F	G	H
1	회원번호	이름	주민번호	성별	생년월일	태어난 요일	만 나이	개월수
2	kjwoon79-4628	김지운	790809-1	남	1979-08-09	5	45	540
3	rkatjddnr-7535	감성욱	051109-3	남	2005-11-09	4	18	225
4	jjyylove-1793	김진영	820327-2	여	1982-03-27	7	42	508
5	kjw8855-7896	김재원	880305-1	남	1988-03-05	7	36	437
6	ppororo2157-7412	문선영	750102-2	여	1975-01-02	5	49	595
7	hhphhp-4123	박현호	900615-1	남	1990-06-15	6	34	409
8	luvsi123-5213	손서인	860319-2	여	1986-03-19	4	38	460
9	angelyu-9635	이유경	940914-2	여	1994-09-14	4	29	358

실습 7-4 태어난 날짜의 요일 구하기

준비 실습07_04.xlsx | **결과** 실습07_04_결과.xlsx

GOLD 등급 이상의 회원에게는 매월 셋째 주마다 회원의 생년월일에 해당하는 요일에 추가 할인 혜택이 주어진다. '예제07_02.xlsx'에서는 회원이 태어난 날짜의 요일을 WEEKDAY 함수를 이용해 숫자로 출력하였다. 이번 실습에서는 WEEKDAY 함수와 CHOOSE 함수를 이용해 숫자를 요일로 출력해 보자. '요일' 항목에 해당하는 셀 F2에 다음 함수식을 입력하고 셀 F36까지 드래그한다.

```
셀 F2  =CHOOSE(WEEKDAY(E2, 1), "일", "월", "화", "수", "목", "금", "토")
```

셀 G2에 있는 날짜의 경우 WEEKDAY(E2, 1)의 결과로 5가 출력되는데 CHOOSE 함수의 두 번째 인자인 **"일"**을 인덱스 1로 하면 5번 인덱스의 값은 **"목"**이므로 '목'이 출력된다.

F2 =CHOOSE(WEEKDAY(E2, 1), "일", "월", "화", "수", "목", "금", "토")

	A	B	E	F	G	H	I	J	K
1	회원번호	이름	생년월일	요일	태어난 요일	만 나이	개월수	일수	년월일
2	kjwoon79-4628	김지운	1979-08-09	목	5	45	540	16444	45년 0개월 7일
3	rkatjddnr-7535	감성욱	2005-11-09	수	4	18	225	6855	18년 9개월 7일
4	jjyylove-1793	김진영	1982-03-27	토	7	42	508	15483	42년 4개월 20일
5	kjw8855-7896	김재원	1988-03-05	토	7	36	437	13313	36년 5개월 11일
6	ppororo2157-7412	문선영	1975-01-02	목	5	49	595	18124	49년 7개월 14일
7	hhphhp-4123	박현호	1990-06-15	금	6	34	410	12481	34년 2개월 1일
8	luvsi123-5213	손서인	1986-03-19	수	4	38	460	14030	38년 4개월 28일
9	angelyu-9635	이유경	1994-09-14	수	4	29	359	10929	29년 11개월 2일

값을 이용해 인덱스 찾기: MATCH 함수

준비 예제07_05.xlsx | **결과** 예제07_05_결과.xlsx

MATCH 함수는 CHOOSE 함수와 반대로 값에 해당하는 인덱스를 찾는 함수이다. MATCH 함수를 사용할 때는 먼저 검색 범위의 데이터 정렬 상태를 확인해야 한다.

```
= MATCH(찾으려는 값 또는 셀, 검색 범위, [검색 옵션])
※ 검색 옵션
· -1: 크거나 같은 값 중 가장 작은 값(내림차순 정렬 필수)
· 0: 정확히 일치하는 값
· 1 또는 생략: 작거나 같은 값 중 가장 큰 값(오름차순 정렬 필수)

예 = MATCH(A1, C1:C10, -1)
   = MATCH(A1, C1:C10, 0)
   = MATCH(A1, C1:C10, 1)
```

MATCH 함수는 검색 범위가 반드시 하나의 행 또는 열이어야 한다. 또한 검색 옵션이 0인 경우를 제외하고는 검색 범위 내 데이터가 반드시 정렬되어 있어야 한다. 즉, 검색 옵션이 -1인 경우는 크거나 같은 값 중에서 가장 작은 값의 인덱스를 출력하기 때문에 데이터가 내림차순으로 정렬되어야 한다. 검색 옵션이 1인 경우는 작거나 같은 값 중에서 가장 큰 값의 인덱스를 출력하기 때문에 데이터가 오름차순으로 정렬되어야 한다. 찾는 값이 없거나 검색 옵션과 다르게 데이터가 정렬되어 있으면 '값이 없음'을 의미하는 오류인 '#N/A'를 출력하거나 마지막 값의 인덱스를 출력한다.

	A	B	C	D	E	F	G	H
1	오름차순	내림차순		#N/A	: =MATCH(A8,A1:A5,-1)		#N/A	: =MATCH(B8,A1:A5,-1)
2	10	50		4	: =MATCH(A8,A1:A5,0)		#N/A	: =MATCH(B8,A1:A5,0)
3	20	40		4	: =MATCH(A8,A1:A5,1)		3	: =MATCH(B8,A1:A5,1)
4	30	30		2	: =MATCH(A8,B1:B5,-1)		2	: =MATCH(B8,B1:B5,-1)
5	40	20		2	: =MATCH(A8,B1:B5,0)		#N/A	: =MATCH(B8,B1:B5,0)
6	50	10		5	: =MATCH(A8,B1:B5,1)		5	: =MATCH(B8,B1:B5,1)
7	찾으려는 값							
8	40	35						
9								

위 그림에서 셀 D1, D6, G1, G6은 검색 범위의 정렬 방식과 함수식에 작성된 검색 옵션이 다르기 때문에 '#N/A' 또는 검색 범위의 마지막 값의 인덱스가 출력된 것이다. 또한 G2, G5는 검색 옵션이 0으로 작성되어 있어서 검색 범위에 있는 값이 찾으려는 값 35와 일치하지 않기 때문에 오류 코드 '#N/A'를 출력한 것이다.

인덱스 값 구하기

'예제07_05.xlsx'의 [참조표] 시트에는 누적포인트, 등급, 가입기간, 가입기간에 따른 할인율 표가 있다. 표를 활용하여 셀 H1부터 H4에 해당하는 항목들의 인덱스 값을 구해 보자. 각 항목별 정렬 상태를 고려하여 각 셀에 입력될 함수식을 다음과 같이 작성해 보자.

```
셀 I1  =MATCH(100000, C1:F1, 1)          · 오름차순 정렬
셀 I2  =MATCH(3, C2:F2, -1)              · 내림차순 정렬
셀 I3  =MATCH("PURE GOLD", C3:F3, 0)     · 정렬 없음
셀 I4  =MATCH(15, B4:B9, 1)              · 오름차순 정렬
```

	A	B	C	D	E	F	G	H	I
1	누적포인트		0	10000	100000	20000		100000 포인트의 인덱스	3
2	등급		4	3	2	1		3등급의 인덱스	2
3	등급명		BRONZE	SILVER	GOLD	PURE GOLD		PURE GOLD의 인덱스	4
4	가입기간 (년)	0	0%	3%	7%	10%		가입기간 15년의 인덱스	=MATCH(15, B4:B9, 1)
5		3	1%	5%	10%	15%			
6		5	2%	8%	15%	20%			
7		10	3%	10%	20%	25%			
8		15	4%	13%	23%	30%			
9		20	5%	15%	25%	35%			
10									

=MATCH(100000, C1:F1, 1)
=MATCH(3, C2:F2, -1)
=MATCH("PURE GOLD", C3:F3, 0)

5 교차 참조하기: INDEX 함수

준비 예제07_06.xlsx | **결과** 예제07_06_결과.xlsx

5장에서 참조 함수 VLOOKUP, HLOOKUP 함수를 다루었다. 이 참조 함수는 나란히 나열된 여러 항목의 데이터들 가운데 하나의 값을 참조하여 그에 대응하는 다른 항목의 값을 찾는 함수이다. 이번 장에서는 값이 아닌 행과 열의 정보를 이용하여 그 정보가 교차하는 위치에 있는 값을 찾는 INDEX 함수에 대해 알아보자.

```
= INDEX(검색 범위, 행 번호, 열 번호)

예  =INDEX(A1:D10, 3, 7)
    =INDEX(A1:D10, MATCH(K1, A1:D1, 0), MATCH(M1, A1:A10, -1))
```

	A	B	C	D	E	F	G	H	I
1		e	d	c	b	a		마바	: =INDEX(B2:F6, 4, 2) 입력
2	10	가	나	다	라	마		아	: =INDEX(B2:F6, MATCH(C8,A2:A6,0), MATCH(B8,B1:F1,0)) 입력
3	20	바	사	아	자	차		사아	: =INDEX(B2:F6, MATCH(E8,A2:A6,1), MATCH(D8,B1:F1,-1)) 입력
4	30	카	타	파	하	가나			
5	40	다라	마바	사아	자차	카타			
6	50	파하	가나다	라마바	사아자	카타파			
7									
8	찾는 값	c	20	bx	48				
9									

위 그림에서 셀 H1에 입력된 함수식 =INDEX(B2:F6, 4, 2)는 셀 B2에서 F6에 해당하는 검색 범위에서 4행 2열에 해당하는 값인 '마바'를 출력한다. 이처럼 INDEX 함수는 행과 열 번호 정보를 활용하여 행 번호와 열 번호가 교차하는 지점에 있는 값을 출력한다.

그러나 행 번호, 열 번호를 항상 정확한 숫자 값으로 입력할 수 없거나, 가지고 있는 정보를 이용해

행 번호와 열 번호를 찾아야 할 때 MATCH 함수를 활용할 수 있다. 셀 H2, H3에 입력된 함수식을 살펴보자.

셀 H2 함수식의 두 번째 인자인 `MATCH(C8, A2:A6, 0)`은 셀 A2부터 A6을 탐색하여 셀 C8의 값(20)과 정확하게 일치하는 위치의 번호(2)를 출력한다. 마찬가지로 셀 H2 함수식의 세 번째 인자인 `MATCH(B8, B1:F1, 0)`은 셀 B1부터 F1을 탐색하여 셀 B8의 값('c')과 정확하게 일치하는 위치의 번호(3)를 출력한다. 따라서 셀 H2의 함수식은 검색 범위인 셀 B2부터 F6 내에서 2행 3열의 위치에 있는 값 '아'를 출력한다. 이렇게 MATCH 함수를 이용해 행 번호와 열 번호를 찾아서 그 교차하는 지점의 값을 출력하기 때문에 셀 H2에 입력된 함수식은 나음과 같은 영역을 참조하게 된다.

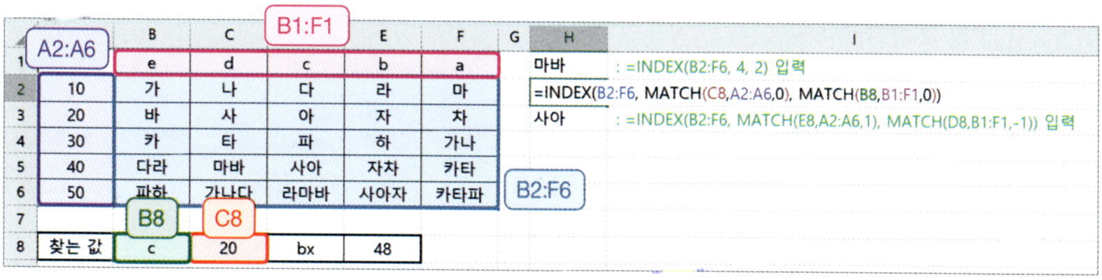

참조 함수 VLOOKUP이나 HLOOKUP으로 작성한 함수식을 INDEX 함수로 변경할 수 있다. 예를 들어 함수식 `=VLOOKUP("x-876", B3:D6, 3, FALSE)`를 INDEX 함수로 작성하면 다음과 같다.

```
=INDEX(B3:D6, MATCH("x-876", B3:B6, 0), 3)
```

`MATCH("x-876", B3:B6, 0)`은 'x-876'이 포함된 범위인 셀 B3부터 B6 내에서 'x-876'의 위치 번호, 즉 행 번호를 찾는 것이다(다음 그림 참조). 그래서 전체 검색 범위인 셀 B3에서 D6 안에서 'x-876'의 행 번호와 열 번호 3이 교차하는 지점의 값을 출력하게 될 것이다. INDEX 함수로 작성되었을 때 참조하는 영역은 다음과 같다.

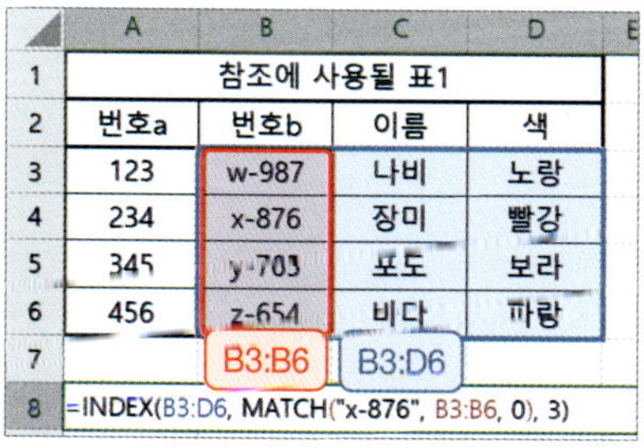

회원등급 구하기

회원등급은 '누적포인트'에 의해 정해진다. '예제07_06.xlsx'의 [참조표] 시트에 있는 할인율 표를 이용해 '회원등급'의 '등급명'을 출력해 보자.

■ 참조 함수 이용하기

먼저 참조 함수를 이용해 보자. '예제07_06.xlsx'의 [참조표] 시트를 보면 '누적포인트'에 따른 '등급'과 '등급명'이 수평으로 나열되어 있으므로 HLOOKUP 함수를 사용한다. 다시 [Sheet1]에서 '회원등급'의 첫 번째 셀인 Y2에 다음과 같이 입력한다.

```
셀 Y2  =HLOOKUP(X2, 참조표!$C$1:$F$3, 3, TRUE)
```

위의 함수식은 셀 X2에 입력된 '김지운' 회원의 '누적포인트' 123,650을 [참조표] 시트의 '누적포인트'를 참조하여 유사 일치(TRUE)하는 항목을 찾는다. 즉, '100000'과 같은 열의 세 번째 행의 값인 'GOLD'를 출력한다.

	B	X	Y
1	이름	누적포인트	회원등급
2	김지운	123,650	=HLOOKUP(X2,참조표!$C$1:$F$3, 3, TRUE)
3	김성욱	2,500	
4	김진영	6,500	

	A	B	C	D	E	F
1	누적포인트		0	10000	100000	200000
2	등급		4	3	2	1
3	등급명		BRONZE	SILVER	GOLD	PURE GOLD
4	가입기간(년)	0	0%	3%	7%	10%
5		3	1%	5%	10%	15%
6		5	2%	8%	15%	20%
7		10	3%	10%	20%	25%
8		15	4%	13%	23%	30%
9		20	5%	15%	25%	35%

■ INDEX 함수 이용하기

INDEX 함수를 이용해서 같은 결과를 구해 보자. '회원등급'의 첫 번째 셀인 Y2에 INDEX 함수를 이용해 다음과 같이 입력한다.

```
셀 Y2  =INDEX(참조표!$C$1:$F$3, 3, MATCH(X2, 참조표!$C$1:$F$1,1))
```

이 함수식은 [참조표] 시트의 셀 C1부터 F3 범위 내에서의 3행과, [참조표] 시트의 셀 C1부터 F1 범위 내에서 셀 X2에 입력된 값의 열 번호가 교차하는 지점의 값(GOLD)을 출력한다.

X	Y
누적포인트	회원등급
123,650	=INDEX(참조표!$C$1:$F$3, 3, MATCH(X2, 참조표!$C$1:$F$1,1))
2,500	

	A	B	C	D	E	F
1	누적포인트		0	10000	100000	200000
2	등급		4	3	2	1
3	등급명		BRONZE	SILVER	GOLD	PURE GOLD
4	가입기간(년)	0	0%	3%	7%	10%
5		3	1%	5%	10%	15%
6		5	2%	8%	15%	20%
7		10	3%	10%	20%	25%
8		15	4%	13%	23%	30%
9		20	5%	15%	25%	35%

	B	X	Y	Z
1	이름	누적포인트	회원등급	메일서버
2	김지운	123,650	GOLD	gmail
3	김성욱	2,500	BRONZE	naver
4	김진영	6,500	BRONZE	naver
5	김재원	143,000	GOLD	hotmail
6	문선영	186,300	GOLD	hanmail
7	박현호	400	BRONZE	naver
8	손서인	168,000	GOLD	hotmail
9	이유경	27,010	SILVER	hotmail

실습 7-5 회원의 할인율 구하기

준비 실습07_05.xlsx | **결과** 실습07_05_결과.xlsx

'가입년수'와 '회원등급' 항목, 또는 '가입년수'와 '누적포인트' 항목을 이용해 각 회원의 할인율을 구해 보자. 할인율은 INDEX 함수와 LOOKUP 함수들을 이용해 구할 수 있다. 이 함수들을 이용해 행과 열 번호를 구하고자 할 때 MATCH 함수를 사용하면 된다. [참조표] 시트의 할인율 표에서 오름차순으로 정렬된 '가입기간(년)'과 '누적포인트'는 MATCH 함수의 검색 옵션을 1로 설정하고, 정렬되지 않은 '등급명'은 검색 옵션을 0으로 설정한다. 이제 할인율을 구해 보자.

01 INDEX 함수 사용하기

먼저 INDEX 함수를 이용해 할인율을 구해 보자. INDEX 함수를 이용해 할인율을 구할 때는 '가입년수'를 이용해 행 번호를 찾고 '누적포인트'나 '회원등급'을 이용해 열 번호를 찾는다. '누적포인트'를 이용한 INDEX 함수식은 셀 Z2에, '회원등급'을 이용한 INDEX 함수식은 셀 AA2에 각각 다음과 같이 입력하고 채우기 핸들로 모든 회원에 대한 할인율을 구한다.

```
셀 Z2    =INDEX(참조표!$C$4:$F$9, MATCH(T2,참조표!$B$4:$B$9,1), MATCH(X2,참조표!$C$1:$F$1,1))
                                  '가입년수'로 행 번호 찾기          '누적포인트'로 열 번호 찾기
셀 AA2   =INDEX(참조표!$C$4:$F$9, MATCH(T2,참조표!$B$4:$B$9,1), MATCH(Y2,참조표!$C$3:$F$3,0))
                                  '가입년수'로 행 번호 찾기          '회원등급'으로 열 번호 찾기
```

	A	B	C	D	E	F
1	누적포인트		0	10000	100000	200000
2	등급		4	3	2	1
3	등급명		BRONZE	SILVER	GOLD	PURE GOLD
4	가입기간	0	0%	3%	7%	10%
5		3	1%	5%	10%	15%
6		5	2%	8%	15%	20%
7		10	3%	10%	20%	25%
8		15	4%	13%	23%	30%
9		20	5%	15%	25%	35%

C1:F1 / B4:B9 / C4:F9

▲ '누적포인트'를 참조하도록 함수식을 작성했을 때 [참조표] 시트의 할인율 표에서의 참조 영역

	A	B	C	D	E	F
1	누적포인트		0	10000	100000	200000
2	등급		4	3	2	1
3	등급명		BRONZE	SILVER	GOLD	PURE GOLD
4	가입기간	0	0%	3%	7%	10%
5		3	1%	5%	10%	15%
6		5	2%	8%	15%	20%
7		10	3%	10%	20%	25%
8		15	4%	13%	23%	30%
9		20	5%	15%	25%	35%

C3:F3 / B4:B9 / C4:F9

▲ '등급명'을 참조하도록 함수식을 작성했을 때 [참조표] 시트의 할인율 표에서의 참조 영역

02 VLOOKUP 함수 사용하기

이번에는 VLOOKUP 함수로 할인율을 구해 보자. '누적포인트'를 이용한 VLOOKUP 함수식은 셀 AB2에, '회원등급'을 이용한 VLOOKUP 함수식은 셀 AC2에 각각 다음과 같이 입력한다.

```
셀 AB2  =VLOOKUP(T2, 참조표!$B$4:$F$9, MATCH(X2,참조표!$C$1:$F$1,1)+1,TRUE)
```

'가입년수'를 포함하는 참조 범위 / MATCH 함수로 찾은 열 번호 + 1

```
셀 AC2  =VLOOKUP(T2, 참조표!$B$4:$F$9, MATCH(Y2,참조표!$C$3:$F$3,0)+1,TRUE)
```

위의 함수식에서 각 회원들의 '가입년수'에 해당하는 행을 찾기 위해 참조 범위에 '가입기간(년)'을 첫 번째 열로 포함하였다. 참조 범위에 '가입기간(년)' 항목이 포함되면서 열이 하나 증가한 상태이므로 MATCH 함수를 이용해 열 번호를 찾기 위해서는 찾은 열 번호에 1을 더해야 정확한 할인율을 찾을 수 있다. 따라서 함수식의 참조 범위에 입력한 영역은 다음과 같다.

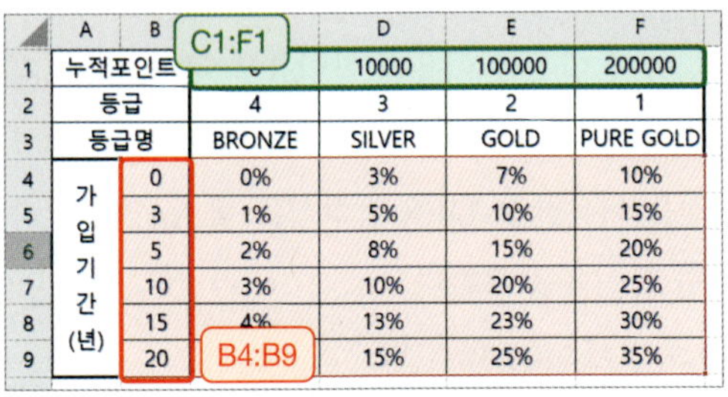

	A	B	C	D	E	F
1	누적포인트			10000	100000	200000
2	등급		4	3	2	1
3	등급명		BRONZE	SILVER	GOLD	PURE GOLD
4	가입기간(년)	0	0%	3%	7%	10%
5		3	1%	5%	10%	15%
6		5	2%	8%	15%	20%
7		10	3%	10%	20%	25%
8		15	4%	13%	23%	30%
9		20		15%	25%	35%

▲ '누적포인트'를 참조하도록 함수식을 작성했을 때 [참조표] 시트의 할인율 표에서의 참조 영역

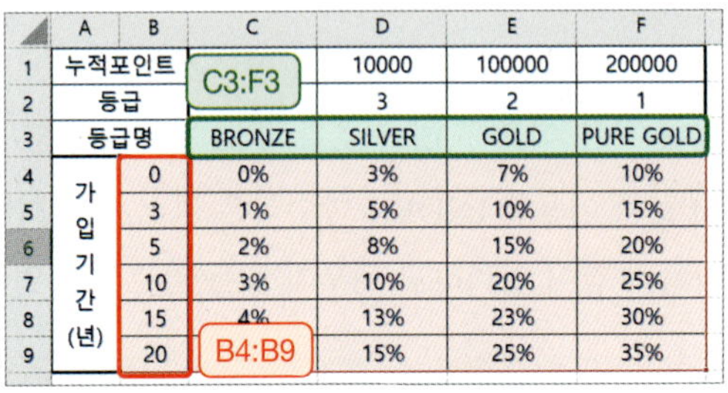

	A	B	C	D	E	F
1	누적포인트			10000	100000	200000
2	등급			3	2	1
3	등급명		BRONZE	SILVER	GOLD	PURE GOLD
4	가입기간(년)	0	0%	3%	7%	10%
5		3	1%	5%	10%	15%
6		5	2%	8%	15%	20%
7		10	3%	10%	20%	25%
8		15	4%	13%	23%	30%
9		20		15%	25%	35%

▲ '등급명'을 참조하도록 함수식을 작성했을 때 [참조표] 시트의 할인율 표에서의 참조 영역

03 HLOOKUP 함수 사용하기

HLOOKUP 함수로 할인율을 구해 보자. '누적포인트' 항목을 이용해 작성한 HLOOKUP 함수식은 셀 AD2에, '회원등급' 항목을 이용해 작성한 HLOOKUP 함수식은 셀 AE2에 다음과 같이 작성한다.

```
셀 AD2  =HLOOKUP(X2, 참조표!$C$1:$F$9, MATCH(T2,참조표!$B$4:$B$9,1)+3, TRUE )
```

'누적포인트'를 포함한 참조 범위 / MATCH 함수로 찾은 열 번호 + 3

```
셀 AE2  =HLOOKUP(Y2, 참조표!$C$3:$F$9, MATCH(T2,참조표!$B$4:$B$9,1)+1, FALSE )
```

'회원등급' 포함한 참조 범위 / MATCH 함수로 찾은 열 번호 + 1 / '회원등급'이 정확하게 일치

HLOOKUP 함수로 할인율을 구하려면 '누적포인트' 항목 또는 '등급명' 항목이 첫 번째 행이 되도록 참조 범위를 선택해야 하며, '가입년수' 항목으로 찾은 행 번호에서 1 또는 3을 더해야 정확한 할인율을 구할 수 있다. '가입년수' 항목으로 찾은 행 번호에 1을 더하는 경우는 '등급명' 항목이 참조 영역의 첫 행일 경우이고, 3을 더하는 경우는 '누적포인트' 항목이 참조 영역의 첫 행일 경우로, 참조 범위가 다음처럼 하나의 행 또는 세 개의 행이 더 증가한 상태이다.

	A	B	C	D	E	F
1	누적포인트		0	10000	100000	200000
2	등급		4	3	2	1
3	등급명		BRONZE	SILVER	GOLD	PURE GOLD
4	가입기간(년)	0	0%	3%	7%	10%
5		3	1%	5%	10%	15%
6		5	2%	8%	15%	20%
7		10	3%	10%	20%	25%
8		15	4%	13%	23%	30%
9		20	5%	15%	25%	35%

B4:B9 C3:F9

▲ '등급명'을 참조하도록 함수식을 작성했을 때 [참조표] 시트의 할인율 표에서의 참조 영역

	A	B	C	D	E	F
1	누적포인트		0	10000	100000	200000
2	등급		4	3	2	1
3	등급명		BRONZE	SILVER	GOLD	PURE GOLD
4	가입기간(년)	0	0%	3%	7%	10%
5		3	1%	5%	10%	15%
6		5	2%	8%	15%	20%
7		10	3%	10%	20%	25%
8		15	4%	13%	23%	30%
9		20	5%	15%	25%	35%

B4:B9 C1:F9

▲ '누적포인트'를 참조하도록 함수식을 작성했을 때 [참조표] 시트의 할인율 표에서의 참조 영역

그리고 '회원등급' 항목을 이용해 열 번호를 찾으려면 정확하게 일치하는 값을 찾아야 하므로 HLOOKUP 함수에서의 검색 방식을 'FALSE'로 입력한다.

AG14

	B	T	X	Y	Z	AA	AB	AC	AD	AE
1	이름	가입 년수	누적포인트	회원등급	할인율 (INDEX : 누적포인트)	할인율 (INDEX : 회원등급)	할인율 (VLOOKUP : 누적포인트)	할인율 (VLOOKUP : 회원등급)	할인율 (HLOOKUP : 누적포인트)	할인율 (HLOOKUP : 회원등급)
2	김지운	22	123,650	GOLD	25%	25%	25%	25%	25%	25%
3	감성욱	6	2,500	BRONZE	2%	2%	2%	2%	2%	2%
4	김진영	15	6,500	BRONZE	4%	4%	4%	4%	4%	4%
5	김재원	15	143,000	GOLD	23%	23%	23%	23%	23%	23%
6	문선영	14	186,300	GOLD	20%	20%	20%	20%	20%	20%
7	박현효	6	400	BRONZE	2%	2%	2%	2%	2%	2%
8	손서인	17	168,000	GOLD	23%	23%	23%	23%	23%	23%
9	이유경	9	27,010	SILVER	8%	8%	8%	8%	8%	8%
10	이택진	12	199,000	GOLD	20%	20%	20%	20%	20%	20%

6 일부 문자열 바꾸기: REPLACE/REPT/LEN

준비 예제07_07.xlsx | **결과** 예제07_0_결과.xlsx

회원정보 중 주요 정보를 보이지 않게 가려야 할 때가 있다. 이때 REPLACE 함수를 사용할 수 있는데, REPLACE 함수는 이미 작성된 문자열의 일부를 다른 문자로 대체하여 표시하는 함수로 중요한 정보를 보이지 않게 숨겨야 할 때 유용하다.

REPLACE 함수와 함께 REPT 함수와 LEN 함수를 활용할 수 있다. REPT 함수는 문자열을 반복해서 출력하는 함수이고, LEN 함수는 문자열의 길이를 출력하는 함수이다. 이 두 함수를 활용하면 정보 중에서 숨기고자 하는 일부분의 길이를 출력하고, 그 길이만큼 문자들을 반복해서 표시할 수 있다.

```
= REAPLCE(원래 문자열 또는 셀, 시작 번호, 바꿀 문자의 개수, 입력될 문자열 또는 셀)
= REPT(문자열 또는 셀, 반복 횟수)
= LEN(문자열 또는 셀)

예 = REPLACE("ABCDEFGHIJKLMN", 3, 5, " , ")      = REPLACE(A1, 5, 4, "****")
   = REPT("ABCD", 3)                             = REPT(A1, 5)
   = LEN("ABCDEFG")                              = LEN(A1)
```

	A	B	C	D
1	ABCDEFGHIJKLMN		*****	: =REPT("*", 5) 입력
2	wxyzabc		ABCDEFGHIJKLMNABCDEFGHIJKLMN	: =REPT(A1,2) 입력
3			14	: =LEN(A1) 입력
4			ABCDxyzJKLMN	: =REPLACE(A1, 5, 5, "xyz") 입력
5			ABCD*LMN	: =REPLACE(A1,5,LEN(A2),"*") 입력
6			ABCD*******LMN	: =REPLACE(A1,5,LEN(A2),REPT("*", LEN(A2))) 입력
7				

위 그림에서 셀 C6에 입력된 식을 살펴보자. 이 식은 REPLACE, REPT, LEN 함수를 활용한 예로 셀 A1에 입력된 문자열 'ABCDEFGHIJKLMN' 중 5번 문자부터 셀 A2에 입력된 문자열 'wxyzabc'의 길이만큼 '*'를 반복해서 출력한다.

이름을 *로 출력하기

'예제07_07.xlsx'의 회원정보 중 회원 이름의 일부를 숨겨서 표시해 보자. '이름' 항목의 데이터 중 성만 공개하고 이름을 숨겨 '비공개이름'에 출력할 것이다. 회원들의 이름 정보는 모두 성 한 글자와 이름 두 글자로 구성되어 있다. 그러므로 '이름' 항목의 데이터 중 두 번째 문자부터 나머지 문자들을 모두 '*'로 출력되도록 셀 C2에 다음과 같이 입력한다.

```
셀 C2  =REPLACE(B2, 2, 2, "**")
```

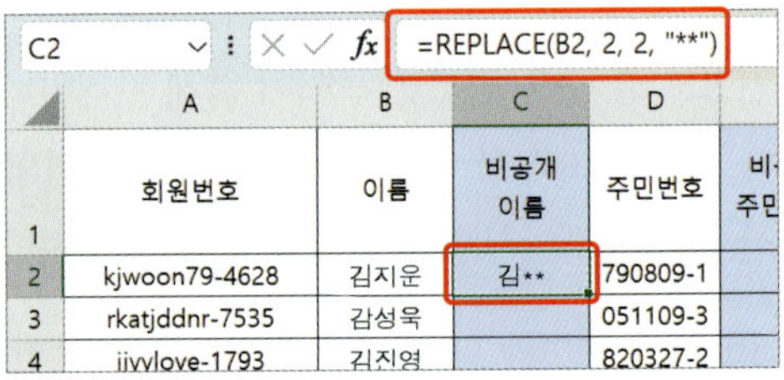

이번에는 D열에 입력된 '주민번호' 항목을 이용하여 주민번호 뒷자리를 기호화한 '비공개 주민번호'를 출력해 보자. 주민등록번호의 뒷자리는 총 일곱 자리이므로, '비공개 주민번호' 항목의 성별 정보 다음 6자리를 '*'로 출력할 것이다. '주민번호'(셀 D2)의 데이터가 문자 형식이므로 REPT 함수로 '*' 모양 6개를 &로 연결하여 출력한다. 셀 E2에 다음과 같이 입력하자.

셀 E2 =D2&REPT("*",6)

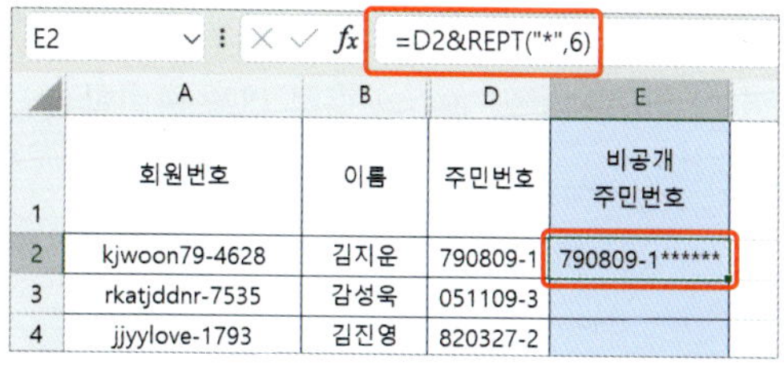

E2 =D2&REPT("*",6)

	A	B	D	E
1	회원번호	이름	주민번호	비공개 주민번호
2	kjwoon79-4628	김지운	790809-1	790809-1******
3	rkatjddnr-7535	감성욱	051109-3	
4	jjyylove-1793	김진영	820327-2	

실습 7-6 기존 문자(열)을 다른 문자(열)로 바꾸기

준비 실습07_06.xlsx | **결과** 실습07_06_결과.xlsx

각 회인들의 '회원번호'와 '핸드폰번호' 항목 값의 일부를 가려서 '*'로 표시해 보자.

01 '비공개 회원정보' 구하기

'비공개 회원정보' 항목은 다음 함수식을 이용해 얻은 결과를 REPLACE, REPT, LEN 함수를 이용해 같은 결과를 내도록 다시 작성해 볼 것이다. 먼저 셀 B2에 다음 함수식을 입력한다.

셀 B2 =LEFT(A2,1)&REPT("*", LEN(A2)-6)&RIGHT(A2,5)

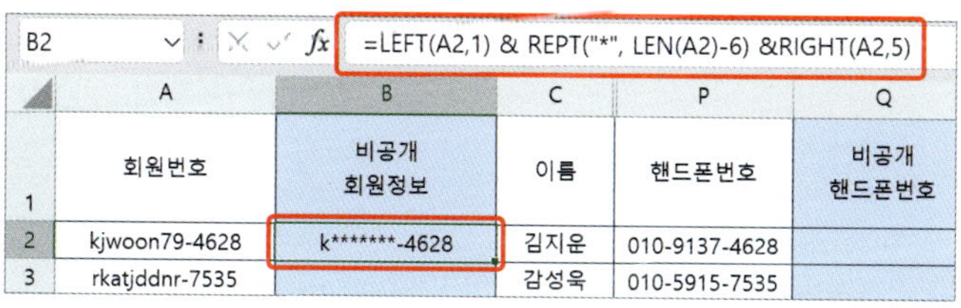

B2 =LEFT(A2,1) & REPT("*", LEN(A2)-6) &RIGHT(A2,5)

	A	B	C	P	Q
1	회원번호	비공개 회원정보	이름	핸드폰번호	비공개 핸드폰번호
2	kjwoon79-4628	k*******-4628	김지운	010-9137-4628	
3	rkatjddnr-7535		감성욱	010-5915-7535	

이 결과는 셀 A2 문자열의 2번 문자부터 6개의 문자를 '*'로 출력한다. LEFT(A2,1)은 셀 A2의 값 왼쪽에서 한 자리를 추출한다는 의미이고, REPT("*", LEN(A2)-6)은 셀 A2 값의 길이에서 6을 뺀 수만큼 *를 반복 출력한다는 의미이다. 마지막으로 RIGHT(A2,5)는 셀 A2 값의 오른쪽에서 다섯 자리를 추출한다.

이 정보를 활용해 REPLACE, REPT, LEN 함수를 이용해 셀 B2에 다음 함수식을 다시 작성해 보자.

셀 B2 =REPLACE(A2,2,LEN(A2)-6,REPT("*",LEN(A2)-6))

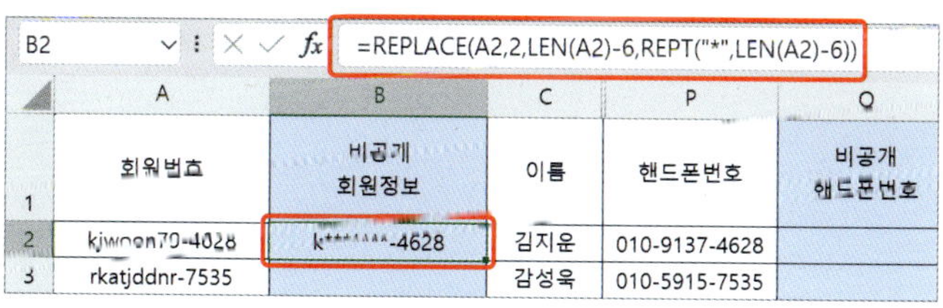

B2 =REPLACE(A2,2,LEN(A2)-6,REPT("*",LEN(A2)-6))

	A	B	C	P	Q
1	회원번호	비공개 회원정보	이름	핸드폰번호	비공개 핸드폰번호
2	kjwoon79-4628	k*******-4628	김지운	010-9137-4628	
3	rkatjddnr-7535		감성욱	010-5915-7535	

이 방식으로 '비공개 회원정보' 항목의 값을 모두 구해 보면 회원마다 '*'의 개수가 다른 것을 확인할 수 있다.

	A	B	C
1	회원번호	비공개 회원정보	이
2	kjwoon79-4628	k*******-4628	김지
3	rkatjddnr-7535	r********-7535	감성
4	jjyylove-1793	j*******-1793	김진
5	kjw8855-7896	k******-7896	김지
6	ppororo2157-7412	p**********-7412	문선
7	hhphhp-4123	h*****-4123	박현
8	luvsi123-5213	l*******-5213	손서
9	angelyu-9635	a******-9635	이유
10	teakjjingg-4613	t*********-4613	이택
11	jangjangjw-3152	j*********-3152	장진

02 '비공개 핸드폰번호' 구하기

이번에는 '핸드폰번호'의 가운데 번호 네 자리를 '*'로 가려 '비공개 핸드폰번호'를 구해 보자. '핸드폰번호'의 가운데 번호는 일반적으로 다음과 같이 정의할 수 있다.

❶ 5번 위치의 숫자부터 네 자리
❷ 첫 번째 하이픈(-) 다음 네 자리
❸ 첫 번째 하이픈과 두 번째 하이픈 사이 자리

이 세 가지를 반영한 함수식을 모두 작성하여 결과를 비교해 보자. '비공개 핸드폰번호' 항목에 해당하는 첫 번째 셀인 Q2에 다음 세 함수식 중 하나를 작성하여 확인하자.

```
셀 Q2
❶ =REPLACE(P2,5,4,REPT("*",4))
❷ =REPLACE(P2,FIND("-",P2)+1,4,REPT("*",4))
❸ =REPLACE(P2,FIND("-",P2)+1,FIND("-",P2,FIND("-",P2)+1)-FIND("-",P2)-1,REPT("*",FIND("-",P2,FIND("-",P2)+1)-FIND("-",P2)-1))
```

Q2 | fx =REPLACE(P2,5,4,REPT("*",4))

	A	C	P	Q
1	회원번호	이름	핸드폰번호	비공개 핸드폰번호
2	kjwoon79-4628	김지운	010-9137-4628	010-****-4628
3	rkatjddnr-7535	감성욱	010-5915-7535	
4	jjyylove-1793	김진영	010-2486-1793	

Q2 | fx =REPLACE(P2,FIND("-",P2)+1,4,REPT("*",4))

	A	C	P	Q	AK
1	회원번호	이름	핸드폰번호	비공개 핸드폰번호	
2	kjwoon79-4628	김지운	010-9137-4628	010-****-4628	
3	rkatjddnr-7535	감성욱	010-5915-7535		
4	jjyylove-1793	김진영	010-2486-1793		

Q2 | fx =REPLACE(P2,FIND("-",P2)+1,FIND("-",P2,FIND("-",P2)+1)-FIND("-",P2)-1,REPT("*",FIND("-",P2,FIND("-",P2)+1)-FIND("-",P2)-1))

	C	P	Q	AK	AL	AM	AN	AO	AP	AQ	AR	AS	AT
1	이름	핸드폰번호	비공개 핸드폰번호										
2	김지운	010-9137-4628	010-****-4628										
3	감성욱	010-5915-7535											
4	김진영	010-2486-1793											

❷와 ❸과 같은 함수식은 핸드폰번호의 앞자리 혹은 가운데 자리의 자릿수가 달라질 경우를 대비해 사용하기 적당한 방식이다.

❷ 함수식의 두 번째 인자 FIND("-",P2)+1은 셀 P2의 값에서 첫 번째 하이픈의 다음 자리를 의미한다. 그리고 ❸ 함수식의 세 번째 인자 FIND("-",P2,FIND("-",P2)+1)-FIND("-",P2)-1은 다음을 의미한다.

```
FIND("-",P2,FIND("-",P2)+1)-FIND("-",P2)-1
```

- FIND("-",P2,FIND("-",P2)+1): 첫 번째 하이픈 다음 문자부터 검색하여 나오는 하이픈의 위치 즉, 두 번째 하이픈의 위치
- FIND("-",P2): 첫 번째 하이픈의 위치

세 번째 인자의 식으로 '핸드폰번호'에서 하이픈 사이의 자리수(4)를 구할 수 있다.

여기서 잠깐 — 이름과 성의 길이가 다를 때

'예제07_07.xlsx'의 회원정보는 한 글자의 성과 두 글자의 이름으로 구성되어 함수식 =REPLACE(B2, 2, 2, "**")로도 원하는 출력을 얻을 수 있다. 그러나 '독고', '선우'와 같이 두 글자 성을 갖거나 '진', '구', '진달래'와 같이 성을 제외한 이름이 두 글자가 아닌 경우가 있을 수 있다. 따라서 이 함수식으로는 성을 정확히 출력하거나 이름의 길이에 맞게 '*'를 표시하는 것이 불가능하며 여러 함수를 조합하여 결과를 얻어야 한다.

	A	B	C	D	E
1		REPLACE(A열의 셀, 2, 2, "**") 입력한 경우	여러 함수가 조합된 경우		
2	이지은	이**	이**		
3	독고진	독**	독고*		
4	선우정아	선**아	선우**		참조표
5	김구	김**	김*		독고
6	박진달래	박**래	박***		선우
7					

위의 예에서 B열에 출력된 결과들은 모두 단순하게 REPLACE(A열의 셀, 2, 2, "**")로 작성된 함수식의 결과로 두 글자 성, 한 글자 또는 세 글자 이름 모두 2번 위치부터 두 개의 문자를 '**'로 바꾸어 출력한다. 이와 달리 C열은 여러 가지 함수를 조합하여 성을 제외한 이름만을 '*'로 출력할 수 있도록 함수식을 작성하였다. 셀 C2에 입력된 함수식은 다음과 같다.

셀 C2 (조건식 / 참일 때 실행 / 거짓일 때 실행)

```
=IF(IFNA(MATCH(LEFT(A2,2),$E$4:$E$5,0),0)>0, REPLACE(A2,3,LEN(A2)-2, REPT("*",LEN(A2)-2)),
REPLACE(A2,2,LEN(A2)-1, REPT("*",LEN(A2)-1)))
```

함수식의 구성 중 조건식에 사용된 IFNA 함수는 식의 결과가 '#N/A' 오류이면 지정한 값을 출력하고 그렇지 않으면 식의 결과를 출력한다.

```
= IFNA(식, 지정 값)
```

앞에서 살펴봤던 IFERROR 함수가 모든 오류에 결괏값을 지정하는 함수였다면 IFNA 함수는 '#N/A' 오류에 출력값을 지정하는 함수이다. 따라서 셀 C2 IF 함수의 조건식에 사용된 IFNA(MATCH(LEFT(A2,2),$E$4:$E$5,0),0)은

MATCH 함수의 실행 결과가 '#N/A'면 0을 출력하고 그렇지 않으면 MATCH 함수로 찾은 인덱스를 출력하라는 의미이다. 그러므로 IF 함수 내의 조건식은 'MATCH 함수의 결과가 0보다 큰가?'를 의미한다.

이때 MATCH 함수는 [참조표]에서 일치하는 성이 있으면 그 성의 인덱스를 출력하는 것이므로 IF 함수의 조건식이 0보다 크면(조건식이 참) A열에 입력된 이름의 왼쪽 앞 두 글자(LEFT(A2,2))가 [참조표]($E$4:$E$5)에 있다는 것을 의미한다. 그러므로 그 사람의 이름이 두 글자 성에 해당한다는 것을 알 수 있다.

조건식이 참일 때 실행되는 함수식과 거짓일 때 함수식의 내용을 정리하면 다음과 같다.

[조건식이 참일 때: 성이 두 글자일 때]

REPLACE(	A2,3	, LEN(A2)-2	, REPT("*",LEN(A2)-2))
바꿔서 출력하라	셀 A2의 3번 문자부터	셀 A2의 문자 길이에서 2를 뺀 만큼	'*'을 LEN(A2)-2만큼 반복

[조건식이 거짓일 때: 성이 한 글자일 때]

REPLACE(	A2,2	, LEN(A2)-1	, REPT("*",LEN(A2)-1))
바꿔서 출력하라	셀 A2의 2번 문자부터	셀 A2의 문자 길이에서 1을 뺀 만큼	'*'을 LEN(A2)-1만큼 반복

요약

01 특정 문자 찾기

- 영문 대·소문자를 구분하여 검색: FIND("찾으려는 문자(열)", 찾으려는 문자(열)가 포함된 문자열 또는 셀 주소, [검색 시작 위치])
- 영문 대·소문자를 구분하지 않고 검색: SEARCH("찾으려는 문자(열)", 찾으려는 문자(열)가 포함된 문자열 또는 셀 주소, [검색 시작 위치])

02 년, 월, 일, 요일 구하기

- 문자열을 날짜로 변환: DATE(년에 해당하는 값(셀), 월에 해당하는 값(셀), 일에 해당하는 값(셀))
- 날짜에서 년만 추출: YEAR(날짜 형태로 쓰인 문자열 또는 셀)
- 날짜에서 월만 추출: MONTH(날짜 형태로 쓰인 문자열 또는 셀)
- 날짜에서 일만 추출: DAY(날짜 형태로 쓰인 문자열 또는 셀)
- 오늘 날짜 출력(년-월-일): TODAY()
- 오늘 날짜와 현재 시간 출력(년-월-일 시:분): NOW()
- 요일 인덱스 출력: WEEKDAY(날짜 또는 셀, [요일 시작 옵션])

03 기간 구하기

- 기간을 옵션에 따라 구하기: DATEDIF(시작 날짜 또는 셀, 종료 날짜 또는 셀, "기간 표현 옵션")
- 기간 표현 옵션
  - "Y": 년 수/"M": 개월 수/"D": 일 수
  - "YM": Y년 M개월의 기간 중 M개월만 구할 때
  - "YD": Y년 D일의 기간 중 D일만 구할 때
  - "MD": M개월 D일의 기간 중 D일만 구할 때

04 인덱스 활용하기

- 인덱스에 해당하는 값 출력: CHOOSE(인덱스 값 또는 셀, 값1, 값2, 값3, …)
- 리스트 내의 값에 대한 인덱스 출력: MATCH(찾으려는 값 또는 셀, 검색 범위, [검색 옵션])
- 행과 열이 교차하는 지점의 값 출력: INDEX(검색 범위, 행 번호, 열 번호)

05 일부 정보 가리기

- 문자열 일부를 다른 문자열로 교체: REPLACE(원래 문자열 또는 셀, 시작 번호, 바꿀 문자의 개수, 입력될 문자열 또는 셀)
- 같은 문자열 반복: REPT(문자열 또는 셀, 반복 횟수)
- 문자열의 길이를 출력: LEN(문자열 또는 셀)

연습문제

[01~05] 다음 그림을 참고하여 질문에 답하시오.

	A
1	abcde-ABCDE-12345
2	

01 함수식 =FIND("−", A1)의 결과와 다른 결과를 출력하는 것을 고르시오.

① `=FIND("-", A1, 7)`

② `=FIND("-", A1, 7) - 6`

③ `=FIND("-", A1, 6)`

④ `=SEARCH("-", A1)`

⑤ `=SEARCH("-", A1, 6)`

02 셀 A1에 입력된 문자열에서 두 번째 하이픈(−)의 위치를 찾는 함수식을 <u>모두</u> 고르시오.

① `=FIND("-", A1, 6)`

② `=SEARCH("-", A1, 6)`

③ `=FIND("-", A1, 7)`

④ `=SEARCH("-", A1, 7)`

⑤ `=FIND("-", A1, 7) - 6`

03 대문자 "D"의 위치를 찾는 함수식을 <u>모두</u> 고르시오.

① `=FIND("d", A1)`

② `=FIND("D", A1)`

③ `=FIND("d", A1, 5)`

④ `=SEARCH("D", A1)`

⑤ `=SEARCH("D", A1, 5)`

04 FIND, SEARCH 함수에 대한 설명으로 옳지 않은 것을 고르시오.

① 문자 또는 문자열의 위치를 찾는 함수이다.

② 함수의 세 번째 인자에 입력된 위치 번호 앞의 문자들은 탐색하지 않는다.

③ FIND("cde", A1) 또는 SEARCH("cde", A1)의 결과는 문자 'c'의 위치 번호이다.

④ FIND는 대소문자를 구분하지 않고, SEARCH는 대소문자를 구분하여 위치를 찾는다.

⑤ FIND("X", A1) 또는 SEARCH("X", A1)의 결과는 '#VALUE!' 오류이다.

05 다음 함수식은 무엇을 구하는 식인가?

```
=LEN(MID(A1,FIND("-",A1)+1,FIND("-",A1,FIND("-",A1)+1)-FIND("-",A1)-1))
```

① 셀 A1 문자열의 길이를 구한다.

② 셀 A1 문자열의 하이픈(-) 사이에 있는 문자열을 구한다.

③ 셀 A1 문자열의 하이픈(-) 사이에 있는 문자열의 길이를 구한다.

④ 셀 A1 문자열의 하이픈(-) 위치를 구한다.

⑤ 셀 A1 문자열의 하이픈(-)을 모두 추출한다.

06 오늘 날짜를 확인하기 위해 사용하는 함수를 모두 선택하시오.

① TODAY 함수

② NOW 함수

③ DATE 함수

④ WEEKDAY 함수

⑤ DAY 함수

07 다음 그림에서 각 셀들의 값을 구하기 위해 사용한 함수가 아닌 것을 고르시오.

	A	B	C	D
1	2024-08-23	2024	8	23
2				

① YEAR 함수　　② MONTH 함수

③ DAY 함수　　④ TODAY 함수

⑤ NOW 함수

08 오늘 날짜의 요일을 출력하기 위해 사용하는 함수식으로 맞는 것을 모두 선택하시오.

① =DAY(TODAY())

② =DATE(TODAY())

③ =DAY(NOW())

④ =WEEKDAY(TODAY(),1)

⑤ =WEEKDAY(NOW(), 2)

09 다음 그림에서 셀 A1에 있는 문자열을 셀 B1과 같이 출력하는 함수식이 아닌 것을 고르시오.

	A	B
1	abcde-ABCDE-12345	abcde-#####-12345
2		

① =REPLACE(A1,7,5,"#")

② =REPLACE(A1,7,5,"#####")

③ =REPLACE(A1,7,5,REPT("#",5))

④ =REPLACE(A1,SEARCH("-",A1)+1,5,"#####")

⑤ =REPLACE(A1,SEARCH("-",A1)+1,5,REPT("#",5))

[10~16] '연습 07_01.xlsx'를 활용하여 다음 질문에 답하시오.

준비 연습07_01.xlsx | **결과** 연습07_01_결과.xlsx

10 셀 B2에 '오늘 날짜'를 시간까지 표시하시오.

11 '도서코드'의 일부를 숨기려고 한다. '제목비공개도서코드'와 '이름비공개도서코드'를 REPLACE, FIND 또는 SEARCH, LEN, REPT 함수를 이용해 구하시오. 단, 숨길 문자를 '#'으로 표시한다.

12 '분야코드'와 [참조표] 시트의 '분야별 코드'를 활용하여 '분야명'을 구하시오. 단, CHOOSE, MATCH 함수를 이용하시오.

13 '출간일'을 이용해 '출간일(년)', '출간일(월)', '출간일(일)'을 구하고, '출간일(년)', '출간일(월)', '출간일(일)'을 이용해 다시 '조합된 출간일'을 구하시오.

14 출간 후 오늘 날짜까지의 기간을 각각 '출간 후 기간(년)', '출간 후 기간(개월)', '출간 후 기간(일)', '출간 후 기간' 항목에 구하시오. '출간 후 기간'은 ○○년 ○○개월 ○○일의 형식으로 출력하시오.

15 '최근 대출일'의 '대출요일'과 오늘 날짜까지의 '대출기간'을 구하시오.

16 [참조표] 시트의 '분야별 선호도' 표를 이용해 '분야선호도(INDEX)', '분야선호도(VLOOKUP)', '분야선호도(HLOOKUP)'를 구하시오. 이 세 개의 항목들은 같은 결과를 출력한다.

[17~25] '연습 07_02.xlsx'를 활용하여 다음 질문에 답하시오.

준비 연습07_02.xlsx | **결과** 연습07_02_결과.xlsx

17 '주민등록번호'의 성별 정보 다음의 여섯 자리가 생략되어 있다. '*' 6개를 연결하여 '13자리 주민등록번호'를 구하시오.

18 '전화번호'의 중간 자리를 '*'로 표시한 '비공개 전화번호'를 구하시오. 단, 중간 번호는 항상 네 자리가 아닐 수 있다는 전제로 함수식을 작성한다.

19 각 회원들의 '주민등록번호'를 이용해 '생년월일'을 구하시오.

20 '생년월일'을 이용해 '태어난 해', '태어난 월', '태어날 일'을 구하시오.

21 셀 O3에 '오늘 날짜'를 구하시오.

22 회원의 '만나이'와 나이를 ○○년 ○○개월 ○○일의 형식으로 표현한 '나이(년개월일)'를 구하시오.

23 회원의 '가입기간(개월)'과 ○○년 ○○개월 ○○일의 형식으로 표현한 '가입기간(년개월일)'을 구하시오.

24 마지막 관람 이후 '관람공백기(일)'를 구하시오.

25 [참조표] 시트의 '수수료할인률' 표와 '예매현황'의 '합', '회원등급', '등급' 항목을 이용해 각 회원의 할인율을 구하시오.

PART 03

데이터 분석과 결과 공유

CHAPTER 08

함수를 이용한 데이터 집계

학습목표

- SUMIFS, AVERAGEIFS, COUNTIFS 함수로 여러 조건을 모두 만족하는 값의 합, 평균을 구하고 계수한다.
- 여러 조건을 모두 만족하는 값 중 MAXIFS, MINIFS 함수로 최댓값과 최솟값을 구한다.

SECTION 01

조건에 따라 데이터 집계하기

데이터 분석을 하기 위해서는 수집된 데이터들의 현황을 파악하는 과정이 필요하다. 이러한 현황은 4장, 7장에서 진행한 분석 데이터 수집 단계에서도 파악할 수 있지만, 조금 더 자세한 조건을 부여하여 세세한 현황을 파악하는 것도 가능하다. 이번 장에서는 데이터 분석에 필요한 조건들을 부여하여 세세한 데이터들의 현황을 파악해 보는 방법을 알아볼 것이다.

'컴퓨터 개론을 수강한 공학부 학생 성적 평가' 문제에서 + 학점과 0 학점을 부여하는 기준으로 '학점당 평균'을 사용했다. 이 평균은 데이터 집합의 대푯값에 해당한다. 이러한 대푯값 정보를 얻기 위해 6장에서는 조건 함수 SUMIF, AVERAGEIF, COUNTIF를 활용했다. 대푯값을 구하는 과정 외에도 각 학과별 학점 분포나 각 회원등급 내의 남녀 누적포인트의 합 또는 평균을 살펴보는 과정에도 조건 함수를 활용했다. 문제 상황에 해당하는 데이터들을 조건에 따라 집계하여 확인함으로써 현재 문제 상황에 대한 파악을 세밀하게 할 수 있다. 먼저 데이터를 집계하는 방법에 대해 살펴보자.

1 여러 조건에 따라 집계하기: SUMIFS/AVERAGEIFS/COUNTIFS

준비 예제08_01.xlsx | **결과** 예제08_01_결과.xlsx

6장에서 공부한 SUMIF, AVERAGEIF, COUNTIF 함수는 학점당 인원수나 합, 평균과 같이 조건이 하나일 때 합과 평균을 집계할 수 있었다. 여기서는 둘 이상의 조건을 포함하여 데이터를 집계할 때 사용하는 조건 함수들을 알아볼 것이다. SUMIFS, AVERAGEIFS, COUNTIFS 함수는 각각의 여러 조건에 해당하는 데이터의 합과 평균을 구하고 계수하는 함수이다.

```
= SUMIFS(합을 구할 범위, 조건 범위1, 조건식1, 조건 범위2, 조건식2, …)
= AVERAGEIFS(평균을 구할 범위, 조건 범위1, 조건식1, 조건 범위2, 조건식2, …)
= COUNTIFS(조건 범위1, 조건식1, 조건 범위2, 조건식2, …)

예 = SUMIFS(E1:E30, A1:A30, "=" & F1, B1:B30, ">=10", C1:C30, "<K*")
   = AVERAGEIFS(E1:E30, A1:A30, "=" & F1, B1:B30, ">=10", C1:C30, "<K*")
   = COUNTIFS(E1:E30, A1:A30, "=" & F1, B1:B30, ">=10", C1:C30, "<K*")
```

앞의 정의에서 예로 사용된 함수식들은 모두 세 개의 조건이 주어지고 이 조건들이 모두 만족하는 셀 값에 대한 합, 평균, 개수를 구하는 구성이다. 이 함수식 중 SUMIFS 함수를 이용해 함수식에 사용된 인자들의 구성을 이해해 보자.

```
=SUMIFS( E1:E30 , A1:A30,"="&F1 , B1:B30, ">=10" , C1:C30, "<K*" )
```

E1:E30	A1:A30,"="&F1	B1:B30, ">=10"	C1:C30, "<K*"
합을 구할 범위	조건 범위1과 조건 범위1에 대한 조건식	조건 범위2와 조건 범위2에 대한 조건식	조건 범위3과 조건 범위3에 대한 조건식

SUMIFS, AVERAGEIFS는 합 또는 평균을 구해야 하는 범위가 함수의 첫 번째 인자로 입력되지만, COUNTIFS 함수는 조건에 만족하는 데이터의 개수를 구하는 함수이기 때문에 조건 범위와 조건식만 나열된다. 또한 조건에 해당하는 인자들은 반드시 조건 범위와 해당 범위에 적용될 조건식이 나란한 순서로 나열되어야 한다. 따라서, `A1:A30,"="&F1`은 셀 A1부터 A30에 대해서 셀 F1에 입력된 값과 같은지를 판단하는 조건식이고, `B1:B30, ">=10"`은 셀 B1부터 B30에 대해서 10보다 크거나 같은지를 판단하는 조건식이다.

그리고 이 함수들의 결과는 입력된 조건들을 모두 만족해야 구할 수 있다. 그러므로 위의 SUMIFS 함수식은 셀 E1부터 E30에 입력된 값 중 세 가지 조건이 모두 만족하는 값들로만 합을 구한다. 세 가지 조건 중 하나라도 만족하지 않으면 합에 포함되지 않는다.

	A	B	C	D	E	F	G	H
1	학년	성별	담당	참여도	배치		1학년 중 남학생들의 학생 수	
2	1	남	설문	25	K-1		2	: =COUNTIFS(A2:A11, "=1", B2:B11, "=남") 입력
3	2	남	분석	16	A-2		여학생이면서 참여도가 평균보다 높은 학생들 중 S로 시작하는 부서에 배치된 학생 수	
4	3	여	설문	37	A-1		2	: =COUNTIFS(B2:B11, "=여", D2:D11, ">" & C13, E2:E11, "=S*") 입력
5	4	여	설문	20	K-2		설문을 담당하면서 1로 끝나는 부서에 배치된 학생들의 참여도 합	
6	1	남	분석	19	S-2		62	: =SUMIFS(D2:D11,C2:C11,"=설문",E2:E11,"=*1") 입력
7	2	남	검색	41	K-1		1학년 또는 2학년 중 참여도가 평균보다 높고 검색을 담당하는 학생들의 참여도 합	
8	3	여	검색	38	S-1		70	: =SUMIFS(D2:D11,A2:A11,"<=2",D2:D11,">" & C13,C2:C11,"=검색") 입력
9	4	여	검색	11	A-2		2학년 남학생들 중 분석을 담당하는 학생들의 참여도 평균	
10	1	여	분석	47	S-1		16	: =AVERAGEIFS(D2:D11,A2:A11,"=2",B2:B11,"=남",C2:C11,"=분석") 입력
11	2	남	검색	29	K-2		여학생들 중 참여도 평균보다 같거나 낮은 학생들의 참여도 평균	
12							15.5	: =AVERAGEIFS(D2:D11,B2:B11,"=여",D2:D11,"<=" & C13) 입력
13	평균참여도		28.3					

SUMIFS, AVERAGEIFS, COUNTIFS 함수에서 사용되는 조건식은 "=1"과 같이 숫자와 문자 상관없이 모두 큰 따옴표("") 안에 작성해야 한다. 단, 셀을 참조할 때는 `">" & C13`과 같이 조건식과 참조할 셀을 &로 연결해야 한다.

이제 간단한 주제에 대한 분석 정보를 구해 보자

학과별 학점당 인원수, 총합, 평균 구하기

학과별로 학점당 인원수와 총합, 평균을 구해 보자. 해당 데이터들을 구하기 위해서는 학과와 학점, 두 가지 조건을 고려해야 한다. 예를 들어 '소속학과'가 '컴퓨터' 학과인 학생들 중 '최종학점'으로 'A+' 학점을 받은 조건을 고려한다면 조건 범위와 조건식에 입력되어야 하는 내용은 다음과 같다.

구분	조건 범위	조건식
'컴퓨터' 학과	'소속학과' 또는 '학과코드' F2:F54 또는 E2:E54	"=컴퓨터" 또는 "=101"
'A+' 학점	'최종학점' AB2:AB54	"=A+"

'컴퓨터' 학과 학생들 중 'A+' 학점에 해당하는 인원수와 총합, 평균을 구하려면 이 조건을 모두 만족해야 한다. '예제08_01.xlsx'의 셀 AM6, AN6, AO6에 다음과 같이 함수식을 입력하여 '컴퓨터' 학과의 학점당 인원수, 총합, 평균을 구해 보자. '컴퓨터', 'A+'의 경우 셀 AM4, AL6에 입력된 값을 참조하여 함수식을 작성한다.

```
셀 AM6  =COUNTIFS(                 $F$2:$F$54,"="&$AM$4, $AB$2:$AB$54,"="&AL6
셀 AN6  =SUMIFS($S$2:$S$54       , $F$2:$F$54,"="&$AM$4, $AB$2:$AB$54,"="&AL6
셀 AO6  =AVERAGEIFS($S$2:$S$54, $F$2:$F$54,"="&$AM$4, $AB$2:$AB$54,"="&AL6
                                   "컴퓨터" 학과          "A+" 학점
```

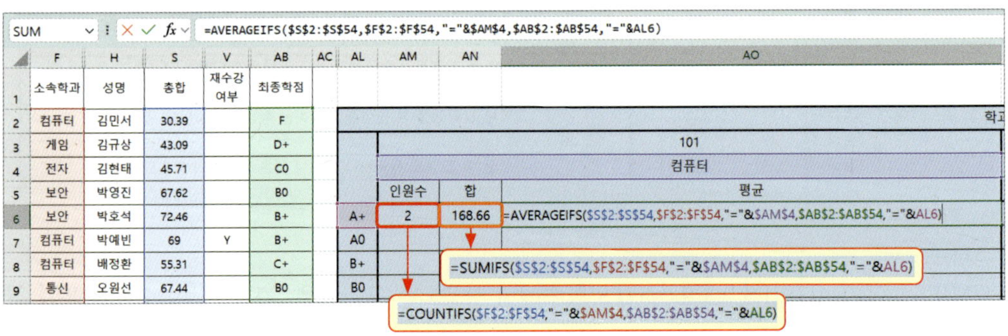

위의 함수식을 활용하여 '컴퓨터' 학과의 학점당 인원수, 합, 평균을 모두 구하면 다음 페이지의 왼쪽 이미지와 같은 결과가 나온다. 여기서 셀 AO9와 AO12는 오류코드 #DIV/0!가 표시되는데, 'B0' 학점과 'D+' 학점의 인원수가 0이므로 성적의 합을 0으로 나누게 되어 출력되는 오류코드이다.

그러면 학과별 학점당 평균을 구하는 AO열에 대해 일반적인 오류코드가 아닌 사용자가 지정한 오류코드로 출력해 보자. 셀 AO6에 다음과 같이 IFERROR 함수를 이용한 함수식으로 수정 입력하고, 채우기 핸들로 모두 구한 다음 출력된 평균 결과를 앞의 경우와 비교해 보자.

```
셀 AO6  =IFERROR(AVERAGEIFS($S$2:$S$54,$AB$2:$AB$54,"="&AL6,$F$2:$F$54,"="&$AM$4),"NV")
```

	AL	AM	AN	AO
3		101		
4		컴퓨터		
5		인원수	합	평균
6	A+	2	168.66	84.33
7	A0	3	233.67	77.89
8	B+	2	141.3	70.65
9	B0	0	0	#DIV/0!
10	C+	3	172.47	57.49
11	C0	2	107.04	53.52
12	D+	0	0	#DIV/0!
13	D0	1	38.93	38.93
14	F	3	96.93	32.31

▲ AVERAGEIFS 함수만 사용

	AL	AM	AN	AO
3		101		
4		컴퓨터		
5		인원수	합	평균
6	A+	2	168.66	84.33
7	A0	3	233.67	77.89
8	B+	2	141.3	70.65
9	B0	0	0	NV
10	C+	3	172.47	57.49
11	C0	2	107.04	53.52
12	D+	0	0	NV
13	D0	1	38.93	38.93
14	F	3	96.93	32.31

▲ IFERROR 함수 사용

이 함수식들의 참조값(셀 AL6, AM4)을 바꿔 다른 학과의 학과별 학점당 인원수, 합, 평균을 모두 구해 보자. 예를 들어 '전자' 학과의 'C0' 학점에 대한 인원수, 합, 평균을 구하는 함수식은 다음과 같다.

```
셀 AS6  =COUNTIFS($F$2:$F$54,"="&$AS$4,$AB$2:$AB$54,"="&AL6)
셀 AT6  =SUMIFS($S$2:$S$54,$F$2:$F$54,"="&$AS$4,$AB$2:$AB$54,"="&AL6)
셀 AU6  =IFERROR(AVERAGEIFS($S$2:$S$54,$F$2:$F$54,"="&$AS$4,$AB$2:$AB$54,"="&AL6), "NV")
```

학과별 학점 분포표

	AL	AM	AN	AO	AP	AQ	AR	AS	AT	AU	AV	AW	AX	AY	AZ	BA
3		101			102			103			101			105		
4		컴퓨터			보안			전자			게임			통신		
5		인원수	합	평균	인원수	합	평균	인원수	합	평균	인원수	합	평균	인원수	합	평균
6	A+	2	168.66	84.33	0	0	NV	0	0	NV	1	82.26	82.26	1	87.02	87.02
7	A0	3	233.67	77.89	2	149.42	74.71	3	230.37	76.79	0	0	NV	1	77.26	77.26
8	B+	2	141.3	70.65	3	211.16	70.3867	1	72.14	72.14	0	0	NV	4	288.94	72.235
9	B0	0	0	NV	2	133.43	66.715	2	126.81	63.405	2	132.76	66.38	2	135.59	67.795
10	C+	3	172.47	57.49	2	117.33	58.665	1	59.99	59.99	0	0	NV	0	0	NV
11	C0	2	107.04	53.52	0	0	NV	1	45.71	45.71	2	101.25	50.625	0	0	NV
12	D+	0	0	NV	1	44.88	44.88	0	0	NV	1	43.09	43.09	1	43.86	43.86
13	D0	1	38.93	38.93	1	39.77	39.77	0	0	NV	0	0	NV	0	0	NV
14	F	3	96.93	32.31	0	0	NV	1	26.57	26.57	1	30.02	30.02	1	28.25	28.25

실습 8-1 여러 조건에 따른 합, 평균, 할인율 구하기(1)

준비 실습08_01.xlsx | **결과** 실습08_01_결과.xlsx

회원등급의 연령대별 '인원수'와 '누적포인트합', '할인율평균'을 구해 보자.

[분포표a] 시트에 회원의 등급별 각 연령대의 '인원수', '누적포인트합', '할인율평균'을 구할 수 있는 표가 있다. 이 정보를 구하기 위해서는 [회원정보] 시트의 '회원등급'과 '만나이' 항목을 조건 범위로 사용해야 한다. 특히 연령대에 대한 조건식을 범위로 작성해야 한다. 예를 들어, '만나이'가 10보다 크거나 같고 20보다 작을 때 '10대'라고 정의하므로 '만나이' 항목의 값들이 10보다 크거나 같다는 조건식과 20보다 작다는 조건식으로 나눠서 작성해야 한다. 만약, 'PURE GOLD' 등급의 '10대'에 대한 정보라면 조건 범위와 조건식은 다음과 같이 구성된다.

	조건 범위	조건식
PURE GOLD 등급	'회원등급'	
	AC2:AC36	"=PURE GOLD"
10대	'만나이'	
	K2:K36	"=>10"
	K2:K36	"<20"

그러므로 'PURE GOLD' 등급에 속하는 '10대' 회원은 위의 세 조건식을 모두 만족해야 한다.

[분포표a] 시트의 셀 D2, D3, D4에 다음과 같이 입력하여 'PURE GOLD' 등급의 '10대' 회원의 '인원수', '누적포인트합', '할인율평균'을 구하자. 셀 A2에는 'PURE GOLD'가 입력되어 있다.

셀 D2

```
=COUNTIFS( 회원정보!$AC$2:$AC$36,"="&$A$2 , 회원정보!$K$2:$K$36,">=10" , 회원정보!$K$2:$K$36,"<20" )
```

'PURE GOLD' 등급 / '10대'에 대한 나이 범위

셀 D3

```
=SUMIFS( 회원정보!$AB$2:$AB$36 , 회원정보!$AC$2:$AC$36,"="&$A$2 ,
         회원정보!$K$2:$K$36,">=10" , 회원정보!$K$2:$K$36,"<20")
```

'누적포인트'의 합

셀 D4

```
=IFERROR(AVERAGEIFS( 회원정보!$AD$2:$AD$36 , 회원정보!$AC$2:$AC$36,"="&$A$2 ,
         회원정보!$K$2:$K$36,">=10" , 회원정보!$K$2:$K$36,""<20) , "NV")
```

'할인율'의 평균

	H	I	K	R	AB	AC	AD	AK
1	생년월일	요일	만 나이	가입년월일	누적포인트	회원등급	할인율 (INDEX : 누적포인트)	
2	1979-08-09	목	45	2002-06-17	123,650	GOLD	25%	
3	2005-11-09	수	18	2019-02-23	2,500	BRONZE	2%	
4	1982-03-27	토	42	2010-05-13	6,500	BRONZE	3%	
5	1988-03-05	토	36	2009-07-11	143,000	GOLD	23%	
6	1975-01-02	목	49	2011-03-03	186,300	GOLD	20%	
7	1990-06-15	금	34	2019-01-10	400	BRONZE	2%	
8	1986-03-19	수	38	2007-07-10	168,000	GOLD	23%	
9	1994-09-14	수	29	2016-01-14	27,010	SILVER	8%	
10	1980-07-29	화	44	2012-12-02	199,000	GOLD	20%	
11	1970-12-12	토	53	2013-04-01	200,500	PURE GOLD	25%	
12	1996-04-12	금	28	2020-02-02	3,700	BRONZE	1%	

▲ COUNTIFS 함수의 [회원정보] 시트 참조 상태

	H	I	K	R	AB	AC	AD	AK
1	생년월일	요일	만 나이	가입년월일	누적포인트	회원등급	할인율 (INDEX : 누적포인트)	
2	1979-08-09	목	45	2002-06-17	123,650	GOLD	25%	
3	2005-11-09	수	18	2019-02-23	2,500	BRONZE	2%	
4	1982-03-27	토	42	2010-05-13	6,500	BRONZE	3%	
5	1988-03-05	토	36	2009-07-11	143,000	GOLD	23%	
6	1975-01-02	목	49	2011-03-03	186,300	GOLD	20%	
7	1990-06-15	금	34	2019-01-10	400	BRONZE	2%	
8	1986-03-19	수	38	2007-07-10	168,000	GOLD	23%	
9	1994-09-14	수	29	2016-01-14	27,010	SILVER	8%	
10	1980-07-29	화	44	2012-12-02	199,000	GOLD	20%	
11	1970-12-12	토	53	2013-04-01	200,500	PURE GOLD	25%	
12	1996-04-12	금	28	2020-02-02	3,700	BRONZE	1%	

▲ SUMIFS 함수의 [회원정보] 시트 참조 상태

	H	I	K	R	AB	AC	AD	AK
1	생년월일	요일	만 나이	가입년월일	누적포인트	회원등급	할인율 (INDEX : 누적포인트)	
2	1979-08-09	목	45	2002-06-17	123,650	GOLD	25%	
3	2005-11-09	수	18	2019-02-23	2,500	BRONZE	2%	
4	1982-03-27	토	42	2010-05-13	6,500	BRONZE	3%	
5	1988-03-05	토	36	2009-07-11	143,000	GOLD	23%	
6	1975-01-02	목	49	2011-03-03	186,300	GOLD	20%	
7	1990-06-15	금	34	2019-01-10	400	BRONZE	2%	
8	1986-03-19	수	38	2007-07-10	168,000	GOLD	23%	
9	1994-09-14	수	29	2016-01-14	27,010	SILVER	8%	
10	1980-07-29	화	44	2012-12-02	199,000	GOLD	20%	
11	1970-12-12	토	53	2013-04-01	200,500	PURE GOLD	25%	
12	1996-04-12	금	28	2020-02-02	3,700	BRONZE	1%	

▲ IFERROR 함수의 [회원정보] 시트 참조 상태

이 함수식들의 참조값(셀 A2)과 '만나이'의 범위를 바꿔가며 나머지 '회원등급'별 각 연령대의 '인원수', '누적포인트합', '할인율평균'을 구한다.

	A	B	C	D
1	등급	연령	구분	
2	PURE GOLD	10대	인원수	0
3			누적포인트합	0
4			할인율평균	NV
5		20대	인원수	0
6			누적포인트합	0
7			할인율평균	NV
8		30대	인원수	1
9			누적포인트합	224100
10			할인율평균	0.2
11		40대	인원수	3
12			누적포인트합	645300
13			할인율평균	0.2
14		50대	인원수	1
15			누적포인트합	200500
16			할인율평균	0.25

	A	B	C	D
1	등급	연령	구분	
17	GOLD	10대	인원수	0
18			누적포인트합	0
19			할인율평균	NV
20		20대	인원수	1
21			누적포인트합	130000
22			할인율평균	0.15
23		30대	인원수	5
24			누적포인트합	752500
25			할인율평균	0.198
26		40대	인원수	7
27			누적포인트합	1101550
28			할인율평균	0.21143
29		50대	인원수	0
30			누적포인트합	0
31			할인율평균	NV

	A	B	C	D
1	등급	연령	구분	
32	SILVER	10대	인원수	0
33			누적포인트합	0
34			할인율평균	NV
35		20대	인원수	4
36			누적포인트합	139310
37			할인율평균	0.0475
38		30대	인원수	5
39			누적포인트합	229500
40			할인율평균	0.102
41		40대	인원수	1
42			누적포인트합	32100
43			할인율평균	0.08
44		50대	인원수	0
45			누적포인트합	0
46			할인율평균	NV

	A	B	C	D
1	등급	연령	구분	
47	BRONZE	10대	인원수	1
48			누적포인트합	2500
49			할인율평균	0.02
50		20대	인원수	2
51			누적포인트합	4000
52			할인율평균	0.005
53		30대	인원수	2
54			누적포인트합	2800
55			할인율평균	0.02
56		40대	인원수	2
57			누적포인트합	15700
58			할인율평균	0.025
59		50대	인원수	0
60			누적포인트합	0
61			할인율평균	NV

실습 8-2 여러 조건에 따른 합, 평균, 할인율 구하기(2)

준비 실습08_02.xlsx | **결과** 실습08_02_결과.xlsx

회원등급 내에서 연령대별, 성별, 요일별 '인원수'를 구하고 '누적포인트합'과 '할인율평균'을 구해 보자.

등급별 각 연령대의 '인원수'와 '누적포인트합', 그리고 '할인율평균'을 구했던 문제에서 '성별'(G열)과 '요일'(I열)에 대한 조건을 추가하면 된다. 'PURE GOLD' 등급의 '10대', '남' 회원의 혜택

요일이 '일'요일인 회원의 수와 누적포인트의 합, 평균 할인율을 구하기 위해 [분포표a] 시트의 셀 E2, E3, E4에 다음과 같이 입력하자. 셀 A2, C2, E1은 'PURE GOLD', '남', '일'이 입력된 셀이다.

셀 E2

```
=COUNTIFS( 회원정보!$AC$2:$AC$36,"="&$A$2 , 회원정보!$K$2:$K$36,">=10" , 회원정보!$K$2:$K$36,"<20"
           회원정보!$G$2:$G$36,"="&$C$2 , 회원정보!$I$2:$I$36,"="&E1 )
```

- 회원정보!$AC$2:$AC$36,"="&$A$2 : 'PURE GOLD' 등급
- 회원정보!$K$2:$K$36,">=10" , 회원정보!$K$2:$K$36,"<20" : '10대'에 대한 나이 범위
- 회원정보!$G$2:$G$36,"="&$C$2 : '성별'이 '남'
- 회원정보!$I$2:$I$36,"="&E1 : '요일'이 '일'

셀 E3

```
=SUMIFS( 회원정보!$AB$2:$AB$36 , 회원정보!$AC$2:$AC$36,"="&$A$2 ,
         회원정보!$K$2:$K$36,">=10" , 회원정보!$K$2:$K$36,"<20" ,
         회원정보!$G$2:$G$36,"="&$C$2 , 회원정보!$I$2:$I$36,"="&E1 )
```

- 회원정보!$AB$2:$AB$36 : '누적포인트'의 합

셀 E4

```
=IFERROR(AVERAGEIFS( 회원정보!$AD$2:$AD$36 , 회원정보!$AC$2:$AC$36,"="&$A$2 ,
         회원정보!$K$2:$K$36,">=10" , 회원정보!$K$2:$K$36,""<20 ,
         회원정보!$G$2:$G$36,"="&$C$2 , 회원정보!$I$2:$I$36,"="&E1 ), "NV")
```

- 회원정보!$AD$2:$AD$36 : '할인율'의 평균

	G	H	I	K	S	T	U	V	Z	AB	AC	AD
1	성별	생년월일	요일	만 나이	년	월	일	가입일	가입 일수	누적포인트	회원등급	할인율 (INDEX : 누적포인트)
2	남	1979-08-09	목	45	2002	6	17	2002-06-17	8119	123,650	GOLD	25%
3	남	2005-11-09	수	18	2019	2	23	2019-02-23	2024	2,500	BRONZE	2%
4	여	1982-03-27	토	42	2010	5	13	2010-05-13	5232	6,500	BRONZE	3%
5	남	1988-03-05	토	36	2009	7	11	2009-07-11	5538	143,000	GOLD	23%
6	여	1975-01-02	목	49	2011	3	3	2011-03-03	4938	186,300	GOLD	20%
7	남	1990-06-15	금	34	2019	1	10	2019-01-10	2068	400	BRONZE	2%
8	여	1986-03-19	수	38	2007	7	10	2007-07-10	6270	168,000	GOLD	23%
9	여	1994-09-14	수	29	2016	1	14	2016-01-14	3160	27,010	SILVER	8%
10	남	1980-07-29	화	44	2012	12	2	2012-12-02	4298	199,000	GOLD	20%

▲ COUNTIFS 함수의 [회원정보] 시트 참조 상태

	G	H	I	K	S	T	U	V	Z	AB	AC	AD
1	성별	생년월일	요일	만나이	년	월	일	가입일	가입일수	누적포인트	회원등급	할인율(INDEX : 누적포인트)
2	남	1979-08-09	목	45	2002	6	17	2002-06-17	8119	123,650	GOLD	25%
3	남	2005-11-09	수	18	2019	2	23	2019-02-23	2024	2,500	BRONZE	2%
4	여	1982-03-27	토	42	2010	5	13	2010-05-13	5232	6,500	BRONZE	3%
5	남	1988-03-05	토	36	2009	7	11	2009-07-11	5538	143,000	GOLD	23%
6	여	1975-01-02	목	49	2011	3	3	2011-03-03	4938	186,300	GOLD	20%
7	남	1990-06-15	금	34	2019	1	10	2019-01-10	2068	400	BRONZE	2%
8	여	1986-03-19	수	38	2007	7	10	2007-07-10	6270	168,000	GOLD	23%
9	여	1994-09-14	수	29	2016	1	14	2016-01-14	3160	27,010	SILVER	8%
10	남	1980-07-29	화	44	2012	12	2	2012-12-02	4298	199,000	GOLD	20%

▲ SUMIFS 함수의 [회원정보] 시트 참조 상태

	G	H	I	K	S	T	U	V	Z	AB	AC	AD
1	성별	생년월일	요일	만나이	년	월	일	가입일	가입일수	누적포인트	회원등급	할인율(INDEX : 누적포인트)
2	남	1979-08-09	목	45	2002	6	17	2002-06-17	8119	123,650	GOLD	25%
3	남	2005-11-09	수	18	2019	2	23	2019-02-23	2024	2,500	BRONZE	2%
4	여	1982-03-27	토	42	2010	5	13	2010-05-13	5232	6,500	BRONZE	3%
5	남	1988-03-05	토	36	2009	7	11	2009-07-11	5538	143,000	GOLD	23%
6	여	1975-01-02	목	49	2011	3	3	2011-03-03	4938	186,300	GOLD	20%
7	남	1990-06-15	금	34	2019	1	10	2019-01-10	2068	400	BRONZE	2%
8	여	1986-03-19	수	38	2007	7	10	2007-07-10	6270	168,000	GOLD	23%
9	여	1994-09-14	수	29	2016	1	14	2016-01-14	3160	27,010	SILVER	8%
10	남	1980-07-29	화	44	2012	12	2	2012-12-02	4298	199,000	GOLD	20%

▲ AVERAGEIFS 함수의 [회원정보] 시트 참조 상태

이 함수식들의 참조값(셀 A2, 셀 C2, 셀 E1)과 '만나이'의 범위를 바꿔가며 나머지 각 '회원등급' 내에서 연령대별, 성별과 요일별로 '인원수', '누적포인트합', '할인율평균'을 모두 구한다.

	A	B	C	D	E	F	G	H	I	J	K
1	등급	연령	성별	구분	일	월	화	수	목	금	토
2	PURE GOLD	10대	남	인원수	0	0	0	0	0	0	0
3				누적포인트합	0	0	0	0	0	0	0
4				할인율평균	NV	NV	NV	NV	NV	NV	NV
5			여	인원수	0	0	0	0	0	0	0
6				누적포인트합	0	0	0	0	0	0	0
7				할인율평균	NV	NV	NV	NV	NV	NV	NV
8		20대	남	인원수	0	0	0	0	0	0	0
9				누적포인트합	0	0	0	0	0	0	0
10				할인율평균	NV	NV	NV	NV	NV	NV	NV
11			여	인원수	0	0	0	0	0	0	0
12				누적포인트합	0	0	0	0	0	0	0
13				할인율평균	NV	NV	NV	NV	NV	NV	NV
14		30대	남	인원수	0	0	1	0	0	0	0
15				누적포인트합	0	0	224100	0	0	0	0
16				할인율평균	NV	NV	0.2	NV	NV	NV	NV
17			여	인원수	0	0	0	0	0	0	0
18				누적포인트합	0	0	0	0	0	0	0
19				할인율평균	NV	NV	NV	NV	NV	NV	NV
20		40대	남	인원수	1	0	0	0	0	0	0
21				누적포인트합	214000	0	0	0	0	0	0
22				할인율평균	0.3	NV	NV	NV	NV	NV	NV
23			여	인원수	1	0	0	0	0	1	0
24				누적포인트합	210300	0	0	0	0	221000	0
25				할인율평균	0.3	NV	NV	NV	NV	0.35	NV
26		50대	남	인원수	0	0	0	0	0	0	1
27				누적포인트합	0	0	0	0	0	0	200500
28				할인율평균	NV	NV	NV	NV	NV	NV	0.25
29			여	인원수	0	0	0	0	0	0	0
30				누적포인트합	0	0	0	0	0	0	0
31				할인율평균	NV	NV	NV	NV	NV	NV	NV

▲ 'PURE GOLD' 등급의 결과

SECTION 02 조건에 따른 값 구하기

1 조건에 따른 최댓값/최솟값 구하기: MAXIFS/MINIFS

준비 예제08_02.xlsx | **결과** 예제08_02_결과.xlsx

SUMIFS, AVERAGEIFS, COUNTIFS와 함께 둘 이상의 조건을 만족하는 값 중에서 최댓값과 최솟값을 구하는 함수로 MAXIFS와 MINIFS가 있다.

```
= MAXIFS(최댓값을 구할 범위, 조건 범위1, 조건식1, 조건 범위2, 조건식2, ⋯)
= MINIFS(최댓값을 구할 범위, 조건 범위1, 조건식1, 조건 범위2, 조건식2, ⋯)

예  = MAXIFS(E1:E30, A1:A30, "=" & F1, B1:B30, ">=10", C1:C30, "<K*")
    = MINIFS(E1:E30, A1:A30, "=" & F1, B1:B30, ">=10", C1:C30, "<K*")
```

	A	B	C	D	E	F
1	학년	성별	담당	참여도	배치	평가
2	1	남	설문	25	K-1	5
3	2	남	분석	16	A-2	3
4	3	여	설문	37	A-1	6
5	4	여	설문	20	K-2	4
6	1	남	분석	19	S-2	1
7	2	남	검색	41	K-1	9
8	3	여	검색	38	S-1	8
9	4	여	검색	11	A-2	2
10	1	여	분석	47	S-1	10
11	2	남	검색	29	K-2	7
12						
13	평균참여도		28.3			

H	I
1학년 중 남학생들의 참여도 최댓값 / 최솟값	
25	: =MAXIFS(D2:D11,A2:A11,"=1",B2:B11,"=남") 입력
19	: =MINIFS(D2:D11,A2:A11,"=1",B2:B11,"=남") 입력
여학생이면서 참여도가 평균보다 높은 학생들 중 S로 시작하는 부서에 배치된 학생의 평가 최댓값 / 최솟값	
10	: =MAXIFS(F2:F11,B2:B11,"=여",D2:D11,">"&C13,E2:E11,"=S*") 입력
8	: =MINIFS(F2:F11,B2:B11,"=여",D2:D11,">"&C13,E2:E11,"=S*") 입력

'컴퓨터 개론을 수강한 공학부 학생 성적' 데이터를 이용해 몇 가지 기준으로 최고점수(최댓값)와 최저점수(최솟값)를 구해 보면서 함수의 사용법에 대해 알아보자.

각 학과 내의 학년별 최고·최저점수 구하기

각 학과 내의 학년별 최고·최저 점수를 구하려면, 학과 정보에 해당하는 '학과코드'나 '소속학과' 항목 중 하나와 '학년' 항목을 조건으로 사용해야 한다. 예를 들어 '컴퓨터' 학과 1학년들의 최고점수와 최저점수를 구하려면 다음과 같은 조건 범위와 조건식을 사용해야 한다.

구분	조건 범위	조건식
컴퓨터 학과	'학과코드'	
	E2:E54	"=101"
	'소속학과'	
	F2:F54	"=컴퓨터"
1학년	'학년'	
	B2:B54	"=1"

'예제08_02.xlsx'의 셀 BE5, BF5에 다음과 같이 함수식을 입력한다. 조건 범위로 '학과코드'를 사용한 함수식과 '소속학과'를 사용한 함수식 두 종류 중 하나를 사용한다. 셀 BE2, BE3, BD5는 각각 '101', '컴퓨터', '1'이 입력된 셀들이다.

[조건 범위로 '학과코드'를 사용했을 때]

```
셀 BE5  =MAXIFS( $S$2:$S$54 , $E$2:$E$54,"="&$BE$2 , $B$2:$B$54,"="&$BD5 )
셀 BF5  =MINIFS( $S$2:$S$54 , $E$2:$E$54,"="&$BE$2 , $B$2:$B$54,"="&$BD5 )
                 '총점'의 범위   '학과코드'가 '101'       '학년'이 '1'학년
```

[조건 범위로 '소속학과'를 사용했을 때]

```
셀 BE5  =MAXIFS( $S$2:$S$54 , $F$2:$F$54,"="&$BE$3 , $B$2:$B$54,"="&$BD5 )
셀 BF5  =MINIFS( $S$2:$S$54 , $F$2:$F$54,"="&$BE$3 , $B$2:$B$54,"="&$BD5 )
                 '총점'의 범위   '소속학과'가 '컴퓨터'     '학년'이 '1'학년
```

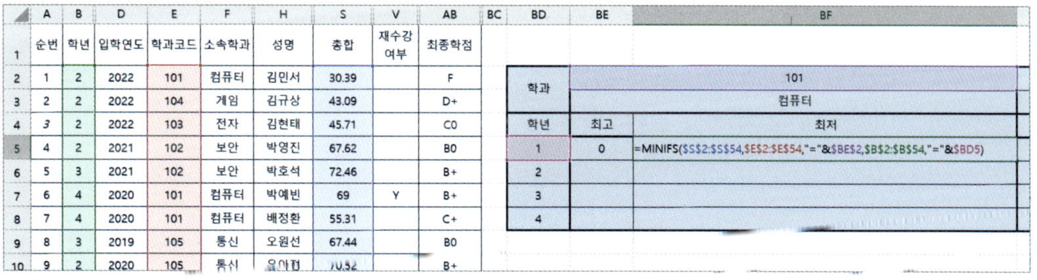

▲ '학과코드'로 구한 최저점수

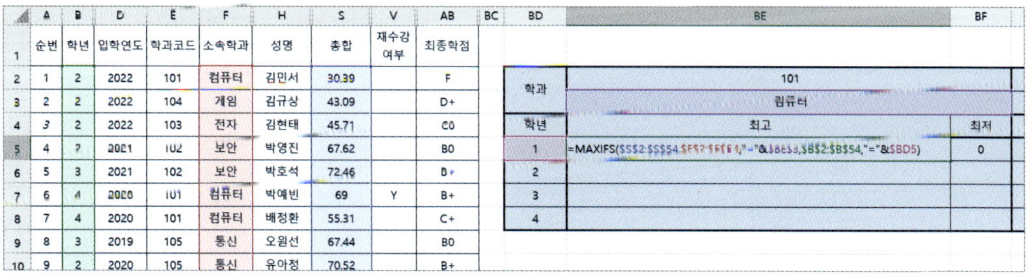

▲ '소속학과'로 구한 최고점수

참조하는 셀들(BE2, BE3, BD5)을 바꾸면서 나머지 항목들에 대해서도 결과를 구한다.

학과	101		102		103		104		105	
	컴퓨터		보안		전자		게임		통신	
학년	최고	최저	최고	최저	최고	최저	최고	최저	최고	최저
1	0	0	0	0	0	0	53.09	53.09	72.69	28.25
2	89.82	30.39	76.01	39.77	72.14	26.57	68.1	30.02	87.02	43.86
3	78.84	56.46	72.46	60.36	81.27	73.77	82.26	82.26	68.15	67.44
4	77.96	38.93	68.88	44.88	75.33	62.86	64.66	48.16	0	0

재수강 여부에 따른 최고·최저점수와 학점별 최고·최저점수 구하기

준비 예제08_03.xlsx | **결과** 예제08_03_결과.xlsx

이번에는 조건이 한 가지이므로 함수식이 단순할 것이다. 재수강 여부에 따른 최고점수나 최저점수는 '재수강 여부' 항목의 값이 'Y'일 때와 빈칸일 때를 조건식으로 만들어 구할 수 있다. '예제 08_03.xlsx'에서 셀 BE11, BE12, BF11, BF12에 다음과 같은 함수식을 입력한다.

['재수강 여부' 항목이 'Y'일 때]

```
셀 BE11  =MAXIFS( $S$2:$S$54 , $V$2:$V$54,"=Y" )
셀 BF11  =MINIFS( $S$2:$S$54 , $V$2:$V$54,"=Y" )
                 '총점'의 범위   '재수강여부'가 'Y'
```

['재수강 여부' 항목이 빈칸일 때]

```
셀 BE12  =MAXIFS( $S$2:$S$54 , $V$2:$V$54,"=" )
셀 BF12  =MINIFS( $S$2:$S$54 , $V$2:$V$54,"=" )
                 '총점'의 범위   '재수강여부'가 빈칸
```

순번	학년	입학연도	학과코드	소속학과	성명	총합	재수강 여부	최종학점
9	2	2020	105	통신	유아정	70.52		B+
10	2	2021	103	전자	이철승	72.14		B+
11	2	2022	101	컴퓨터	이재민	60.7		C+
12	2	2021	102	보안	임영규	65.81		B0
13	2	2022	104	게임	정영주	30.02		F

	최고	최저
재수강○	81.27	44.88
재수강X	89.82	=MINIFS($S$2:$S$54,$V$2:$V$54,"=")

=MAXIFS($S$2:$S$54,$V$2:$V$54,"=Y")

	최고	최저
재수강○	81.27	44.88
재수강X	89.82	26.57

이번에는 각 학점의 최고·최저점수를 구해 보자. 우선 셀 BI11, BJ11에 다음과 같은 함수식을 입력하여 'A' 학점에 대한 점수를 구한다. 조건 범위와 조건식에서 사용될 학점은 '최종학점' 항목을 활용하는데 +나 0 학점은 고려하지 않기 때문에 조건식에서 BH열에 있는 셀들을 참조하지 않고 "=A*"와 같이 작성할 것이다.

```
셀 BI11  =MAXIFS( $S$2:$S$54 , $AB$2:$AB$54,"=A*" )
셀 BJ11  =MINIFS( $S$2:$S$54 , $AB$2:$AB$54,"=A*" )
```

'총점'의 범위 / '최종학점'이 'A'로 시작

	A	B	D	E	F	H	S	V	AB	BC	BH	BI	BJ
1	순번	학년	입학연도	학과코드	소속학과	성명	총합	재수강 여부	최종학점				
10	9	2	2020	105	통신	유아정	70.52		B+			최고	최저
11	10	2	2021	103	전자	이철승	72.14		B+		A	89.82	=MINIFS($S$2:$S$54,$AB$2:$AB$54,"=A*")
12	11	2	2022	101	컴퓨터	이재민	60.7		C+		B		
13	12	2	2021	102	보안	임영규	65.81		B0				
14	13	2	2022	104	게임	정영주	30.02		F				
15	14	1	2021	105	통신	채혜정	28.25		F		F		
16	15	3	2020	102	보안	최연진	60.36		C+				

=MAXIFS($S$2:$S$54,$AB$2:$AB$54,"=A*")

조건식을 바꿔가면서 나머지 학점에 대해서도 최고, 최저점수를 구한다.

	BC	BH	BI	BJ
1				
10			최고	최저
11		A	89.82	73.41
12		B	76.99	62.86
13		C	60.7	45.71
14		D	44.88	38.93
15		F	35.86	26.57
16				

실습 8-3 조건에 따른 최고·최저값 구하기

준비 실습08_03.xlsx | **결과** 실습08_03_결과.xlsx

[분포표b] 시트에 있는 표A, 표B, 표C에서 요구하는 값들을 구해 보자.

01 표A의 최고·최저값 구하기

표A는 회원정보 '성별'에 따른 '누적포인트', '가입일수', '할인율'의 최고·최저값을 구하는 것이다. 표A에 입력될 함수식들은 최고값 또는 최저값을 구하는 범위가 다를 뿐 조건 범위와 조건식은 동일하다. 표A에 입력될 조건 범위와 조건식은 다음과 같다.

조건 범위	조건식
[회원정보] 시트의 '성별'	
G2:G36	"=남"

위의 조건 범위와 조건식을 이용해 '누적포인트', '가입일수', '할인율'의 최고·최저값을 구하는 함수식을 셀 B3, C3, D3, E3, F3, G3에 다음과 같이 입력한다. 이 함수식의 조건식에서 사용될 성별은 표A의 셀 A3, 셀 A4에 입력된 값을 참조한다.

TIP • 참조하는 '가입일수' 항목은 TODAY() 함수가 적용되어 있어 '가입일수'의 최고·최저값은 그림과 매번 다르게 나타난다.

```
셀 B3    =MAXIFS( 회원정보!$AB$2:$AB$36 , 회원정보!$G$2:$G$36,"="&$A$3 )
셀 C3    =MINIFS( 회원정보!$AB$2:$AB$36 , 회원정보!$G$2:$G$36,"="&$A$3 )
                  '누적포인트'의 범위        '성별'이 '남'
```

```
셀 D3    =MAXIFS( 회원정보!$Z$2:$Z$36 , 회원정보!$G$2:$G$36,"="&$A$3 )
셀 E3    =MINIFS( 회원정보!$Z$2:$Z$36 , 회원정보!$G$2:$G$36,"="&$A$3 )
                  '가입일수'의 범위        '성별'이 '남'
```

```
셀 F3    =MAXIFS( 회원정보!$AD$2:$AD$36 , 회원정보!$G$2:$G$36,"="&$A$3 )
셀 G3    =MINIFS( 회원정보!$AD$2:$AD$36 , 회원정보!$G$2:$G$36,"="&$A$3 )
                  '할인율'의 범위        '성별'이 '남'
```

	A	B	C	D	E	F	G
1	표A	누적포인트		가입일수		할인율	
2		최고	최저	최고	최저	최고	최저
3	남	224100	300	8369	612	0.3	=MINIFS(회원정보!$AD$2:$AD$36,회원정보!$G$2:$G$36,"="&$A$3)
4	여						
5							

=MAXIFS(회원정보!$AB$2:$AB$36,회원정보!$G$2:$G$36,"="&$A$3)

	C	G	H	I	K	V	Z	AB	AC	AD
1	이름	성별	생년월일	요일	만 나이	가입일	가입 일수	누적포인트	회원등급	할인율 (INDEX : 누적포인트)
2	김지운	남	1979-08-09	목	45	2002-06-17	8369	123,650	GOLD	25%
3	감성욱	남	2005-11-09	수	19	2019-02-23	2274	2,500	BRONZE	2%
4	김진영	여	1982-03-27	토	43	2010-05-13	5482	6,500	BRONZE	4%
5	김재원	남	1988-03-05	토	37	2009-07-11	5788	143,000	GOLD	23%
6	문선영	여	1975-01-02	목	50	2011-03-03	5188	186,300	GOLD	20%
7	박현호	남	1990-06-15	금	34	2019-01-10	2318	400	BRONZE	2%
8	손서인	여	1986-03-19	수	39	2007-07-10	6520	168,0		
9	이유경	여	1994-09-14	수	30	2016-01-14	3410	27,0		

[회원정보] 시트의 참조 상태

▲ '누적포인트'에 대한 MAXIFS, MINIFS 함수 참조 상태

	C	G	H	I	K	V	Z	AB	AC	AD
1	이름	성별	생년월일	요일	만 나이	가입일	가입 일수	누적포인트	회원등급	할인율 (INDEX : 누적포인트)
2	김지운	남	1979-08-09	목	45	2002-06-17	8369	123,650	GOLD	25%
3	감성욱	남	2005-11-09	수	19	2019-02-23	2274	2,500	BRONZE	2%
4	김진영	여	1982-03-27	토	43	2010-05-13	5482	6,500	BRONZE	4%
5	김재원	남	1988-03-05	토	37	2009-07-11	5788	143,000	GOLD	23%
6	문선영	여	1975-01-02	목	50	2011-03-03	5188	186,300	GOLD	20%
7	박현호	남	1990-06-15	금	34	2019-01-10	2318	400	BRONZE	2%
8	손서인	여	1986-03-19	수	39	2007-07-10	6520	168		
9	이유경	여	1994-09-14	수	30	2016-01-14	3410	27		

[회원정보] 시트의 참조 상태

▲ '가입일수'에 대한 MAXIFS, MINIFS 함수 참조 상태

	C	G	H	I	K	V	Z	AB	AC	AD
1	이름	성별	생년월일	요일	만 나이	가입일	가입 일수	누적포인트	회원등급	할인율 (INDEX : 누적포인트)
2	김지운	남	1979-08-09	목	45	2002-06-17	8369	123,650	GOLD	25%
3	감성욱	남	2005-11-09	수	19	2019-02-23	2274	2,500	BRONZE	2%
4	김진영	여	1982-03-27	토	43	2010-05-13	5482	6,500	BRONZE	4%
5	김재원	남	1988-03-05	토	37	2009-07-11	5788	143,000	GOLD	23%
6	문선영	여	1975-01-02	목	50	2011-03-03	5188	186,300	GOLD	20%
7	박현호	남	1990-06-15	금	34	2019-01-10	2318	400	BRONZE	2%
8	손서인	여	1986-03-19	수	39	2007-07-10	6520	168		
9	이유경	여	1994-09-14	수	30	2016-01-14	3410	27		

[회원정보] 시트의 참조 상태

▲ '할인율(INDEX:누적포인트)'에 대한 MAXIFS, MINIFS 함수 참조 상태

이 함수식들의 조건식을 '성별'이 '여'인 경우로 변경하여 나머지 값들도 구한다.

	A	B	C	D	E	F	G
1	표A	누적포인트		가입일수		할인율	
2		최고	최저	최고	최저	최고	최저
3	남	224100	300	8369	612	0.3	0
4	여	221000	2400	7961	1692	0.35	0.02

02 표B의 최고·최저값 구하기

표B는 성별 내에서 연령대별 '누적포인트', '가입일수', '할인율'의 최고, 최저값을 찾는 것이다. 표A의 값들을 구하기 위해 사용했던 '성별'에 대한 조건 범위와 조건식과 함께 '만나이'가 10대인 조건 범위와 조건식을 추가한다. 셀 C8, D8, E8, F8, G8, H8에 입력될 함수식들은 다음과 같다.

셀 C8

```
=MAXIFS( 회원정보!$AB$2:$AB$36 , 회원정보!$G$2:$G$36,"="&$A$3 ,
회원정보!$K$2:$K$36,">=10" , 회원정보!$K$2:$K$36,"<20" )
```

'누적포인트'의 범위 / '성별'이 '남' / '10대'에 대한 나이 범위

```
셀 D8  =MINIFS( 회원정보!$AB$2:$AB$36      , 회원정보!$G$2:$G$36,"="&$A$3 ,
                회원정보!$K$2:$K$36,">=10" , 회원정보!$K$2:$K$36,"<20"   )
```

```
셀 E8  =MAXIFS( 회원정보!$Z$2:$Z$36        , 회원정보!$G$2:$G$36,"="&$A$3 ,
                  '가입일수'의 범위
                회원정보!$K$2:$K$36,">=10" , 회원정보!$K$2:$K$36,"<20"   )
```

```
셀 F8  =MINIFS( 회원정보!$Z$2:$Z$36        , 회원정보!$G$2:$G$36,"="&$A$3 ,
                회원정보!$K$2:$K$36,">=10" , 회원정보!$K$2:$K$36,"<20"   )
```

```
셀 G8  =MAXIFS( 회원정보!$AD$2:$AD$36      , 회원정보!$G$2:$G$36,"="&$A$3 ,
                  '할인율'의 범위
                회원정보!$K$2:$K$36,">=10" , 회원정보!$K$2:$K$36,"<20"   )
```

```
셀 H8  =MINIFS( 회원정보!$AD$2:$AD$36      , 회원정보!$G$2:$G$36,"="&$A$3 ,
                회원정보!$K$2:$K$36,">=10" , 회원정보!$K$2:$K$36,"<20"   )
```

	A	B	C	D	E	F	G	H	I
6	표B		누적포인트		가입일수		할인율		
7			최고	최저	최고	최저	최고	최저	
8	남	10대	2500	2500	2274	2274	0.02	0.02	
9		20대							
10		30							
11		4							

=MINIFS(회원정보!$AD$2:$AD$36,회원정보!$G$2:$G$36,"="&$A$3,회원정보!$K$2:$K$36,">=10",회원정보!$K$2:$K$36,"<20")

=MAXIFS(회원정보!$AB$2:$AB$36,회원정보!$G$2:$G$36,"="&$A$3,회원정보!$K$2:$K$36,">=10",회원정보!$K$2:$K$36,"<20")

	C	G	H	I	K	V	Z	AB	AC
1	이름	성별	생년월일	요일	만 나이	가입일	가입 일수	누적포인트	회원등급
2	김지운	남	1979-08-09	목	45	2002-06-17	8369	123,650	GOLD
3	감성욱	남	2005-11-09	수	19	2019-02-23	2274	2,500	BRONZE
4	김진영	여	1982-03-27	토	43	2010-05-13	5482	6,500	BRONZE
5	김재원	남	1988-03-05	토	37	2009-07-11	5788	143,000	GOLD
6	문선영	여	1975-01-02	목	50	2011-03-03	5188	186,300	GOLD
7	박현호	남	1990-06-15	금	34	2019-01-10	2318	400	BRONZE
8	손서인	여	1986-03-19	수	39	2007-07-10	[illegible]	[illegible]	[illegible]
9	이유경	여	1994-09-14	수	30	2016-01-14	[illegible]	[illegible]	[illegible]

[회원정보] 시트의 참조 상태

▲ '누적포인트'에 대한 MAXIFS, MINIFS 함수 참조 상태

	C	G	H	I	K	V	Z	AB	AC
1	이름	성별	생년월일	요일	만 나이	가입일	가입 일수	누적포인트	회원등급
2	김지운	남	1979-08-09	목	45	2002-06-17	8369	123,650	GOLD
3	감성욱	남	2005-11-09	수	19	2019-02-23	2274	2,500	BRONZE
4	김진영	여	1982-03-27	토	43	2010-05-13	5482	6,500	BRONZE
5	김재원	남	1988-03-05	토	37	2009-07-11	5788	143,000	GOLD
6	문선영	여	1975-01-02	목	50	2011-03-03	5188	186,300	GOLD
7	박현호	남	1990-06-15	금	34	2019-01-10	2318	400	BRONZE
8	손서인	여	1986-03-19	수	39	2007-07-10	[illegible]	[illegible]	[illegible]
9	이유경	여	1994-09-14	수	30	2016-01-1	[illegible]	[illegible]	[illegible]

[회원정보] 시트의 참조 상태

▲ '가입일수'에 대한 MAXIFS, MINIFS 함수 참조 상태

	C	G	H	I	K	V	Z	AB	AC	AD
1	이름	성별	생년월일	요일	만 나이	가입일	가입 일수	누적포인트	회원등급	할인율 (INDEX : 누적포인트)
2	김지운	남	1979-08-09	목	45	2002-06-17	8369	123,650	GOLD	25%
3	감성욱	남	2005-11-09	수	19	2019-02-23	2274	2,500	BRONZE	2%
4	김진영	여	1982-03-27	토	43	2010-05-13	5482	6,500	BRONZE	4%
5	김재원	남	1988-03-05	토	37	2009-07-11	5788	143,000	GOLD	23%
6	문선영	여	1975-01-02	목	50	2011-03-03	5188	186,300	GOLD	20%
7	박현호	남	1990-06-15	금	34	2019-01-10	2318	400	BRONZE	2%
8	손서인	여	1986-03-19	수	39	2007-07-10	6520	168,000	GOLD	23%
9	이유경	여	1994-09-14	수	30	2016-01-14	3410	27	[illegible]	[illegible]

[회원정보] 시트의 참조 상태

▲ '할인율(INDEX:누적포인트)'에 대한 MAXIFS, MINIFS 함수 참조 상태

이 함수식에서 '성별'과 '만나이'에 대한 조건식을 바꾸면서 나머지 값들도 구한다.

	A	B	C	D	E	F	G	H
6	표B		누적포인트		가입일수		할인율	
7			최고	최저	최고	최저	최고	최저
8	남	10대	2500	2500	2274	2274	0.02	0.02
9		20대	17300	300	1170	612	0.05	0
10		30대	224100	400	6056	2318	0.23	0.02
11		40대	214000	9200	8369	2359	0.3	0.02
12		50대	200500	200500	4428	4428	0.25	0.25
13	여	10대	0	0	0	0	0	0
14		20대	130000	3700	2650	1692	0.15	0.02
15		30대	168000	2400	6520	2438	0.23	0.02
16		40대	221000	6500	7961	4059	0.35	0.04
17		50대	186300	186300	5188	5188	0.2	0.2

03 표C의 최고·최저값 구하기

표C에서는 '회원등급', '성별', '요일'에 따른 '누적포인트', '가입일수', '할인율'을 구하는 것이다. 그러므로 조건식으로 '회원등급', '성별', '요일' 항목이 사용될 것이다. 셀 M3, N3, O3, P3, Q3, R3에 다음과 같은 함수식을 입력하자.

셀 M3 =MAXIFS(회원정보!$AB$2:$AB$36 , 회원정보!$AC$2:$AC$36,"="&$J$3 ,
회원정보!$G$2:$G$36,"="&$K$3 , 회원정보!$I$2:$I$36,"="&L3)

'누적포인트'의 범위 / '회원등급'이 'PURE GOLD' / '성별'이 '남' / '요일'이 '일'

셀 N3 =MINIFS(회원정보!$AB$2:$AB$36 , 회원정보!$AC$2:$AC$36,"="&$J$3 ,
회원정보!$G$2:$G$36,"="&$K$3 , 회원정보!$I$2:$I$36,"="&L3)

셀 O3 =MAXIFS(회원정보!$Z$2:$Z$36 , 회원정보!$AC$2:$AC$36,"="&$J$3 ,
회원정보!$G$2:$G$36,"="&$K$3 , 회원정보!$I$2:$I$36,"="&L3)

'가입일수'의 범위

셀 P3 =MINIFS(회원정보!$Z$2:$Z$36 , 회원정보!$AC$2:$AC$36,"="&$J$3 ,
회원정보!$G$2:$G$36,"="&$K$3 , 회원정보!$I$2:$I$36,"="&L3)

셀 Q3 =MAXIFS(회원정보!$AD$2:$AD$36 , 회원정보!$AC$2:$AC$36,"="&$J$3 ,
회원정보!$G$2:$G$36,"="&$K$3 , 회원정보!$I$2:$I$36,"="&L3)

'할인율'의 범위

셀 R3 =MINIFS(회원정보!$AD$2:$AD$36 , 회원정보!$AC$2:$AC$36,"="&$J$3 ,
회원정보!$G$2:$G$36,"="&$K$3 , 회원정보!$I$2:$I$36,"="&L3)

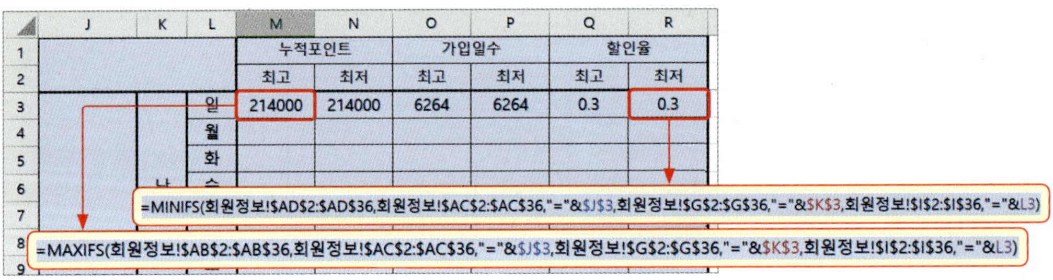

	C	G	H	I	K	V	Z	AB	AC	AD
1	이름	성별	생년월일	요일	만 나이	가입일	가입 일수	누적포인트	회원등급	할인율 (INDEX : 누적포인트)
2	김지운	남	1979-08-09	목	45	2002-06-17	8122	123,650	GOLD	25%
3	감성욱	남	2005-11-09	수	18	2019-02-23	2027	2,500	BRONZE	2%
4	김진영	여	1982-03-27	토	42	2010-05-13	5235	6,500	BRONZE	3%
5	김재원	남	1988-03-05	토	36	2009-07-11	5541	143,000	GOLD	23%
6	문선영	여	1975-01-02	목	49	2011-03-03	4941	186,300	GOLD	20%
7	박현호	남	1990-06-15	금	34	2019-01-10	2071	400	BRONZE	2%
8	손서인	여	1986-03-19	수	38	2007-07-10	6273	168,000	GOLD	23%
9	이유경	여	1994-09-14	수	29	2016-01-14	3163	27,010	SILVER	8%
10	이택진	남	1980-07-29	화	44	2012-12-02	4301	199,000	GOLD	20%
11	장진욱	남	1970-12-12	토	53	2013-04-01	4181	[illegible]	[illegible]	[illegible]
12	한경현	여	1996-04-12	금	28	2020-02-02	1683	[illegible]	[illegible]	[illegible]

[회원정보] 시트의 참조 상태

▲ '누적포인트'에 대한 MAXIFS, MINIFS 함수 참조 상태

	C	G	H	I	K	V	Z	AB	AC	AD
1	이름	성별	생년월일	요일	만 나이	가입일	가입 일수	누적포인트	회원등급	할인율 (INDEX : 누적포인트)
2	김지운	남	1979-08-09	목	45	2002-06-17	8122	123,650	GOLD	25%
3	감성욱	남	2005-11-09	수	18	2019-02-23	2027	2,500	BRONZE	2%
4	김진영	여	1982-03-27	토	42	2010-05-13	5235	6,500	BRONZE	3%
5	김재원	남	1988-03-05	토	36	2009-07-11	5541	143,000	GOLD	23%
6	문선영	여	1975-01-02	목	49	2011-03-03	4941	186,300	GOLD	20%
7	박현호	남	1990-06-15	금	34	2019-01-10	2071	400	BRONZE	2%
8	손서인	여	1986-03-19	수	38	2007-07-10	6273	168,000	GOLD	23%
9	이유경	여	1994-09-14	수	29	2016-01-14	3163	27,010	SILVER	8%
10	이택진	남	1980-07-29	화	44	2012-12-02	4301	199,000	GOLD	20%
11	장진욱	남	1970-12-12	토	53	2013-04-01	4181	[illegible]	[illegible]	[illegible]
12	한경현	여	1996-04-12	금	28	2020-02-02	1683	[illegible]	[illegible]	[illegible]

[회원정보] 시트의 참조 상태

▲ '가입일수'에 대한 MAXIFS, MINIFS 함수 참조 상태

	C	G	H	I	K	V	Z	AB	AC	AD
1	이름	성별	생년월일	요일	만 나이	가입일	가입 일수	누적포인트	회원등급	할인율 (INDEX : 누적포인트)
2	김지운	남	1979-08-09	목	45	2002-06-17	8122	123,650	GOLD	25%
3	감성욱	남	2005-11-09	수	18	2019-02-23	2027	2,500	BRONZE	2%
4	김진영	여	1982-03-27	토	42	2010-05-13	5235	6,500	BRONZE	3%
5	김재원	남	1988-03-05	토	36	2009-07-11	5541	143,000	GOLD	23%
6	문선영	여	1975-01-02	목	49	2011-03-03	4941	186,300	GOLD	20%
7	박현호	남	1990-06-15	금	34	2019-01-10	2071	400	BRONZE	2%
8	손서인	여	1986-03-19	수	38	2007-07-10	6273	168,000	GOLD	23%
9	이유경	여	1994-09-14	수	29	2016-01-14	3163	27,010	SILVER	8%
10	이택진	남	1980-07-29	화	44	2012-12-02	4301	199,000	GOLD	20%
11	장진욱	남	1970-12-12	토	53	2013-04-01	4181	[illegible]	[illegible]	[illegible]
12	한경현	여	1996-04-12	금	28	2020-02-02	1683	[illegible]	[illegible]	[illegible]

[회원정보] 시트의 참조 상태

▲ '할인율(INDEX:누적포인트)'에 대한 MAXIFS, MINIFS 함수 참조 상태

조건 범위에 해당하는 '회원등급', '성별', '요일'에 대한 조건식을 바꾸면서 나머지 값들도 구할 수 있다.

	J	K	L	M	N	O	P	Q	R
1				누적포인트		가입일수		할인율	
2				최고	최저	최고	최저	최고	최저
3	PURE GOLD	남	일	214000	214000	6264	6264	0.3	0.3
4			월	0	0	0	0	0	0
5			화	224100	224100	2782	2782	0.2	0.2
6			수	0	0	0	0	0	0
7			목	0	0	0	0	0	0
8			금	0	0	0	0	0	0
9			토	200500	200500	4181	4181	0.25	0.25
10		여	일	210300	210300	5474	5474	0.25	0.25
11			월	0	0	0	0	0	0
12			화	0	0	0	0	0	0
13			수	0	0	0	0	0	0
14			목	0	0	0	0	0	0
15			금	221000	221000	7714	7714	0.35	0.35
16			토	0	0	0	0	0	0

	J	K	L	M	N	O	P	Q	R
1				누적포인트		가입일수		할인율	
2				최고	최저	최고	최저	최고	최저
17	GOLD	남	일	0	0	0	0	0	0
18			월	193000	193000	4078	4078	0.2	0.2
19			화	199000	154000	4301	2947	0.2	0.15
20			수	147600	147600	4834	4834	0.2	0.2
21			목	123650	123650	8122	8122	0.25	0.25
22			금	187000	187000	5809	5809	0.23	0.23
23			토	143000	143000	5541	5541	0.23	0.23
24		여	일	0	0	0	0	0	0
25			월	0	0	0	0	0	0
26			화	100500	100500	3273	3273	0.15	0.15
27			수	168000	168000	6273	6273	0.23	0.23
28			목	186300	142000	7055	4941	0.23	0.2
29			금	0	0	0	0	0	0
30			토	130000	110000	3812	2403	0.2	0.15

	J	K	L	M	N	O	P	Q	R
1				누적포인트		가입일수		할인율	
2				최고	최저	최고	최저	최고	최저
31	SILVER	남	일	0	0	0	0	0	0
32			월	0	0	0	0	0	0
33			화	68100	68100	5069	5069	0.1	0.1
34			수	36800	16700	5334	923	0.1	0.03
35			목	0	0	0	0	0	0
36			금	32100	17300	2996	648	0.08	0.03
37			토	0	0	0	0	0	0
38		여	일	0	0	0	0	0	0
39			월	0	0	0	0	0	0
40			화	78300	46000	5870	1445	0.13	0.05
41			수	27010	27010	3163	3163	0.08	0.08
42			목	23000	23000	3827	3827	0.1	0.1
43			금	55600	55600	3545	3545	0.08	0.08
44			토	0	0	0	0	0	0

	J	K	L	M	N	O	P	Q	R
1				누적포인트		가입일수		할인율	
2				최고	최저	최고	최저	최고	최저
45	BRONZE	남	일	9200	9200	2112	2112	0.02	0.02
46			월	0	0	0	0	0	0
47			화	0	0	0	0	0	0
48			수	2500	2500	2027	2027	0.02	0.02
49			목	0	0	0	0	0	0
50			금	400	400	2071	2071	0.02	0.02
51			토	300	300	365	365	0	0
52		여	일	0	0	0	0	0	0
53			월	0	0	0	0	0	0
54			화	2400	2400	2191	2191	0.02	0.02
55			수	0	0	0	0	0	0
56			목	0	0	0	0	0	0
57			금	3700	3700	1683	1683	0.01	0.01
58			토	6500	6500	5235	5235	0.03	0.03

요약

01 여러 조건에 따른 합, 평균 구하기, 계수하기

- 합: SUMIFS(합을 구할 범위, 조건 범위1, 조건식1, 조건 범위2, 조건식2, …)
- 평균: AVERAGEIFS(평균을 구할 범위, 조건 범위1, 조건식1, 조건 범위2, 조건식2, …)
- 계수: COUNTIFS(조건 범위1, 조건식1, 조건 범위2, 조건식2, …)

02 조건에 따른 최댓값/최솟값 구하기

- 최댓값: MAXIFS(최댓값을 구할 범위, 조건 범위1, 조건식1, 조건 범위2, 조건식2, …)
- 최솟값: MINIFS(최솟값을 구할 범위, 조건 범위1, 조건식1, 조건 범위2, 조건식2, …)

03 SUMIFS, AVERAGEIFS, COUNTIFS, MAXIFS, MINIFS 함수는 조건을 모두 만족하는 값에 대해서만 연산한다.

연습문제

[01~08] '연습 08_01.xlsx'를 활용하여 다음 질문에 답하시오.

준비 연습08_01.xlsx | **결과** 연습08_01_결과.xlsx

	D	E	F	G	J	P	R	AA	AF
3	도서명	저자명	분야 코드	분야	출간일 (년도)	출간후 기간(일)	보유 권수	반올림 평점	선호도
4	왜 엑셀인가?	김엑셀	44	IT	2021	1232	5	5.67	상
5	봄여름가을겨울	서계절	11	에세이	2023	277	7	8.34	중
6	다 먹고 살빼기	이감량	33	건강	2023	503	3	3.22	극상
7	갈 때까지 가보자	장여행	22	여행	2022	914	3	7.21	중
8	걸어서 파이썬 속으로	정파이	44	IT	2020	1359	5	4.87	극상
9	내 맘대로 앱	박프로	44	IT	2024	235	4	3.67	극상
10	내몸내맘	김건강	33	건강	2022	690	2	2.2	하
11	자유여행 - 일본편	여행회사	22	여행	2020	1652	3	6.72	극상
12	자유여행 - 미국편	여행회사	22	여행	2020	1529	3	4.36	중
13	자유여행 - 유럽편	여행회사	22	여행	2021	1303	3	7.23	상
14	C 프로그래밍	강씨	44	IT	2019	1833	4	8.22	극상
15	말과 빛	양수필	11	에세이	2021	1011	2	9.1	하
16	전하는 글	오쓰기	11	에세이	2024	231	3	4.77	중
17	컴퓨터 운영하기	차운영	44	IT	2024	226	7	7.2	상
18	숨만 잘 쉬자	최호흡	33	건강	2021	1198	4	5.67	중
19	보유 / 잔여 도서 합						58		
20	평균								

01 표A.의 값들을 구할 때 필요한 함수가 아닌 것을 고르시오.

① COUNTIFS ② SUMIFS ③ AVERAGEIFS
④ MAXIFS ⑤ MINIFS

02 표A.의 값들을 구하는 함수식을 작성할 때 필요한 내용이 아닌 것을 고르시오.

① R4:R18 ② R4:R18,"="&AV3 ③ G4:G18,"="&AT4
④ F4:F18,"="&AS4 ⑤ AF4:AF18,"="&AU4

03 표A. 내의 값들을 모두 구하시오.

04 표B.는 분야별 선호도에 따른 도서의 종수를 구하려고 한다. 표B.의 값들을 구할 때 사용해야 하는 함수를 고르시오.

① SUMIFS　② AVERAGEIFS　③ COUNTIFS
④ MAXIFS　⑤ MINIFS

05 표B.는 분야별 선호도에 따른 도서의 종수를 구하려고 한다. 표B.의 값들을 구하기 위해 참조해야 하는 항목들의 짝이 바르게 연결된 것을 고르시오.

① 선호도 – 반올림평점　② 분야 – 분야코드　③ 선호도 – 보유권수
④ 분야코드 – 출간일(년도)　⑤ 분야 – 선호도

06 표B. 내의 값들을 모두 구하시오.

07 표C. 내의 값들을 구하기 위해 셀 BB11, BC11, BD11에 입력될 함수식이 아닌 것을 고르시오.

① =COUNTIFS($J$4:$J$18,"="&$BA11,$G$4:$G$18,"="&$BB$9)
② =AVERAGEIFS($AA$4:$AA$18,$J$4:$J$18,"="&$BA11,$G$4:$G$18,"="&$BB$9)
③ =MAXIFS($AA$4:$AA$18,$J$4:$J$18,"="&$BA11,$G$4:$G$18,"="&$BB$9)
④ =SUMIFS($AA$4:$AA$18,$J$4:$J$18,"="&$BA11,$G$4:$G$18,"="&$BB$9)
⑤ =IFERROR(AVERAGEIFS($AA$4:$AA$18,$J$4:$J$18,"="&$BA11,$G$4:$G$18,"="&$BB$9),"NV")

08 표C. 내의 값들을 모두 구하시오.

[09~11] '연습08_02xlsx'의 [분석표] 시트에 속한 표의 값을 구하시오.

준비 연습08_02.xlsx | **결과** 연습08_02_결과.xlsx

09 표A.에는 '등급'별 '최애분야'의 수를 구하려고 한다. 표A.의 값들을 모두 구하시오.

10 표B.에는 '등급' 내 '성별'에 따른 '최애분야'에 대한 '예매현황'의 '합'의 합과 평균을 구하시오.

11 표C.에는 '등급' 내 '성별'에 따른 '최애분야'의 '관람공백기(일)'에 대한 최댓값, 최솟값을 '가입년도' 별로 구하시오. 단 '가입년도'의 범위는 5년 단위로 설정한다.

CHAPTER 09

데이터 정렬

학습목표

- 데이터를 정렬하는 방법에 대해 이해한다.
- 다양한 정렬 기준을 적용하여 정렬한다.
- 다양한 정렬 기준을 이용해 정렬한 결과를 이해한다.

SECTION
01 한 가지 기준으로 정렬

1 정렬 기능의 개요

데이터 전체 내용을 파악하는 가장 쉬운 방법 중 하나는 데이터를 정렬해 보는 것이다. 앞에서 배운 RANK.EQ나 RANK.AVG 함수는 어떤 기준에 따라 오름차순 또는 내림차순으로 정렬하여 그 순서를 정수값으로 보여준다. 그러므로 RANK.EQ나 RANK.AVG 함수를 실행한다 하더라도 다음 그림처럼 데이터 전체의 나열된 순서는 변하지 않는다.

	A	B	C	D	N	O	P
1	순번	학년	학번	성명	총합	등수EQ	등수AVG
2	1	2	202210187	김민서	30.39018	50	50
3	2	2	202210488	김규상	43.08827	46	46
4	3	2	202210390	김현태	45.70909	43	43
5	4	2	202110239	박영진	67.62345	27	27
6	5	3	202110275	박호석	72.45718	17	17
7	6	4	202010177	박예빈	69.00145	22	22
49	48	1	202210535	박규석	72.69236	16	16
50	49	3	201910546	김태길	68.14882	25	25
51	50	2	202010266	강성연	76.01173	12	12
52	51	4	202010275	강선진	68.88182	23	23
53	52	4	202010177	구정민	52.69091	41	41
54	53	2	[illegible]	[illegible]	[illegible]	[illegible]	45
55							
56			[illegible]		[illegible]		

하지만 나열된 순서가 정렬 기준에 따라 바뀌어서 정렬된 데이터를 직관적으로 파악해야 하는 경우도 있다. 이때 사용할 수 있는 것이 바로 정렬 기능이다.

정렬 메뉴를 이용해 정렬할 때에는 우선 정렬하려는 데이터 영역 전체, 또는 그 영역 내의 셀 하나를 선택한 후 실행해야 한다. 만약 데이터가 없는 영역 또는 셀을 선택하면 다음과 같은 경고창이 뜬다.

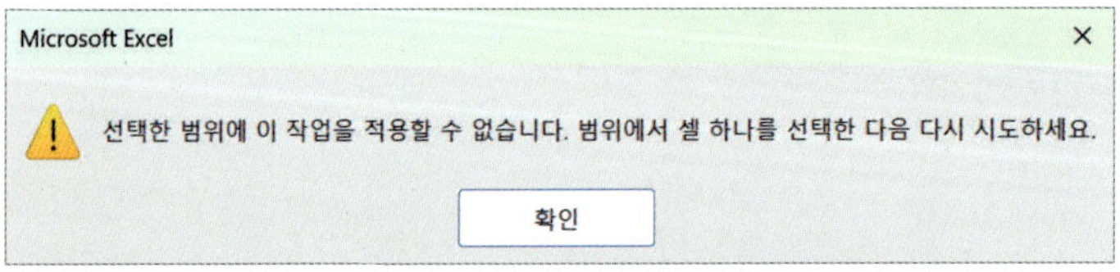

또한 다음 그림처럼 정렬하려는 데이터 영역 내에 병합된 셀이 있을 때에도 정렬되지 않고 셀의 크기가 동일해야 한다는 경고창이 뜬다.

그림 A

데이터1	데이터2	데이터3
6	사과	Red
4	딸기	Green
1	포도	Blue
9	수박	White
병합된 셀	토마토	Black
	오렌지	Yellow
	망고	Violet
3	복숭아	Brown
8	자두	Gray
10	샤인머스켓	Pink

그림 B

병합된 셀		
데이터1	데이터2	데이터3
6	사과	Red
4	딸기	Green
1	포도	Blue
9	수박	White
2	토마토	Black
5	오렌지	Yellow
7	망고	Violet
3	복숭아	Brown
8	자두	Gray
10	샤인머스켓	Pink

그림 C

데이터1	데이터2	데이터3
6	사과	Red
4	딸기	Green
1	포도	Blue
9	수박	White
2	토마토	Black
5	오렌지	Yellow
7	망고	Violet
3	복숭아	Brown
8	자두	Gray
10	샤인머스켓	Pink
병합된 셀		

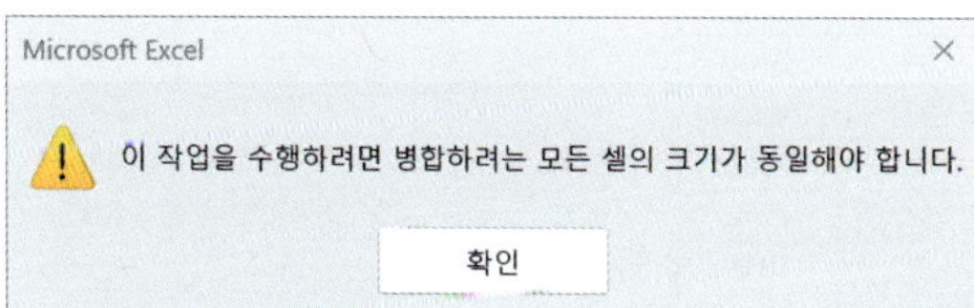

그러므로 정렬하려는 데이터 영역 내에는 병합된 셀들이 없어야 한다. 앞의 그림 A는 정렬해야 하는 데이터 영역 중간에 병합된 셀이 있으므로 그 상태 그대로는 정렬할 수 없다. 그러나 그림 B와 C는 정렬하려는 데이터 영역 밖에 병합된 셀들이 있으므로 다음 그림과 같이 병합된 셀을 제외한 모든 영역을 데이터 영역으로 선택한 후 정렬을 실행하면 데이터들만 정렬할 수 있다.

그림 B

그림 C

2 기본 정렬 메뉴

[데이터] 탭의 [정렬 및 필터] 그룹에는 [오름차순] 버튼( )과 [내림차순] 버튼( )이 있다. 이 버튼들은 정렬하려는 데이터 영역 중 현재 선택된 셀을 기준으로 오름차순 또는 내림차순으로 정렬한다.

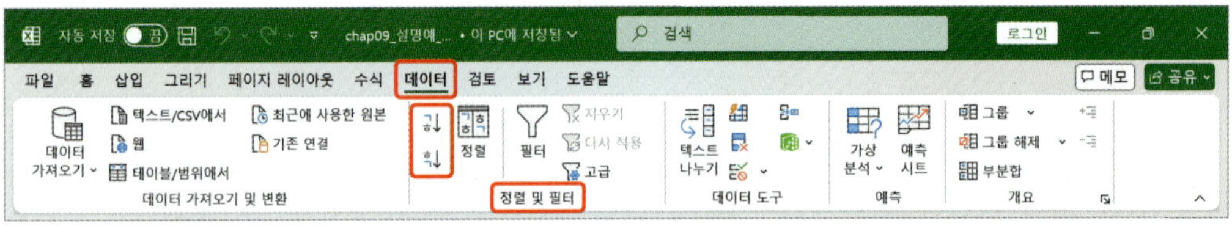

다음 데이터들을 이 버튼을 이용해 정렬하면 어떤 결과가 나타나는지 살펴보자.

	E	F	G
1	데이터1	데이터2	데이터3
2	1	포도	Blue
3	2	토마토	Black
4	3	복숭아	Brown
5	4	딸기	Green
6	5	오렌지	Yellow
7	6	사과	Red
8	7	망고	Violet
9	8	자두	Gray
10	9	수박	White
11	10	샤인머스켓	Pink

'데이터1'의 셀 E4를 선택하고 [오름차순] 실행

	E	F	G
1	데이터1	데이터2	데이터3
2	1	포도	Blue
3	2	토마토	Black
4	8	자두	Gray
5	5	오렌지	Yellow
6	9	수박	White
7	10	샤인머스켓	Pink
8	6	사과	Red
9	3	복숭아	Brown
10	7	망고	Violet
11	4	딸기	Green

'데이터2'의 셀 F2를 선택하고 [내림차순] 실행

	E	F	G
1	데이터1	데이터2	데이터3
2	1	포도	Blue
3	2	토마토	Black
4	3	복숭아	Brown
5	4	딸기	Green
6	5	오렌지	Yellow
7	6	사과	Red
8	7	망고	Violet
9	8	자두	Gray
10	9	수박	White
11	10	샤인머스켓	Pink

데이터 영역 전체를 선택하고 [오름차순] 실행

데이터 영역 전체를 선택하고 기본 정렬 메뉴 [오름차순] 버튼( )이나 [내림차순] 버튼( )을 선택하면 첫 번째 열을 기준으로 정렬된다.

3 정렬 옵션 선택

준비 예제09_01.xlsx | **결과** 예제09_01_결과.xlsx

셀 값으로 정렬하기

사용자가 정렬 옵션을 설정할 수 있는데, [데이터] 탭의 [정렬 및 필터] 그룹–[정렬] 메뉴를 통해 가능하다. [정렬] 메뉴를 사용하려면 우선 ❶ 정렬하려는 데이터 영역 전체 또는 그 영역 내의 셀 하나를 선택하고 ❷ [데이터] 탭의 [정렬 및 필터] 그룹에서 ❸ [정렬] 메뉴를 선택한다.

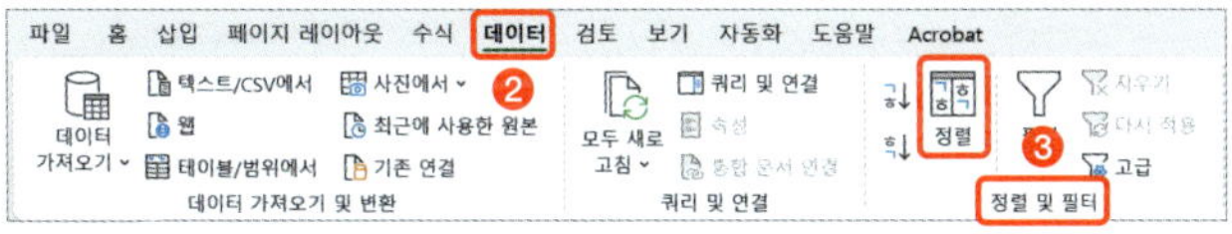

나타나는 [정렬] 창에서 '정렬 기준'을 설정해야 하는데, '정렬 기준'에는 세 가지 설정이 필요하다. ❹ 첫 번째 드롭다운 메뉴는 정렬 기준이 될 열을 선택하는 것으로 이 예에서는 '데이터1' 항목의 열을 선택한다. ❺ 가운데 위치한 드롭다운 메뉴는 정렬 기준이 되는 형식을 선택하는 것으로 이 예에서는 '셀 값'을 선택한다. 그리고 ❻ 세 번째 드롭다운 메뉴는 오름차순 또는 내림차순과 같은 정렬 방식을 선택하는 것으로 '오름차순'을 선택한다.

따라서 이 예는 선택된 영역의 데이터 값들을 '데이터1' 항목의 '셀 값'을 이용해 '오름차순'으로 정렬하는 것이다. ❼ <확인>을 클릭하여 결과를 확인해 보자.

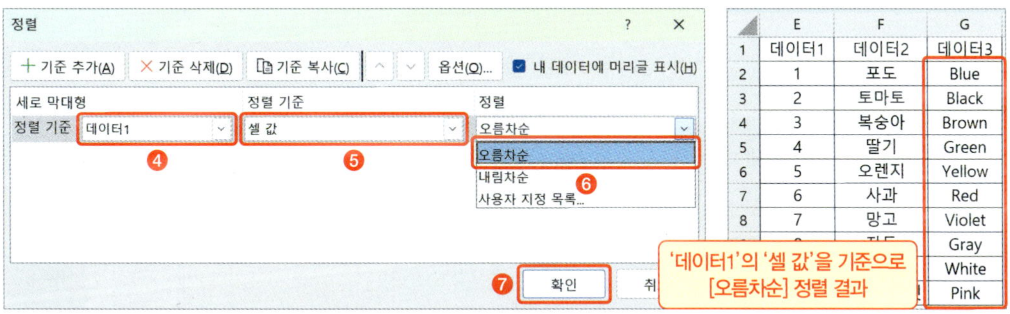

'데이터3' 항목의 '셀 값'을 '내림차순'으로 정렬한 결과도 확인해 보자.

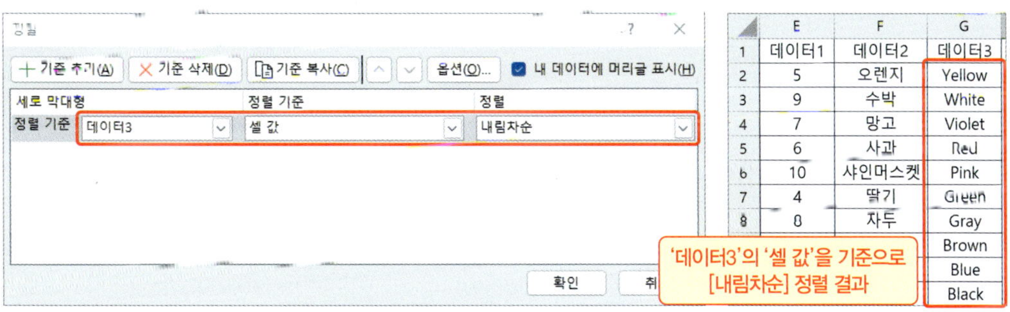

색상 및 조건부 서식으로 정렬하기

정렬 기준이 되는 형식에는 '셀 값' 외에도, '셀 색', '글꼴 색', '조건부 서식 아이콘' 항목이 있다. 이러한 형식들은 같은 셀 색이나 글꼴 색, 또는 같은 서식 아이콘에 해당하는 것들을 모아서 정렬할 수 있도록 한다.

정렬할 데이터가 다음 그림과 같다고 가정했을 때, '데이터2' 항목 값들을 글꼴 색을 이용해 정렬하는 예를 살펴보자.

	A	B	C
2	5	오렌지	Yellow
3	9	수박	White
4	7	망고	Violet
5	6	사과	Red
6	10	샤인머스켓	Pink
7	4	딸기	Green
8	8	자두	Gray
9	3	복숭아	Brown
10	1	포도	Blue
11	2	토마토	Black

먼저 정렬할 영역 전체 또는 임의의 셀 하나를 선택한 후 [데이터] 탭을 클릭하고 [정렬 및 필터] 그룹에서 [정렬] 메뉴를 선택한다. 나타나는 [정렬] 창에서 ❶ '데이터2'와 '글꼴 색'을 선택하면 ❷ 현재 정렬할 데이터 영역에 사용된 글꼴 색들을 선택할 수 있다.

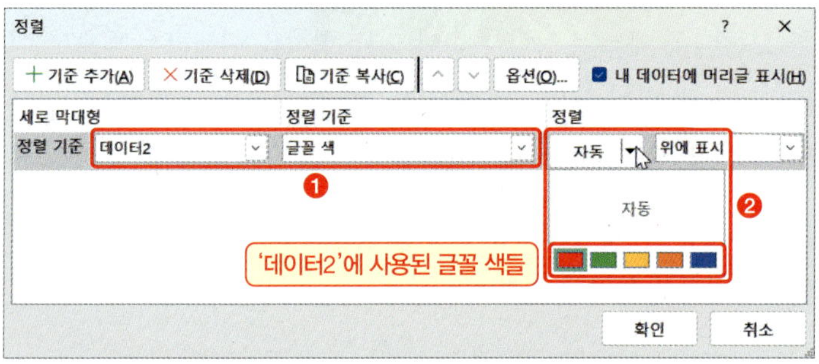

❸ '글꼴 색'과 ❹ 해당 글꼴 색이 나열될 위치 항목 위쪽에 표시한다는 의미의 '위에 표시'를 선택한 다음 ❺ 〈확인〉을 클릭한다. '글꼴 색'이 빨간색인 데이터들(수박, 토마토)이 위쪽에 나열되고, 나머지 데이터들은 정렬되지 않은 상태로 아래쪽에 나열된다.

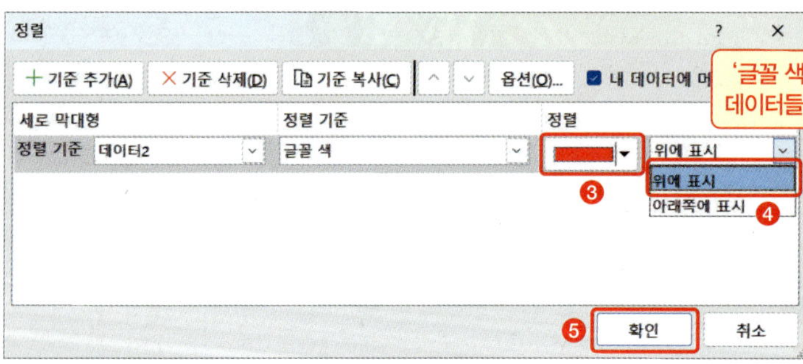

'글꼴 색'이 '빨간색'인 데이터들을 위쪽에 나열

	A	B	C
		데이터2	데이터3
		수박	White
		토마토	Black
4	5	오렌지	Yellow
5	7	망고	Violet
6	6	사과	Red
7	10	샤인머스켓	Pink
8	4	딸기	Green
9	8	자두	Gray
10	3	복숭아	Brown
11	1	포도	Blue

나머지 색상들의 데이터들은 정렬되지 않고 아래쪽에 나열

이번에는 '데이터3'에 대해 '셀 색'이 노란색인 데이터들이 '아래쪽에 표시'되도록 정렬 기준을 다음과 같이 변경한다.

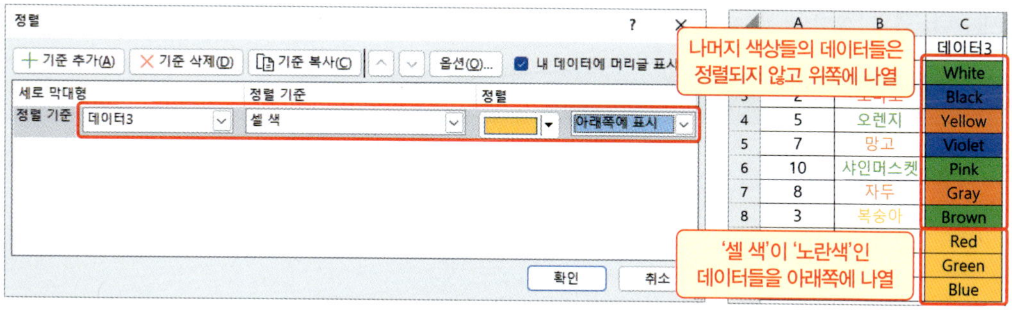

정렬 기능 사용하기

'예제09_01.xlsx'의 데이터들을 이용해 정렬 기능을 사용해 보자. '예제09_01.xlsx'의 데이터들을 보면 55행부터 59행에 병합된 셀들(셀 A55부터 셀 A59)이 있고 이 행에 해당하는 값들은 정렬에 사용하지 않을 값들이다. 따라서 정렬 기능을 실행하기 전에 정렬해야 하는 데이터가 위치한 셀 A1부터 셀 AB54를 선택한다.

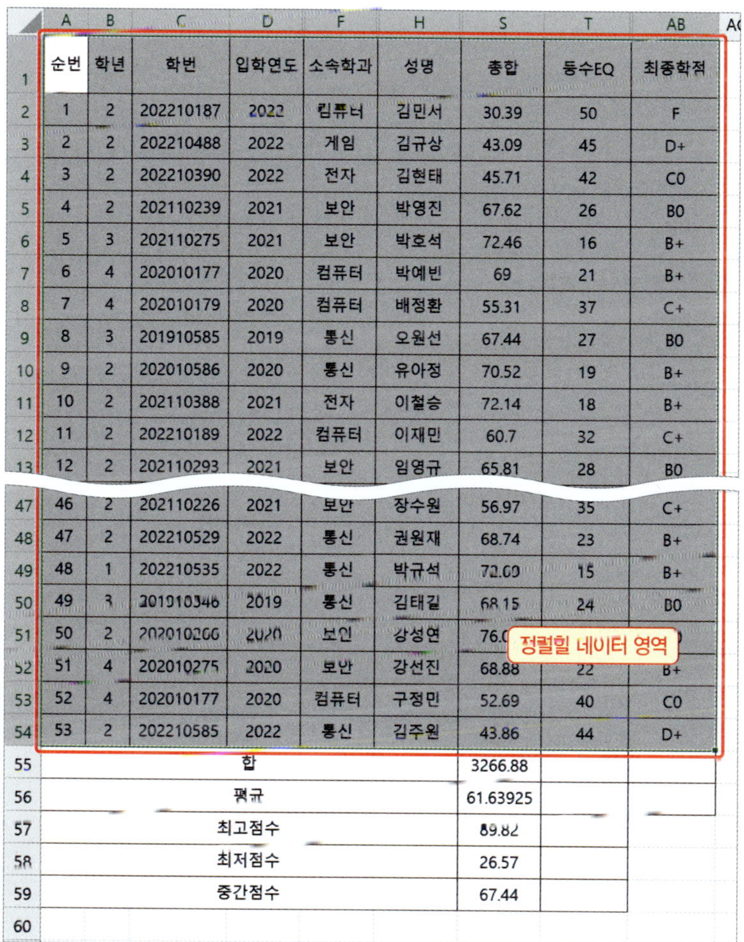

[데이터] 탭의 [정렬 및 필터] 그룹에서 [정렬] 메뉴를 클릭하여 정렬 옵션을 설정해 보자.

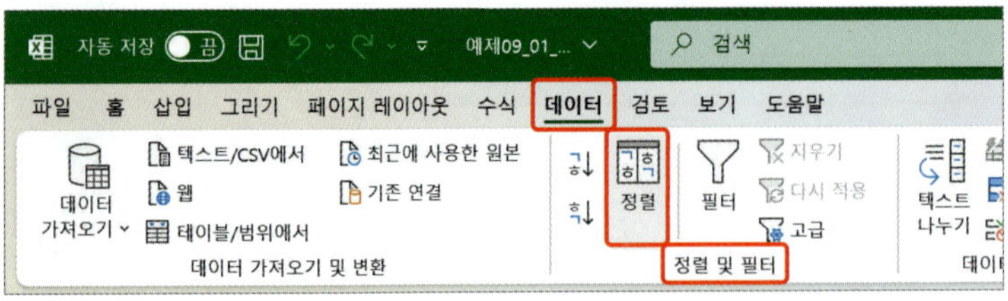

■ **오름차순으로 정렬하기**

[분반1_정렬_오름차순] 시트의 '총합' 항목을 '셀 값'을 이용해 '오름차순'으로 정렬해 보자.

[데이터] 탭의 [정렬 및 필터] 그룹에서 [정렬] 메뉴를 클릭한다. 나타나는 [정렬] 창에서 ❶ '정렬 기준' 항목은 '총합'을 선택하고 ❷ '셀 값'을 기준으로 ❸ '오름차순'으로 정렬하도록 옵션을 선택한 다음 ❹ 〈확인〉을 클릭하여 정렬된 데이터를 확인한다.

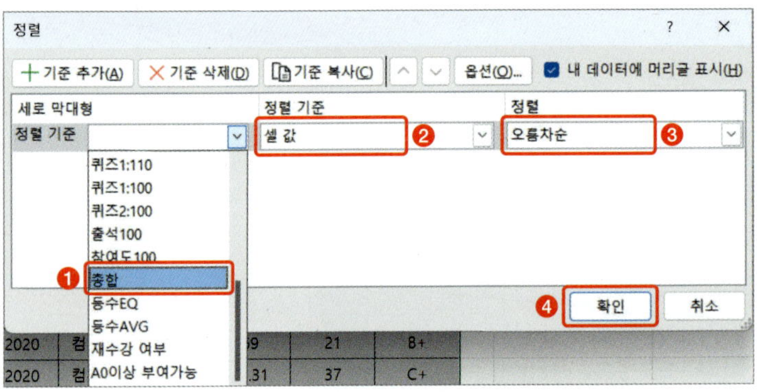

'총합'의 값들이 최저점수부터 최고점수까지 차례로 나열되고 그에 대응하는 다른 항목들의 값들도 함께 정렬되어 나열된다.

	A	B	C	D	F	H	S	T	AB
1	순번	학년	학번	입학연도	소속학과	성명	총합	등수EQ	최종학점
2	36	2	202110339	2021	전자	권준기	26.57	53	F
3	14	1	202110504	2021	통신	채혜정	28.25	52	F
4	13	2	202210402	2022	게임	정영주	30.02	51	F
5	1	2	202210187	2022	컴퓨터	김민서	30.39	50	F
6	24	2	202110128	2021	컴퓨터	박도현	30.68	49	F
7	28	2	202210139	2022	컴퓨터	최성욱	35.86	48	F
8	33	4	202010102	2020	컴퓨터	이승원	38.93	47	D0
9	35	2	202110223	2021	보안	강기정	39.77	46	D0
10	2	2	202210488	2022	게임	김규상	43.09	45	D+
11	53	2	202210585	2022	통신	김주원	43.86	44	D+
12	31	[illegible]	[illegible]	[illegible]	[illegible]	박재호	44.88	43	D+
13	3	[illegible]	[illegible]	[illegible]	[illegible]	김현태	45.71	42	C0

'총합' 항목이 '오름차순'으로 정렬

■ 내림차순으로 정렬하기

[분반1_정렬_내림차순] 시트에서 '등수EQ' 항목을 '셀 값'을 이용해 '내림차순'으로 정렬하자.

[정렬] 창에서 ❶ 정렬 기준 항목은 '등수EQ'를 선택하고 '셀 값'을 이용해 '내림차순'으로 정렬하도록 옵션을 선택한 다음 ❷ 〈확인〉을 클릭해 정렬된 데이터를 확인한다.

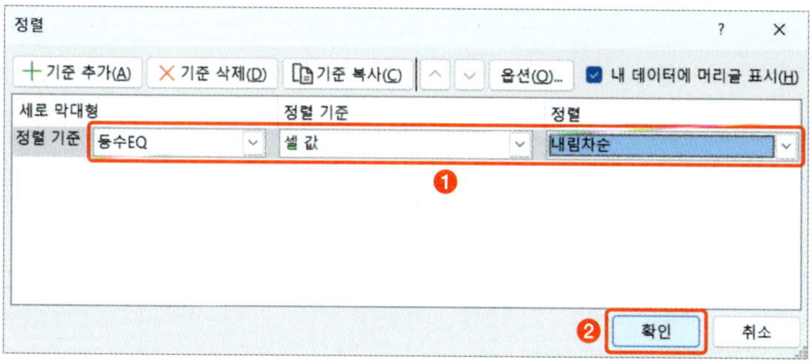

'등수EQ' 항목의 값들이 53등부터 1등까지 역순으로 나열된다. '총합'을 기준으로 '등수EQ', '최종학점'이 부여되었기 때문에 '등수EQ' 항목의 값들을 내림차순 정렬한 결과와 [분반1_정렬_오름차순] 시트에서 '총점' 항목의 값들을 오름차순 정렬한 결과가 같다.

	A	B	C	D	F	H	S	T	AB
1	순번	학년	학번	입학연도	소속학과	성명	총합	등수EQ	최종학점
2	36	2	202110339	2021	전자	권준기	26.57	53	F
3	14	1	202110504	2021	통신	채혜정	28.25	52	F
4	13	2	202210402	2022	게임	정영주	30.02	51	F
5	1	2	202210187	2022	컴퓨터	김민서	30.39	50	F
6	24	2	202110128	2021	컴퓨터	박도현	30.68	49	F
7	28	2	202210139	2022	컴퓨터	최성욱	35.86	48	F
8	33	4	202010102	2020	컴퓨터	이승원	38.93	47	D0
9	35	2	202110223	2021	보안	강기정	39.77	46	D0
10	2	2	202210488	2022	게임	김규상	43.09	45	D+
11	53	2	202210585	2022	통신	김주원	43.86	44	D+
12	31	4	2020102[illegible]	[illegible]	[illegible]	[illegible]	[illegible]	43	D+
13	3	2	2022103[illegible]	[illegible]	[illegible]	[illegible]	[illegible]	42	C0

'등수EQ' 항목이 '내림차순'으로 정렬

■ 셀 색으로 정렬하기

[분반1_정렬_셀 색] 시트에서 선택한 '셀 색'에 해당하는 '소속학과' 학생들의 정보를 확인하자.

현재 바탕색이 적용된 셀 항목은 '소속학과'이므로 ❶ [정렬] 창에서 '정렬 기준' 항목을 '소속학과'로 선택한다. 셀 색을 이용하여 같은 셀 색을 가진 학과의 학생 정보를 확인해야 하므로 정렬 기준은 ❷ '셀 색'으로 선택한 후 ❸ 원하는 색을 선택한다. 정렬 위치는 확인하기 쉽도록 ❹ '위에 표시' 옵션을 선택하고 ❺ 〈확인〉 버튼을 클릭한다. 여기서는 '컴퓨터' 학과 정보를 위쪽에서 확인해 본다.

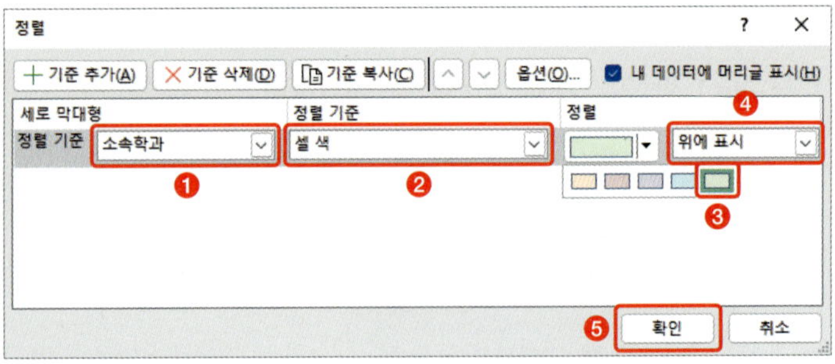

선택한 셀 색(초록색)에 해당하는 '소속학과' 항목의 값들(컴퓨터)과 그에 대응하는 다른 항목의 값들이 모두 위쪽에 나열되고 나머지 값들은 정렬되지 않고 아래쪽에 나열된다.

	A	B	C	D	F	H	S	T	AB
1	순번	학년	학번	입학연도	소속학과	성명	총합	등수EQ	최종학점
2	1	2	202210187	2022	컴퓨터	김민서	30.39	50	F
3	6	4	202010177	2020	컴퓨터	박예빈	69	21	B+
4	7	4	202010179	2020	컴퓨터	배정환	55.31	37	C+
5	11	2	202210189	2022	컴퓨터	이재민	60.7	32	C+
6	19	2	202210117	2022	컴퓨터	강수정	77.99	6	A0
7	20	4	202010118	2020	컴퓨터	김동규	77.96	7	A0
8	23	3	202010124	2020	컴퓨터	김도영	56.46	36	C+
9	24	2	202110128	2021	컴퓨터	박도현	30.68	49	F
10	25	2	202010130	2020	컴퓨터	송건호	77.72	8	A0
11	28	2	202210139	2022	컴퓨터				
12	32	4	202010162	2020	컴퓨터				
13	33	4	202010102	2020	컴퓨터	이승원	38.93	47	D0
43	41	4	201910311	2019	전자	최운주	75.33	12	A0
44	42	4	201910319	2019	전자	김훈정	62.86	31	B0
45	43	3	201910342	2019	전자	박연수	81.27	4	A0
46	44	2	202110460	2021	게임	이형진	68.1	25	B0
47	45	3	202110471	2021	게임	김지수	82.26	3	A+
48	46	2	202110226	2021	보안	장수원	56.97	35	C+
49	47	2	202210529	2022	통신	권원재	68.74	23	B+
50	48	1	202210535	2022	통신	박규석	72.69	15	B+
51	49	3	201910546	2019	통신	김태길	68.15	24	B0
52	50	2	202010266	2020	보안	강성연	76.01	11	A0
53	51	4	202010275	2020	보안	강선진	68.88	22	B+
54	53	2	202210585	2022	통신	김주원	43.86	44	D+
55	합						3266.88		
56	평균						61.63925		

'소속학과' 항목의 '셀 색'이 초록색인 값들을 '위에 표시'

■ **글꼴 색으로 정렬하기**

[분반1_정렬_글꼴 색] 시트에서 선택한 '글꼴 색'에 해당하는 '입학연도'에 따른 학생들의 정보를 확인해 보자.

[분반1_정렬_글꼴 색] 시트에서 [정렬] 창을 열어 글꼴 색이 설정된 ❶ '입학연도' 항목을 정렬 기준 항목으로 선택하고 ❷ '글꼴 색'을 기준으로 ❸ 원하는 글꼴 색의 '입학연도'의 학생들의 정보를 ❹ '위에 표시'하도록 설정한다.

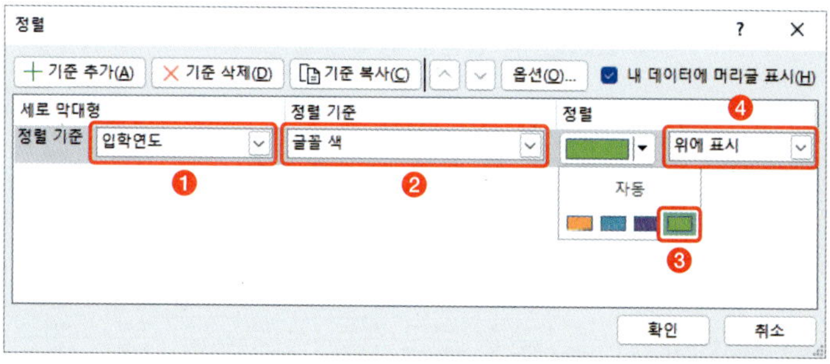

'소속학과'를 '셀 색'으로 정렬해서 얻었던 결과와 마찬가지로 '입학연도'를 '글꼴 색'으로 정렬한 결과도 선택한 색(초록색) 글꼴을 가진 '입학연도' 항목과 그에 대응하는 값들이 위에 나열되고 나머지 데이터들은 정렬되지 않고 아래쪽에 나열된다.

	A	B	C	D	F	H	S	T	AB
1	순번	학년	학번	입학연도	소속학과	성명	총합	등수EQ	최종하전
2	8	3	201910585	2019	통신	오원선	67.44	27	B0
3	17	4	201910412	2019	게임	한화연	64.66	29	B0
4	21	4	201910420	2019	게임	김민현	48.16	41	C0
5	38	3	201910196	2019	컴퓨터	배진형	78.84	5	A+
6	41	4	201910311	2019	전자	최윤주	75.33	12	A0
7	42	4	201910319	2019	전자	김훈정	62.86	31	B0
8	43	3	201910342	2019	전자	박연수	81.27	4	A0
9	49	3	201910546	2019	통신	김태길	68.15	24	B0
10	1	2	202210187	2022	컴퓨터	김민서	30.39	50	F
11	2	2	202210488	2022					D+
12	3	2	202210390	2022					C0
13	4	2	202110239	2021	보안	박영진	67.62	26	B0
43			202210223	2022			73.41		A0
44	39	2	202010106	2020	컴퓨터	양상원	72.3	17	B+
45	40	2	202110110	2021	컴퓨터	김상흠	89.82	1	A+
46	44	2	202110460	2021	게임	이형진	68.1	25	B0
47	45	3	202110471	2021	게임	김지수	82.26	3	A+
48	46	2	202110226	2021	보안	장수원	56.97	35	C+
49	47	2	202210529	2022	통신	권원재	68.74	23	B+
50	48	1	202210535	2022	통신	박규석	72.69	15	B+
51	50	2	202010266	2020	보안	강성연	76.01	11	A0
52	51	4	202010275	2020	보안	강선신	68.88	22	B+
53	52	4	202010177	2020	컴퓨터	구정미	52.69	40	C0
54	53	2	202210585	2022	통신	김주원	43.86	44	D+
55	합						3266.88		
56	평균						61.63925		

실습 9-1 한 가지 기준으로 데이터 정렬하기

준비 실습09_01.xlsx | **결과** 실습09_01_결과.xlsx

'실습09_01.xlsx'의 데이터 표에는 병합된 셀이 없으므로 데이터 영역 전체를 선택한 후 정렬을 실행하거나 데이터 영역 내의 임의의 셀 하나를 선택한 후 정렬을 실행하면 된다.

01 회원의 '이름'을 가나다순으로 정렬하기

[회원정보_정렬_오름차순] 시트에서 회원의 '이름' 항목을 가나다순으로 정렬하자.

가나다순으로 나열하려면 정렬 방식을 오름차순으로 선택하면 된다. [데이터] 탭-[정렬 및 필터] 그룹-[정렬] 메뉴를 선택한 뒤 [정렬] 창에서 다음과 같이 옵션을 설정하고 〈확인〉을 클릭하여 결과를 확인한다.

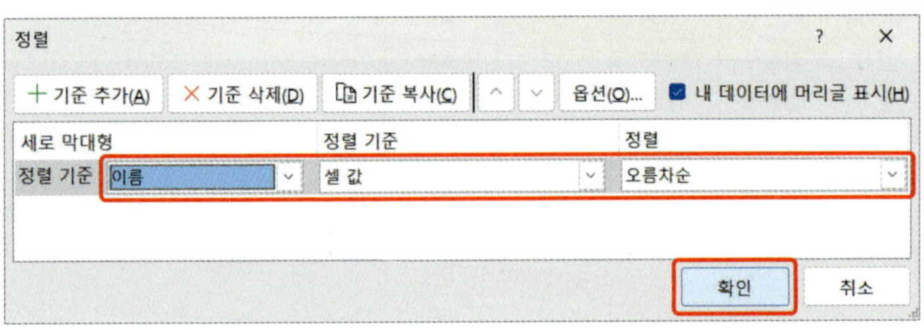

'이름' 항목의 모든 값이 가나다순으로 정렬되고 그와 대응되는 다른 항목들의 값들도 같이 정렬된다.

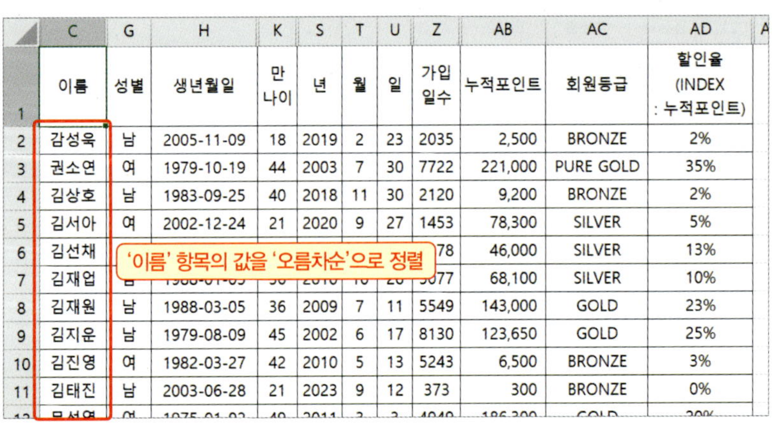

02 '누적포인트'를 큰 값부터 작은 값의 순서로 정렬하기

[회원정보_정렬_내림차순] 시트의 '누적포인트' 항목을 큰 값부터 작은 값의 순서로 정렬해 보자. 정렬 기준은 '누적포인트'의 '셀 값'을 '내림차순'으로 설정하고, 〈확인〉을 클릭해 결과를 확인한다.

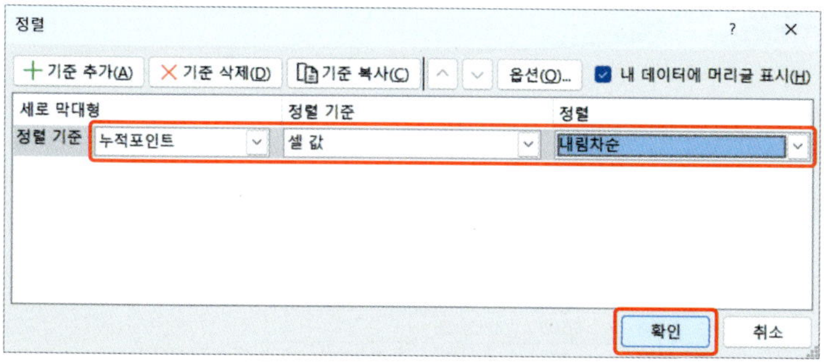

그러면 '누적포인트' 항목이 내림차순으로 정렬되면서 다른 항목들도 그에 따라 정렬된다. 특히, '회원등급' 항목은 '누적포인트'에 따라 부여된 등급이기 때문에 '누적포인트'가 내림차순으로 정렬됨에 따라 회원등급도 큰 값부터 작은 값의 순서로 정렬된다.

	C	G	H	K	S	T	U	Z	AB	AC	AD
1	이름	성별	생년월일	만 나이	년	월	일	가입 일수	누적포인트	회원등급	할인율 (INDEX : 누적포인트)
2	정경수	남	1994-02-01	30	2017	1	29	2795	224,100	PURE GOLD	20%
3	권소연	여	1979-10-19	44	2003	7	30	7727	221,000	PURE GOLD	35%
4	정수덕	남	1981-03-08	43	2007	7	19	6277	214,000	PURE GOLD	30%
5	서소연	여	1982-10-03	41	2009	9	16	5487	210,300	PURE GOLD	30%
6	장진욱	남	1970-12-12	53	2013	4	1	4194	200,500	PURE GOLD	25%
7	이택진	남	1980-07-29	44	2012	12	2	4314	199,000	GOLD	20%
8	이무영	남	1983-12-05	40	2013	7	13	4091	193,000	GOLD	20%
9	이태호	남	1985-09-27	38	2008	10	16	5822	187,000	GOLD	23%
10	문선영	여	1975-01-02	49	2011	3	3	4954	186,300	GOLD	20%
11	손서인	여	1986-03-19	38	2007	7	10	6286	168,000	GOLD	23%
12	이동윤	남	1984-09-11	40	2016	8	17	2960	154,000	GOLD	15%
13	윤형진	남	1980-11-12	43	2011	6	18	4847	147,600	GOLD	20%
14	김재[illegible]	[illegible]	[illegible]	[illegible]	[illegible]	[illegible]	[illegible]	[illegible]4	143,000	GOLD	[illegible]
15	이예슬	여	1984-06-28	40	2005	5	19	7068	142,000	GOLD	23%

'누적포인트' 항목의 값을 '내림차순'으로 정렬

같은 '회원등급'끼리 정렬

03 '여'성 회원들의 정보를 위로 정렬하기

[회원정보_정렬_셀 색] 시트의 데이터 중 여성 회원들의 정보만 위쪽에 모아 확인할 수 있도록 하자.

[회원정보_정렬_셀 색] 시트의 '성별' 항목은 셀의 값에 따라 다른 셀 색이 부여되어 있다. 여성 회원의 경우 셀 색이 연한 주황색이다. 이 특징을 이용해 정렬하면 여성 회원들의 정보만 위쪽에서 확인할 수 있다. [정렬] 창에서 정렬 기준을 '성별', '셀 색', '연한 주황색(　　　　)', '위에 표시'로 선택한 뒤 〈확인〉을 클릭해 결과를 확인한다.

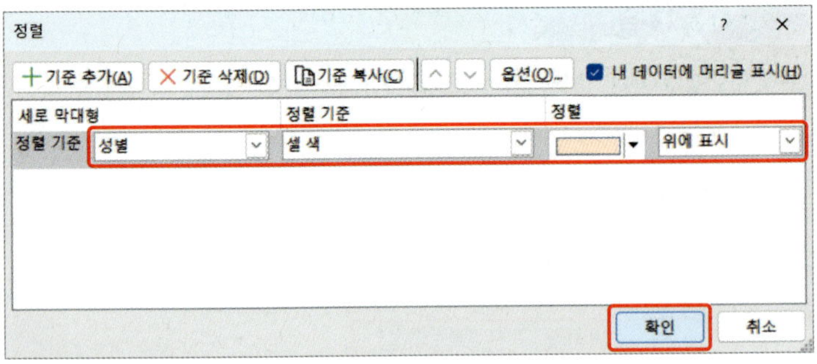

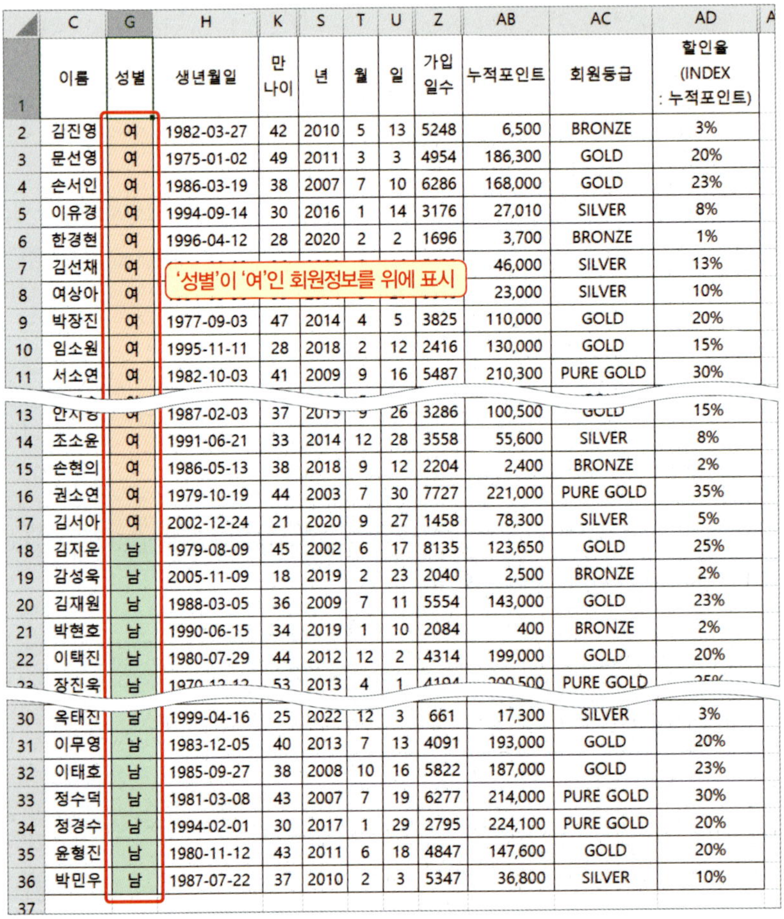

	C	G	H	K	S	T	U	Z	AB	AC	AD
1	이름	성별	생년월일	만 나이	년	월	일	가입 일수	누적포인트	회원등급	할인율 (INDEX : 누적포인트)
2	김진영	여	1982-03-27	42	2010	5	13	5248	6,500	BRONZE	3%
3	문선영	여	1975-01-02	49	2011	3	3	4954	186,300	GOLD	20%
4	손서인	여	1986-03-19	38	2007	7	10	6286	168,000	GOLD	23%
5	이유경	여	1994-09-14	30	2016	1	14	3176	27,010	SILVER	8%
6	한경현	여	1996-04-12	28	2020	2	2	1696	3,700	BRONZE	1%
7	김선채	여	[illegible]	[illegible]	[illegible]	[illegible]	[illegible]	[illegible]	46,000	SILVER	13%
8	여상아	여	[illegible]	[illegible]	[illegible]	[illegible]	[illegible]	[illegible]	23,000	SILVER	10%
9	박장진	여	1977-09-03	47	2014	4	5	3825	110,000	GOLD	20%
10	임소원	여	1995-11-11	28	2018	2	12	2416	130,000	GOLD	15%
11	서소연	여	1982-10-03	41	2009	9	16	5487	210,300	PURE GOLD	30%
13	[illegible]	[illegible]	1987-02-03	37	[illegible]	[illegible]	26	3286	100,500	[illegible]	15%
14	조소윤	여	1991-06-21	33	2014	12	28	3558	55,600	SILVER	8%
15	손현의	여	1986-05-13	38	2018	9	12	2204	2,400	BRONZE	2%
16	권소연	여	1979-10-19	44	2003	7	30	7727	221,000	PURE GOLD	35%
17	김서아	여	2002-12-24	21	2020	9	27	1458	78,300	SILVER	5%
18	김지운	남	1979-08-09	45	2002	6	17	8135	123,650	GOLD	25%
19	감성욱	남	2005-11-09	18	2019	2	23	2040	2,500	BRONZE	2%
20	김재원	남	1988-03-05	36	2009	7	11	5554	143,000	GOLD	23%
21	박현호	남	1990-06-15	34	2019	1	10	2084	400	BRONZE	2%
22	이택진	남	1980-07-29	44	2012	12	2	4314	199,000	GOLD	20%
[illegible]	장진욱	남	[illegible]	53	2013	4	1	[illegible]	[illegible]	PURE GOLD	[illegible]
30	옥태진	남	1999-04-16	25	2022	12	3	661	17,300	SILVER	3%
31	이무영	남	1983-12-05	40	2013	7	13	4091	193,000	GOLD	20%
32	이태호	남	1985-09-27	38	2008	10	16	5822	187,000	GOLD	23%
33	정수덕	남	1981-03-08	43	2007	7	19	6277	214,000	PURE GOLD	30%
34	정경수	남	1994-02-01	30	2017	1	29	2795	224,100	PURE GOLD	20%
35	윤형진	남	1980-11-12	43	2011	6	18	4847	147,600	GOLD	20%
36	박민우	남	1987-07-22	37	2010	2	3	5347	36,800	SILVER	10%
37											

04 'BRONZE' 등급의 회원정보를 아래로 정렬하기

[회원정보_정렬_글꼴 색] 시트의 데이터들 중 'BRONZE' 등급 회원들의 정보를 모두 아래쪽에서 확인할 수 있도록 하자.

[회원정보_정렬_글꼴 색] 시트의 '회원등급' 항목은 값에 따라 다른 글꼴 색이 부여되어 있으며 'BRONZE' 등급은 주황색이다. 이 특징을 [정렬] 창에서 정렬 기준으로 적용한다. '회원등급'의 '글꼴 색' 중 '주황색( )'을 '아래쪽에 표시'되도록 설정하고 〈확인〉을 클릭해 결과를 확인한다.

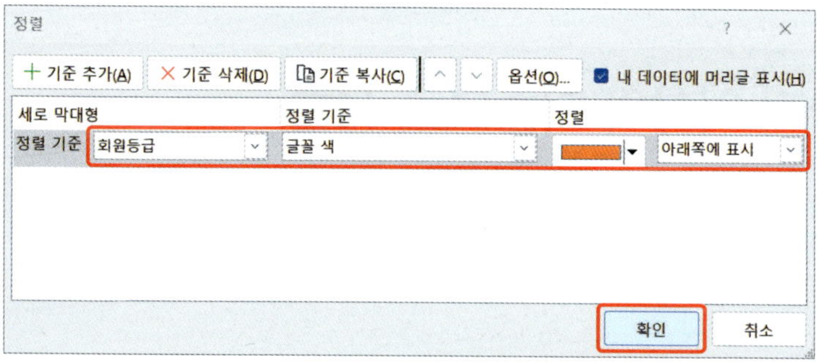

그러면 'BRONZE' 등급을 제외한 나머지 등급은 정렬되지 않은 채로 위쪽에 모이게 되고 'BRONZE' 등급은 아래쪽에 모여 나열된다.

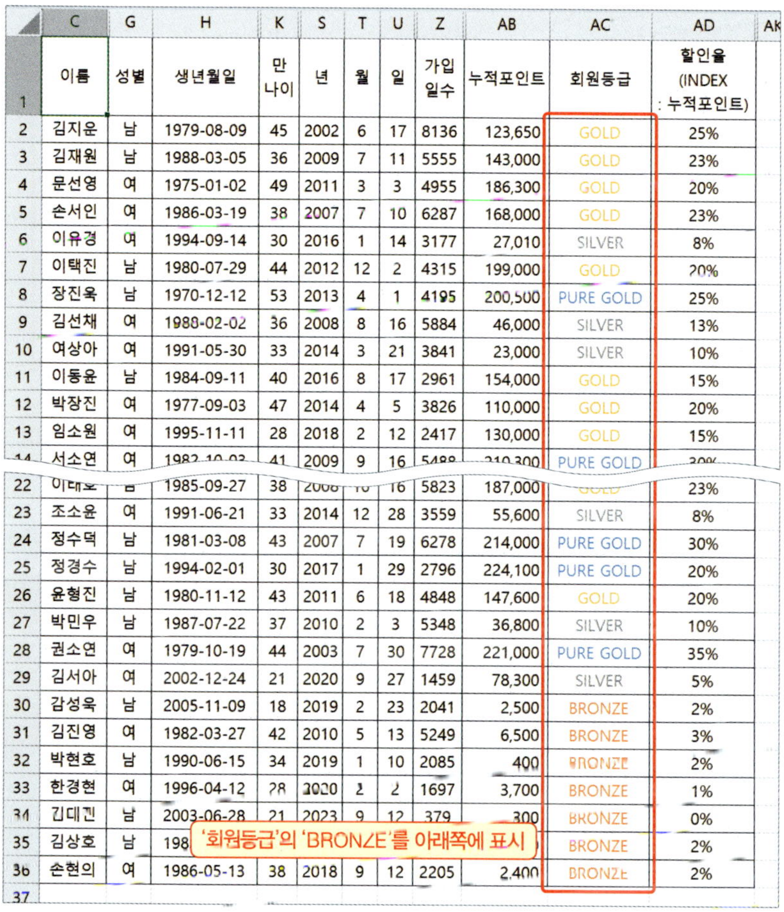

	C	G	H	K	S	T	U	Z	AB	AC	AD
1	이름	성별	생년월일	만 나이	년	월	일	가입 일수	누적포인트	회원등급	할인율 (INDEX : 누적포인트)
2	김지운	남	1979-08-09	45	2002	6	17	8136	123,650	GOLD	25%
3	김재원	남	1988-03-05	36	2009	7	11	5555	143,000	GOLD	23%
4	문선영	여	1975-01-02	49	2011	3	3	4955	186,300	GOLD	20%
5	손서인	여	1986-03-19	38	2007	7	10	6287	168,000	GOLD	23%
6	이유경	여	1994-09-14	30	2016	1	14	3177	27,010	SILVER	8%
7	이택진	남	1980-07-29	44	2012	12	2	4315	199,000	GOLD	20%
8	장진욱	남	1970-12-12	53	2013	4	1	4195	200,500	PURE GOLD	25%
9	김선채	여	1988-02-02	36	2008	8	16	5884	46,000	SILVER	13%
10	여상아	여	1991-05-30	33	2014	3	21	3841	23,000	SILVER	10%
11	이동윤	남	1984-09-11	40	2016	8	17	2961	154,000	GOLD	15%
12	박장진	여	1977-09-03	47	2014	4	5	3826	110,000	GOLD	20%
13	임소원	여	1995-11-11	28	2018	2	12	2417	130,000	GOLD	15%
14	서소연	여	[illegible]	41	2009	9	16	[illegible]	[illegible]	PURE GOLD	[illegible]
22	[illegible]	[illegible]	1985-09-27	38	[illegible]	[illegible]	16	5823	187,000	[illegible]	23%
23	조소윤	여	1991-06-21	33	2014	12	28	3559	55,600	SILVER	8%
24	정수덕	남	1981-03-08	43	2007	7	19	6278	214,000	PURE GOLD	30%
25	정경수	남	1994-02-01	30	2017	1	29	2796	224,100	PURE GOLD	20%
26	윤형진	남	1980-11-12	43	2011	6	18	4848	147,600	GOLD	20%
27	박민우	남	1987-07-22	37	2010	2	3	5348	36,800	SILVER	10%
28	권소연	여	1979-10-19	44	2003	7	30	7728	221,000	PURE GOLD	35%
29	김서아	여	2002-12-24	21	2020	9	27	1459	78,300	SILVER	5%
30	감성욱	남	2005-11-09	18	2019	2	23	2041	2,500	BRONZE	2%
31	김진영	여	1982-03-27	42	2010	5	13	5249	6,500	BRONZE	3%
32	박현호	남	1990-06-15	34	2019	1	10	2085	400	BRONZE	2%
33	한경현	여	1996-04-12	28	2020	2	2	1697	3,700	BRONZE	1%
34	김대건	남	2003-06-28	21	2023	9	12	379	300	BRONZE	0%
35	김상호	남	198[illegible]	[illegible]	[illegible]	[illegible]	[illegible]	[illegible]	[illegible]	BRONZE	2%
36	손현의	여	1986-05-13	38	2018	9	12	2205	2,400	BRONZE	2%

SECTION
02 두 가지 이상의 기준으로 정렬

1 정렬 기준 추가하기

준비 예제09_02.xlsx | **결과** 예제09_02_결과.xlsx

정렬 기준이 두 가지 이상인 복합적인 경우도 있을 수 있다. 다음 그림 A와 그림 B를 살펴보자.

그림 A

그림 B

그림 A는 1차 정렬 기준으로 '학년'을 오름차순으로 정렬하고, 2차 정렬 기준으로 '최종학점'을 오름차순으로 정렬하였다. 그래서 각 '학년' 내에서 '최종학점'이 오름차순으로 정렬되어 있음을 알 수 있다.

그림 B는 1차 정렬 기준으로 '소속학과'의 셀 색을 색상별로 순서를 지정하고, 그 다음 2차 정렬 기준으로 '학년', 3차 정렬 기준으로 '최종학점'을 오름차순으로 정렬하였다. 그래서 각 '소속학과' 내에서 '학년'별로 정렬되고, 각 '학년' 내에서 '최종학점'이 높은 순서부터 정렬되어 있다.

이렇게 두 가지 이상의 기준을 부여하여 정렬하려면 [정렬] 창에서 ❶ [기준 추가] 메뉴를 클릭한다. ❷ '다음 기준'에 해당하는 정렬 기준을 추가하면 되는데, 필요한 만큼 항목을 추가해 설정할 수 있다.

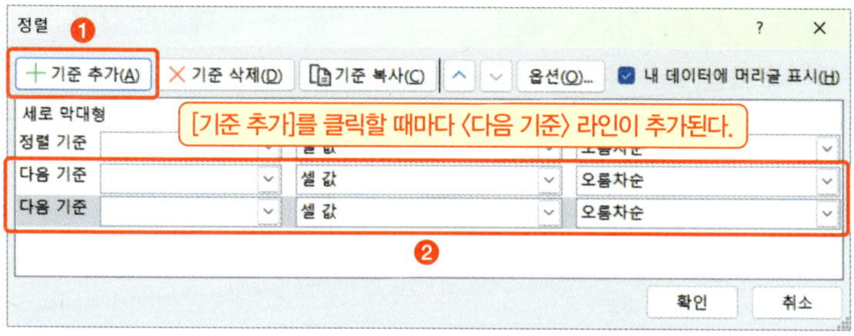

만약 정렬 기준 중 삭제해야 하는 기준이 있다면 삭제할 기준을 선택하고 [기준 삭제]를 클릭하면 된다. 예를 들어, 데이터를 정렬하기 위해 '소속학과' 기준을 추가했다가 이 기준을 삭제하고자 한다면, ❸ '소속학과'에 대한 기준 라인을 선택하고 ❹ [기준 삭제]를 클릭한다.

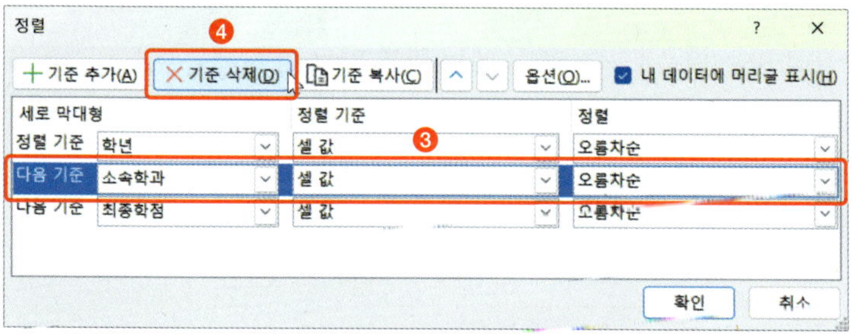

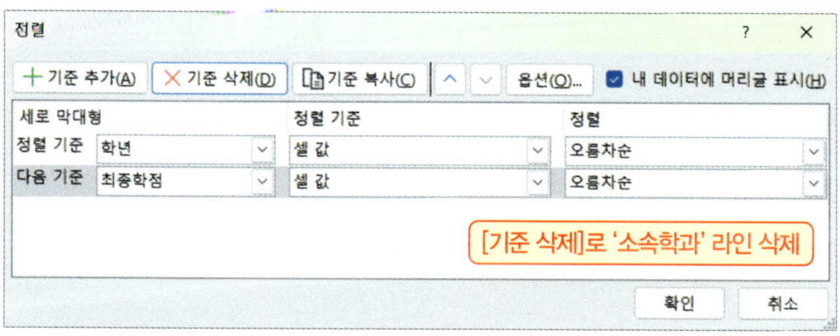

이러한 기준들의 나열 순서는 정렬의 순서를 의미하기도 한다. 예를 들어 다음과 같이 정렬 기준을 설정했다면 우선 '학년' 항목을 정렬하여 각 '학년'별로 그룹을 만들고 각 '학년' 그룹 내에서 '소속학과'를 기준으로 정렬해 '소속학과'별로 그룹이 만들어진다. 그리고 각 '소속학과' 그룹 내에서 '능수EQ'를 기준으로 정렬하게 된다.

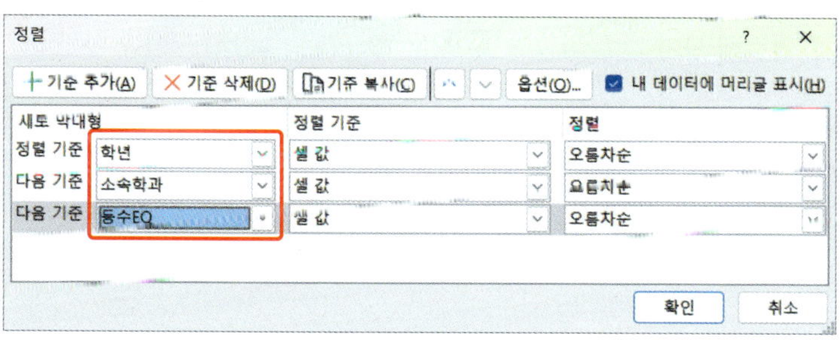

그러므로 기준들의 나열 순서가 바뀌면 만들어지는 그룹이 달라진다. 예를 들어, 다음과 같이 정렬 기준의 순서를 '소속학과'–'학년'–'등수EQ'로 바꾸면 '소속학과' 그룹 내에서 '학년'으로 정렬되어 '학년' 그룹이 만들어지고, 그 안에서 '등수EQ' 기준으로 정렬되는 것이다.

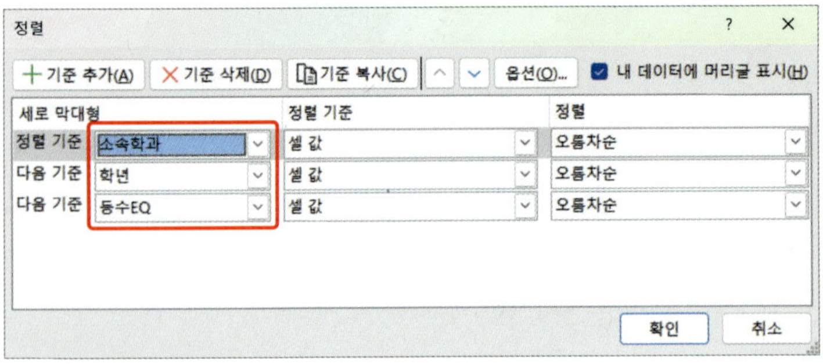

이미 추가한 정렬 기준의 순서를 바꾸는 것은 [기준 복사] 메뉴 옆에 있는 이동 메뉴 버튼(^ ˅)을 이용하면 된다.

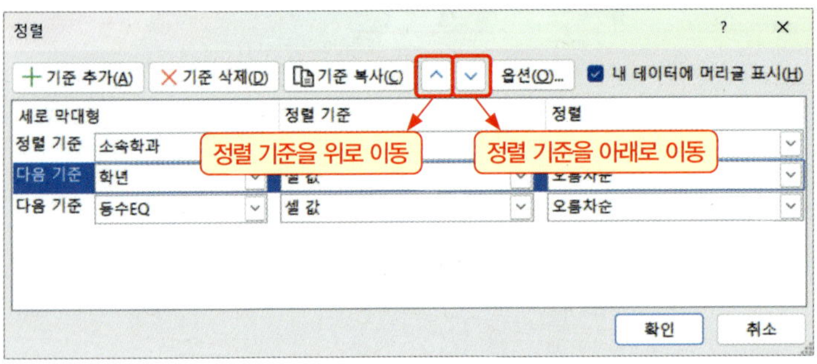

기준 추가 사용하기

'예제09_02.xlsx'의 병합된 셀들(셀 A55부터 셀 A59)을 제외하고, 정렬해야 하는 데이터가 위치한 셀 A1부터 셀 AB54를 범위로 지정해 정렬한다.

■ 두 가지 조건으로 정렬하기

앞선 그림 A의 결과를 얻기 위해 '예제09_02.xls'의 [분반1_정렬_여러 조건(1)] 시트에서 각 '학년'별로 '최종학점'을 오름차순으로 정렬해 보자.

[데이터] 탭–[정렬 및 필터] 그룹–[정렬] 메뉴의 [정렬] 창에서 ❶ '학년'의 '셀 값'을 '오름차순'으로 정렬되도록 설정하고 ❷ [기준 추가]를 클릭하여 추가된 기준 라인에 ❸ '최종학점'의 '셀 값'을 '오름차순'으로 설정한 후 ❹ 〈확인〉을 클릭하면 된다.

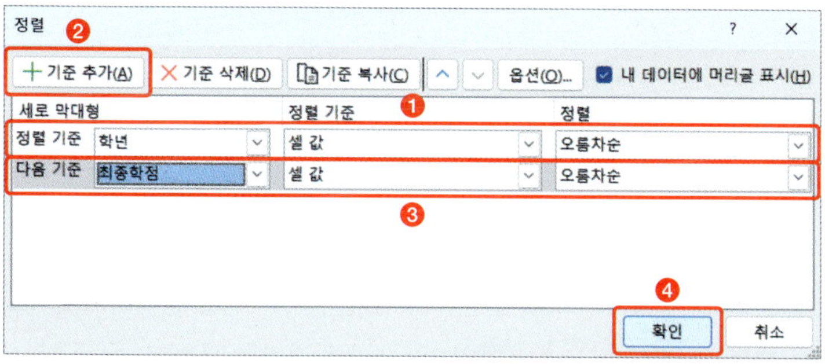

그러면 그림 A와 같이 오름차순으로 정렬된 '학년'별로 '최종학점'이 오름차순으로 정렬된다.

■ 세 가지 기준으로 정렬하기

그림 B의 결과를 얻기 위해 '예제09_02.xlsx'의 [분반1_정렬_여러 조건(2)] 시트에서 각 '소속학과'별로 구분하고 그 안에서 '학년'별로 정렬한 후 '최종학점' 순으로 정렬하자.

문제에서 제시한 것처럼 정렬 순서는 '소속학과'–'학년'–'최종학점'으로 정렬하면 된다. 난, 그림 B의 결과에서 '소속학과'는 '셀 색'을 이용하여 '연한 빨강색( )'–'연한 주황색( )'–'연한 초록색( )'–'연한 파랑색( )'–'연한 보라색( )' 순으로 정렬되어 있다. 그러므로 ❶ '소속학과'의 '셀 색'에 대해 모두 정렬한 후에 ❷ '학년'을 오름차순으로, 그리고 '최종학점'을 오름차순으로 정렬하면 된다. 각 정렬 기준들은 [기준 추가] 버튼을 이용해 추가하고, 다음과 같이 [정렬] 창의 내용을 설정한다. 그리고 ❸ 〈확인〉을 클릭해 결과를 구한다.

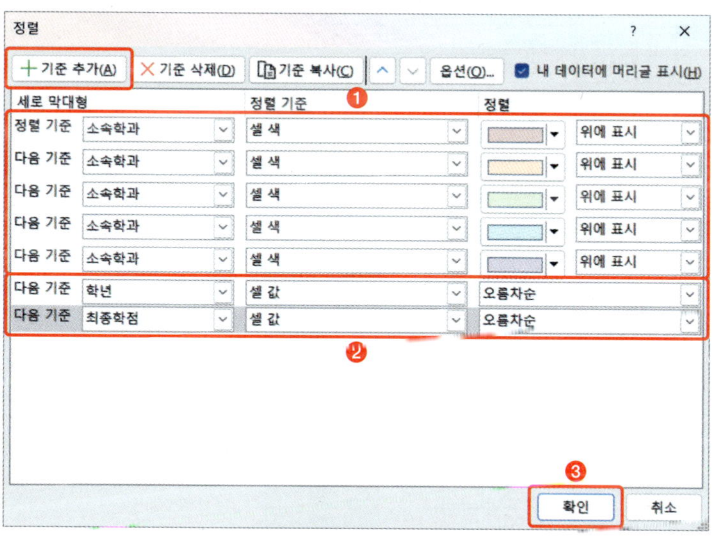

실습 9-2 정렬 기준이 여러 개일 때 데이터 정렬하기

준비 실습09_02.xlsx | **결과** 실습09_02_결과.xlsx

01 각 '성별'에 따른 가입일수 순으로 정렬하기

[회원정보_정렬_여러 기준(1)] 시트에서 각 '성별'로 '가입일수'를 내림차순으로 정렬하자.

❶ '성별' 항목의 '셀 값'을 오름차순 또는 내림차순으로 설정한 후 ❷ [기준 추가]를 클릭하여 ❸ '가입 일수' 항목의 '셀 값'을 내림차순으로 설정한 다음 ❹ 〈확인〉을 클릭해 결과를 구한다.

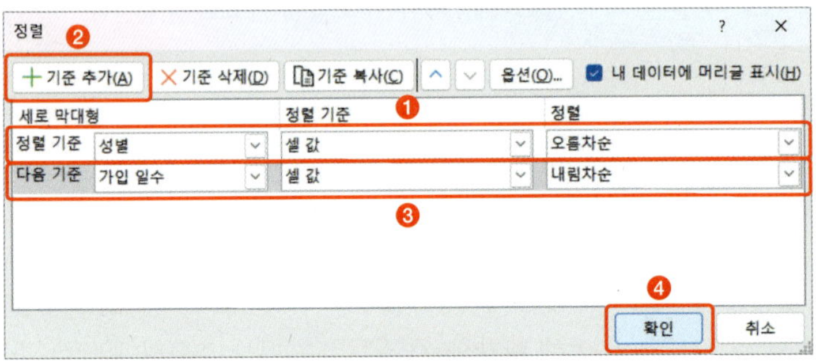

	C	G	I	K	S	T	X	Z	AB	AC	AD
1	이름	성별	요일	만 나이	년	월	가입 년수	가입 일수	누적포인트	회원등급	할인율 (INDEX : 누적포인트)
2	김지운	남	목	45	2002	6	22	8352	123,650	GOLD	25%
3	정수덕	남	일	44	2007	7	17	6494	214,000	PURE GOLD	30%
4	이태호	남	금	39	2008	10	16	6039	187,000	GOLD	23%
5	김재원	남	토	37	2009	7	15	5771	143,000	GOLD	23%
6	박민우	남	수	37	2010	2	15	5564	36,800	SILVER	13%
7	김재업	남	화	37	2010	10	14	5299	68,100	SILVER	10%
8	윤형진	남	수	44	2011	6	13	5064	147,600	GOLD	20%
9	이택진	남	화	44	2012	12	12	4531	199,000	GOLD	20%
10	장진욱	남	토	54	2013	4	12	4411	[illegible]	[illegible]	25%
11	이무영	남	월	41	2013	7	11	4308	[illegible]	[illegible]	20%
12	박승민	남	금	49	2016	6	8	3226	32,100	SILVER	8%
13	이동윤	남	화	40	2016	8	8	3177	154,000	GOLD	15%
14	정경수	남	화	[illegible]	2017	1	8	3012	224,100	PURE GOLD	20%
15	김상호	남	[illegible]	[illegible]	[illegible]	11	6	2342	9,200	BRONZE	2%
16	박현호	남	[illegible]	[illegible]	[illegible]	1	6	2301	400	BRONZE	2%
17	감성욱	남	수	19	2019	2	6	2257	2,500	BRONZE	2%
18	이종만	남	수	23	2022	3	3	1153	16,700	SILVER	5%
19	옥태진	남	금	26	2022	12	2	878	17,300	SILVER	3%
20	김태진	남	토	21	2023	9	1	595	300	BRONZE	0%
21	권소연	여	금	45	2003	7	21	7944	221,000	PURE GOLD	35%
22	이예슬	여	목	40	2005	5	19	7285	142,000	GOLD	23%
23	손서인	여	수	39	2007	7	17	6503	168,000	GOLD	23%
24	김선채	여	화	37	2008	8	16	6100	46,000	SILVER	13%

'성별' 내에서 '가입일수' 내림차순 정렬

'성별' 오름차순 정렬

02 나이대에 따른 회원등급 순으로 정렬하기

[회원정보_정렬_여러 기준(2)] 시트를 다음 그림과 같은 결과가 나오도록 정렬하자.

	C	G	I	K	S	T	X	Z	AB	AC	AD
1	이름	성별	요일	만 나이	년	월	가입 년수	가입 일수	누적포인트	회원등급	할인율 (INDEX : 누적포인트)
2	장진욱	남	토	53	2013	4	11	4202	200,500	PURE GOLD	25%
3	서소연	여	일	41	2009	9	15	5495	210,300	PURE GOLD	30%
4	정수덕	남	일	43	2007	7	17	6285	214,000	PURE GOLD	30%
5	권소연	여	금	44	2003	7	21	7735	221,000	PURE GOLD	35%
6	김지운	남	목	45	2002	6	22	8143	123,650	GOLD	25%
7	문선영	여	목	49	2011	3	13	4962	186,300	GOLD	20%
8	이택진	남	화	44	2012	12	11	4322	199,000	GOLD	20%
9	이동윤	남	화	40	2016	8	8	2968	154,000	GOLD	15%
15	김진영	여	토	42	2010	5	14	5256	6,500	BRONZE	3%
16	김상호	남	일	41	2018	11	5	2133	9,200	BRONZE	2%
17	정경수	남	화	30	2017	1	7	2803	224,100	PURE GOLD	20%
18	[illegible]	[illegible]	[illegible]	36	2009	7	15	[illegible]	[illegible]	GOLD	23%
19	[illegible]	[illegible]	[illegible]	38	2007	7	17	[illegible]	[illegible]	GOLD	23%
20	[illegible]	여	화	37	2015	9	9	3294	100,500	GOLD	15%
21	이태호	남	금	39	2008	10	15	5830	187,000	GOLD	23%
22	이유경	여	수	30	2016	1	8	3184	27,010	SILVER	8%
23	김선채	여	화	36	2008	8	16	5891	40,000	SILVER	13%
24	여상아	여	목	33	2014	3	10	3848	23,000	SILVER	10%
30	[illegible]	여	토	28	2018	2	6	2424	130,000	GOLD	15%
31	이종만	남	수	22	2022	3	2	944	16,700	SILVER	3%
32	옥태진	남	금	25	2022	12	1	669	17,300	SILVER	3%
33	김서아	여	화	21	2020	9	4	1466	78,300	SILVER	5%
34	한경현	여	금	28	2020	2	4	1704	3,700	BRONZE	1%
35	김태진	남	토	21	2023	9	1	386	300	BRONZE	0%
36	감성욱	남	수	18	2019	2	5	2048	2,500	BRONZE	2%

'만나이' 항목이 나이대별로 정렬

각 나이대별로 '회원등급' 정렬

앞의 그림을 살펴보면 '만나이' 항목은 오름차순이나 내림차순 정렬은 아니지만 나이대별로 정렬되어 있고, 각 나이대 내에서 '회원등급'이 등급순으로 나열되어 있다. 이처럼 정렬하기 위해서는 두 항목에 설정된 글꼴 색을 활용하면 좋다. 각 값에 설정된 글꼴 색은 다음과 같다.

만나이 글꼴 색	50대	40대	30대	20대	10대

회원등급 글꼴 색	PURE GOLD	GOLD	SILVER	BRONZE

즉, ❶ '만나이' 항목의 '글꼴 색'을 50대-40대-30대-20대-10대 순으로 나열될 수 있도록 설정하고 ❷ '회원등급' 항목의 '글꼴 색'을 등급순으로 나열되도록 설정한 후 ❸ <확인>을 클릭해 결과를 확인한다.

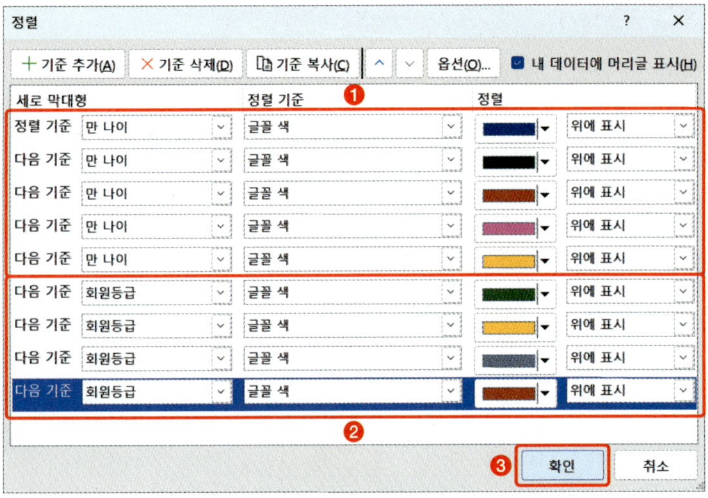

03 생일 '요일'에 따른 회원등급과 누적포인트 순으로 정렬하기

[회원정보_정렬_여러 기준(3)] 시트에서 '요일'별 '회원등급'을 정렬하고 각 회원등급 내에서 '누적포인트'를 내림차순으로 정렬하자. 이러한 정렬 결과를 얻기 위해서는 '요일'–'회원등급'–'누적포인트'의 순으로 정렬 조건을 설정하되, '요일'이나 '회원등급'의 경우 '셀 색' 또는 '글꼴 색'을 이용한다. '요일' 항목의 각 값에 설정된 '셀 색'은 다음과 같다.

요일 셀 색	일	월	화	수	목	금	토

이 정보를 이용해 정렬 기준을 다음과 같이 설정한다.

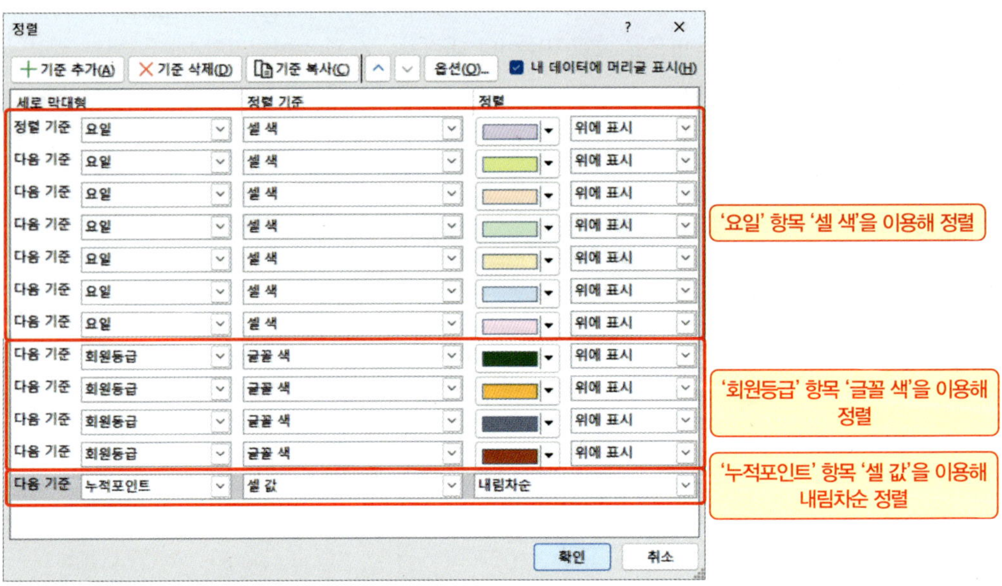

그러면 각 '요일' 내에서 '회원등급'별 '누적포인트'의 내림차순 정렬 결과를 확인할 수 있다.

	C	G	I	K	S	T	X	Z	AB	AC	AD
1	이름	성별	요일	만 나이	년	월	가입 년수	가입 일수	누적포인트	회원등급	할인율 (INDEX : 누적포인트)
2	정수덕	남	일	43	2007	7	17	6286	214,000	PURE GOLD	30%
3	서소연	여	일	42	2009	9	15	5496	210,300	PURE GOLD	30%
4	김상호	남	일	41	2018	11	5	2134	9,200	BRONZE	2%
5	이무영	남	월	40	2013	7	11	4100	193,000	GOLD	20%
6	정경수	남	화	30	2017	1	7	2804	224,100	PURE GOLD	20%
7			화	44	2012	12	11	4323	199,000	GOLD	
8	이동윤	남	화	40	2016	8	8	2969	154,000	GOLD	15%
9	안지영	여	화						100,500	GOLD	15%
10	김서아	여	화						78,300	SILVER	5%
11	김재업	남	화						68,100	SILVER	10%
12	김선채	여	화	36	2008	8	16	5892	46,000	SILVER	13%
13	손현의	여			2018	9	6	2213		BRONZE	
15			수	43	2011	6		4856	147,600	GOLD	20%
16	박민우	남	수	37	2010	2	14	5356	36,800	SILVER	10%
17	이유경	여	수	30	2016	1	8	3185	27,010	SILVER	8%
18	이종만	남	수	22	2022	3	2	945	16,700	SILVER	3%
19	감성욱	남	수	18	2019	2	5	2049	2,500	BRONZE	2%
20	문선영	여	목	49	2011	3	13	4963	186,300	GOLD	20%
21	이예슬	여	목	40	2005	5	19	7077	142,000	GOLD	23%
22	김지운	남	목	45	2002	6	22	8144	123,650	GOLD	25%
23	여상아	여	목	33	2014	3	10	3849	23,000	SILVER	10%
24	권소연	여	금	44	2003	7	21	7736	221,000	PURE GOLD	35%
25	이태호	남	금	39	2008	10	15	5831	187,000	GOLD	23%
26	조소윤	여	금	33	2014	12	9	3567	55,600	SILVER	8%
27	박승민	남	금	49	2016	6	8	3018	32,100	SILVER	8%
28	옥태진	남			2022	12	1	670		SILVER	
30			금	34	2019			2093	400	BRONZE	2%
31	장진욱	남	토	53	2013	4	11	4203	200,500	PURE GOLD	25%
32	김재원	남	토	36	2009	7	15	5563	143,000	GOLD	23%
33	임소원	여	토	28	2018	2	6	2425	130,000	GOLD	15%
34	박장진	여	토	47	2014	4	10	3834	110,000	GOLD	20%
35	김진영	여	토	42	2010	5	14	5257	6,500	BRONZE	3%
36	김태진	남	토	21	2023	9	1	387	300	BRONZE	0%

'요일'별 정렬

각 '회원등급' 내에서 '누적포인트' 내림차순 정렬

각 '요일' 내에서 '회원등급' 정렬

04 네 가지 조건으로 정렬하기

[회원정보_성별_여러 기준(4)] 시트에서 '할인율'별로 '회원등급'을 정렬하고, 각 회원등급 내에서 '성별'을 구분한 뒤 성별 내에서 '누적포인트'를 내림차순으로 정렬하자.

이 결과를 얻기 위해서는 '할인율'–'회원등급'–'성별'–'누적포인트' 순으로 정렬 기준을 설정한다. '셀 색'이나 '글꼴 색'을 이용해 정렬하고, '할인율' 항목의 각 값에 설정된 '셀 색'은 다음과 같다.

할인율 셀 색	30% 이상	20% 이상 30% 미만	10% 이상 20% 미만	10% 미만
	(주황)	(초록)	(노랑)	(파랑)

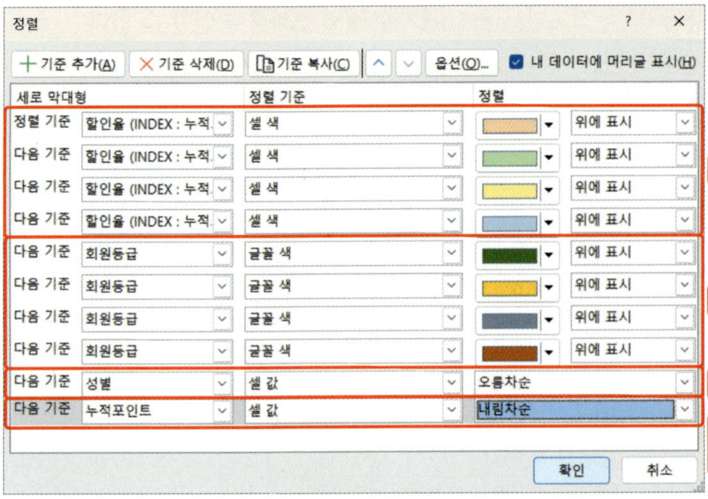

'할인율' 항목 '셀 색'을 이용해 정렬

'회원등급' 항목 '글꼴 색'을 이용해 정렬

'성별' 항목 '셀 값'을 이용해 오름차순 정렬

'누적포인트' 항목 '셀 값'을 이용해 내림차순 정렬

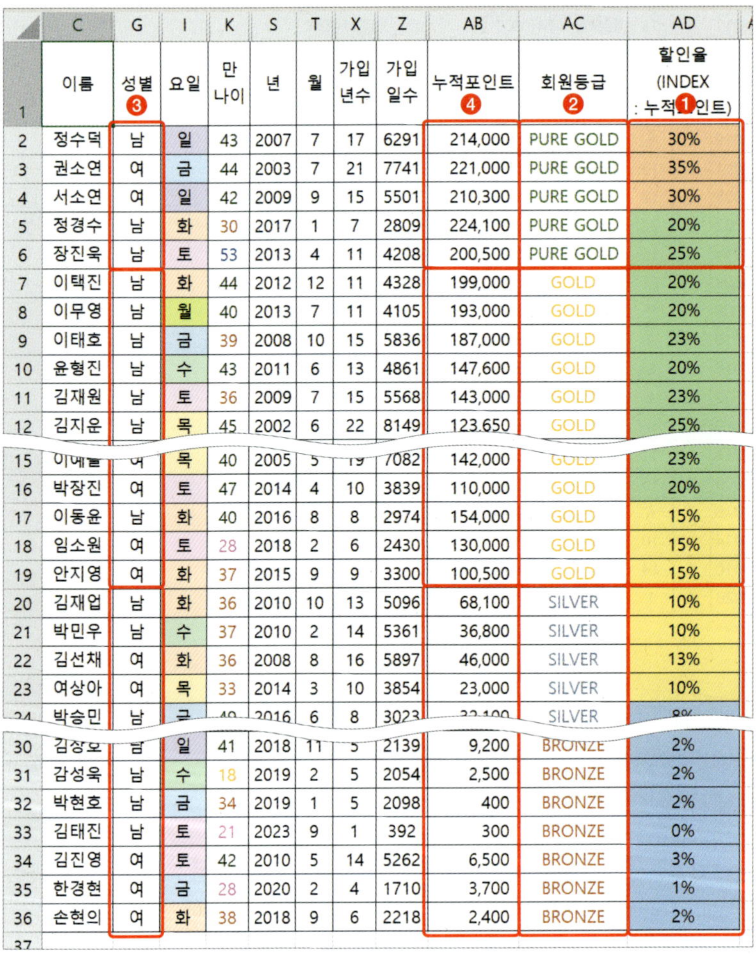

	C	G	I	K	S	T	X	Z	AB	AC	AD
1	이름	성별 ❸	요일	만 나이	년	월	가입 년수	가입 일수	누적포인트 ❹	회원등급 ❷	할인율 (INDEX : 누적포인트) ❶
2	정수덕	남	일	43	2007	7	17	6291	214,000	PURE GOLD	30%
3	권소연	여	금	44	2003	7	21	7741	221,000	PURE GOLD	35%
4	서소연	여	일	42	2009	9	15	5501	210,300	PURE GOLD	30%
5	정경수	남	화	30	2017	1	7	2809	224,100	PURE GOLD	20%
6	장진욱	남	토	53	2013	4	11	4208	200,500	PURE GOLD	25%
7	이택진	남	화	44	2012	12	11	4328	199,000	GOLD	20%
8	이무영	남	월	40	2013	7	11	4105	193,000	GOLD	20%
9	이태호	남	금	39	2008	10	15	5836	187,000	GOLD	23%
10	윤형진	남	수	43	2011	6	13	4861	147,600	GOLD	20%
11	김재원	남	토	36	2009	7	15	5568	143,000	GOLD	23%
12	김지운	남	목	45	2002	6	22	8149	123,650	GOLD	25%
15	[illegible]	여	목	40	2005	5	19	7082	142,000	GOLD	23%
16	박장진	여	토	47	2014	4	10	3839	110,000	GOLD	20%
17	이동윤	남	화	40	2016	8	8	2974	154,000	GOLD	15%
18	임소원	여	토	28	2018	2	6	2430	130,000	GOLD	15%
19	안지영	여	화	37	2015	9	9	3300	100,500	GOLD	15%
20	김재업	남	화	36	2010	10	13	5096	68,100	SILVER	10%
21	박민우	남	수	37	2010	2	14	5361	36,800	SILVER	10%
22	김선채	여	화	36	2008	8	16	5897	46,000	SILVER	13%
23	여상아	여	목	33	2014	3	10	3854	23,000	SILVER	10%
24	박승민	남	[illegible]	[illegible]	2016	6	8	3023	[illegible]	SILVER	[illegible]
30	[illegible]	남	일	41	2018	11	5	2139	9,200	BRONZE	2%
31	감성욱	남	수	18	2019	2	5	2054	2,500	BRONZE	2%
32	박현호	남	금	34	2019	1	5	2098	400	BRONZE	2%
33	김태진	남	토	21	2023	9	1	392	300	BRONZE	0%
34	김진영	여	토	42	2010	5	14	5262	6,500	BRONZE	3%
35	한경현	여	금	28	2020	2	4	1710	3,700	BRONZE	1%
36	손현의	여	화	38	2018	9	6	2218	2,400	BRONZE	2%
37											

❶ '할인율'을 '셀 색'으로 정렬
❷ 각 '회원등급'을 '글꼴 색'으로 정렬
❸ 각 '할인율' 내에서 '성별'을 오름차순으로 정렬
❹ 각 '성별' 내에서 '누적포인트'로 내림차순 정렬

요약

01 정렬 기본

- 정렬하려는 데이터 영역 전체 또는 그 영역 내의 셀 하나를 선택한 후 실행한다.
- 정렬하려는 데이터 영역 내에는 병합된 셀들이 없어야 한다.

02 기본 정렬 메뉴

- 데이터 영역 중 현재 선택된 셀을 정렬 기준으로 하여 데이터들을 오름차순 또는 내림차순으로 정렬한다.
- [데이터] 탭-[정렬 및 필터] 그룹-[오름차순] 버튼(↓) 또는 [내림차순] 버튼(↓) 클릭

03 정렬 옵션 선택

- 정렬 기준에 대한 옵션을 사용자가 직접 설정
- [데이터] 탭-[정렬 및 필터] 그룹-[정렬] 메뉴
- 정렬 기준이 될 열을 선택-정렬 기준이 되는 형식을 선택(셀 값, 셀 색, 글꼴 색 등)-정렬 방식 선택(오름차순 또는 내림차순)

04 두 가지 이상의 조건으로 정렬하기

- [기준 추가]: 정렬 기준 추가
- [기준 삭제]: 추가된 정렬 기준 삭제
- 이동 버튼(⌃⌄): 정렬 기준의 순서 변경
- 정렬 기준의 나열 순서에 따라 정렬의 결과가 달라진다.

연습문제

01 **다음 설명 중 옳지 않은 것을 고르시오.**

① 기본 정렬 메뉴 [↓] 또는 [↓]를 이용하면 단순하게 데이터를 오름차순 또는 내림차순으로 정렬할 수 있다.

② 정렬하려는 데이터 영역 내에 병합된 셀이 있으면 그 셀을 제외하고 나머지 데이터들만 정렬한다.

③ 정렬 기준이 되는 열과 형식, 정렬 방식을 설정하여 정렬한다.

④ 하나 이상의 정렬 기준이 있는 경우, [기준 추가]를 이용해 여러 정렬 기준을 설정하고 필요 없는 정렬 기준은 [기준 삭제]를 이용해 삭제한다.

⑤ 하나 이상의 정렬 기준이 있는 경우 정렬 기준의 나열 순서에 따라 정렬 결과가 달라진다.

[02~07] **'연습09_01.xlsx'를 활용하여 다음 질문에 답하시오.**

준비 연습09_01.xlsx | **결과** 연습09_01_결과.xlsx

02 **[도서목록_정렬(3)~(5)] 시트에 작성된 다음 표의 내용을 정렬하려고 한다. ○, ×로 답하시오.**

	D	E	F	G	J	R	Z	AF	AL
1	도서현황								
2									
3	도서명	저자명	분야 코드	분야	출간일 (년도)	보유 권수	평점	선호도	정리 여부
4	왜 엑셀인가?	김엑셀	44	IT	2021	5	5.67123	상	보유
5	봄여름가을겨울	서계절	11	에세이	2023	7	8.33756	중	보유
6	다 먹고 살빼기	이감량	33	건강	2023	3	3.21634	극상	보유
7	갈 때까지 가보자	장여행	22	여행	2022	3	7.21115	중	보유
8	걸어서 파이썬 속으로	정파이	44	IT	2020	5	4.86613	극상	보유
9	내 맘대로 앱	박프로	44	IT	2024	4	3.67123	극상	보유
10	내몸내맘	김건강	33	건강	2022	2	2.19711	하	보유
11	자유여행 - 일본편	여행회사	22	여행	2020	3	6.71843	극상	정리
12	자유여행 - 미국편	여행회사	22	여행	2020	3	4.36158	중	보유
13	자유여행 - 유럽편	여행회사	22	여행	2021	3	7.22576	상	보유
14	C 프로그래밍	강씨	44	IT	2019	4	8.21673	극상	보유
15	말과 빛	양수필	11	에세이	2021	2	9.10023	하	정리
16	전하는 글	오쓰기	11	에세이	2024	3	4.76912	중	보유
17	컴퓨터 운영하기	차운영	44	IT	2024	7	7.19611	상	보유
18	숨만 잘 쉬자	최호흡	33	건강	2021	4	5.67142	중	정리
19	보유 / 잔여 도서 합					58			
20	평균								

(1) 기본 정렬 메뉴([↓] 또는 [↓])로 '도서명'의 가나다 순으로 정렬이 가능하다. (   )

(2) 기본 정렬 메뉴([↓] 또는 [↓])로 '저자명'의 가나다 역순으로 정렬하는 것은 불가능하다. (   )

(3) 정렬하기 위해서는 셀 D1부터 셀 AL20을 모두 선택해야 한다. (   )

(4) '분야코드' 내에서 '평점'이 높은 순으로 정렬하려면 '평점'을 내림차순으로 정렬하고 '분야코드'를 글꼴 색에 따라 정렬하도록 정렬 기준을 설정한다. (   )

(5) '분야' 내에서 '출간일(년도)'을 최신순으로 정렬하려면 '분야' 항목의 셀 값을 오름차순 또는 내림차순으로 정렬한 후 '출간일(년도)'을 내림차순으로 정렬하면 된다. (   )

(6) '선호도' 내에서 '분야'를 정렬하기 위해서는 [정렬] 창에서 첫 번째 정렬 기준을 '선호도'에 대해 설정하고 두 번째 정렬 기준을 '분야'에 대해 설정한다. (   )

03 [도서목록_정렬(1)] 시트의 표를 '도서명'의 가나다 순으로 정렬하시오.

04 [도서목록_정렬(2)] 시트의 표를 '저자명'의 가나다 역순으로 정렬하시오.

05 [도서목록_정렬(3)] 시트의 표를 '분야코드' 내에서 '평점'이 높은 순으로 정렬하시오.

06 [도서목록_정렬(4)] 시트의 표를 '분야' 내에서 '출간일(년도)'을 최신순으로 정렬하여 다음과 같은 결과가 나오게 하시오. 각 '분야'의 글꼴 색은 다음과 같다.

'분야'의 글꼴 색	IT	에세이	여행	건강

	D	E	F	G	J	R	Z	AF	AL
1	도서현황								
2									
3	도서명	저자명	분야 코드	분야	출간일 (년도)	보유 권수	평점	선호도	정리 여부
4	내 맘대로 앱	박프로	44	IT	2024	4	3.67123	극상	보유
5	컴퓨터 운영하기	차운영	44	IT	2024	7	7.19611	상	보유
6	왜 엑셀인가?	김엑셀	44	IT	2021	5	5.67123	상	보유
7	걸어서 파이썬 속으로	정파이	44	IT	2020	5	4.86613	극상	보유
8	C 프로그래밍	감씨	44	IT	2019	4	8.21673	극상	보유
9	전하는 글	오쓰기	11	에세이	2024	3	4.76912	중	보유
10	봄여름가을겨울	서계절	11	에세이	2023	7	8.33756	중	보유
11	말과 빛	양수필	11	에세이	2021	2	9.10023	하	보유
12	갈 때까지 가보자	장여행	22	여행	2022	3	7.21115	중	보유
13	자유여행 - 유럽편	여행회사	22	여행	2021	3	7.22576	상	보유
14	자유여행 - 일본편	여행회사	22	여행	2020	3	6.71843	극상	정리
15	자유여행 - 미국편	여행회사	22	여행	2020	3	4.36158	중	보유
16	다 먹고 살빼기	이감량	33	건강	2023	3	3.21634	극상	정리
17	내몸내맘	김건강	33	건강	2022	2	2.19711	하	정리
18	숨만 잘 쉬자	최호흡	33	건강	2021	4	5.67142	중	정리
19	보유 / 잔여 도서 합					58			
20	평균								

07 [도서목록_정렬(5)] 시트의 표를 '선호도' 내에서 '분야'를 정렬하여 다음과 같은 결과가 나오게 하시오. 각 '선호도'의 셀 색은 다음과 같다.

'선호도'의 셀 색	극상	상	중	하

	D	E	F	G	J	R	Z	AF	AL
1	도서현황								
2									
3	도서명	저자명	분야 코드	분야	출간일 (년도)	보유 권수	평점	선호도	정리 여부
4	걸어서 파이썬 속으로	정파이	44	IT	2020	5	4.86613	극상	보유
5	내 맘대로 앱	박프로	44	IT	2024	4	3.67123	극상	보유
6	C 프로그래밍	강씨	44	IT	2019	4	8.21673	극상	보유
7	자유여행 - 일본편	여행회사	22	여행	2020	3	6.71843	극상	보유
8	다 먹고 살빼기	이감량	33	건강	2023	3	3.21634	극상	정리
9	왜 엑셀인가?	김엑셀	44	IT	2021	5	5.67123	상	보유
10	컴퓨터 운영하기	차운영	44	IT	2024	7	7.19611	상	보유
11	자유여행 - 유럽편	여행회사	22	여행	2021	3	7.22576	상	보유
12	봄여름가을겨울	서계절	11	에세이	2023	7	8.33756	중	정리
13	전하는 글	오쓰기	11	에세이	2024	3	4.76912	중	보유
14	갈 때까지 가보자	장여행	22	여행	2022	3	7.21115	중	정리
15	자유여행 - 미국편	여행회사	22	여행	2020	3	4.36158	중	정리
16	숨만 잘 쉬자	최호흡	33	건강	2021	4	5.67142	중	보유
17	말과 빛	양수필	11	에세이	2021	2	9.10023	하	정리
18	내몸내맘	김건강	33	건강	2022	2	2.19711	하	정리
19	보유 / 잔여 도서 합					58			
20	평균								

[08~14] '연습09_02.xlsx'를 활용하여 다음 질문에 답하시오.

준비 연습09_02.xlsx | **결과** 연습09_02_결과.xlsx

08 [Sheet1_정렬(1)] 시트를 참고하여 다음에 설정한 정렬 기준들에 대한 질문에 답하시오.

(1) 다음과 같이 정렬 기준을 설정하고 실행했을 때 그 결과를 설명하시오.

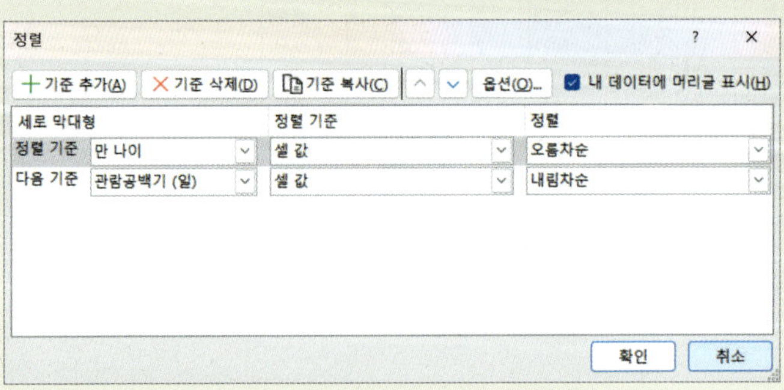

(2) 다음과 같이 정렬 기준을 설정하고 실행했을 때 그 결과를 설명하시오.

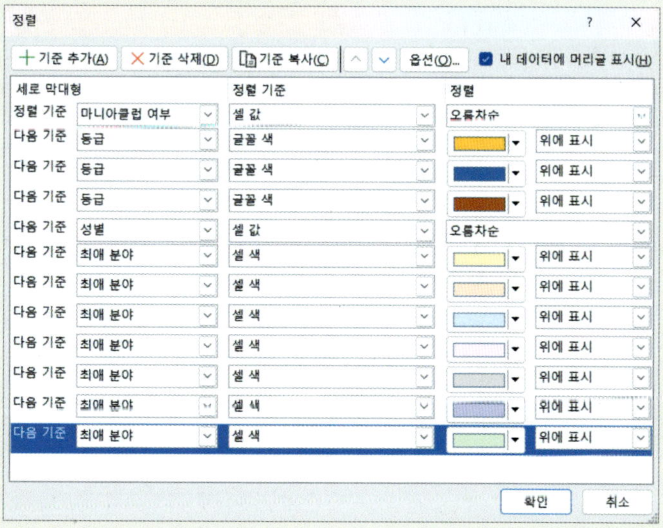

(3) 다음과 같이 정렬 기준을 설정하여 각각 실행했을 때 (a), (b) 두 결과의 차이를 설명하시오.

(a)

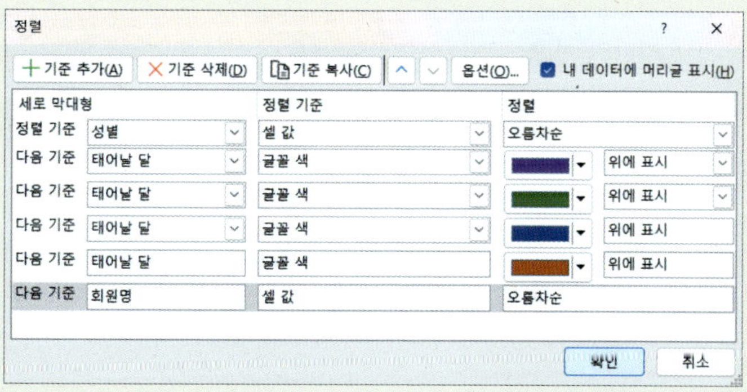

(b)

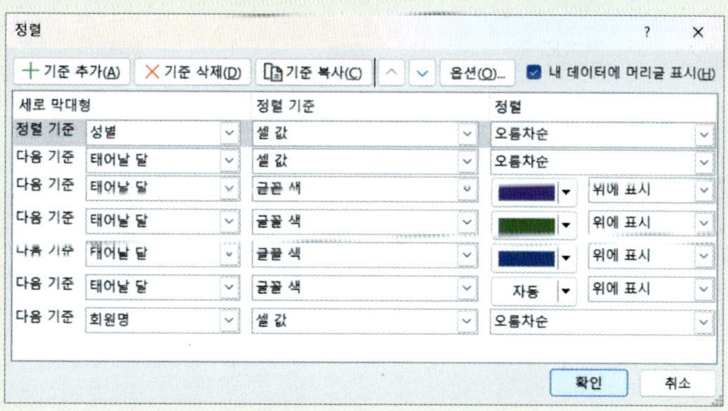

09 [Sheet1_정렬(1)] 시트에서 '회원명' 항목을 가나다 순으로 정렬하시오.

10 [Sheet1_정렬(2)] 시트에서 '예매현황'의 '평균' 항목을 내림차순으로 정렬하시오.

11 [Sheet1_정렬(3)] 시트에서 '성별'로 구분하고 '만나이' 순으로 정렬하시오.

12 [Sheet1_정렬(4)] 시트의 '태어난 달' 항목을 분기별로 정렬하여 그 안에서 '성별'을 구분하고 '만나이' 순으로 정렬하시오. '태어난 달'의 분기별 글꼴 색은 다음과 같다.

'태어난 달'의 글꼴 색	1분기	2분기	3분기	4분기

13 [Sheet1_정렬(5)] 시트에서 '가입년도' 항목을 5년 단위로 구분하여 그 안에서 '관람공백기(일)'를 내림차순으로 정렬하시오. 5년 단위의 '가입년도'에 설정된 셀 색은 다음과 같다.

'가입년도'의 셀 색	2010년도 이후	2015년도 이후	2020년도 이후

14 [Sheet1_정렬(6)] 시트의 '가입년도' 항목을 5년 단위로 구분하여 그 안에서 '등급' 순으로 '최애분야'를 확인할 수 있도록 정렬하시오. '등급'에 설정된 글꼴 색과 '최애분야'에 설정된 셀 색은 다음과 같다.

'등급'의 글꼴 색	STAR	SKY	EARTH

'최애분야'의 셀 색	클래식	콘서트	무용	페스티벌	뮤지컬	영화	연극

CHAPTER 10

부분합을 이용한 데이터 집계

학습목표

- 부분합 메뉴를 이용해 그룹에 대한 집계를 한다.
- 다양한 기준을 적용한 부분합을 구한다.
- 다양한 정렬 기준을 이용해 정렬한 결과를 이해한다.

SECTION 01 부분합의 실행

1 부분합의 이해

'8장 함수를 이용한 데이터 집계'에서 함수를 이용해 조건에 맞는 값들의 합, 평균, 최댓값, 최솟값을 구해 보았다. 이때 다음 그림처럼 하나의 셀에 함수를 입력하고 함수의 인자에 해당하는 셀 집합 또는 조건식을 입력하였다. 다음 그림의 셀 G2, G4, G6, G8, G10, G12에 표시된 값은 각각 구하려는 함수식을 입력하여 얻은 결과이다.

	A	B	C	D	E	F	G	H
1	학년	성별	담당	참여도	배치		1학년 중 남학생들의 학생 수	
2	1	남	설문	25	K-1		2	: =COUNTIFS(A2:A11, "=1", B2:B11, "=남") 입력
3	2	남	분석	16	A-2		여학생이면서 참여도가 평균보다 높은 학생들 중 S로 시작하는 부서에 배치된 학생 수	
4	3	여	설문	37	A-1		2	: =COUNTIFS(B2:B11, "=여", D2:D11, ">" & C13, E2:E11, "=S*") 입력
5	4	여	설문	20	K-2		설문을 담당하면서 1로 끝나는 부서에 배치된 학생들의 참여도 합	
6	1	남	분석	19	S-2		62	: =SUMIFS(D2:D11,C2:C11,"=설문",E2:E11,"=*1") 입력
7	2	남	검색	41	K-1		1학년 또는 2학년 중 참여도가 평균보다 높고 검색을 담당하는 학생들의 참여도 합	
8	3	여	검색	38	S-1		70	: =SUMIFS(D2:D11,A2:A11,"<=2",D2:D11,">" & C13,C2:C11,"=검색") 입력
9	4	여	검색	11	A-2		2학년 남학생들 중 분석을 담당하는 학생들의 참여도 평균	
10	1	여	분석	47	S-1		16	: =AVERAGEIFS(D2:D11,A2:A11,"=2",B2:B11,"=남",C2:C11,"=분석") 입력
11	2	남	검색	29	K-2		여학생들 중 참여도 평균보다 같거나 낮은 학생들의 참여도 평균	
12							15.5	: =AVERAGEIFS(D2:D11,B2:B11,"=여",D2:D11,"<=" & C13) 입력
13	평균참여도		28.3					

한편 엑셀에서는 함수를 직접 입력하지 않고 메뉴를 이용해 같은 결과를 구하는 방법인 부분합이란 기능을 제공한다. 부분합은 하나 이상의 항목 값들을 조건에 따라 그룹화하여 각 그룹의 합, 평균, 계수, 최댓값, 최솟값 외에도 표준편차, 표본 분산 등을 구하는 기능이다. 별도의 셀에 함수식을 입력해 결과를 구하는 조건 함수와는 달리 부분합은 인접하는 같은 데이터들 사이에 그룹을 이루고, 그 그룹에 대해 함수를 적용한 결과를 표시한다. 이때 데이터 집합 내 자동으로 행이 추가되고 결과가 표시된다.

부분합 기능을 이용하면 데이터를 일정한 기준으로 그룹화하여 집계할 수 있다. 따라서 복잡한 데이터를 요약하여 나열되어 있는 데이터와 함께 확인할 수 있다. 이 장에서는 부분합에 대하여 알아본다.

부분합의 옵션

부분합은 [데이터] 탭-[개요] 그룹-[부분합] 메뉴를 선택했을 때 나타나는 [부분합] 창에서 필요한 옵션들을 선택하여 결과를 구할 수 있다.

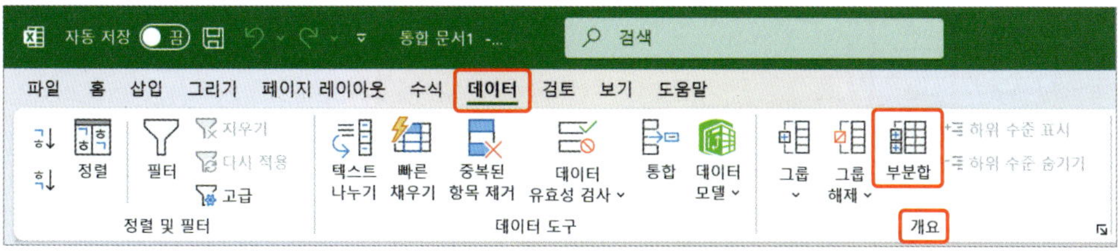

'부분합' 창에서 설정해야 하는 옵션들은 다음과 같다.

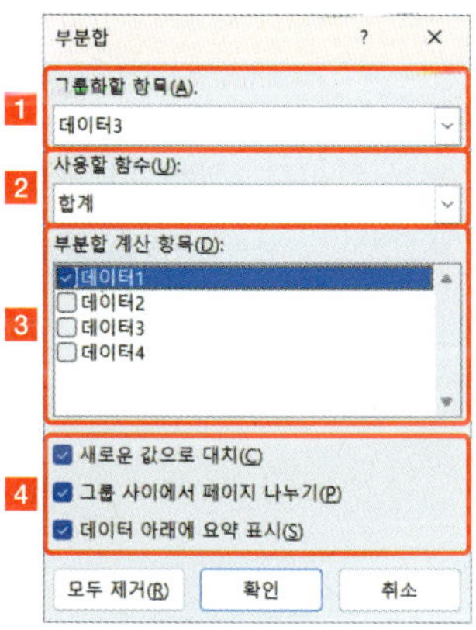

1 **[그룹화할 항목]:** 부분합을 구하기 위해 그룹화할 항목 선택

2 **[사용할 함수]:** 그룹의 값을 이용해 구할 함수 선택

3 **[부분합 계산 항목]:** [사용할 함수]에서 선택한 함수의 인자로 사용될 값이 포함된 항목 선택

4 **결과 출력 옵션**

4 **결과 출력 옵션**에 대해 자세히 살펴보자.

- **[새로운 값으로 대치]:** 이 옵션은 둘 이상의 부분합을 구할 때 이전에 구했던 부분합의 결과를 지우고 새로 구한 부분합의 결과를 표시한다. 이 옵션이 선택되지 않으면 그동안 구했던 부분합들이 모두 표시된다.
- **[그룹 사이에서 페이지 나누기]:** 이 옵션을 선택하면 그룹과 그룹 사이에 구분선을 표시하고 선택하지 않으면 구분선을 표시하지 않는다.
- **[데이터 아래에 요약 표시]:** 이 옵션을 선택하면 각 그룹의 아래쪽에 결과가 표시되고 선택하지 않으면 위쪽에 표시된다.

1 [그룹화할 항목]을 '데이터3'으로 선택하면 '데이터3' 항목에 있는 값들 중 인접한 같은 값들을 하나의 그룹으로 인식한다. 그리고 **2** [사용할 함수]를 '합계'로 선택하고 **3** [부분합 계산 항목]에서 '데이터1'을 선택하면 각 '데이터3' 그룹의 '데이터1' 항목에 있는 값들의 합을 구하게 된다.

	A	B	C	D
1	데이터1	데이터2	데이터3	데이터4
2	23	사람	바다	137
3	8	사람	바다	201
4	11	동물	바다	205
5	9	동물	바람	120
6	9	동물	바람	129
7	20	식물	바람	117
8	3	사람	바람	112
9	12	동물	산	101
10	14	사람	산	280
11	6	식물	산	107
12	17	식물	산	193
13	2	식물	하늘	189
14	4	사람	하늘	232
15	25	식물	하늘	214
16	10	동물	하늘	200

그리고 **4** 결과 출력 옵션 중 [새로운 값으로 대치]를 선택 해제하는 경우는 둘 이상의 부분합 함수를 실행하는 경우이다. 즉 합을 구한 다음 [새로운 값을 대치] 옵션을 선택하고 평균을 구하면 맨 처음 확인했던 합은 사라지고 평균만 표시된다.

['새로운 값으로 대치'] 옵션을 선택했을 때와 선택하지 않았을 때의 결과 차이를 살펴보자. 먼저 ❶ 부분합을 구할 데이터 범위를 선택하고 [데이터] 탭–[개요] 그룹–[부분합]을 선택하여 [부분합] 창을 연다. ❷ '데이터2'의 값들을 그룹화한 뒤 '데이터1'의 값들의 합을 구하기 위해 다음과 같이 옵션을 지정하고 ❸ 〈확인〉을 클릭한다.

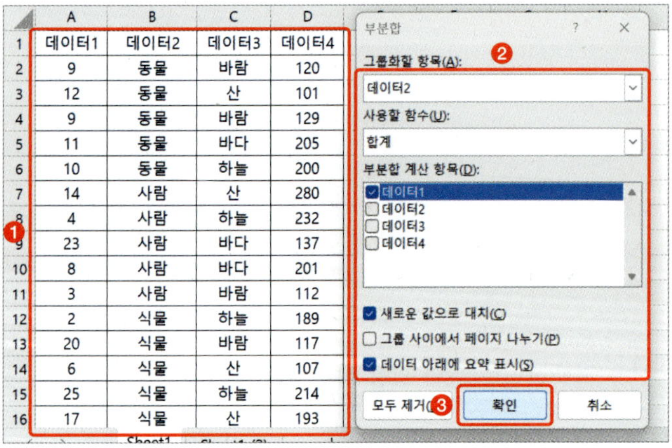

다음 그림과 같이 '데이터2'의 각 그룹에 대한 '데이터1'의 합계가 출력되었다. 이때 다시 합들의 평균을 구하려면 [데이터] 탭–[개요] 그룹–[부분합]을 실행하여 ❶ [사용할 함수] 항목을 '평균'으로 선택한 뒤 ❷ [새로운 값으로 대치]를 선택한다.

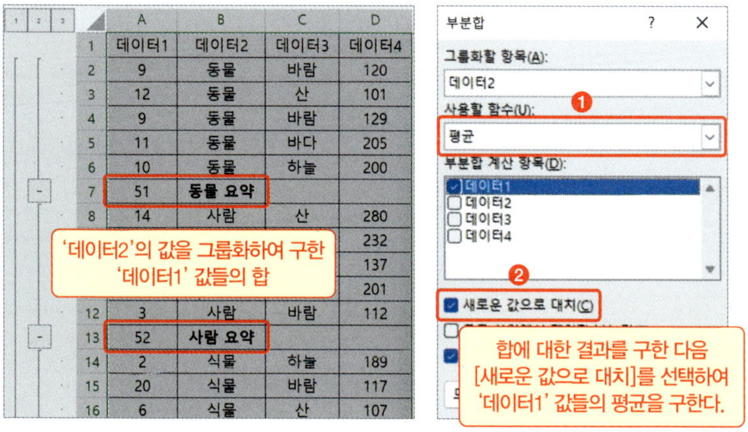

그러면 ❸ 이전에 구했던 합은 사라지고 평균이 표시되는 것을 확인할 수 있다.

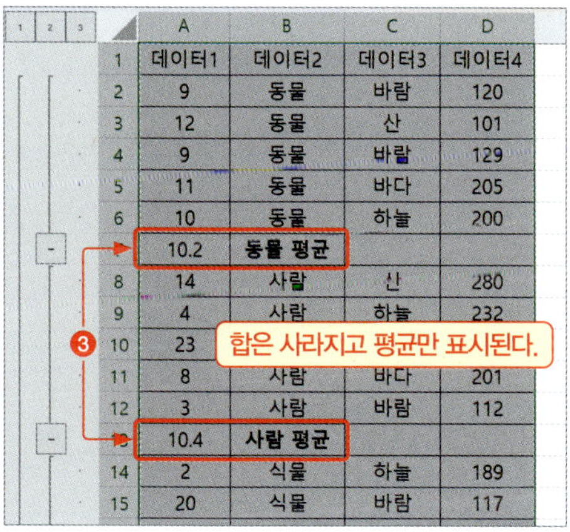

만약 합을 구한 뒤에 ❹ [새로운 값으로 대치]에 대한 선택을 해제하고 평균을 구하면 ❺ 합과 평균이 모두 표시된다.

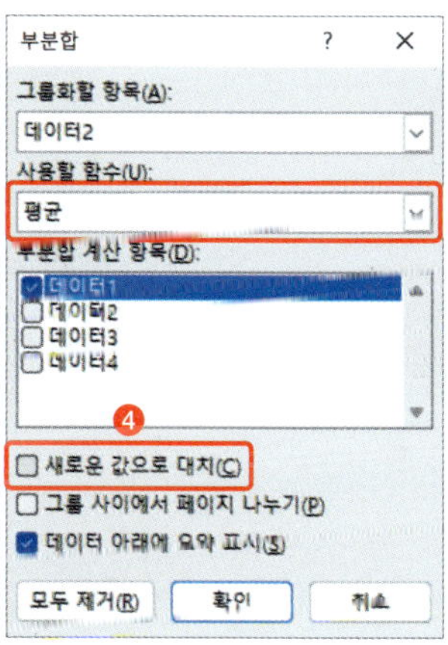

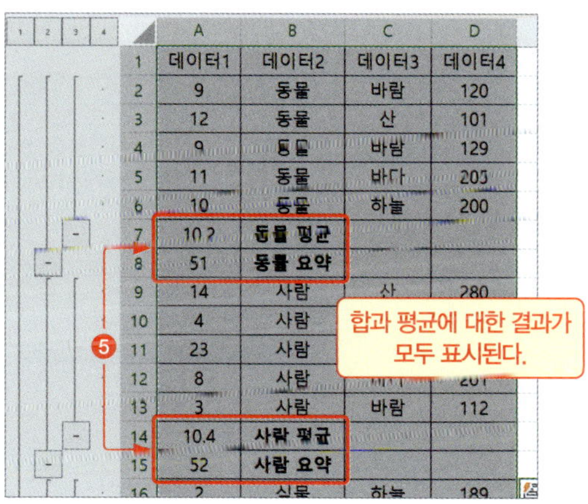

여기서 잠깐 부분합의 결과 출력 옵션

■ [그룹 사이에서 페이지 나누기]

이 옵션을 선택하면 그룹 사이에 구분선이 표시된다.

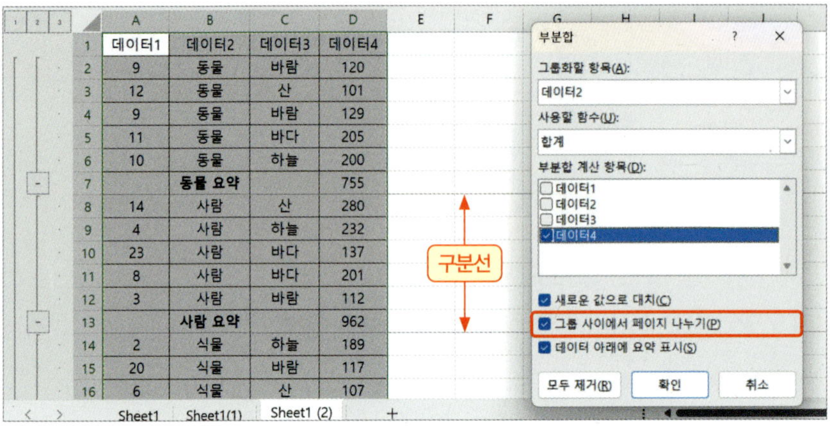

■ [데이터 아래에 요약 표시]

이 옵션을 선택하면 부분합 결과가 그룹의 아래쪽에 표시되고 선택하지 않으면 위쪽에 표시된다.

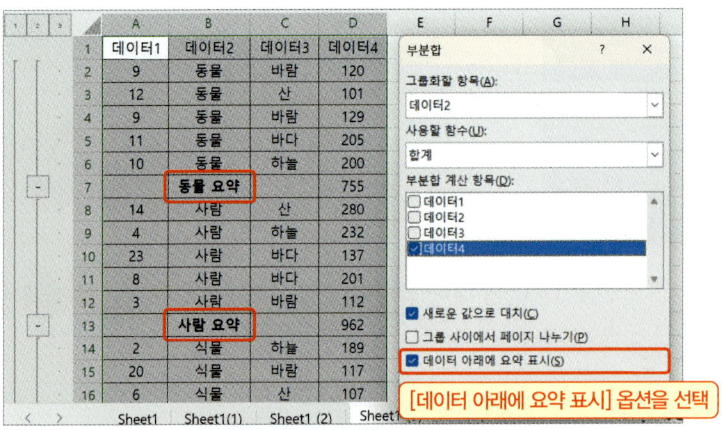

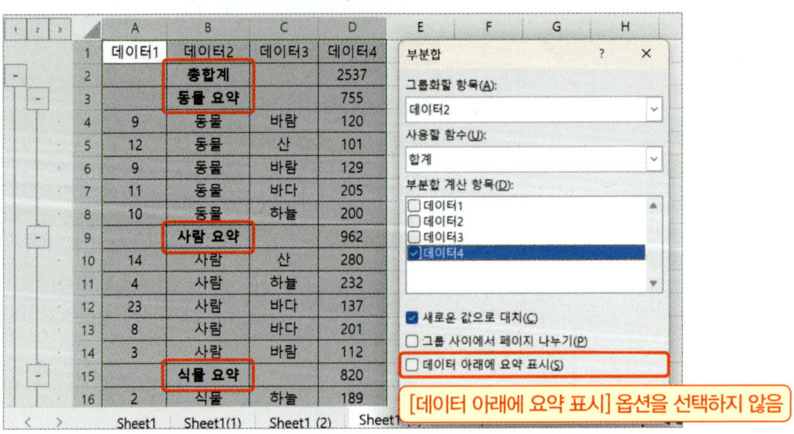

2 부분합과 정렬

부분합은 정렬과 매우 밀접하다. 그 이유는 부분합이 인접한 위치의 데이터 중에서 같은 값끼리 그룹을 구성하고 그에 대한 함수 연산의 결과를 출력하기 때문이다. 따라서 부분합을 구하려는 데이터들이 정렬되어 있지 않다면 의미 있는 부분합의 결과를 얻기 어렵다.

다음의 왼쪽 그림에서 정렬되지 않은 '데이터2' 그룹을 볼 수 있다. 이에 대한 '데이터4'의 합을 구하면 어떻게 될까? 오른쪽 그림과 같이 '데이터2' 항목에서 인접한 같은 값들끼리만 그룹화되어 부분합의 결과가 표시된다. 이렇듯 정렬되지 않은 데이터로 부분합을 구하면 '동물' 또는 '사람' 전체에 대한 데이터의 합을 확인할 수 없다.

	A	B	C	D
1	데이터1	데이터2	데이터3	데이터4
2	9	동물	바람	120
3	12	동물	산	101
4	14	사람	산	280
5	2	식물	하늘	189
6	4	사람	하늘	232
7	23	사람	바다	137
8	9	동물	바람	129
9	20	식물	바람	117
10	6	식물	산	107
11	25	식물	하늘	214
12	8	사람	바다	201
13	11	동물	바다	205
14	3	사람	바람	112
15	17	식물		
16	10	동물		

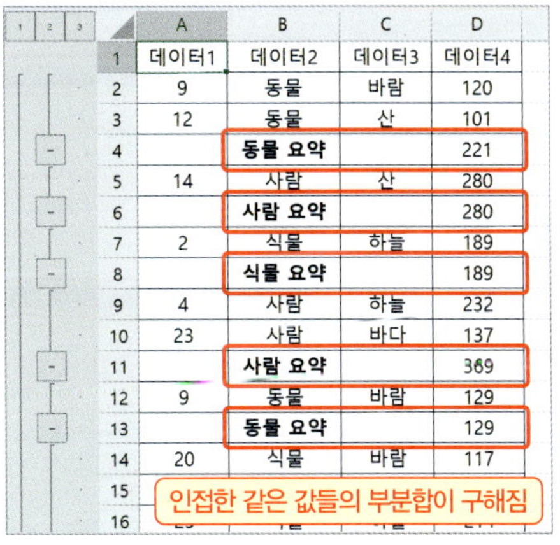

	A	B	C	D
1	데이터1	데이터2	데이터3	데이터4
2	9	동물	바람	120
3	12	동물	산	101
4		동물 요약		221
5	14	사람	산	280
6		사람 요약		280
7	2	식물	하늘	189
8		식물 요약		189
9	4	사람	하늘	232
10	23	사람	바다	137
11		사람 요약		369
12	9	동물	바람	129
13		동물 요약		129
14	20	식물	바람	117
15				
16				

그러므로 그룹화하려는 항목을 기준으로 데이터를 정렬한 후에 부분합을 구해야 한다. '데이터2' 그룹에 대한 '데이터4'의 합을 다시 구해 보자.

우리가 확인하고자 하는 결과는 '데이터2' 그룹에 대한 것이므로 '데이터2'를 정렬한 다음 부분합을 구하면 된다. 이때 9장에서 배운 정렬 기능을 사용해 보자. 먼저 ❶ '데이터2' 항목의 '셀 값'을 오름차순(또는 내림차순)으로 정렬한다.

	A	B	C	D
1	데이터1	데이터2	데이터3	데이터4
2	9	동물	바람	120
3	12	동물	산	101
4	14	사람	산	280
5	2	식물	하늘	189
6	4	사람	하늘	232
7	23	사람	바다	137
8	9	동물	바람	129
9	20	식물	바람	117
10	6	식물	산	107
11	25	식물	하늘	214
12	8	사람	바다	201
13	11	동물	바다	205
14	3	사람	바람	112
15	17			
16	10			

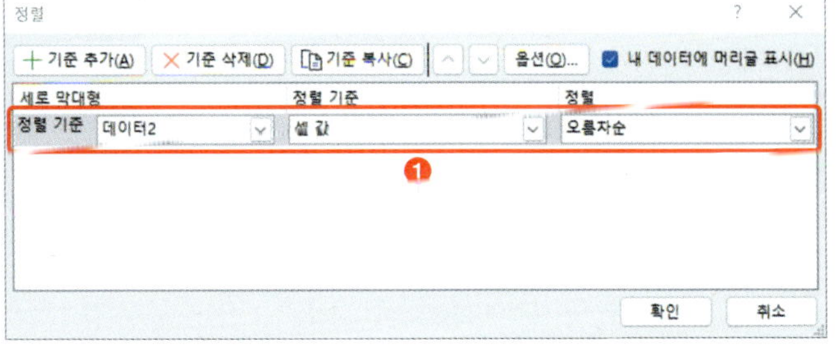

❷ 데이터 영역인 셀 A1부터 D16 중에서 하나의 셀을 클릭하고 ❸ [데이터] 탭–[개요] 그룹–[부분합] 메뉴를 선택한다. 나타나는 [부분합] 창에서 ❹ [그룹화할 항목]은 '데이터2'로 선택하고 ❺ [사용할 함수]는 '합계', ❻ [부분합 계산 항목]은 '데이터4'로 선택한 다음 ❼ 〈확인〉을 클릭한다.

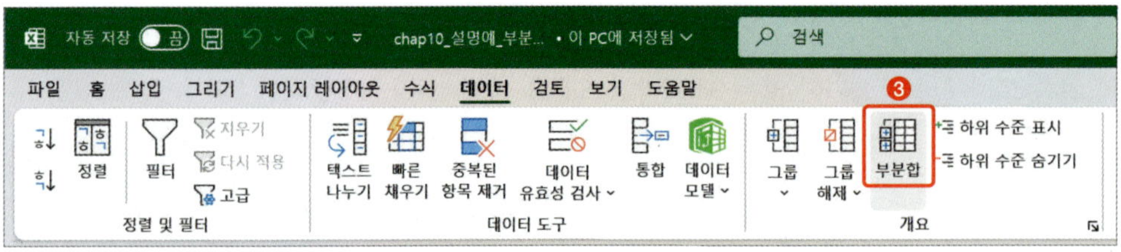

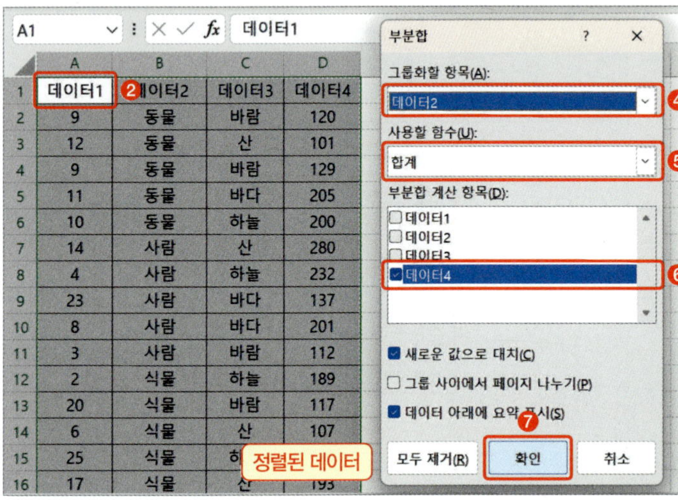

그러면 정렬된 '데이터2' 항목에서 인접한 같은 값들끼리 그룹화되고, 각 그룹에 해당하는 '데이터4'의 합이 표시된다. 이때 결과는 자동으로 추가된 행에 나타나며, '그룹화된 데이터명' 옆에 요약이 추가되어 제목이 만들어지므로 의미있는 결과가 된다.

'데이터3' 그룹에 대한 '데이터1'의 평균을 구할 때도 마찬가지이다. 먼저 ❶ '데이터3'에 대해 정렬을 실행한다.

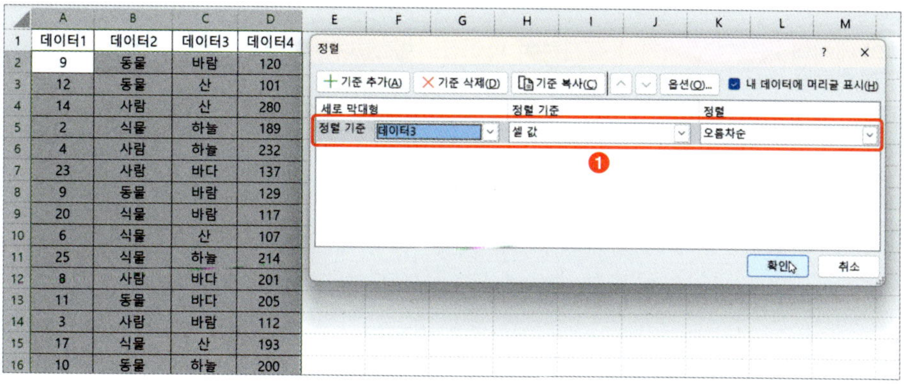

❷ 셀 데이터 영역을 선택하고 [데이터] 탭–[개요] 그룹–부분합]을 실행한다. [부분합] 창에서 ❸ [그룹화할 항목]은 '데이터3'으로, [사용할 함수]는 '평균', [부분합 계산 항목]은 '데이터1'로 선택하고 ❹ 〈확인〉을 클릭하면 각 그룹별로 평균이 표시된다.

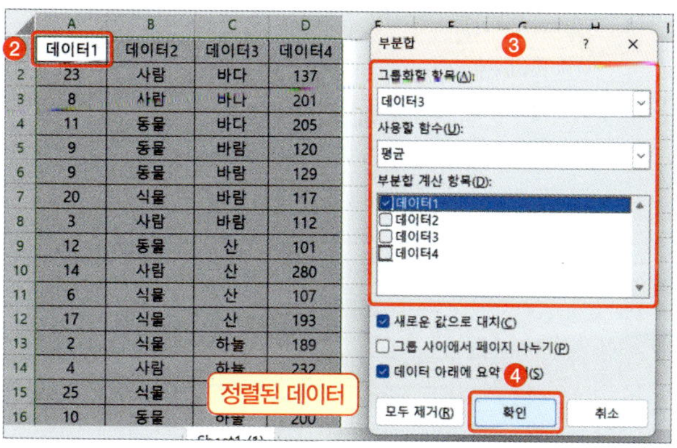

만약 '데이터3' 그룹에 대한 '데이터1'과 '데이터4'의 '평균'을 한번에 구하고 싶다면 [부분합] 창의 [부분합 계산 항목]에서 '데이터1'과 '데이터4'를 모두 선택하면 된다.

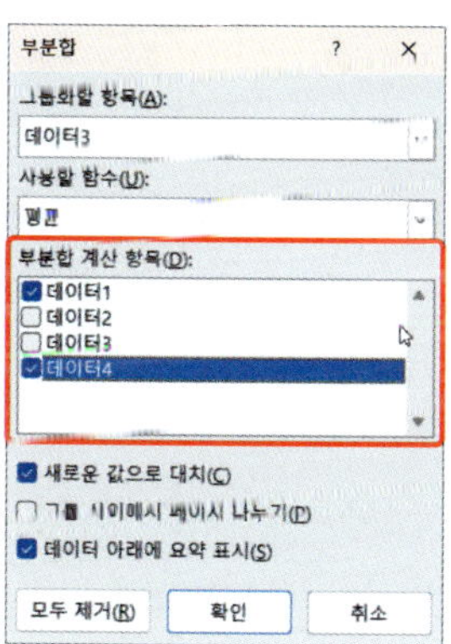

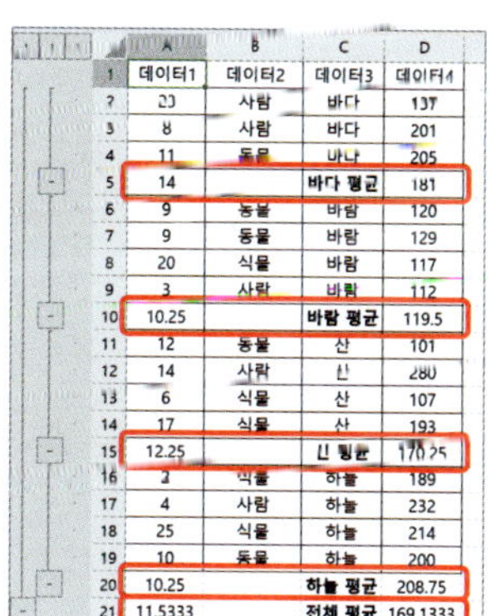

부분합을 구한 결과 화면의 왼쪽에는 [1][2][3]과 같은 버튼이 나타나는데, 이것은 데이터 그룹화 단계를 의미한다. [1] 버튼은 전체 데이터에 대한 요약, [2] 버튼은 그룹화된 데이터의 요약, 그리고 [3] 버튼은 각 데이터 하나하나를 의미한다. 그리고 이 버튼을 클릭했을 때 나타나는 [-]나 [+] 버튼으로 필요한 부분의 데이터 행들만 숨기거나 표시하여 확인할 수도 있다.

구분	설명	결과
[1] 클릭	전체 데이터 요약	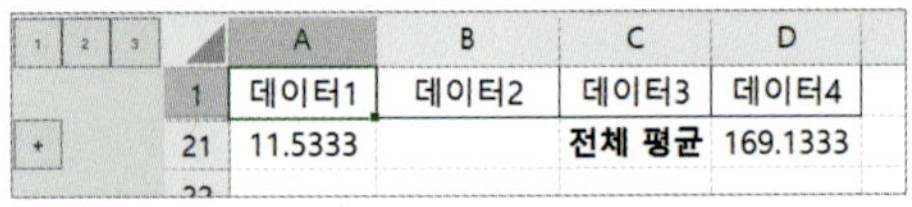
[2] 클릭	그룹화된 데이터 요약	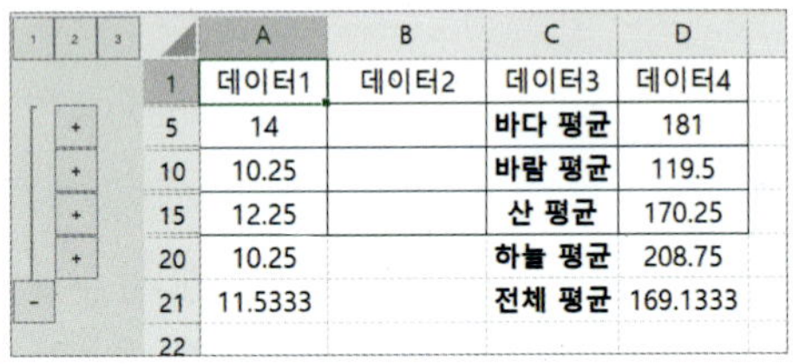
[3] 클릭	각 데이터의 개별 값	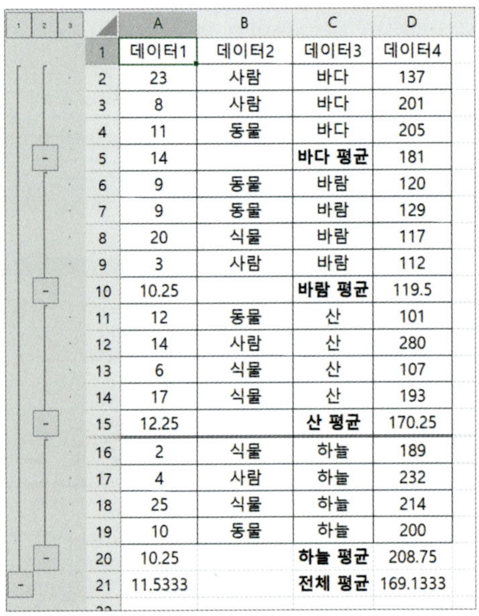

	A	B	C	D
1	데이터1	데이터2	데이터3	데이터4
21	11.5333		**전체 평균**	169.1333

	A	B	C	D
1	데이터1	데이터2	데이터3	데이터4
5	14		**바다 평균**	181
10	10.25		**바람 평균**	119.5
15	12.25		**산 평균**	170.25
20	10.25		**하늘 평균**	208.75
21	11.5333		**전체 평균**	169.1333
22				

	A	B	C	D
1	데이터1	데이터2	데이터3	데이터4
2	23	사람	바다	137
3	8	사람	바다	201
4	11	동물	바다	205
5	14		**바다 평균**	181
6	9	동물	바람	120
7	9	동물	바람	129
8	20	식물	바람	117
9	3	사람	바람	112
10	10.25		**바람 평균**	119.5
11	12	동물	산	101
12	14	사람	산	280
13	6	식물	산	107
14	17	식물	산	193
15	12.25		**산 평균**	170.25
16	2	식물	하늘	189
17	4	사람	하늘	232
18	25	식물	하늘	214
19	10	동물	하늘	200
20	10.25		**하늘 평균**	208.75
21	11.5333		**전체 평균**	169.1333

SECTION 02

한 가지 함수를 이용한 부분합

1 소속학과별 총합의 합/평균 구하기

준비 예제10_01.xlsx | **결과** 예제10_01_결과.xlsx

‘예제10_01.xlsx’의 [분반1_부분합(1)] 시트에서 ‘소속학과’별 ‘총합’의 합을 구해 보자. 먼저 ‘소속학과’로 데이터를 그룹화해야 하는데 [분반1_부분합(1)] 시트에 있는 데이터들은 정렬되어 있지 않으므로 ‘소속학과’를 정렬 기준으로 하여 셀 색 또는 셀 값을 이용해 정렬한다. 여기서는 셀 색을 이용해 정렬하였다.

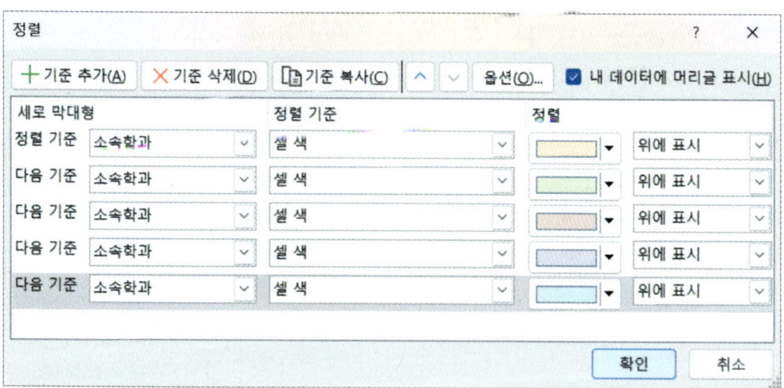

그렇게 정렬된 데이터의 셀 A1부터 AB59 중 하나를 선택하고 [데이터] 탭–[개요] 그룹–[부분합] 메뉴를 선택한다. [부분합] 창이 나타나면 ❶ [그룹화할 항목]은 ‘소속학과’, ❷ [사용할 함수]는 ‘합계’, ❸ [부분합 계산 항목]은 ‘총합’을 선택하고 ❹ 〈확인〉을 클릭해 부분합을 구한다.

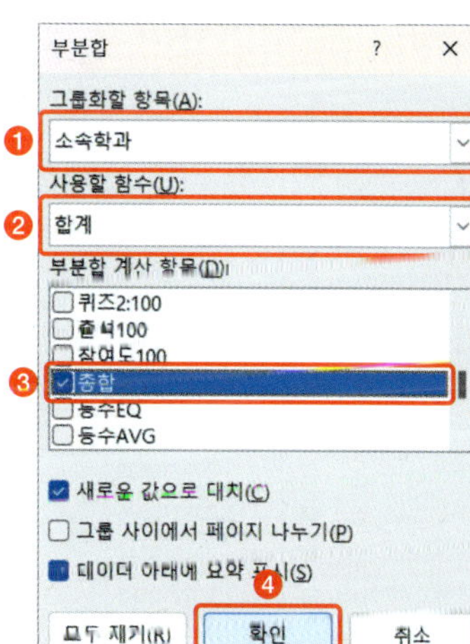

그러면 ‘소속학과’의 ‘셀 색’이 같은 인접한 데이터들을 그룹으로 하여 해당 그룹의 ‘총합’에 대한 합이 각 그룹(통신, 컴퓨터, 게임, 전자, 보안)의 아래쪽에 요약 결과의 형태로 표시된다.

	A	B	C	D	F	H	S	T	AB
1	순번	학년	학번	입학연도	소속학과	성명	총합	등수EQ	최종학점
2	8	3	201910585	2019	통신	오원선	67.44	31	B0
3	9	2	202010586	2020	통신	유아정	70.52	23	B0
4	14	1	202110504	2021	통신	채혜정	28.25	56	F
5	26	2	202210531	2022	통신	임주은	77.26	13	A0
6	27	2	202210538	2022	통신	주영진	87.02	6	A+
7	30	2	202210573	2022	통신	김정석	76.99	14	B+
8	47	2	202210529	2022	통신	권원재	68.74	27	B0
9	48	1	202210535	2022	통신	박규석	72.69	19	B+
10	49	3	201910546	2019	통신	김태길	68.15	28	B0
11	53	2	202210585	2022	통신	김주원	43.86	48	F
12					통신 요약		660.92		
13	1	2	202210187	2022	컴퓨터	김민서	30.39	54	F

[분반1_부분합(2)] 시트는 [분반1_부분합(1)]에서 실행한 부분합의 결과이다. 이 상태에서 '소속학과'별 '총합'의 합이 아닌 '평균'을 표시해 보자.

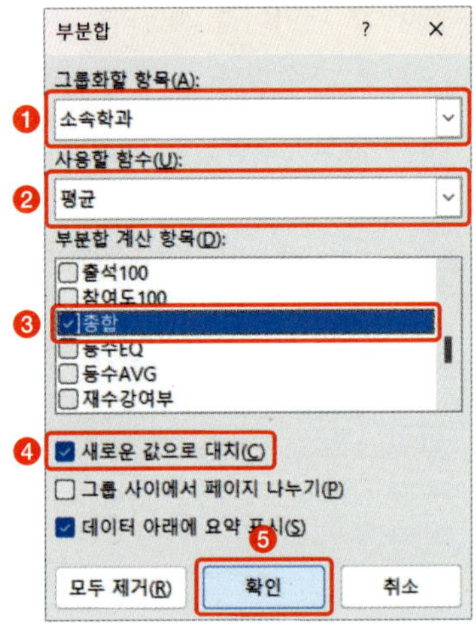

[분반1_부분합(2)] 시트에 있는 데이터들은 '소속학과'의 셀 색 순(또는 셀 값 순)으로 정렬되어 있으므로 바로 부분합을 실행하면 된다. 셀 A1부터 AB65 중 하나를 선택하고 [데이터] 탭-[개요] 그룹-[부분합] 메뉴를 실행하여 ❶ [그룹화할 항목]은 '소속학과', ❷ [사용할 함수]는 '평균', ❸ [부분합 계산 항목]은 '총합'을 선택한다. 이때 ❹ [새로운 값으로 대치]가 선택된 상태로 ❺ 〈확인〉을 클릭한다.

그러면 이전에 구한 '총합'의 합이 표시되었던 자리에 각 그룹에 대한 '총합'의 평균이 표시된다.

	A	B	C	D	F	H	S	T	AB
1	순번	학년	학번	입학연도	소속학과	성명	총합	등수EQ	최종학점
2	8	3	201910585	2019	통신	오원선	67.44	27	B0
3	9	2	202010586	2020	통신	유아정	70.52	19	B+
4	14	1	202110504	2021	통신	채혜정	28.25	56	F
5	26	2	202210531	2022	통신	임주은	77.26	9	A0
6	27	2	202210538	2022	통신	주영진	87.02	2	A+
7	30	2	202210573	2022	통신	김정석	76.99	10	B+
8	47	2	202210529	2022	통신	권원재	68.74	23	B+
9	48	1	202210535	2022	통신	박규석	72.69	15	B+
10	49	3	201910546	2019	통신	김태길	68.15	24	B0
11	53	2	202210585	2022	통신	김주원	43.86	48	F
12					통신 평균		66.092		

[분반1_부분합(3)] 시트는 [분반_부분합(2)]에서 실행한 각 그룹의 '총합'의 평균을 결과로 표시하고 있다. 이번에는 '중간100', '기말100', '퀴즈1:100', '퀴즈2:100', '출석100', '참여도100', '총합'의 평균을 '소속학과'별로 표시해 보자.

셀 A1부터 AB65 중 하나를 선택하고 [데이터] 탭–[개요] 그룹–[부분합] 메뉴를 실행하여 ❶ [부분합 계산 항목]에서 '중간100', '기말100', '퀴즈1:100', '퀴즈2:100', '출석100', '참여도100', '총합'을 선택하고 ❷ 〈확인〉을 클릭하면 된다.

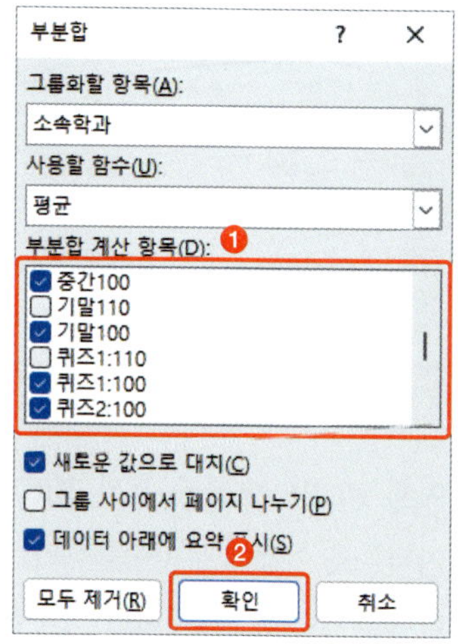

그러면 각 그룹별 '요약'에 선택한 항목들의 평균이 계산되어 표시된다.

	A	B	C	F	H	K	M	O	P	Q	R	S	T	AB
1	순번	학년	학번	소속학과	성명	중간100	기말100	퀴즈1:100	퀴즈2:100	출석100	참여도100	총합	등수EQ	최종학점
2	8	3	201910585	통신	오원선	68	58.18	72.73	44	100	100	67.44	27	B0
3	9	2	202010586	통신	유아정	64.5	66.36	55.45	74	100	100	70.52	19	B+
4	14	1	202110504	통신	채혜정	35.5	0	23.64	29	93.33	60	28.25	56	F
5	26	2	202210531	통신	임주은	70.5	77.27	83.64	77	100	100	77.26	9	A0
6	27	2	202210538	통신	수영진	76.5	95.45	73.64	83	100	100	87.02	2	A+
7	30	2	202210573	통신	김정석	62	88.18	54.55	74	96.67	100	76.99	10	B+
8	47	2	202210529	통신	권원재	70.5	60.91	70.91	54	97.78	80	68.74	23	B+
9	48	1	202210535	통신	박규석	57	83.64	43.64	74	95.56	100	72.69	15	B+
10	49	3	201910546	통신	김태길	74	60	51.82	51	96.67	100	68.15	24	B0
11	53	2	202210585	통신	김주원	37.5	38.18	33.64	11	97.78	100	43.86	48	F
12				**통신 평균**		61.6	62.817	54.366	57.1	97.779	94	66.092		
13	1	2	202210187	컴퓨터	김민서	20.5	20	8.18	22	92.22	100	30.39	54	F

실습 10-1 회원등급에 따른 부분합 구하기

준비 실습10_01.xlsx | **결과** 실습10_01_결과.xlsx

01 '회원등급'별 '누적포인트'의 부분합 구하기

[회원정보_부분합(1)] 시트에서 '회원등급'별 '누적포인트'의 합을 확인할 수 있도록 부분합을 구해 보자.

현재 [회원정보_부분합(1)] 시트의 데이터들은 정렬되어 있지 않다. 따라서 '회원등급'별로 부분합을 확인하기 위해 '회원등급'의 글꼴 색을 이용해 정렬해 보자.

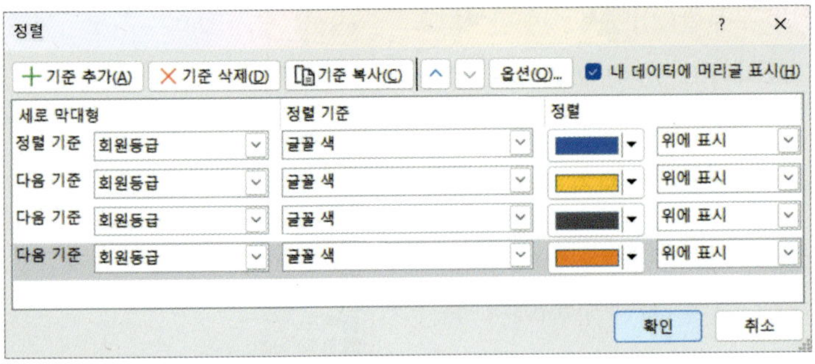

이제 'PURE GOLD'부터 'BRONZE' 등급순으로 정렬된 데이터들을 이용해 부분합을 구할 수 있다. 셀 C1부터 AI36 중 하나를 선택하고 [데이터] 탭–[개요] 그룹–[부분합] 메뉴를 선택한다. [부분합] 창이 나타나면 ❶ [그룹화할 항목]은 '회원등급', ❷ [사용할 함수]는 '합계', ❸ [부분합 계산 항목]은 '누적포인트'를 선택하고 ❹ 〈확인〉을 클릭한다.

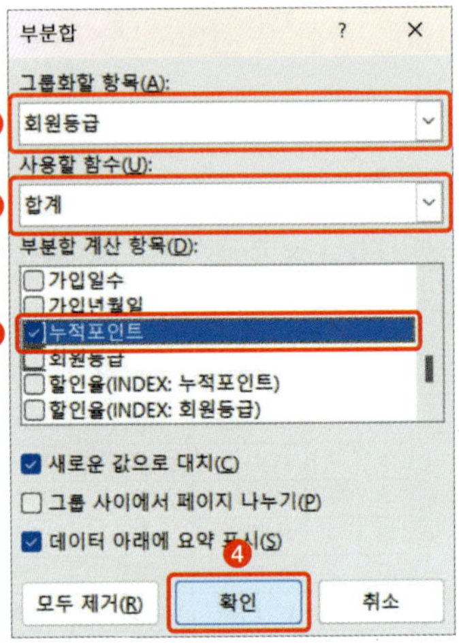

그러면 각 '회원등급' 별 '누적포인트'의 합이 표시된다.

	C	I	K	S	X	AB	AC	AI
1	이름	요일	만 나이	년	가입 년수	누적포인트	회원등급	할인율 (HLOOKUP : 회원등급)
2	장진욱	토	54	2013	12	200,500	PURE GOLD	25%
3	서소연	일	42	2009	15	210,300	PURE GOLD	30%
4	정수덕	일	44	2007	17	214,000	PURE GOLD	30%
5	정경수	화	31	2017	8	224,100	PURE GOLD	20%
6	권소연	금	45	2003	21	221,000	PURE GOLD	35%
7						1,069,900	**PURE GOLD 요약**	
8	김지운	목	45	2002	22	123,650	GOLD	25%
9	김재원	토	37	2009	15	143,000	GOLD	23%
10	문선영	목	50	2011	14	186,300	GOLD	20%
11	손서인	수	39	2007	17	168,000	GOLD	23%
12	이택진	화	44	2012	12	199,000	GOLD	20%
13	이동윤	화	40	2016	8	154,000	GOLD	15%
14	박장진	토	47	2014	11	110,000	GOLD	20%
15	임소원	토	29	2018	7	130,000	GOLD	15%
16	이예슬	목	40	2005	19	142,000	GOLD	23%
17	안지영	화	38	2015	9	100,500	GOLD	15%
18	이무영	월	41	2013	11	193,000	GOLD	20%
19	이태호	금	39	2008	16	187,000	GOLD	23%
20	윤형진	수	44	2011	13	147,600	GOLD	20%
21						1,984,050	**GOLD 요약**	

02 '회원등급'별 '만나이'의 평균 구하기

[회원정보_부분합(2)] 시트는 **01**번의 결과이다. 이 시트의 내용에서 '회원등급'별 '만나이'의 평균을 표시해 보자.

이 시트의 데이터 영역인 셀 C1부터 AI41 중 하나를 선택하고 [데이터] 탭–[개요] 그룹–[부분합] 메뉴를 선택한다. ❶ [그룹화할 항목]은 '회원등급', ❷ [사용할 함수]는 '평균', ❸ [부분합 계산 항목]은 '만나이'를 선택하고 ❹ 〈확인〉을 클릭한다.

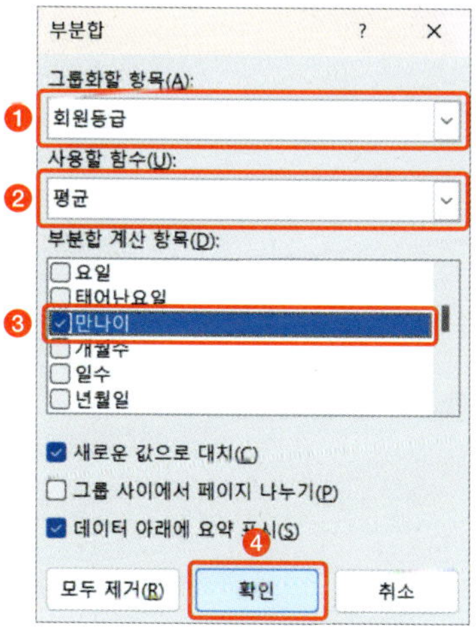

그러면 이전에 '회원등급'별 요약 항목이 '회원등급'별 '만나이' 평균으로 대치되므로 각 그룹의 만나이 평균이 표시된다.

1	이름	요일	만나이	년	가입년수	누적포인트	회원등급	할인율(HLOOKUP: 회원등급)
2	장진욱	토	54	2013	12	200,500	PURE GOLD	25%
3	서소연	일	42	2009	15	210,300	PURE GOLD	30%
4	정수덕	일	44	2007	17	214,000	PURE GOLD	30%
5	정경수	화	31	2017	8	224,100	PURE GOLD	20%
6	권소연	금	45	2003	21	221,000	PURE GOLD	35%
7			43				PURE GOLD 평균	
8	김지운	목	45	2002	22	123,650	GOLD	25%
9	김재원	토	37	2009	15	143,000	GOLD	23%
10	문선영	목	50	2011	14	186,200	GOLD	20%
11	송서인	수	39	2007	17	168,000	GOLD	23%
12	이택진	화	44	2012	12	199,000	GOLD	20%
13	이동윤	화	40	2016	8	154,000	GOLD	15%
14	박장진	토	47	2014	11	110,000	GOLD	20%
15	임소원	토	29	2018	7	130,000	GOLD	15%
16	이예슬	목	40	2005	19	142,000	GOLD	23%
17	안지영	화	38	2015	9	100,500	GOLD	15%
18	이무영	월	41	2013	11	193,000	GOLD	20%
19	이태호	금	30	2008	16	187,000	GOLD	23%
20	윤형진	수	44	2011	13	147,600	GOLD	20%
21			41				GOLD 평균	

03 '회원등급'별 각 항목의 평균 구하기

[회원정보_부분합(3)] 시트의 내용에서 '회원등급'별 '만나이', '가입년수', '누적포인트', '할인율(HLOOKUP:회원등급)' 항목의 평균을 표시해 보자.

현재 시트는 '만나이'의 평균만 표시되어 있다. [부분합] 메뉴를 실행하고 ❶ [그룹화할 항목]은 '회원등급', ❷ [사용할 함수]는 '평균', ❸ [부분합 계산 항목]은 '만나이', '가입년수', '누적포인트', '할인율(HLOOKUP:회원등급)'을 선택한 후 ❹ 〈확인〉을 클릭한다.

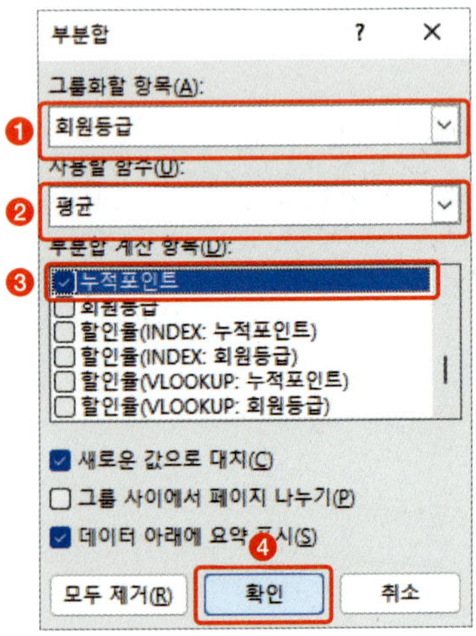

이렇게 하면 각 '회원등급'별로 '만나이', '가입년수', '누적포인트', '할인율(HLOOKUP:회원등급)'의 평균이 결과로 표시된다.

	C	I	K	S	X	AB	AC	AI
1	이름	요일	만나이	년	가입년수	누적포인트	회원등급	할인율 (HLOOKUP : 회원등급)
2	장진욱	토	54	2013	12	200,500	PURE GOLD	25%
3	서소연	일	42	2009	15	210,300	PURE GOLD	30%
4	정수덕	일	44	2007	17	214,000	PURE GOLD	30%
5	정경수	화	31	2017	8	224,100	PURE GOLD	20%
6	권소연	금	45	2003	21	221,000	PURE GOLD	35%
7			43		15	213,980	PURE GOLD 평균	28%
8	김지운	목	45	2002	22	123,650	GOLD	25%
9	김재원	토	37	2009	15	143,000	GOLD	23%
10	문선영	목	50	2011	14	186,300	GOLD	20%
11	손서인	수	39	2007	17	168,000	GOLD	23%
12	이택진	화	44	2012	12	199,000	GOLD	20%
13	이동윤	화	40	2016	8	154,000	GOLD	15%
14	박장진	토	47	2014	11	110,000	GOLD	20%
15	임소원	토	29	2018	7	130,000	GOLD	15%
16	이예슬	목	40	2005	19	142,000	GOLD	23%
17	안지영	화	38	2015	9	100,500	GOLD	15%
18	이무영	월	41	2013	11	193,000	GOLD	20%
19	이태호	금	39	2008	16	187,000	GOLD	23%
20	윤형진	수	44	2011	13	147,600	GOLD	20%
21			41		13	152,619	GOLD 평균	20%

SECTION

03 두 가지 이상의 함수를 이용한 부분합

[부분합] 메뉴를 실행하면 '새로운 값으로 대치' 옵션이 기본적으로 선택되어 있다. 이 옵션이 선택된 경우 처음 구했던 부분합의 결과는 사라지고 마지막에 구한 부분합의 결과로 대치되어 표시된다. 그런데 두 가지 이상의 함수를 이용한 부분합의 결과를 모두 확인해야 할 때가 있다. 이럴 때는 [부분합] 메뉴를 실행할 때 [새로운 값으로 대치] 옵션을 해제해야 한다.

1 단일 그룹에 대한 부분합

준비 예제10_02.xlsx | **결과** 예제10_02_결과.xlsx

'예제10_02.xlsx'의 [분반1_단일그룹부분합] 시트에서 각 '소속학과'의 학생 수와 '소속학과'별 '중간100', '기말100', '퀴즈1:100', '퀴즈2:100', '출석100', '참여도100', '총합'의 평균, 최댓값, 최솟값을 구해 보자.

개수, 평균, 최댓값, 최솟값을 구하기 위해서는 [부분합] 메뉴에서 [사용할 함수]를 다르게 설정해야 하므로 [부분합] 메뉴를 네 번 실행해야 한다. 이 [부분합] 메뉴를 실행할 때마다 [그룹화할 항목]은 '소속학과'로 설정하고 [새로운 값으로 대치]는 선택 해제해야 한다. 반면, [사용할 함수]와 [부분합 계산 항목]은 실행하는 함수에 따라 달라진다.

우선 부분합을 구하기 전에 데이터를 정렬하자. 셀 A1부터 AB54까지 선택하고 [데이터]–[정렬 및 필터]–[정렬] 메뉴에서 '정렬 기준'을 '소속학과'의 셀 색(또는 셀 값)으로 하여 정렬한다.

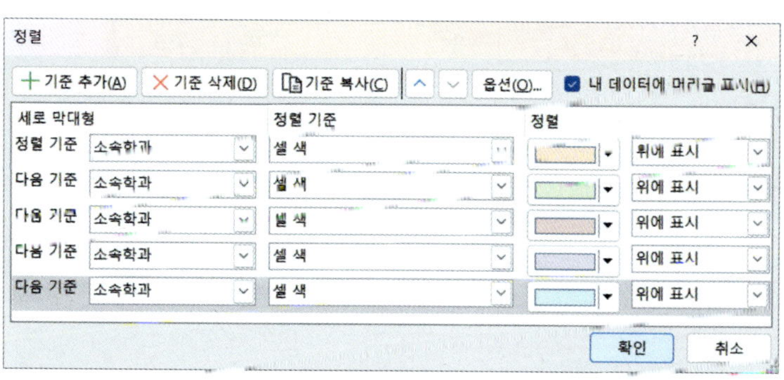

이제 정렬된 데이터를 이용해 부분합을 모두 구해 보자. 셀 A1에서 AB54 중 하나를 선택하고 [부분합] 메뉴를 실행하여 [그룹화할 항목], [사용할 함수], [부분합 계산 항목], [새로운 값으로 대치]

옵션을 설정하여 개수, 평균, 최댓값, 최솟값 순으로 결과를 구한다.

첫 번째로 ❶ '소속학과'의 학생 수를 구하기 위해 '성명' 항목의 데이터 개수를 계산할 것이다. 그래서 [부분합] 메뉴에서 [그룹화할 항목]은 '소속학과', [사용할 함수]는 '개수', [부분합 계산 항목]은 '성명'으로 설정하고 〈확인〉 버튼을 클릭한다.

❷ '중간100', '기말100', '퀴즈1:100', '퀴즈2:100', '출석100', '참여도100', '총합'의 평균을 구하기 위해 [부분합] 메뉴에서 [그룹화할 항목]은 '소속학과', [사용할 함수]는 '평균', [부분합 계산 항목]은 '중간100', '기말100', '퀴즈1:100', '퀴즈2:100', '출석100', '참여도100'으로 설정하고 이번 실행부터는 '새로운 값으로 대치'를 반드시 선택 해제하고 〈확인〉 버튼을 클릭한다.

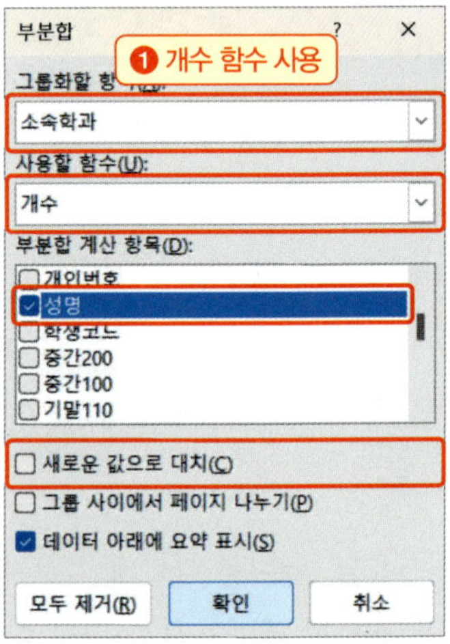

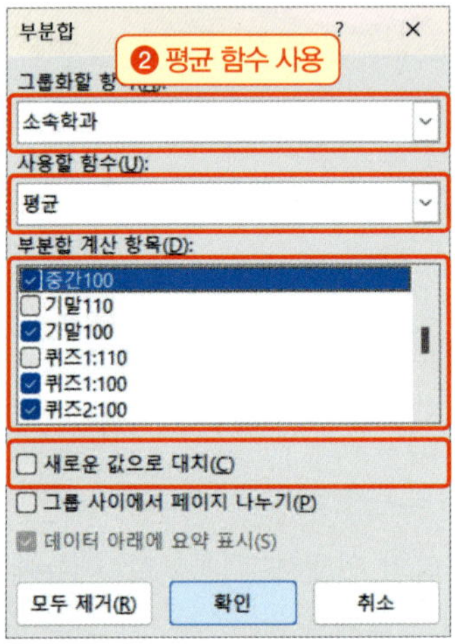

TIP • 앞의 실습은 총 네 번의 부분합을 실행하므로, 첫 번째 개수 함수를 사용했을 때 '새로운 값으로 대치' 항목의 선택 여부는 결과에 큰 영향을 미치지 않는다. 단, 여기에서는 해제한 상태로 진행하였다.

[사용할 함수]를 ❸ '최대' 또는 ❹ '최소'로 설정할 때에도 [그룹화할 항목], [부분합 계산 항목], '새로운 값으로 대치'는 ❷ 평균 함수 사용과 똑같이 설정한다.

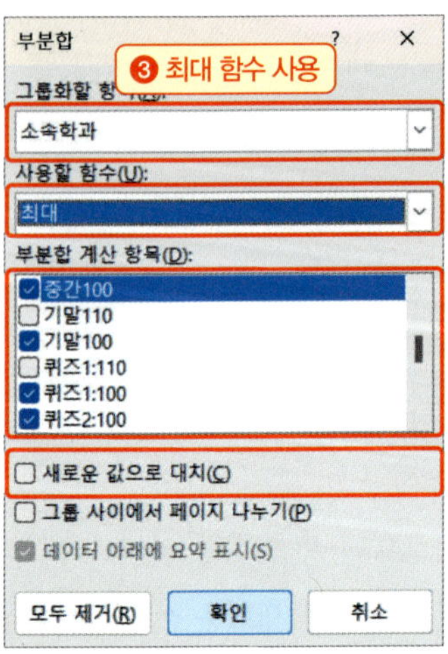

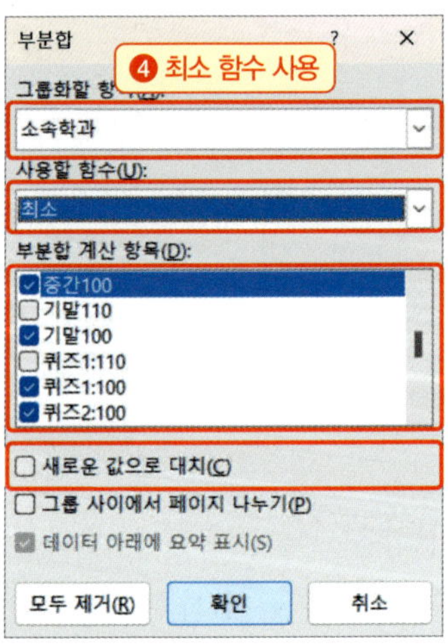

총 네 번의 부분합을 실행하면 '소속학과'에 대한 '성명'의 개수와 '중간100', '기말100', '퀴즈1:100', '퀴즈2:100', '출석100', '참여도100', '종합'의 평균, 최댓값, 최솟값이 표시된다.

	C	F	H	K	M	O	P	Q	R	S	T	AB
1	학번	소속학과	성명	중간100	기말100	퀴즈1:100	퀴즈2:100	출석100	참여도100	종합	등수EQ	최종학점
2	201910585	통신	오원선	68	58.18	72.73	44	100	100	67.44	31	B0
3	202010586	통신	유아정	64.5	66.36	55.45	74	100	100	70.52	23	B0
4	202110504	통신	채혜정	35.5	0	23.64	29	93.33	60	28.25	63	F
5	202210531	통신	임주은	70.5	77.27	63.64	77	100	100	77.26	12	A0
6	202210538	통신	주영진	76.5	95.45	73.64	83	100	100	87.02	3	A+
7	202210573	통신	김정석	62	88.18	54.55	74	96.67	100	76.99	13	B+
8	202210529	통신	권원재	70.5	60.91	70.91	54	97.78	80	68.74	27	B0
9	202210535	통신	박규석	57	83.64	43.64	74	95.56	100	72.69	19	B+
10	201910546	통신	김태길	74	60	51.82	51	96.67	100	68.15	28	B0
11	202210585	통신	김주원	37.5	38.18	33.64	11	97.78	100	43.86	52	F
12		**통신 최소**		35.5	0	23.64	11	93.33	60	28.25		
13		**통신 최대**		76.5	95.45	73.64	83	100	100	87.02		
14		**통신 평균**		61.6	62.817	54.366	57.1	97.779	94	66.092		
15		**통신 개수**	10									
16	202210187	컴퓨터	김민서	20.5	20	8.18	22	92.22	100	30.39	59	F

실습 10-2 회원등급별 각 항목의 부분합 구하기

준비 실습10_02.xlsx | **결과** 실습10_02_결과.xlsx

[회원정보_단일그룹부분합] 시트에서 '회원등급'별 인원수를 구하고 '만나이', '가입일수', '누적포인트', '할인율(INDEX: 누적포인트)' 항목의 평균, 최댓값, 최솟값을 구해 보자.

'회원등급'별 부분합을 구하기 전에 [회원정보_단일그룹부분합] 시트의 데이터들을 '회원등급' 순으로 정렬해야 한다. [회원정보_단일그룹부분합] 시트의 셀 C1부터 AD36까지 선택하고 [데이터]-[정렬 및 필터]-[정렬] 메뉴에서 '회원등급'을 '글꼴 색' 순으로 정렬한다.

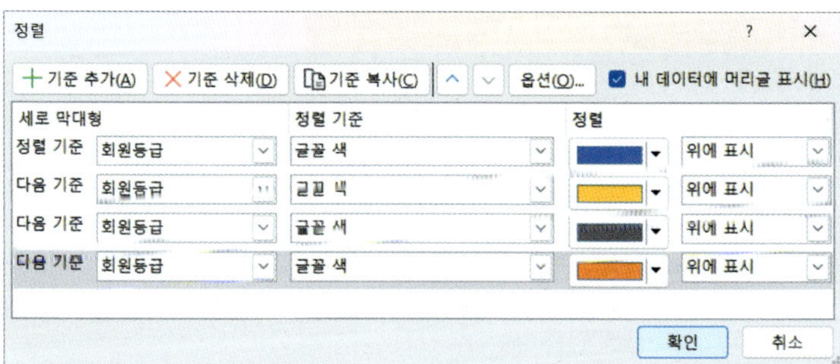

정렬된 데이터를 이용해 '회원등급'별 각 항목의 부분합을 구하려면 [부분합] 메뉴를 반복적으로 실행해야 한다. [부분합] 메뉴를 실행할 때마다 '그룹화할 항목'은 '회원등급'으로 설정하고 '새로운 값으로 대치'는 선택 해제한다. [사용할 함수]는 개수, 평균, 최대, 최소 순으로 실행할 것이다. 이때 [부분합 계산 항목]은 함수에서 사용하려는 인자에 따라 달라진다.

우선 ❶ '회원등급'별 인원수를 구하자. 셀 C1부터 AD36 중 하나를 선택하고 [부분합] 메뉴를 실행한 뒤 [그룹화할 항목]은 '회원등급', [사용할 함수]는 '개수', [부분합 계산 항목]은 '이름'을 선택한다. 이 단계는 첫 번째 단계이므로 [새로운 값으로 대치]가 선택되어 있어도 무방하다.

두 번째로 ❷ '회원등급'별 각 항목의 평균을 구해보자. 다시 [부분합] 메뉴를 실행하여 [그룹화할 항목]은 '회원등급', [사용할 함수]는 '평균', [부분합 계산 항목]은 '만나이' '가입일수', '누적포인트', '할인율(INDEX: 누적포인트)'을 선택한다. 이 단계부터는 [새로운 값으로 대치]를 선택 해제하여 이전에 표시된 결과와 함께 표시될 수 있도록 한다.

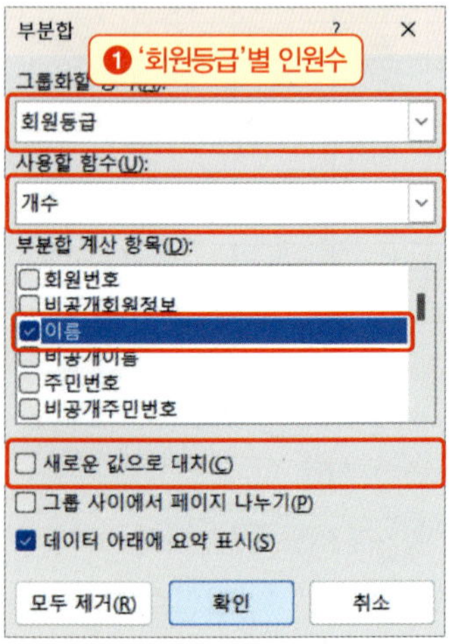

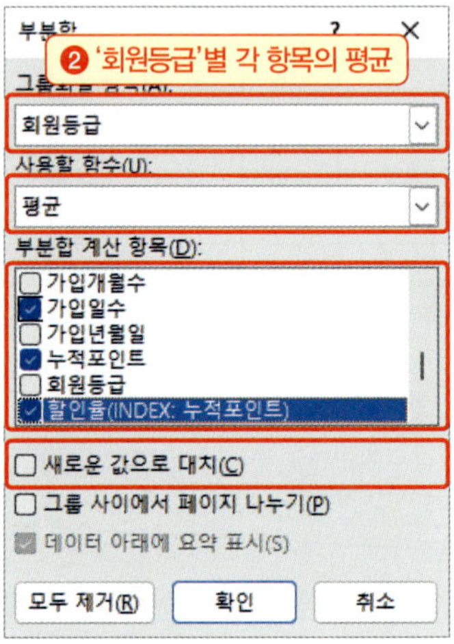

❸ 최댓값, ❹ 최솟값을 구하는 것은 ❷ '회원등급'별의 평균을 구하는 단계와 똑같이 설정하되 [사용할 함수]만 '최대' 또는 '최소'로 바꾸어 실행한다.

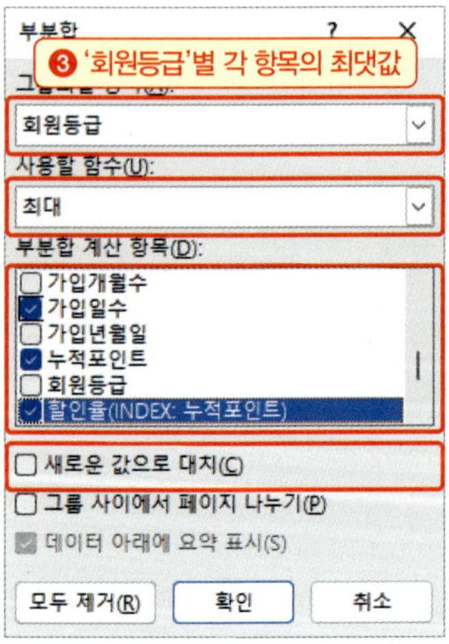

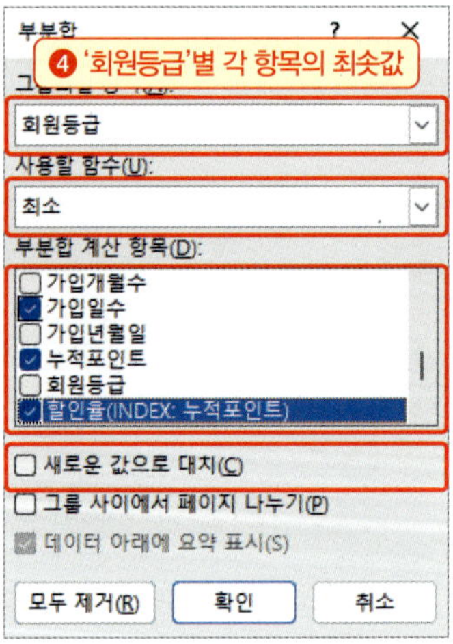

실행한 결과를 살펴보면, '회원등급'별 인원수, 평균, 최댓값, 최솟값이 표시되는 것을 확인할 수 있다.

	C	G	H	I	K	V	Z	AB	AC	AD
1	이름	성별	생년월일	요일	만 나이	가입일	가입 일수	누적포인트	회원등급	할인율 (INDEX : 누적포인트)
2	장진욱	남	1970-12-12	토	54	2013-04-01	4414	200,500	PURE GOLD	25%
3	서소연	여	1982-10-03	일	42	2009-09-16	5707	210,300	PURE GOLD	30%
4	정수덕	남	1981-03-08	일	44	2007-07-19	6497	214,000	PURE GOLD	30%
5	정경수	남	1994-02-01	화	31	2017-01-29	3015	224,100	PURE GOLD	20%
6	권소연	여	1979-10-19	금	45	2003-07-30	7947	221,000	PURE GOLD	35%
7					31		3015	200,500	PURE GOLD 최소	20%
8					54		7947	224,100	PURE GOLD 최대	35%
9					43.2		5516	213,980	PURE GOLD 평균	28%
10	5								PURE GOLD 개수	
11	김지운	남	1979-08-09	목	45	2002-06-17	8355	123,650	GOLD	25%
12	김재원	남	1988-03-05	토	37	2009-07-11	5774	143,000	GOLD	23%
13	문선영	여	1975-01-02	목	50	2011-03-03	5174	186,300	GOLD	20%
14	손서인	여	1986-03-19	수	39	2007-07-10	6506	168,000	GOLD	23%
15	이택진	남	1980-07-29	화	44	2012-12-02	4534	199,000	GOLD	20%
16	이동윤	남	1984-09-11	화	40	2016-08-17	3180	154,000	GOLD	15%
17	박장진	여	1977-09-03	토	47	2014-04-05	4045	110,000	GOLD	20%
18	임소원	여	1995-11-11	토	29	2018-02-12	2636	130,000	GOLD	15%
19	이예슬	여	1984-06-28	목	40	2005-05-19	7288	142,000	GOLD	23%
20	안지영	여	1987-02-03	화	38	2015-09-26	3506	100,500	GOLD	15%
21	이무영	남	1983-12-05	월	41	2013-07-13	4311	193,000	GOLD	20%
22	이태호	남	1985-09-27	금	39	2008-10-16	6042	187,000	GOLD	23%
23	윤형진	남	1980-11-12	수	44	2011-06-18	5067	147,600	GOLD	20%
24					29		2636	100,500	GOLD 최소	15%
25					50		8355	199,000	GOLD 최대	25%
26					41		5109	152,619	GOLD 평균	20%
27	13								GOLD 개수	

2 그룹 내의 그룹에 대한 부분합

준비 예제10_03.xlsx | **결과** 예제10_03_결과.xlsx

하나의 그룹에 대한 부분합을 구할 수도 있지만, 그룹 내 소그룹을 다시 구분하여 각 그룹에 대한 부분합을 구할 수도 있다. 예를 들어서 '컴퓨터 개론 수강한 공학부 학생 성적 평가'에서 각 학과 내 학년별 총점의 평균을 구하려면 학과 그룹 내에서 학년 그룹으로 구분하여 구해야 한다.

따라서 다음 그림과 같이 데이터를 '소속학과' 기준으로 정렬한 후 다시 '학년' 기준으로 정렬해야 한다. 그러면 '소속학과'별로 총점의 평균을 구할 수도 있지만, 특정 '소속학과' 내에서 각 '학년'별로도 총점의 평균을 구할 수 있다. 이러한 부분합을 구하는 것이 가능한 이유는 부분합이 '인접한 같은 값들을 그룹화'하여 값을 구하기 때문이다.

	A	B	C	D	F	H	S	Z
1	순번	학년	학번	입학연도	소속학과	성명	총합	1차학점
2	14	1	202110504	2021	통신	채혜정	28.25	F
3	48	1	202210535	2022	통신	박규석	72.69	A
4	9	2	202010586	2020	통신	유아정	70.52	B
5	26	2	202210531	2022	통신	임주은	77.26	A
6	27	2	202210538	2022	통신	주영진	87.02	A
7	30	2	202210573	2022	통신	김정석	76.99	A
8	47	2	202210529	2022	통신	권원재	68.74	B
9	53	2	202210585	2022	통신	김주원	43.86	D
10	8	3	201910585	2019	통신	오원선	67.44	B
11	49	3	[illegible]	[illegible]	통신	김태길	68.15	B
12	1	2	202210187	2022	컴퓨터	김민서	30.39	F
13	11	2	[illegible]	[illegible]	컴퓨터	이재민	[illegible]	C
42	[illegible]	[illegible]	[illegible]	2021	[illegible]	[illegible]	68.1	[illegible]
43	45	3	202110471	2021	게임	김지수	82.26	A
44	17	4	201910412	2019	게임	한화연	64.66	B
45	21	4	201910420	2019	게임	김민현	48.16	C
46	3	2	202210390	2022	전자	김현태	45.71	C
47	10	2	202110388	2021	전자	이철승	72.14	B
48	16	2	202110306	2021	전자	한지혜	63.95	B
49	22	2	202210321	2022	전자	김범훈	59.99	C
50	36	2	202110339	2021	전자	권준기	26.57	F
51	29	3	202110327	2021	전자	박민주	73.77	A
52	43	3	201910342	2019	전자	박연수	81.27	A
53	41	4	201910311	2019	전자	최운주	75.33	A
54	42	4	201910319	2019	전자	김훈정	62.86	B

[분반1_여러그룹부분합(1)] 시트에서 각 학과 내의 학년별 인원수를 구하고 '총합'의 평균, 최댓값, 최솟값을 구해 보자.

학과 내에서 학년별로 함수의 결과를 출력해야 하므로 그룹화하기 위해 1차로 '소속학과'를 정렬 기준으로 설정하고, 그 다음 기준으로 '학년'을 설정하여 정렬한다. 셀 A1부터 Z54까지 선택하고 [데이터]-[정렬 및 필터]-[정렬]을 선택하여 '소속학과'를 셀 색(또는 셀 값)으로 정렬한 다음에 '학년'을 셀 값의 오름차순으로 정렬한다.

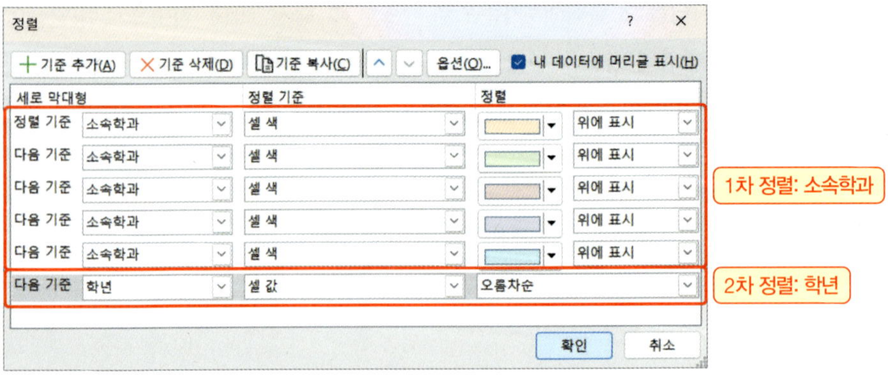

이렇게 정렬된 데이터를 이용해 '소속학과'에 대한 부분합부터 구해 보자. [그룹화할 항목]은 '소속학과'로 설정하고 [사용할 함수]에 따라 [부분합 계산 항목]을 선택하여 부분합을 구한다. 인원수를 구하기 위해서는 [사용할 함수]를 '개수'로, [부분합 계산 항목]을 '성명'으로 선택하고, '총합'의 평균, 최댓값, 최솟값을 구하기 위해서는 [사용할 함수]를 평균, 최대 또는 최소로, [부분합 계산 항목]을 '총합'으로 하여 부분합을 구한다. 단, [사용할 함수]가 바뀔 때마다 [새로운 값으로 대치]를 선택 해제한다.

여기까지 하면 '소속학과' 각 그룹에 대한 인원수, 평균, 최댓값, 최솟값이 표시된다.

1	순번	학년	학번	입학연도	소속학과	성명	총합	1차학점
2	14	1	202110504	2021	통신	채혜정	28.25	F
3	48	1	202210535	2022	통신	박규석	72.69	B
4	9	2	202010586	2020	통신	유아정	70.52	B
5	26	2	202210531	2022	통신	임주은	77.26	A
6	27	2	202210538	2022	통신	주영진	87.02	A
7	30	2	202210573	2022	통신	김정석	76.99	A
8	47	2	202210529	2022	통신	권원재	68.74	B
9	53	2	202210585	2022	통신	김주원	43.86	F
10	8	3	201910585	2019	통신	오원선	67.44	B
11	49	3	201910546	2019	통신	김태길	68.15	B
12					통신 최소		28.25	
13					통신 최대		87.02	
14					통신 평균		66.092	
15					통신 개수	10		
16	1	2	202210187	2022	컴퓨터	김민서	30.39	F

이제 [그룹화할 항목]을 '학년'으로 설정하여 학년별 인원수를 구하고, '총합'의 평균, 최댓값, 최솟값을 구해 보자. 마찬가지로 다음과 같이 [사용할 함수]에 따라 [부분합 계산 항목]을 선택하고 [새로운 값으로 대치]는 선택 해제한다.

이 결과로 각 '소속학과' 그룹 내에 포함된 같은 '학년'끼리 그룹화하여 각 '학년' 그룹에 대한 부분합을 확인할 수 있다.

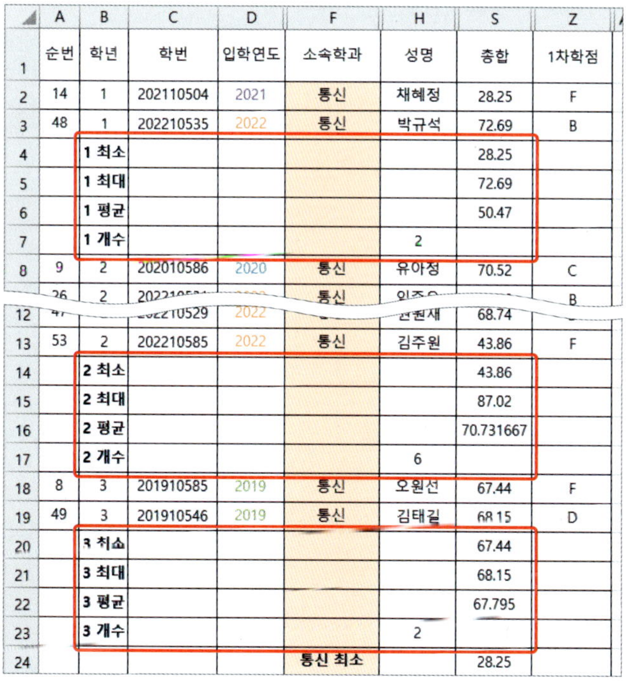

	A	B	C	D	F	H	S	Z
1	순번	학년	학번	입학연도	소속학과	성명	총합	1차학점
2	14	1	202110504	2021	통신	채혜정	28.25	F
3	48	1	202210535	2022	통신	박규석	72.69	B
4		**1 최소**					28.25	
5		**1 최대**					72.69	
6		**1 평균**					50.47	
7		**1 개수**				2		
8	9	2	202010586	2020	통신	유아정	70.52	C
	26	2	[illegible]	[illegible]	통신	[illegible]		B
12	47		2022110529	2022		[illegible]	68.74	
13	53	2	202210585	2022	통신	김주원	43.86	F
14		**2 최소**					43.86	
15		**2 최대**					87.02	
16		**2 평균**					70.731667	
17		**2 개수**				6		
18	8	3	201910585	2019	통신	오원선	67.44	F
19	49	3	201910546	2019	통신	김태길	68.15	D
20		**3 최소**					67.44	
21		**3 최대**					68.15	
22		**3 평균**					67.795	
23		**3 개수**				2		
24					**통신 최소**		28.25	

실습 10-3 회원정보 내 여러 항목의 부분합 구하기

준비 실습10_03.xlsx | **결과** 실습10_03_결과.xlsx

[회원정보_여러그룹부분합] 시트에서 각 '성별'의 인원수를 구하고 성별 내에서의 '회원등급' 그룹별 인원수를 파악해 보자. 이후 각 '성별'의 최대, 최소 '가입일수'와 성별 내의 '회원등급'별 평균 '누적포인트'를 구해 보자.

이 결과를 얻기 위해서는 다음과 같이 '성별'로 먼저 정렬한 후, 다음 기준을 '회원등급'으로 정렬하여 부분합을 구한다.

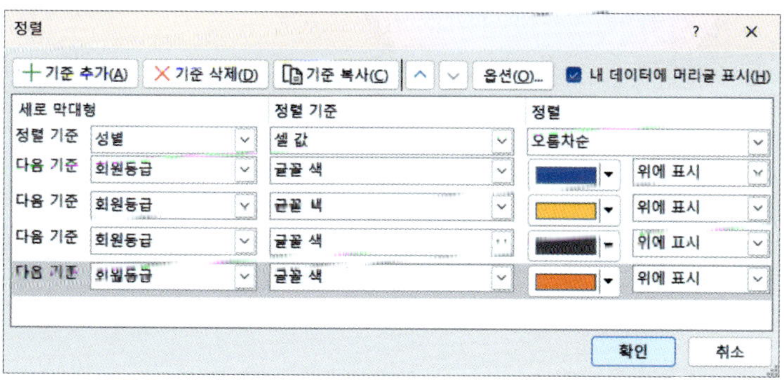

01 인원수 구하기

각 '성별'의 인원수를 구하기 위해 [부분합] 창에서 ❶ [그룹화할 항목]을 '성별', [사용할 함수]는 '개수', [부분합 계산 항목]은 어떤 것을 선택해도 상관없으나 여기서는 '성별'로 선택한다.

이 설정을 실행한 후 각 성별 내에서의 '회원등급' 그룹별 인원수를 구하기 위해 다시 [부분합] 창을 실행하여 ❷ [그룹화할 항목]을 '회원등급', [사용할 함수]는 '개수', [부분합 계산 항목]은 '회원등급'으로 선택한다. 이때 [새로운 값으로 대치]를 반드시 선택 해제한다.

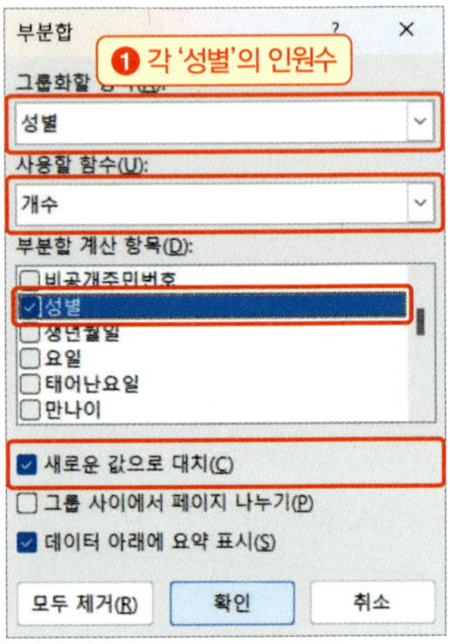

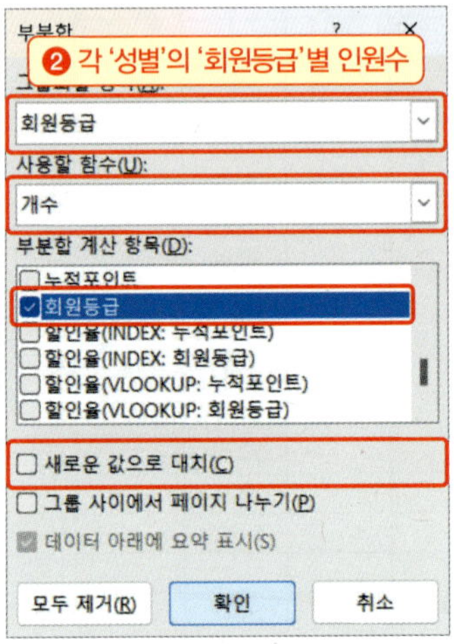

02 최대, 최소 '가입일수' 구하기

각 '성별'의 최대, 최소 '가입일수'를 구하기 위해 다시 [부분합] 메뉴를 실행하여 ❸ ❹ [그룹화할 항목]을 '성별', [사용할 함수]는 '최대' 또는 '최소', [부분합 계산 항목]은 '가입일수'를 선택한다.

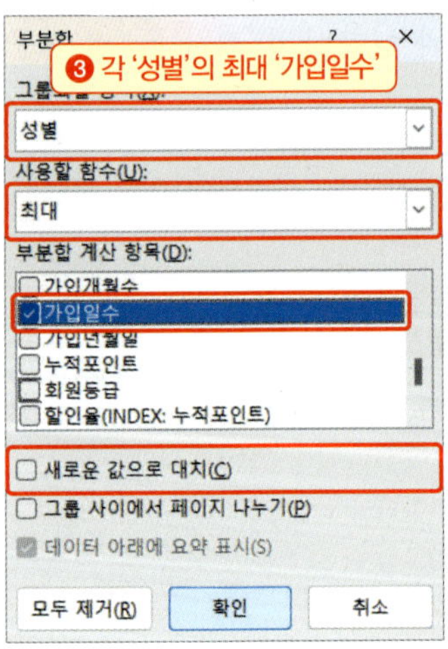

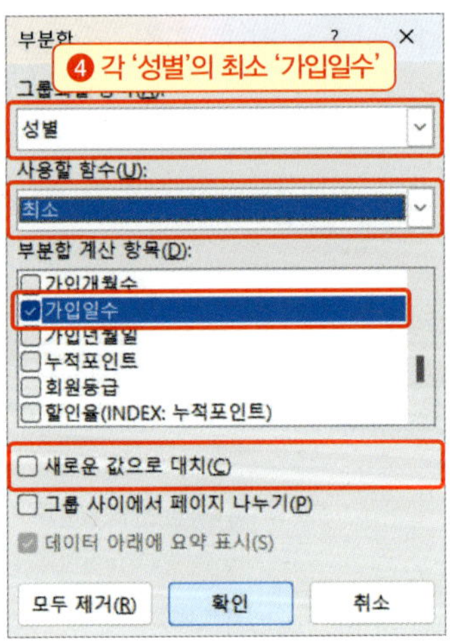

03 평균 '누적포인트' 구하기

마지막으로 각 성별 내의 '회원등급'별 평균 '누적포인트'를 구하기 위해서 다시 [부분합] 메뉴를 실행하여 [그룹화할 항목]을 '회원등급', [사용할 함수]는 '평균', [부분합 계산 항목]은 '누적포인트'를 선택한 뒤 〈확인〉을 클릭하여 표시된 데이터를 확인한다.

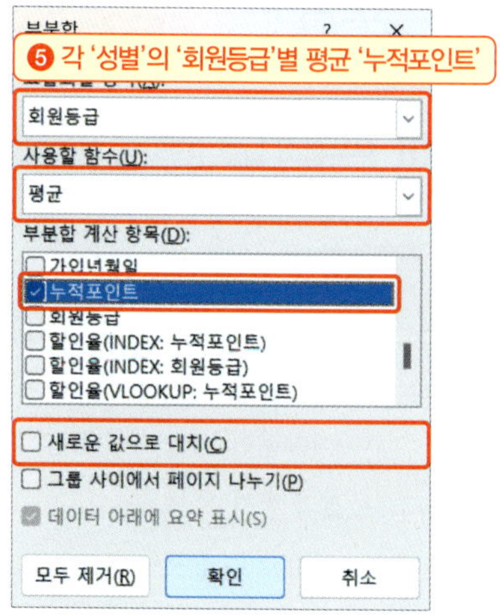

	C	G	H	I	K	V	Z	AB	AC	AD
1	이름	성별	생년월일	요일	만 나이	가입일	가입 일수	누적포인트	회원등급	할인율 (INDEX : 누적포인트)
2	장진욱	남	1970-12-12	토	54	2013-04-01	4414	200,500	PURE GOLD	25%
3	정수덕	남	1981-03-08	일	44	2007-07-19	6497	214,000	PURE GOLD	30%
4	정경수	남	1994-02-01	화	31	2017-01-29	3015	224,100	PURE GOLD	20%
5								212,867	PURE GOLD 평균	
6		남 최소					3015			
7		남 최대					6497			
8								PURE GOLD 개수	3	
9	김지운	남	1979-08-09	목	45	2002-06-17	8355	123,650	GOLD	25%
10	김재원	남	1988-03-05	토	37	2009-07-11	5774	143,000	GOLD	23%
11	이택진	남	1980-07-29	화	44	2012-12-02	4534	199,000	GOLD	20%
12	이동윤	남	1984-09-11	화	40	2016-08-17	3180	154,000	GOLD	15%
13	이무영	남	1983-12-05	월	41	2013-07-13	4311	193,000	GOLD	20%
14	이태호	남	1985-09-27	금	39	2008-10-16	6042	187,000	GOLD	23%
15	윤형진	남	1980-11-12	수	44	2011-06-18	5067	147,600	GOLD	20%
16								163,893	GOLD 평균	
17		남 최소					3180			
18		남 최대					8355			
19								GOLD 개수	7	

▲ 남성 데이터의 일부

38	서소연	여	1982-10-03	일	42	2009-09-16	5707	210,300	PURE GOLD	30%
39	권소연	여	1979-10-19	금	45	2003-07-30	7947	221,000	PURE GOLD	35%
40								215,650	PURE GOLD 평균	
41		여 최소					5707			
42		여 최대					7947			
43								PURE GOLD 개수	2	
44	문선영	여	1975-01-02	목	50	2011-03-03	5174	186,300	GOLD	20%
45	손서인	여	1986-03-19	수	39	2007-07-10	6506	168,000	GOLD	23%
46	박장진	여	1977-09-03	토	47	2014-04-05	4045	110,000	GOLD	20%
47	임소원	여	1995-11-11	토	29	2018-02-12	2636	130,000	GOLD	15%
48	이예슬	여	1984-06-28	목	40	2005-05-19	7288	142,000	GOLD	23%
49	안지영	여	1987-02-03	화	38	2015-09-26	3506	100,500	GOLD	15%
50								139,467	GOLD 평균	
51		여 최소					2636			
52		여 최대					7288			
53								GOLD 개수	6	

▲ 여성 데이터의 일부

요약

01 부분합의 실행: [데이터] 탭–[개요] 그룹–[부분합]

- 데이터를 일정한 기준으로 그룹화하여 각 그룹에 대한 집계를 하는 기능이다.
- 옵션
  - [그룹화할 항목]: 부분합을 구하기 위해 그룹화할 항목을 선택한다.
  - [사용할 함수]: 그룹의 값을 이용해 구할 함수(개수, 최대, 최소, 합계, 평균 등)를 선택한다.
  - [부분합 계산 항목]: 선택한 함수의 인자로 사용될 값이 포함된 항목을 선택한다.
- 결과 출력 옵션
  - [새로운 값으로 대치]: 둘 이상의 부분합을 구할 때 이전에 구했던 부분합의 결과 표시 옵션이다.
  - [그룹 사이에서 페이지 나누기]: 그룹과 그룹 사이에 구분선이 표시되는 옵션이다.
  - [데이터 아래에 요약 표시]: 각 그룹의 결과가 표시되는 위치 옵션이다.

02 부분합과 정렬

- 부분합을 구하기 위해서는 그룹화하려는 항목을 기준으로 데이터를 정렬해야 한다.

03 두 가지 이상의 함수를 사용하는 부분합

- 두 가지 이상의 함수 결과 또는 둘 이상의 그룹에 대한 집계의 결과를 모두 표시하려면 [새로운 값으로 대치]를 선택 해제한다.
- [새로운 값으로 대치] 선택: 하나의 기준에 대한 부분합을 확인할 수 있다.
- [새로운 값으로 대치] 해제: 여러 기준에 대한 부분합을 확인할 수 있다.

연습문제

01 부분합에 대한 설명으로 옳지 않은 것을 고르시오.

① 인접한 같은 값들을 하나의 그룹으로 만들어 각 그룹에 대해 집계하는 기능이다.

② 부분합을 구하기 전에 그룹화하려는 항목을 기준으로 정렬해야 한다.

③ [부분합] 메뉴에서 사용할 수 있는 메뉴는 합계, 평균, 개수, 최대, 최소 등이 있다.

④ 두 가지 이상의 함수를 사용하는 결과를 표시하려면 [부분합] 창에서 [새로운 값으로 대치] 옵션을 선택 해제한다.

⑤ 그룹이 두 개 이상인 집계 결과를 표시하려면 [부분합] 창에서 [새로운 값으로 대치] 옵션을 선택한다.

02 전기와 후기의 온도 평균을 구하여 확인하고자 한다. 다음 중 어떤 정렬을 해야 하는지 고르시오.

	A	B	C	D
1	전후기	월	계절	온도
2	전기	1	봄	15
3	후기	9	가을	20
4	후기	7	가을	21
5	전기	6	여름	32
6	후기	12	겨울	-5
7	전기	3	봄	12
8	전기	5	봄	17
9	전기	2	여름	30
10	후기	10	겨울	0
11	후기	11	가을	19
12	전기	4	여름	37
13	후기	8	겨울	5
14				

① '전후기' 항목을 셀 색 순으로 정렬한다.

② '월' 항목을 내림차순으로 정렬한다.

③ '계절'을 글꼴 색 순으로 정렬한다.

④ '온도'를 오름차순으로 정렬한다.

⑤ 정렬할 필요가 없다.

03 다음과 같이 정렬했을 때 구할 수 있는 의미 있는 부분합이 아닌 것을 고르시오.

	A	B	C	D
1	전후기	월	계절	온도
2	전기	1	봄	15
3	전기	3	봄	12
4	전기	5	봄	17
5	전기	6	여름	32
6	전기	2	여름	30
7	전기	4	여름	37
8	후기	9	가을	20
9	후기	7	가을	21
10	후기	11	가을	19
11	후기	12	겨울	-5
12	후기	10	겨울	0
13	후기	8	겨울	5
14				

① '전후기'의 평균 '월'

② '계절'별 최대 '온도'

③ 홀수 또는 짝수 '월'별 계절의 개수

④ '전후기'의 '월' 개수와 '계절'별 '온도'의 합

⑤ '계절'별 개수와 '전후기'별 '온도'의 평균

[04~08] '연습10_01.xlsx'를 활용하여 다음 질문에 답하시오.

준비 연습10_01.xlsx | **결과** 연습10_01_결과.xlsx

04 '분야'별 평균 '평점'을 확인하려고 한다. 다음 설명 중 옳지 않은 것을 고르시오.

① '분야' 항목을 글꼴 색 순으로 정렬한다.

② [부분합] 창에서 [그룹화할 항목]을 '평점'으로 선택한다.

③ [부분합] 창에서 [부분합 계산 항목]을 '평점'으로 선택한다.

④ [부분합] 창에서 [사용할 함수]를 '평균'으로 선택한다.

⑤ [새로운 값으로 대치]를 선택한다.

05 [도서목록_연습문제(1)] 시트에서 '분야'별 평균 '평점'을 구하여 표시하시오.

06 '선호도' 내에서 '분야'별 개수를 확인하려고 한다. 다음 설명 중 옳은 것을 고르시오.

① '분야' 항목을 글꼴 색 순으로 정렬한다.

② '선호도' 항목을 셀 색 순으로 정렬한다.

③ '분야' 항목을 글꼴 색 순으로 정렬한 후 '선호도' 항목을 셀 색 순으로 정렬한다.

④ '선호도' 항목을 셀 색 순으로 정렬한 후 '분야' 항목을 글꼴 색 순으로 정렬한다.

⑤ '선호도' 항목을 정렬하여 '선호도'에 대한 부분합을 확인하고 다시 '분야' 항목을 정렬하여 부분합을 확인한다.

07 [도서목록_연습문제(2)] 시트에서 '선호도'의 개수와 '선호도' 내에서 '분야'별 개수를 구하시오.

08 [도서목록_연습문제(3)] 시트에서 각 '분야' 내에서 '정리여부'별 개수와 '정리여부' 내에서의 '출간일(년도)'의 최댓값, 최솟값을 구하시오.

[09~14] '연습10_02.xlsx'를 활용하여 다음 질문에 답하시오.

준비 연습10_02.xlsx | **결과** 연습10_02_결과.xlsx

09 각 '등급' 내에서 '성별'을 구분하고 또 각 '성별' 안에서 '최애분야'를 구분하여 다양한 집계를 하려고 한다. 정렬 기준의 순서가 바르게 나열된 것을 고르시오.

① 최애분야 – 성별 – 등급
② 성별 – 등급 – 최애분야
③ 등급 – 성별 – 최애분야
④ 등급 – 최애분야 – 성별
⑤ 최애분야 – 등급 – 성별

10 [Sheet1_연습문제(1)] 시트의 데이터를 **09**번 문제에서 답한 정렬 순서대로 정렬하시오.

11 **09**번 문제의 정답에 맞춰 정렬한 데이터 집합에서 각 '등급'에 포함된 인원수, 각 '등급' 내에서의 '성별' 인원수, 각 '성별' 내에서의 각 '최애분야'별 인원수를 구하려고 한다. 다음 중 옳지 <u>않은</u> 내용을 고르시오.

① [부분합] 메뉴를 세 번 실행해야 한다.
② 모든 집계 결과를 얻기 위해 [그룹화할 항목]은 '등급'이다.
③ 모든 집계 결과를 얻기 위해 [사용할 함수]는 '개수'이다.
④ 모든 집계 결과를 얻기 위해 [부분합 계산 항목]은 어떤 항목을 선택해도 구할 수 있다.
⑤ 모든 집계 결과를 얻기 위해 [새로운 값으로 대치]가 선택 해제되어야 한다.

12 [Sheet1_연습문제(1)] 시트에 정렬된 데이터를 이용해 각 '등급' 내에서의 '성별' 인원수, 각 '성별' 내에서의 각 '최애분야'별 인원수를 구하시오.

13 [Sheet1_연습문제(2)] 시트는 **11**번 문제에서 답한 정렬 순서대로 정렬한 것이다. 각 '등급'별로 각 '예매분야'의 평균 예매수를 구하시오.

14 [Sheet1_연습문제(3)] 시트는 각 '등급'별로 각 '예매분야'의 평균 예매수를 구한 내용이다. 이 내용에서 각 '성별'로 '만나이', '관람공백기(일)'의 최댓값, 최솟값을 구하시오.

여기서 잠깐 제목 행들이 포함된 시트의 데이터 집합에 대한 부분합

본문의 예제와 실습에서 사용했던 파일에 포함된 시트들에는 제목 행이 없었다. 그러나 연습문제에서 사용하는 '연습10_01.xlsx', '연습10_02.xlsx'의 경우 제목 행이 있다. 즉, 시트의 1행부터 바로 데이터와 관련한 항목명으로 시작하는 것이 아닌 제목이 들어가 있는 경우이다.

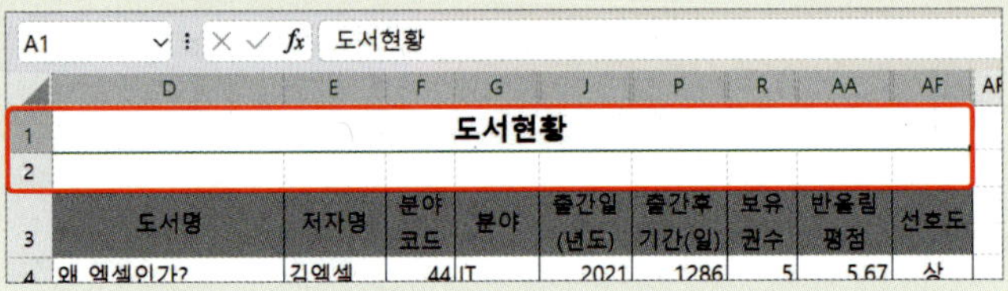

이 경우 데이터 영역의 하나의 셀만 선택하고 [데이터]-[개요]-[부분합]을 실행하면 다음과 같은 경고문이 뜬다.

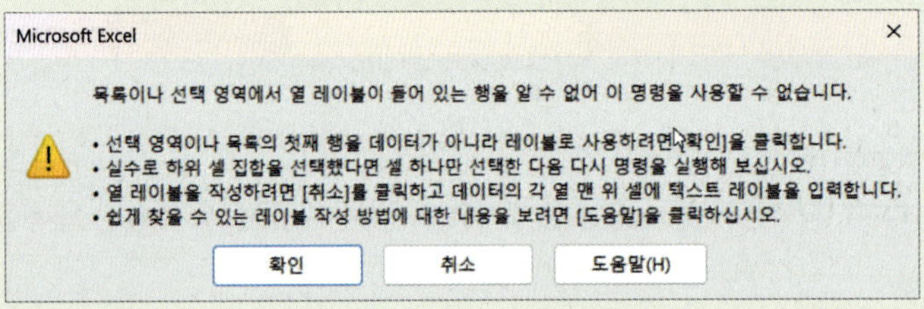

이 경고문이 뜨면 부분합을 구하려는 데이터 영역을 선택한 뒤에 [부분합]을 실행한다. 예를 들어 '연습10_01.xlsx' 파일의 시트에서는 셀 D3부터 AL18까지 선택하고 [부분합]을 실행하면 된다.

CHAPTER 11

필터링을 이용한 데이터 분석

학습목표

- 자동 필터를 이용해 조건에 맞게 데이터를 정렬한다.
- 숫자/텍스트/색 기준 필터를 이용해 범위에 해당하는 데이터를 필터링한다.
- 검색 기능을 이용해 특정 데이터를 검색한다.
- 고급 필터를 이용해 복잡한 조건을 만족하는 데이터를 필터링한다.

SECTION 01 자동 필터

분석 과정에서 어떤 조건에 해당하는 데이터를 확인하고 데이터의 특징을 찾아내는 과정은 반드시 필요하다. 엑셀의 필터 기능을 이용하면 부여된 조건에 의해 걸러진 데이터를 우선 확인할 수 있어 데이터의 특징을 찾는 데 도움이 된다. 이 필터링에는 앞 단원에서 공부했던 정렬 기능이 포함되어 있다. 지금부터 필터 기능에서 제공하는 정렬과 조건에 따른 검색 기능을 살펴보자.

필터링을 하려면 데이터 영역의 전체 또는 하나의 셀을 선택하고 [데이터] 탭–[정렬 및 필터] 그룹–[필터] 메뉴를 선택한다. 그러면 항목명에 해당하는 첫 행에 ▾이 생성된다. 다시 한번 [데이터] 탭–[정렬 및 필터] 그룹–[필터] 메뉴를 선택하면 필터가 해제된다.

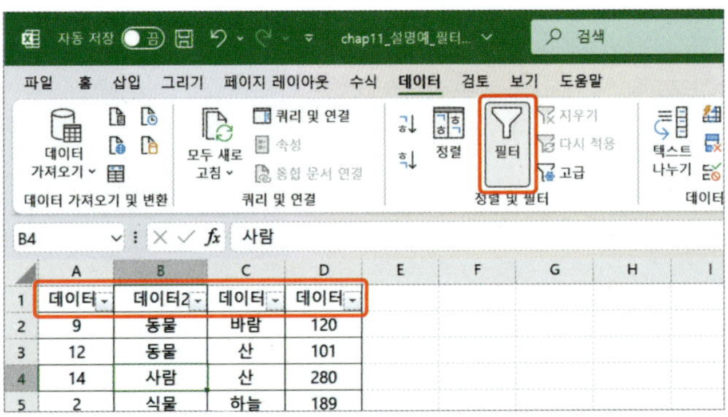

각 항목명의 ▾을 클릭하면 메뉴들이 나타나는데, 이 중에는 정렬 관련 메뉴와 범위 검색 메뉴, 해당 항목에 입력된 모든 데이터들과 그 데이터들의 대푯값이 나타난다.

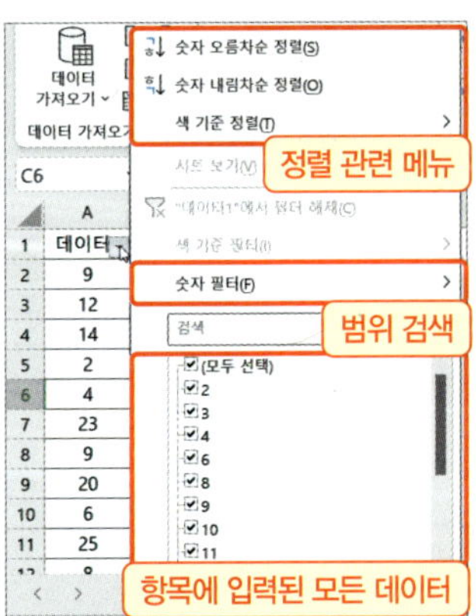

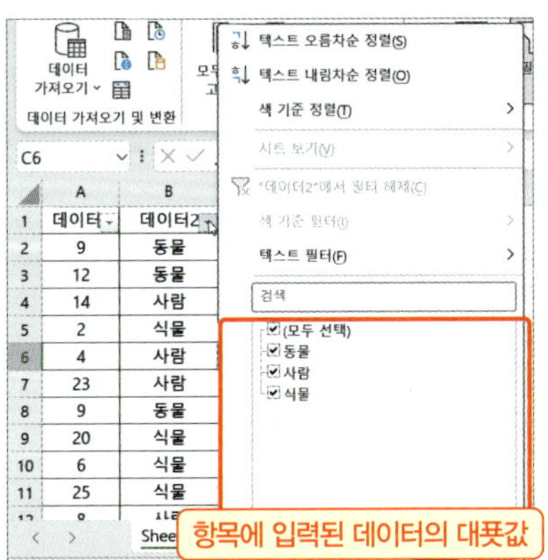

이 메뉴에서 특정 옵션을 선택하면 해당 항목의 ▾이 ⏷ 또는 ↓로 모양이 바뀌어 그 항목에 필터가 적용되어 있음을 나타낸다. 다음 그림은 '데이터2' 항목에서 '동물'에 해당하는 데이터들만 나타내도록 필터를 적용한 예이다.

	A	B	C	D
1	데이터	데이터2	데이터	데이터
2	9	동물	바람	120
3	12	동물	산	101
8	9	동물	바람	129
13	11	동물	바다	205
16	10	동물	하늘	200

1 필터를 이용한 정렬

준비 예제11_01.xlsx | **결과** 예제11_01_결과.xlsx

9장에서 정렬 기능에 대해 살펴보았다. 앞에서 ▾을 클릭했을 때 정렬과 관련된 메뉴들이 나타나는데, 이때 항목에 입력된 데이터가 숫자형이라면 [숫자 오름차순 정렬]/[숫자 내림차순 정렬] 메뉴가 나타나고, 항목에 입력된 데이터들이 문자형이면 [텍스트 오름차순 정렬]/[텍스트 내림차순 정렬] 메뉴가 나타난다. 만약 셀 또는 글꼴 색이 적용된 항목이면 [색 기준 정렬]도 선택할 수 있다.

'데이터1'에 대해 [필터] 메뉴를 이용해 정렬해 보자. ❶ [데이터] 탭의 ❷ [정렬 및 필터] 그룹에서 [필터] 메뉴를 선택한다. ❸ '데이터1'의 ▾을 클릭하고 ❹ [숫자 오름차순 정렬]을 선택한다.

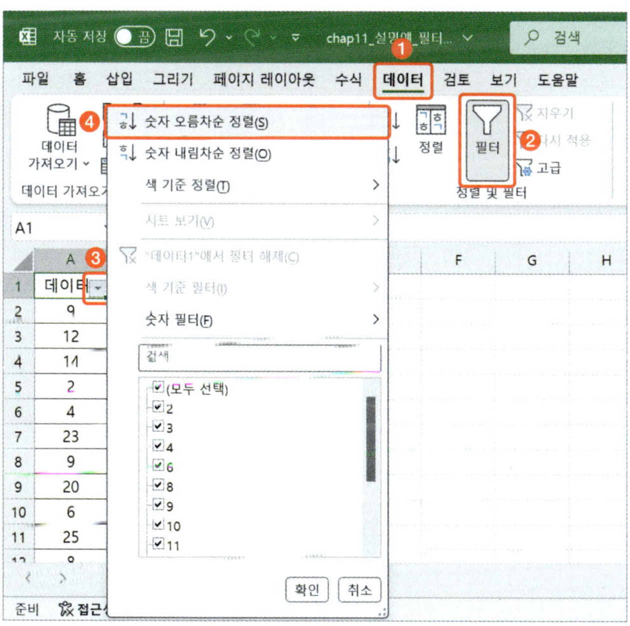

그러면 '데이터1' 항목의 값들이 오름차순으로 정렬되고, '데이터1' 항목명 옆의 [▾]은 [▾↑] 모양으로 바뀌어 오름차순 정렬이 적용되었음을 나타낸다.

	A	B	C	D
1	데이터1	데이터2	데이터3	데이터4
2	9	동물	바람	120
3	12	동물	산	101
4	14	사람	산	280
5	2	식물	하늘	189
6	4	사람	하늘	232
7	23	사람	바다	137
8	9	동물	바람	129
9	20	식물	바람	117
10	6	식물	산	107
11	25	식물	하늘	214
12	8	사람	바다	201
13	11	동물	바다	205
14	3	사람	바람	112
15	17	식물	산	193
16	10	동물	하늘	200

▲ [숫자 오름차순 정렬] 실행 전

	A	B	C	D
1	데이터	데이터2	데이터	데이터
2	2	식물	하늘	189
3	3	사람	바람	112
4	4	사람	하늘	232
5	6	식물	산	107
6	8	사람	바다	201
7	9	동물	바람	120
8	9	동물	바람	129
9	10	동물	하늘	200
10	11	동물	바다	205
11	12	동물	산	101
12	14	사람	산	280
13	17	식물	산	193
14	20			
15	23			
16	25			

'데이터1'의 전체 데이터를 오름차순으로 정렬

▲ [숫자 오름차순 정렬] 실행 후

문자형 데이터에 대한 정렬도 같은 방식이다. 문자형 데이터인 '데이터2' 항목을 내림차순으로 정렬하면 다음과 같은 결과를 확인할 수 있다.

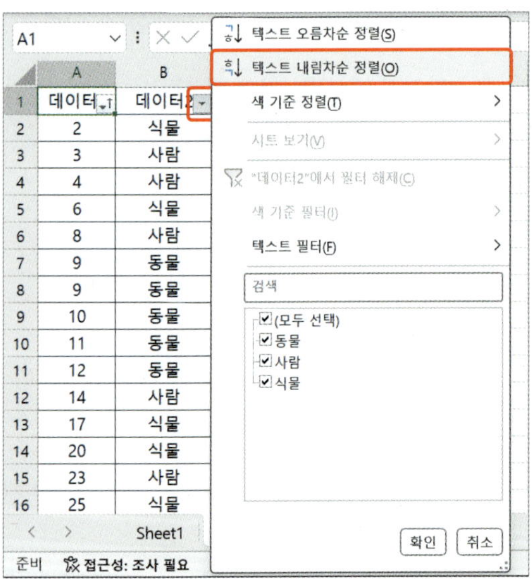

	A	B	C	D
1	데이터	데이터2	데이터	데이터
2	2	식물	하늘	189
3	6	식물	산	107
4	17	식물	산	193
5	20	식물	바람	117
6	25	식물	하늘	214
7	3	사람	바람	112
8	4	사람	하늘	232
9	8	사람	바다	201
10	14	사람	산	280
11	23	사람	바다	137
12	9	동물	바람	120
13	9	동물	바람	129
14	10	동물	하늘	200
15	11	동물	바다	205
16	12	동물	산	101

[색 기준 정렬] 메뉴의 경우 한 가지 색으로의 정렬을 반복하면서 전체 데이터를 정렬할 수 있다. 셀 색 또는 글꼴 색이 적용된 항목에서 [색 기준 정렬]을 선택하면 적용된 색의 리스트가 나타나고, 이 리스트에 있는 색 중 하나를 선택하면 그 색에 해당하는 셀이 위쪽으로 정렬된다.

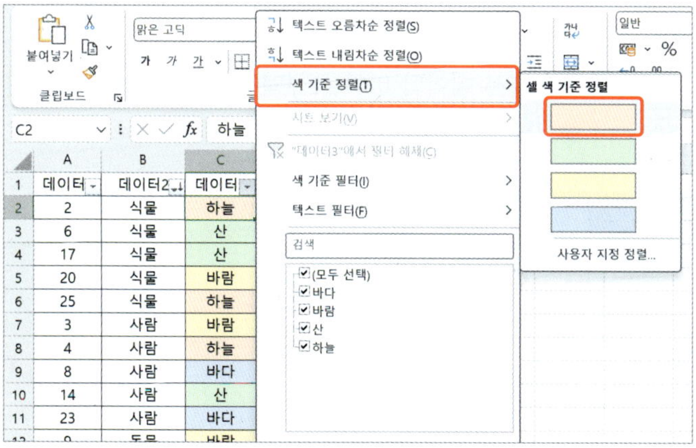

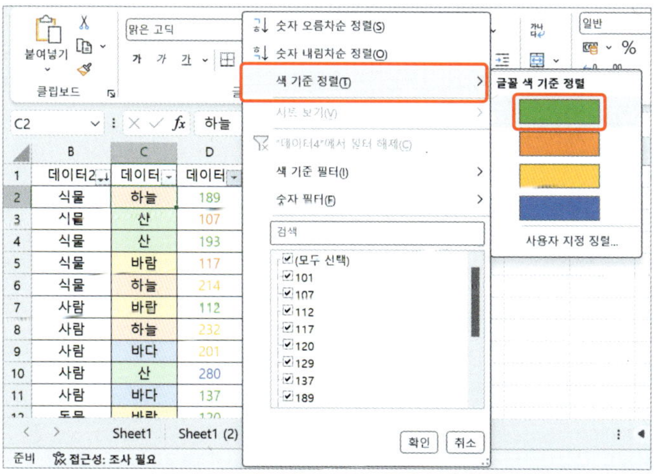

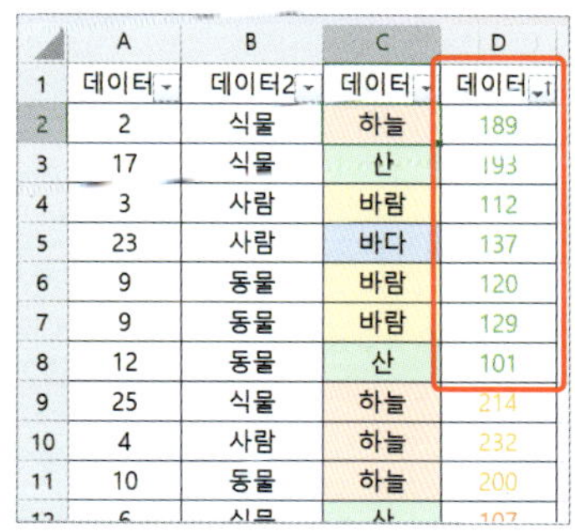

하나의 색이 정렬된 상태에서 나머지 색 중 하나를 추가로 선택하면 이전에 정렬되었던 셀들 위로 방금 선택된 색에 해당하는 셀들이 정렬된다. 그러므로 이 과정을 반복하면 원하는 색의 순으로 정렬할 수 있다.

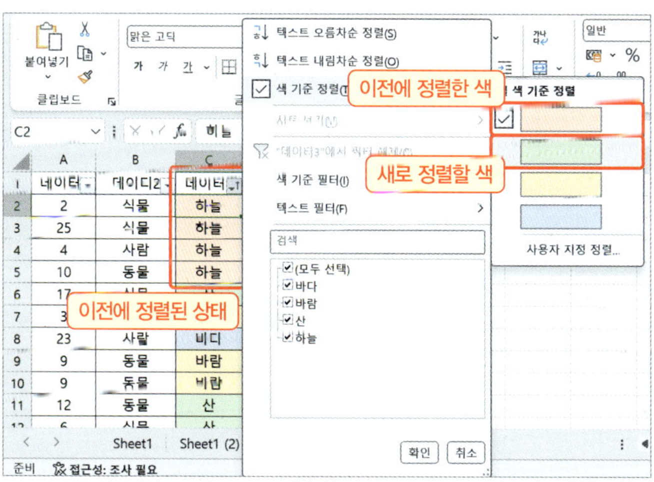

등수EQ를 오름차순으로 정렬하기

'예제11_01.xlsx'의 [분반1_필터링 정렬(1)] 시트에서 데이터 영역을 선택하고 [데이터] 탭–[정렬 및 필터] 그룹–[필터] 메뉴를 선택하면 ▾이 생성된다.

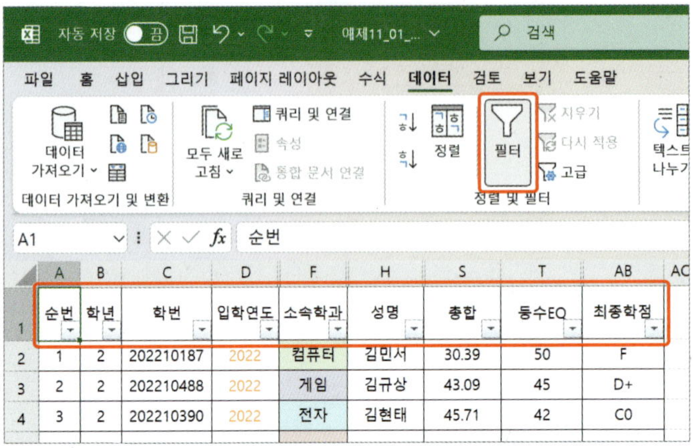

'등수EQ' 항목명 옆의 ▾을 클릭하고 [숫자 오름차순 정렬]을 선택한다.

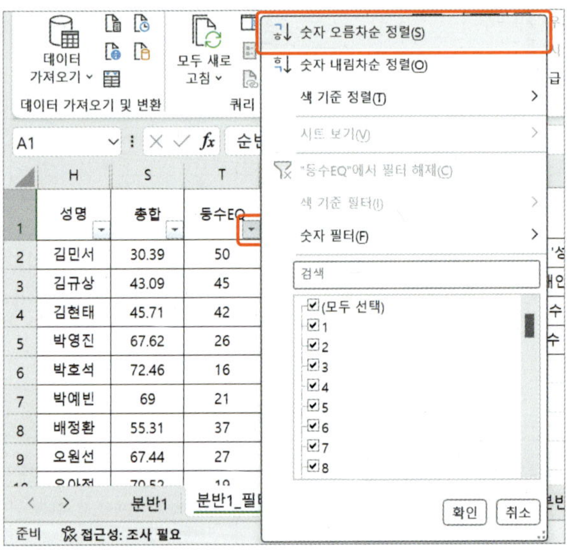

TIP • 데이터 영역 내에 병합된 셀이 있는 경우 필터링을 적용했을 때 셀의 크기가 동일해야 한다는 오류 메시지가 나타난다. 이 경우 병합된 셀들을 모두 병합 해제한 다음 필터링을 실행하면 된다. '예제11_01.xlsx'에서는 55행부터 59행에 병합되어 있던 셀을 병합 해제하고 필터링을 실행한다.

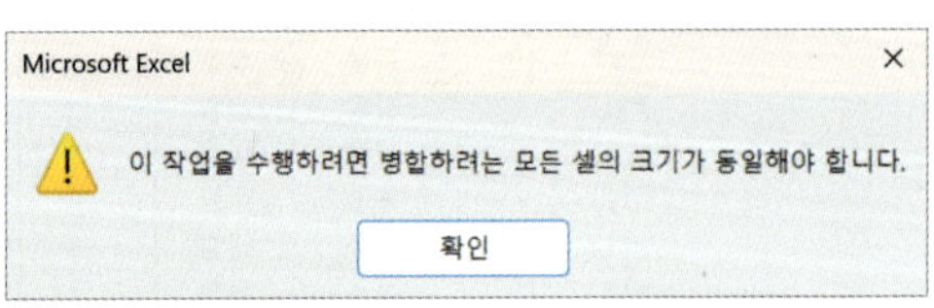

그 결과로 '등수EQ' 항목의 데이터들이 오름차순으로 정렬된다.

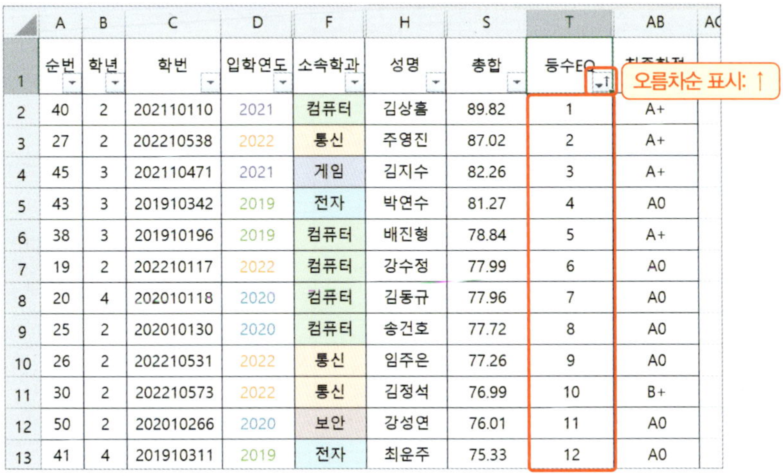

	A	B	C	D	F	H	S	T	AB
1	순번	학년	학번	입학연도	소속학과	성명	총합	등수EQ	최종학점
2	40	2	202110110	2021	컴퓨터	김상홈	89.82	1	A+
3	27	2	202210538	2022	통신	주영진	87.02	2	A+
4	45	3	202110471	2021	게임	김지수	82.26	3	A+
5	43	3	201910342	2019	전자	박연수	81.27	4	A0
6	38	3	201910196	2019	컴퓨터	배진형	78.84	5	A+
7	19	2	202210117	2022	컴퓨터	강수정	77.99	6	A0
8	20	4	202010118	2020	컴퓨터	김동규	77.96	7	A0
9	25	2	202010130	2020	컴퓨터	송건호	77.72	8	A0
10	26	2	202210531	2022	통신	임주은	77.26	9	A0
11	30	2	202210573	2022	통신	김정석	76.99	10	B+
12	50	2	202010266	2020	보안	강성연	76.01	11	A0
13	41	4	201910311	2019	전자	최운주	75.33	12	A0

최종학점을 내림차순으로 정렬하기

먼저 ❶ [분반1_필터링 정렬(2)] 시트에서 55행부터 59행의 병합된 셀들을 병합 해제하고 [필터] 메뉴를 선택한다. ❷ '최종학점'의 ▾을 클릭하고 ❸ [텍스트 내림차순 정렬]을 선택하여 정렬한다.

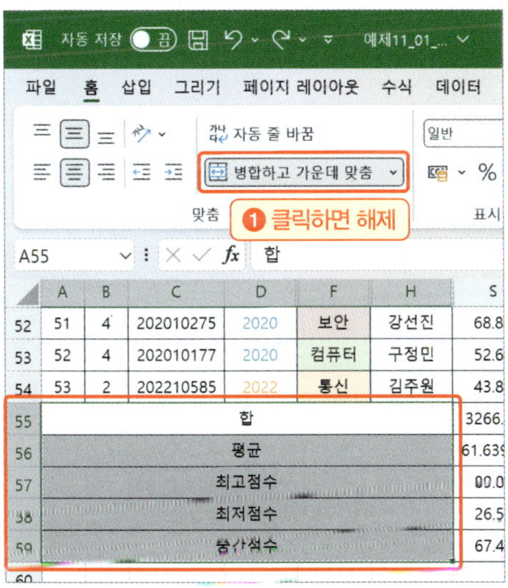

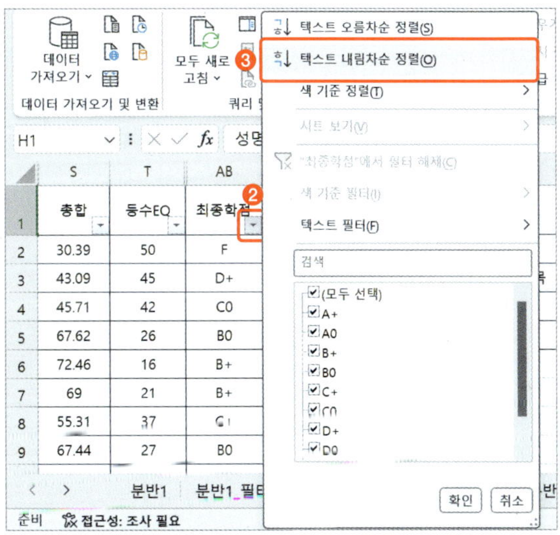

그 결과로 '최종학점' 항목의 데이터들이 내림차순으로 정렬된다.

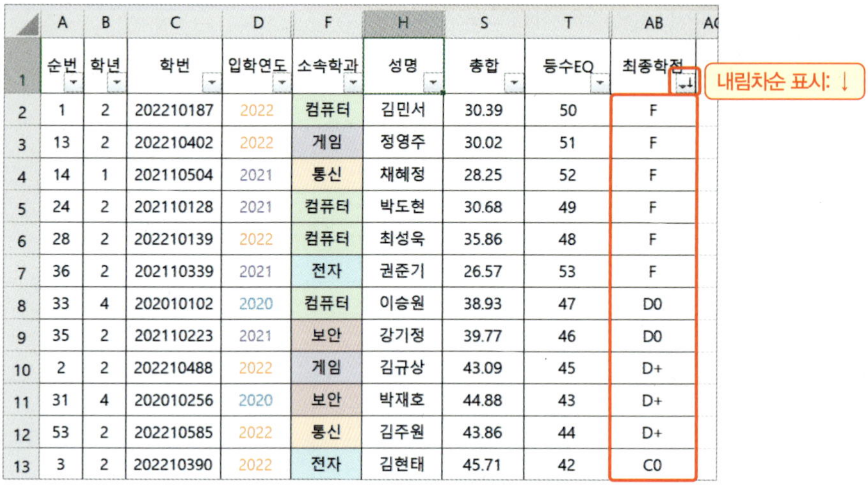

	A	B	C	D	F	H	S	T	AB
1	순번	학년	학번	입학연도	소속학과	성명	총합	등수EQ	최종학점
2	1	2	202210187	2022	컴퓨터	김민서	30.39	50	F
3	13	2	202210402	2022	게임	정영주	30.02	51	F
4	14	1	202110504	2021	통신	채혜정	28.25	52	F
5	24	2	202110128	2021	컴퓨터	박도현	30.68	49	F
6	28	2	202210139	2022	컴퓨터	최성욱	35.86	48	F
7	36	2	202110339	2021	전자	권준기	26.57	53	F
8	33	4	202010102	2020	컴퓨터	이승원	38.93	47	D0
9	35	2	202110223	2021	보안	강기정	39.77	46	D0
10	2	2	202210488	2022	게임	김규상	43.09	45	D+
11	31	4	202010256	2020	보안	박재호	44.88	43	D+
12	53	2	202210585	2022	통신	김주원	43.86	44	D+
13	3	2	202210390	2022	전자	김현태	45.71	42	C0

'소속학과'를 셀 색으로 정렬하기

[분반1_필터링 정렬(3)] 시트에서 '소속학과' 항목을 컴퓨터–통신–보안–게임–전자학과 순으로 정렬해 보자. 먼저 병합된 셀들을 병합 해제하고 [필터] 메뉴를 선택한다. ❶ '소속학과'의 ▾을 클릭해 나오는 메뉴에서 ❷ [색 기준 정렬] 메뉴를 클릭하고 ❸ 색상 리스트에서 – – – – 순으로 선택하는 것을 반복한다.

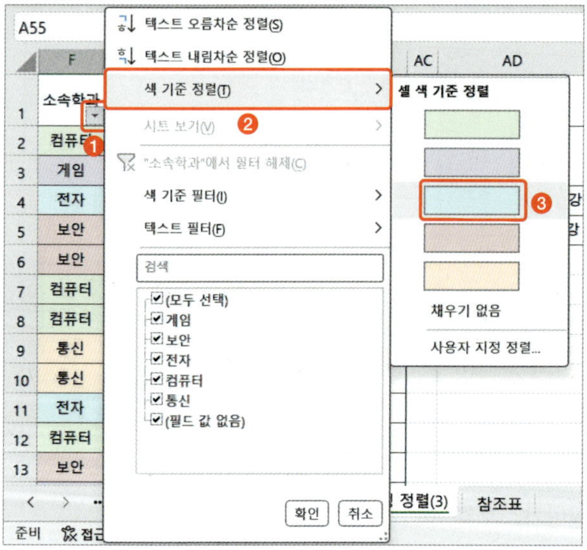

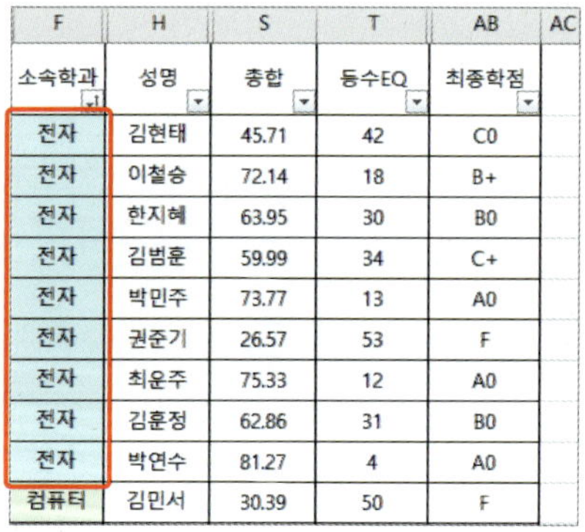

F	H	S	T	AB
소속학과	성명	총합	등수EQ	최종학점
전자	김현태	45.71	42	C0
전자	이철승	72.14	18	B+
전자	한지혜	63.95	30	B0
전자	김범훈	59.99	34	C+
전자	박민주	73.77	13	A0
전자	권준기	26.57	53	F
전자	최운주	75.33	12	A0
전자	김훈정	62.86	31	B0
전자	박연수	81.27	4	A0
컴퓨터	김민서	30.39	50	F

실습 11-1 필터링을 이용해 정렬하기

준비 실습11_01.xlsx | **결과** 실습11_01_결과.xlsx

01 '이름'을 가나다순으로 정렬하기

[회원정보_필터링(1)] 시트의 데이터 영역 중 하나의 셀을 선택하고 ❶ [데이터] 탭–[정렬 및 필터] 그룹–[필터] 메뉴를 선택한다. ❷ '이름' 항목의 ▾을 클릭하고 ❸ [텍스트 오름차순 정렬]을 선택한다.

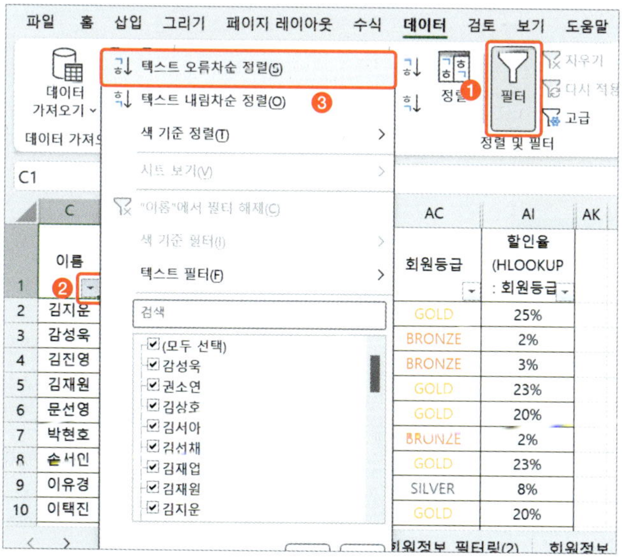

02 '가입일수'를 내림차순으로 정렬하기

[회원정보_필터링(2)] 시트의 데이터 영역 중 하나의 셀을 선택하고 ❶ [데이터] 탭–[정렬 및 필터] 그룹–[필터] 메뉴를 선택한다. ❷ '가입일수' 항목의 ▾을 클릭하고 ❸ [숫자 내림차순 정렬]을 선택한다.

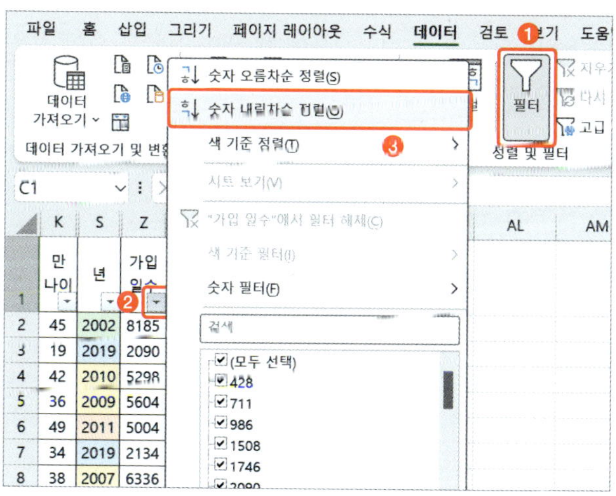

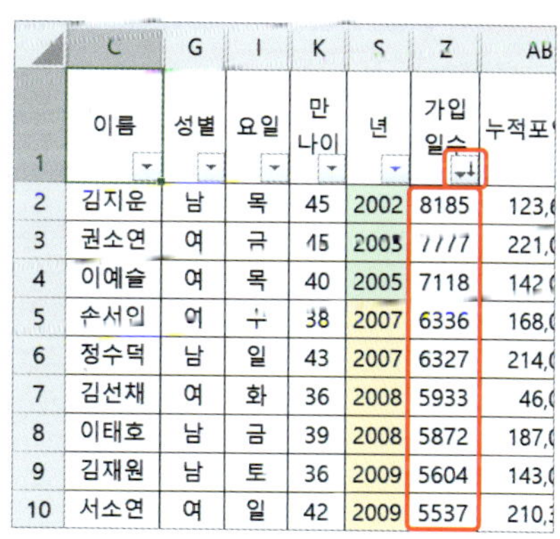

03 회원등급을 글꼴 색으로 정렬

[회원정보_필터링(3)] 시트의 데이터 영역 중 하나의 셀을 선택하고 ❶ [데이터] 탭-[정렬 및 필터] 그룹-[필터] 메뉴를 선택한다. ❷ '회원등급'의 ▾을 클릭하고 ❸ [색 기준 정렬]에서 ❹ 글꼴 색 선택을 반복하면서 정렬한다. 단, 우선 선택했던 글꼴 색 위에 다음 선택하는 글꼴 색이 정렬되므로 정렬하려는 순서의 반대 순서로 글꼴 색을 선택한다. 즉, ▬(파랑)-▬(노랑)-▬(검정)-▬(주황) 순으로 결과를 확인하고자 한다면 ▬(주황)-▬(검정)-▬(노랑)-▬(파랑) 순으로 선택한다.

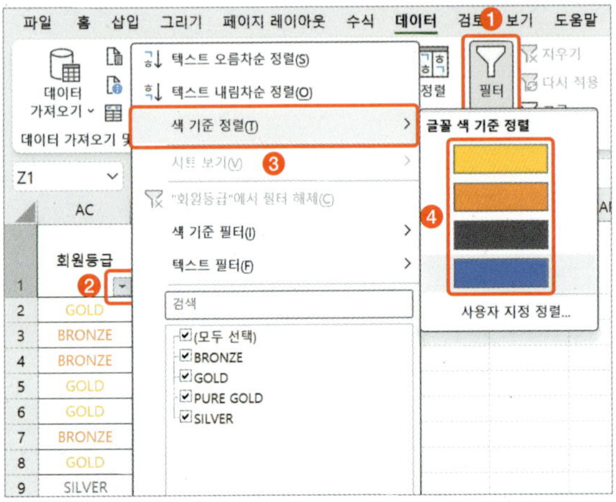

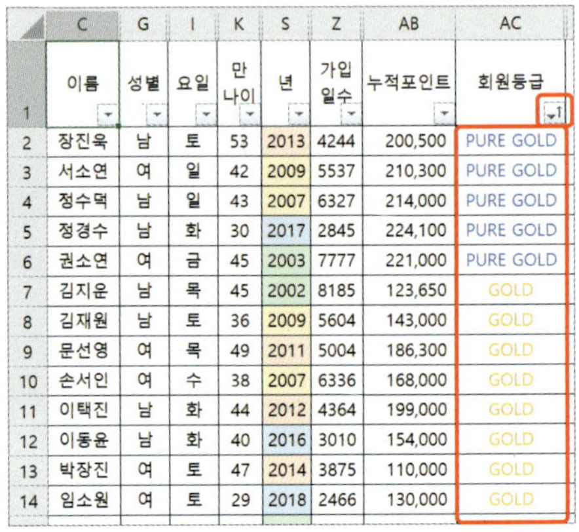

	이름	성별	요일	만 나이	년	가입 일수	누적포인트	회원등급
2	장진욱	남	토	53	2013	4244	200,500	PURE GOLD
3	서소연	여	일	42	2009	5537	210,300	PURE GOLD
4	정수덕	남	일	43	2007	6327	214,000	PURE GOLD
5	정경수	남	화	30	2017	2845	224,100	PURE GOLD
6	권소연	여	금	45	2003	7777	221,000	PURE GOLD
7	김지운	남	목	45	2002	8185	123,650	GOLD
8	김재원	남	토	36	2009	5604	143,000	GOLD
9	문선영	여	목	49	2011	5004	186,300	GOLD
10	손서인	여	수	38	2007	6336	168,000	GOLD
11	이택진	남	화	44	2012	4364	199,000	GOLD
12	이동윤	남	화	40	2016	3010	154,000	GOLD
13	박장진	여	토	47	2014	3875	110,000	GOLD
14	임소원	여	토	29	2018	2466	130,000	GOLD

2 필터링을 이용한 검색

준비 예제11_02.xlsx | **결과** 예제11_02_결과.xlsx

[필터] 메뉴의 자동 필터 기능을 이용해서 필요한 데이터를 검색해 보자.

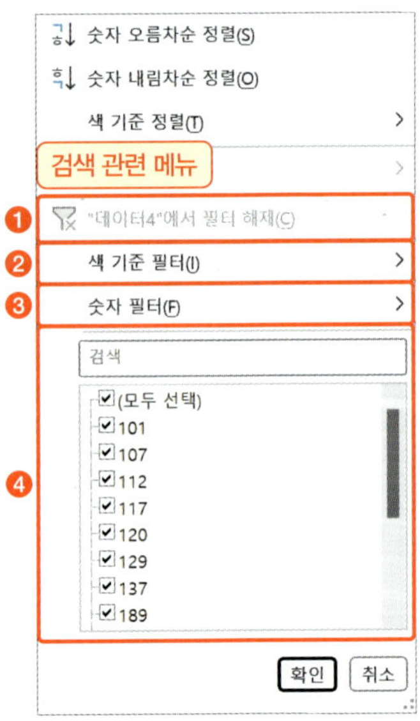

❶ **["항목명"에서 필터 해제]:** 필터링을 이용해 검색한 후 그 검색 설정을 해제하고 원래 데이터로 돌려놓는다.

❷ **[색 기준 필터]:** 항목의 셀이나 값들에 셀 색이나 글꼴 색이 적용된 경우 색으로 검색할 수 있다.

❸ **[숫자 필터] 또는 [텍스트 필터]:** 항목의 값들이 숫자나 문자일 때 그 값들의 범위를 입력하여 검색할 수 있다.

❹ 항목에 입력된 모든 값들 중 일부만 직접적으로 선택 또는 검색어를 입력하여 검색할 수 있다.

단순 검색 필터링

'데이터4' 항목에 입력된 값 중 파란색(█████) 글꼴이 적용된 값들만 검색하는 경우 [색 기준 필터]에서 파란색을 선택한다. 그러면 파란색 글꼴 색을 갖는 데이터에 해당하는 행들만 남고 나머지 행은 숨겨진다.

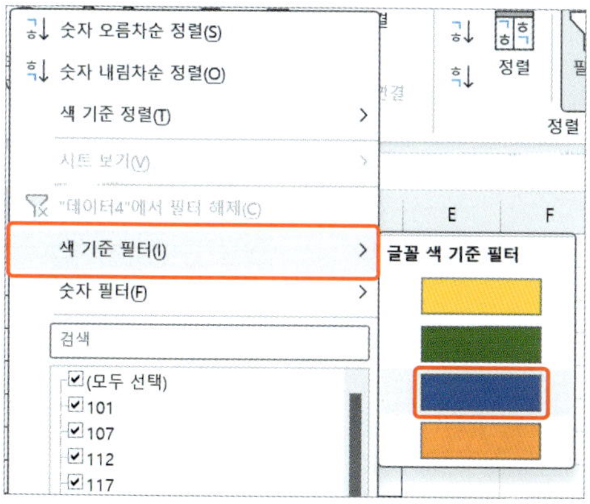

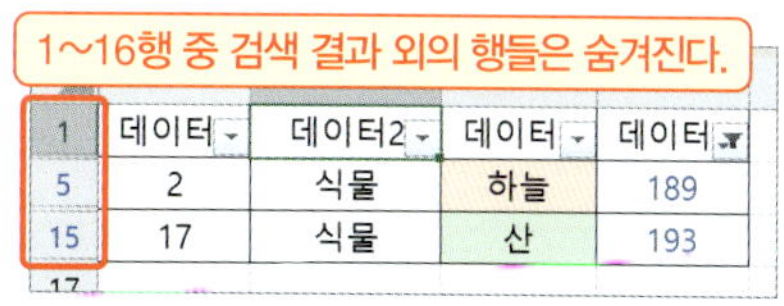

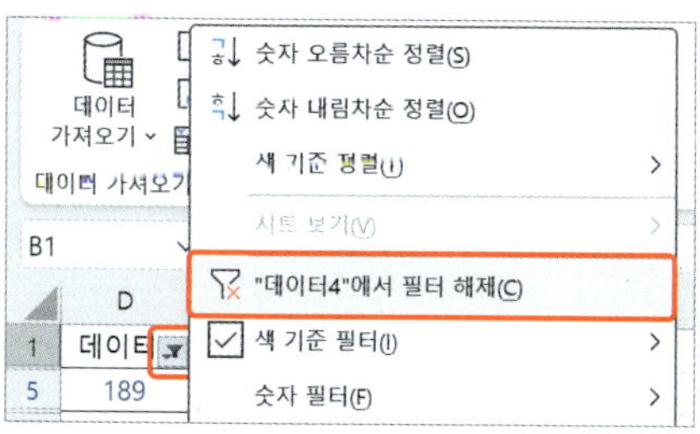

이렇게 필터링된 상태에서 '데이터4' 항목의 ▼을 클릭하면 이전에 비활성화되어 있던 ["데이터4"에서 필터 해제]가 활성화된 상태로 바뀌어 있다. 이 메뉴를 클릭하면 적용되었던 필터(파란색 글꼴 데이터)가 해제되면서 전체 데이터가 표시된다.

[숫자 필터] 또는 [텍스트 필터]는 항목에 입력된 값들이 숫자 또는 문자형에 대해 범위를 입력하여 그 범위에 해당하는 데이터들만 필터링하는 메뉴이다.

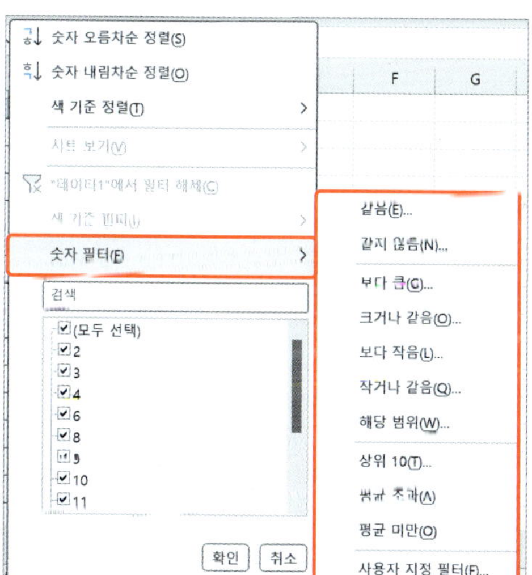

▲ 숫자 필터

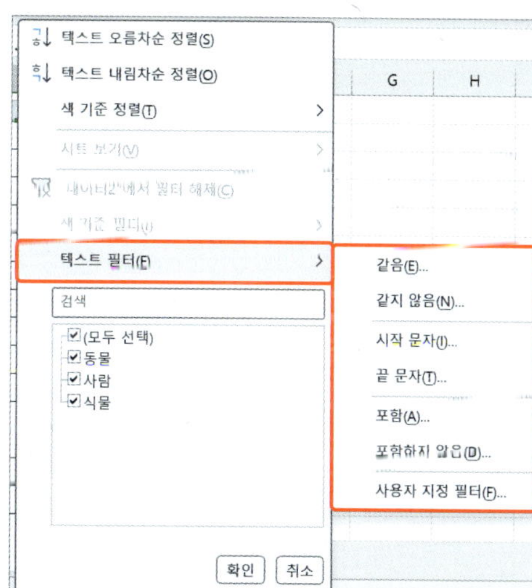

▲ 텍스트 필터

[숫자 필터]나 [텍스트 필터]에 해당하는 메뉴 중 [숫자 필터] 하위 메뉴인 [상위 10], [평균 초과], [평균 미만]을 제외한 나머지 메뉴를 클릭하면 [사용자 지정 자동 필터] 창이 나타난다. 이 창에서 검색하려는 값의 범위를 입력하여 필터링할 수 있다. 이때 사용하는 연산자들은 [숫자 필터]나 [텍스트 필터]에 해당하는 메뉴(같음, 같지 않음, 보다 큼 등)를 연산자로 표현한 것으로 오른쪽 칸에 값을 입력하여 조건식을 완성하면 된다. 또한 [그리고]와 [또는] 옵션 버튼을 이용하여 두 개의 조건식을 조합하여 표현할 수도 있다.

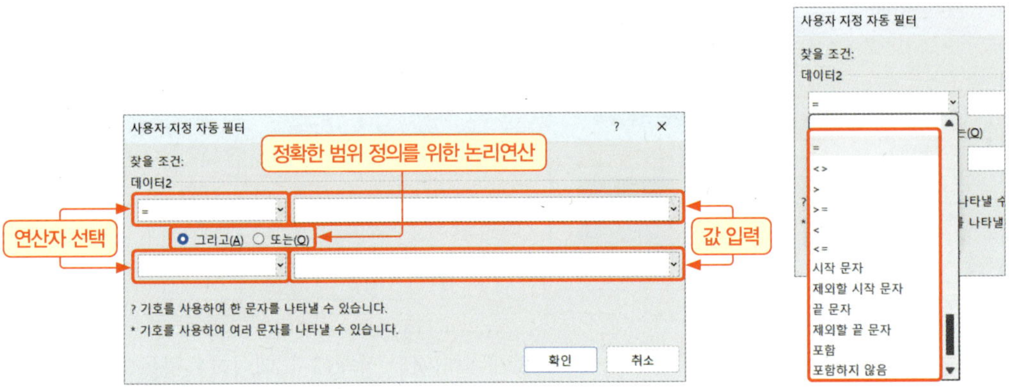

'데이터1' 항목에서 15보다 큰 값에 해당하는 데이터만 검색해 보자. ❶ '데이터1' 항목의 ⌄을 클릭하고 ❷ [숫자 필터]에서 ❸ [보다 큼]을 클릭하면 [사용자 지정 자동 필터] 창이 나타난다. ❹ [보다 큼] 메뉴를 선택했기 때문에 [사용자 지정 자동 필터] 창의 연산자가 >로 나타난다. ❺ 값을 넣는 칸에 15를 입력하고 ❻ 〈확인〉 버튼을 클릭하면 15보다 큰 값에 해당하는 데이터들만 표시되고 나머지 데이터들은 숨겨진다.

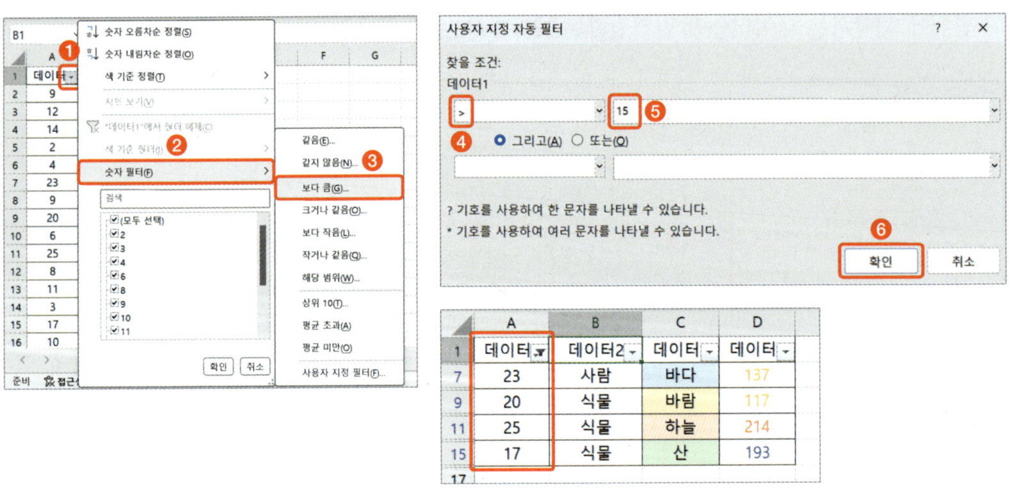

만약 '데이터1' 항목에서 10보다 크거나 같고 20보다 작은 값들을 검색하고자 한다면 '데이터1' 항목의 ❶ [▾]을 클릭하고 ❷ [숫자 필터] 메뉴에서 ❸ [크거나 같음]을 선택한다. 나타나는 [사용자 지정 자동 필터] 창에서 첫 번째 조건식에는 ❹ 연산자 >=와 값 10을 입력하고, 두 번째 조건식에는 ❺ <와 값 20을 입력한다. 이때 논리 연산자는 ❻ [그리고] 옵션 버튼이 선택된 상태를 유지한다.

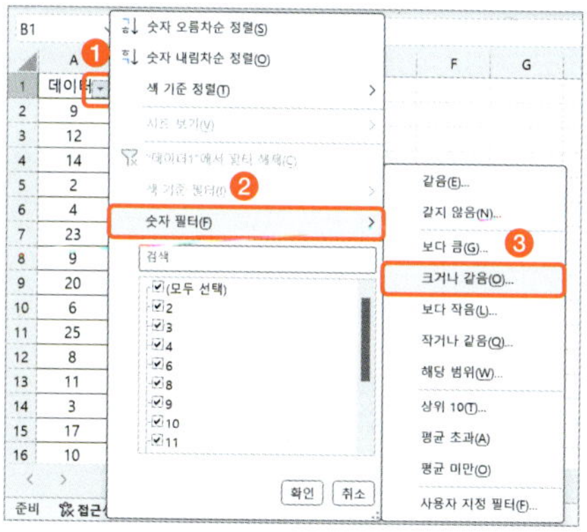

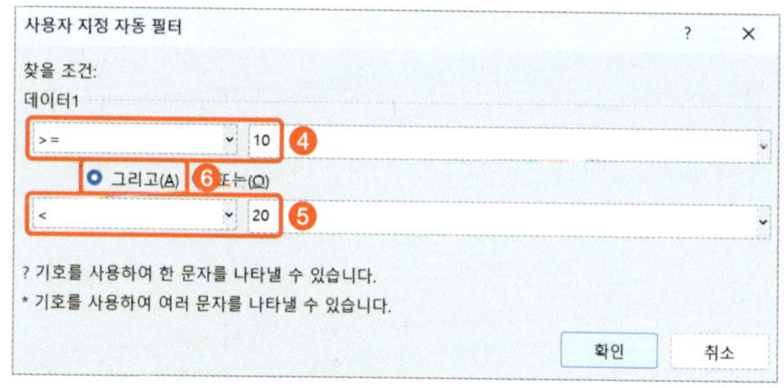

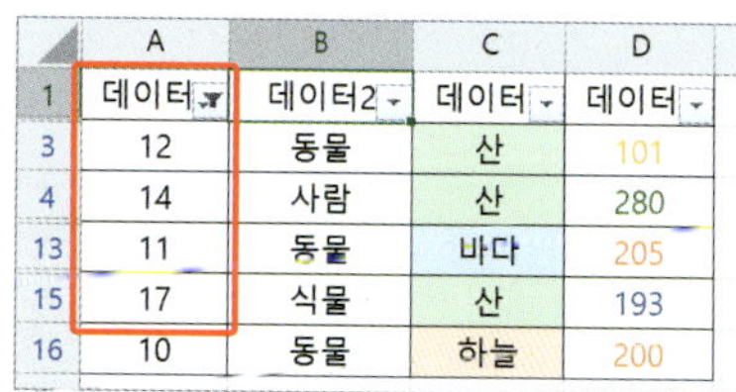

[숫자 필터] 메뉴 중 [평균 초과], [평균 미만]은 평균보다 큰 값 또는 작은 값들을 표시한다.

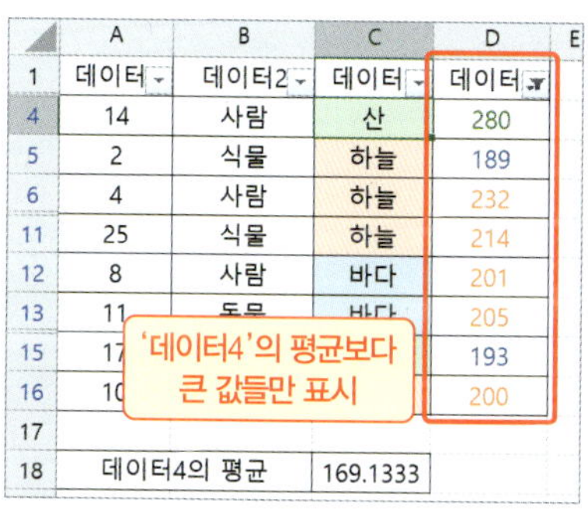

▲ 평균 초과

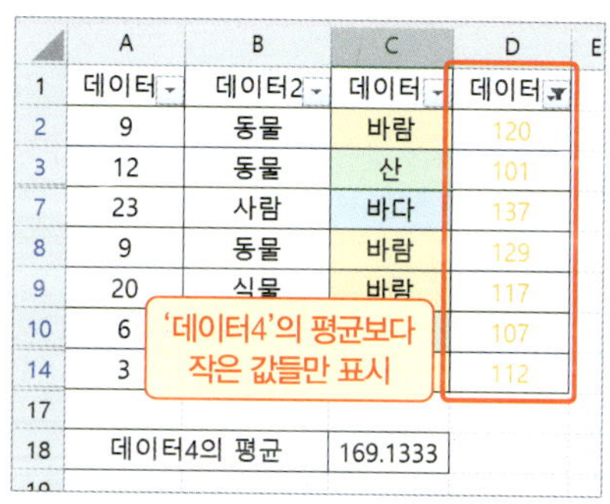

▲ 평균 미만

[숫자 필터]의 메뉴 중 [상위 10]은 [상위 10 자동 필터] 창에서 입력한 범위에 해당하는 값들만 표시한다. [상위 10 자동 필터] 창에서 입력해야 하는 값은 상위/하위, 범위의 크기, 표시하려는 개수/퍼센트(%)이다. 다음 그림은 데이터들을 내림차순으로 정렬했을 때 '상위 10개의 데이터'를 표시하도록 지정한 것이다.

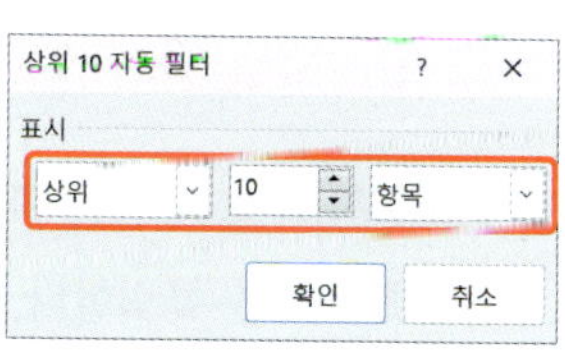

만약 다음과 같이 **하위**, **30**, **%**로 입력했다면, 데이터를 내림차순으로 정렬했을 때 '하위 30%에 해당하는 데이터'를 표시하도록 지정한 것이다.

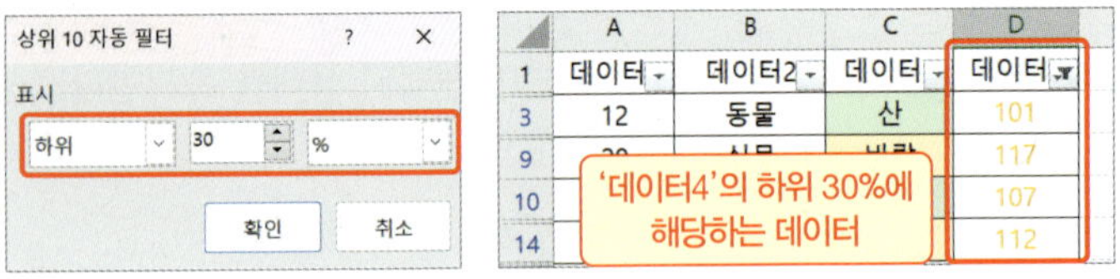

문자형 데이터에 대해서는 비교 연산도 가능하지만 어떤 문자를 포함하거나 포함하지 않는지, 혹은 시작 또는 끝 문자를 이용해 검색할 수 있다.

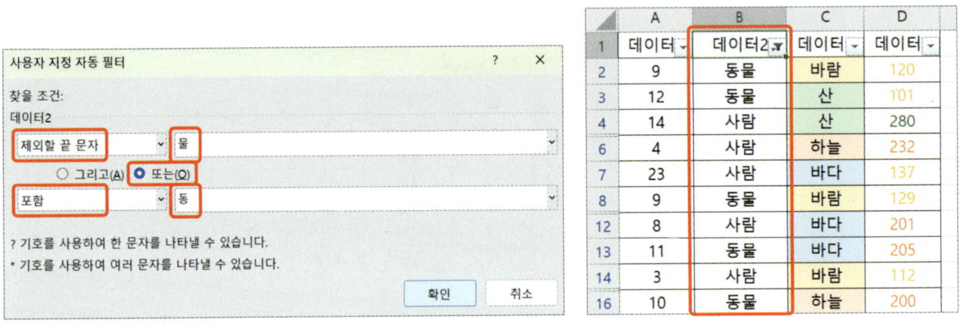

항목에서 검색하려는 원소를 직접 선택하거나 검색어를 입력하여 데이터를 찾을 수도 있다.

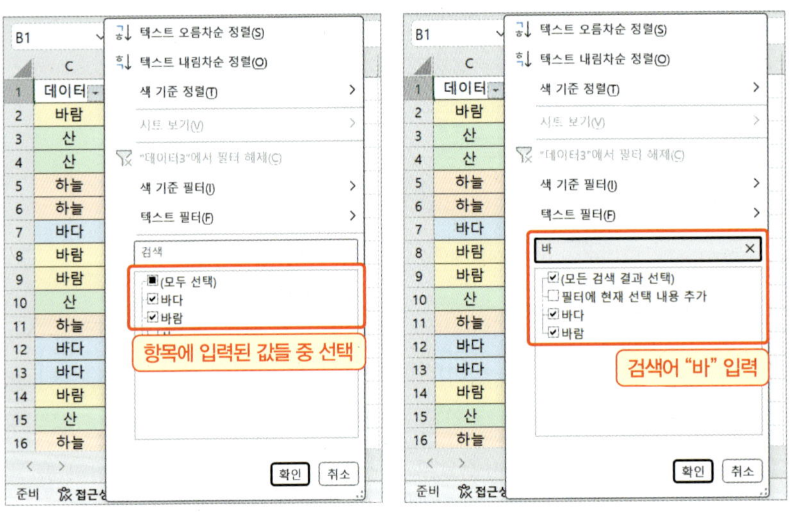

색 기준 필터로 검색하기

'예제11_02.xlsx'의 [분반1_필터링 검색(1)] 시트에서 '입학연도'가 보라색(   )으로 작성된 데이터만 확인해 보자. ❶ '입학연도'의 ▾을 클릭하고 ❷ [색 기준 필터]에서 ❸   을 클릭한다.

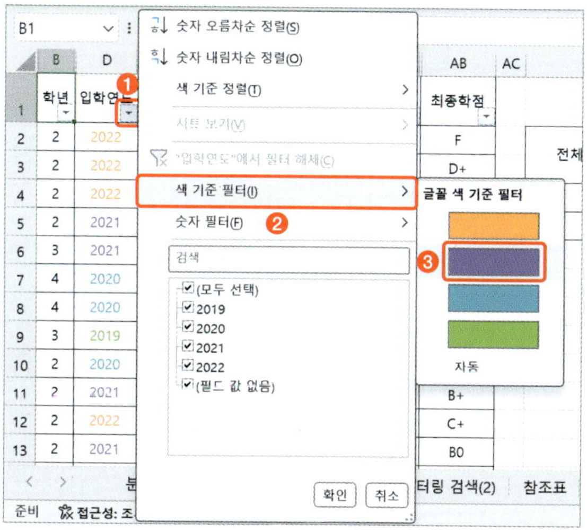

텍스트 필터로 검색하기

[분반1_필터링 검색(2)] 시트에서 성이 'ㄱ'으로 시작하는 학생들에 대한 데이터만 확인해 보자.

'ㄱ'으로 시작하는 성들만 확인하기 위해서는 사전적으로 '나'로 시작하는 이름 이전의 이름들을 표시하도록 조건식을 작성하면 된다. ❶ '성명' 항목의 ▾을 클릭하고 ❷ [텍스트 필터]에 해당하는 메뉴 중 ❸ [사용자 지정 필터]를 클릭한다.

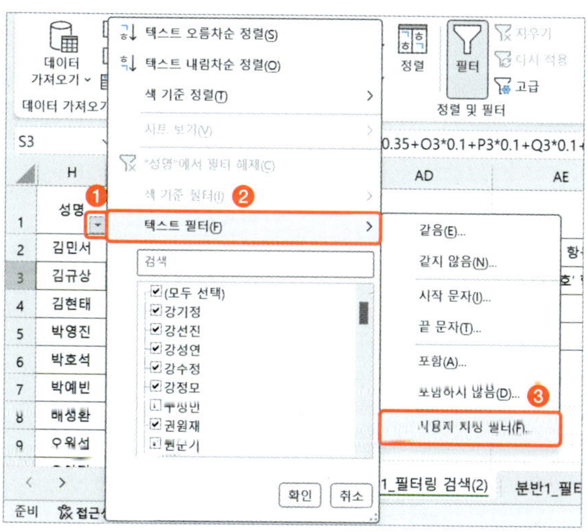

문자형도 비교 연산이 가능하다. 즉, 사전적으로 '나'로 시작하는 문자 이전에 나오는 문자들은 '나'보다 '작아야(<)'한다. 이 내용을 [사용자 지정 필터] 창에 입력하면 되는데 ❹ 연산자는 <, 값은 나로 입력하고 ❺ 〈확인〉을 클릭한다.

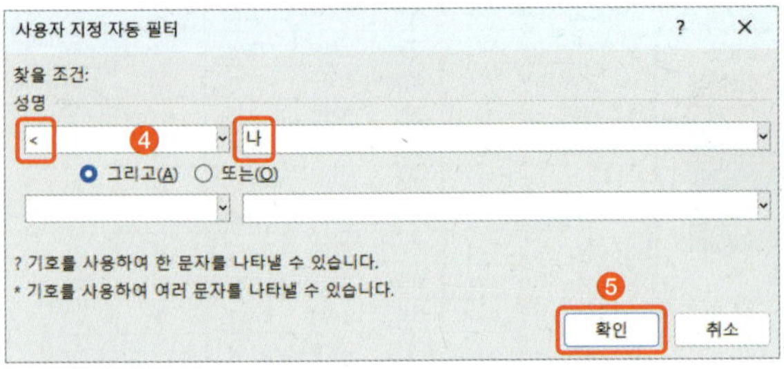

	B	D	F	H	S
1	학년	입학연도	소속학과	성명	총합
2	2	2022	컴퓨터	김민서	30.39
3	2	2022	게임	김규상	43.09
4	2	2022	전자	김현태	45.71
19	3	2021	보안	강정모	69.82
20	2	2022	컴퓨터	강수정	77.99
21	4	2020	컴퓨터	김동규	77.96
22	4	2019	게임	김민현	48.16
23	2	2022	전자	김범훈	59.99
24	3	2020	컴퓨터	김도영	56.46
31	2	2022	통신	김정석	76.99
36	2	2021	보안	강기정	39.77

숫자 필터로 검색하기

[분반1_필터링 검색(3)] 시트에서 '총합'이 80점 이상이거나 40점 이하인 데이터만 확인하자.

'총합' 항목에 입력된 값들은 모두 숫자이다. 여기서는 ❶ [사용자 지정 필터]를 선택한다. '총합'이 80점 이상이거나 40점 이하인 데이터를 찾기 위해서는 ❷ 80점 이상에 대해 연산자 >=, 값 **80**, ❸ 40점 이하에 대해 연산자 <=, 값 **40**으로 입력하면 된다. ❹ 그리고 두 조건식에 대해 [또는]으로 연산하도록 선택하고 ❺ 〈확인〉을 클릭한다.

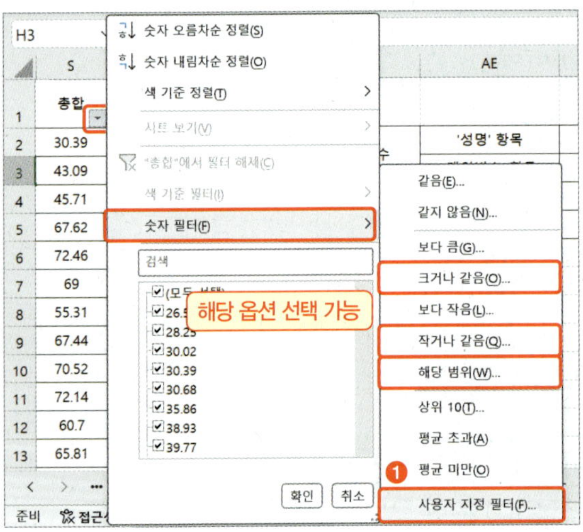

TIP • 이때 [숫자 필터]에서 [크거나 같음]이나 [작거나 같음], [해당 범위]를 선택해도 된다.

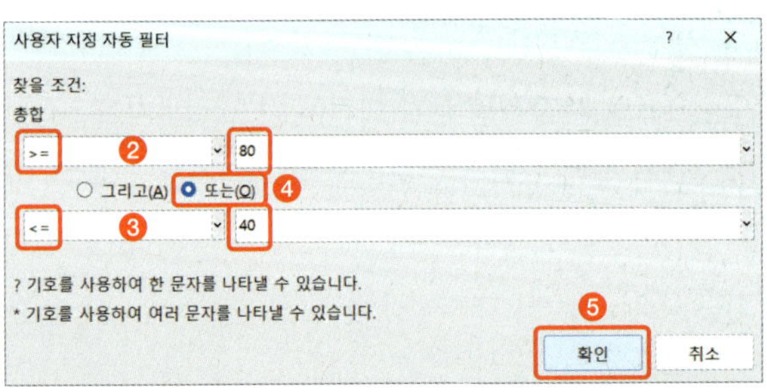

	B	D	F	H	S
1	학년	입학연도	소속학과	성명	총합
2	2	2022	컴퓨터	김민서	30.39
14	2	2022	게임	정영주	30.02
15	1	2021	통신	채혜정	28.25
25	2	2021	컴퓨터	박도현	30.68
28	2	2022	통신	주영진	87.02
29	2	2022	컴퓨터	최성욱	35.86
34	4	2020	컴퓨터	이승원	38.93
36	2	2021	보안	강기정	39.77
37	2	2021	전자	권준기	26.57
41	2	2021	컴퓨터	김상홍	89.82
44	3	2019	전자	박연수	81.27
46	3	2021	게임	김지수	82.26

[분반1_필터링 검색(4)]에서 성적이 상위 15%에 해당하는 학생들의 정보만 확인해 보자.

❶ '총합'의 [▾]을 클릭해 ❷ [숫자 필터]-[상위 10]을 선택하고 ❸ [상위 10 자동 필터] 창에서 **상위**, **15**, **%**로 지정한 다음 ❹ <확인>을 클릭한다.

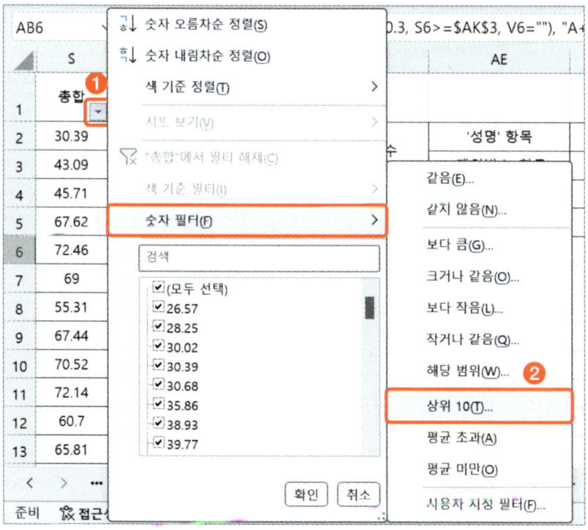

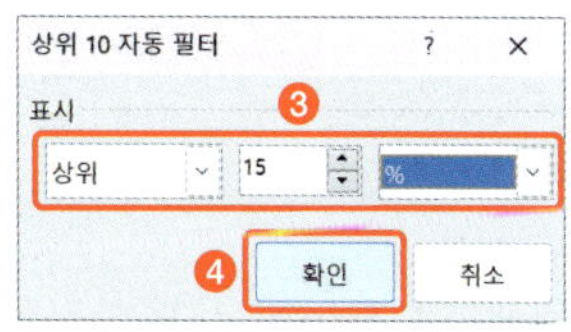

그러면 학생들 53명의 성적 중 상위 15%에 해당하는 학생들의 데이터만 표시된다.

	B	D	F	H	S	T	AB
1	학년	입학연도	소속학과	성명	총합	등수EQ	최종학점
20	2	2022	컴퓨터	강수정	77.99	6	A0
21	4	2020	컴퓨터	김동규	77.96	7	A0
28	2	2022	통신	주영진	87.02	2	A+
39	3	2019	컴퓨터	배진형	78.84	5	A+
41	2	2021	컴퓨터	김상훈	89.82	1	A+
44	3	2019	전자	박연수	81.27	4	A0
46	3	2021	게임	김지수	82.26	3	A+

단, '총합'에 합, 평균 등에 해당하는 셀 S55부터 S59에 역시 숫자 값이 있기 때문에 학생들 개개인의 성적과 함께 상위 15%를 찾는 값의 범위에 포함되어 틀린 결과가 나온다. 그래서 [분반1_필터링 검색(4)] 시트에서는 55행부터 59행의 내용을 삭제하였다.

	B	D	F	H	S	T	AB
1	학년	입학연도	소속학과	성명	총합	등수EQ	최종학점
20	2	2022	컴퓨터	강수정	77.99	6	A0
28	2	2022	통신	주영진	87.02	2	A+
39	3	2019	컴퓨터	배진형	78.84		
41	2	2021	컴퓨터	김상훈	89.82		
44	3	2019	전자	박연수	81.27	4	A0
46	3	2021	게임	김지수	82.26	3	A+
55	합				3266.88		
57	최고점수				89.82		

검색해야 하는 값을 모두 찾지 못한다.

검색해야 하는 범위 밖의 값

‘등수EQ’ 항목으로도 성적 상위 15% 학생들의 데이터를 확인할 수 있다. 등수는 ‘총합’이 높으면 낮은 값의 숫자가 부여되고 낮으면 높은 값의 숫자가 부여된다는 것을 기억해야 한다. 따라서 ‘등수EQ’를 이용해 상위 15% 학생들의 데이터를 찾으려면 [상위 10 자동 필터] 창에서 **하위, 15, %**를 선택하여 결과를 확인할 수 있다.

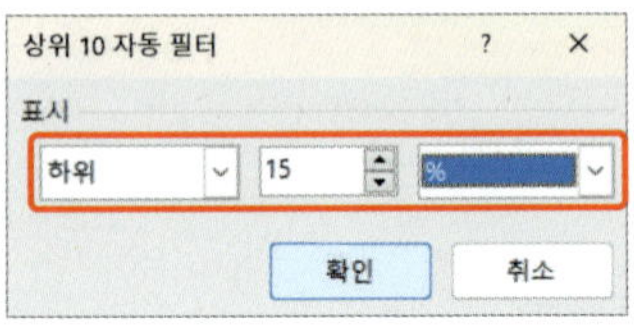

	학년	입학연도	소속학과	성명	총합	등수EQ	최종학점
20	2	2022	컴퓨터	강수정	77.99	6	A0
21	4	2020	컴퓨터	김동규	77.96	7	A0
28	2	2022	통신	주영진	87.02	2	A+
39	3	2019	컴퓨터	배진형	78.84	5	A+
41	2	2021	컴퓨터	김상훈	89.82	1	A+
44	3	2019	전자	박연수	81.27	4	A0
46	3	2021	게임	김지수	82.26	3	A+

직접 검색하기

[분반1_필터링 검색(5)] 시트에서 ‘B’학점을 받은 학생들의 데이터를 확인하자.

‘최종학점’의 ▾을 클릭하고 ❶ 검색어 입력란에 B를 입력하거나 데이터 리스트 중 ❷ ‘모두 선택’을 해제한 후, ❸ ‘B0’와 ‘B+’만 선택한다.

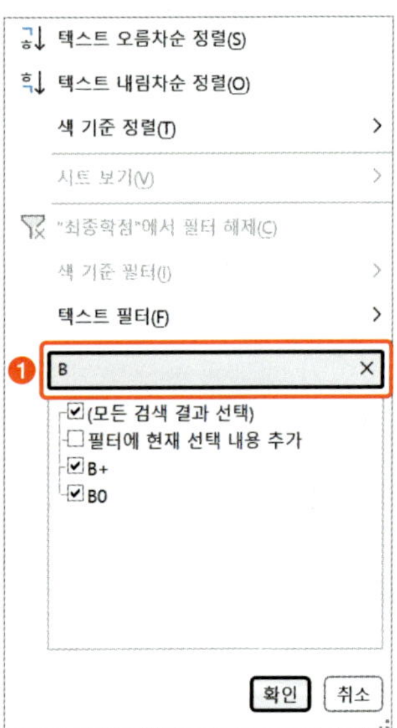

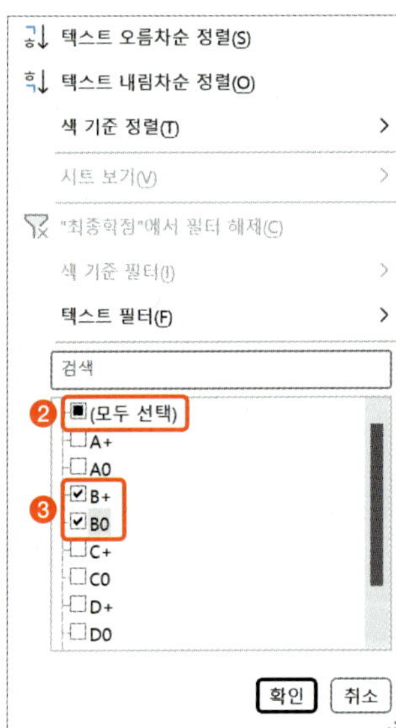

	학년	입학연도	소속학과	성명	총합	등수EQ	최종학점
5	2	2021	보안	박영진	67.62	26	B0
6	3	2021	보안	박호석	72.46	16	B+
7	4	2020	컴퓨터	박예빈	69	21	B+
9	3	2019	통신	오원선	67.44	27	B0
10	2	2020	통신	유아정	70.52	19	B+
11	2	2021	전자	이철승	72.14	18	B+
13	2	2021	보안	임영규	65.81	28	B0
17	2	2021	전자	한지혜	63.95	30	B0
18	4	2019	게임	한화연	64.66	29	B0
19	3	2021	보안	강정모	69.82	20	B+
31	2	2022	통신	김정석	76.99	10	B+
40	2	2020	컴퓨터	양상원	72.3	17	B+
43	4	2019	전자	김훈정	62.86	31	B0
45	2	2021	게임	이형진	68.1	25	B0
48	2	2022	통신	권원재	68.74	23	B+
49	1	2022	통신	박규석	72.69	15	B+
50	3	2019	통신	김태길	68.15	24	B0
52	4	2020	보안	강선진	68.88	22	B+

실습 11-2 단일 항목에 대한 검색 필터링하기

준비 실습11_02.xlsx | **결과** 실습11_02_결과.xlsx

데이터 영역에서 하나의 셀을 선택하고 [데이터] 탭–[정렬 및 필터] 그룹–[필터] 메뉴를 선택하여 각 항목 옆에 [▾]을 생성한다.

01 가입 '년'을 셀 색으로 검색하기

[회원정보_검색필터링(1)] 시트의 데이터에서 가입 '년' 항목이 하늘색(   )인 데이터를 확인해 보자.

❶ '년' 항목의 [▾]을 클릭하고 ❷ [색 기준 필터]에서 ❸ [   ]을 선택한다.

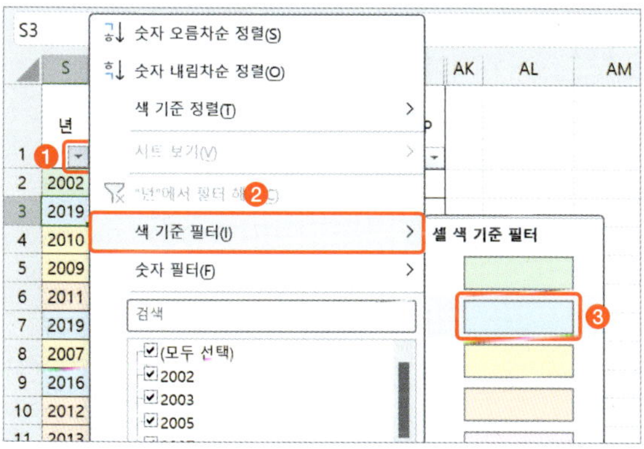

02 '누적포인트'의 숫자 범위를 설정하여 검색하기

[회원정보_검색필터링(2)] 시트에 있는 데이터들 중 '누적포인트'가 5만점 이상 10만점 미만인 회원들의 정보만 확인해 보자. ❶ '누적포인트'의 [▾]을 클릭하고 ❷ [숫자 필터]에서 ❸ [보다 큼], [크거나 같음], [보다 작음], [작거나 같음], [해당 범위], [사용자 지정 필터] 중 하나를 선택한다.

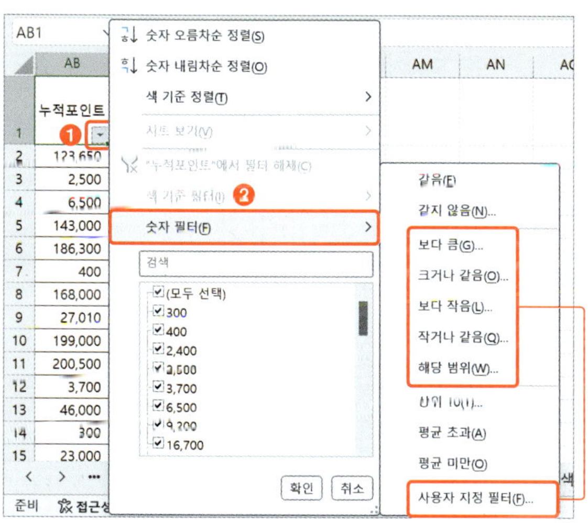

[사용자 지정 자동 필터]에서 ❹ 5만점 이상인 조건에 대해서 연산자 >=, 값 50000으로 입력하고 ❺ 10만점 미만인 조건에 대해서는 연산자 <, 값 100000으로 입력한다. 또한 ❻ 두 조건식을 [그리고] 옵션으로 연결한뒤 ❼ 〈확인〉을 클릭한다.

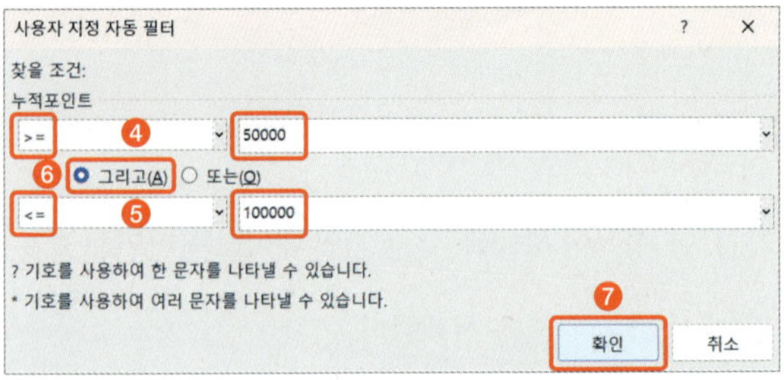

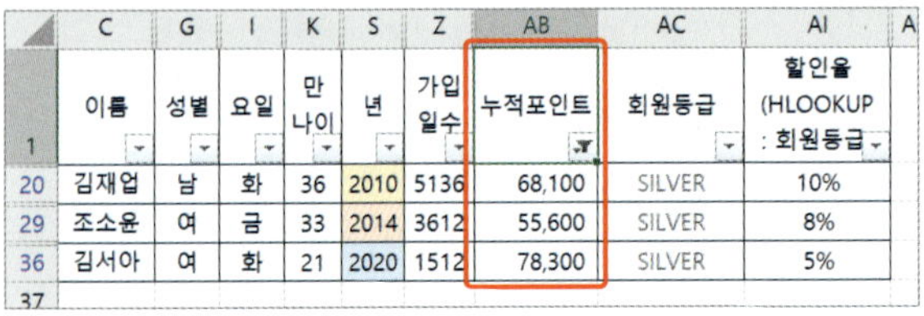

	C	G	I	K	S	Z	AB	AC	AI
1	이름	성별	요일	만 나이	년	가입 일수	누적포인트	회원등급	할인율 (HLOOKUP : 회원등급)
20	김재업	남	화	36	2010	5136	68,100	SILVER	10%
29	조소윤	여	금	33	2014	3612	55,600	SILVER	8%
36	김서아	여	화	21	2020	1512	78,300	SILVER	5%

03 '가입일수'가 평균 미만인 데이터 검색하기

❶ '가입일수' 항목의 [▾]을 클릭하고 ❷ [숫자 필터]의 메뉴에서 ❸ [평균 미만]을 선택한다. 그러면 주어진 '가입일수' 항목 값들의 평균을 구해서 그 값의 미만인 값들에 해당하는 데이터들만 표시한다.

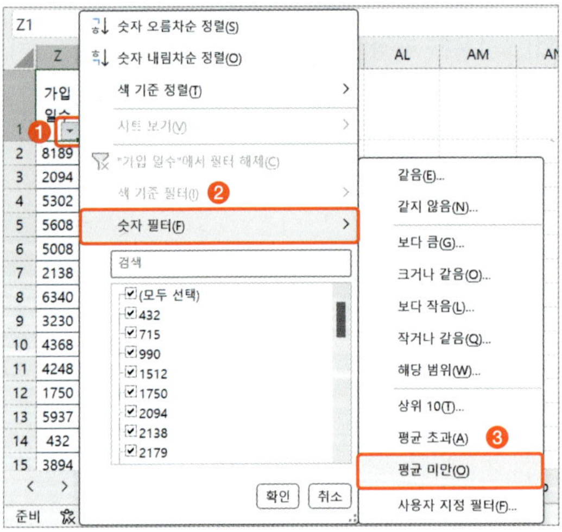

	C	G	I	K	S	Z	AB
1	이름	성별	요일	만 나이	년	가입 일수	누적포인트
3	감성욱	남	수	19	2019	2094	2,500
7	박현호	남	금	34	2019	2138	400
9	이유경	여	수	30	2016	3230	27,010
12	한경현	여	금	28	2020	1750	3,700
14	김태진	남	토	21	2023	432	300
15	여상아	여	목	33	2014	3894	23,000
16	이동윤	남	화	40	2016	3014	154,000
17	박장진	여	토	47	2014	3879	110,000
18	임소원	여	토	29	2018	2470	130,000
21	이종만	남	수	22	2022	990	16,700
22	김상호	남	일	41	2018	2179	9,200
23	박승민	남	금	49	2016	3063	32,100
25	안지영	여	화	37	2015	3340	100,500
26	옥태진	남	금	25	2022	715	17,300
29	조소윤	여	금	33	2014	3612	55,600
31	정경수	남	화	30	2017	2849	224,100
34	손현의	여	화	38	2018	2258	2,400
36	김서아	여	화	21	2020	1512	78,300

04 '이름'의 '성'을 기준으로 검색하기

[회원정보_검색필터링(4)] 시트의 데이터에서 '이름'의 성이 '문' 또는 '손'인 회원의 데이터들만 확인해 보자. ❶ '이름' 항목의 [▾]에서 ❷ [텍스트 필터]의 [시작 문자]를 클릭한다.

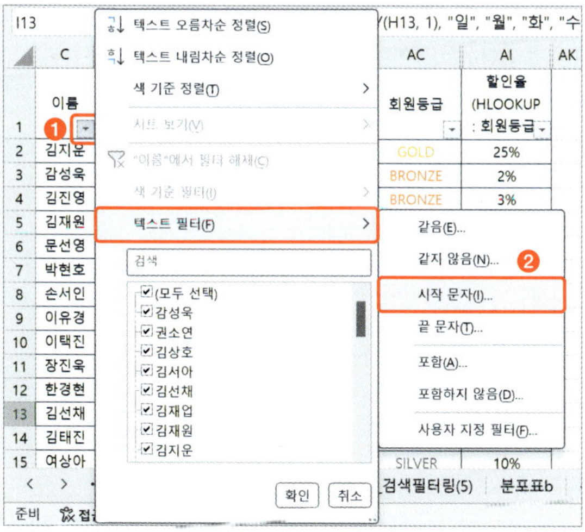

[사용자 지정 자동 필터] 창에서 첫 번째 조건식의 연산자에 **시작 문자**로 나타나 있으므로 ❸ 첫 번째 조건식의 값은 **문**을 입력한다. 그리고 ❹ 두 번째 조건식의 연산자에 **시작 문자**를 선택하고 값에는 **손**을 입력한다. '문'으로 시작하는 이름과 '손'으로 시작하는 이름에 해당하는 데이터들을 모두 표시해야 하므로 ❺ 두 조건식에 대한 논리 연산은 [또는]을 선택한다.

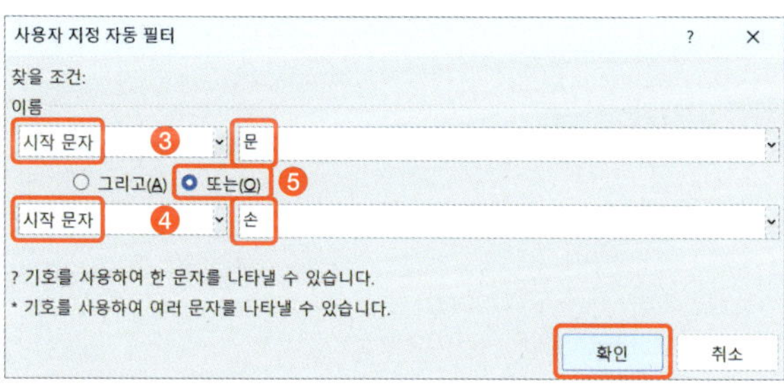

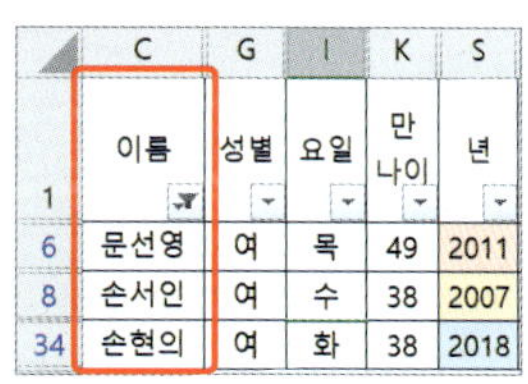

05 화요일 또는 목요일에 태어난 회원 검색하기

[회원정보_검색필터링(5)] 시트의 데이터 중, 태어난 요일이 화요일이거나 목요일인 회원들을 확인해 보자. ❶ '요일' 항목의 [▾]을 클릭하고 ❷ 요일 리스트에서 '모두 선택'을 해제한 뒤 '화', '목'을 선택한다.

3 여러 항목에 대한 검색 필터링

준비 예제11_03.xlsx | **결과** 예제11_03_결과.xlsx

데이터 집합에서 두 가지 이상의 항목을 필터링할 수도 있다. 예를 들어, '데이터1' 항목의 값이 10 이상이면서 '데이터2' 항목의 값이 '사'로 시작하는 데이터들을 검색하는 경우를 살펴보자.

이 결과를 얻으려면 '데이터1' 항목은 [숫자 필터]를 적용하고, '데이터2' 항목은 [텍스트 필터]를 적용하면 된다. 또한 두 가지 이상의 항목에 필터링을 적용하여 검색할 때는 적용된 필터링 조건을 모두 만족하는 값들만 표시된다.

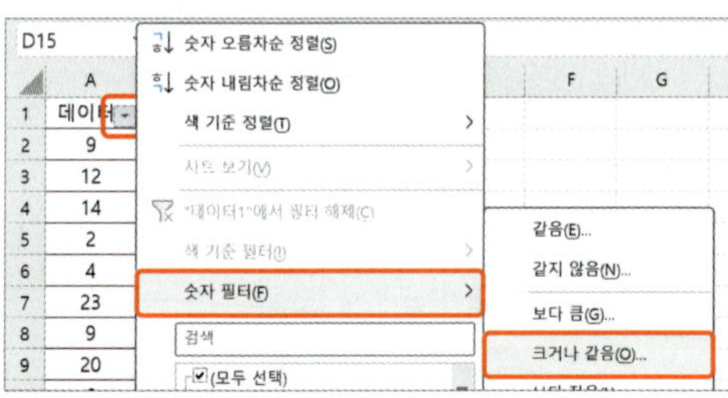

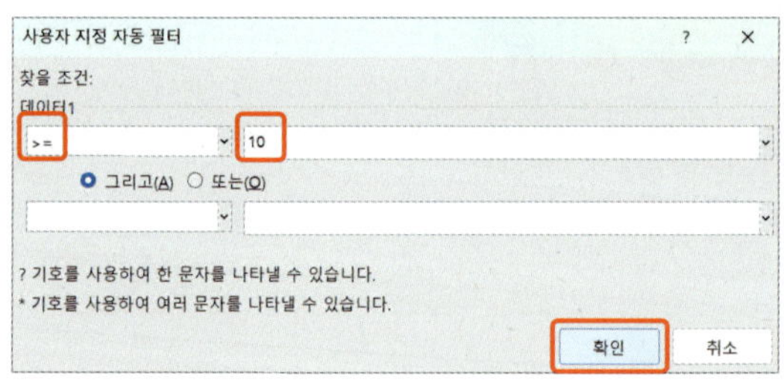

▲ '데이터1' 항목 설정

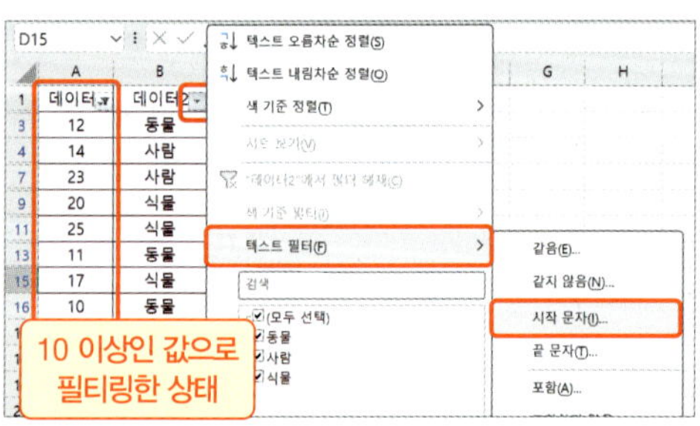

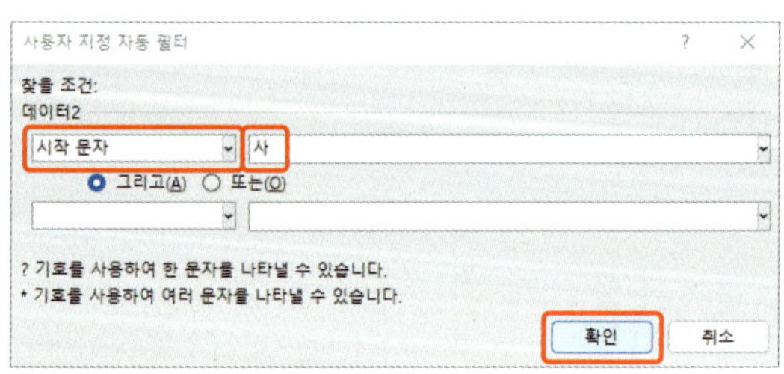

▲ '데이터2' 항목 설정

그러면 다음 그림과 같이 '데이터1' 항목의 값이 10 이상인 데이터들 중 '데이터2' 항목의 값이 '사'로 시작하는 데이터들을 찾을 수 있다.

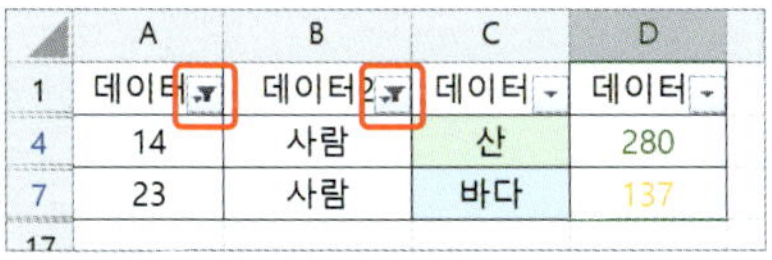

다중 검색 필터링

'예제11_03.xlsx'의 [분반1_다중필터링검색(1)] 시트에서 성이 'ㅇ', 'ㅈ', 'ㅊ'으로 시작하는 학생들 중 2021년 이전에 입학한 학생들을 검색해 보자.

결과를 구하기 위해 '성명'의 성에 대한 조건은 사전적 순서에 따라 '아'로 시작하는 문자들부터 '카'로 시작하는 문자의 앞의 문자까지 범위를 지정하면 된다. 데이터 영역 중 하나의 셀을 선택하고 [데이터] 탭–[정렬 및 필터] 그룹–[필터] 메뉴를 선택하여 각 항목 옆에 ▾을 생성한다. ❶ '성명' 항목의 ▾을 클릭하고 ❷ [텍스트 필터]–[사용자 지정 필터]를 선택한다. ❸ 첫 번째 조건 입력 칸에는 연산자 >=, 값 **아**를 입력하고 ❹ 두 번째 조건 입력 칸에는 연산자 <, 값 **카**를 입력한다. 이때 ❺ 논리 연산을 [그리고]로 선택하여 ❻ 〈확인〉을 클릭한다.

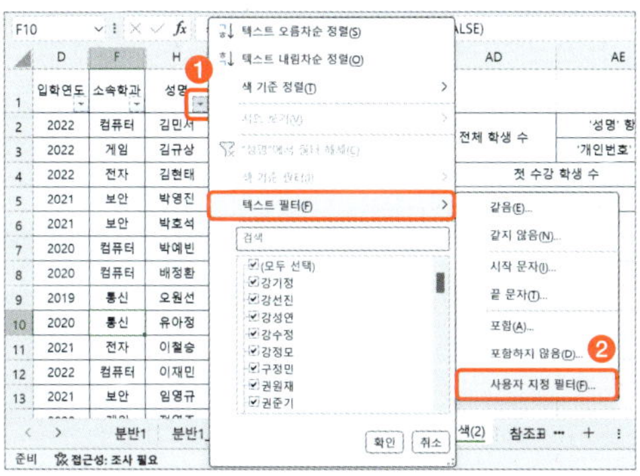

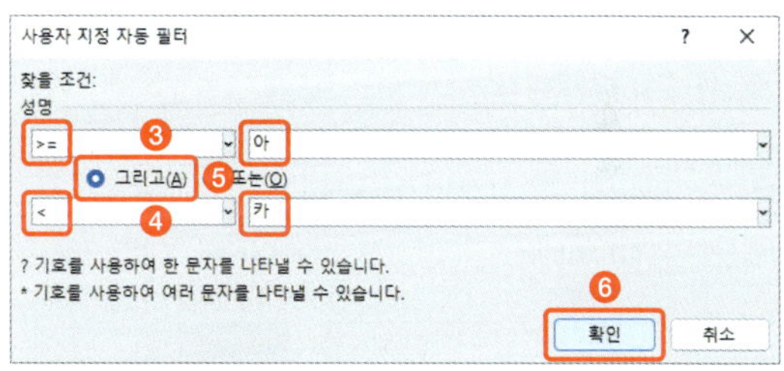

그러면 '성명' 항목의 값이 'ㅇ', 'ㅈ', 'ㅊ'인 데이터들이 필터링되어 표시된다.

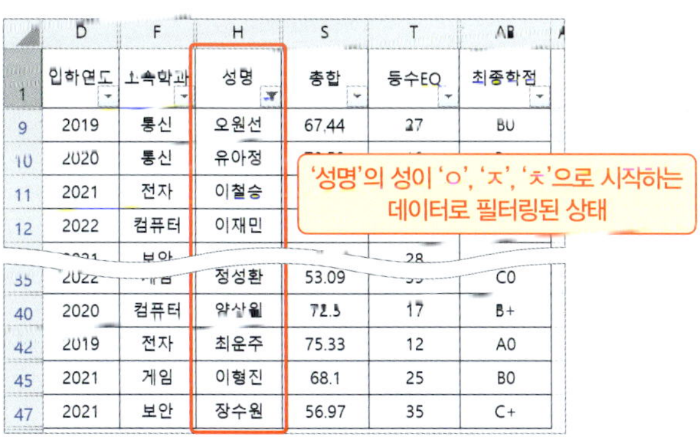

이 상태에서 ❶ '입학연도' 항목의 ▾을 클릭하여 ❷ [숫자 필터]–[보다 작음]을 선택하고 [사용자 지정 자동 필터] 창에서 ❸ 연산자 <, 값 **2021**을 입력하여 2021보다 작은 값들만 필터링한다.

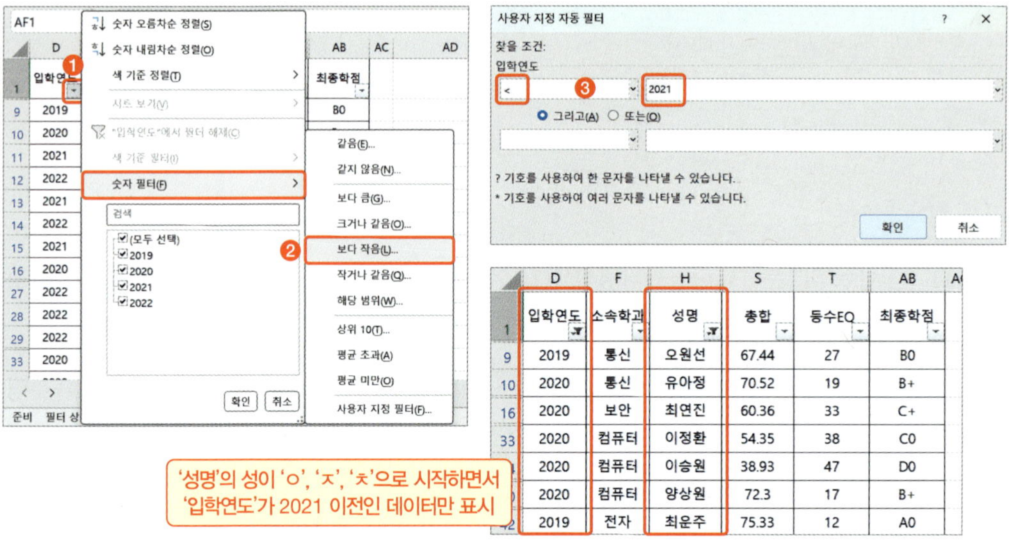

[분반1_다중필터링검색(2)] 시트에서 '입학연도'가 '2020'이고 '소속학과'가 '컴퓨터'인 학생 중 A 학점이나 B 학점을 받은 학생들의 데이터를 검색해 보자.

❶ '입학연도' 항목의 ▾을 클릭해 [색 기준 필터]를 선택하고 2020 학번에 해당하는 ❷ 청록색 (▬)을 선택한다.

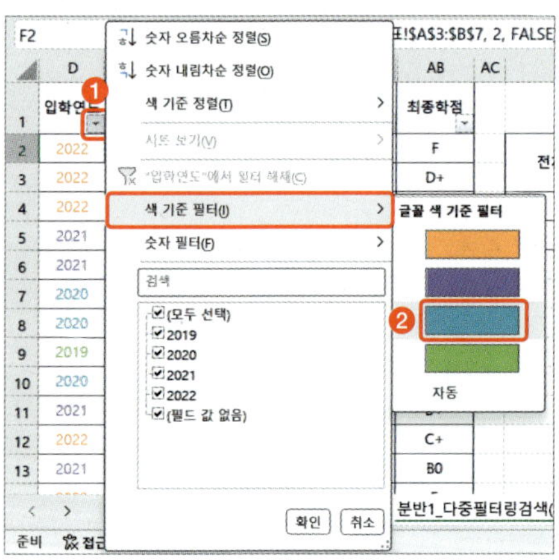

TIP • 그 외에도 '입학연도' 항목의 ▾을 클릭하여 [숫자 필터]–[같음]을 선택한다. [사용자 지정 자동 필터] 창이 나타나면 연산자 =, 값 **2020**으로 입력하여 검색하거나, 검색 목록에서 '2020'을 선택할 수도 있다.

다음과 같이 2020 학번만 필터링된 상태에서 '소속학과' 항목의 [▾]을 클릭해 검색 목록에서 '컴퓨터'를 선택하고 실행한다.

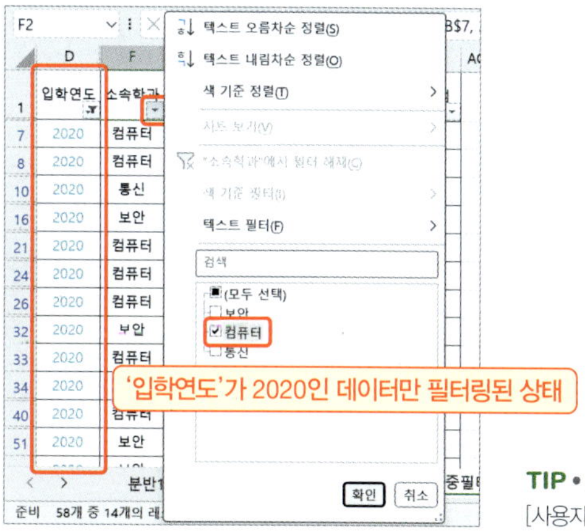

TIP • 그 외에도 '소속학과' 항목의 [▾]을 클릭해 [텍스트 필터]-[같음]을 선택하여 [사용자 지정 자동 필터]에서 연산자 =, 값 **컴퓨터**로 입력하여 실행할 수도 있다.

다음과 같이 '입학연도'가 '2020'이고 '소속학과'가 '컴퓨터'인 학생들의 데이터만 필터링된다.

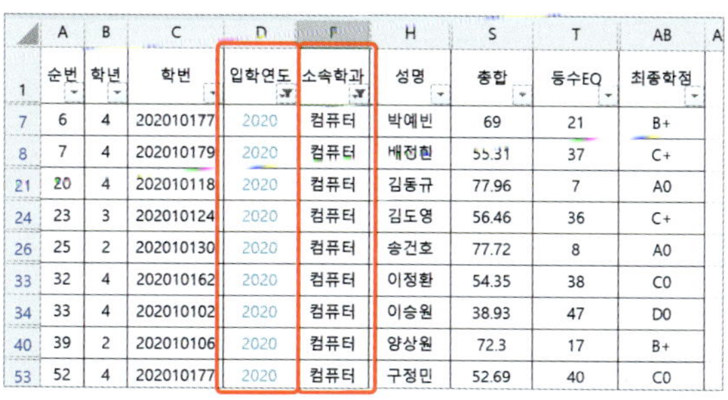

	A	B	C	D	F	H	S	T	AB
1	순번	학년	학번	입학연도	소속학과	성명	총합	등수EQ	최종학점
7	6	4	202010177	2020	컴퓨터	박예빈	69	21	B+
8	7	4	202010179	2020	컴퓨터	배정희	55.31	37	C+
21	20	4	202010118	2020	컴퓨터	김동규	77.96	7	A0
24	23	3	202010124	2020	컴퓨터	김도영	56.46	36	C+
26	25	2	202010130	2020	컴퓨터	송건호	77.72	8	A0
33	32	4	202010162	2020	컴퓨터	이정환	54.35	38	C0
34	33	4	202010102	2020	컴퓨터	이승원	38.93	47	D0
40	39	2	202010106	2020	컴퓨터	양상원	72.3	17	B+
53	52	4	202010177	2020	컴퓨터	구정민	52.69	40	C0

이 상태에서 ❶ '최종학점' 항목의 [▾]에서 [텍스트 필터]-[시작 문자]를 선택한다. [사용자 지정 자동 필터]에서 ❷ 첫 번째 조건식의 연산자를 **시작 문자**, 값은 A로 입력하고 ❸ 두 번째 조건식의 연산자를 **시작 문자**, 값을 B로 입력한다. ❹ 두 조건식의 논리 연산은 [또는]으로 선택하여 ❺ <확인>을 클릭한다.

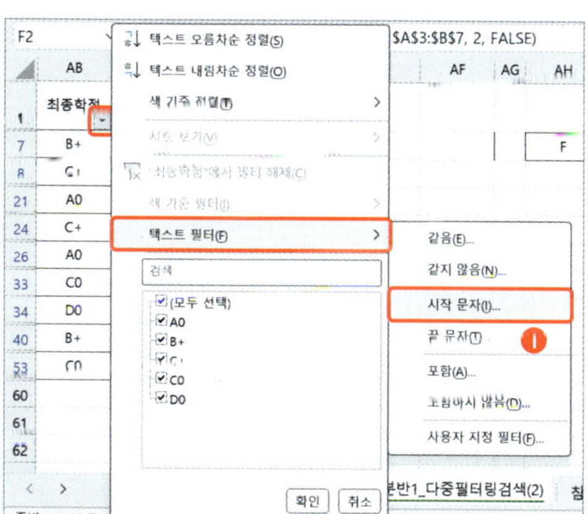

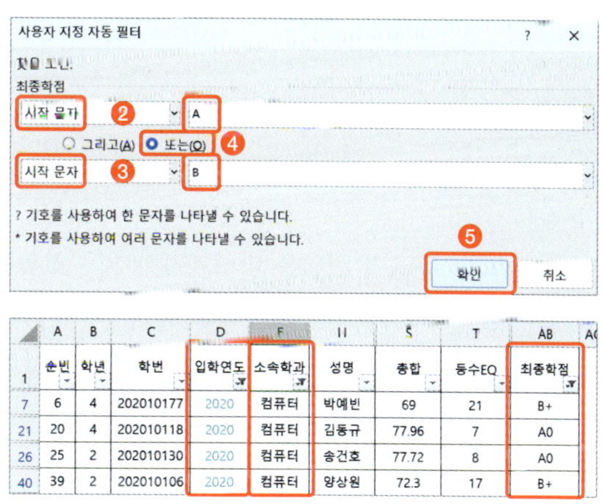

실습 11-3 다중 조건을 활용해 회원정보 필터링하기

준비 실습11_03.xlsx | **결과** 실습11_03_결과.xlsx

각 실습을 진행하기 전에 먼저 데이터 영역에 해당하는 하나의 셀을 선택하고 [데이터] 탭-[정렬 및 필터] 그룹-[필터] 메뉴를 선택하여 각 항목 옆에 [▾]을 생성한다.

01 2011~2015년에 가입한 GOLD 회원 검색하기

2011년에서 2015년에 가입한 회원들을 검색하기 위해서 [회원정보_다중필터링(1)] 시트의 '년' 항목에 적용된 [숫자 필터]를 이용하거나 셀 색을 이용할 수 있다. 여기서는 ❶ [숫자 필터]-[크거나 같음]을 선택하고 [사용자 지정 자동 필터]에서 ❷ '2011보다 크거나 같고, 2015보다 작거나 같음'을 의미하는 조건식을 입력한다.

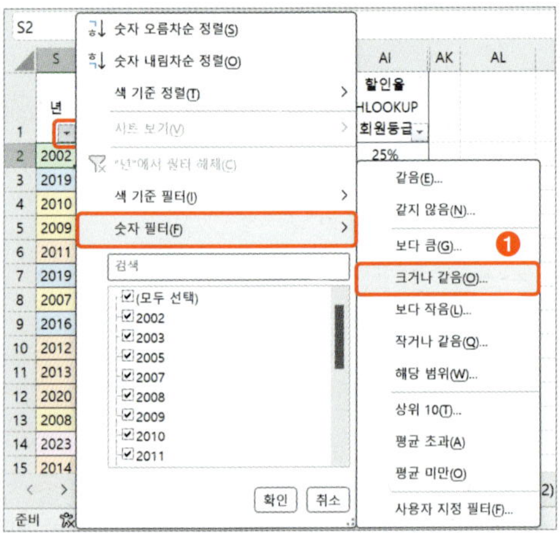

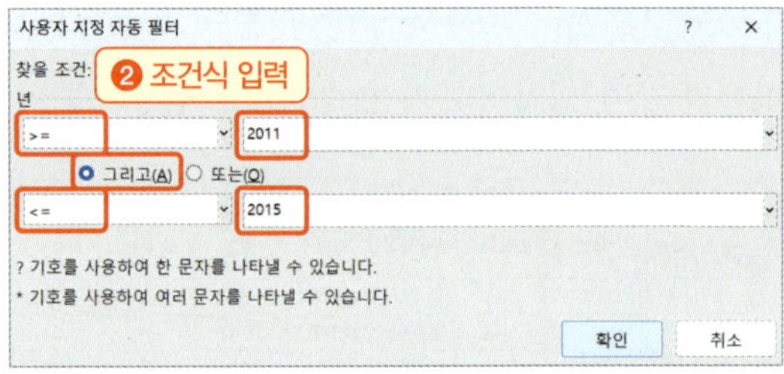

TIP • '년' 항목에 기간별로 셀 색이 적용되어 있으므로 '년'의 [▾]을 클릭하고 [색 기준 필터]를 선택한 뒤 연한 주황색(   )을 클릭하여 검색할 수도 있다.

	이름	성별	요일	만 나이	년	월	일	가입 년수	누적포인트	회원등급	할인율 (HLOOKUP : 회원등급)
6	문선영	여	목	49	2011	3	3	13	186,300	GOLD	20%
10	이택진	남	화	44	2012	12	2	11	199,000	GOLD	20%
11	장진욱	남	토	53	2013	4	1	11	200,500	PURE GOLD	25%
15	여상아	여	목	33	2014	3	21	10	23,000	SILVER	10%
17	박장진	여	토	47	2014	4	5	10	110,000	GOLD	20%
25	안지영	여	화	37	2015	9	26	9	100,500	GOLD	15%
27	이무영	남	월	40	2013						
29	조소윤	여	금	33	2014						
32	윤형진	남	수	44	2011						

'년' 항목의 값이 2011 이상 2015 이하인 데이터로 필터링된 상태

이제 GOLD 등급의 회원을 필터링해 보자. '회원등급' 항목의 값들에 글꼴 색이 적용되어 있으므로 글꼴 색을 이용하거나 검색 목록에서 'GOLD'를 선택하여 필터링할 수 있다. '년' 항목으로 필터링된 상태에서 ❸ '회원등급'의 [▾]을 클릭하여 [색 기준 필터]-노란색(   )을 선택하거나 ❹ 검색 목록에서 'GOLD'를 선택한다.

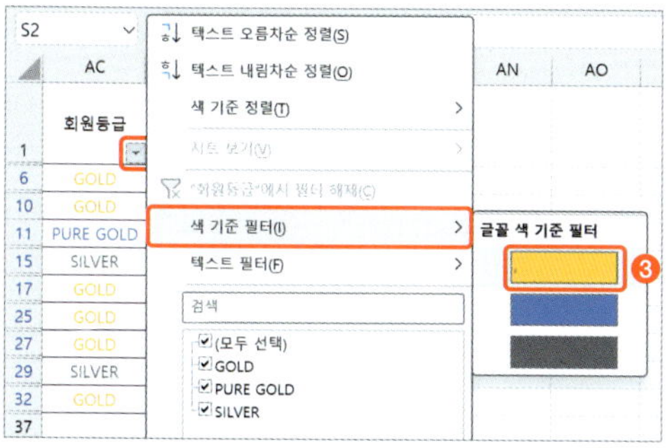

▲ 색 기준 필터 사용

▲ 검색 목록에서 선택

TIP • 이 외에도 [텍스트 필터]를 이용해 조건식(연산자 **시작 문자**, 값 **G**, 또는 연산자 **=**, 값 **GOLD** 등)을 입력하여 필터링할 수도 있다.

2011년부터 2015년 사이에 가입한 'GOLD' 회원의 데이터만 남은 것을 확인할 수 있다.

	C	G	I	K	S	T	U	X	AB	AC	AI
1	이름	성별	요일	만 나이	년	월	일	가입 년수	누적포인트	회원등급	할인율 (HLOOKUP : 회원등급
6	문선영	여	목	49	2011	3	3	13	186,300	GOLD	20%
10	이택진	남	화	44	2012	12	2	11	199,000	GOLD	20%
17	박장진	여	토	47	2014	4	5	10	110,000	GOLD	20%
25	안지영	여	화	37	2015	9	26	9	100,500	GOLD	15%
27	이무영	남	월	40	2013	7	13	11	193,000	GOLD	20%
32	윤형진	남	수	44	2011	6	18	13	147,600	GOLD	20%

02 '이름', '성별', '누적포인트'의 조건 범위를 설정하여 검색하기

'이름' 항목의 성이 사전적으로 'ㅇ' 이전인 여성 회원 중 누적포인트가 10만 미만이거나 20만 초과인 회원의 정보를 확인해 보자.

성이 사전적으로 'ㅇ' 이전인 이름을 찾으려면 성이 '아'로 시작하는 이름 앞에 오는 이름들을 찾으면 된다. [회원정보_다중필터링(2)] 시트에서 ❶ '이름' 항목의 ▾을 클릭하고 [텍스트 필터]–[사용자 지정 필터]을 선택한다. ❷ 연산자는 <, 값은 아로 입력하여 실행한다.

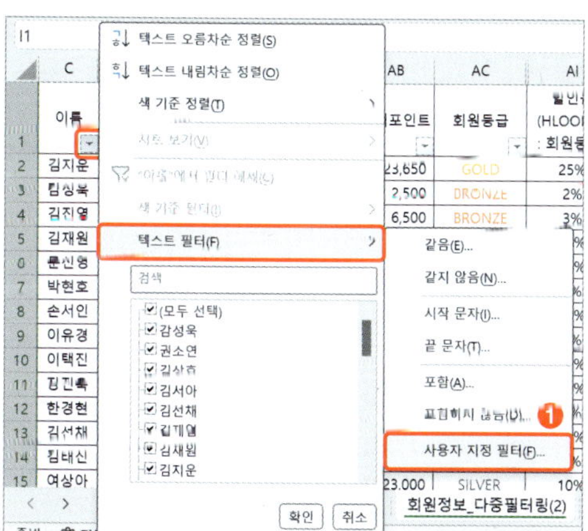

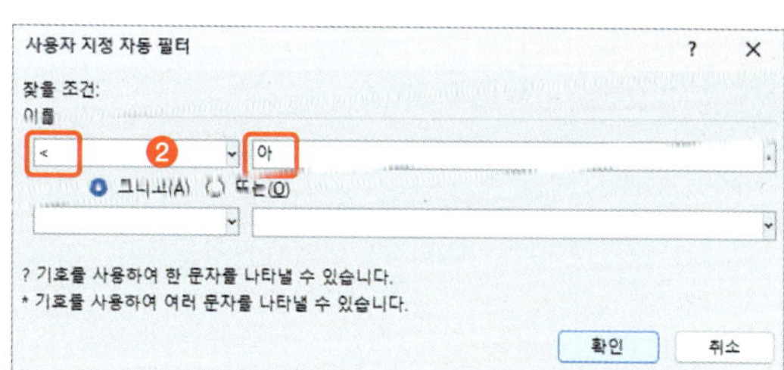

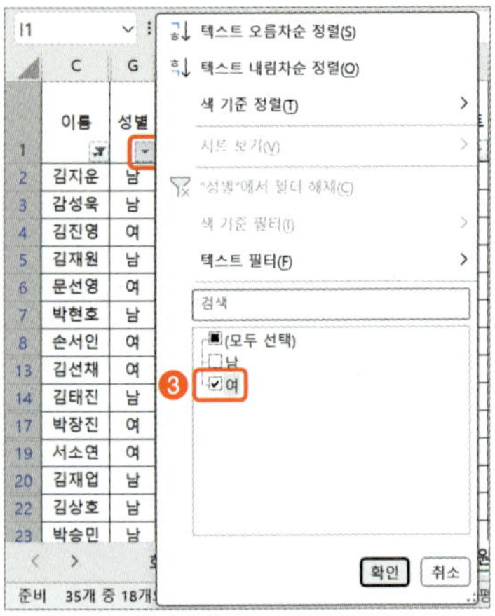

필터링된 상태에서 ❸ '성별' 항목의 ▾을 클릭하고 검색 목록의 항목 중 '여'를 선택하여 여성 회원정보만 필터링한다.

이제 누적포인트 조건을 설정해 보자. ❹ '누적포인트' 항목의 ▾을 클릭하고 [숫자 필터]–[보다 작음]을 선택한다. ❺ [사용자 지정 자동 필터]의 첫 번째 조건식은 연산자를 <, 값은 **100000**을 입력하고 ❻ 두 번째 조건식은 연산자를 >, 값은 **200000**을 입력한다. 이때 두 조건식을 ❼ [또는]으로 연산하도록 설정한다.

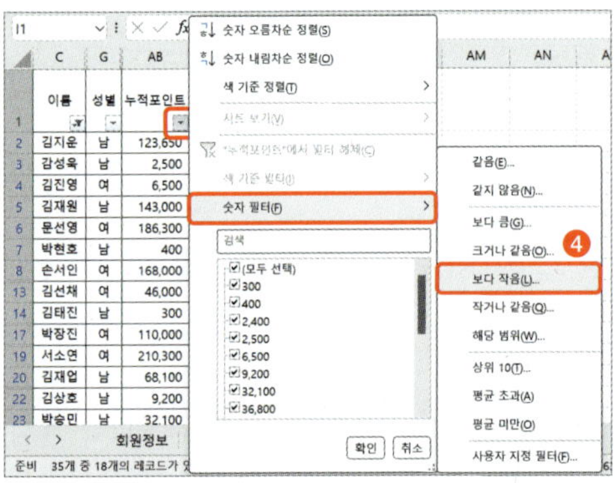

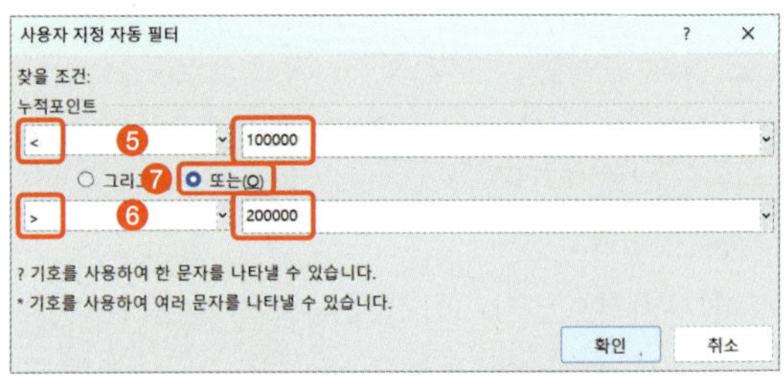

이름, 성별, 누적포인트 항목의 조건에 따라 필터링된 결과를 확인할 수 있다.

	C	G	AB	AC	AI
1	이름	성별	누적포인트	회원등급	할인율 (HLOOKUP : 회원등급
4	김진영	여	6,500	BRONZE	3%
13	김선채	여	46,000	SILVER	13%
19	서소연	여	210,300	PURE GOLD	30%
34	손현의	여	2,400	BRONZE	2%
35	권소연	여	221,000	PURE GOLD	35%
36	김서아	여	78,300	SILVER	5%
37					

여기서 잠깐 필터 기능 사용 시 주의사항

필터 기능을 이용해 둘 이상의 항목에 대해 정렬하면 나중에 적용될 정렬의 결과만 표시된다. 예를 들어, '데이터2' 내에서 '데이터3'의 데이터를 정렬한다고 가정해 보자. 먼저 '데이터2'를 필터 메뉴로 정렬을 실행한 후, '데이터3'에 대해 정렬을 실행한다면 '데이터2'에 대한 정렬은 해제되고, '데이터3'에 대해서 정렬된 결과만 표시된다.

▲ 원하는 결과

▲ 필터 메뉴로 정렬을 실행한 결과

또한 하나의 항목에 대해 두 개 이상의 필터를 적용하면 마지막에 적용한 필터의 결과만 표시되기 때문에 유의미한 결과를 얻기가 힘들다. 예를 들어, '데이터4' 항목의 글꼴 색이 주황색(   )인 데이터 중 '210' 이상인 값을 찾는다고 가정해 보자. 이를 위해 '데이터4' 항목에 [색 기준 필터]를 주황색으로 적용한 후 [숫자 필터]에서 조건식 '210보다 크거나 같음'을 적용하면 글꼴 색과 상관없이 마지막에 적용한 필터인 210 이상인 값들만 출력된다.

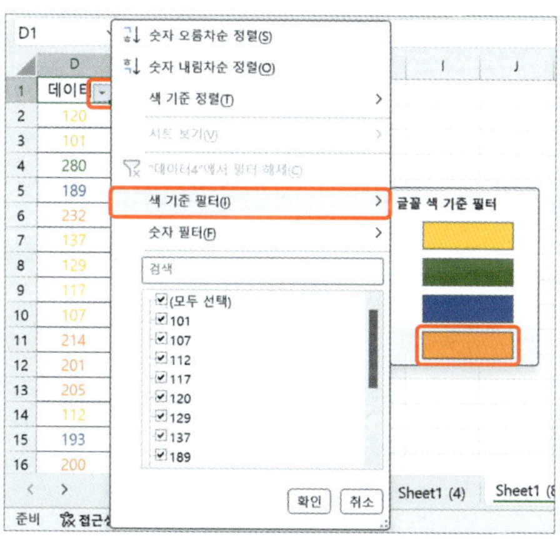

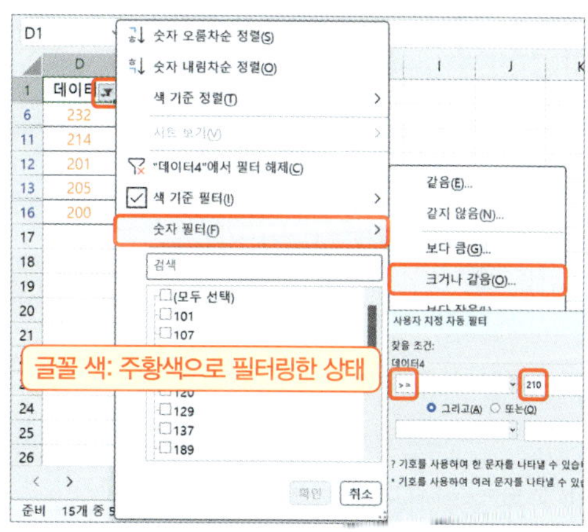

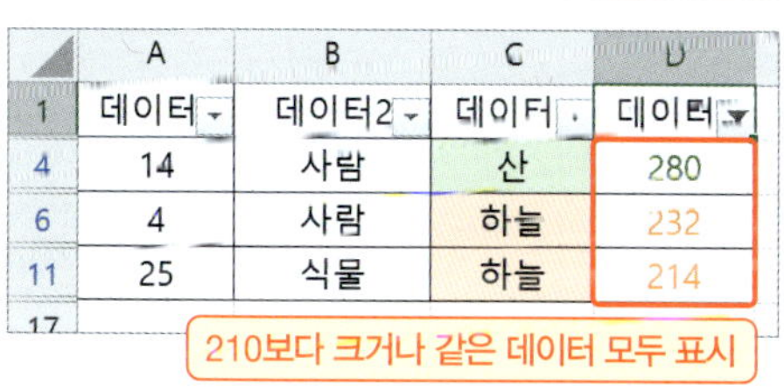

SECTION 02 고급 필터

1 고급 필터의 이해

단순 조건에 대한 필터링이나 여러 항목에 조건을 적용한 필터링의 경우 자동 필터로 충분히 구할 수 있는데, 이것은 모든 조건에 대한 AND 연산의 결과를 보여주면 되기 때문이다. 그래서 자동 필터 기능을 이용해 '데이터1'이 10 이상이고 '데이터2'가 '물'을 포함하고 있을 때 '데이터4'가 200 미만인 데이터들을 확인하는 것이 가능하다.

	A	B	C	D
1	데이터	데이터2	데이터	데이터
3	12	동물	산	101
4	14	사람	산	280
7	23	사람	바다	137
9	20	식물	바람	117
11	25	식물	하늘	214
13	11	동물	바다	205
15	17	식물	산	193
16	10	동물	하늘	200

	A	B	C	D
1	데이터	데이터2	데이터	데이터
3	12	동물	산	101
9	20	식물	바람	117
11	25	식물	하늘	214
13	11	동물	바다	205
15	17	식물	산	193
16	10	동물	하늘	200

	A	B	C	D
1	데이터	데이터2	데이터	데이터
3	12	동물	산	101
9	20	식물	바람	117
15	17	식물	산	193

반면에 두 가지 이상의 조건에 OR 연산을 적용해야 하는 경우는 자동 필터로 데이터를 구하기가 어렵다. 예를 들어 '데이터1'이 20보다 크거나 '데이터3'이 '바'로 시작하는 데이터를 확인하려면 자동 필터가 아닌 고급 필터를 이용해 구해야 한다. 고급 필터를 이용하면 조건식에 대한 AND 연산뿐 아니라 OR 연산을 적용하여 필터링할 수 있다.

고급 필터를 이용해 필터링하려면 필터링 조건들을 시트에 직접 작성해야 하는데 원본 데이터에서 사용하는 항목명을 그대로 사용해야 하며 각 열마다 서로 다른 항목명을 작성해야 한다. 다음 그림은 세 가지 조건식을 작성한 예이다.

	A	B	C	D	E	F	G	H
1	데이터1	데이터2	데이터3	데이터4				
2	9	동물	바람	120		데이터1	데이터2	데이터3
3	12	동물	산	101		<20	사*	
4	14	사람	산	280				산
5	2	식물	하늘	189				
6	4	사람	하늘	232				
7	23	사람	바다	137				
8	9	동물	바람	129				
9	20	식물	바람	117				
10	6	식물	산	107				
11	25	식물	하늘	214				
12	8	사람	바다	201				
13	11	동물	바다	205				
14	3	사람	바람	112				
15	17	식물	산	193				
16	10	동물	하늘	200				

조건 영역

데이터 영역

- '데이터1'이 20보다 작고
- '데이터2'가 '사'로 시작하며
- '데이터3'이 '산'인 데이터

이렇게 조건을 작성한 후, [데이터] 탭의 [정렬 및 필터] 그룹의 [고급] 메뉴를 선택한다.

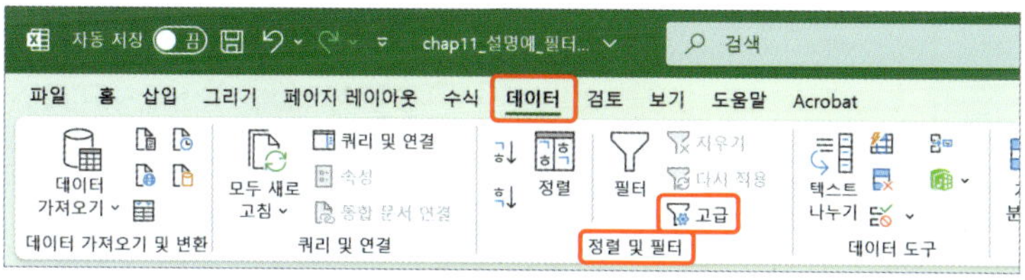

그러면 [고급 필터] 창이 나타나는데 각 메뉴의 역할은 다음과 같다.

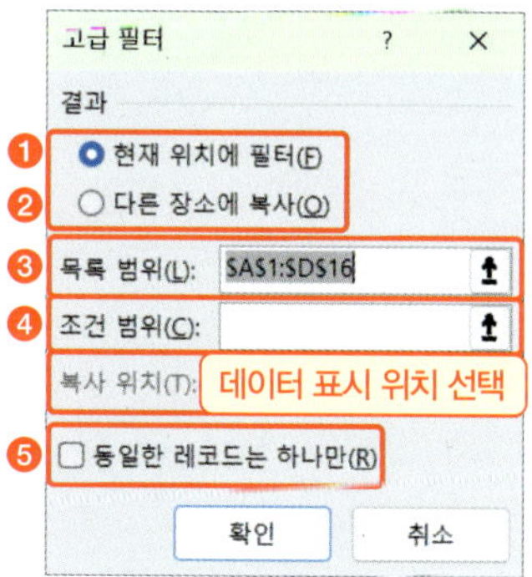

❶ **[현재 위치에 필터]:** 필터링 결과를 표시하는 위치를 지정한다. 데이터 목록에서 필터링된 데이터만 표시되고 나머지는 숨겨진다.

❷ **[다른 장소에 복사]:** 데이터 목록은 그대로 표시한 상태에서 필터링된 데이터들을 다른 위치에 표시하도록 한다. 이 옵션을 선택하면 [복사 위치] 옵션이 활성화되고 ⬆를 클릭하여 필터링된 데이터들을 표시할 위치를 선택한다.

❸ **[목록 범위]:** 데이터 목록이 입력된 셀 영역을 지정한다. [고급 필터] 창이 나타날 때 기본적으로 현재 시트에 대한 데이터 집합의 영역이 표시되지만, ⬆를 클릭하여 원하는 셀을 직접 선택하거나 입력하여 지정할 수 있다.

❹ **[조건 범위]:** 조건식이 입력된 셀 영역을 ⬆를 클릭하여 직접 선택하거나 입력하여 지정한다.

❺ **[동일한 레코드는 하나만]:** 입력된 데이터 목록 중에는 동일한 값이 있을 수도 있다. 이때 필터링된 결과에서 동일한 값은 하나만 표시한다.

다음과 같이 [현재 위치에 필터]를 선택하고 [목록 범위], [조건 범위]를 지정한 후 실행하면 [목록 범위]에 있던 데이터들 중 필터링된 데이터들만 표시되고 나머지는 숨겨진다.

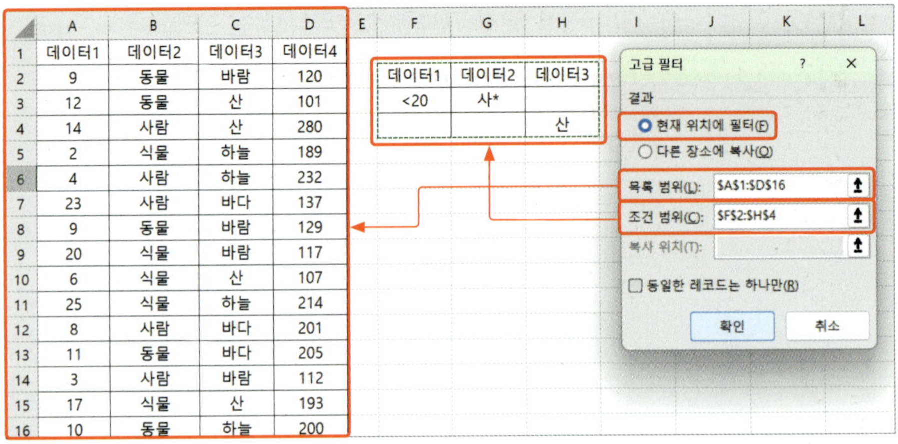

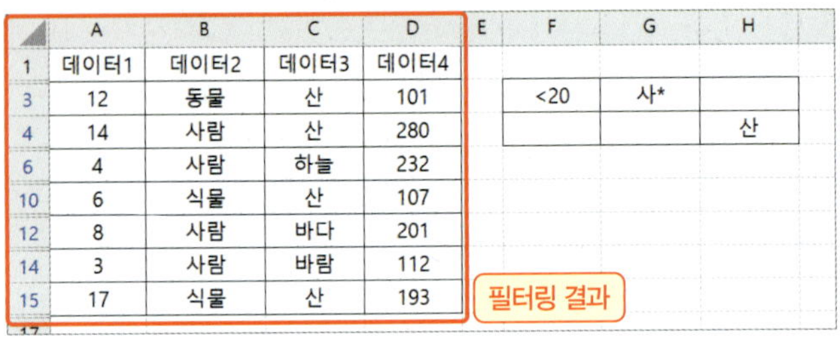

이 필터를 해제하여 다시 원본 데이터 모두를 표시하고 싶으면 [데이터] 탭-[정렬 및 필터] 그룹의 [지우기]를 선택하면 된다.

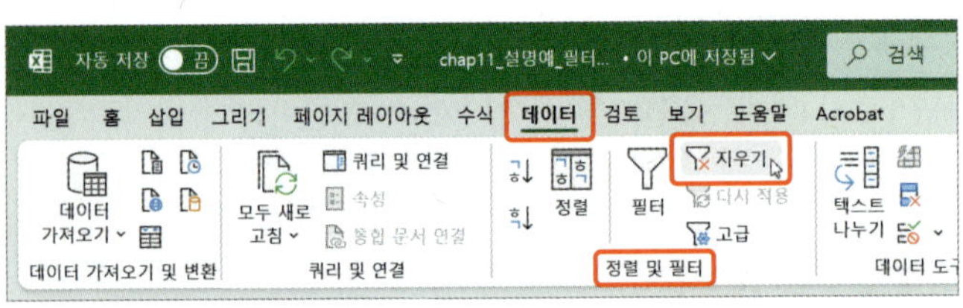

한편 ❶ [다른 장소에 복사] 옵션을 클릭하면 ❷ [복사 위치]가 활성화된다.

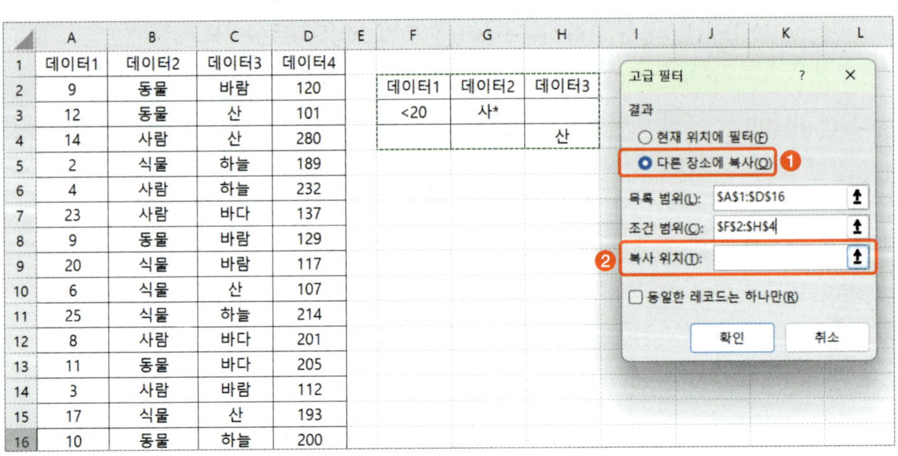

[복사 위치]에서 ⬆를 클릭하여 ❸ 필터링된 결과가 표시될 셀을 선택하고 ❹ 〈확인〉을 클릭하면 원래 데이터 목록은 유지되면서 필터링된 결과가 선택한 복사 위치에 표시되는 것을 확인할 수 있다.

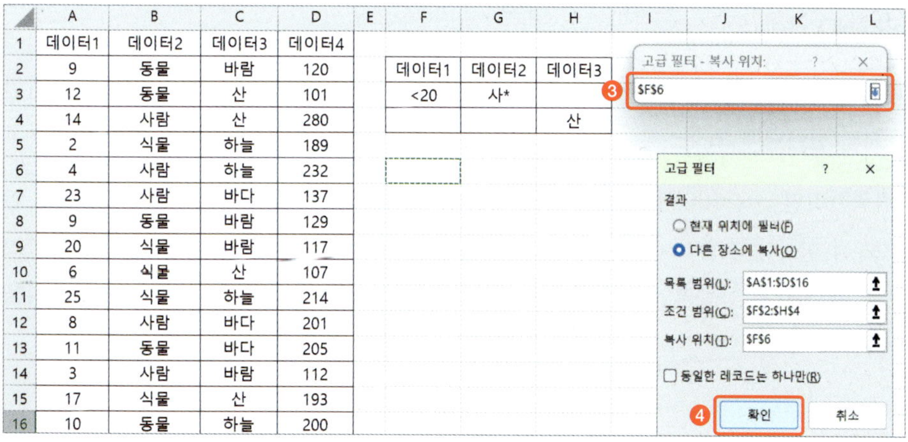

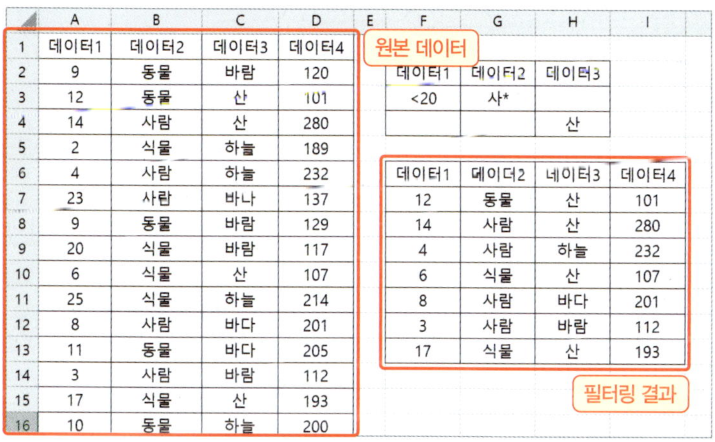

단, 복사된 결과는 원본 데이터와 같은 시트에만 표시될 수 있음을 기억하자.

여기서 잠깐 **조건식 연산의 구분**

조건식을 적용할 때 AND 연산과 OR 연산은 조건식을 작성하는 행에 따라 구분할 수 있다. AND 연산을 해야 할 때는 같은 행에 조건식을 작성하고 OR 연산을 해야 할 때는 다른 행에 조건식을 작성하면 된다. 다음 그림과 같이 '데이터1'에 대한 조건식 <20과 '데이터2'에 대한 조건식 사*는 같은 행(3행)에 작성되어 있고 '데이터3'에 대한 조건식 산은 다른 행에 작성되어 있다. 그러므로 '데이터1'과 '데이터2'는 AND 연산을 하여 '데이터1'이 20보다 작고 '데이터2'가 '사'로 시작하는 데이터를 필터링하여 결과를 출력한다. 출력된 결과와 '데이터3'을 OR 연산하여 '데이터3'이 '산'인 데이터를 필터링하여 보여준다.

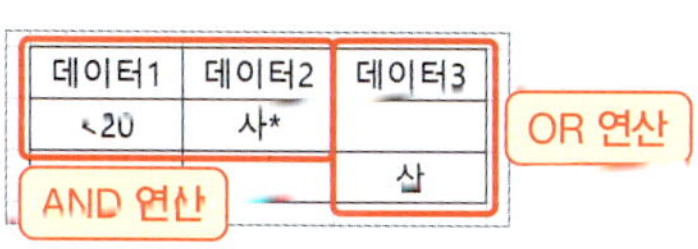

2 고급 필터의 사용

준비 예제11_04.xlsx | **결과** 예제11_04_결과.xlsx

고급 필터의 AND 연산

'예제11_04.xlsx'의 [분반1_고급필터링(1)] 시트에서 '중간100', '기말100'이 모두 70점 이상인 학생들의 정보만 필터링해 보자.

이 정보를 검색하려면 '중간100'에 대한 조건식 **>=70**과 '기말100'에 대한 조건식 **>=70**을 AND 연산해야 하므로 각 항목에 대한 조건식들을 모두 같은 행에 작성한다. 다음과 같이 셀 AM2와 AN2에 데이터 집합에 사용된 항목명인 '중간100', '기말100'을 입력하고 셀 AM3과 AN3에 조건식을 입력한다.

	H	K	M	O	P	Q	R	AC	AM	AN
1	성명	중간100	기말100	퀴즈1:100	퀴즈2:100	출석100	참여도100			
2	김민서	20.5	20	8.18	22	92.22	100		중간100	기말100
3	김규상	27.5	42.73	42.73	25	81.11	100		>=70	>=70
4	김현태	41	30.91	30.91	45	100	100			
5	박영진	63	71.82	49.09	39	97.78	100			
6	박호석	65.5	80	48.18	61	88.89	100			

두 항목에 대한 조건식을 같은 행에 작성

이제 ❶ [데이터] 탭-[정렬 및 필터] 그룹-[고급] 메뉴를 클릭하고 ❷ [현재 위치에 필터]를 선택하여 원본 데이터 중 필터링된 데이터들만 표시하도록 한다. ❸ 원본 데이터 범위를 선택하기 위해 [목록 범위]의 ⬆를 클릭하고 ❹ 원본 데이터 범위인 셀 A1부터 AB54까지 선택하거나 입력한 후, ❺ ▣를 클릭하여 [고급 필터] 창으로 돌아온다.

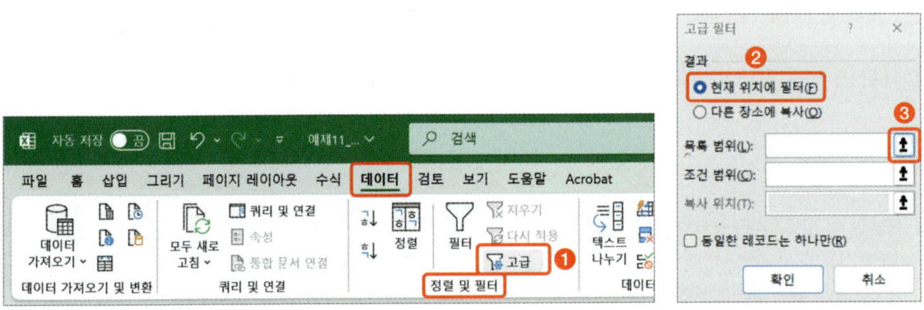

	A	F	H	K	M	S	T	AB	AC	AM	AN	AO
1	순번	소속학과	성명	중간100	기말100	총합	등수EQ	최종학점				
2	1	컴퓨터	김민서	20.5	20	30.39	50	F				
3	2	게임	김규상	27.5	42.73	43.09	45	D+		>=70	>=70	
4	3	전자	김현태	41	30.91	45.71	42	C0				
5	4	보안	박영진	63	71.82	67.62	26	B0				
6	5	보안	박호석	65.5	80	72.46	16	B+				
7	6	컴퓨터	박예빈	78	57.27	69	21	B+				
8	7	컴퓨터	배정환	60	42.73	55.31	37	C+				

고급 필터 - 목록 범위: ? ×
'분반1_고급필터링(1)'!$A$1:$AB$54

이제 ❻ 조건을 입력하기 위해 [조건 범위]의 ⬆를 클릭하고 ❼ 시트에 조건식이 입력된 셀 AM2부터 AN3까지 선택하거나 직접 입력한 후 ❽ ▣를 클릭하여 [고급 필터] 창으로 돌아와 ❾ 〈확인〉을 클릭한다.

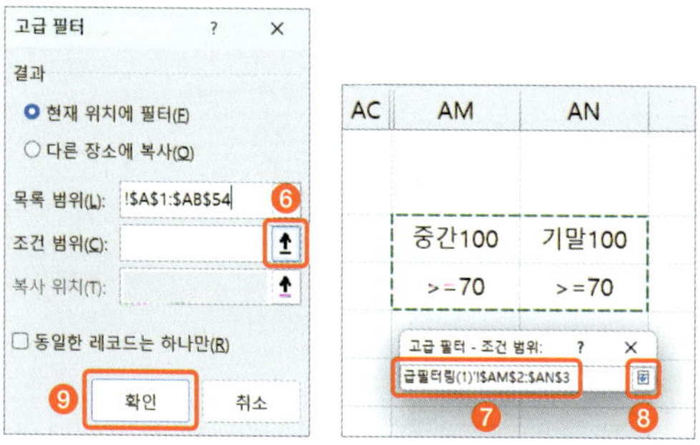

그러면 '중간100', '기말100' 항목의 값이 모두 70 이상인 학생들의 정보만 확인할 수 있다.

	D	F	H	K	M	O	P
1	입학연도	소속학과	성명	중간100	기말100	퀴즈1:100	퀴즈2:100
21	2020	컴퓨터	김동규	72.5	84.55	67.27	50
26	2020	컴퓨터	송건호	81	72.73	50	83
27	2022	통신	임주은	70.5	77.27	63.64	77
28	2022	통신	주영진	76.5	95.45	73.64	83
38	2022	보안	김태환	71.5	74.55	43.64	65
39	2019	컴퓨터	배진형	80	71.82	60.91	95
41	2021	컴퓨터	김상훈	83.5	90	92.73	90
44	2019	전자	박연수	80	74.55	71.82	90
46	2021	게임	김지수	77.5	82.73	74.55	76

고급 필터의 OR 연산

[분반1_고급필터링(2)] 시트에서 '출석100'이 80점 미만이거나 '참여도100'이 70점 미만인 학생 정보를 다른 위치에 표시해 보자.

'출석100'에 대한 조건식과 '참여도100'에 대한 조건식이 OR 연산되어야 하므로 각 조건식은 다른 행에 작성한다. 따라서 셀 AM2와 AN2에 항목명을 작성하고 셀 AM3에는 '출석100'에 대한 조건식 `<80`을, 셀 AN4에는 '참여도100'에 대한 조건식 `<70`을 작성한다.

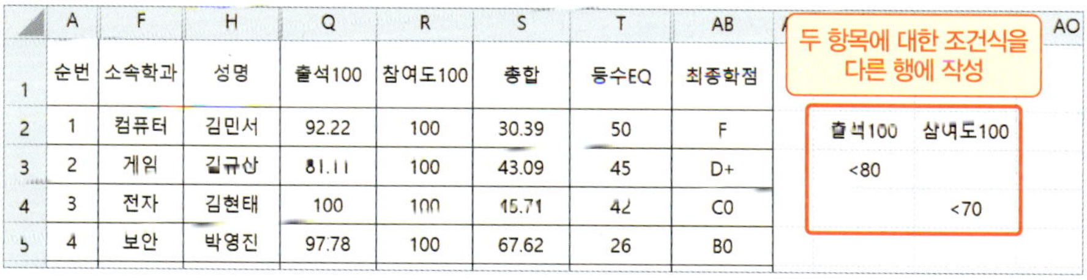

	A	F	H	Q	R	S	T	AB
1	순번	소속학과	성명	출석100	참여도100	총합	등수EQ	최종학점
2	1	컴퓨터	김민서	92.22	100	30.39	50	F
3	2	게임	김규산	81.11	100	43.09	45	D+
4	3	전자	김현태	100	100	45.71	42	C0
5	4	보안	박영진	97.78	100	67.62	26	B0

[데이터] 탭–[정렬 및 필터] 그룹–[고급]을 클릭하여 나타나는 [고급 필터] 창에서 필요한 내용들을 입력한다. ❷ [다른 장소에 복사]를 선택하고 ❸ [목록 범위]의 를 클릭하여 ❹ 데이터 원본 영역인 셀 A1부터 AB54를 선택하거나 입력하고 ❺ 를 클릭해 다시 [고급 필터] 창으로 돌아온다.

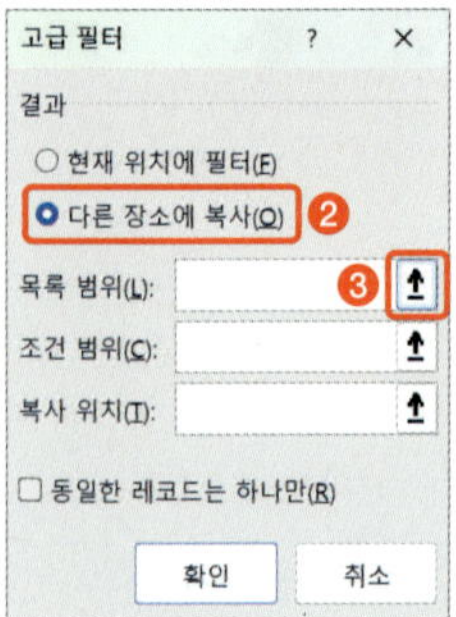

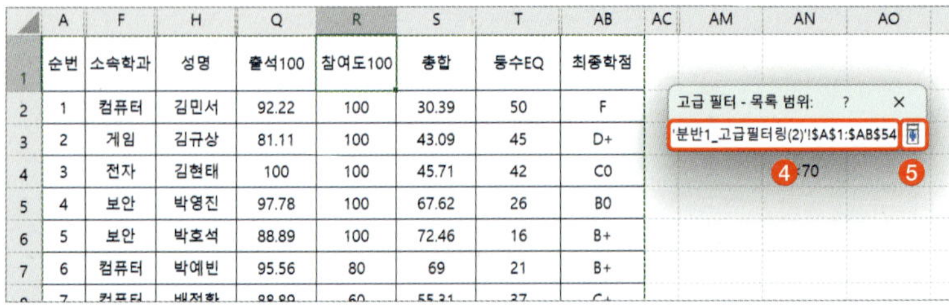

이번에는 조건식을 입력하기 위해 ❻ [조건 범위]의 를 클릭하여 조건식에 해당하는 ❼ 셀 AM2부터 AN4를 선택하거나 입력하고 ❽ 를 클릭하여 다시 [고급 필터] 창으로 돌아온다.

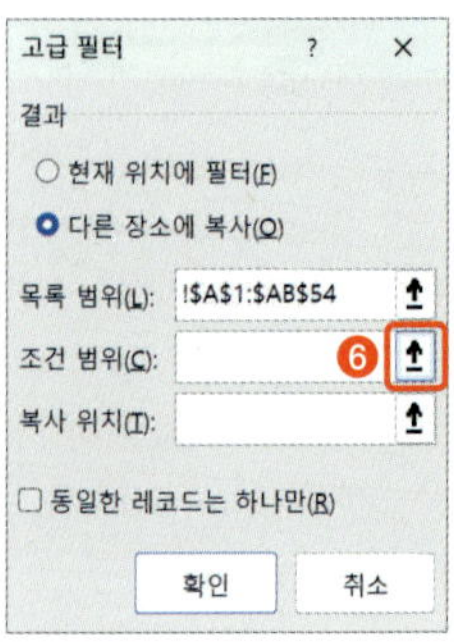

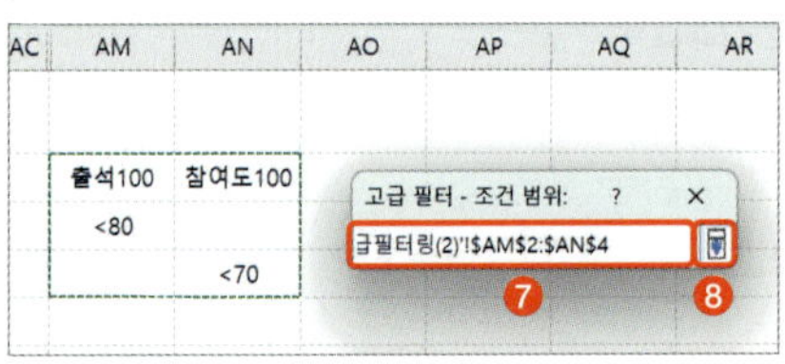

원본 데이터 위치가 아닌 다른 위치에 결과를 표시해야 하므로 ❾ [복사 위치]의 를 클릭하여 ❿ 셀 AP1을 선택하고 ⓫ 를 클릭한다. 다시 [고급 필터] 창으로 돌아오면 ⓬ 〈확인〉을 클릭해서 결과를 확인한다. 결과는 셀 AP1부터 표시된다.

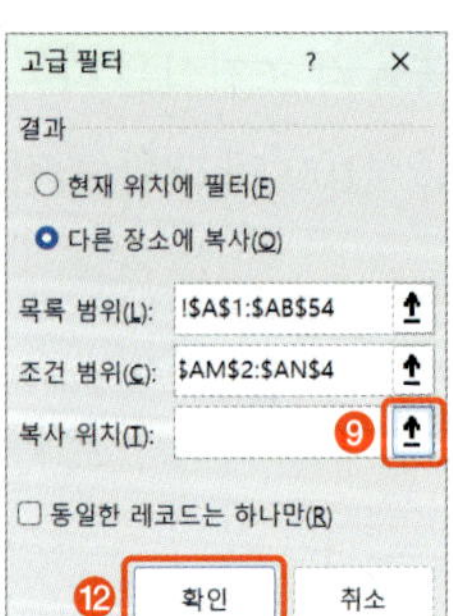

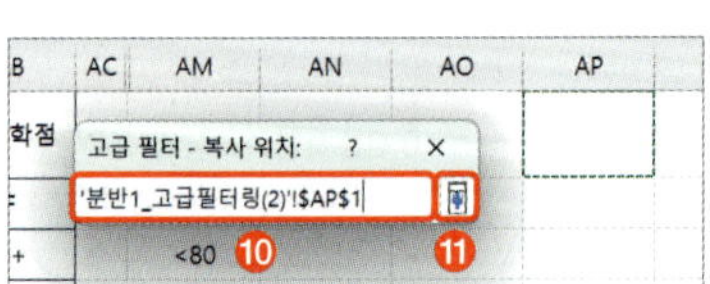

	AP	AQ	AR	AS	AT	AU	AV	AW	AX	AY	AZ	BA	BB	BC	BD	BE	BF	BG	BH
1	순번	학년	학번	입학연도	학과코드	소속학과	개인번호	성명	학생코드	중간200	중간100	기말110	기말100	퀴즈1:11	퀴즈1:10	퀴즈2:10	출석100	참여도10	총합
2	7	4	202010179	2020	101	컴퓨터	79	배정환	20배정*79	120	60	47	42.73	59	53.64	51	88.89	60	55.31
3	13	2	202210402	2022	104	게임	2	정영주	22정영*02	65	32.5	18	16.36	15	13.64	14	87.78	60	30.02
4	14	1	202110504	2021	105	통신	4	채혜정	21채혜*04	71	35.5	0	0	26	23.64	29	93.33	60	28.25
5	21	4	201910420	2019	104	게임	20	김민현	19김민*20	82	41	50	45.45	54	49.09	26	94.44	60	48.16
6	24	2	202110128	2021	101	컴퓨터	28	박도현	21박도*28	130	65	0	0	57	51.82	0	60	0	30.68
7	28	2	202210139	2022	101	컴퓨터	39	최성욱	22최성*39	86	43	21	19.09	56	50.91	13	78.89	40	35.86
8	33	4	202010102	2020	101	컴퓨터	2	이승원	20이승*02	46	23	58	52.73	10	9.09	10	86.67	60	38.93
9	34	1	202210418	2022	104	게임	18	정성환	22정성*18	85	42.5	58	52.73	40	36.36	58	94.44	60	53.09
10	35	2	202110223	2021	102	보안	23	강기정	21강기*23	52	26	56	50.91	31	28.18	0	83.33	60	39.77

고급 필터의 AND/OR 연산

[분반1_고급필터링(3)] 시트에서 컴퓨터학과나 보안학과 학생 중 '총합'이 50 이상, 70점 미만인 정보를 확인해 보자.

이 정보를 구하기 위해서는 '소속학과'가 '컴퓨터'이면서 '총합'이 50점 이상이고 70점 미만인 학생 정보와 '소속학과'가 '보안'이면서 '총합'이 50점 이상이고 70점 미만인 학생 정보를 모두 표시해야 한다. 그러면 다음과 같은 연산 과정이 필요하다.

- '소속학과'가 '컴퓨터'인 조건, '총합'이 50점 이상인 조건, 70점 미만인 조건을 AND 연산
- '소속학과'가 '보안'인 조건, '총합'이 50점 이상인 조건, 70점 미만인 조건을 AND 연산
- 두 결과를 OR 연산

그러므로 다음 그림처럼 셀 AM2부터 AO4에 조건식을 작성한다.

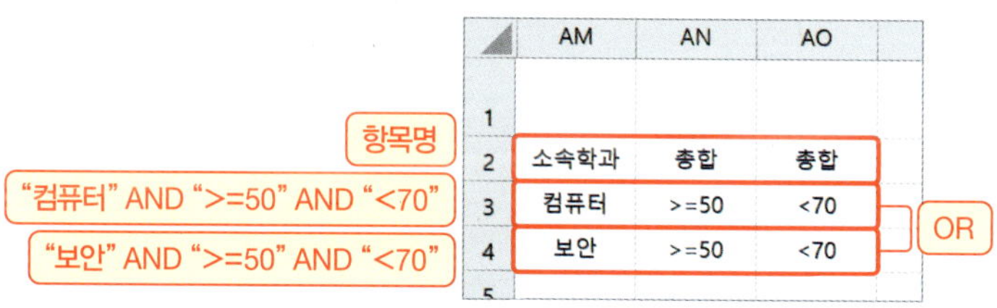

이제 이 조건을 이용해 원본 데이터를 필터링한다. [데이터] 탭–[정렬 및 필터] 그룹–[고급] 메뉴를 클릭하고 [고급 필터] 창이 나타나면 ❶ [현재 위치에 필터]를 선택하고 ❷ [목록 범위]의 ⬆를 클릭해 ❸ 원본 데이터 범위인 셀 A1부터 AB54를 선택하거나 직접 입력한다.

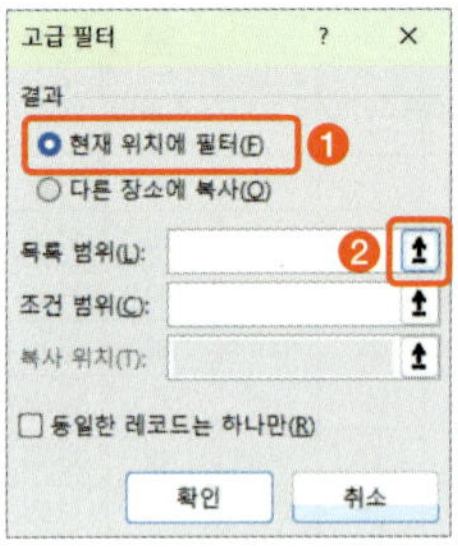

다시 [고급 필터] 창으로 돌아와 ❹ [조건 범위]의 ⬆를 클릭해 ❺ 셀 AM2부터 AO4를 선택하거나 입력한다. [고급 필터] 창으로 돌아와 ❻ 〈확인〉을 클릭하여 결과를 확인한다.

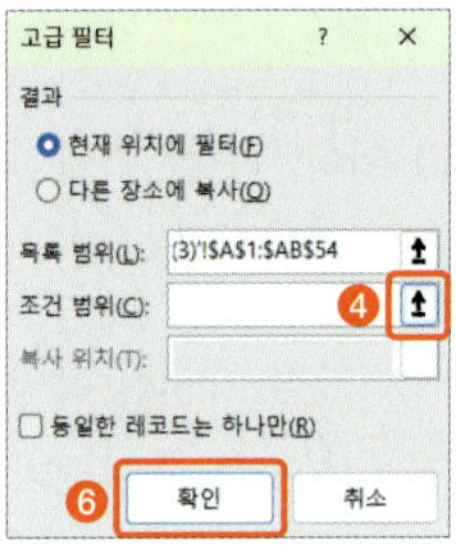

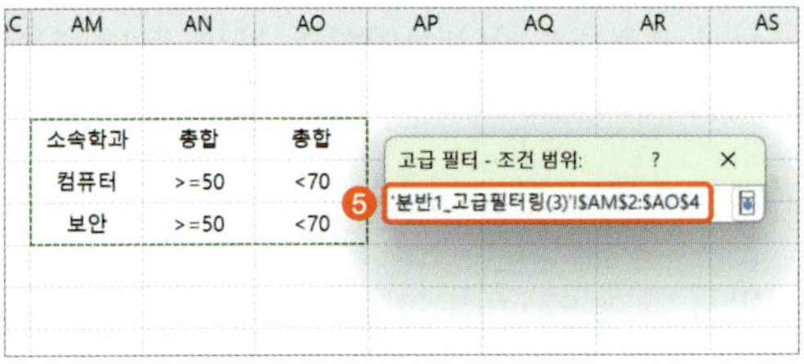

	A	B	D	F	H	S	T	AB
1	순번	학년	입학연도	소속학과	성명	총합	등수EQ	최종학점
5	4	2	2021	보안	박영진	67.62	26	B0
7	6	4	2020	컴퓨터	박예빈	69	21	B+
8	7	4	2020	컴퓨터	배정환	55.31	37	C+
12	11	2	2022	컴퓨터	이재민	60.7	32	C+
13	12	2	2021	보안	임영규	65.81	28	B0
16	15	3	2020	보안	최연진	60.36	33	C+
19	18	3	2021	보안	강정모	69.82	20	B+
24	23	3	2020	컴퓨터	김도영	56.46	36	C+
33	32	4	2020	컴퓨터	이정환	54.35	38	C0
47	46	2	2021	보안	장수원	56.97	35	C+
52	51	4	2020	보안	강선진	68.88	22	B+
53	52	4	2020	컴퓨터	구정민	52.69	40	C0

실습 11-4 고급 필터를 활용해 회원정보 필터링하기

준비 실습11_04.xlsx | **결과** 실습11_04_결과.xlsx

01 AND 연산 사용하기

[회원정보_고급필터링(1)] 시트에서 성이 'ㄱ'으로 시작하는 남성 회원 중 '회원등급'이 BRONZE 등급인 회원들의 정보를 확인해 보자.

성이 'ㄱ'으로 시작, 남성, BRONZE 등급이라는 조건을 모두 만족해야 하므로 이 세 가지 조건을 AND 연산하여 결과를 구한다. [회원정보_고급필터링(1)] 시트의 셀 AL1부터 AN1에는 항목명인

'이름', '성별', '회원등급'을 입력하고 셀 AL2부터 AN2에는 각 항목에 대한 조건식을 작성한다.

	AL	AM	AN
1	이름	성별	회원등급
2	<나	남	BRONZE
3			

[고급 필터] 창에서 필터링할 데이터와 조건을 입력한다. ❶ [현재 위치에 필터]를 선택하고 ❷ [목록 범위]는 원본 데이터에 해당하는 셀 C1부터 AI36을 선택한다. 그리고 [조건 범위]는 입력한 조건식이 있는 셀 AL1부터 AN2를 선택한 후 ❸ 〈확인〉을 클릭하여 결과를 확인한다.

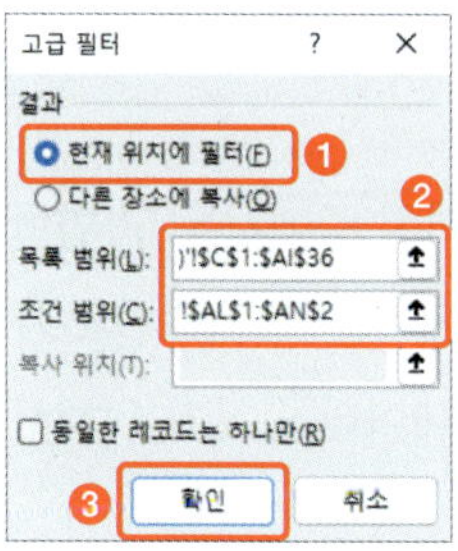

	C	E	G	I	K	S	T	U	X	AB	AC	AI	AK
1	이름	주민번호	성별	요일	만 나이	년	월	일	가입 년수	누적포인트	회원등급	할인율 (HLOOKUP : 회원등급)	
3	감성욱	051109-3	남	수	19	2019	2	23	5	2,500	BRONZE	2%	
14	김태진	030628-3	남	토	21	2023	9	12	1	300	BRONZE	0%	
22	김상호	830925-1	남	일	41	2018	11	30	6	9,200	BRONZE	2%	
37													

02 OR 연산 사용하기

[회원정보_고급필터링(2)] 시트에서 95년 이후 출생했거나, 2020년 이후에 가입했거나, 할인율이 3% 이하인 회원의 정보를 확인해 보자.

'95년 이후 출생', '2020년 이후 가입', '할인율 3% 이하'라는 각 조건은 '주민번호', '년', '할인율(HLOOKUP:회원등급)' 항목에 대한 것이다. 특히 '주민번호' 항목에 입력된 값들은 문자값을 의미하므로 앞 두 글자가 '95'로 시작하는 것을 찾으면 된다. 결과를 구하기 위해 OR 연산을 사용할 것이므로 세 항목의 조건들을 셀 AL1부터 AN4까지 서로 다른 행에 입력한다.

	AL	AM	AN
1	주민번호	년	할인율 (HLOOKUP : 회원등급)
2	>=95*		
3		>=2020	
4			<=3%
5			

[고급 필터] 창에서 필터링할 데이터와 조건을 입력한다. ❶ [현재 위치에 필터]를 선택하고 ❷ [목록 범위]는 셀 C1부터 AI36를, [조건 범위]는 셀 AL1부터 AN4를 선택한다. ❸ 〈확인〉을 클릭하면 결과를 확인할 수 있다.

	C	E	G	I	K	S	T	U	X	AB	AC	AI
1	이름	주민번호	성별	요일	만 나이	년	월	일	가입 년수	누적포인트	회원등급	할인율 (HLOOKUP : 회원등급)
3	감성욱	051109-3	남	수	19	2019	2	23	5	2,500	BRONZE	2%
4	김진영	820327-2	여	토	42	2010	5	13	14	6,500	BRONZE	3%
7	박현호	900615-1	남	금	34	2019	1	10	5	400	BRONZE	2%
12	한경현	960412-2	여	금	28	2020	2	2	4	3,700	BRONZE	1%
14	김태진	030628-3	남	토	21	2023	9	12	1	300	BRONZE	0%
18	임소원	951111-2	여	토	29	2018	2	12	6	130,000	GOLD	15%
21	이종만	020227-3	남	수	22	2022	3	3	2	16,700	SILVER	3%
22	김상호	830925-1	남	일	41	2018	11	30	6	9,200	BRONZE	2%
26	옥태진	990416-1	남	금	25	2022	12	3	2	17,300	SILVER	3%
34	손현의	860513-2	여	화	38	2018	9	12	6	2,400	BRONZE	2%
36	김서아	021224-4	여	화	21	2020	9	27	4	78,300	SILVER	5%
37												

03 AND/OR 연산 사용하기

[회원정보_고급필터링(3)] 시트에서 'PURE GOLD' 또는 'GOLD' 등급인 회원 중에서는 '가입년수'가 10년 미만인 회원을 찾고, 'SILVER' 또는 'BRONZE' 등급인 회원 중에서는 '누적포인트'가 5만점 이상인 회원들을 찾아 새로운 표로 결과를 표시해 보자. 조건에 맞는 데이터를 찾기 위해서는 다음과 같은 연산 과정이 필요하다.

- '회원등급'이 'PURE GOLD' 또는 'GOLD' 등급인 조건, '가입년수'가 10년 미만인 조건을 AND 연산
- '회원등급'이 'SILVER' 또는 'BRONZE' 등급인 조건, '누적포인트'가 5만점 이상인 조건을 AND 연산
- 두 결과를 OR 연산

그러므로 셀 AL1부터 AN5까지 다음과 같이 항목명과 조건식을 입력한다.

	AL	AM	AN
1	회원등급	가입 년수	누적포인트
2	PURE GOLD	<10	
3	GOLD	<10	
4	SILVER		>=50000
5	BRONZE		>=50000
6			

[고급 필터] 창에서 정보를 입력하여 결과를 구해 보자. 먼저 원본 데이터 위치에 결과를 표시하는 것이 아닌 새로운 표로 결과를 표시할 것이므로 ❶ [다른 장소에 복사]를 선택한다. ❷ 그러면 [복사 위치]가 활성화되는데, 여기에 셀 AP1을 선택한다. ❸ [목록 범위]는 셀 C1부터 AI36을 선택하고, [조건 범위]는 셀 AL1부터 AN5를 선택한 후 ❹ 〈확인〉을 클릭하여 셀 AP1부터 표시되는 결과를 확인한다.

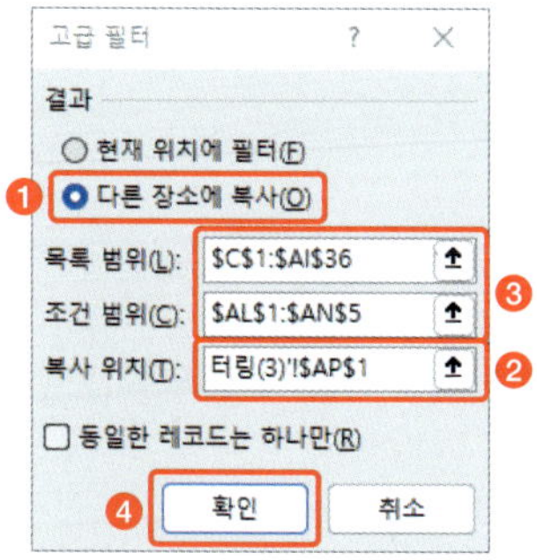

	AP	AQ	AR	AT	AV	AX	BF	BG	BH	BK	BN	BO	BP	BV
1	이름	비공개 이름	주민번호	성별	요일	만 나이	년	월	일	가입 년수	가입년월일	누적포인트	회원등급	할인율 (HLOOKUP : 회원등급)
2	이동윤	이**	840911-1	남	화	40	2016	8	17	8	2016-08-17	154,000	GOLD	15%
3	임소원	임**	951111-2	여	토	29	2018	2	12	6	2018-02-12	130,000	GOLD	15%
4	김재업	김**	880105-1	남	화	36	2010	10	26	14	2010-10-26	68,100	SILVER	10%
5	안지영	안**	870203-2	여	화	37	2015	9	26	9	2015-09-26	100,500	GOLD	15%
6	조소윤	조**	910621-2	여	금	33	2014	12	28	9	2014-12-28	55,600	SILVER	8%
7	정경수	정**	940201-1	남	화	30	2017	1	29	7	2017-01-29	224,100	PURE GOLD	20%
8	김서아	김**	021224-4	여	화	21	2020	9	27	4	2020-09-27	78,300	SILVER	5%

요약

01 자동 필터: [데이터] 탭–[정렬 및 필터] 그룹–[필터] 메뉴

- 정렬: 텍스트나 숫자를 오름차순 또는 내림차순으로 정렬하거나 셀 또는 글꼴 색을 기준으로 정렬한다.
- 검색: 다음과 같은 옵션으로 데이터를 필터링하여 검색한다.
  – [색 기준 필터]: 셀 또는 글꼴 색이 적용되어 있을 때 색으로 검색
  – [텍스트/숫자 필터]: [사용자 지정 자동 필터] 창에서 검색하려는 값에 대한 조건을 입력하여 검색
  – 여러 항목에 대한 검색: 여러 검색 조건을 AND 연산한 결과를 출력
  – 항목명에서 필터 해제: 적용된 검색 필터를 해제

02 고급 필터: [데이터] 탭–[정렬 및 필터] 그룹–[고급] 메뉴

- 항목명과 조건식을 시트에 직접 작성한다.
  – 여러 검색 조건을 AND 연산: 필터링 조건식을 같은 행에 작성
  – 여러 검색 조건을 OR 연산: 필터링 조건식을 다른 행에 작성
- 옵션에 따라 필터링된 결과를 표시한다.
  – 원본 데이터들 중 필터링된 결과만 표시하고 나머지는 숨기는 방식으로 표시
  – 필터링된 결과를 새로운 표로 만들어 다른 위치에 복사하여 표시
- 적용된 고급 필터 해제: [데이터] 탭–[정렬 및 필터] 그룹–[지우기]

연습문제

[01~10] '연습11_01.xlsx'를 활용하여 다음 질문에 답하시오.

준비 연습11_01.xlsx | **결과** 연습11_01_결과.xlsx

01 [도서목록_연습문제(1)] 시트의 전체 데이터에 대해 '도서명'을 오름차순으로 정렬하시오.

02 [도서목록_연습문제(2)] 시트의 전체 데이터에 대해 '출간일(년도)'을 내림차순으로 정렬하시오.

03 [도서목록_연습문제(3)] 시트의 전체 데이터에 대해 '분야' 항목을 IT-에세이-건강-여행 순으로 정렬하시오.

04 [도서목록_연습문제(4)] 시트의 전체 데이터에 대해 '저자명'의 성이 "ㅇ"으로 시작하는 데이터들만 확인하시오.

05 [도서목록_연습문제(5)] 시트에서 '저자명'의 성이 "ㅇ"으로 시작하는 데이터들만 확인할 수 있는 표를 셀 BQ3부터 표시한 뒤 [도서목록_연습문제(4)] 시트의 결과와 같은지 확인하시오.

06 [도서목록_연습문제(6)] 시트의 전체 데이터에서 '평점'이 4점 미만이거나 8점 이상인 데이터들만 확인하시오.

07 [도서목록_연습문제(7)] 시트의 전체 데이터에서 '평점'이 4점 미만이거나 8점 이상인 데이터들만 확인할 수 있는 표를 셀 BP3부터 표시한 뒤 [도서목록_연습문제(6)] 시트의 결과와 같은지 확인하시오.

08 [도서목록_연습문제(8)] 시트의 전체 데이터에서 'IT' 분야의 도서들 중 현재 모두 대출된 도서의 데이터만 확인하시오.

09 [도서목록_연습문제(9)] 시트의 전체 데이터에서 '보유'하기로 한 도서들 중 '선호도'가 '상' 이상이면서 2022년 전에 출간된 도서의 데이터만 확인하시오.

10 [도서목록_연습문제(10)] 시트의 전체 데이터에서 출간년도가 2022년 이전이거나 '건강' 분야의 책들 중 '정리'하기로 한 도서의 데이터만 확인할 수 있는 표를 셀 BR3부터 표시하시오.

[11~19] '연습11_02.xlsx'를 활용하여 다음 질문에 답하시오.

준비 연습11_02.xlsx | **결과** 연습11_02_결과.xlsx

11 [Sheet1_연습문제(1)] 시트의 전체 데이터에 대해 남녀로 구분된 상태에서 각 성별 내에서 등급 순으로 나열되도록 정렬하시오.

12 [Sheet1_연습문제(2)] 시트의 전체 데이터에서 각 '최애분야'(클래식－콘서트－무용－페스티벌－뮤지컬－영화－연극 순)로 나열된 상태에서 각 분야를 남녀로 구분하고, 하나의 성별 내에서 나이 순으로 나열되도록 정렬하시오.

13 [Sheet1_연습문제(3)] 시트의 전체 데이터 중에서 평균 나이 미만에 해당하는 회원들 중 'EARTH' 등급이면서 '가입년도'가 2020년 이후인 회원의 데이터만 확인하시오.

14 [Sheet1_연습문제(4)] 시트의 전체 데이터 중에서 회원 개개인의 예매 '평균'이 상위 15%에 해당되는 회원들의 '회원명'을 오름차순으로 정렬하시오.

15 예매 분야 중 무용, 페스티벌, 연극은 각 분야 예매 평균이 10 미만이다. [Sheet1_연습문제(5)] 시트의 전체 데이터 중에서 '최애 분야'가 무용, 페스티벌, 또는 연극 중 하나인 회원의 정보를 확인하시오.

16 [Sheet1_연습문제(6)] 시트의 전체 데이터 중에서 각 예매 분야(클래식, 콘서트, 무용, 페스티벌, 뮤지컬, 영화, 연극) 중 하나라도 100번 이상 예매한 회원들의 정보를 확인하시오.

17 [Sheet1_연습문제(7)] 시트의 전체 데이터 중에서 'SKY' 등급의 30대 회원의 정보를 확인하시오.

18 [Sheet1_연습문제(8)] 시트의 전체 데이터 중에서 각 분야 예매 '평균'이 10 미만인 무용, 페스티벌, 연극이 최애 분야인 회원들 중 2015년 이후 가입한 회원들의 정보를 확인하시오.

19 [Sheet1_연습문제(9)] 시트의 전체 데이터 중에서 2020년 이후 가입한 회원들 중 만나이가 20대이거나 40대인 회원의 정보를 확인하시오.

CHAPTER 12

피벗 테이블을 이용한 데이터 분석

학습목표

- 분석 기준에 따른 피벗 테이블을 생성한다.
- 피벗 테이블의 내용을 이해한다.
- 피벗 테이블의 데이터를 정렬, 검색하여 확인한다.
- 피벗 테이블의 데이터를 그룹화하여 분석한다.

SECTION
01 피벗 테이블의 기초

피벗 테이블은 원본 데이터들을 요약하고 분석하는 기능으로 앞서 다뤘던 다양한 함수, 부분합, 필터, 정렬, 검색, 그룹화 기능을 모두 포함하고 있다. 피벗 테이블로 분석 결과를 얻기 위해서는 분석 기준이 무엇인지를 분명하게 파악하고 그에 필요한 항목, 함수, 조건들을 구성할 수 있어야 한다.

1 추천 피벗 테이블

추천 피벗 테이블은 입력된 데이터에서 구할 수 있는 다양한 분석 내용을 미리 제공하는 기능이다. 추천 피벗 테이블은 데이터 영역 내의 하나 또는 전체 셀을 선택한 후 [삽입] 탭–[표] 그룹–[추천 피벗 테이블]을 선택하여 실행한다. 그러면 [권장 피벗 테이블] 창이 생성된다.

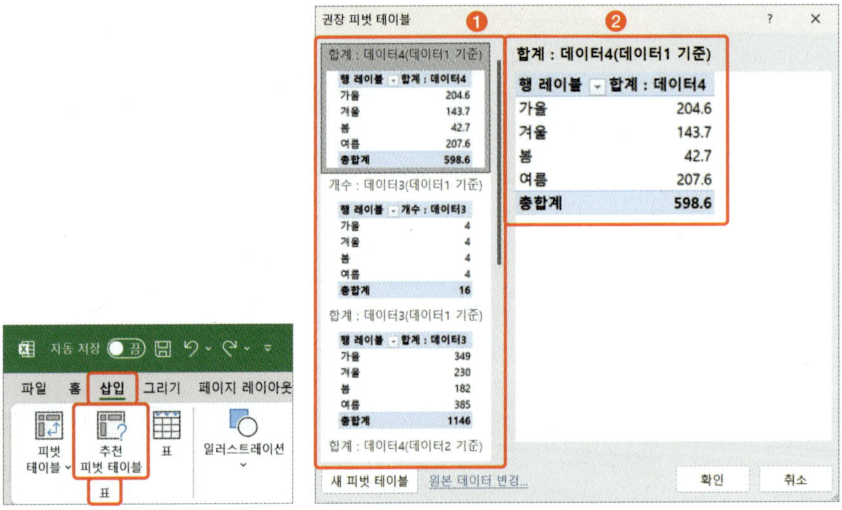

❶ **추천 피벗 테이블 리스트:** 선택한 영역의 데이터들을 이용해 구할 수 있는 다양한 피벗 테이블의 목록을 표시한다.

❷ **미리보기:** ❶의 리스트 중 하나를 선택하면 미리보기를 할 수 있다.

추천 피벗 테이블 리스트에서 '합계 : 데이터4(데이터1 기준)'를 선택하고 〈확인〉을 클릭하면 데이터 원본이 있었던 [Sheet1] 앞에 [Sheet2]가 추가된다. 해당 시트에는 선택한 피벗 테이블과 함께 해당 피벗 테이블의 구성 옵션을 선택할 수 있는 [피벗 테이블 필드] 창이 표시된다.

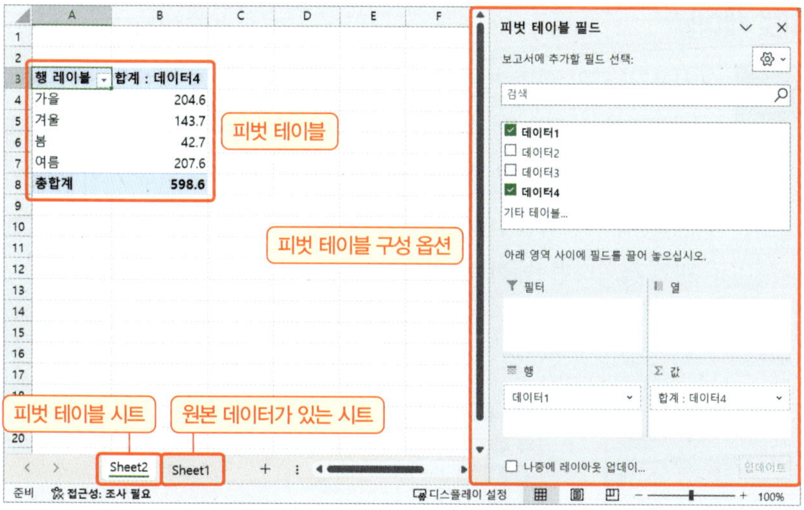

여기서 잠깐 　데이터 영역이 아닌 셀에서 [추천 피벗 테이블]의 실행

만약 데이터 영역 밖에 셀이 선택된 상태에서 [추천 피벗 테이블]을 실행했다면, 데이터 영역을 선택하는 [데이터 원본 선택] 창이 뜬다.

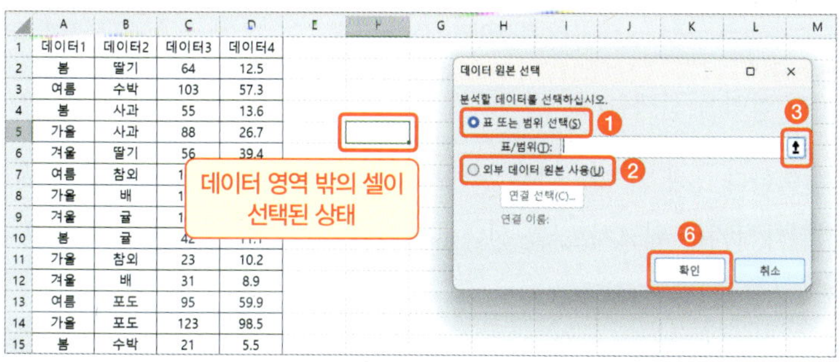

❶ **[표 또는 범위 선택]**: 피벗 테이블을 만들려는 파일과 같은 파일 내의 데이터 영역을 선택한다.

❷ **[외부 데이터 원본 사용]**: 피벗 테이블을 만들려는 파일과 연결되어 있는 다른 파일들이 있을 경우 그 파일에 있는 데이터 영역을 선택한다.

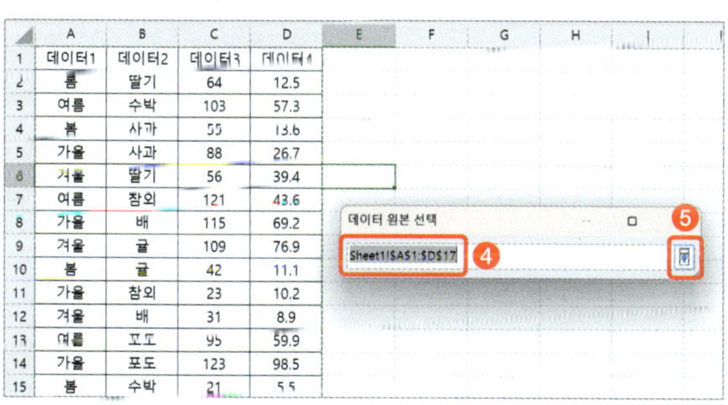

[데이터 원본 선택] 창의 [표 또는 범위 선택] 옵션에서 ❸ [↥]를 클릭하여 ❹ 피벗 테이블을 만드는 데 사용될 데이터 영역을 선택하고 ❺ [↧]를 클릭한 다음 ❻ 〈확인〉을 클릭하면 [권장 피벗 테이블] 창이 생성된다.

2 사용자 정의 피벗 테이블

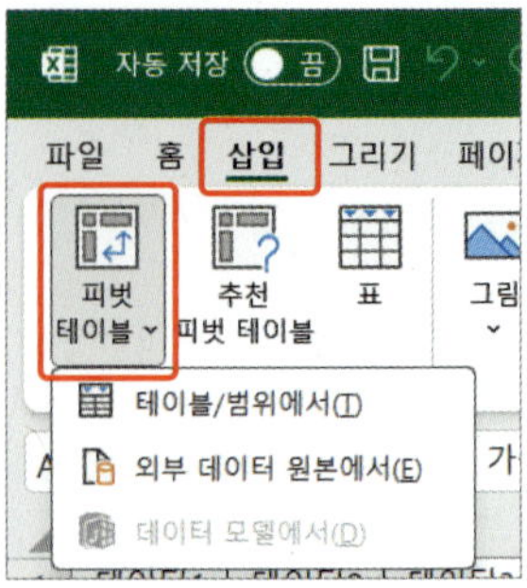

사용자 정의 피벗 테이블은 [삽입] 탭-[표] 그룹-[피벗 테이블]을 선택하여 실행한다. [피벗 테이블]의 하위 메뉴에는 현재 파일의 데이터를 이용할 때 사용하는 [테이블/범위에서]와 외부 데이터를 이용할 때 사용하는 [외부 데이터 원본에서]가 있다. [피벗 테이블]을 바로 클릭하면 [테이블/범위에서] 메뉴에 해당하는 창이 뜬다.

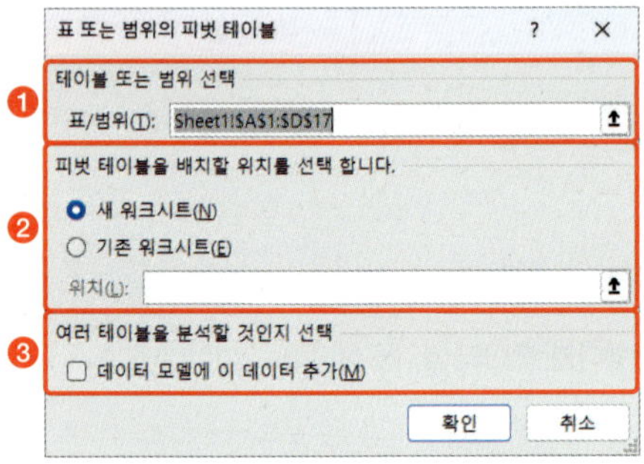

▲ [테이블/범위에서] 창

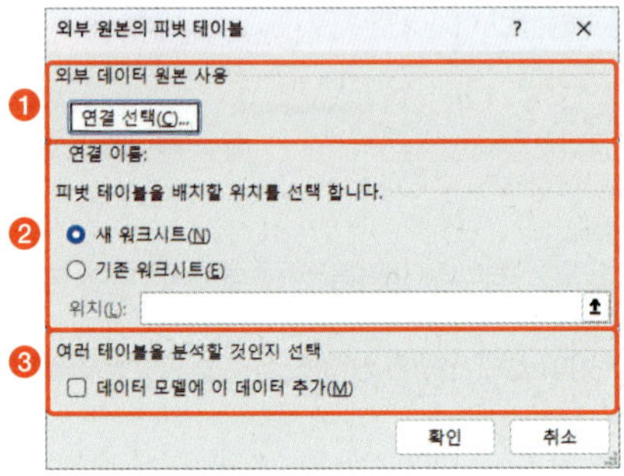

▲ [외부 데이터 원본에서] 창

❶ 피벗 테이블의 원본 데이터 영역을 선택한다.

❷ 피벗 테이블의 위치를 선택한다. [새 워크시트]를 선택하면 원본 데이터 시트와 별개의 새로운 시트에 피벗 테이블이 표시된다. [기존 워크시트]를 선택하면 원본 데이터 시트 내 선택된 셀 위치에 피벗 테이블이 표시된다.

❸ 두 영역 이상의 원본 데이터 영역을 이용해 피벗 테이블을 만들고자 할 때 선택한다.

데이터 영역 전체 또는 하나의 셀을 선택하고 [삽입] 탭-[표] 그룹-[테이블/범위에서]를 실행하면 '테이블 또는 범위 선택'에 현재 시트의 데이터 영역이 입력된 상태로 [표 또는 범위의 피벗 테이블] 창이 나타난다.

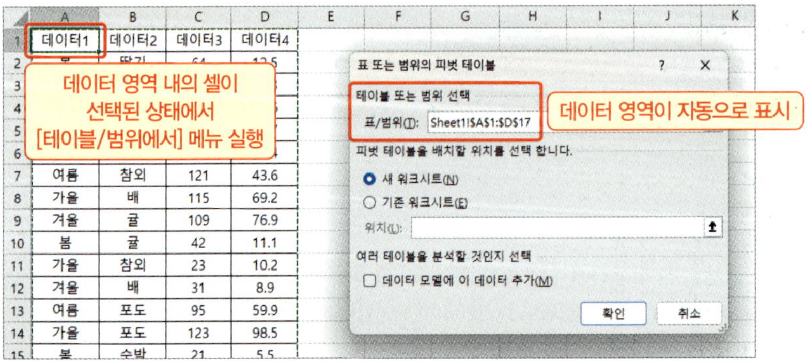

[표/범위]에 셀 A1부터 D17까지 입력하고 [새 워크시트]로 옵션을 선택한 후 〈확인〉을 클릭하면 생성하려는 피벗 테이블에 필요한 필드 구성을 적용할 수 있는 [Sheet2]가 추가된다.

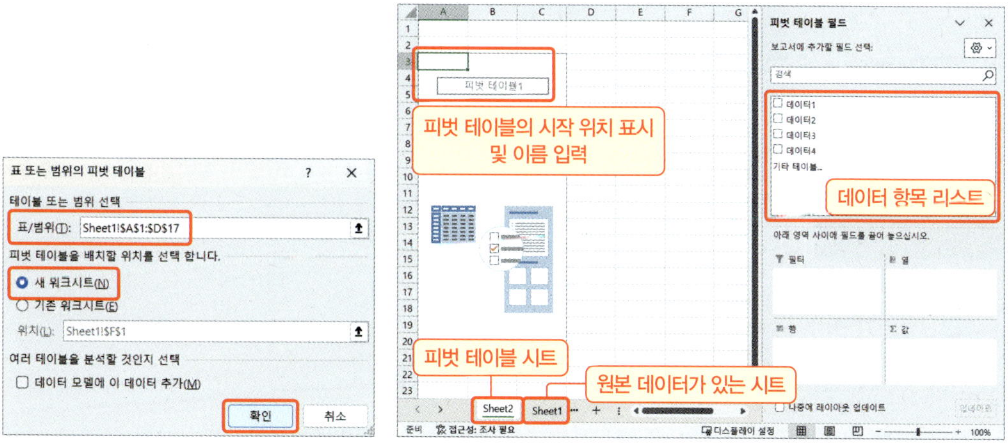

'데이터1'을 기준으로 한 '데이터4'의 합계를 표시하는 피벗 테이블을 만들기 위해 피벗 테이블 구성 옵션을 선택할 수 있는 [피벗 테이블 필드] 창의 데이터 항목 리스트에서 '데이터1'과 '데이터4'를 선택한다. 그러면 선택한 항목의 특징에 의해 자동으로 행 영역, 값 영역에 배치되면서 피벗 테이블이 생성된다.

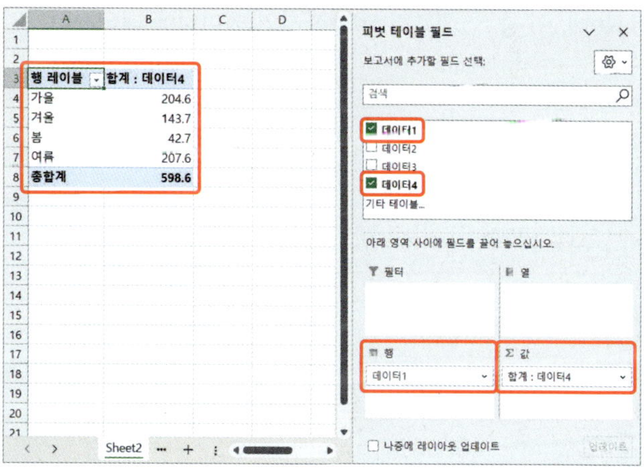

3 피벗 테이블의 생성

준비 예제12_01.xlsx | **결과** 예제12_01_결과.xlsx

'예제12_01.xlsx'의 [분반1_피벗테이블] 시트 데이터를 이용해 '소속학과' 별 '중간100', '기말100'의 합계를 확인할 수 있는 피벗 테이블을 만들어보자.

추천 피벗 테이블 사용하기

❶ [삽입] 탭-[표] 그룹-[추천 피벗 테이블]을 클릭한다. [권장 피벗 테이블] 창에서 제시하는 피벗 테이블의 행 레이블에 ❷ '(비어있음)'이라는 레이블을 확인할 수 있다. 이 레이블이 추가된 이유를 알아보기 위해 ❸ [권장 피벗 테이블] 창의 하단에 있는 [원본 데이터 변경] 옵션을 클릭한다.

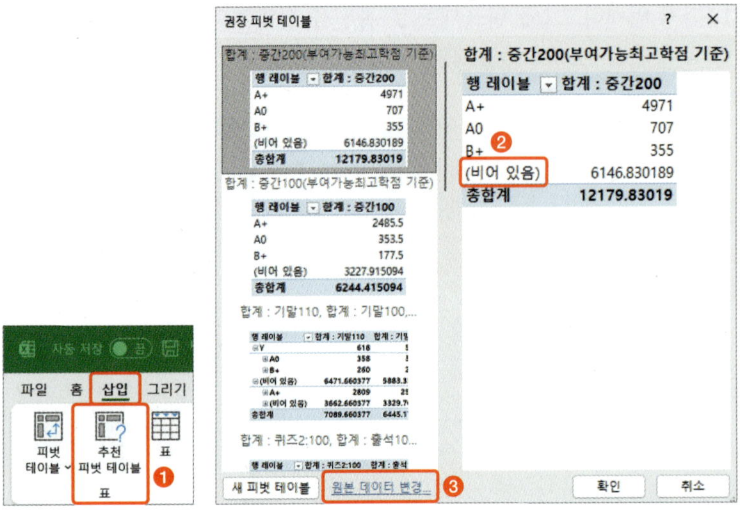

[데이터 원본 선택] 창에 현재 피벗 테이블의 원본 데이터로 사용되고 있는 데이터의 영역이 나타나는데, 이 중 55행부터 59행까지의 데이터에 대해 '(비어있음)'이라는 행 레이블을 붙인 것이다.

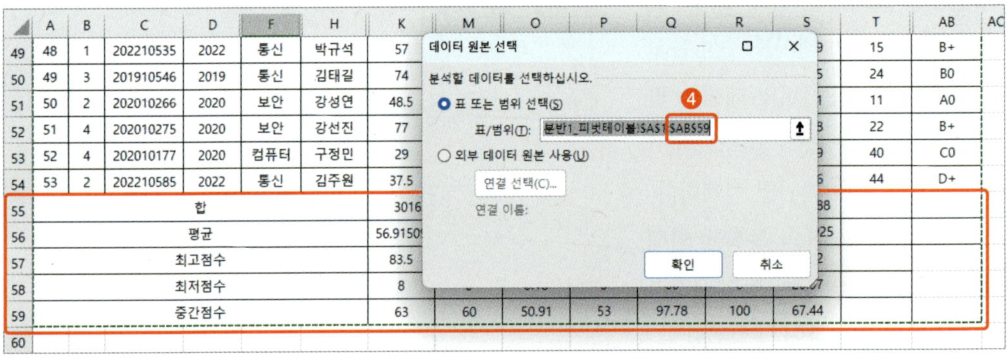

피벗 테이블을 통해 분석하기 위해 사용해야 하는 데이터 범위는 54행까지의 데이터이므로 [데이터 원본 선택] 창에서 ❹ [표 또는 범위 선택]의 ⬆를 클릭하여 ❺ 셀 A1부터 AB54로 변경한다.

이렇게 원본 데이터 영역을 변경한 후 〈확인〉을 클릭하여 [권장 피벗 테이블] 창으로 돌아가 보면 선택한 원본 데이터에 대한 추천 피벗 테이블들로 변경된 것을 확인할 수 있다. 이 중 ❻ '합계 : 중간100(소속학과 기준)'을 선택하고 ❼ 〈확인〉을 클릭한다.

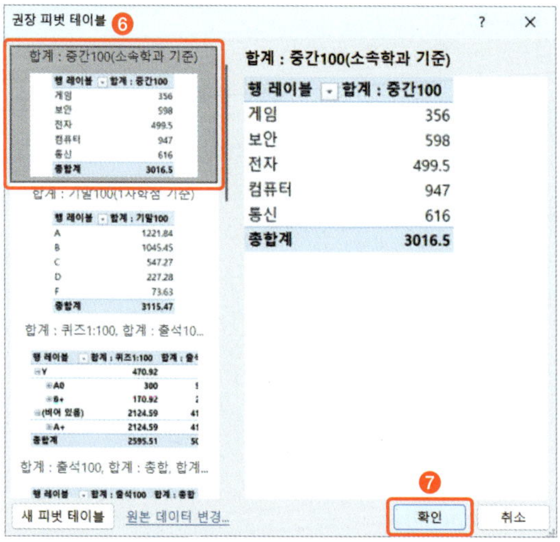

그러면 선택한 피벗 테이블을 포함하고 있는 [Sheet1]이 [분반1_피벗테이블] 시트 앞에 추가되면서 [피벗 테이블 필드] 창이 열린다.

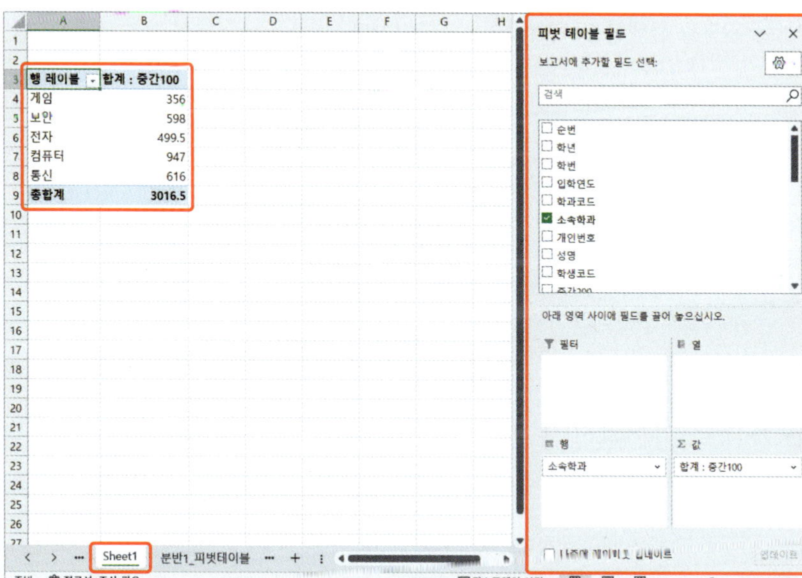

'기말100'의 합계를 피벗 테이블에 추가하기 위해 [피벗 테이블 필드] 창의 데이터 항목 리스트에서 '기말100'을 선택한다. 그러면 피벗 테이블과 값 영역에 '합계 : 기말100'이 추가된다.

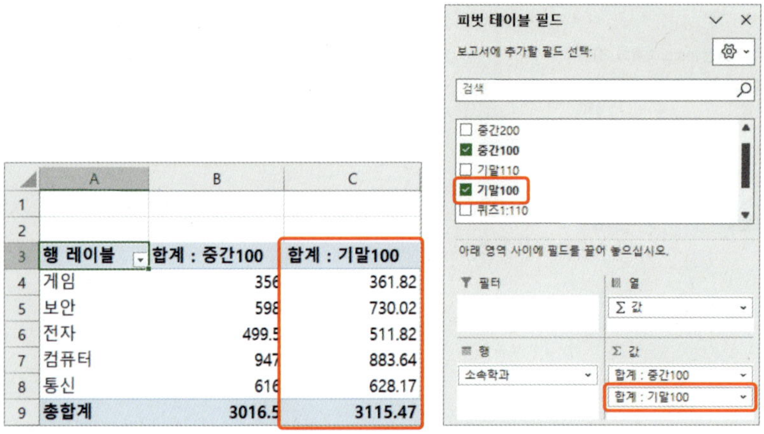

사용자 정의 피벗 테이블 사용하기

❶ [삽입] 탭–[표] 그룹–[피벗 테이블] 메뉴를 클릭하고 [표 또는 범위의 피벗 테이블] 창에서 ❷ 분석 데이터 범위를 셀 A1에서 셀 A54행으로 설정한다. 그리고 피벗 테이블은 새 워크시트에 배치하도록 ❸ [새 워크시트] 옵션을 선택한 뒤 ❹ 〈확인〉을 클릭한다.

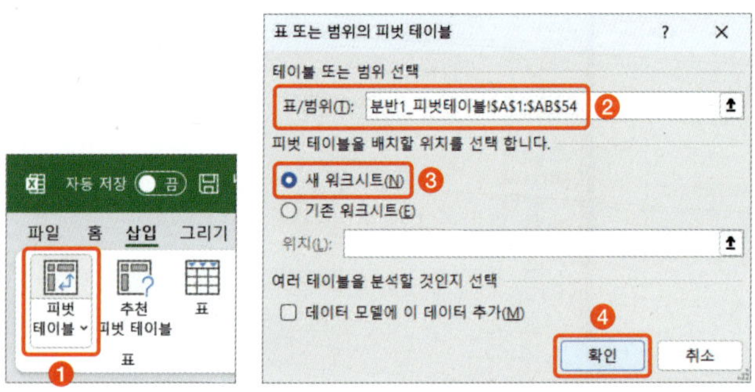

그러면 [Sheet2] 시트가 [분반1_피벗테이블] 시트와 [Sheet1] 시트 사이에 생성되고 피벗 테이블이 표시될 위치와 함께 피벗 테이블을 구성할 수 있도록 [피벗 테이블 필드] 창이 나타난다.

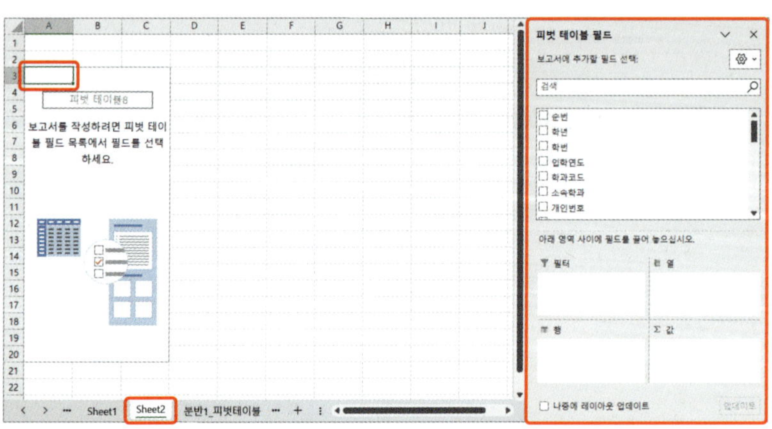

❺ [피벗 테이블 필드] 창의 데이터 항목 리스트에서 피벗 테이블을 구성할 항목들인 '소속학과', '중간100', '기말100' 항목을 선택한다. 그러면 ❻ 각 항목의 값의 특징에 따라 자동으로 '소속학과'는 행 영역, '중간100'과 '기말100'은 값 영역에 배치되며 열 영역에는 그 항목들의 값을 표시하는 피벗 테이블이 구성된다.

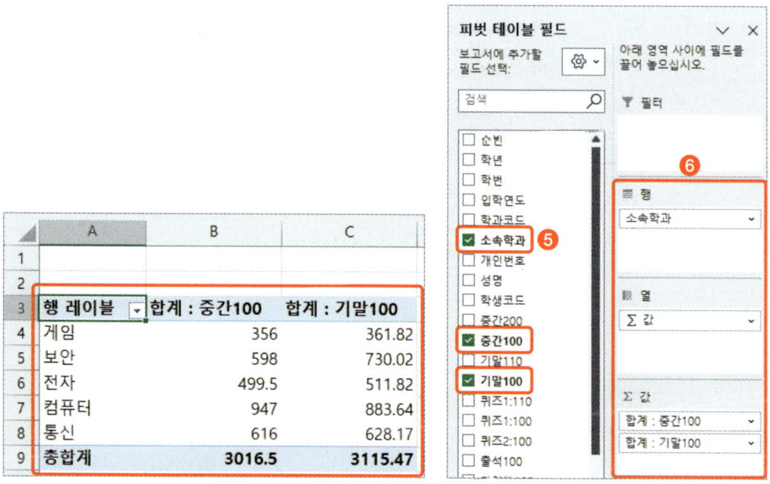

실습 12-1 피벗 테이블 만들기

준비 실습12_01.xlsx | **결과** 실습12_01_결과.xlsx

'실습12_01.xlsx'의 [회원정보] 시트에서 각 '회원등급', '요일', '성별', '할인율(INDEX:누적포인트)' 항목을 이용해 데이터를 분석해 보는 피벗 테이블을 만들어보자.

01 추천 피벗 테이블 사용하기

[회원정보] 시트에서 [삽입] 탭-[표] 그룹-[추천 피벗 테이블]을 클릭하고 [권장 피벗 테이블] 창의 리스트 중 '합계 : 만나이(성별(+) 및 요일 기준)'을 선택한다.

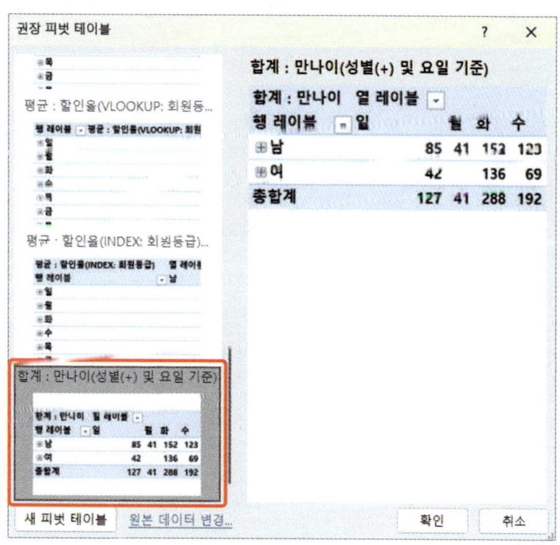

그러면 [회원정보] 시트 앞에 [Sheet1] 시트가 추가되면서 '회원번호', '만나이', '성별', '요일'로 구성된 피벗 테이블이 생성된다.

합계 : 만나이	열 레이블							
행 레이블	일	월	화	수	목	금	토	총합계
⊟남	85	41	152	123	45	149	112	707
ddongyoon-9856			40					40
eachother-4532	41							41
hhphhp-4123						35		35
jangjangjw-3152							54	54
jjongmani-6521				23				23
kjw8855-7896							37	37
kjwoon79-4628					45			45
ksjung74-7659			31					31
minuminu-6743				37				37
notingzeor0-7619		41						41
okteajinok-1235						26		26
reuploadkim2-3258			37					37
rkatjddnr-7535				19				19
soosoodduk-1496	44							44
teakjingg-4613			44					44
tellhjtrue-4963				44				44
thlee1985-7913						39		39
victorymink-1347						49		49
wtgwd102-9985							21	21
⊞여	42		136	69	124	107	119	597
총합계	127	41	288	192	169	256	231	1304

여기서는 '요일', '성별' 외에 '회원등급', '할인율(INDEX:누적포인트)' 항목이 피벗 테이블의 필드로 필요하고 '회원번호'와 '만나이'는 필요하지 않다. 그래서 [피벗 테이블 필드] 창의 데이터 항목 리스트에서 '회원번호'와 '만나이'는 선택 해제하고 '회원등급', '할인율(INDEX:누적포인트)'을 선택한다.

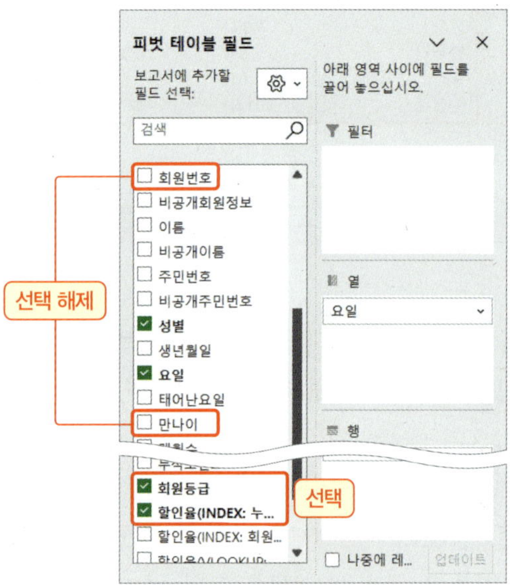

그러면 '회원번호'와 '합계 : 만나이'가 사라지고 행 영역의 '성별' 필드 아래에 '회원등급'이, 값 영역에 '합계 : 할인율(INDEX:누적포인트)'가 추가된 것을 확인할 수 있다. 이렇게 생성된 피벗 테이블은 다음과 같다.

합계 : 할인율(INDEX: 누적포인트)	열 레이블							
행 레이블	일	월	화	수	목	금	토	총합계
⊟남	32%	20%	65%	40%	25%	36%	48%	266%
PURE GOLD	30%		20%				25%	75%
GOLD		20%	35%	20%	25%	23%	23%	146%
SILVER			10%	18%		11%		39%
BRONZE	2%			2%		2%	0%	6%
⊞여	30%		35%	31%	55%	47%	39%	237%
총합계	62%	20%	100%	71%	80%	83%	87%	503%

02 사용자 정의 피벗 테이블 사용하기

[회원정보] 시트에서 [삽입] 탭-[표] 그룹-[피벗 테이블]을 클릭하여 [표 또는 범위의 피벗 테이블] 창을 실행한다. 데이터 원본 범위를 확인하고 [새 워크시트] 옵션을 선택해 새로운 워크시트에 피벗 테이블이 위치하도록 선택한 뒤 〈확인〉을 클릭한다.

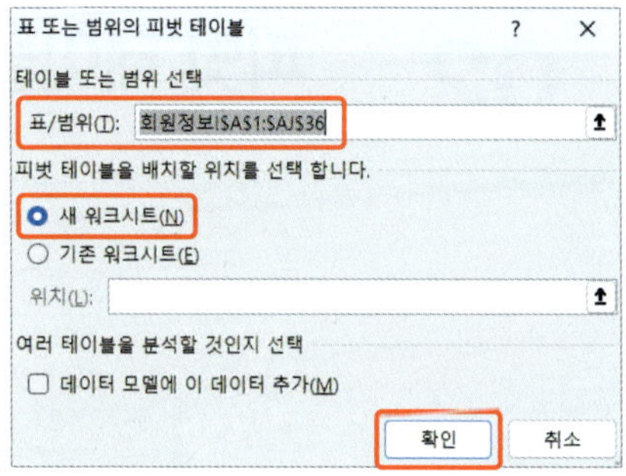

그러면 [회원정보] 시트와 [Sheet1] 시트 사이에 피벗 테이블을 배치하고 구성할 수 있도록 [Sheet2] 시트가 만들어진다. [피벗 테이블 필드] 창의 데이터 항목 리스트 중 '성별', '요일', '회원등급', '할인율(INDEX:누적포인트)'를 선택한다.

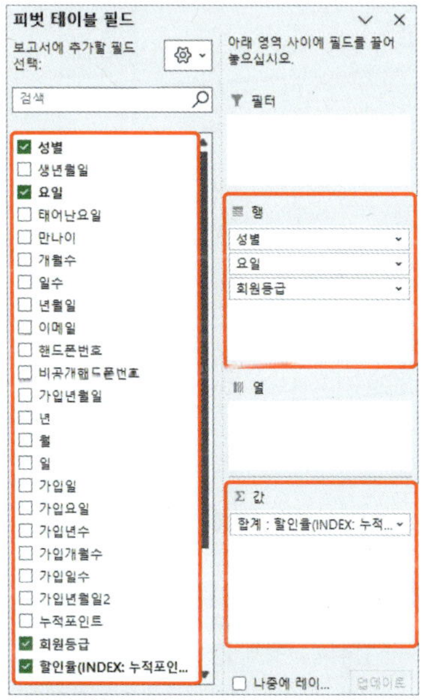

이렇게 생성된 피벗 테이블은 01에서 [추천 피벗 테이블] 메뉴를 이용해 만든 피벗 테이블과는 그 형태가 다르다. 이것에 대해서는 [피벗 테이블 필드] 창의 활용 방법을 더 자세히 살펴보고, 동일한 분석을 할 수 있도록 피벗 테이블 구성 방법에 대한 실습을 진행해 보겠다.

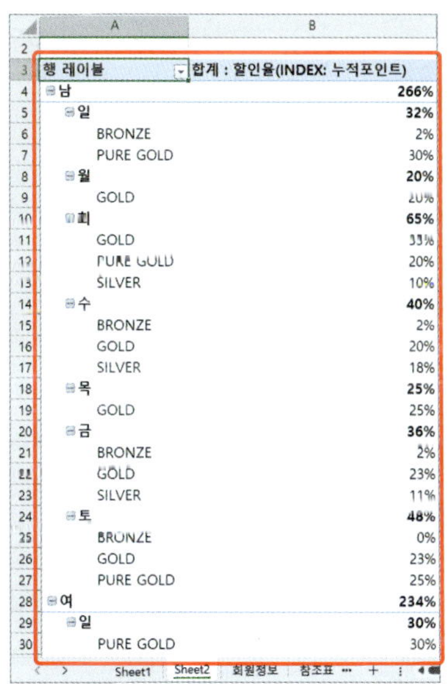

SECTION
02 피벗 테이블 필드 창의 이해

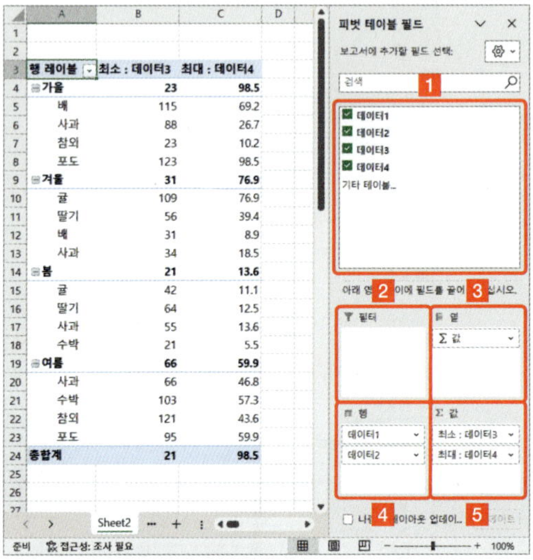

▲ [피벗 테이블 필드] 창의 예

[피벗 테이블 필드] 창의 내용을 보면 현재 표시된 피벗 테이블이 어떻게 구성되어 있는지를 알 수 있다. 각 구성의 세부 내용을 살펴보자.

1 데이터 항목 리스트: 원본 데이터에 있는 모든 항목 리스트를 보여주며 이 항목들 중 피벗 테이블을 구성하는 항목을 '필드'라고 부른다. [피벗 테이블 필드] 창의 예에서는 원본 데이터를 구성하는 항목인 '데이터1', '데이터2', '데이터3', '데이터4'가 피벗 테이블의 필드로 사용되고 있음을 알 수 있다. 실제로 시트에 표시된 피벗 테이블의 내용을 보면 A열에 '데이터1'과 '데이터2'의 값들이 나열되어 있으며 B열에는 '데이터3', C열에는 '데이터4'의 값들이 표시되고 있다.

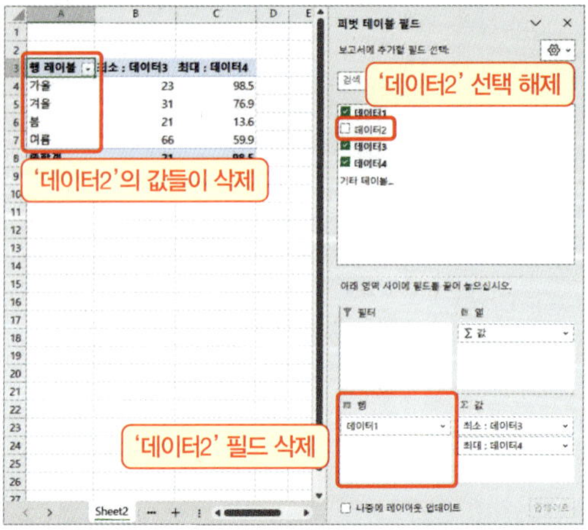

만약 데이터 항목 리스트에서 '데이터2'의 선택을 해제하면 행 영역에 있었던 '데이터2'와 피벗 테이블에서의 '데이터2' 값이 삭제된다.

2 **필터:** 피벗 테이블을 구성하는 필드 중 필터로 사용되는 필드를 표시한다.

3 **열:** 피벗 테이블의 열을 구성하는 필드와 값을 표시한다. [피벗 테이블 필드] 창의 예에서는 '값'을 표시하도록 구성되어 있는데 이는 값 영역에 있는 항목들의 값을 나열하라는 것이다. 그래서 '데이터3'의 최솟값과 '데이터4'의 최댓값을 표시한다.

4 **행:** 피벗 테이블의 행을 구성하는 필드와 값을 표시한다. 두 가지 이상의 필드가 행 영역에 있을 때는 나열된 순서대로 상위 레이블, 하위 레이블을 구분하고 상위 레이블을 기준으로 하위 레이블을 그룹화한다. [피벗 테이블 필드] 창의 예에서는 '데이터1'이 '데이터2'의 위에 있으므로 '데이터1'의 값을 기준으로 '데이터2'의 값을 그룹화한 것을 알 수 있다.

5 **값:** 피벗 테이블의 열에서 표시할 값의 내용을 표시한다.

각 영역에 있는 필드의 ⌄을 클릭하면 왼쪽 그림과 같은 메뉴가 나타난다. 메뉴의 구성은 모두 같지만 '필터', '행', '열', '값'에 따라 활성화되는 메뉴가 다르다.

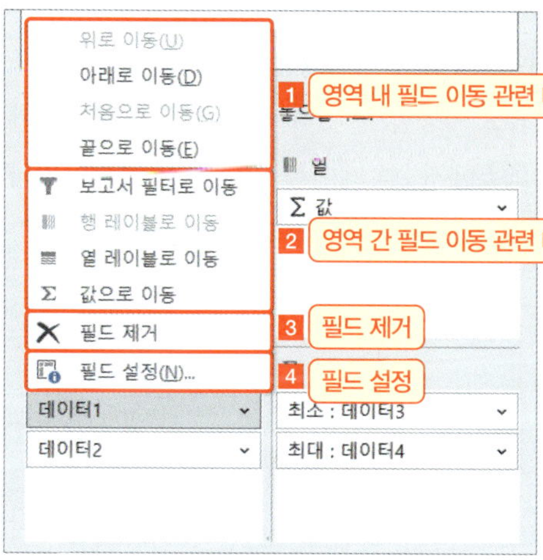

1 필드 이동 및 제거하기

준비 예제12_02.xlsx | **결과** 예제12_02_결과.xlsx

영역 내 필드 이동하기

영역에 적용된 필드들의 순서를 바꿀 수 있다. 이때 메뉴를 이용해 필드의 순서를 바꿀 수 있고, 필드명 위에서 마우스 포인터가 ⊕로 바뀌었을 때 클릭&드래그로 순서를 바꿀 수도 있다.

'데이터1' 필드가 '데이터2' 필드의 위에 있을 때는 '데이터1'이 '데이터2'의 상위 레이블로 구성되지만 '데이터1'을 '데이터2' 아래로 이동하면 '데이터2'가 '데이터1'의 상위 레이블로 구성되는 피벗 테이블로 변경된다.

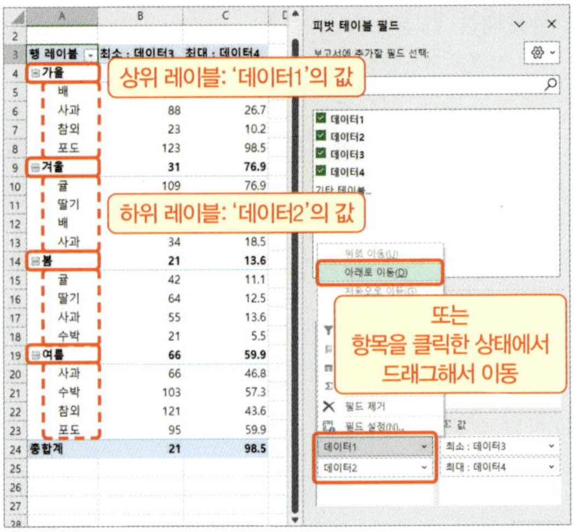

▲ 영역 내 필드 이동 전

▲ 영역 내 필드 이동 후

영역 간 필드 이동하기

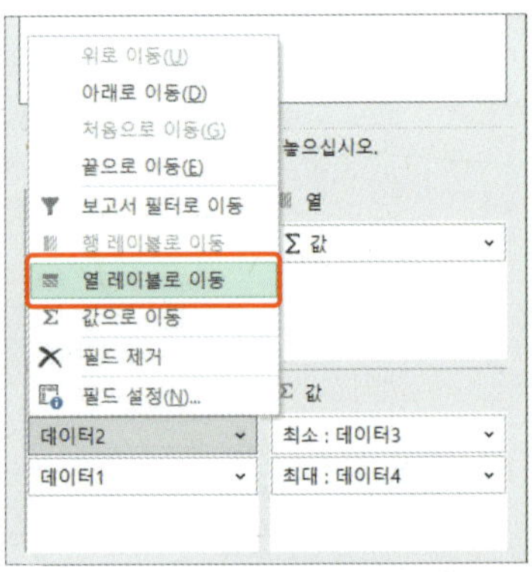

영역과 영역 사이에 필드들 역시 메뉴를 이용하거나 클릭&드래그 하는 방식으로 이동할 수 있다. 예를 들어 '행' 영역에 있던 '데이터2'의 메뉴에서 [열 레이블로 이동]을 클릭하거나 '데이터2'를 클릭&드래그하여 '열' 영역으로 이동한다.

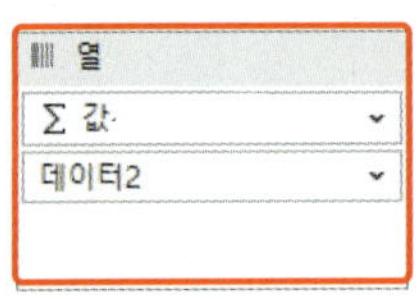

그러면 피벗 테이블에서 '데이터2'의 값이 '데이터3'과 '데이터4'의 하위 열 레이블로 표시된다. 그래서 셀 D7의 31은 '겨울'에 대한 '데이터3'의 최솟값들 중 '배'의 최솟값을 의미한다.

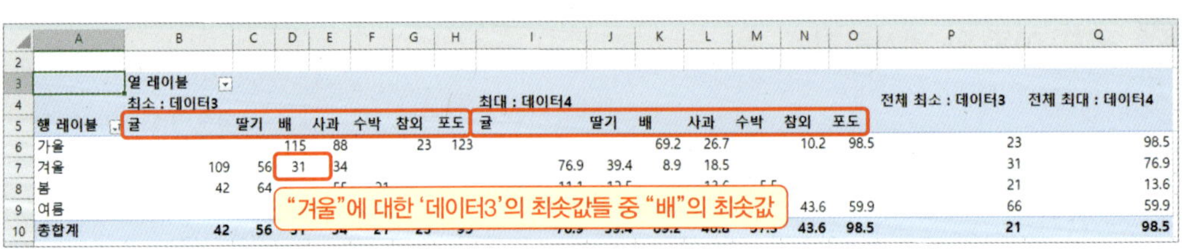

피벗 테이블로 성명, 최종학점, 입학연도 확인하기

'예제12_02.xlsx'의 [Sheet1]에 생성한 피벗 테이블에서는 각 '소속학과' 별 '중간100', '기말100' 점수를 확인할 수 있다. 이 피벗 테이블에서 '성명', '최종학점', '입학연도'까지 확인할 수 있도록 하자.

[피벗 테이블 필드] 창의 데이터 항목 리스트에서 '최종학점', '성명', '입학연도'를 선택하여 피벗 테이블의 필드로 추가한다. 그러면 다음 그림과 같이 각 필드 값들의 특성에 따라 행 영역과 값 영역에 필드가 추가된다.

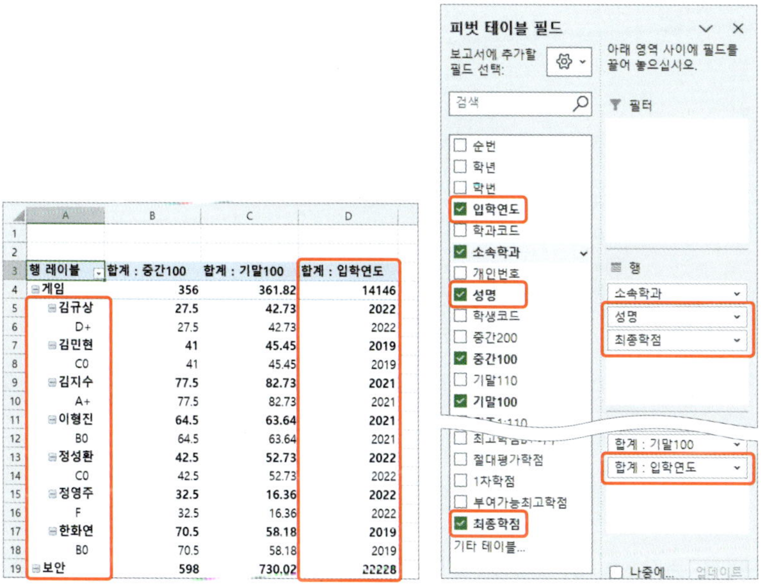

이 피벗 테이블은 '성명'의 하위 레이블로 '최종학점'이 포함되어 B, C, D열의 값이 중복으로 표시되고 있으며 '입학연도'의 합계는 큰 의미가 없는 데이터이다. 필드가 위치해야 하는 영역과 영역 내에서의 필드 나열 순서를 변경하여 데이터가 표기되는 형식을 수정해 보자.

우선 행 영역의 '최종학점'을 클릭&드래그하거나 메뉴에서 [위로 이동]을 선택하여 '소속학과'–'최종학점'–'성명' 순으로 나열한다. 그러면 '소속학과' 별로 '최종학점'을 부여받은 학생들의 '성명'을 확인할 수 있다.

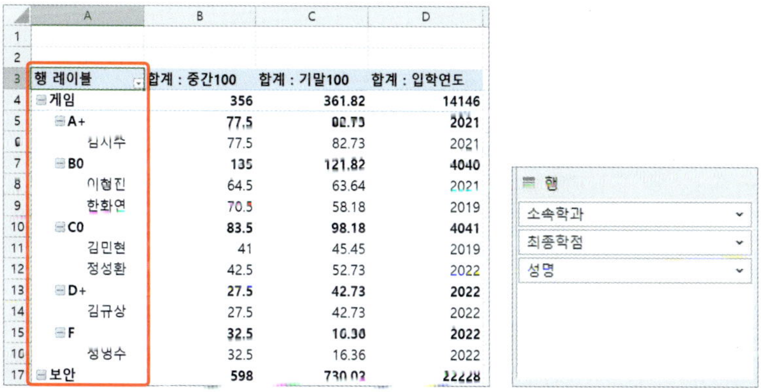

또한 '입학연도'는 각 학생들의 입학연도를 확인하기 위한 용도이므로, 값 영역에 있는 '합계 : 입학연도'를 열 영역으로 이동하여 '입학연도' 별로 구분되어 표시될 수 있도록 한다.

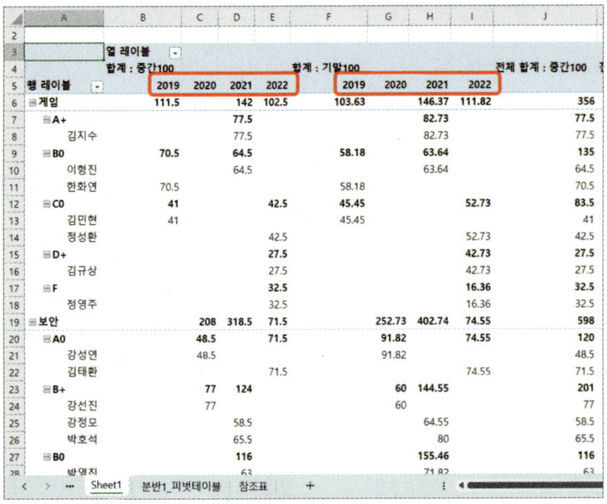

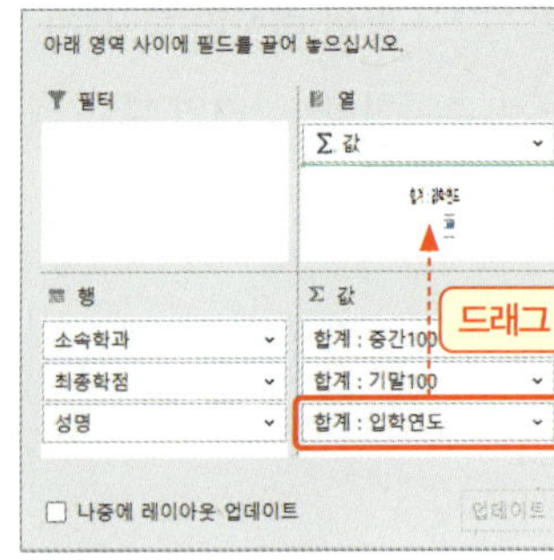

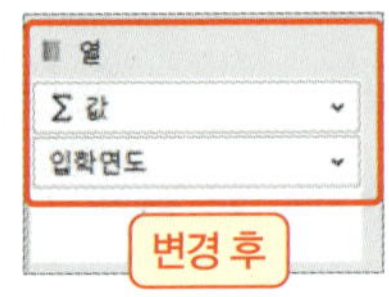

실습 12-2 피벗 테이블의 필드 구성하기

준비 실습12_02.xlsx | **결과** 실습12_02_결과.xlsx

01 조건에 따라 피벗 테이블 필드 구성하기

[Sheet2]의 피벗 테이블에서 '누적포인트'와 각 '요일'별 '회원등급'의 인원수를 확인할 수 있도록 구성해 보자. 그리고 '회원등급'별로 각 '요일'별 '합계 : 할인율(INDEX:누적포인트)'과 '합계 : 누적포인트'와 함께 인원수를 '성별'로 동시에 확인할 수 있는 피벗 테이블을 구성해 보자.

우선 인원수를 구하기 위해서는 각 회원을 구분할 수 있는 항목이 필요하다. 여기서는 '이름' 항목을 이용해 인원수를 계산할 것이다. [Sheet2]의 피벗 테이블에는 '이름'과 '누적포인트' 필드가 없으므로 [피벗 테이블 필드] 창의 데이터 항목 리스트에서 '이름'과 '누적포인트'를 선택한다.

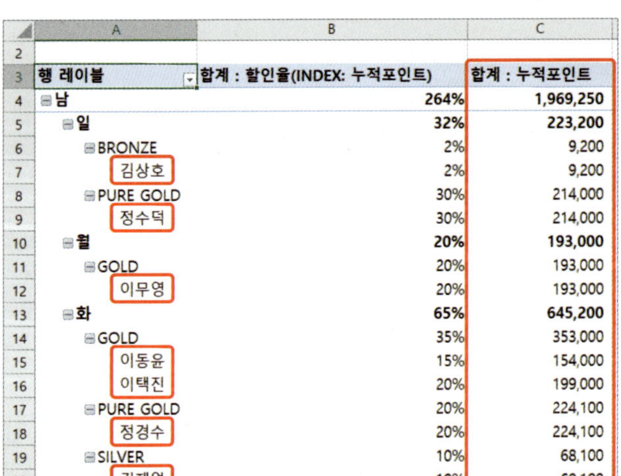

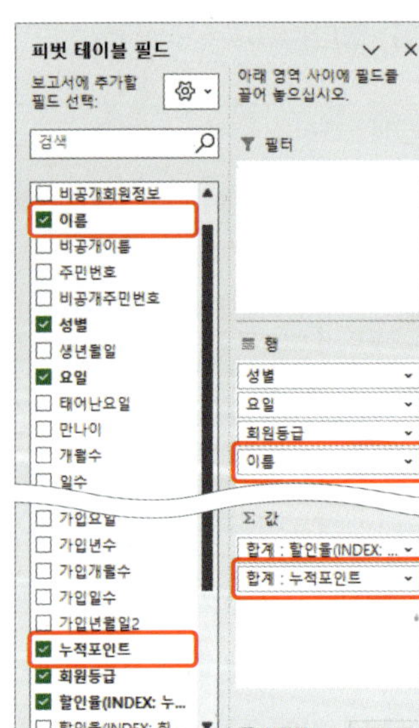

행 영역에 있는 '이름' 필드는 인원수를 계산하는 데 사용할 것이므로 값 영역으로 이동한다. 그러면 피벗 테이블에 각 '요일'에 따른 '회원등급'의 인원수를 표시하게 된다.

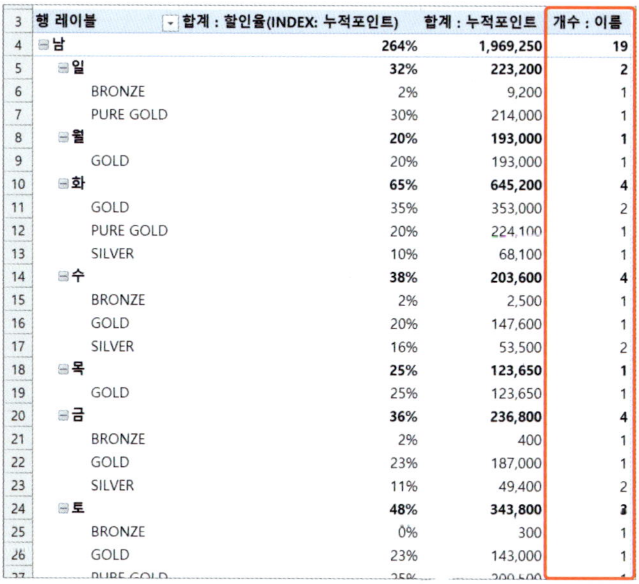

3	행 레이블	합계 : 할인율(INDEX: 누적포인트)	합계 : 누적포인트	개수 : 이름
4	⊟남	264%	1,969,250	19
5	⊟일	32%	223,200	2
6	BRONZE	2%	9,200	1
7	PURE GOLD	30%	214,000	1
8	⊟월	20%	193,000	1
9	GOLD	20%	193,000	1
10	⊟화	65%	645,200	4
11	GOLD	35%	353,000	2
12	PURE GOLD	20%	224,100	1
13	SILVER	10%	68,100	1
14	⊟수	38%	203,600	4
15	BRONZE	2%	2,500	1
16	GOLD	20%	147,600	1
17	SILVER	16%	53,500	2
18	⊟목	25%	123,650	1
19	GOLD	25%	123,650	1
20	⊟금	36%	236,800	4
21	BRONZE	2%	400	1
22	GOLD	23%	187,000	1
23	SILVER	11%	49,400	2
24	⊟토	48%	343,800	3
25	BRONZE	0%	300	1
26	GOLD	23%	143,000	1
27	PURE GOLD	[illegible]	[illegible]	[illegible]

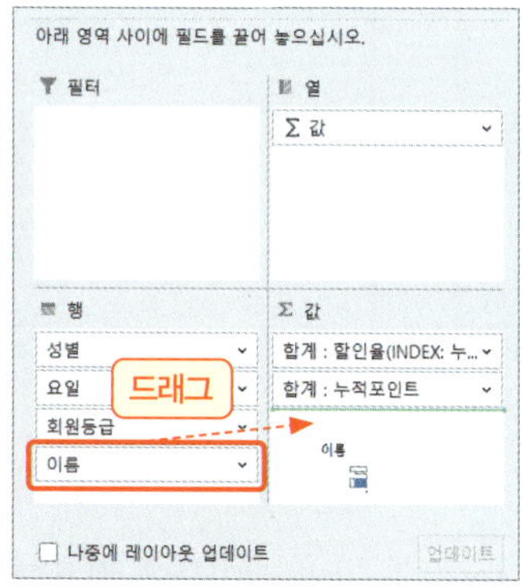

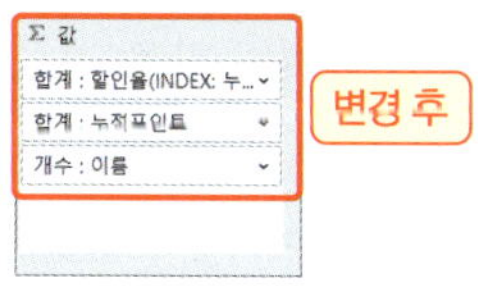

'성별'에 따라 정보를 확인하려면 행 영역에 있는 '성별' 필드를 열 영역의 '값' 위로 이동한다. 그러면 '합계 : 할인율(INDEX:누적포인트)', '합계 : 누적포인트', '개수 : 이름'를 표시하는 열이 각 '성별'마다 표시된다.

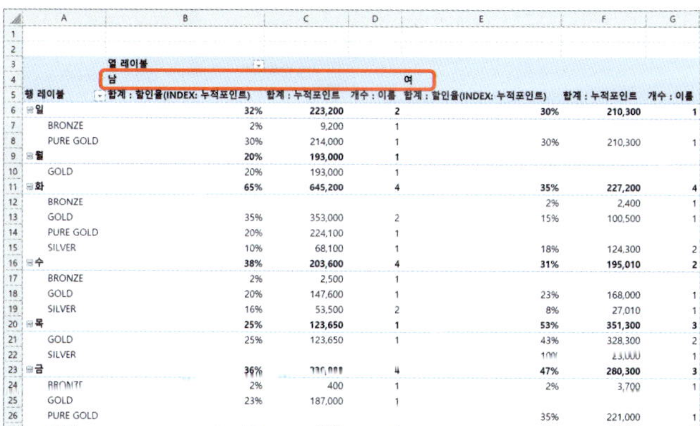

	A	B	C	D	E	F	G
1							
2							
3		열 레이블					
4		남			여		
5	행 레이블	합계 : 할인율(INDEX: 누적포인트)	합계 : 누적포인트	개수 : 이름	합계 : 할인율(INDEX: 누적포인트)	합계 : 누적포인트	개수 : 이름
6	⊟일	32%	223,200	2	30%	210,300	1
7	BRONZE	2%	9,200	1			
8	PURE GOLD	30%	214,000	1	30%	210,300	1
9	⊟월	20%	193,000	1			
10	GOLD	20%	193,000	1			
11	⊟화	65%	645,200	4	35%	227,200	4
12	BRONZE				2%	2,400	1
13	GOLD	35%	353,000	2	15%	100,500	1
14	PURE GOLD	20%	224,100	1			
15	SILVER	10%	68,100	1	18%	124,300	2
16	⊟수	38%	203,600	4	31%	195,010	2
17	BRONZE	2%	2,500	1			
18	GOLD	20%	147,600	1	23%	168,000	1
19	SILVER	16%	53,500	2	8%	27,010	1
20	⊟목	25%	123,650	1	53%	351,300	3
21	GOLD	25%	123,650	1	43%	328,300	2
22	SILVER				10%	23,000	1
23	⊟금	36%	[illegible]	4	47%	280,300	3
24	BRONZE	2%	400	1	2%	3,700	1
25	GOLD	23%	187,000	1			
26	PURE GOLD				35%	221,000	1
27	SILVER	11%	49,400	2	10%	55,600	1

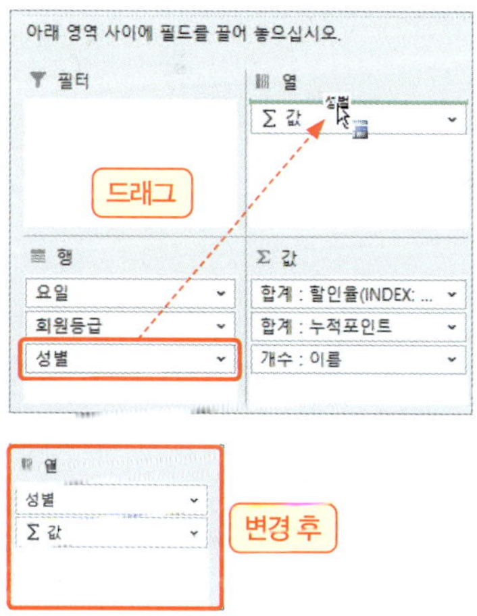

그리고 '회원등급'별로 '요일' 정보를 확인하기 위해서는 행 영역에 '요일'-'회원등급'으로 나열되어 있는 것을 '회원등급'-'요일'의 순으로 나열을 변경한다

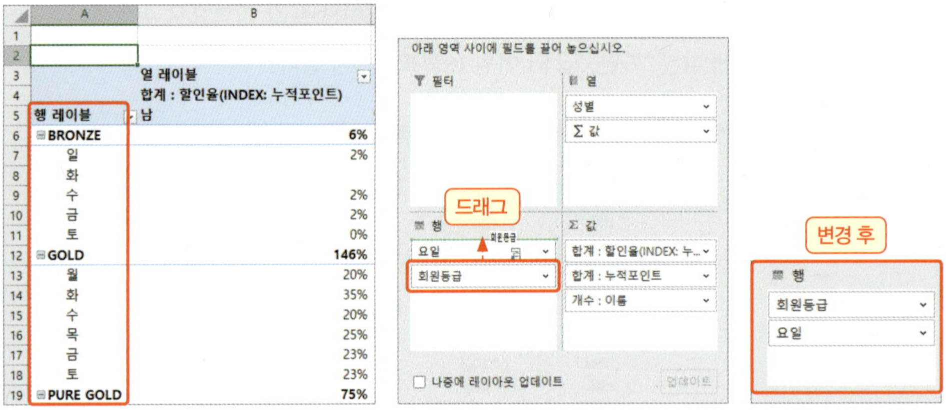

02 [Sheet1]의 피벗 테이블을 [Sheet2]와 같은 형태로 구성하기

[Sheet2]의 피벗 테이블에 적용했던 것과 마찬가지로 [피벗 테이블 필드] 창의 데이터 항목 리스트에서 '이름'과 '누적포인트'를 선택하여 추가한다. 그러면 행 영역에 '이름', 값 영역에 '합계 : 누적포인트'가 추가되고 피벗 테이블에 표시된다.

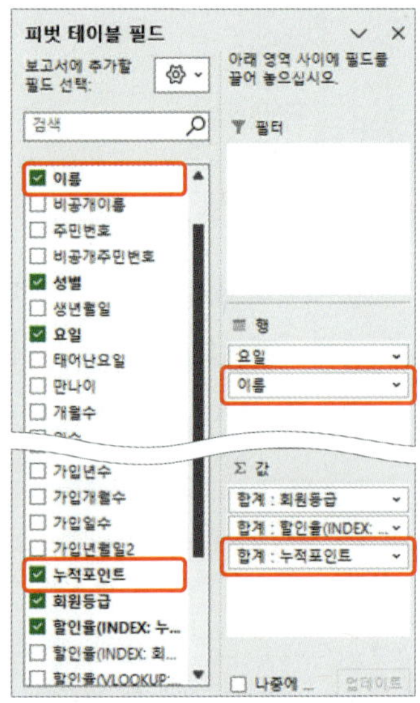

이제 [Sheet2]의 피벗 테이블과 같이 행 레이블이 '회원등급'–'요일'의 순으로 나열되도록 구성하기 위해 값 영역에 있는 '합계: 회원등급'을 행 영역의 '요일' 위로 이동한다. 그리고 인원수를 구하기 위해 '이름'을 값 영역으로 이동한다.

그러면 [Sheet1]의 피벗 테이블이 [Sheet2]의 피벗 테이블과 같은 형태가 된다.

행 레이블	남 합계 : 할인율(INDEX: 누적포인트)	합계 : 누적포인트	개수 : 이름	여 합계 : 할인율(INDEX: 누적포인트)	합계 : 누적포인트	개수 : 이름
BRONZE	6%	12,400	4	7%	12,600	3
일	2%	9,200	1			
화				2%	2,400	1
수	2%	2,500	1			
금	2%	400	1	2%	3,700	1
토	0%	300	1	3%	6,500	1
GOLD	146%	1,147,250	7	116%	836,800	6
월	20%	193,000	1			
화	35%	353,000	2	15%	100,500	1
수	20%	147,600	1	23%	168,000	1
목	25%	123,650	1	43%	328,300	2
금	23%	187,000	1			
토	23%	143,000	1	35%	240,000	2
PURE GOLD	75%	638,600	3	65%	431,300	2

필드 제거하기

'열' 영역에 있는 '데이터2'의 하위 메뉴에서 [필드 제거]를 클릭하면 '열' 영역에서 '데이터2'가 제거될 뿐 아니라 데이터 항목 리스트에서도 선택 해제되며 피벗 테이블에서도 '데이터2'의 내용이 사라진다. 다시 피벗 테이블에 추가하고 싶다면 데이터 항목 리스트에서 선택한다.

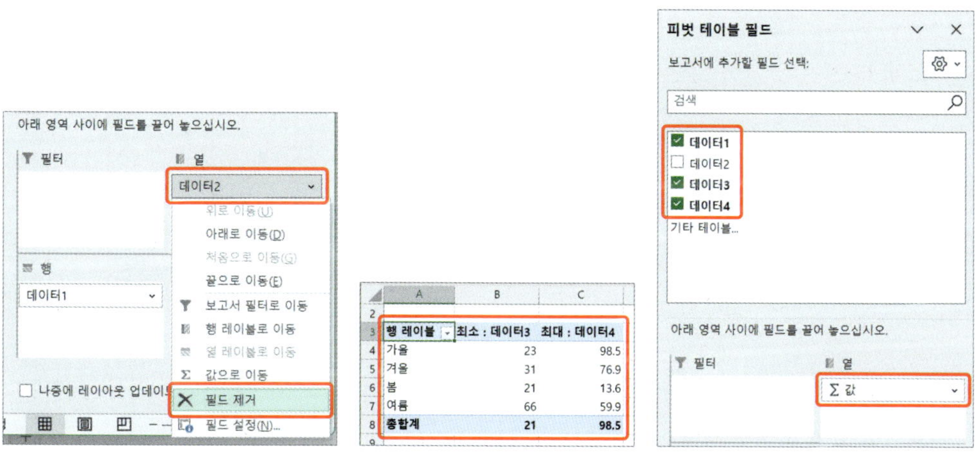

2 값 필드 설정하기

준비 예제12_03.xlsx | **결과** 예제12_03_결과.xlsx

[값 필드 설정] 메뉴는 필드의 이름을 바꾸거나 '값 요약 기준'과 '표시 형식'을 변경할 수 있다. [값 필드 설정] 창의 [값 요약 기준] 탭에는 각 필드에 적용할 수 있는 함수 목록이 있어서 이 목록에서 선택하는 함수로 필드의 값들을 계산하여 피벗 테이블에 표시한다. 현재는 '데이터3'의 값들 중 최솟값을 구한 것이기 때문에 [값 요약 기준]이 '최소'로 선택되어 있고 [사용자 지정 이름]은 '최소 : 데이터3'으로 입력되어 있다.

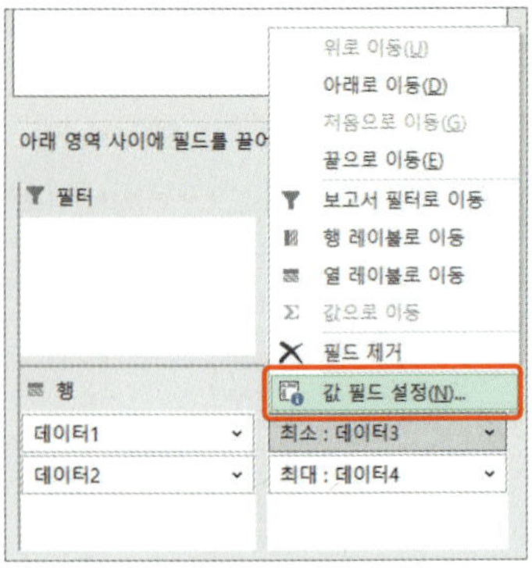

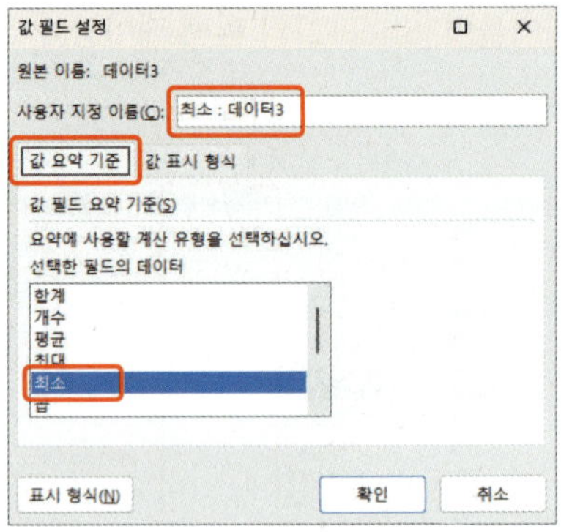

[사용자 지정 이름]의 경우 [값 요약 기준] 탭에 있는 '선택한 필드의 데이터' 리스트 중 하나를 선택하면 그와 관련된 이름으로 자동으로 바뀐다. 만약 '평균'을 선택하면 [사용자 지정 이름]과 [피벗 테이블 필드] 창에서 '값' 영역, 그리고 피벗 테이블의 열 제목 모두에 '평균 : 데이터3'으로 표시되고, 그 필드에 해당하는 값들이 모두 '데이터3'의 평균값들로 표시된다.

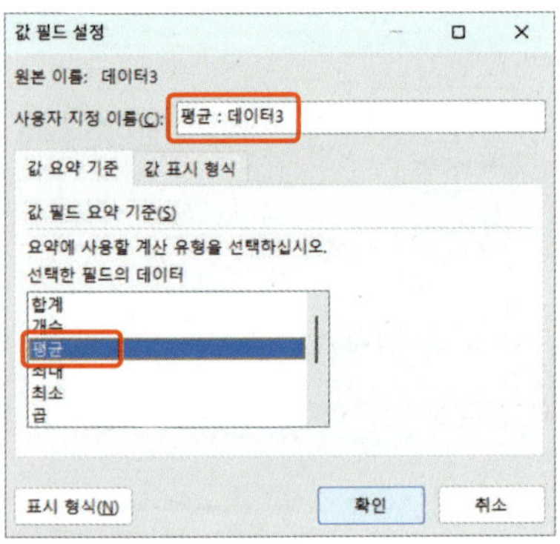

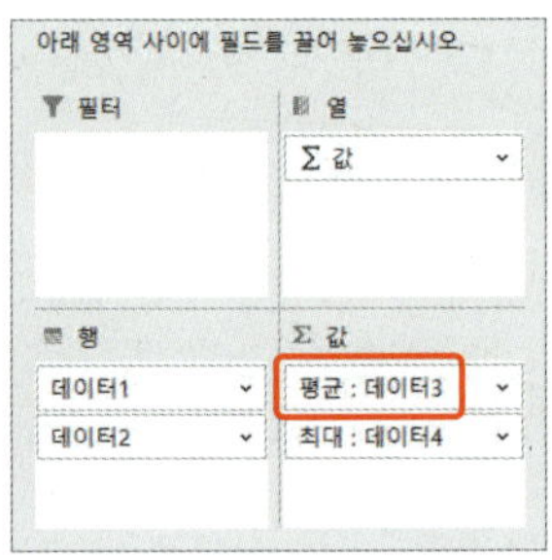

또는 사용자가 직접 임의의 이름을 입력할 수도 있다.

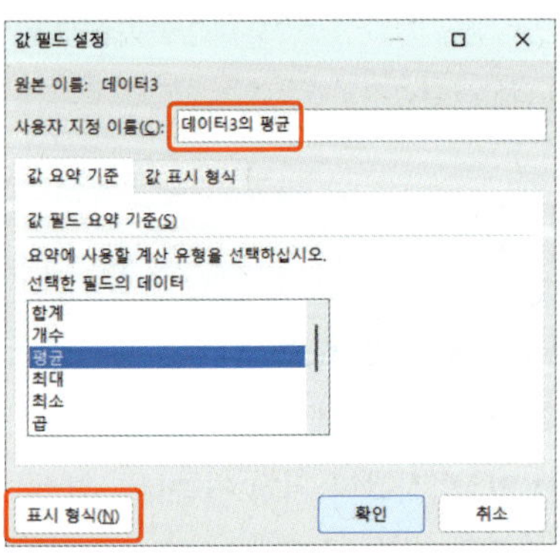

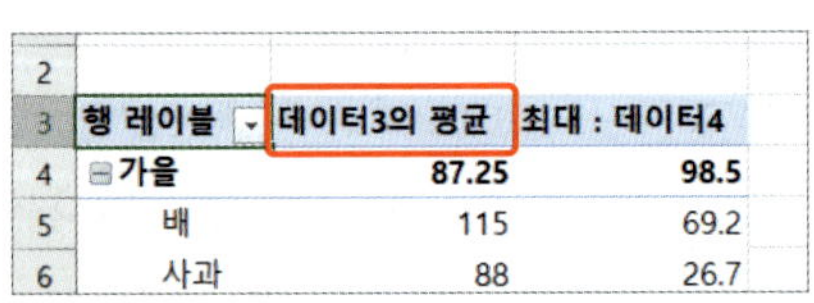

[표시 형식] 메뉴를 선택하면 [셀 서식] 창에서 피벗 테이블에 표시될 값들의 형식을 설정할 수 있다.

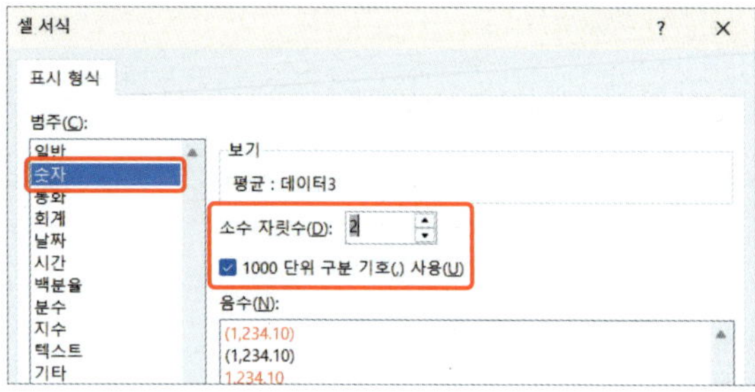

피벗 테이블의 표시 형식 수정하기

'예제12_03.xlsx'의 피벗 테이블에서 '합계 : 중간100'과 '합계 : 기말100'의 표시 값을 '중간100'의 최댓값과 '기말100'의 최솟값으로 표시하고 열 레이블 이름을 '중간 최대', '기말 최소'로 수정해 보자.

피벗 테이블의 값 영역에 있는 ❶ '합계 : 중간100'을 클릭하고 [값 필드 설정]을 클릭한다. ❷ [값 필드 설정] 창의 [값 요약 기준] 탭에서 '최대'를 선택하고 ❸ [사용자 지정 이름]을 '중간 최대'로 입력한 후 ❹ 〈확인〉을 클릭한다.

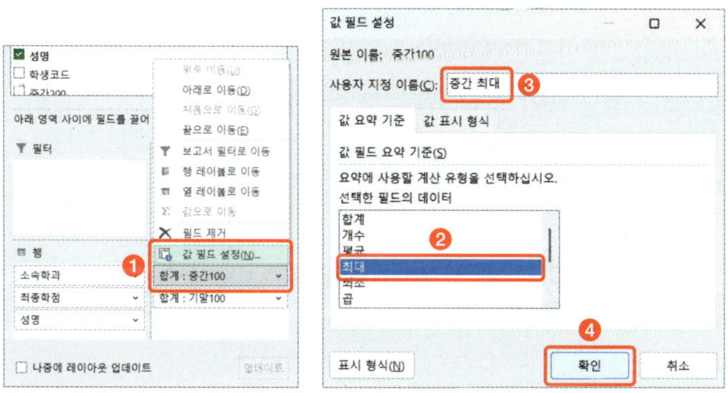

값 영역에 있는 ❺ '합계 : 기말100'의 [값 필드 설정] 창을 선택하고 [값 필드 설정] 창이 나타나면 ❻ [값 요약 기준] 탭에서 '최소'를 선택한다. ❼ [사용자 지정 이름]은 '기말 최소'로 입력한 후 ❽ 〈확인〉을 클릭한다.

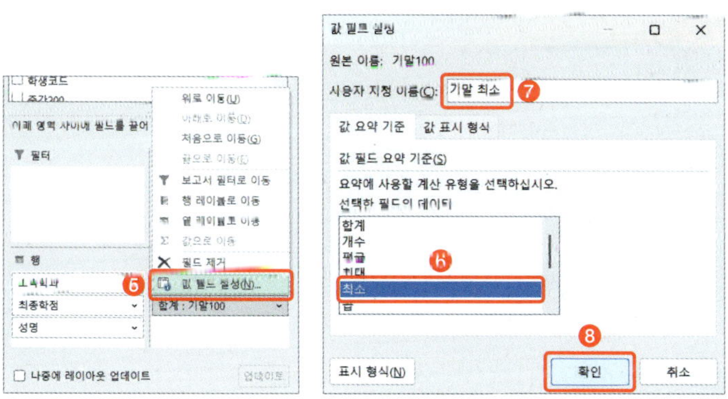

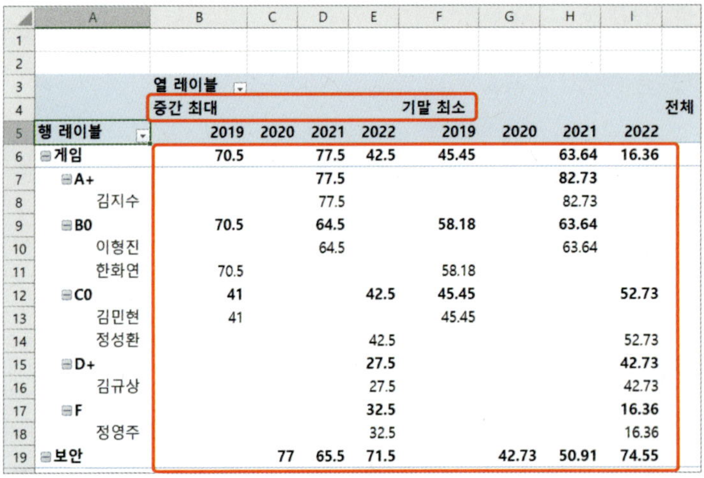

	A	B	C	D	E	F	G	H	I
1									
2									
3		열 레이블							
4		중간 최대				기말 최소			전체
5	행 레이블	2019	2020	2021	2022	2019	2020	2021	2022
6	⊟게임	70.5		77.5	42.5	45.45		63.64	16.36
7	⊟A+			77.5				82.73	
8	김지수			77.5				82.73	
9	⊟B0	70.5		64.5		58.18		63.64	
10	이형진			64.5				63.64	
11	한화연	70.5				58.18			
12	⊟C0	41			42.5	45.45			52.73
13	김민현	41				45.45			
14	정성환				42.5				52.73
15	⊟D+				27.5				42.73
16	김규상				27.5				42.73
17	⊟F				32.5				16.36
18	정영주				32.5				16.36
19	⊟보안		77	65.5	71.5		42.73	50.91	74.55

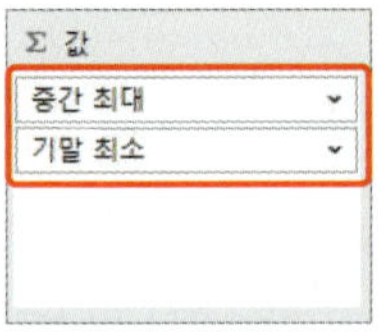

실습 12-3 필드 설정하기

준비 실습12_03.xlsx | **결과** 실습12_03_결과.xlsx

[Sheet1]의 피벗 테이블에서 합계를 나타내는 '할인율(INDEX:누적포인트)'과 '누적포인트'를 변경해 평균을 확인할 수 있도록 하고 '평균 : 할인율(INDEX : 누적포인트), '평균 : 누적포인트', '개수 : 이름' 열 이름을 각각 '평균 할인율', '평균 포인트', '인원수'로 변경하자.

'합계 : 할인율(INDEX:누적포인트)' 필드에 대한 [값 필드 설정] 창–[값 요약 기준] 탭에서 '평균'을 선택하고 [사용자 지정 이름]은 '평균 할인율'로 입력한다. '합계 : 누적포인트' 역시 [값 필드 설정] 창을 열어서 '평균'을 선택하고 [사용자 지정 이름]은 '평균 포인트'로 입력한다. '개수 : 이름' 필드는 이미 '개수'를 구한 상태이므로 [값 필드 설정] 창에서 [사용자 지정 이름]만 '인원수'로 변경한다.

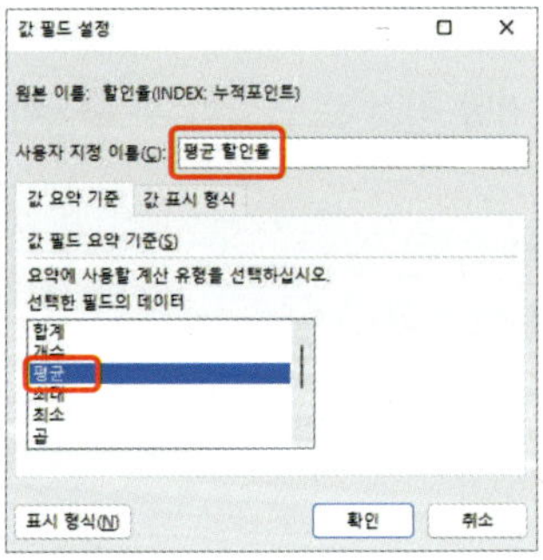

▲ 평균 할인율 설정

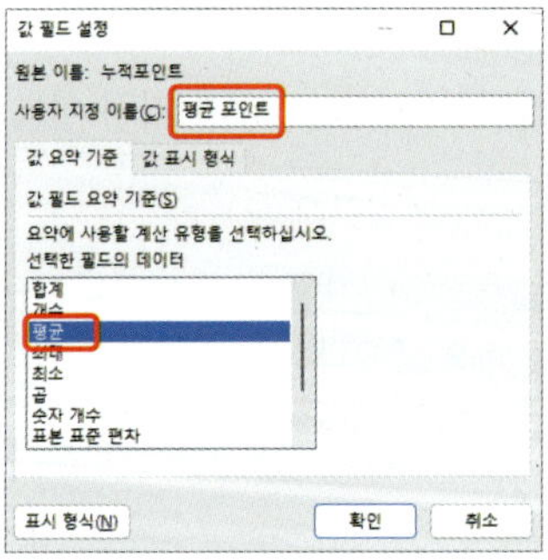

▲ 평균 포인트 설정

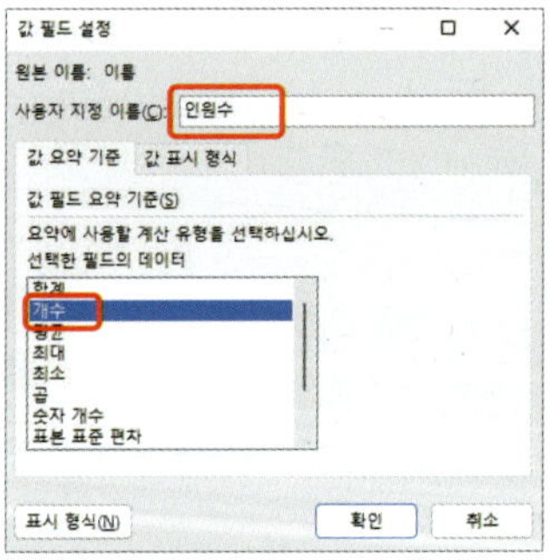

▲ 인원수 설정

그러면 피벗 테이블에도 열 레이블의 이름들과 값이 변경되어 표시된다.

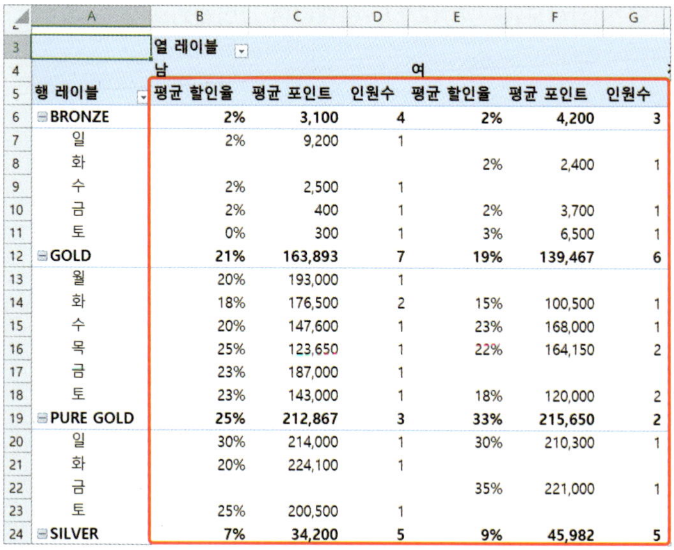

	A	B	C	D	E	F	G
3		열 레이블					
4		남			여		
5	행 레이블	평균 할인율	평균 포인트	인원수	평균 할인율	평균 포인트	인원수
6	⊟BRONZE	2%	3,100	4	2%	4,200	3
7	일	2%	9,200	1			
8	화				2%	2,400	1
9	수	2%	2,500	1			
10	금	2%	400	1	2%	3,700	1
11	토	0%	300	1	3%	6,500	1
12	⊟GOLD	21%	163,893	7	19%	139,467	6
13	월	20%	193,000	1			
14	화	18%	176,500	2	15%	100,500	1
15	수	20%	147,600	1	23%	168,000	1
16	목	25%	123,650	1	22%	164,150	2
17	금	23%	187,000	1			
18	토	23%	143,000	1	18%	120,000	2
19	⊟PURE GOLD	25%	212,867	3	33%	215,650	2
20	일	30%	214,000	1	30%	210,300	1
21	화	20%	224,100	1			
22	금				35%	221,000	1
23	토	25%	200,500	1			
24	⊟SILVER	7%	34,200	5	9%	45,982	5

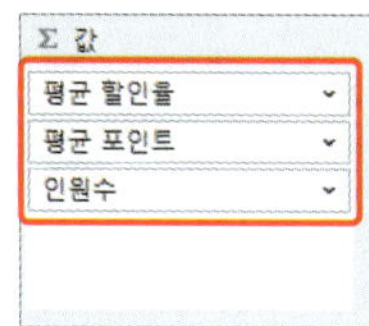

3 필터 영역 이해하기

준비 예제12_04.xlsx | **결과** 예제12_04_결과.xlsx

피벗 테이블을 구성하고 있는 필드를 필터 영역에 놓으면 해당 필드를 기준으로 데이터를 필터링하여 간략하게 정리된 상태의 피벗 테이블을 확인할 수 있다.

'예제12_04.xlsx'의 [Sheet1]에 있는 피벗 테이블을 '소속학과' 또는 '입학연도'를 선택하여 학생들의 성적 정보를 확인할 수 있는 피벗 테이블로 구성해 보자.

'소속학과'나 '입학연도'를 선택하려면 두 개의 필드를 필터 영역으로 이동해야 한다. ❶ 행 영역에 있는 '소속학과' 필드와 ❷ 열 영역에 있는 '입학연도' 필드를 필터 영역으로 이동시킨다. 그러면 ❸ 1행에 '소속학과', 2행에 '입학연도'를 선택할 수 있는 ▾이 생성되고 피벗 테이블은 '중간 최대', '기말 최소'로만 구성된다.

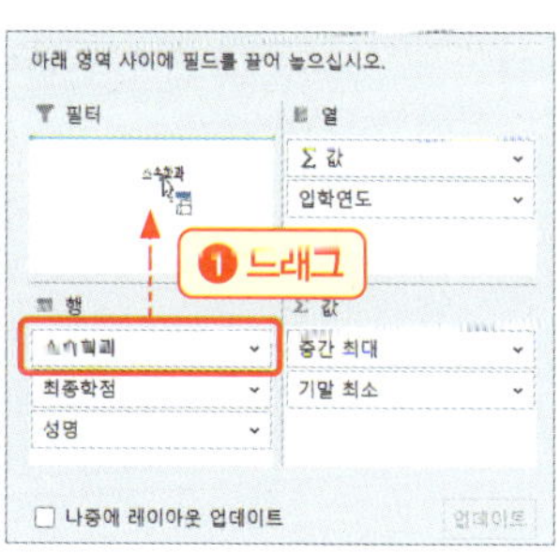

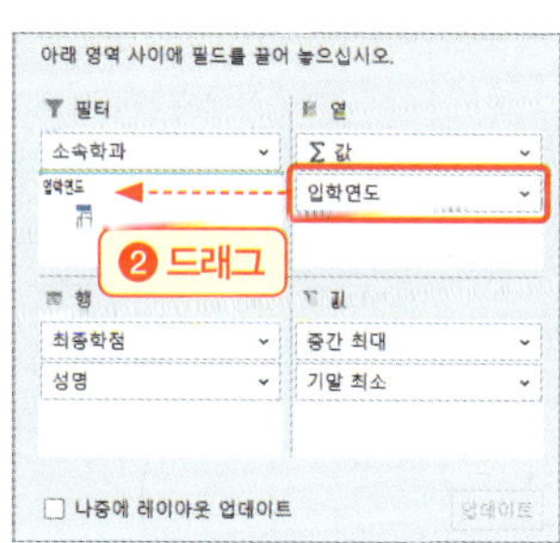

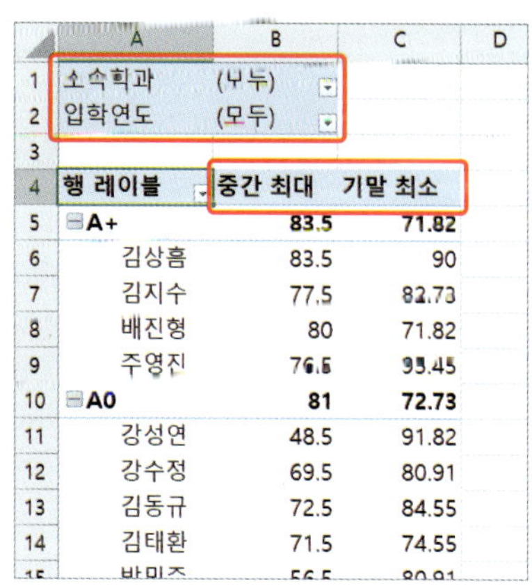

	A	B	C
1	소속학과	(모두)	
2	입학연도	(모두)	
3			
4	행 레이블	중간 최대	기말 최소
5	⊟A+	83.5	71.82
6	김상흠	83.5	90
7	김지수	77.5	82.73
8	배진형	80	71.82
9	주영진	76.5	93.45
10	⊟A0	81	72.73
11	강성연	48.5	91.82
12	강수정	69.5	80.91
13	김동규	72.5	84.55
14	김태환	71.5	74.55

1열의 '소속학과'를 '보안'으로 2열의 '입학연도'를 '2020'으로 선택하면 보안학과의 2020학번 학생의 정보를 확인할 수 있다.

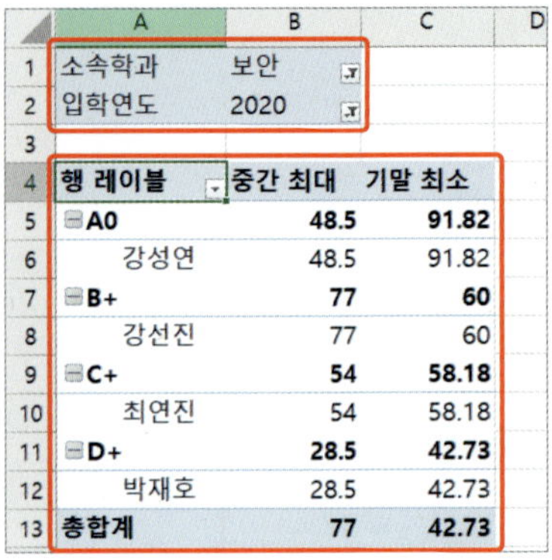

보안학과이거나 통신학과이면서 2020학번이거나 2021학번인 학생들의 성적 정보를 확인하려면 1열의 '소속학과' ▾에서 [여러 항목 선택]을 선택한 후 '보안'과 '통신'을 선택하고 〈확인〉을 클릭한다. 그리고 2열 '입학연도' ▾에서 [여러 항목 선택]을 선택한 후 '2020'과 '2021'을 선택하고 〈확인〉을 클릭한다. 그러면 보안학과이거나 통신학과인 학생이면서 입학연도가 2020이거나 2021인 학생들의 성적 정보를 확인할 수 있다.

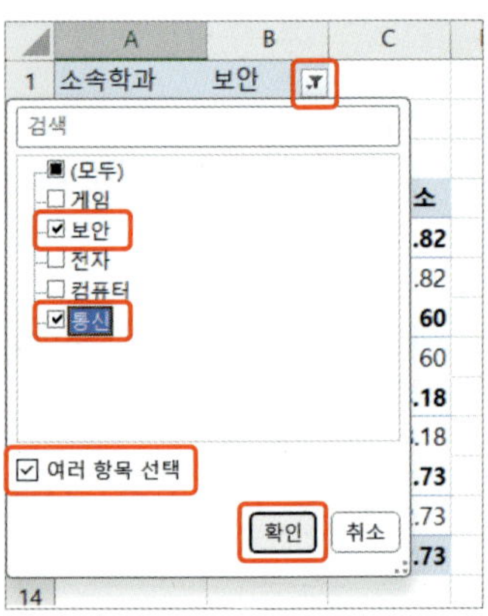

TIP • 필터 리스트에서 여러 개의 값을 선택하려면 [여러 항목 선택]을 클릭한 뒤 값을 선택하여 필터링한다. 이렇게 여러 값을 필터로 사용하면 1행에서 '(다중 항목)'으로 표시된다.

실습 12-4 피벗 테이블의 필터 사용하기

준비 실습12_04.xlsx | **결과** 실습12_04_결과.xlsx

[Sheet1]의 피벗 테이블을 '성별', '회원등급' 또는 '요일'을 선택하여 회원정보를 확인할 수 있는 단순한 피벗 테이블로 구성해 보자.

우선 ❶ 열 영역에 있는 '성별' 필드와 ❷ 행 영역에 있는 '회원등급', ❸ '요일' 필드를 모두 필터 영역으로 드래그해서 이동한다.

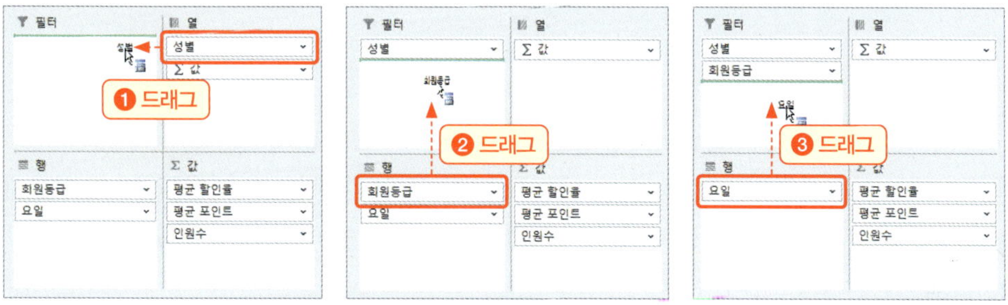

그러면 이 필드들은 피벗 테이블의 위쪽에 필터로 구분되면서 모든 데이터가 표시되던 피벗 테이블이 전체 '평균 할인율', '평균 포인트', '인원수'만 표시되는 피벗 네이블이 된다.

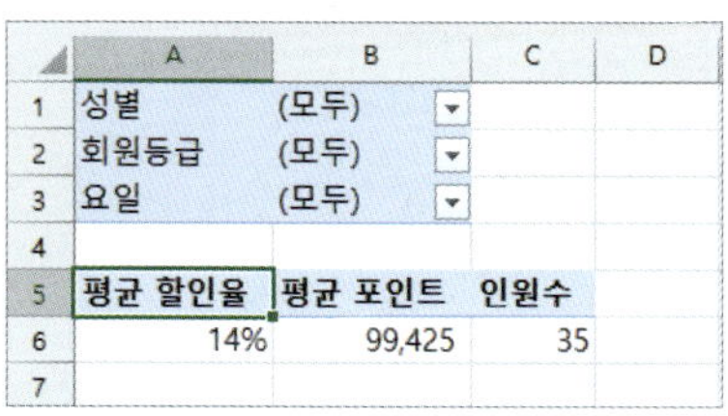

만약 '성별'에서 '남'을 선택하면 '회원등급', '요일'에 상관없이 남성 회원들 전체의 '평균 할인율', '평균포인트', '인원수'가 표시된다.

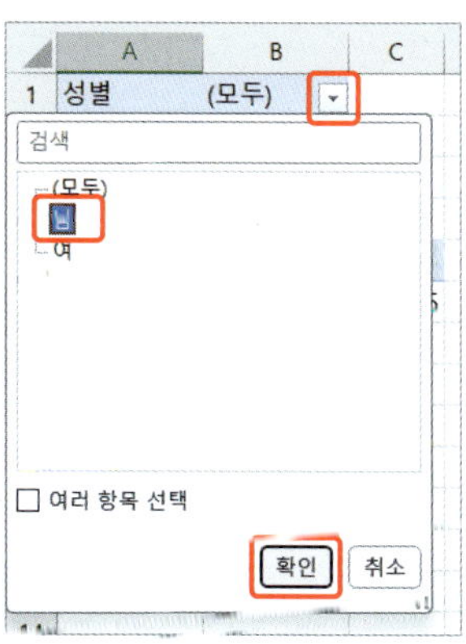

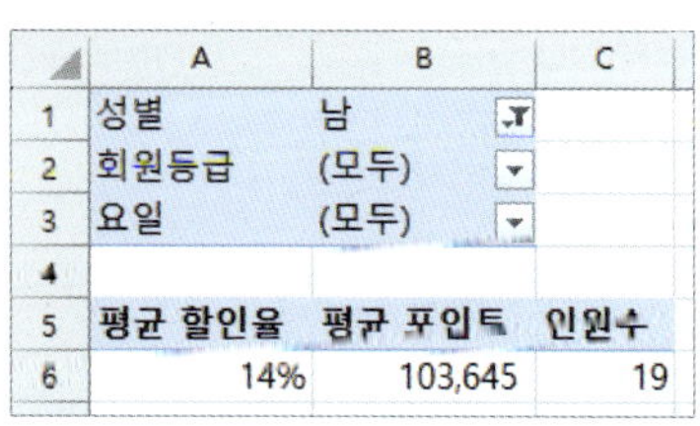

원래대로 모든 성별에 대한 정보를 확인하려면 '성별' 필터에서 '(모두)'를 선택하고 〈확인〉을 클릭한다.

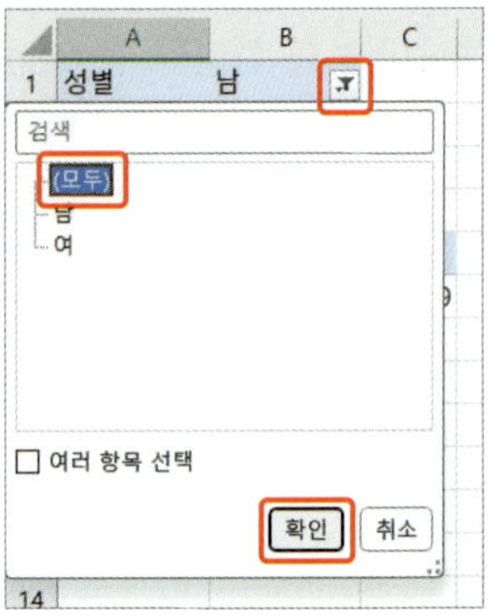

이번에는 '성별'은 '여', '회원등급'은 'BRONZE', 'SILVER', '요일'은 '목', '금', '토'를 선택해 확인해 보자. 이렇게 필터에서 여러 값을 선택할 때는 각 리스트 아래에 있는 [여러 항목 선택]을 선택한 후 확인하려는 값들을 선택한다.

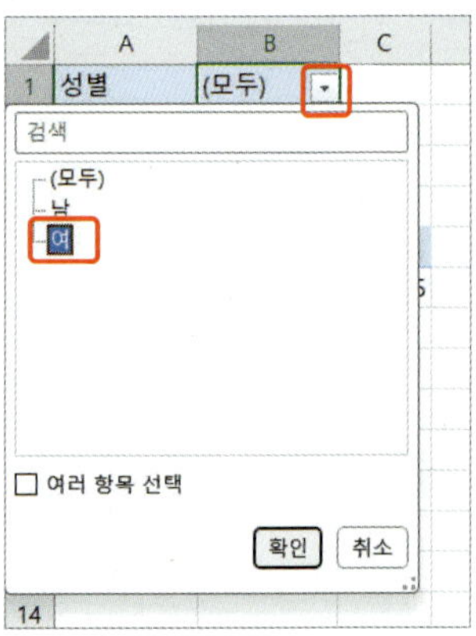

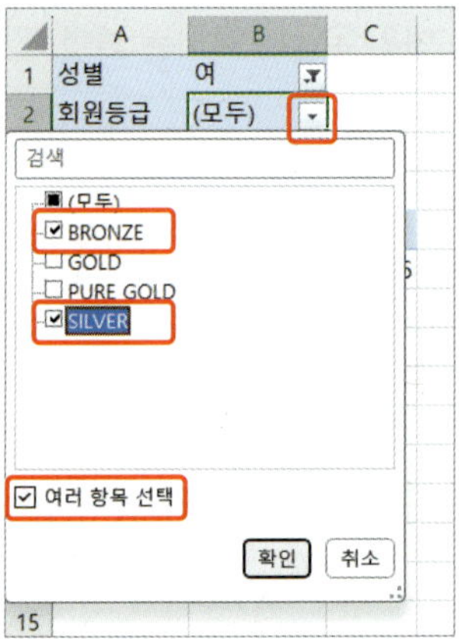

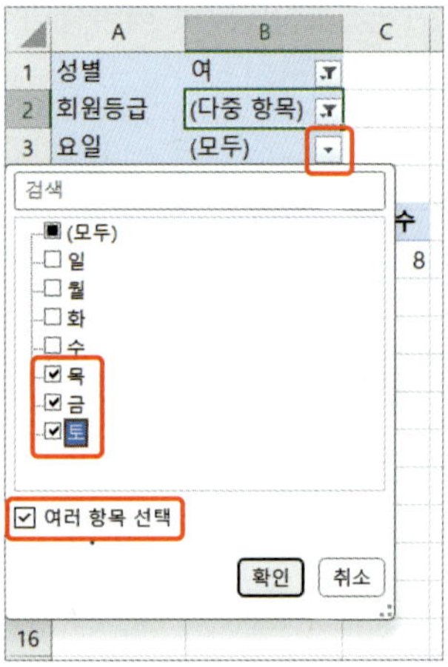

'성별', '회원등급', '요일'을 필터로 사용한 결과를 표시할 수 있다.

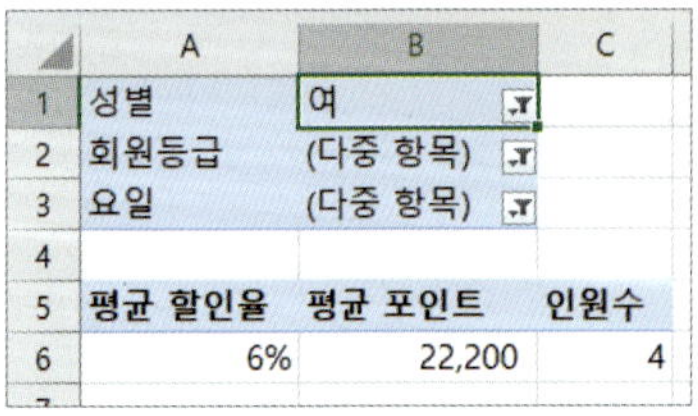

SECTION 03

행 레이블의 이해

[행 레이블] 옆의 [▾]을 클릭하면 필터 메뉴가 나타난다. 이 메뉴들은 '9장 데이터 정렬', '11장 필터링을 이용한 데이터 분석'에서 공부한 것들로, 피벗 테이블에서의 필터링을 할 수 있도록 한다. 여기서 **1** [필드 선택]은 행 영역에 두 가지 이상의 필드가 포함되었을 때 나타나며, 여기서 선택된 필드를 기준으로 정렬, 필터링, 검색을 실행할 수 있다.

1 정렬

준비 예제12_05.xlsx | **결과** 예제12_05_결과.xlsx

[필드 선택]에서 선택한 필드의 값을 내림차순 또는 오름차순으로 정렬할 수 있다. 특히 [기타 정렬 옵션]의 [정렬] 창에서 정렬 옵션을 변경할 수 있는데, [오름차순 기준]이나 [내림차순 기준]에서 정렬 기준 필드를 선택할 수 있다. 예를 들어 [내림차순 기준]을 '최소 : 데이터3'으로 선택하고 〈확인〉을 클릭하면 행 레이블에서 선택된 필드인 '데이터1'에 대한 '최소 : 데이터3' 값들을 내림차순으로 정렬하여 피벗 테이블의 데이터를 모두 정렬한다.

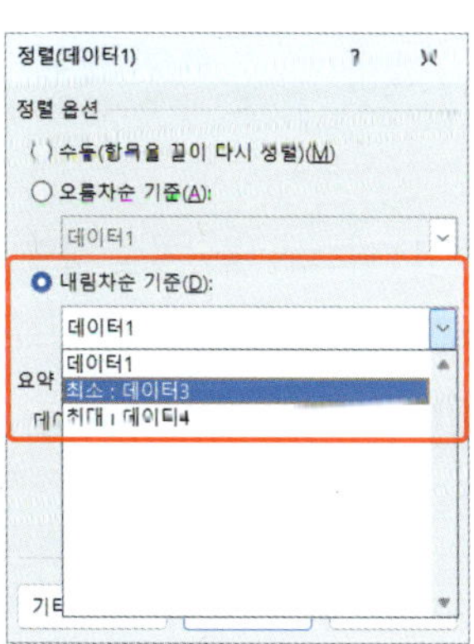

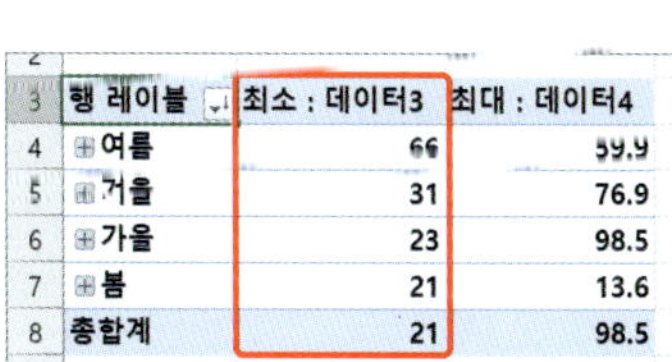

기본적으로 [기타 정렬 옵션]은 [수동(항목을 끌어 다시 정렬)]으로 선택되어 있다. 이는 정렬하려는 행 레이블의 가장자리에 마우스 포인터를 가져다 놓았을 때 ⊹로 바뀌면 클릭&드래그로 원하는 위치에 값을 이동시키는 방식으로 정렬한다.

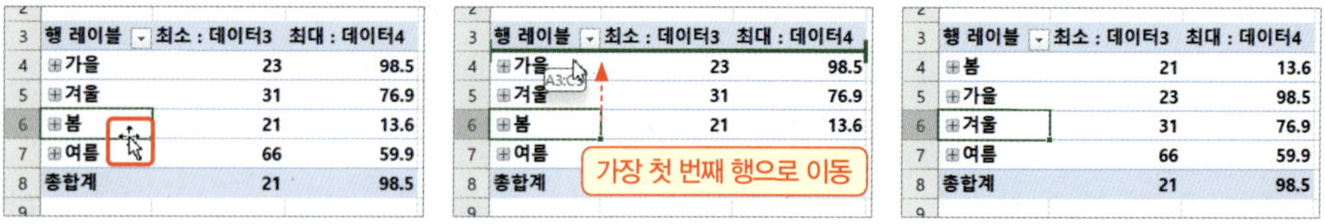

행 레이블 정렬하기

'예제12_05.xlsx'의 [Sheet1]에서 '소속학과', '최종학점', '성명' 필드들을 모두 내림차순으로 정렬해 보자.

행 레이블의 필터 메뉴에서 [필드 선택]이 '소속학과'로 되어 있는 것을 확인하고 [텍스트 내림차순 정렬]을 클릭한다.

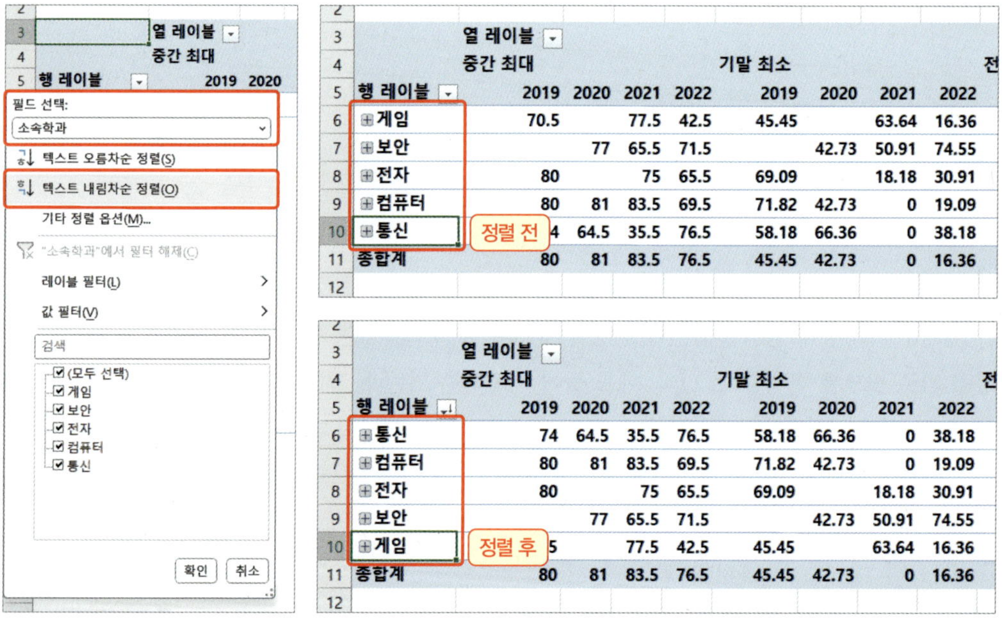

다음으로 행 레이블의 필터 메뉴에서 [필드 선택]을 '최종학점'으로 바꾸고 [텍스트 내림차순 정렬]을 선택한다. 단, 앞의 결과처럼 '소속학과'의 하위 필드들이 숨겨진 경우는 정렬 메뉴가 비활성화되어 있으므로 각 '소속학과' 앞의 ⊞를 클릭하여 하위 필드를 펼친 후 실행한다.

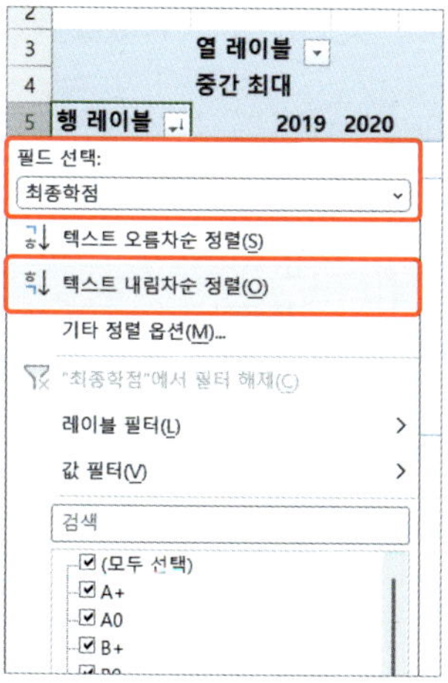

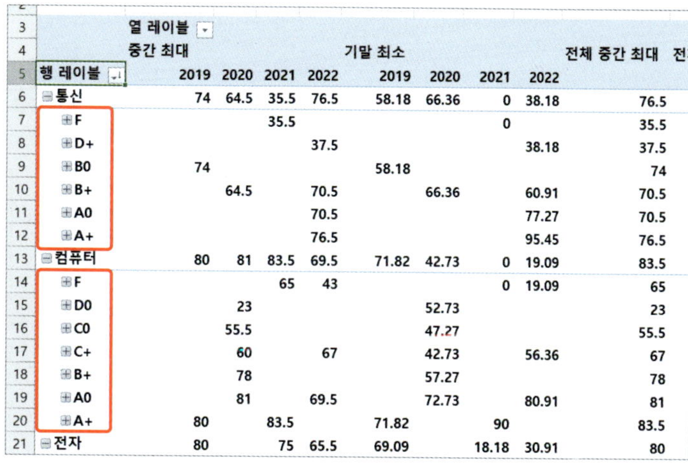

마지막으로 행 레이블의 [필드 선택]을 '성명'으로 바꾸고 [텍스트 내림차순 정렬]을 클릭한다. 역시 각 '최종학점' 의 ⊞를 클릭하여 하위 필드를 펼친 후 실행한다.

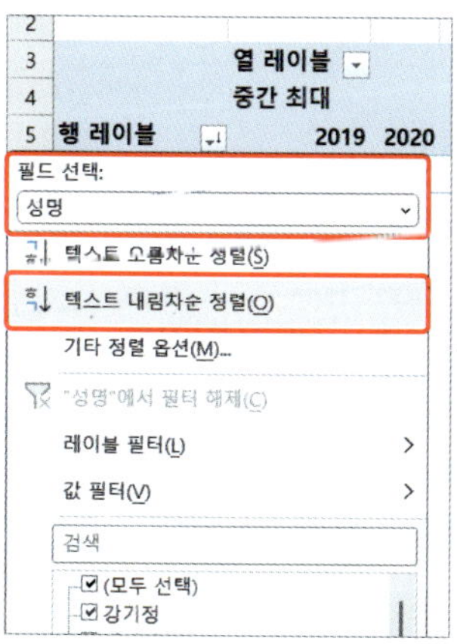

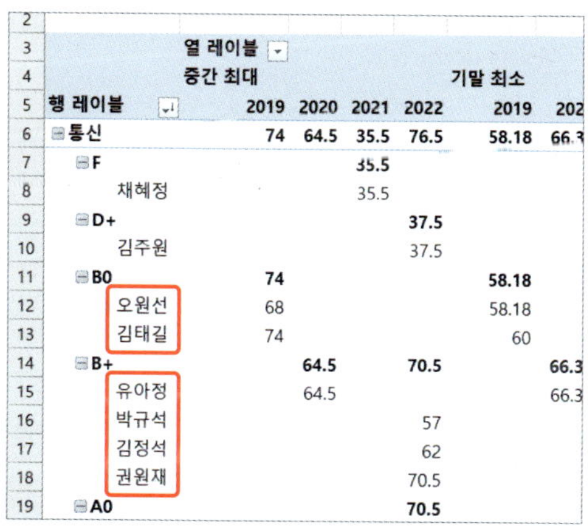

[Sheet2] '최종학점'에 대해 '중간 최대' 필드를 기준으로 오름차순으로 정렬하자.

'최종학점'에 대해 '중간 최대'의 필드 값을 정렬해야 하므로 행 레이블의 필터 메뉴에서 [필드 선택]을 '최종학점'으로 선택한 뒤 [기타 정렬 옵션]을 클릭한다. [정렬(최종학점)] 창에서 [오름차순 기준]을 선택하면 활성화되는 목록 중 '중간 최대'를 선택하고 〈확인〉을 클릭한다.

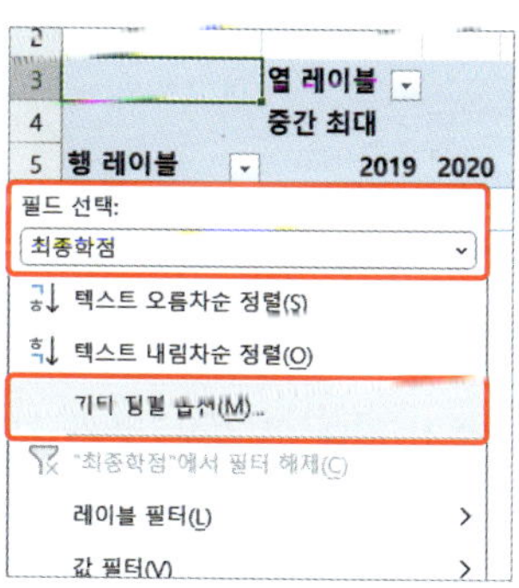

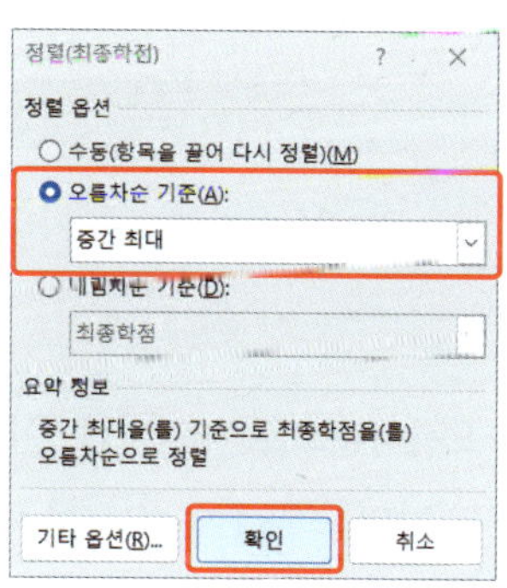

그러면 '최종학점'에 대한 '전체 중간 최대'의 값이 오름차순으로 정렬되는 것을 확인할 수 있다.

	열 레이블									
	중간 최대				기말 최소				전체 중간 최대	전체 기말 최소
행 레이블	2019	2020	2021	2022	2019	2020	2021	2022		
⊟게임	70.5		77.5	42.5	45.45		63.64	16.36	77.5	16.36
⊞D+				27.5				42.73	27.5	42.73
⊞F				32.5				16.36	32.5	16.36
⊞C0	41			42.5	45.45			52.73	42.5	45.45
⊞B0	70.5		64.5		58.18		63.64		70.5	58.18
⊞A+			77.5				82.73		77.5	82.73
⊟보안		77	65.5	71.5		42.73	50.91	74.55	77	42.73

열 레이블 정렬하기

[Sheet3]의 열 레이블을 내림차순으로 정렬해 보자.

열 레이블의 필터 메뉴에서 [숫자 내림차순 정렬]을 클릭한다. 그러면 열 레이블로 사용되는 '입학연도'가 내림차순으로 정렬되어 표시된다.

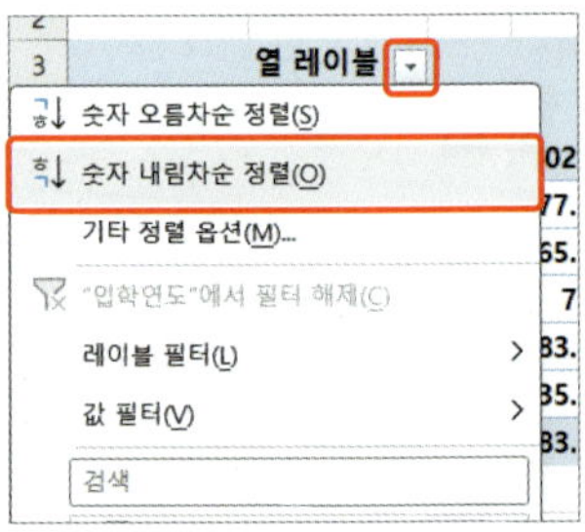

	열 레이블								
	중간 최대				기말 최소				전체 중간
행 레이블	2022	2021	2020	2019	2022	2021	2020	2019	
⊞게임	42.5	77.5		70.5	16.36	63.64		45.45	
⊞보안	71.5	65.5	77		74.55	50.91	42.73		
⊞전자	65.5	75		80	30.91	18.18		69.09	
⊞컴퓨터	69.5	83.5	81	80	19.09	0	42.73	71.82	
⊞통신	76.5	35.5	64.5	74	38.18	0	66.36	58.18	
총합계	76.5	83.5	81	80	16.36	0	42.73	45.45	

'기말 최소' 필드를 기준으로 [Sheet4]의 열 레이블을 오름차순으로 정렬해 보자.

열 레이블의 필터 메뉴에서 [기타 정렬 옵션]을 선택한 뒤 [정렬(입학연도)] 창에서 [오름차순 기준]을 클릭하고 '기말 최소'를 선택한 후 〈확인〉을 클릭한다.

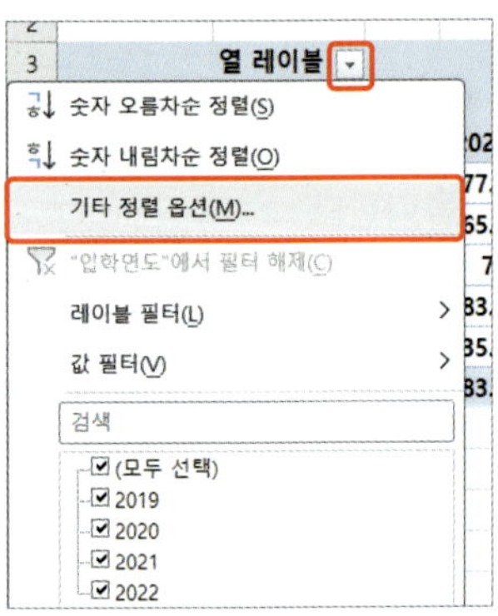

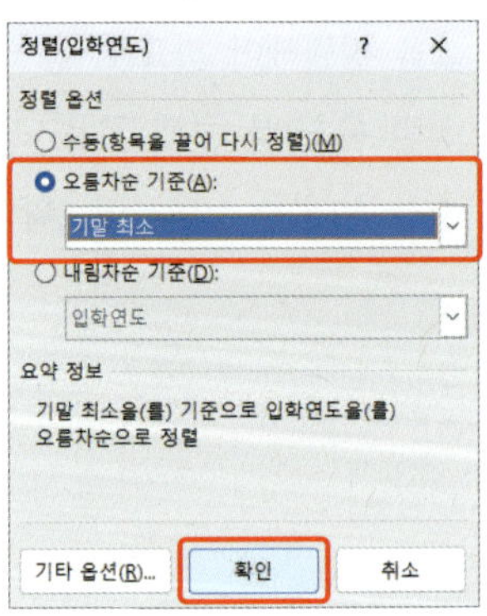

그러면 '기말 최소'의 '총합계'의 값들이 오름차순으로 나열된다. 이때 '중간 최대'의 경우 '중간 최대'의 '총합계'와 상관없이 '기말 최소'의 '입학연도'와 같은 순서로 나열되어 표시된다.

행 레이블	중간 최대 2021	2022	2020	2019	기말 최소 2021	2022	2020	2019	전체 중간 최대	전체 기말 최소
⊞게임	77.5	42.5		70.5	63.64	16.36		45.45	77.5	16.36
⊞보안	65.5	71.5	77		50.91	74.55	42.73		77	42.73
⊞전자	75	65.5		80	18.18	30.91		69.09	80	18.18
⊞컴퓨터	83.5	69.5	81	80	0	19.09	42.73	71.82	83.5	0
⊞통신	35.5	76.5	64.5	74	0	38.18	66.36	58.18	76.5	0
총합계	83.5	76.5	81	80	0	16.36	42.73	45.45	83.5	0

실습 12-5 피벗 테이블의 레이블 정렬하기

준비 실습12_05.xlsx | **결과** 실습12_05_결과.xlsx

01 '회원등급'을 PURE GOLD-GOLD-SILVER-BRONZE 순으로 나열하기

행 레이블 중 '회원등급'을 등급순으로 정렬하려면 수동으로 정렬해야 한다. 수동으로 정렬하는 경우 피벗 테이블에서 항목을 직접 이동시킬 수 있다. 우선, 'BRONZE'를 선택하고 그 셀의 가장자리에서 마우스 포인터가 ✥로 바뀌면 클릭하여 맨 아래로 끌어내린다.

행 레이블	남 평균 할인율	평균 포인트	인원수	여 평균 할인율
⊞BRONZE	2%	3,100	4	2%
⊞GOLD	21%	163,893	7	19%
⊞PURE GOLD	25%	212,867	3	33%
⊞SILVER	7%	34,200	5	9%
총합계	14%	103,645	19	15%

행 레이블	남 평균 할인율	평균 포인트	인원수	여 평균 할인율
⊞BRONZE	2%	3,100	4	2%
⊞GOLD	21%	163,893	7	19%
⊞PURE GOLD	25%	212,867	3	33%
⊞SILVER	7%	34,200	5	9%
총합계	14%	103,645	19	15%

이번에는 'PURE GOLD'를 선택하고 그 셀의 가장자리에서 마우스 포인터가 ✥로 바뀌면 클릭하여 맨 위로 끌어올려 정렬을 완성한다.

행 레이블	남 평균 할인율	평균 포인트	인원수	여 평균 할인율
⊞GOLD	21%	163,893	7	19%
⊞PURE GOLD	25%	212,867	3	33%
⊞SILVER	7%	34,200	5	9%
⊞BRONZE	2%	3,100	4	2%
총합계	14%	103,645	19	15%

행 레이블	남 평균 할인율	평균 포인트	인원수	여 평균 할인율
⊞PURE GOLD	25%	212,867	3	33%
⊞GOLD	21%	163,893	7	19%
⊞SILVER	7%	34,200	5	9%
⊞BRONZE	2%	3,100	4	2%
총합계	14%	103,645	19	15%

02 '요일'에 대한 '평균 포인트'를 오름차순으로 정렬하기

먼저 '회원등급' 옆의 ⊞를 클릭하여 각 '회원등급'에 포함된 '요일' 정보를 확인할 수 있도록 하자.

2			
3		열 레이블	
4		남	
5	행 레이블	평균 할인율	평균 포인트
6	⊟PURE GOLD	25%	212,867
7	일	30%	214,000
8	화	20%	224,100
9	금		
10	토	25%	200,500
11	⊞GOLD	21%	163,893
12	⊞SILVER	7%	34,200
13	⊞BRONZE	2%	3,100
14	총합계	14%	103,645
15			

이제 행 레이블 필터 메뉴에서 [필드 선택]을 '요일'로 선택하고 [기타 정렬 옵션]을 클릭한다. [정렬(요일)] 창에서 [오름차순 기준]을 선택하여 활성화되는 목록에서 '평균 포인트'를 선택하고 〈확인〉을 클릭한다.

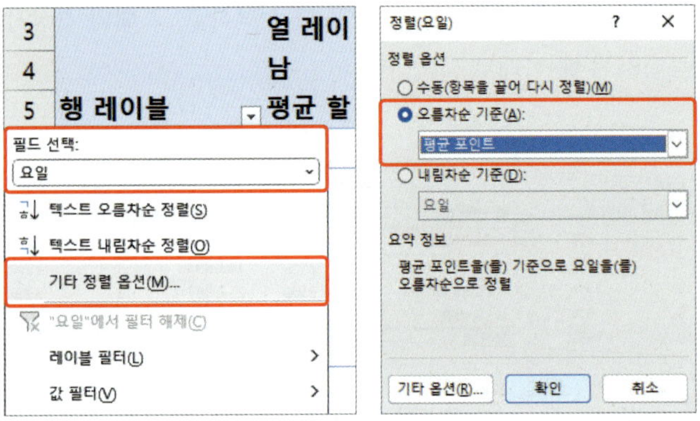

그러면 각 '요일'의 '전체 평균 포인트'가 오름차순으로 정렬되어 표시된다.

3		열 레이블								
4		남			여			전체 평균 할인율	전체 평균 포인트	전체 인원수
5	행 레이블	평균 할인율	평균 포인트	인원수	평균 할인율	평균 포인트	인원수			
6	⊟PURE GOLD	25%	212,867	3	33%	215,650	2	28%	213,980	5
7	토	25%	200,500	1				25%	200,500	1
8	일	30%	214,000	1	30%	210,300	1	30%	212,150	2
9	금				35%	221,000	1	35%	221,000	1
10	화	20%	224,100	1				20%	224,100	1
11	⊟GOLD	21%	163,893	7	19%	139,467	6	20%	152,619	13
12	토	23%	143,000	1	18%	120,000	2	19%	127,667	3
13	목	25%	123,650	1	22%	164,150	2	23%	150,650	3
14	화	18%	176,500	2	15%	100,500	1	17%	151,167	3
15	수	20%	147,600	1	23%	168,000	1	22%	157,800	2
16	금	23%	187,000	1				23%	187,000	1
17	월	20%	193,000	1				20%	193,000	1
18	⊟SILVER	7%	34,200	5	9%	45,982	5	8%	40,091	10
19	목				10%	23,000	1	10%	23,000	1
20	수	8%	26,750	2	8%	27,010	1	8%	26,837	3
21	금	6%	24,700	2	10%	55,600	1	7%	35,000	3
22	화	10%	68,100	1	9%	62,150	2	9%	64,133	3
23	⊟BRONZE	2%	3,100	4	2%	4,200	3	2%	3,571	7
24	금	2%	400	1	2%	3,700	1	2%	2,050	2
25	화				2%	2,400	1	2%	2,400	1
26	수	2%	2,500	1				2%	2,500	1
27	토	0%	300	1	3%	6,500	1	2%	3,400	2
28	일	2%	9,200	1				2%	9,200	1
29	총합계	14%	103,645	19	15%	94,413	16	14%	99,425	35

2 필터

레이블 필터

준비 예제12_06.xlsx | **결과** 예제12_06_결과.xlsx

필터 중 [레이블 필터]는 선택한 필드의 값들에 대한 조건을 설정하는 메뉴이다. '예제12_06.xlsx'의 [Sheet1]에서 '소속학과'의 첫 글자가 'ㅊ' 이후에 해당하는 학과에 속한 학생들의 정보만 확인하자.

행 레이블의 필터 메뉴에서 [필드 선택]을 '소속학과'로 선택하고 [레이블 필터]-[크거나 같음]을 선택한다. [레이블 필터(소속학과)] 창에서 **차**를 입력한 후 〈확인〉을 클릭하면 사전적으로 'ㅊ'의 뒤에 오는 문자들을 검색할 수 있다.

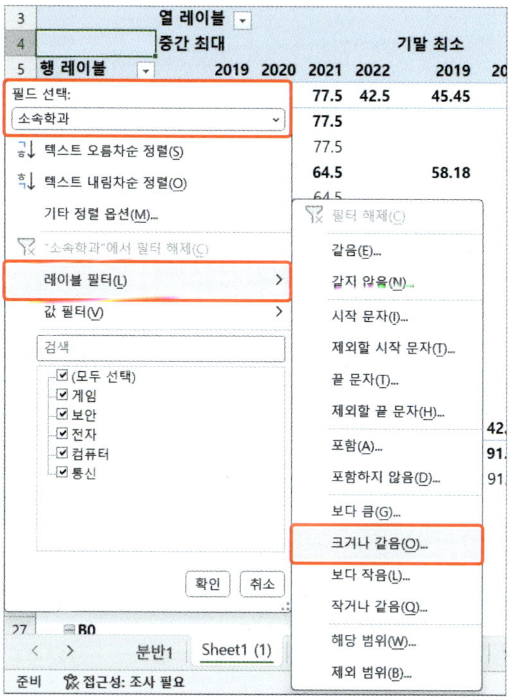

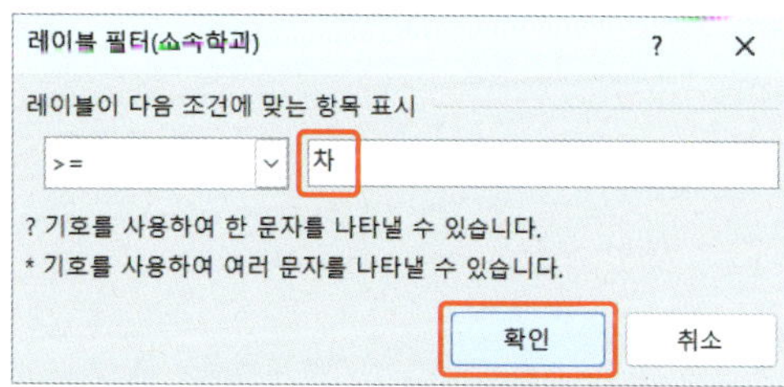

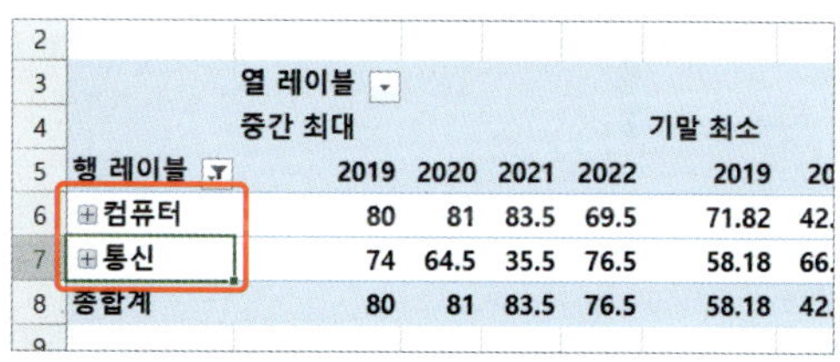

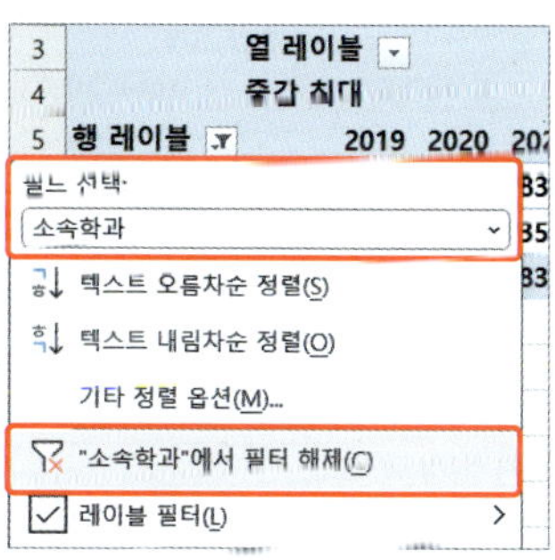

적용된 레이블 필터를 모두 해제하고, '최종학점'이 B+에서 C0 사이인 학생들의 정보만 확인하자.

이전에 적용된 레이블 필터는 '소속학과'에 대한 것이므로 [필드 선택]이 '소속학과'인 상태에는 ["소속학과"에서 필터 해제]가 활성화되어 있다. 해당 메뉴를 클릭하면 적용되었던 필터가 해제되고 전체 데이터가 표시된다.

[필드 선택]을 '최종학점'으로 설정하고 [레이블 필터]-[해당 범위]를 클릭한다. [레이블 필터(최종학점)] 창에서 `B+`와 `C0`를 입력하고 〈확인〉을 클릭한다.

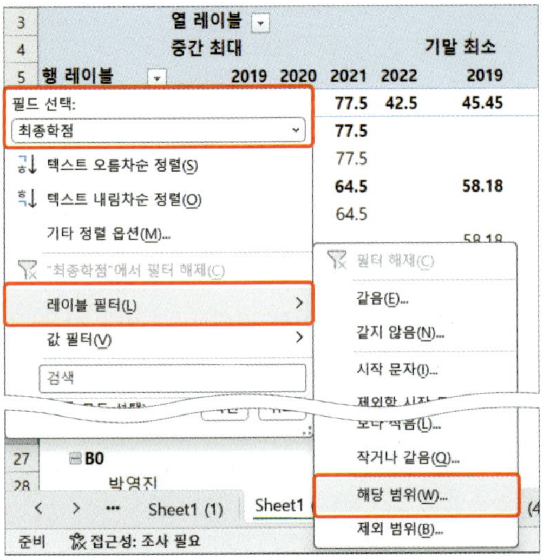

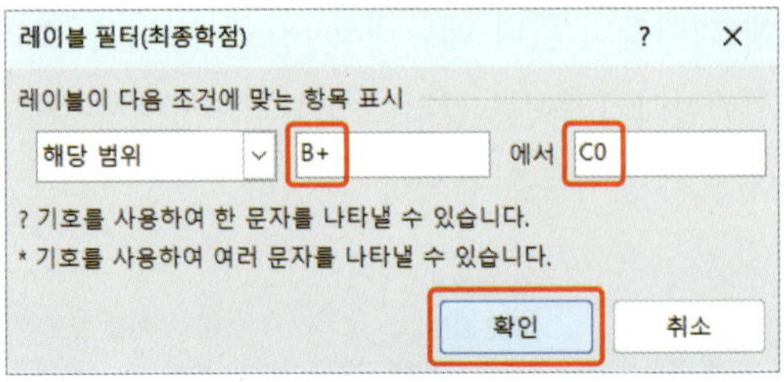

그러면 각 학과의 'B+'에서 'C0' 사이의 학점을 부여받은 학생들의 정보들만 표시된다.

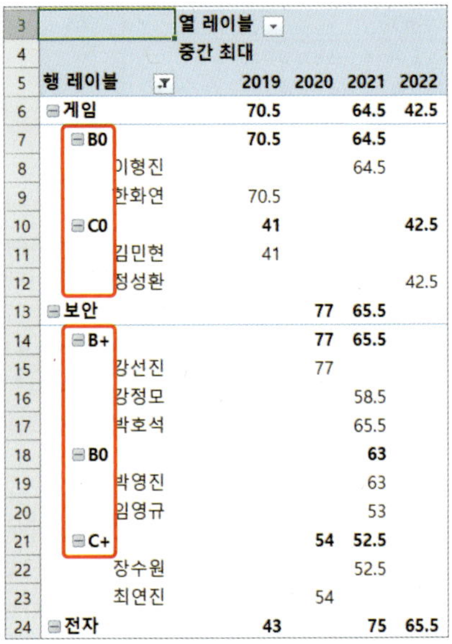

이번에는 '성명'의 마지막 글자가 '진'인 학생들의 정보만 확인하자. 적용된 필터를 해제하기 위해 행 레이블에서 [필드 선택]을 '최종학점'으로 선택하고 ["최종학점"에서 필터 해제]를 클릭하여 해제한다.

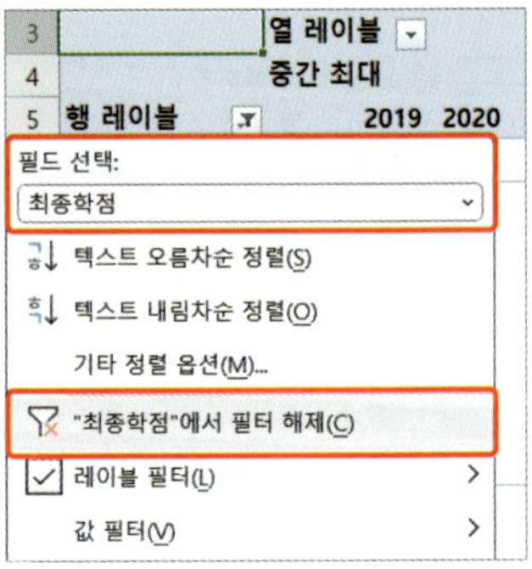

이제 행 레이블의 ▾에서 [필드 선택]을 '성명'으로 선택하고 [레이블 필터]–[끝 문자]를 클릭하여 [레이블 필터(성명)] 창에서 **진**을 입력한 다음 〈확인〉을 클릭한다.

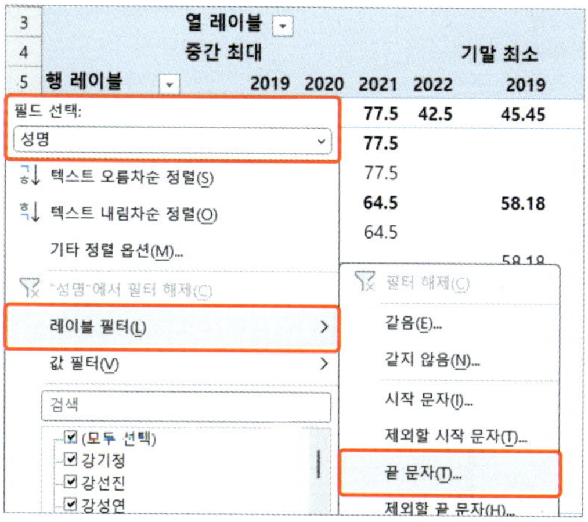

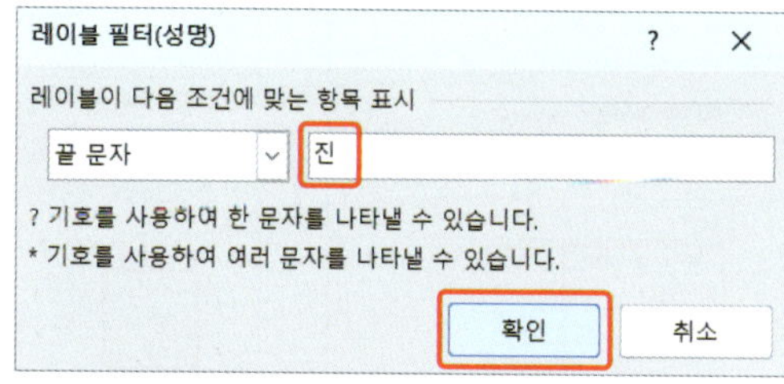

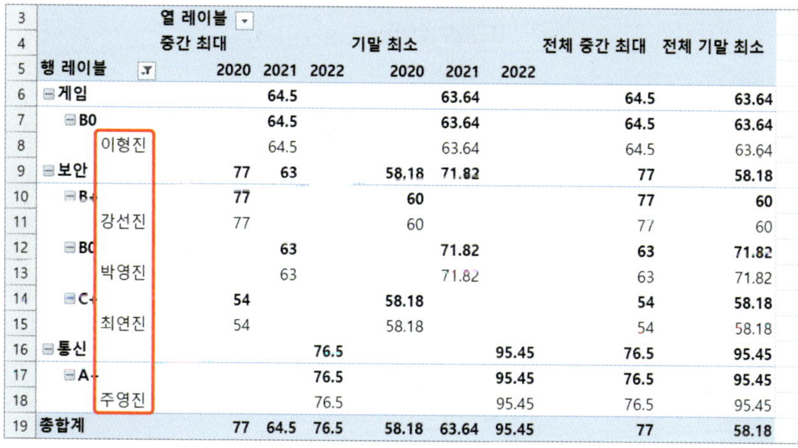

현재 적용된 필터를 해제하고, 보안학과 또는 통신학과 학생들 중 'D' 이하의 학점을 부여받은 학생들의 정보를 확인하자. ["성명"에서 필터 해제] 메뉴를 클릭하여 적용된 필터를 해제한다

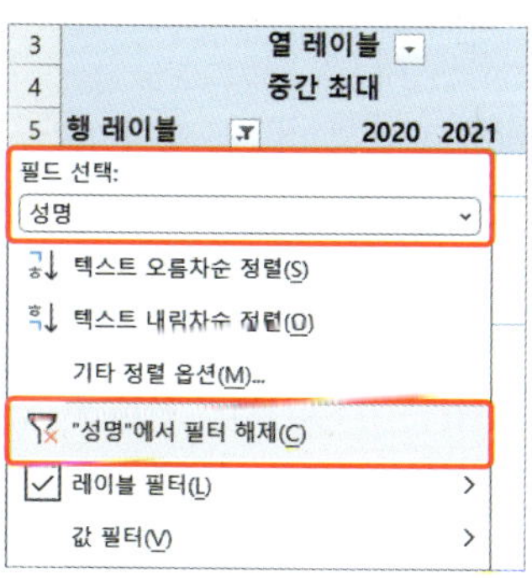

행 레이블 필터 메뉴에서 [필드 선택]을 '소속학과'로 선택한 뒤 [검색] 리스트에서 '(모두 선택)'을 해제하고 '보안'과 '통신'을 선택하여 피벗 테이블에 보안과 통신학과만 표시되도록 한다. 이 상태에서 행 레이블 필터 메뉴의 [필드 선택]에서 '최종학점'을 선택하고 검색 리스트에서 '(모두 선택)'을 선택 해제한 다음 'D+', 'D0', 'F'를 선택하고 〈확인〉을 클릭한다.

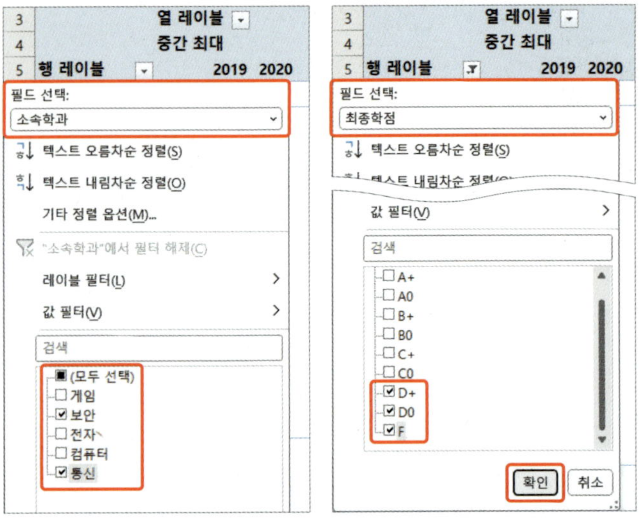

		열 레이블							
4		중간 최대			기말 최소			전체 중간 최대	전체 기말 최소
5	행 레이블	2020	2021	2022	2020	2021	2022		
6	⊟보안	28.5	26		42.73	50.91		28.5	42.73
7	⊟D+	28.5			42.73			28.5	42.73
8	박재호	28.5			42.73			28.5	42.73
9	⊟D0		26			50.91		26	50.91
10	강기정		26			50.91		26	50.91
11	⊟통신		35.5	37.5		0	38.18	37.5	0
12	⊟D+			37.5			38.18	37.5	38.18
13	김주원			37.5			38.18	37.5	38.18
14	⊟F		35.5			0		35.5	0
15	채혜정		35.5			0		35.5	0
16	총합계	28.5	35.5	37.5	42.73	0	38.18	37.5	0

실습 12-6 레이블 필터 사용하기

준비 실습12_06.xlsx | **결과** 실습12_06_결과.xlsx

01 태어난 '요일'이 금, 토, 일인 회원들의 정보 확인하기

[Sheet(1)]의 행 레이블의 필터 메뉴에서 [필드 선택]을 '요일'로 선택하고 검색 리스트에서 '(모두 선택)'을 해제한 후 '금', '토', '일'을 선택하고 〈확인〉을 클릭한다.

3		열 레이블					
4		남			여		
5	행 레이블	평균 할인율	평균 포인트	인원수	평균 할인율	평균 포인트	인원수
6	⊟PURE GOLD	28%	207,250	2	33%	215,650	2
7	일	30%	214,000	1	30%	210,300	1
8	금				35%	221,000	1
9	토	25%	200,500	1			
10	⊟GOLD	23%	165,000	2	18%	120,000	2
11	금	23%	187,000	1			
12	토	23%	143,000	1	18%	120,000	2
13	⊟SILVER	6%	24,700	2	10%	55,600	1
14	금	6%	24,700	2	10%	55,600	1
15	⊟BRONZE	1%	3,300	3	3%	5,100	2
16	일	2%	9,200	1			
17	금	2%	400	1	2%	3,700	1
18	토	0%	300	1	3%	6,500	1
19	총합계	13%	89,311	9	16%	105,300	7

02 '회원등급'이 'GOLD' 등급 이상이고 태어난 '요일'이 화, 수, 목인 회원들의 정보를 확인하기

[Sheet(2)]의 행 레이블의 필터 메뉴에서 [필드 선택]을 '회원등급'으로 선택하고 검색 리스트에서 'PURE GOLD'와 'GOLD'를 선택한 뒤 〈확인〉을 클릭한다. 이 상태에서 행 레이블의 목록 버튼에서 [필드 선택]을 '요일'로 선택하고 검색 리스트에서 '화', '수', '목'을 선택하고 〈확인〉을 클릭한다.

		열 레이블					
3							
4		남			여		
5	행 레이블	평균 할인율	평균 포인트	인원수	평균 할인율	평균 포인트	인원수
6	⊟ PURE GOLD	20%	224,100	1			
7	화	20%	224,100	1			
8	⊟ GOLD	20%	156,063	4	20%	149,200	4
9	화	18%	176,500	2	15%	100,500	1
10	수	20%	147,600	1	23%	168,000	1
11	목	25%	123,650	1	22%	164,150	2
12	총합계	20%	169,670	5	20%	149,200	4

03 여성 회원들의 각 등급별 정보 확인하기

[Sheet(3)]에서 여성 회원들의 각 등급에 대한 '평균 할인율', '평균 포인트', '인원수'를 확인하자.

'성별'은 열 레이블에 구성되어 있으므로 열 레이블 필터 메뉴의 검색 리스트에서 '(모두 선택)'을 해제하고 '여'를 선택한다. '요일'에 대한 정보는 필요가 없으므로 각 '회원등급' 옆의 ⊟을 클릭하여 숨긴다.

		열 레이블					
3							
4		여			전체 평균 할인율	전체 평균 포인트	전체 인원수
5	행 레이블	평균 할인율	평균 포인트	인원수			
6	⊞ PURE GOLD	33%	215,650	2	33%	215,650	2
7	⊞ GOLD	19%	139,467	6	19%	139,467	6
8	⊞ SILVER	9%	45,982	5	9%	45,982	5
9	⊟ BRONZE	2%	4,200	3	2%	4,200	3
10	화	2%	2,400	1	2%	2,400	1
11	금	2%	3,700	1	2%	3,700	1
12	토	3%	6,500	1	3%	6,500	1
13	총합계	15%	94,413	16	15%	94,413	16

04 알파벳 R이 포함된 등급에 속하는 남성 회원들의 정보 확인하기

[Sheet(4)]의 행 레이블의 필터 메뉴에서 [필드 선택]이 '회원등급'으로 되어 있는지 확인하고 [레이블 필터]-[포함]을 선택하여 [레이블 필터(회원등급)] 창을 나타낸다. R을 입력하고 〈확인〉을 클릭한다.

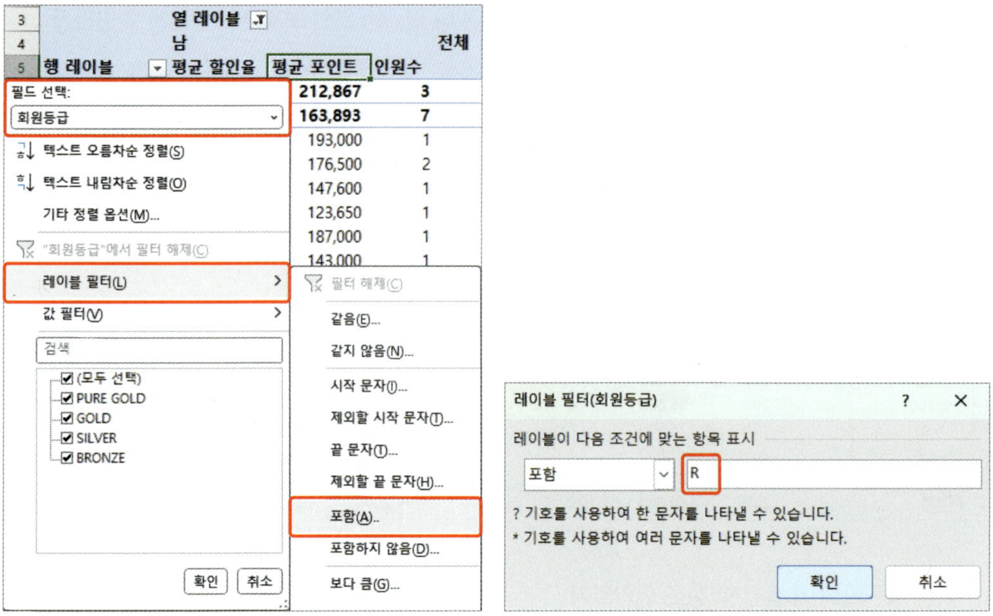

이제 남성 회원들의 '평균 할인율', '평균 포인트', '인원수'만 확인하도록 열 레이블 필터 메뉴의 검색 리스트에서 '(모두 선택)'을 해제하고 '남'을 선택한다. 각 '회원등급'명 옆의 ⊞을 클릭하여 '요일' 관련된 정보는 숨긴다.

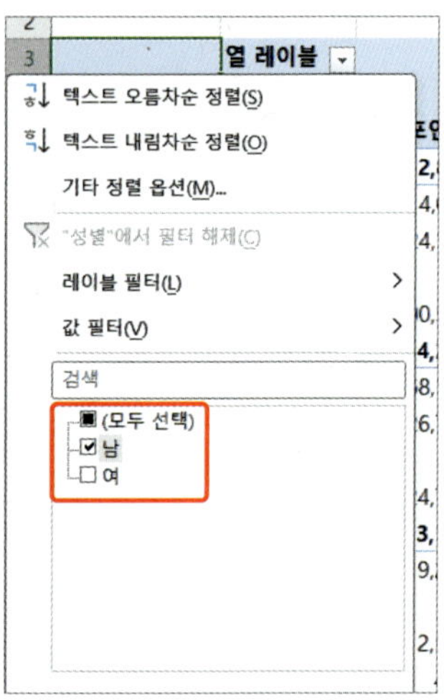

	열 레이블					
	남			전체 평균 할인율	전체 평균 포인트	전체 인원수
행 레이블	평균 할인율	평균 포인트	인원수			
⊞PURE GOLD	25%	212,867	3	25%	212,867	3
⊞SILVER	7%	34,200	5	7%	34,200	5
⊟BRONZE	2%	3,100	4	2%	3,100	4
일	2%	9,200	1	2%	9,200	1
수	2%	2,500	1	2%	2,500	1
금	2%	400	1	2%	400	1
토	0%	300	1	0%	300	1
총합계	10%	68,500	12	10%	68,500	12

값 필터

준비 예제12_07.xlsx | **결과** 예제12_07_결과.xlsx

값 필터 메뉴는 피벗 테이블의 행 레이블 필드에 대해 값을 표시하는 필드에 적용하는 필터이다. '최종학점'에 대한 '중간 최대' 값이 30점 미만인 학생 정보와 '성명'에 대한 '중간 최대' 값이 30점 미만인 학생 정보를 검색한 차이를 살펴보자.

먼저 '예제12_07.xlsx'의 [Sheet1_최종학점]에서 '최종학점'에 대한 '중간 최대' 값이 30점 미만인 학생 정보를 알아보자. [필드 선택]을 '최종학점'으로 선택한 뒤 [값 필터]-[보다 작음]을 선택하고 [값 필터(최종학점)] 창에서 30을 입력하고 <확인>을 클릭한다.

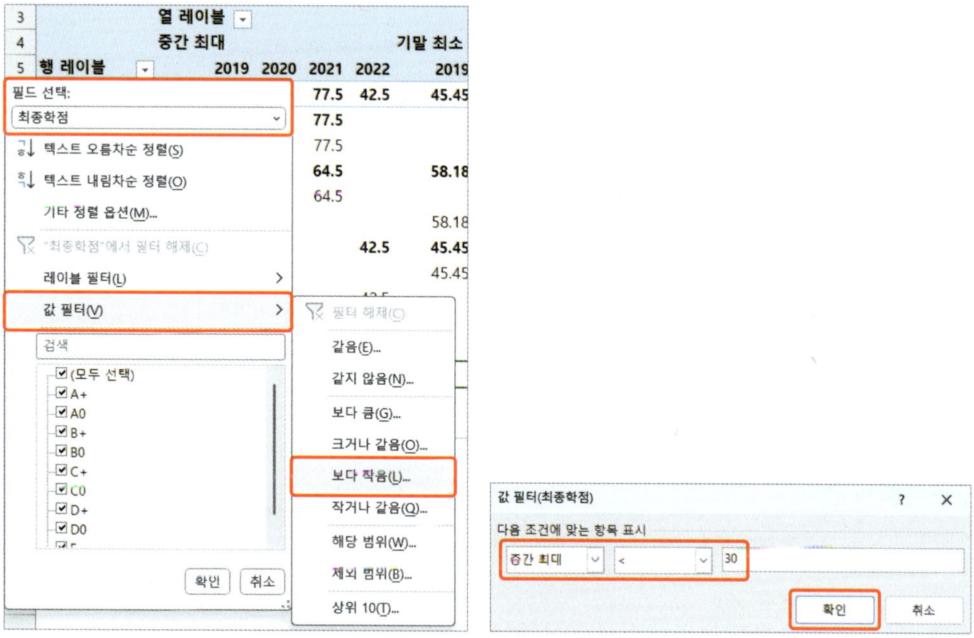

이번에는 [Sheet2_성명]에서 '성명'에 대한 '중간 최대' 값이 30점 미만인 학생 정보를 알아보자. [필드 선택]을 '성명'으로 바꾼 뒤, [값 필터]-[보다 작음]을 클릭하여 나타나는 [값 필터(성명)] 창에서 30을 입력하고 <확인>을 클릭하여 정보를 검색할 수 있다.

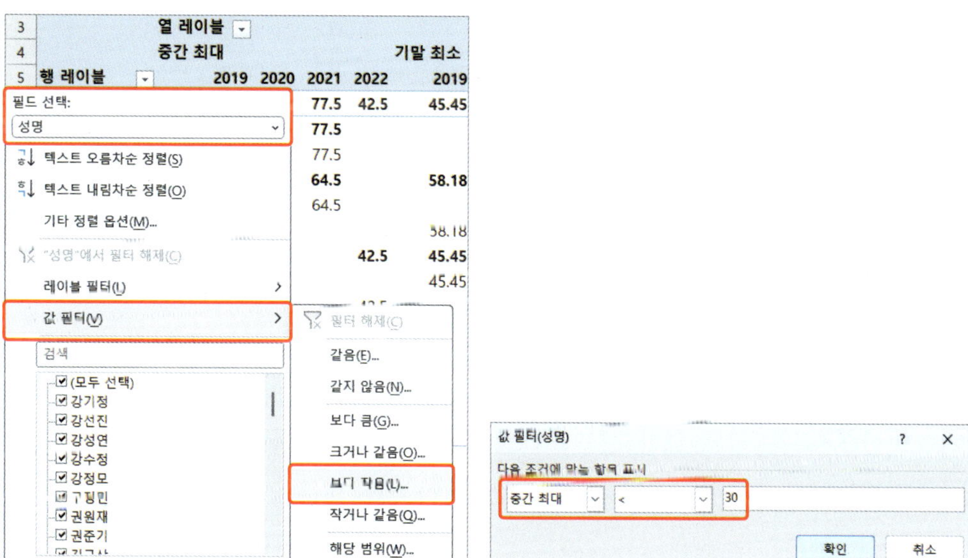

그렇게 구한 각각의 결과는 다음과 같다. [필드 선택]을 '최종학점'으로 하여 구한 결과는 '최종학점'에 대해 '전체 중간 최대' 값이 30점 미만인 값들만 표시한다. [필드 선택]을 '성명'으로 하여 구한 결과는 '성명'에 대한 '전체 중간 최대' 값이 30점 미만인 값들을 표시하게 된다.

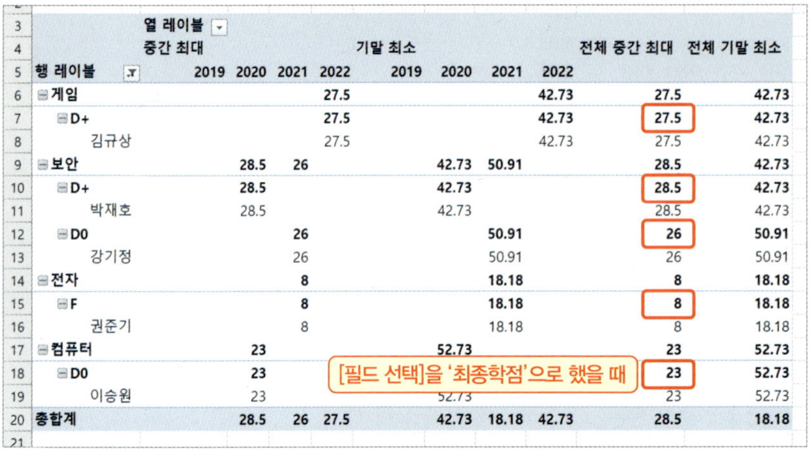

	열 레이블									
	중간 최대				기말 최소				전체 중간 최대	전체 기말 최소
행 레이블	2019	2020	2021	2022	2019	2020	2021	2022		
⊟게임				27.5				42.73	27.5	42.73
⊟D+				27.5				42.73	27.5	42.73
김규상				27.5				42.73	27.5	42.73
⊟보안		28.5	26			42.73	50.91		28.5	42.73
⊟D+		28.5				42.73			28.5	42.73
박재호		28.5				42.73			28.5	42.73
⊟D0			26				50.91		26	50.91
강기정			26				50.91		26	50.91
⊟전자			8				18.18		8	18.18
⊟F			8				18.18		8	18.18
권준기			8				18.18		8	18.18
⊟컴퓨터		23				52.73			23	52.73
⊟D0		23							23	52.73
이승원		23				52.73			23	52.73
총합계		28.5	26	27.5		42.73	18.18	42.73	28.5	18.18

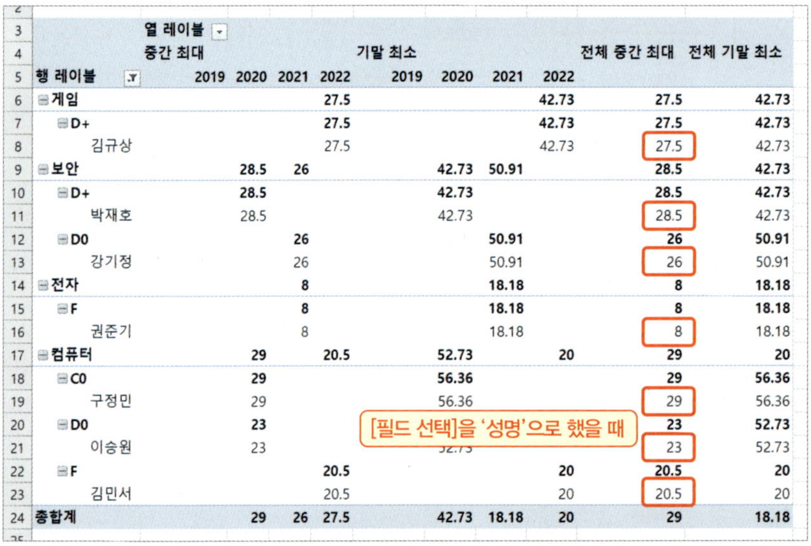

	열 레이블									
	중간 최대				기말 최소				전체 중간 최대	전체 기말 최소
행 레이블	2019	2020	2021	2022	2019	2020	2021	2022		
⊟게임				27.5				42.73	27.5	42.73
⊟D+				27.5				42.73	27.5	42.73
김규상				27.5				42.73	27.5	42.73
⊟보안		28.5	26			42.73	50.91		28.5	42.73
⊟D+		28.5				42.73			28.5	42.73
박재호		28.5				42.73			28.5	42.73
⊟D0			26				50.91		26	50.91
강기정			26				50.91		26	50.91
⊟전자			8				18.18		8	18.18
⊟F			8				18.18		8	18.18
권준기			8				18.18		8	18.18
⊟컴퓨터		29		20.5		52.73		20	29	20
⊟C0		29				56.36			29	56.36
구정민		29				56.36			29	56.36
⊟D0		23							23	52.73
이승원		23				52.73			23	52.73
⊟F				20.5				20	20.5	20
김민서				20.5				20	20.5	20
총합계		29	26	27.5		42.73	18.18	20	29	18.18

실습 12-7 값 필터 사용하기

준비 실습12_07.xlsx | **결과** 실습12_07_결과.xlsx

'평균 포인트' 필드의 값이 30,000 포인트 이상 160,000 포인트 이하의 범위에 있는 데이터들을 확인하려고 한다. '회원등급'에 대한 '평균 포인트' 데이터와 '요일'에 대한 '평균 포인트' 데이터의 차이를 살펴보자.

[Sheet1_회원등급]의 피벗 테이블에서 '회원등급' 대해 '평균 포인트' 필드의 값이 30,000 포인트 이상 160,000 포인트 이하의 범위에 있는 데이터들을 확인하자. [필드 선택]을 '회원등급'으로 하고 [값 필터]-[해당 범위]를 클릭한다. [값 필터(회원등급)] 창에서 기준을 '평균 포인트'로 선택한 후, 값을 입력하는 칸에 30000과 160000을 입력하고 〈확인〉을 클릭한다.

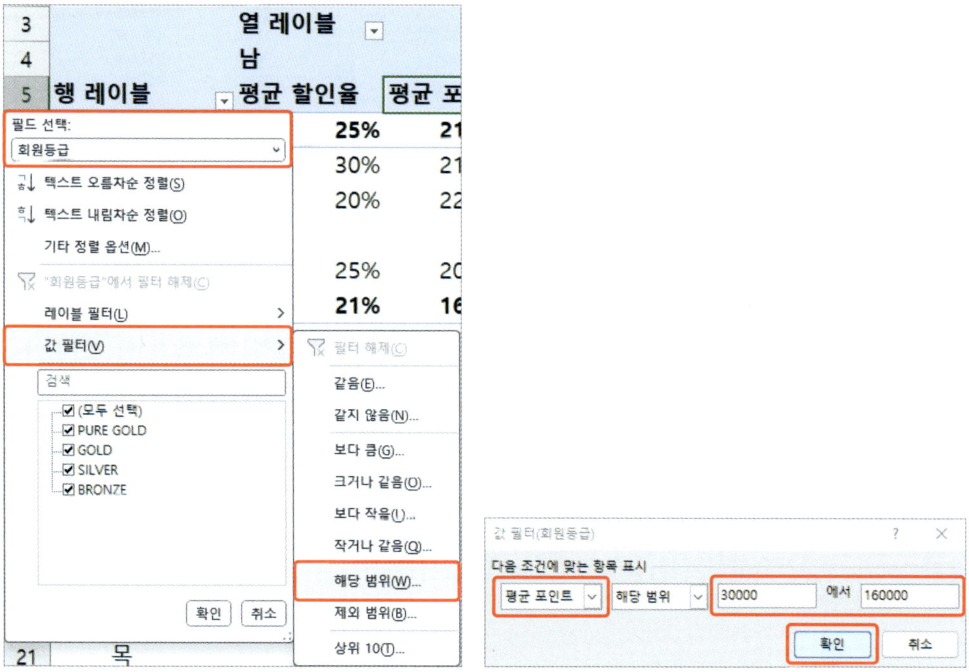

이번에는 [Sheet1_요일]의 피벗 테이블에서 '요일'에 대한 값 필터를 다음과 같이 설정하고 〈확인〉을 클릭한다.

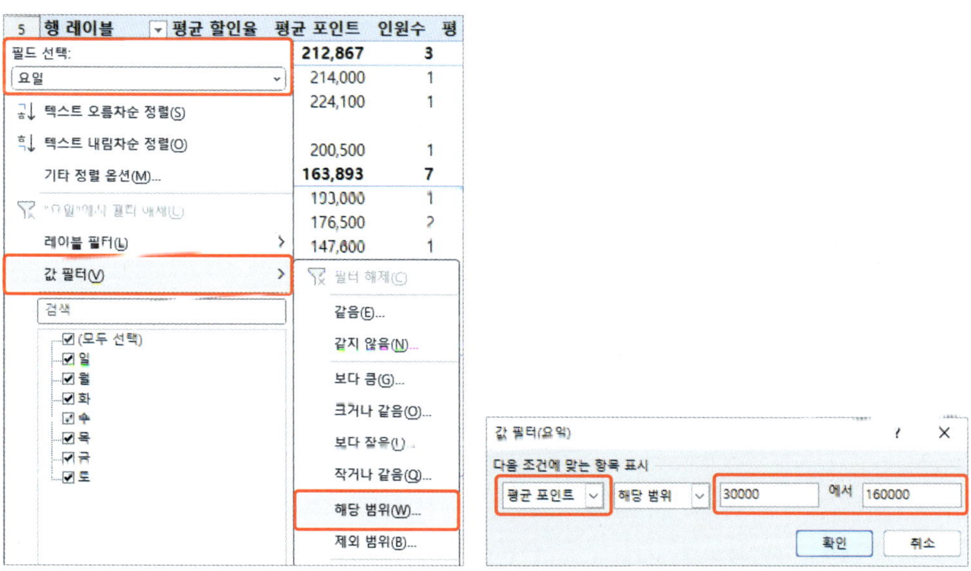

입력한 범위에 해당하는 '회원등급'에 대한 '전체 평균 포인트' 값과 '요일'에 대한 '전체 평균 포인트' 값이 표시된다.

3		열 레이블								
4		남			여			전체 평균 할인율	전체 평균 포인트	전체 인원수
5	행 레이블	평균 할인율	평균 포인트	인원수	평균 할인율	평균 포인트	인원수			
6	**⊟GOLD**	**21%**	**163,893**	**7**	**19%**	**139,467**	**6**	**20%**	**152,619**	**13**
7	월	20%	193,000	1				20%	193,000	1
8	화	18%	176,500	2	15%	100,500	1	17%	151,167	3
9	수	20%	147,600	1	23%	168,000	1	22%	157,800	2
10	목	25%	123,650	1	22%	164,150	2	23%	150,650	3
11	금	23%	187,000	1				23%	187,000	1
12	토	23%	143,000	1	18%	120,000	2	19%	127,667	3
13	**⊟SILVER**	**7%**	**34,200**	**5**	**9%**	**45,982**	**5**	**8%**	**40,091**	**10**
14	화	10%	68,100	1	9%	62,150	2	9%	64,133	3
15	수	8%	26,750	2	8%	27,010	1	[illegible]	[illegible]	3
16	목				10%	23,000	1	[illegible]	[illegible]	1
17	금	6%	24,700	2	10%	55,600	1	7%	35,000	3
18	**총합계**	**15%**	**109,854**	**12**	**15%**	**96,974**	**11**	**15%**	**103,694**	**23**

[필드 선택]을 '회원등급'으로 했을 때

3		열 레이블								
4		남			여			전체 평균 할인율	전체 평균 포인트	전체 인원수
5	행 레이블	평균 할인율	평균 포인트	인원수	평균 할인율	평균 포인트	인원수			
6	**⊟GOLD**	**21%**	**153,450**	**5**	**19%**	**139,467**	**6**	**20%**	**145,823**	**11**
7	화	18%	176,500	2	15%	100,500	1	17%	151,167	3
8	수	20%	147,600	1	23%	168,000	1	22%	157,800	2
9	목	25%	123,650	1	22%	164,150	2	23%	150,650	3
10	토	23%	143,000	1	18%	120,000	2	19%	127,667	3
11	**⊟SILVER**	**7%**	**39,167**	**3**	**9%**	**59,9[illegible]**	[illegible]	[illegible]	**49,567**	**6**
12	화	10%	68,100	1	9%	62,1[illegible]	[illegible]	[illegible]	64,133	3
13	금	6%	24,700	2	10%	55,600	1	7%	35,000	3
14	**총합계**	**16%**	**110,594**	**8**	**16%**	**112,967**	**9**	**16%**	**111,850**	**17**

[필드 선택]을 '요일'으로 했을 때

SECTION 04

피벗 테이블의 그룹화

피벗 테이블은 행 영역 또는 열 영역에 있는 필드들의 나열 순서에 따라 그룹화될 수 있다. 예를 들어 예제로 다뤘던 피벗 테이블은 '소속학과', '최종학점' 등으로 그룹화되어 있고, 실습 문제로 다뤘던 피벗 테이블은 '성별' 등으로 그룹화되어 있었다.

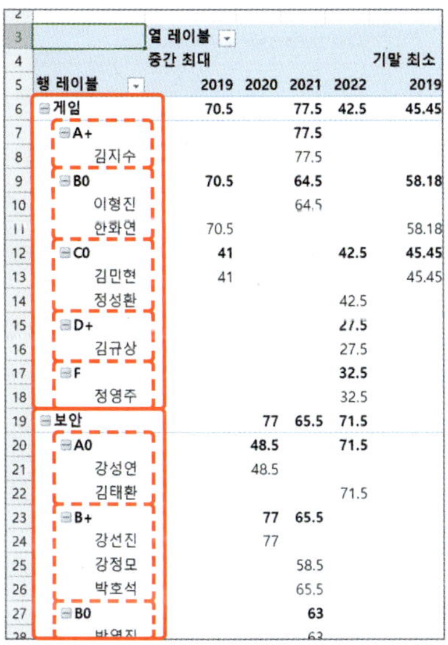

	열 레이블				
	중간 최대				기말 최소
행 레이블	2019	2020	2021	2022	2019
⊟게임	70.5		77.5	42.5	45.45
⊟A+			77.5		
김지수			77.5		
⊟B0	70.5		64.5		58.18
이형진			64.5		
한화연	70.5				58.18
⊟C0	41			42.5	45.45
김민현	41				45.45
정성환				42.5	
⊟D+				27.5	
김규상				27.5	
⊟F				32.5	
정영주				32.5	
⊟보안		77	65.5	71.5	
⊟A0		48.5		71.5	
강성연		48.5			
김태환				71.5	
⊟B+		77	65.5		
강선진		77			
강정모			58.5		
박호석			65.5		
⊟B0			63		
박영지			63		

▲ '예제~.xlsx'의 피벗 테이블

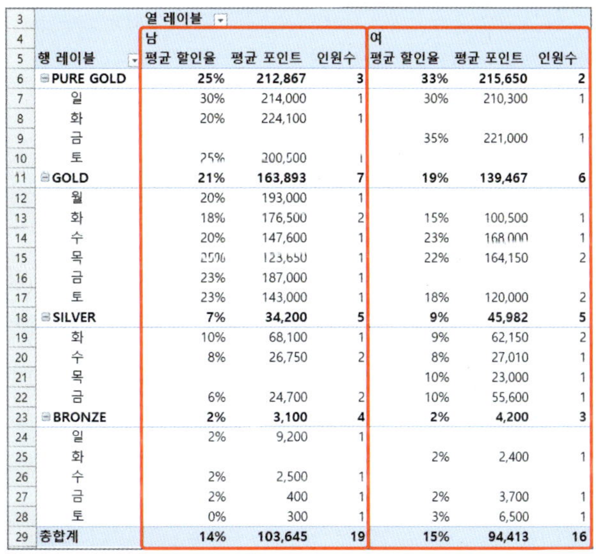

	열 레이블					
	남			여		
행 레이블	평균 할인율	평균 포인트	인원수	평균 할인율	평균 포인트	인원수
⊟PURE GOLD	25%	212,867	3	33%	215,650	2
일	30%	214,000	1	30%	210,300	1
화	20%	224,100	1			
금				35%	221,000	1
토	25%	200,500	1			
⊟GOLD	21%	163,893	7	19%	139,467	6
월	20%	193,000	1			
화	18%	176,500	2	15%	100,500	1
수	20%	147,600	1	23%	168,000	1
목	25%	123,650	1	22%	164,150	2
금	23%	187,000	1			
토	23%	143,000	1	18%	120,000	2
⊟SILVER	7%	34,200	5	9%	45,982	5
화	10%	68,100	1	9%	62,150	2
수	8%	26,750	2	8%	27,010	1
목				10%	23,000	1
금	6%	24,700	2	10%	55,600	1
⊟BRONZE	2%	3,100	4	2%	4,200	3
일	2%	9,200	1			
화				2%	2,400	1
수	2%	2,500	1			
금	2%	400	1	2%	3,700	1
토	0%	300	1	3%	6,500	1
총합계	14%	103,645	19	15%	94,413	16

▲ '실습~.xlsx'의 피벗 테이블

필드를 이용한 그룹화 이외에도 피벗 테이블을 구성하는 숫자나 날짜 값을 이용해 그룹화할 수 있다. 피벗 테이블 내의 숫자나 날짜 값이 있는 행 또는 열 레이블의 셀을 선택하고 [피벗 테이블 분석] 탭-[그룹] 그룹-[필드 그룹화]를 선택하거나 마우스 오른쪽 버튼을 클릭하고 [그룹]을 선택하여 실행할 수 있다.

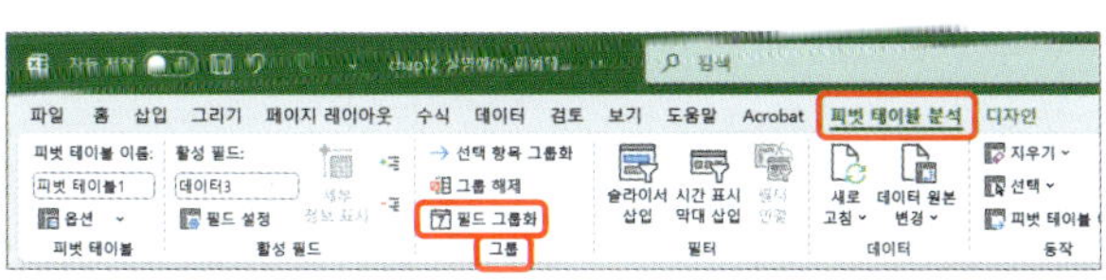

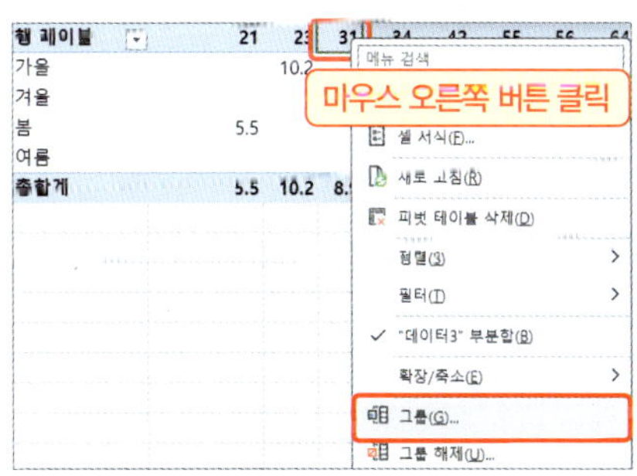

1 숫자 기준 그룹화

준비 예제12_08.xlsx | **결과** 예제12_08_결과.xlsx

'데이터1'에 대한 '데이터3'의 값을 30단위로 구분하여 각 단위에 속하는 '데이터2'의 개수가 몇 개인지 알아보기 위해 다음과 같은 피벗 테이블을 구성하였다.

개수 : 데이터2	열 레이블																
행 레이블	21	23	31	34	42	55	56	64	66	88	95	103	109	115	121	123	총합계
가을		1								1				1		1	4
겨울			1	1			1						1				4
봄	1				1	1		1									4
여름									1		1	1			1		4
총합계	1	1	1	1	1	1	1	1	1	1	1	1	1	1	1	1	16

이 피벗 테이블에서 '데이터3'의 값을 30단위로 나누어 각 단위에 해당하는 '데이터2'의 개수를 표시해 보자. 열 레이블을 구성하는 숫자 값 중 하나의 셀을 선택해 마우스 오른쪽 버튼을 클릭하고 [그룹] 메뉴를 선택하여 [그룹화] 창을 나타낸다. 혹은 [피벗 테이블 분석] 탭-[그룹] 그룹-[필드 그룹화]를 클릭하여 [그룹화] 창을 나타낼 수 있다. 이 [그룹화] 창에서 열 레이블에 표시될 값의 그룹 단위를 정해 보자.

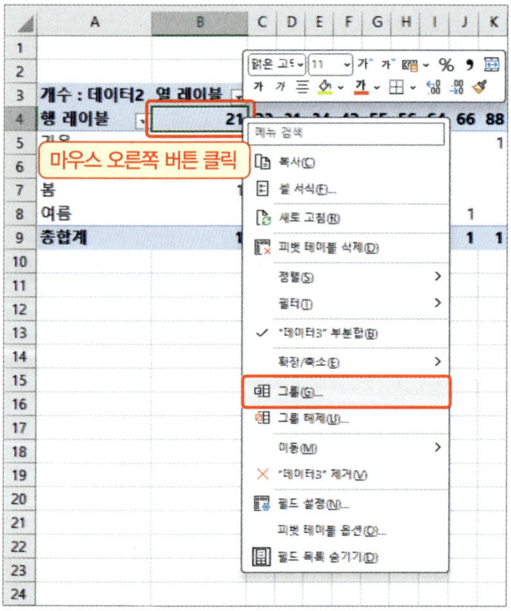

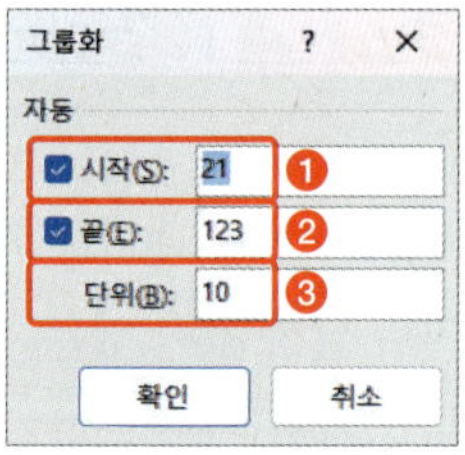

❶ **[시작]:** 현재 피벗 테이블의 열 레이블에 표시된 값의 시작 값(21)이 기본적으로 표시된다.

❷ **[끝]:** 현재 피벗 테이블의 열 레이블에 표시된 값의 마지막 값(123)이 기본적으로 표시된다.

❸ **[단위]:** 열 레이블에 표시되는 단위를 정한다.

우선 '단위'를 30으로 바꾸고 〈확인〉을 클릭하면 '데이터3'의 시작 값인 21부터 30단위로 나누어 그 범위에 포함되는 '데이터2'의 개수의 합을 표시한다.

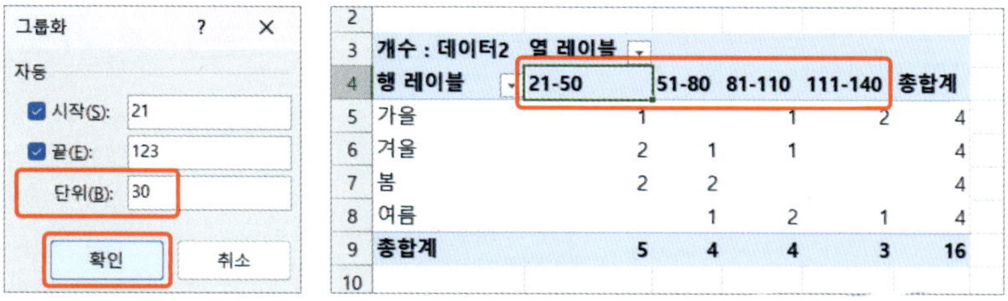

[시작]이나 [끝]의 값을 변경하여 피벗 테이블의 표시 내용을 바꿀 수도 있다. 만약 [시작]을 0으로 바꾸면 '데이터3'의 시작 값이 0부터 30단위로 열 레이블이 표시된다. 그리고 [끝]에 입력한 값이 마지막 단위의 범위(120-149)를 벗어나면 더이상 표시하지 않는다.

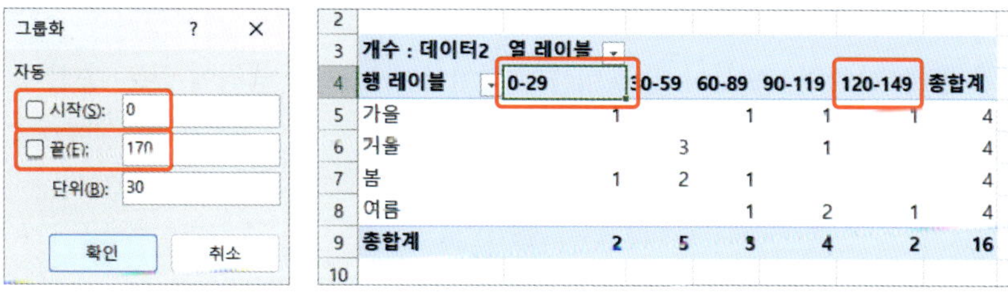

만약, [시작]과 [끝]에 입력된 값이 열 레이블의 시작 값(21)보다 크거나 끝 값(123)보다 작은 값을 입력하면 열 레이블에 비교 연산자가 표시된다.

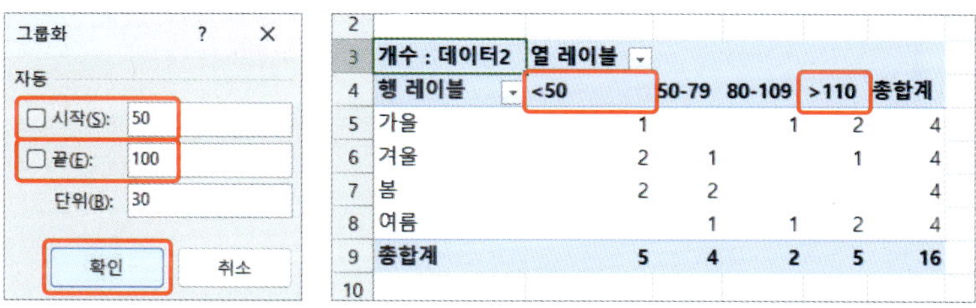

그룹화된 피벗 테이블 구성하기

'예제12_08.xlsx'의 [분반1_피벗테이블] 시트 데이터를 이용해 '총합'을 0점부터 100점까지 20단위로 나누어 다음의 피벗 테이블을 구성해 보자. 단, 두 개의 피벗 테이블을 같은 시트에 위치시켜 비교할 수 있도록 구성한다.

1. '소속학과' 별 각 단위 내 학생 분포
2. '학년'별 각 단위 내 학생 분포

■ '소속학과' 별 각 단위 내 학생 분포

[분반1_피벗테이블] 시트를 이용해 피벗 테이블을 구성하자. [삽입] 탭-[표] 그룹-[피벗 테이블]을 클릭하여 [표 또는 범위의 피벗 테이블] 창에서 [표/범위]를 각 학생의 성적 데이터가 있는 셀 A1부터 AB54행까지 설정하고 〈확인〉을 클릭한다.

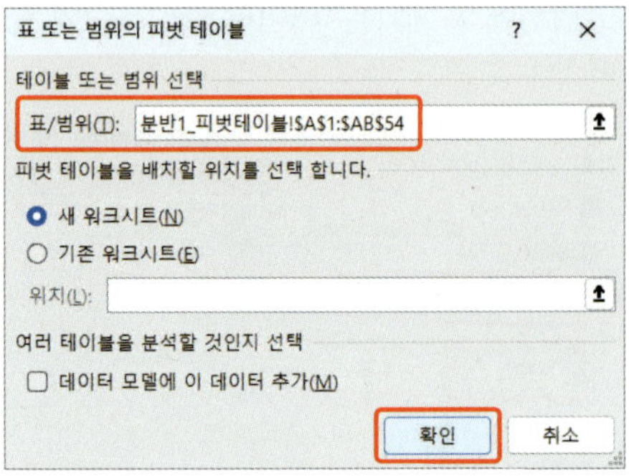

이제 20점 단위의 '총합'에 대해 '소속학과' 별 학생 인원수의 분포를 확인해야 하므로 '소속학과', '총합'과 인원수를 구하기 위한 '성명'(또는 '학번')을 [피벗 테이블 필드] 창의 데이터 항목 리스트에서 선택한다.

구하려는 피벗 테이블은 20점 단위의 '총합'이 열 레이블이 되어야 하므로 값 영역에 있는 '총합'을 열 영역으로 이동시키고, 행 영역에 있는 '성명'을 값 영역으로 이동시킨다. '성명'을 값 영역으로 이동하면 자동으로 '개수'(인원수)를 표시한다.

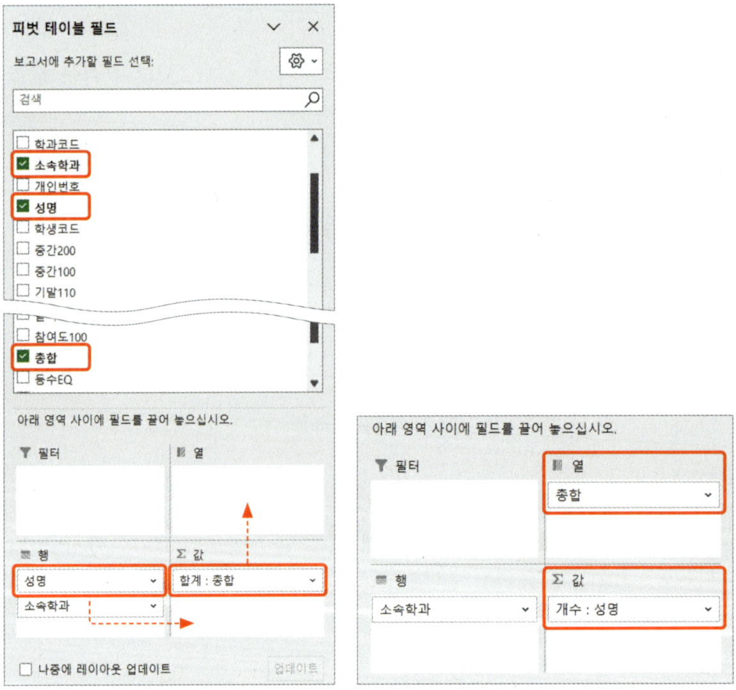

그러면 학생들 개개인의 총점이 열 레이블에 표시되고 '소속학과' 별로 그 점수에 해당하는 인원수가 피벗 테이블에 표시된다. 이 피벗 테이블의 열 레이블의 숫자 값이 있는 셀을 하나 선택하고 마우스 오른쪽 버튼을 클릭하여 [그룹]을 선택한다.

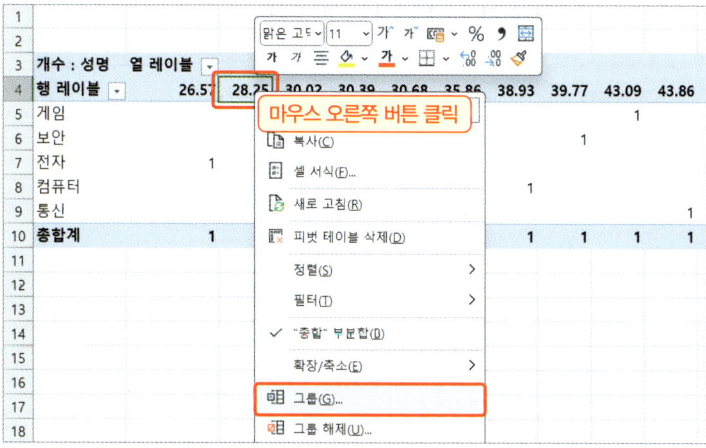

'총합'을 20점 단위로 구분해야 하므로 [시작]은 0, [끝]은 100, [단위]는 20으로 변경하고 〈확인〉을 클릭한다. 그러면 각 '소속학과' 별로 '총합'의 20점 단위에 해당하는 인원수('성명')가 표시된 피벗 테이블이 된다.

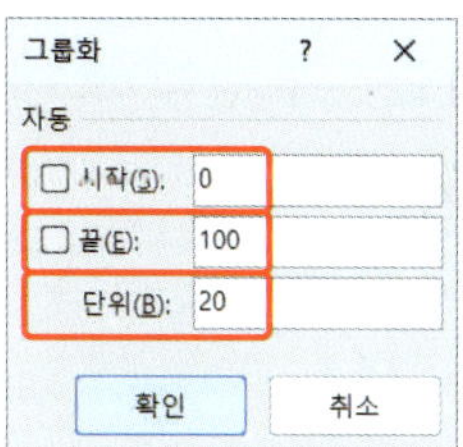

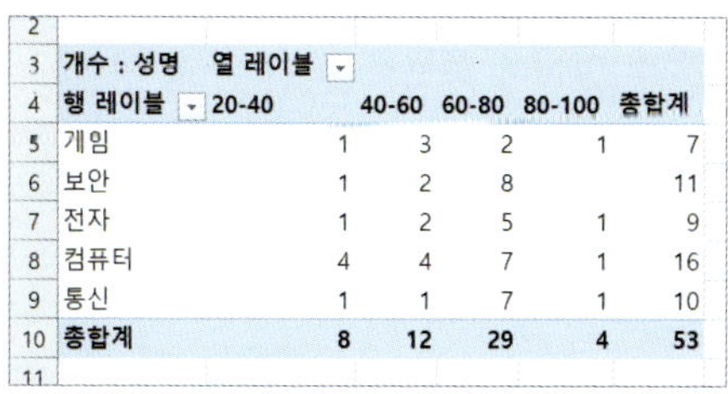

■ '학년' 별 각 단위 내 학생 분포

[분반1_피벗테이블] 시트에서 셀 A1부터 셀 AB54행까지를 원본 데이터로 하는 피벗 테이블을 [기존 워크시트]의 셀 A12에 위치하도록 설정한다.

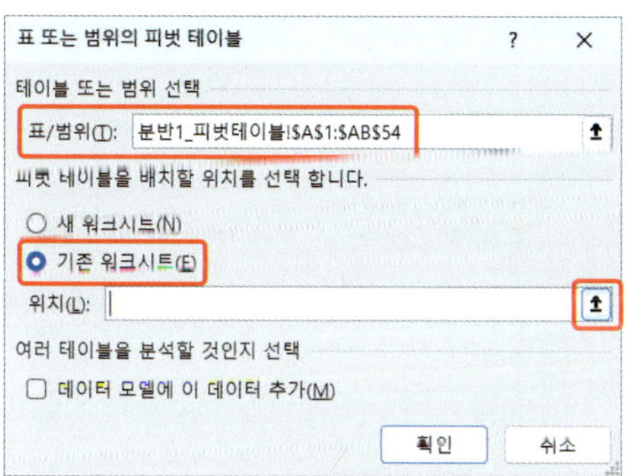

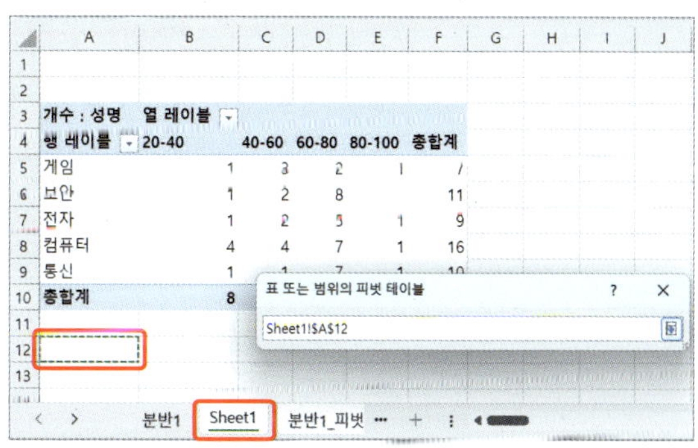

[피벗 테이블 필드] 창의 데이터 항목 리스트에서 '학년', '학번', '총합'을 선택한다. 그러면 바로 직전에 작성한 피벗 테이블에 적용된 설정에 영향을 받아 별도의 그룹화 설정을 하지 않아도 '총합'이 20점 단위로 구분되어 피벗 테이블에 표시된다.

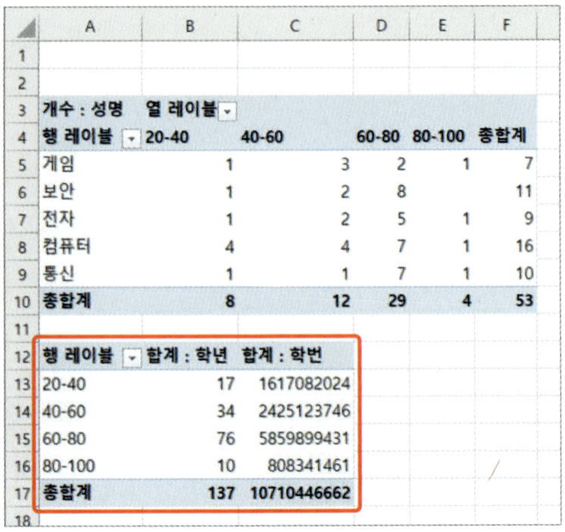

개수 : 성명	열 레이블				
행 레이블	20-40	40-60	60-80	80-100	총합계
게임	1	3	2	1	7
보안	1	2	8		11
전자	1	2	5	1	9
컴퓨터	4	4	7	1	16
통신	1	1	7	1	10
총합계	8	12	29	4	53

행 레이블	합계 : 학년	합계 : 학번
20-40	17	1617082024
40-60	34	2425123746
60-80	76	5859899431
80-100	10	808341461
총합계	137	10710446662

그러나 이 피벗 테이블은 20점 단위로 구분된 '총합' 별로 '학년'과 '학번'의 합계가 표시되고 있어 의미가 없다. 우리가 구성해야 하는 피벗 테이블은 각 '학년' 별로 20점 단위로 구분된 '총합'에 해당하는 학생 분포(인원수)를 확인할 수 있어야 하므로 '학년'은 행 영역에, '총합'은 열 영역으로 이동하고, 값 영역에 있는 '학번'은 [값 필드 설정]에서 '개수'를 구하도록 설정을 변경한다.

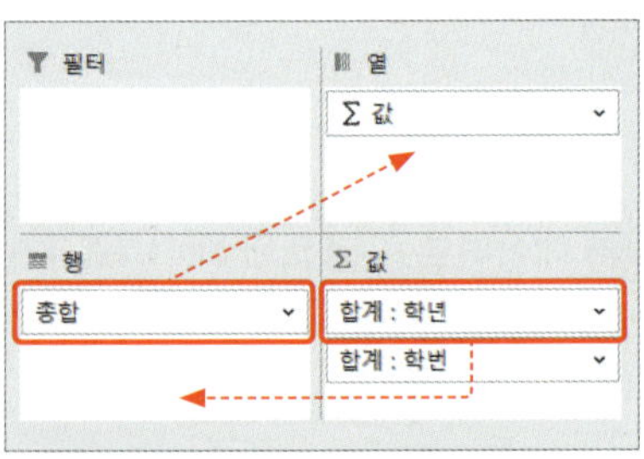

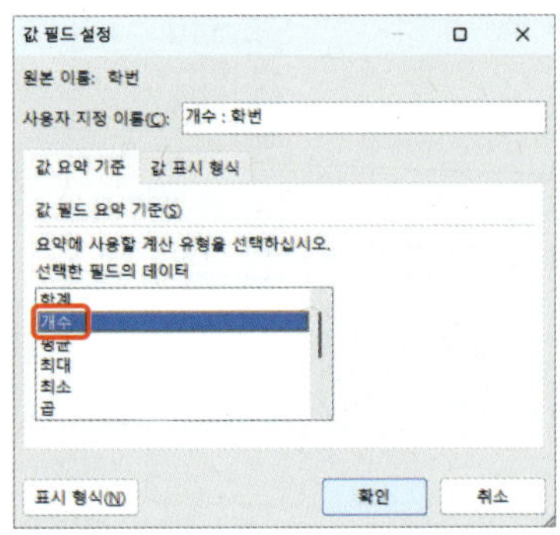

그러면 각 '학년' 별로 20점 단위의 '총합'에 대한 인원수를 확인할 수 있는 피벗 테이블이 셀 A12에 생성된다.

개수 : 성명	열 레이블				
행 레이블	20-40	40-60	60-80	80-100	총합계
게임	1	3	2	1	7
보안	1	2	8		11
전자	1	2	5	1	9
컴퓨터	4	4	7	1	16
통신	1	1	7	1	10
총합계	8	12	29	4	53

개수 : 학번	열 레이블				
행 레이블	20-40	40-60	60-80	80-100	총합계
1	1	1	1		3
2	6	5	15	2	28
3		1	7	2	10
4	1	5	6		12
총합계	8	12	29	4	53

TIP • 작성된 그룹을 해제하여 원래대로 복원해야 하는 경우에는 그룹화된 레이블 중 하나의 셀을 선택하고 [피벗 테이블 분석] 탭-[그룹] 그룹-[그룹 해제]를 클릭하거나 마우스 오른쪽 버튼을 클릭하여 [그룹 해제]를 선택한다.

2 날짜 기준 그룹화

날짜는 년, 월, 일, 분기 정보를 포함하고 있어 이 네 가지 정보를 기준으로 그룹화할 수 있다. 그래서 피벗 테이블을 만들 때 [피벗 테이블 필드] 창의 데이터 항목 리스트 중에서 날짜와 관련 있는 항목을 선택하면 자동으로 '개월', '분기', '년'이 데이터 항목 리스트에 추가되고, 행 영역에 이 항목들이 필드로 추가된다. 그래서 이 항목들을 행, 열, 값 영역에 위치시키면서 그룹화할 수 있다.

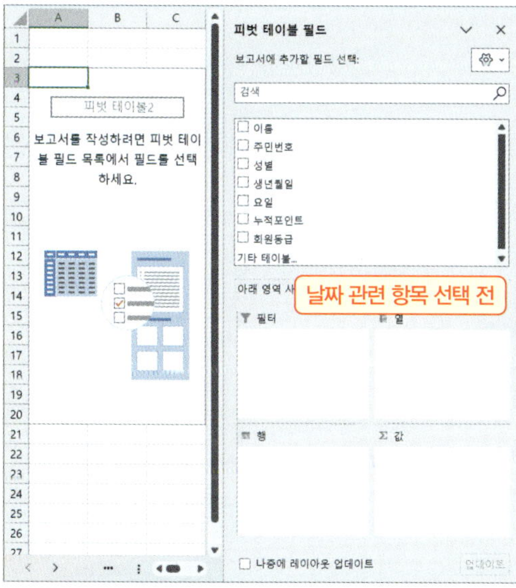

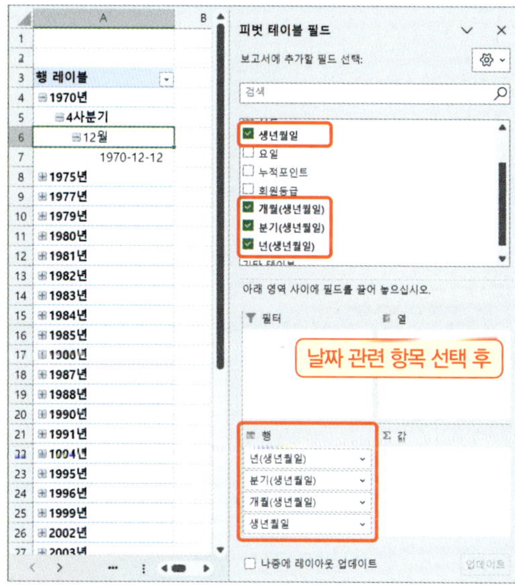

다음 그림에서 '생년월일'을 값의 영역으로, '분기(생년월일)' 필드를 열 영역으로 이동시켜 보자. 그러면 열 레이블에 1사분기부터 4사분기까지 나열되고 행 레이블은 각 연도별 태어난 월을 기준으로 분기별로 태어난 회원의 수를 표시한다.

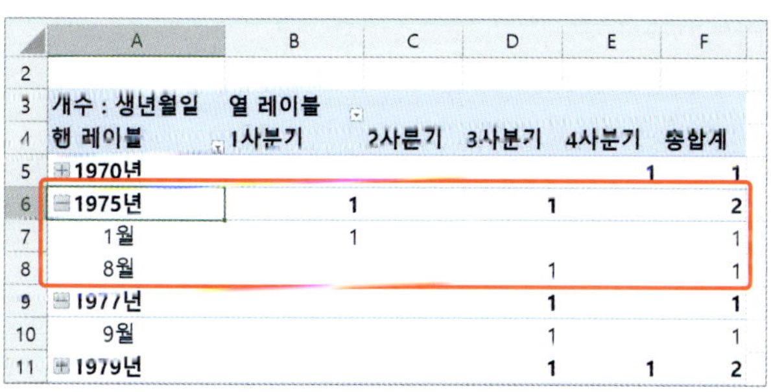

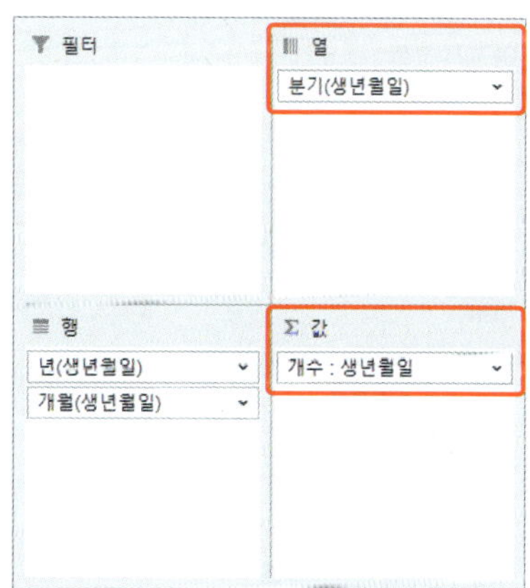

이번에는 '분기(생년월일)' 필드를 제거하고, '개월(생년월일)'을 열 영역으로 이동하여 회원정보의 '생년월일'에 있는 해와 각 월에 태어난 회원의 수를 표시하는 피벗 테이블을 만들어보자.

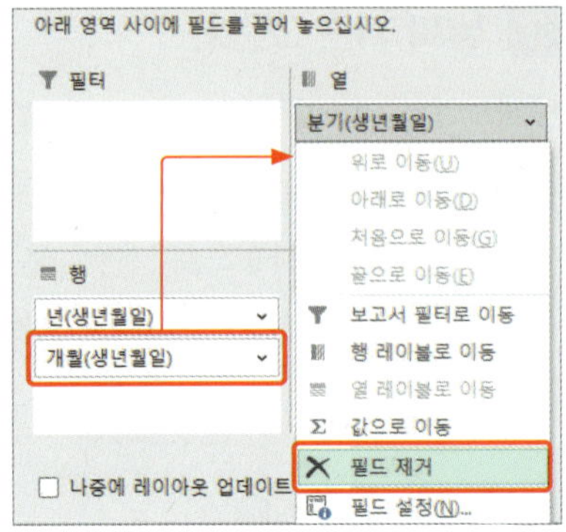

'년(생년월일)'과 '개월(행년월일)'이 행과 열에 나열되면서 '생년월일'로 각 해와 월에 태어난 회원의 수를 계산해서 표시한다.

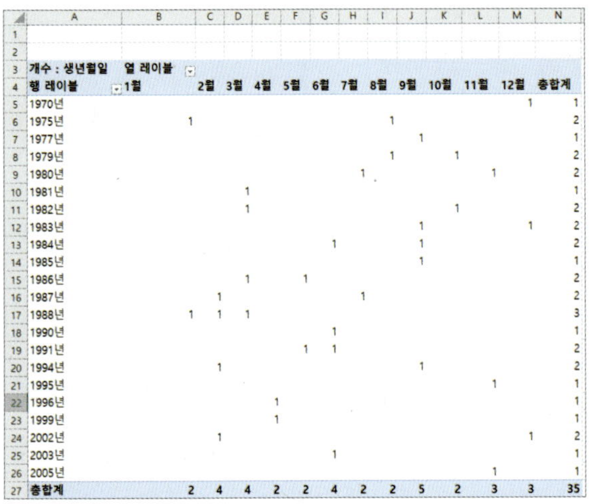

개수 : 생년월일	열 레이블												
행 레이블	1월	2월	3월	4월	5월	6월	7월	8월	9월	10월	11월	12월	총합계
1970년												1	1
1975년	1							1					2
1977년									1				1
1979년								1		1			2
1980년							1				1		2
1981년			1										1
1982년			1							1			2
1983년									1			1	2
1984년						1			1				2
1985년									1				1
1986년			1		1								2
1987년		1					1						2
1988년	1	1	1										3
1990년						1							1
1991년					1	1							2
1994년		1							1				2
1995년											1		1
1996년				1									1
1999년				1									1
2002년		1										1	2
2003년						1							1
2005년											1		1
총합계	2	4	4	2	2	4	2	2	5	2	3	3	35

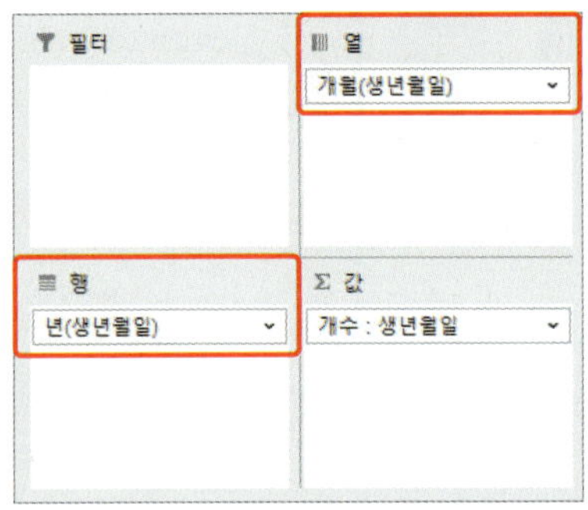

TIP • 같은 통합문서 내에 여러 개의 날짜 관련 피벗 테이블 시트가 있는 경우, 하나의 피벗 테이블에서 날짜 기준 그룹화를 하면 다른 시트에 있는 피벗 테이블도 그 기준에 맞춰 변경된다.

여기서 잠깐 날짜 [그룹화] 창

날짜 관련한 필드가 있는 열 레이블이나 행 레이블의 셀 하나를 선택한 상태에서 [피벗 테이블 분석] 탭-[그룹] 그룹-[필드 그룹화]를 선택하거나 마우스 오른쪽 버튼을 클릭해 [그룹]을 선택하면 날짜 [그룹화] 창을 나타낼 수 있다. 대화창의 구성은 다음과 같다.

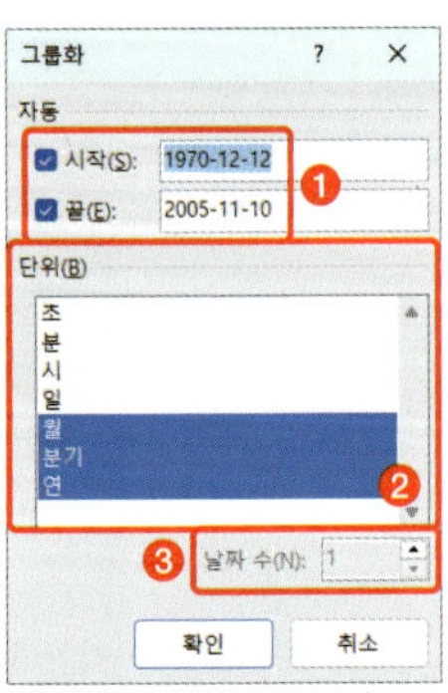

❶ **[시작/끝]**: 날짜 데이터의 가장 첫 날짜와 마지막 날짜

❷ **[단위]**: 날짜 데이터로 만들 수 있는 모든 단위. '월', '분기', '연'이 기본적으로 선택되어 있다.

❸ **[날짜 수]**: '단위'에서 '일'만 선택했을 때 활성화되는 항목으로 날짜 수를 단위로 그룹화하여 피벗 테이블에 표시한다. 예를 들어 '단위'에서 '일'을 선택하고 '날짜 수'를 10으로 설정하면 1970년12월12일부터 10일 단위로 레이블에 표시된다.

실습 12-8 피벗 테이블 그룹화하기

준비 실습12_08.xlsx | **결과** 실습12_08_결과01~03.xlsx

다음 정보를 확인할 수 있는 피벗 테이블을 만들어 보자.

❶ 가입년도에 상관없는 분기와 월별 가입 회원 수
❷ 가입년도의 각 분기별 성별에 따른 가입 회원 수
❸ 100일 단위로 측정한 가입 회원 수(2020년 1월 1일 이후부터 가장 최근 가입한 날짜까지)

먼저 데이터 영역 셀 C1부터 AD36에 대한 피벗 테이블 시트를 만든다. 이 과정은 피벗 테이블 그룹화 실습마다 공통으로 실행하는 과정이다.

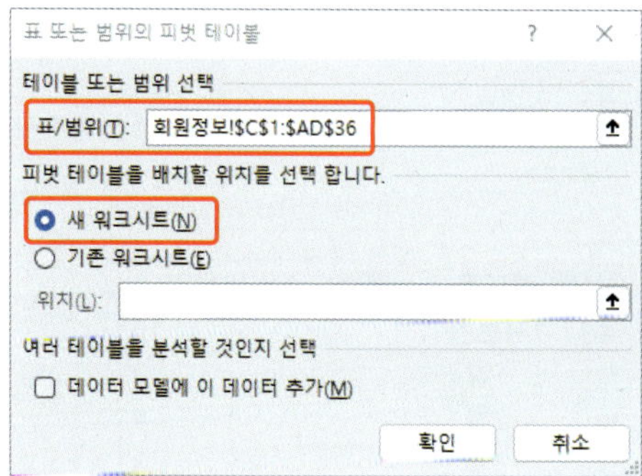

01 가입년도에 상관없이 분기와 월별 가입 회원 수 구하기

[Sheet1]의 [피벗 테이블 필드] 창의 데이터 항목 리스트에서 '가입년월일'을 선택한다. 그러면 리스트의 마지막 부분에 '개월(가입년월일)', '분기(가입년월일)', '년(가입년월일)' 항목이 추가됨과 동시에 선택되어 피벗 테이블에도 이 네 가지 항목이 행 레이블에 필드로 구성된다.

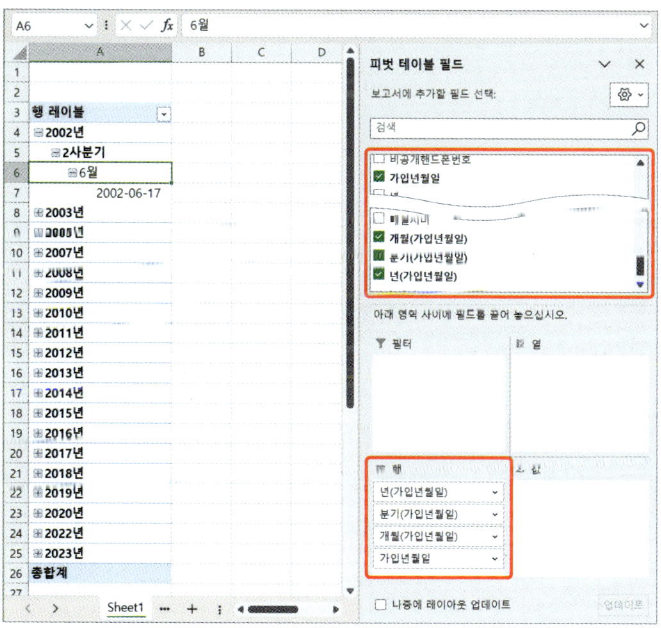

[Sheet1]에 만들어진 피벗 테이블의 행 영역에 있는 '년(가입년월일)'은 [필드 제거]하고 회원 수를 파악하기 위해 '가입년월일'을 값 영역으로 이동한다.

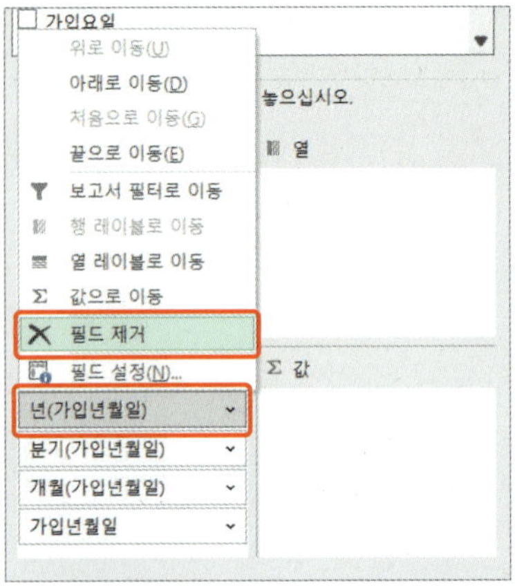

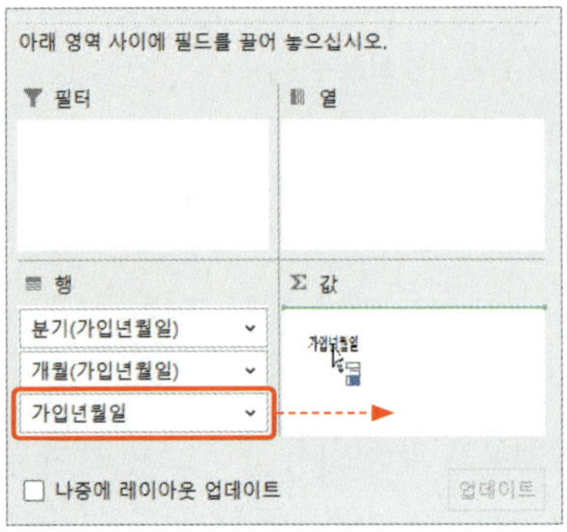

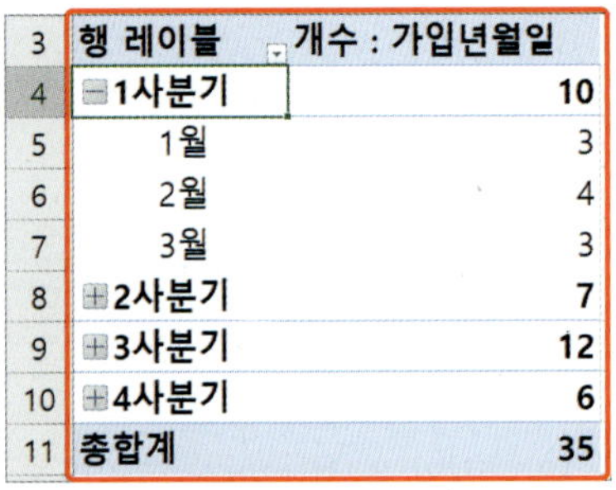

행 레이블	개수 : 가입년월일
⊟1사분기	10
1월	3
2월	4
3월	3
⊞2사분기	7
⊞3사분기	12
⊞4사분기	6
총합계	35

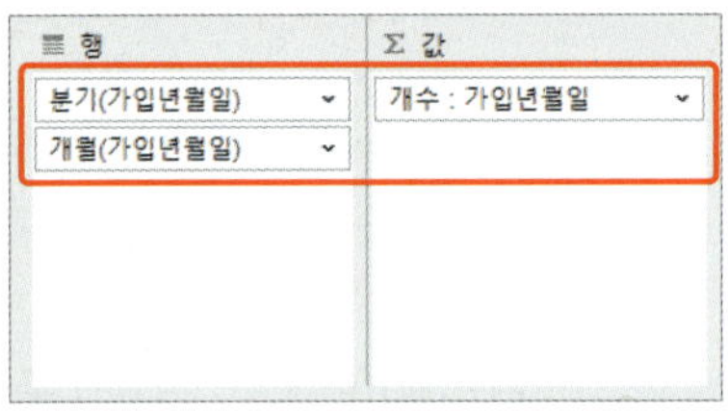

또는 '개월(가입년월일)'을 열 영역으로 옮겨도 같은 결과를 다른 형태의 피벗 테이블로 확인할 수 있다.

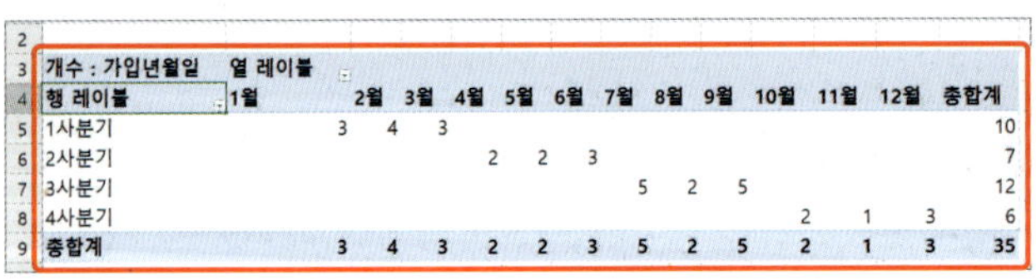

개수 : 가입년월일	열 레이블												
행 레이블	1월	2월	3월	4월	5월	6월	7월	8월	9월	10월	11월	12월	총합계
1사분기	3	4	3										10
2사분기				2	2	3							7
3사분기							5	2	5				12
4사분기										2	1	3	6
총합계	3	4	3	2	2	3	5	2	5	2	1	3	35

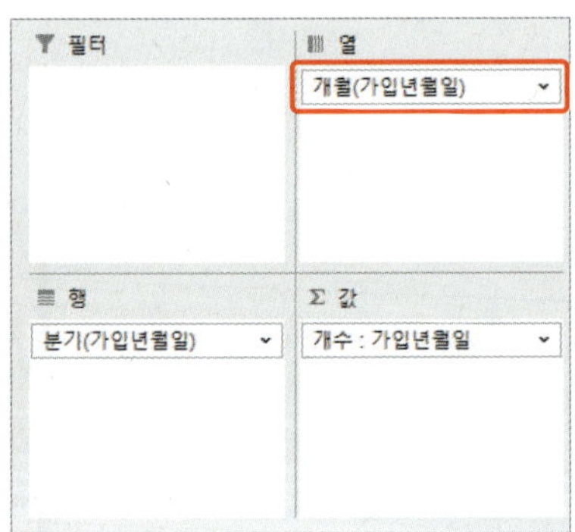

02 가입년도의 각 분기별 성별에 따른 가입 회원 수 구하기

[회원정보] 시트에서 피벗 테이블을 새로운 워크시트에 생성한다. 생성된 [Sheet2] 시트의 피벗 테이블 필드 항목에서 '가입년월일'과 '성별'을 선택한다. '가입년월일'을 선택하면 '개월(가입년월일)', '분기(가입년월일)', '년(가입년월일)' 항목이 자동으로 생성되고 필드로 추가된다.

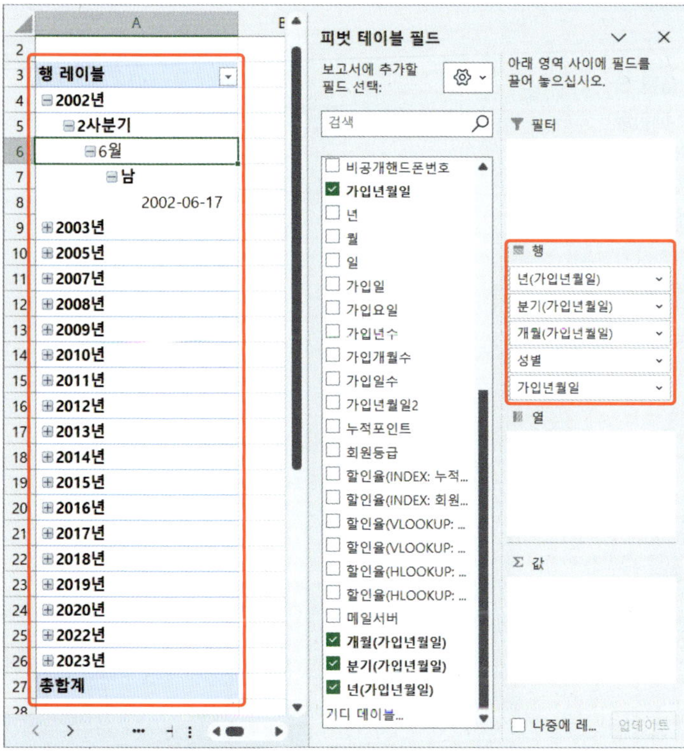

가입년도의 분기와 성별에 따른 회원 수 확인하기 위한 피벗 테이블이므로 '개월(가입년월일)'은 [필드 제거]하고 '분기(가입년월일)'와 '성별'은 열 영역으로 '가입년월일'은 값 영역으로 이동한다.

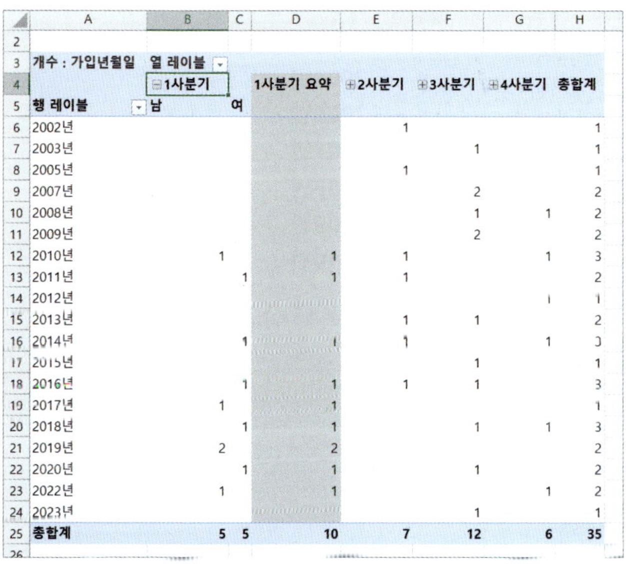

개수 : 가입년월일	열 레이블						
	1사분기		1사분기 요약	2사분기	3사분기	4사분기	총합계
행 레이블	남	여					
2002년				1			1
2003년					1		1
2005년				1			1
2007년					2		2
2008년					1	1	2
2009년					2		2
2010년	1		1	1		1	3
2011년		1	1	1			2
2012년						1	1
2013년				1	1		2
2014년		1	1	1		1	3
2015년					1		1
2016년		1	1	1	1		3
2017년	1		1				1
2018년		1	1		1	1	3
2019년	2		2				2
2020년		1	1		1		2
2022년	1		1			1	2
2023년					1		1
총합계	5	5	10	7	12	6	35

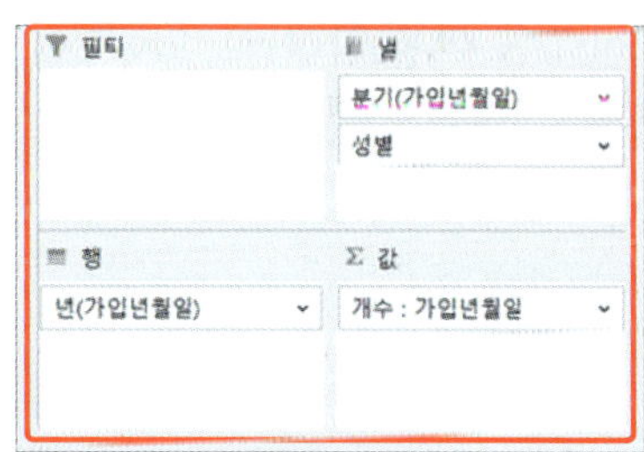

여기서 잠깐 필드 요약

날짜 기준 그룹화 피벗 테이블에 사용된 필드들의 [필드 설정] 메뉴는 다른 피벗 테이블 필드의 [값 필드 설정]과는 구성이 다르다. 이 [필드 설정] 창에서는 각 필드 값의 요약(부분합 및 필터)에 대한 표시와 레이아웃 등을 선택할 수 있다. 앞의 예에서처럼 '1사분기 요약'과 같은 필드가 표시되려면 [자동]을 선택하면 된다.

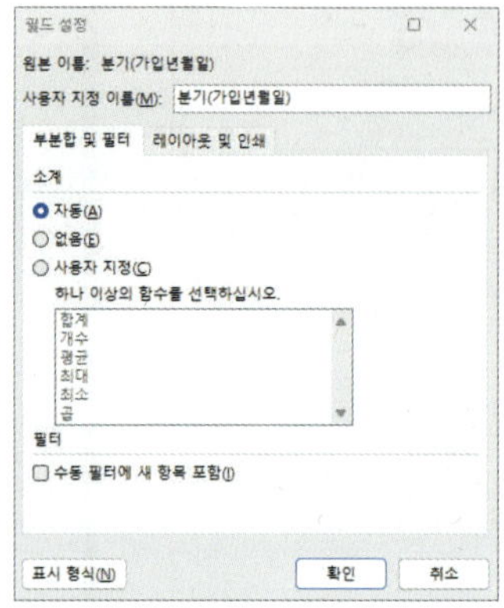

03 100일 단위로 측정한 가입 회원 수

[회원정보] 시트에서 피벗 테이블을 새로운 워크시트에 생성한다. 생성된 [Sheet3] 시트의 피벗 테이블 필드 항목에서 '가입년월일'을 선택한다. '년(가입년월일)', '분기(가입년월일)', '개월(가입년월일)', '가입년월일'이 행 영역에 추가되면서 피벗 테이블이 생성된다.

2020년 1월 1일 이후부터 가장 최근 가입한 날짜까지 100일 단위로 표시해야 하므로 행 레이블의 날짜가 있는 셀 하나를 선택한 상태에서 마우스 오른쪽 버튼을 클릭해 [그룹]을 선택하여 [그룹화] 창을 나타낸다.

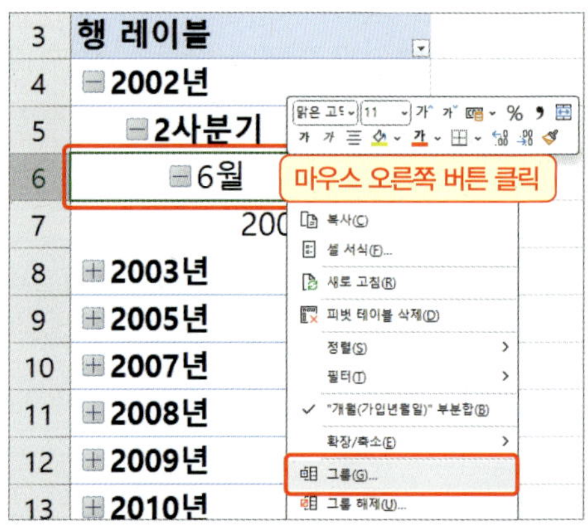

[시작]에 **2020-01-01**을 입력하고 [단위]에서는 선택되어 있던 '월', '분기', '연'은 선택 해제하고 '일'만 선택한다. 또한 100일 단위로 회원 수를 확인해야 하므로 [날짜 수]를 **100**으로 입력하고 〈확인〉을 클릭한다.

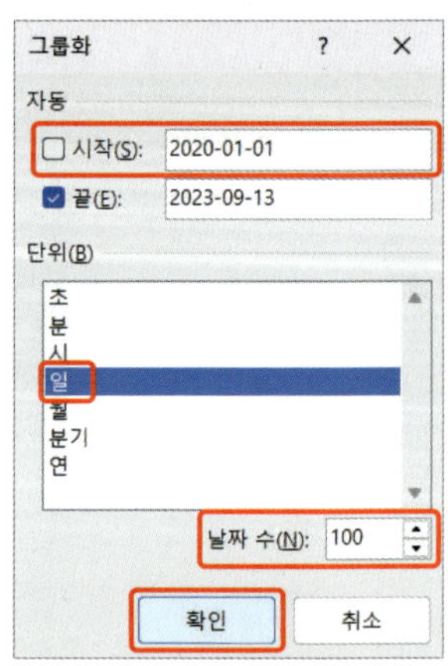

그러면 행 레이블의 날짜가 2020년 1월 1일부터 100일 단위로 표시된다. 이때 [피벗 테이블 필드]의 데이터 항목 리스트와 행 영역을 보면 '일(가입년월일)'이라는 필드가 있는 것을 확인할 수 있다.

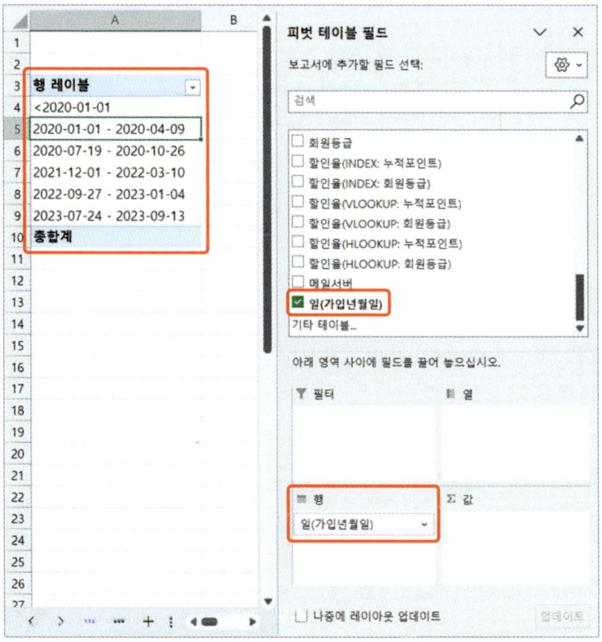

각 날짜 단위에 해당하는 회원 수를 파악하기 위해 데이터 항목 리스트에서 항목 하나를 선택해야 하는데 여기서는 '가입년월일'을 선택하고 그것을 값 영역에 위치시켜 보자. 그러면 해당 날짜 범위에 해당하는 회원 수까지 표시되는 피벗 테이블이 만들어진다.

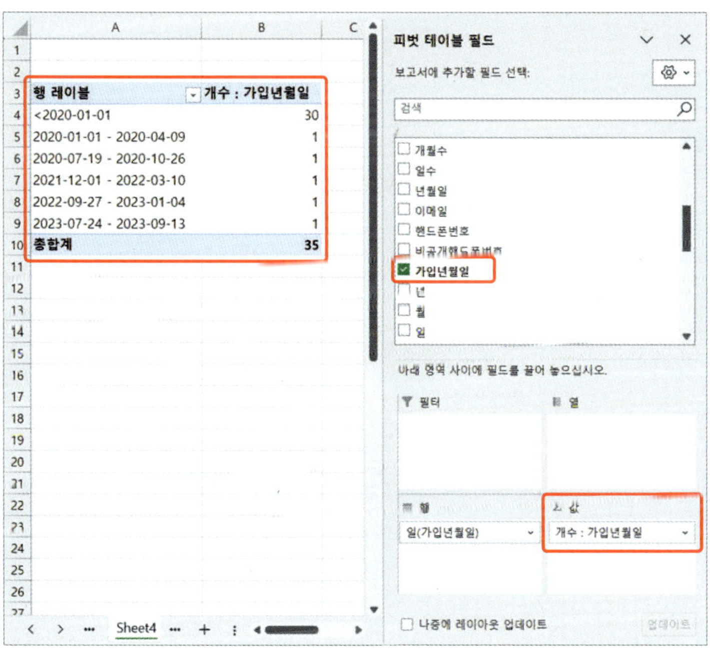

요약

01 피벗 테이블: [삽입] 탭-[표] 그룹-[추천 피벗 테이블] 또는 [피벗 테이블]

- 원본 데이터를 요약하고 분석하여 나타내는 표이며 정렬, 검색, 함수, 부분합, 필터 기능 등을 포함한다.
- [데이터 원본 선택] 창에서 원본 데이터 범위를 선택한다.
- 필터/열/행/값 영역에 필드를 배치한다.

02 행/열 레이블 메뉴

- 선택된 필드를 기준으로 피벗 테이블의 정렬, 검색 등을 위해 사용한다.

03 피벗 테이블의 그룹화

- 분석 과정에서 필요에 따라 숫자, 날짜에 대한 그룹화 기준을 적용할 수 있는 기능이다
- 그룹화: [피벗 테이블 분석] 탭-[그룹] 그룹-[필드 그룹화] 또는 마우스 오른쪽 버튼 메뉴에서 [그룹]
- 그룹 해제: [피벗 테이블 분석] 탭-[그룹] 그룹-[그룹 해제] 또는 마우스 오른쪽 버튼 메뉴에서 [그룹 해제]

연습문제

[01~11] '연습12_01.xlsx'를 활용하여 다음 질문에 답하시오.

준비 연습12_01.xlsx | **결과** 연습12_01_결과.xlsx

01 각 '분야'별 '보유권수'의 합과 '평점'의 평균을 확인할 수 있는 피벗 테이블을 구성하시오. 단 '평점'의 평균은 소수점 이하 두 자리까지만 표시되도록 설정하시오.

02 **01**번에서 작성한 피벗 테이블을 '도서명'과 '선호도'까지 확인할 수 있도록 수정하시오.

03 **02**번에서 작성한 피벗 테이블의 내용을 '분야'의 평균 '평점'이 높은 순으로 정렬하시오.

04 **03**번에서 작성한 피벗 테이블의 내용을 '도서명'에 대한 '보유권수'의 합계가 높은 순으로 정렬하시오.

[05~09] **04**번에서 작성한 피벗 테이블이 있는 시트를 복사하여 다음의 문제들을 수행하시오.

05 '분야'를 선택하면 그에 포함되는 '도서명', '보유권수'의 합계, '평점'의 평균을 확인할 수 있도록 피벗 테이블을 수정하시오.

06 '도서명' 중 '기'로 끝나는 도서들의 정보를 확인하시오.

07 '도서명'의 '평점' 평균이 4에서 6점 사이의 도서들에 대한 정보를 확인하시오.

08 '선호도'별 '평점'의 평균이 6점 대인 도서들의 정보를 확인하시오.

09 '여행', '건강' 분야의 도서 중 '선호도'별 '보유권수'의 합계가 5개 미만인 정보를 확인하시오.

10 [도서목록] 시트에 있는 원본 데이터를 이용해 출간년도 및 분기별로 발간된 도서 수를 확인할 수 있는 피벗 테이블을 구성하시오.

11 [도서목록] 시트에 있는 원본 데이터를 이용해 10일 단위로 대출된 도서의 수를 확인할 수 있는 피벗 테이블을 구성하시오.

HINT• '연습12_01.xlsx'의 [도서목록] 시트는 3행부터 원본 데이터가 입력되어 있다. 이 상황에서 [삽입] 탭–[표] 그룹–[추천 피벗 테이블]을 실행하면 [권장 피벗 테이블] 창이 나타난다. 이는 1, 2행에 제목 줄이 포함되어 정확한 원본 데이터 테이블 영역을 파악하지 못해 발생하는 것으로 [권장 피벗 테이블] 창의 왼쪽 아래에 있는 [원본 데이터 변경]을 클릭하여 정확한 원본 데이터 영역을 설정한다.

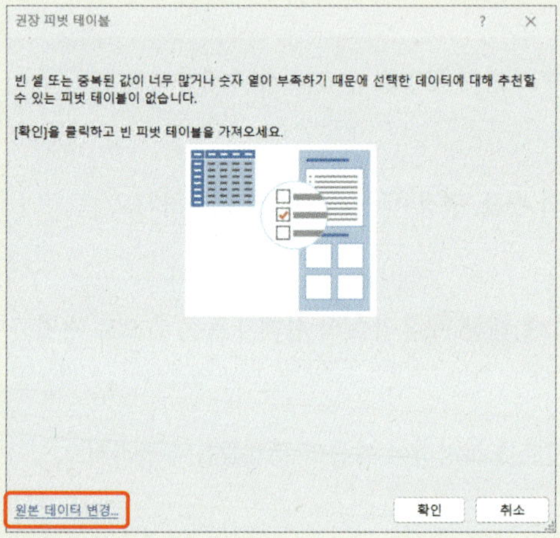

[12~22] '연습12_02.xlsx'를 활용하여 다음 질문에 답하시오.

준비 연습12_02.xlsx | **결과** 연습12_02_결과.xlsx

12 제시된 조건에 맞게 각 '마니아클럽여부' 내에서 '최애분야'별 인원수와 평균 '만나이', 최고 '만나이'와 최저 '만나이'를 확인할 수 있는 피벗 테이블을 구성하시오.

[조건]

- 인원수는 '회원수'로, 평균 '만나이'는 '평균나이'로, 최고 '만나이'는 '최고나이', 최저 '만나이'는 '최저나이'로 레이블명을 변경한다.
- 각 항목의 값은 소수점 이하 둘째 자리까지 표시한다.

[13~15] 12번에서 작성한 피벗 테이블이 있는 시트를 복사하고 다음 문제들을 수행하시오.

13 '최애분야'에 대한 '회원수'를 오름차순으로 정렬하시오.

14 '최저나이'가 20대인 '최애분야' 정보를 확인하시오.

15 '회원수'가 하위 20%인 '최애분야' 정보를 확인하시오.

16 제시된 조건에 맞게 각 '등급'별로 포함되는 '회원명'을 '성별'로 확인하면서 평균 예매 '평균'과 평균 '관람공백기(일)'까지 확인할 수 있는 피벗 테이블을 구성하시오.

[조건]

- 피벗 테이블에서 평균 예매 '평균'의 레이블은 '예매평균'으로 바꾸고 평균 '관람공백기(일)'은 '공백평균'으로 변경한다.
- 각 항목의 값은 소수점 이하 둘째 자리까지 표시한다.

[17~22] 12번에서 작성한 피벗 테이블이 있는 시트를 복사하고 다음 문제들을 수행하시오.

17 '등급'을 'STAR'-'SKY'-'EARTH' 순으로 나열하시오.

18 17번 문제 실행 결과의 상태에서 다시 '공백평균'을 내림차순으로 정렬하시오.

19 ‘회원명’의 성이 ‘ㅂ’인 회원들의 정보를 확인하시오.

20 ‘공백평균’이 500 미만인 회원들의 정보를 확인하시오.

21 ‘최근관람일’의 현황을 각 년도와 분기별로 확인할 수 있는 피벗 테이블을 구성하시오.

22 2021년 1월 1일부터 2023년 12월 31일까지 ‘최근관람일’의 현황을 100일 단위로 확인할 수 있는 피벗 테이블을 구성하시오.

HINT• 조건에 맞게 피벗 테이블을 구성하려면 ‘만나이’를 세 번 추가해야 한다. 데이터 항목 리스트에서 그 항목을 선택한 상태에서 마우스 오른쪽 버튼을 클릭하여 추가할 영역을 선택한다.

13

CHAPTER

조건부 서식과 표

학습목표

- 조건에 따라 데이터에 서식을 적용해 시각화할 수 있다.
- 표의 필터 기능과 슬라이서를 이용해 조건에 맞는 데이터만 확인한다.
- 표의 스타일 기능을 이용해 지정한 표 영역에 서식을 적용한다.
- 표의 요약 기능을 이용해 지정한 표 영역의 대푯값들을 확인한다.

SECTION 01

조건부 서식

데이터 분석 과정에서는 최종 결과가 도출될 때까지 데이터 및 분석 과정에 대해 관계자들과 반복적으로 공유해야 한다. 그 이유는 분석하는 데이터, 과정, 방식 등을 반복적으로 확인하고 평가하여 정확한 분석 결과를 얻기 위함이다.

하지만 공유 과정에서 숫자나 문자로만 구성된 방대한 양의 데이터들이 그대로 나열되어 있으면 관계자들이 관련 데이터와 분석 결과를 이해하는 데에 시간이 많이 걸릴 수 있다. 그러므로 원본 데이터나 데이터가 입력된 표에 시각적 효과를 주는 방식으로 단순화한다면 데이터를 입력하고 분석하는 과정에서 발생할 수 있는 실수를 최소화하면서 이해도까지 높일 수 있다. 이번 장에서는 데이터와 표 형식을 시각적으로 표현하고 구분할 수 있는 조건부 서식과 표 기능에 대해 알아본다.

엑셀은 조건에 따라 데이터 각각에 서로 다른 서식을 적용할 수 있는 조건부 서식 기능을 제공한다. 조건부 서식은 [홈] 탭-[스타일] 그룹-[조건부 서식] 메뉴를 클릭하여 적용하려는 규칙의 종류를 선택하여 서식을 적용한다.

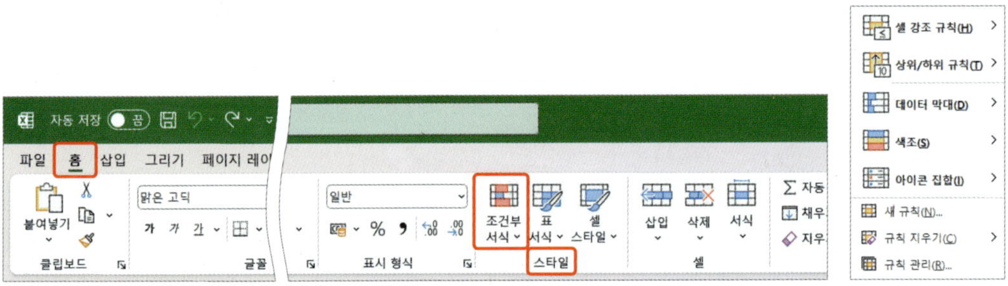

1 셀 강조 규칙과 상위/하위 규칙

준비 예제13_01.xlsx | **결과** 예제13_01_결과.xlsx

특정 기준에 해당하는 값에 시각적 효과를 주기 위해 [홈] 탭-[스타일] 그룹-[조건부 서식]-[셀 강조 규칙]이나 [상위/하위 규칙]을 실행하여 셀의 서식을 변경할 수 있다. 특히, [상위/하위 규칙]은 항목 값의 형식이 숫자일 때 적용할 수 있는 메뉴로 상위 또는 하위에 해당하는 값들, 평균을 초과하거나 미만인 값들을 구분하여 서식을 설정할 때 사용한다.

'예제13_01.xlsx'의 [분반1_조건부서식] 시트 데이터를 이용해 [셀 서식 규칙]과 [상위/하위 규칙]을 적용해 보자.

'총합'이 40점 이상 60점 이하인 점수 구분하기

❶ '총합' 값의 범위인 셀 Q2부터 Q54까지 선택하고 ❷ [홈] 탭-[스타일] 그룹-[조건부 서식]-[셀 강조 규칙] 중 [다음 값의 사이에 있음]을 클릭한다.

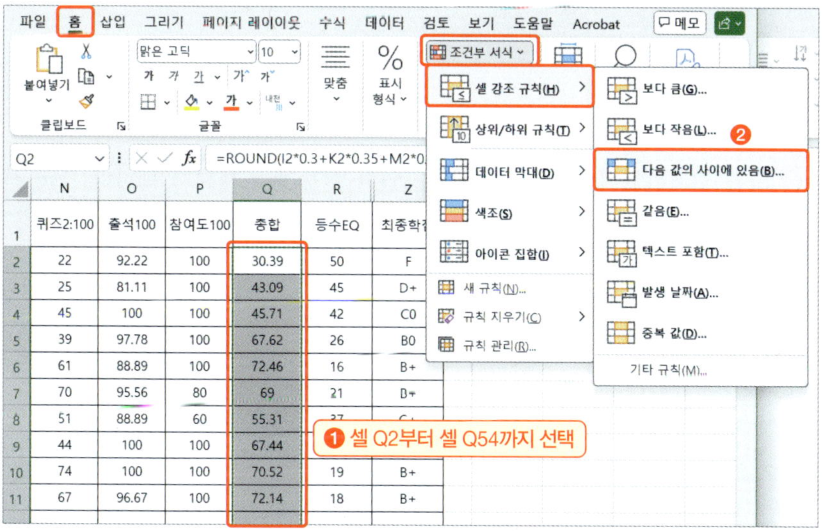

[해당 범위] 창에서 ❸ 값에 **40**과 **60**을 입력하고 ❹ [적용할 서식]을 원하는 것으로 선택한 다음 〈확인〉을 클릭한다. 40점에서 60점 사이의 값에 진한 노란색 글꼴과 연한 노란색 셀 색이 적용된다.

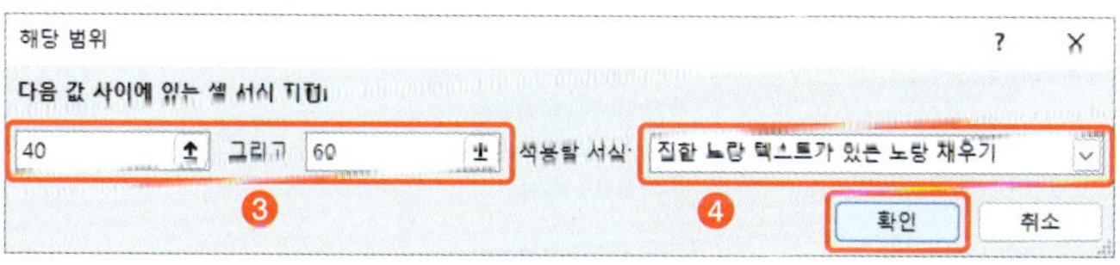

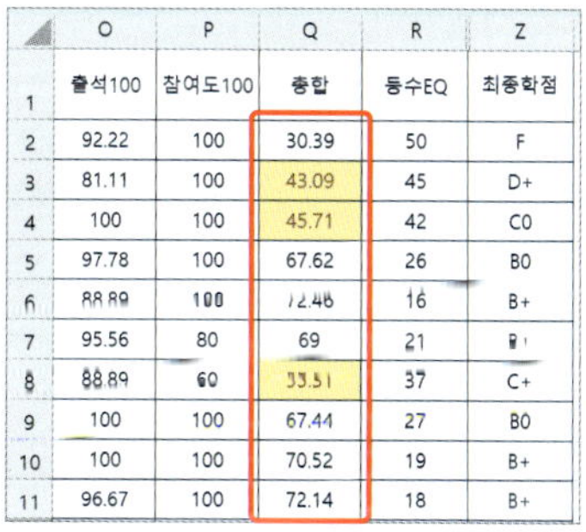

성이 'ㄱ'으로 시작하는 학생 이름 구분하기

❶ '성명' 값의 범위인 셀 G2부터 G54까지 선택하고 ❷ [홈] 탭-[스타일] 그룹-[조건부 서식]-[셀 강조 규칙] 중 [보다 작음]을 선택한다.

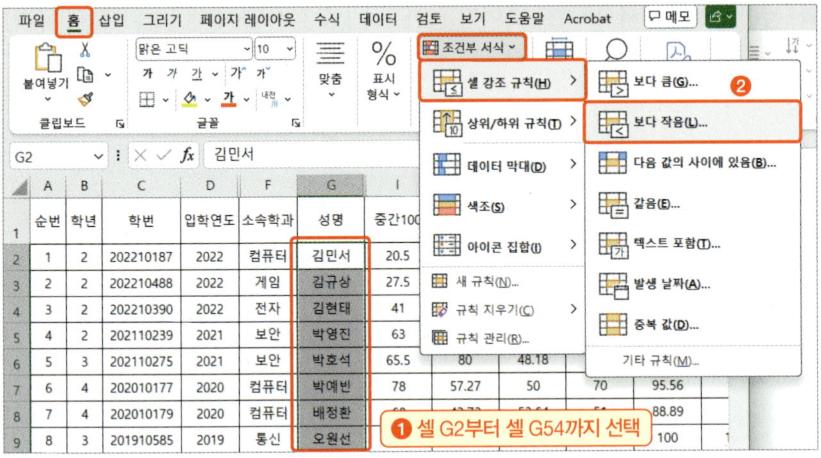

[보다 작음] 창에서 ❸ 나를 입력하고 ❹ [적용할 서식]을 '연한 빨강 채우기'로 선택한다. 그러면 '성명'의 성이 'ㄱ'으로 시작하는 셀이 연한 빨간색으로 채워진다.

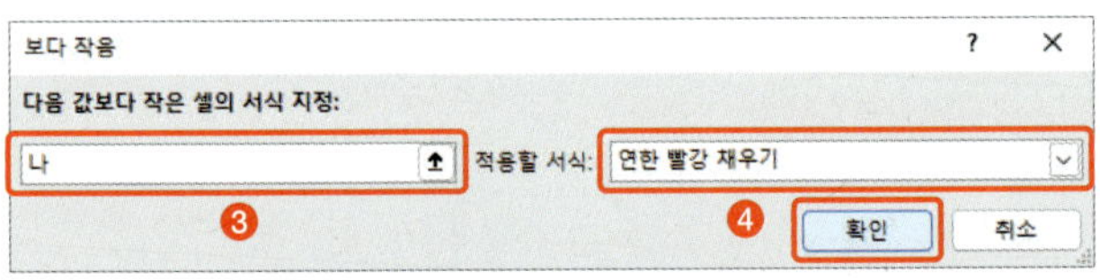

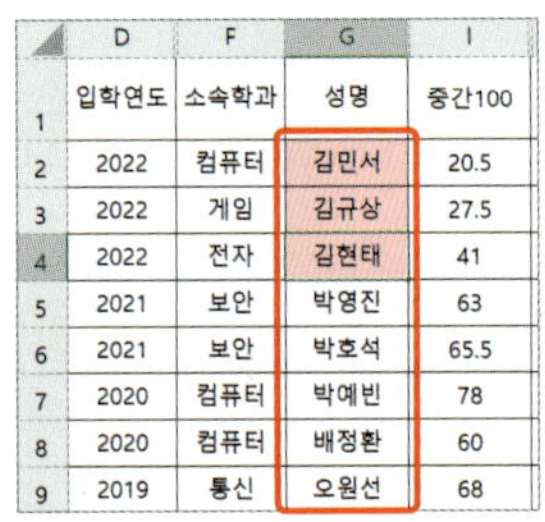

'기말100'의 상위 15명의 점수 구분하기

❶ '기말100'의 데이터 영역인 셀 K2부터 K54까지 선택하고 ❷ [홈] 탭–[스타일] 그룹–[조건부 서식]–[상위/하위 규칙] 중 [상위 10개 항목]을 선택한다.

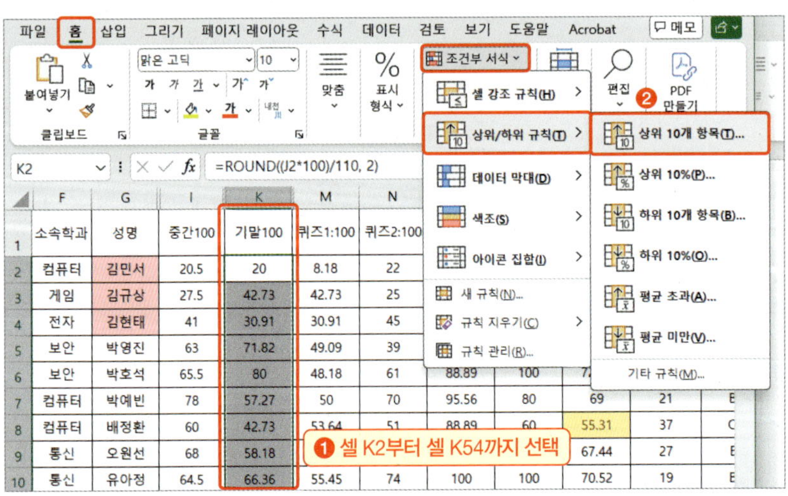

[상위 10개 항목] 창에서 ❸ 15를 입력하고 [적용할 서식]에서 '사용자 지정 서식'을 선택한다. 다시 나타나는 [셀 서식] 창에서 ❹ [글꼴 스타일]은 '굵게', ❺ [색]은 '녹색'을 선택하고 〈확인〉을 클릭한다. 다시 [상위 10개 항목] 창에서 ❻ 〈확인〉을 클릭한다.

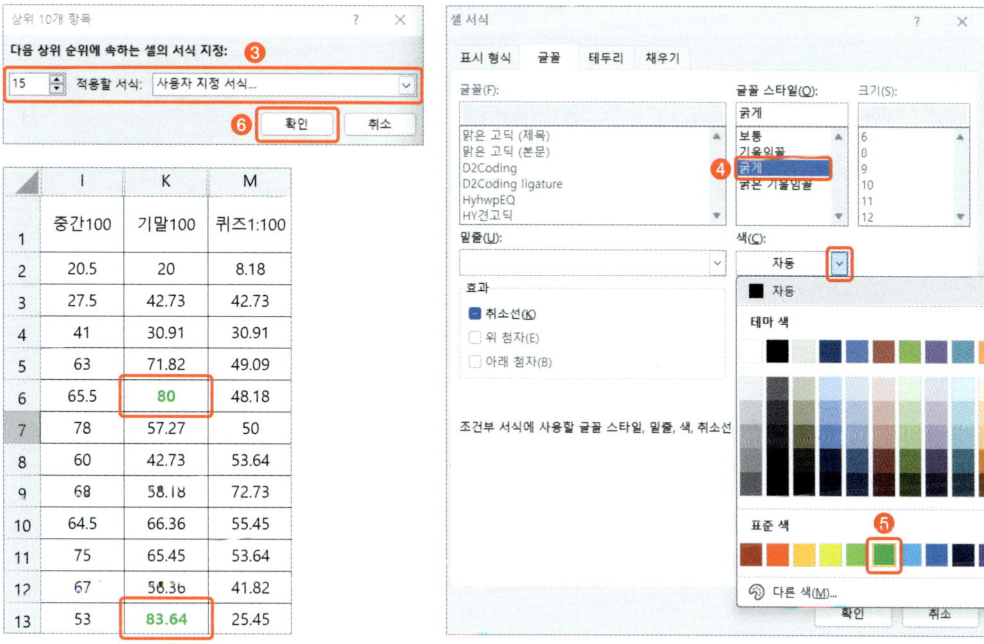

'중간100'의 '총합' 평균을 초과하는 점수 구분하기

❶ '중간100'의 값 영역에 해당되는 셀 I2부터 I54까지 선택하고 ❷ [홈] 탭-[스타일] 그룹-[조건부 서식]-[상위/하위 규칙] 중 [평균 초과]를 선택한다.

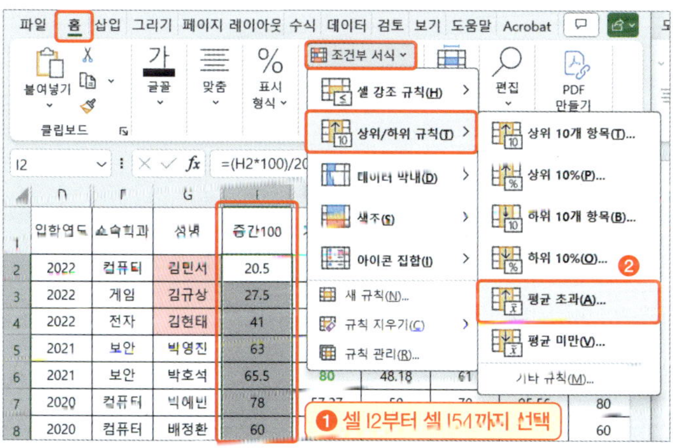

[평균 초과] 창에서는 별도의 값을 입력하는 부분 없이 서식을 선택할 수 있다. 이는 선택한 범위의 평균을 자동으로 계산한다는 것을 의미한다. ❸ [적용할 서식]에서 '사용자 지정 서식'을 선택하여

❹ [셀 서식] 창의 [채우기] 탭에서 연한 파란색을 선택하고 〈확인〉을 클릭한 뒤 다시 [평균 초과] 창에서 ❺ 〈확인〉 클릭하여 설정한 채우기 서식을 적용한다.

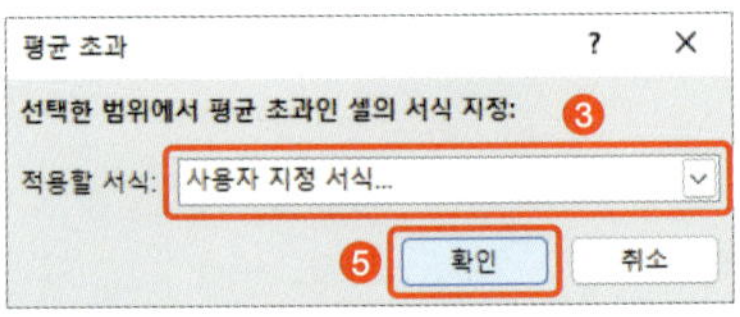

	F	G	I	K
1	소속학과	성명	중간100	기말100
2	컴퓨터	김민서	20.5	20
3	게임	김규상	27.5	42.73
4	전자	김현태	41	30.91
5	보안	박영진	63	71.82
6	보안	박호석	65.5	80
7	컴퓨터	박예빈	78	57.27
8	컴퓨터	배정환	60	42.73
9	통신	오원선	68	58.18
10	통신	유아정	64.5	66.36
11	전자	이철승	75	65.45
12	컴퓨터	이재민	67	56.36

TIP • 데이터 영역에 적용되었던 조건부 서식을 지우고 서식이 적용되지 않은 상태로 되돌리려면 [홈] 탭–[스타일] 그룹–[조건부 서식]–[규칙 지우기]의 하위 메뉴를 선택하면 된다.

실습 13-1 조건부 서식 설정하기

준비 실습13_01.xlsx | **결과** 실습13_01_결과.xlsx

[회원정보_조건부서식] 시트의 데이터 영역에 다음 서식을 적용하자.

01 '회원등급'이 'GOLD' 등급 이상인 회원을 구분하기

'GOLD' 등급 이상인 회원등급은 'GOLD'와 'PURE GOLD'가 있다. 두 등급 모두 'GOLD'라는 단어를 포함하고 있으므로 'GOLD'를 포함하고 있는 '회원등급'에 서식을 적용한다. ❶ '회원등급'의 값 영역인 셀 L2부터 L36까지 선택하고 ❷ [홈] 탭–[스타일] 그룹–[조건부 서식]–[셀 강조 규칙]의 하위 메뉴 중 [텍스트 포함]을 클릭한다.

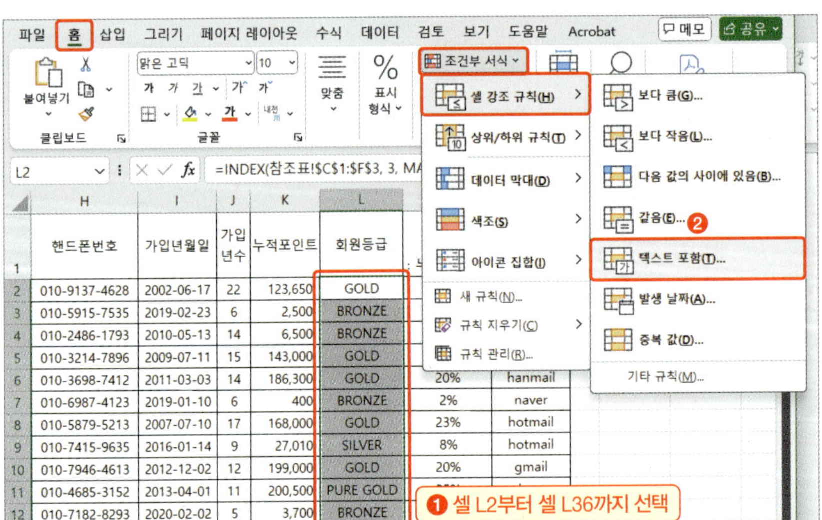

[텍스트 포함] 창의 ❸ [다음 텍스트를 포함하는 셀의 서식 지정]에서 GOLD를 입력하고 ❹ [적용할 서식]에서 '진한 빨강 텍스트가 있는 연한 빨강 채우기'를 선택한다. 그러면 '회원등급'의 값들 중 'GOLD'와 'PURE GOLD'에 서식이 적용된다.

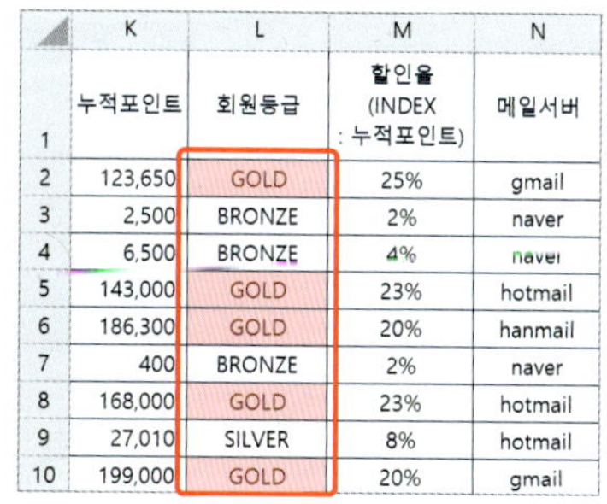

02 '가입년수'가 평균 미만인 회원을 구분하기

❶ '가입년수'의 값 영역에 해당하는 셀 J2부터 J36까지를 선택하고 [홈] 탭–[스타일] 그룹–[조건부 서식]–[상위/하위 규칙]의 하위 메뉴 중 [평균 미만]을 클릭한다.

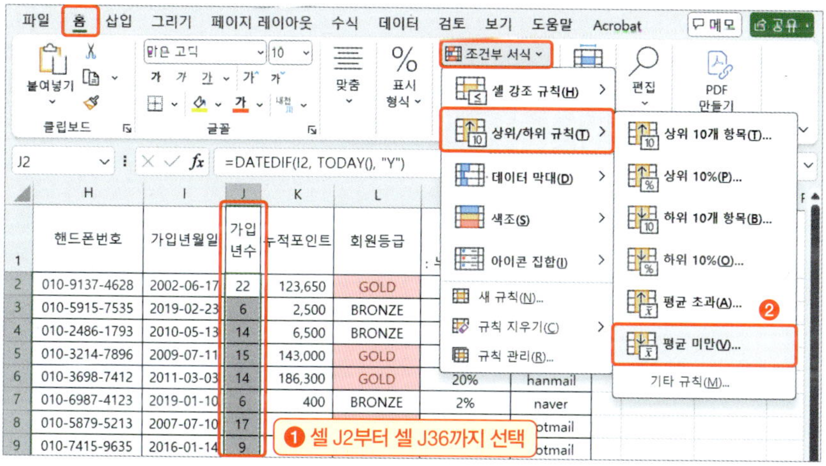

[평균 미만] 창에서 ❸ [적용할 서식]에서 '진한 노랑 텍스트가 있는 노랑 채우기'를 선택한다. 그러면 평균 미만에 해당하는 셀들에 서식이 적용된다.

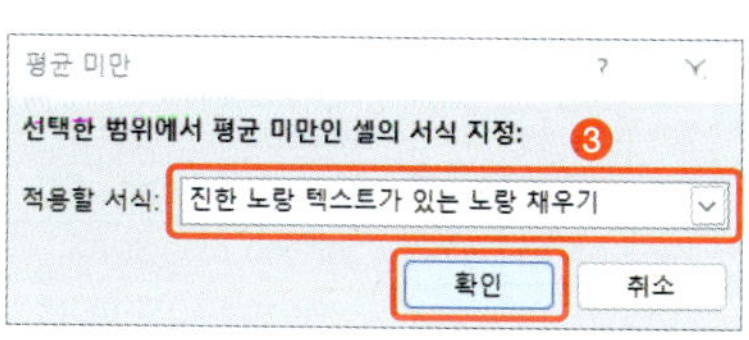

03 '누적포인트'가 하위 15%에 속하는 회원을 구분하기

❶ '누적포인트'의 값 영역에 해당하는 셀 K2부터 K36까지 선택하고 ❷ [홈] 탭–[스타일] 그룹–[조건부 서식]–[상위/하위 규칙]의 하위 메뉴 중 [하위 10%]를 클릭한다.

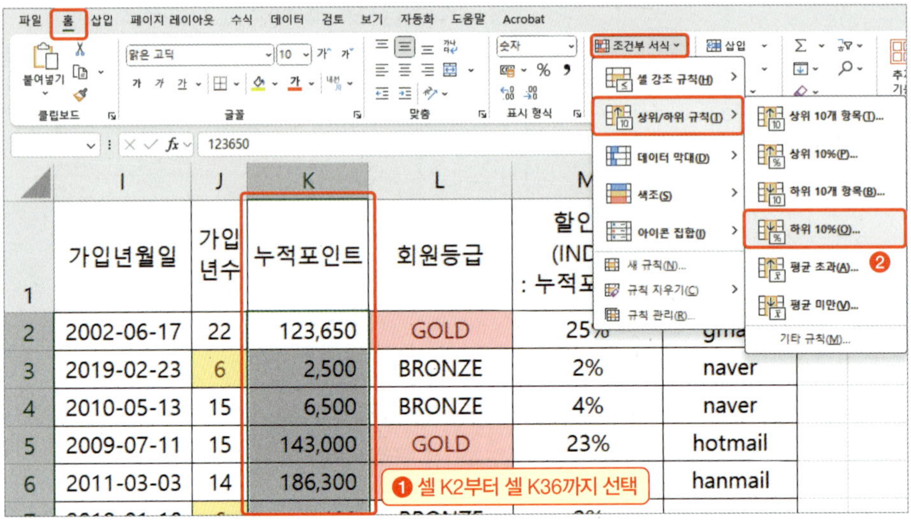

[하위 10%] 창에서 ❸ 15를 입력하고 [적용할 서식]을 '사용자 지정 서식'으로 선택한다. [셀 서식] 창에서 ❹ [글꼴 스타일]을 '굵게'로 선택하고 ❺ [색]을 '보라색'으로 선택하여 서식을 적용한다.

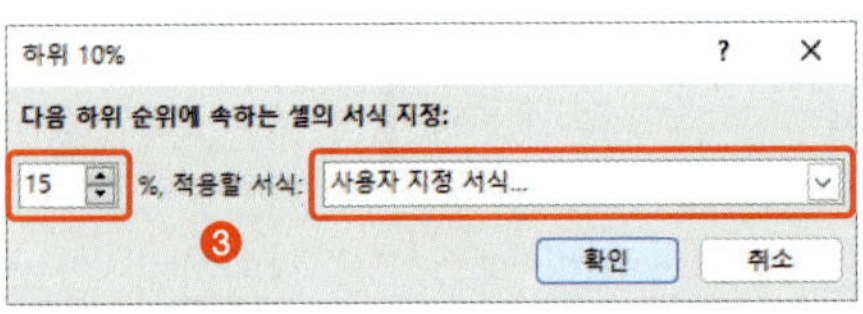

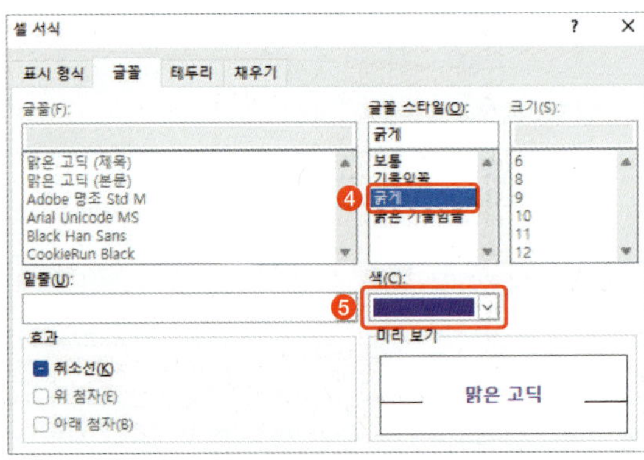

그러면 '누적포인트'가 하위 15%에 속하는 값들에 설정한 서식이 적용되어 표시된다.

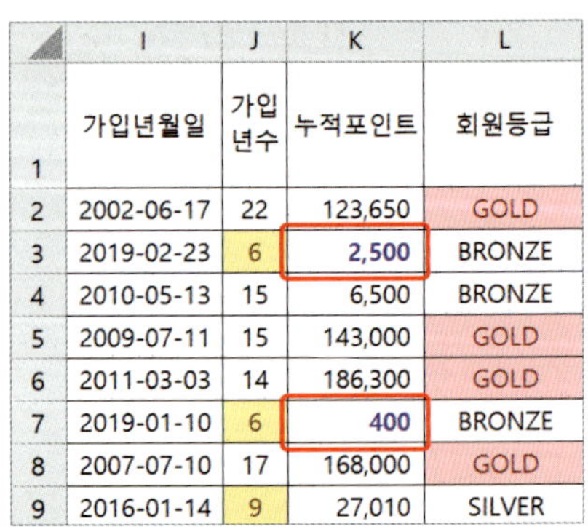

2 데이터 막대/색조/아이콘 집합

준비 예제13_02.xlsx | **결과** 예제13_02_결과.xlsx

[조건부 서식]의 하위 메뉴인 [데이터 막대], [색조], [아이콘 집합]은 숫자 형식의 값에 적용할 수 있는 메뉴로, 항목의 전체 값들 내에서의 어떤 값의 크기, 정도, 위치를 막대그래프나 색, 아이콘을 이용해 표시한다.

[데이터 막대]는 셀의 너비를 그 항목의 최댓값으로 가정하고, 셀의 값을 막대그래프로 표시하여 크기를 시각화할 수 있다. 다음 예는 '데이터3'에 대한 각 값의 크기를 데이터 막대로 표시하기 위해 ❶ '데이터3'의 값 영역인 셀 C2부터 C17까지 선택하고 ❷ [홈] 탭–[스타일] 그룹–[조건부 서식]–[데이터 막대]의 하위 메뉴 중 하나를 선택한 것이다. '데이터3'의 최댓값은 123(셀 C14)이기 때문에 셀 전체가 막대로 표시된 것을 알 수 있다. 만약 '데이터3' 내에 0이 있다면 그 셀은 막대그래프가 표시되지 않으며, 음수 값이 있다면 양수 값과 다른 색의 왼쪽 막대그래프가 표시된다.

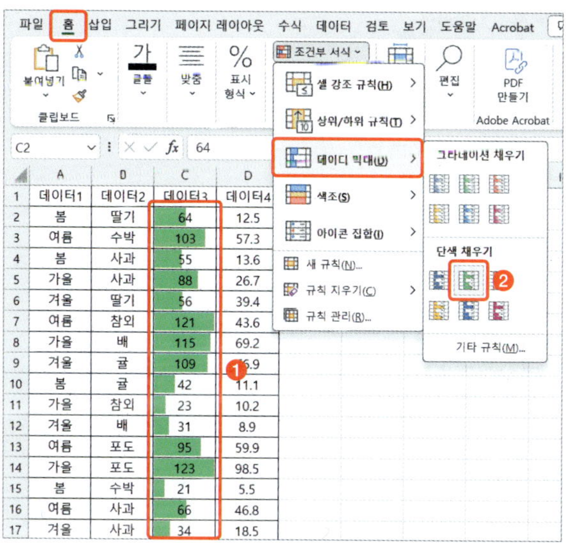

[색조]에서는 최솟값부터 최댓값까지의 상대적 크기를 다양한 색과 명도를 적용하여 다르게 표시한다. '데이터4'에 대한 각 값의 크기(또는 정도나 위치)를 색조로 표시하기 위해 ❶ 셀 D2부터 D17까지 선택하고 ❷ [홈] 탭–[스타일] 그룹–[조건부 서식]–[색조]의 하위 메뉴 중 하나를 선택하면 오른쪽 그림과 같은 결과를 확인할 수 있다.

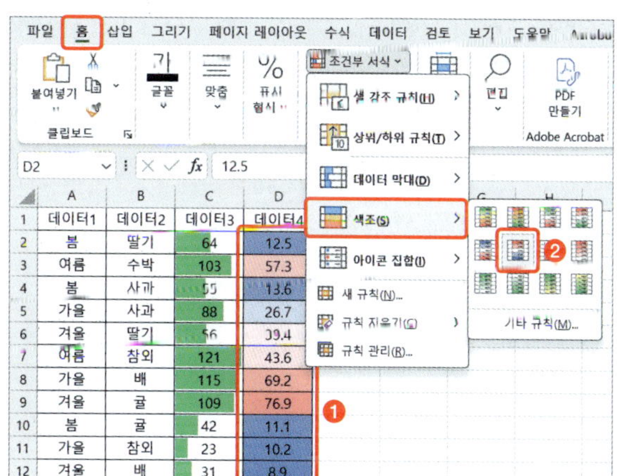

[아이콘 집합] 메뉴는 항목의 값들을 적당한 비율로 나누고 각 그룹에 아이콘을 표시한다. 다음과 같이 [데이터 막대]가 표시된 '데이터3'의 값에 아이콘을 표시하기 위해 데이터 영역을 선택하고 [아이콘 집합]의 하위 메뉴 중 다섯 가지 화살표로 구성된 아이콘 집합을 선택하면, 엑셀은 '데이터3'의 값들을 크기순으로 다섯 개의 그룹으로 나누고 각 그룹에 맞는 아이콘을 표시한다.

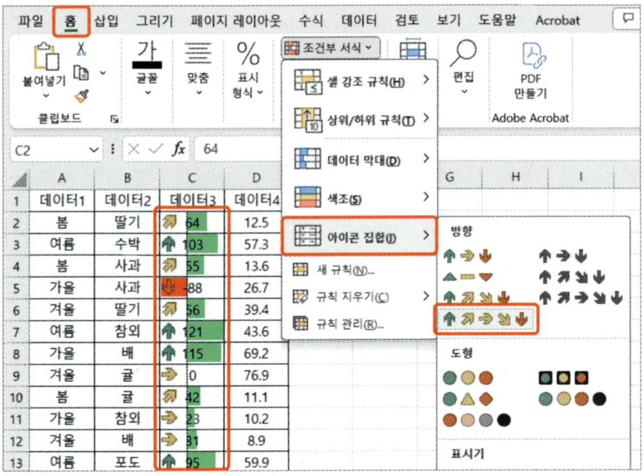

'중간100', '기말100', '총합', '퀴즈차이'의 값을 시각화하기

'예제13_02.xlsx'의 [분반1_조건부서식] 시트에서 '중간100'은 데이터 막대, '기말100'은 색조, '총합'은 아이콘을 이용해 시각화해 보자.

'중간100'의 값 영역인 셀 I2부터 I54까지 선택하고 [홈] 탭-[스타일] 그룹-[조건부 서식]-[데이터 막대]의 하위 메뉴 중 하나를 선택한다.

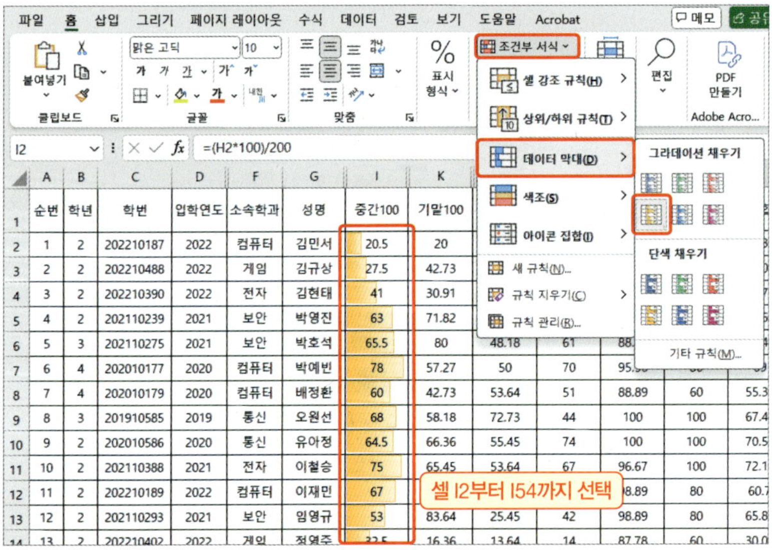

'기말100'의 값 영역인 셀 K2부터 K54까지 선택하고 [홈] 탭-[스타일] 그룹-[조건부 서식]-[색조]의 하위 메뉴 중 하나를 선택하여 '기말100'의 각 값의 크기와 정도를 색조로 표시한다.

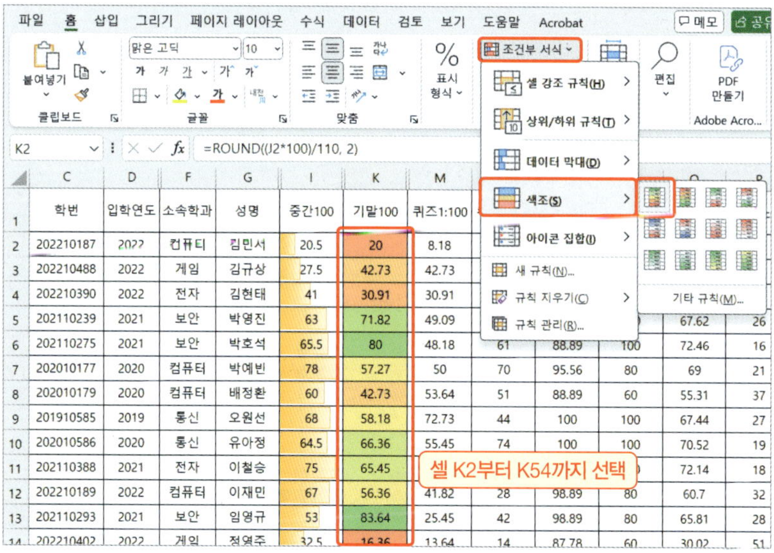

'총합'의 값 영역인 셀 R2부터 R54까지 선택하고 [홈] 탭-[스타일] 그룹-[조건부 서식]-[아이콘 집합]의 하위 메뉴 중 하나를 선택하여 '총합'의 값들과 함께 각 값들의 위치를 아이콘으로 표시한다.

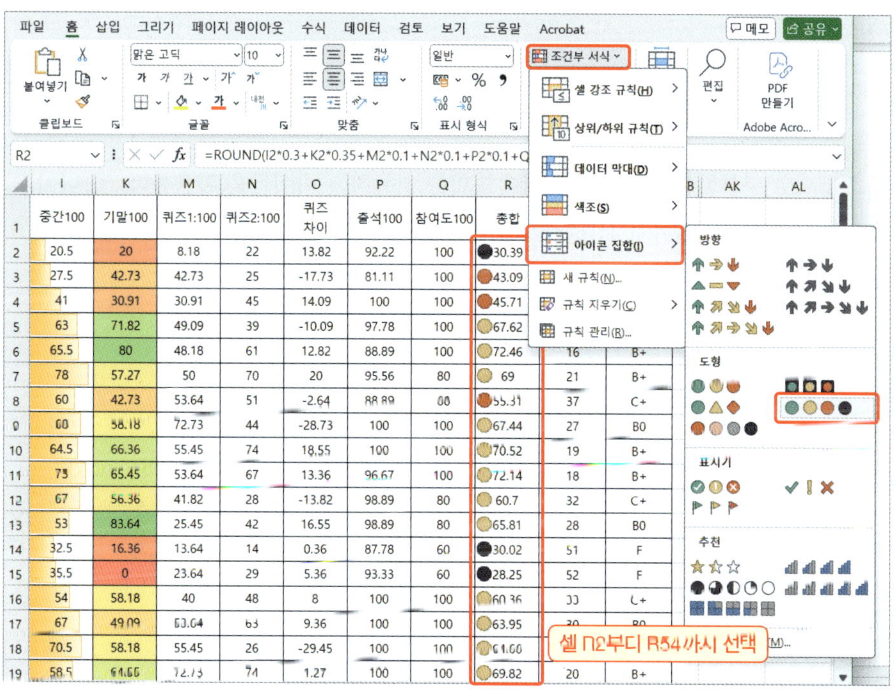

[분반1_조건부서식] 시트의 '퀴즈차이'는 '퀴즈1:100'을 기준으로 '퀴즈2:100'의 점수 변화를 보여준다. 이렇게 값의 변화를 시각적으로 표현하기 좋은 것은 [아이콘 집합] 중 '방향'을 표시하는 아이콘이다. '퀴즈차이' 값 영역인 셀 O2부터 O54를 선택하고 [홈] 탭-[스타일] 그룹-[조건부 서식]-[아이콘 집합]의 하위 메뉴 중 '방향' 옵션 중 하나를 선택하여 값의 변화를 시각적으로 표현한다.

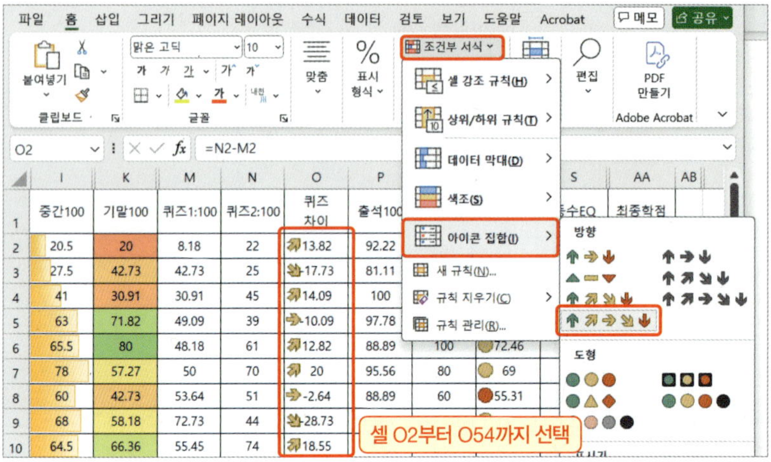

실습 13-2 조건부 서식으로 데이터 시각화하기

준비 실습13_02.xlsx | **결과** 실습13_02_결과.xlsx

[회원정보_조건부서식] 시트의 '만나이', '가입년수', '누적포인트'에 시각적 효과를 줄 수 있는 조건부 서식을 적용하자.

'만나이'는 세 그룹으로 구분할 수 있도록 세 가지 도형을 사용하는 아이콘을 활용한다. '만나이'의 값 영역에 해당하는 F2부터 F36까지 선택하고 [조건부 서식]-[아이콘 집합] 중 세 가지 아이콘으로 구성된 도형 집합을 선택한다.

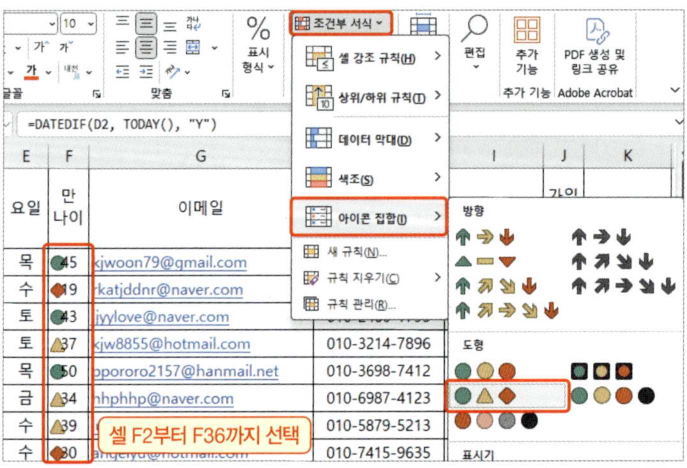

'가입년수'는 각 값마다 색을 달리하여 시각화하자. '가입년수'의 값 영역에 해당하는 셀 J2부터 J36까지 선택하고 [조건부 서식]-[색조]의 하위 메뉴 중 하나를 선택하여 서식을 적용한다.

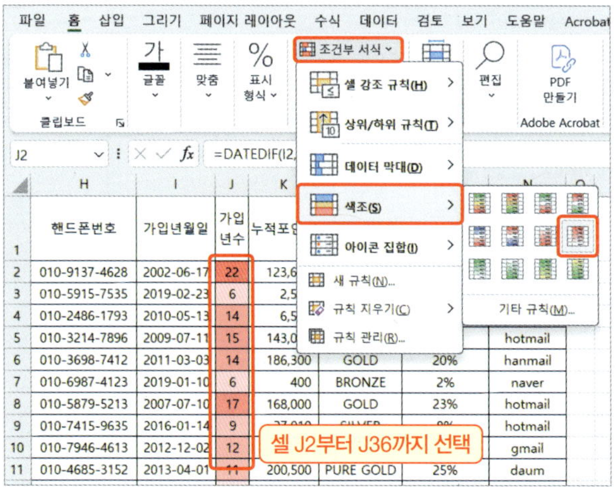

'누적포인트'는 데이터 막대를 이용한다. '누적포인트'의 값 영역인 셀 K2부터 K36을 선택하고 [조건부 서식]-[데이터 막대]의 하위 메뉴 중 하나를 선택하여 값의 크기를 확인한다.

3 새 규칙

준비 예제13_03.xlsx | **결과** 예제13_03_결과.xlsx

[조건부 서식]의 각 하위 메뉴들의 마지막에는 [기타 규칙] 메뉴가 있다. 각 메뉴에서 기본적으로 주어지는 규칙 외에 새로운 규칙을 만들 때 [기타 규칙]을 클릭하면 된다. [기타 규칙] 클릭하면 [새 서식 규칙] 창이 나타나는데 이 창은 [조건부 서식]-[새 규칙]을 클릭했을 때 나타나는 창과 같으며 [규칙 유형 선택]이 다르게 선택되어 있을 뿐이다.

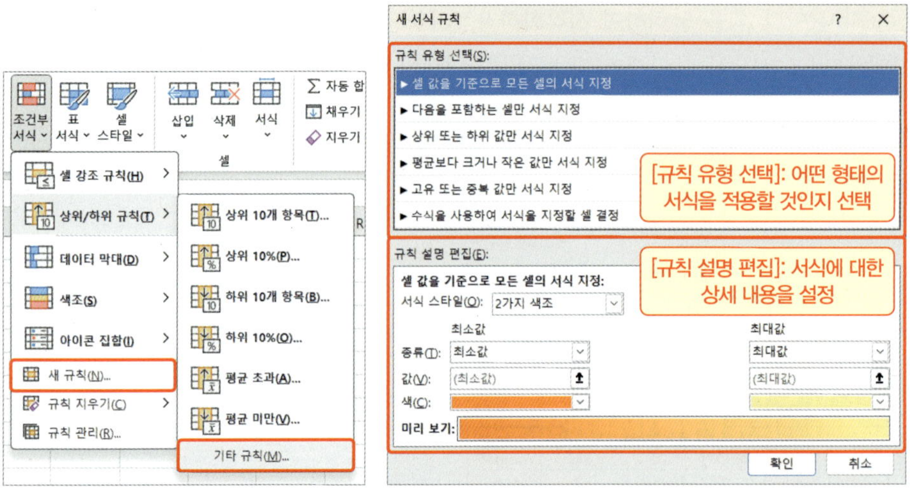

셀 값을 기준으로 모든 셀의 서식 지정

이 규칙 유형은 [데이터 막대], [색조], [아이콘 집합] 메뉴에서 했던 설정과 같은 옵션을 변경하거나 새롭게 추가할 수 있는 유형이다. [규칙 설명 편집]의 [서식 스타일]에서 색조, 데이터 막대, 아이콘을 선택하여 변경하거나 추가할 수 있다.

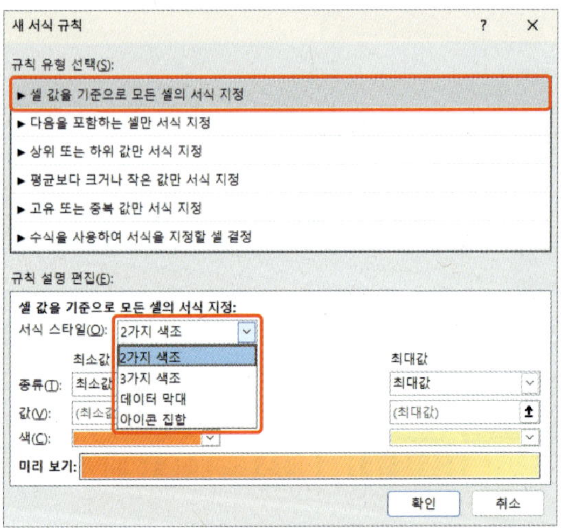

[서식 스타일]의 옵션 중 '2가지 색조'와 '3가지 색조'는 '최소값'과 '최대값'을 결정하는 [종류]와 [값], [색]을 사용자가 직접 선택하거나 입력할 수 있다. 예를 들어 [서식 스타일]을 '3가지 색조'로 선택한 뒤 '최소값', '중간값', '최대값'에 대해 각각 기준이 되는 [값]과 [색]을 설정하고 〈확인〉을 클릭하면 서식을 적용해야 할 데이터 영역에 최솟값, 중간값, 최댓값을 기준으로 설정한 색조가 적용된다.

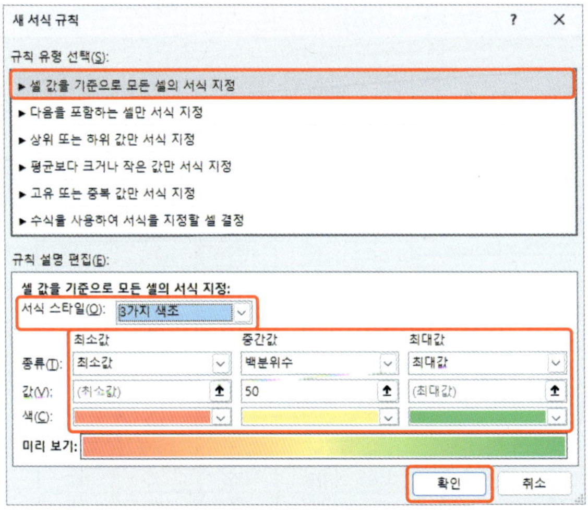

	A	B	C	D
1	데이터1	데이터2	데이터3	데이터4
2	봄	딸기	64	12.5
3	여름	수박	103	57.3
4	봄	사과	55	13.6
5	가을	사과	88	26.7
6	겨울	딸기	56	39.4
7	여름	참외	121	43.6
8	가을	배	115	69.2
9	겨울	귤	109	76.9
10	봄	귤	42	11.1
11	가을	참외	23	10.2
12	겨울	배	31	8.9
13	여름	포도	95	59.9
14	가을	포도	123	98.5
15	봄	수박	21	5.5
16	여름	사과	66	46.8
17	겨울	사과	34	18.5

[서식 스타일]의 '데이터 막대' 옵션도 '최소값', '최대값'의 종류를 선택할 수 있으며 '막대 모양'의 형태도 사용자가 원하는 대로 바꿀 수 있다.

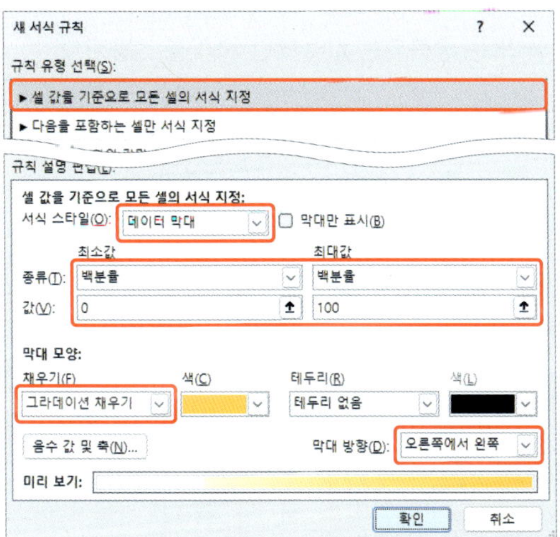

	A	B	C	D
1	데이터1	데이터2	데이터3	데이터4
2	봄	딸기	64	12.5
3	여름	수박	103	57.3
4	봄	사과	55	13.6
5	가을	사과	88	26.7
6	겨울	딸기	56	39.4
7	여름	참외	121	43.6
8	가을	배	115	69.2
9	겨울	귤	109	76.9
10	봄	귤	42	11.1
11	가을	참외	23	10.2
12	겨울	배	31	8.9
13	여름	포도	95	59.9
14	가을	포도	123	98.5
15	봄	수박	21	5.5
16	여름	사과	66	46.8
17	겨울	사과	34	18.5

[서식 스타일]의 '아이콘 집합' 옵션은 사용자 임의대로 서식을 지정하여 설정할 수 있다.

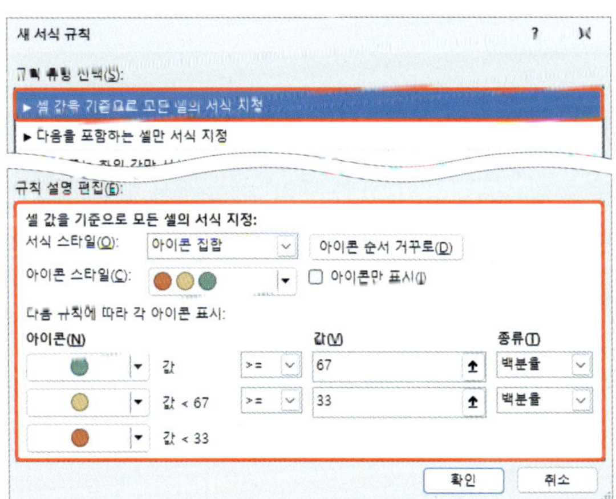

다음을 포함하는 셀만 서식 지정/고유 또는 중복 값만 서식 지정

'다음을 포함하는 셀만 서식 지정' 유형은 특정 기준에 해당하는 값들만 표시하기 위한 서식으로, [셀 강조 규칙] 메뉴의 설정과 같은 옵션들을 변경하거나 새롭게 추가할 수 있다.

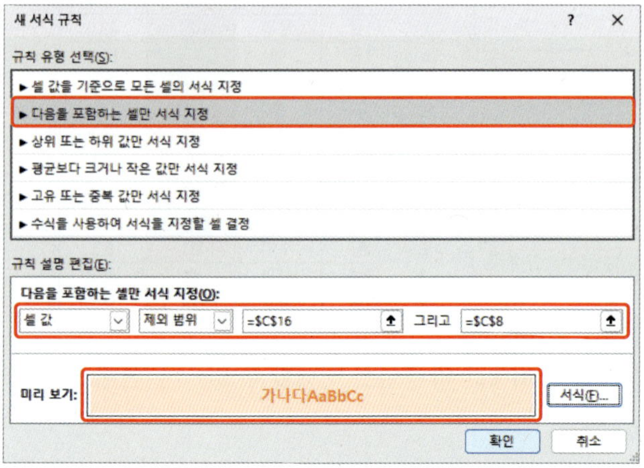

	A	B	C	D
1	데이터1	데이터2	데이터3	데이터4
2	봄	딸기	64	12.5
3	여름	수박	103	57.3
4	봄	사과	55	13.6
5	가을	사과	88	26.7
6	겨울	딸기	56	39.4
7	여름	참외	121	43.6
8	가을	배	115	69.2
9	겨울	귤	109	76.9
10	봄	귤	42	11.1
11	가을	참외	23	10.2
12	겨울	배	31	8.9
13	여름	포도	95	59.9
14	가을	포도	123	98.5
15	봄	수박	21	5.5
16	여름	사과	66	46.8
17	겨울	사과	34	18.5

'고유 또는 중복 값만 서식 지정' 유형은 고유한 값들 또는 중복되는 값들에만 서식을 적용한다.

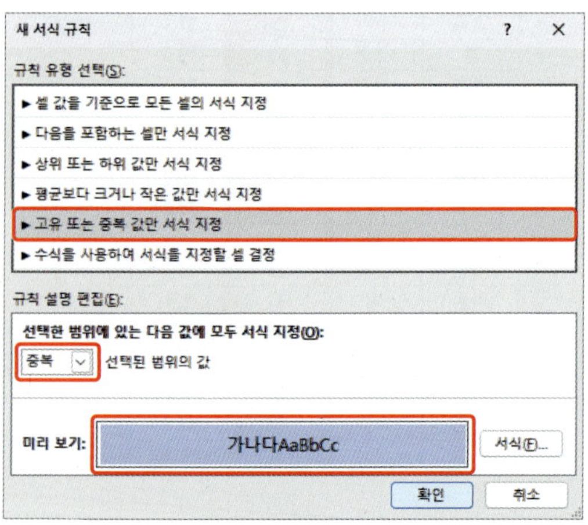

	A	B	C	D
1	데이터1	데이터2	데이터3	데이터4
2	봄	딸기	64	12.5
3	여름	수박	103	57.3
4	봄	사과	55	13.6
5	가을	사과	31	26.7
6	겨울	딸기	56	39.4
7	여름	참외	121	43.6
8	가을	배	115	69.2
9	겨울	귤	109	76.9
10	봄	귤	42	11.1
11	가을	참외	23	10.2
12	겨울	배	31	8.9
13	여름	포도	95	59.9
14	가을	포도	123	98.5
15	봄	수박	21	5.5
16	여름	사과	66	46.8
17	겨울	사과	115	18.5

상위 또는 하위 값만 서식 지정/평균보다 크거나 작은 값만 서식 지정

두 유형 모두 [상위/하위 규칙] 메뉴에서 했던 설정과 같은 옵션들을 변경하거나 새롭게 추가할 수 있는 유형이다. '상위 또는 하위 값만 서식 지정' 유형에서 [% 이내]를 선택 해제하면 항목의 수로 판단하여 적용한다.

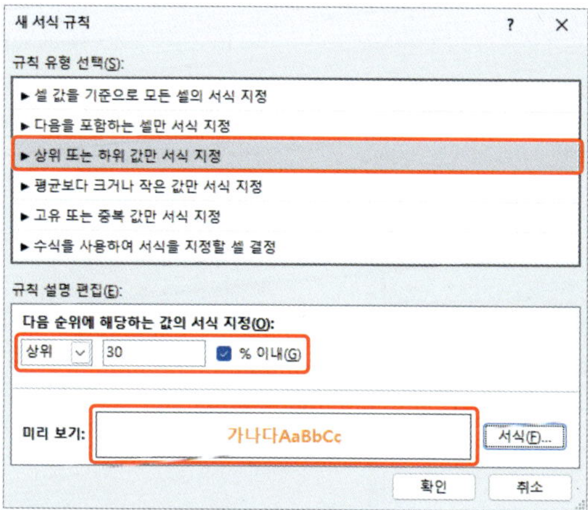

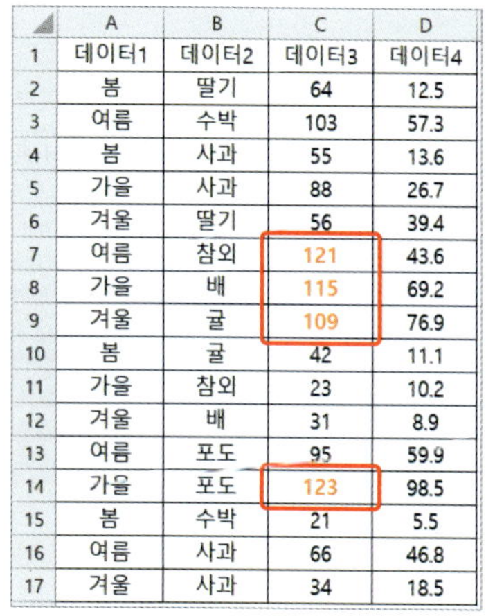

	A	B	C	D
1	데이터1	데이터2	데이터3	데이터4
2	봄	딸기	64	12.5
3	여름	수박	103	57.3
4	봄	사과	55	13.6
5	가을	사과	88	26.7
6	겨울	딸기	56	39.4
7	여름	참외	121	43.6
8	가을	배	115	69.2
9	겨울	귤	109	76.9
10	봄	귤	42	11.1
11	가을	참외	23	10.2
12	겨울	배	31	8.9
13	여름	포도	95	59.9
14	가을	포도	123	98.5
15	봄	수박	21	5.5
16	여름	사과	66	46.8
17	겨울	사과	34	18.5

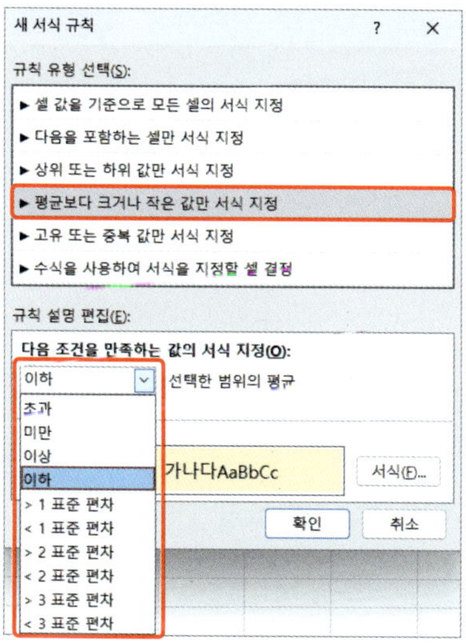

TIP • 표준 편차에 대한 설명은 15장에서 다루도록 한다.

수식을 사용하여 서식을 지정할 셀 결정

데이터에 따라서는 사용자가 임의로 정의하는 수식에 맞게 서식 규칙을 적용해야 할 때가 있는데, 이때 '수식을 사용하여 서식을 지정할 셀 결정'을 선택하여 정의할 수 있다.

예를 들어 '데이터1'이 '여름'이거나 '데이터2'가 '사과'인 데이터 중 '데이터4'의 값이 40 이상이고 80 이하에 해당하는 '데이터3'의 값에 서식을 적용하려면 '데이터3'의 데이터 영역인 셀 C2부터 C17까지 선택하고 [새 서식 규칙]에서 '수식을 사용하여 서식을 지정할 셀 결정' 유형에 있는 수식 입력란에 다음 수식을 입력한 뒤 〈확인〉을 클릭하여 적용할 수 있다.

```
=AND(OR(A2="여름", B2="사과"), AND(D2>=40, D2<=80))
```

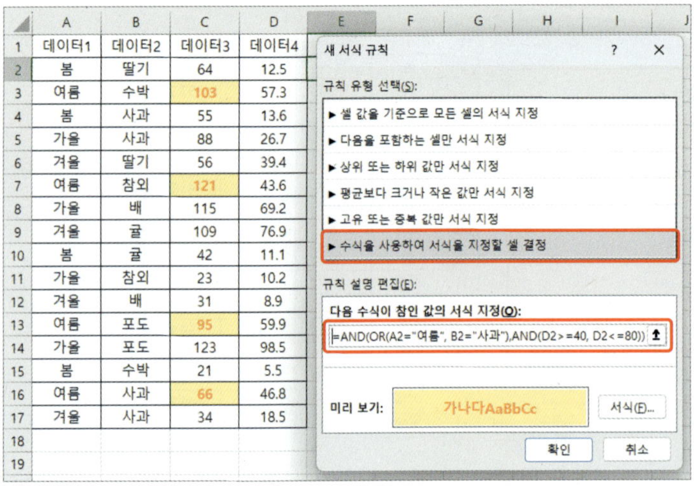

만약, 다음과 같이 셀 A2부터 D17까지를 모두 선택하고 [새 서식 규칙]에서 다음의 수식을 입력한 뒤 서식을 지정하면 어떤 결과가 나올까? 단, 이 수식은 셀 주소에 대해 상대 참조로 입력했다.

```
=AND(OR( A2 ="여름", B2 ="사과"),AND( D2 >=40, D2 <=80))
        상대 참조     상대 참조           상대 참조   상대 참조
```

그러면 선택했던 영역 셀 A2부터 D17 중 수식을 만족하는 데이터들(3, 7, 13, 16행)의 첫 번째 열(A열)에만 서식이 적용된다. 만약 셀 B2부터 D17까지 선택하고 똑같이 조건부 서식을 적용한다면 선택한 영역 내에서 수식을 만족하는 데이터들의 첫 번째 열인 B열에만 서식이 적용된다.

선택한 영역 내에서 수식을 만족하는 데이터의 모든 열에 똑같은 서식을 적용하고자 한다면 수식에서 셀 주소 중 열 번호에 대해 절대 참조를 적용하면 된다. [새 서식 규칙]의 수식 입력란에 다음과 같이 입력하고 서식을 적용한 결과를 살펴보자.

```
=AND(OR($A2="여름",$B2="사과"),AND($D2>=40,$D2<=80))
```

($A2, $B2, $D2, $D2: 열 번호 절대 참조)

셀 A2부터 D17까지 선택하고 위의 수식을 입력 후 실행하면 수식을 만족하는 데이터(3, 7, 13, 16행)의 A열부터 D열까지 서식이 적용되고, 셀 B2부터 D17까지 선택하고 위 수식을 입력한 후 실행하면 B열부터 D열까지 서식이 적용된다.

셀 A2부터 D17까지 선택하고 조건부 서식을 적용한 경우

	A	B	C	D
1	데이터1	데이터2	데이터3	데이터4
2	봄	딸기	64	12.5
3	**여름**	**수박**	**103**	**57.3**
4	봄	사과	55	13.6
5	가을	사과	88	26.7
6	겨울	딸기	56	39.4
7	**여름**	**참외**	**121**	**43.6**
8	가을	배	115	69.2
9	겨울	귤	109	76.9
10	[illegible]	[illegible]	[illegible]	[illegible]
11	가	[illegible]	[illegible]	[illegible]
12	겨	[illegible]	[illegible]	[illegible]
13	**여름**	**포도**	**95**	**59.9**
14	가을	포도	123	98.5
15	봄	수박	21	5.5
16	**여름**	**사과**	**66**	**46.8**
17	겨울	사과	34	18.5

셀 B2부터 D17까지 선택하고 조건부 서식을 적용한 경우

	A	B	C	D
1	데이터1	데이터2	데이터3	데이터4
2	봄	딸기	64	12.5
3	여름	**수박**	**103**	**57.3**
4	봄	사과	55	13.6
5	가을	사과	88	26.7
6	겨울	딸기	56	39.4
7	여름	**참외**	**121**	**43.6**
8	가을	배	115	69.2
9	겨울	귤	109	76.9
10	[illegible]	[illegible]	[illegible]	[illegible]
11	가	[illegible]	[illegible]	[illegible]
12	겨	[illegible]	[illegible]	[illegible]
13	여름	**포도**	**95**	**59.9**
14	가을	포도	123	98.5
15	봄	수박	21	5.5
16	여름	**사과**	**66**	**46.8**
17	겨울	사과	34	18.5

'예제13_03.xlsx'의 [분반1_조건부서식] 시트를 활용해 다양한 서식을 적용해 보자.

[새 규칙]으로 조건부 서식 적용하기

'퀴즈차이'는 '퀴즈1:100'과 '퀴즈2:100'의 차이('퀴즈2:100'(N열) – '퀴즈1:100'(M열))을 나타내는 항목이다. 다음 기준을 적용하여 아이콘만 표시되도록 설정해 보자.

10점 이상 상승한 경우 : ↑　　15점 이상 하락한 경우 : ↓　　그 외 : →

'퀴즈차이'의 값 영역에 해당하는 셀 O2부터 O54까지 선택하고 [홈] 탭–[스타일] 그룹–[조건부 서식]–[새 규칙]을 클릭하면 [새 서식 규칙] 창이 열린다. ❶ [규칙 유형 선택]을 '셀 값을 기준으로 모든 셀의 서식 지정'으로 하고 ❷ [규칙 설명 편집]의 [서식 스타일]에서 '아이콘 집합'을 선택한다. ❸ [아이콘 스타일]을 '↓→↑'로 선택하고 [아이콘만 표시] 옵션을 선택한다. 적용할 기준에 따라 아이콘이 표시될 수 있도록 ❹ ↑에 대한 [종류]를 '숫자'로 선택한 후 [값]에 10을 입력한다. 이는 연산자가 >=이므로 10보다 크거나 같은 값에 적용된다는 의미이다. →에 대해서도 [종류]를 '숫자'로 선택하고 연산자를 >=, [값]을 -15로 입력한다. 그러면 나머지 값(–15보다 작은 값)들에 대해서는 ↓에 적용된다. 그리고 ❺ 〈확인〉을 클릭하면 선택했던 '퀴즈차이'의 값이 값에 해당하는 아이콘으로 표시된다.

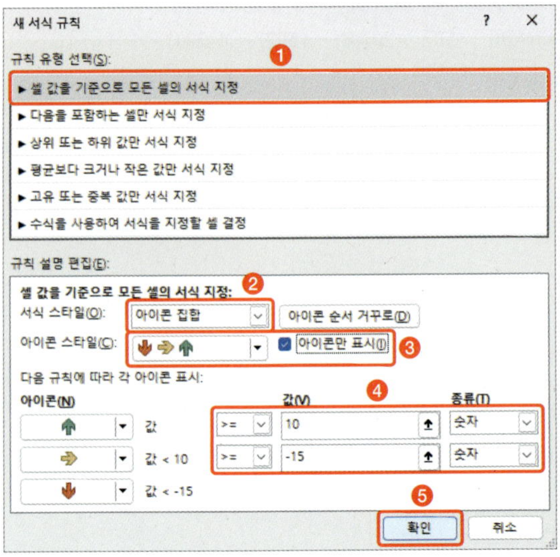

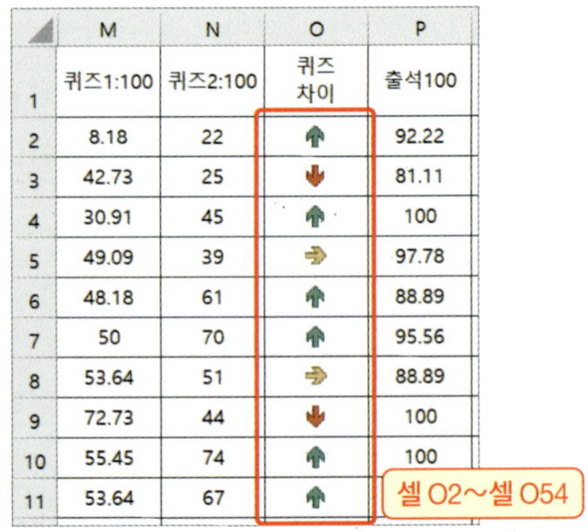

'중간100'이나 '기말100'이 60점 이상이고, '퀴즈1:100'이나 '퀴즈2:100'이 60점 이상인 학생들의 모든 정보를 확인하기 위해 해당하는 모든 열에 서식이 적용될 수 있도록 설정해 보자.

이번에는 조건에 해당하는 학생들의 정보 전부를 확인해야 하므로 데이터 영역을 ❶ 셀 A2부터 AA54까지 모두 선택한다. [새 서식 규칙] 창의 [규칙 유형 선택]에서 ❷ '수식을 사용하여 서식을 지정할 셀 결정'을 선택하고 ❸ 수식 입력 칸에 다음 수식을 입력한다. ❹ 적용할 서식을 설정하고 〈확인〉을 클릭한다.

```
=AND( OR($I2 >= 60, $K2 >= 60) , OR($M2 >= 60, $N >= 60 )
```

'중간100', '기말100' 중 하나라도 60점 이상 / '퀴즈1:100', '퀴즈2:100' 중 하나라도 60점 이상

두 가지 조건을 모두 만족

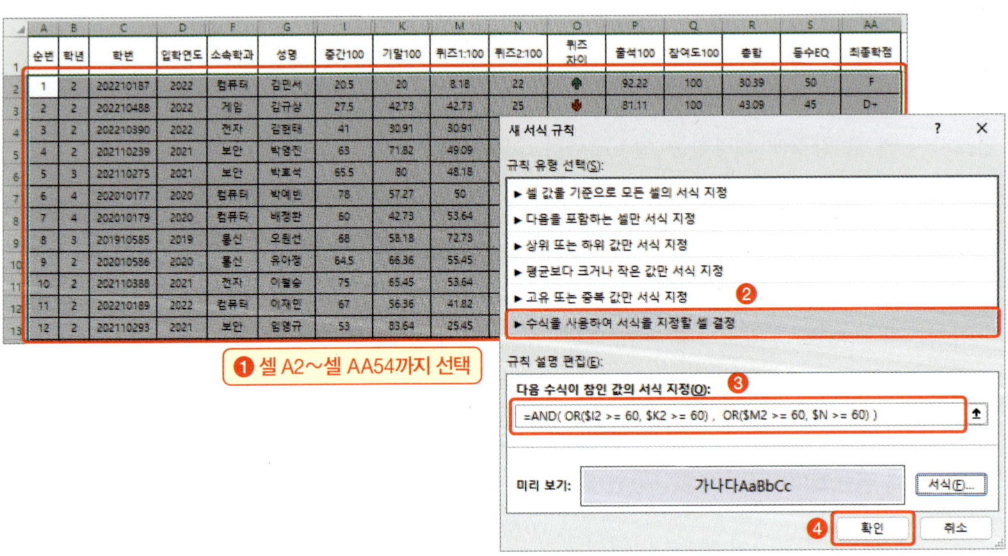

	A	B	C	D	F	G	I	K	M	N	O	P	Q	R	S	AA	AB
1	순번	학년	학번	입학연도	소속학과	성명	중간100	기말100	퀴즈1:100	퀴즈2:100	퀴즈 차이	출석100	참여도100	종합	등수EQ	최종학점	
2	1	2	202210187	2022	컴퓨터	김민서	20.5	20	8.18	22	↑	92.22	100	30.39	50	F	
3	2	2	202210488	2022	게임	김규상	27.5	42.73	42.73	25	↓	81.11	100	43.09	45	D+	
4	3	2	202210390	2022	전자	김현태	41	30.91	30.91	45	↑	100	100	45.71	42	C0	
5	4	2	202110239	2021	보안	박영진	63	71.82	49.09	39	→	97.78	100	67.62	26	B0	
6	5	3	202110275	2021	보안	박호석	65.5	80	48.18	61	↑	88.89	100	72.46	16	B+	
7	6	4	202010177	2020	컴퓨터	박예빈	78	57.27	50	70	↑	95.56	80	69	21	B+	
51	50	2	202010266	2020	보안	[illegible]	48.5	91.82	66.36	88	↑	98.89	80	76.01	11	A0	
52	51	4	202010275	2020	보안	강선진	77	60	61.82	36	↓	100	100	68.88	22	B+	
53	52	4	202010177	2020	컴퓨터	구정민	29	56.36	43.64	49	→	100	100	52.69	40	C0	
54	53	2	202210585	2022	통신	김주원	37.5	38.18	33.64	11	↓	97.78	100	43.86	44	D+	
55			합				3016.5	3115.47	2595.51	2731		5043.36	4690	3266.88			

실습 13-3 새 규칙 서식 활용하기

준비 실습13_03.xlsx | **결과** 실습13_03_결과.xlsx

지정된 시트의 데이터 영역에 서식을 적용해 보자.

01 [회원정보_조건부서식(1)] 시트에 서식 설정하기

먼저 '메일서버' 항목에 입력된 서버들(gmail, naver, hotmail, hanmail, daum)마다 다른 셀 색을 갖도록 설정해 보자.

❶ '메일서버'의 값 영역인 셀 N2부터 N36을 선택하고 [조건부 서식]–[새 규칙]을 클릭하여 [새 서식 규칙] 창을 띄운다. ❷ [규칙 유형 선택]에서 '다음을 포함하는 셀만 서식 지정'을 선택하고 ❸ [규칙 설명 편집]에서 '특정 텍스트', '포함'을 선택하고 `gmail`을 입력한 후 ❹ 각각 서식을 설정한 다음 〈확인〉을 클릭한다. '메일서버'에 입력된 서버들은 총 다섯 종류이므로 이 과정을 나머지 서버명에 다른 색상을 적용하며 반복 실행한다. 이러한 조건부 서식은 [조건부 서식]–[셀 강조 규칙]–[텍스트 포함]을 반복하여 적용할 수도 있다.

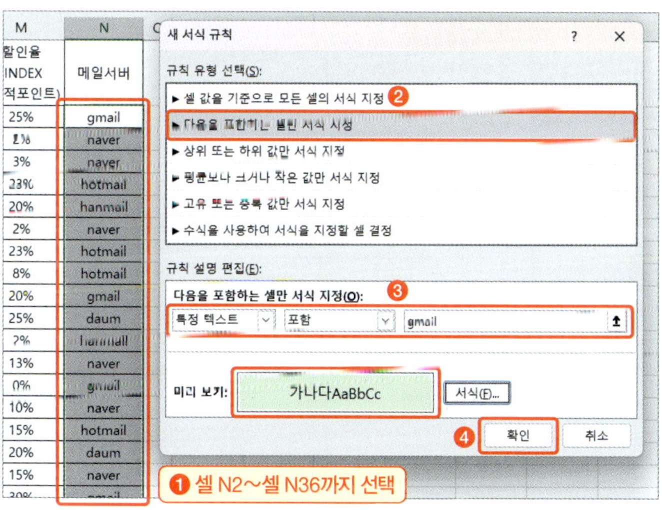

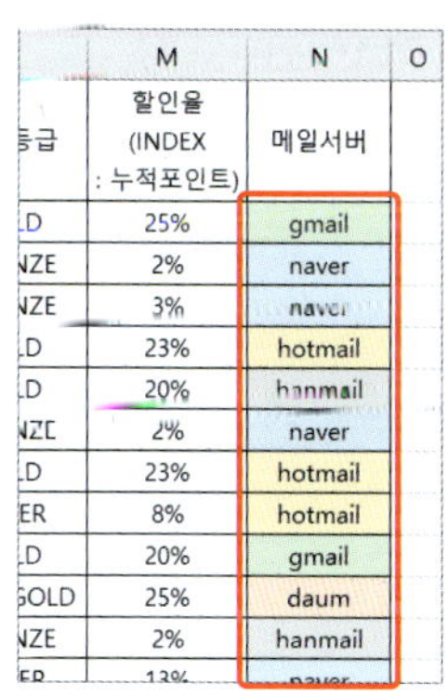

같은 [회원정보_조건부서식(1)] 시트에서 '가입년수'가 10년 이상인 회원 중 '회원등급'이 'SILVER'이거나 'BRONZE'인 회원의 '이름'과 '가입년수'가 10년 미만인 회원 중 '회원등급'이 'PURE GOLD'이거나 'GOLD'인 회원의 '이름'에 각각 다른 서식을 적용하여 구분하고 확인할 수 있도록 설정해 보자.

위의 조건에 맞는 서식을 적용하려면 [조건부 서식]–[새 규칙]을 두 번 반복하여 실행한다. '이름' 항목에만 서식을 적용할 것이므로 ❶ '이름' 항목의 값 영역인 셀 A2부터 A36까지 선택하고 [조건부 서식]–[새 규칙]을 클릭하여 [새 서식 규칙] 창을 띄운다. ❷ [규칙 유형 선택]에서 '수식을 사용하여 서식을 지정할 셀 결정'을 선택하고 ❸ [규칙 설명 편집]의 수식 입력 칸에 다음 수식을 입력한다. 수식을 입력할 때 열 번호에 대한 참조($)는 생략해도 된다.

수식1 '가입년수'가 10년 이상인 회원 중 '회원등급'이 'SILVER'이거나 'BRONZE'인 회원

```
=AND( $J2>=10 , OR($L2="SILVER", $L2="BRONZE") )
```

'가입년수'가 10년 이상 / '회원등급'이 'SILVER'이거나 'BRONZE'

두 가지 조건을 모두 만족

수식2 '가입년수'가 10년 미만인 회원 중 '회원등급'이 'PURE GOLD'이거나 'GOLD'인 회원

```
=AND( $J2<10 , OR($L2="PURE GOLD", $L2="GOLD") )
```

'가입년수'가 10년 미만 / '회원등급'이 'PURE GOLD'이거나 'GOLD'

두 가지 조건을 모두 만족

❹ 각각 다른 서식을 설정하고 〈확인〉을 클릭한다.

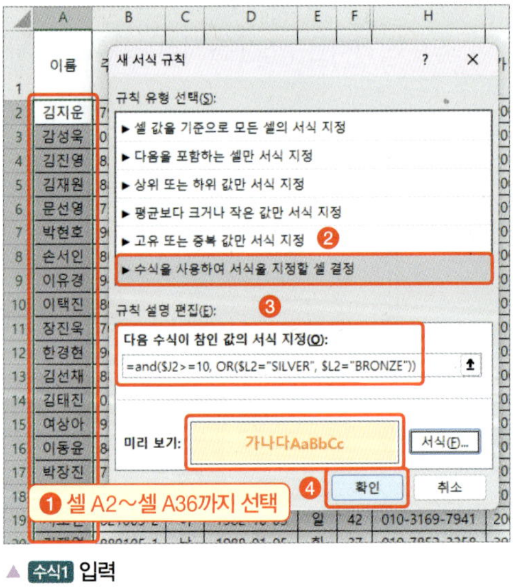

▲ **수식1** 입력

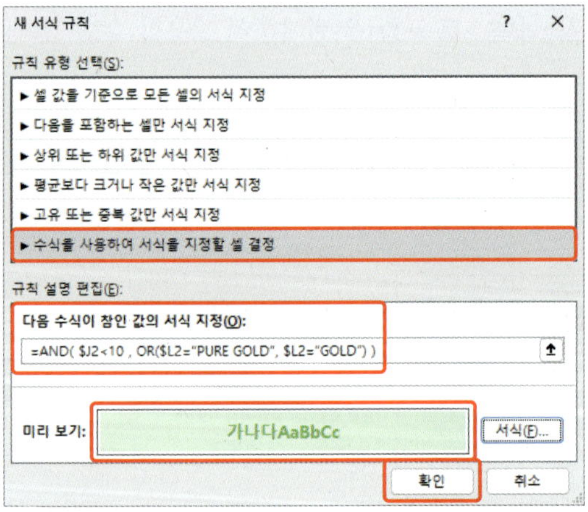

▲ **수식2** 입력

그러면 '가입년수'가 10년 이상인 회원 중 '회원등급'이 'SILVER'이거나 'BRONZE'인 회원의 '이름'과 '가입년수'가 10년 미만인 회원 중 '회원등급'이 'PURE GOLD'이거나 'GOLD'인 회원의 '이름'에 서로 다른 서식이 적용된다.

02 [회원정보_조건부서식(2)] 시트에 서식 설정하기

30세 이상인 회원 중에서 '가입년수'가 15년 이상이거나 '누적포인트'가 150,000점 이상이고 '회원등급'이 'GOLD' 또는 'PURE GOLD'인 회원들의 모든 정보를 확인할 수 있도록 서식을 적용해 보자.

조건에 해당하는 회원들의 모든 정보를 확인할 수 있도록 서식을 적용해야 하므로 ❶ 셀 A2부터 N36까지 선택한 후 [조건부 서식]-[새 규칙]을 클릭하여 [새 서식 규칙] 창을 띄운다. ❷ [규칙 유형 선택]에서 '수식을 사용하여 서식을 지정할 셀 결정'을 선택하고 ❸ [규칙 설명 편집]의 수식 입력 칸에 다음 수식을 입력한다.

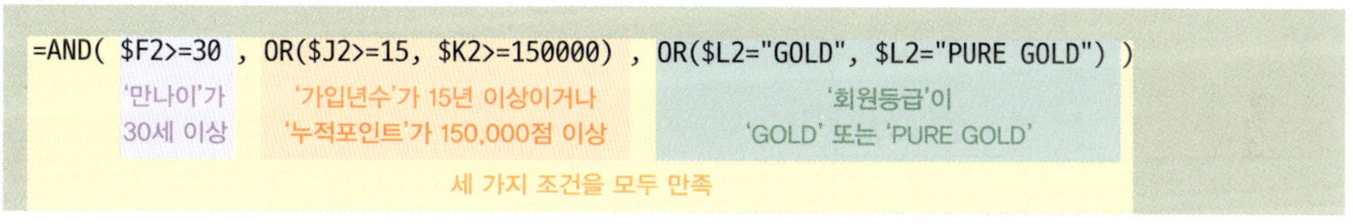

❹ 조건에 맞는 데이터에 적용할 서식을 설정하고 〈확인〉을 클릭한다.

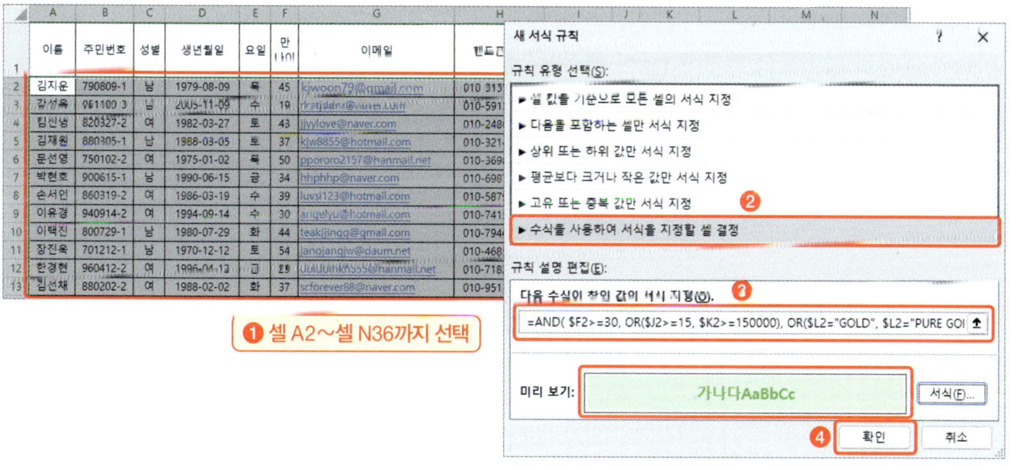

	A	B	C	D	E	F	G	H	I	J	K	L	M	N	O
1	이름	주민번호	성별	생년월일	요일	만 나이	이메일	핸드폰번호	가입년월일	가입 년수	누적포인트	회원등급	할인율 (INDEX : 누적포인트)	메일서버	
2	김지운	790809-1	남	1979-08-09	목	45	kjwoon79@gmail.com	010-9137-4628	2002-06-17	22	123,650	GOLD	25%	gmail	
3	감성욱	051109-3	남	2005-11-09	수	19	rkatjddnr@naver.com	010-5915-7535	2019-02-23	6	2,500	BRONZE	2%	naver	
4	김진영	820327-2	여	1982-03-27	토	43	jjyylove@naver.com	010-2486-1793	2010-05-13	14	6,500	BRONZE	3%	naver	
5	김재원	880305-1	남	1988-03-05	토	37	kjw8855@hotmail.com	010-3214-7896	2009-07-11	15	143,000	GOLD	23%	hotmail	
6	문선영	750102-2	여	1975-01-02	목	50	pporoo2157@hanmail.net	010-3698-7412	2011-03-03	14	186,300	GOLD	20%	hanmail	
7	박현호	900615-1	남	1990-06-15	금	34	hhphhp@naver.com	010-6987-4123	2019-01-10	6	400	BRONZE	2%	naver	
8	손서인	860319-2	여	1986-03-19	수	39	luvsi123@hotmail.com	010-5879-5213	2007-07-10	17	168,000	GOLD	23%	hotmail	
9	이유경	940914-2	여	1994-09-14	수	30	angelyu@hotmail.com	010-7415-9635	2016-01-14	9	27,010	SILVER	8%	hotmail	
10	이택진	800729-1	남	1980-07-29	화	44	teakjjingg@gmail.com	010-7946-4613	2012-12-02	12	199,000	GOLD	20%	gmail	
11	장진욱	701212-1	남	1970-12-12	토	54	jangjangjw@daum.net	010-4685-3152	2013-04-01	12	200,500	PURE GOLD	25%	daum	
12	한경현	960412-2	여	1996-04-12	금	28	doldolhkh555@hanmail.net	010-7182-8293	2020-02-02	5	3,700	BRONZE	2%	hanmail	
13	김선채	880202-2	여	1988-02-02	화	37	scforever88@naver.com	010-9511-1599	2008-08-16	16	46,000	SILVER	13%	naver	

4 규칙 관리

이미 시트에 적용된 조건부 서식을 수정해야 할 때 [조건부 서식]-[규칙 관리]를 선택한다. [조건부 서식 규칙 관리자] 창에서 '현재 선택 영역'이나 '현재 워크시트'를 선택하여 현재 선택된 셀 또는 현재 워크시트 내에 적용된 모든 서식들의 리스트를 확인할 수 있다.

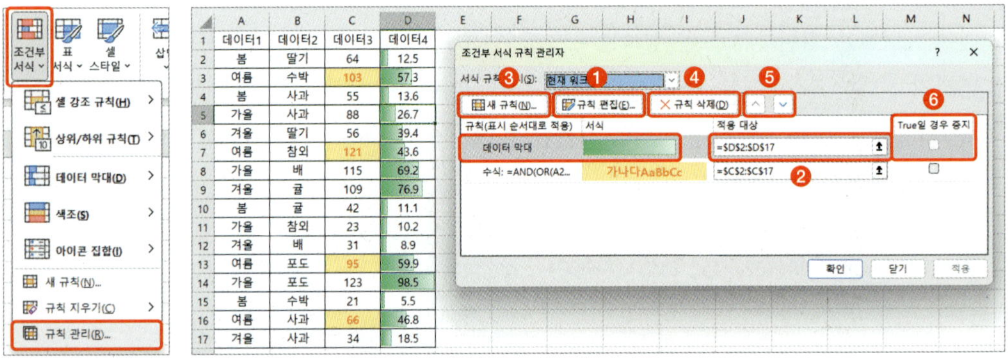

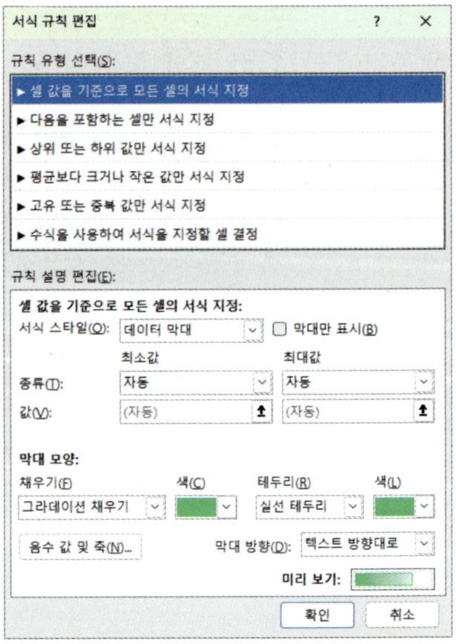

❶ **[규칙 편집]:** 리스트에 있는 서식을 선택한 상태에서 [규칙 편집]을 클릭하거나 리스트의 서식을 더블클릭하면 해당 서식을 편집할 수 있는 대화창이 나타난다. 예를 들어 데이터 막대를 선택하고 [규칙 편집]을 클릭하거나 더블클릭하면 데이터 막대에 대한 [서식 규칙 편집] 창이 나타나 데이터 막대가 적용되어 있던 영역의 서식을 변경하거나 편집할 수 있다.

❷ **[적용 대상]:** 서식이 적용된 영역을 변경할 수 있으며 [⬆]를 클릭하여 영역을 변경한다.

❸ **[새 규칙]:** [조건부 서식]–[새 규칙] 메뉴와 같이 [새 서식 규칙] 창에서 서식을 설정한다.

❹ **[규칙 삭제]:** 필요 없는 규칙을 삭제한다.

❺ **규칙 이동 버튼:** 규칙 리스트에 있는 규칙은 생성하는 순서대로 나열된 것으로 적용될 때에도 상위에 있는 규칙이 먼저 적용된다. 이 순서를 바꾸려면 이동 버튼을 클릭한다.

❻ **[True일 경우 중지]:** 같은 데이터 영역이 한 조건을 만족하면 다른 조건의 규칙은 적용하지 않는 옵션이다.

먼저 데이터 막대를 표시하기 위해 [조건부 서식]–[데이터 막대]의 하위 메뉴 중 하나를 선택하여 '데이터3'의 모든 값에 데이터 막대를 표시한다. 하위 5개의 값에 서식을 적용하기 위해 [상위/하위 규칙]–[하위 10개 항목]을 선택하여 값을 5로 입력하고 서식을 선택한 후 〈확인〉을 클릭하면 데이터 막대와 함께 하위 5개의 값에 서식이 적용될 것이다.

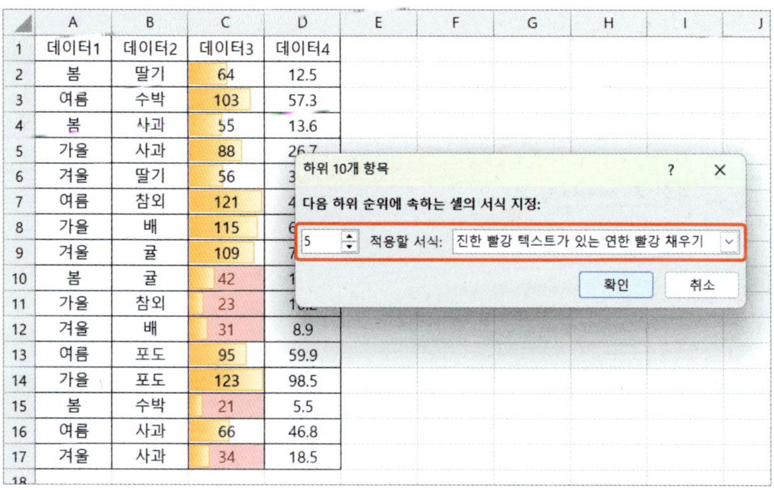

이제 [조건부 서식]–[규칙 관리]를 클릭해 [조건부 서식 규칙 관리자] 창에서 '하위 5'에 대한 규칙의 [True일 경우 중지] 옵션을 선택하고 〈적용〉을 클릭하면 하위 5개의 값에 표시되던 데이터 막대는 사라지고 강조 서식만 남게 된다.

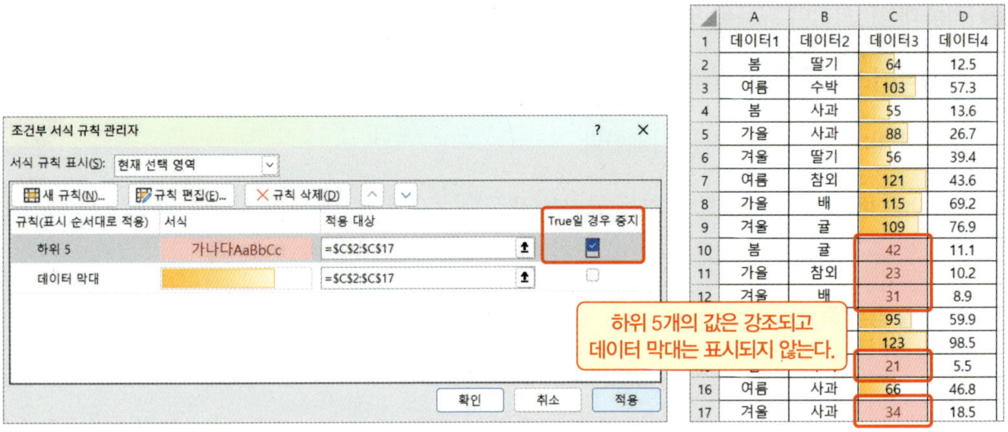

[True일 경우 중지] 옵션은 같은 데이터 영역에 둘 이상의 규칙이 적용되었을 때 [규칙 관리]의 규칙 리스트에서 상위에 있는 경우에만 적용한다. 만약 다음과 같이 '하위5'가 '데이터 막대'의 하위에 위치했을 때 [True일 경우 중지] 옵션을 선택해도 하위 5개의 값에 데이터 막대가 사라지지 않고 남아 있게 된다.

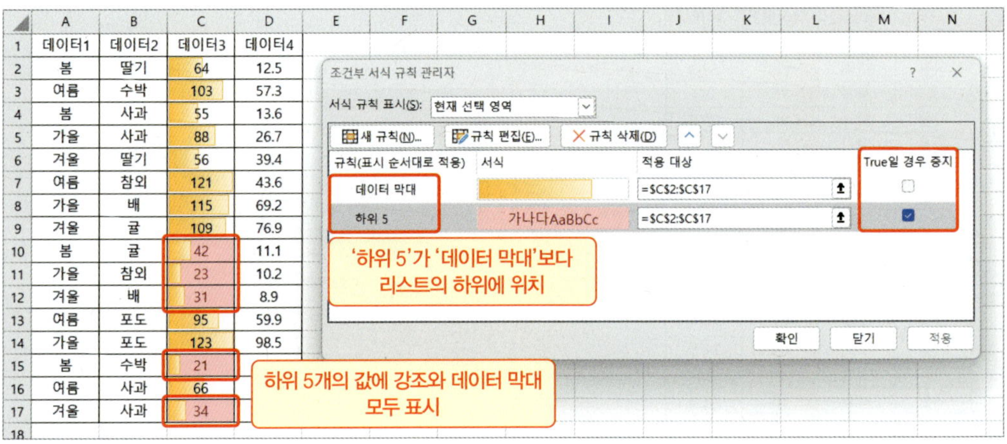

SECTION 02 표

표는 셀 서식과 같이 셀의 배경색이나 테두리를 설정할 뿐 아니라 간단한 함수와 필터링 기능도 포함한다. 그래서 데이터 확인이나 연산, 필터링 등을 편리하게 할 수 있다. 표 기능을 실행하려면 [삽입] 탭-[표] 그룹-[표] 메뉴를 클릭한다. 나타난 [표 만들기] 창에서 표 기능을 적용할 범위를 선택하고 [머리글 포함]이 선택되어 있는지 확인한 뒤 〈확인〉을 클릭한다.

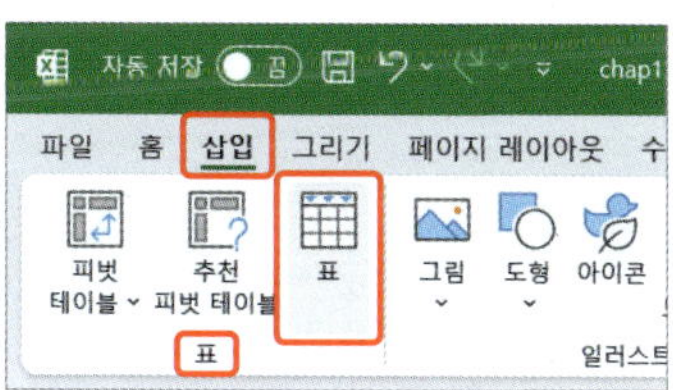

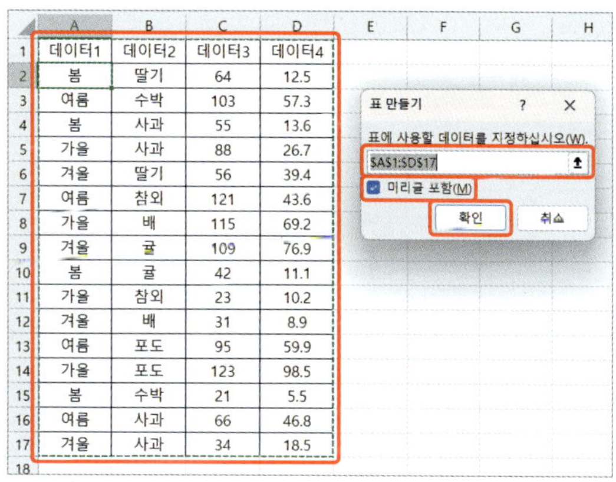

그러면 데이터 영역에 기본적인 셀 색, 테두리와 함께 필터 기능이 적용된다. 또한 데이터 영역에 표 기능을 적용하면 탭 [테이블 디자인] 탭이 생기는데 이 탭에 있는 메뉴들을 이용해 표를 편집하거나 제공되는 기능을 활용할 수 있다.

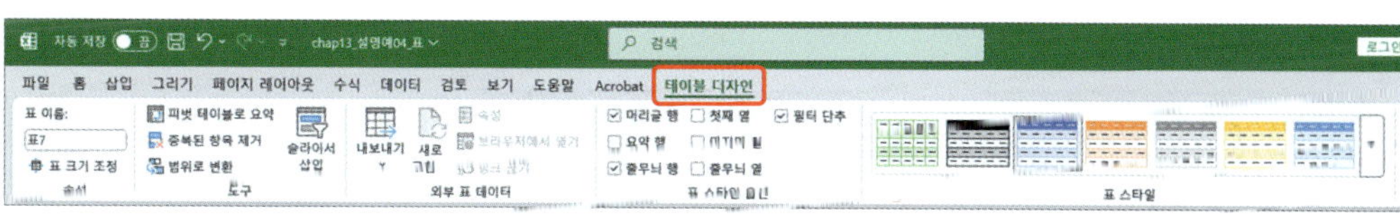

여기서 잠깐 머리글 포함 옵션

[머리글 포함]이 선택된 상태로 표 기능을 적용하면 원래 데이터 영역의 항목명이 셀 색으로 구분되면서 필터링 버튼(▾)이 생긴다. 그러나 [머리글 포함]을 선택하지 않은 상태로 적용하면 데이터 영역의 항목명이 데이터값들과 같은 셀 색으로 적용되고 새로운 항목명이 '열1', '열2'와 같이 추가된다.

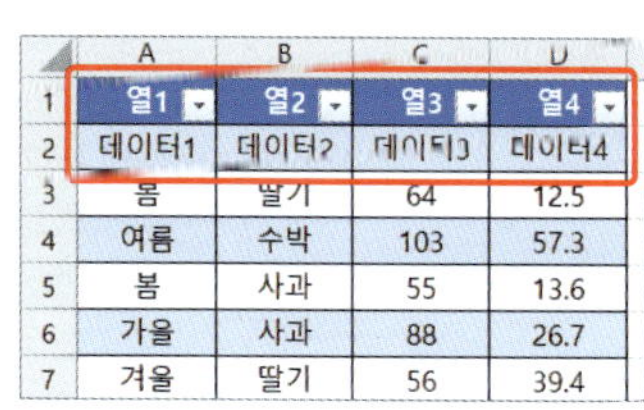

1 속성/표 스타일 옵션/표 스타일 그룹

준비 예제13_04.xlsx | **결과** 예제13_04_결과.xlsx

[속성], [표 스타일 옵션], [표 스타일] 그룹에는 표가 적용된 데이터 영역을 편집하는 메뉴들이 포함되어 있다.

표 크기 조정

[속성] 탭-[표 크기 조정]은 표 기능이 적용될 수 있는 영역을 설정하는 기능이다. [속성] 탭-[표 크기 조정]을 클릭하면 [표 크기 조정] 창이 나타나는데 처음에는 최초에 설정된 표 영역이 표시되지만 [표의 새 데이터 범위를 선택]에서 데이터 영역을 조정하면 표 기능이 적용되는 영역을 바꿀 수 있다.

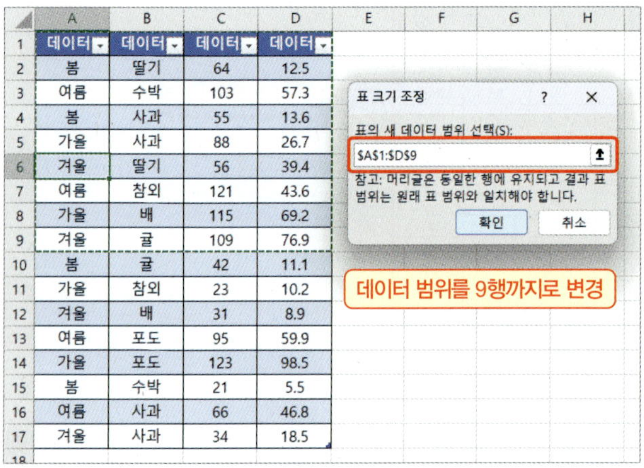

또는 표 영역 오른쪽 아래의 구분 표시(◢)를 클릭하여 드래그하는 방식으로도 조절할 수 있다. 표 영역에서 제외되면 표 기능에서 제공하는 도구나 스타일이 적용되지 않는다.

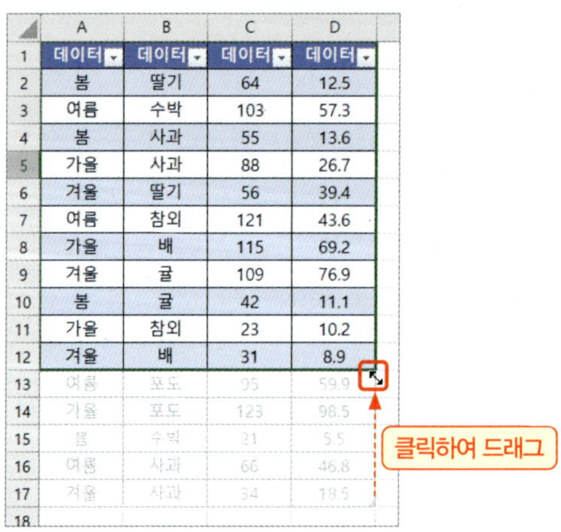

표 기능 적용하기

'예제13_04.xlsx' 파일 [분반1_표(1)] 시트에 표 기능을 적용하여 '중간100'과 '기말100'이 모두 70점 이상인 학생들의 정보를 검색해 보자. 데이터 영역인 셀 A1부터 셀 Z54를 선택하고 [삽입] 탭–[표] 그룹–[표]를 클릭하여 [표 만들기] 창에서 표 영역을 설정한다. 기본적으로 현재 입력된 데이터 영역이 표시되므로 그대로 〈확인〉을 클릭한다.

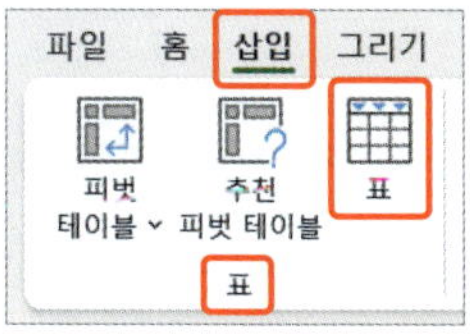

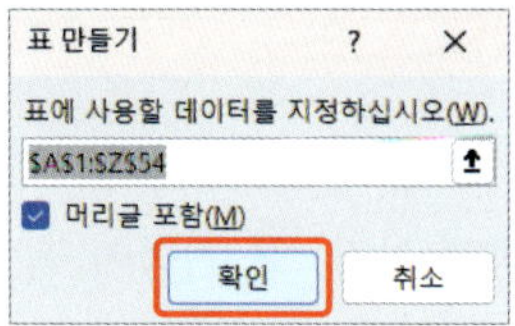

표 기능이 적용된 데이터 영역에서 '중간100'과 '기말100'의 필터링 버튼(▾)을 각각 클릭하여 [숫자 필터]–[크거나 같음]을 클릭하고 [사용자 지정 자동 필터] 창에서 **70**을 입력한 뒤 〈확인〉을 클릭한다.

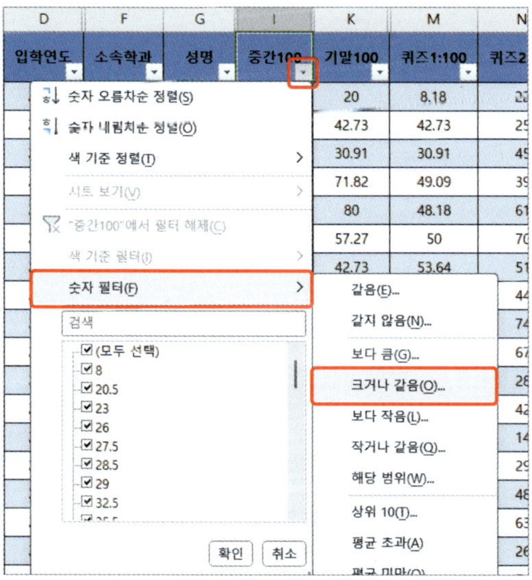

▲ '중간100'

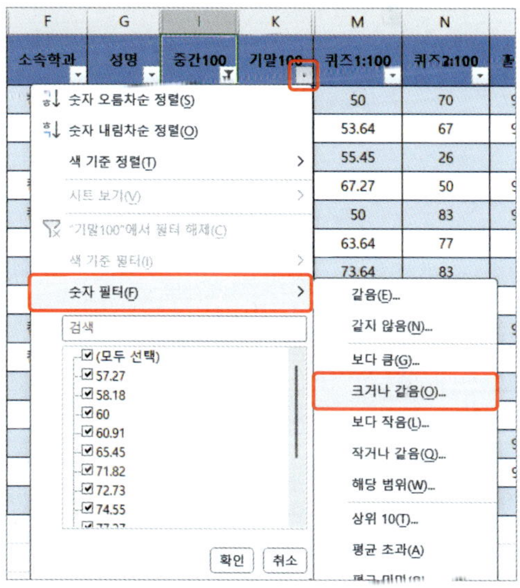

▲ '기말100'

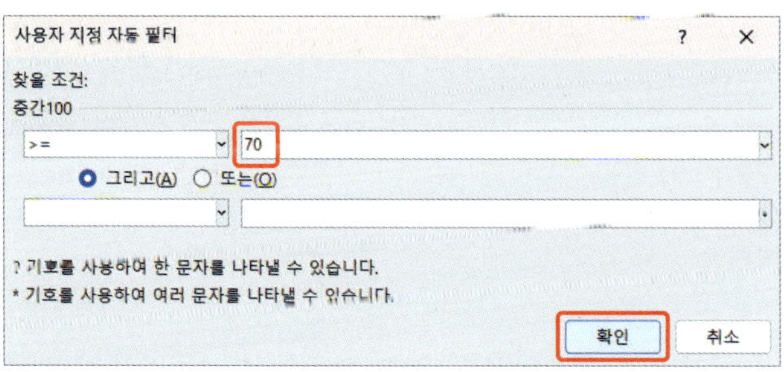

그러면 '중간100', '기말100' 모두 70점 이상인 학생들의 데이터만 남게 된다.

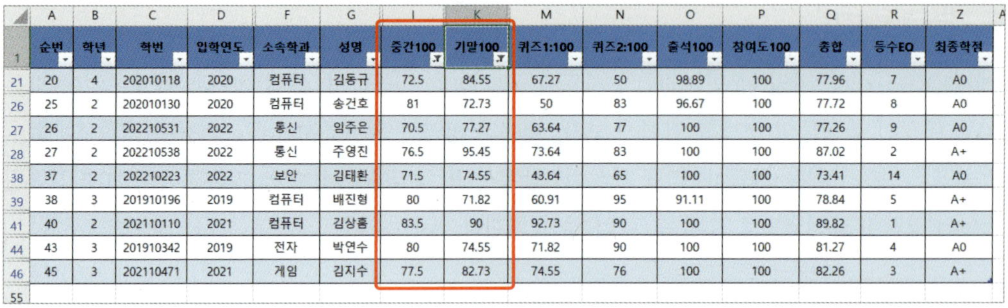

	순번	학년	학번	입학연도	소속학과	성명	중간100	기말100	퀴즈1:100	퀴즈2:100	출석100	참여도100	총합	등수EQ	최종학점
21	20	4	202010118	2020	컴퓨터	김동규	72.5	84.55	67.27	50	98.89	100	77.96	7	A0
26	25	2	202010130	2020	컴퓨터	송건호	81	72.73	50	83	96.67	100	77.72	8	A0
27	26	2	202210531	2022	통신	임주은	70.5	77.27	63.64	77	100	100	77.26	9	A0
28	27	2	202210538	2022	통신	주영진	76.5	95.45	73.64	83	100	100	87.02	2	A+
38	37	2	202210223	2022	보안	김태환	71.5	74.55	43.64	65	100	100	73.41	14	A0
39	38	3	201910196	2019	컴퓨터	배진형	80	71.82	60.91	95	91.11	100	78.84	5	A+
41	40	2	202110110	2021	컴퓨터	김상홍	83.5	90	92.73	90	100	100	89.82	1	A+
44	43	3	201910342	2019	전자	박연수	80	74.55	71.82	90	100	100	81.27	4	A0
46	45	3	202110471	2021	게임	김지수	77.5	82.73	74.55	76	100	100	82.26	3	A+
55															

[분반1_표(2)] 시트의 데이터 영역에는 표 기능이 이미 적용되어 있다. 여기서 '순번'이 30번인 데이터들에만 표 기능이 적용되도록 표 크기를 조정해 보자. 표 기능이 적용된 상태에서 표 크기를 조정하려면 두 가지 방법을 사용할 수 있다.

먼저 표 영역을 선택한 상태에서 [테이블 디자인] 탭-[속성] 그룹-[표 크기 조정]에서 표 영역을 셀 A1부터 Z31까지로 설정하고 〈확인〉을 클릭한다.

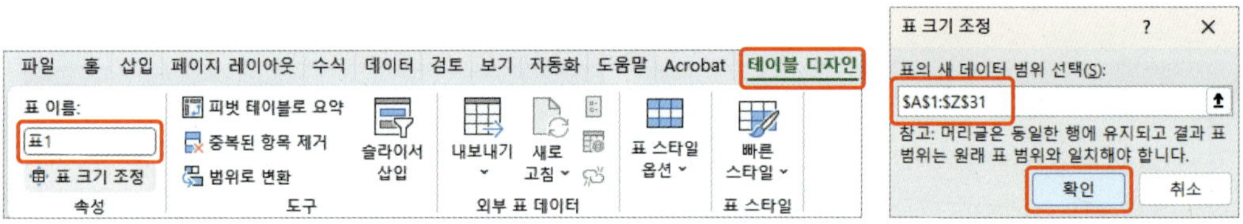

또는 현재 표 영역의 가장 마지막 셀인 Z54의 오른쪽 아래쪽에 있는 표 조절 표식을 이용해 31행까지 표 영역을 축소하여 표 크기를 조정할 수 있다.

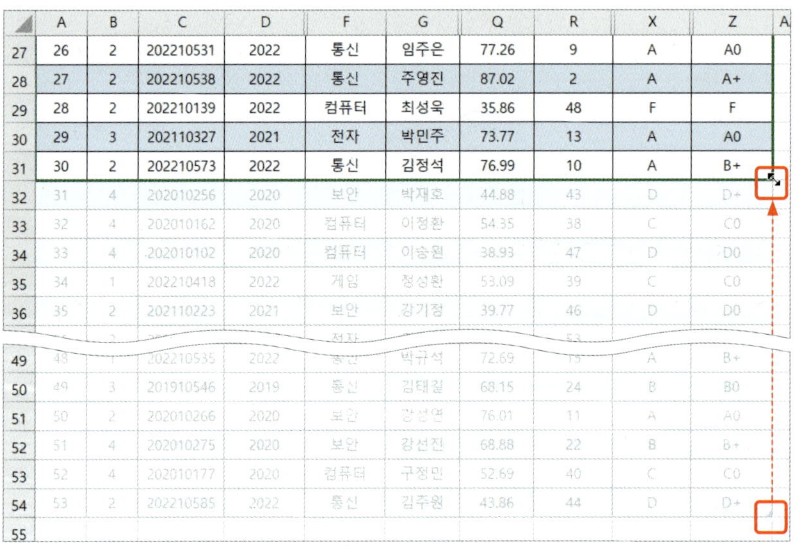

	A	B	C	D	F	G	Q	R	X	Z
27	26	2	202210531	2022	통신	임주은	77.26	9	A	A0
28	27	2	202210538	2022	통신	주영진	87.02	2	A	A+
29	28	2	202210139	2022	컴퓨터	최성욱	35.86	48	F	F
30	29	3	202110327	2021	전자	박민주	73.77	13	A	A0
31	30	2	202210573	2022	통신	김정석	76.99	10	A	B+
32	31	4	202010256	2020	보안	박재호	44.88	43	D	D+
33	32	4	202010162	2020	컴퓨터	이정환	54.35	38	C	C0
34	33	4	202010102	2020	컴퓨터	이승원	38.93	47	D	D0
35	34	1	202210418	2022	게임	정성환	53.09	39	C	C0
36	35	2	202110223	2021	보안	강기정	39.77	46	D	D0
49	48	1	202210535	2022	통신	박규석	72.69	15	A	B+
50	49	3	201910546	2019	통신	김태길	68.15	24	B	B0
51	50	2	202010266	2020	보안	강성연	76.01	11	A	A0
52	51	4	202010275	2020	보안	강선진	68.88	22	B	B+
53	52	4	202010177	2020	컴퓨터	구정민	52.69	40	C	C0
54	53	2	202210585	2022	통신	김주원	43.86	44	D	D+
55										

이렇게 표의 크기를 조정하면 2행부터 31행까지의 '최종학점'의 일부 값은 #DIV/0! 오류가 발생하고 32행부터 54행까지의 '등수EQ'와 '1차학점', '최종학점'의 값도 #N/A 오류가 발생한다.

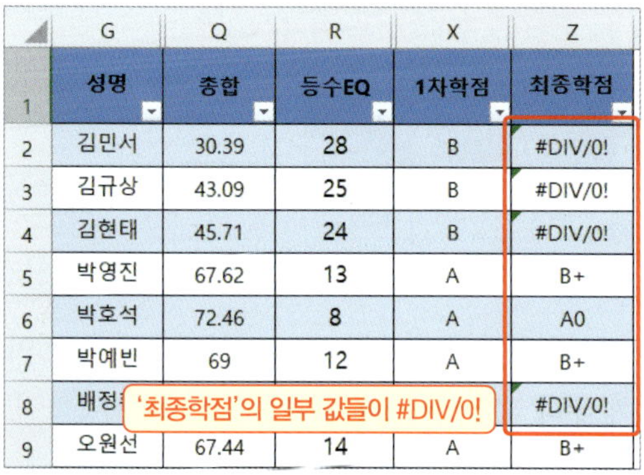

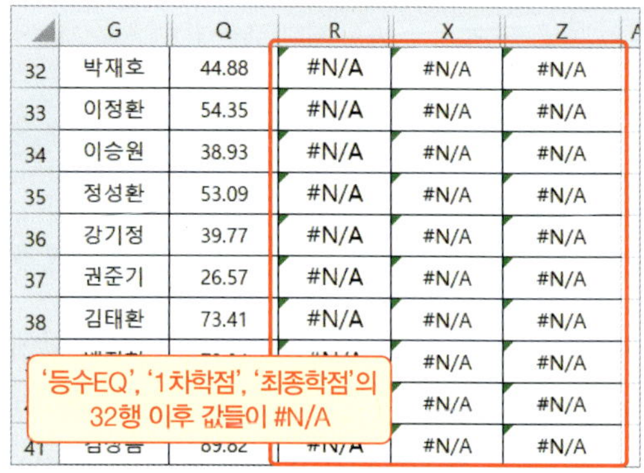

또한 표 크기 조정 이전에는 전체 학생 수(셀 AD2)가 표 조정 이후 30명으로 바뀌었으며, '첫 수강 학생 수', '재수강 학생 수'도 30명 기준으로 바뀐 것을 확인할 수 있다.

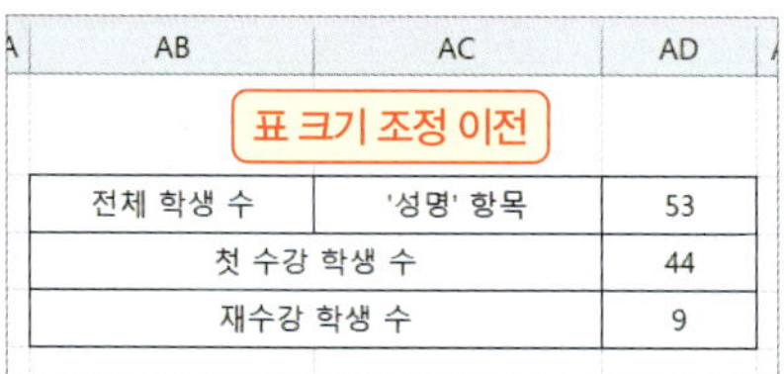

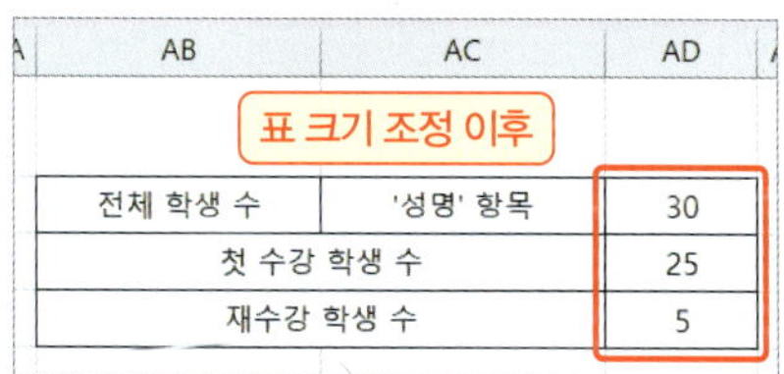

그러므로 표 영역의 모든 연산에 대한 결괏값은 30명에 대한 값이 된다. 즉, '등수EQ'의 경우 원본 데이터 영역에서 '등수EQ'의 수식이 '총합'의 2행부터 54행까지를 참조 영역을 이용해 구하는 식이었으나, 표 크기를 조정한 후에 '등수EQ'의 수식을 보면 참조 영역이 31행까지로 변경된 것을 확인할 수 있다.

[원본 데이터의 참조 영역]

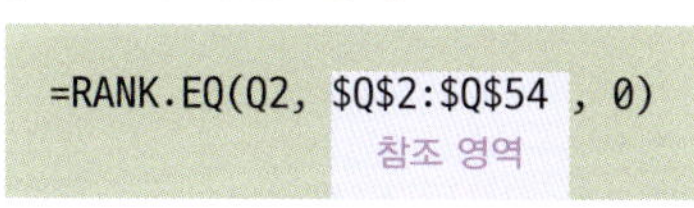

[변경된 참조 영역]

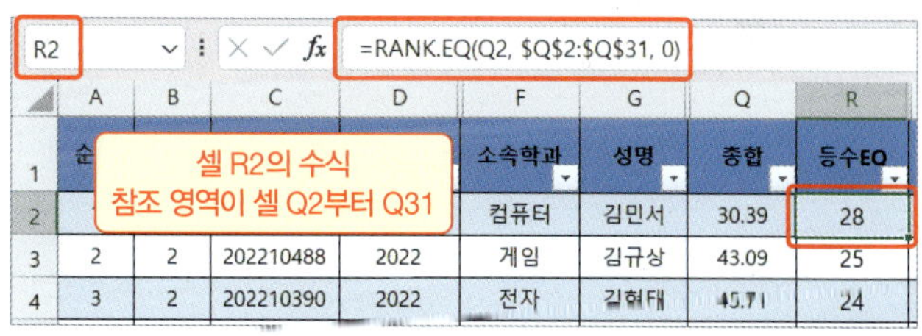

참조 영역이 변경되었기 때문에 '등수EQ'에서 참조 영역 밖에 있는 값은 등수를 구할 수 없게 된다. 또한 '등수EQ'를 참조하고 있는 '1차학점'과 '최종학점'도 값을 구할 수 없게 되면서 32행부터 54행까지의 '등수EQ'와 '1차학점', '최종학점'의 값들이 모두 #N/A로 표시되는 것이다.

또한 30명을 이용해 '등수EQ'를 구했으나 '등수EQ'를 참조하는 '1차학점'의 수식은 53명에 대한 식 그대로 사용되고 있다.

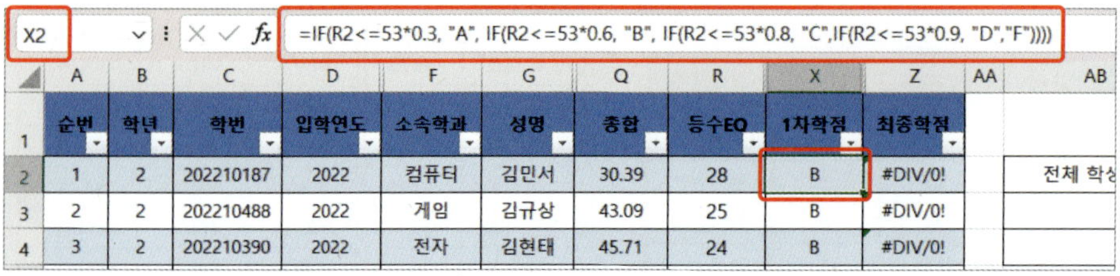

따라서 표 크기 조정 이후 '1차학점'의 결괏값에는 C 이하의 학점이 없으며, 그에 따라 C 학점 이하의 학점당 평균(셀 AI5부터 AI7)을 연산할 수 없게 된다. 결국 AI열을 참조하고 있는 '최종학점'도 C 이하의 학점에 대한 연산을 할 수 없게 되어 #DIV/0!이 표시되는 것이다.

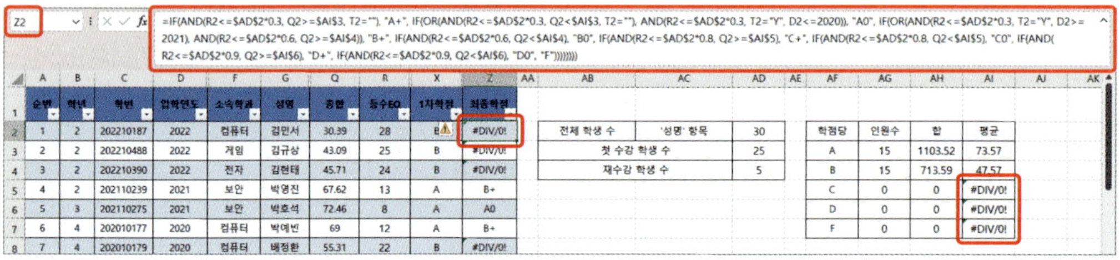

이처럼 다른 영역을 참조하는 연산이 사용되었을 때는 표 크기 조정하는 것에 주의해야 한다.

실습 13-4 표 기능으로 필터링하기

준비 실습13_04.xlsx | **결과** 실습13_04_결과.xlsx

01 [회원정보_표(1)] 시트 필터링하기

'이름' 항목의 데이터를 가나다 순으로 정렬하고 '여성' 회원 중 '가입년수'가 10년 이상이면서 '누적포인트'가 10,000포인트 이하인 회원정보를 확인해 보자.

[삽입] 탭-[표] 그룹-[표]를 클릭하고 데이터 영역 전체(셀 A1부터 O36)를 표 영역으로 지정하자.

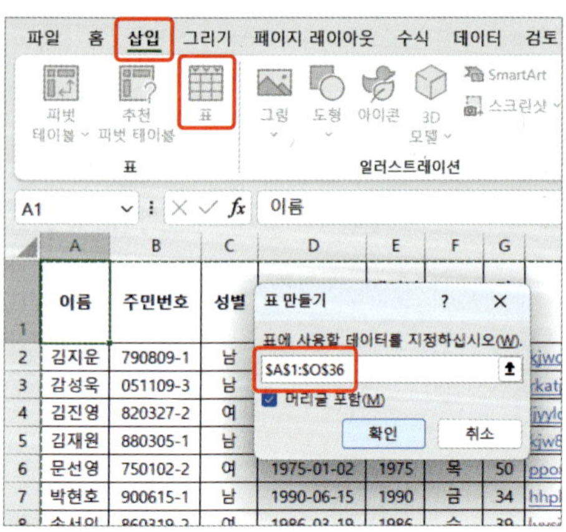

'이름'을 가나다순으로 정렬하기 위해 ❶ '이름' 항목의 필터링을 위한 [▾]을 클릭하고 [텍스트 오름차순 정렬]을 선택한다. 그리고 '여성' 회원을 필터링하기 위해 ❷ '성별'의 [▾]을 클릭해 검색 리스트에서 '여'를 선택한다.

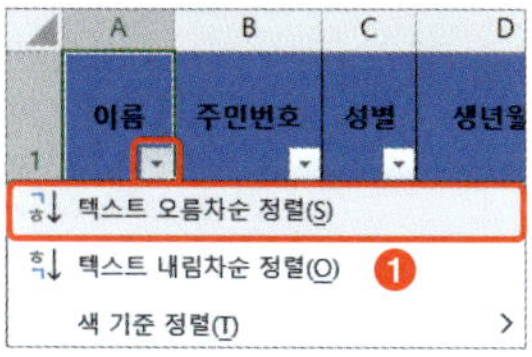

	A	B	C	D	E	F	G	H
1	이름	주민번호	성별	생년월일	태어난 해	요일	만 나이	이메일
3	권소연	791019-2	여	1979-10-19	1979	금	45	ssosok914@gmai
5	김서아	021224-4	여	2002-12-24	2002	화	22	seaaaaaaa@hotm
6	김선채	880202-2	여	1988-02-02	1988	화	37	scforever88@nave
10	김진영	820327-2	여	1982-03-27	1982	토	43	jjyylove@naver.co
12	문선영	750102-2	여	1975-01-02	1975	목	50	ppororo2157@ha
15	박장진	770903-2	여	1977-09-03	1977	토	47	jjjpark@daum.net
17	서소연	821003-2	여	1982-10-03	1982	일	42	seosyjsh12@gmail
18	손서인	860319-2	여	1986-03-19	1986	수	39	luvsi123@hotmail.
19	손현의	860513-2	여	1986-05-13	1986	화	38	lovelyhuson@dau
20	안지영	870203-2	여	1987-02-03	1987	화	38	jiyoungida@hotm
21	여상아	910530-2	여	1991-05-30	1991	목	33	sangayoe@naver.
26	이예슬	840628-2	여	1984-06-28	1984	목	40	yeslee84@naver.c
27	이유경	940914-2	여	1994-09-14	1994	수	30	angelyu@hotmail.
31	임소원	951111-2	여	1995-11-11	1995	토	29	hopelim75@naver
35	조소윤	910621-2	여	1991-06-21	1991	금	33	soyoon1212@han
36	한경현	960412-2	여	1996-04-12	1996	금	29	doldolhkh555@ha
37								

이 결과 내에서 '가입년수'가 10년 이상인 회원정보를 필터링하기 위해 ❸ '가입년수'의 [▾]을 클릭해 [숫자 필터]-[크거나 같음]을 선택하고 [사용자 지정 자동 필터] 창에서 **10**을 입력하여 필터링한다.

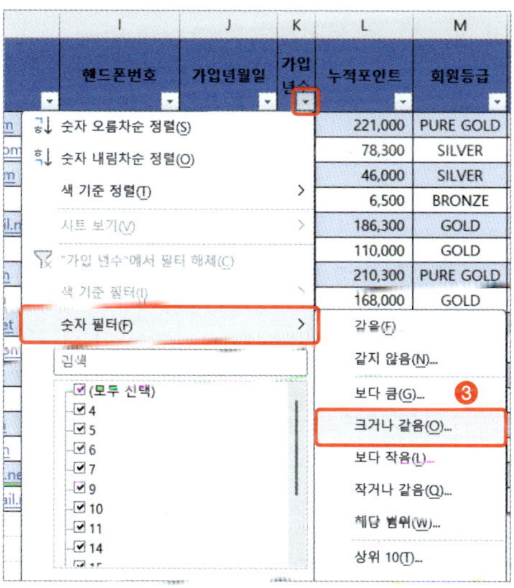

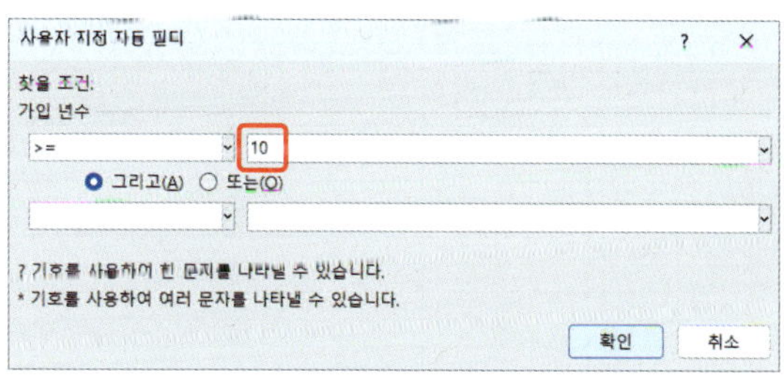

그리고 ❹ '누적포인트'의 [▾]을 클릭해 [숫자 필터]-[작거나 같음]을 선택하여 ❺ [사용자 지정 자동 필터] 창에서 **10000**을 입력해 10,000포인트 이하인 회원정보를 필터링한다.

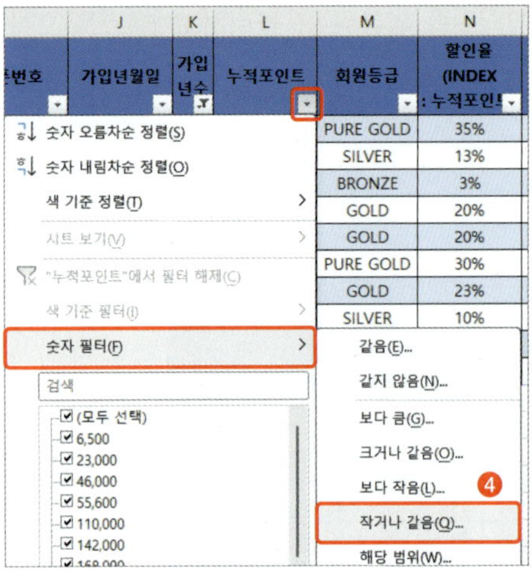

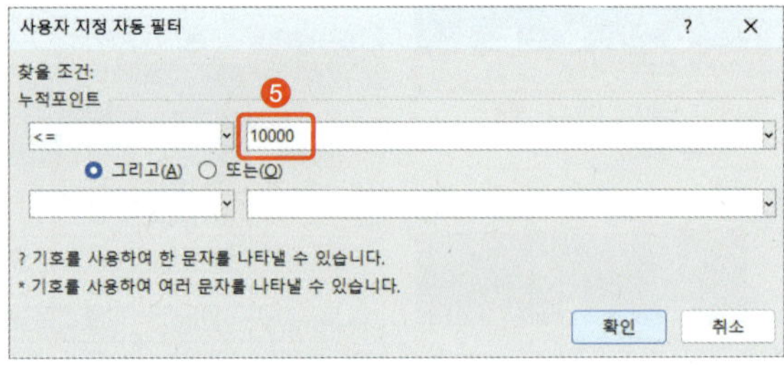

그러면 '여성' 회원 중 '가입년수'가 10년 이상이면서 '누적포인트'가 10,000포인트 이하인 회원정보가 필터링된다.

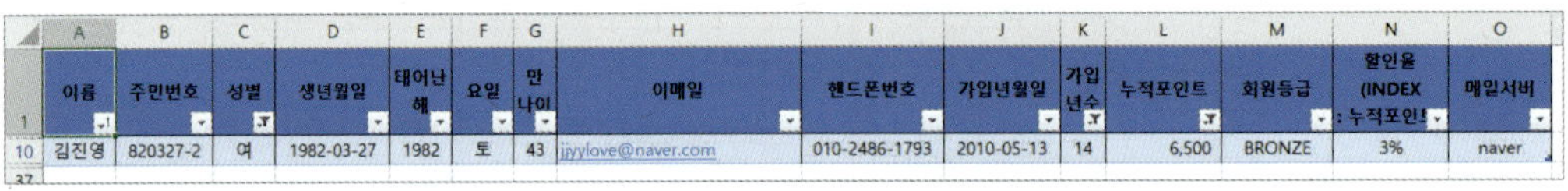

	이름	주민번호	성별	생년월일	태어난 해	요일	만 나이	이메일	핸드폰번호	가입년월일	가입년수	누적포인트	회원등급	할인율 (INDEX : 누적포인트	메일서버
10	김진영	820327-2	여	1982-03-27	1982	토	43	jjyylove@naver.com	010-2486-1793	2010-05-13	14	6,500	BRONZE	3%	naver

02 [회원정보_표(2)] 시트 필터링하기

'남'성 전체 회원의 정보와 함께 '금', '토', '일'에 태어난 'BRONZE' 등급인 '여'성 회원의 정보를 구해 보자.

시트에 주어진 데이터 영역 중 '여'성 데이터에 대해서만 표 기능을 설정해야 한다. [표 만들기] 창에서 '여'성 회원정보 부분인 셀 A1부터 O17까지를 입력하면 '여'성 회원정보 부분에만 표 기능이 설정되는 것을 확인할 수 있다.

	이름	주민번호	성별	생년월일	태어난 해	요일	만 나이	이메일	핸드폰번호	가입년월일	가입년수	누적포인트	회원등급	할인율 (INDEX : 누적포인트	메일서버
2	김진영	820327-2	여	1982-03-27	1982	토	43	jjyylove@naver.com	010-2486-1793	2010-05-13	14	6,500	BRONZE	3%	naver
3	문선영	750102-2	여	1975-01-02	1975	목	50	ppororo2157@hanmail.net	010-3698-7412	2011-03-03	14	186,300	GOLD	20%	hanmail
4	손서인	860319-2	여	1986-03-19	1986	수	39	luvsi123@hotmail.com	010-5879-5213	2007-07-10	17	168,000	GOLD	23%	hotmail
5	이유경	940914-2	여	1994-09-14	1994	수	30	angelyu@hotmail.com	010-7415-9635	2016-01-14	9	27,010	SILVER	8%	hotmail
6	한경현	960412-2	여	1996-04-12	1996	금	29	doldolhkh555@hanmail.net	010-7182-8293	2020-02-02	5	3,700	BRONZE	2%	hanmail
7	김선채	880202-2	여	1988-02-02	1988	화	37	scforever88@naver.com	010-9511-1599	2008-08-16	16	46,000	SILVER	13%	naver
8	여상아	910530-2	여	1991-05-30	1991	목	33	sangayoe@naver.com	010-5632-7458	2014-03-21	11	23,000	SILVER	10%	naver
9	박장진	770903-2	여	1977-09-03	1977	토	47	jjjjpark@daum.net	010-3256-6589	2014-04-05	11	110,000	GOLD	20%	daum
10	임소원	951111-2	여	1995-11-11	1995	토	29	hopelim75@naver.com	010-5478-2541	2018-02-12	7	130,000	GOLD	15%	naver
11	서소연	821003-2	여	1982-10-03	1982	일	42	seosyjsh12@gmail.com	010-3169-7941	2009-09-16	15	210,300	PURE GOLD	30%	gmail
12	이예슬	840628-2	여	1984-06-28	1984	목	40	yeslee84@naver.com	010-2688-4866	2005-05-19	19	142,000	GOLD	23%	naver
13	안지영	870203-2	여	1987-02-03	1987	화	38	jiyoungida@hotmail.com	010-3149-9762	2015-09-26	9	100,500	GOLD	15%	hotmail
14	조소윤	910621-2	여	1991-06-21	1991	금	33	soyoon1212@hanmail.net	010-8574-1296	2014-12-28	10	55,600	SILVER	10%	hanmail
15	손현의	860513-2	여	1986-05-13	1986	화	38	lovelyhuson@daum.net	010-9851-1476	2018-09-12	6	2,400	BRONZE	2%	daum
16	권소연	791019-2	여	1979-10-19	1979	금	45	ssossok914@gmail.com	010-5813-2579	2003-07-30	21	221,000	PURE GOLD	35%	gmail
17	김서아	021224-4	여	2002-12-24	2002	화	22	seaaaaaaa@hotmail.com	010-4673-8521	2020-09-27	4	78,300	SILVER	5%	hotmail
18	[illegible]	790809-1	남	1979-08-09	1979	목	45	kjwoon79@gmail.com	010-9137-4628	2002-06-17	22	[illegible]	[illegible]	[illegible]	[illegible]
19	감성욱	051109-3	남	2005-11-09	2005	수	19	rkatjddnr@naver.com	010-5915-7535	2019-02-23	6	[illegible]	[illegible]	[illegible]	[illegible]
20	김재원	880305-1	남	1988-03-05	1988	토	37	kjw8855@hotmail.com	010-3214-7896	2009-07-11	15	[illegible]	[illegible]	[illegible]	[illegible]
21	박현호	900615-1	남	1990-06-15	1990	금	34	hhphhp@naver.com	010-6987-4123	2019-01-10	6	400	BRONZE	2%	naver

이 상태에서 '요일'의 ▾을 클릭하고 검색 리스트에서 '금', '토', '일'을 선택한다. '회원등급'의 검색 리스트에서는 'BRONZE'를 선택한다.

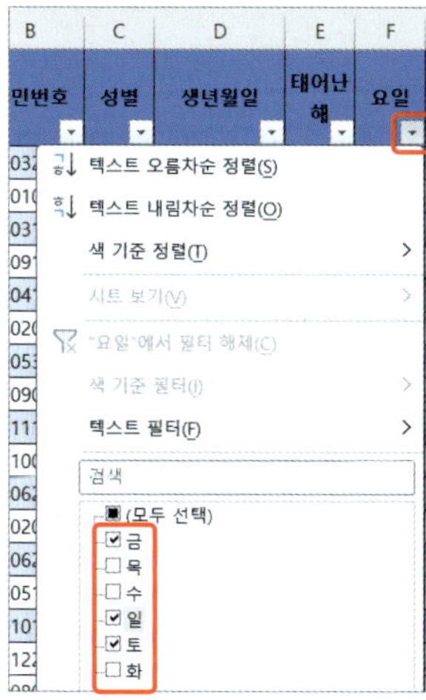

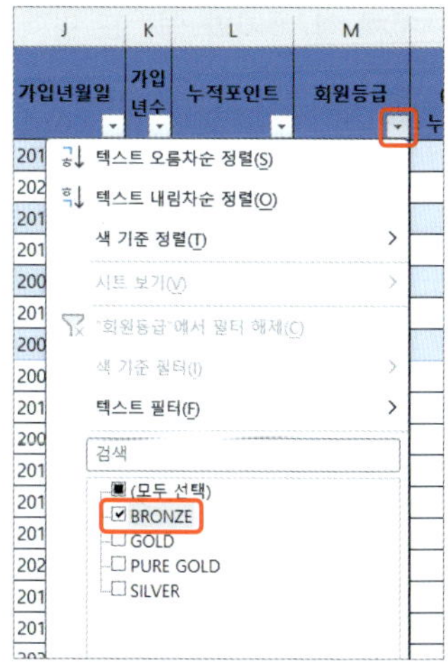

그러면 '여'성 회원 중 '금', '토', '일'에 태어난 'BRONZE' 회원의 정보와 '남'성 회원들의 정보를 표시하게 된다.

2 표 스타일 옵션

준비 예제13_05.xlsx | **결과** 예제13_05_결과.xlsx

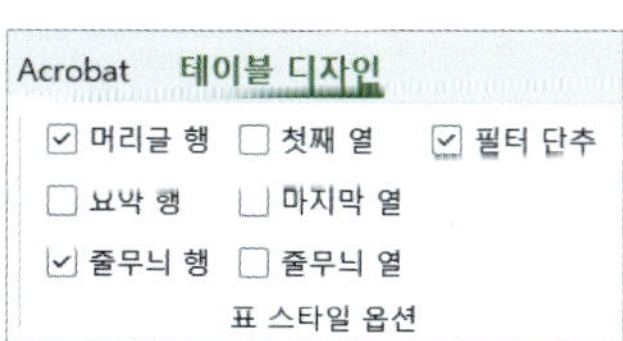

[표 스타일 옵션] 그룹은 행이나 열에 대한 강조나 요약 값을 표시하는 기능들이 모여있다.

- **머리글 행:** 항목명이 있는 행을 표시한다.

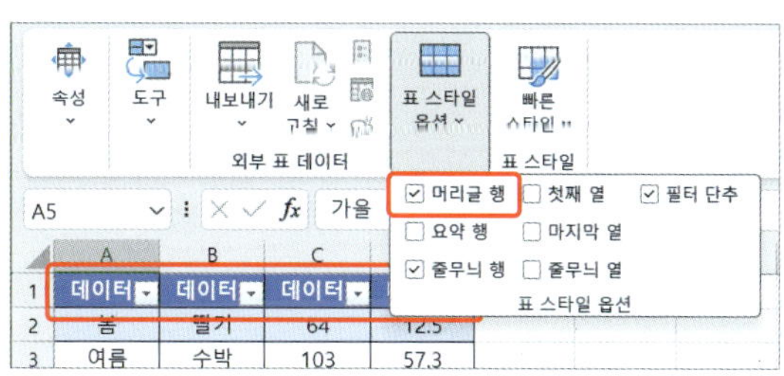

• **첫째 열/마지막 열:** 표 영역의 첫 번째 또는 마지막 열의 값들을 굵은 글꼴로 강조한다.

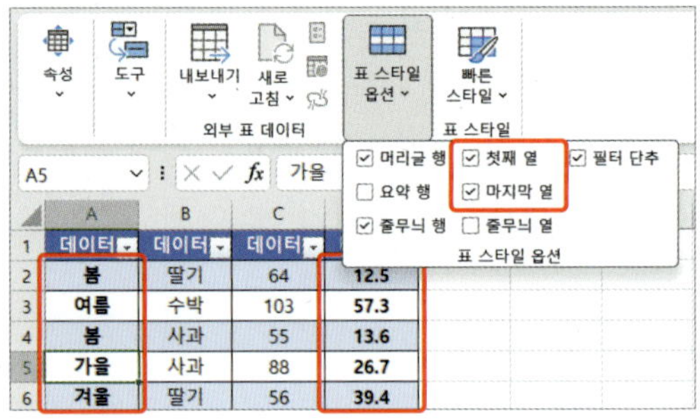

• **줄무늬 행/줄 무늬 열:** 행 또는 열을 하나씩 건너뛰며 색으로 구분한다.

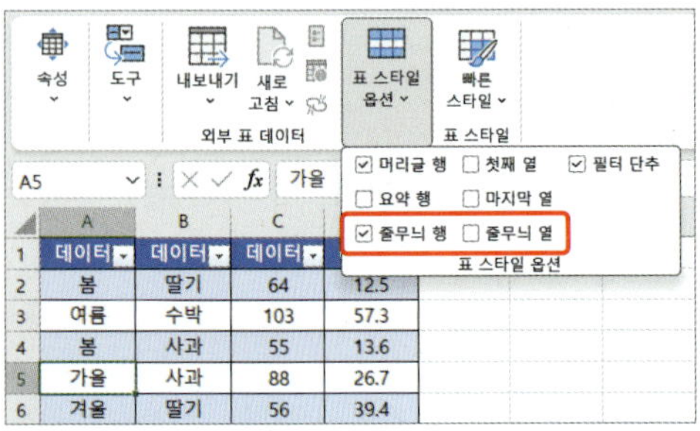

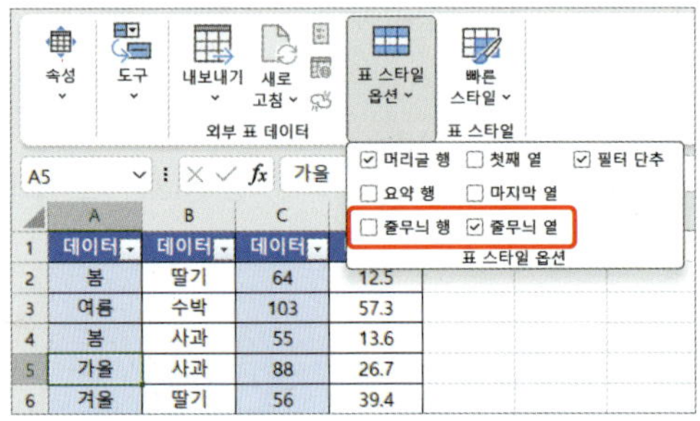

• **필터 단추:** 각 항목명의 필터링 버튼을 표시한다.

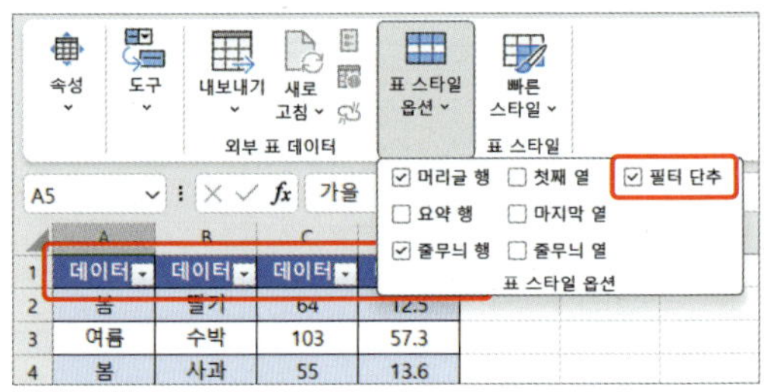

• **요약 행:** 각 항목에 대한 연산 결과를 표시하는 행을 추가한다. 요약 행에서 한 항목의 셀 하나를 선택하면 ▾이 나타나는데, 이 버튼을 클릭하면 적용할 수 있는 함수 리스트가 나타나며, 원하는 함수를 선택하면 적용시킨 요약 데이터를 표시할 수 있다.

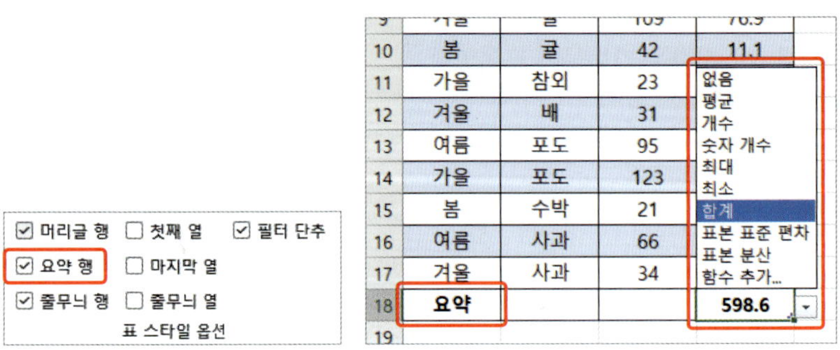

함수 리스트 중 [함수 추가]를 선택하면 [함수 마법사] 창에서 더 다양한 함수를 선택하여 요약 값을 구할 수 있다.

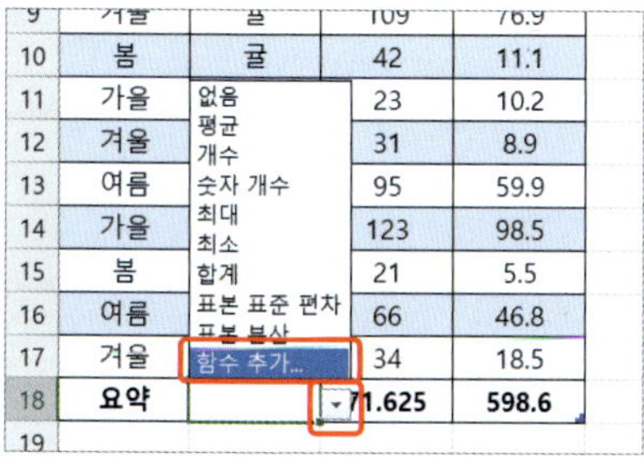

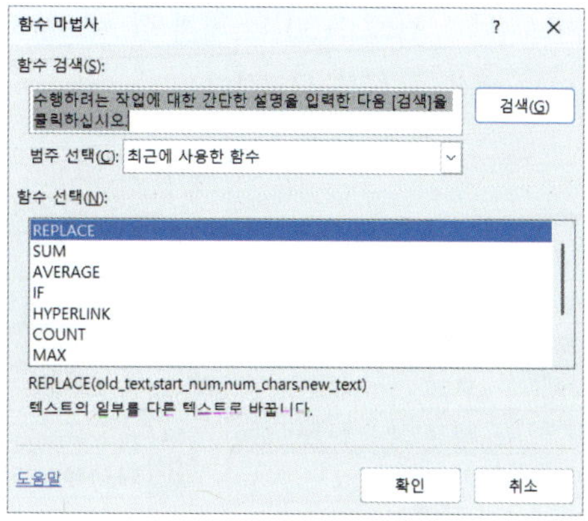

표 스타일 옵션 사용하기

'예제13_05.xlsx'의 [분반1_표(1)] 시트 데이터에 표 기능을 이용해 '중간100'과 '기말100' 각각의 평균, '퀴즈1:100'의 최고 점수, '퀴즈2:100'의 최저 점수, '총합'의 평균 이상 점수의 개수를 표시해 보자.

[삽입] 탭–[표] 그룹–[표]를 클릭하여 나타나는 [표 만들기] 창에서 [분반1_표(1)] 시트의 데이터 영역 전체를 선택해 표 기능을 적용한다. 표 기능이 적용되면 [테이블 디자인] 탭–[표 스타일 옵션] 그룹에서 [요약 행]을 선택한다. 그러면 표 영역의 가장 마지막 행에 요약 행이 추가되고 '최종학점' 항목에 입력된 데이터의 개수를 표시한다.

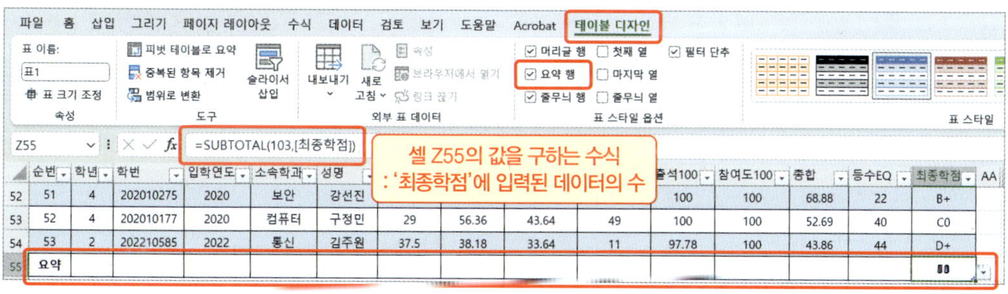

'중간100'과 '기말100'의 요약 행에 해당하는 셀 I55, K55를 선택하면 각각 [▾]이 생성된다. 이 [▾]을 클릭해 [평균]을 선택하여 '중간100'과 '기말100'의 평균을 요약 행에 표시한다.

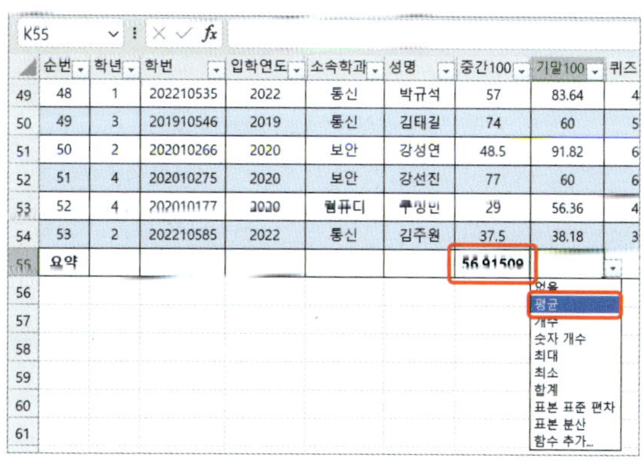

'퀴즈1:100'의 최고 점수, '퀴즈2:100'의 최저 점수를 구하기 위해 셀 M55의 ▾에서 '최대'를 선택하고, 셀 N55의 ▾에서 '최소'를 선택한다.

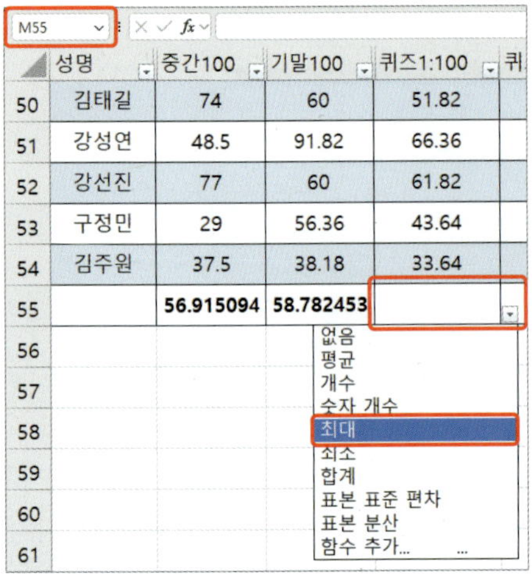

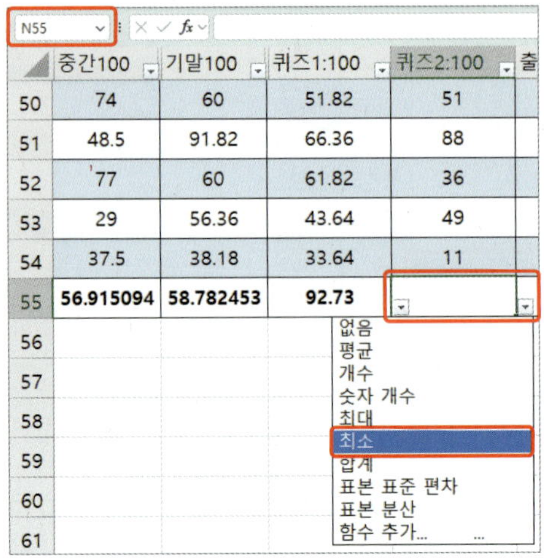

'총합'의 평균 이상 점수의 개수는 셀 Q55의 ▾에서 [함수 추가] 메뉴를 이용해 수식을 입력해야 한다. [함수 추가]를 클릭하면 [함수 마법사] 창이 뜨는데 [함수 선택] 목록에서 선택하거나 [함수 검색]에서 입력하여 선택할 수 있다. 평균 이상 점수의 개수를 구해야 하므로 [함수 검색]에 COUNTIF를 입력하고 〈확인〉을 클릭하면 함수의 인수를 입력할 수 있는 [함수 인수] 창이 뜬다.

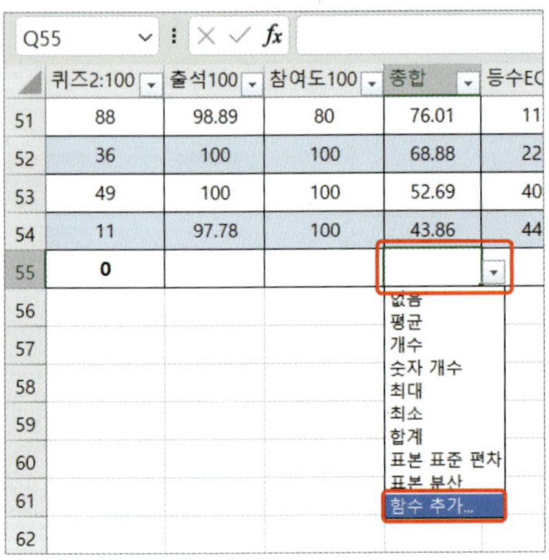

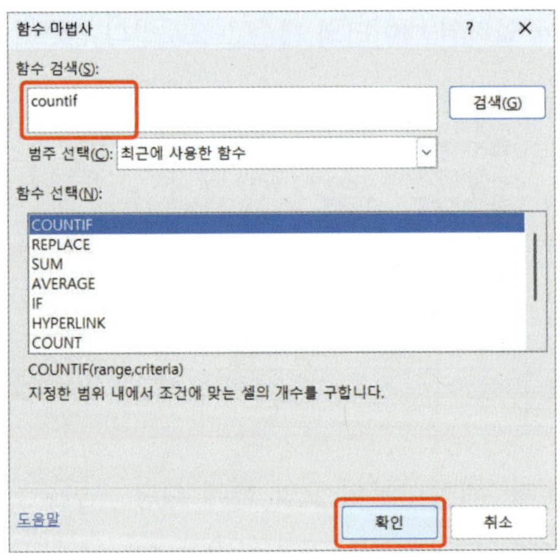

이 [함수 인수] 창에서 범위Range의 ↥를 클릭하여 셀 Q2부터 Q54로 선택하면 그에 해당하는 항목명인 [총합]이 표시된다. 또한, COUNTIF 함수의 인수 중, 조건Criteria이 필요한데 그 조건은 다음과 같다.

실제 입력하는 조건	[함수 마법사]에서 표시되는 조건
">=" & AVERAGE(Q2:Q54)	">=" & AVERAGE([총합])

[함수 인수]의 창에서 필요한 인수를 모두 입력하고 〈확인〉 클릭하면 '총합'의 요약 행에 결과가 표시된다. 결과 셀인 Q55의 수식도 [함수 인수] 창에서 입력한 식이 표시된다.

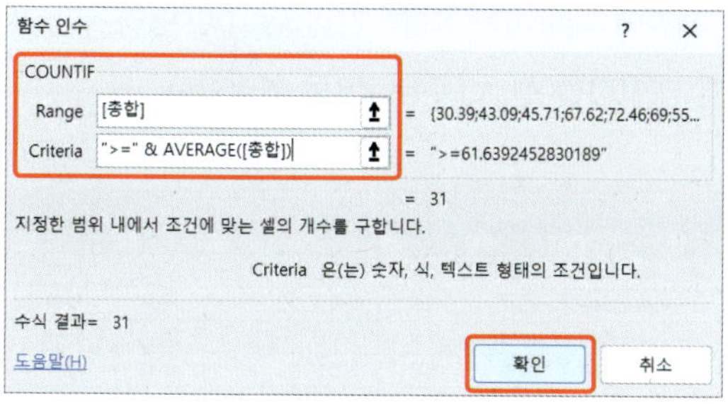

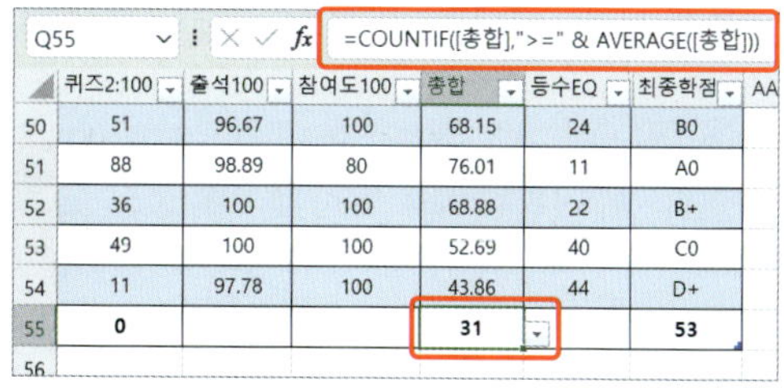

Q55 =COUNTIF([총합],">=" & AVERAGE([총합]))

	퀴즈2:100	출석100	참여도100	총합	등수EQ	최종학점
50	51	96.67	100	68.15	24	B0
51	88	98.89	80	76.01	11	A0
52	36	100	100	68.88	22	B+
53	49	100	100	52.69	40	C0
54	11	97.78	100	43.86	44	D+
55	0			31		53

최종 결과는 다음과 같다.

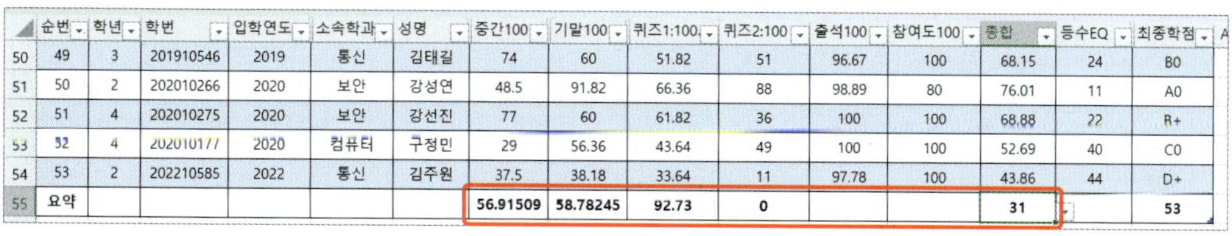

	순번	학년	학번	입학연도	소속학과	성명	중간100	기말100	퀴즈1:100	퀴즈2:100	출석100	참여도100	총합	등수EQ	최종학점
50	49	3	201910546	2019	통신	김태길	74	60	51.82	51	96.67	100	68.15	24	B0
51	50	2	202010266	2020	보안	강성연	48.5	91.82	66.36	88	98.89	80	76.01	11	A0
52	51	4	202010275	2020	보안	강선진	77	60	61.82	36	100	100	68.88	22	B+
53	52	4	202010177	2020	컴퓨터	구정민	29	56.36	43.64	49	100	100	52.69	40	C0
54	53	2	202210585	2022	통신	김주원	37.5	38.18	33.64	11	97.78	100	43.86	44	D+
55	요약						56.91509	58.78245	92.73	0			31		53

여기서 잠깐 SUBTOTAL 함수

SUBTOTAL 함수는 데이터들의 부분합(평균, 최대, 최소 등)을 구할 수 있는 함수로 옵션에 따라 데이터 영역에서 [숨기기] 되어 있는 값들을 연산에 포함하거나 제외할 수 있다.

```
=SUBTOTAL(함수의 옵션, [범위])
```

SUBTOTAL에서 사용할 수 있는 함수의 종류와 옵션은 다음과 같다. 예를 들어 =SUBTOTAL(103,[최종학점])은 '최종학점' 항목에 값이 입력된 셀의 개수(103)를 구하는 것이다.

함수	옵션	
	[숨기기] 된 값 포함	[숨기기] 된 값 제외
AVERAGE(평균)	1	101
COUNT(숫자 개수)	2	102
COUNTA(값이 있는 셀의 개수)	3	103
MIN(최소)	4	104
MAX(최대)	5	105
PRODUCT(곱하기)	6	106
STDEV.S(표본집단의 표준편차)	7	107
STDEV.P(모집단의 표준편차)	8	108
SUM(합)	9	109
VAR.S(표본집단의 분산)	10	110
VAR.P(모집단의 분산)	11	111

[분반1_표(2)]의 데이터에 표 기능을 적용해 각 학과별 '총합'의 평균을 구해 보자.

[분반1_표(2)] 시트의 데이터들은 '소속학과'가 오름차순으로 정렬되어 있으므로 표 기능을 설정할 때 '소속학과'를 기준으로 설정할 수 있다. '게임'학과에 해당하는 8행까지의 데이터 영역에만 표 기능을 설정하려면 [표 만들기] 창에서 표에 사용할 데이터를 셀 A1부터 Z8로 설정한다.

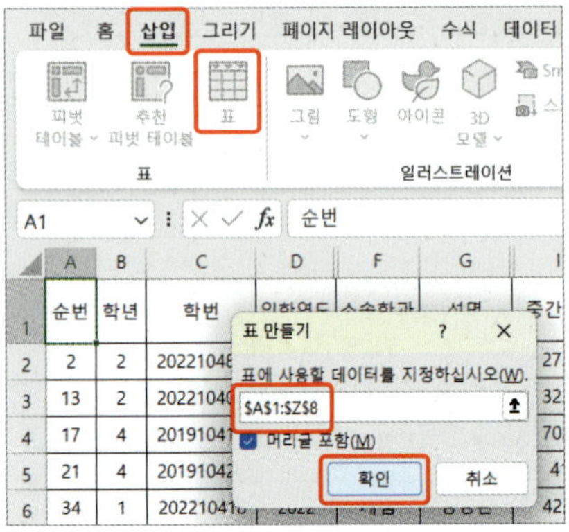

표 내에서 하나의 셀을 선택한 상태에서 [테이블 디자인] 탭–[표 스타일 옵션] 그룹의 [요약 행]을 선택하면 9행에 요약 행이 추가된다.

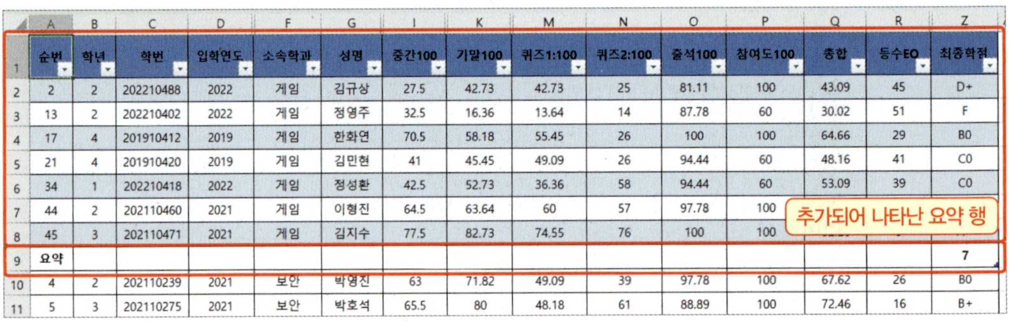

'게임'학과 '총합'의 평균을 구하기 위해 셀 Q9의 ▾에서 '평균'을 선택한다.

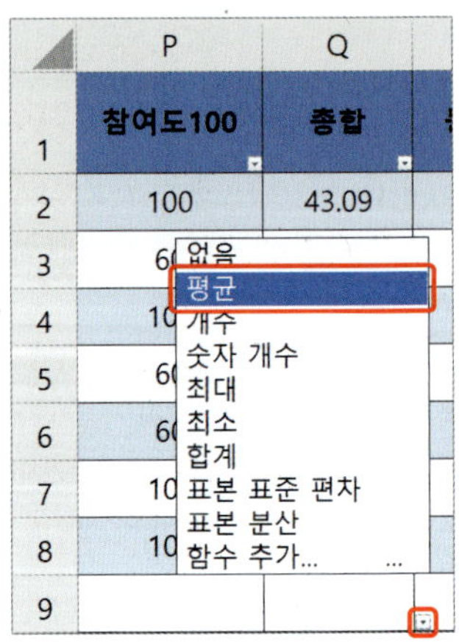

그러면 '게임'학과 학생들에 대한 '총합'의 평균을 확인할 수 있다. 그런데 셀 Q9에 입력된 '게임'학과의 평균이 '총합'의 값으로 추가되어 '총합'을 참조하여 구하는 '등수EQ'의 참조 범위가 셀 Q54에서 Q55로 변경된 것을 확인할 수 있다.

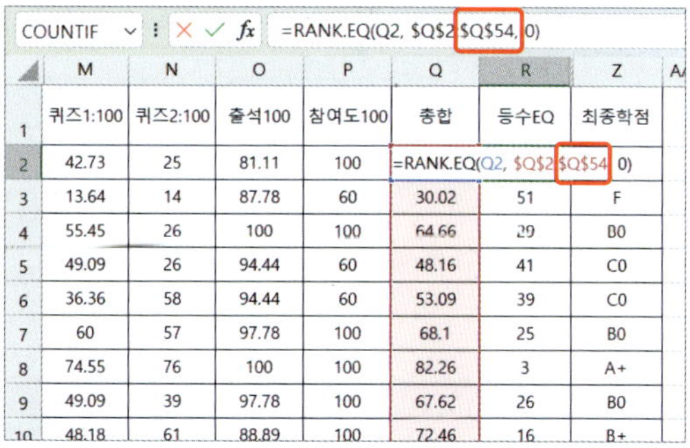

▲ '게임'학과의 요약 행에 평균이 추가되기 전

▲ '게임'학과의 요약 행에 평균이 추가된 후

이러한 변화가 있다는 것을 이해하면서 '보안'학과에 대해서도 요약 행을 추가해 보자. 표 영역(셀 A1부터 Z8)이 아닌 영역을 선택하고 [표 만들기] 창에서 '보안' 학과에 해당하는 셀 A10부터 Z20을 범위로 설정한다. 이때 '머리글 포함'은 선택 해제한다.

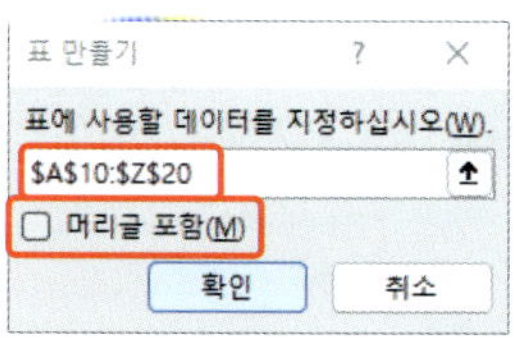

그러면 항목명을 대신할 수 있는 행(10행)이 추가되면서 '보안'학과에 대한 표 영역이 설정된다. 10행에 추가된 행의 각 열에는 사용자가 직접 항목명을 수정할 수 있다.

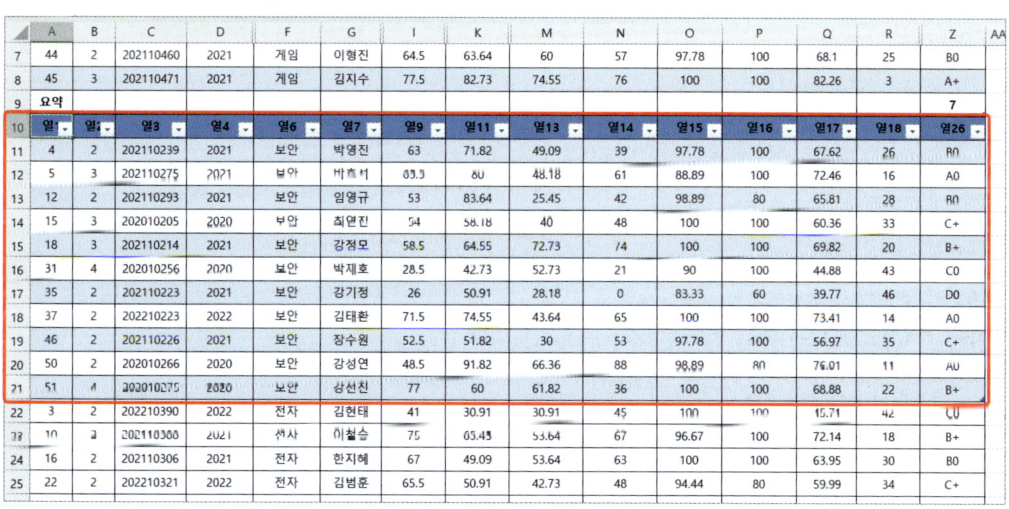

'보안'학과에 대한 표 영역을 선택한 상태에서 [테이블 디자인] 탭-[표 스타일 옵션] 그룹에서 [요약 행]을 선택하면 '보안'학과의 표 영역 마지막인 22행에 요약 행이 추가된다. 셀 Q22의 [▾]을 클릭하여 '총합'의 평균을 구한다.

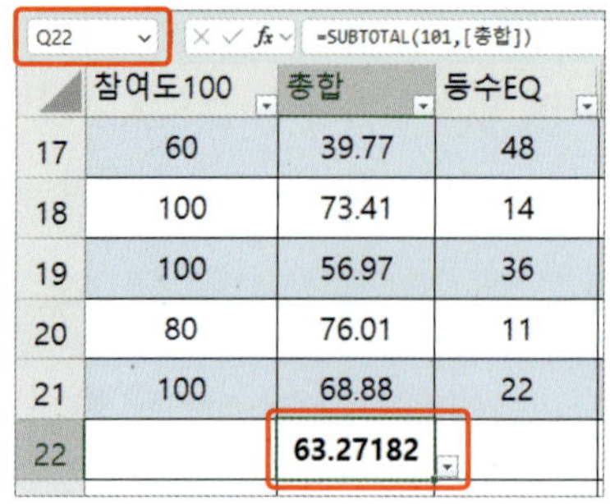

나머지 학과들에 대해서도 똑같은 과정을 반복하여 요약 행에 평균을 구한다.

실습 13-5 표 기능의 요약 행 활용하기

준비 실습13_05.xlsx | **결과** 실습13_05_결과.xlsx

01 [회원정보_표(1)] 시트에서 요약 행 활용하기

회원 중 가장 어린 회원의 '태어난 해', 회원들의 평균 '만나이', '가입년수'의 합계, 가장 적은 '누적포인트', 그리고 '여성' 회원의 수를 구해 보자.

[삽입] 탭-[표] 그룹-[표]를 클릭하여 [회원정보_표(1)] 시트의 데이터 영역 전체(셀 A1부터 O36)에 표 기능을 적용한다.

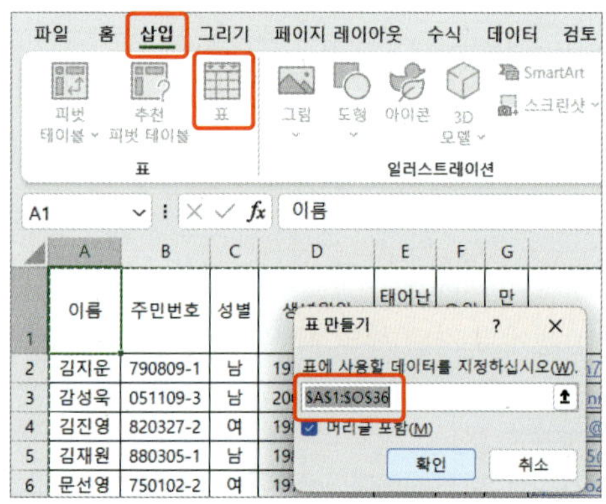

표 기능이 적용된 영역을 선택하고 [테이블 디자인] 탭-[표 스타일 옵션] 그룹-[요약 행]을 클릭하면 표 영역의 가장 마지막 행(37행)에 요약 행이 추가되고 요약 행의 마지막 열에는 그 열의 값의 개수를 표시한다.

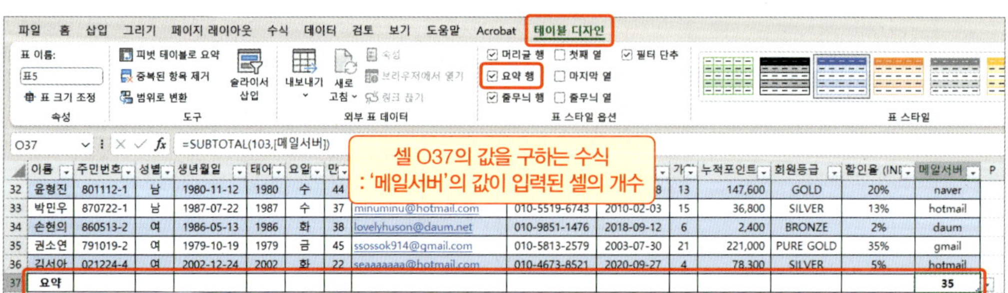

전체 회원 중 가장 어린 회원의 '태어난 해', 회원들의 평균 '만나이', '가입년수'의 합계, 가장 적은 '누적포인트'를 구하기 위해 각각의 요약 행에 해당하는 셀 E37, G37, K37, L37의 [▾]에서 '최대', '평균', '합계', '최소'를 각각 선택하여 구한다.

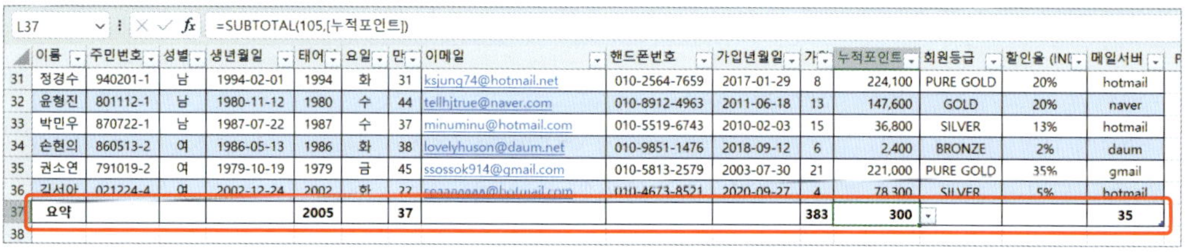

'여성' 회원의 수도 구해야 하므로 '성별'에 해당하는 요약 행 셀 C37에서 [함수 추가]를 선택하여 수식을 입력한다. [함수 마법사]의 [함수 선택]에서 'COUNTIF'를 선택하거나 [함수 검색]에서 COUNTIF를 입력한 후 〈확인〉을 클릭한다. [함수 인수] 창이 나타나면 COUNTIF 함수에 필요한 인수들을 입력해 보자.

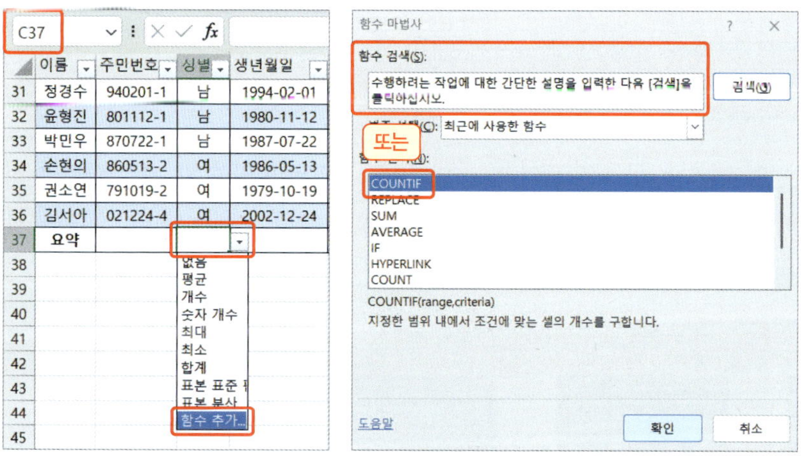

범위는 '성별' 항목의 값 영역인 셀 C2부터 C36까지 선택하는데, [함수 인수] 창에는 항목명인 [성별]로 표시된다. 조건은 "=여"로 입력한다. 그러면 전체 회원들 중 '여'성 회원들의 수를 계산하여 요약 행에 표시한다.

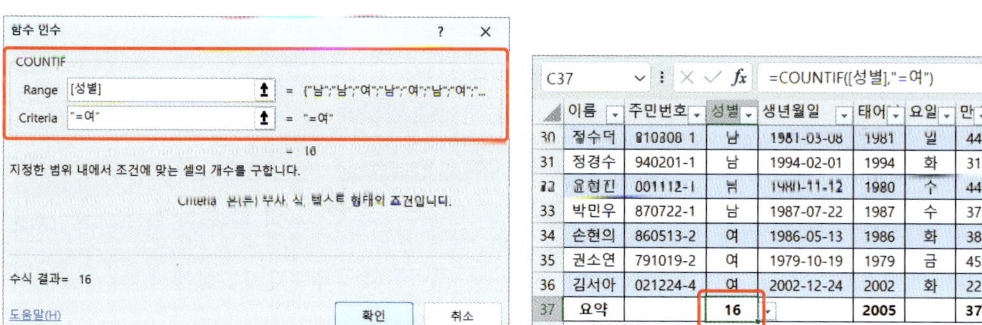

02 [회원정보_표(2)] 시트에서 요약 행 활용하기

[회원정보_표(2)] 시트의 데이터들은 '회원등급' 순으로 정렬되어 있다. 각 등급별 '여'성 회원 수, 회원 중 가장 어린 회원의 '태어난 해', 회원들의 평균 '만나이', '가입년수'의 합계, 가장 적은 '누적포인트'를 구해 보자.

우선 'PURE GOLD' 등급 범위(셀 A1부터 셀 O6)에 표 기능을 설정하고 해당 범위를 선택한 상태에서 [테이블 디자인] 탭–[표 스타일 옵션] 그룹에서 [요약 행]을 선택한다. 7행에 'PURE GOLD' 등급에 대한 요약 행이 생성된 것을 확인할 수 있다.

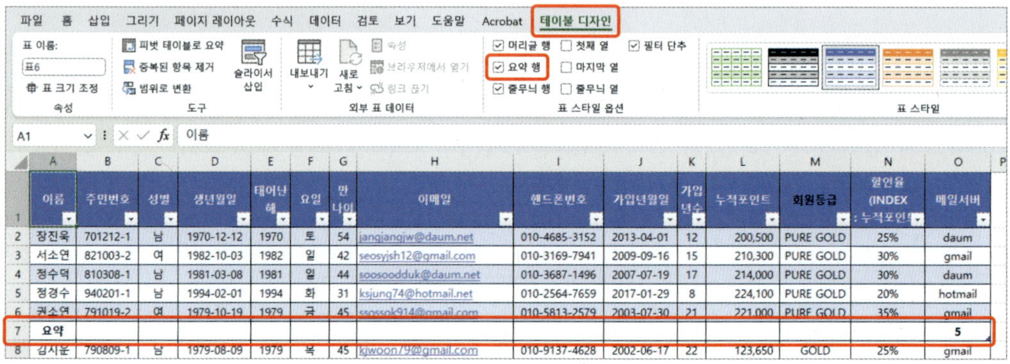

회원 중 가장 어린 회원의 '태어난 해', 회원들의 평균 '만나이', '가입년수'의 합계, 가장 적은 '누적포인트'를 구하기 위해 각각 요약 행에 해당하는 셀 E7, G7, K7, L7의 [▾]에서 '최대', '평균', '합계', '최소'를 각각 선택하여 구한다.

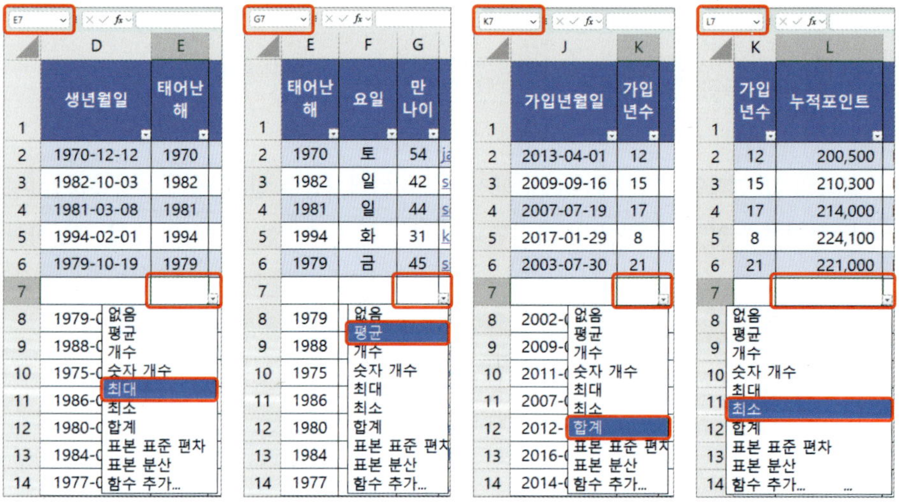

'여'성 회원수를 구하기 위해 '성별'의 요약 행인 셀 C7을 클릭하고 [함수 추가]를 클릭한다. [함수 마법사]에서 'COUNTIF' 함수를 선택하여 〈확인〉을 클릭한다. [함수 인수] 창에서 '여'성 회원수를 구하기 위한 범위는 'PURE GOLD'에 해당하는 '성별' 범위인 셀 C2부터 C6을 입력하고, 조건에는 "=여"를 입력한다. 이때 [함수 인수] 창의 범위에는 항목명인 [성별]로 표시될 것이다. 그러면 'PURE GOLD' 등급이 '여'성 회원의 수가 요약 행에 표시된다.

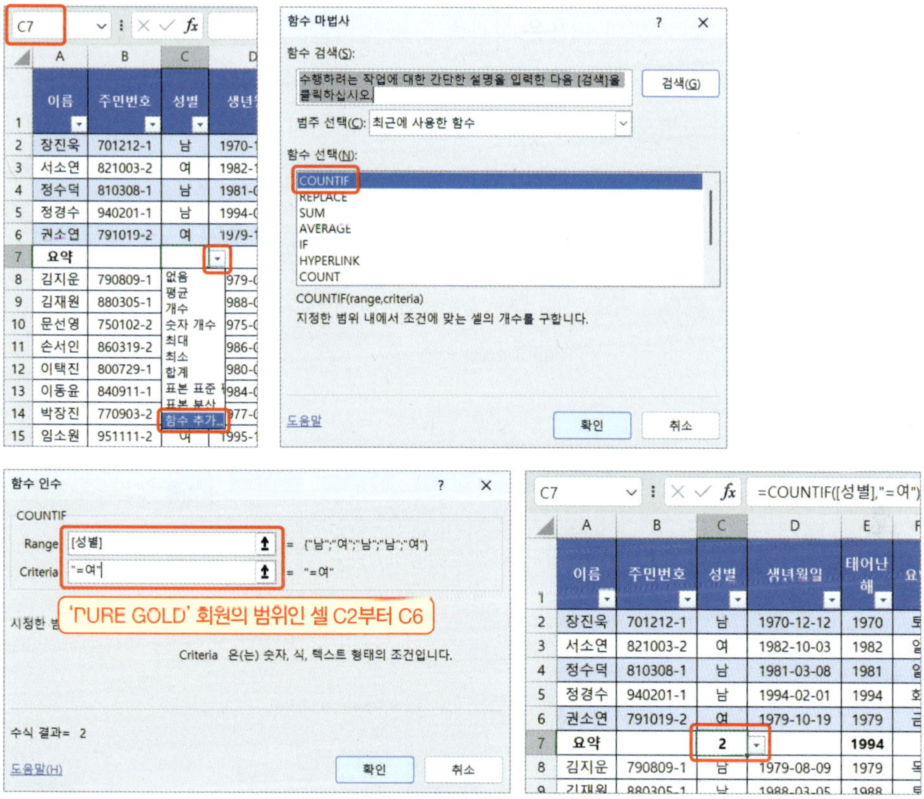

'GOLD', 'SILVER', 'BRONZE' 등급에 대해서도 같은 방식으로 요약 행의 값들을 구한다. 단, 등급별 범위에 맞는 표를 생성할 때 [머리글 포함]을 선택 해제한다.

표 스타일 사용하기

[표 스타일] 그룹은 표 영역의 선 표시와 선과 셀 색을 설정할 수 있는 옵션이다

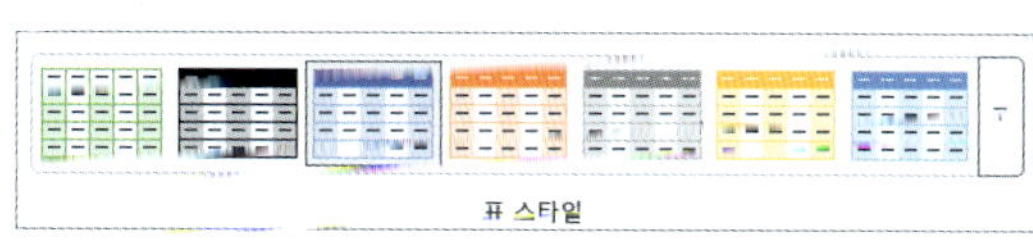

▲ [표 스타일] 그룹

3 도구 옵션

준비 예제13_06.xlsx | **결과** 예제13_06_결과.xlsx

[도구] 그룹은 표 영역에 있는 데이터들을 이용해 분석 자료를 만들거나 표 기능을 해제할 때 사용하는 메뉴들이다.

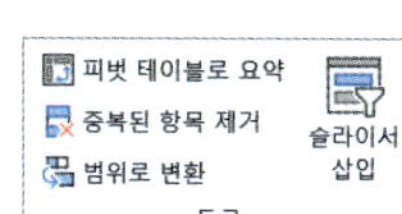

▲ [도구] 그룹

피벗 테이블로 요약하기

표 영역에 있는 데이터들을 이용해 피벗 테이블을 구성할 수 있다.

'예제13_06.xlsx'의 [분반1_표] 시트의 내용은 학과별로 표 영역을 설정하여 '총합'에 대한 평균 요약 값을 구한 것이다. 이 표를 이용하여 '최종학점'별 '성명'과 '총합'의 평균을 확인할 수 있는 각 학과별 피벗 테이블을 생성하고 별도의 시트에 모아 정리해 보자. 먼저 '게임' 학과 표 영역을 선택하고 [테이블 디자인] 탭–[도구] 그룹–[피벗 테이블로 요약]을 클릭한다.

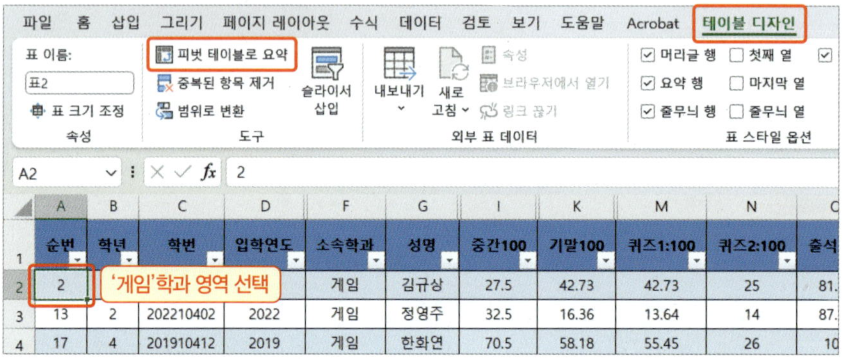

그러면 [표 또는 범위의 피벗 테이블] 창이 뜨는데 [표/범위]에 현재 셀이 선택되어 있는 표 영역의 이름인 '표2'가 입력되어 있다. 새로운 시트에 피벗 테이블을 모을 것이므로 피벗 테이블의 위치는 [새 워크시트]로 한다.

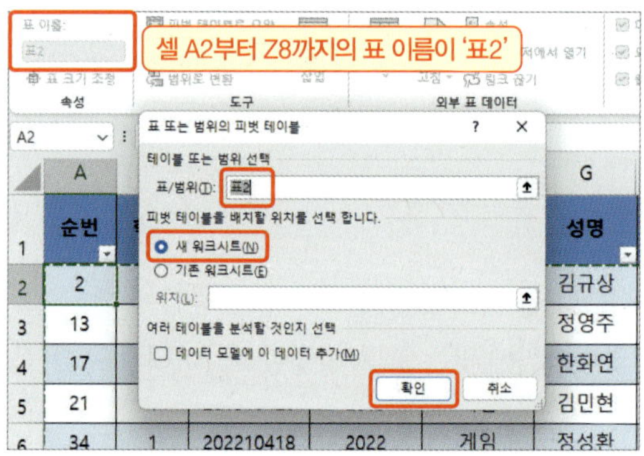

그 결과 [분반1_표] 시트 앞에 피벗 테이블을 구성할 수 있는 새로운 시트가 추가된다. '최종학점'별 '성명'과 '총합'의 평균을 확인할 수 있는 피벗 테이블을 구성해야 하므로 [피벗 테이블 필드] 창의 데이터 항목 리스트에서 '성명', '총합', '최종학점'을 선택하고 '최종학점'을 '성명'의 상위 필드에 위치하도록 정리한다. 그리고 [값 필드 설정]을 통해 '평균 : 총합'으로 변경한다.

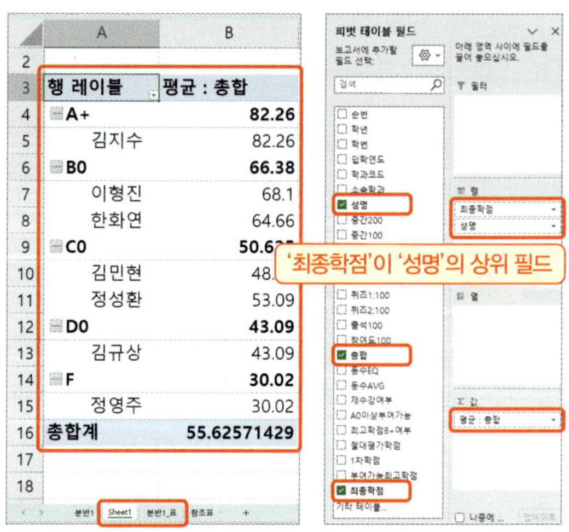

다시 [분반1_표] 시트로 이동해 '보안'학과에 대한 피벗 테이블을 구성해 보자. '보안'학과 표 영역을 선택하고 [테이블 디자인] 탭–[도구] 그룹–[피벗 테이블로 요약]을 클릭한다. [표 또는 범위의 피벗 테이블] 창의 [표/범위]에 '보안'학과 표 영역의 이름인 '표10'이 입력되어 있고 시트에서도 셀 A11부터 Z21이 선택되어 있는 것을 확인할 수 있다. 피벗 테이블의 위치는 이미 만들어져 있는 [Sheet1]의 셀 D3을 선택한다.

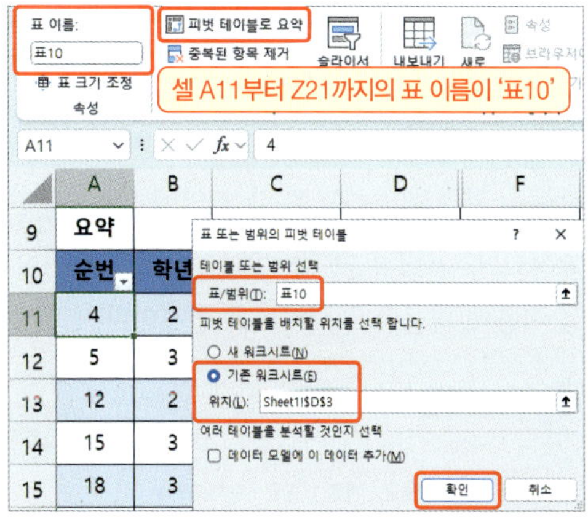

'게임' 학과의 피벗 테이블을 구성할 때와 마찬가지로 '성명', '총합', '최종학점'을 필드로 추가하고 '최종학점'을 '성명'의 상위 필드로, 값 영역의 '합계 : 총합'을 '평균 : 총합'으로 변경한다. 나머지 학과들에 대해서도 같은 과정을 거쳐 [Sheet1] 시트에 학과별 피벗 테이블을 구성한다.

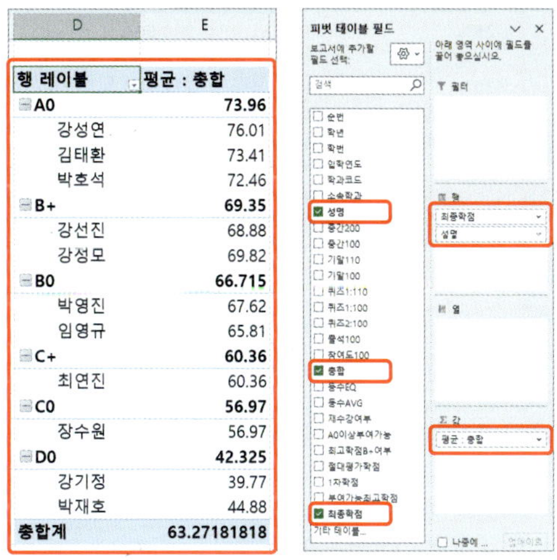

실습 13-6 표 기능으로 피벗 테이블 생성하기

준비 실습13_06.xlsx | **결과** 실습13_06_결과.xlsx

[회원정보_표] 시트의 내용은 '회원등급'별로 표 영역을 설정하여 요약 정보를 표시한 것이다. 이 표를 이용해 '할인율(INDEX:누적포인트)'을 기준으로 '이름', 평균 '가입년수', 평균 '누적포인트'를 확인할 수 있는 '회원등급'별 피벗 테이블을 하나의 시트에 정리해 보자.

[회원정보_표] 시트의 'PURE GOLD' 표 영역을 선택하고 [테이블 디자인] 탭–[도구] 그룹–[피벗 테이블로 요약]을 클릭하면 [표 또는 범위의 피벗 테이블] 창이 뜬다. [표 범위]가 'PURE GOLD' 영역인 '표6'으로 입력되어 있음을 확인하고 피벗 테이블의 위치는 [새 워크시트]를 선택하여 〈확인〉을 클릭한다.

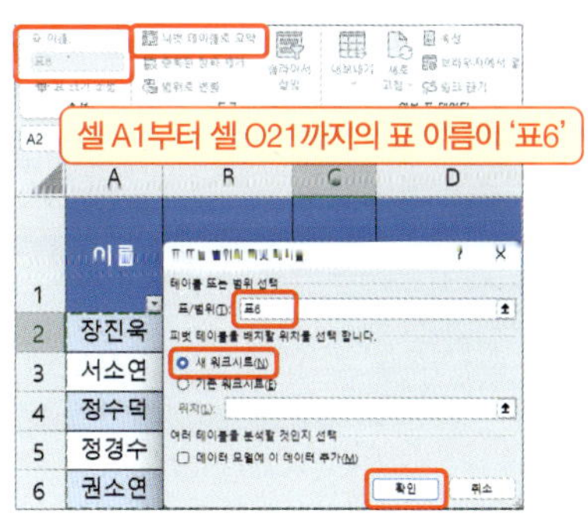

[회원정보_표] 시트 앞에 피벗 테이블을 구성할 수 있는 [Sheet1] 시트가 생성된다. [피벗 테이블 필드] 창의 데이터 항목 리스트에서 '이름', '가입년수', '누적포인트', '할인율(INDEX:누적포인트)'를 선택한다. 구성해야 하는 피벗 테이블이 '할인율(INDEX:누적포인트)'별로 나머지 필드의 값들을 확인해야 하므로 값 영역에 있는 '할인율(INDEX:누적포인트)'을 '이름'의 상위 필드로 이동시킨다. 그리고 값 영역에서 합계를 표시하고 있는 '가입년수'와 '누적포인트'는 [값 필드 설정]을 이용해 평균을 표시하도록 변경한다.

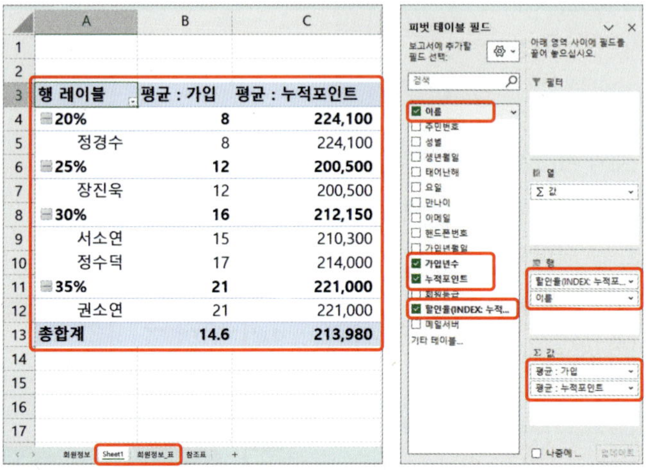

나머지 '회원등급'별 표에 대해서도 같은 과정으로 [Sheet1] 시트에 피벗 테이블을 구성한다.

중복된 항목 제거하기

[중복된 항목 제거]는 '데이터1'과 '데이터2'처럼 중복되는 값들이 있을 때 대표가 되는 값을 제외한 나머지 값을 삭제하는 기능이다. 예를 들어 '데이터1'에서 중복된 값들을 삭제하려면, 표 영역이 선택된 상태에서 [중복된 항목 제거]를 클릭한다. [중복 값 제거] 창의 항목명에서 '데이터1'을 선택하고 나머지 항목들은 선택 해제한 후 〈확인〉을 클릭한다.

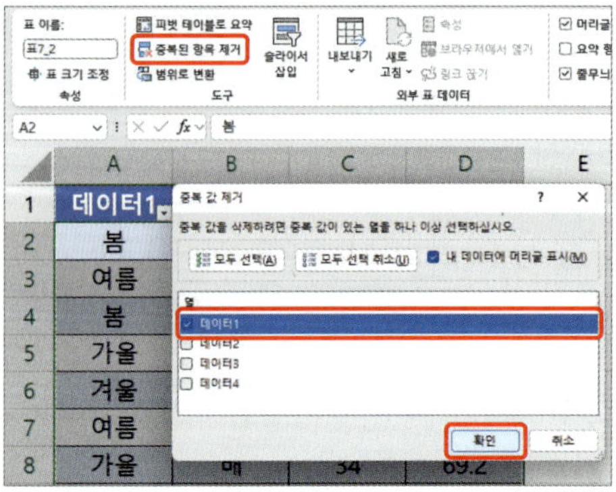

그러면 몇 개의 중복 값이 제거되었는지 알려주는 메시지가 나타나는데, 표 영역에는 기존 데이터의 대푯값들만 남는다. 이 고유값들은 중복된 값 중 첫 번째에 해당하는 값이다.

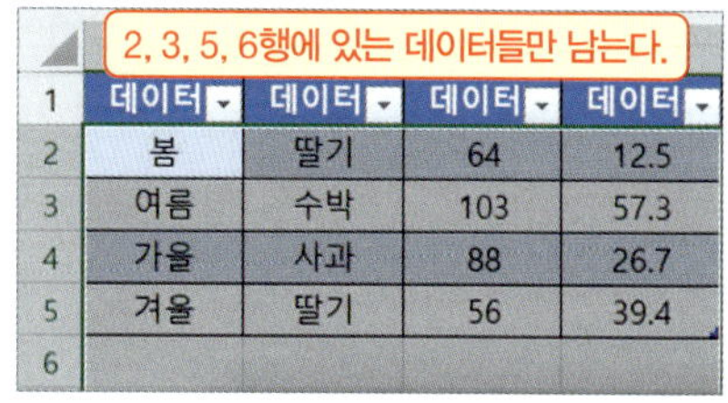

	데이터	데이터	데이터	데이터
1	데이터	데이터	데이터	데이터
2	봄	딸기	64	12.5
3	여름	수박	103	57.3
4	가을	사과	88	26.7
5	겨울	딸기	56	39.4
6				

범위로 변환하기

준비 예제13_07.xlsx | **결과** 예제13_07_결과.xlsx

데이터 영역에 적용된 표 기능을 해제하는 기능으로 표 기능을 해제해도 표 스타일은 남아 있다.

'예제13_07.xlsx'의 [분반1_표] 시트 내용은 '예제13_04.xlsx'에서 확인했던 내용이다. 이 표에서 '순번' 30번까지 표 기능을 적용하고, 오류 없이 정상적인 데이터를 표시하도록 수정해 보자.

현재 [분반1_표] 시트의 표와 데이터 영역에는 오류가 표시되고 있으므로 이 오류들을 수정해야 한다. 따라서 앞에서 다뤘던 것처럼 ❶ [테이블 디자인] 탭–[속성] 그룹–[표 크기 조정]을 클릭하여 [표 크기 조정] 창에서 셀 A1부터 Z54로 변경하거나 ❷ 셀 Z31 오른쪽 아래에 있는 표 크기 조절 표식을 이용해 54행까지 늘리면 오류가 수정되고 데이터 영역 전체에 표 기능이 설정된다.

	순번	학년	학번	입학연도	소속학과	성명	총합	등수EQ	1차학점	최종학점
25	24	2	202110128	2021	컴퓨터	박도현	30.68	27	B	#DIV/0!
26	25	2	202010130	2020	컴퓨터	송건호	77.72	4	A	A+
27	26	2	202210531	2022	통신	임주은	77.26	5	A	A+
28	27	2	202210538	2022	통신	주영진	87.02	1	A	A+
29	28	2	202110139	2022	컴퓨터	최성욱	35.86	26	B	#DIV/0!
30	29	3	202110327	2021	전자	박민주	73.77	7	A	A+
31	30	2	20221057[illegible]	[illegible]	통신	김정석	76.9[illegible]	[illegible]	A	B+
50	49	3	201910546	2019	통신	김태길	68.15	#N/A	#N/A	#N/A
51	50	2	202010266	2020	보안	강성연	76.01	#N/A	#N/A	#N/A
52	51	4	202010275	2020	보안	강선진	68.88	#N/A	#N/A	#N/A
53	52	4	202010177	2020	컴퓨터	구정민	52.69	#N/A	#N/A	#N/A
54	53	2	202210585	2022	통신	김주원	43.86	#N/A	#N/A	#N/A

이제 새롭게 표 영역을 설정해야 하는데 현재 데이터 영역 전체에 표 기능이 적용되어 있으므로 모든 값이 정상화된 표 영역을 선택한 상태에서 [범위로 변환]을 클릭해 표 영역을 해제한다. 표 서식(셀 색, 테두리)이 그대로 남아있지만, 여기서는 시각적 이해를 돕기 위해 셀 색을 '색 없음'으로 설정하였다.

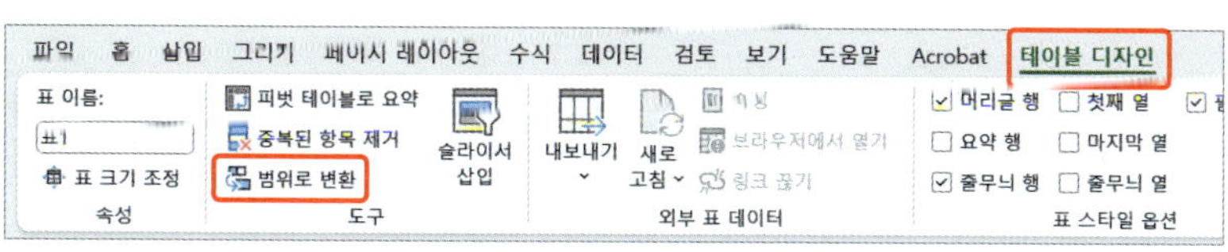

TIP • 오류가 있는 상태에서 바로 [범위로 변환]을 클릭하면 오류가 표시된 상태로 표 기능이 해제된다.

표 기능이 해제된 원본 데이터 영역에서 다시 [삽입] 탭–[표] 그룹–[표]를 클릭하여 [표 만들기] 창에서 A1부터 Z31까지로 영역을 선택하고 〈확인〉을 클릭한다.

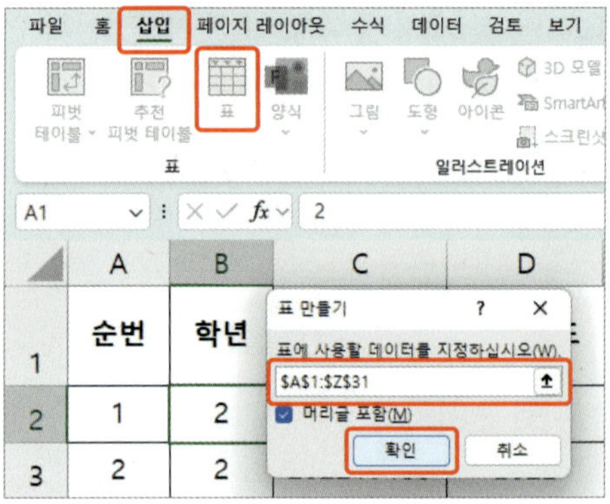

'순번'이 30번인 데이터(31행)까지만 표 기능이 적용된 상태에서 '최종학점'이 A학점 이상인 학생들의 데이터만 검색해 보자. '최종학점'의 필터링을 위한 ▾에서 'A+', 'A0'를 선택하고 〈확인〉을 클릭하면 '순번' 1에서 30번 사이의 학생들 데이터에서만 A+, A0를 검색하고 31번 이후의 데이터는 모두 그대로 표시된다.

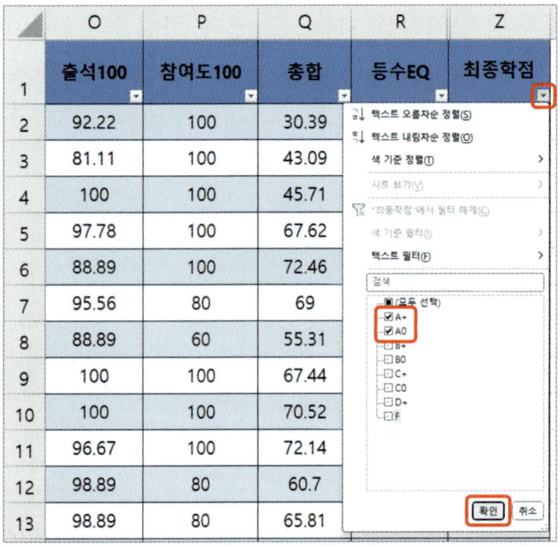

실습 13-7 표 기능 해제하기

준비 실습13_07.xlsx | **결과** 실습13_07_결과.xlsx

[회원정보_표] 시트의 데이터에 대해 표 기능을 이용해 '여'성 회원 중 '금', '토', '일'에 태어난 'BRONZE' 회원정보와 모든 '남'성 회원의 정보를 확인해 보자.

여기서 조건은 '여'성 회원에게만 적용되고 '남'성 회원은 모든 정보를 표시해야 한다. 그래서 [회원정보_표] 시트의 데이터 영역 전체에 표 기능을 적용한 후, '성별'을 내림차순으로 정렬한다.

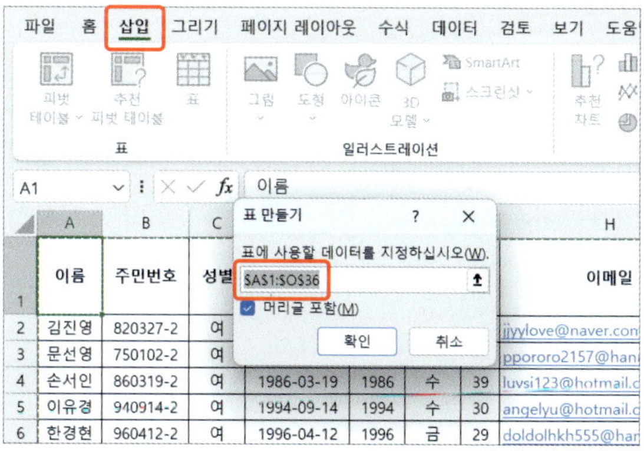

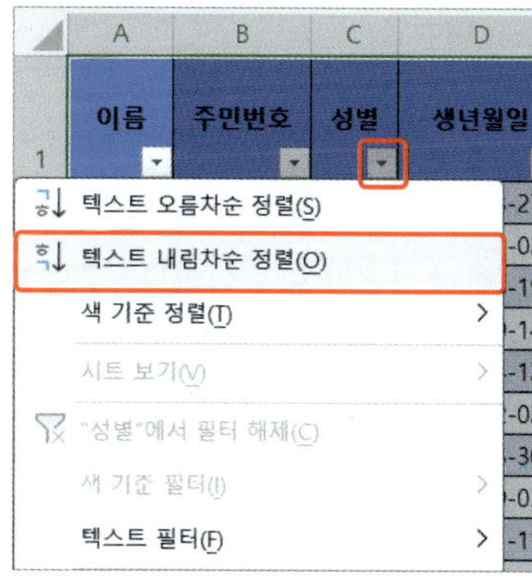

이제 영역 전체에 적용된 표 기능을 해제하고 '여'성 회원정보 영역에만 표 기능을 적용한다. [테이블 디자인] 탭–[도구] 그룹–[범위로 변환]을 실행한 후, [삽입] 탭–[표] 그룹–[표]를 선택해 [표 만들기] 창에서 데이터 영역을 A1부터 O17까지로 설정한다.

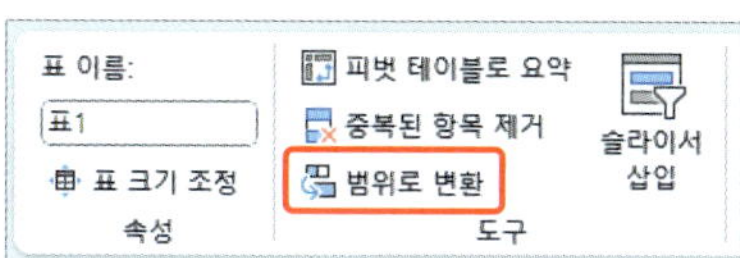

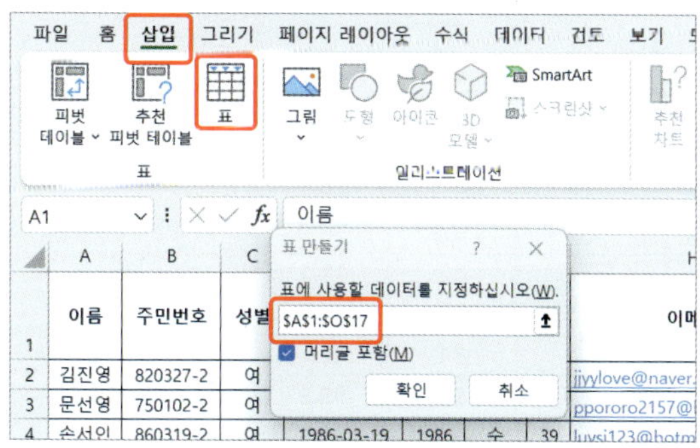

이제 주어진 조건들에 맞는 회원정보를 표시하기 위해 '요일' 항목의 ▾에서 '금', '토', '일'을 선택하고 '회원등급' 항목의 ▾에서 'BRONZE'를 선택한다. 그러면 모든 '남'성 회원정보와 함께 필터링된 '여'성 회원정보만 표시된다.

4 슬라이서

준비 예제13_08.xlsx | **결과** 예제13_08_결과.xlsx

표 영역의 슬라이서는 필터링 기능의 일종으로 항목별로 입력된 값 중 하나 이상을 선택하는 형식으로 필터링한다. [슬라이서 삽입]을 클릭하면 [슬라이서 삽입] 창이 뜨는데 여기서 필터로 사용할 항목을 선택할 수 있다. 이 예에서는 '데이터1'과 '데이터2'를 선택했다.

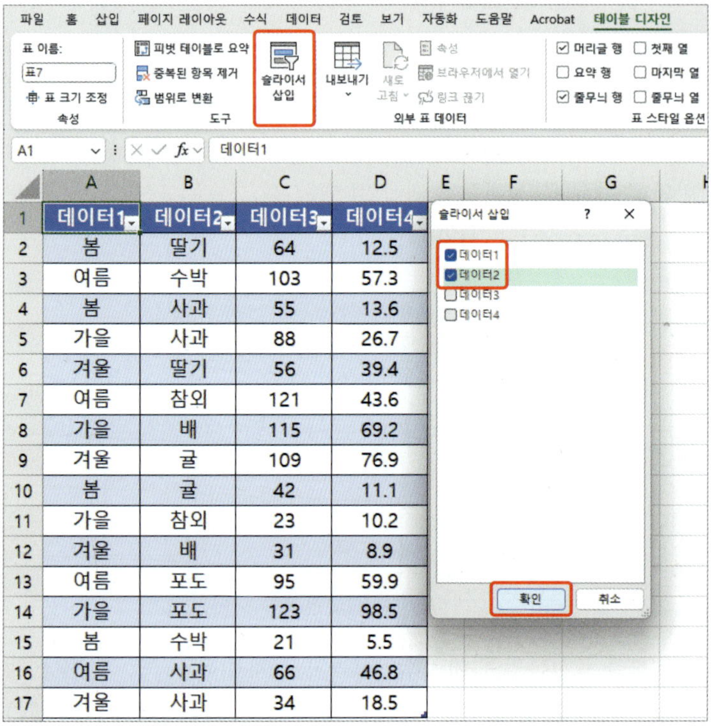

그러면 '데이터1'과 '데이터2' 슬라이서가 만들어지며 각 슬라이서에는 항목의 대푯값들이 표시된다. 이 대푯값을 선택하면 표 영역에 있는 값 중 그 값에 해당하는 데이터들만 표시된다. 예를 들어 '데이터1'에서 '봄'을 선택하면 표 영역과 '데이터2' 슬라이서에 봄과 관련된 데이터만 남는다.

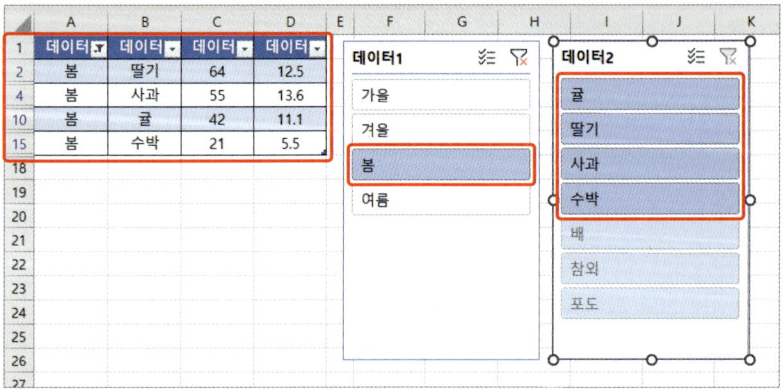

이 상태에서 '데이터2'의 '딸기'를 선택하면 봄과 딸기를 모두 포함하고 있는 데이터만 표시된다.

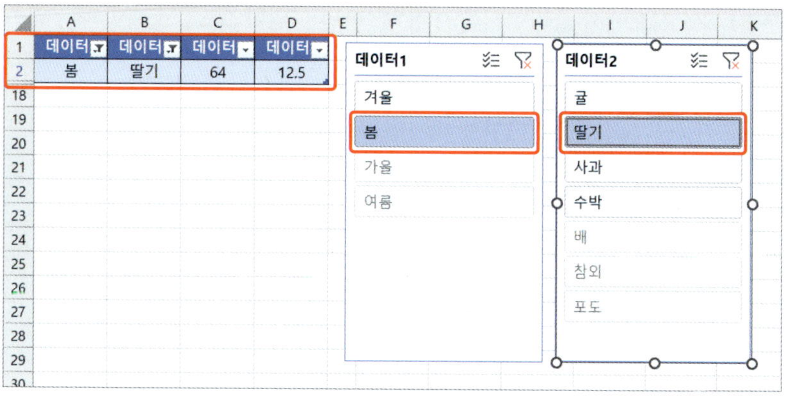

여기서 잠깐 **다중 선택(), 필터 해제(), 슬라이서 삭제**

각 항목의 슬라이서에서 여러 개의 값을 선택해야 할 때는 다중 선택 아이콘()을 선택한 후 값을 선택한다. 적용된 필터를 해제할 때는 필터 해제 아이콘()을 클릭한다.

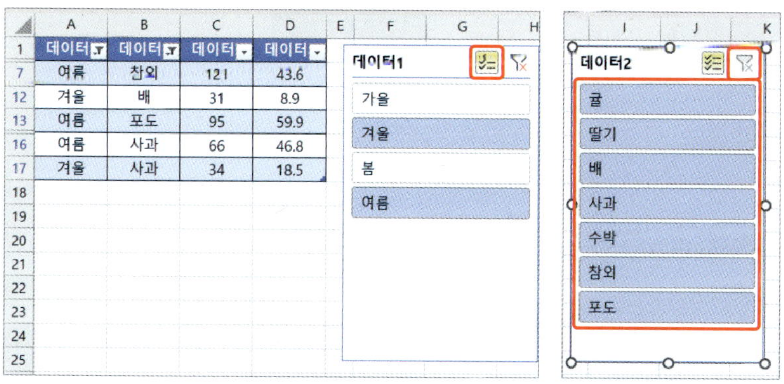

필요 없는 슬라이서를 삭제하려면 슬라이서 위에서 마우스 오른쪽 버튼 클릭하고 ['항목명' 제거]를 선택한다. 예를 들어 '데이터2' 슬라이서를 시트에서 삭제하려면 '데이터2' 슬라이서 위에서 마우스 오른쪽 버튼을 클릭해 ['데이터2' 제거]를 선택한다.

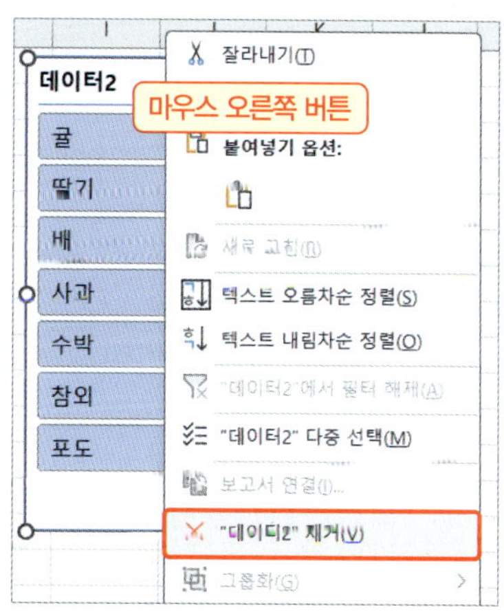

슬라이서로 정보 확인하기

'예제13_08.xlsx'의 [분반1_표] 시트에서 슬라이서를 이용해 '학년', '입학연도', '소속학과', '최종학점'에 대한 조건에 맞는 학생들의 정보를 확인해 보자.

먼저 데이터 영역 전체에 표 기능을 설정한 뒤 [테이블 디자인] 탭–[도구] 그룹–[슬라이서 삽입]을 클릭한다. [슬라이서 삽입] 창이 나타나면 필요한 정보들을 확인하기 위해 '학년', '입학연도', '소속학과', '최종학점'을 선택한다.

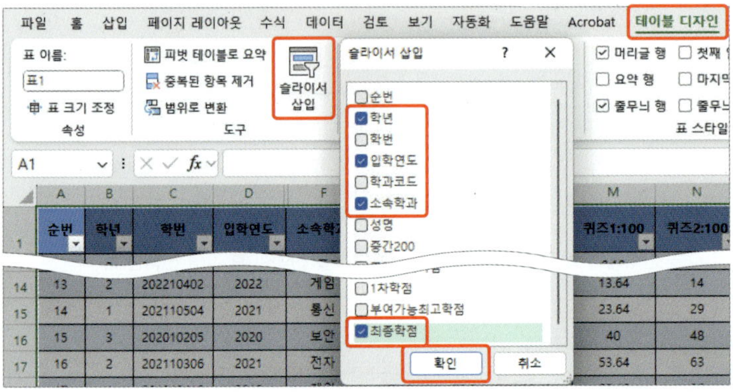

■ C학점인 학생들의 성적 정보

'최종학점' 슬라이서에서 다중 선택 아이콘(☰)을 먼저 선택한 후, 'C+'와 'C0'만 남기고 나머지 값들을 선택 해제한다. 이때 '소속학과'의 '통신'이 비활성화된 이유는 C학점을 받은 학생들 중 '통신'학과 학생이 없기 때문이다.

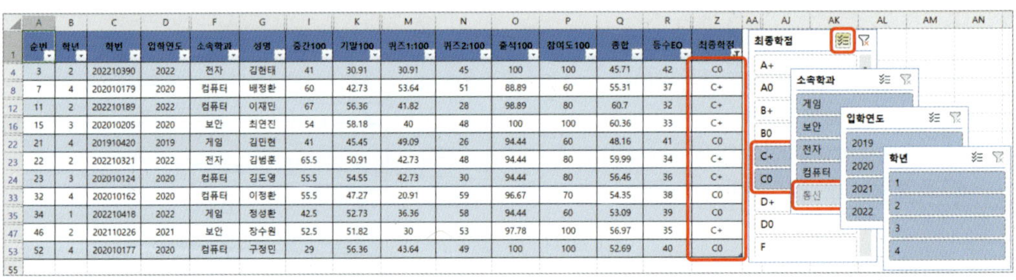

다음 정보를 확인하려면 슬라이서 적용된 필터를 해제해야 한다. '최종학점' 슬라이서의 필터 해제 아이콘(⊠)을 클릭한다. 이후 이어지는 실습도 이와 동일하게 진행한다.

■ **2021년도에 입학한 2학년 학생들의 성적 정보**

'2021'년도에 입학한 학생들 중 '2'학년 학생들의 성적 정보를 확인하려면 '입학연도'와 '학년' 슬라이서에서 각각 '2021'과 '2'를 선택한다.

	A	B	C	D	F	G
1	순번	학년	학번	입학연도	소속학과	성명
5	4	2	202110239	2021	보안	박영진
11	10	2	202110388	2021	전자	이철승
13	12	2	202110293	2021	보안	임영규
17	16	2	202110306	2021	전자	한지혜
25	24	2	202110128	2021	컴퓨터	박도현
36	35	2	202110223	2021	보안	강기정
37	36	2	202110339	2021	전자	권준기
41	40	2	202110110	2021	컴퓨터	김상흠
45	44	2	202110460	2021	게임	이형진
47	46	2	202110226	2021	보안	장수원
55						

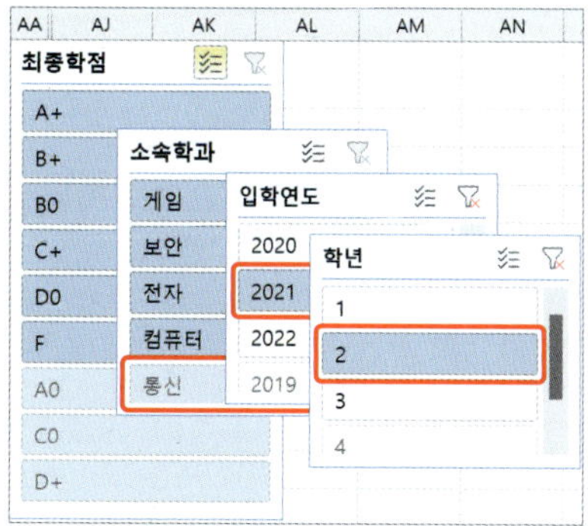

■ **2021년도에 입학한 컴퓨터학과와 보안학과 학생들의 성적 정보**

'입학연도' 슬라이서에서 '2021'을 선택하고 '소속학과' 슬라이서에서 ☰을 먼저 선택한 후 '컴퓨터'와 '보안'을 선택한다.

	A	B	C	D	F	G
1	순번	학년	학번	입학연도	소속학과	성명
5	4	2	202110239	2021	보안	박영진
6	5	3	202110275	2021	보안	박호석
13	12	2	202110293	2021	보안	임영규
19	18	3	202110214	2021	보안	강정모
25	24	2	202110128	2021	컴퓨터	박도현
36	35	2	202110223	2021	보안	강기정
41	40	2	202110110	2021	컴퓨터	김상흠
47	46	2	202110226	2021	보안	장수원

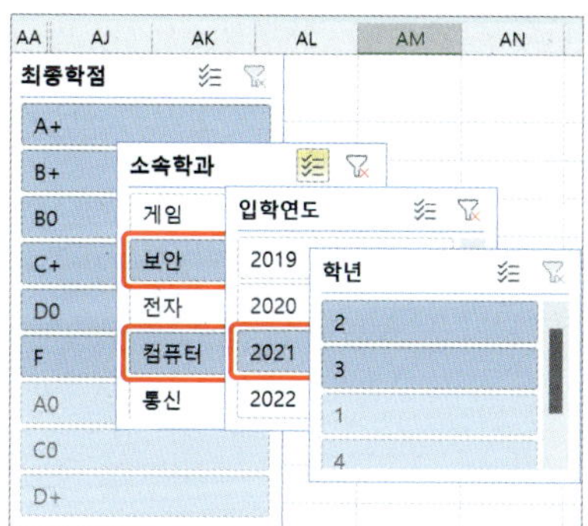

■ **2022년도에 입학한 컴퓨터학과 2학년 학생 중 C학점 이하를 받은 학생들의 정보**

'최종학점' 슬라이서에서 'C+'와 'C0'를 선택해야 하므로 ☰을 선택한 후 값을 선택하고 나머지 슬라이서는 '컴퓨터', '2022', '2' 값을 하나씩 선택한다.

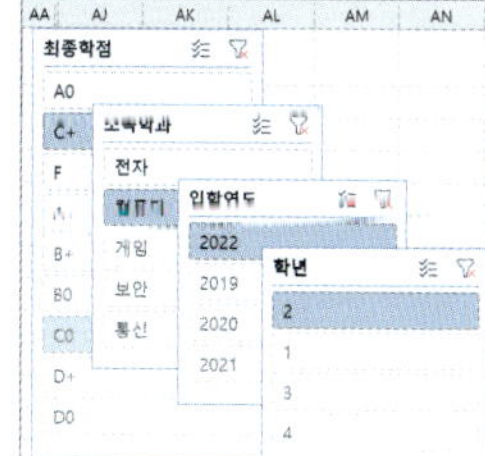

	A	B	C	D	F	G	I	K	M	N	O	P	Q	R	Z
1	순번	학년	학번	입학연도	소속학과	성명	중간100	기말100	퀴즈1:100	퀴즈2:100	출석100	참여도100	총합	등수EQ	최종학점
12	11	2	202210189	2022	컴퓨터	이재민	67	56.36	41.82	28	98.89	80	60.7	32	C+

실습 13-8 슬라이서를 활용하여 회원정보 확인하기

준비 실습13_08.xlsx | **결과** 실습13_08_결과.xlsx

[회원정보_표] 시트에서 슬라이서를 이용해 '성별', '요일', '회원등급'에 대한 조건에 맞는 회원정보를 확인해 보자.

우선 데이터 영역 전체에 표 기능을 설정한다. [테이블 디자인] 탭-[도구] 그룹-[슬라이서 삽입]을 클릭하고 [슬라이서 삽입] 창에서 '성별', '요일', '회원등급'을 선택하여 슬라이서를 생성한다.

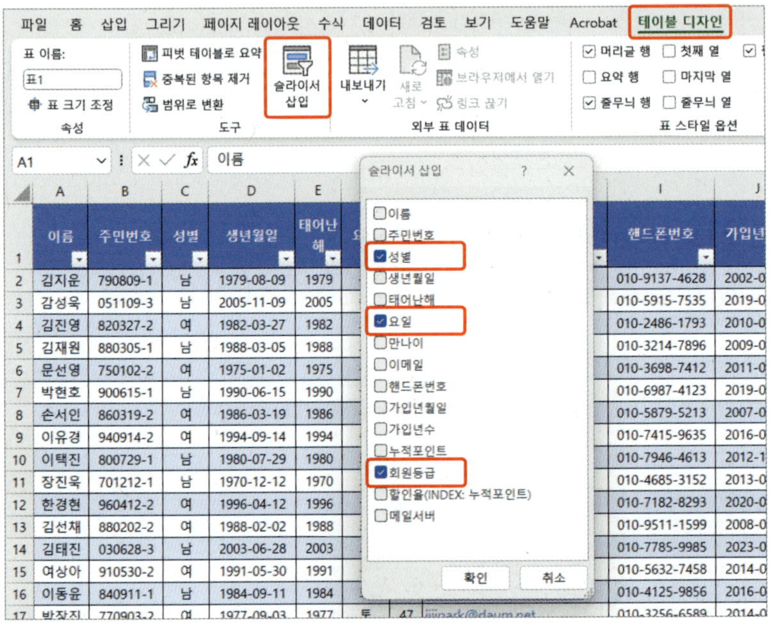

01 '목'요일에 태어난 회원정보 확인하기

목요일에 태어난 회원정보를 확인하려면 '요일' 슬라이서에서 '목'을 선택한다.

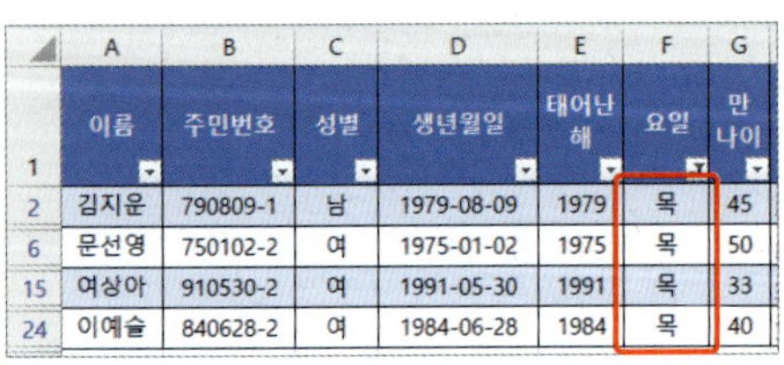

	이름	주민번호	성별	생년월일	태어난해	요일	만나이
2	김지운	790809-1	남	1979-08-09	1979	목	45
6	문선영	750102-2	여	1975-01-02	1975	목	50
15	여상아	910530-2	여	1991-05-30	1991	목	33
24	이예슬	840628-2	여	1984-06-28	1984	목	40

TIP • 다음 결과를 확인할 때 슬라이서에서 적용된 필터를 해제한다.

02 'PURE GOLD' 등급의 '남'성 회원정보 확인하기

'성별' 슬라이서에서 '남'을, '회원등급' 슬라이서에서 'PUER GOLD'를 선택하여 확인한다.

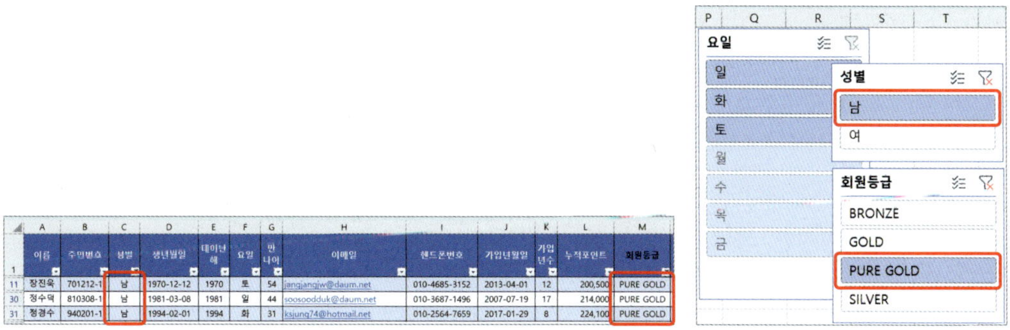

03 '화', '수', '목'요일에 태어난 'GOLD'와 'SILVER' 등급의 '여'성 회원정보 확인하기

'성별' 슬라이서에서 '여'를 선택한다. 그리고 '요일'과 '회원등급' 슬라이서에서 ☰을 선택한 후, '요일' 슬라이서에서 '화', '수', '목'을 선택하고, '회원등급' 슬라이서에서는 'GOLD'와 'SILVER'를 선택한다.

여기서 잠깐 **슬라이서로 사용하기에 적당하지 않은 데이터**

슬라이서는 입력된 데이터들을 단순한 기준값으로 간단히 분류할 수 있는 항목에 사용하기 적합한 기능이다. 예를 들어 [회원정보_표] 시트의 '성별' 항목은 입력된 데이터를 '남' 또는 '여'로 분류할 수 있어 그 기준값이 간단하다. 그러나 [회원정보_표] 시트에 입력된 '생년월일', '주민번호', '핸드폰번호' 등의 항목 값들은 구성이 다양하여 데이터를 분류하는 기준값을 찾기가 어렵다. 따라서 [회원정보_표]의 '성별', '요일', '회원등급', '할인율(INDEX:누적포인트)', '메일서버' 외의 나머지 항목들은 슬라이서를 적용하기에 적당하지 않다.

요약

01 조건부 서식: 조건에 따라 데이터에 다른 서식을 적용하여 시각적 이해를 돕는 기능

- 셀, 강조 규칙: 조건을 만족하는 데이터에 지정한 서식을 적용할 수 있다.
- 상위/하위 규칙: 상위/하위로 지정한 % 또는 개수 안에 드는 데이터에 지정한 서식을 적용할 수 있다.
- 데이터 막대: 각 데이터의 크기만큼 셀에 막대그래프로 표시한다.
- 색조/아이콘 집합: 데이터 간의 상대적인 크기를 비교할 수 있도록 셀 색 또는 지정한 아이콘으로 표시한다.

02 표: 지정한 데이터 영역에 셀 서식, 필터, 요약 등을 적용하여 구분 및 검색을 하는 기능

- 필터: 표 기능이 적용된 영역에서 조건에 해당하는 데이터들을 확인할 수 있다.
- 표 스타일: 글꼴과 셀 서식과 같은 표 스타일을 지정할 수 있다.
- 요약 행: 표 기능이 적용된 영역에 속한 값들에 대해 지정한 함수(합, 평균, 개수 등)의 결과를 확인할 수 있다.
- 슬라이서: 필터 기능의 하나로 단순한 분류를 할 수 있는 항목에 설정할 수 있다.

연습문제

[01~10] '연습 13_01.xlsx'를 활용하여 다음 질문에 답하시오.

준비 연습13_01.xlsx | **결과** 연습13_01_결과.xlsx

01 [도서목록(1)] 시트에서 '대출비율'이 상위 5개에 속하는 값에 셀 서식을 적용하시오.

02 [도서목록(1)] 시트에서 '대출요일'이 '화' 또는 '수' 요일인 값에 셀 서식을 적용하시오.

03 [도서목록(1)] 시트에서 '최근대출일'이 2024년 8월 20일부터 8월 25일 사이인 날짜들에 대해 셀 서식을 적용하시오.

04 [도서목록(1)] 시트에서 '평점' 항목의 값에 데이터 막대 서식을 적용하시오.

05 [도서목록(1)] 시트에서 '대출기간'의 값 전체를 색조의 변화로 구분할 수 있게 셀 서식을 적용하시오. 단, 대출 기간이 짧은 값은 흰색, 긴 값은 진한 색으로 설정한다.

06 [도서목록(1)] 시트에서 '분야'의 각 값 앞에 연도별로 아이콘을 삽입하여 구분하시오. 단, 2019년도와 2020년도는 같은 아이콘을 사용한다.

07 [도서목록(2)] 시트의 데이터 영역에서 표 기능을 이용해 출간일 순으로 정렬한 후 'IT'와 '여행' 분야의 책 중 평점이 5점 이상인 도서의 정보를 확인하시오.

08 [도서목록(3)] 시트의 데이터 영역에서 표 기능을 이용해 각 분야별 '보유권수', 최대 '보유권수', '대출권수' 합계, 최소 '대출기간', 평균 '평점', '정리여부'가 '정리'인 도서의 개수를 구하시오.

09 [도서목록(4)] 시트의 데이터 영역에서 표 기능을 이용해 각 '선호도'별로 '평점'이 가장 높은 도서 정보만 확인할 수 있도록 구성하시오.

10 [도서목록(4)] 시트의 표 영역에서 슬라이서로 사용할 수 있는 항목을 선택하고 다음 정보를 검색하시오.

- 수요일에 대출된 도서 정보
- '선호도'가 극상인 '에세이'와 '여행' 도서 정보
- 보유해야 하는 도서 중 '선호도'가 '중' 또는 '하'이면서 화요일이나 목요일에 대출된 도서 정보

[11~19] '연습 13_02.xlsx'를 활용하여 다음 질문에 답하시오.

준비 연습13_02.xlsx | **결과** 연습13_02_결과.xlsx

11 [Sheet1]에서 '관람공백기(일)' 항목의 값을 '최저' 공백기에서 '최고' 공백기 값의 변화를 셀 색상으로 표현하시오.

12 [Sheet1]에서 '예매분야'별로 입력된 값들을 다음 기준으로 구분하여 셀 색을 표시하시오.

```
0 / 1~50 / 51~100 / 101~150 / 151~200 / 201~250
```

13 [Sheet1]의 '예매현황' 중 '합'의 평균보다 큰 값에 해당하는 셀들과 '평균'의 평균보다 작은 값들에 해당하는 셀들에 서식을 적용하시오. 또한 '합'과 '평균'의 모든 값은 데이터 막대로 표시하시오.

14 [Sheet1]에서 '만나이' 항목에 입력된 값들을 다음 기준으로 구분하여 아이콘을 표시하시오.

```
21~25 / 26~30 / 31~35 / 36~40 / 41~45
```

15 [Sheet2] 시트의 데이터 영역에서 표 기능을 이용해 '관람공백기(일)'이 500회 미만인 회원들의 정보를 '성별'로 정렬하여 확인하시오.

16 [Sheet3] 시트의 데이터 영역에서 표 기능을 이용해 평균 '만나이', 최소 '관람공백기', '합'의 합계, 최대 '평균', '마니아클럽여부'가 'TRUE'에 해당하는 회원 수를 파악하시오.

17 [Sheet4] 시트의 데이터 영역에서 표 기능을 이용해 각 등급별 '최애분야'를 기준으로 내림차순 정렬하고, 평균 '만나이', 최소 '관람공백기', '합'의 합계, 최대 '평균', '마니아클럽여부'가 'TRUE'에 해당하는 회원 수를 파악하시오.

18 **17**에서 발생할 수 있는 문제를 설명하시오.

19 [Sheet5] 시트의 데이터 영역에서 표 기능을 이용해 필요한 슬라이서를 추가한 후 다음 내용을 검색하시오.

- 남성 회원의 정보
- '최애분야'가 '무용' 또는 '클래식'인 회원 중 마니아클럽에 속하지 않은 여성 회원
- '최애분야'가 '뮤지컬' 또는 '연극', '영화'인 회원 중 '할인율'이 4% 또는 10%인 회원정보
- '할인율'이 3%, 4%, 또는 10%인 남성 회원 중 '최애분야'가 '영화', '콘서트' 또는 '페스티벌'인 회원정보

CHAPTER 14

차트와 스파크라인

학습목표

- 차트의 종류와 구성을 이해한다.
- 정확한 분석 내용을 반영할 수 있는 데이터를 선택할 수 있다.
- 행/열 전환으로 새로운 의미의 차트를 만들 수 있다.
- 데이터의 내용에 따라 차트의 종류를 변경할 수 있다.
- 스파크라인으로 단순화된 차트를 표현한다.
- 피벗 차트로 피벗 테이블에 대한 차트를 생성할 수 있다.

SECTION 01 차트의 개요

데이터 분석 과정 중 의견을 공유하거나 중간 또는 최종 결과물을 보고하기 위해 보고서를 작성한다. 엄청난 양의 문자와 숫자로 구성된 보고서는 복잡하고 많은 내용을 포함하고 있어 단시간에 정확히 이해하기는 어렵다. 그렇기 때문에 보고서에 포함될 데이터나 분석 내용을 그림으로 요약해서 제공한다면 결과 공유와 의견 조율 과정이 매우 효율적이고 효과적으로 진행될 것이다. 엑셀은 데이터 분석 내용과 결과를 그림으로 요약하는 기능인 차트와 스파크라인을 제공한다.

차트와 스파크라인은 각각 [삽입] 탭의 [차트] 그룹과 [스파크라인] 그룹에서 선택할 수 있다.

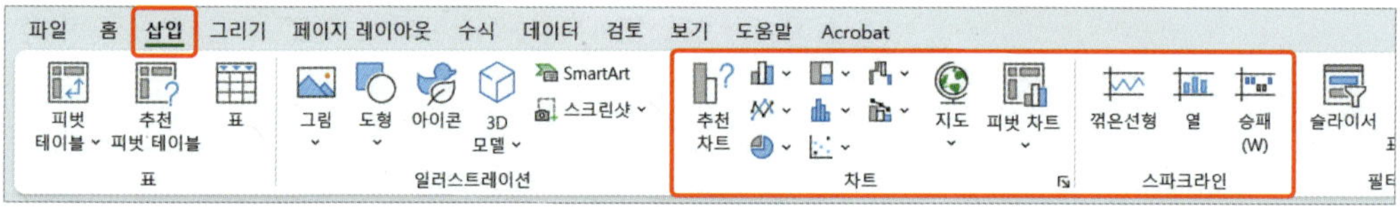

1 차트의 종류

엑셀의 차트는 문제의 핵심, 데이터 종류와 양, 결과의 특징에 따라 선택하여 사용할 수 있다. 다음과 같이 여덟 가지 종류로 구분된다.

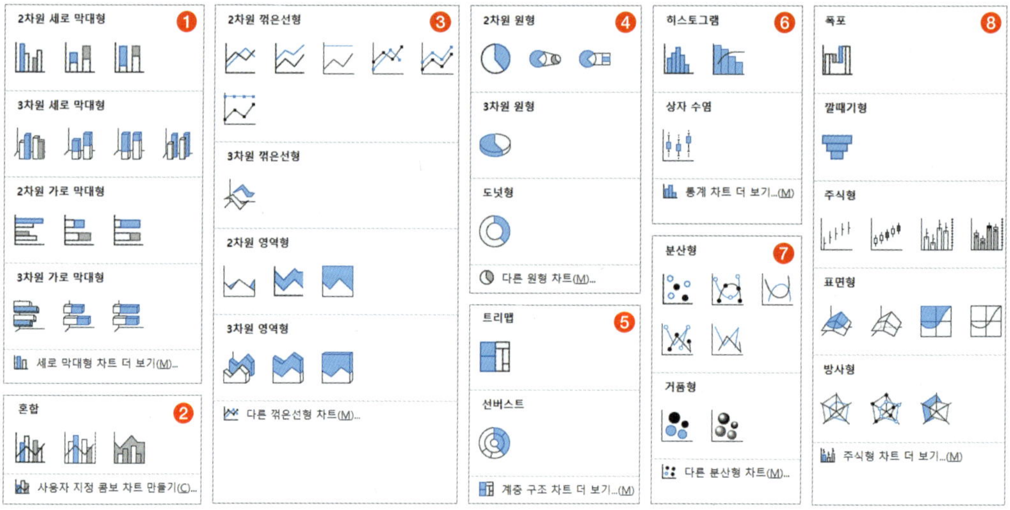

❶ **세로 또는 가로 막대형 차트:** 여러 항목 값의 크기나 상관관계를 비교하기에 적합하다.

❷ **콤보 차트:** 서로 다른 성질을 가지는 값을 포함하는 항목들을 한 차트에 시각화하기에 적합하다.

❸ **꺾은선형 또는 영역형 차트:** 시간이나 항목에 따른 값의 변화나 추세를 확인하기에 적합하다.

❹ **원형 또는 도넛형 차트:** 전체에서 항목이 차지하는 비율이나 크기를 표현하기에 적합하다

❺ **계층 구조 차트:** 어떤 항목을 구성하는 하위 항목이 존재할 때 상위 항목에 속한 하위 항목을 관찰하거나 비교하기에 적합하다.

❻ **통계 차트:** 어떤 값을 기준으로 데이터의 분포나 빈도를 확인하는 등의 통계 분석 결과를 시각화하기에 적합하다.

❼ **분산형(X, Y) 또는 거품형 차트:** 2~3개 항목을 비교하거나 경향을 살피기에 적합하다.

❽ **폭포, 깔때기형, 주식형, 표면형 또는 방사형 차트:** 항목 값들의 누적 효과나 선형 프로세스를 도식화하는 경우나 주식의 거래량을 표시하는 경우 등 두 항목 간의 관계나 경향을 시각화하기에 적합하다.

2 차트 생성

❶ 차트를 생성할 데이터 영역을 선택한 상태에서 ❷ [삽입] 탭-[차트] 그룹-[추천 차트]를 클릭하면 선택된 영역에 어울리는 차트를 제시하는 [차트 삽입] 창이 뜬다. ❸ [차트 삽입] 창의 왼쪽에 있는 추천 리스트 중 하나를 선택하면 오른쪽의 미리보기 창에서 자세한 내용을 확인할 수 있다. 차트를 선택하고 ❹ 〈확인〉을 클릭하면 차트가 생성된다.

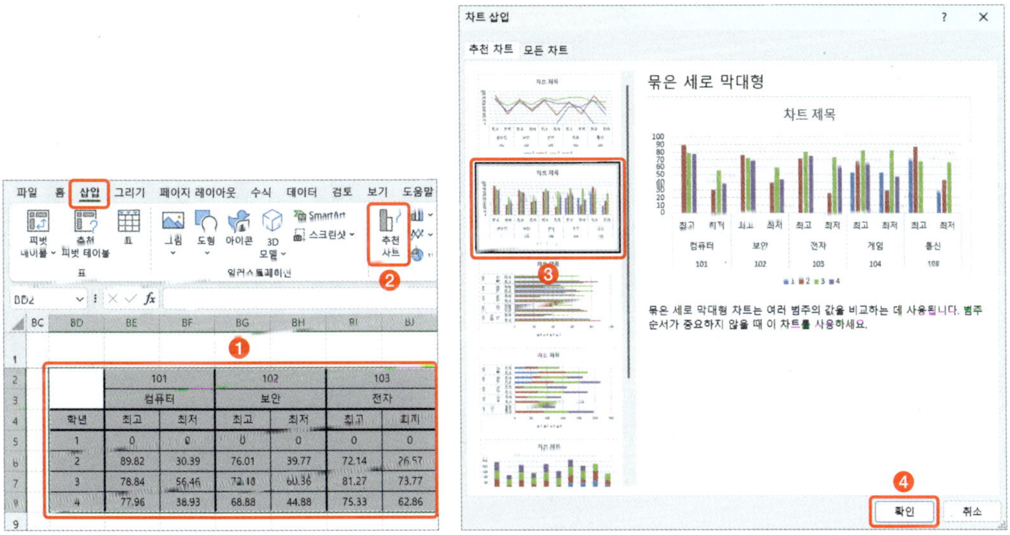

또는 엑셀에서 제공하는 차트 리스트 중 데이터 영역을 시각적으로 표현하기에 적당한 차트를 선택하여 생성할 수도 있다. 다음은 2차원 세로 막대형 차트를 선택한 예이다.

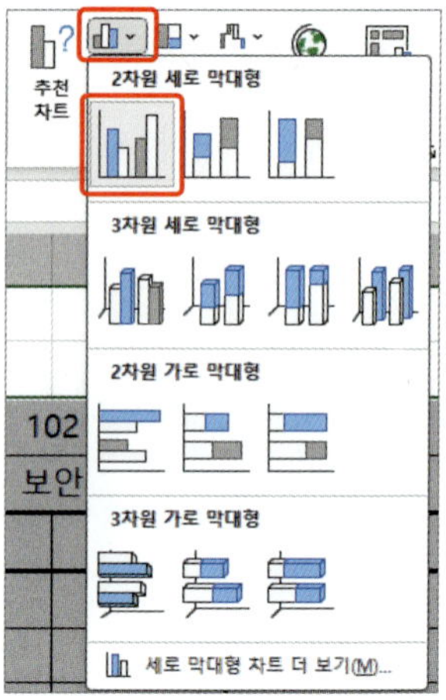

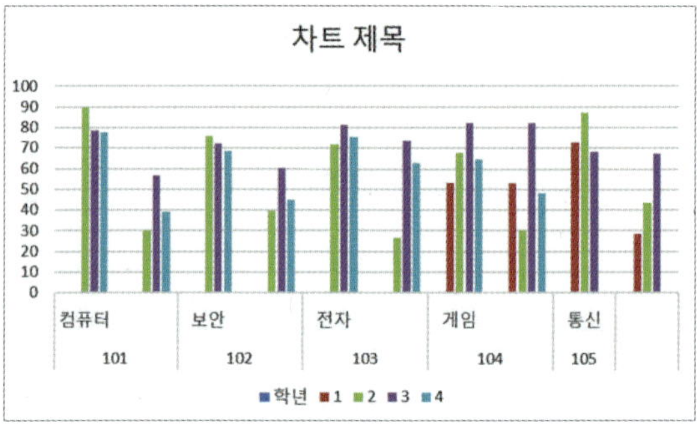

같은 그룹에 속한 차트라 해도 차트마다 표시하는 내용과 스타일이 다르다. 예를 들어 꺾은선형(📈)은 각 데이터를 그대로 표시하는 차트지만 누적 꺾은선형(📈)은 같은 영역에 데이터들을 누적한 결과를 표시하는 차트로 꺾은선형과 다른 형태로 표시된다. 그러므로 차트는 데이터 자체의 특징, 그 차트를 이용해 공유하고자 하는 내용, 차트로 표시하는 목적에 따라 잘 판단하여 선택해야 한다.

3 차트의 구성

준비 예제14_01.xlsx | **결과** 예제14_01_결과.xlsx

데이터를 원하는 형식의 차트로 만들려면 차트의 구성을 이해해야 한다. 차트의 구성 요소는 다음과 같다.

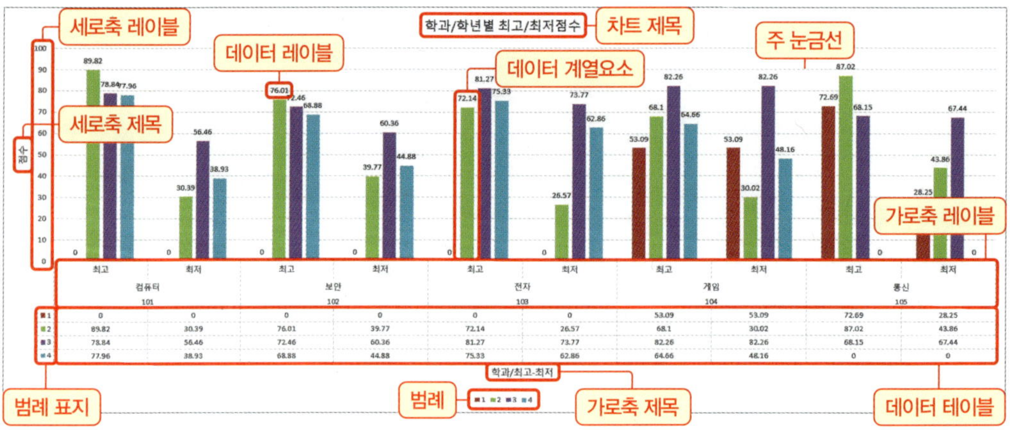

차트를 만들면 생성되는 [차트 디자인] 탭–[차트 레이아웃] 그룹–[차트 요소 추가] 메뉴를 선택하여 구성 요소를 추가, 삭제, 이동, 편집할 수 있다. 또한 차트를 선택했을 때 오른쪽에 생성되는 [+]을 클릭하면 구성 요소 목록이 나타나는데, 여기서 선택하거나 선택 해제하여 편집할 수 있다.

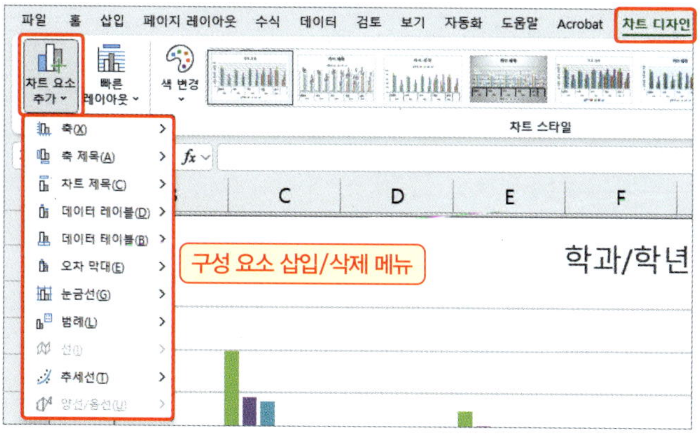

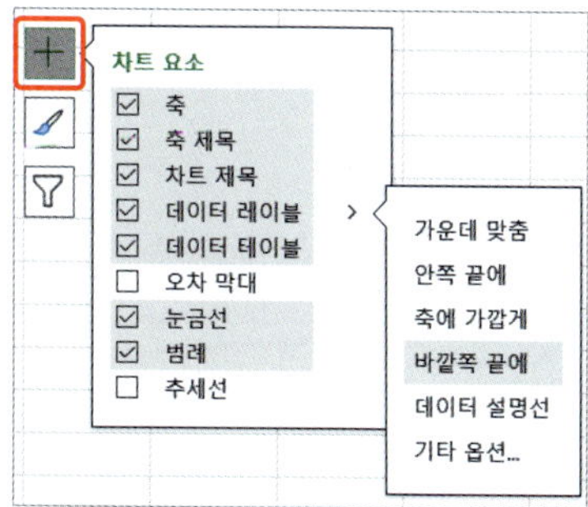

[차트 디자인] 탭–[차트 레이아웃] 그룹–[빠른 레이아웃]에서 선택할 수도 있다.

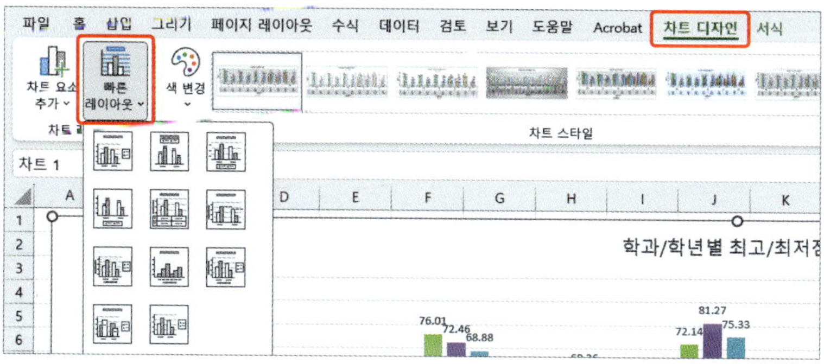

차트 구성하고 편집하기

'예제14_01.xlsx'의 데이터를 활용하여 각 학점별 최고점수와 최저점수를 보여주는 꺾은선 차트를 작성하고 다음 기준으로 편집해 보자.

- 차트 제목: 학점별 최고·최저점수, 제목 박스에 테두리 표시
- 세로축 제목: 점수
- 가로축 제목: 학점
- 데이터 레이블 표시
- 차트 위치: 데이터 영역 바로 옆

각 학점별 최고점수와 최저점수에 대한 데이터 영역인 ❶ 셀 BH10부터 BJ15를 선택하고 ❷ [삽입] 탭–[차트] 그룹의 [꺾은선형 또는 영역 형 차트]를 클릭하여 [표식이 있는 꺾은선형]을 선택한다.

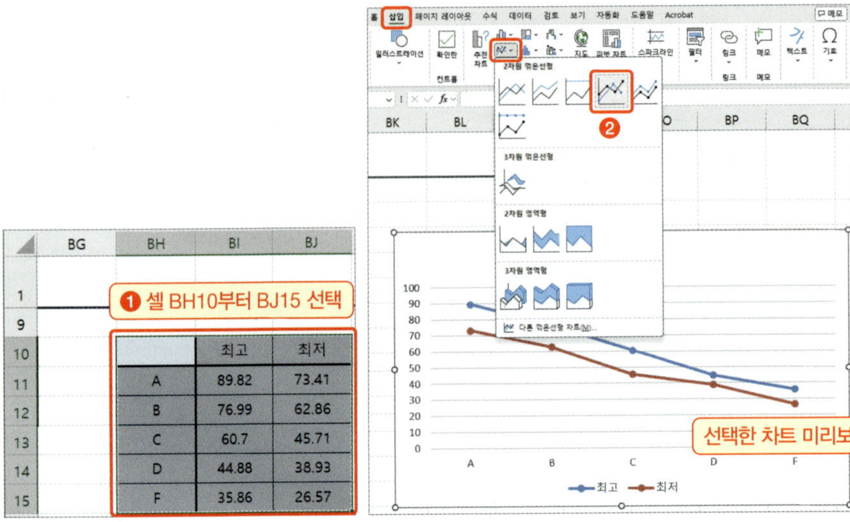

❸ '차트 제목'이라고 쓰인 자리를 더블클릭하고 '학점별 최고/최저점수'를 입력한다.

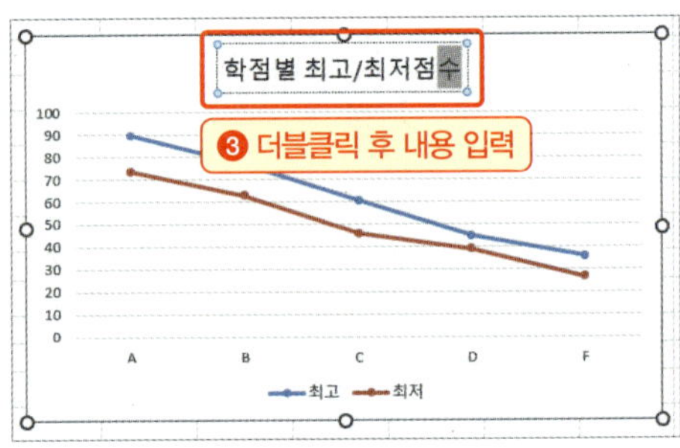

제목 박스에 테두리 표시를 위해 차트를 선택한 뒤 ❹ 오른쪽의 차트 요소 버튼(+)을 클릭하고 ❺ [차트 제목] 옆의 >를 클릭한다. [기타 옵션]을 선택하면 엑셀 화면의 오른쪽에 [차트 제목 서식] 창이 뜬다. ❻ [제목 옵션]–[테두리]에서 원하는 선 스타일을 선택한다.

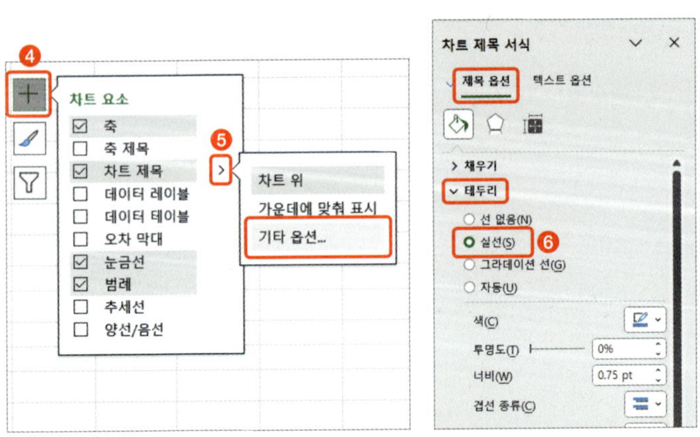

이제 세로축 제목과 가로축 제목을 추가해 보자. ❼ 차트 오른쪽의 ⊞을 클릭하고 [축 제목]을 선택한다. 그러면 차트의 가로, 세로 축에 '축 제목'이라는 항목이 생성된다. 다시 [축 제목]의 ⊡을 클릭하면 [기본 가로]와 [기본 세로]가 모두 선택되어 있기 때문이다. 이들 중 하나를 차트에서 지우려면 이 메뉴에서 선택 해제한다.

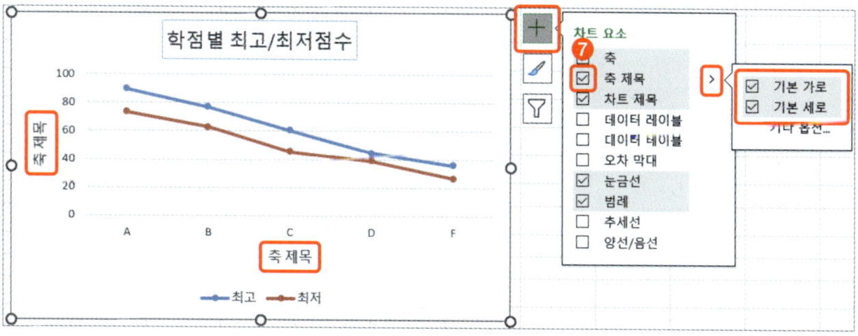

❽ 각각의 축 제목을 더블클릭하여 각각 '학점', '점수'를 입력한다.

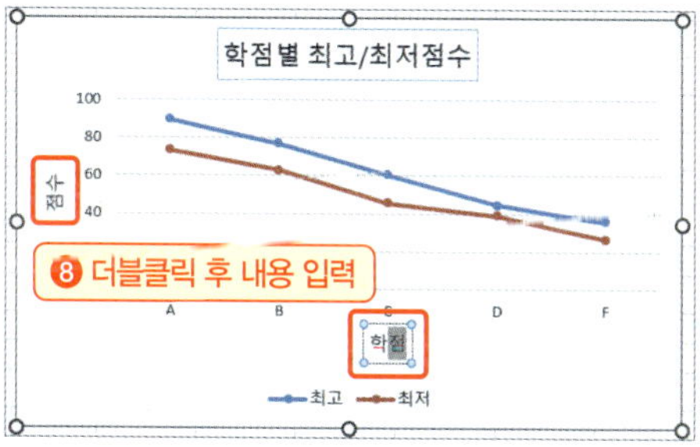

이번에는 데이터 레이블을 표시해 보자. 데이터 레이블은 차트의 각 지점마다 해당하는 값을 그대로 표시하는 것이다. ❾ 차트 오른쪽의 ⊞을 클릭하여 나타나는 요소 리스트에서 [데이터 레이블]을 선택하면 차트에 표시된다. 이때 [데이터 레이블]의 ⊡을 선택하면 레이블의 위치를 선택할 수도 있으며 채우기나 테두리 편집이 가능하다.

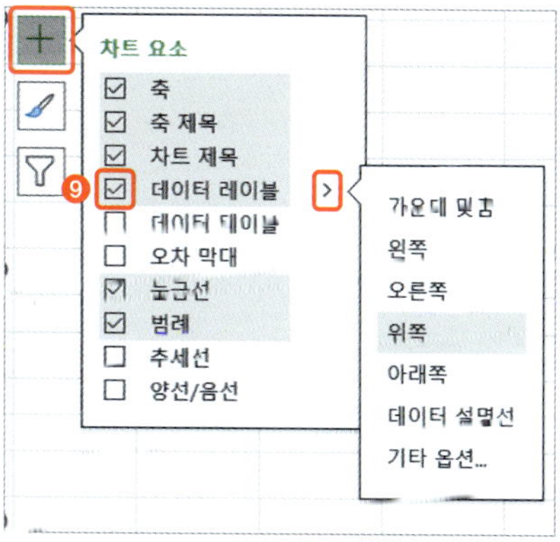

❿ 마지막으로 차트 위치는 차트를 선택한 상태에서 드래그하여 데이터 영역의 옆으로 이동한다.

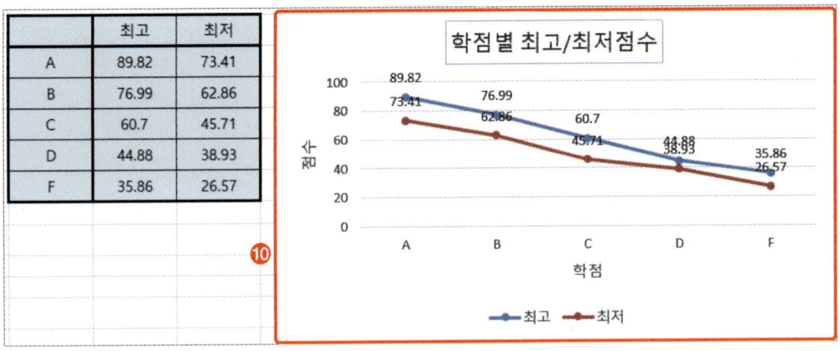

실습 14-1 회원정보 데이터로 차트 생성하기

준비 실습14_01.xlsx | **결과** 실습14_01_결과.xlsx

[분포표] 시트에 있는 데이터 중 각 나이대별, 성별별 '누적포인트'의 평균, 최댓값, 최솟값에 대해 가로 막대형 차트를 작성하고 다음 조건대로 편집해 보자.

- 차트 제목: 생략
- 가로 축 제목: 누적포인트
- 범례: 위에 위치
- 부 세로 눈금선과 세로 눈금선 추가
- 차트 위치: 데이터 바로 아래에 위치
- 차트 크기: 셀 T6부터 AC21까지 채우기

[분포표] 시트의 셀 T1부터 AC4까지 선택한 후, [삽입] 탭–[차트] 그룹–[세로 또는 가로 막대형 차트 삽입]를 클릭하여 [2차원 가로 막대형]의 [묶은 가로 막대형]을 선택한다.

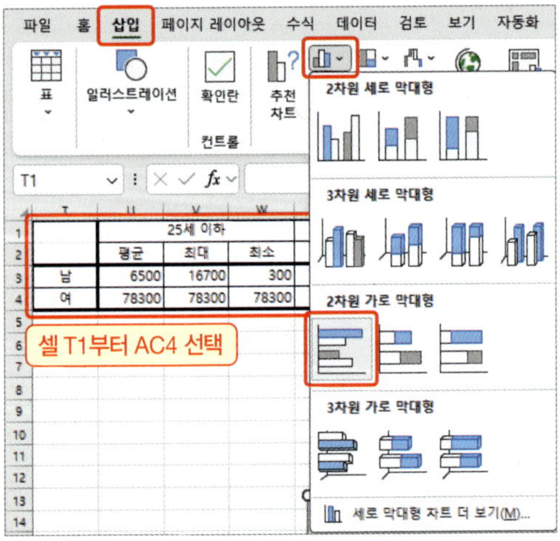

차트를 클릭한 상태에서 드래그하여 셀 T6에 차트의 왼쪽 상단 모서리 끝이 위치하도록 이동하고 차트 오른쪽 아래의 동그라미 표시를 클릭하여 셀 AC21까지 드래그해 크기를 키운다.

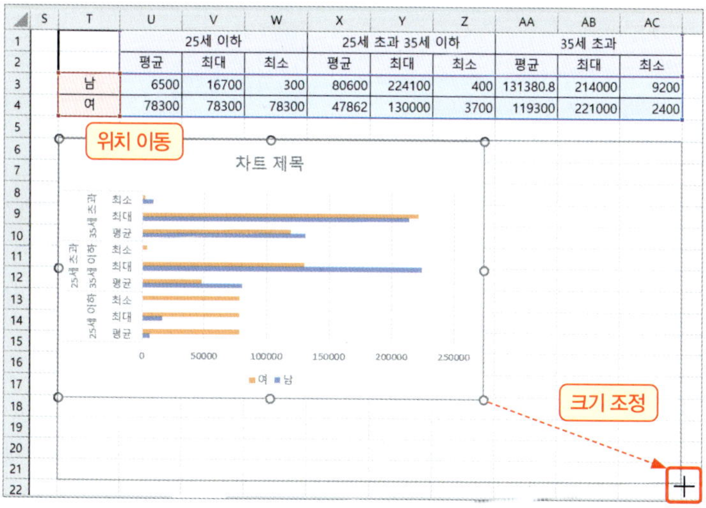

차트의 제목은 생략해야 하므로 [+]을 클릭하여 [차트 제목]을 선택 해제한다.

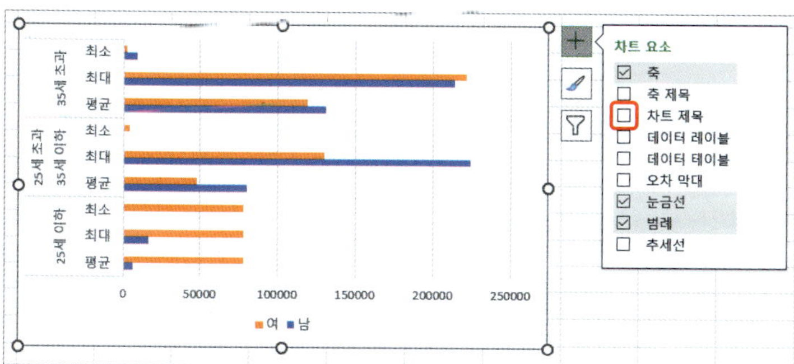

가로 축 제목을 입력하기 위해 [+]을 클릭하고 [축 제목]의 [>]을 클릭한다. [기본 가로]를 선택하고 차트 위에 생긴 '축 제목' 위치를 더블클릭하여 '누적포인트'라고 입력한다.

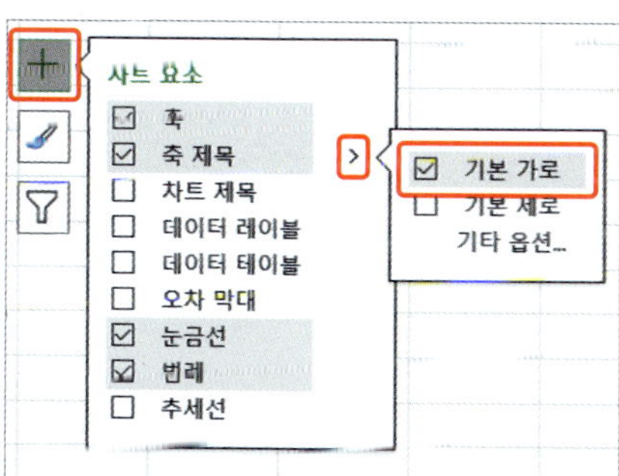

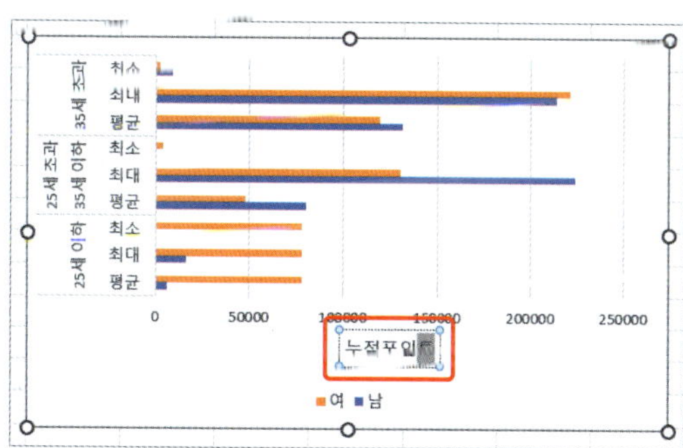

이번에는 범례의 위치를 이동해 보자. 마우스로 범례를 클릭한 상태로 이동하거나 [+]을 클릭해 [범례]의 하위 메뉴에서 [위쪽]을 선택할 수도 있다.

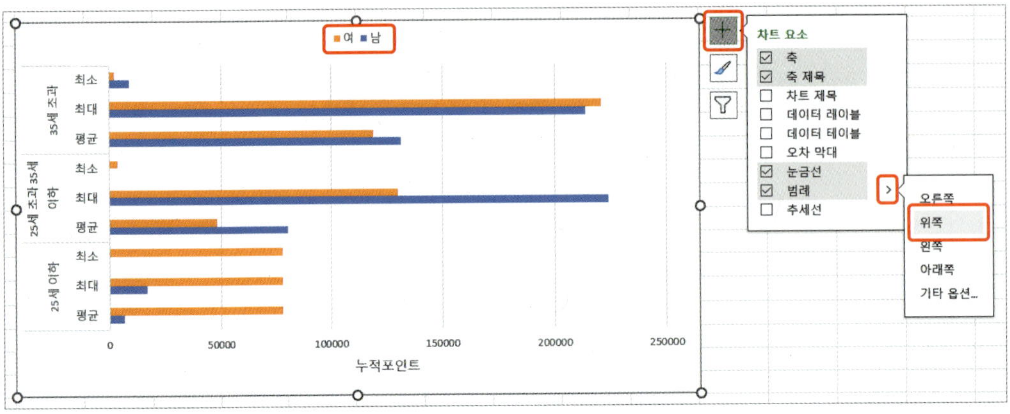

마지막으로 부 세로 눈금선을 추가해 보자. [+]을 클릭하고 [눈금선]의 [>]을 클릭하면 [기본 주 세로]가 선택되어 있다. 이 상태에서 [기본 부 세로]를 선택하면 주 세로 눈금선 사이에 일정 간격으로 부 세로 눈금선이 표시된다.

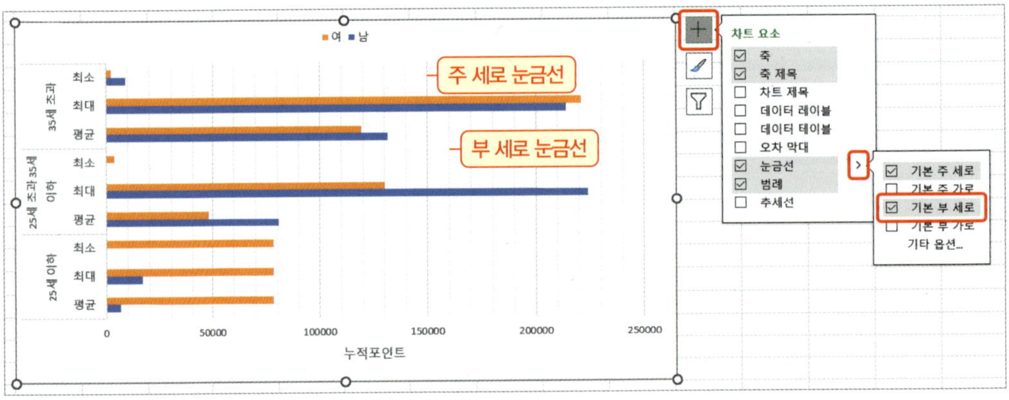

SECTION 02 차트와 데이터

차트를 활용해 데이터를 관찰할 때 데이터의 계열이나 차트의 표현을 변경하면 이전의 관점과 다른 관점으로 데이터를 관찰할 수 있으며, 더욱 효율적인 구성으로 분석 결과를 편집할 수도 있다. 이때 [차트 디자인] 탭–[데이터] 그룹의 메뉴들을 이용해 행과 열을 전환하거나 데이터를 추가, 삭제하는 등의 작업이 가능하다.

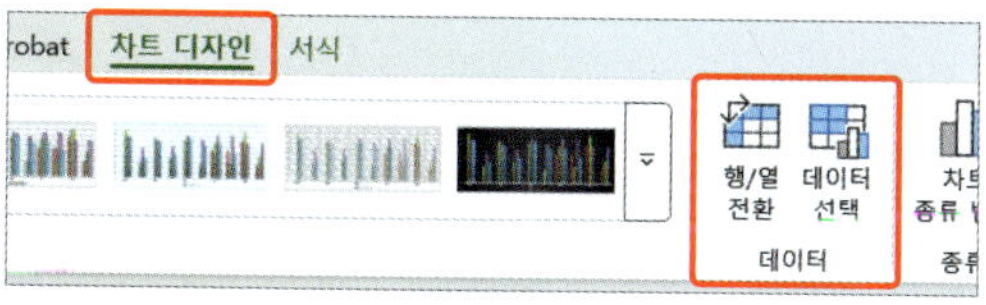

1 데이터 선택

준비 예제14_02.xlsx | **결과** 예제14_02_결과.xlsx

차트를 구성할 때 필요 여부에 따라 데이터를 추가하거나 삭제해야 하는 경우도 있고, 축에 대한 데이터를 수정해야 할 때도 있다. 이러한 작업은 데이터를 정확하게 분석하고, 분석 과정이나 결과를 오차없이 전달하기 위해 반드시 필요한 작업이다. 차트에서 데이터와 관련해 범례와 가로 축을 편집, 수정하려면 [차트 디자인] 탭–[데이터] 그룹–[데이터 선택]을 이용한다. 그러면 [데이터 원본 선택] 창이 뜨는데 이 창은 다음과 같이 구성된다.

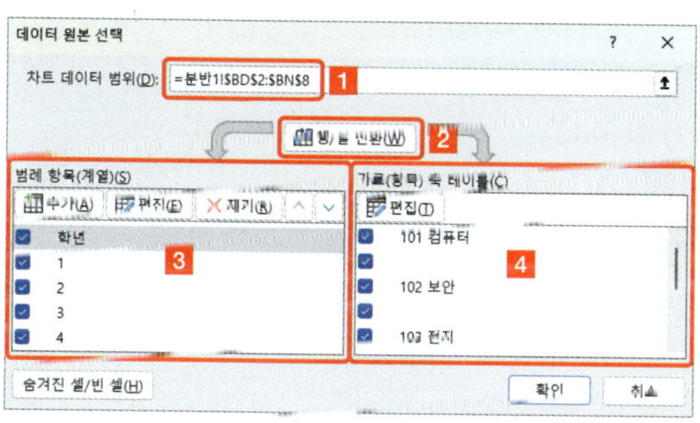

1 [차트 데이터 범위]: 현재 차트가 참조하고 있는 데이터 영역을 표시한다.

2 [행/열 전환]: 범례 항목(계열)과 가로(항목) 축으로 사용되는 데이터를 서로 바꾸는 메뉴로 [차트 디자인] 탭–[데이터] 그룹–[행/열 전환]과 같은 메뉴이다.

3 **[범례 항목(계열)]**: 차트에 다양한 색과 도형으로 표시되는 데이터로 위의 차트에서는 각 학년별 최고점수나 최저점수가 해당된다.

4 **[가로(항목) 축 레이블]**: 범례 항목(계열)을 구분하기 위한 표기로, 위의 차트에서는 각 학과명이 해당된다.

차트 데이터 편집하기

'예제14_02.xlsx'의 [분반1] 시트에서 셀 BD2부터 BN8에 있는 데이터는 각 학과 및 학년별 최고점수와 최저점수를 정리한 것이다. 이 데이터를 시각적으로 정확하게 전달하는 2차원 세로 막대형 차트를 만들어보자.

우선 셀 BD2부터 BN8을 선택하고 [삽입] 탭-[차트] 그룹-[세로 또는 가로 막대형 차트 삽입]-[2차원 세로 막대형]의 [묶은 세로 막대형()]을 선택한다.

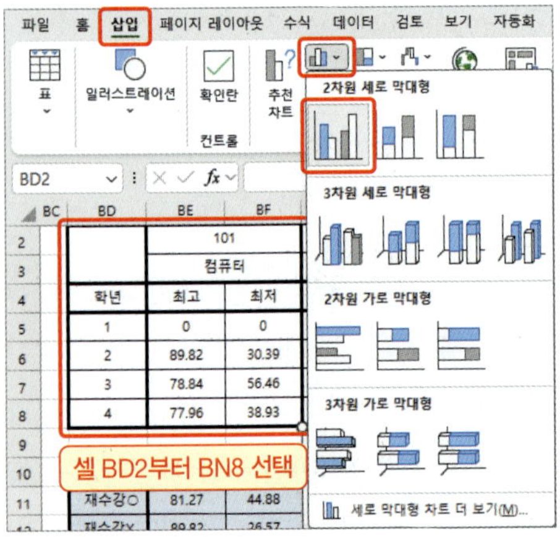

그렇게 생성된 차트를 살펴보자. 차트의 내용은 데이터의 내용을 반영하고 있기는 하지만, 범례에 '학년'과 같은 항목명이 포함되어 있기도 하고, 각 학과별로 데이터 계열 파트가 어떻게 나누어진 것인지에 대한 정보도 정확하지 않다.

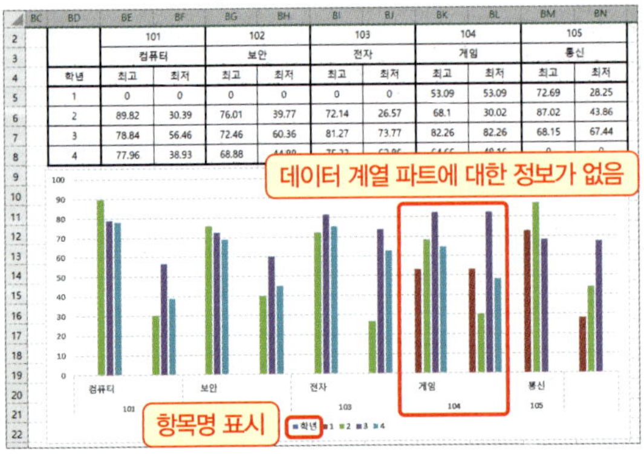

정확하고 명료한 차트로 구성하기 위해 차트를 선택한 상태에서 [차트 디자인] 탭-[데이터] 그룹-[데이터 선택]을 클릭한다.

우선 [데이터 원본 선택] 창의 [범례 항목(계열)]의 값 중 '학년'은 데이터가 아니므로 범례에서 제거한다. 이때 선택되어 있던 '학년'을 선택 해제한 후 [제거]를 클릭하면 '학년'이 범례 항목에서 제거된다.

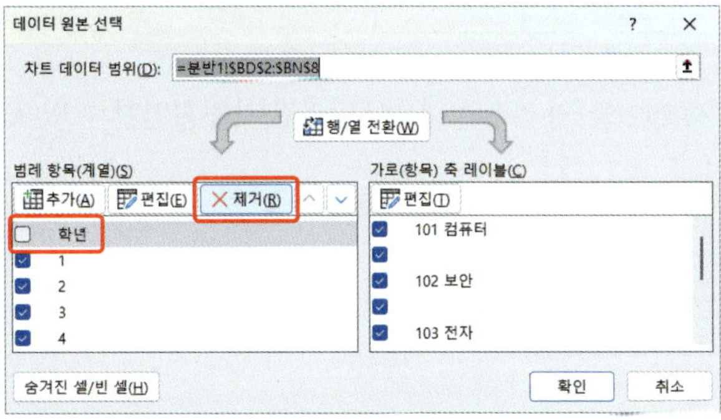

[가로(항목) 축 레이블]의 리스트에는 레이블이 표시되지 않는 항목들이 있으며, 차트에도 계열 간의 구분이 애매하게 구성되어 있다. [가로(항목) 축 레이블]의 [편집]을 클릭하여 새로이 영역을 선택할 수 있다.

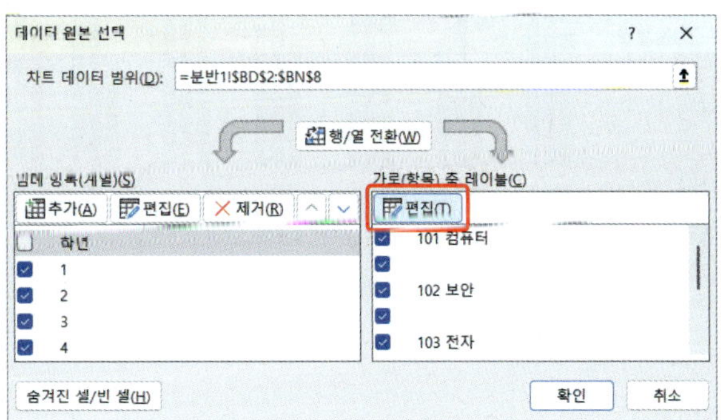

[편집]을 클릭하면 [축 레이블] 창이 뜨며 현재 축 레이블로 사용되고 있는 영역이 표시된다. 여기서 실제로 축 레이블로 사용되어야 하는 영역을 선택하여 [가로(항목) 축 레이블]을 수정할 수 있다.

	101		102		103		104		105	
	컴퓨터		보안		전자		게임		통신	
학년	최고	최저	최고	최저	최고	최저	최고	최저	최고	최저
1	0	0	0	0	0	0	53.09	53.09	72.69	28.25
2	89.82	30.39	76.01	39.77	72.14	26.57	68.1	[illegible]	[illegible]	[illegible]
3	78.84	56.46	72.46	60.36	81.27	73.77	82.26	82.26	68.15	67.44
4	77.96	38.93	68.88	44.88	75.33	62.86	64.66	48.16	0	0

그러면 [데이터 원본 선택] 창의 [가로(항목) 축 레이블]의 리스트 내용이 달라진 것을 확인할 수 있다.

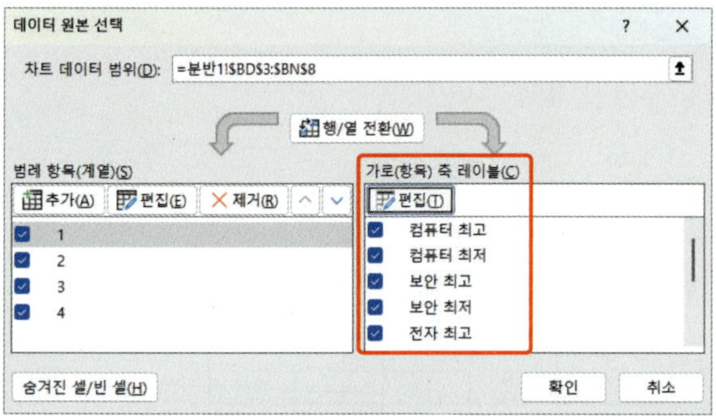

이렇게 데이터 원본을 수정하면 이전보다 정확한 차트가 만들어진다. 이 차트를 통해 각 학과 및 학년별 최고점수와 최저점수를 비교할 수 있다.

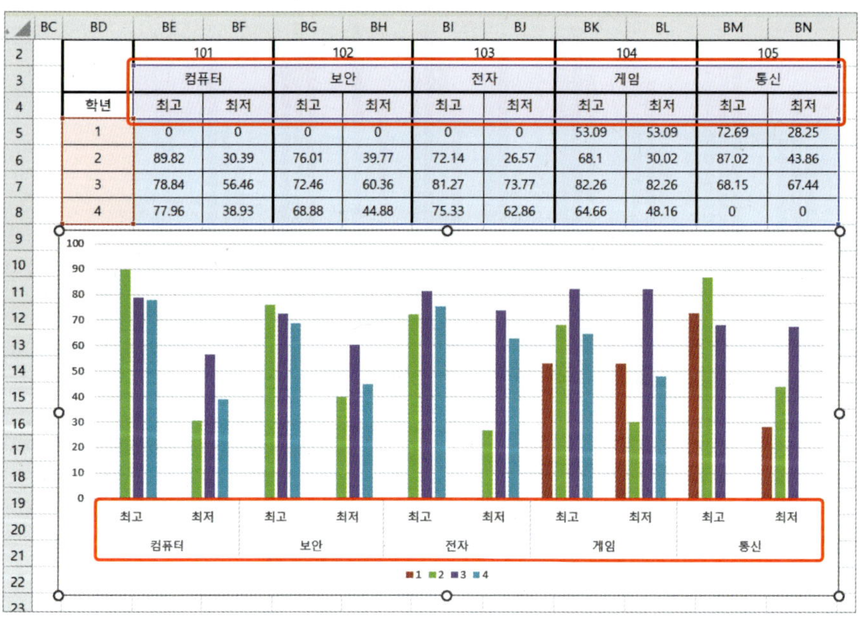

	101		102		103		104		105	
	컴퓨터		보안		전자		게임		통신	
학년	최고	최저	최고	최저	최고	최저	최고	최저	최고	최저
1	0	0	0	0	0	0	53.09	53.09	72.69	28.25
2	89.82	30.39	76.01	39.77	72.14	26.57	68.1	30.02	87.02	43.86
3	78.84	56.46	72.46	60.36	81.27	73.77	82.26	82.26	68.15	67.44
4	77.96	38.93	68.88	44.88	75.33	62.86	64.66	48.16	0	0

실습 14-2 차트 내의 데이터 편집하기

준비 실습14_02.xlsx | **결과** 실습14_02_결과.xlsx

[분포표] 시트의 셀 T6부터 Y19에 입력된 데이터는 각 회원등급, 만나이, 성별로 인원수와 평균 가입년수를 구한 것이다. 이 데이터를 시각적으로 정확하게 전달하는 콤보 차트를 만들어보자.

데이터 영역인 셀 T6부터 Y19을 선택하고 [삽입] 탭-[차트] 그룹-[콤보 차트 삽입]-[묶은 세로 막대형-꺾은선형]을 클릭한다.

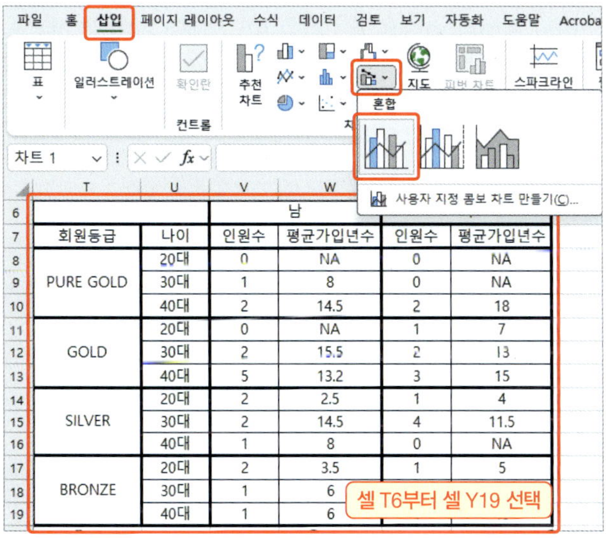

생성된 차트를 보면 가로 축 레이블에 '나이', '회원등급'과 같은 불필요한 레이블이 입력되어 있고 범례의 경우 정보가 충분하지 않다.

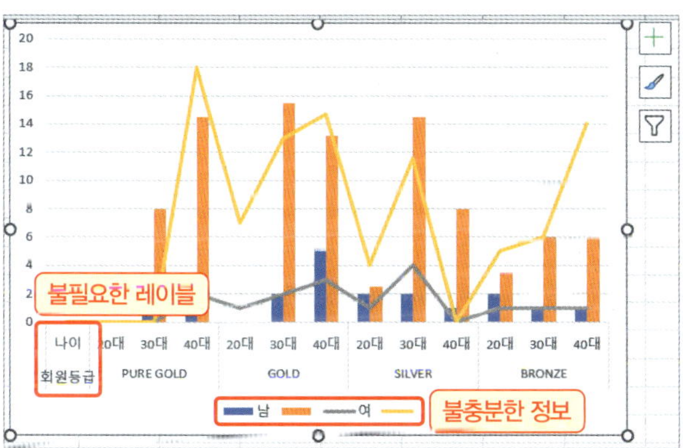

이를 수정하고 편집하기 위해 [차트 디자인] 탭-[데이터] 그룹-[데이터 선택]을 클릭한다. [데이터 원본 선택] 창의 [범례 항목(계열)]의 리스트의 '남'이 선택된 상태에서 [편집]을 클릭한다.

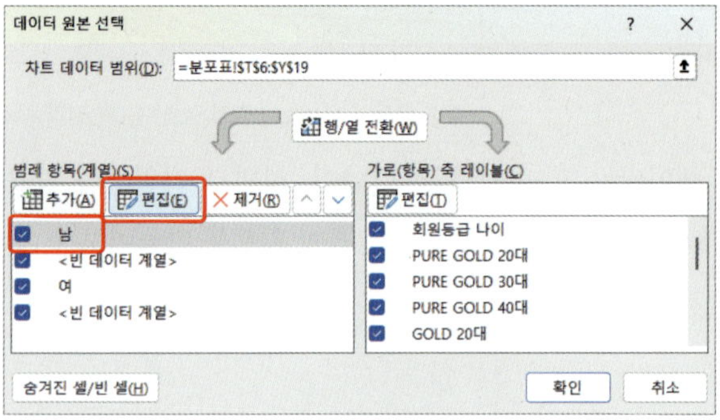

나타나는 [계열 편집] 창은 선택한 계열이 어떤 데이터 영역을 표시하고 있는지를 나타낸다. '남'을 선택하여 뜬 [계열 편집] 창의 '계열 값'은 '남'자 회원들의 인원수가 입력된 영역이 선택되어 있다. 그러므로 이 계열은 남자 회원의 인원수 정보이다.

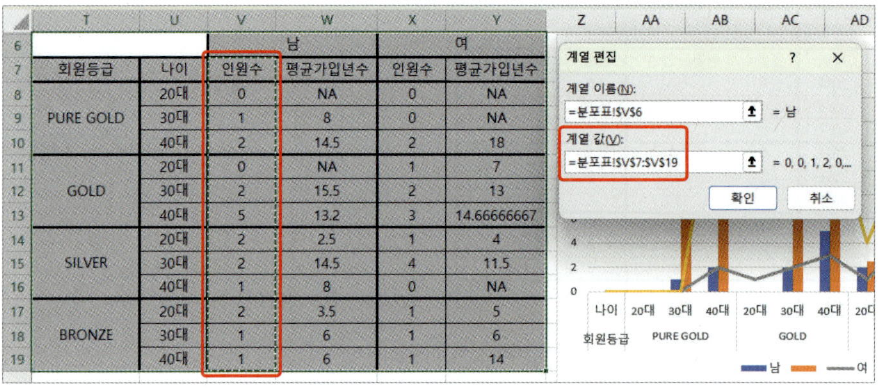

그래서 [계열 이름]은 '남 인원수'로, 그리고 [계열 값]은 그에 해당하는 값 영역이 입력되도록 한다. [계열 이름]의 경우 '남'에 입력된 셀 V6에서 '인원수'가 입력된 셀 V7이 연속된 영역인 V6:V7로 입력해야 '남 인원수'로 표시될 것이다. 그리고 [계열 값]은 남성 인원수에 해당하는 영역인 V8부터 V19까지 입력한다. 이제 [확인]을 클릭하면 다시 [데이터 원본 선택] 창으로 돌아오고 '남 인원수'로 수정된 것을 확인할 수 있다.

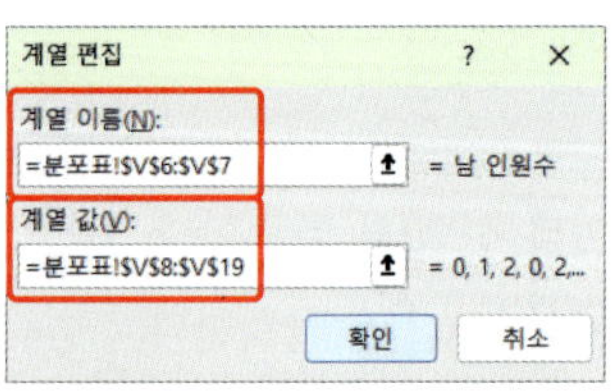

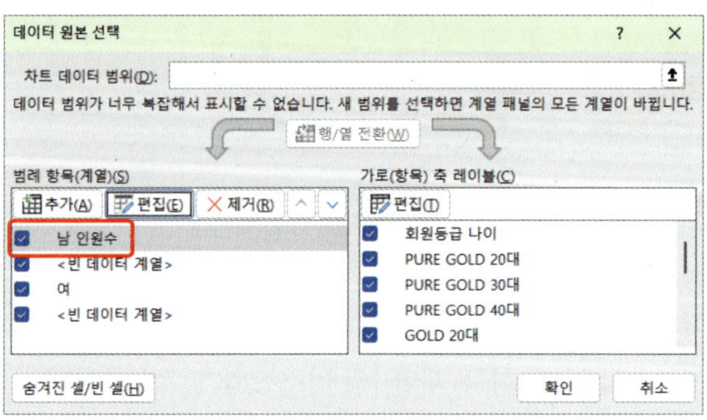

[범례 항목(계열)]의 두 번째 항목은 '〈빈 데이터 계열〉'로 입력되어 있는데 이 항목에 대해 [편집]을 클릭해 어떤 내용인지 살펴보자.

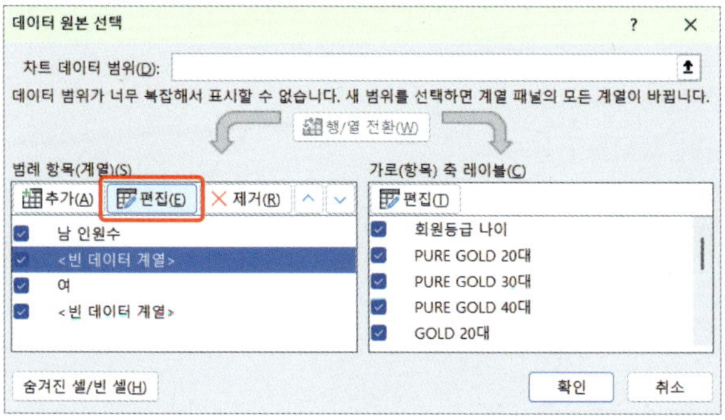

[계열 편집] 창의 [계열 이름]은 '남'이 입력된 셀 V6과 병합된 W6이 표시되고, [계열 값]은 남자 회원의 '평균가입년수'에 해당하는 영역 W7부터 W19가 입력되어 있다.

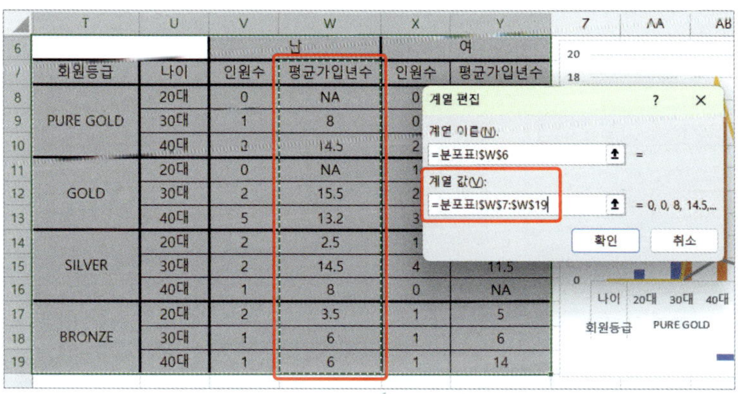

[계열 이름]을 '남 평균가입년수'로 표시하기 위해 W6:W7로 입력하고, [계열 값]은 '평균가입년수'의 값 영역에 해당하는 W8:W19로 입력한다.

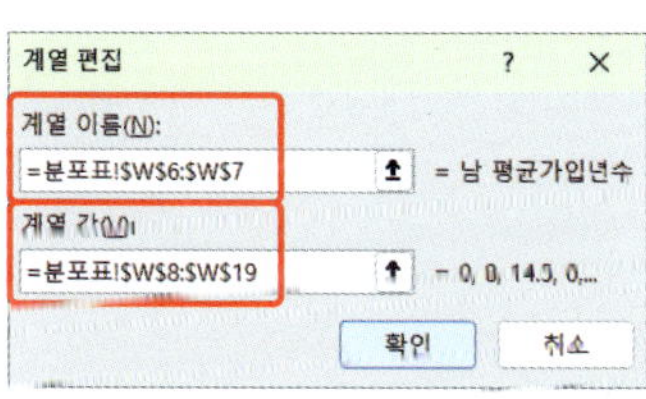

이러한 방식으로 나머지 [범례 항목(계열)]에 대해 [계열 이름]과 [계열 값]을 다음 내용을 참고하여 수정, 편집한다.

범례 항목(계열)	계열 이름	계열 값
여	X6:X7	X8:X19
〈빈 데이터 계열〉	Y6:Y7	Y8:Y19

[가로(항목) 축 레이블]에는 '회원등급 나이'와 같이 불필요한 레이블이 포함되어 있다. 이 레이블을 제거하기 위해서는 레이블 범위를 다시 설정해야 한다. 그래서 [가로(항목) 축 레이블]의 [편집]을 클릭해 보자.

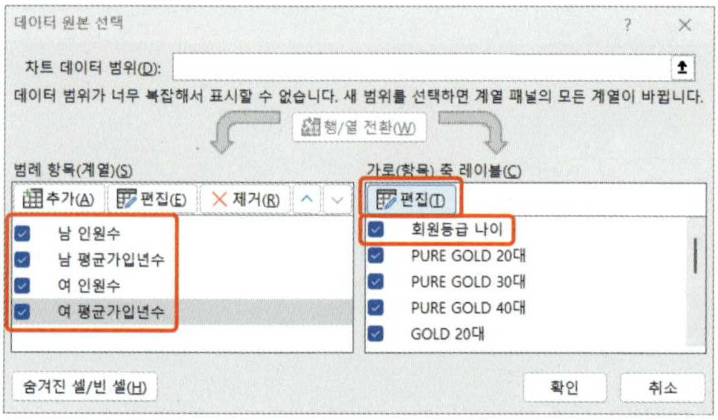

그러면 데이터 영역의 셀 T7, U7에 입력된 '회원등급', '나이'까지 축 레이블 영역에 포함되어 있는 것을 확인할 수 있다. 우리가 축 레이블로 필요한 영역은 데이터 영역의 셀 T7, U7을 제외한 나머지 영역이므로 축 레이블 영역을 T8:U19로 다시 설정한다.

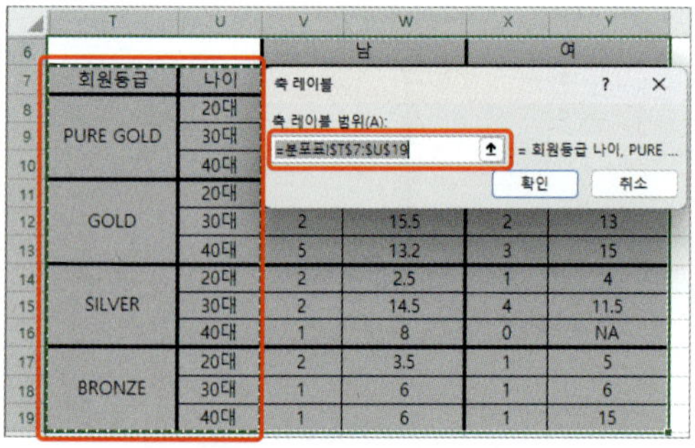

▲ 데이터 영역 수정 전

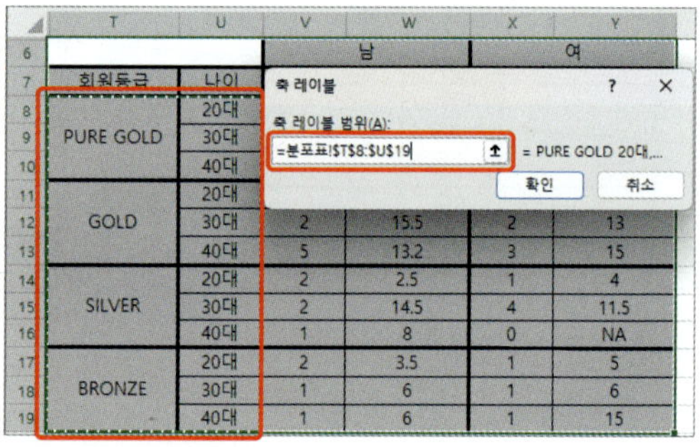

▲ 데이터 영역 수정 후

그러면 [데이터 원본 선택] 창의 [가로(항목)축 레이블]도 정확한 레이블로 구성된다.

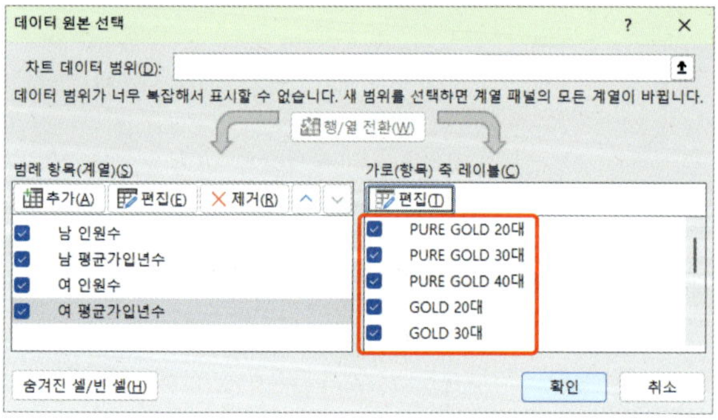

이렇게 수정하면 차트에 정보가 정확하게 표시되어 각 등급 내의 나이대별로 인원수와 평균가입년수를 성별로 구분하여 확인할 수 있다.

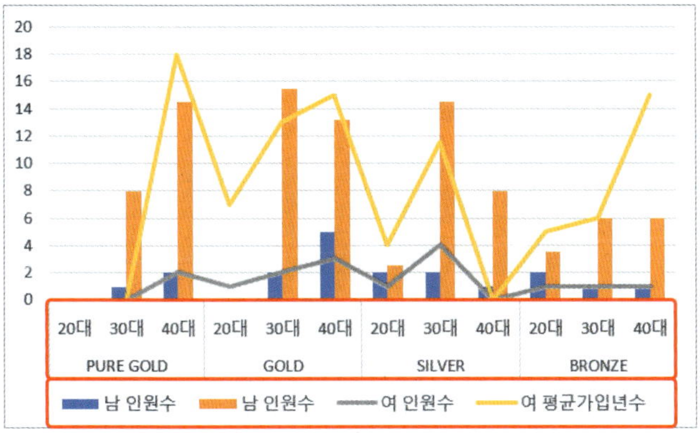

2 행/열 전환

준비 예제14_03.xlsx | **결과** 예제14_03_결과.xlsx

분석 결과를 차트로 표현할 때 계열을 변경해서 확인할 수 있다. 일반적으로 차트는 가로 축 레이블을 기준으로 데이터들을 범례 항목으로 구분하여 표시하는데, 가로 축 레이블로 사용되던 항목과 범례 항목을 서로 바꾸는 것이 계열 변경이며 그것을 실행할 수 있는 메뉴가 [차트 디자인] 탭–[데이터] 그룹–[행/열 전환]이다.

TIP • 이 [행/열 전환] 메뉴는 [차트 디자인] 탭–[데이터] 그룹–[데이터 선택]을 실행했을 때 뜨는 [데이터 원본 선택] 창에서도 실행할 수 있다.

'예제14_03.xlsx'의 [분반1] 시트에 있는 각 학과별 최고, 최저점수에 대한 차트를 학년별로 구분하여 표시하는 차트로 변경해 보자.

[분반1] 시트에 있는 차트는 각 학년별 최고, 최소점수를 학과별로 구분하여 표시하고 있다. 즉, '학년'은 범례 항목에 해당하고 '학과'와 최고 또는 최저 값의 표시는 가로 축 항목에 해당한다.

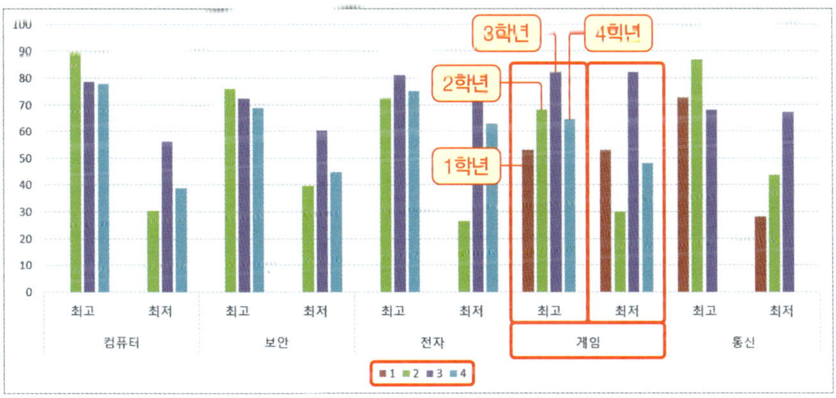

각 학과별 최고, 최저점수를 학년별로 구분하기 위해서 [차트 디자인] 탭-[데이터] 그룹-[행/열 전환]을 클릭하거나 [차트 디자인] 탭-[데이터] 그룹-[데이터 선택]의 [데이터 원본 선택] 창에서 [행/열 전환]을 클릭한다.

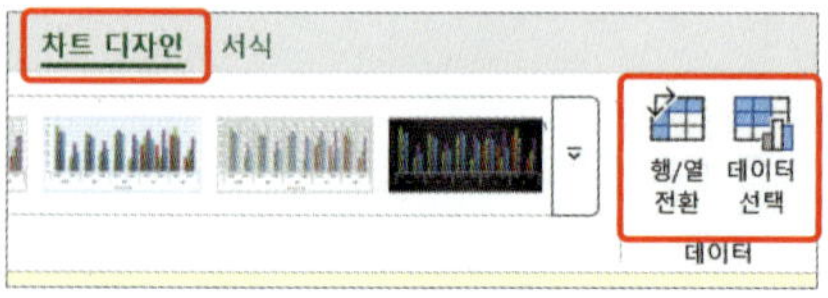

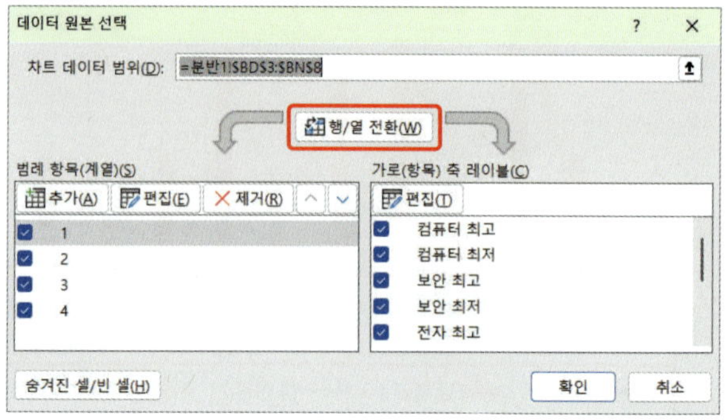

그러면 범례 항목이었던 '학년'이 가로 축 레이블이 되고 가로 축 레이블이었던 '학과'가 범례 항목이 된다. 그러면서 가로 축 레이블에 '학년'과 같은 불필요한 레이블이 생긴다거나 범례의 정보가 불충분한 상태로 표시되는데 이는 [데이터 선택] 메뉴를 이용해 다시 설정하면 된다.

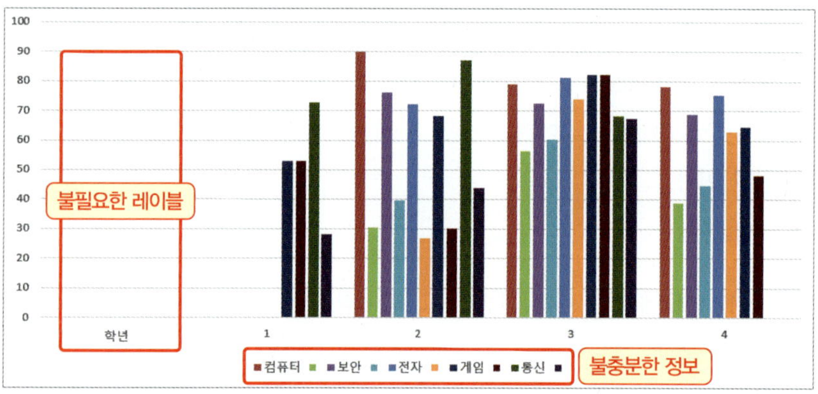

[데이터 선택] 메뉴를 클릭해 [데이터 원본 선택] 창에서 [편집]을 이용한다. 즉 [범례 항목(계열)]에 대해서는 [계열 편집] 창에서 [계열 이름]과 [계열 값]을 편집하고, [가로(항목) 축 레이블]에 대해서는 [축 레이블] 창에서 [축 레이블 범위]를 각각 다음과 같이 편집한다.

범례 항목(계열)	계열 이름	계열 값	편집 후
컴퓨터	BE3:BE4	BE5:BE8	컴퓨터 최고
〈빈 데이터 계열〉	BF3:BF4	BF5:BF8	컴퓨터 최저
보안	BG3:BG4	BG5:BG8	보안 최고
〈빈 데이터 계열〉	BH3:BH4	BH5:BH8	보안 최저
전자	BI3:BI4	BI5:BI8	전자 최고
〈빈 데이터 계열〉	BJ3:BJ4	BJ5:BJ8	전자 최저

게임	BK3:BK4	BK5:BK8	게임 최고
〈빈 데이터 계열〉	BL3:BL4	BL5:BL8	게임 최저
통신	BM3:BM4	BM5:BM8	통신 최고
〈빈 데이터 계열〉	BN3:BN4	BN5:BN8	통신 최저
가로(항목) 축 레이블	BD5:BD8		1, 2, 3, 4

편집한 최종 차트를 이용해 각 학년별로 모든 학과의 최고점수와 최저점수를 모두 비교할 수 있다.

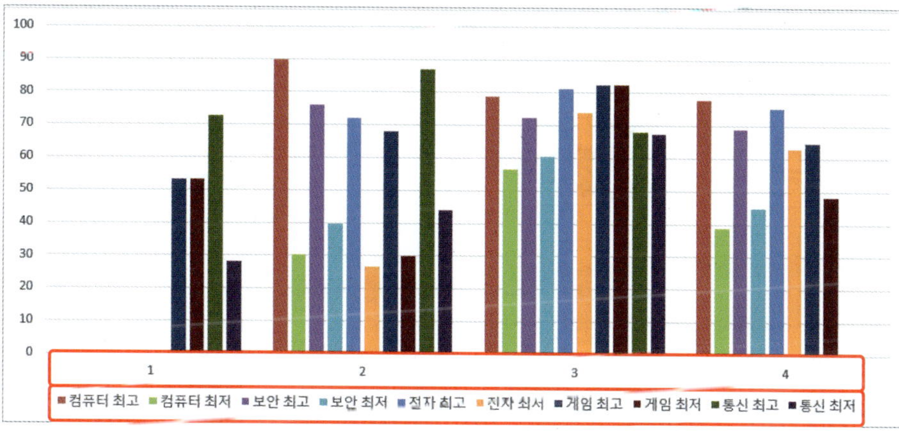

실습 14-3 행/열 전환하기

준비 실습14_03.xlsx | **결과** 실습14_03_결과.xlsx

[분포표] 시트에 있는 차트를 각 등급 내 나이대별 '인원수'와 '평균가입년수'를 성별로 구분한 차트로 변경해 보자.

[분포표] 시트에 있는 차트는 각 성별의 '인원수'와 '가입년수'를 회원등급 내 나이대별로 구분하여 표시한 것으로, 각 성별의 '인원수'와 '가입년수'는 범례 항목에 해당하고 각 등급 내 나이대는 가로 축 레이블에 해당한다.

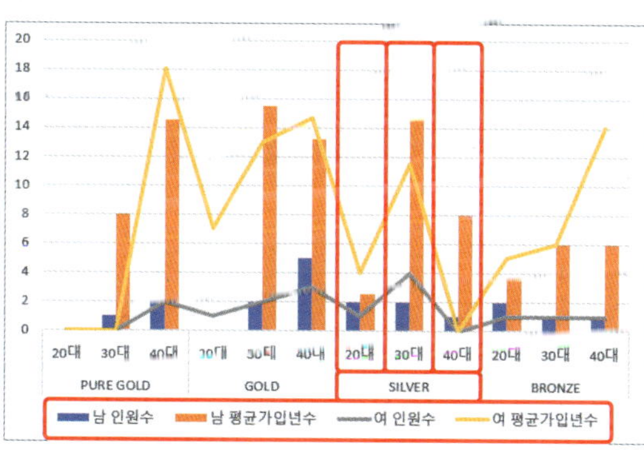

각 등급 내 나이대별 '인원수'와 '평균가입년수'를 성별로 구분하는 차트로 변경하기 위해 차트를 선택하고 [차트 디자인] 탭–[데이터] 그룹–[행/열 전환]을 클릭한다. 그러면 꺾은선 그래프로 바뀌면서 각 등급 내 나이대가 범례 항목이 되고 각 성별 내의 '인원수'와 '평균가입년수'가 가로 축 항목이 된다. 그러나 범례 항목 중 '회원등급 나이'와 같이 데이터가 아닌 항목명이 불필요하게 표시되고 가로 축 항목도 '인원수'와 '평균가입년수'의 구분이 불분명하다.

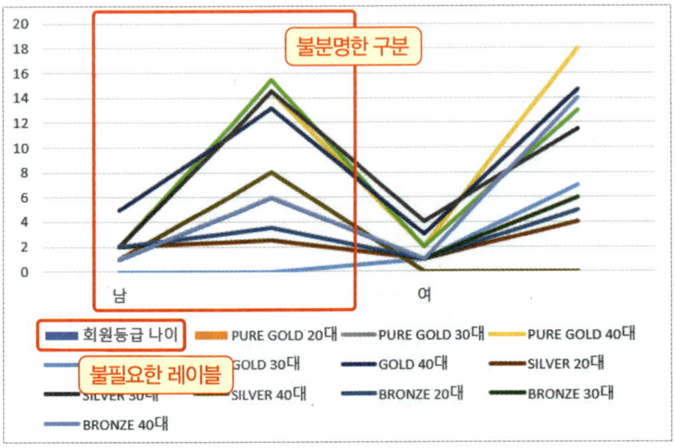

이를 수정하기 위해 [차트 디자인] 탭–[데이터] 그룹–[데이터 선택]을 클릭하여 [데이터 원본 선택] 창을 연다. [범례 항목(계열)]에서 '회원등급 나이'를 제거하기 위해 '회원등급 나이'를 선택 해제한 후 [제거]를 클릭한다. 그리고 [가로(항목) 축 레이블]에서는 [편집]을 클릭해 나타나는 [축 레이블] 창에서 셀 V6부터 Y7까지를 범위로 입력한다.

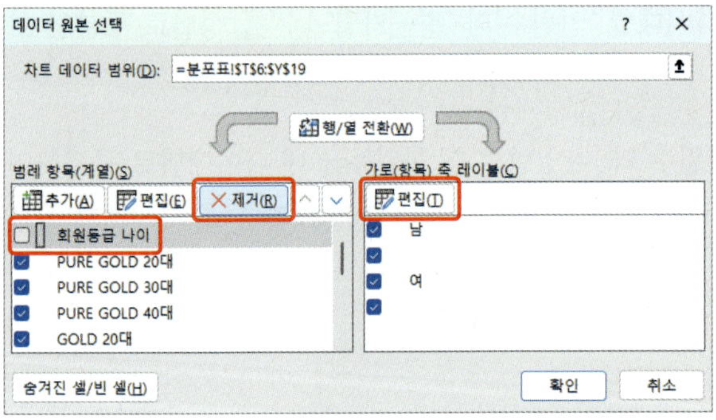

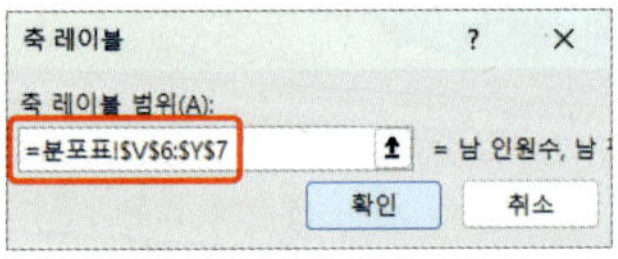

그러면 각 등급 내의 나이대별 '인원수'와 '평균가입년수'를 성별로 구분하여 확인할 수 있다.

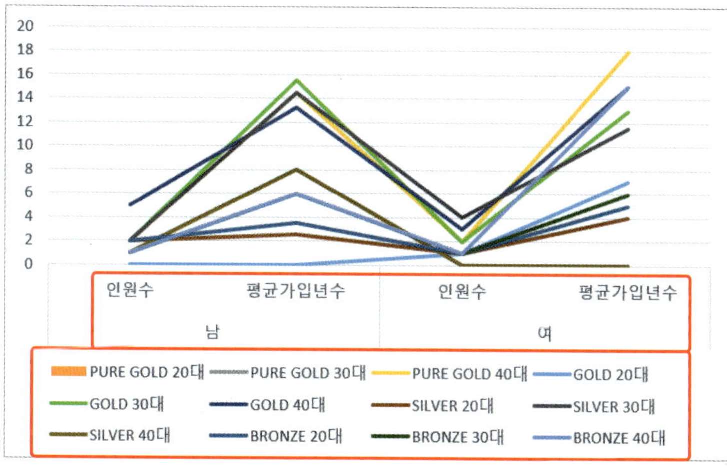

3 차트 종류 변경

준비 예제14_04.xlsx | **결과** 예제14_04_결과.xlsx

엑셀은 다양한 종류의 차트를 제공하고 있기 때문에 분석의 목적, 수집한 데이터의 특징, 분석 결과의 내용에 따라 데이터를 시각적으로 반영하기에 매우 편리하다. 그래서 엑셀에서는 이미 작성된 차트를 다른 종류의 차트로 변경하는 기능을 제공한다. 이 기능을 사용하기 위해서는 차트를 선택하고 [차트 디자인] 탭-[종류] 그룹-[차트 종류 변경]을 클릭한다. 그러면 [차트 종류 변경] 창이 나타나는데 이 창에서 원하는 형식의 차트를 선택할 수 있다.

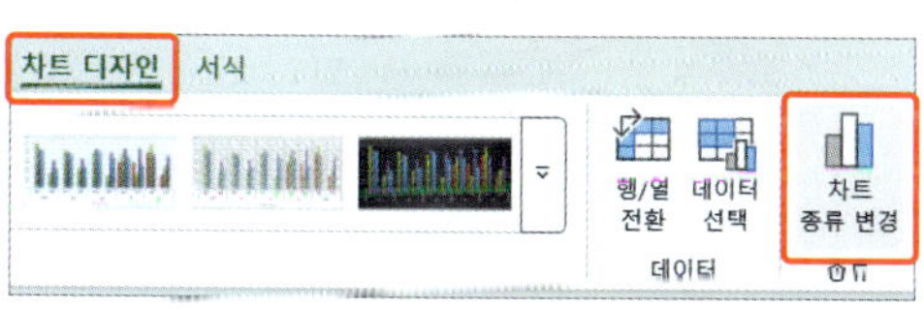

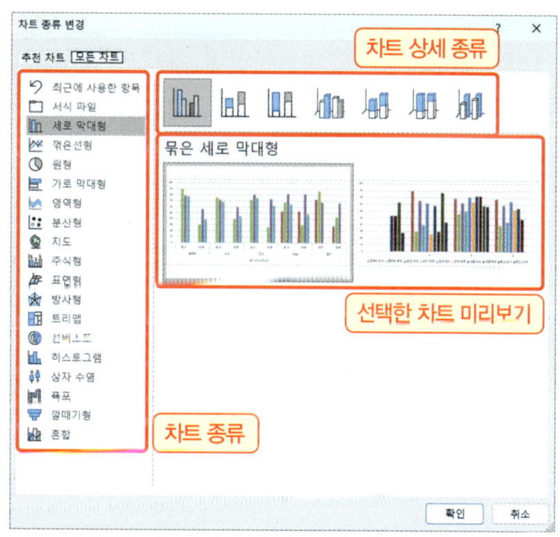

'예제14_04.xlsx'의 [분반1(1)] 시트에 있는 차트를 각 학과의 최고, 최저점수를 지표로 하는 방사형 차트로 변경해 보자.

[분반1(1)] 시트에 있는 차트는 묶은 세로 막대형으로, 각 학과 내의 최고, 최저점수별로 각 학년들의 점수를 비교할 수 있는 차트이다. 이것을 방사형 차트로 변경하기 위해 차트를 선택하고 [차트 디자인] 탭–[종류] 그룹–[차트 종류 변경]을 클릭하면 [차트 종류 변경] 창이 나타난다.

이 창에서 '방사형'의 상세 차트 종류 중 '표식이 있는 방사형'을 선택하면 두 종류의 차트를 미리 볼 수 있다. 하나는 각 학과별 최고, 최저점수를 지표로 각 학년의 점수를 비교하는 차트이고, 다른 하나는 학년을 지표로 하는 학과별 최고, 최저점수를 비교하는 차트이다. 이 중 각 학과별 최고, 최저점수를 지표로 하는 차트를 선택하고 〈확인〉을 클릭한다.

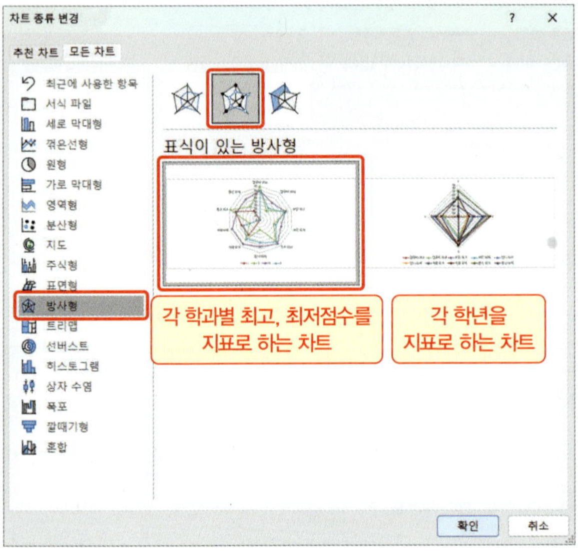

그러면 묶음 세로 막대형이었던 차트가 각 학년의 최고, 최저점수의 분포를 확인할 수 있는 방사형 차트로 변경된다.

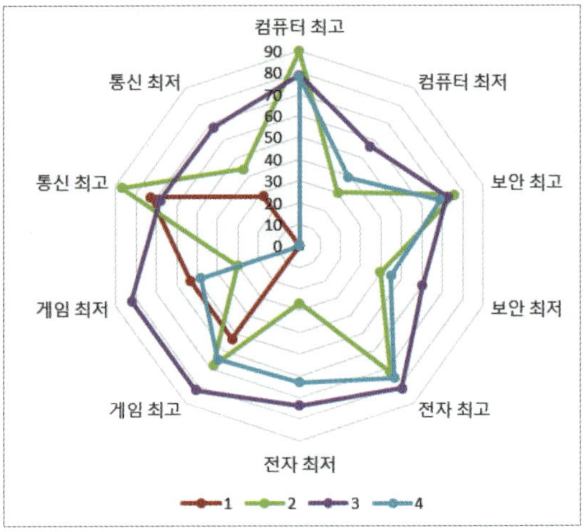

이번에는 [분반1(2)] 시트에 있는 차트를 최고점수와 최저점수가 하나의 차트 내에서 서로 다른 형태의 차트로 표시되도록 변경해 보자.

[분반1(2)] 시트에 있는 차트는 각 학년별 최고점수와 최저점수가 섞여 있어 분석 목적에 따라서는 한눈에 데이터를 이해하거나 비교하기 쉽지 않을 수 있다. 그래서 최고점수와 최저점수의 표시를 구분할 것이다. 차트를 선택하고 [차트 디자인] 탭-[종류] 그룹-[차트 종류 변경]을 클릭한다. [차트 종류 변경] 창에서 '혼합'을 선택하면 현재 묶은 세로 막대형 차트에 적용할 수 있는 혼합형 차트가 추천되면서 각 계열에 적용할 차트를 선택할 수 있는 메뉴가 제공된다.

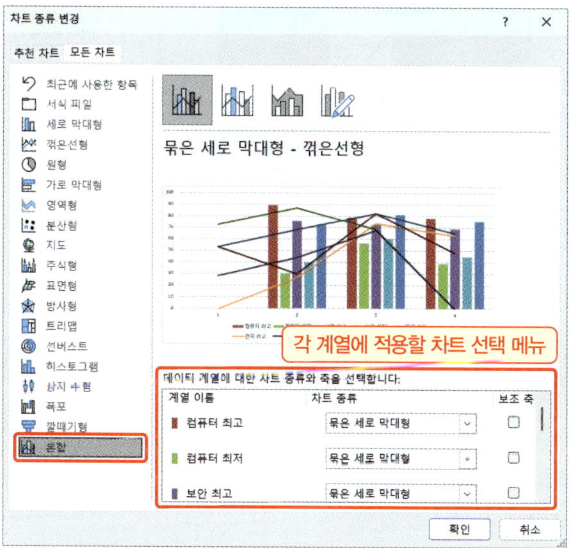

최고점수와 최저점수를 구분하여 표시하려고 했으므로 최고점수와 최저점수는 서로 다른 차트를 선택하면 된다. 예를 들어 최고점수는 '묶은 세로 막대형'으로 하고 최저점수는 '꺾은선형'으로 선택한다. 이때 최저점수의 [보조 축] 항목을 함께 체크한다.

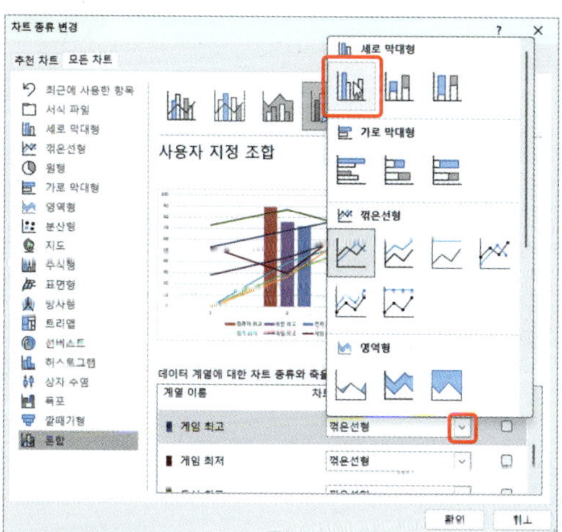

▲ 최고점수 항목

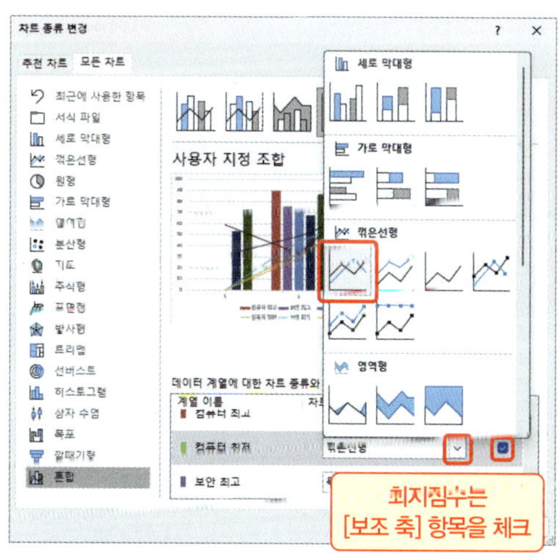

▲ 최저점수 항목

그러면 최고점수에 대해서는 모두 묶은 세로 막대형으로 차트가 표시되고, 최저점수에 대해서는 꺾은선 차트와 '보조 축'이 함께 표시된다.

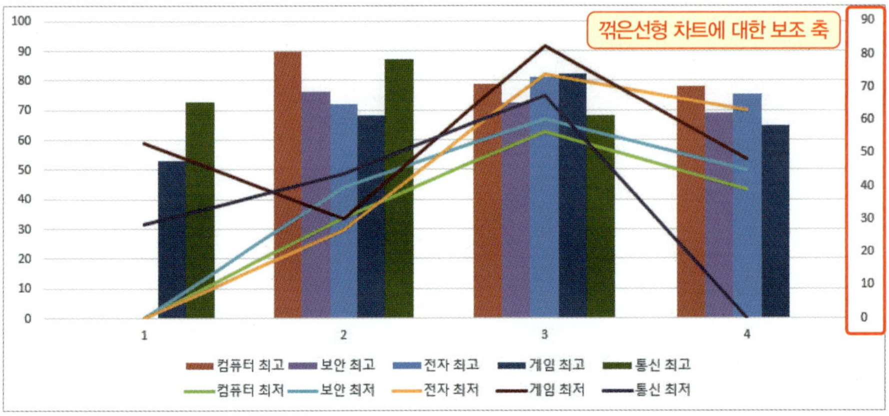

실습 14-4 차트 종류 변경하기

준비 실습14_04.xlsx | **결과** 실습14_04_결과.xlsx

[분포표(1)] 시트에 있는 차트는 성별을 구별하여 서로 다른 차트를 구성하였다. 이를 '인원수'와 '평균가입년수'를 기준으로 같은 차트로 표시되도록 변경해 보자.

[분포표(1)] 시트에 있는 차트를 선택하고 [차트 디자인] 탭-[종류] 그룹-[차트 종류 변경]을 클릭한다. [차트 종류 변경] 창에서 확인해 보면 남성의 '인원수'와 '평균가입년수'에 대해서는 묶은 세로 막대형으로 적용되어 있고, 여성의 '인원수'와 '평균가입년수'에 대해서는 꺾은선형이 적용되어 있다.

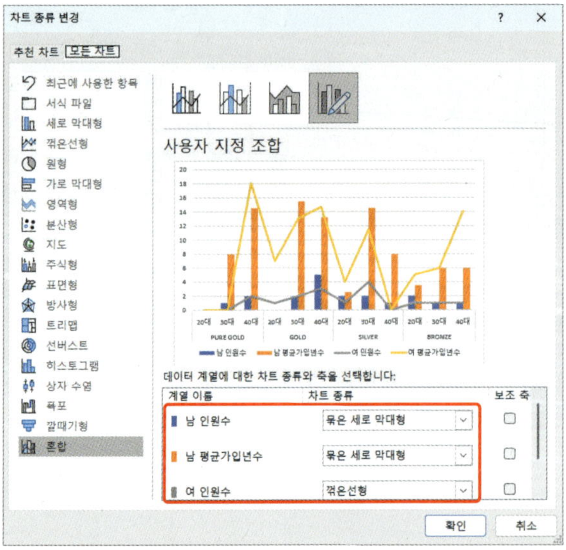

이것을 '인원수'에 대해 묶은 세로 막대형, '평균가입년수'에 대해 꺾은선형으로 변경하고 꺾은선형 차트에 대해 보조 축을 추가하자.

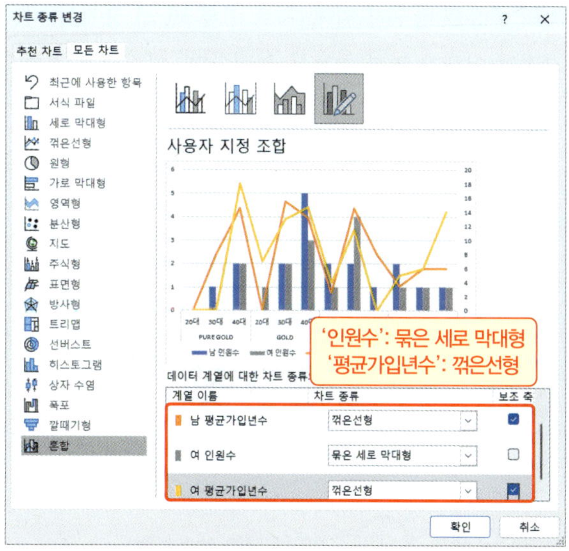

그러면 '인원수'와 '평균가입년수'를 구분할 수 있는 차트가 만들어진다. 차트의 왼쪽에 있는 보조 축은 '인원수'에 대한 눈금선이고, 오른쪽에 있는 보조 축은 '평균가입년수'에 대한 눈금선이다.

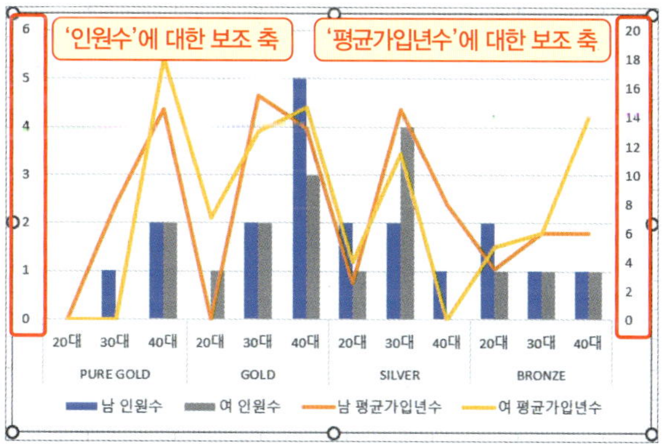

이번에는 [분포표(2)] 시트 차트의 문제점을 찾고, 묶은 세로 막대형으로 변경해 보자.

차트의 범례에서 'PURE GOLD 20대'가 조금 다른 것을 알 수 있다. 이를 확인하기 위해 [차트 디자인] 탭–[종류] 그룹–[차트 종류 변경]을 클릭해 보자. [차트 종류 변경] 창에 현재 차트에 적용된 차트의 종류를 확인할 수 있는데, 다른 항목과 달리 'PURE GOLD 20대'만 묶은 세로 막대형 차트가 적용되어 있는 것을 확인할 수 있다.

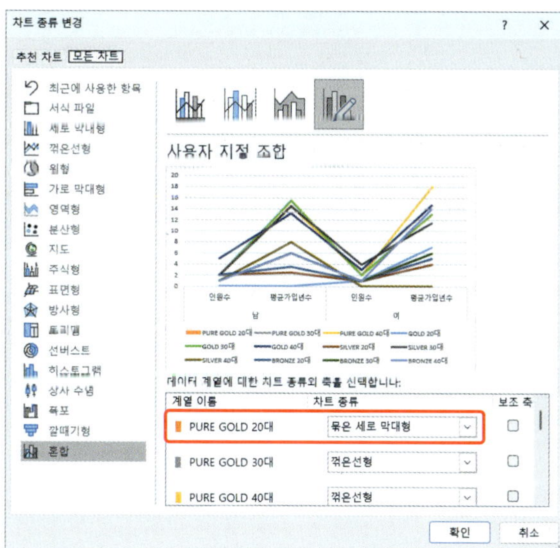

차트 종류를 바꾸기 위해 [차트 종류 변경] 창에서 '세로 막대형'을 선택하고 차트 상세 종류 중 시각적인 이해가 편한 차트를 선택한다. 여기서는 기본적인 '묶은 세로 막대형'을 선택한다. 그러면 꺾은선형이었던 차트가 세로 막대형 차트로 변경된다.

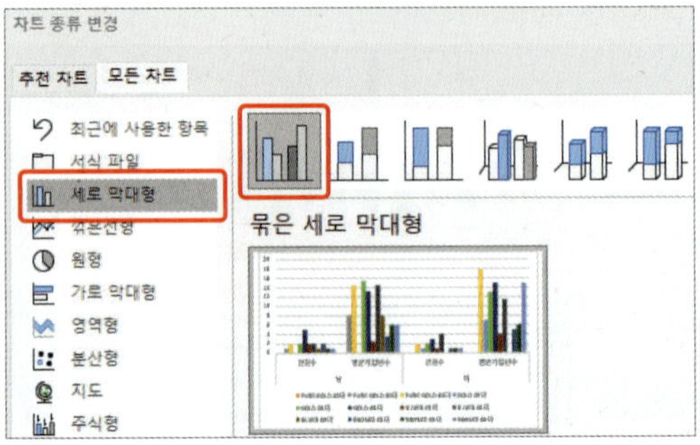

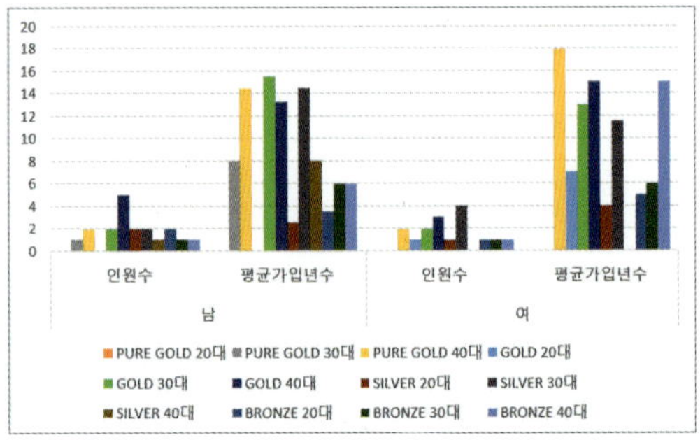

여기서 잠깐 차트에 대한 상세 설정

차트의 눈금선, 축, 계열 표시에 대해 상세한 설정을 하고 싶다면 눈금선, 축, 각 계열을 선택하고 마우스 오른쪽 버튼을 클릭하여 나타나는 메뉴에서 서식 관련 메뉴를 선택해 상세 설정 창에서 수정할 수 있다.

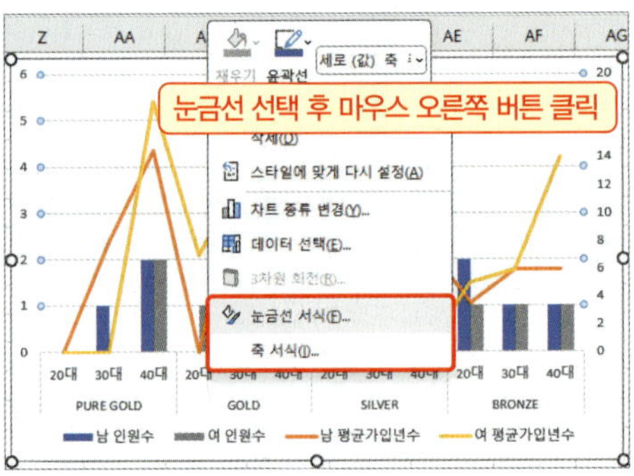

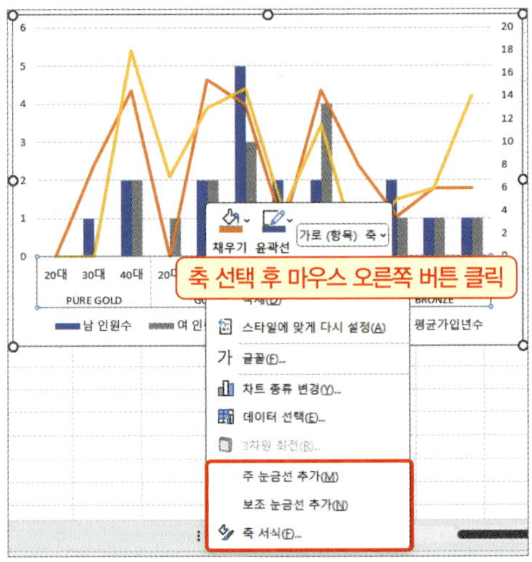

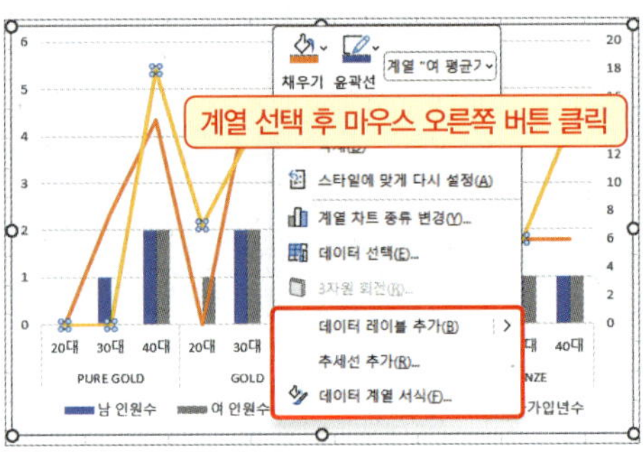

SECTION

03

스파크라인과 피벗 차트

1 스파크라인

준비 예제14_05.xlsx | **결과** 예제14_05_결과.xlsx

차트는 시트나 셀에 한정되지 않고 크기를 임의로 조절할 수 있다. 반면, 스파크라인은 하나의 셀에 표시할 수 있는 단순화된 차트로, 데이터의 추세를 간단하게 표시하는 차트이다. 스파크라인을 사용하려면 [삽입] 탭-[스파크라인] 그룹에 있는 스파크라인 중 하나를 선택한다.

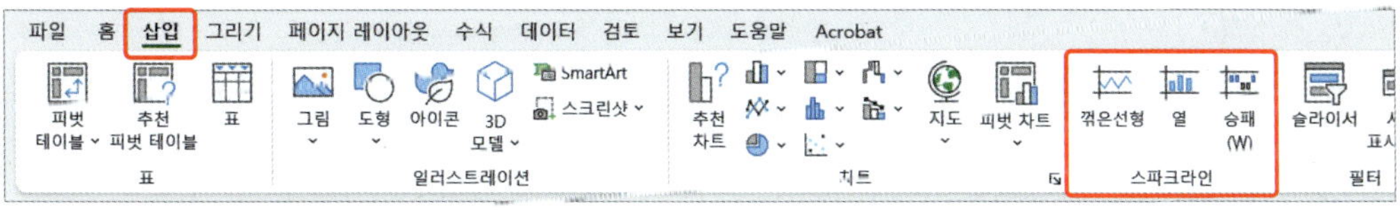

'예제14_05.xlsx'의 [분반1] 시트에 있는 표에서 각 학과별로 1학년부터 4학년까지의 성적 변화 추세를 확인할 수 있는 스파크라인을 작성해 보자.

❶ 컴퓨터학과의 성적 변화 추세를 확인하기 위해 스파크라인이 표시될 셀 BU3을 선택하고 ❷ [삽입] 탭-[스파크라인] 그룹에서 [꺾은선형]을 선택하자.

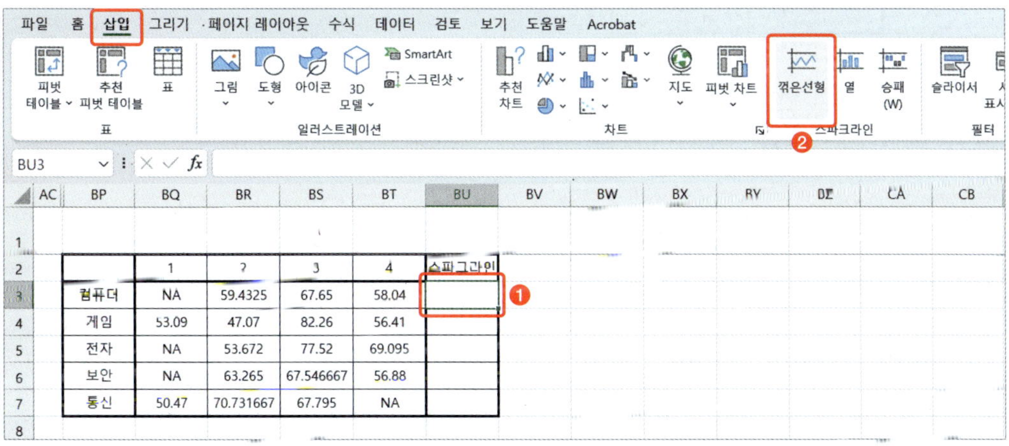

그러면 [스파크라인 만들기] 창이 나타나는데 여기서 ❸ 스파크라인을 생성할 데이터 영역인 셀 BQ3부터 BT3까지 선택하고 ❹ 〈확인〉을 클릭한다.

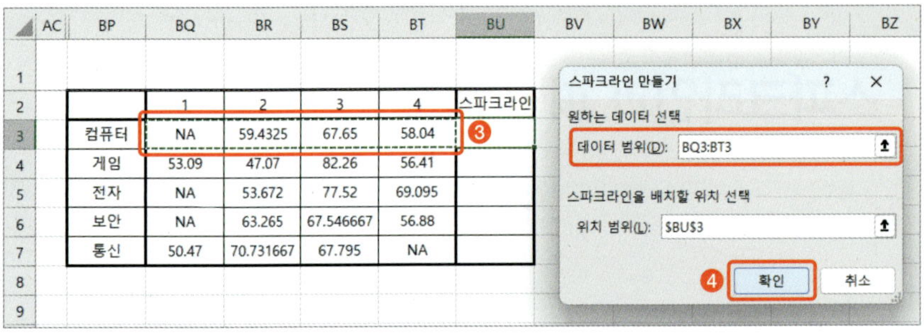

그러면 '컴퓨터'학과에 대한 성적 변화 추세를 간단히 확인할 수 있는 차트가 셀 안에 표시된다. ❺ 이 셀의 오른쪽 아래에서 마우스 포인터가 ✚로 바뀌면 셀 BU7까지 드래그하여 '통신'학과까지 스파크라인을 작성한다.

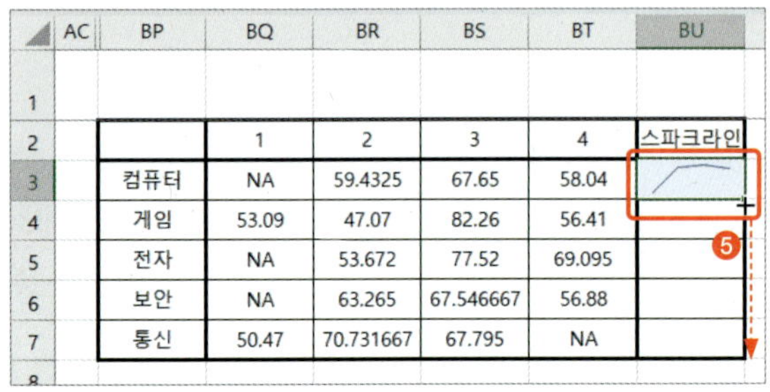

스파크라인이 표시된 셀을 선택하면 메뉴에 [스파크라인] 탭이 생기는데 여기서 스파크라인을 편집할 수 있다.

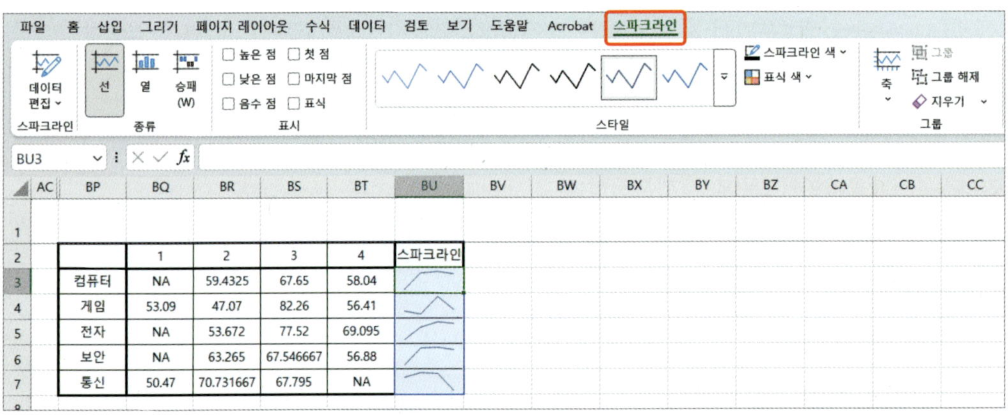

실습 14-5 스파크라인 만들기

준비 실습14_05.xlsx | **결과** 실습14_05_결과.xlsx

[분포표] 시트에 있는 표는 '가입년수'를 단위로 하여 '인원수'와 평균 '누적포인트', 평균 '할인율'을 구한 것이다. '가입년수'에 따라 이 항목들이 어떻게 변하는지를 시각적으로 확인하는 스파크라인을 만들어보자.

우선 '가입년수'에 따른 '인원수'의 변화를 표시하기 위해 셀 AF7을 선택하고 [삽입] 탭–[스파크라인] 그룹–[꺾은선형]을 선택한다. 그렇게 나타나는 [스파크라인 만들기] 창에서 '원하는 데이터 선택'의 [데이터 범위]에 '인원수'의 값 영역에 해당하는 셀 AF2부터 AF6을 입력하고 〈확인〉을 클릭한다.

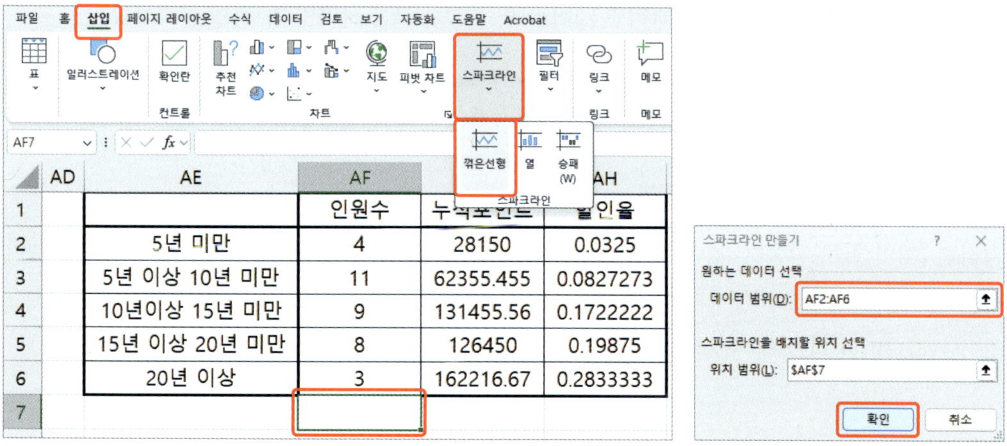

	AE	AF	AG	AH
1		인원수	누적포인트	할인율
2	5년 미만	4	28150	0.0325
3	5년 이상 10년 미만	11	62355.455	0.0827273
4	10년이상 15년 미만	9	131455.56	0.1722222
5	15년 이상 20년 미만	8	126450	0.19875
6	20년 이상	3	162216.67	0.2833333

그러면 '인원수'에 대한 스파크라인이 셀 AF7에 표시된다. 이 셀의 오른쪽 끝에서 마우스 포인터가 ✚로 바뀌면 클릭&드래그하여 '누적포인트'와 '할인율'에 대한 스파크라인을 표시한다.

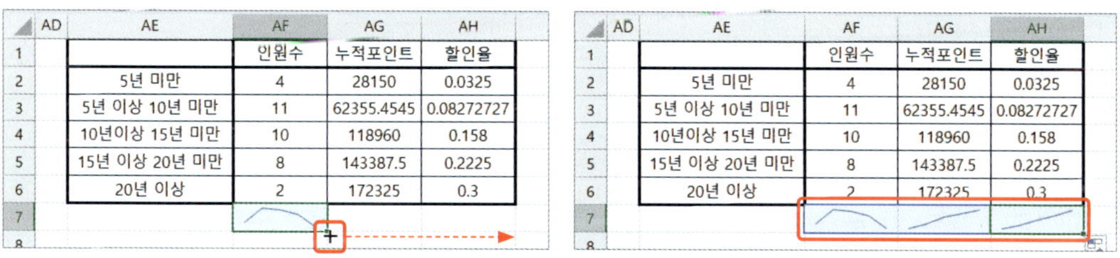

	AE	AF	AG	AH
1		인원수	누적포인트	할인율
2	5년 미만	4	28150	0.0325
3	5년 이상 10년 미만	11	62355.4545	0.08272727
4	10년이상 15년 미만	10	118960	0.158
5	15년 이상 20년 미만	8	143387.5	0.2225
6	20년 이상	2	172325	0.3

이렇게 만들어진 스파크라인들의 각 기간에 해당하는 지점을 표시하기 위해 스파크라인 중 하나를 선택하고 [스파크라인] 탭-[표시] 그룹에서 [표식]을 선택한다. 그러면 모든 스파크라인에 표식이 붙어서 각 기간에 해당하는 지점이 어디인지를 확인할 수 있다.

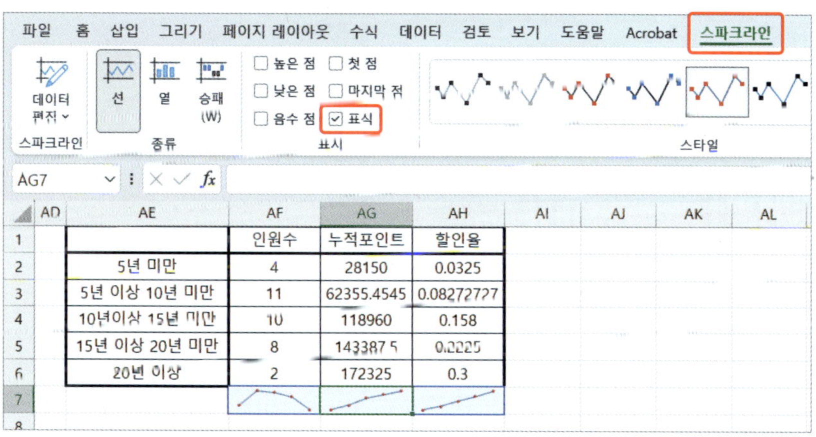

	AE	AF	AG	AH
1		인원수	누적포인트	할인율
2	5년 미만	4	28150	0.0325
3	5년 이상 10년 미만	11	62355.4545	0.08272727
4	10년이상 15년 미만	10	118960	0.158
5	15년 이상 20년 미만	8	143387.5	0.2225
6	20년 이상	2	172325	0.3

2 피벗 차트

피벗 차트는 피벗 테이블에 대한 차트로 피벗 테이블에서 했던 것처럼 정렬과 필터링이 차트 자체에서 가능하다. 피벗 차트를 작성하려면 [삽입] 탭–[차트] 그룹–[피벗 차트]를 클릭한다.

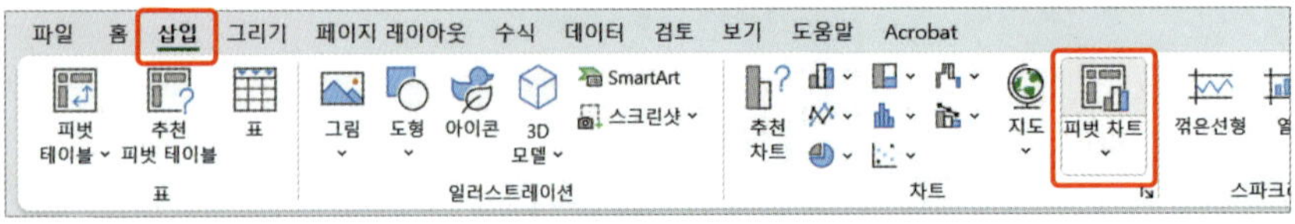

그러면 [피벗 차트 만들기] 창이 생성되는데 이 창의 '표 또는 범위 선택'에 피벗 차트가 참조해야 하는 범위를 선택하고 피벗 차트가 표시될 위치를 선택한 뒤 〈확인〉을 클릭하면 [피벗 차트 필드] 창이 나타나면서 피벗 테이블과 피벗 차트를 만들 수 있게 한다.

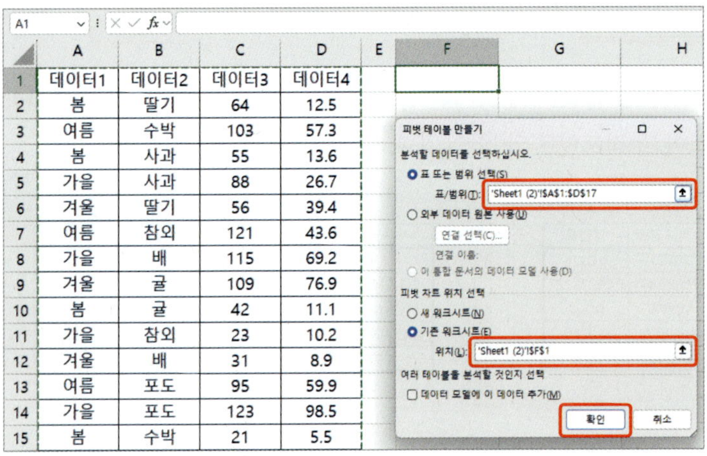

[피벗 차트 필드] 창에서 필요한 필드들을 추가하면 각 필드의 성질에 따라 자동으로 '범례(계열)', '축(범주)', '값' 영역에 배치되며 그에 따라 피벗 테이블과 피벗 차트가 동시에 생성된다.

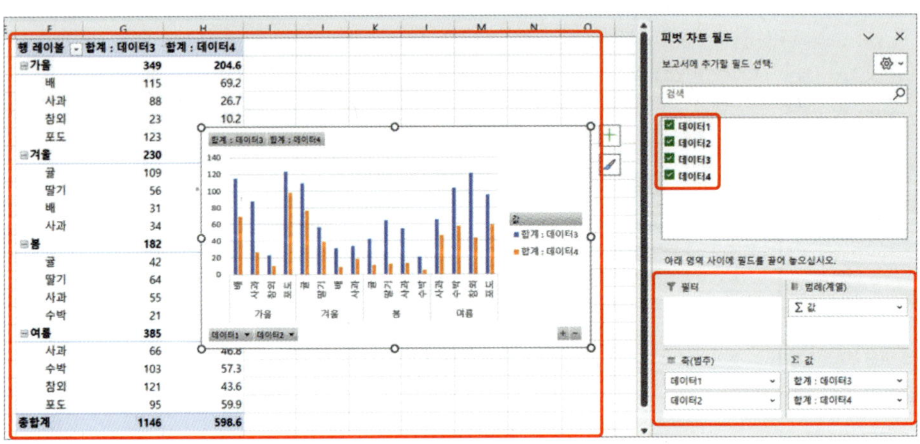

이 [피벗 차트 필드] 창에서 필드의 영역을 이동한다거나 값의 형식을 편집하면 그에 따라 피벗 테이블과 피벗 차트도 변경된다.

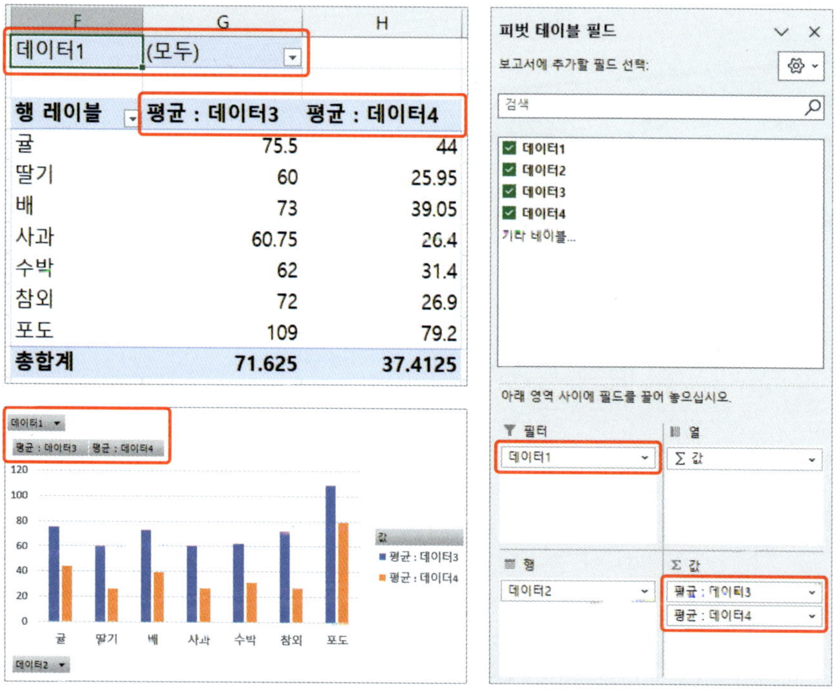

피벗 차트 위에 표시된 축(범주) 항목(데이터2)이나 필터 항목(데이터1)의 ▾을 클릭해 값을 선택하면 그 값에 대한 차트로 변경된다.

다음은 차트의 필터(데이터1)에서 '가을'과 '겨울'을 선택한 결과이다. 피벗 차트가 필터에서 선택한대로 '가을'과 '겨울'의 데이터만을 차트에 표시하고 있으며 피벗 테이블의 필터와 데이터도 차트와 같은 데이터만 표시한다.

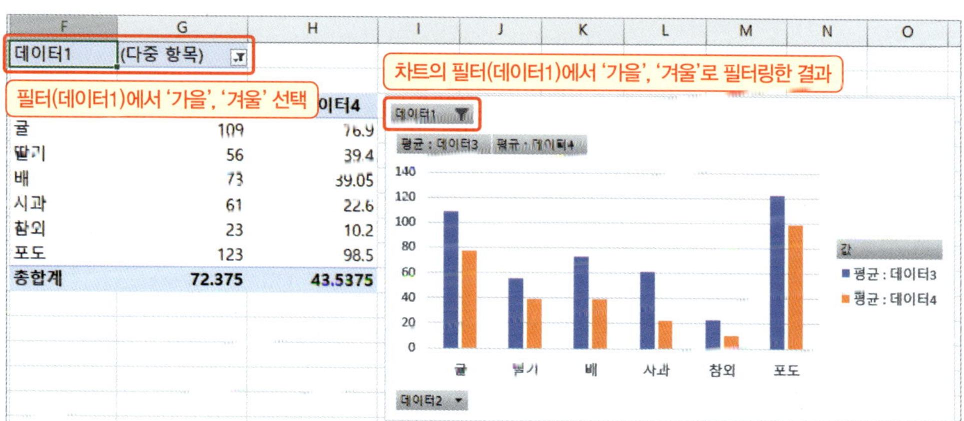

이 피벗 차트의 '축(범주)'(데이터2)에서 '귤', '배', '사과', '포도'를 선택하면 '가을', '겨울' 데이터들 중 '귤', '배', '사과', '포도'에 대한 데이터를 피벗 테이블과 차트에 각각 표시한다.

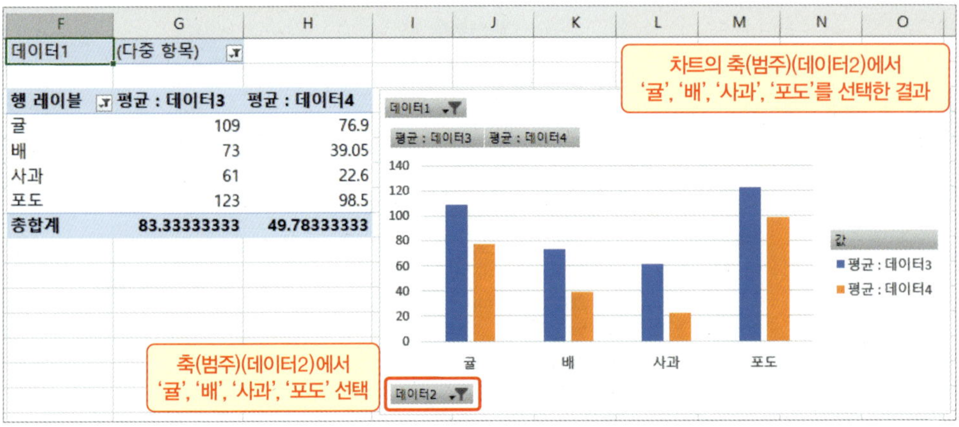

피벗 차트 구성하기

준비 예제14_06.xlsx | **결과** 예제14_06_결과.xlsx

'예제14_06.xlsx'의 [분반1] 시트 데이터를 활용하여 '소속학과'별 '중간100', '기말100', '퀴즈1:100', '퀴즈2:100', '출석100', '참여도100', '총합'의 평균을 확인할 수 있는 피벗 차트를 구성하자. 단, '학년', '최종학점'으로 필터링하여 구성하고 다음 정보들을 확인해 보자.

- 1학년 학생들의 성적
- B학점 학생들의 성적
- 전자학과 학생들의 성적
- 2, 3학년 컴퓨터학과 학생들의 성적
- 2학년 보안학과, 게임학과 학생 중 B학점 이상인 학생들의 성적

[삽입] 탭−[차트] 그룹−[피벗 차트]를 클릭하면 [피벗 차트 만들기] 창이 나타난다. [표 또는 범위 선택]에서 데이터 영역인 셀 A1부터 AB54를 입력한다. 여기서 피벗 차트의 위치는 데이터 영역과 같은 시트의 셀 AL4로 설정하고 〈확인〉을 클릭한다.

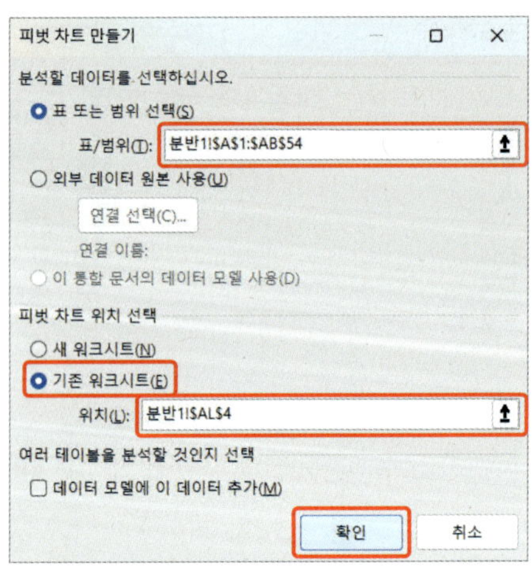

피벗 차트에 필요한 필드('학년', '소속학과', '중간100', '기말100', '퀴즈1:100', '퀴즈2:100', '출석100', '참여도100', '총합', '최종학점')를 [피벗 차트 필드] 창의 데이터 항목 리스트에서 선택한다. 그리고 '소속학과' 별로 각 계열을 확인해야 하므로 '소속학과'는 '축(범주)' 영역에, '학년'과 '최종학점'으로 필터링해야 하므로 '학년'과 '최종학점'은 필터 영역에 위치시키고, '중간100', '기말100', '퀴즈1:100', '퀴즈2:100', '출석100', '참여도100', '총합'의 평균을 차트에 표시해야 하므로 [필드 값 설정]에서 '평균'을 선택한다.

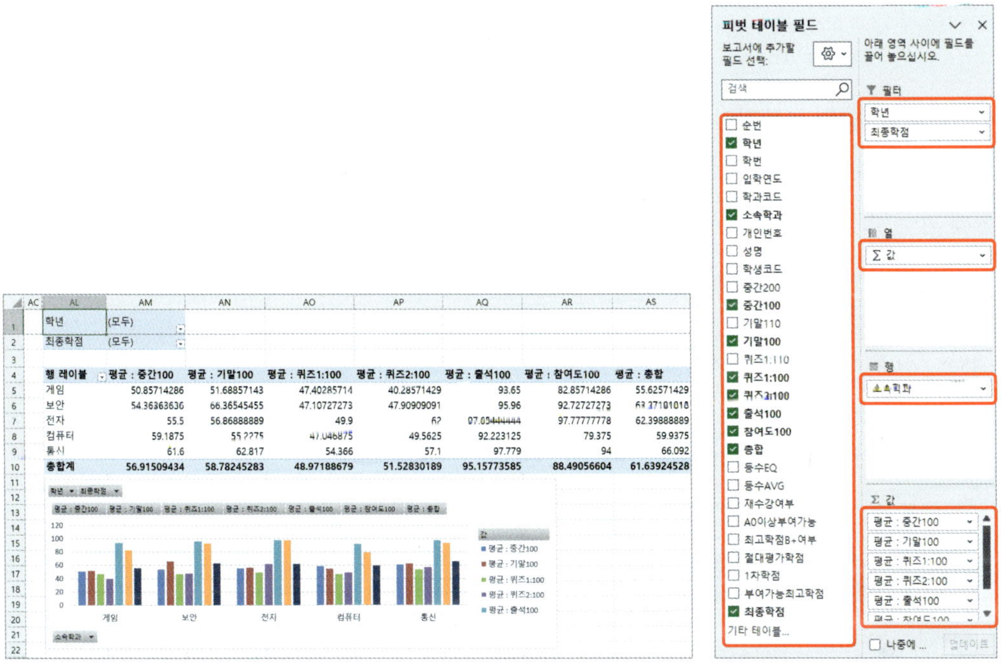

■ 1학년 학생들의 성적 확인

피벗 차트에 있는 '학년' 필터의 [필터 단추]에서 '1'을 선택한다. 피벗 차트와 피벗 테이블이 1학년 학생들의 성적만 표시한다.

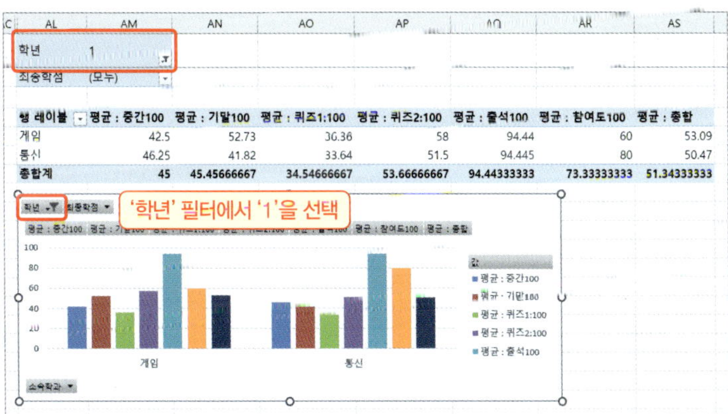

다시 '학년' 필터의 [▾]에서 '(모두)'를 선택하여 이전처럼 모든 학년의 성적 정보를 표시하도록 한 후 다음 정보를 확인하자.

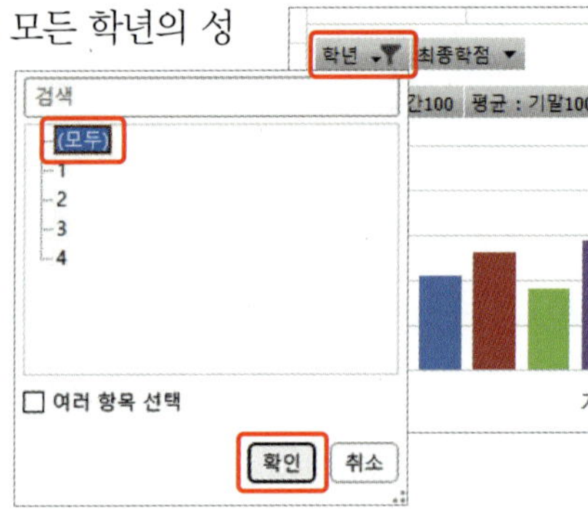

■ B학점 학생들의 성적 확인

차트의 '최종학점' 필터에서 [여러 항목 선택]을 선택한 후, 'B+'와 'B0'를 선택한다. 피벗 테이블과 함께 피벗 차트가 B학점 학생들의 성적 정보를 표시한다.

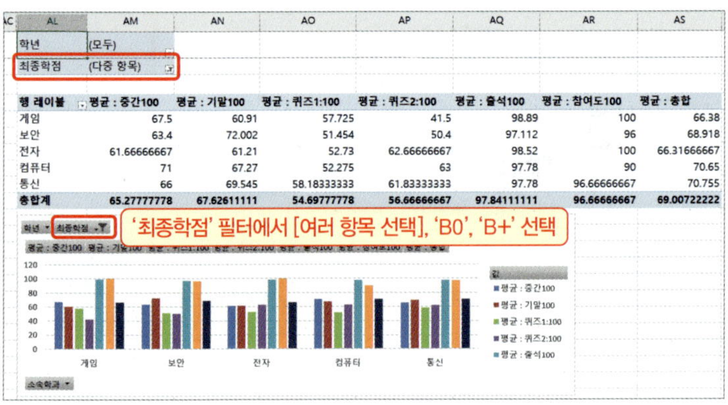

■ 전자학과 학생들의 성적 확인

현재 피벗 차트의 '소속학과'는 축 레이블로 구성되어 있다. 축 레이블에서도 원하는 값에 해당하는 정보를 필터링할 수 있다. 그러므로 전자학과 학생들의 성적을 확인하려면 '소속학과' [▾]에서 '(모두 선택)'을 해제하고 '전자'만 선택한다.

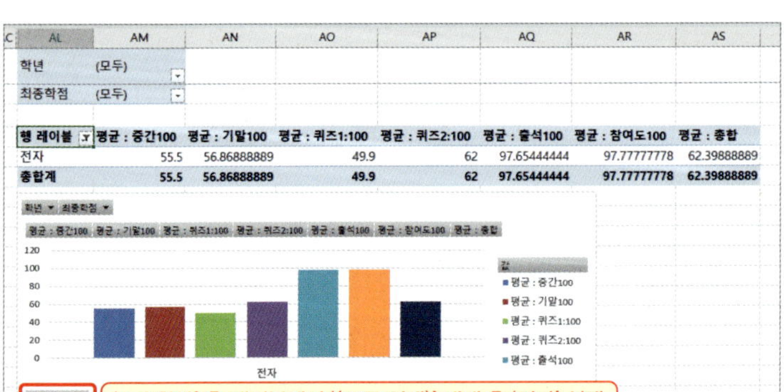

■ 2, 3학년 컴퓨터학과 학생들의 성적 확인

'학년' 필터에서 '2', '3'을, '소속학과' 축 레이블에서 '컴퓨터'를 선택한다.

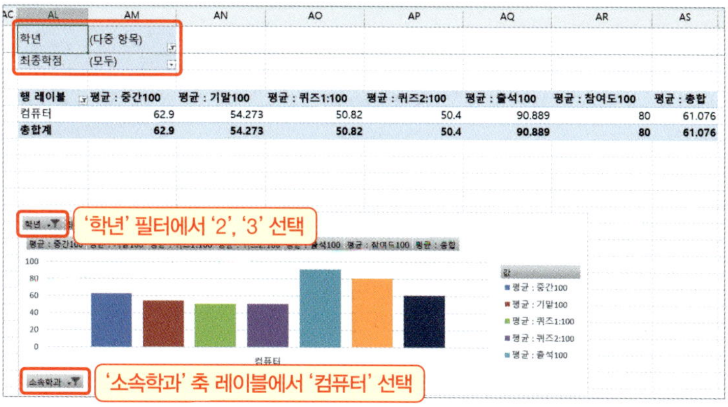

■ 2학년 보안, 게임학과 학생 중 B학점 이상인 학생들의 성적 확인

이번에는 '학년', '소속학과', '최종학점'에서 필요한 정보를 선택하여 확인한다. '학년' 필터에서 '2', '최종학점' 필터에서 'A+', 'A0', 'B+', 'B0', '소속학과' 축 레이블에서 '게임', '보안'을 선택한다.

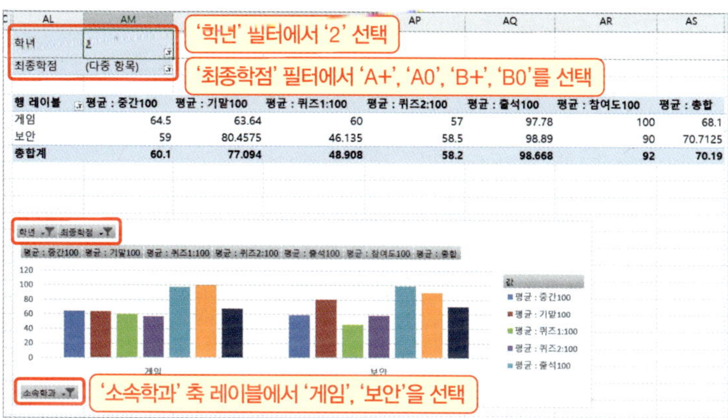

실습 14-6 피벗 차트 만들기

준비 실습14_06.xlsx | **결과** 실습14_06_결과.xlsx

[회원정보] 시트의 데이터들을 이용해 회원들의 '누적포인트'와 '할인율(INDEX:누적포인트)'을 '성별'로 구분하여 확인할 수 있는 피벗 차트를 구성해 보자. 그리고 필터를 활용해 다음 정보를 확인해 보자.

- 남성 회원들의 정보
- PURE GOLD 회원들의 정보
- 월, 화, 수요일에 태어난 회원정보
- SILVER, BRONZE 회원들 중 네이버 메일을 사용하는 회원정보
- 수, 목, 금, 토요일에 태어난 PURE GOLD, GOLD 회원들 중, 다음, 한메일, 네이버 메일을 사용하는 회원정보

위의 정보를 이용해 피벗 테이블과 피벗 차트를 구성한다. [삽입] 탭-[차트] 그룹-[피벗 차트]를 클릭하여 [피벗 차트 만들기] 창을 띄우고 [표 또는 범위 선택]에서 데이터 영역인 셀 A1부터 AJ36을 입력한다. 새로운 워크시트에 피벗 테이블과 피벗 차트가 만들어지도록 [새 워크시트]를 선택한 후 〈확인〉을 클릭한다.

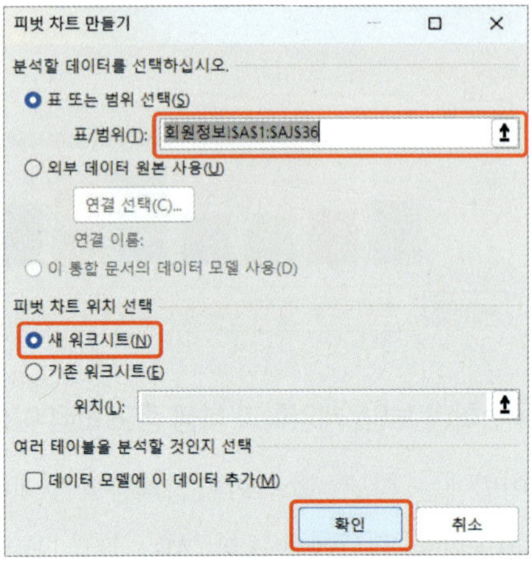

그러면 피벗 테이블과 피벗 차트를 작성할 수 있도록 새 시트가 만들어진다. [피벗 차트 필드]에서 '이름', '성별', '요일', '누적포인트', '회원등급', '할인율(INDEX:누적포인트)', '메일서버'를 필드로 추가하고 필터로 사용할 '요일', '회원등급', '메일서버'는 필터 영역으로 이동한다. 그리고 '축(범주)' 영역에서 '성별' 필드를 '이름' 필드의 상위 필드로 배치한다.

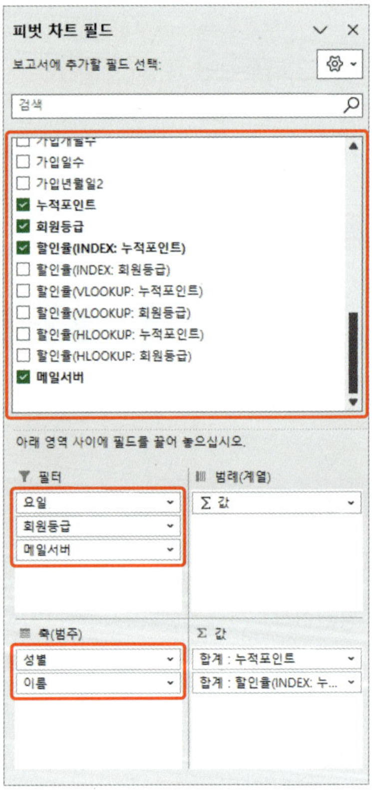

'값' 영역에 있는 '합계 : 누적포인트'와 '합계 : 할인율(INDEX:누적포인트)'의 경우, 값의 차이가 크기 때문에 차트에서 '할인율(INDEX:누적포인트)'에 대한 표시가 잘 보이지 않는다. 따라서 피벗 차트를 편집하여 혼합형 차트로 바꿔보자.

피벗 차트를 선택하면 메뉴에 [디자인] 탭이 생성된다. [디자인] 탭-[종류] 그룹-[차트 종류 변경]을 선택한다.

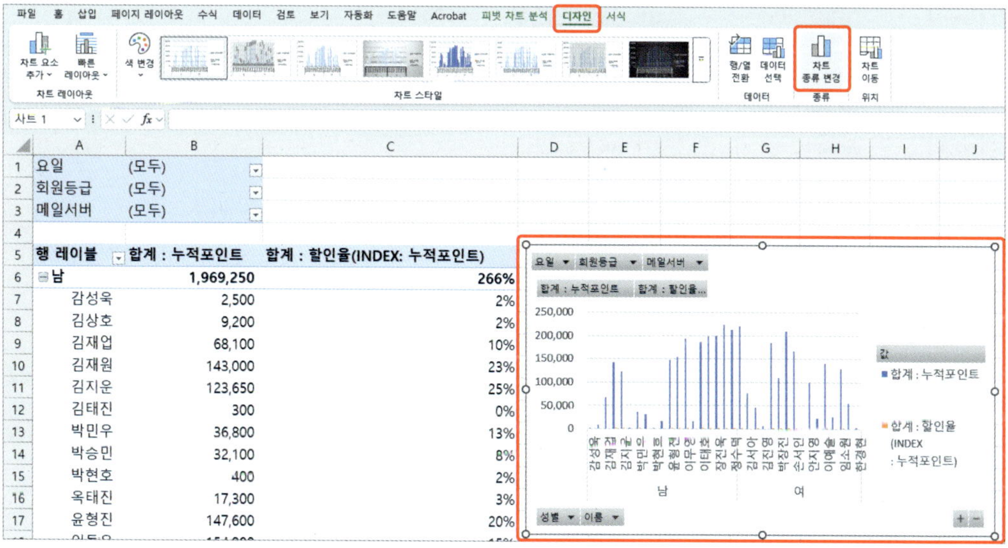

[차트 종류 변경] 창에서 '혼합'을 선택하고 '꺾은선형'으로 선택된 '합계 : 할인율(INDEX:누적포인트)'에 대해 '보조 축'을 선택한다.

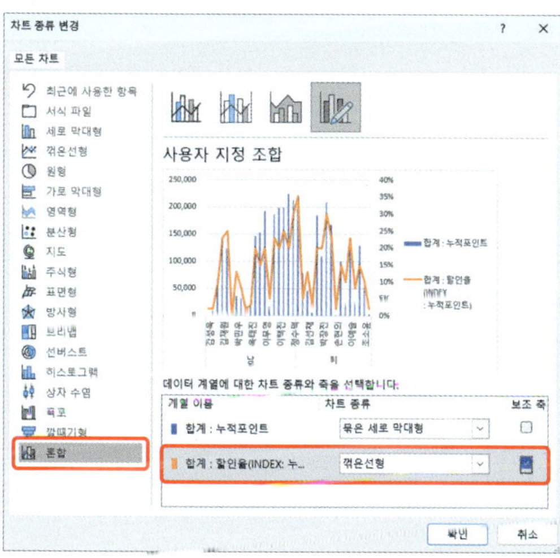

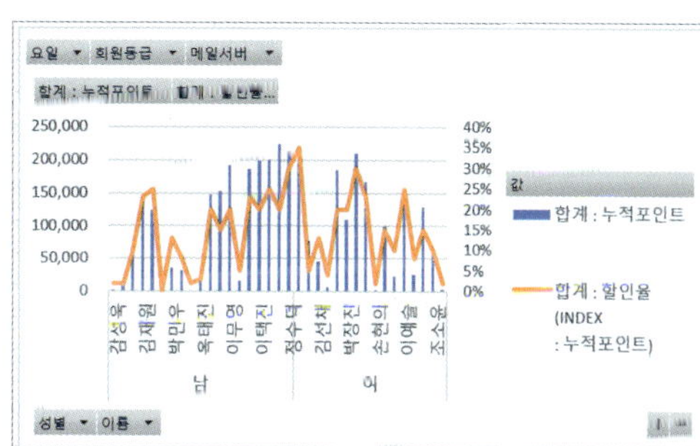

01 남성 회원의 정보 확인하기

'성별'의 축(범주)에서 '남'을 선택하여 확인한다.

요일	(모두)
회원등급	(모두)
메일서버	(모두)

행 레이블	합계 : 누적포인트	합계 : 할인율(INDEX: 누적포인트)
⊟남	1,969,250	266%
감성욱	2,500	2%
김상호	9,200	2%
김재업	68,100	10%
김재원	143,000	23%
김지운	123,650	25%
김태진	300	0%
박민우	36,800	13%
박승민	32,100	8%
박현호	400	2%
옥태진	17,300	3%
윤형진	147,600	20%
이동윤	154,000	15%
이무영	193,000	20%
이종만	16,700	5%
이태호	187,000	23%
이택진	199,000	20%
장진욱	200,500	25%
정경수	224,100	20%
정수덕	214,000	30%
총합계	1,969,250	266%

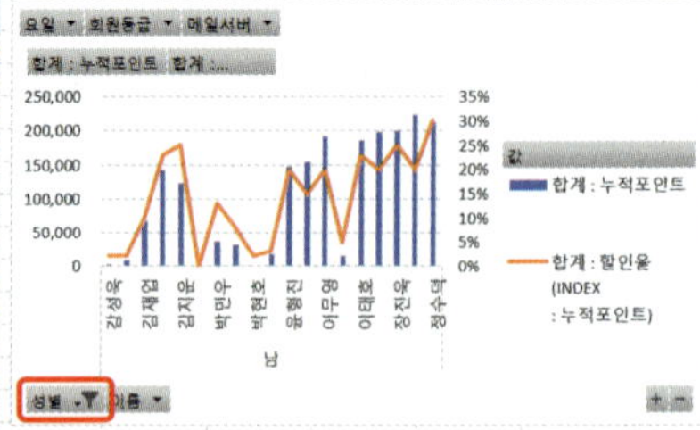

'성별' 축 레이블에서 '남'을 선택

02 PURE GOLD 회원의 정보 확인하기

'회원등급' 필터에서 'PURE GOLD'를 선택한다.

요일	(모두)
회원등급	PURE GOLD
메일서버	(모두)

'회원등급' 필터에서 'PURE GOLD'를 선택

행 레이블	합계 : 누적포인트	합계 : 할인율(INDEX: 누적포인트)
⊟남	638,600	75%
장진욱	200,500	25%
정경수	224,100	20%
정수덕	214,000	30%
⊟여	431,300	65%
권소연	221,000	35%
서소연	210,300	30%
총합계	1,069,900	140%

03 월, 화, 수요일에 태어난 회원정보 확인하기

'요일' 필터에서 '여러 항목 선택'을 선택한 후, '월', '화', '수'를 선택한다.

요일	(다중 항목)
회원등급	(모두)
메일서버	(모두)

'요일' 필터에서 '월', '화', '수'를 선택

행 레이블	합계 : 누적포인트	합계 : 할인율(INDEX: 누적포인트)
⊟남	1,041,800	125%
감성욱	2,500	2%
김재업	68,100	10%
박민우	36,800	13%
윤형진	147,600	20%
이동윤	154,000	15%
이무영	193,000	20%
이종만	16,700	5%
이택진	199,000	20%
정경수	224,100	20%
⊟여	422,210	66%
김서아	78,300	5%
김선채	46,000	13%
손서인	168,000	23%
손현의	2,400	2%
안지영	100,500	15%
이유경	27,010	8%
총합계	1,464,010	191%

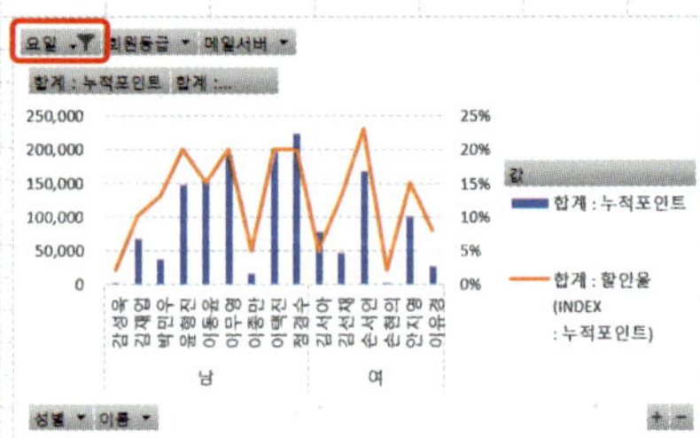

04 SILVER, BRONZE 회원 중 네이버 메일을 사용하는 회원정보 확인하기

'회원등급' 필터에서 '여러 항목 선택'을 선택한 후, 'SILVER', 'BRONZE'를 선택하고, '메일서버' 필터에서 'naver'를 선택한다.

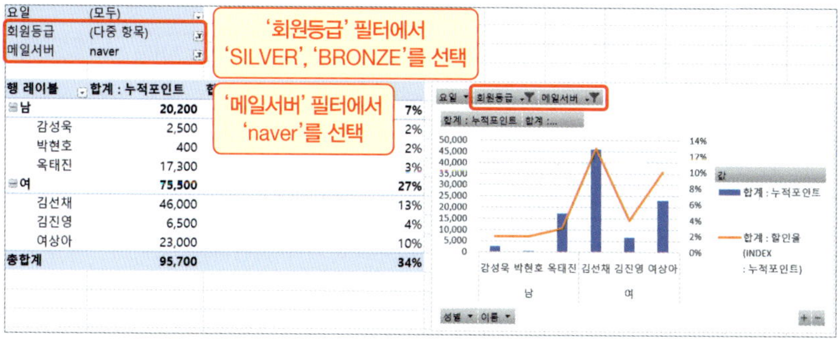

05 특정 요일에 태어난 PURE GOLD, GOLD 회원 중 특정 메일서버를 사용하는 회원정보 확인하기

'수', '목', '금', '토'요일에 태어난 'PURE GOLD', 'GOLD' 회원 중, 다음, 한메일, 네이버 메일을 사용하는 회원정보를 확인하려면 '요일', '회원등급', '메일서버'에서 '여러 항목 선택'을 선택한 후 필요한 값들을 각각 선택하여 확인한다.

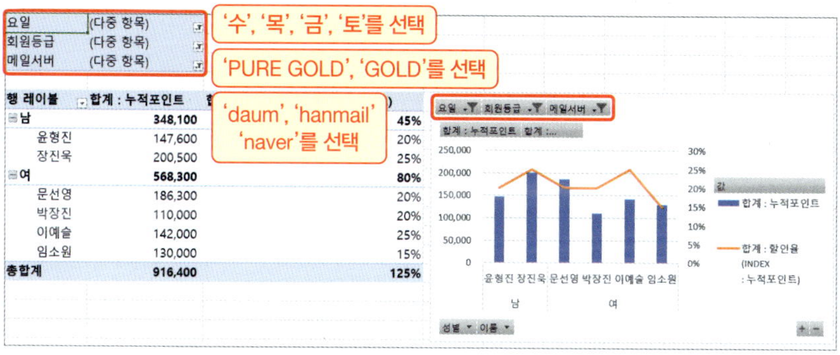

요약

01 차트: 데이터와 분석의 결과를 공유할 때 이해를 돕기 위한 시각적 도구

- 세로 또는 가로 막대형 차트: 여러 항목 값의 크기나 상관관계를 비교하기에 적합하다.
- 콤보 차트: 서로 다른 성질을 가지는 값을 포함하는 항목들을 한 차트에 시각화하기에 적합하다.
- 꺾은선형 또는 영역형 차트: 시간이나 항목에 따른 값의 변화나 추세를 확인하기에 적합하다.
- 원형 또는 도넛형 차트: 전체에서 항목을 차지하는 비율이나 크기를 표현하기에 적합하다.
- 계층 구조 차트: 상위 항목에 속한 하위 항목을 관찰하거나 비교하기에 적합하다.
- 통계 차트: 데이터의 분포나 빈도를 확인하는 등의 통계 분석 결과를 시각화하기에 적합하다.
- 분산형(X, Y) 또는 거품형 차트: 2~3개 항목을 비교하거나 경향을 살피기에 적합하다.
- 폭포, 깔때기형, 주식형, 표면형 또는 방사형 차트: 항목 값들의 누적 효과, 선형 프로세스, 주식의 거래량 등 두 항목 간의 관계나 경향을 시각화하기에 적합하다.

02 차트 생성과 구성

- 생성: [삽입] 탭-[차트] 그룹-[추천 차트] 또는 메뉴에 있는 차트 중 선택한다.
- 구성: [차트 도구/디자인] 탭-[차트 레이아웃] 그룹-[차트 요소 추가] 메뉴 또는 차트를 선택했을 때 차트 오른쪽에 생기는 [+]을 클릭한다.

03 데이터 선택

- 데이터와 관련하여 범례와 가로 축을 편집, 수정하기 위해 사용하는 기능이다.
- [차트 디자인] 탭-[데이터] 그룹-[데이터 선택]

04 행/열 전환

- 계열을 변경하여 분석 결과를 확인하기 위한 기능이다.
- [차트 디자인] 탭-[데이터] 그룹-[행/열 전환]

05 스파크라인: 데이터의 변화하는 추세를 간단하게 표현하여 하나의 셀 안에 표시하는 기능

- [삽입] 탭-[스파크라인] 그룹에 있는 스파크라인 중 선택한다.

06 피벗 차트: 피벗 테이블에 대한 차트로 피벗 테이블과 동시에 작성 가능

- [삽입] 탭-[차트] 그룹-[피벗 차트]

연습문제

01 차트의 모양과 알맞은 설명을 서로 짝지으시오.

ⓐ  ⓑ  ⓒ 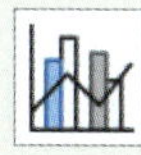 ⓓ 

ⓔ  ⓕ 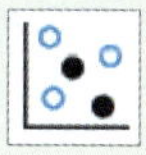 ⓖ 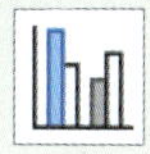 ⓗ 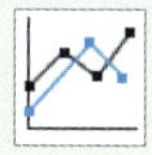

㉠ 값의 성질이 다른 두 계열을 확인하기 위한 차트

㉡ 기준값으로부터의 데이터의 분포나 빈도 확인을 위한 차트

㉢ 여러 항목 값의 크기나 상관관계 비교

㉣ 선형적인 단계가 있는 값에 대한 비교 및 확인을 위한 차트

㉤ 값의 구성이 상하위로 이루어져 있을 때 상위 항목에 대한 하위 항목의 값을 관찰하기 위한 차트

㉥ 시간이나 항목에 따른 값의 변화나 추세를 확인하기 위한 차트

㉦ 전체에서 어떤 항목이 차지하는 비율이나 크기를 비교하기 위한 차트

㉧ 2~3개 이상의 항목의 값들을 비교하거나 경향을 살피기 위한 차트

02 다음 설명이 맞으면 ○, 틀리면 ×를 표시하시오.

① 차트에 표시된 각 계열의 정확한 값을 확인하려면 데이터 표를 직접 확인해야 한다. ( )

② 각 계열이 어떤 색으로 표시되는지는 범례를 통해 알 수 있다. ( )

③ 성질이 다른 둘 이상의 항목을 시각적으로 표현하기에 혼합형이 적합하다. ( )

④ 축 레이블은 사용자 임의대로 수정할 수 없다. ( )

⑤ 데이터 영역 일부에 대해 차트를 작성하는 것은 불가능하다. ( )

[03~07] 다음 표를 활용하여 괄호 안에 답을 작성하고, 작성한대로 실행하여 차트가 정확하게 표시되는지 확인하시오.

준비 연습14_01.xlsx | **결과** 연습14_01_결과.xlsx

	A	B	C	D	E
1	전후기	계절	월	온도	강수량
2	전기	봄	3	15.4	221.5
3	후기	가을	11	20.8	296.1
4	후기	가을	9	21.6	260.4
5	전기	여름	8	32.1	698.3
6	후기	겨울	12	-5.9	115.3
7	전기	봄	4	12.3	191.0
8	전기	봄	5	17.2	216.2
9	전기	여름	6	30.7	849.6
10	후기	겨울	2	0.5	218.7
11	후기	가을	10	19.3	213.4
12	전기	여름	7	37.8	911.9
13	후기	겨울	1	5.2	107.2

03 월별 강수량을 표시하는 차트를 작성하시오

[ⓐ]과(와) [ⓑ] 항목에 해당하는 셀들을 Ctrl 을 누른 상태로 선택하고 [ⓒ] 탭-[ⓓ] 그룹에 있는 여러 차트 중 3차원 원형 차트를 선택한다. 그리고 [ⓔ] 탭-[ⓕ] 그룹-[ⓖ]을(를) 클릭하여 '범례 항목(계열)'에 [ⓗ] 항목만 남기고, '가로(항목) 축 레이블'에 [ⓘ] 항목의 값으로 설정한다.

04 03에서 생성한 차트에 강수량의 값을 직접 확인하시오.

[ⓐ] 탭-[ⓑ] 그룹-[ⓒ]에서 [ⓓ]에 대한 메뉴 중 하나를 선택하여 차트 위에 표시할 수 있다.

05 04에서 생성한 차트에 '온도' 항목에 대한 값도 함께 표시하시오.

차트를 선택하고 [ⓐ] 탭-[ⓑ] 그룹-[ⓒ]을(를) 클릭하여 [ⓓ] 창을 연다. [ⓓ] 창의 [ⓔ]에서 차트 영역을 '월', '온도', '강수량'을 모두 포함하도록 새로이 적용하고 '범례 항목(계열)'에서 [ⓕ] 항목은 [제거]하고, '가로(항목) 축 레이블'에 [ⓕ] 항목의 값으로 설정한 후 〈확인〉을 클릭한다.

06 차트에서 '온도'와 '강수량'을 모두 명확히 확인할 수 있도록 차트를 구성하시오.

05에서 생성한 차트에서 '온도' 항목의 값이 [ⓐ](으)로 표시되고 있고 '강수량' 항목의 값은 차트에 색과 크기로 표시되고 있다. '온도'와 '강수량' 항목의 값의 크기 차이가 크기 때문에 3차원 원형 차트는 이 정보들을 표현하기에 충분하지 않다. 따라서 [ⓑ] 탭-[ⓒ] 그룹-[ⓓ]을(를) 클릭하여 [ⓔ] 창에서 [ⓕ]을(를) 선택한다. 그리고 [ⓖ] 항목에 대해 보조 축이 표시되도록 한다.

07 '전후기'별 평균 '온도', '강수량'을 확인하면서 '계절'로 필터링할 수 있는 피벗 테이블과 혼합형 피벗 차트를 작성하시오.

[08~11] '연습 14_02.xlsx'를 활용하여 다음 질문에 답하시오.

준비 연습14_02.xlsx | **결과** 연습14_02_결과.xlsx

08 [도서목록8] 시트에 각 도서별 평점을 시각적으로 확인할 수 있는 꺾은선형 차트를 작성하고 차트에 다음 요구사항을 적용하시오.

• 차트 제목: 도서별 평점 • 가로 축 제목: 평점 • 세로 축 제목: 도서명 • 데이터 테이블 추가

09 [도서목록9] 시트의 각 '분야'별 '보유권수'의 합, 평균 '평점', '정리여부'의 '보유'의 수를 정리한 표를 이용해 차트를 작성하고 다음 요구사항을 적용하시오.

- 차트 제목 제거
- '보유권수'와 '보유'는 누적형 차트, 평점은 꺾은선형 차트를 적용

10 **09**에서 작성한 차트의 행/열을 전환하고 시각적으로 이해하기 쉬운 차트로 변경하시오.

11 [도서목록8] 시트에서 '정리여부'별로 구분된 '도서명'의 평균 '평점'과 '보유권수'의 합계를 '선호도'에 따라 필터링하여 확인할 수 있는 피벗 테이블과 피벗 차트를 작성하시오.

[12~15] '연습 14_03.xlsx'를 활용하여 다음 질문에 답하시오.

준비 연습14_03.xlsx | **결과** 연습14_03_결과.xlsx

12 [Sheet12] 시트의 각 '예매분야'별 '예매합' 표를 시각적으로 확인할 수 있는 차트로 작성하시오.

13 [Sheet13] 시트의 각 회원별 '예매분야'의 값을 시각적으로 확인할 수 있는 누적 차트를 작성하고 다음 요구사항을 적용하시오.

- 불충분한 가로 축 레이블, 범례를 정확하게 수정
- 차트 제목 제거

14 [Sheet14]의 차트에 대해 행/열 전환을 실행했을 때 차트의 의미를 설명하고, 이 내용에 대해 [Sheet13]의 차트와 비교하여 어떤 차트가 본서 내용을 전달하기에 적당한지 판단하시오.

15 [Sheet15]의 데이터 영역을 이용해 '성별' 내에서 각 '회원등급'에 대해 '예매현황'에 대한 '합'의 합계, 평균 '할인율(INDEX)'을 '최애분야'로 필터링할 수 있는 피벗 테이블과 혼합형 피벗 차트를 구성하시오.

PART 04

데이터 분석을 위한 기능

CHAPTER 15

데이터 집합의 상태 파악

학습목표

- 함수와 부분합을 이용해 분산과 표준편차를 구한다.
- 유효성 검사를 이용해 정확한 형식의 데이터를 입력한다.
- 전체 데이터 내에서 특정 값의 위치를 파악한다.

SECTION 01

분산과 표준편차

데이터 분석은 문제 해결을 위한 과정이기 때문에 분석에 사용될 데이터는 그 문제 상황을 충분히 반영할 수 있어야 한다. 따라서 수집한 데이터의 상태를 파악하는 것은 분석에 있어 반드시 필요한 과정 중 하나이다. 데이터의 상태를 파악하는 가장 좋은 방법은 수집된 데이터의 흩어진 정도를 파악하는 것이다. 이 방법으로 수집된 데이터가 문제 상황을 충분히 반영할 수 있는지를 판단할 수 있다. 데이터의 흩어진 정도는 분산, 표준편차를 계산하여 확인하거나 전체 데이터 집단 내에서 특정 데이터의 위치를 파악하는 것으로 확인할 수 있다.

1 함수를 이용한 분산과 표준편차

준비 예제15_01.xlsx | **결과** 예제15_01_결과.xlsx

분산은 데이터가 흩어진 정보를 수치로 나타낸 것이다. 분산이 너무 크면 문제 상황을 일반화하기 어렵고 반대로 분산이 너무 작으면 문제 상황의 일부분에만 집중되어 보편적인 대안을 찾기가 어렵다. 한편, 표준편차는 평균을 기준으로 데이터가 흩어진 정도를 수치로 나타낸 값이다. 표준편차가 너무 작으면 데이터들이 평균에 몰려 있는 상태로 데이터 간의 차이가 거의 없는 상태이고, 표준편차가 너무 크면 데이터 간의 차이가 너무 큰 상태이다. 표준편차가 너무 작거나 크면 수집된 데이터들이 전반적인 문제 상황을 반영하지 못하고 있는 것으로 판단할 수 있다. 이처럼 데이터 집합의 분산과 표준편차를 알면 문제 상황에 대한 수집된 데이터의 질을 파악할 수 있다.

분산과 표준편차의 개념은 데이터와 평균의 차이를 의미하는 편차에서 시작된다. 먼저 다음과 같은 5개의 데이터에 대해 편차, 분산, 표준편차를 알아보자.

구분	A	B	C	D	E
데이터	10	15	25	35	40
편차(데이터-평균)	-15	-10	0	10	15
편차^2	225	100	0	100	225

위 5개 데이터의 평균은 25이다. 데이터에서 평균을 뺀 편차를 구해 보면 A와 B 항목의 값이 음수값이 나온다. 분산이나 표준편차는 편차들의 합으로 구하는데 편차의 합은 항상 0이 되므로 분산과 표준편차를 구하는 의미가 없다. 그러므로 편차의 합이 0이 되지 않도록 편차의 제곱(편차^2)을

이용해 분산과 표준편차를 구한다.

분산은 편차의 제곱에 대한 평균이다. 편차의 평균을 데이터 값과 같은 수준의 값으로 표현한 것, 즉 분산의 제곱근이 표준편차이다. 분산과 표준편차를 구하는 식은 다음과 같다.

$$분산 = \frac{편차^2의\ 합}{데이터의\ 수} \qquad 표준편차 = \sqrt{분산}$$

분산과 표준편차를 구하는 데이터의 범위는 모집단과 표본집단으로 구분되는데 모집단은 전체 집단을 말하고 표본집단은 모집단 내에서 뽑은 표본의 집단을 말한다. 예를 들어, '컴퓨터 개론을 수강한 공학부 학생의 성적 평가'라는 주제에서 컴퓨터 개론을 수강하는 '모든' 공학부 학생의 성적 정보는 모집단이고, 그중 '컴퓨터' 학과 학생들의 성적 정보는 표본집단이다. 이와 같이 표본집단은 모집단의 데이터 중 일부이므로 모집단에 대한 분산이나 표준편차는 항상 일정하지만, 표본집단에 대한 분산이나 표준편차에는 어떤 표본을 뽑느냐에 따라 차이가 있을 수 있다.

엑셀은 분산과 표준편차를 구하는 함수로 모집단의 분산을 구하는 VAR.P 함수, 표본집단의 분산을 구하는 VAR.S 함수, 모집단의 표준편차를 구하는 STDEV.P 함수, 표본집단의 표준편차를 구하는 STDEV.S 함수를 제공한다.

```
= VAR.P(값 또는 셀 범위)          = VAR.S(값 또는 셀 범위)
= STDEV.P(값 또는 셀 범위)        = STDEV.S(값 또는 셀 범위)

예 = VAR.P(B2:K2)                = VAR.P(15, 3, 10, 11, 9, 18, 4, 13, 6, 7)
   = VAR.S(B2:K2)                = VAR.S(15, 3, 10, 11, 9, 18, 4, 13, 6, 7)
   = STDEV.P(B2:K2)              = STDEV.P(15, 3, 10, 11, 9, 18, 4, 13, 6, 7)
   = STDEV.S(B2:K2 범위)          = STDEV.S(15, 3, 10, 11, 9, 18, 4, 13, 6, 7)
```

	A	B	C	D	E	F	G	H	I	J	K
1	데이터	15	3	10	11	9	18	4	13	6	7
2	편차	-5.4	6.6	-0.4	-1.4	0.6	-8.4	5.6	-3.4	3.6	2.6
3	(편차)^2	29.16	43.56	0.16	1.96	0.36	70.56	31.36	11.56	12.96	6.76
4											
5	평균	9.6									
6		분산					표준편차				
7	모집단	20.84	: =AVERAGE(B3:K3) 입력, (편차)^{2}의 평균				4.565085	: =SQRT(B7), 분산에 대한 제곱근			
8		20.84	: =VAR.P(B1:K1) 입력				4.565085	: =STDEV.P(B1:K1) 입력			
9		20.84	: =VAR.P(15,3,10,11,9,18,4,13,6,7) 입력				4.565085	: =STDEV.P(15,3,10,11,9,18,4,13,6,7) 입력			
10	표본집단	23.15556	: =VAR.S(B1:K1) 입력				4.812022	: =STDEV.S(B1:K1) 입력			
11		23.15556	: =VAR.S(15,3,10,11,9,18,4,13,6,7) 입력				4.812022	: =STDEV.S(15,3,10,11,9,18,4,13,6,7) 입력			
12											

위에서 셀 B7과 G7은 1행에 입력한 데이터의 분산과 표준편차를 구하는 공식을 이용한 결과이고 셀 B8부터 B11과 G8부터 G11은 엑셀에서 제공하는 분산과 표준편차 함수를 이용한 결과이다.

함수를 이용해 분산과 표준편차 구하기

'예제15_01.xlsx'의 [분반1] 시트에 있는 '중간200', '중간100', '기말110', '기말100', '퀴즈1:110', '퀴즈1:100', '퀴즈2:100', '출석100', '참여도100', '총합'의 모집단에 대한 분산과 표준편차, 표본집단에 대한 분산과 표준편차를 구해 보자.

우선 '중간200'의 모집단과 표본집단에 대한 분산, 모집단과 표본집단에 대한 표준편차를 구하기 위해 셀 J55부터 J58에 다음 함수식들을 입력한다.

```
셀 J55  =VAR.P(J2:J54)          셀 J56  =VAR.S(J2:J54)
셀 J57  =STDEV.P(J2:J54)        셀 J58  =STDEV.S(J2:J54)
```

그리고 셀 J55부터 J58을 선택하고 클릭한 상태에서 채우기 핸들로 S열까지 드래그하면 '총합'까지의 모집단, 표본집단에 대한 분산, 표준편차를 모두 구할 수 있다.

S58 =STDEV.S(S2:S54)

	A	B	C	D	F	H	J	K	L	M	N	O	P	Q	R	S
1	순번	학년	학번	입학연도	소속학과	성명	중간200	중간100	기말110	기말100	퀴즈1:110	퀴즈1:100	퀴즈2:100	출석100	참여도100	총합
50	49	3	201910546	2019	통신	김태길	148	74	66	60	57	51.82	51	96.67	100	68.15
51	50	2	202010266	2020	보안	강성연	97	48.5	101	91.82	73	66.36	88	98.89	80	76.01
52	51	4	202010275	2020	보안	강[illegible]	[illegible]	[illegible]	66	60	68	61.82	36	100	100	68.88
53	52	4	202010177	2020	컴퓨터	구정민	58	29	[illegible]	[illegible]	[illegible]	43.64	49	100	100	52.69
54	53	2	202210585	2022	통신	김주원	[illegible]	37.5	42	38.18	37	[illegible]	[illegible]	[illegible]	100	43.86
55	모집단에 대한 분산						1324.179	331.0447	603.9601	499.1625	379.209	313.4128	649.7586	50.555	405.2688	265.358
56	표본집단에 대한 분산						1349.644	337.4109	615.5747	508.7617	386.5015	319.44	662.254	51.52721	413.0624	270.461
57	모집단에 대한 표준편차						36.38927	18.19463	24.5756	22.34194	19.47329	17.70347	25.49036	7.110204	20.13129	16.28981
58	표본집단에 대한 표준편차						36.7375	18.36875	24.81078	22.55575	19.65964	17.87289	25.7343	7.178246	20.32394	16.4457

=VAR.P(J2:J54)
=VAR.S(M2:M54)
=STDEV.P(P2:P54)

구한 값들의 의미를 이해해 보자.

	A	B	C	D	F	H	J	K	L	M	N	O	P	Q	R	S
1	순번	학년	학번	입학연도	소속학과	성명	중간200	중간100	기말110	기말100	퀴즈1:110	퀴즈1:100	퀴즈2:100	출석100	참여도100	총합
53	52	4	202010177	2020	컴퓨터	구정민	58	29	62	56.36	48	43.64	49	100	100	52.69
54	53	2	202210585	2022	통신	김주원	75	37.5	42	38.18	37	33.64	11	97.78	100	43.86
55	모집단에 대한 분산						1324.179	331.0447	603.9601	499.1625	379.209	313.4128	649.7586	50.555	405.2688	265.358
56	표본집단에 대한 분산						1349.644	337.4109	615.5747	508.7617	386.5015	319.44	662.254	51.52721	413.0624	270.461
57	모집단에 대한 표준편차						36.38927	18.19463	24.5756	22.34194	19.47329	17.70347	25.49036	7.110204	20.13129	16.28981
58	표본집단에 대한 표준편차						36.7375	18.36875	24.81078	22.55575	19.65964	17.87289	25.7343	7.178246	20.32394	16.4457
59	평균						113.83	56.92	64.66	58.78	53.87	48.97	51.53	95.16	88.49	61.64

분산은 편차의 제곱을 이용해 구한 값이기 때문에 평균과의 직관적인 비교가 어렵지만, 표준편차의 경우 분산의 제곱근이므로 평균과의 비교가 쉽다. 이를 고려하여 평균과 표준편차를 비교하면 현재 수집한 데이터의 분포의 정도를 판단할 수 있다. 예를 들어 '출석100'의 분포 정도를 대략적으로 판단하면, '출석100'의 모집단과 표본집단에 대한 표준편차가 각각 '7.110204', '7.178246'으로 매우 작은 값을 갖는다. 이는 데이터 값이 평균 주변에 대부분 밀집되어 있음을 의미한다. 한

편, '기말100'의 경우 표준편차가 '22.34194', '22.55575'로 평균인 '58.78'을 중심으로 적당히 흩어져 있다고 판단할 수 있다.

실습 15-1 분산과 표준편차 구하기

준비 실습15_01.xlsx | **결과** 실습15_01_결과.xlsx

[회원정보] 시트에서 '만나이', '일수', '가입년수', '가입일수', '누적포인트'에 대해 모집단, 표본집단에 대한 분산과 표준편차를 구해보자.

'만나이'에 대한 분산과 표준편차를 구하기 위해 셀 AM2부터 AM5에 다음 함수식을 입력한다.

```
셀 AM2  =VAR.P(K2:K36)          셀 AM3  =VAR.S(K2:K36)
셀 AM4  =STDEV.P(K2:K36)        셀 AM5  =STDEV.S(K2:K36)
```

그리고 나머지 항목들에 대해서도 해당 항목의 값이 입력된 셀 범위를 입력하여 구한다.

AM2 =VAR.P(K2:K36)

	AK	AL	AM	AN	AO	AP	AQ
1			만 나이	일수	가입 년수	가입 일수	누적포인트
				(M2:M36)	(X2:X36)	(Z2:Z36)	(AB2:AB36)
2		모집단에 대한 분산	70.656327	[illegible]	[illegible]	[illegible]	[illegible]
3		표본집단에 대한 분산	72.734454	9769721.61	28.52605042	3991747.585	6438401573
4		모집단에 대한 표준편차	8.4057318	3080.679585	5.264125797	1969.187054	79085.06333
5		표본집단에 대한 표준편차	8.5284497	3125.655389	5.340978414	1997.935831	80239.65088
6							

데이터들의 분포도를 확인하기 위해 각 항목에 대해 평균을 구하여 모집단 또는 표본집단 표준편차와 비교해 보면 '만나이'와 '가입년수'의 경우 평균에 매우 밀집되어 있다고 판단할 수 있으며, '가입일수'와 '누적포인트'는 평균에서 흩어진 데이터를 가지고 있다고 판단할 수 있다.

2 부분합을 이용한 분산과 표준편차

준비 예제15_02.xlsx | **결과** 예제15_02_결과.xlsx

[부분합]에도 분산과 표준편차를 구하는 메뉴가 있다. [부분합] 창의 [사용할 함수] 중 분산과 표준편차에 해당하는 '표본 표준 편차', '표준 편차', '표본 분산', '분산'을 선택하여 실행한다. 여기서 '표준 편차', '분산'은 모집단에 대한 표준편차, 분산을 구하는 함수이고, '표본 표준 편차', '표본 분산'은 표본집단에 대한 표준편차, 분산을 구하는 함수이다.

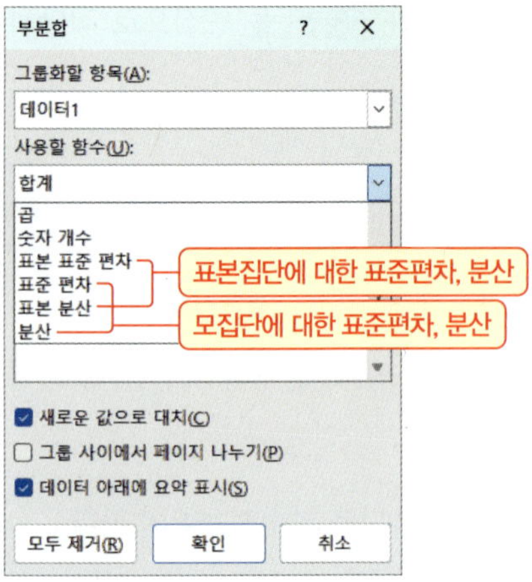

부분합을 이용해 분산과 표준편차 구하기

각 학과별 '중간100', '기말100', '퀴즈1:100', '퀴즈2:100', '출석100', '참여도100', '총합'의 분산과 표준편차를 구해 보자.

'예제15_02.xlsx'의 [분반1] 시트 데이터들은 학과별로 정렬되어 있지 않다. 이를 정렬하기 위해 [데이터] 탭-[정렬 및 필터] 그룹-[정렬]을 클릭하여 [정렬] 창에서 '정렬 기준'을 '소속학과'로 하여 오름차순으로 정렬한다.

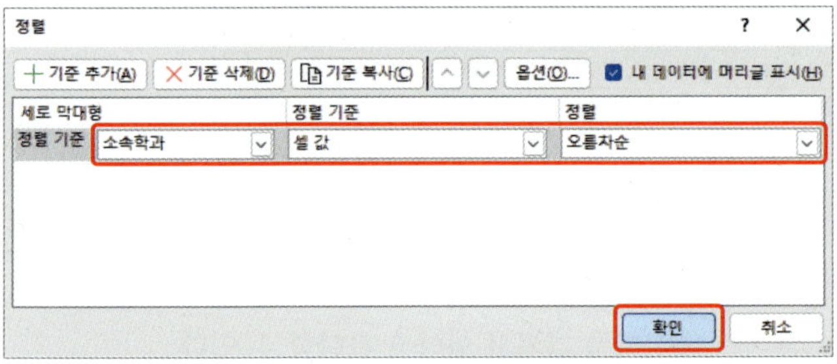

정렬된 데이터를 이용해 [데이터] 탭-[개요] 그룹-[부분합]을 클릭하여 [부분합] 창에서 [그룹화할 항목]을 '소속학과'로 하여 '중간100', '기말100', '퀴즈1:100', '퀴즈2:100', '출석100', '참여도100', '총합'의 모집단과 표본집단에 대한 분산과 표준편차를 구한다. 이때 [새로운 값으로 대치]는 선택 해제한다.

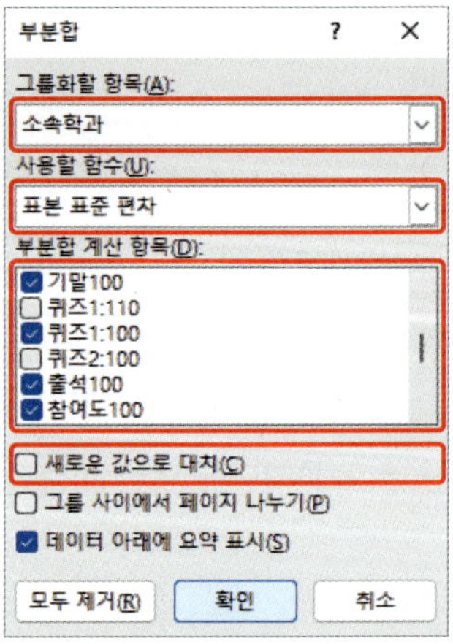

	A	B	C	D	F	H	K	M	O	P	Q	R	S	T	V	AB
1	순번	학년	학번	입학연도	소속학과	성명	중간100	기말100	퀴즈1:100	퀴즈2:100	출석100	참여도100	총합	등수EQ	재수강 여부	최종학점
2	2	2	202210488	2022	게임	김규상	27.5	42.73	42.73	25	81.11	100	43.09	57		F
3	13	2	202210402	2022	게임	정영주	32.5	16.36	13.64	14	87.78	60	30.02	63		F
4	17	4	201910412	2019	게임	한화연	70.5	58.18	55.45	26	100	100	64.66	41	Y	C0
5	21	4	201910420	2019	게임	김민현	41	45.45	49.09	26	94.44	60	48.16	53	Y	F
6	34	1	202210418	2022	게임	정성환	42.5	52.73	36.36	58	94.44	60	53.09	51		F
7	44	2	202110460	2021	게임	이형진	64.5	63.64	60	57	97.78	100	68.1	37		C+
8	45	3	202110471	2021	게임	김지수	77.5	82.73	74.55	76	100	100	82.26	15		A0
9					**게임 분산**		333.05102	359.55913	320.99559		41.522657	391.83673	260.22497			
10					**게임 분산**		333.05102	359.55913	320.99559		41.522657	391.83673	260.22497			
11					**게임 표본 분산**		388.55952	419.48565	374.49486		48.4431	457.14286	303.5958			
12					**게임 표준 편차**		18.249685	18.962044	17.91635		6.4438077	19.794866	16.13149			
13					**게임 표본 표준 편차**		19.711913	20.481349	19.35187		6.9601078	21.380899	17.424001			
67	14	1	202110504	2021	통신	채혜정	35.5	0	23.64	29	93.33	60	28.25	64		F
68	26	2	202210531	2022	통신	임주은	70.5	77.27	63.64	77	100	100	77.26	21		B+
69	27	2	202210538	2022	통신	주영진	76.5	95.45	73.64	83	100	100	87.02	14		A+
70	30	2	202210573	2022	통신	김정석	62	88.18	54.55	74	96.67	100	76.99	22	Y	B+
71	47	2	202210529	2022	통신	권원재	70.5	60.91	70.91	54	97.78	80	68.74	35		C+
72	48	1	202210535	2022	통신	박규석	57	83.64	43.64	74	95.56	100	72.69	27	Y	B0
73	49	3	201910546	2019	통신	김태길	74	60	51.82	51	96.67	100	68.15	36		C+
74	53	2	202210585	2022	통신	김주원	37.5	38.18	33.64	11	97.78	100	43.86	56		F
75					**통신 분산**		186.69	694.9265	256.48268		4.690869	164	268.39558			
76					**통신 분산**		186.69	694.9265	256.48268		4.690869	164	268.39558			
77					**통신 표본 분산**		207.43333	772.14056	284.98076		5.2120767	182.22222	298.21731			
78					**통신 표준 편차**		13.663455	26.361459	16.015077		2.1658414	12.806248	16.382783			
79					**통신 표본 표준 편차**		14.402546	27.787417	16.881373		2.2829973	13.498971	17.268969			
80					**전체 분산**											
81					**전체 분산**		331.04408	499.16246	313.41285		50.554999	405.26878	265.35796			
82					**전체 표본 분산**		337.41092	508.76174	319.44002		51.52721	413.06241	270.461			
83					**전체 표준 편차**		18.194633	22.341944	17.70347		7.1102038	20.131289	16.289812			
84					**전체 표본 표준 편차**		18.368749	22.555747	17.872885		7.1782456	20.323937	16.445699			

실습 15-2 부분합으로 분산과 표준편차 구하기

준비 실습15_02.xlsx | **결과** 실습15_02_결과.xlsx

[회원정보] 시트에서 '회원등급'별로 '만나이', '가입년수', '누적포인트'의 분산과 표준편차를 구해 보자.

먼저 [회원등급] 시트의 데이터를 [데이터] 탭-[정렬 및 필터] 그룹-[정렬]을 클릭해 정렬 기준을 '회원등급'의 셀 색으로 정렬한다.

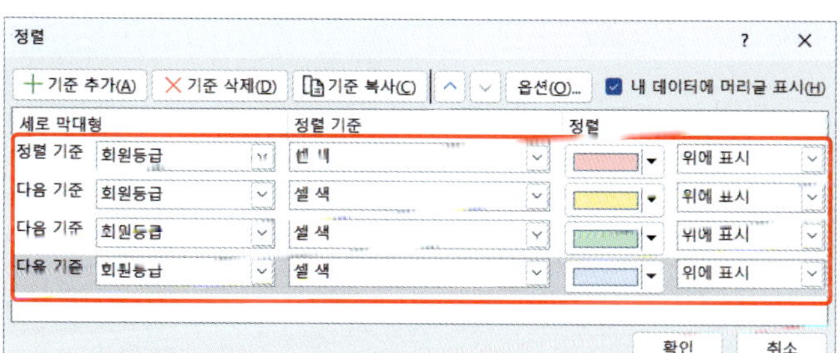

정렬된 데이터를 이용해 '회원등급'별로 '만나이', '가입년수', '누적포인트'의 분산과 표준편차를 구하기 위해 [데이터] 탭-[개요] 그룹-[부분합]을 실행하고 [그룹화할 항목]을 '회원등급'으로 선택한 후 '표본 표준 편차', '표준 편차', '표본 분산', '분산' 함수를 각각 실행시킨다. 이때 [새로운 값으로 대치]는 선택 해제한다.

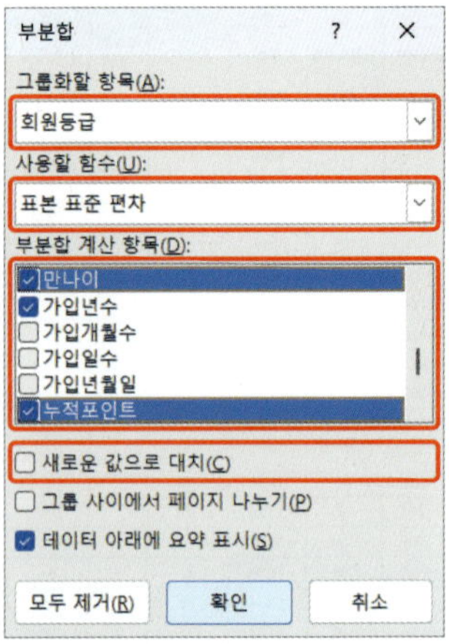

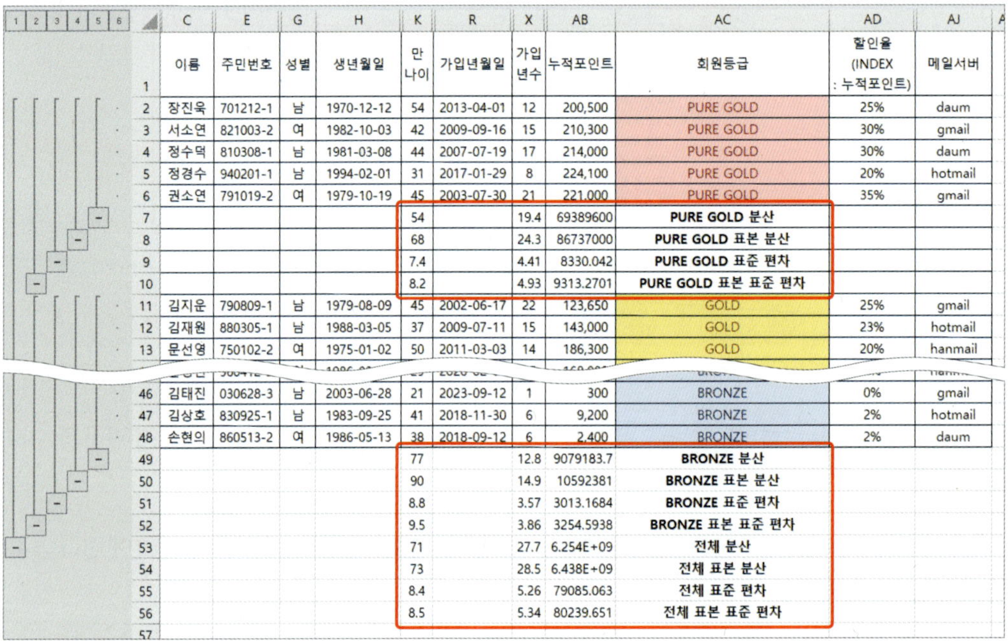

	C	E	G	H	K	R	X	AB	AC	AD	AJ
1	이름	주민번호	성별	생년월일	만나이	가입년월일	가입년수	누적포인트	회원등급	할인율 (INDEX : 누적포인트)	메일서버
2	장진욱	701212-1	남	1970-12-12	54	2013-04-01	12	200,500	PURE GOLD	25%	daum
3	서소연	821003-2	여	1982-10-03	42	2009-09-16	15	210,300	PURE GOLD	30%	gmail
4	정수덕	810308-1	남	1981-03-08	44	2007-07-19	17	214,000	PURE GOLD	30%	daum
5	정경수	940201-1	남	1994-02-01	31	2017-01-29	8	224,100	PURE GOLD	20%	hotmail
6	권소연	791019-2	여	1979-10-19	45	2003-07-30	21	221,000	PURE GOLD	35%	gmail
7					54		19.4	69389600	**PURE GOLD 분산**		
8					68		24.3	86737000	**PURE GOLD 표본 분산**		
9					7.4		4.41	8330.042	**PURE GOLD 표준 편차**		
10					8.2		4.93	9313.2701	**PURE GOLD 표본 표준 편차**		
11	김지운	790809-1	남	1979-08-09	45	2002-06-17	22	123,650	GOLD	25%	gmail
12	김재원	880305-1	남	1988-03-05	37	2009-07-11	15	143,000	GOLD	23%	hotmail
13	문선영	750102-2	여	1975-01-02	50	2011-03-03	14	186,300	GOLD	20%	hanmail
46	김태진	030628-3	남	2003-06-28	21	2023-09-12	1	300	BRONZE	0%	gmail
47	김상호	830925-1	남	1983-09-25	41	2018-11-30	6	9,200	BRONZE	2%	hotmail
48	손현의	860513-2	여	1986-05-13	38	2018-09-12	6	2,400	BRONZE	2%	daum
49					77		12.8	9079183.7	**BRONZE 분산**		
50					90		14.9	10592381	**BRONZE 표본 분산**		
51					8.8		3.57	3013.1684	**BRONZE 표준 편차**		
52					9.5		3.86	3254.5938	**BRONZE 표본 표준 편차**		
53					71		27.7	6.254E+09	**전체 분산**		
54					73		28.5	6.438E+09	**전체 표본 분산**		
55					8.4		5.26	79085.063	**전체 표준 편차**		
56					8.5		5.34	80239.651	**전체 표본 표준 편차**		
57											

SECTION

02 데이터 유효성 검사

준비 예제15_03.xlsx | **결과** 예제15_03_결과.xlsx

데이터 유효성 검사는 데이터 분석에 사용될 데이터의 정확성을 확보하는 기능이다. 데이터를 입력할 때 다양한 이유로 오류가 발생할 수 있기 때문에 입력된 데이터가 분석에 유효한 값인지 검토하거나 데이터가 입력될 셀 영역에 유효한 데이터만 입력되도록 설정할 수 있다. 예를 들어 '컴퓨터 개론을 수강한 공학부 학생의 성적 정보'에서 '중간합200'에 입력된 값은 0보다 크거나 같고 200보다 작거나 같아야 하는데 그 범위를 벗어나는 데이터가 있으면 오류 메시지를 띄워서 다시 입력하도록 유도할 수 있다.

데이터들의 유효성을 검사하려면 ❶ 유효성 검사가 적용될 영역을 먼저 선택한 뒤 ❷ [데이터] 탭-[데이터 도구] 그룹-[데이터 유효성 검사]를 클릭한다. 그러면 [데이터 유효성] 창이 뜨는데 그 창에서 ❸ '유효성 조건'을 설정한다. '유효성 조건'의 [제한 대상]은 어떤 값에 대해 검사할 것인가를 정하는 것이고 [제한 방법]은 값이 유효한 범위를 입력하는 것이다. 다음 예는 '데이터3'의 데이터 영역인 셀 C2부터 C17의 '정수' 데이터에 대해 0보다 크거나 같고 100보다 작거나 같은 범위에 있는 데이터들이 유효하도록 설정한 것이다.

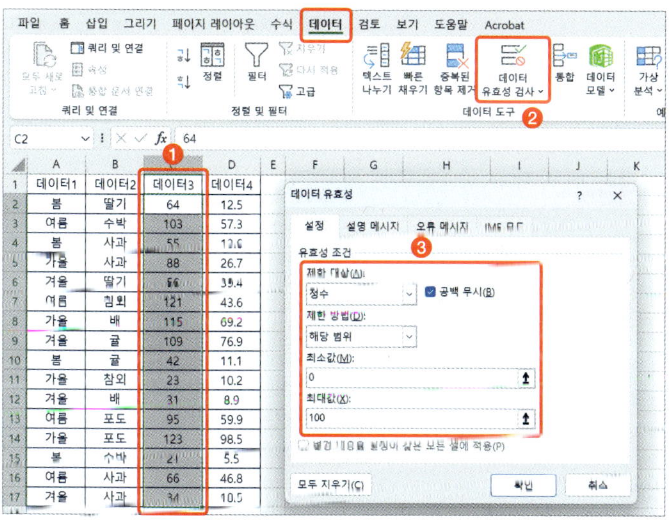

위와 같이 설정한 뒤 〈확인〉을 클릭해도 데이터 영역에는 아무 변화가 없다. 이 설정을 이용해 데이터 영역에 대한 유효성 검사를 하려면 [데이터] 탭-[데이터 도구] 그룹-[데이터 유효성 검사]의

⌄를 클릭해 나타나는 하위 메뉴 중 [잘못된 데이터]를 선택하면 [데이터 유효성] 창에서 설정한 범위에서 벗어나는 데이터들에 빨간색 동그라미가 표시된다.

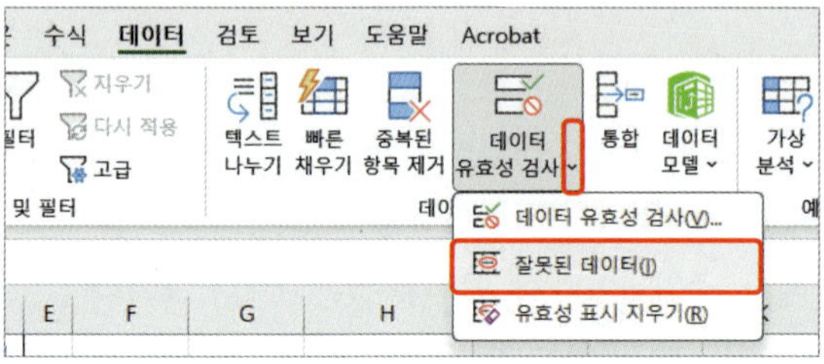

	A	B	C	D
1	데이터1	데이터2	데이터3	데이터4
2	봄	딸기	64	12.5
3	여름	수박	103	57.3
4	봄	사과	55	13.6
5	가을	사과	88	26.7
6	겨울	딸기	56	39.4
7	여름	참외	121	43.6
8	가을	배	115	69.2
9	겨울	귤	109	76.9
10	봄	귤	42	11.1
11	가을	참외	23	10.2
12	겨울	배	31	8.9
13	여름	포도	95	59.9
14	가을	포도	123	98.5
15	봄	수박	21	5.5
16	여름	사과	66	46.8
17	겨울	사과	34	18.5
18				

빨간색 동그라미가 표시된 셀의 값은 유효하지 않은 데이터이므로 수정한다. 그러면 빨간색 동그라미는 자동으로 사라진다.

	A	B	C	D
1	데이터1	데이터2	데이터3	데이터4
2	봄	딸기	64	12.5
3	여름	수박	93	57.3
4	[illegible]	[illegible]	[illegible]	13.6
5	[illegible]	[illegible]	[illegible]	26.7
6	겨울	딸기	56	39.4
7	여름	참외	121	43.6
8	가을	배	115	69.2
9	겨울	귤	109	76.9
10	봄	귤	42	11.1
11	가을	참외	23	10.2
12	겨울	배	31	8.9
13	여름	포도	95	59.9
14	가을	포도	123	98.5
15	봄	수박	21	5.5
16	여름	사과	66	46.8
17	겨울	사과	34	18.5
18				

103이었던 값을 93으로 수정

수정하지 않은 상태에서 빨간색 동그라미를 지우고 싶다면 [데이터] 탭–[데이터 도구] 그룹–[데이터 유효성 검사]의 ⌄를 클릭해 나타나는 하위 메뉴 중 [유효성 표시 지우기]를 클릭한다.

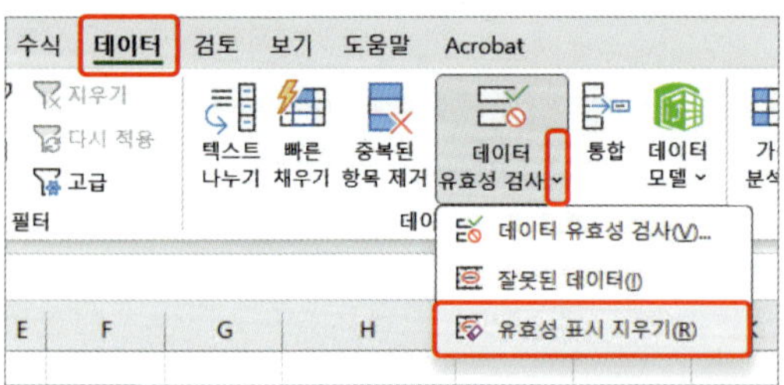

수정했던 셀 C3의 93을 다시 103으로 바꾸면 경고 메시지 창이 나타나면서 수정되지 않는다. 이것은 이 데이터 영역에 이미 유효성 검사가 설정되었기 때문에 설정했던 범위(0보다 크거나 같고 100보다 작거나 같은 범위)에서 벗어나는 값이 입력되면 경고 메시지를 나타내는 것이다.

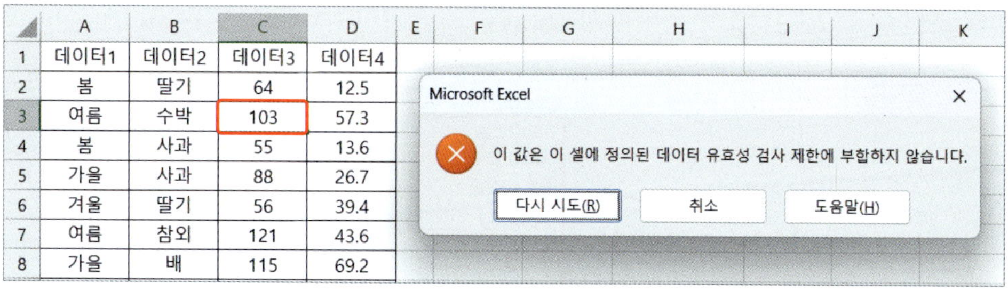

이러한 경고 메시지도 사용자 임의대로 만들 수 있는데 이는 [데이터 유효성] 창의 [오류 메시지] 탭에서 설정할 수 있다.

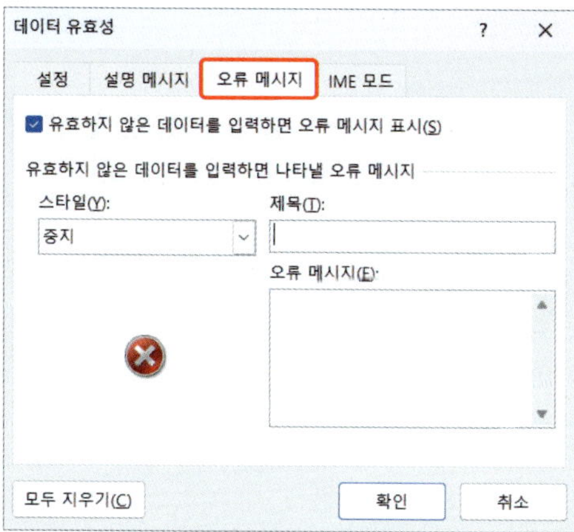

이처럼 입력된 데이터에 대해 유효성을 설정해 오류를 찾아낼 수도 있지만, 데이터가 입력되어 있지 않은 셀 영역에 미리 범위를 지정하여 유효성을 설정하면 입력 과정에서의 오류를 최소화할 수 있다.

'예제15_03.xlsx'의 [분반1] 시트 데이터에서 '학번', '입학연도', '소속학과'에 대해 다음 정보를 참고하여 유효성 검사를 하고 잘못된 데이터를 찾아보자.

- '학번'의 길이는 9자리이다.
- '입학연도'는 2019년도부터 2022학번까지만 입력될 수 있다
- '소속학과'는 [참조표] 시트에 있는 표를 참고한다.

'학번'의 길이는 입학연도(4자리) + 소속학과 번호(3자리) + 개인번호(2자리)인 총 9자리로 구성되어 있다. '학번'의 데이터 영역인 셀 C2부터 C54까지 선택하고 [데이터] 탭-[데이터 도구] 그룹-[데이터 유효성 검사]를 클릭해 나타나는 [데이터 유효성] 창에서 '유효성 조건'을 설정한다. [제한 대상]을 '텍스트 길이'로 선택하고 [제한 방법]에서 =을 선택한 후 [길이]에 9를 입력하고 〈확인〉을 클릭한다.

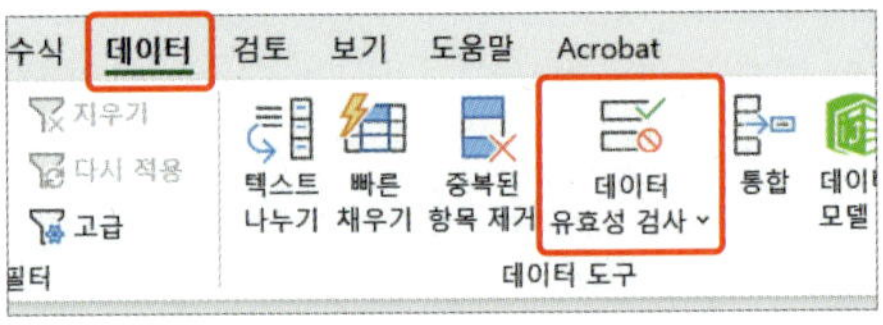

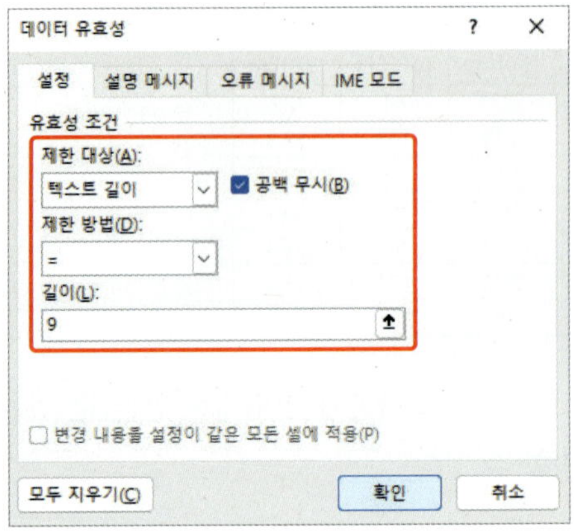

TIP • '텍스트 길이'는 입력된 값이 문자, 정수 상관없이 실행된다.

'입학연도'는 '2019'부터 '2022' 사이의 값들 외의 다른 값이 입력되면 오류가 나야 한다. 우선 '학년'의 데이터 영역인 셀 D2부터 D54까지 선택하고 [데이터 유효성] 창에서 '유효성 조건'을 설정한다. [제한 대상]은 '정수'로 선택하고 [제한 방법]은 '해당 범위'로 선택하여 [최소값]은 **2019**, [최대값]은 **2022**로 입력한 후 〈확인〉을 클릭한다.

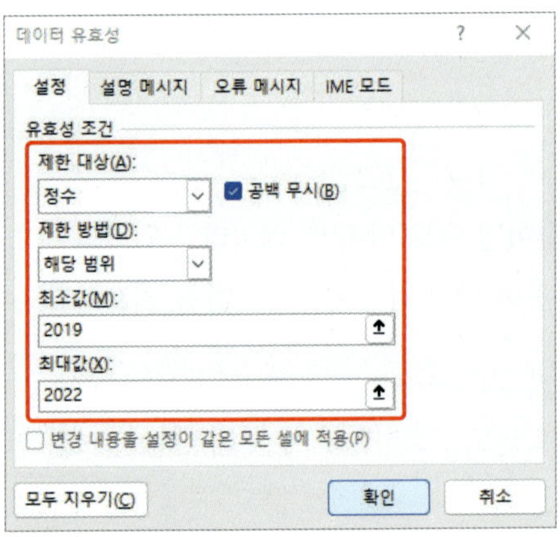

[참조표] 시트에는 '학과코드표'가 있다. [분반1] 시트에서 '소속학과'의 데이터 영역에 해당하는 셀 F2부터 F54까지 선택하고 [데이터 유효성] 창에서 [제한 대상]을 '목록'으로 선택한다. 그리고 [원본]은 [참조표] 시트의 '전공명' 데이터 영역인 **참조표!B3:B7**을 입력하고 〈확인〉을 클릭한다.

이렇게 유효성 검사를 설정하면 [분반1] 시트의 '소속학과' 데이터 영역의 각 셀마다 ▾이 생기는 것을 확인할 수 있는데 이것은 [제한 대상]에서 [드롭다운 표시]를 선택한 상태로 유효성 조건을 설정했기 때문이다.

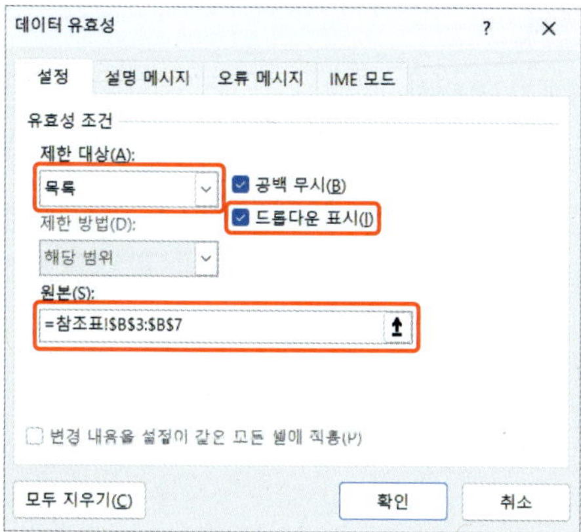

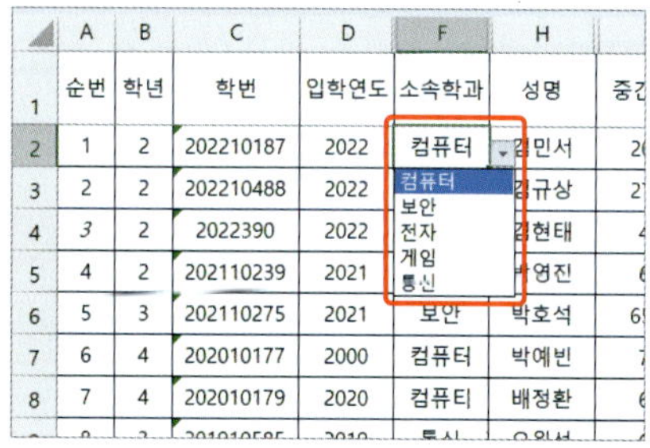

이제 잘못 입력된 데이터들이 있는지 확인하기 위해 [데이터] 탭-[데이터 도구] 그룹-[데이터 유효성 검사]-[잘못된 데이터]를 클릭한다.

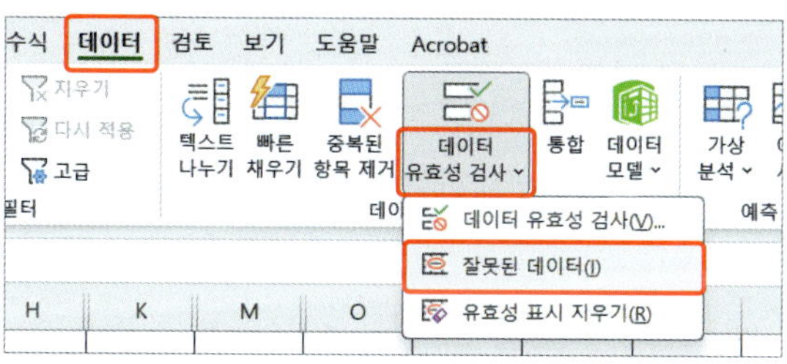

실습 15-3 데이터 유효성 설정하기

준비 실습15_03.xlsx | **결과** 실습15_03_결과.xlsx

[봉사자] 시트에 봉사활동에 참여할 회원들의 '아이디', '생년월일', '성별', '담당'을 입력할 것이다. 입력하기 전에 데이터 입력 시 오류가 최소화될 수 있도록 다음 사항을 참고하여 유효성을 설정하자.

- 봉사자의 '아이디'는 4자 이상 10자 이하의 문자 조합으로 구성된다.
- 봉사자는 1970년 이후 출생자만 지원할 수 있다.
- '성별'은 '남' 또는 '여'로만 입력한다.
- '담당'은 '담당명' 표에 입력된 업무만으로 구성된다.
- '아이디'와 '생년월일' 항목의 입력 데이터 형식은 설명 메시지로 표시한다.
- '아이디', '생년월일', '성별' 항목에 유효한 값 이외의 다른 값이 입력되었을 때 경고 메시지를 표시한다.

01 '아이디' 항목에 데이터 유효성 설정하기

'아이디' 항목의 데이터 영역에 해당하는 셀 B4부터 B8까지 선택하고 [데이터] 탭-[데이터 도구] 그룹-[데이터 유효성 검사]를 클릭한다. '아이디' 항목의 값은 문자들이 4자 이상 10자 이하로 입력될 수 있도록 [데이터 유효성] 창에서 '유효성 조건'을 설정한다. [제한 대상]은 '텍스트 길이', [제한 방법]은 '해당 범위', [최소값]은 4, [최대값]은 10으로 설정한다.

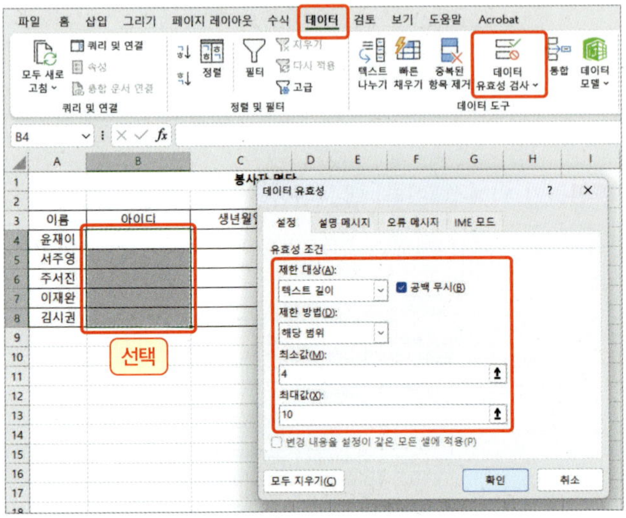

[설명 메시지] 탭으로 이동하여 [제목]에는 **아이디 입력**으로 작성하고 [설명 메시지]에 모두 **4자 이상 10자 이하로 입력하세요**라고 작성한다. [셀을 선택하면 설명 메시지 표시]를 선택 해제하면 설명 자체를 입력할 수 없으므로 반드시 체크한다.

[오류 메시지] 탭으로 이동하여 같은 내용을 작성한다. [스타일]의 경우 경고 메시지의 아이콘을 선택하는 것이다. 여기서는 '정보'를 선택하였다. 이때 [유효하지 않은 데이터를 입력하면 오류 메시지 표시]를 선택하고 입력한다. 모두 설정하였다면 〈확인〉을 클릭한다.

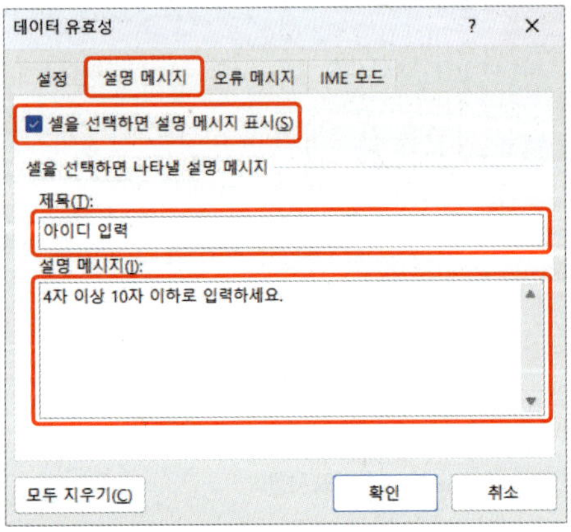

▲ [설명 메시지] 탭

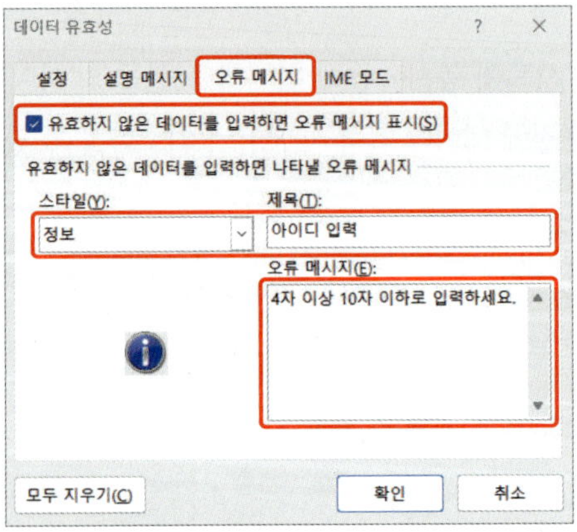

▲ [오류 메시지] 탭

우선 '아이디' 항목의 데이터 영역인 셀 B4부터 B8 중 하나의 셀을 선택하면 작은 팝업 창에 '설명 메시지'에서 작성했던 설명이 나타난다. 또한 셀 B4에 yje만 입력하고 Enter를 클릭하면 '오류 메시지'에서 작성했던 내용의 경고창이 나타난다.

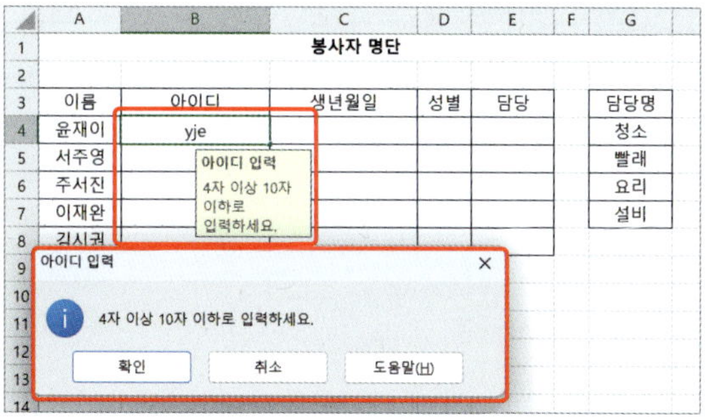

02 '생년월일' 항목에 데이터 유효성 설정하기

1970년 이후 출생자만 입력하기 위해 [데이터 유효성] 창의 [제한 대상]을 '날짜'로, [제한 방법]을 >=로, [시작 날짜]를 **1970-01-01**로 입력한다. 그리고 [설명 메시지] 탭의 [제목]에 **1970년 이후 출생**, [설명 메시지]에 **1970년 이후 날짜로 입력하세요.**라고 작성한다. [오류 메시지] 탭에서도 같은 내용으로 작성하고 〈확인〉을 클릭한다.

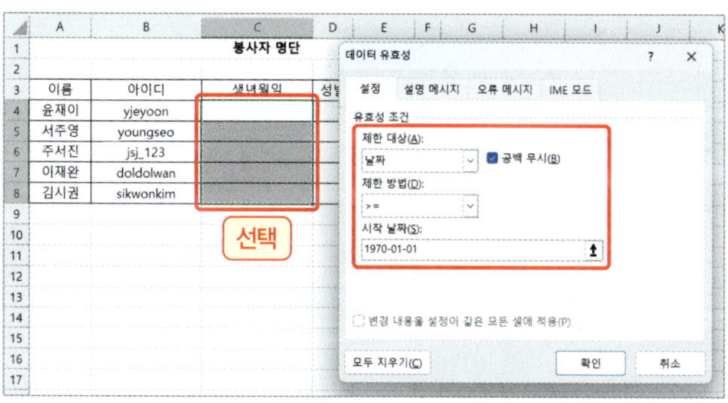

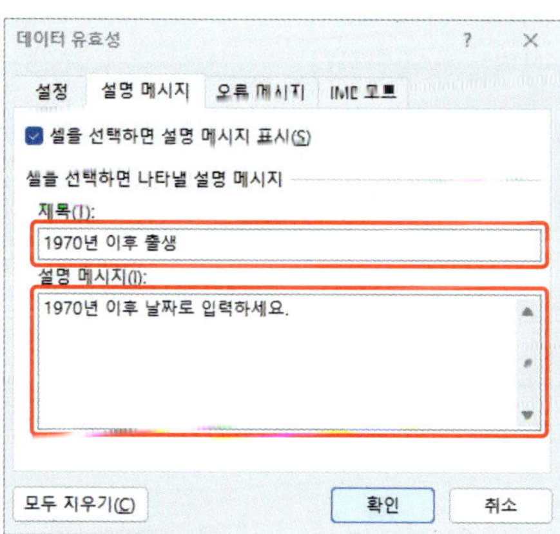

▲ [설명 메시지] 탭

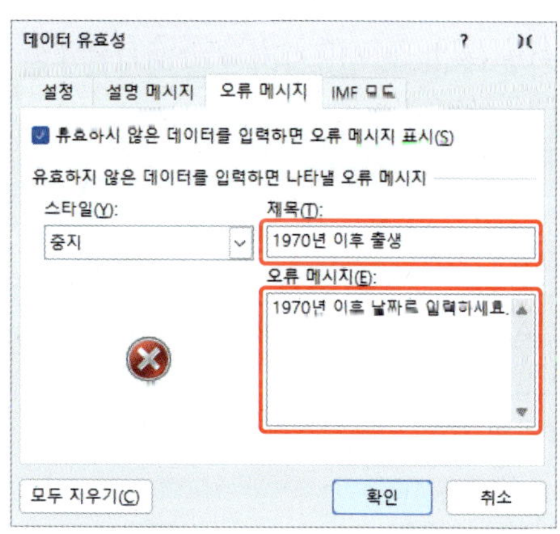

▲ [오류 메시지] 탭

‘생년월일’ 데이터 영역의 한 셀을 선택하면 설명 메시지가 팝업 창에 나타나고, 1970년 이전 날짜를 입력하면 경고창이 나타난다.

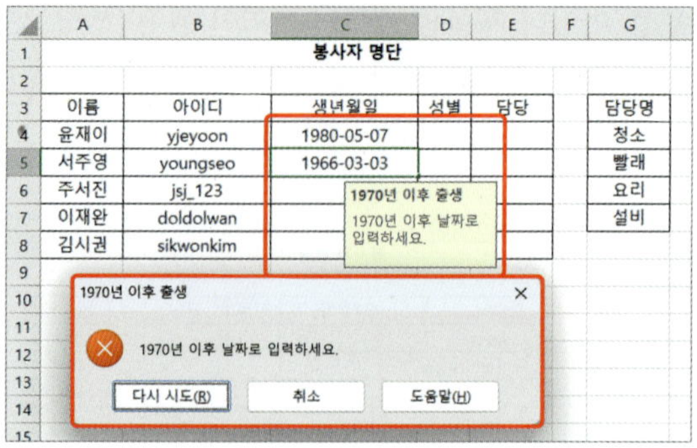

03 ‘성별’ 항목에 데이터 유효성 설정하기

‘성별’의 데이터 영역에 ‘남’ 또는 ‘여’로만 입력하기 위해 셀 D4부터 D8까지 선택하고 [데이터 유효성] 창의 [제한 대상]에서 ‘목록’을 선택하자. ‘성별’에 대해 별도로 주어진 목록이 없기 때문에 [원본]에 직접 **남, 여**로 작성한다. 여기서는 [드롭다운 표시]를 선택 해제해 보자.

또한 입력하는 중 오류가 날 수 있으니 [오류 메시지] 창에서 ‘제목’에 **성별 입력**, [오류 메시지]에 **남, 여 중 하나만 입력하세요.**라고 입력한 뒤 〈확인〉을 클릭한다.

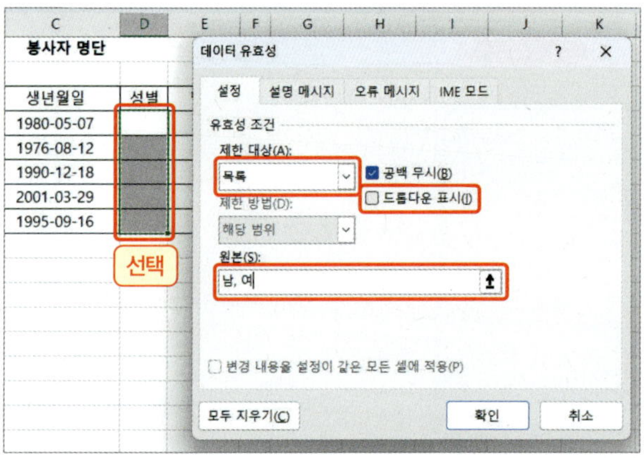

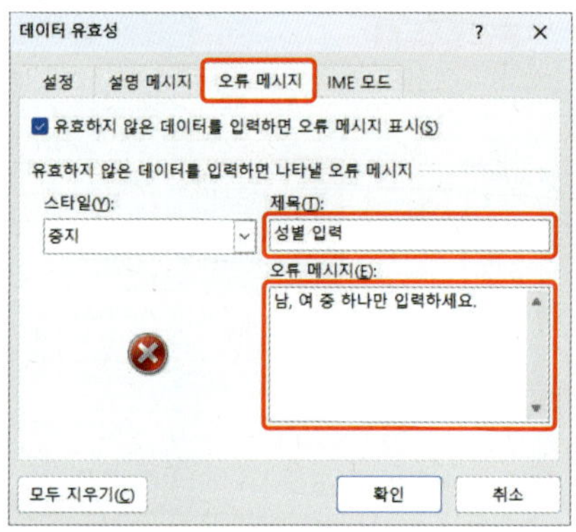

셀을 선택하고 데이터를 입력하여 오류 메시지가 잘 만들어지는지 확인한다.

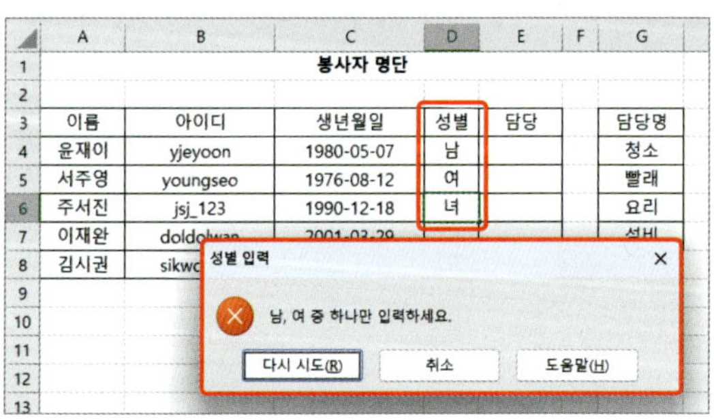

04 '담당' 항목에 입력 데이터 유효성 설정하기

'담당' 항목은 G열에 위치한 '담당명' 데이터를 이용하여 입력할 수 있다. 그래서 셀 E4부터 E8을 선택하고 [데이터 유효성] 창의 [제한 대상]을 '목록'으로 선택하고 [원본]에 셀 G4:G7을 입력한다. 이번에는 [드롭다운 표시]를 선택한 상태에서 실행한다.

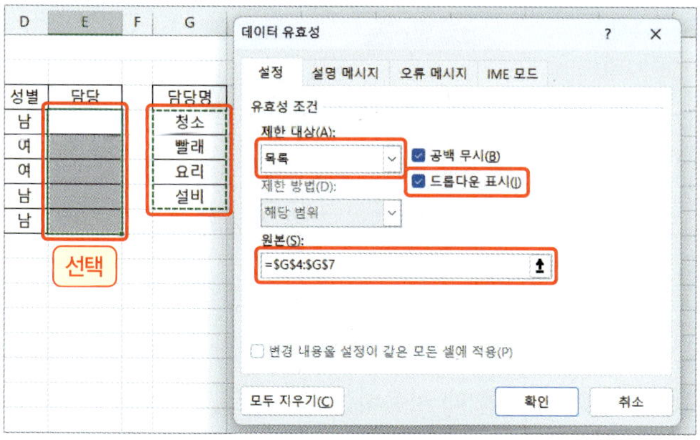

그러면 '담당' 항목의 데이터 영역 각 셀에는 ▾이 생기고 이 목록에서 셀에 입력할 데이터를 선택할 수 있다.

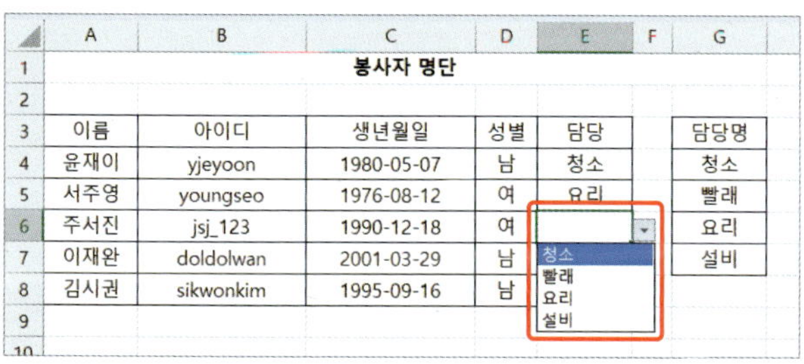

여기서 잠깐 **데이터 유효성 삭제**

데이터 영역에 적용된 유효성을 삭제하려면 유효성이 설정된 데이터 영역을 선택하고 [데이터] 탭-[데이터 도구] 그룹-[데이터 유효성 검사]-[데이터 유효성 검사] 창에서 [모두 지우기]를 클릭한다.

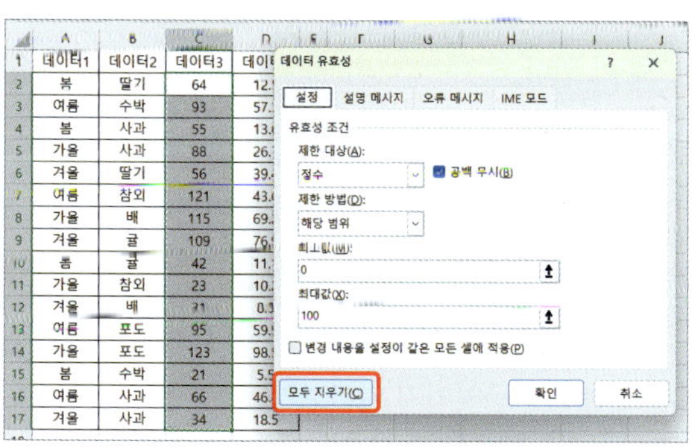

SECTION

03 값의 위상

준비 예제15_04.xlsx | **결과** 예제15_04_결과.xlsx

'4장 분석 데이터 수집 I'에서 공부했던 RANK.EQ, RANK.AVG 함수, '6장 데이터의 대푯값 추출'에서 공부했던 MAX, MIN 함수, '9장 데이터 정렬'에서 공부했던 정렬 기능의 공통점은 데이터 집합 내에서 각 데이터의 위상을 파악할 수 있다는 것이다.

이 외에도 어떤 값의 위상을 알 수 있는 함수인 LARGE 함수와 SMALL 함수가 있다. LARGE 함수는 데이터 집합 내에서 n번째로 큰 값이 무엇인지 찾을 때 사용하는 함수이고, SMALL 함수는 n번째로 작은 값이 무엇인지 찾을 때 사용하는 함수이다.

```
=LARGE(셀 범위, 데이터 위치)      =SMALL(셀 범위, 데이터 위치)

예 =LARGE(A1:C10, 5)              =SMALL(A1:C10, 5)
```

	A	B	C	D	E	F	G	H	I
1	데이터	A열의 값을 정렬한 결과	순위						
2	12	62	1		최대값	62	: =MAX(A2:A11) 입력		
3	34	53	2		최소값	5	: =MIN(A2:A11) 입력		
4	21	41	3		중간값	29.5	: =MEDIAN(A2:A11) 입력		
5	5	39	4		3번째로 큰 값	41	: =LARGE(A2:A11,3) 입력		
6	41	34	5		5번째로 작은 값	25	: =SMALL(A2:A11,5) 입력		
7	25	25	6						
8	39	21	7						
9	53	12	8		평균	29.9			
10	62	7	9						
11	7	5	10						

이런 LARGE 함수나 SMALL 함수는 전체 데이터 내에서 특정 데이터의 위치를 파악함으로써 문제의 이해나 다양한 해결 방법을 모색할 때 도움이 된다.

'예제15_04.xlsx'를 활용해 LARGE, SMALL 함수를 사용해 보자. 학점은 일반적으로 전체 학생의 30% 단위로 부여된다. 즉 상위 30%까지 A학점, 60%까지 B학점, 나머지 단위에 C, D, F 학점을 성적순으로 부여하는데, 하위 30% 학생들의 성적 내에서 다시 30% 단위로 C, D, F 학점을 부여한다. 즉, 하위에 속하는 학생이 30명이 있다면 이 중에서 상위 30%는 C, 그다음 30%에 D, 나머지에 F를 부여한다. 이 기준이 될 만한 위치의 점수가 무엇인지 알아보자.

전체 학생 수는 53명으로 상위 30%를 구분할 수 있는 점수의 위치는 17번째이고 그다음 30%를 구분할 수 있는 점수의 위치는 34번째이다. 또한 나머지 하위 학생 중 상위 30%의 기준이 될 만한 점수는 하위에서 12번째에 해당하는 점수이며, 그다음 30%의 기준이 되는 점수는 하위에서 6번째에 해당하는 점수이다. 이제 각 항목에 해당하는 점수를 구할 것이다. '중간200'에 해당하는 셀 J59, J60, J61, J62에 각각 다음 함수식을 입력하고 나머지 셀들은 채우기 핸들을 이용하거나 셀 범위와 데이터 위치 값을 변경하여 모든 값을 구한다.

```
셀 J59  =LARGE(J2:J54, 17)          셀 J60  =LARGE(J2:J54, 34)
셀 J61  =SMALL(J2:J54, 12)          셀 J62  =SMALL(J2:J54, 6)
```

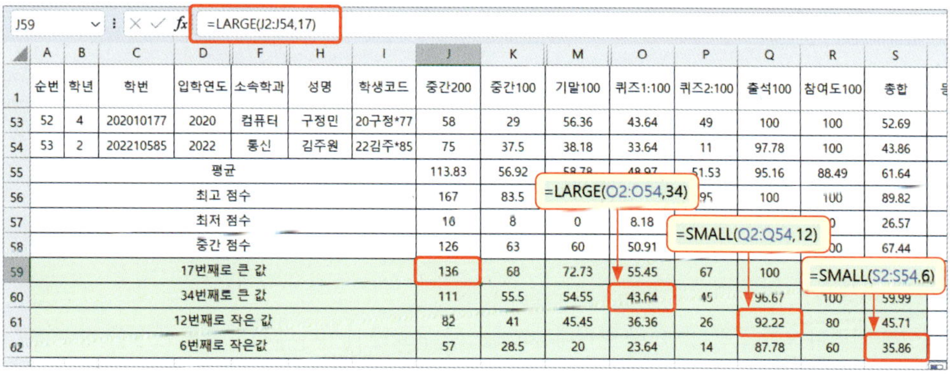

	순번	학년	학번	입학연도	소속학과	성명	학생코드	중간200	중간100	기말100	퀴즈1:100	퀴즈2:100	출석100	참여도100	종합
53	52	4	202010177	2020	컴퓨터	구정민	20구정*77	58	29	56.36	43.64	49	100	100	52.69
54	53	2	202210585	2022	통신	김주원	22김주*85	75	37.5	38.18	33.64	11	97.78	100	43.86
55	평균							113.83	56.92	58.78	48.97	51.53	95.16	88.49	61.64
56	최고 점수							167	83.5			95	100	100	89.82
57	최저 점수							16	8	0	8.18				26.57
58	중간 점수							126	63	60	50.91				67.44
59	17번째로 큰 값							136	68	72.73	55.45	67	100		
60	34번째로 큰 값							111	55.5	54.55	43.64	45	96.67	100	59.99
61	12번째로 작은 값							82	41	45.45	36.36	26	92.22	80	45.71
62	6번째로 작은값							57	28.5	20	23.64	14	87.78	60	35.86

실습 15-4 데이터의 위상 파악하기

준비 실습15_04.xlsx | **결과** 실습15_04_결과.xlsx

다양한 이벤트 적용을 위해 회원들의 만나이와 가입년수, 누적포인트의 기준을 찾으려고 한다. [회원정보] 시트에서 '만나이', '가입년수', '누적포인트'의 상위 5번째, 10번째 값과 하위 5번째, 10번째 값을 구해 보자.

'만나이'에 대해 상위 5번째, 10번째, 하위 5번째, 10번째 값을 구하기 위해 셀 AM2, AM3, AM4, AM5에 다음과 같이 입력하자.

```
셀 AM2  =LARGE(K2:K36, 5)          셀 AM3  =LARGE(K2:K36, 5)
셀 AM4  =SMALL(K2:K36, 10)         셀 AM5  =SMALL(K2:K36, 5)
```

'가입년수'와 '누적포인트'는 데이터 영역을 X2:X36, AB2:AB36으로 변경하여 값을 구한다.

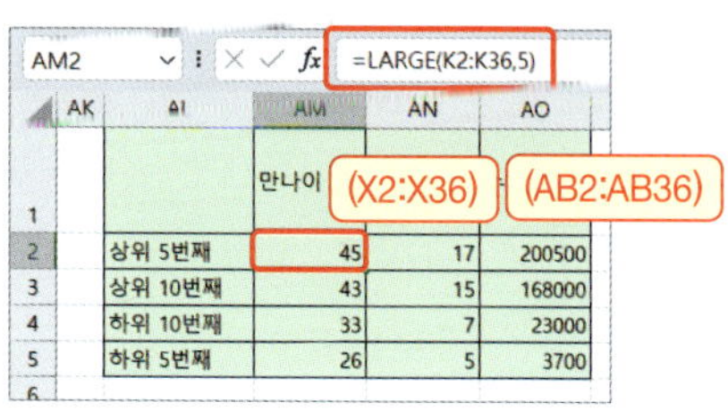

	AL	AM	AN	AO
1		만나이		
2	상위 5번째	45	17	200500
3	상위 10번째	43	15	168000
4	하위 10번째	33	7	23000
5	하위 5번째	26	5	3700

요약

01 분산과 표준편차를 구하는 함수

- 모집단에 대한 분산: VAR.P(값 또는 셀 범위)
- 표본집단에 대한 분산: VAR.S(값 또는 셀 범위)
- 모집단에 대한 표준편차: STDEV.P(값 또는 셀 범위)
- 표본집단에 대한 표준편차: STDEV.S(값 또는 셀 범위)

02 부분합을 이용한 분산과 표준편차

- 분산이나 표준편차를 구하기 위한 데이터 영역 정렬: [데이터] 탭-[정렬 및 필터] 그룹-[정렬]
- [데이터] 탭-[개요] 그룹-[부분합] 선택
- [그룹화할 항목], [사용할 함수], [부분합 계산 항목] 선택: [사용할 함수]에서 '표본 표준 편차', '표준 편차', '표본 분산', '분산' 중 선택한다.

03 데이터 유효성 검사

- 데이터 입력의 오류를 방지하거나 찾아내는 기능으로 유효한 데이터의 범위나 표현 등을 정의한다.
- [데이터] 탭-[데이터 도구] 그룹-[데이터 유효성 검사]
- 오류가 있는 데이터 찾기: [데이터] 탭-[데이터 도구] 그룹-[데이터 유효성 검사]-[잘못된 데이터]

04 값의 위상

- n번째 큰 값: LARGE(셀 범위, 데이터 위치)
- n번째 작은 값: SMALL(셀 범위, 데이터 위치)

연습문제

01 데이터 분석에서 분산과 표준편차가 필요한 이유로 옳은 것을 고르시오.

① 입력된 데이터가 정확한 형식을 갖추었는지 확인할 수 있다.

② 전체 데이터 내에서 특정 값의 위치를 파악할 수 있다.

③ 수집된 데이터가 분석이 필요한 문제 상황을 반영할 수 있는지를 파악할 수 있다.

④ 데이터들을 시각적으로 표현하여 이해를 돕는다.

⑤ 조건에 따라 데이터가 입력된 셀의 색을 다르게 설정한다.

02 유효성 검사에 대한 설명으로 맞는 것을 모두 고르시오.

① 데이터 입력 과정에서의 오류를 최소화할 수 있다.

② 입력된 데이터의 오류를 찾을 수 있다.

③ 수식을 이용해 계산한 결과에 대한 오류는 찾을 수 없다.

④ 데이터의 위치를 찾을 수 있다.

⑤ 데이터가 문제 상황을 반영했는지 판단할 수 있다.

03 다음 데이터들을 이용해 작성한 함수식들이다. 같은 결과를 내는 함수식들을 찾아 짝을 지으시오.

	A
1	6
2	13
3	9
4	4
5	10

㉠ = MAX(A1:A5) ㉡ = MIN(A1:A5) ㉢ = MEDIAN(A1:A5)

㉣ = LARGE(A1:A5, 1) ㉤ = LARGE(A1:A5, 3) ㉥ = LARGE(A1:A5, 5)

㉦ = SMALL(A1:A5, 1) ㉧ = SMALL(A1:A5, 3) ㉨ = SMALL(A1:A5, 5)

04 설명이 맞으면 ○, 틀리면 ×를 표시하시오.

① 분산이 너무 크면 데이터가 평균에 집중된 상태를 의미한다. ( )

② 표준편차가 너무 크면 데이터가 전반적으로 모두 흩어져 있는 상태이다. ( )

③ 표준편차가 너무 크거나 작으면 데이터들이 전반적인 문제 상황을 반영하지 못하는 것이다. ( )

④ 편차의 합은 데이터에 따라 항상 다르다. ( )

⑤ 표본집단에 대한 분산이나 표준편차는 항상 일정하다. ( )

⑥ 모집단은 전체 데이터를 의미하는 것으로 모집단에 대한 분산과 표준편차는 항상 일정하다. ( )

⑦ 유효성 검사를 설정하면 설정된 형식과 맞지 않는 데이터를 쉽게 찾을 수 있고, 정확하게 데이터를 입력할 수 있도록 유도한다. ( )

⑧ LARGE나 SMALL 함수를 이용해 전체 데이터 내에서 큰 값과 작은 값을 구분해 낼 수 있다. ( )

[05~11] '연습15_01.xlsx'를 활용하여 다음 질문에 답하시오.

준비 연습15_01.xlsx | **결과** 연습15_01_결과.xlsx

05 다음 빈칸에 알맞은 말을 넣으시오.

> [연습문제] 시트에서 셀 H2, I2에는 [ⓐ]에 대한 [ⓑ]을(를) 구해야 하므로 [ⓒ] 함수를 이용해 구하고, 셀 H3, I3에는 [ⓓ]에 대한 [ⓑ]을(를) 구해야 하므로 [ⓔ] 함수를 이용해 구한다. 셀 H4, I4에는 [ⓐ]에 대한 [ⓕ]를(을) 구해야 하므로 [ⓖ] 함수를 이용해 구하고, 셀 H5, I5에는 [ⓓ]에 대한[ⓕ]을(를) 구해야 하므로 [ⓗ] 함수를 이용해 구한다.

06 [연습문제] 시트의 셀 H2부터 I5까지 5번 문제에서 정리한 대로 함수를 입력하여 '온도'와 '강수량'의 분산과 표준편차를 구하시오.

07 [연습문제_부분합] 시트의 데이터를 이용해 계절별 '온도'와 '강수량'의 분산과 표준편차를 구하시오.

08 다음 빈칸에 알맞은 말을 넣으시오.

> [연습문제] 시트의 '온도'와 '강수량'의 최고, 최저, 중간값을 구하려면 각각 [ⓐ], [ⓑ], [ⓒ] 함수를 이용한다.

09 [연습문제] 시트의 셀 H6부터 I8까지 **07**번 문제에서 정리한 대로 함수를 입력하여 '온도'와 '강수량'의 최고, 최저, 중간값을 구하시오.

10 **08**에서 구한 중간값은 '온도'와 '강수량'의 데이터 리스트에 있는 값인가? 아니라면 어떤 값을 구한 것인지 설명하시오.

11 [연습문제] 시트의 셀 H9부터 I14까지 앞의 문제들을 참고해서 '온도'와 '강수량'의 최고, 최저, 중간값을 LARGE, SMALL 함수를 이용해 작성하시오. 단, 두 함수 외의 다른 함수를 추가적으로 사용할 수도 있다.

[12~15] '연습15_02.xlsx'를 활용하여 다음 질문에 답하시오.

준비 연습15_02.xlsx | **결과** 연습15_02_결과.xlsx

12 [도서목록] 시트의 '보유권수', '대출비율', '평점'에 대한 분산과 표준편차, 3번째로 많은(높은) 값, 3번째로 적은(낮은) 값을 모두 구하시오.

13 다음 정보를 파악하여 잘못 입력된 데이터를 모두 찾으시오.

- 보유하고 있는 도서들의 분야는 'IT', '에세이', '건강', '여행'이 있다.
- 보유하고 있는 도서들은 모두 '2019년 이후 출간된 도서들이다.
- '대출요일'에 제한 없이 도서를 대출할 수 있다.
- '평점'은 0보다 크고 10점보다 작거나 같아야 한다.
- '선호도'는 '극상', '상', '중', '하'로 구분하였다.
- '정리여부'는 '보유'와 '정리'로만 구분하였다.

14 [도서목록_부분합] 시트에서 분야별로 '보유권수', '대출권수', '대출기간', '평점'에 대한 분산, 표준편차를 구하시오.

15 [도서목록_입고도서] 시트에 새로 입고된 도서 10권을 정리할 것이다. 다음 사항을 고려하여 입력 오류를 최소화할 수 있도록 필요한 열에 데이터 유효성을 설정하시오.

- '분야'는 'IT', '에세이', '건강', '여행' 외에 '과학', '인문'이 더 추가되었다.
- 새로 입고된 책들은 모두 25년 출간된 신간임을 설명 메시지로 표시한다.
- 대출은 시트를 작성하는 당일을 기준으로 하여 그 이후부터 가능하다. 작성일 이전 날짜로 입력하면 오류 메시지가 나타난다.
- '대출요일'에 제한 없이 도서를 대출할 수 있다.
- '평점'은 0보다 크고 10점보다 작거나 같아야 한다.
- '선호도'는 '극상', '상', '중', '하'로 구분하였다.
- '정리여부'는 '보유'와 '정리'로만 구분하였다.

[16~20] '연습15_03.xlsx'를 활용하여 다음 질문에 답하시오.

준비 연습15_03.xlsx | **결과** 연습15_03_결과.xlsx

16 [회원정보] 시트에서 각 '예매분야'별 분산, 표준편차를 구하시오.

17 [회원정보] 시트에서 '예매현황'에 대한 '합'의 상위 5, 10등, 하위 10, 5등에 해당하는 값과 그 값에 해당하는 '최애분야'를 구하시오. 단, 이때 MATCH 함수와 INDEX 함수를 활용하시오.

18 [회원정보_부분합] 시트에서 각 '등급'별 '예매분야'와 '예매현황'의 '합'에 대한 분산과 표준편차를 구하고 각 '등급'별로 '예매현황'의 '합'의 상위 1, 2등, 하위 1, 2등에 해당하는 값과 그 값에 해당하는 '최애분야'를 구하시오. 단, 이때 MATCH 함수와 INDEX 함수를 활용하시오.

19 [회원정보_유효성(1)] 시트에서 다음을 고려하여 유효성 설정을 하고 잘못된 데이터를 찾으시오.

- '성별'은 '남', '여'로만 입력한다.
- '전화번호'는 하이픈(-) 포함 13자리이다.
- '최애분야'는 Y열에 입력된 목록에 따른다.

20 '가입년월일'이 2016년 1월 1일 이전이고 '최근관람일'이 2022년 1월 1일 이전인 회원의 '이름'을 확인하고자 한다. [회원정보_유효성(2)] 시트에서 이를 고려하여 유효성 설정을 하고 해당 데이터를 찾으시오.

TIP • '이름' 항목에 대해 유효성을 '사용자 지정'을 선택하여 조건을 수식으로 입력한다.

16

CHAPTER

가상 분석을 이용한 예측

학습목표

- 목표값이 되기 위한 지정 셀의 값의 변화를 확인한다.
- 참조에 대한 목표값을 찾을 때의 범위를 확인한다.
- 시나리오를 이용하여 값의 변화에 따른 결과를 비교 분석한다.

SECTION 01

목표값 찾기

지금까지 엑셀을 이용한 데이터 분석 과정에서 수집된 데이터에 다양한 연산 방식을 적용하여 원하는 정보를 구했다. 예를 들면 학생별, 성적 평가 항목별, 다양한 기준별 총점, 평균, 등수, 최댓값, 최솟값, 인원수 등을 구하거나 특정 정보를 추출하기도 하고 분산과 표준편차도 구했다. 이는 이미 정해진 데이터를 이용하여 분석 결과를 얻는 방식이다.

한편 분석한 내용을 이용해 앞으로의 가능성을 예측하는 과정도 요구될 때가 있다. 이는 데이터 분석을 활용하는 데이터 과학에서 요구되는 과정이다. 엑셀에서도 일부 데이터에 변화를 주고 그 결과를 확인하는 수준의 간단한 예측 기능을 하는 목표값 찾기나 시나리오와 같은 기능을 제공하고 있다. 이 기능들에 대해 알아보자.

1 수식에 대한 목표값 찾기

준비 예제16_01.xlsx | **결과** 예제16_01_결과.xlsx

목표값 찾기는 목표값을 이루기 위해 어떤 특정 항목의 값이 어떻게 변해야 하는지를 알아보는 기능이다. 다음 그림에서 '비율'은 `=(판매량/생산량)*100`으로 구한 값이다. '비율'의 값 중 첫 번째 19.53은 가장 적은 비율값을 갖는다. 이 값을 '비율'의 평균인 47.97만큼 올리려면 '판매량'이 어떻게 바뀌어야 하는지 알아보고자 할 때 목표값 찾기 기능을 이용할 수 있다.

먼저 ❶ 19.53이 입력된 셀 E2를 선택하고 ❷ [데이터] 탭–[예측] 그룹–[가상 분석]–[목표값 찾기]를 클릭한다.

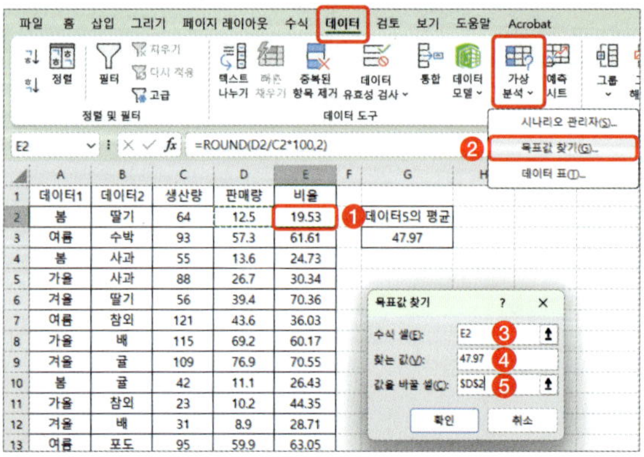

그러면 [목표값 찾기] 창이 나타나는데 창의 구성은 다음과 같다.

❸ **[수식 셀]:** 목표값으로 변경되어야 하는 셀 주소를 입력하는 곳으로 입력하는 셀에는 수식이 입력되어 있어야 한다. 위의 예에서는 셀 E2에 입력되어 있는데 이 셀에는 '생산량'과 '판매량'을 이용해 '비율'을 구하는 수식(=(D2/C2)*100)이 입력되어 있다.

❹ **[찾는 값]:** 목표가 되는 값을 입력하는 곳으로 값을 직접 입력한다. 위의 예에서는 목표값 '데이터5의 평균'인 47.97을 입력했다.

❺ **[값을 바꿀 셀]:** '수식 셀'의 결과가 목표값이 되기 위해서 값이 변경되어야 하는 셀의 주소를 입력하는 곳이다. 여기에 입력하는 셀 주소는 [수식 셀]에 작성된 수식의 피연산자 중 하나여야 하며 반드시 수식이 아닌 값을 입력해야 한다. 위의 예에서는 [수식 셀]에 입력된 셀 E2에 있는 수식은 =(D2/C2)*100이고 이 중 D2의 값이 어떻게 바뀌는지 알아보고자 하는 것이다.

[목표값 찾기] 창에서 입력된 대로 〈확인〉을 클릭하여 실행하면 다음과 같은 결과가 나온다. [목표값 찾기 상태] 창에서 목표값 찾기를 실행한 후 셀 E2의 값을 알려주고 셀 D2와 E2에 있던 값이 바뀌어 있다. [목표값 찾기] 상태에서 〈확인〉을 클릭하면 변경된 값이 셀 D2와 E2에 그대로 반영되지만 〈취소〉를 클릭하면 원래대로 유지된다.

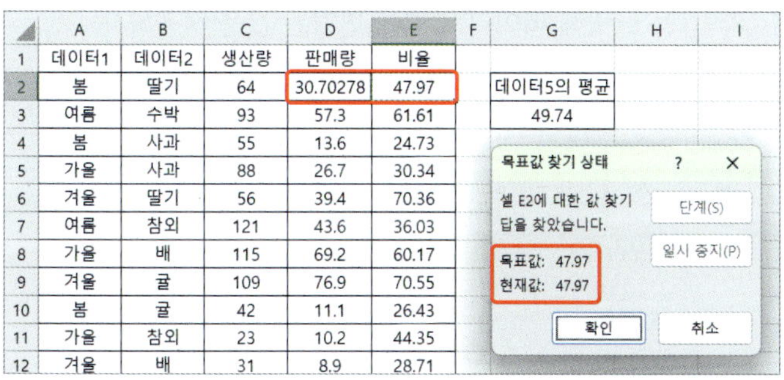

	A	B	C	D	E	F	G
1	데이터1	데이터2	생산량	판매량	비율		
2	봄	딸기	64	30.70278	47.97		데이터5의 평균
3	여름	수박	93	57.3	61.61		49.74
4	봄	사과	55	13.6	24.73		
5	가을	사과	88	26.7	30.34		
6	겨울	딸기	56	39.4	70.36		
7	여름	참외	121	43.6	36.03		
8	가을	배	115	69.2	60.17		
9	겨울	귤	109	76.9	70.55		
10	봄	귤	42	11.1	26.43		
11	가을	참외	23	10.2	44.35		
12	겨울	배	31	8.9	28.71		

지금까지의 과정을 예제를 통해 이해해 보자. '예제16_01.xlsx'의 [분반1] 시트에 '정성환' 학생은 다음 학기 컴퓨터 개론을 재수강하려고 다음과 같이 목표를 세웠다.

- 중간고사 점수의 목표는 이번 학기 A0 학점의 '중간100' 평균 점수 이상을 받는 것으로 한다.
- 위에서 목표로 정한 중간고사 점수를 달성했다고 가정하고, 기말고사 점수는 '최종학점' 중 A0의 평균 점수 이상 받는 것을 목표로 한다.

우선 '정성환' 학생의 '중간100' 점수를 A0 학점의 '중간100' 평균 점수 이상으로 올리기 위해 '중간200' 점수를 몇 점 받아야 하는지 확인해 보자.

'정성환' 학생의 '중간100' 점수에 해당하는 셀 K40을 선택하고 [데이터] 탭-[예측] 그룹-[가상 분석]-[목표값 찾기]를 클릭하면 [목표값 찾기] 창이 나타난다. [목표값 찾기] 창의 [수식 셀]에는 목표값이 되어야 하는 셀 K40, [찾는 값]에는 목표값인 69(A0 학점의 '중간100'의 평균을 올림한 값), [값을 바꿀 셀]에는 '중간200'에 해당하는 셀 J40을 입력하고 〈확인〉을 클릭한다.

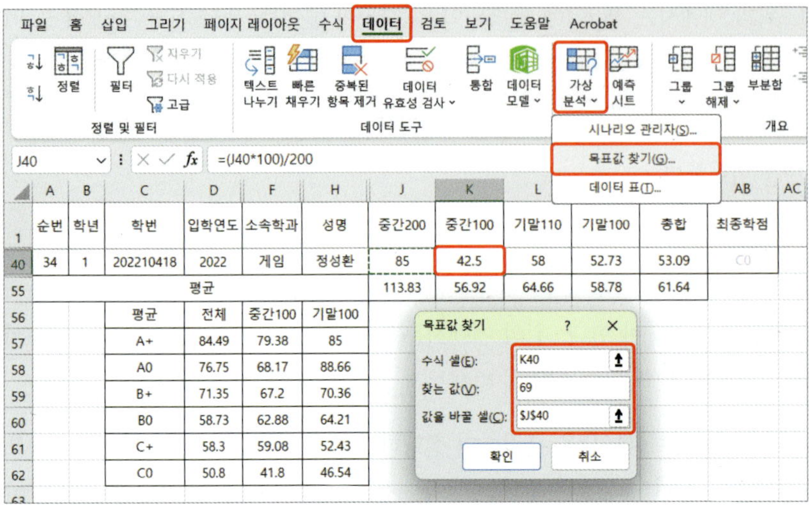

계속해서 [목표값 찾기 상태] 창에서 '중간100'이 목표값 69로 바뀐 것을 확인할 수 있으며, '중간200'의 값도 변경된다. 또한 '중간100'의 점수가 바뀌었기 때문에 '총합'의 점수가 바뀐 것도 확인할 수 있다. [목표값 찾기 상태] 창의 〈확인〉을 클릭해 데이터 영역에 변경된 값을 적용하자.

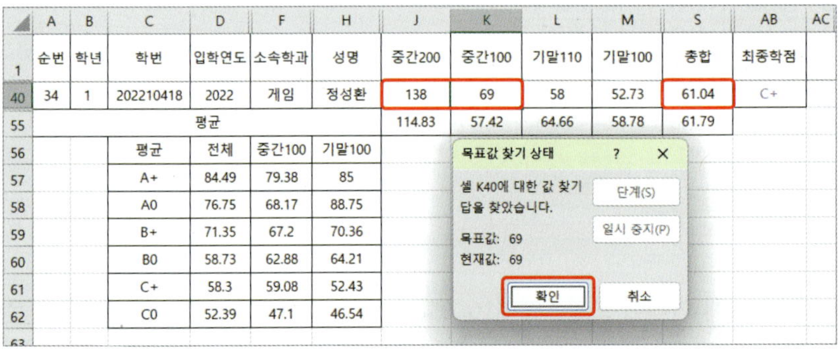

여전히 '정성환' 학생의 '총합'은 A0 이상의 학점을 받기에는 부족하다. 그래서 A0의 평균 점수를 기준으로 '기말110'의 점수를 몇 점을 받아야 하는지 알아보자.

'총합'에 해당하는 셀 S40을 클릭하고 [데이터] 탭-[예측]-[가상 분석]-[목표값 찾기]를 클릭하여 [목표값 찾기] 창을 나타낸다. [목표값 찾기] 창의 [수식 셀]에는 목표값이 되어야 하는 '총합'에 해당하는 셀 S40, [찾는 값]에는 목표값인 77(A0 학점의 평균을 반올림한 값), [값을 바꿀 셀]에는 '기말110'에 해당하는 셀 L40을 입력하고 〈확인〉을 클릭한다.

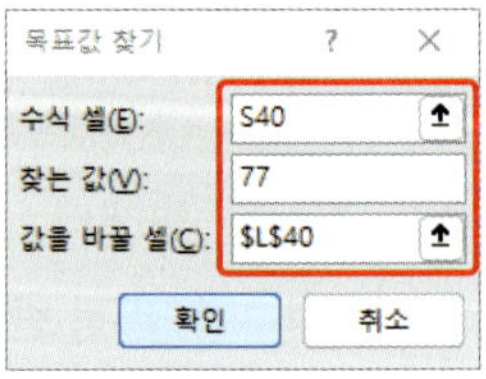

그러면 '최종학점' A0를 받기 위해 '정성환' 학생이 받아야 하는 중간고사, 기말고사 점수가 어느 정도 되어야 하는지 예측하고 확인할 수 있다.

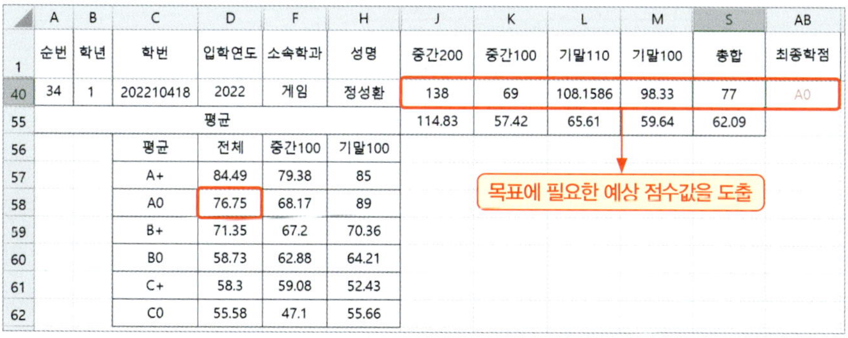

2 참조에 대한 목표값 찾기

준비 예제16_02.xlsx | **결과** 예제16_02_결과.xlsx

어떤 값을 구하는 함수식이 참조와 관련되어 있을 때, 그 값을 이용해 목표값을 찾으려면 해당 값이 참조하는 표의 내용을 이해하고 있어야 한다. 예를 들어, 다음 예에서 '김지운' 회원의 현재 '누적포인트'는 유지한 채 '할인율'을 30%로 높이기 위해 '가입년수'가 몇 년이 되어야 하는지 확인해 보자. 단, 이 예에서 '가입년수'는 '가입년월일'과 오늘 날짜를 이용해 계산해서 얻은 값이 아닌 직접 정숫값으로 입력한 값이다.

우선 목표값(30%)으로 바뀌어야 하는 셀 AD2를 선택하고 [데이터] 탭–[예측] 그룹–[가상 분석]–[목표값 찾기]를 클릭한다. [목표값 찾기] 창의 [수식 셀]에는 이미 선택한 **AD2**가 입력되어 있고, [찾는 값]에는 목표값인 **30%**를 입력한다. [값을 바꿀 셀]에는 '가입년수'에 해당하는 셀 **X2**를 입력하고 〈확인〉을 클릭한다.

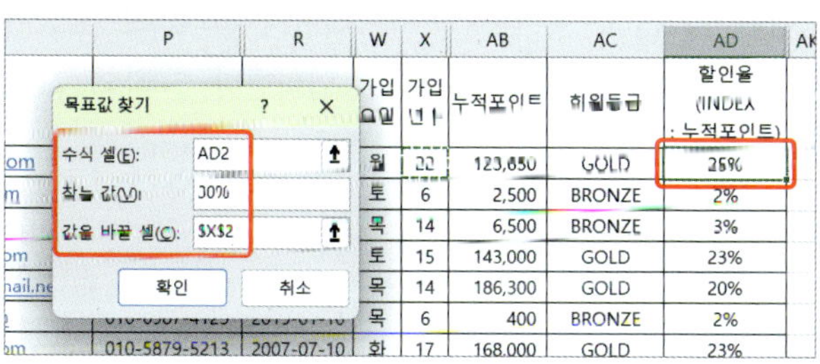

그러면 [목표값 찾기 상태] 창에서 '답을 찾았습니다'라고 메시지를 출력하면서도 '현재값: #N/A'로 표시되며 '할인율(INDEX:누적포인트)'에도 '#N/A'가 표시된다. 또한 '가입년수'는 −6.2와 같은 엉뚱한 값이 표시되는 것을 확인할 수 있다.

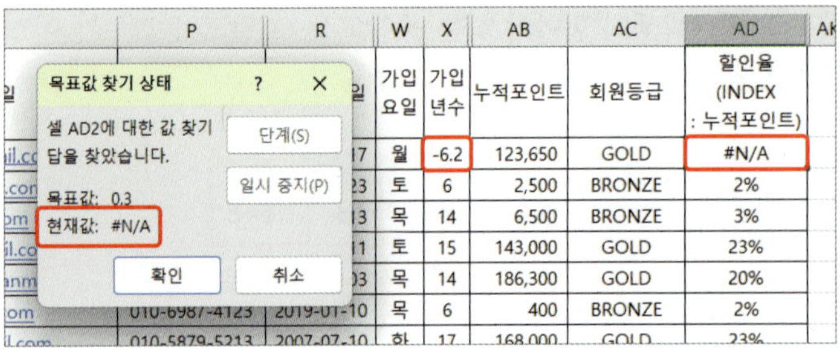

이는 '할인율(INDEX:누적포인트)'의 값을 구하기 위해 [참조표] 시트를 참조하는 INDEX 함수를 사용하고 있기 때문이다. 따라서 [참조표] 시트를 살펴봐야 할 것이다. '김지운' 회원은 'GOLD' 회원으로 [참조표] 시트의 참조표에 의하면 'GOLD' 회원에 대해서는 25% 이상의 할인율을 제공하고 있지 않다. 즉, 'GOLD' 회원이 30%의 할인율을 받으려면 '가입년수'를 늘리는 것으로는 불가능하고, '누적포인트'를 늘려서 '회원등급'이 상향되어야만 한다.

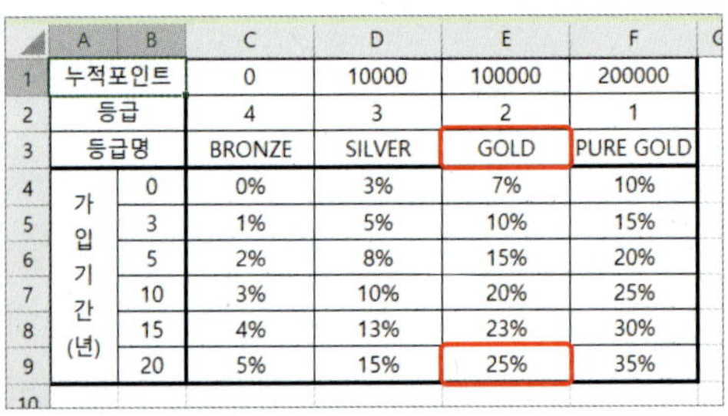

▲ [참조표] 시트의 참조표

▲ [회원정보] 시트의 회원정보 표

그러므로 참조표를 참조하고 있는 값을 목표값으로 변경하기 위해서는 반드시 참조표의 구성이 목표값을 포함하고 있는지 잘 살펴야 한다. 이 점을 기억한 채 '예제16_02.xlsx' [회원정보] 시트에서 '김지운' 회원이 35%의 할인율을 적용받으려면 '누적포인트'가 몇 점이 되어야 하는지 찾아보자.

'김지운' 회원의 '할인율(INDEX:누적포인트)'에 해당하는 셀 AD2를 선택하고 [데이터] 탭-[예측] 그룹-[가상 분석]-[목표값 찾기]를 선택하여 [목표값 찾기] 창을 나타낸다. [목표값 찾기] 창의 [수식 셀]에는 이미 선택한 셀 AD2가 입력되어 있고, [찾는 값]에는 **35%**를 입력한다. 그리고 [값을 바꿀 셀]에는 '누적포인트'에 해당하는 셀 **AB2**를 입력한다.

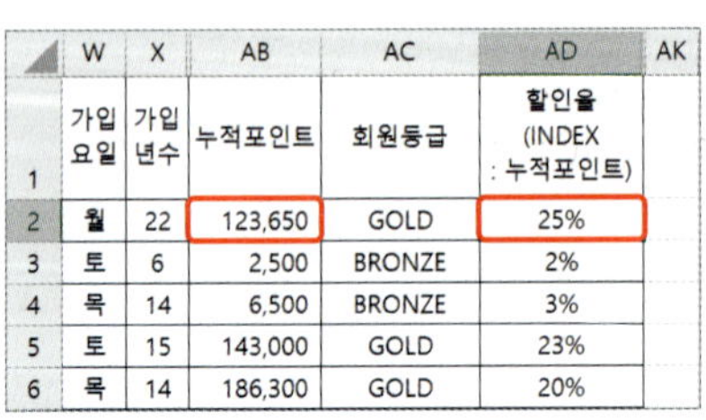

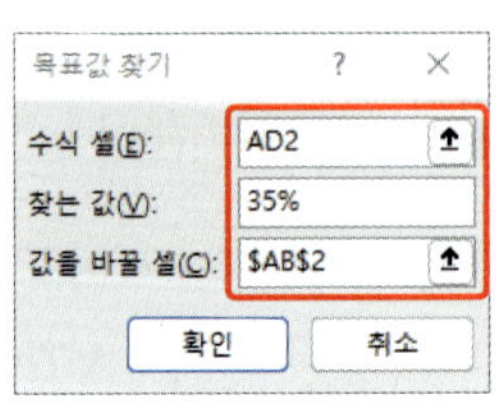

그러면 '할인율(INDEX:누적포인트)'이 35%가 되기 위해 '김지운' 회원에게 필요한 '누적포인트'가 구해지고 '누적포인트'에 따라서 '회원등급'도 'PURE GOLD'로 바뀐다.

	W	X	AB	AC	AD	AK
1	가입 요일	가입 년수	누적포인트	회원등급	할인율 (INDEX : 누적포인트)	
2	월	22	202,786	PURE GOLD	35%	
3	토	6	2,500	BRONZE	2%	
4	목	14	6,500	BRONZE	3%	
5	토	15	143,000	GOLD	23%	
6	목	14	186,300	GOLD	20%	

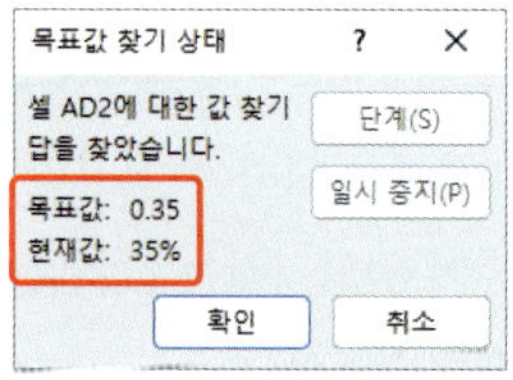

실습 16-1 회원정보를 활용해 참조에 대한 목표값 찾기

준비 실습16_01.xlsx | **결과** 실습16_01_결과.xlsx

[회원정보] 시트의 '회원등급'의 값들은 등급 번호로 입력되어 있다. '이택진' 회원의 '회원등급'이 'PURE GOLD' 등급에 해당하는 1등급이 되기 위한 '누적포인트'를 구하고, 그 '누적포인트'를 보유하고 있다고 가정했을 때 최고 '할인율'을 받을 수 있는 '가입년수'는 몇 년인지 구해보자.

01 1등급(PURE GOLD)이 되기 위한 '누적포인트'를 구하기

'이택진' 회원의 '회원등급' 목표값이 1이므로 셀 AC10을 선택하고 [데이터] 탭-[예측] 그룹-[가상 분석]-[목표값 찾기]를 선택한다. [목표값 찾기] 창에서 [수식 셀]에는 셀 **AC10**이 입력되어 있고, [찾는 값]에는 **1**을 입력한다. 그리고 [값을 바꿀 셀]에는 '누적포인트'에 해당하는 셀 **AB10**을 입력한다.

	W	X	AB	AC	AD	AK
1	가입 요일	가입 년수	누적포인트	회원등급	할인율 (INDEX : 누적포인트)	
10	일	12	199,000	2	20%	
37						

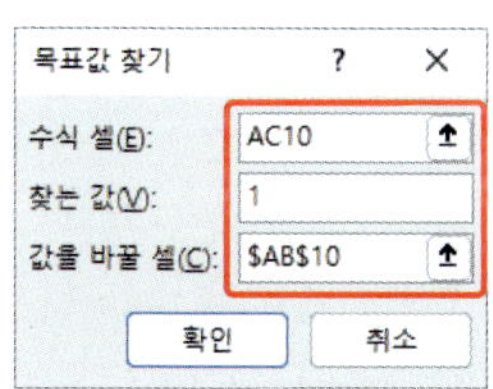

그러면 '누적포인트'와 '회원등급'이 목표값에 따라 바뀌고, 그와 함께 '할인율(INDEX:누적포인트)'도 변경된 것을 확인할 수 있다.

	W	X	AB	AC	AD	AK
1	가입 요일	가입 년수	누적포인트	회원등급	할인율 (INDEX : 누적포인트)	
10	일	12	200,990	1	23%	
37						

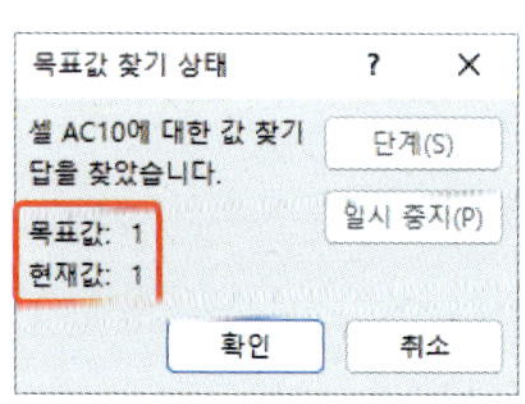

02 최고 '할인율'에 해당하는 필요 '가입년수' 구하기

[참조표] 시트의 참조표에서 'PURE GOLD' 회원에게 적용할 수 있는 최고 할인율을 확인하여 '이택진' 회원의 '할인율(INDEX:누적포인트)'의 목표값으로 설정하여 필요 '가입년수'를 구하자.

'이택진' 회원의 '할인율(INDEX:누적포인트)'에 해당하는 셀 AD10을 선택하고 [데이터] 탭-[예측] 그룹-[가상 분석]-[목표값 찾기]를 선택하여 [목표값 찾기] 창을 나타낸다. [목표값 찾기] 창에서 [수식 셀]에는 셀 **AD10**이 입력되어 있고, [찾는 값]에는 **35%**를 입력한다. 그리고 [값을 바꿀 셀]에는 '가입년수'에 해당하는 셀 **X10**을 입력한다.

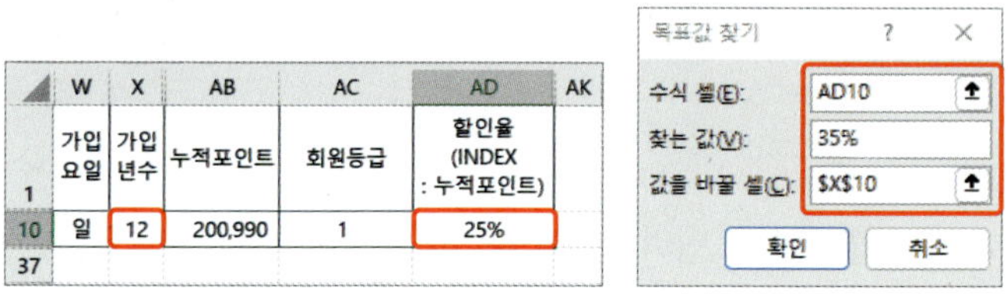

그러면 '할인율(INDEX:누적포인트)'이 35%가 되기 위해 '이택진' 회원에게 필요한 '가입년수'가 23.5년임을 확인할 수 있다.

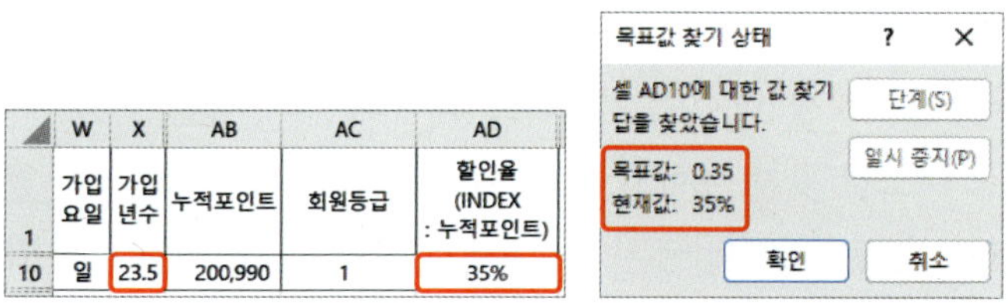

SECTION

02 시나리오 관리하기

준비 예제16_03.xlsx | **결과** 예제16_03_결과.xlsx

보통 데이터 분석에 사용하는 데이터는 고정된 값이 아닌 변동되는 값이므로 데이터 값의 변화에 따라 분석의 결과가 어떻게 바뀌는지 살펴보는 것은 현재 상황을 이해하고 미래 상황을 예측하는 데 도움이 된다.

앞 절에서 살펴보았던 '목표값 찾기'는 하나의 값에 변화를 주어 결과를 확인하는 기능이었다면 이 절에서 다룰 '시나리오 관리'는 변동 가능한 하나 이상의 값에 변화를 주어 결과를 확인하는 기능으로, 이를 이용한 보고서 작성도 가능하다.

'예제16_03.xlsx'의 [분반1] 시트에 '권준기' 학생은 컴퓨터 개론 수강생 중 학점이 가장 낮다. 그런 '권준기' 학생이 이번 학기 모든 항목의 '평균', '최고', '최저' 점수와 자신의 성적을 비교하여 살펴보려고 한다. 점수들을 비교할 수 있는 시나리오를 작성해 보자.

먼저 [데이터] 탭–[예측] 그룹–[가상 분석]–[시나리오 관리자]를 선택하여 [시나리오 관리자] 창에서 〈추가〉를 클릭한다.

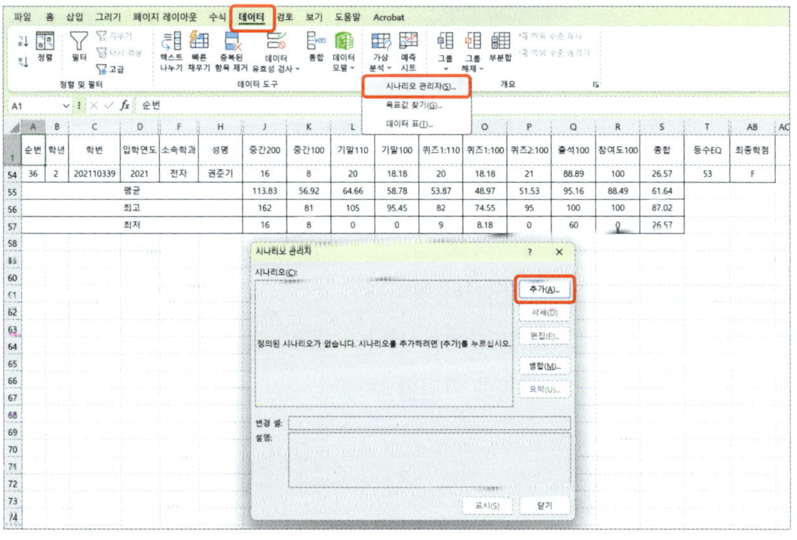

모든 항목에 대한 수강생 전체의 '평균', '최고', '최저' 점수를 이용해 '권준기' 학생의 점수와 비교할 수 있는 시나리오를 작성할 것이다. 우선 평균 점수를 이용한 시나리오를 작성해 보자.

[시나리오 추가] 창이 나타나면 [시나리오 이름]에는 **평균점수**를 입력하고 [변경 셀]에는 '권준기' 학생의 '중간200', '기말110', '퀴즈1:110', '퀴즈2:100', '출석100', '참여도100'에 해당하는 셀 `J54, L54, N54, P54:R54`를 입력한다. 여기서 '중간100', '기말100', '퀴즈1:100'에 해당하는 셀을 입력하지 않는 이유는 [변경 셀]에 값이 입력된 셀을 입력해야 하는데 이 셀들에는 값이 아닌 수식이 입력되어 있기 때문이다.

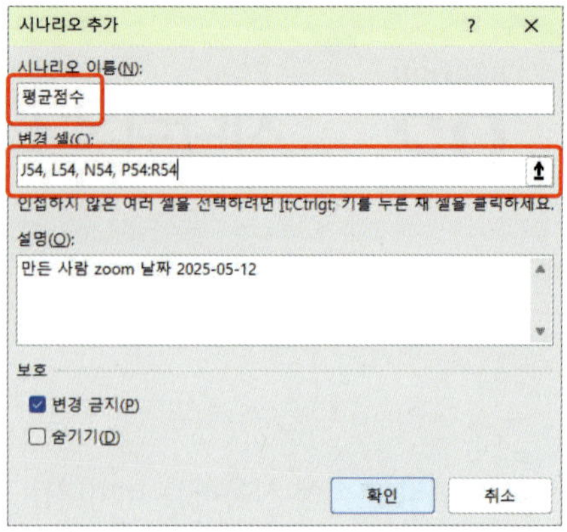

〈확인〉을 클릭하면 [시나리오 값] 창이 나타나는데 이 창에서는 [시나리오 추가] 창에서 입력한 각 셀마다 목표하는 값을 입력할 것이다. 현재는 '평균 점수'에 대한 시나리오 작성 중이므로 데이터 영역의 55행에 있는 평균값을 각각 입력하고 〈확인〉을 클릭한다.

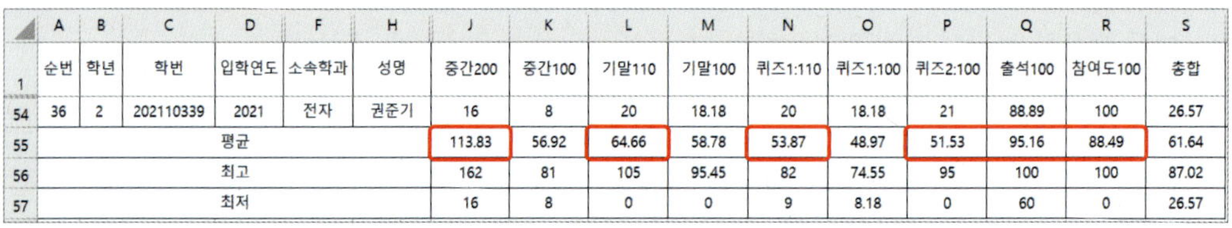

	A	B	C	D	F	H	J	K	L	M	N	O	P	Q	R	S
1	순번	학년	학번	입학연도	소속학과	성명	중간200	중간100	기말110	기말100	퀴즈1:110	퀴즈1:100	퀴즈2:100	출석100	참여도100	총합
54	36	2	202110339	2021	전자	권준기	16	8	20	18.18	20	18.18	21	88.89	100	26.57
55				평균			113.83	56.92	64.66	58.78	53.87	48.97	51.53	95.16	88.49	61.64
56				최고			162	81	105	95.45	82	74.55	95	100	100	87.02
57				최저			16	8	0	0	9	8.18	0	60	0	26.57

항목별 평균 셀		입력값
중간200	$J$54	113.83
기말110	$L$54	64.66
퀴즈1:110	$N$54	53.87
퀴즈2:100	$P$54	51.53
출석:100	$Q$54	95.16
참여도100	$R$54	88.49

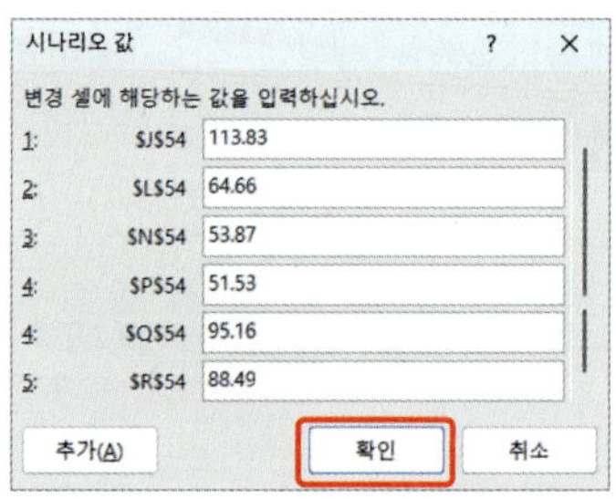

그러면 '평균점수' 시나리오가 작성되어 [시나리오 관리자] 창의 [시나리오]에 추가된다. [시나리오 관리자] 창에서 ❶ 〈표시〉를 클릭하면 '평균' 시나리오에 입력했던 그대로 데이터 영역에 반영되고 ❷ 〈요약〉을 클릭하면 [시나리오 요약] 창에서 시나리오를 적용할 셀을 '결과 셀'에 입력한 후 그 결과를 확인할 수 있는 별도의 시트가 만들어진다.

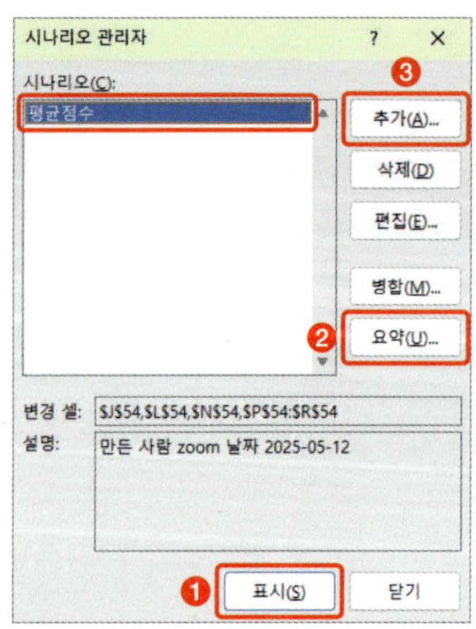

최고, 최저점수에 대한 시나리오도 같은 과정으로 작성한다. [시나리오 관리자]에서 ❸ 〈추가〉를 클릭하여 [시나리오 추가] 창에서 다음과 같이 입력한다. 시나리오 제목은 각각 **최고점수**, **최저점수**로 입력하고, [변경 셀]은 '평균점수'에 입력한 셀들과 같은 셀을 입력한다.

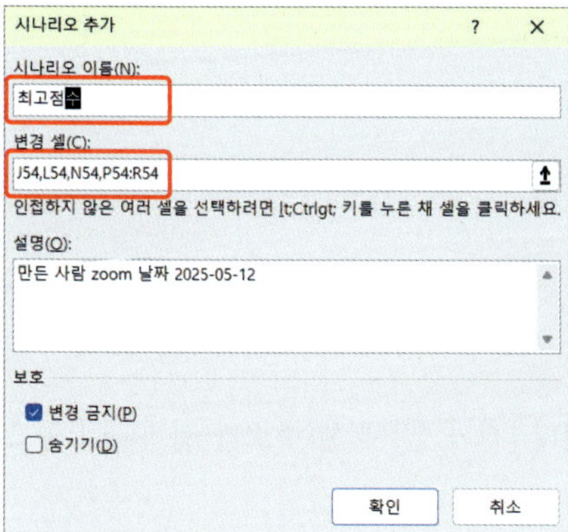

▲ 최고점수

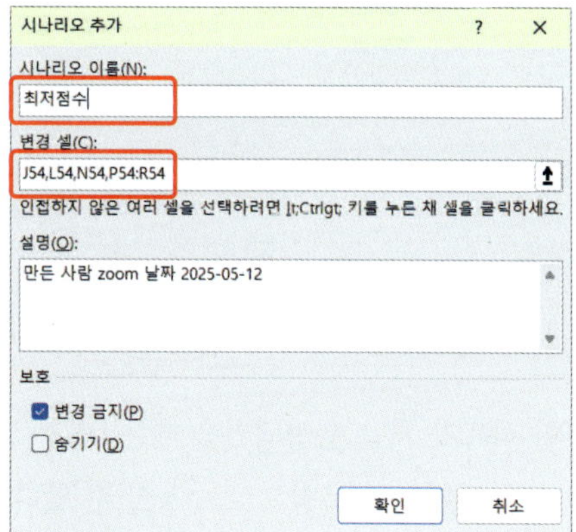

▲ 최저점수

그렇게 〈확인〉을 클릭하여 나타나는 [시나리오 값] 창에서 데이터 영역의 '최고' 항목(56행)에 해당하는 '중간200', '기말110', '퀴즈1:110', '퀴즈2:100', '출석100', '참여도100' 값과 '최저' 항목(57행)에 해당하는 '중간200', '기말110', '퀴즈1:110', '퀴즈2:100', '출석100', '참여도100' 값들을 입력한다.

A	B	C	D	F	H	J	K	L	M	N	O	P	Q	R	S
순번	학년	학번	입학연도	소속학과	성명	중간200	중간100	기말110	기말100	퀴즈1:110	퀴즈1:100	퀴즈2:100	출석100	참여도100	총합
36	2	202110339	2021	전자	권준기	16	8	20	18.18	20	18.18	21	88.89	100	26.57
			평균			113.83	56.92	64.66	58.78	53.87	48.97	51.53	95.16	88.49	61.64
			최고			162	81	105	95.45	82	74.55	95	100	100	87.02
			최저			16	8	0	0	9	8.18	0	60	0	26.57

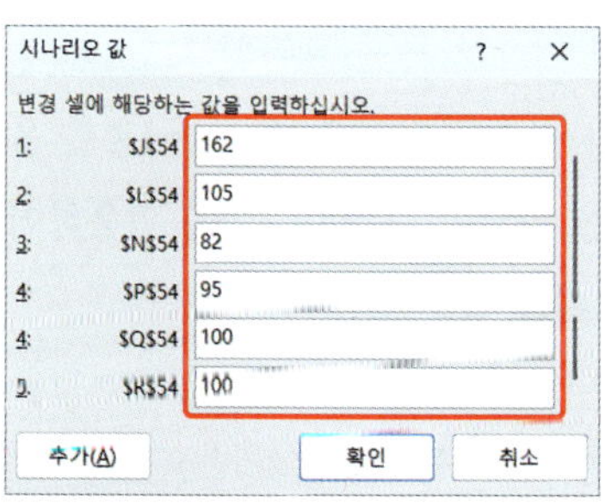

▲ 최고점수

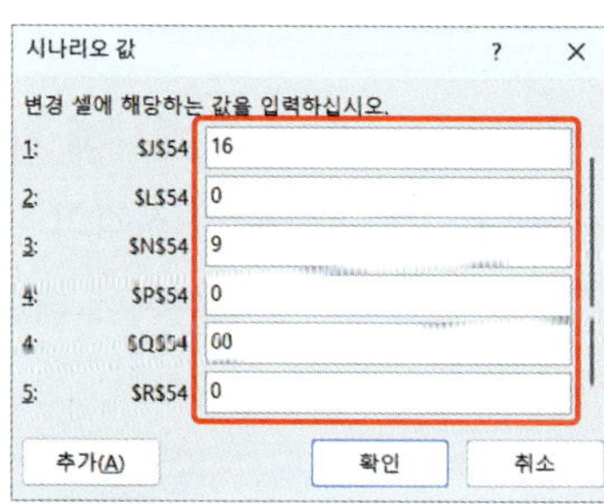

▲ 최저점수

그러면 [시나리오 관리자] 창의 [시나리오] 리스트에 '최고점수'와 '최저점수'까지 세 개의 시나리오가 만들어진다. 이제 점수들을 비교할 수 있는 시트를 만들기 위해 〈요약〉 버튼을 클릭한다. [시나리오 요약] 창에서 [시나리오 요약] 옵션을 선택하고 [결과 셀]에는 '권준기' 학생 성적의 '총합'에 해당하는 셀 S54를 입력한 후 〈확인〉을 클릭하면 [시나리오 요약] 시트가 만들어진다.

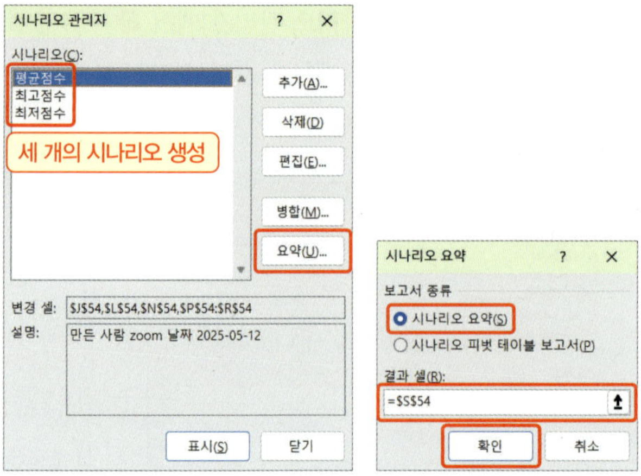

[시나리오 요약] 시트가 처음 생성되었을 때는 [변경 셀]이나 [결과 셀]에 셀 주소가 입력되어 있으나 더블클릭하여 해당하는 항목명으로 수정할 수 있다.

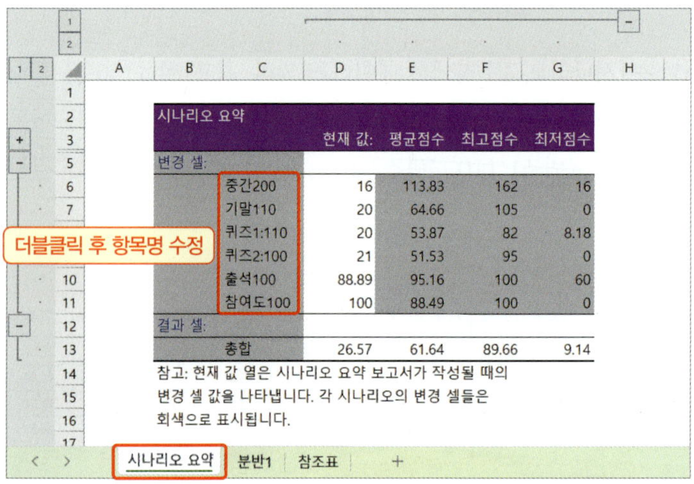

이 시트의 내용을 통해 '권준기' 학생이 여러 항목에 대해 지정한 점수를 받았을 때 어떤 '총합'을 받을 수 있는지 확인함과 동시에 본인의 이번 학기 성적의 위상을 확인할 수 있다. 이를 활용하여 다음 학기에 어느 정도의 점수를 목표로 잡아야 하는지에 대한 계획을 세울 수 있다.

실습 16-2 회원정보 시나리오 작성하기

준비 실습16_02.xlsx | **결과** 실습16_02_결과.xlsx

[회원정보] 시트의 데이터는 '회원등급'별 '가입년수', '누적포인트', '할인율'의 평균을 부분합으로 구한 것이다. 'SILVER' 등급의 평균 '가입년수', '누적포인트'가 전체 회원의 평균 '가입년수', '누적포인트'만큼의 값을 갖게 될 때 'SILVER' 등급의 평균 '할인율'의 변화를 살펴볼 수 있는 요약 시나리오 시트를 작성해 보자.

[데이터] 탭–[예측] 그룹–[가상 분석]–[시나리오 관리자]를 선택하고 [시나리오 관리자] 창에서 〈추가〉를 클릭한다. [시나리오 추가] 창의 [시나리오 이름]에 **SILVER 평균**을 입력하고 [변경 셀]에는 데이터 영역에서 부분합의 결과로 생성된 'SILVER 평균'의 '가입년수', '누적포인트'에 해당하는 셀 **X12, AB12**를 입력한 뒤 〈확인〉을 클릭한다.

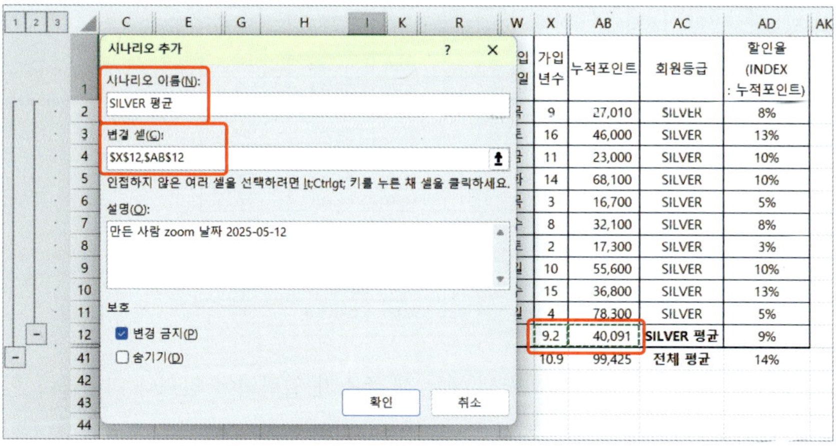

그러면 다음과 같은 오류 메시지가 뜨는데 이것은 셀 X12, AB12에 입력된 내용이 값이 아닌 수식이기 때문이다. 원래는 값을 입력해야 하지만 이번처럼 수식이 입력된 셀을 [변경 셀]에 입력하면 상숫값으로 변경되어 시나리오가 작성된다. 〈확인〉을 클릭해 계속 진행한다.

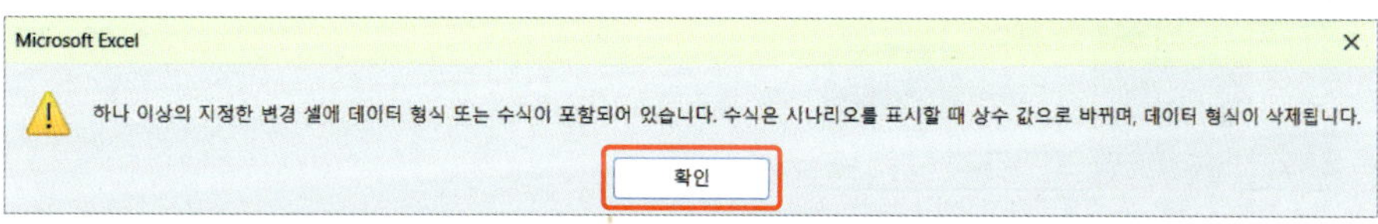

그러면 [시나리오 값] 창이 나타나는데 전체 회원의 '가입년수', '누적포인트'에 해당하는 값을 입력한다. 단, '가입년수'는 TODAY() 함수의 결괏값을 기준으로 계산된 것이므로 다음 그림과 다른 '가입년수' 값을 가질 수 있다.

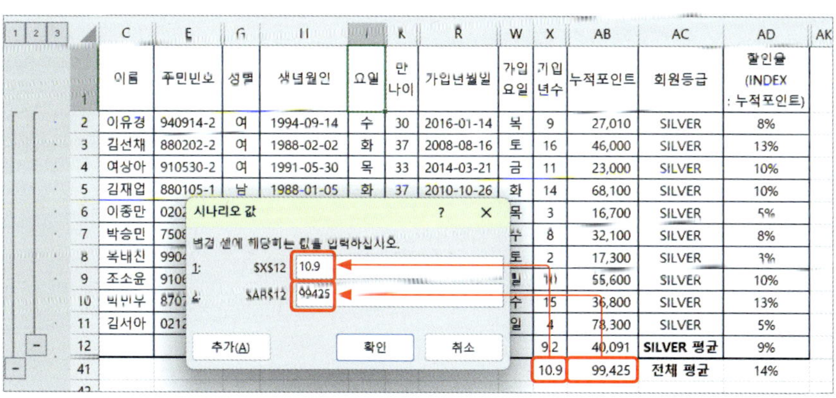

〈확인〉을 클릭하면 'SILVER 평균' 시나리오가 [시나리오] 리스트에 추가되어 있는 것을 확인할 수 있다. 이제 〈요약〉을 클릭하여 [시나리오 요약] 창에서 [결과 셀]에 '할인율'에 해당하는 셀 AD12를 입력하고 〈확인〉을 클릭하면 시나리오의 요약 결과 시트가 생성된다.

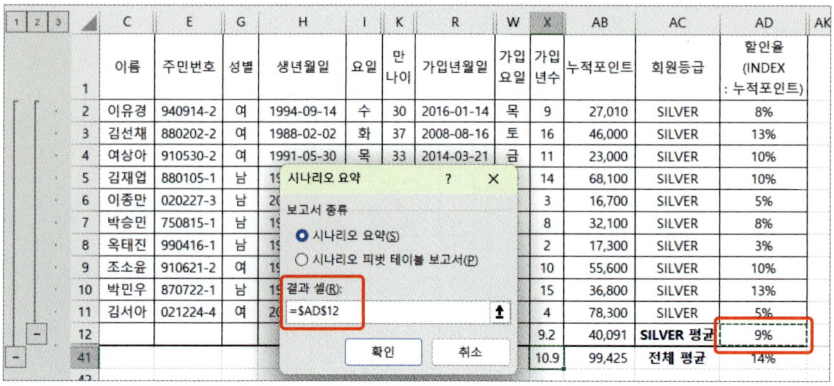

생성된 [시나리오 요약] 시트의 '변경 셀'과 '결과 셀'에는 셀 주소가 입력되어 있으나 더블클릭 후 항목명을 입력하여 정확한 정보를 표시하도록 하자.

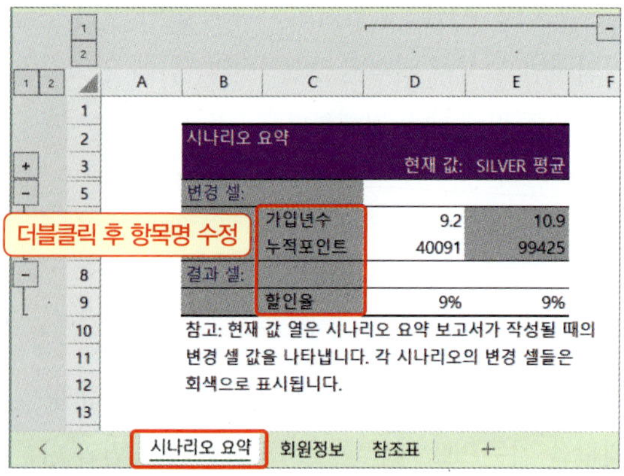

이처럼 시나리오를 작성하여 확인하면 예측이나 비교를 통해 앞으로의 계획을 세울 수 있게 된다.

요약

01 목표값 찾기: [데이터] 탭–[예측] 그룹–[가상 분석]–[목표값 찾기]

- 목표값에 따라 특정 항목(수식 셀)의 값에 변화를 주었을 때 그 항목과 관련이 있는 다른 항목(값을 바꿀 셀)의 값이 어떻게 변화하는지 확인할 수 있는 기능이다.
- 수식 셀에 입력된 내용이 참조 함수식일 때 참조 범위에 있는 목표값과 일치하는 값이 있어야 다른 항목의 변화를 확인할 수 있다.

02 시나리오 관리

- 시나리오 값에 따라 하나 이상의 항목(변경 셀)의 값에 변화를 주었을 때, 이전의 값과 어떤 차이가 있는지 비교할 수 있는 기능이다.

연습문제

[01~02] '연습16_01.xlsx'를 활용하여 다음 질문에 답하시오.

준비 연습16_01.xlsx | **결과** 연습16_01_결과.xlsx

01 [도서목록1] 시트에서 '자유여행 – 미국편'의 경우 '정리' 대상 도서이다. '보유' 도서로 전환되려면 '대출 비율'이 어떻게 바뀌어야 할지 데이터 영역에 직접 대입하시오.

02 [도서목록2] 시트에서 '선호도'가 '하'인 책들의 '정리여부'가 하나는 '보유'이고 다른 하나는 '정리'이다. 두 도서의 '대출비율'과 '평점'을 비교하여 '정리여부'가 달라진 이유를 확인할 수 있는 요약 시트를 작성하시오.

[03~05] '연습16_02.xlsx'를 활용하여 다음 질문에 답하시오.

준비 연습16_02.xlsx | **결과** 연습16_02_결과.xlsx

03 [회원정보3] 시트에서 '마니아클럽여부가' 'TRUE'가 되려면 '예매현황'의 '순위'가 10위 이내여야 한다. '한수혜' 회원은 연극을 몇 회 관람해야 '마니아클럽여부가' 'TRUE'가 될 수 있을지 데이터 영역에 직접 대입하시오.

04 [회원정보4] 시트에서 '한화정' 회원은 '무용' 공연만 관람하였다. '한화정' 회원의 '예매현황'의 '평균'이 전체 회원의 평균 이상이 되려면 '무용' 외의 다른 '예매분야'의 예매 횟수를 최소 어느 정도까지 올려야 하는지 비교할 수 있는 요약 시트를 작성하시오.

05 [회원정보5] 시트에서 '김준도' 회원은 다양한 공연 분야를 1회 이상 관람했지만 '마니아클럽여부'가 'FALSE'이다. '마니아클럽여부'가 'TRUE'가 되려면 '예매분야' 중 하나 이상의 분야에서 예매 횟수가 50회 이상이면서, 예매 횟수의 합이 100회 이상이어야 한다. 또한 '김준도' 회원의 '최애분야'는 '영화'이다. 이러한 사실과 함께 각 '예매분야'의 평균을 이용하여 '김준도' 회원이 각 분야에서 '마니아클럽여부'가 'TRUE'가 될 수 있는 시나리오를 작성하시오.

CHAPTER 17

데이터 분석 종합 프로젝트

학습목표

- 다양한 형태의 데이터 파일을 하나의 파일로 통합한다.
- 데이터들의 형식 및 서식을 설정하고 추가로 필요한 데이터를 구한다.
- 조건에 맞는 데이터에만 특정 서식을 적용한다.
- 특정 조건을 기준으로 부분합을 구한다.
- 표 기능을 이용해 필요한 데이터들을 필터링한다.
- 제시된 정보만 확인할 수 있는 피벗 테이블을 작성한다.
- 시각화에 필요한 내용을 차트로 작성한다.

SECTION

01 데이터 정의

그동안 배운 내용을 종합하여 하나의 데이터 분석 프로젝트를 진행해 보자. 데이터 분석을 하려는 문제와 필요한 정보는 다음과 같다.

1 문제 정의

한 기업에서 직원들을 위한 다양한 교양 교육을 매년 기획하여 진행하였다. 이 기업이 그동안 진행한 교육을 기반으로 다음 해에 진행할 교육을 기획할 예정이라고 가정했을 때, 그동안 진행했던 교육 데이터를 기반으로 다양한 방식의 분석을 진행할 수 있다.

2 데이터 정의

- **교육 코드:** 교육 내용을 구분하는 코드로 문자형을 사용하며 다음과 같이 구성한다.

```
분야코드(영문자 1자리+숫자 2자리)+하이픈(-)+교육 고유 번호(숫자 3자리)
```

- **교육명:** 문자형
- **교육수준:** 초/중/상으로 구분하며 문자형을 사용한다.
- **강사코드:** 강사를 구분하기 위한 코드로 문자형을 사용하며 다음과 같이 구성한다.

```
임용 연도(숫자 2자리)+분야 코드(영문자 1자리+숫자 2자리)+개별번호(숫자 2자리)
```

- **시작날짜:** 모든 교육은 매주 시작날짜의 요일마다 진행되며 날짜형을 사용한다.
- **종료날짜:** 날짜형
- **지원인원수:** 교육을 신청한 인원수로 숫자형을 사용한다.
- **수료인원수:** 교육 이수 후 수료한 인원수로 숫자형을 사용한다.
- **예산(원):** 기획 시 예상했던 비용으로 통화를 사용한다.
- **실비용(원):** 교육에 실제 사용된 비용으로 통화를 사용한다.
- **평가:** 교육 후 수료자들의 평가를 10점 만점으로 환산한 점수이며 숫자형을 사용한다.
- **주의사항:** 교육 기간 동안 휴강은 절대 허용되지 않는다.

SECTION 02 데이터 분석 실습

준비 교육과정01~02.xlsx, 교육과정03.txt | **결과** 프로젝트_결과.xlsx

프로젝트 17-1 교육 과정 데이터 정리하기(1)

[프로젝트 17-1] 과정은 '교육과정01.xlsx'의 [교육 과정 데이터(1)] 시트에서 실습한다.

01 수집한 교육 과정 데이터를 하나의 엑셀 파일로 구성하기

'교육과정01.xlsx'의 '[교육 과정 데이터(1)] 시트에서 [데이터] 탭-[데이터 가져오기 및 변환] 그룹-[데이터 가져오기]-[파일에서]-[EXCEL 통합 문서에서] 또는 [텍스트/CSV에서]를 클릭하여 '교육과정02.xlsx'와 '교육과정03.txt'를 불러온다. 이때 다음과 같은 과정을 수행한다.

- '교육과정02.xlsx'는 [프로젝트 시트(2)] 시트를 로드하고, 위치는 '교육과정01.xlsx' 시트의 셀 A12로 설정한다.
- '교육과정03.txt'의 위치는 '교육과정01.xlsx' 시트의 셀 A22로 설정한다.
- '교육과정02.xlsx'와 '교육과정03.txt'를 가져온 후 연결된 쿼리는 삭제하고 표 형식은 [범위로 전환] 옵션을 클릭하여 해제한다.
- 1행을 제외한 12, 22행에 입력된 항목명은 모두 삭제하고 다음 그림과 같은 형식으로 서식을 정리한다.

	A	B	C	D	E	F	G	H	I	J	K
1	교육코드	교육명	교육수준	시작날짜	종료날짜	강사코드	지원인원수	수료인원수	예산(원)	실비용(원)	평가
2	L03-601	일본어 한마디	초	2022-03-20	2022-09-19	20L0328	12	10	350000	239000	8.23
3	S34-199	발레 기초	초	2022-05-10	2022-11-30	21S3471	9	6	600000	625300	6.69
4	H62-203	유럽의 역사	중	2022-03-13	2022-09-12	20H6211	13	10	350000	324000	3.74
5	S34-321	테니스	상	2022-01-21	2022-06-20	21S3425	19	18	500000	561000	9.36
6	A15-419	동양화 실기	초	2022-04-03	2022-10-02	20A1503	10	7	450000	493000	7.16
7	C21-781	손뜨개	상	2022-04-01	2022-09-30	21C2119	11	7	450000	452000	6.98
8	A15-812	바이올린 기초	초	2022-05-01	2022-12-30	21A1529	18	16	600000	663800	6.42
9	H62-358	동양 문화 이해	중	2022-01-05	2022-03-04	20H6237	8	8	200000	178000	4.25
10	A15-694	카메라 사진 실기	상	2022-04-15	2022-08-14	21A1516	10	10	800000	876200	7.29
11	I46-148	파이썬 프로그래밍	초	2022-05-01	2022-08-30	20I4610	17	12	400000	444400	4.27
12	L03-513	잉글리시 프리토킹	상	2023-02-01	2023-11-30	22L0354	24	18	600000	660000	3.81
13	S34-333	러닝 그룹	중	2023-03-03	2023-12-02	22S3492	35	35	600000	542300	9.4
14	C21-912	쿠킹 클래스	초	2023-06-07	2023-12-06	22C2122	15	13	800000	958100	7.11
24	C21-702	와인 이해	초	2024-05-03	2024-09-02	24C2155	20	18	500000	574000	8.9
25	C21-492	무대 감상회	중	2024-03-10	2024-12-09	24C2196	25	24	600000	548000	6.47
26	S34-333	러닝 그룹	중	2024-02-02	2024-11-01	22S3492	35	35	600000	580000	6.55
27	I46-148	파이썬 프로그래밍	중	2024-03-01	2024-08-30	20I4610	20	16	400000	428100	6.7
28	I46-176	AI 활용 실기	상	2024-02-20	2024-11-19	22I4615	30	28	600000	540000	3.41
29	H62-347	동서양 역사	중	2024-05-01	2024-09-30	20H6237	10	7	300000	213000	6.99
30	A15-859	클래식 감상회	초	2024-05-01	2024-12-30	21A1529	10	8	600000	600100	8.91
31	S34-321	테니스	중	2024-03-03	2024-11-02	21S3425	15	13	700000	725800	7.12

02 '순번' 항목을 입력하기

'순번' 항목을 추가하기 위해 A열 앞에 열 하나를 삽입하고 셀 A1에 1을 입력한다. Ctrl + 마우스 드래그 등의 방식을 이용해 30개의 데이터 앞에 '순번'이 모두 붙게 한다.

03 '예산(원)', '실비용(원)'의 데이터들의 데이터 형식을 '통화'로 설정하기

'예산(원)', '실비용(원)'에 해당하는 J, K열의 데이터 영역을 선택하고 마우스 오른쪽 버튼을 클릭해 나타나는 메뉴에서 [셀 서식]을 실행하여 '통화'를 선택하고 [기호]는 '없음'으로 선택한다.

04 '잔액(원)' 항목을 만들고 결과 구하기

'평가' 항목이 있는 L열 앞에 열을 하나 추가하여 새로 생긴 L열의 셀 L1에 '잔액(원)'을 입력한다. 셀 L2에 다음 식을 입력한 후 채우기 핸들로 모든 교육의 교육 비용 잔액을 구한다.

```
셀 L2    =J2-K2
```

'잔액(원)'의 음수 값은 글꼴을 빨간색으로 표시되도록 셀 서식을 적용하고 '잔액(원)'의 셀 서식은 '통화'의 [음수] 리스트 중 하나를 선택한다.

05 '수료 비율' 항목의 값을 구하고 '백분율(%)'로 표시하기

'예산(원)' 항목이 있는 J열 앞에 열 하나를 추가하고 새로 생긴 J열의 셀 J1에 '수료 비율'을 입력하고 셀 J2에 다음 식을 입력하여 값을 구한다. 이를 활용해 모든 데이터에 대해 수료 비율을 구한다. 단, 실수 형태로 나오는 결과는 모두 소수점 둘째 자리까지의 백분율로 표시되도록 설정한다.

```
셀 J2    =I2/H2
```

06 '평가 순위' 항목을 만들고 '평가' 항목의 값에 대한 순위 구하기

셀 O1에 '평가 순위'로 항목명을 입력하고 셀 O2에 다음과 같이 식을 입력한 뒤 셀 O31까지 모든 순위를 구한다.

```
셀 O2    =RANK.EQ(N2,$N$2:$N$31,0)
```

	A	B	C	D	E	F	G	H	I	J	K	L	M	N	O
1	순번	교육코드	교육명	교육 수준	시작날짜	종료날짜	강사코드	지원 인원수	수료 인원수	수료 비율	예산(원)	실비용(원)	잔액(원)	평가	평가 순위
2	1	L03-601	일본어 한마디	초	2022-03-20	2022-09-19	20L0328	13	10	76.92%	350,000	239,000	111,000	8.23	5
3	2	S34-199	발레 기초	초	2022-05-10	2022-11-30	21S3471	9	6	66.67%	600,000	625,300	-25,300	6.69	15
4	3	H62-203	유럽의 역사	중	2022-03-13	2022-09-12	20H6211	15	10	66.67%	350,000	324,800	25,200	3.74	28
5	4	S34-321	테니스	중	2022-01-21	2022-06-20	21S3425	19	18	94.74%	500,000	561,000	-61,000	9.36	2
6	5	A15-419	동양화 실기	초	2022-04-03	2022-10-02	20A1503	10	7	70.00%	450,000	493,000	-43,000	7.16	8
7	6	C21-781	손뜨개	상	2022-04-01	2022-09-30	21C2119	11	7	63.64%	450,000	452,000	-2,000	6.98	13
8	7	A15-812	바이올린 기초	초	2022-05-01	2022-12-30	21A1529	18	16	88.89%	600,000	663,800	-63,800	6.42	18
9	8	H62-358	동양 문화 이해	중	2022-01-05	2022-03-04	20H6237	8	8	100.00%	200,000	178,000	22,000	4.25	27
10	9	A15-694	카메라 사진 실기	상	2022-04-15	2022-08-14	21A1516	10	10	100.00%	800,000	876,200	-76,200	7.29	7
11	10	I46-148	파이썬 프로그래밍	초	2022-05-01	2022-08-30	20I4610	17	12	70.59%	400,000	444,400	-44,400	4.27	26
12	11	L03-513	잉글리시 프리토킹	상	2023-02-01	2023-11-30	22L0354	24	18	75.00%	600,000	560,000	40,000	5.81	23
13	12	S34-333	러닝 그룹	중	2023-03-03	2023-12-02	22S3492	35	35	100.00%	600,000	542,300	57,700	9.4	1
14	13	C21-912	쿠킹 클래스	초	2023-06-07	2023-12-06	22C2122	15	13	86.67%	800,000	958,100	-158,100	7.11	10
15	14	I46-174	AI 활용	초	2023-02-20	2023-09-19	22I4615	30	22	73.33%	550,000	682,000	-132,000	6.31	19
16	15	H62-115	미국의 건축문화	중	2023-01-11	2023-05-10	20H6240	12	10	83.33%	250,000	221,000	29,000	6.2	21
17	16	L03-602	일본어 두마디	중	2023-01-20	2023-09-19	20L0328	20	18	90.00%	600,000	547,000	53,000	5.1	24
18	17	S34-199	발레 기초	초	2023-03-15	2023-10-14	21S3471	10	6	60.00%	700,000	693,000	7,000	6.23	20
19	18	A15-690	사진 기초	초	2023-04-15	2023-10-14	21A1516	15	13	86.67%	1,000,000	910,000	90,000	7.1	11
20	19	S34-321	테니스	중	2023-03-03	2023-11-02	21S3425	25	14	56.00%	750,000	748,900	1,100	6.1	22
21	20	A15-420	서양화 실기	초	2023-05-06	2023-10-05	20A1514	10	8	80.00%	500,000	512,000	-12,000	3.2	30
22	21	L03-511	다시 기초 영어	초	2024-02-01	2024-11-30	22L0354	15	15	100.00%	600,000	532,100	67,900	7.3	6
23	22	L03-305	스페인어 초급	초	2024-03-03	2024-10-30	24L0389	15	8	53.33%	600,000	508,900	91,100	4.29	25
24	23	C21-702	와인 이해	초	2024-05-03	2024-09-02	24C2155	20	18	90.00%	500,000	574,000	-74,000	8.9	4
25	24	C21-492	무대 감상회	중	2024-03-10	2024-12-09	24C2196	25	24	96.00%	600,000	548,000	52,000	6.47	17
26	25	S34-333	러닝 그룹	중	2024-02-02	2024-11-01	22S3492	35	35	100.00%	600,000	580,000	20,000	6.55	16
27	26	I46-148	파이썬 프로그래밍	중	2024-03-01	2024-08-30	20I4610	20	16	80.00%	400,000	428,100	-28,100	6.7	14
28	27	I46-176	AI 활용 실기	상	2024-02-20	2024-11-19	22I4615	30	28	93.33%	600,000	540,000	60,000	3.41	29
29	28	H62-347	동서양 역사	중	2024-05-01	2024-09-30	20H6237	10	7	70.00%	300,000	213,000	87,000	6.99	12
30	29	A15-859	클래식 감상회	초	2024-05-01	2024-12-30	21A1529	10	8	80.00%	600,000	600,100	-100	8.91	3
31	30	S34-321	테니스	중	2024-03-03	2024-11-02	21S3425	15	13	86.67%	700,000	725,800	-25,800	7.12	9

▲ [교육 과정 데이터(1)] 시트 결과

프로젝트 17-2 교육 과정 데이터 정리하기(2)

[프로젝트 17-1]에서 완성한 [교육 과정 데이터(1)] 시트를 오른쪽에 복사하고 시트 이름을 [교육 과정 데이터(2)]로 수정한 다음 실습을 이어간다.

01 셀 D2를 기준으로 틀을 고정하기

셀 D2를 선택하고 [보기] 탭-[창] 그룹-[틀 고정]을 선택한다.

02 각 항목의 합, 평균, 최댓값, 최솟값, 중간값 구하기

'지원 인원수', '수료 인원수', '수료 비율', '예산(원)', '실비용(원)', '잔액(원)', '평가'에 대해 합, 평균, 최댓값, 최솟값, 중간값을 구한다. 조건은 다음과 같다.

- 32행부터 36행까지 셀 테두리, 셀 병합 등을 이용해 다음 그림과 같이 구성하고 '지원 인원수' 열의 셀 H32, H33, H34, H35, H36에 다음과 같이 식을 입력한다. 채우기 핸들을 이용해 제시된 항목의 모든 값을 구한다.

```
셀 H32  =SUM(H2:H31)                셀 H33  =ROUND(AVERAGE(H2:H31),2)
셀 H34  =MAX(H2:H31)                셀 H35  =MIN(H2:H31)
셀 H36  =MEDIAN(H2:H31)
```

	A	B	C	D	E	F	G	H	I	J	K	L	M	N	O
29	28	H62-347	동서양 역사	중	2024-05-01	2024-09-30	20H6237	10	7	70.00%	300,000	213,000	87,000	6.99	12
30	29	A15-859	클래식 감상회	초	2024-05-01	2024-12-30	21A1529	10	8	80.00%	600,000	600,100	-100	8.91	3
31	30	S34-321	테니스	중	2024-03-03	2024-11-02	21S3425	15	13	86.67%	700,000	725,800	-25,800	7.12	9
32	합							521							
33	평균							17.37							
34	최대							35							
35	최소							8							
36	중간							15							

- '수료 비율'에 대해서는 '백분율(%)'(소수점 이하 둘째 자리까지) 형식을 적용하고 '예산(원)', '실비용(원)', '잔액(원)'에 대해서는 '통화'로 표시한다. [음수]의 글꼴은 빨간색을 적용한다.

03 '분야명' 항목 추가하고 값 표시하기

'교육코드'가 있는 B열 앞에 열을 추가하고 셀 B1에 '분야명'으로 항목명을 입력한다. '교육코드'와 [참조시트]에 있는 '교육분야코드표'를 이용해 B열에 각 교육의 분야명을 표시한다.

```
셀 B2    =HLOOKUP(LEFT(C2,3),참조시트!$B$1:$G$2,2,FALSE)
```

04 '강사명' 항목 추가하고 값 표시하기

'지원인원수'가 있는 I열 앞에 열을 추가하고 셀 I1에 '강사명'으로 항목명을 입력한다. '강사코드'와 [참조시트]의 '강사코드표'를 이용해 I열에 각 교육을 담당하는 강사명을 표시한다.

```
셀 I2    =VLOOKUP(H2,참조시트!$A$5:$B$23,2,FALSE)
```

05 '강사번호' 항목 추가하고 값 표시하기

'강사명'이 있는 I열 앞에 열을 추가하고 셀 I1에 '강사번호'로 항목명을 입력한다. '강사코드'에서 강사 개별 번호를 추출하여 I열에 표시한다.

```
셀 I2    =RIGHT(H2,2)
```

06 '시작요일'과 '종료요일' 항목 추가하고 값 구하기

'시작날짜'와 '종료날짜'에 대해 각각 '시작요일'과 '종료요일'을 구한다. 조건은 다음과 같다.

- '종료날짜'가 있는 G열 앞에 열을 추가하고 셀 G1에 '시작요일'로 항목명을 입력한 후 셀 G2부터 G31까지 표시 형식을 '일반'으로 변경하여 요일을 구한다.
- '강사코드'가 있는 I열 앞에 열을 추가하고 셀 I1에 '종료요일'로 항목명을 입력한 후 셀 I2부터 I31까지 표시 형식을 '일반'으로 변경하여 요일을 구한다.

```
셀 G2    =CHOOSE(WEEKDAY(F2,1),"일","월","화","수","목","금","토")
셀 I2    =CHOOSE(WEEKDAY(H2,1),"일","월","화","수","목","금","토")
```

07 '교육횟수' 항목을 추가하고 값을 확인하기

'강사코드'가 있는 J열 앞에 열을 추가하고 셀 J1에 '교육횟수'로 항목명을 입력한 후 셀 J2 다음 수식을 입력해 모든 값을 구한다.

TIP • 단, 날짜를 인수로 하는 계산이므로 결과가 날짜 형식으로 표시되기도 한다. 이때 표시형식을 '일반'으로 설정하면 정확한 결과를 확인할 수 있다.

```
셀 J2    =ROUND(DATEDIF(F2,H2,"D")/7,0)+1
```

	A	B	C	D	E	F	G	H	I	J	K	L	M	N	O	P	Q	R	S	T	U
1	순번	분야명	교육코드	교육명	교육 수준	시작날짜	시작 요일	종료날짜	종료 날짜	교육 횟수	강사코드	강사번호	강사명	지원 인원수	수료 인원수	수료 비율	예산(원)	실비용(원)	잔액(원)	평가	평가 순위
2	1	언어	L03-601	일본어 한마디	초	2022-03-20	일	2022-09-19	월	27	20L0328	28	김재평	13	10	76.92%	330,000	239,000	111,000	8.23	5
3	2	스포츠	S34-199	발레 기초	초	2022-05-10	화	2022-11-30	수	30	21S3471	71	이리나	9	6	66.67%	600,000	625,300	-25,300	6.69	15
4	3	인문	H62-203	유럽의 역사	중	2022-03-13	일	2022-09-12	월	27	20H6211	11	강지운	15	10	66.67%	350,000	324,800	25,200	3.74	28
5	4	스포츠	S34-321	테니스	중	2022-01-21	금	2022-06-20	월	22	21S3425	25	장도원	19	18	94.74%	500,000	561,000	-61,000	9.36	2
6	5	예술	A15-419	동양화 실기	초	2022-04-03	일	2022-10-02	일	27	20A1503	03	최시범	10	7	70.00%	450,000	493,000	-43,000	7.16	8
7	6	문화	C21-781	손뜨개	상	2022-04-01	금	2022-09-30	금	27	21C2119	19	전손휘	11	7	63.64%	450,000	452,000	-2,000	6.98	13
8	7	예술	A15-812	바이올린 기초	초	2022-05-01	일	2022-12-30	금	36	21A1529	29	권유영	18	16	88.89%	600,000	663,900	-63,900	6.42	18
9	8	인문	H62-358	동양 문화 이해	중	2022-01-05	수	2022-03-04	금	9	20H6237	37	도병휘	8	8	100.00%	200,000	178,000	22,000	4.25	27
10	9	예술	A15-694	카메라 사진 실기	상	2022-04-15	금	2022-08-14	일	18	21A1516	16	황귀용	10	10	100.00%	800,000	876,200	-76,200	7.29	7
11	10	IT	I46-148	파이썬 프로그래밍	초	2022-05-01	일	2022-08-30	화	18	20I4610	10	우원민	17	12	70.59%	400,000	444,400	-44,400	4.27	26
12	11	언어	L03-513	잉글리시 프리토킹	상	2023-02-01	수	2023-11-30	목	44	22L0354	54	크리스 박	24	18	75.00%	600,000	560,000	40,000	5.81	23
13	12	스포츠	S34-333	러닝 그룹	중	2023-03-03	금	2023-12-02	토	40	22S3492	92	서준유	35	35	100.00%	600,000	542,300	57,700	9.4	1
14	13	문화	C21-912	쿠킹 클래스	초	2023-06-07	수	2023-12-06	수	27	22C2122	22	조연미	15	13	86.67%	800,000	958,100	-158,100	7.11	10
15	14	IT	I46-174	AI 활용	초	2023-02-20	월	2023-09-19	화	31	22I4615	15	원문수	30	22	73.33%	550,000	682,000	-132,000	6.31	19
16	15	인문	H62-115	미국의 건축문화	중	2023-01-11	수	2023-05-10	수	18	20H6240	40	윤서현	12	10	83.33%	250,000	221,000	29,000	6.2	21
17	16	언어	L03-602	일본어 두마디	중	2023-01-20	금	2023-09-19	화	36	20L0328	28	김재평	20	18	90.00%	600,000	547,000	53,000	5.1	24
18	17	스포츠	S34-199	발레 기초	초	2023-03-15	수	2023-10-14	토	31	21S3471	71	이리나	10	6	60.00%	700,000	693,000	7,000	6.23	20
19	18	예술	A15-690	사진 기초	초	2023-04-15	토	2023-10-14	토	27	21A1516	16	황귀용	15	13	86.67%	1,000,000	910,000	90,000	7.1	11
20	19	스포츠	S34-321	테니스	중	2023-03-03	금	2023-11-02	목	36	21S3425	25	장도원	25	14	56.00%	750,000	748,900	1,100	6.1	22
21	20	예술	A15-420	서양화 실기	초	2023-05-06	토	2023-10-05	목	23	20A1514	14	박혜서	10	8	80.00%	500,000	512,000	-12,000	3.2	30
22	21	언어	L03-511	다시 기초 영어	초	2024-02-01	목	2024-11-30	토	44	22L0354	54	크리스 박	15	15	100.00%	600,000	532,100	67,900	7.3	6
23	22	언어	L03-305	스페인어 초급	초	2024-03-03	일	2024-10-30	수	35	24L0389	89	주재성	15	8	53.33%	600,000	508,900	91,100	4.29	25
24	23	문화	C21-702	와인 이해	초	2024-05-03	금	2024-09-02	월	18	24C2155	55	나아안	20	18	90.00%	500,000	574,000	-74,000	8.9	4
25	24	문화	C21-492	무대 감상회	중	2024-03-10	일	2024-12-09	월	40	24C2196	96	연국원	25	24	96.00%	600,000	548,000	52,000	6.47	17
26	25	스포츠	S34-333	러닝 그룹	중	2024-02-02	금	2024-11-01	금	40	22S3492	92	서준유	35	35	100.00%	600,000	580,000	20,000	6.55	16
27	26	IT	I46-148	파이썬 프로그래밍	중	2024-03-01	금	2024-08-30	금	27	20I4610	10	우원민	20	16	80.00%	400,000	428,100	-28,100	6.7	14
28	27	IT	I46-176	AI 활용 실기	상	2024-02-20	화	2024-11-19	화	40	22I4615	15	원문수	30	28	93.33%	600,000	540,000	60,000	3.41	29
29	28	인문	H62-347	동서양 역사	중	2024-05-01	수	2024-09-30	월	23	20H6237	37	도병휘	10	7	70.00%	300,000	213,000	87,000	6.99	12
30	29	예술	A15-859	클래식 감상회	초	2024-05-01	수	2024-12-30	월	36	21A1529	29	권유영	10	8	80.00%	600,000	600,100	-100	8.91	3
31	30	스포츠	S34-321	테니스	중	2024-03-03	일	2024-11-02	토	36	21S3425	25	장도원	15	13	86.67%	700,000	725,800	-25,800	7.12	9
32	합													521	433	2438.44%	16,550,000	16,481,800	68,200	193.6	
33	평균													17.37	14.43	81.00%	551,667	549,393	2,273	6.45	
34	최대													35	35	100.00%	1,000,000	958,100	111,000	9.4	
35	최소													8	6	53.33%	200,000	178,000	-158,100	3.2	
36	중간													15	13	81.67%	600,000	547,500	4,050	6.62	

▲ [교육 과정 데이터(2)] 결과

프로젝트 17-3 교육 과정 데이터 집계하기

[프로젝트 17-3] 과정은 새 시트를 삽입하고 [집계시트]로 시트명을 입력한 뒤 실습을 진행한다.

01 교육 분야별 데이터 집계하기

[프로젝트 시트(2)] 시트와 [참조시트]의 데이터를 이용해 각 분야별로 담당 강사의 수, 평균 수료 인원수, 실비용의 합, 최고 평가, 최저 평가를 구한다. 단, 실수형에 대해서는 소수점 이하 두 자리까지만 구하고, 실비용의 합은 '통화' 형식으로 표시한다.

- [집계시트] 셀 A1부터 F7까지 다음과 같이 입력하고 편집한다.

	A	B	C	D	E	F
1	분야	강사	수료	실비용	최고 평가	최저 평가
2	언어					
3	예술					
4	문화					
5	스포츠					
6	IT					
7	인문					

- [참조시트]의 셀 A4부터 입력된 '강사코드표'의 셀 C5부터 C23까지 각 강사가 담당하는 분야코드를 입력한다. 분야코드는 강사코드의 3번 문자부터 시작하는 3자리로 구성한다. [참조시트]의 셀 C5에 다음 식을 입력하고 채우기 핸들을 이용해 모든 강사에 대한 분야코드를 구한다.

```
셀 C5    =MID(A5,3,3)
```

4	강사코드표			19
5	22L0354	크리스 박	L03	
6	24L0389	주재성	L03	
7	24C2155	나아인	C21	
8	24C2196	연국원	C21	
9	22S3492	서준유	S34	
10	20I4610	우원민	I46	
11	22I4615	원문수	I46	
12	20H6237	도병휘	H62	
13	21A1529	권유영	A15	
14	21S3425	장도원	S34	
15	22C2122	조연미	C21	
16	20H6240	윤서현	H62	
17	20L0328	김재평	L03	
18	21S3471	이리나	S34	
19	21A1516	황귀웅	A15	
20	20A1514	박혜서	A15	
21	20H6211	강지운	H62	
22	20A1503	최시범	A15	
23	21C2119	전손휘	C21	
24				

▲ [참조시트] 표 결과

- 강사의 분야코드를 이용해 [집계시트]에서 분야별 강사의 수를 구해 보자. [집계시트] 셀 B2에 다음 수식을 입력하고 채우기 핸들을 이용해 모든 분야에 대한 강사의 수를 구한다.

```
셀 B2    =COUNTIF(참조시트!$C$5:$C$23,"="&INDEX(참조시트!$B$1:$G$1,1,MATCH(집계시트!A2,참
         조시트!$B$2:$G$2,0)))
```

- 분야별 강사의 수의 합과 [참조시트]의 강사 수가 같은지 확인하기 위해 [집계시트]의 셀 B8과 [참조시트]의 셀 D4에 각각 다음 수식을 입력한다.

```
[집계시트] 셀 B8    =SUM(B2:B7)
[참조시트] 셀 D4    =COUNTA(B5:B23)
```

• 평균 수료 인원수를 구하기 위해 [교육 과정 데이터(2)] 시트의 '분야명'과 '수료인원수', [집계시트]의 '분야'를 이용하여 [집계시트] 셀 C2에 다음 수식을 입력한다.

```
셀 C2    =ROUND(AVERAGEIF('교육 과정 데이터(2)'!$B$2:$B$31,"="&집계시트!A2,'교육 과정 데이터(2)'!$O$2:$O$31),2)
```

• 분야별 실비용의 합을 구하기 위해 [교육 과정 데이터(2)] 시트의 '실비용(원)'과 [집계시트]의 '분야'를 이용하여 [집계시트]의 셀 D2에 다음 수식을 입력하고 표시 형식을 '통화'로 설정한다.

```
셀 D2    =SUMIF('교육 과정 데이터(2)'!$B$2:$B$31,"="&집계시트!A2,'교육 과정 데이터(2)' !$R$2:$R$31)
```

• 최고 평가와 최저 평가는 [교육 과정 데이터(2)] 시트의 '분야명'과 '평가', [집계시트]의 '분야'를 이용한 함수식을 각각 셀 E2, F2에 입력하여 구한다.

```
셀 E2    =MAXIFS('교육 과정 데이터(2)'!$T$2:$T$31,'교육 과정 데이터(2)'!$B$2:$B$31,"="&집계시트!A2)
셀 F2    =MINIFS('교육 과정 데이터(2)'!$T$2:$T$31,'교육 과정 데이터(2)'!$B$2:$B$31,"="&집계시트!A2)
```

	A	B	C	D	E	F
1	분야	강사	수료	실비용	최고 평가	최저 평가
2	언어	3	13.8	₩2,387,000	8.23	4.29
3	예술	4	10.33	₩4,055,100	8.91	3.2
4	문화	4	15.5	₩2,532,100	8.9	6.47
5	스포츠	3	18.14	₩4,476,300	9.4	6.1
6	IT	2	19.5	₩2,094,500	6.7	3.41
7	인문	3	8.75	₩936,800	6.99	3.74

▲ [집계시트] 표 결과

02 교육 수준별 데이터 집계하기

각 분야 내에서 교육 수준별 강좌수, 총 교육횟수, 평균 평가를 구하여 [집계시트] 셀 H1부터 L19까지 다음과 같은 통계표를 생성한다.

	H	I	J	K	L
1	분야	수준	강좌수	교육횟수	평가
2	언어	초	3	106	6.61
3		중	1	36	5.1
4		상	1	44	5.81
5	예술	초	5	149	6.56
6		중	0	0	NV
7		상	1	18	7.29
8	문화	초	2	45	8.01
9		중	1	40	6.47
10		상	1	27	6.98
11	스포츠	초	2	61	6.46
12		중	5	174	7.71
13		상	0	0	NV
14	IT	초	2	49	5.29
15		중	1	27	6.7
16		상	1	40	3.41
17	인문	초	0	0	NV
18		중	4	77	5.3
19		상	0	0	NV

[교육 수준별 데이터 통계표] 결과 ▶

• '언어' 분야 중 수준이 '초'인 '강좌수', '교육횟수'의 총합, 평균 '평가'를 구하는 수식은 다음과 같다. 셀 J2, K2, L2에 순서대로 입력한 후 이를 활용하여 전체 데이터를 구한다.

```
셀 J2   =COUNTIFS('교육 과정 데이터(2)'!$B$2:$B$31,"="&집계시트!$H2,'교육 과정 데이터(2)'
        !$E$2:$E$31,"="&집계시트!$I2)
셀 K2   =SUMIFS('교육 과정 데이터(2)'!$J$2:$J$31,'교육 과정 데이터(2)'!$B$2:$B$31,"="&집계시
        트!$H2,'교육 과정 데이터(2)'!$E$2:$E$31,"="&집계시트!$I2)
셀 L2   =IFERROR(ROUND(AVERAGEIFS('교육 과정 데이터(2)'!$T$2:$T$31,'교육 과정 데이터(2)'
        !$B$2:$B$31,"="&집계시트!$H2,'교육 과정 데이터(2)'!$E$2:$E$31,"="&집계시트!$I2),2),
        "NV")
```

03 교육의 각 분야, 수준, 요일별 개설 현황을 아이콘으로 표시하기

[집계시트]의 N1부터 V20까지 그림과 같은 표를 생성하고 각 분야 내의 수준과 요일별 교육의 수를 계산하기 위해 셀 P3에 다음과 같이 입력하여 모든 값을 구한다.

```
셀 P3   =COUNTIFS('교육 과정 데이터(2)'!$B$2:$B$31,"="&집계시트!$N3,'교육 과정 데이터(2)'!
        $E$2:$E$31,"="&집계시트!$O3,'교육 과정 데이터(2)'!$G$2:$G$31,"="&P$1)
```

	N	O	P	Q	R	S	T	U	V
1		요일	일	월	화	수	목	금	토
2	분야	수준							
3	언어	초	2	0	0	0	1	0	0
4		중	0	0	0	0	0	1	0
5		상	0	0	0	1	0	0	0
6	예술	초	2	0	0	1	0	0	2
7		중	0	0	0	0	0	0	0
8		상	0	0	0	0	0	1	0
9	문화	초	0	0	0	1	0	1	0
10		중	1	0	0	0	0	0	0
11		상	0	0	0	0	0	1	0
12	스포츠	초	0	0	1	1	0	0	0
13		중	1	0	0	0	0	4	0
14		상	0	0	0	0	0	0	0
15	IT	초	1	1	0	0	0	0	0
16		중	0	0	0	0	0	1	0
17		상	0	0	1	0	0	0	0
18	인문	초	0	0	0	0	0	0	0
19		중	1	0	0	3	0	0	0
20		상	0	0	0	0	0	0	0

• 데이터 영역에 해당하는 셀 P3부터 V20 영역에 다음 조건에 맞게 아이콘을 표시한다.

2개	●	1개	●	0개	아이콘 없음

	N	O	P	Q	R	S	T	U	V
1		요일	일	월	화	수	목	금	토
2	분야	수준							
3	언어	초	●				●		
4		중						●	
5		상				●			
6	예술	초	●			●			●
7		중							
8		상						●	
9	문화	초				●		●	
10		중	●						
11		상						●	
12	스포츠	초			●	●			
13		중	●					●	
14		상							
15	IT	초	●	●					
16		중						●	
17		상			●				
18	인문	초							
19		중	●			●			
20		상							

▲ 각 교육의 분야, 수준, 요일별 개설 현황 결과

프로젝트 17-4 교육 과정 데이터에 서식 설정하기

[프로젝트 17-2]에서 완성한 [교육 과정 데이터(2)] 시트를 복사한 뒤 시트명을 [교육 과정 데이터(조건부서식)]으로 변경한 다음 실습을 이어간다.

[교육 과정 데이터(조건부서식)] 시트에서 다음에 제시된 조건에 맞게 각 항목의 데이터에 서식을 설정한다.

- **분야명:** 각 '분야명'을 각기 다른 글꼴 색으로 구분
- **시작요일:** 각 '시작요일'을 각기 다른 셀 색으로 구분
- **수료비율:** 데이터 막대로 표시
- **평가:** 상위 25%와 하위 25%에 해당하는 값들을 셀 색 또는 글꼴 색으로 표시
- **평가순위:** 색조의 변화로 순위가 높으면 붉은색 계열 셀 색, 순위가 낮으면 노란색 계열 셀 색으로 설정

	A	B	C	D	E	F	G	H	I	J	K	L	M	N	O	P	Q	R	S	T	U
1	순번	분야명	교육코드	교육명	교육 수준	시작날짜	시작 요일	종료날짜	종료 날짜	교육 횟수	강사코드	강사번호	강사명	지원 인원수	수료 인원수	수료 비율	예산(원)	실비용(원)	잔액(원)	평가	평가 순위
2	1	언어	L03-601	일본어 한마디	초	2022-03-20	일	2022-09-19	월	27	20L0328	28	김재평	13	10	76.92%	350,000	239,000	111,000	8.23	5
3	2	스포츠	S34-199	발레 기초	초	2022-05-10	화	2022-11-30	수	30	21S3471	71	이리나	9	6	66.67%	600,000	625,300	-25,300	6.60	15
4	3	인문	H62-203	유럽의 역사	중	2022-03-13	일	2022-09-12	월	27	20H6211	11	[illegible]	15	10	66.67%	350,000	324,800	25,200	3.74	28
5	4	스포츠	S34-321	테니스	중	2022-01-21	금	2022-06-20	월	22	21S3425	25	장도원	19	18	94.74%	500,000	561,000	-61,000	9.36	2
6	5	예술	A15-419	동양화 실기	초	2022-04-03	일	2022-10-02	일	27	20A1503	03	최시범	10	7	70.00%	450,000	493,000	-43,000	7.16	8
7	6	문화	C21-781	손뜨개	상	2022-04-01	금	2022-09-30	금	27	21C2119	19	전손휘	11	7	63.64%	450,000	452,000	-2,000	6.98	13
8	7	예술	A15-812	바이올린 기초	초	2022-05-01	일	2022-12-30	금	36	21A1529	29	권유영	18	16	88.89%	600,000	663,800	-63,800	6.42	18
9	8	인문	H62-358	동양 문화 이해	중	2022-01-05	수	2022-03-04	금	9	20H6237	37	도병휘	8	8	100.00%	200,000	178,000	22,000	4.25	27
[illegible]	[illegible]	예술	A15-694	[illegible]	[illegible]	2022-04-15	금	[illegible]	[illegible]	[illegible]	[illegible]	16	[illegible]	[illegible]	[illegible]	[illegible]	800,000	[illegible]	[illegible]	[illegible]	[illegible]
22	21	[illegible]	[illegible]	[illegible] 기초 영어	초	[illegible]	[illegible]	[illegible]	[illegible]	44	[illegible]	[illegible]	[illegible]	15	15	100.00%	[illegible]	[illegible]	67,900	7.3	[illegible]
23	22	언어	L03-305	스페인어 초급	초	2024-03-03	일	2024-10-30	수	35	24L0389	89	주재성	15	8	53.33%	600,000	508,900	91,100	4.29	25
24	23	문화	C21-702	와인 이해	초	2024-05-03	금	2024-09-02	월	18	24C2155	55	나아인	20	18	90.00%	500,000	574,000	-74,000	[illegible]	[illegible]
25	24	문화	C21-492	무대 감상회	중	2024-03-10	일	2024-12-09	월	10	[illegible]	90	[illegible]	25	24	96.00%	600,000	540,000	52,000	6.47	17
26	25	스포츠	[illegible]	[illegible]	중	[illegible]	금	2024-11-01	[illegible]	40	22S3492	92	서준유	35	35	100.00%	600,000	580,000	20,000	6.55	16
27	26	IT	I46-148	파이썬 프로그래밍	중	2024-03-01	금	2024-08-30	금	27	20I4610	10	우원민	20	16	80.00%	400,000	428,100	-28,100	6.7	14
28	27	IT	I46-176	AI 활용 실기	상	2024-02-20	화	2024-11-19	화	40	22I4615	15	원문수	30	28	93.33%	600,000	540,000	60,000	3.41	29
29	28	인문	H62-347	동서양 역사	중	2024-05-01	수	2024-09-30	월	23	20H6237	37	도병휘	10	7	70.00%	300,000	213,000	87,000	6.99	12
30	29	예술	A15-859	클래식 감상회	초	2024-05-01	수	2024-12-30	월	36	21A1529	29	권유영	10	8	80.00%	600,000	600,100	-100	8.91	3
31	30	스포츠	S34-321	테니스	중	2024-03-03	일	2024-11-02	토	36	21S3425	25	장도원	15	13	86.67%	700,000	725,800	-25,800	7.12	9
32					합									521	433	2438.44%	16,550,000	16,481,800	68,200	193.59	
33					평균									17.37	14.43	81.00%	551,667	549,393	2,273	6.45	

▲ [교육 과정 데이터(조건부서식)] 시트 결과

프로젝트 17-5 교육 과정 데이터의 부분합 구하기

[프로젝트 17-4]에서 완성한 [교육 과정 데이터(조건부서식)] 시트를 복사한 뒤 시트명을 [교육 과정 데이터(부분합)]으로 변경한 다음 실습을 이어간다.

[교육 과정 데이터(부분합)] 시트에서 [정렬]과 [부분합] 기능을 활용하여 각 분야별 '지원인원수', '수료인원수', '수료비율', '예산(원)', '실비용(원)', '잔액(원)', '평가'의 총합, 평균, 최댓값, 최솟값을 구한다.

TIP • 결과를 모두 구하고 나면 앞에서 구했던 '합', '평균' '최대', '최소'값이 변경된 것을 확인할 수 있는데 이것은 부분합 실행 결괏값까지 포함되어 계산되기 때문이다.

	A	B	C	D	I	J	K	L	M	N	O	P	Q	R	S	T	U
1	순번	분야명	교육코드	교육명	종료 날짜	교육 횟수	강사코드	강사번호	강사명	지원 인원수	수료 인원수	수료 비율	예산(원)	실비용(원)	잔액(원)	평가	평가 순위
2	2	스포츠	S34-199	발레 기초	수	30	21S3471	71	이리나	9	6	66.67%	600,000	625,300	-25,300	6.69	27
3	4	스포츠	S34-321	테니스	월	22	21S3425	25	장도원	19	18	94.74%	500,000	561,000	-61,000	9.36	8
4	12	스포츠	S34-333	러닝 그룹	토	40	22S3492	92	서준유	35	35	100.00%	600,000	542,300	57,700	9.4	6
5	17	스포츠	S34-199	발레 기초	토	31	21S3471	71	이리나	10	6	60.00%	700,000	693,000	7,000	6.23	34
6	19	스포츠	S34-321	테니스	목	36	21S3425	25	장도원	25	14	56.00%	750,000	748,900	1,100	6.1	36
7	25	스포츠	S34-333	러닝 그룹	금	40	22S3492	92	서준유	35	35	100.00%	600,000	580,000	20,000	6.55	29
8	30	스포츠	S34-321	테니스	토	36	21S3425	25	장도원	15	13	86.67%	700,000	725,800	-25,800	7.12	19
9		**스포츠 최소**								9	6	56.00%	500,000	542,300	-61,000	6.1	
10		**스포츠 최대**								35	35	100.00%	750,000	748,900	57,700	9.4	
11		**스포츠 평균**								21.143	18.143	80.58%	635,714	639,471	-3,757	7.35	
12		**스포츠 요약**								148	127	564.07%	4,450,000	4,476,300	-26,300	51.45	
13	5	예술	A15-419	동양화 실기	일	27	20A1503	03	최시범	10	7	70.00%	450,000	493,000	-43,000	7.16	18
14	7	예술	A15-812	바이올린 기초	금	36	21A1529	29	권유영	18	16	88.89%	600,000	663,800	-63,800	6.42	32
15	9	예술	A15-694	카메라 사진 실기	일	18	21A1516	16	황귀웅	10	10	100.00%	800,000	876,200	-76,200	7.29	17
16	18	예술	A15-690	사진 기초	토	27	21A1516	16	황귀웅	15	13	86.67%	1,000,000	910,000	90,000	7.1	21
17	20	예술	A15-420	서양화 실기	목	23	20A1514	14	박혜서	10	8	80.00%	500,000	512,000	-12,000	3.2	49
18	29	예술	A15-859	클래식 감상회	월	36	21A1529	29	권유영	10	8	80.00%	600,000	600,100	-100	8.91	9
19		**예술 최소**								10	7	70.00%	450,000	493,000	-76,200	3.2	
20		**예술 최대**								18	16	100.00%	1,000,000	910,000	90,000	8.91	
21		**예술 평균**								12.167	10.333	84.26%	658,333	675,850	-17,517	6.68	
22		**예술 요약**								73	62	505.56%	3,950,000	4,055,100	-105,100	40.08	

▲ **[교육 과정 데이터(부분합)] 시트 결과 중 일부**

프로젝트 17-6 교육 과정 데이터에 표 기능 설정하기

[교육 과정 데이터(조건부서식)] 시트를 복사하고 시트명을 [교육 과정 데이터(표 기능)]으로 변경한 다음 실습을 이어간다.

01 [교육 과정 데이터(표 기능)] 시트의 데이터 원본 영역에 표 기능 설정하기

[삽입] 탭-[표] 그룹-[표]를 클릭하여 [표 만들기] 창에서 표 기능을 부여할 영역인 셀 A1부터 U31까지로 설정하고 〈확인〉을 클릭한다.

02 표 기능을 활용하여 데이터 필터링하기

제시되는 조건의 순서대로 데이터를 필터링하여 결과를 확인한다.

- '금', '토', '일'에 진행하는 교육 중 초기에 신청했던 예산 비용을 남기고, 수료인원이 15명 이상인 교육을 검색한다.

- 앞에서 작업한 필터를 모두 해제하여 원래의 전체 데이터를 표시한다.
- '수료비율'이 75% 이상인 교육 중 강사가 중복되는 경우 대표적인 교육 정보만 확인할 수 있도록 필터링한다.

	A	B	C	D	E	F	G	H	I	J	K	L	M	N	O	P	Q	R	S	T	U
1	순번	분야명	교육코드	교육명	교육 수준	시작날짜	시작 요일	종료날짜	종료 요일	교육 횟수	강사코드	강사번호	강사명	지원 인원	수료 인원	수료 비율	예산(원)	실비용(원)	잔액(원)	평가	평가 순위
13	12	스포츠	S34-333	러닝 그룹	중	2023-03-03	금	2023-12-02	토	40	22S3492	92	서준유	35	35	100.00%	600,000	542,300	57,700	9.4	1
17	16	언어	L03-602	일본어 두마디	중	2023-01-20	금	2023-09-19	화	36	20L0328	28	김재평	20	18	90.00%	600,000	547,000	53,000	5.1	24
25	24	문화	C21-492	무대 감상회	중	2024-03-10	일	2024-12-09	월	40	24C2196	96	연국원	25	24	96.00%	600,000	548,000	52,000	6.47	17
26	25	스포츠	S34-333	러닝 그룹	중	2024-02-02	금	2024-11-01	금	40	22S3492	92	서준유	35	35	100.00%	600,000	580,000	20,000	6.55	16
32					합									521	433	2438.44%	16,550,000	16,481,800	68,200	193.6	
33					평균									17.37	14.43	81.00%	551,667	549,393	2,273	6.45	
34					최대									35	35	100.00%	1,000,000	958,100	111,000	9.4	
35					최소									8	6	53.33%	200,000	178,000	-158,100	3.2	
36					중간									15	13	81.67%	600,000	547,500	4,050	6.62	
37																					

▲ [교육 과정 데이터(표 기능)] 시트의 시작요일, 잔액(원), 수료인원 필터링 결과

	A	B	C	D	E	F	G	H	I	J	K	L	M	N	O	P	Q	R	S	T	U
1	순번	분야명	교육코드	교육명	교육 수준	시작날짜	시작 요일	종료날짜	종료 요일	교육 횟수	강사코드	강사번호	강사명	지원 인원	수료 인원	수료 비율	예산(원)	실비용(원)	잔액(원)	평가	평가 순위
2	1	언어	L03-601	일본어 한마디	초	2022-03-20	일	2022-09-19	월	27	20L0328	28	김재평	13	10	76.92%	350,000	239,000	111,000	8.23	4
5	4	스포츠	S34-321	테니스	중	2022-01-21	금	2022-06-20	월	22	21S3425	25	장도원	19	18	94.74%	500,000	561,000	-61,000	9.36	2
8	7	예술	A15-812	바이올린 기초	초	2022-05-01	일	2022-12-30	금	36	21A1529	29	권유영	18	16	88.89%	600,000	663,800	-63,800	6.42	11
9	8	인문	H62-358	동양 문화 이해	중	2022-01-05	수	2022-03-04	금	9	20H6237	37	도병휘	8	8	100.00%	200,000	178,000	22,000	4.25	17
10	9	예술	A15-694	카메라 사진 실기	상	2022-04-15	금	2022-08-14	일	18	21A1516	16	황귀웅	10	10	100.00%	800,000	876,200	-76,200	7.29	5
12	11	언어	L03-513	잉글리시 프리토킹	상	2023-02-01	수	2023-11-30	목	44	22L0354	54	크리스 박	24	18	75.00%	600,000	560,000	40,000	5.81	14
13	12	스포츠	S34-333	러닝 그룹	중	2023-03-03	금	2023-12-02	토	40	22S3492	92	서준유	35	35	100.00%	600,000	542,300	57,700	9.4	1
14	13	문화	C21-912	쿠킹 클래스	초	2023-06-07	수	2023-12-06	수	27	22C2122	22	조연미	15	13	86.67%	800,000	958,100	-158,100	7.11	7
16	15	인문	H62-115	미국의 건축문화	중	2023-01-11	수	2023-05-10	수	18	20H6240	40	윤서현	12	10	83.33%	250,000	221,000	29,000	6.2	13
17	20	예술	A15-420	서양화 실기	초	2023-05-06	토	2023-10-05	목	23	20A1514	14	박혜서	10	8	80.00%	500,000	512,000	-12,000	3.2	19
19	23	문화	C21-702	와인 이해	초	2024-05-03	금	2024-09-02	월	18	24C2155	55	나아인	20	18	90.00%	500,000	574,000	-74,000	8.9	3
20	24	문화	C21-492	무대 감상회	중	2024-03-10	일	2024-12-09	월	40	24C2196	96	연국원	25	24	96.00%	600,000	548,000	52,000	6.47	10
21																					

▲ [교육 과정 데이터(표 기능)] 시트의 수료비율, 중복 강사 필터링 결과

프로젝트 17-7 교육 과정 데이터를 활용한 피벗 테이블 생성하기

[교육 과정 데이터(조건부서식)] 시트에서 실습한다.

01 각 분야 내 강사들의 '수료비율'과 '평가'의 평균을 확인하는 피벗 테이블 구성하기

[교육 과정 데이터(조건부서식)]에서 [삽입] 탭-[표] 그룹-[피벗 테이블]-[테이블/범위에서]를 선택한다. [표 또는 범위의 피벗 테이블] 창에서 [표/범위]로 셀 A1부터 U31을 선택하고 [새 워크시트] 옵션을 클릭해 새 워크시트에 배치하도록 설정한 뒤 다음 조건에 맞게 피벗 테이블을 구성한다.

- 생성된 [Sheet2]의 시트명을 [평균_피벗 테이블]로 수정한다.
- [피벗 테이블 필드]에서 '분야명', '강사명', '수료인원수', '평가'를 선택하고 '평균'을 구한다. 단, 각 항목의 평균 값은 소수점 이하 두 자리로 표시한다.

	A	B	C
1			
3	행 레이블	평균 : 수료	평균 : 평가
4	**IT**	**19.50**	**5.17**
5	우원민	14.00	5.49
6	원문수	25.00	4.86
7	**문화**	**15.50**	**7.37**
8	나아인	18.00	8.90
9	연국원	24.00	6.47
10	전순휘	7.00	6.98
11	조연미	13.00	7.11
12	**스포츠**	**18.14**	**7.35**
13	서준유	35.00	7.98
14	[illegible]	6.00	6.46
15	장도원	15.00	7.53
16	**언어**	**13.80**	**6.15**
17	김재평	14.00	[illegible]
18	주재선	8.00	4.29
19	크리스 박	16.50	6.56
20	**예술**	**10.33**	**6.68**
21	권유영	12.00	7.67
22	박혜서	8.00	3.20
23	최시범	7.00	7.16
24	황귀웅	11.50	7.20
25	**인문**	**8.75**	**5.30**
26	강지운	10.00	3.74
27	도병휘	7.50	5.62
28	윤서현	10.00	6.20
29	**총합계**	**14.43**	**6.45**
30			

[평균_피벗 테이블] 시트 결과 ▶

02 각 교육을 '분야명'으로 구분하여 년, 개월별 강좌수를 확인하는 피벗 테이블 구성하기

[교육 과정 데이터(조건부서식)] 시트에서 [삽입] 탭-[표] 그룹-[피벗 테이블]-[테이블/범위에서]를 선택한다. [표 또는 범위의 피벗 테이블] 창에서 [표/범위]로 셀 A1부터 U31을 선택하고 새 워크시트에 배치하도록 설정한 뒤 다음 조건에 맞는 피벗 테이블을 구성한다.

- 생성된 [Sheet3]의 시트명을 [개수_피벗 테이블]로 수정한다.
- [피벗 테이블 필드]에서 '분야명', '교육코드', '시작날짜'를 선택하고 '년', '개월'별 강좌수를 확인할 수 있도록 구성한다.

	A	B	C	D	E
1					
2					
3	개수 : 교육코드	열 레이블			
4		⊞2022년	⊞2023년	⊞2024년	총합계
5	행 레이블				
6	IT	1	1	2	4
7	문화	1	1	2	4
8	스포츠	2	3	2	7
9	언어	1	2	2	5
10	예술	3	2	1	6
11	인문	2	1	1	4
12	총합계	10	10	10	30

▲ [개수_피벗 테이블] 시트 결과

프로젝트 17-8 교육 과정 데이터를 활용한 차트 생성하기

[집계시트]의 데이터를 이용해 실습한다.

01 분야별 최고, 최저 평가를 비교할 수 있는 차트 생성하기

[집계시트]의 셀 A1부터 A7, E1부터 F7을 선택하여 [2차원 꺾은선] 차트를 생성하고 차트 제목은 '최고/최저 평가'로 입력한다.

02 분야 내 교육 수준별 강좌수와 평가 값을 표시할 수 있는 차트 생성하기

다음 조건에 맞게 [집계시트]의 분야 내 교육 수준별 강좌 수와 평가에 대한 차트를 작성한다. 단, 차트 제목은 삭제한다.

- 셀 H1을 선택하고 [삽입] 탭-[차트] 그룹의 [2차원 세로 막대형]을 선택한다.
- 정확한 데이터 범위를 표시하기 위해 [차트 디자인] 탭-[데이터] 그룹-[데이터 선택]을 클릭하여 [데이터 원본 선택] 창의 [차트 데이터 범위]에서 셀 H1부터 J19와 L1부터 L19까지를 입력한다. [행/열 전환]을 클릭하여 [범례 항목(계열)]과 [가로(항목) 축 레이블]을 서로 바꾼다.

• '강좌수'와 '평가' 항목은 '혼합' 차트로 구성한다. 이때 [보조 축]은 하나의 항목에만 적용하여 서로 다른 차트로 표시한다.

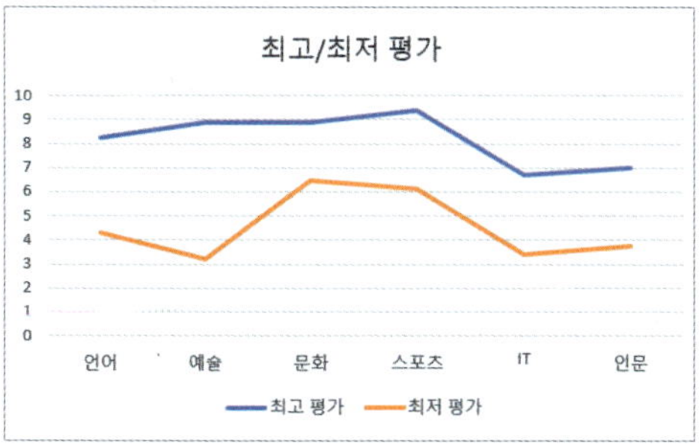

▲ [집계시트] 차트 결과(1)

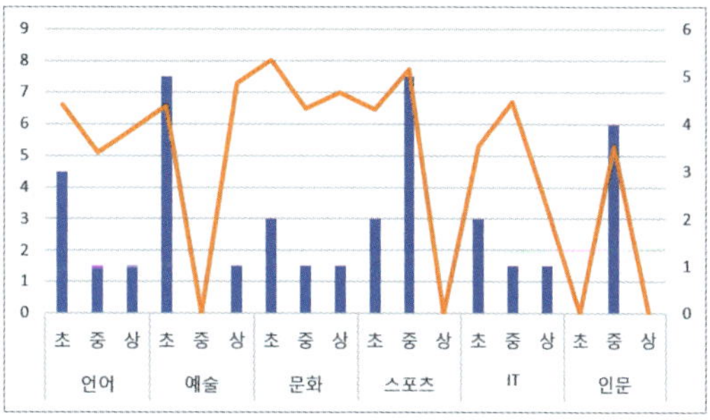

▲ [집계시트] 차트 결과(2)